한국 금융회사 지배구조론

정 기 승 저

法 文 社

머 리 말

오늘날 세계경제는 개방화, 국제화의 단계를 넘어 국가간 경계가 없어지는 무한경쟁의 글로벌시장으로 변하고 있다. 금융산업도 예외는 아니다. 특히 자본의 자유화 물결 속에 금융업종간 겸업화·통합화가 진행되고, 금융회사의 대형화와 종합화는 글로벌 경쟁력을 위한 생존의 필수조건이 되고 있다. 그리고 금융의 전산화와 함께 온라인, 인터넷 금융의 발달, 금융상품과 기법의 복합·고도화, 모바일 금융, 핀테크 등 금융산업의 변화와 발전은 상상을 초월하고 있다. 불확실성은 점차 확대되는 가운데 고객 수요는 다양해지고 소비자보호는 강조되는 상황에서 인공지능과 빅데이타 등 바야흐로 제4차 산업혁명시대를 맞이한 이때 우리나라 21세기 금융산업의 현상과 미래의 대응은 어떠한가.

1997년말 IMF 외환위기 이후 우리나라가 당면한 가장 큰 과제는 금융과 기업의 구조조정이었다고 해도 과언은 아니다. 그 중에서 금융면에서의 가장 큰 변화가 금융감독체계의 개편이고, 금융회사 지배구조의 선진화이었다. 은행, 증권, 보험, 비은행의 각 분야로 나누어진 감독체계의 비효율성을 극복하기 위하여 외환위기 직후 하나로 통합된 금융감독체계를 만들고, 금융회사의 효율적인 경영 통제를 위하여 영미식 사외이사 중심의 이사회와 감사위원회 제도를 도입하여 지배구조 개혁을 단행하였다. 그 후 이러한 제도 운영의 효율성에 대한 논란이 이어지고 개선책을 향한 논의도 계속되어 급기야는 2016년 금융회사 지배구조에 관한 통합법을 제정·시행하기에 이르렀다.

저자는 우리나라가 외환위기를 극복하는 과도기에 금융감독기관의 통합과 금융구조조정의 소용돌이 속에서 혼란한 금융시장과 수많은 집단간 이해충돌 현장을 목격하고 금융감독정책을 수립·집행하는 귀중한 실무경험을 갖게 되었다. 이때 마침 때늦은 학업과정에 있던 저자는 우리나라 금융산업의 지배구조, 특히 민감한 이슈이던 금융감독체계와 금융회사 경영지배구조의 변화에 관심을 갖게 되었고 이에 대한 학문적 접근을 시도하였다. 그 결과 부족하지만 "우리나라 금융감독체계의 효율화방안에 관한 연구"에 이어 "금융회사의 지배구조 개선방안에 관한 연구"를 석·박사 학위논문으로 준비하였다. 그리고 금융시장의 현장에 들어와 금융회사 지배구조의 운영에 직접 참여하게 되는 소중한 기회를 많이 가지게 되었다. 이에 저자는 한 개인의 학문적 정리와 경험을 사회 일반에 널리 공유하고 실용화할 필요성을 느껴 이들 논문을 바탕으로 2007년 책자를 펴낸 바 있으나, 10여년이 지나면서 금융회사 지배구조에 관한 법체계가 개편되고 질적 개선도 많이 이루어졌다. 이에 저자는 2007년 책자를 기반으로, 이같은 환경적 변화를 반영하여, 내용을 대폭 확대한 새로운 책을 펴내게 되었다.

원래 지배구조 문제는 기업은 물론이고 국가, 공공기관 등 조직체가 운영되는 곳에는 반드시 제기되는 이슈이다. 지배구조가 그 조직체를 구성, 운영하는데 있어 가장 중요한 기본요소이기 때문이다. 조직체는 의사결정과 그 집행과정의 연속인데 구성원 및 이해관계자간의 견제와 균형으로 최적의 가치를 추구한다. 여기에 바로 지배구조의 시스템적 존재이유가 있다. 지배구조가 바로 서면 그 조직체가 성공하고, 지배구조가 잘못되면 결국 실패한다. 지배구조는 살아있는 생명체이다. 끊임없이 변화한다. 시간의 흐름 속에 최적의 모습을 찾아가고 조직체의 가치창조를 위해 항상 움직여야 한다.

일반적으로 조직체는 의사결정기구, 집행기구, 감사기구로 이루어진 지배구조로 운영되고 있다. 국가를 비롯하여 기업, 공공기관 등도 마찬가지 구조이다. 국가에는 입법부, 행정부, 사법부가 있듯이 기업에는 이사회, 집행부(대표이사, 이사, 임원 등), 감사기구(내부감사, 외부감사)가 있다. 금융감독기구나 금융회사의 경우도 예외는 아니다. 각기 사업목표나 업무에 관한 의사결정이나 집행을 함에 있어 견제와 균형 속에 경영의 효율과 효과를 극대화해가고 있다. 최근 들어 기업의 최대 이슈는 투명성과 효율성 제고를 위한 지배구조의 개선이다. 그 이유는 기업지배구조가 기업의 주가, 나아가 가치에 상당한 영향을 미치고 있는 것으로 평가되고 실증되고 있기 때문이다. 주요 선진국에서는 주주자본주의를 구가하는 영미식의 사외이사 중심 이사회와 감사위원회 제도 도입이 지배구조 개선의 대세를 이루고 있다. 우리나라도 외환위기 이후 금융산업을 중심으로 이러한 지배구조를 발빠르게 도입하여 운영하고 이제는 정착단계에 와있다. 지금까지는 금융회사의 경영 투명성과 효율성 증대에 이 제도가 상당히 기여하고 있는 것으로 보인다. 하지만 향후에도 계속 참 기능을 할 수 있는지는 급변하는 여건 변화와 함께 적절한 대응 여부에 달려 있다고 보여 진다. 이와 같은 금융회사의 지배구조 문제를 금융산업의 바람직한 발전방향으로 제대로 풀어가는데 있어 이 책자가 조금이라도 도움이 되었으면 하는 것이 오랜 동안 금융감독과 금융회사에 종사해 온 저자의 조그마한 바람이다.

이 책자는 제1편 '금융제도' 제2편 '금융감독'과 제3편 '금융회사 지배구조'로 나누어 구성하였다. 금융산업의 지배구조 제도 개선을 위해 연구하는 사람에게는 학문적 이론서로서, 그리고 금융업에 종사하는 사람 또는 금융회사의 경영지배구조 운영에 실제 참여하거나 관심을 갖고 있는 사람에게는 직업적 실용서로서 매우 유용한 자료가 되리라 생각한다. 왜냐하면 책자에서 금융제도와 금융감독에 관한 기초적인 이해와 함께 현행 금융감독시스템의 운영현황과 방향을 알기 쉽게 정리하여 제시하는 한편, 금융회사의 경영진과 임직원은 물론 사외이사와 감사위원, 준법감시인들이 이사회와 감사위원회 등에서 경영통제의 역할과 기능을 제대로 수행할 수 있도록 체계적으로 정리된 논리와 실무적인 법조문까지 상세히 제공하고 있기 때문이다.

저자는 지난 40여년 동안 한국은행과 금융감독원에 이어 금융투자업계(신한금융투자, 아이엠투자증권, 현대증권, KTB투자증권 · 자산운용)와 스마트저축은행 등 여러 금융회사에 몸담아왔다. 이 과정에서 금융인으로서, 직장인으로서 또 경영인으로서 은행, 증권, 비은행, 해외 등 다양한 분야를 배우고 경험하는 행운을 가졌고, 학교와 직장 내외의 선후배, 동료, 친지 그리고 친구들의 따뜻한 격려와 베푸신 은혜에 힘있은 바 매우 크다. 항상 고맙고 이 자리를 빌어 머리 숙여 심심한 감사를 올린다. 그리고 모두의 건강과 행복을 기원한다. 학문연구과정에서 각별한 지도와 애정을 아끼지 않으신 한양대학교 이철송 선생님과 김상규, 이형규 교수님께 존경과 함께 고마움을 표한다. 아울러 출판을 흔쾌히 허락해 주신 법문사 사장님과 관계직원의 노고에도 감사의 말씀을 드린다.

끝으로 지금까지 인생을 동반해 준 고마운 아내와 예쁘게 자라 자기 일을 꿋꿋하게 잘해 나가는 딸, 아들 가족 모두에게 사랑의 은사를 특별히 전하고 싶다.

2019년 11월
여의도에서
정 기 승

차 례

제 1 편 금융제도

제 2 편 금융감독

제 3 편 금융회사 지배구조

Financial Corporate Governance of Korea

제 1 편

금융제도

제1장 금융제도 개관

Ⅰ. 금융제도의 의의

금융(finance)이란 한마디로 돈의 융통, 즉 사람과 사람 사이에 돈을 빌리거나 빌려주는 것을 말한다. 이를 경제학적으로 설명하면 자금의 수요와 공급의 관계, 즉 가치이전의 수단으로 통화(money)[1]의 순환이 이루어지는 데서 발생하는 자금의 유통이라고 한다. 자금의 수요자와 공급자 사이에서 자금을 빌리거나 빌려주는, 소위 차입과 대여하는 거래가 이루어지는 곳이 금융시장이며, 여기서 자금의 중개를 하는 자가 금융기관이다. 이러한 자금의 거래행위 또는 금융거래행위는 경제주체 사이에 일시적인 자금잉여나 부족으로 인한 지출 변동을 줄임으로써 소비나 기업경영을 안정화하는 기능을 하고, 인적・물적 자본에 대한 투자기회를 확대함으로써 개인에게는 소득 증대의 기회를, 기업에게는 생산성 향상의 기회를 제공하기도 한다.[2]

금융제도(financial system)란 일반적으로 금융거래와 관련된 법・규제・관행・중개조직 및 수단 등을 포괄하는 개념[3]으로, 금융거래에서 발생하는 정보의 비대칭성 문제를 완화하고 거래비용을 줄임으로써 거래를 원활화하게 하는 제도적 장치이다. 금융제도는 금융거래가 구체적으로 이루어지고 시스템이 운영되는데 있어 행하는 역할에 따라 통상 ① 금융거래가 이루어지는 금융시장과

1) 통화란 일반적으로 경제주체가 재화와 서비스의 거래에서 지출행위에 사용하는 구매력, 즉 법정화폐인 현금(동전과 지폐)과 현금으로 손쉽게 전환할 수 있는 금융자산을 말한다. 오늘날 금융기관이 은행 외에도 비은행금융기관으로 다양해지면서 이들 기관이 취급하는 금융자산도 예수금뿐만 아니라 양도성예금증서(CD), 환매조건부채권(RP), 기업어음(CP), 금전신탁, 수익증권, 금융채 등으로 많아지고 있다.

2) 한국은행, 「우리나라의 금융제도」(2006.1), 3면.

3) 강병호, 「금융기관론」(박영사, 2002.1), 37면.

② 금융거래를 중개하는 금융기관, ③ 금융거래를 지원하고 감시하는 금융하부구조의 세 가지로 구분할 수 있다.[4)]

먼저 금융시장(financial market)은 자금의 수요자와 공급자가 금융거래를 하는 조직화된 장소, 즉 가계·기업·정부·금융기관 등 경제주체들이 금융상품을 거래하여 필요한 자금을 조달하고 여유자금을 운용하는 체계적이고 조직화된 시스템이다. 금융시장은 여러 가지 기준에 따라 다양하게 세분해 볼 수 있다. 자금 공급자와 수요자간에 이루어지는 거래의 직·간접성 여부에 따라 직접 거래가 이루어지는 직접금융시장과 금융기관을 통해 거래가 이루어지는 간접금융시장으로 구분되고, 거래되는 금융상품의 종류에 따라 예금·대출시장, 외환시장, 주식·선물시장, 채권시장, 파생상품시장 등으로 구분되기도 하며, 금융상품의 만기구조에 따라 만기 1년 이내의 단기상품이 거래되는 단기금융시장과 장기상품이 거래되는 자본시장으로 구분되기도 한다. 또한 증권거래소처럼 다수의 자금 공급자와 수요자가 조직화된 장소에서 거래하는 장내시장과 전화나 전산망 등을 통해 임의거래하는 장외시장으로 나누어 볼 수도 있다. 이러한 금융시장에는 금리라는 가격변수가 자금의 수요와 공급을 조절해주는 중요한 기능을 하고 있다.

금융기관(financial institution)은 자금 공급자와 수요자간에 거래를 성립시켜 주는 것을 목적으로 하는 조직체이다. 금융기관은 다시 금융중개기관(financial intermediaries)과 시장중개기관(market intermediaries)으로 구분할 수 있다. 금융중개기관이란 자금의 공급자와 수요자 사이에서 당사자로서 자기계산으로 신용대위(credit substitution)를 하는 중개기관이며, 시장중개기관은 브로커나 딜러와 같이 자금의 조달수단인 증권의 형태를 바꾸지 않고 단순히 거래를 알선하거나 매매중개 역할만을 하는 기관이다. 협의의 금융기관이라 함은 일반적으로 금융중개기관을 지칭한다.[5)] 금융기관은 금융시장에서 자금의 공급자와 수요자 사이에 거래비용절감, 자산변환, 지급결제수단의 창출기능을 하고 있다. 다시 말해서 자금 공급자와 수요자가 직접 거래할 경우에는 높은 탐색비용으로 거래 자체가 불가능할 수도 있지만 금융기관은 거래비용을 절감시켜 작은 거래도 가능하게 함으로써 금융거래를 활성화한다. 그리고 금융기관은 다수로부터 거액의 자금을 모아 다양한 자산에 운용함으로써 투자자로 하여금 간접적으로

4) 한국은행, 전게서, 5면.
5) 강병호, 「금융기관론」(박영사, 2006.2), 3면.

분산투자하는 혜택을 누릴 수 있게 해준다. 또한 금융기관은 화폐나 수표, 신용카드 등 거래를 구체적으로 실행시키는 지급결제수단을 제공함으로써 거래를 보다 활성화시키고 나아가 생산과 소비를 촉진시켜 실물경제성장에 기여하게 된다.[6)]

금융하부구조(financial infrastructure)란 금융시장의 거래준칙이나 금융기관 인허가 및 경영, 소비자보호 등을 규정하는 법규체계와 금융거래와 금융기관 업무와 관련하여 이를 지원하고 감시하는 각종 기구를 말한다. 금융거래에 있어 불공정·불건전한 금융행위를 금지하고 금융기관의 과도한 위험추구행위를 제한하는 법규와 이러한 법규가 제대로 시행되는지를 감시하는 장치로서 금융감독기구가 필요하다. 그리고 경제활동에 필요한 통화를 발행하고 자금이전이 원활히 이루어지도록 하는 지급결제제도를 관리하는 중앙은행과 금융기관 도산시에 일정한도 내에서 예금자에게 원리금 지급을 보장해주는 예금보험기구 등도 여기에 포함된다.[7)]

이와 같이 금융제도는 금융시장, 금융기관, 금융하부구조의 유기적인 구성과 조화를 통하여 운영되고 있다. 금융제도는 자금 공급자와 수요자간 자금이전을 원활하게 함으로써 금융 및 실물거래를 활성화시키고, 자금이 최적이용자에게 배분되도록 하여 자원 배분의 효율성을 높이며, 금융거래에 수반되는 각종 위험을 축소함으로써 저축과 투자 동기를 유발시키게 된다. 결국 금융제도의 효율적인 운영은 개인의 후생과 기업 이윤의 증대를 가져오고 나아가 경제 전체의 발전을 촉진하게 된다.

Ⅱ. 금융제도의 유형

금융제도는 국가마다 다르다. 기업자금 조달에 있어 미국은 채권이나 주식 등 직접금융 의존도가 높은 반면 일본이나 독일은 은행대출과 같은 간접금융이 더 중요한 역할을 담당한다. 금융기관의 업무영역 면에서도 독일의 은행들은 전통적인 은행 예대업무 외에 증권업무도 함께 영위하고 있지만 미국과 일본의

6) 강병호, 전게서, 3-9면 참조.
7) 한국은행, 전게서, 5면.

경우는 은행업무와 증권·보험업무의 겸영을 제한하는 전업주의 전통을 유지하고 있다.

1. 은행중심 금융제도와 시장중심 금융제도

금융제도는 간접금융과 직접금융의 상대적 중요성을 기준으로 은행중심 금융제도(bank-based financial system)과 시장중심 금융제도(market-based financial system)로 분류된다. 모든 제도가 그렇듯이 금융제도도 각국의 정치·경제·법률·역사적 배경 등에 따라 다른 것이 일반적이지만, 크게 한국, 일본, 독일 등과 같은 간접금융 위주의 은행중심 금융제도(bank-based financial system)와 미국, 영국 등의 직접금융 위주의 시장중심 금융제도(market-based financial system)로 대별할 수 있다.

직접금융은 자금의 공급자와 수요자가 계약당사자로서 직접 금융거래를 하는 형태이며 간접금융은 금융기관이 자금공급자나 수요자를 대신하여 계약의 일방이 됨으로써 자금의 공급자와 수요자를 연결하는 금융형태를 말한다. 예를 들어 대표적인 직접금융수단인 회사채의 경우 자금수요자인 기업이 자금공급자로부터 자금을 직접 조달하는 데 비해 간접금융수단인 은행대출에서는 은행이 예금 등을 통해 자금공급자로부터 조달한 자금을 대출계약을 통해 기업에 공급한다. 그리하여 시장중심 금융제도에서는 주식과 채권이 거래되는 자본시장이 중요한 역할을 하고 은행중심 금융제도에서는 은행이 중추적인 기능을 한다.

시장중심 금융제도와 은행중심 금융제도는 기업감시에 있어서도 차이가 있다. 시장중심 금융제도에서는 주가 변동과 적대적 인수합병이 기업 감시에 중요한 역할을 하기 때문에 기업회계의 투명성과 투자자 보호가 중시된다. 반면 은행중심 금융제도에서는 주가 변동보다는 은행과 기업간 장기적 관계를 통해 기업감시가 이루어진다.

국가별로는 시장중심 금융제도가 발달한 나라로 미국과 영국을, 은행중심 금융제도가 발달한 나라로 독일과 일본을 들 수 있다. 금융이 발달한 선진국들도 이렇게 금융제도가 서로 다름에 따라 지난 20년간 시장중심 금융제도와 은행중심 금융제도의 상대적 우월성에 대한 논쟁이 꾸준히 있어 왔으며 이를 뒷받침하기 위한 이론 및 실증분석 연구들도 많이 이루어졌다.[8] 그동안의 연구 결과

8) 금융발전과 금융제도의 유형이 경제발전에 미치는 영향에 관한 문헌 서베이는 Ross

를 종합해 보면 특정 금융제도의 선택이 경제성장이나 기업의 외부자금 조달능력에 영향을 주지 않는 것으로 나타났다. 오히려 금융의 전반적인 발달 상황, 계약관련 법체계의 발전 정도 그리고 투자자 권리의 보호 정도가 영향을 미치는 것으로 나타났다. 이는 금융방식의 차이보다 금융하부구조의 효율성이 전체 금융제도의 효율성을 결정하는 중요한 요소임을 말해주는 것이다.

은행중심 금융제도가 효율적인가, 시장중심 금융제도가 효율적인가에 관한 과거의 논쟁은 기본적으로 직접금융과 간접금융이 상호 경쟁 관계에 있다는 인식에 바탕을 두고 있다. 그러나 최근에는 직접금융과 간접금융이 상호 경쟁적일 뿐 아니라 보완적이기도 하다는 인식이 높아지면서 금융제도간 비교우위 논쟁은 예전에 비해 열기가 크게 식었다. 오히려 직접금융과 간접금융 모두 필요하며 두 금융방식이 균형적으로 발전하여야 한다는 쪽으로 의견이 모아지고 있다.

이러한 견해는 두 금융방식이 자금 지원에 있어 비교우위가 있는 부문이 서로 다르다는 점에 근거를 두고 있다. 직접금융은 시장인지도가 높고 회계정보가 잘 갖추어져 있어 경영정보를 얻기 쉬운 대기업에 유리한 반면 간접금융은 시장인지도가 낮고 회계정보가 불충분한 중소기업에 유리하다. 일반적으로 직접금융수단인 시장성 자산은 무임승차(free rider) 문제[9]로 인해 정보생산의 유인이 약하기 때문에 중소기업에게 적절하지 못한 반면 은행을 이용하면 장기간 거래로 축적된 기업정보가 정보의 비대칭성 문제를 완화할 수 있는 이점이 있기 때문이다.

또한 직접금융과 간접금융은 성과구조(payoff structures)가 달라 위험에 대한 투자자의 인식에도 큰 차이가 있다. 대표적인 직접금융수단인 주식의 경우 투자수익이 기업의 경영성과에 비례하기 때문에 투자자는 기업이 좀 더 많은 위험을 감수하는 것을 용인하는 경향을 보인다. 반면 간접금융수단인 은행대출의 경우 투자성과가 사전에 정해지는 반면 기업이 부도나면 이자는 물론 원금마저 회수할 수 없는 위험에 빠질 수 있으므로 대출기업의 자산운용에 대하여 보다 보수적인 입장을 취하게 된다. 따라서 직접금융은 투자위험이 큰 산업에 대한 자금공급에, 은행대출 등 간접금융수단은 수익이 낮지만 상대적으로 안전

Levine(2004.9), "Finance and Growth: Theory and Evidence", *NBER Working Paper* No. 10766을 참조.

9) 여기서 무임승차 문제란 생산된 정보에 대한 배타적 사용이 불가능한 경우 어느 누구도 정보생산에 소요되는 비용을 지급하려 하지 않기 때문에 정보 생산 자체가 원활히 이루어지지 않는 것을 말한다.

한 산업에 대한 자금공급에 유리하다.

직접금융과 간접금융은 투자자들의 의견 수용 면에서도 산업간 비교우위에 차이가 있다.[10] 은행 대출은 다수의 투자자로부터 모은 자금을 운용하는 만큼 투자자들의 견해 일치에 무리가 없는 전통산업에 적절한 반면 직접금융은 투자자들의 견해가 일치할 필요가 없는 혁신산업에 유리하다. 즉 직접금융은 주가를 매개로 투자자와 기업간 의사소통이 끊임없이 이루어지기 때문에 경영방식에 대한 경험이 축적되지 않은 혁신산업의 감시 및 자금지원에 유리하다.

직접금융과 간접금융이 균형적으로 발전해야 하는 또 다른 이유는 양자가 서로의 발전을 촉진한다는 점에 있다. 먼저 자본시장은 금융기관의 금융중개 업무를 감시하는 역할을 수행한다. 금융기관은 정보생산 능력을 토대로 기업정보 비대칭 문제를 완화할 수 있으나 자신의 경영 불투명성을 해결하지는 못한다. 경영의 불투명성은 정보독점을 가능하게 하여 정보취득의 동기를 부여하는 면이 있으나 금융기관의 위험추구 행동을 외부인이 감시하기 어렵게 하는 문제를 갖고 있다. 그런데 자본시장이 효율적으로 기능한다면 금융기관이 발행한 주식이나 채권의 가격변동을 통해 금융기관의 위험추구 행동을 통제할 수 있게 된다[11]. 반대로 금융기관의 금융중개기능 발전 역시 자본시장의 발전을 촉진하는 역할을 수행한다. 즉 금융기관은 축적된 정보를 토대로 자금차입자의 신용위험 등에 대한 정확한 정보를 생산 공급함으로써 자본시장이 해당 기업의 주식가격 등을 더 정확히 책정하도록 하는 데 도움을 준다.

금융제도의 유형을 비교해 보면 <표 1-1>과 같이 다양한 구조적 차이가 있다. 은행중심의 금융제도는 장기고객관계에 의한 정보 비대칭 축소, 제조업의 경쟁력 강화 등에 유리하나 기업 이 부실화되면 은행이 동반 부실화될 가능성이 있다. 반면 시장중심의 금융제도는 자금배분의 적정화, 부실기업 조기정리 등의 장점이 있으나 기업경영자와 투자자간의 정보비대칭, 투자자금공급체계의 높은 변동성(volatility), 단기성과 중시로 인한 과소투자 우려 등이 단점으로 지적된다. 이와 같이 은행중심과 시장중심의 양 제도가 장단점이 있어 어느 하나가 일방적으로 우월하다고는 할 수 없으나 보통은 은행제도의 발전을 기반으로 하여 점차 금융제도가 성숙단계로 발전해가면서 자본시장의 기능이 확대되는

---

10) F. Allen and D. Gale(1999), "Diversity of Opinion and Financing of New Technologies", *Journal of Financial Intermediation*, pp. 68-89.

11) 이를 시장규율(market discipline)이라고 말한다.

것이 바람직하다고 하겠으며 금융제도의 효율화를 위해 직접금융과 간접금융이 균형적으로 발전하는 것이 중요하다고 하겠다. 그러나 직접금융과 간접금융의 상대적 비중이 어느 정도이어야 이상적인지는 해당 국가의 경제발전단계나 경제구조에 따라 달라질 수밖에 없다. 일반적으로 대기업보다 중소기업의 비중이 높은 국가일수록 정보의 비대칭성 문제를 완화하기 위해 간접금융이 더 중요하고, 혁신산업에 의해 주도되는 경제일수록 동 산업 지원에 유리한 직접금융의 역할이 더 중요할 것이다.[12)]

표 1-1 금융제도 유형 비교

		은행중심 금융제도	시장중심 금융제도
금융시장 형태		간접금융중심의 부채관리형	시장중심의 자산관리형
대출위험		은행부담	투자자간 분산
차입자 정보		은행생산(비객관화 정보포함)	전문기관생산(객관화된 정보)
심사기능	사전적 심사기능	은행	시장조성자
	중간적 심사기능	은행	신용평가기관
	사후적 심사기능	은행	신용평가기관, 증권인수투자자
감시효율성		–은행과 기업간 장기거래관계 바탕으로 효율적인 정보생산 –유동성없는 대출자산보유에 따라 감시유인이 크고 무임승차문제 완화	–정보 공공성으로 인해 정보생산관련 무임승차문제 발생 –경영자근시성(대리인문제)에 대해 시장을 통한 감시
기업집불능력 감시빈도		지급결제서비스의 제공으로 기업의 현금흐름을 추정함으로써 지속적으로 감시	일정기간마다 발표되는 재무제표를 위주로 함으로써 감시빈도와 정보범위 제한
투자성과		장기	단기
기업구조조정 지원		신축적 지원 가능	경직적
기업정보		1차 정보 (비은행이나 직접금융시장 생산불가 정보생산)	2차 정보 (기업이 발표한 정보를 토대로 정보생산)
금융기관 총자산대비 은행보유자산비율		높음	낮음
전반적 자산 규모	내부자금 조달정도	낮음	높음
	부채/자본비율	높음	낮옴

12) 한국은행, 「한국의 금융제도」(2018), 6-9면 참조.

주식 소유 구조	은행의 기업주식보유	상당	이미
	기업간 상호주식보유	광범위	제한적

2. 금융제도의 수렴화

세계경제를 주도하고 있는 미국, 일본, 독일 및 영국의 금융제도를 살펴보면 금융거래방식, 은행산업구조, 기업감시, 금융기관의 업무영역 등에서 많은 차이를 보이고 있다. 금융거래 방식과 관련하여 미국과 영국은 자본시장을 통한 직접금융이 우위를 보이는 반면 독일과 일본은 은행을 통한 간접금융방식이 중요한 역할을 담당하고 있다. 은행산업의 구조를 보면 미국은 소규모 은행이 난립하는 단위은행제도(unit banking system)를 채택하고 있으나 영국, 일본 및 독일은 전국적인 지점망을 갖춘 소수의 대형은행들에 의해 은행산업이 주도되고 있다. 기업감시면에서는 미국의 경우 효율적인 자본시장이 기업감시의 중심이 되지만 독일과 일본은 주거래은행제도를 통해 은행이 기업감시 역할을 담당한다. 금융기관의 업무영역과 관련하여서는 독일은 겸업주의로서 은행이 전통적인 은행업무뿐 아니라 증권업무 등도 함께 영위하고 있지만 미국과 일본은 분업주의 전통을 유지하여 왔다.

그러나 1990년대 이후에는 각국이 다른 나라 금융제도의 장점을 받아들이면서 이러한 국가간 금융제도의 차이가 점차 줄어드는 경향을 보이고 있다. 먼저 전통적으로 분업주의 원칙을 고수하던 영국, 미국 및 일본이 금융기관의 업무범위 제한을 완화하는 움직임을 보였다. 영국은 1986년 빅뱅(Big Bang)을 통해 일찍이 은행의 증권사 인수를 허용함으로써 분업주의 원칙을 수정한 바 있다. 일본은 1993년 금융개혁 관련 법률 시행을 통해 은행의 증권자회사 취득을 허용하였으며 미국도 1999년 금융서비스현대화법(Gramm-Leach-Bliley Act)을 제정하여 금융지주회사가 은행 이외에 증권회사를 자회사로 둘 수 있게 하였다.

반면 은행중심 금융제도를 갖고 있는 국가에서는 자본시장 발전을 위한 대책들이 추진되었다. 독일은 1990년대 들어 네 차례에 걸친 자본시장 진흥법 정비를 통하여 투자자 보호와 투명성면에서 획기적인 진전을 이루었다는 평가를 받고 있다. 일본은 아직 가시적 성과는 없지만 자본시장 발달을 위한 정책들을 계속적으로 추진하고 있다.

특히 1990년대 이후 금융자유화를 배경으로 나타나고 있는 금융의 증권화(securitization) 현상[13]은 시장중심 금융제도의 거래방식이 은행중심 금융제도를 채택하고 있는 국가에까지 확산되는 계기가 되고 있다. 즉 간접금융수단에서 직접금융수단으로의 대체, 대출채권의 유동화 등 금융의 증권화가 어느 나라에서나 일반화되면서 시장중심의 미국과 영국의 금융제도를 국제표준으로 도입하는 경향이 나타나고 있다.

그러나 금융제도가 서로 수렴한다고 해도 모든 금융제도가 본질적으로 동일하게 수렴하기는 어려워 보인다. 이는 금융제도에 경로의존성(path dependence)[14]이 존재하는 데다 국가별로 일반법률체계 등 다른 제도와 정합성을 유지하기 위해 어느 정도 고유한 특징을 가질 수밖에 없기 때문이다.[15]

---

13) 1980년대 후반 이후 기업의 단기자금 조달시장에서는 기업어음(CP: Commercial Paper)이 은행대출을 대체하였고 국제금융시장에서는 변동금리부채권(FRN: Floating Rate Note)과 전환사채 등이 신디케이트론을 대체하였다. 한편 대출채권의 유동화는 1970년대 말 주택저당채권담보부증권(Home Mortgage-Backed Securities)의 발행을 계기로 본격화되었는데 지금은 주택저당채권뿐만 아니라 자동차할부금융채권, 신용카드 대출채권, 리스채권 등 다양한 종류의 대출채권을 대상으로 유동화가 이루어지고 있다. 이러한 대출채권 유동화는 자금공급에 필수적인 두 가지 구성요소인 여신심사기능과 자금조달기능을 분리함으로써 금융기관의 자금조달 부담을 완화하고 자금공급을 활성화하는 효과를 갖고 있다.

14) 한 나라의 금융제도가 형성되기까지는 여러 역사적 사건들이 복합적으로 영향을 미치게 마련이다. 금융제도의 경로의존성은 금융제도가 이러한 역사적 사건의 발생 순서에 따라 영향을 받는다는 것을 의미한다. 실제 주요 선진국의 금융제도 변천사를 보면 산업화 당시 성장주도 산업의 특성, 경제력집중에 대한 사회적 태도, 금융위기 경험 등이 복합적으로 영향을 미쳤다. 가장 먼저 산업화과정을 겪었던 영국은 산업화가 주로 경공업 위주로 이루어짐에 따라 기업의 외부자금 조달 필요성이 크지 않았고 이로 인해 영국의 은행은 장기대출보다 단기무역금융에 특화하게 되었다. 반면 산업화의 후발주자였던 독일은 중공업 위주의 산업화에 대규모 외부자금조달이 필요하였기 때문에 은행이 장기투자자금을 공급하는 투자은행업무를 수행하였고 그 과정에서 은행의 기업감시 역할이 정착되었다. 미국과 독일 모두 산업화의 후발주자였고 중공업 위주의 산업화로 대규모 외부자금이 필요했지만 미국기업은 대규모 외부자금을 자본시장을 통해 조달한 반면 독일기업은 은행을 통해 조달하였다. 이러한 차이를 가져온 가장 근본적인 원인은 산업화가 진행되던 19세기 후반 경제력 집중에 대한 사회적 견제가 미국에서는 있었던 반면 독일에서는 없었다는 데 있다. 미국은 건국초기 알렉산더 해밀턴의 주도 하에 전국적인 지점망을 가진 은행들을 설립한 바 있지만 곧이어 경제력 집중에 대한 정치적 반대여론이 비등해지면서 전국적인 지점망을 갖춘 대형은행은 사라지고 지역에 기반을 둔 소규모 은행이 난립하게 되었다. 그런데 이러한 분절된 은행제도는 산업화를 위한 대규모 투자자금을 동원하기에 부적절하였고 잦은 은행위기 발생으로 투자자의 신뢰를 받기도 어려웠다. 그 결과 미국의 경우 은행보다도 자본시장을 통한 자금조달이 활성화될 수밖에 없었다.

15) 한국은행, 전게서, 10-12면 참조.

3. 전업주의와 겸업주의

금융제도는 금융기관의 업무영역을 제한하는 정도에 따라 전업주의 금융제도(specialized banking)와 겸업주의 금융제도(universal banking)로 분류되기도 한다. 전업주의 금융제도에서는 한 금융기관이 은행, 증권, 보험 등 여러 금융서비스를 함께 취급할 수 없으며 각 금융서비스가 해당 전문 금융기관에 의해서만 제공될 수 있다. 반면 겸업주의 금융제도에서는 이러한 제한이 없을 뿐만 아니라 이사회 활동 등을 통해 비금융 기업의 경영에 참여하는 것이 허용되기도 한다.

전업주의 금융제도와 겸업주의 금융제도는 근본적으로 금융기관 업무범위에 대한 규제 형태에 달려 있다. 미국의 경우 1933년 은행업과 증권업의 겸영 규제를 골자로 하는 글래스-스티걸법(Glass-Steagall Act)을 제정한 것이 전업주의 도입의 근거가 되었다. 동법 제정에는 은행업과 증권업 겸영이 이익상충 문제를 심화시켜 1930년대 초 금융공황으로 발전하였다는 판단이 크게 작용하였다. 여기서 이익상충이란 금융기관이 여러 고객과 거래하면서 한 고객의 이익을 위해 다른 고객을 희생시키거나 고객의 이익보다 금융기관 스스로의 이익을 위해 거래하는 것을 말하는 것으로 겸업주의에서 나타나는 부작용으로 널리 거론되고 있다.[16)]

이익상충 문제 이외에 겸업을 반대하는 또 다른 이유는 겸업이 금융제도의 불안정성을 높인다는 것이다. 즉 일반적으로 겸업 금융기관은 그렇지 않은 금융기관보다 규모가 크기 때문에 도산시 전체 금융제도가 불안정해질 수 있는 가능성이 높다는 것이다. 또한 지급결제에 있어 중추적 역할을 하는 은행의 특성 때문에 은행이 위험성이 높은 증권업무를 함께 취급할 경우 증권부문의 부실이 은행부문으로 전이되어 금융부문 전체가 위기에 빠질 수 있다는 점도 지적되었다. 아울러 겸업주의는 대형화에 따른 대마불사(too-big-to-fail) 등을 통해 금융기관의 위험추구 유인을 강화하여 금융불안 가능성을 높일 수 있다.[17)]

---

16) 이와 관련하여 겸업주의 옹호론자들은 전업주의 체제에서도 금융기관의 취급업무가 하나 이상이면 이익상충 문제가 발생하며 금융기관간 경쟁이 활발하고 시장과 감독당국에 의한 감시가 효율적으로 이루어질 경우 겸영을 허용하더라도 이익상충 문제가 심각하지 않다고 주장한다.

17) 이에 대해 겸업주의 옹호론자들은 겸영 허용은 분산투자를 통해 투자위험을 줄일 수 있으며 국지적인 충격에 대해서도 지역간 분산투자 등을 통해 대처 가능하므로 전업주의보다 금융위

반면 겸업주의의 장점으로는 정보생산의 우월성이 주로 거론된다. 즉 여러 금융업무를 취급하는 겸업 금융기관은 다양한 금융서비스를 통해 거래기업과 폭넓고 영속적인 관계를 유지할 수 있어서 거래기업의 경영실태를 좀 더 정확히 파악할 수 있다는 것이다. 기업과의 폭넓은 거래관계가 기업경영실태 파악에 도움이 되는 이유는 거래기업의 차입행위는 물론 주식발행에 대한 정보를 취득함으로써 기업의 자금조달 및 운용실태를 종합적으로 관찰할 수 있기 때문이다. 또한 겸업주의는 기업의 설립에서 성숙에 이르는 과정에 필요한 여러 가지 자금조달 행태에 부응할 수 있기 때문에 기업과 영속적으로 거래관계를 유지할 수 있다. 기업의 자금조달 패턴을 보면 시장인지도가 낮은 설립초기단계에는 내부유보나 은행대출 등 간접금융에 주로 의존하지만 인지도가 어느 정도 쌓인 성숙단계에 이르면 회사채나 주식 등 직접금융을 통한 자금조달 비중을 높이는 것이 일반적이다. 따라서 전업주의 금융제도하에서는 은행과 증권사가 각각 설립초기단계 및 성숙단계의 기업과 주로 거래하게 되지만 겸업주의 금융제도 하에서는 하나의 금융기관이 직·간접금융을 모두 취급하므로 기업의 설립초기단계부터 성숙단계에 이르기까지 장기간에 걸쳐 거래관계를 유지할 수 있게 된다.

겸업주의 금융제도의 또 다른 장점으로 범위의 경제가 있다. 범위의 경제란 여러 업무를 동시에 취급할 경우 따로 취급할 때에 비해 업무취급 비용을 절감할 수 있음을 의미한다. 범위의 경제가 발생하는 원인은 생산과 소비 측면으로 구분해 볼 수 있다. 생산면에서는 먼저 정보취득에 있어서의 범위의 경제를 생각할 수 있다. 예를 들어 기업에 대출하거나 유가증권을 인수할 경우 해당 기업의 경영상태에 대한 조사가 필요한데 각각을 별도의 금융기관에서 취급할 경우 금융기관별로 기업경영실태조사가 필요하지만 대출과 유가증권 인수를 한 금융기관에서 취급할 경우 한번의 경영실태 조사만으로도 충분하다. 생산면의 범위의 경제는 지점망 등 고정적인 투입요소를 여러 금융업무에서 공동으로 사용함으로써도 누릴 수 있다. 또한 기존 업무에서 시장인지도를 쌓은 만큼 신규업무 취급시 마케팅비용을 절감할 수도 있다. 한편 소비면에서는 한 금융기관이 여러 종류의 금융서비스를 함께 제공함으로써 금융소비자의 탐색비용을 절감하는 효과가 있다.

지난 수십년 동안 학계에서는 겸업주의의 장점과 단점을 실증분석을 통해

기 가능성을 줄인다고 주장한다.

입증하려고 노력하여 왔으나 겸영에 따른 금융위기 가능성 증가나 범위의 경제 여부 등에 대해 통일된 결론에 이르지 못하였다. 1990년대 이후 금융혁신과 금융기관간 경쟁 격화 등으로 업무범위 규제의 실효성이 저하되는 상황에서 각국의 금융제도는 업무영역규제를 완화하는 방향으로 변화하였다. 다만 이해상충 문제를 최소화하고 이종업무간 위험 전염을 차단하기 위해 한 금융기관이 모든 금융업무를 취급하는 독일식 겸영방식보다는 자회사나 지주회사 형태를 통해 겸영을 허용하는 추세가 최근의 글로벌 금융위기까지 이어졌다.[18]

Ⅲ. 최근 세계금융제도의 변화

지난 1980년대 이후 대다수 국가에서는 규제완화, 금융자유화가 적극 추진되었다. 이는 그간 국내 저축동원이나 금융안정을 위해 금융부문에 가해지던 폭넓은 규제가 경쟁제한을 초래하여 금융기관의 혁신 노력을 제약함으로써 금융효율이 저하되었다는 인식에 바탕을 둔 것이다. 이러한 금융자유화에 힘입어 신종금융상품이 등장하고 새로운 금융시장이 형성되는 등 금융혁신이 활발하게 일어났다. 이와 함께 금융기관의 업무영역 제한이 완화되면서 금융겸업화가 진전되었고 금융시장 통합화, 금융국제화, 금융기관 대형화 등이 나타났다. 각국의 정책당국도 증권화 또는 자산유동화, 파생금융상품의 유용성을 강조하였다.

그러나 이와 같은 자유화, 규제완화 추세는 글로벌 금융위기 이후 상당한 수정 또는 변화를 겪었다. 2008년 글로벌 금융위기를 계기로 미국, 영국 등 주요 선진국을 중심으로 거시건전성 및 금융안정의 중요성이 재인식되었다. 이에 따라 금융위기 억제 및 재발 방지를 위하여 그 동안의 금융규제 완화 기조를 점검하고 시스템 리스크를 예방하기 위한 규제강화 등의 방안이 마련되었다.[19]

1. 거시건전성정책 도입

거시건전성정책(macro-prudential policy)이란 금융안정 차원에서 시스템

18) 한국은행, 전게서, 12-13면 참조.
19) 한국은행, 전게서, 15-23면 참조.

리스크를 억제하기 위하여 건전성 정책수단을 설계, 도입하여 실시하는 정책을 의미한다. 글로벌 금융위기를 계기로 각국에서는 미시건전성수단만으로는 금융안정을 보장하기 어렵다는 인식이 확산되면서 그 중요성이 새롭게 부각되었다. 금융위기를 효과적으로 방지하기 위해서는 개별 금융기관에 대한 감독뿐만 아니라 자산가격 등 거시경제적 요인과 금융거래의 상호연계성에 대한 종합적인 모니터링이 필요하다는 것이다. 이에 따라 주요 선진국들은 거시건전성정책을 수행하기 위하여 감독체계 개편 등을 통한 시스템 리스크 대응체계를 구축하였다. 미국, 영국 등은 거시건전성정책 총괄기구를 설치하였는데 이는 금융안정 관련 기관간의 정책 공조를 통한 시스템 리스크의 효과적 예방 및 대응이 필요하다는 주장에 근거한다. 이러한 거시건전성정책 총괄기구의 설치형태를 보면 미국, 프랑스, 독일 등은 재무부[20]를 주도로 한 협의체를, 영국은 중앙은행 내 의사결정기구를 두고 있다. 또한 주요국들은 거시건전성 총괄기구를 통한 정보 공유 체계를 마련하였는데 미국 및 캐나다는 별도 기구[21]를 활용하여 감독정보를 공유하며, 기타 국가들은 금융안전망 참여기구간 양해각서 또는 이사회 교류 등을 통해 정보공유를 확대하였다.

거시건전성 정책수단으로는 시계열 차원의 시스템 리스크에 대응하는 수단과 횡단면 차원의 시스템 리스크에 대응하는 수단으로 구분할 수 있다. 시계열 차원의 시스템 리스크는 주로 금융 및 경기사이클 확대 국면에서 경제주체의 과도한 쏠림행위와 경기순응성으로 인해 경제에 과도하게 공급된 신용이나 유동성이 금융 및 경기사이클 침체 국면에서 급속히 되돌려지면서 발생하게 되는 리스크를 말한다. 주요 정책수단으로는 경기대응완충자본, 자본보전완충자본, 레버리지비율 등이 있다. 반면 횡단면 차원의 시스템 리스크는 금융기관간 공통 익스포저, 리스크 집중, 상호연계성 및 의존성 등으로 인해 한 부문에서 발생한 위기가 여타부문, 경제주체 또는 국가 등으로 전염 또는 확산될 수 있는 위험을 의미한다. 주요 정책수단으로는 시스템적으로 중요한 금융기관에 대한 추가자본 규제, 장외파생상품의 중앙청산 및 거액익스포저 규제 등이 있다.

20) 프랑스는 경제부이다.
21) 미국은 1979년 연방금융기관검사협의회(FFIEC)를, 캐나다는 1987년 금융기관감독위원회(FISC)를 각각 설치하여 운영해오고 있다.

2. 금융감독체계 개편 및 중앙은행의 역할 증대

글로벌 금융위기 이후 거시건전성정책 마련 및 금융기관에 대한 감독 강화 필요성 등이 논의되면서 주요국을 중심으로 금융감독 체계의 개편이 이루어졌다. 특히 이 과정에서 중앙은행의 역할이 종전보다 증대되었다. 금융위기 이전에는 금융위기 발생시 중앙은행의 역할은 주로 최종대부자 기능을 통한 사후수습에 중점이 두어진 것으로 인식되었다. 또한 중앙은행의 금리정책은 모든 경제주체에 무차별적 영향을 미치므로 금융안정보다는 거시경제의 안정을 위해 수행되고 금융안정은 감독기구가 규제정책을 통해 도모하는 것이 바람직하다고 인식되었다. 그러나 금융위기를 계기로 주요국을 중심으로 금융감독체계의 개편이 이루어짐과 동시에 중앙은행의 역할에 대한 논의가 다각도로 이루어졌다.

미국은 중앙은행, 연방예금보험공사, 통화감독청 및 저축기관감독청 등 다수의 감독기관이 존재하며 금융위기 이후 감독기구의 통합 논의가 있었으나 통합감독기구는 출범하지 못하였다. 다만 2010년 재무부, 중앙은행, 감독기구 등이 참여하는 금융안정감시협의회(FSOC: Financial Stability Oversight Council)를 신설하여 금융시스템의 잠재리스크 포착 및 대응전략 마련, 시스템적으로 중요한 금융기관 및 거래행위 지정, 중요 지급결제시스템 및 활동내용 지정 등의 기능을 수행하도록 하고 있다. 또한 미 연준은 FSOC에서 승인된 정책을 집행하는 역할을 담당하며 종전보다 확대된 금융감독 권한을 수행하게 되었다. 구체적으로 시스템적으로 중요한 금융기관에 대한 건전성 규제기준을 제정하고 필요시 주무 감독기관에 조치를 취할 것을 권고할 수 있도록 하였다.

영국은 2009년 은행법(Banking Act 2009)을 통해 영란은행에 금융안정 책무를 부여하였으며 2012년, 2016년에는 금융서비스법(Financial Services Act 2012, 2016)을 제·개정하여 금융감독기능을 중앙은행으로 일원화하였다. 구체적으로 중앙은행 내에 금융안정정책결정 기구인 FPC(Financial Policy Committee) 및 금융감독 정책결정 기구인 PRC(Prudential Regulation Committee)를 도입하였다. 또한 기존의 통합감독기구(FSA)를 해체하고 미시건전성 감독을 담당하는 PRA(Prudential Regulation Authority)를 중앙은행의 내부조직에 두었다.[22)]

---

22) 2017년 3월부터 기존 PRA이사회가 PRC로 개편되었고, PRA는 영란은행 내부에 존속하되 더 이상 영란은행의 자회사가 아니게 되었다(정운찬 · 김홍범, 「화폐와 금융시장(제5판)」, 2018).

한편 금융행위감독원(FCA: Financial Conduct Authority)을 독립기구로 신설하여 영업행위 규제, 금융소비자보호 기능을 별도로 수행하도록 하였다.

한편 EU는 금융위기 이후 유럽 금융시스템의 안정성을 높이고자 2014년 11월 유럽금융감독시스템(ESFS: European System of Financial Supervisors)을 출범시켰다. 거시건전성 감독은 유럽시스템리스크위원회(ESRB: European Systemic Risk Board), 미시건전성 감독은 유럽은행감독당국(EBA: European Banking Authority), 유럽보험연금감독당국(EIOPA: European Insurance and Occupational Pension Authority), 유럽증권시장감독당국(ESMA: European Securities and Markets Authority) 및 회원국 개별 금융감독기구가 담당한다. 또한 유럽중앙은행(ECB: European Central Bank)은 유로지역의 시스템적으로 중요한 은행에 대한 감독을, 회원국 감독당국은 중요도가 낮은 회원국 소재 은행들에 대한 감독을 담당한다.

3. 글로벌 금융규제 강화

금융위기를 계기로 G20 정상들은 동 위기의 재발을 막기 위해 글로벌 차원에서의 금융규제 개혁이 필요하다는 데 동의하였다. 이는 최근 글로벌 금융시장의 상호연계성이 높아져 일부 지역에서 발생한 위기가 전세계적으로 급속히 퍼져나갈 경우 어느 국가도 위기로부터 자유로울 수 없으며 국가별로 규제가 다를 경우 이를 이용한 규제차익이 발생할 수 있다고 판단하였기 때문이다. 이에 G20 정상들은 2009년 4월 기존의 금융안정포럼(FSF: Financial Stability Forum)을 확대·개편하여 금융안정위원회(FSB: Financial Stability Board)를 설립하고 규제개혁의 추진에 있어 주도적 역할을 하도록 임무를 부여하였다. 또한 동 규제개혁 가운데 은행과 관련된 규제는 바젤은행감독위원회(BCBS: Basel Committee on Banking Supervision)가 맡아서 추진하도록 하였다.

3.1 바젤Ⅲ 도입

이러한 글로벌 금융규제의 실무적 논의는 바젤Ⅲ로 대표된다. 바젤Ⅲ는 은행부문의 규제개혁을 위하여 바젤은행감독위원회(BCBS)가 개발한 광범위한 개혁조치로서 G20 차원에서 글로벌 금융위기를 계기로 시장실패에 대응하기 위하여 은행부문 규제개혁을 요청한 이후 도입된 제도[23]이다. 바젤Ⅲ는 금융시장에 위기가 발생하는 경우에도 개별 은행들이 정상적인 영업을 수행할 수 있도록 복원력(resilience)을 높이는 한편, 경기순응성에 따른 시스템 리스크를 완화하는 거시적 측면의 규제를 포함하고 있다.

바젤Ⅲ의 주요 규제로는 자본 규제, 레버리지 규제, 유동성 규제, 거액익스포저 규제 등이 있다. 자본 규제는 규제자본을 손실흡수력이 높은 보통주자본 위주로 구성하고 자본 인정요건을 강화함으로써 자본의 질을 제고하는 한편 규제비율도 높여 자본의 양이 늘어나도록 하였다. 또한 리스크에 기초한 자본 규제를 보완하기 위하여 레버리지 규제를 새롭게 도입하였는데 은행의 익스포저 규모가 기본자본의 일정배수 이상 늘어나지 못하도록 함으로써 은행의 과도한 레버리지를 억제하도록 하였다. 유동성 규제로는 은행이 30일 동안의 급격한 순현금유출이 발생하는 상황 하에서도 견뎌낼 수 있도록 고유동성자산을 보유토록 하는 유동성커버리지비율(LCR)과 은행이 필요자금을 보다 안정적으로 조달함으로써 자금조달 구조의 안정성을 제고하도록 하는 순안정자금조달비율(NSFR)을 새롭게 도입하였다. 거액익스포저 규제는 동일 거래상대방에 대한 익스포저가 은행 기본자본의 일정수준을 넘지 않도록 제한함으로써 신용의 편중에 따른 리스크를 완화하도록 하는 규제이다.

한편 바젤은행감독위원회(BCBS)는 공시의 일관성 및 비교가능성을 제고하기 위해 규제별로 분산된 공시 기준을 통합하는 작업을 진행하고 있다. 제1단계 공시 기준서에서는 자본비율 공시 강화를 목적으로 신용·시장·운영리스크 관련 공시 기준 등을 통합하였고 제2단계 공시 기준서에는 핵심 건전성지표(자본비율, 레버리지비율, LCR·NSFR 등)와 함께 거시건전성 정책수단(G-SIB 및 경기대응완충자본 등)에 대한 공시 양식을 추가하였다.

또한 BCBS는 2017년 12월 바젤Ⅲ 잔여 규제개혁을 최종 승인[24]하였다. 회원국들은 바젤Ⅲ 규제를 단계적으로 적용하고 있으며 BCBS는 회원국 은행에 대한 바젤Ⅲ 규제의 영향을 정기적으로 평가하고 동 결과를 모니터링 보고서를 통해 발표하고 있다.

---

23) BCBS는 「바젤Ⅲ 기준서」를 마련하여 G20의 승인을 거쳐 2010년 12월에 공표하였다.

24) 주요 쟁점사항이던 자본하한(Output floor)비율 설정, 신용·운영·위험가치조정(Credit valuation adjustment) 리스크 수정, 내부모형 사용 제한, 레버리지 비율 적용 등에 대하여 합의하였다.

3.2 시스템적으로 중요한 금융기관에 대한 규제

글로벌 금융위기 이전에는 금융산업의 규모의 경제·범위의 경제 등이 강조되면서 금융기관의 합병을 통한 대형화 추세가 자리잡고 있었다. 그러나 금융위기 전개과정에서 대형금융기관의 도산 및 부실화는 글로벌 금융시스템의 불안을 확산시키고 실물경제를 위축시키는 결과로 이어졌다. 이 과정에서 주요국은 위기 확산 방지를 위해 공적자금을 투입하였는데 이는 대마불사(too-big-to-fail) 문제를 심화시키고 위기 발생에 따른 경제적 비용을 납세자에게 전가시켰다는 비판을 초래하였다. 이처럼 대형금융기관은 부실 또는 도산할 경우 금융시스템과 실물경제 전반에 미치는 영향이 매우 크기 때문에 금융위기 이후 바젤Ⅲ와 더불어 시스템적으로 중요한 금융기관(SIFIs: Systemically Important Financial Institutions)[25]에 대한 규제가 논의되었다.

SIFI 규제의 핵심은 대형금융기관에 대하여 일반금융기관보다 강화된 규제를 적용하는 것이다. 구체적으로는 SIFI에 대하여 추가 자본을 부과하여 손실흡수력 제고를 통한 도산 가능성을 낮추고 주주의 책임을 늘리는 한편, SIFI가 생존가능성이 없는 경우 질서 있게 정리할 수 있도록 하여 정부 및 일반국민의 부담을 경감시키는 것이다. 2010년 10월 FSB는 BCBS와 공동으로 SIFI 규제 강화를 위한 종합적인 체계와 일정을 수립하고 이를 기반으로 세부 과제들을 추진하였다. 그 결과 시스템적으로 중요한 글로벌 은행(G-SIBs: Global Systemically Important Banks) 및 시스템적으로 중요한 국내은행(D-SIBs: Domestic Systemically Important Banks)에 대한 평가방법 및 추가자본 부과 방안, 효과적인 정리체계 권고안,[26] SIFI 감독강화 권고안 등이 마련되었다. BCBS는 2011년부터 G-SIBs 명단을 매년 공표하고 있으며, 선정된 G-SIBs는 시스템적 중요도 점수구간에 따라 1.0%~3.5%의 보통주 자본을 추가로 적립할 의무가 있다. 2013년 7월에는 시스템적으로 중요한 글로벌보험사(G-SIIs: Global Systemically Important Insurers)에 대한 평가방법 및 정책수단을 공표하였으며 매년 G-SIIs 명단을 발표하고 있다.

2015년 11월에는 G-SIB가 도산할 경우 주주 및 투자자에게 우선적으로 손

25) 규모가 크거나 영업모델이 복잡하고 여타 금융기관과의 상호연계성 등이 높아 도산하거나 부실화될 경우 시스템 리스크를 초래할 수 있는 금융기관을 의미한다.

26) FSB는 2011년 '정리체계 핵심원칙'을 마련하고 회원국들이 동 원칙을 이행한 것을 권고하였다.

실을 부담시키기 위한 총손실흡수력(TLAC: Total Loss-Absorbing Capacity) 규제안을 공표하였다. 이는 2019년부터 위험가중자산의 16%에 해당하는 손실흡수력 수단(규제자본 및 적격 부채)을 의무적으로 보유해야 하는 것으로 2022년부터는 18%로 상향조정된다.

3.3 비은행 금융중개 규제

비은행 금융중개(NBFI: Non-Bank Financial Intermediation)[27]는 비은행 신용중개부문 중 만기 및 유동성 변환, 레버리지 확대 등을 통해 시스템 리스크를 초래할 가능성이 있는 부문을 지칭한다. 이는 은행과 유사한 금융중개 기능을 수행하지만 은행과 같은 수준의 엄격한 규제를 적용받지 않는 MMF, RP, ABCP 등의 금융상품도 포함된다. 비은행 금융중개는 전통적인 은행이 제공하지 못하는 금융상품 및 서비스의 제공을 통해 신용접근성을 확대하고 금융부문의 효율성을 제고하는 순기능이 있는 반면, 레버리지가 높고 예금자보호 등 공적 보호장치에서 배제되어 있어 시장여건 악화시 대규모 자금인출 등이 유발될 경우 시스템 리스크로 이어질 가능성이 있다.

이에 2010년 11월 G20 정상회의에서 비은행 금융중개에 대한 규제강화 권고안을 마련하도록 요청함에 따라 FSB는 2011년 11월 비은행 금융중개 규제강화방안을 G20에 보고하였다. 이 보고서에서는 비은행 금융중개 규제강화방안을 은행을 통한 간접규제, MMF규제, 여타 비은행 금융중개 기관 규제, 자산유동화 규제, 증권금융규제의 5개 범주로 구분하였다. FSB는 매년 글로벌 비은행 금융중개(舊그림자금융) 모니터링 보고서를 공표하고 있다.

4. 금융소비자보호 강화

금융혁신의 진전으로 금융상품의 구조가 복잡해짐에 따라 금융기관이 위험상품을 무분별하게 판매하는 행위 등에 대한 규제와 금융소비자의 피해를 방지하기 위한 장치 마련의 필요성이 증대되었다. 특히 글로벌 금융위기를 계기로 정보의 비대칭성으로 인해 금융거래에 있어 정보열위에 있는 금융소비자를 보

---

27) 2018.10.22일 금융안정위원회(FSB)는 그동안 사용해 왔던 '그림자금융(shadow banking)'이라는 용어를 보다 중립적인 의미가 담긴 '비은행 금융중개(non-bank financial intermediation)'로 변경하여 사용하기로 결정하였다.

호하는 문제에 대한 관심이 크게 대두되었다. 금융소비자의 권익보호가 단순한 사후적인 피해보상을 벗어나 가계의 리스크 관리, 금융시장의 효율성 및 금융안정에 크게 기여할 수 있다는 인식이 커진 것이다.

금융소비자 보호를 위한 규제로는 금융소비자에게 제공되는 상품 및 서비스에 대한 충분한 정보제공, 불건전한 영업행위 금지, 불완전판매 행위규제, 규정위반 금융업자에 대한 제재 등이 있다. 금융위기를 계기로 G20는 2010년 FSB 및 OECD에 금융소비자보호 강화방안을 마련해 줄 것을 요청하였으며, 이에 FSB는 금융소비자 보호 방안을, OECD는 금융소비자보호를 위한 원칙을 각각 발표하였다. 이후 각국에서는 금융소비자 보호를 위한 기구개편 및 규제 마련 등이 이루어졌다.

미국은 여러 기관에 산재되어 있던 소비자보호와 관련된 책임과 권한을 통합하기 위해 금융소비자보호국(CFPB: Consumer Financial Protection Bureau)을 신설하였다. CFPB는 연준이사회 산하에 설립되나 독립적으로 운영되고 있으며, 금융소비자보호와 관련된 규제를 독자적으로 부과할 수 있고 금융소비자에게 불리한 관행이 있는 경우 금융기관에 신속한 조치를 요구할 수 있는 권한도 갖고 있다.[28)]

영국은 금융행위감독원(FCA: Financial Conduct Authority)을 설립하여 금융기관의 영업행위를 규제하고 금융소비자의 권익을 보호하도록 하였다. FCA는 금융기관의 정보공시, 판매 절차, 금융상품 설계 및 지배구조를 감시하는데 금융상품에 문제가 있는 경우 판매를 금지하거나 규제를 부과할 수 있고 특정 금융기관에 경고 조치를 내린 경우 이러한 사실을 공시할 수 있는 권한을 갖는다. 또한 소비자를 호도하는 금융판촉 활동에 대해 조치를 취한 경우에는 동 조치의 세부내용을 일반에게 공표할 수 있는 권한도 보유한다.

5. 금융기관 겸업 제한

1990년대 이후 세계 주요국에서 자국의 금융경쟁력을 강화하기 위해 겸업주의를 적극 도입·추진하는 사례가 늘어났다. 전통적으로 전업주의 원칙을 고수하던 영국, 일본 및 미국 등이 금융기관의 업무범위 제한을 완화하는 움직임을

28) 다만 증권·보험은 CFPB 소관이 아니다(정운찬·김홍범, 「화폐와 금융시장」(제4판), 2012)을 참조.

보였다. 영국은 1986년 빅뱅(Big Bang)을 통해 일찍이 은행의 증권사 인수를 허용함으로써 전업주의 원칙을 수정하였다. 일본은 1993년 금융개혁 관련 법률 시행을 통해 은행의 증권자회사 취득을 허용한 데 이어 1998년 금융지주회사법을 도입하여 금융겸업화를 본격적으로 도입하였다. 미국도 1999년 금융서비스 현대화법(Gramm-Leach-Bliley Act)을 제정하여 1933년 은행·증권 겸업을 금지한 글래스-스티걸법을 사실상 폐지하고 금융지주회사가 은행 이외에 증권회사를 자회사로 둘 수 있게 하였다. 독일 등 유럽 대부분의 국가들에서는 금융산업이 은행중심으로 발전함에 따라 영미권 국가보다 훨씬 이전부터 겸업주의를 유지·발전시켰는데, 독일은 1990년대 수차례에 걸쳐 자본시장 진흥법을 정비하여 투자자보호와 자본시장의 투명성을 높이는 조치를 취하였다. 우리나라도 금융환경 변화에 대응한 금융산업의 경쟁력 강화를 위하여 2000년에 「금융지주회사법」을 제정하여 금융지주회사를 통한 금융겸업화를 추진하였다.

그러나 글로벌 금융위기를 계기로 금융겸업의 부작용 우려가 부각되면서 겸업을 제한하기 위한 논의가 미국, 영국 등에서 진행되었다. 미국에서는 겸업은행들이 예금보호제도 및 중앙은행의 자금지원 등에 대한 기대를 바탕으로 과도한 리스크를 추구하고 투자은행 부문의 위험이 상업은행 부문으로 전이되면서 겸업은행들이 도산하였다는 비판이 제기되었다. 이에 따라 2010년 7월 제정된 미국의 도드-프랭크법(Dodd-Frank Wall Street Reform and Consumer Protection Act)에서는 은행·은행지주회사 및 계열 자회사가 고객서비스와 관련없는 자기자본거래(proprietary trading), 헤지펀드 및 PEF 투자 등의 투자은행업무의 겸업을 원칙적으로 금지하는 일명 '볼커 룰(Volcker Rule)'을 도입[29]하였다. 영국에서는 은행부문 개혁방안을 마련하기 위해 설치된 은행개혁위원회(Independent Commission of Banking)가 2011년 9월 겸업은행에서 소매금융부문을 은행그룹내의 자회사로 존치시키되 독립된 이사회와 별도의 자본금을 보유하도록 하여 여타 부문과 엄격히 격리하는 계획을 발표하였다. 이를 바탕으로 제정된 은행개혁법(The Financial Services (Banking Reform) Act 2013)에서는 예금수취 등 핵심업무(core activity)를 별도 자회사(ring-fenced body)를 통해 수행하도록 하며, 해당 자회사는 자기명의 투자 등 배제업무(excluded activity) 수행을 금지하도록 하였다. 또한 EU 집행위원회도 2014년 은행부문

29) 다만 국공채 매매, 유가증권 인수, 시장조성 및 리스크 관리 관련 자기매매 등에 대해서는 예외를 허용하였다.

조개혁안(Structural Reform of the EU Banking Sector)을 발표하여 대형 예금수취기관들의 자기계정거래를 금지하고 고위험 트레이딩 사업부를 분리하도록 하였다.[30)]

30) 한편 2018년 7월 EU 집행위원회는 여타 방식으로 겸업제한의 목적이 달성되었다고 판단하여 이 제안을 철회하도록 결정하였다.

제 2 장 우리나라 금융제도 개요

Ⅰ. 금융기관

1. 금융기관의 구분[1)]

금융기관은 금융시장에서 저축자와 차입자 사이에서 저축과 투자를 연결해 주는 기능을 수행하며 보통 은행, 비은행예금취급기관, 보험회사, 금융투자업자, 기타 금융기관, 그리고 공적금융기관 등 6개 그룹으로 구분한다.[2)]

이러한 분류체계를 중심으로 각 그룹에 포함되는 금융기관을 구체적으로 보면 우선 은행에는 중앙은행 외에 일반은행과 특수은행이 있다. 일반은행은 시중은행, 지방은행, 그리고 외국은행 지점으로 구성된다. 특수은행은 은행법이 아닌 개별적인 특별법에 의해 설립되어 은행업무를 핵심업무로 취급하고 있는 금융기관이다. 여기에는 한국산업은행, 한국수출입은행, 중소기업은행, 그리고 농협은행 및 수협은행 등이 포함된다.[3)]

비은행예금취급기관은 은행과 유사한 여수신업무를 주요 업무로 취급하고 있지만 보다 제한적인 목적으로 설립되어 자금조달 및 운용 등에서 은행과는

1) 한국은행, 「한국의 금융제도」(2018), 51-52면 참조.

2) 이러한 구분은 업종별 분류에 따른 것이라기보다는 금융기관의 제도적 실체에 중점을 둔 것이다. 즉 은행업, 증권업, 보험업 등 금융업무를 구분하고 각 업무별로 해당 업무를 영위하는 기관을 분류한 것이 아니라 각 금융기관의 근거법률을 중심으로 주된 업무의 성격이 유사한 금융기관을 그룹별로 구분한 것이다. 이러한 금융기관 분류는 제도적 실체와 관련 없이 통화성 부채의 보유 여부가 중요한 분류 기준인 국제통화기금(IMF: International Monetary Fund)의 분류체계와도 다소 차이가 있다.

3) 자금조달과 운용의 특성을 고려하는 금융업종 분류에서는 한국산업은행과 한국수출입은행을 상업은행(commercial bank)과 구분하여 개발기관으로 분류하지만 여기서는 제도적 기준에 맞추어 특수은행에 분류하였다.

상이한 규제를 받는 금융기관이다. 즉 지급결제기능을 전혀 제공하지 못하거나 제한적으로만 제공할 수 있는 등 취급업무의 범위가 은행에 비해 좁으며 영업대상이 개별 금융기관의 특성에 맞추어 사전적으로 제한되기도 한다. 여기에 분류되는 금융기관으로는 상호저축은행,[4] 신용협동조합 · 새마을금고 · 상호금융 등 신용협동기구, 그리고 종합금융회사 등이 있다.

금융투자업자는 직접금융시장에서 유가증권의 거래와 관련된 업무를 주된 업무로 하는 금융기관을 모두 포괄하는 그룹이다. 여기에는 투자매매중개업자(증권회사 및 선물회사), 집합투자업자, 투자일임자문업자, 그리고 신탁업자가 있다.[5]

보험회사는 사망 · 질병 · 노후 또는 화재나 각종 사고를 대비하는 보험을 인수 · 운영하는 기관이다. 보험회사는 업무 특성과 기관 특성을 함께 고려하여 생명보험회사, 손해보험회사, 우체국보험, 공제기관,[6] 수출보험공사 등으로 구분된다. 손해보험회사에는 일반적인 손해보험회사 이외에 재보험회사와 보증보험회사가 있다.

기타 금융기관은 앞에서 열거한 그룹에 속하는 금융기관의 업무로 분류하기 어려운 금융업무들을 주된 업무로 취급하는 기관을 말한다. 여기에는 금융지주회사, 여신전문금융회사(리스, 신용카드, 할부금융, 신기술사업금융), 벤처캐피탈회사(중소기업창업투자회사), 증권금융회사 및 대부업자[7] 등이 있다.

이밖에 금융보조기관으로는 채무보증 · 신용보증 · 신용보험 등을 취급하는 신용보증기관, 신용조회 · 신용조사 · 채권추심을 취급하는 신용정보회사, 금융상품 · 기업 등에 대한 신용평가를 주로 취급하는 신용평가회사, 금융기관간 자금중개를 담당하는 자금중개회사 등이 있다.[8]

공적금융기관은 금융거래에 직접 참여하기보다 정책적 목적으로 각각의 기능에 맞게 설립된 기관을 의미한다. 여기에는 한국무역보험공사, 한국주택금융

---

4) 2001년 3월 상호신용금고법을 상호저축은행법으로 대체하면서 구 상호신용금고가 상호저축은행으로 2002년 3월부터 명칭 변경되었다.

5) 은행의 경우 국공채 인수 · 매출 등 일부 증권업무를 수행할 수 있으나 동 업무를 은행의 주된 업무로 간주하기는 곤란하기 때문에 금융투자업자에 포함하지 않았다.

6) 공제기관의 경우 일반인을 대상으로 보험서비스를 판매하고 있는 농업협동조합공제, 새마을금고공제, 수산업협동조합공제, 신용협동조합공제를 포함하였다.

7) 2017년말 현재 8,084개의 등록 대부업자가 영업중이며, 총 대부잔액은 16.5조원 정도이다.

8) 「한국의 금융제도」(2018)에서는 이들 기관을 기타 금융하부구조 담당기관으로 분류하여 설명하고 있으나 여기서는 금융보조기관으로 분류한다.

공사, 한국자산관리공사, 한국투자공사, 서민금융진흥원 등이 해당된다.

표 2-1 우리나라의 금융기관 현황

(2017년말 현재)

구 분			기관수	비 고
은 행	일반은행	시중은행	8	인터넷전문은행 2
		지방은행	6	
		외국은행 국내지점	38	지점 기준
	특수은행	산업, 수출입, 중소기업은행, 농·수협은행	5	
비은행 예금취급 기관	종합금융회사		1	
	상호저축은행		79	
	신용협동기구	신용협동조합	898	
		농수산업협동조합	1221	농협 1, 131, 수협 90
		산림조합	137	
		새마을금고	1,315	
	우체국예금		1	
보험회사	생명보험회사		25	외국사 9
	손해보험회사	손해보험회사	19	외국법인 4, 지점 4
		재보험회사	10	외국사 지점 9
		보증보험회사	3	외국사 지점 1
	우체국보험		1	
	공제기관	수협/신협/금고	3	
	무역보험공사		1	
금융투자 업자	투자매매중개업자		60	선물회사 5 포함
	집합투자업자		215	
	신탁업자	은행/증권/보험/부동산	56	부동산신탁 11
	증권금융회사		1	
	투자일임자문업자		179	
기타 금융기관	여신전문 금융회사	리스, 카드, 할부금융회사, 신기술사업금융회사	97	신용카드 8, 리스 26, 할부 21, 신기술 42
	벤처캐피탈회사	중소기업창업투자회사	120	
	금융지주회사	은행/증권	9	

금융 보조기관	금융결제원		1	
	자금중개회사		10	외국사 6 포함
	신용평가・정보회사		33	신용평가회사 4
	사무관리회사		14	채권평가회사 포함
	신용보증기관	신용/기술	2	
	전자결제업자		95	
	한국예탁결제원		1	
	자산관리공사		1	
	한국거래소		1	

한편 2017년말 현재 주요 금융기관 총자산에서 개별 금융업이 차지하는 비중을 보면 은행(신탁계정 포함)이 51.8%로 가장 높고 다음으로 보험회사가 20.2%, 신용협동기구가 10.0%의 비중을 차지하고 있다. 이어 집합투자업 8.6%, 투자매매중개업 6.8%, 우체국예금 1.2%의 순서로 나타나고 있다.

은행(은행계정)의 총자산 비중은 1997년 외환위기 이후 건전성 회복, 경제주체들의 안전자산 선호경향 등으로 잠시 증가하기도 하였으나 장기적으로는 낮은 수익률 등의 영향으로 감소세를 보이고 있다. 비은행예금취급기관 중에서는 신용협동기구의 비중이 주춤하고 상호저축은행의 비중은 저축은행 부실사태 등으로 감소하였다. 한편 보험회사의 비중이 불확실한 미래 및 노후 대비에 대한 관심 증대로 상승세가 꾸준히 확대되고 있으며 금융위기 이후 자본시장이 회복되면서 투자매매중개업의 비중도 상승하였다.

표 1-3 주요 금융기관별 총자산 비교(기말 기준)

(단위: 조원, %)

	1995		2000		2010		2017	
	금 액	구성비	금 액	구성비	금 액	구성비	금 액	구성비
은행	595.8	62.9	982.2	63.4	1,884.1	54.3	2,983.2	51.8
은행계정	450.1	47.5	887.7	57.3	1,716.9	49.5	2,602.2	45.2
신탁계정	145.8	15.4	94.5	6.1	167.2	4.8	380.9	6.6
종합금융회사1)	45.9	4.8	21.3 2)	1.4	24.2	0.7	12.1	0.2
상호저축은행	32.6	3.4	24.2	1.6	91.3	2.6	62.4	1.1
신용협동기구	75.9	8.0	145.1	9.4	360.8	10.4	575.4	10.0
신용협동조합	13.2	1.4	21.0	1.4	48.7	1.4	83.8	1.5
새마을금고	20.7	2.2	37.1	2.4	92.1	2.7	153.2	2.7
상호금융	41.9	4.4	87.0	5.6	220.0	6.3	338.3	5.9

우 체 국 예 금	6.9	0.7	24.5	1.6	55.4	1.6	69.2	1.2
보 험 회 사	86.6	9.1	164.5	10.6	539.3	15.5	1,161.1	20.2
생 명 보 험	69.7	7.4	120.7	7.8	408.5	11.8	832.8	14.5
손 해 보 험	12.7	1.3	29.0	1.9	99.0	2.9	277.1	4.8
우 체 국 보 험	4.2	0.4	14.8	1.0	31.8	0.9	51.2	0.9
투 자 매 매 중 개	27.8	2.9	42.0	2.7	189.4	5.5	393.4	6.8
집합투자업자[3]	75.9	8.0	146.7	9.5	325.3	9.4	497.2	8.6
합 계	947.6	100.0	1,550.0	100.0	3,469.3	100.0	5,754.0	100.0

주: 1) 2000년 이후 은행·증권사의 종합금융계정 포함, 2) 우체국보험 2017년은 2016년말 기준,
3) 집합투자기구 설정잔액 기준.
자료: 금융감독원 금융통계정보시스템, 한국은행.

2. 금융기관과 금융회사

요즘 금융기관(金融機關, financial institution)이라는 용어와 금융회사(金融會社, financial company)라는 용어가 마구 혼용되고 있다. 무엇이 금융기관이고, 금융회사와는 어떻게 다른지 헷갈리고 있다. 이에 금융기관과 금융회사의 용어에 대하여 정리하고 갈 필요가 있겠다.

일반적으로 금융을 취급하는 기구 또는 기업을 금융기관 또는 금융회사라 할 것이다. 사전적 의미로 기관(機關)이라 함은 사회생활의 영역에서 일정한 역할과 목적을 위하여 설치한 기구나 조직을 말한다. 그리고 회사(會社)라 함은 경제 상행위 또는 그 밖의 영리 행위를 목적으로 하는 사단 법인을 말하며, 상법상 주식회사, 유한회사, 합자회사, 합명회사 등이 있다.

이러한 금융취급 기구 또는 기업은 역사적으로 사금융 영역에서 제도금융 영역으로 발전하는 과정에서 정부당국의 면허(licence) 하에 사업을 시작하였다. 과거에는 공적 목적과 공공기능 중심으로 금융기구를 제도화해 가면서 금융기관이라는 용어를 사용하였던 것이고, 우리 경제·사회가 발전하면서 민간사업 영역이 성장하자 공공성보다는 상업성이 강조되는 금융회사라는 용어 사용이 점차 확산되는 과정이다. 그리고 우리나라 금융기관을 대표하던 '은행' 만이 '금융기관'으로 인식되던 종전의 상황에서 이제는 다양한 형태의 금융시장이 형성되고 금융기업이 활동하는 시대에 이르렀다.

이에 학계에서는 물론 금융제도권에서도 금융기관이라는 용어보다는 금융회사라는 용어를 사용해야 한다는 주장이 많아졌다.[9] 2010년대 들어 금융관계법

에서도 이러한 추세에 맞춰 은행법상에서 금융기관이란 용어를 더 이상 사용하지 않기로 하였고, 2015년 「금융회사의지배구조에관한법률」을 제정하여 금융회사라는 용어를 법적으로 정식 사용하기에 이르렀다.

이하에서는 우리나라 금융기관의 연원에 대하여 그 변천과정을 살펴보고, 최근 금융회사라는 용어가 사용되는 입법과정을 살펴보기로 한다.

2.1 금융기관의 연원

금융기관(financial institution)이라 함은 앞에서 설명한 바와 같이 자금의 수요자와 공급자에게 각종 금융서비스를 제공하는 기관으로서 금융서비스의 성격에 따라 크게 다음과 같이 분류된다. 즉, 은행, 상호저축은행 및 신용협동조합 등 예금·대출서비스를 제공하는 기관, 보험회사와 같이 연금·보험서비스를 제공하는 기관, 증권 및 투자회사와 같이 브로커, 인수(underwriting) 등의 업무를 수행하는 기관이다. 우리나라의 금융기관도 다른 나라와 마찬가지로 은행·증권·보험의 3대축으로 구성되어 있다.

이러한 금융기관이 우리나라 금융제도의 기반 축으로서 성장해온 역사를 살펴보면서 금융기관의 변천과정과 금융기관이란 용어의 연원을 찾아본다.

(1) 한국은행법과 은행법 제정

1945년 해방 이후 금융회사들은 귀국을 서두르는 일본인들의 예금인출로 심한 어려움을 겪었다. 폭등하는 물가와 강제저축기구의 해체로 저축기반이 무너지면서 경제가 위기국면에 봉착하자, 정부는 서둘러 금융제도 개편에 착수하게 되고 1950년 금융기관의 근간이 되는 「한국은행법」과 「은행법」을 제정·공포하고 1950년 6월 한국은행을 설립하였다. 이 때 중앙은행의 감독을 받는 대상인 은행을 금융기관이라고 법률적으로 정의하고 사용하였다.

제정 한국은행법(법률 제138호, 1950.5.5. 제정)에서는 금융기관이라는 용어를 사용하면서 다음과 같이 정의하였다. '본법에서 "금융기관"이라 함은 예금의 수입, 유가증권 또는 기타 채무증서의 발행에 의하여 일반 민중으로부터 채무를 부담함으로써 획득한 자금을 대출하는 업무를 규칙적, 조직적으로 영위하는 한국은행 이외의 모든 법인을 말한다'(제10조).

---

9) 저자는 2006년 박사학위 논문(「금융회사의 지배구조 개선방안에 관한 연구」)에서 금융기관을 금융회사라고 표현하였다.

제정 은행법(법률 제139호, 1950.5.5. 제정)에서도 금융기관이라는 용어를 사용하면서 한국은행법과 똑같은 정의를 사용하였다. '본법에서 "금융기관"이라 함은 예금의 수입, 유가증권 또는 기타 채무증서의 발행에 의하여 일반 민중으로부터 채무를 부담함으로써 획득한 자금을 대출하는 업무를 규칙적, 조직적으로 영위하는 한국은행 이외의 모든 법인을 말한다'(제3조).

이처럼 한국은행과 은행법에서 은행을 금융기관으로 정의한 것은 당시 우리나라 금융제도에서 은행 이외에 이렇다할 금융기관이 존재하지 않아서 은행이 바로 금융기관으로 간주되는 상황이었다고 보여진다. 당시 상기 법률들의 정의 조문을 보면 은행이 아닌 금융회사는 금융기관으로 불려지지 아니하고 금융조합, 보험회사, 무진회사, 신탁회사 등등으로 불려졌다.

(2) 특수은행의 설립과 증권회사 · 보험회사 성장

1960년대 들어 전후 복구와 경제성장이라는 정책 목적을 달성하기 위해 「경제개발계획」을 발표한 정부는 「한국은행법」과 「은행법」을 개정하였다. 경제개발계획을 성공적으로 이끌기 위해서는 자금동원계획도 동시에 마련되어야 하는데 1950년대에는 은행 이외에 이렇다 할 금융기관이 존재하지 않았기 때문에 정부는 은행제도를 정비할 필요가 있었던 것이다.

1961년에는 중소기업 지원을 목적으로 하는 중소기업은행을, 1962년에는 서민금융을 지원하기 위해 국민은행을 설립하였다. 그 외에도 1960년대에는 특정 부문의 금융지원을 담당하는 특수금융회사로 수산업협동조합, 한국외환은행, 한국주택은행 등을 설립하였다. 또한 1967년부터 1971년 사이에는 지역금융 활성화를 위해 지방은행을 설립하였다.

정부는 막대한 산업자금을 조달하기 위한 다양한 방안을 모색하는 과정에서 주식시장을 이용하기도 하였다. 그 일환으로 1962년 1월 증권거래법을 제정하였는데 그 결과 증권사의 수가 급격히 증가하였다. 그러나 이와 같이 제도적 장치에도 불구하고 1962년 5월 증권파동이 일어나면서 그 여파로 증권시장은 장기간 침체를 면치 못하였다. 한편, 증권사와 마찬가지로 1962년 상법의 보험편과 함께 보험관련 3대법령(보험업법, 보험모집단속법, 외국보험사업자에관한법률)이 제정되면서 보험회사도 양적인 성장을 하게 된다.

(3) 사금융 양성화를 위한 다양한 금융기관 설립

1970년대 초에는 국내자본 축적이 빈약한 상태에서 의욕적인 경제개발로 유동성이 급격히 증가하면서 인플레이션이 만성화되어 있었다. 또한 은행은 정부방침에 따라 정책우선순위가 높은 산업 및 대기업을 대상으로 신용을 할당하였기 때문에 대상이 되지 못한 중소기업 등은 고금리사채를 이용할 수밖에 없었다. 이에 1972년 8월 정부는 사채동결을 주요 내용으로 하는 8.3조치를 단행하고 사금융의 양성화를 위한 3법을 제정하여 투자금융회사, 상호신용금고, 신용협동조합, 종합금융조합 등 다양한 형태의 금융기관을 설립하는 등 사금융시장을 제도권시장으로 유인하기 위해 노력하였다. 한편, 정부는 증권시장 육성 및 수요기반 확충을 위해 「기업공개촉진법」을 제정하여 투자신탁회사 등을 설립하는가 하면 보험관계법령도 전면 개정함으로써 증권 및 보험시장의 육성에도 노력하였다.

(4) 시중은행 민영화와 비은행금융기관 증가

1980년대 들어 정부는 낙후된 은행산업을 개조하기 위하여 정부소유의 시중은행을 단계적으로 민영화하였으며 자율화 및 규제완화 정책을 실시함으로써 은행경영에의 간섭을 줄여나갔다. 이 과정에서 신한·한미·동남·대동은행 등 신규은행이 설립되어 경쟁구도를 갖추게 되었고, 은행도 자체적으로 책임경영체제를 구축하거나 업무를 다양화하기 위해 노력하였다. 또한 금융기관간 경쟁을 촉진하기 위하여 진입장벽을 낮추었는데 그 결과 비은행금융기관의 설립이 증가하였다. 수신이 가능한 비은행금융기관들은 은행에 비하여 규제가 상대적으로 적었기 때문에 비교적 높은 수신금리를 제시하면서 빠른 속도로 성장할 수 있었다. 1990년대는 국제화, 개방화의 세계적 추세에 부합하고자 금융기관의 개방이 본격화되었다. 이에 외국은행의 지점 증설이 허용되었고, 보험시장이 본격적으로 개방되면서 외국생명보험회사의 지점, 합작회사, 현지법인이 설립되었으며, 외국증권사 및 투자신탁회사의 진입이 본격화되었다. 이와 같은 금융시장의 개방은 1995년 OECD에 가입하면서 가속화되었다.

(5) 금융기관 구조조정과 펀드회사 등장

1997년 IMF 외환위기 이후 부실화된 금융기관과 기업의 구조조정을 위하여 정부는 막대한 공적자금을 투입하였고, 그 과정에서 부실채권 정리, 자본금 확충, 금융기관간 대규모 인수·합병 및 퇴출 등이 발생하면서 우리나라 금융사에서 전례를 찾아보기 힘든 혁신이 일어나게 된다. 그리하여 1997년말 33개에 달하던 은행의 경우 주로 중소은행과 지방은행이 퇴출되면서 2001년말 20개만이 남았으며, 1997년말 30개에 달하던 종합금융회사는 대부분 퇴출되고 일부 타업종으로 전환되어 2001년말 3개만이 남았다. 증권 및 보험 투신사 등에도 강도 높은 구조조정이 진행됨에 따라서 1997년말 2,101개였던 전체 금융기관수가 2001년말 1,548개로 급감하였다. 한편, 투자신탁회사는 판매회사와 투자신탁운용회사로 분리됨에 따라 사라지게 되었고, 그 대신 증권투자회사가 도입됨으로써 기존의 수익증권과 함께 뮤추얼펀드를 통한 간접증권투자 시대가 개막되었다.

(6) 복합금융그룹 탄생과 금융투자업 일원화

2000년대에 들어 온라인 거래 및 사이버 거래가 증가하면서 새로운 형태의 금융서비스가 제공되었으며, 금융권역별로 겸업화가 진행됨에 따라 타금융부문과의 경쟁도 격렬해졌다. 또한 외국 금융기관들이 국내에 대거 진입하면서 은행의 지배구조가 크게 변화하고 은행을 중심으로 여러 금융기관을 연결하는 금융지주회사와 복합금융그룹이 탄생하였다. 한편, 2000년 이후에는 방카슈랑스가 도입되면서 국내 보험시장이 양적·질적으로 성장하였고, 2007년 8월에는 「자본시장과금융투자업에관한법률」이 공포됨에 따라 증권사·자산운용사·선물회사·종금회사·신탁회사 등 자본시장 관련업이 금융투자업으로 일원화되었다.

2.2 금융회사로 진화

금융기관이 과거 정부소유였거나 관주도로 금융산업이 육성되던 시대에서 성장해 오다가 80년대 이후 민영화, 자율화가 이루어지고, 민간 금융기관이 대다수를 이루게 되는 상황에 이르게 되자 금융기관의 범위와 용어 사용의 혼란이 발생하기 시작하였다.

글로벌 금융시대에 이제는 금융기관의 공공성보다는 상업성을 더욱 강조하게 되고, 민간 금융기관에 대한 정부간섭을 배제하면서 민간 경영의 자율성을 확보하여야 한다는 목소리가 높아졌다. 이와 동시에 정부기관이라는 느낌이 나는 금융기관(financial institution)이라는 용어 대신에 민간 기업성격이 강한 금융회사(financial company)라는 용어로 바꾸어 사용하자는 주장이 강해졌다. 관행적으로 금융기관이라고 표현하지만 실제로는 금융회사가 더 타당한 표현이라는 것이다.

이에 따라 2010년 은행을 금융기관이라고 정의하고 있던 은행법을 개정하여 법상 "금융기관"이란 용어를 모두 "은행"으로 바꿔 규정하였다. 용어의 정의도 금융기관 대신에 '"은행"이란 은행업을 규칙적 · 조직적으로 경영하는 한국은행 외의 모든 법인을 말한다'로 바꿔 규정하였다(은행법 제2조 2호).[10] 이로써 금융기관이라고 불리던 은행이 이제는 금융기관의 하나로 용어상 지위가 변경되었다.

나아가 2015년 7월 정부 주도로 금융회사 지배구조에 관한 통합법을 제정하면서 "금융회사"란 용어를 법률 용어로 정식 사용하기 시작하였다. 그리하여 법률 제목부터 "금융회사의지배구조에관한법률"로 명명하였다. 용어의 정의도 '"금융회사"란 다음 각 목의 어느 하나에 해당하는 회사를 말한다'고 규정하였다(금융지배법 제2조 1호).

그렇지만 아직도 대부분의 금융관계법률에서는 금융기관이라는 용어를 계속 사용하고 있는 실정이다. 금융감독 기본법인 금융위설치법에서도 아직 금융기관이라는 용어를 사용하고 있다. 그리고 "검사대상기관"으로 '금융감독원의 검사를 받는 기관은 다음 각 호와 같다'고 규정하고 있다(금융위설치법 제38조). 앞으로 차차 금융기관이라는 용어를 금융회사로 변경 사용해 갈 것으로 생각한다.

Ⅱ. 금융하부구조

금융하부구조(financial infrastructure)란 금융거래가 원활히 이루어지도록 금융시장 및 금융기관을 지원 · 감시하는 법률체계 또는 기관을 의미한다. 여기에는 중앙은행제도, 지급결제제도, 금융감독제도, 예금보험제도, 거래소제도, 기

10) 한국은행법에서는 아직도 금융기관이라는 용어를 사용하고 있다(제11조(금융기관의 범위) ① 이 법에서 "금융기관"이란 「은행법」 제2조에 따른 은행과 「금융지주회사법」에 따른 은행지주회사를 말한다).

타 보조기관 등이 포함된다.[11)]

(1) 중앙은행제도는 중앙은행과 그 조직 및 의사결정 체계, 업무범위 등을 포괄한다. 중앙은행은 발권력을 가진 최종대부자(lender of last resort)로서 금융기관 예금에 대하여 지급준비금을 부과하고 필요시 금융기관에 부족자금을 공급하는 기능을 수행한다. 이러한 기능은 금융제도 안정뿐만 아니라 물가안정에도 기여한다. 우리나라에서는 1950년 6월 12일 설립된 한국은행이 이러한 중앙은행 역할을 담당하고 있다.

(2) 지급결제제도는 실물 및 금융 거래에서 발생한 채권·채무를 완결시키는 기능을 수행하며 지급수단, 참여기관 및 지급결제제도 관련 법규 및 금융시장인프라 등으로 구성된다. 지급수단에는 현금과 비현금 지급수단인 어음, 수표, 신용카드 등이 있다. 참여기관에는 지급서비스 제공기관, 금융시장인프라 운영기관, 그리고 한국은행 등이 있다. 지급결제제도 관련 법규에는 중앙은행이 정한 규정이나 개별금융기관과 운영기관의 감독자로서 금융감독기관이 정한 규정과 각 금융시장인프라의 운영기관이 시스템의 운영에 필요한 절차를 정한 업무규약이나 처리절차 등이 포함된다. 금융시장인프라는 금융시장에서 지급, 청산, 결제, 정보저장 등의 기능을 수행하는 인프라를 통칭하며 자금결제시스템, 증권결제시스템, 중앙거래당사자, 중앙예탁기관, 거래정보저장소 등이 포함된다. 금융시장인프라는 금융거래의 청산, 결제 및 기록을 용이하게 함으로써 금융시스템이 원활하게 작동하도록 하고 이를 통해 금융안정과 경제성장을 촉진하는 데 기여한다.

(3) 금융감독제도는 금융기관으로 하여금 금융중개를 공정하게 하고 경영 건전성을 유지하도록 함으로써 금융소비자의 재산을 보호하고 금융거래를 활성화하는 것을 목적으로 한다. 금융감독기관은 이를 위해 금융기관의 설립을 인가하고 금융기관이 업무수행시 지켜야 할 각종 규칙을 제정하며 이의 준수 여부를 감시하는 기능을 수행한다. 우리나라의 금융감독제도는 금융위원회 및 금융감독원이 거의 모든 금융기관을 감독하는 통합형 금융감독제도이다. 금융위원회는 금융감독 관련 정책 및 금융기관 인·허가 등 금융감독과 관련한 중요사항을 심의·의결하고 금융감독원은 금융위원회가 결정한 사항을 집행하고, 금융기관을 검사·감독하는 업무를 수행한다. 이 밖에 금융감독원에 대한 검사 요구나

---

11) 한국은행, 전게서, 50-51면 참조.

공동검사 참여 등을 통해 제한적인 금융감독업무를 수행하는 한국은행과 예금보험공사 등도 부분적으로능 금융감독기능을 수행하고 있다.

(4) 예금보험제도는 금융기관이 경영부실 등으로 예금 원금이나 이자를 지급할 수 없을 때 예금보험기구가 해당 금융기관을 대신하여 예금주에게 원리금의 전부 또는 일부를 지급하는 일종의 보험제도이다. 예금보험제도는 소액 예금주들을 금융기관의 경영부실로부터 보호하고 예금인출 사태가 발생하지 않도록 방지하는 금융안전망(financial safety net) 구실을 한다. 우리나라의 예금보험제도는 1996년 예금보험공사의 설립을 계기로 체계화되었는데 현재 부보금융회사는 은행, 투자매매·중개업자, 보험회사, 종합금융회사 및 상호저축은행이 포함된다. 다만 농협 및 수협의 지역조합, 신용협동조합, 새마을금고는 조합원간 상호부조를 목적으로 하는 기관이라는 점에서 관련 법률에 따라 자체 기금에 의해 보호되고 있다. 또한 우체국 예금·보험은 관련 법령에 의거 국가가 지급을 보장하고 있어 예금보험공사의 부보대상에 포함되지 않는다.

(5) 거래소제도는 증권 및 장내파생상품이 안정적, 효율적으로 거래되도록 시장을 개설·운영하여 증권·장내파생상품의 매매·청산·결제 업무를 수행하며, 이와 더불어 시장 감시 등의 업무를 수행한다. 우리나라의 거래소제도는 증권 및 선물 시장을 관장하는 기관이 증권거래소, 선물거래소, 코스닥위원회 및 (주)코스닥증권시장 등 여러 개로 산재되어 있었으나 시장의 통합 및 조정력을 높이기 위하여 위 기관들이 한국거래소로 합병되었다. 한국거래소에서 주식, 채권, 상장지수펀드(ETF), 상장지수증권(ETN) 및 파생상품 등이 거래되고 있다.

Ⅲ. 금융시장

금융시장이란 자금의 공급자와 수요자간에 금융거래가 조직적으로 이루어지는 장소를 말한다. 여기서 장소는 재화시장처럼 특정한 지역이나 건물 등의 구체적 공간뿐 아니라 금융거래가 정보시스템 등에 의해 유기적으로 이루어지는 추상적 공간을 포함한다. 금융시장은 크게 간접금융시장과 직접금융시장으로 구분된다.[12]

12) 한국은행, 전게서, 55-57면 참조.

간접금융시장은 예금과 대출을 통해 자금이 중개되는 것으로 예대시장이 대표적이다. 즉 은행, 비은행예금취급기관, 집합투자업자, 신탁업자 등이 예금증서나 출자계정, 수익증권과 같은 간접증권 등을 통해 자금을 조달하여 대출하거나 이들이 발행한 직접증권을 매입하는 방식으로 자금을 공급하는 금융거래가 이루어진다. 반면 직접금융시장에서는 자금의 최종수요자가 발행한 채무증서나 회사채 등과 같은 직접증권 또는 본원적 증권을 자금 공급자가 직접 매입하는 형태로 금융거래가 이루어진다. 따라서 금융중개기관에 의존하지 않는 직접금융시장이 간접금융시장에 비해 시장의 역할이 크고 보다 세분화된다.

직접금융시장의 경우 금융상품 만기를 기준으로 단기금융시장[13]과 자본시장(capital market)으로 구분된다. 증권의 법률적 특징에 따라 채무증서시장과 주식시장으로, 금융상품의 거래단계에 따라 발행시장과 유통시장으로, 거래 장소에 따라 장내시장과 장외시장으로 구분할 수 있다. 여기에 금융상품의 특성을 고려하여 외환시장과 파생금융상품시장을 별도로 구분하기도 한다.

단기금융시장은 단기자금의 수요자와 공급자간 수급불균형을 조절하기 위하여 통상 만기 1년 이내의 금융상품이 거래되는 시장이다. 현재 우리나라의 단기금융시장에는 콜시장, 환매조건부매매(RP)시장, 양도성예금증서시장, 기업어음시장, 전자단기사채시장 등이 포함된다.

자본시장은 장기자금의 조달수단인 주식, 채권 등이 발행되고 유통되는 시장으로서 주식시장과 채권시장으로 구분된다. 주식시장은 주식회사의 지분권을 표시하는 유가증권인 주식이 거래되는 시장이다. 주식시장 중 유통시장은 장내시장(유가증권시장, 코스닥시장, 코넥스시장)과 장외시장(K-OTC)이 있다. 채권시장은 만기 1년 이상 장기채권이 발행되고 유통되는 시장이다. 채권시장 중 유통시장도 장외시장과 장내시장으로 구분되는데 현재 대부분의 채권거래는 장외시장에서 주로 증권회사의 단순중개를 통하여 이루어지고 있다. 장내시장으로는 한국거래소 내에 일반채권시장과 국채전문유통시장이 개설되어 있다. 한편 자본시장에는 통화안정증권시장과 자산유동화증권시장도 포함된다. 통화안정증권은 한국은행이 발행하는 채무증서이며 자산유동화증권(ABS: Asset-Backed Securities)은 부동산, 매출채권, 주택저당채권 등과 같이 유동성이 낮은 자산을 기초로 발행되는 증권을 의미한다.

---

13) 자금시장(money market)이라고도 한다.

외환시장이란 외환의 수요자와 공급자간에 외환거래가 이루어지는 시장을 가리킨다. 외환시장은 일반고객과 외국환은행간 외환거래가 이루어지는 대고객 시장과 외국환은행간 외환거래가 이루어지는 은행간 시장으로 나누어진다. 그러나 매매기준율이 은행간 시장에서 결정됨에 따라 좁은 의미에서의 외환시장은 은행간 시장을 의미한다.

파생금융상품시장은 그 가치가 기초금융자산의 가치변동에 의해 결정되는 파생금융상품이 거래되는 시장을 말한다. 우리나라의 파생금융상품시장에는 주식·금리·통화관련 파생상품시장 외에 신용파생상품 및 파생결합증권 시장이 있다.

그림 2-1 **우리나라 금융시장의 구조**

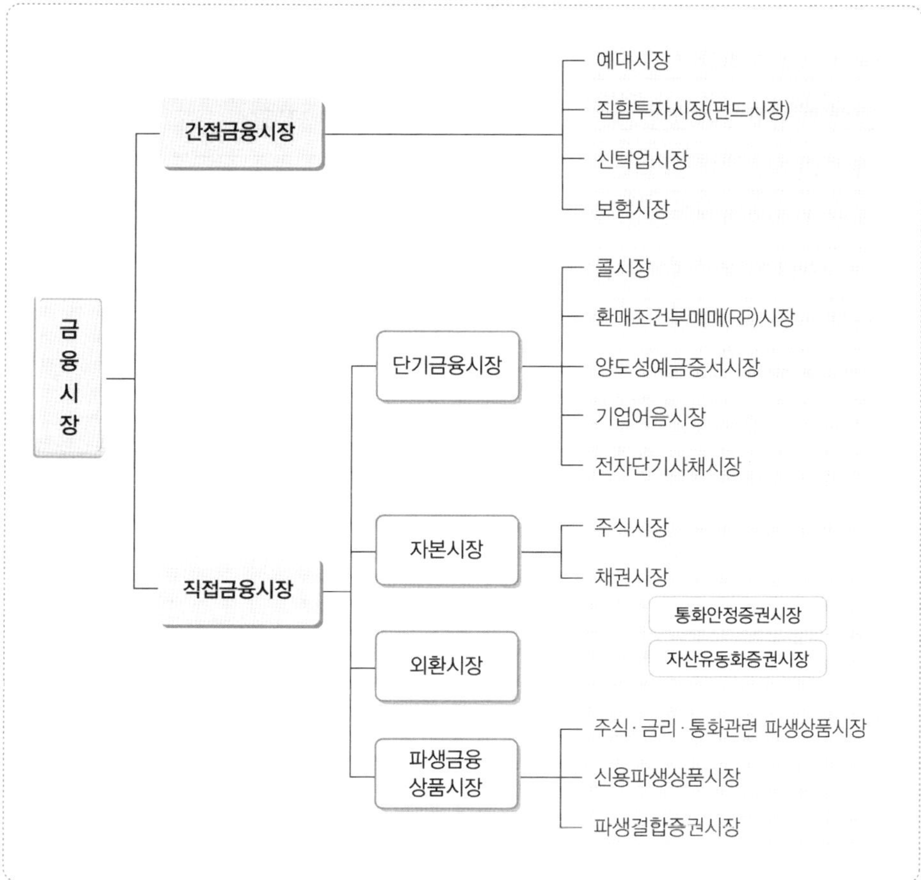

한편 우리나라 금융시장의 규모는 경제규모의 확대, 정부의 자본시장 육성 및 대외개방정책, 외환위기 이후 금융시장 하부구조 정비, 시장참가자들의 금융거래 기법 개선 등으로 지속적으로 확대되었다. 2017년말 기준으로 단기금융시장과 자본시장을 합한 우리나라 금융시장의 규모는 총 3,925.7조원으로 1990년 158.3조원의 25배에 달하고 있다. 금융시장 규모의 GDP 대비 비율도 1990년 0.80에서 2017년말 2.27로 높아졌다.

표 2-3 우리나라 금융시장 규모 추이(기말잔액 기준)

(단위: 조원, 배)

	1990(A)	2000	2010	2017(B)	B/A
단기금융시장(C)[1]	44.3	138.8	264.8	431.7	9.7
자본시장(D)	114.0	638.8	2,352.7	3,494.0	30.6
채 권[2]	35.0	423.6	1,112.9	1,605.4	45.9
주 식[3]	79.0	215.2	1,239.9	1,888.6	23.9
금융시장(C+D)	158.3	777.6	2,617.5	3,925.7	24.8
명목GDP(E)[4]	197.7	635.2	1,265.3	1,730.4	8.8
(C+D)/E	0.80	1.22	2.07	2.27	−

주: 1) 콜, 환매조건부매매, 양도성예금증서, 기업어음, 전자단기사채, 표지어음 및 1년 물 이하 통화안정증권, 재정증권 합계
2) 상장채권 기준(단 1년물 이하 통화안정증권 및 재정증권 제외)
3) 한국거래소의 유가증권시장 상장주식 및 코스닥시장 등록주식의 시가총액
4) 2010년 기준년 계열

자료: 한국은행, 한국거래소, 한국예탁결제원.

제 3 장 금 융 법

Ⅰ. 의 의

금융감독당국은 감독대상기관의 경제행위나 영업활동에 대하여 감독목적의 범위 내에서 일정한 규범에 일치되도록 여러 가지 형태의 규제나 통제, 지도, 감독을 행한다. 민주주의 사회에서는 모든 국민이 법의 테두리내에서 그 자신의 개인적 목표와 욕구를 자유롭게 추구하고 법 앞에서 평등한 대우를 받아야 하듯이 감독대상기관은 감독당국의 공정한 감독을 필요로 하고, 감독당국은 법에 따라 감독하여야 하며, 자의적으로 법을 운영하여서는 아니된다. 우리나라 역시 민주국가이므로 금융규제 · 감독업무 수행에 법치주의를 준거로 하여야 한다.

금융업의 영위활동은 원칙적으로 개인과 기업의 경제적 자유와 창의에 맡겨져야 하고 금융업의 자유와 재산권이 보장되어야 한다. 그러나 일반적인 영업활동에 있어서도 그로 인해 발생할 수 있는 공공의 안녕과 질서에 대한 위해를 방지하기 위해 필요한 경우에 법률로 영업의 자유와 재산권이 제한될 수 있다.[1] 실제로 금융업에 있어서도 금융관계법률에 의하여 인가 · 허가 · 등록 등을 통한 금융감독당국의 영업규제와 감독이 이루어지고 있다.

1) 국민의 모든 자유와 권리는 국가안전보장, 질서유지 또는 공공복리를 위하여 필요한 경우에 한하여 법률로써 제한할 수 있으며, 제한하는 경우에도 자유와 권리의 본질적인 내용을 침해할 수 없다(헌법 제37조 제2항).

Ⅱ. 법률체계와 금융제도의 관계

일반적으로 한 국가의 법률체계와 제도는 그 나라의 역사, 정치, 문화와 특수성 등에 따라 상호 밀접한 관계 하에 형성되고 운영되기 마련이다. 세계 주요 국가들의 법체계는 대체로 영미법이나 대륙법 전통을 따르고 있다. 영미법에 기초한 법체계는 보통법(common law)이라고 하고, 대륙법에 기초한 법체계를 시민법(civil law)이라고 부른다. 보통법 체계에서는 법의 원칙과 판례를 중시하는 불문법주의인 반면 시민법 체계에서는 법조문에 의존하는 성문법주의인 것이 특징이다. 이러한 특성은 양 체계의 투자자 보호 정도에 차이를 유발함으로써 법체계에 따라 각기 다른 금융제도가 발달하게 되는 요인을 제공한다.

보통법 국가의 법원은 특수한 상황을 해결할 수 있는 법조문이 없을 경우 법을 만들어 낼 수 있는 권리를 가지고 있기 때문에 투자자 보호와 관련한 분쟁을 더 효과적으로 해결할 수 있다. 반면 시민법 국가의 경우 법원이 법조문을 보수적으로 해석하는 경향이 있기 때문에 금융시장 참여자들 사이에 발생하는 각종 분쟁을 효과적으로 해결하지 못하는 경우가 많다. 이는 보통법 체계가 주주의 권리와 채권자의 권리를 더 잘 보호할 수 있다는 것이다. 그리하여 투자자의 권리 보호가 미흡한 시민법 체계에서는 법원의 개입 없이 분쟁을 해결하고 계약을 집행하는 기관으로 은행이 등장하게 된다.

결국 투자자 보호가 효과적인 보통법 국가의 경우 주식, 채권투자에 유입되는 자금이 상대적으로 풍부한 데다 기업도 은행대출보다 조건이 유리한 주식, 채권발행을 선호하므로 시장중심의 금융제도가 발달할 가능성이 커진다. 반면 시민법 전통을 가진 국가의 경우 투자자산 관리 및 기업 감시를 수행할 은행의 존재가 필요하므로 상대적으로 은행중심 금융제도가 발달하게 된다. 이같이 한 나라의 법률 체계는 금융제도 형성에도 영향을 미친다. 다만 최근 들어 금융규제 분야에서는 영미법과 대륙법간 상호작용으로 인해 보통법 국가와 시민법 전통을 가진 국가간에 차이가 미미해지고 있다.[2)]

---

2) 한국은행, 전게서, 11면 참조.

Ⅲ. 금융법의 체계와 구분

금융규제·감독의 법적 장치는 정부의 규제행위의 근거인 헌법을 비롯하여 금융관계법률 및 시행령, 시행규칙, 규제감독 당국의 고시(규정), 명령, 통첩, 금융기관 자율규칙 등 감독·규제관련 성문법과 판례, 관습법, 금융관행 등 불문법으로 구성되어 있다. 이밖에 금융기관이 준수해야 할 금융관계법 외에 민법, 상법 등 민사법도 있다. 여기서는 규제·감독관련 성문법을 중심으로 설명한다.

이러한 금융관계법률은 내용면에서 크게 2가지로 구분할 수 있다. 즉 i) 금융거래를 중개하는 금융기관과 그 업무에 관한 법률, 즉 「은행법」, 「자본시장과금융투자업에관한법률」(이하 "자본시장법"이라 한다), 「보험업법」 등과 ii) 금융거래와 직·간접적으로 관련이 있는 금융하부구조에 관한 법률, 즉 「한국은행법」, 「금융위원회의설치등에관한법률」(이하 "금융위설치법"이라 한다), 「예금자보호법」 등으로 구분한다. 전자를 금융업(관련)법, 후자를 금융하부구조법이라 할 수 있으며, 이 모두를 포함하여 광의의 금융법이라고 한다.[3] 하지만 이 구분에 들어가지 아니하면서도 금융과 관련되거나 금융기관이 지켜야 하는 여타 법률들도 많이 있다. 이에 따라 금융관계법, 금융관련법규 등 용어를 혼용할 수 밖에 없는데 이들을 모두 포괄하는 용어로 금융법이라고 쓰기로 한다.

금융관계법의 체계도 여느 법률체계와 마찬가지로 법률, 시행령, 시행규칙, 고시 등 서열적 법령으로 효력의 위계단계가 형성된다. 이같이 법령형식 전체가 하나의 통일법적인 체계를 형성하는 것은 사회규범으로서 법의 강요성에 기인하기 때문이다. 따라서 헌법을 최고규범으로 하면서 금융관계법률, 시행령, 시행세칙, 감독규정 등 법령의 위계단계에 따라 체계적으로 법률 효력을 보장하게 된다.

3) 김문희, 「금융법론」(휘즈프레스, 2007), 22면.

1. 헌 법

헌법 제119조 제1항에서는 '대한민국의 경제질서는 개인과 기업의 경제상의 자유와 창의를 존중함을 기본으로 한다'라고 하여 자유시장경제의 원칙을 선언하고 있으면서도 제2항에서는 '국가는 균형있는 국민경제의 성장 및 안정과 적정한 소득의 분배를 유지하고, 시장의 지배와 경제력의 남용을 방지하며, 경제주체간의 조화를 통한 경제의 민주화를 위하여 경제에 관한 규제와 조정을 할 수 있다'고 하여 국가가 경제의 원활한 순환을 촉진하기 위해 경제활동을 규제하고 질서를 조정할 수 있는 법적 근거를 제시하고 있다. 따라서 우리나라 중요산업의 하나인 금융에 관하여도 정부가 규제하고 조정하는 등 감독할 수 있는 근거가 마련되어 있다고 할 수 있다.

2. 금융관련 법규

금융관련 법규는 국회에서 입법된 각종 금융관계법률과 그 하부 법령이다.

(1) 금융과 관련한 기본법률은 중앙은행 설립과 업무에 관한 「한국은행법」을 위시하여, 「금융위원회의설치등에관한법률」(이하 "금융위설치법"이라 한다), 「금융산업의구조개선에관한법률」(이하 "금산법"이라 한다), 「금융회사부실자산등의효율적처리및한국자산관리공사의설립에관한법률」, 「금융회사의지배구조에관한법률」(이하 "금융회사지배구조법"이라 한다), 「은행법」, 「자본시장과금융투자업에관한법률」(이하 "자본시장법"이라 한다), 「예금자보호법」, 「전자금융거래법」, 「금융실명거래및비밀보장에관한법률」(이하 "금융실명제법"이라 한다), 「채무자회생및파산에관한법률」(이하 "회생법"이라 한다) 등이 있다.

(2) 금융감독에 관한 법률로는 기본법으로 「금융위원회의설치등에관한법률」이 있다. 금융업에 관한 규제법으로 금융지주회사법, 은행법, 자본시장법, 보험업법, 여신전문금융업법, 상호저축은행법, 신용협동조합법과 외환거래법, 전자금융거래법 등이 있다. 그리고 개별금융기관의 영위업무를 규제하는 법률로는 한국산업은행법, 한국수출입은행법, 중소기업은행법, 한국주택금융공사법, 농업협동조합법, 수산업협동조합법 등이 있다.

이밖에 금융감독과 관련된 법률로는 「금융회사의지배구조에관한법률」, 한국은행법, 예금자보호법, 「금융산업의구조개선에관한법률」, 「신용정보의이용및관리에관한법률」(이하 "신용정보법"이라 한다), 「금융실명거래및비밀보장에관한법률」, 「금융기관부실자산등의효율적처리및한국자산관리공사의설립에관한법률」, 「독점규제및공정거래에관한법률」(이하 "공정거래법"이라 한다), 정부투자기관관리기본법 등이 있다.

(3) 그리고 금융감독당국에 의하여 제정된 행정권에 의한 입법으로는 각 금융관계법률의 시행령(대통령령) 및 시행규칙(총리령 또는 부령), 금융위원회의 각종 감독관련 고시(규정) 및 시행세칙, 금융감독원장의 통첩이 있다. 금융위원회의 감독관련 규정 중 중요한 것을 열거하면 은행업감독규정, 금융투자업감독규정, 보험업감독규정, 상호저축은행업감독규정, 여신전문금융업감독규정, 금융지주회사감독규정 등이 있다.

(4) 금융감독원 검사에 관한 행정규칙인 「금융기관검사및제재에관한규정」(이하 "금융기관검사제재규정"이라 한다)에 따르면 "금융관련법규"는 '금융위설치법, 「금융산업의구조개선에관한법률」, 「금융실명거래및비밀보장에관한법률」, 「주식회사의외부감사에관한법률」(이하 "외감법"이라 한다), 「특정금융거래정보의보고및이용등에관한법률」과 "금융업관련법" 및 그 시행령 · 시행규칙과 해당 법령에 의한 규정 · 명령 또는 지시 등'이라고 규정하였다(동 규정 제3조 16호). 여기서 "금융업관련법"은 1. 은행법, 2. 한국산업은행법, 3. 중소기업은행법, 4. 한국수출입은행법, 5. 자본시장과금융투자업에 관한법률("자본시장법"), 6. 금융회사의지배구조에관한법률("금융회사지배구조법"), 7. 대부업등의등록및금융이용자보호에관한법률("대부업법"), 8. 전기통신금융사기피해방지및피해금환급에관한 특별법, 9. 보험업법, 10. 보험사기방지특별법, 11. 여신전문금융업법, 12. 상호저축은행법, 13. 신용협동조합법, 14. 농업협동조합법, 15. 수산업협동조합법, 16. 산림조합법, 17. 금융기관부실자산등의효율적처리및한국자산관리공사의설립에관한법률, 18. 신용정보의이용및보호에관한법률("신용정보법"), 19. 화재로인한재해보상과보험가입에관한법률, 20. 자산유동화에관한법률, 21. 주택저당채권유동화회사법, 22. 담보부사채신탁법, 23. 산업발전법, 24. 외국환거래법, 25. 주택도시기금법, 26. 금융지주회사법, 27. 한국주택금융공사법, 28. 부동산투자회사법, 29. 선박투자회사법, 30. 전자금융거래법, 31. 근로자퇴직급여보장법, 32. 채권의공정한추심에관한법률, 33. 금융혁신지원특별법이다(동 규정 제3조 1호).[4)]

3. 자치법규

금융기관의 자율에 기초한 자치법규로는 금융기관간에 운용하는 금융결제원 규약, 각종 금융업협회의 협약 등이 있고, 고객과의 약정인 여신거래기본약관, 수신거래기본약관 등 각종 표준약관 등이 있다.

Ⅳ. 금융업법의 구조와 성격

금융관계법의 근간을 이루고 있는 금융업법을 중심으로 그 구조와 성격을 살펴본다. 금융업법 체계를 유형별로 구분하면 금융기관과 금융상품별 규제방식(institution product-based approach)과 금융상품의 경제적 기능에 중점을 둔 기능별 규제방식(function-based approach)이 있다. 우리나라의 금융업법은 기관별·상품별 규제방식을 원칙으로 하고 있다. 기관별·상품별 규제방식은 금융상품, 투자상품을 그 형태에 따라 예금, 유가증권, 보험상품, 파생상품 등으로 구분하여 일정한 금융기관만이 취급하게 하고, 각각의 금융상품 내지 금융기관에 대하여 설립기준, 행위기준, 감독기관의 감독내용, 건전성 기준 등 별도의 규제체제를 형성하고 있다. 현행 기관병 상품별 규제를 대상상품의 경제적 기능에 중점을 두어 동일한 금융기능을 동일하게 규율하는 기능별 규제로 전환 대표적인법이 자본시장법이다.

금융업법의 구조체계는 일반 법률과 같이 총칙적 규정, 실체적 규정, 보칙적 규정, 벌칙규정으로 구분된다. 대체적인 내용으로는 목적과 금융업, 금융업무 등에 대한 정의를 규정하고 금융업의 인가, 금융업무의 내용, 회계기준 및 절차, 합병 폐업 및 해산, 감독 및 검사, 과징금 및 벌칙 등의 부과규정을 두고 있다. 금융업법에서는 상법 및 한국은행법 등의 특칙규정과 행정법적인 규정 외에 징역형 또는 벌금형 등의 형사법적인 규정도 두고 있다. 따라서 금융업법은 일반 사인간에 적용되는 사법적 법률관계 외에 행정법적·형시법적인 성격을 갖고 있다.

4) 현행 금융감독관계법규에 관한 구체적 운영현황에 대하여는 후술하는 금융감독편의 금융감독의 법원(法源) 부분에서 설명한다.

일반적으로 금융업법의 특성을 구체적으로 살펴보면 다음과 같다.

첫째, 금융업법은 상법에 대한 특별법적인 성격을 갖는다. 금융업법은 상법에 우선하여 특별법으로서 자본금 · 소수주주권 · 감사위원회 · 상행위의 일종인 금융업의 영위 · 합병 · 영업양수도 · 청산인 등의 선임 · 이익금 등의 적립 등 여러 가지 사항에 대하여 상법에 대한 특칙규정을 두고 있다. 또한 금융업의 영업행위에 대한 규제와 조정을 주된 목적으로 하는 행위법적인 성격을 지니고 있다.

둘째, 금융업법은 과징금과 이행강제금을 부과하는 행정법적인 성격을 갖는다. 과징금제도는 원래 행정법규의 위반자에게 경제적 이행이 발생한 경우 그 이익을 박탈함으로써 간접직으로 행정법상의 의무를 이행시키는 수단으로 이용되는데, 금융위원회는 금융기관의 동일차주 · 대주주에 대한 신용공여 한도의 위반, 다른 회사에 대한 출자제한 등에 대하여 과징금을 부과하고 있다. 또한 이행강제금제도는 행정법상의 의무불이행이 있는 경우에 장래의 의무이행을 확보하기 위한 강제집행의 수단으로 이용되는데, 금융위원회는 동일인이 금융기관 주식 보유한도를 초과하여 보유한 경우 주식을 처분하도록 명령한 기간 이내에 이행하지 않는 때에는 이행강제금을 부과하고 있다.

셋째, 금융법은 형법에 정해져 있는 형을 가함으로써 형벌적 성격을 갖는다. 금융업의 영위과정에서 공공성을 확보하기 위하여 여러 가지 준수사항과 금지사항을 규정하고 있고, 그것을 위반한 경우에는 행정형벌로써 징역형과 벌금형의 제재를 가하고 있다.[5]

5) 김문희, 전게서, 23-25면.

제 2 편

금융감독

제 4 장 금융감독제도

Ⅰ. 금융감독의 의의

1. 금융감독의 개념

금융감독의 개념을 명확하게 정의하기는 쉽지 않다. 1980년대 초반부터 BIS 등 국제 금융감독기구에서 금융감독에 대한 이론적 접근이 시도되었지만 아직 만족할 만한 성과가 나오지 않고 있다. 나라마다 금융감독의 주체, 대상 및 그 방법과 절차 등이 차이를 보이고 있기 때문이다. 그렇지만 금융감독기구의 지향점에 대해서는 금융시스템의 안전성, 금융회사의 건전성과 안정성 유지 그리고 금융소비자 보호를 목적으로 해야 한다는 데에 세계 각국이 공감대를 형성하고 있다. 금융감독기구는 이러한 목적을 달성하기 위해 규정의 제·개정, 금융회사의 설립 등에 관한 인·허가, 증권·선물시장의 관리·감독 및 감시에 관한 활동을 하고 있다. 뿐만 아니라 적기시정조치, 검사와 제재 등과 같은 다양한 금융감독수단을 행사하고 있다. 이러한 점에서 금융감독이란 '금융감독당국이 금융회사의 경영건전성 확보, 금융시장의 신용질서 및 공정거래관행 확립, 금융소비자의 보호 등을 도모하고자 금융회사와 금융시장에 대해 인·허가, 건전성에 관한 규제, 경영개선조치, 검사 및 제재 등의 기능을 수행하는 제반 활동'이라고 정의할 수 있다.[1)]

또한 금융기관에 대한 감독은 광의로는 금융기관 내외부의 모든 기관으로부터 금융기관이 영위하고 있는 업무와 회계처리 전반에 관하여 행하는 각종 인허가·규제·감독, 검사, 제재 등의 행위를 총칭한다. 이에는 금융기관 자체 내

1) 금융감독원, 「금융감독개론」(2019개정판). 4면.

부기관에 의한 감사, 공인회계사 등 직업적인 회계전문가에 의한 외부 회계감사, 그리고 「금융위원회의설치등에관한법률」(이하 "금융위설치법"이라 한다) 등 감독관계법규에 의한 감독기관의 감독 및 검사 등이 포함된다. 그렇지만 일반적으로 금융기관 감독이라 할 경우에는 금융감독관계법규에 의하여 감독기관이 감독대상기관인 금융기관에 대하여 행하는 감독 및 검사 등을 의미하고 있다. 여기서 감독기관이라 함은 통상 금융감독당국이라고도 하는데 우리나라에서는 현재 금융위설치법에 의해 설치된 금융위원회, 금융감독원이 이에 해당한다. 그리고 감독유관기관으로는 국제금융 및 외환업무를 규제하는 기획재정부[2], 금융기관 공동검사업무를 수행하는 한국은행과 예금보험공사가 있다.

금융기관에 대한 감독은 금융업의 기능과 역할[3]이 국민경제에 막대한 영향을 미치기 때문에 일반 산업이나 기업과는 달리 감독당국의 규제가 많고 심한 것이 특징이다. 금융기관도 일부 특수금융기관을 제외하고는 일반 사기업의 성격을 갖고 있으므로 자본주의제도의 원칙인 사유재산권의 보장과 계약자유의 원칙에 따라 일반 기업원리에 따라 기업성 위주로 경영되는 것이 원칙이며 행정규제는 최소한에 그치는 것이 바람직하다. 그렇지만 금융기관은 일반 사기업과는 다른 특수성이 인정되고 있기 때문에 일반 사기업보다 더 강한 행정적 규제와 감독을 받고 있다. 즉 금융기관은 예금자의 보호, 신용질서의 유지 및 국민경제적 기능 수행의 근간이 된다는 점에서 일반 사기업보다 더 강한 공공적 성격을 띠고 있다.[4] 따라서 이러한 금융업을 영위하는 금융기관에 대하여는 정부의 감독 내용과 강도가 일반기업과는 사뭇 다르고 다를 수밖에 없다. 이러한 점에서 금융감독은 행정규제의 특수한 형태로서 포괄적이고 종합적인 규제가 실시되는 대표적인 부문이라고 할 수 있다. 금융감독의 필요성에 대한 이론적 근거에 관하여는 후술하기로 한다.

---

2) 정부조직법 제27조(기획재정부) ① 기획재정부장관은 중장기 국가발전전략수립, 경제·재정정책의 수립·총괄·조정, 예산·기금의 편성·집행·성과관리, 화폐·외환·국고·정부회계·내국세제·관세·국제금융, 공공기관 관리, 경제협력·국유재산·민간투자 및 국가채무에 관한 사무를 관장한다.

3) 금융기관은 주로 자금중개기능과 금융결제기능을 담당하여 경제주체간의 실물경세활동을 유기적으로 연결시켜주는 등 국민경제의 원활한 운영에 중심축 역할을 담당하고 있다.

4) 물론 일반 기업의 경우에 있어서도 사회적 책임이 강조되고 있기는 하지만 이는 사회윤리적인 측면이 강하며 그 본연의 기능면에서 공공성이 강조되고 있는 금융기관의 경우와는 다른 차원이라 하겠다.

2. 규제와 감독의 관계

2.1 의 의

자유시장경제를 지향하고 있는 현대 자본주의의 잠재적 폐해로부터 국민을 보호하기 위하여 정부는 여러 가지 정책수단 중에서 규제정책을 선택하여 실시하고 있다. 규제는 다양한 정부활동의 상당부분이 해당된다는 점에서 그 개념을 일률적으로 정의하기는 쉽지 않지만 대체로 특정활동이 직접 연계되지 않은 실체, 주로 정부관료제가 피규제지의 사회경제적 생활에 개입하는 과정으로 정의된다. 규제는 개인이나 집단의 선택행위 내용과 과정에 대하여 정부가 의도적으로 개입함으로써 바람직한 사회경제적 질서의 구현을 도모하는 것이다. 즉 정부가 공익의 실현을 위하여 민간의 자유로운 행동이나 재산권 행사 등 경제활동에 대하여 일정한 제약을 가하는 것이다.[5)]

이러한 규제의 정의는 정부가 민간부문의 결정주체에 부과하고 있는 통제를 강조하고 있을 뿐 정부규제에 정당성을 부여하는 법적 근거에 대한 설명이 부족하다. 이에 따라 규제의 정의에 '법에 의한 규제'의 요소를 추가시키고 있다. 미트닉(Mitnick)은 '규제란 공익에 부합하도록 설정된 법규에 따라 개인의 경제적 활동을 조정하는 공공행정 경찰작용(public administrative policing)'이라고 규정하고 있고, 퀀스(Peter Quence)는 규제란 '정부가 법령을 부과함으로써 민간부문의 개인이나 조직이 행사할 수 있는 재량권을 제한하기 위한 행정작용'이라고 규정하고 있다. 그리고 미국 규제개혁위원회는 '규제란 정부가 하는 모든 일은 법과 규칙의 설정이 요구되므로 정부구조 밖에 존재하는 개인이나 조직들에게 정부가 설정한 표준과 주요 경제적 책임을 이행하도록 하기 위하여 부과하는 법과 규칙'이라고 하고 있다.[6)] 우리나라에서도 행정규제에 대하여 법률적으로 다음과 같이 정의하고 있다. 「행정규제기본법」 제2조에서 행정규제는 '국가나 지방자치단체가 특정한 행정목적을 실현하기 위하여 국민의 권리를 제한하거나 의무를 부과하는 것으로서 법령 등이나 조례·규칙에 규정되는 사항'이라고 한다.

5) 송희준, 「금융산업에 대한 행정규제의 합리화방안」(한국금융연구원, 1997), 5면 참조.
6) 김용우, 「규제행정론」(대영문화사, 1996.1), 129-130면 참조.

그러나 이러한 정의는 정부규제의 기본적인 성격을 파악하는 데 도움은 주지만 정부규제를 실제적으로 수행하는 과정에서 채택할 수 있는 규제의 유형과 수단에 대한 구별이 없이 일괄적으로 내린 것이기 때문에 구체적인 개념을 파악하는 데는 미흡하다. 이러한 점에서 정부규제를 일반적으로 '정부조직의 하나인 규제기관이 달성해야 할 목적을 효과적으로 추구하기 위해 민간 경제주체인 기업, 개인, 조직의 특정 활동이나 행위를 제한·금지·지시하거나 지도·보호·지원·조장하는 행정작용'이라고 정의하고 있다.[7] 즉 규제의 개념을 구체적으로 파악하기 위해서는 좁은 의미의 직접규제 외에 육성적 행위를 포함하는 간접규제까지를 포괄하는 넓은 의미의 규제로 정의하는 것이 바람직하다는 견해이다.[8]

오늘날 세계의 주요 선진국은 자유시장 경제체제를 지향하고 있지만 아직도 많은 나라에서는 정부의 경제에 대한 개입이 많은 혼합경제체제를 유지하고 있다. 아무리 자유시장경제체제라 하더라도 국민에게 편익을 제공하거나 일정부분 제약을 가하는 정부의 역할은 불가피하다. 그리고 정부가 실제로 금융 지원, 보조금 지원, 세제 지원, 행정서비스 제공 등 육성적 목적의 편익제공도 통제와 규제적 요인을 함께 가질 수밖에 없다. 이러한 점에서 규제는 광의로 정의하는 것이 타당하고 하겠다. 그렇지만 자유시장경제를 지향하는 현대국가에서는 국민의 자유와 창의가 존중되어야 한다는 점에서 정부규제는 최소한으로 이루어져야 한다. 우리나라의 행정규제기본법도 이러한 정신을 감안하여 제정되었다.[9]

한편 감독은 감독기관이 감독대상기관과의 특수관계에 기초하여 감독대상기관의 업무활동이나 행위에 대하여 규제하고 그 내용의 올바른 이행을 감시, 관찰, 지도하는 일체의 행정작용이라 할 수 있다. 감독이란 용어는 경우에 따라 규제와 동의어로 사용되기도 하나 감독이라 할 경우에는 관련 규제, 감독에 관한 법률에 의하여 감독 주체와 객체가 명확히 규정되어 있고 이들 간에는 감독

---

7) 김용우, 전게서, 138면.

8) 앤더슨(Anderson)은 '규제란 정부가 경제·사회적 목적을 성취하기 위하여 개인과 기업의 경제적 행태를 통제하거나 제한하고 형성 또는 지향하기 위한 행정작용'이라고 정의하고 규제의 최종적 목적은 규제대상인 개인과 집단 또는 조직의 행동에 대한 재량권을 제한하기 위한 것으로서 바람직한 행위는 지원·조장·보호하고 바람직하지 못한 행위는 금지 또는 제한하는 것이라고 주장하고 있다고 한다(김용우, 전게서, 138면).

9) 행정규제기본법 제1조에서는 법의 목적을 '행정규제에 관한 기본적인 사항을 규정하여 불필요한 규제를 폐지하고 비효율적인 행정규제의 신설을 억제함으로써 사회·경제활동의 자율과 창의를 촉진하여 국민의 삶의 질을 높이고 국가경쟁력의 지속적인 향상을 도모'하는 데 두고 있다.

과 피감독의 특수관계가 형성되어 있는 경우를 말한다. 이러한 의미에서 감독은 규제행정이 감독기관에 의하여 감독대상기관을 상대로 구체화되어 이루어지는 규제의 전형이라 할 수 있다.

2.2 금융규제와 감독

금융산업은 앞에서도 언급했듯이 그 기능과 역할이 국민경제에서 차지하는 중요성이 막대하기 때문에 이에 대한 규제와 감독 역시 어느 산업보다도 강화되어 있다. 행정규제와 감독의 정의를 원용하여 금융규제와 감독을 정의해 보면 금융규제는 정부 또는 금융당국이 금융산업의 육성을 통한 국민경제의 발전을 위하여 금융기관의 영업활동과 행위를 통제하거나 제한하고 지도·조장하는 것이다.[10] 그리고 금융감독은 금융감독당국이 감독대상 금융기관에 대한 각종 정책과 규제를 시행하고 그 내용의 준수여부를 점검하여 조치하는 한편 올바른 이행을 감시, 관찰, 지도하는 일체의 행정작용이라 할 수 있다. 이러한 감독규제의 내용 및 감독관계는 금융관계법률에서 구체적으로 명확히 규정하고 있다. 즉 금융감독은 금융규제행정이 금융관계법규에 따라 감독기관에 의하여 금융기관을 상대로 구체적으로 이행되는 것을 의미한다.[11] 우리나라의 경우 금융감독을 담당하고 있는 기관의 기능과 역할에 관한 주요 법률로서 금융위설치법이 제정되어 운영되고 있다. 금융감독기관을 금융위원회와 금융감독원으로 하면서 감독대상기관을 「은행법」에 의한 금융기관, 「자본시장과금융투자업에관한법률」(이하 "자본시장법"이라 한다)에 의한 금융기관, 「보험업법」에 의한 금융기관 등으로 규정하고 있다. 따라서 금융감독은 위의 법과 금융기관의 업무활동 규제에 관한 각종 법률에 의하여 감독기관이 감독대상기관을 상대로 구체적으로 행하여지고 있다.

---

10) 이러한 금융규제는 후술하는 '기능측면에서 본 감독수단'으로 구체화된다.

11) 정운찬 교수는 '금융중개기관에 대한 규제는 정부나 유사권력기관이 금융중개기관의 경영활동에 일종의 규칙을 부과한 것'으로 볼 수 있고, 감독이란 '금융중개기관의 이러한 규제를 준수하는지를 점검하고 이를 위반했을 때 적절한 조치를 취하는 방식'을 말한다고 한다(정운찬, 「중앙은행론」(학현사, 1995.4), 63면). Spong은 '은행규제란 은행들의 활동을 규정하는 법규 및 규칙체계'를 말하며, '은행감독이란 은행감독당국이 관할 은행들의 재무상태를 감시하고 은행규제 및 정책을 계속적으로 집행하는 활동'을 의미한다고 한다(김홍범, "중앙은행과 은행감독기능: 은행감독의 이론과 실제를 중심으로", 「금융학회지」(제1권 제2호)(한국금융학회, 1996.12), 2면)

2.3 금융규제와 행정지도

우리나라는 2015년말 금융위원회 및 금융유관기관이 금융회사 등에 대한 금융규제를 신설 · 강화하거나 집행할 때 합리성 · 투명성 · 책임성을 확보하도록 함으로써 금융산업에서 경쟁과 혁신을 촉진하는 데에 이바지함을 목적으로 「금융규제운영규정」을 제정하여 운영하고 있다.[12] 그동안 비공식적으로 금융회사 등을 규율하고 있던 금융행정지도의 원칙 · 방식 · 절차를 마련하여 상시적인 관리체계를 통하여 금융행정지도의 발령을 지양하고 사후관리를 강화하고자 한 것이었다. 금융산업에 대하여도 「행정규제기본법」을 준수하여 금융규제의 합리성, 투명성을 확보하도록 한 것이다.

이 규정에 의하면 넓은 의미의 금융규제의 종류를 "금융규제", "금융행정지도", "금융행정작용"으로 구분하여 명시하고 있다. 1) "금융규제"란 금융위원회 또는 금융유관기관이 금융회사 등의 경영건전성을 확보하고 금융소비자를 보호하는 등 금융행정의 목적을 달성하기 위하여 법률상 금융회사 등의 권리를 제한하거나 의무를 부과하는 것 또는 법령에서 주어진 권한 또는 기능에 근거하여 사실상 금융회사등의 영업 또는 업무 등에 영향력을 행사하는 것을 말한다. 이 금융규제는 i) 명시적 금융규제: 법령등(법률 · 대통령령 · 총리령, 그 위임을 받는 고시 등을 말함)에서 정하는 금융규제와 ii) 비명시적 금융규제: 법령등에서 정하지 아니한 금융규제로서 금융행정지도, 금융유관기관의 업무규정, 지침, 업무방법서, 그 밖에 이와 비슷한 것에 해당하는 금융규제로 구분된다(금융규제운영규정 제2조 3호). 2) "금융행정지도"란 금융위원회 또는 금융감독원이 금융회사등의 경영건전성을 확보하고 금융소비자를 보호하는 등 금융행정의 목적을 달성하기 위하여 금융회사등의 자발적인 협력에 기초하여 그 금융회사등에 일정한 행위를 하거나 하지 아니하여 줄 것을 요청하는 행위(조문의 형식으로 하는 행위 등 일반적이고 추상적인 형식으로 하는 행위를 포함)를 말한다. 다만, i) 감독행정작용, ii) 금융회사등의 신청 또는 질의 등에 따라 법령등에 대한 해석이나 그 해석에 따른 조치 여부 등에 대하여 회신하여 주는 행위, iii) 관계 법령에 따른 조치 등이 내려진 경우 그 사실을 알리는 행위 등 금융회사등에 새로이 그 권리를 제한하거나 의무를 부과하지 아니하는 행위, iv) 관계 법령

---

12) 금융위원회가 국무총리훈령 제661호로 2015.12.31 제정 시행하였다.

에 따른 인가·허가·등록 등의 통보, v) 금융 관련 분쟁의 조정, vi) 상기 규정된 행위 외의 행위로서 이와 비슷한 것에 해당하는 행위는 금융행정지도에서 제외한다(동 운영규정 제2조 3호). 3) "감독행정작용"이란 금융위원회 또는 금융감독원이 금융회사등에 법령등을 지키도록 하기 위하여 직권으로 필요한 지침을 개별적이거나 구체적인 형식으로 제시하는 행위를 말한다(동 운영규정 제2조 3호).

금융규제는 그 목적 달성에 필요한 최소한의 범위에서 합리성·투명성·책임성을 확보할 수 있도록 설정되어야 한다. 그리고 그 내용, 방식과 절차도 마찬가지이다(동 운영규정 제4·7조).

3. 금융 규제·감독의 논리

은행 등 금융산업에 대한 정부규제가 필요하다는 논거는 경제학에서 이야기하는 시장의 실패에서 찾을 수 있다.[13] 규제이론의 대표격인 공공이익설(public interest theory)에 따르면 원래 시장은 불완전하다는 입장에서 출발하는데 금융시장에 있어서도 시장의 불완전성과 이로 인한 시장의 실패 문제가 존재한다고 본다. 금융시장 실패의 원인으로는 자연독점(natural monopoly), 공공재(public goods)의 존재, 외부효과(externalities)의 존재, 정보의 부족 즉 정보의 비대칭성(asymmetric information)을 들고 있다.[14] 금융시장은 불완전하므로 이를 방치하면 시장메커니즘이 작동하지 않고 비효율적이며 불공정하게 된다. 이에 따라 금융시장의 실패를 방지하기 위하여 정부규제가 필요한데 이러한 규제근거는 금융중개기능의 효율성을 기준으로 한다.

금융규제를 옹호하는 다른 견해는 공정성에 바탕을 둔 소비자보호설적인 관점에서 찾을 수 있다. 규제가 한 나라의 신용조직, 신용질서를 유지함으로써 예금자를 보호하기 때문에 금융규제의 근거를 예금자보호에서 구하고 있다.

또한 인정성의 기준에 기반을 둔 규제근거를 생각할 수 있다. 은행 및 은행

13) 후생경제학에서는 시장실패의 원인을 비용체감적 산업의 존재(규모의 경제성이 높아 독점이 발생할 경우), 외부효과(외부경제 내지 외부불경제가 존재하여 사기업에 위임해 두면 충분히 공급이 이루어지지 않는 경우라든지 공해와 같이 과도한 공급이 발생할 경우), 공공재(리스크가 커서 민간으로서는 부담하기 어려운 경우) 및 동태적 자원배분의 문제 등을 지적하고 있다. 이상과 같은 요인이 존재하면 시장의 가격기구가 정상적으로 작동하지 않아 정부의 시장 개입이 필요하다는 견해이다.

14) 강병호, 「금융기관론」(박영사, 1999.2), 57면.

시스템의 안정성에 대해 정책당국이 중대한 관심을 갖고 있는 것은 연쇄적인 은행 도산이 화폐공급을 일순간에 위축시키고 이것이 경제의 실물측면에서 자원배분의 왜곡을 발생시킬 수 있기 때문이다. 다시 말하면 은행규제의 근거는 신용질서의 유지에 있다.[15)]

한편 은행 등 금융기관은 제조업을 영위하는 기업이나 마찬가지로 기본적으로 영리를 추구하는 계속기업(going concern)이다. 그런데도 금융기관에 대한 정부규제가 필요한 이유는 금융기관이 제조업과는 다른 특수성 즉 금융의 기능과 역할의 중요성으로부터 사회적 책임과 공공성에서 찾아 볼 수 있다. 특히 자산 및 부채의 운용에 있어 일반기업과 다른 특수성을 지닌 금융기관이 시장의 실패로 이어진다면 국민에게 끼치는 영향은 막대하다. 이를 구체적으로 살펴보면 다음과 같다.

첫째, 은행 부채의 가장 큰 비중을 차지하는 예금자의 예금은 금융거래 결제수단이라는 시장경제 내의 신용질서를 유지하는데 사용되는 공공재이다. 특히 예금은 정부의 통화정책의 대상인 통화의 범주에 속하기 때문에 경제안정화정책을 추구하는데 있어 매우 중요한 수단이며 동시에 경제발전에 필요한 투자자본을 조달하는 주요수단이다. 따라서 정부는 원활한 통화관리 및 경제성장의 자금조달을 위한 공공목적을 위하여 금융부문에 규제를 가한다.

둘째, 예금자가 금융기관에 예금을 하는 것은 예금자와 금융기관 사이에 채권·채무관계를 맺는 것을 의미한다. 따라서 금융기관의 도산을 방지하기 위하여 도입하는 정부규제는 채무자인 금융기관을 보호하는데 그치는 것이 아니고 채권자인 예금자를 보호하기 위한 장치인 것이다. 예를 들면 은행의 자산구조를 볼 때 예금이 가장 큰 비중을 차지하는 부채는 90% 이상이며 자본금의 비중은 10% 이내이다. 은행이 도산할 경우 예금자가 의존할 자본금의 비중이 매우 낮기 때문에 예금자가 예금의 안전성을 조금만이라도 의심한다면 일시에 예금인출사태가 발생하고, 이것이 더 확대되면 자산상태가 건전한 다른 은행의 예금자들에게도 예금인출 가능성에 의심을 가지게 하여 연쇄적인 예금인출사태를 가져오는 등 대규모의 금융공황으로 가는 부(負)의 외부효과(negative externality) 또는 파급효과(spillover effect)를 유발할 수 있기 때문에 정부규제가 필요하다.

셋째, 금융기관의 도산이나 부실경영에 대한 정보에 대하여 각각의 금융기

---

15) 김기서, “은행업 규제완화와 효율화방안”, 「규제연구」('96 가을호)(한국경제연구원, 1996. 11), 145-146면 참조.

관 예금자나 대출자는 쉽게 알 수 없다. 즉 금융기관의 자산 운영의 건전성과 안정성에 대한 정보에 있어서 기관과 고객, 대고객과 소고객 등 사이에 비대칭(information asymmetry) 상태에 놓여있다는 것이다. 그 경우 정보가 부족한 사람은 금융거래에서 불리한 입장에 놓일 수밖에 없고 그 결과는 금융기관 부실화의 경우 손해를 입는 결과를 가져오기 때문에 정부가 금융기관의 경영에 규제를 가한다.

넷째, 금융 자체가 지니는 소득창출효과로 인하여 금융기관의 소유가 특정집단에 집중되거나 대출 등 신용창출이 특정집단에 편중되면 소득이나 부(富)의 분배를 왜곡시킬 수 있다. 그 결과는 사회적으로 바람직하지 않은 경제적 불평등을 유발함으로써 사회 내에 긴장과 갈등을 조성하기 때문에 정부가 금융기관의 소유 집중이나 대출 편중을 규제한다.

이와 같은 금융규제의 논거는 시장실패에 대한 정부개입의 논거를 금융부문에 적용한 것이다. 따라서 이와 반대되는 논거로 금융규제가 정부실패를 가져올 수 있다는 지적이 가능하다. 이와 동시에 이것은 금융시장 실패가 반드시 정부의 규제 개입에 의해서만 효율적으로 해결되는 것이 아니라 시장메카니즘에 의하여도 해결될 수 있다는 점을 시사한다.[16)]

4. 금융감독의 법적 성질

금융감독권은 금융감독당국이 「금융위원회의설치등에관한법률」(이하 "금융위설치법"이라 한다)과 「은행법」, 「자본시장과금융투자업에관한법률」(이하 "자본시장법"이라 한다), 「보험업법」 등 금융업법, 기타 금융관계법률에 의하여 금융기관의 설립・폐지・합병 인허가를 하고, 감독업무 수행에 필요한 규정을 제정하며, 금융기관에 대해 명령, 지시할 뿐만 아니라 이에 대한 금융기관의 준수여부를 감독, 검사하는 것을 내용으로 하는 행정작용이라 할 수 있다. 주 금융감독당국인 금융위원회는 그 권한의 행사에 있어서 정부로부터의 독립성과 중립성이 보장되고 있는 합의제행정기관으로서 준입법 및 준사법 권한이 부여되어 있다.

금융감독권한은 금융감독에 관한 사전적・예방적 감독의 성격을 가지는 협의의 감독권과 사후적・교정적 감독의 성격을 가지는 검사권, 제재권으로 나누

16) 송희준, 전게서, 14-16면 참조.

어 볼 수 있다. 협의의 감독권은 다시 금융기관의 지도, 규제를 위하여 법규의 성질을 갖는 규정과 그렇지 않는 일반적인 규정(법집행적 성격을 가지는 각종 통첩 등)을 제정하여 각 금융기관에 시달, 준수케 하는 권한인 명령권과 구체적 사실에 관한 법집행으로서의 권력적 처분행위를 하는 처분권으로 나누어 진다. 검사권은 검사대상 금융기관의 명시 또는 묵시의 동의 또는 승낙을 요하는 행정상의 임의조사의 일종이라 할 수 있다. 제재권은 금융기관의 위법부당한 행위에 대한 행정벌과 인가취소 등 특수한 제재와 금융기관 종사자의 위법부당한 행위에 대한 문책으로 일반적인 행정벌과 징계벌이 있다.

Ⅱ. 금융감독의 목적 및 수단

1. 금융감독의 목적

금융기관은 그 업무를 영위함에 있어 예금자 또는 투자자 등 이해관계인의 권익 보호, 신용질서의 유지 및 국민경제에 대한 원활한 자금공급기능 수행 등 공공적 성격이 중시되는 한편 자유경쟁을 통한 수익성 추구 기업으로서 자기책임의 원칙 등 기업적 성격 또한 갖는다. 그러므로 금융감독은 금융기관 영업의 이러한 이원적 성격이 원활히 조화되어 성취될 수 있도록 금융기관을 지도, 규제하고 단속하는 데 그 목적을 두고 있다. 다시 말하면 금융기관 경영의 건전성(soundness)을 확보함으로써 신용제도의 효율성을 유지하는 데 금융감독의 주된 목적이 있다고 할 수 있다.

우리나라 「금융위원회의설치등에관한법률」 제1조에서는 "이 법은 금융위원회와 금융감독원을 설치하여 금융산업의 선진화와 금융시장의 안정을 도모하고 건전한 신용질서와 공정한 금융거래관행을 확립하며 예금자 및 투자자등 금융수요자를 보호함으로써 국민경제의 발전에 기여함을 목적으로 한다"고 규정하고, 「은행법」 제1조에서도 "이 법은 은행의 건전한 운영을 도모하고 자금중개기능의 효율성을 높이며 예금자를 보호하고 신용질서를 유지함으로써 금융시장의 안정과 국민경제 발전에 이바지함을 목적으로 한다"고 규정함으로써 이러한 취지를 반영하고 있다. 즉 금융감독이란 국민의 재산을 예탁받아 운용하는 금융기관의 건전한 경영을 유도하여 부실화 내지는 도산 등을 방지함으로써 예금자 또는 투자자 등 이해관계인을 보호하는 한편 이러한 과정에서 개개의 금융기관으로 구성되어 있는 금융제도의 안정성(safety)을 확보하고 신용질서를 유지함으로써 금융조직을 건전하고 효율적으로 지탱해 나가도록 한다는 것이다. 그 결과 금융자금의 흐름과 배분이 원활히 이루어져 종국적으로 국민경제의 발전에 기여할 수 있게 된다고 하겠다.

금융감독의 목적을 달성하기 위하여 감독기관이 사용하는 구체적인 감독수단은 각 국가 및 그 금융제도의 특성은 물론 한 국가에 있어서도 시대적인 상황에 따라 달라질 수 있겠지만 금융감독의 목표와 관련시켜 볼 때 기본적인 감독수단은 각국이 유사하다고 할 수 있다. 일반적인 금융감독의 수단을 기능적인 측면과 구체적인 행사 형태적 측면에서 설명하기로 한다.

2. 금융감독의 구분

금융감독은 다양한 방법으로 구분할 수 있다. 금융감독은 인허가, 건전성 감독, 검사 및 제재, 위기관리의 네 단계가 유기적으로 연결되는 일련의 프로세스라고 할 수 있다.

금융감독을 기능에 초점을 맞추어 구분하면 시스템 감독, 건전성 감독 그리고 영업행위 감독의 3가지로 나눌 수 있다. 최근에는 시스템 감독은 거시건전성 감독, 개별 금융회사의 건전성 감독은 미시건전성 감독으로 표현하기도 한다.

시스템 감독은 개별 금융회사에 대한 감독보다 큰 개념이다. 시스템리스크는 경제전반에 심대한 악영향을 미칠 정도로 금융시스템의 기능이 훼손될 리스크를 의미하며, 금융시스템의 안전성 확보에 초점을 두고 있다. 건전성 감독은 개별 금융회사의 건전성을 감독하는 것이다. 금융회사 재무제표의 건전성, 특히 자본이 충분한가를 분석하는데 중점을 둔다. 실무적으로는 자본적정성, 신용위험, 시상위험, 운영위험 및 기디 건전성과 관련된 지표를 중요시한다. 영업행위 감독은 금융회사가 소비자와의 거래에서 어떻게 행동하는가와 관련된다. 이는 공시(公示) 및 건전한 영업관행과 같은 소비자 보호의 측면에 중점을 두는 것이다. 이러한 영업행위 감독은 고객을 상대하는 데 있어 적절한 행위와 영업관행에 관한 규칙과 지침을 정하는 것에 초점을 둔다.

금융감독은 감독대상에 따라 구분할 수도 있다. 개별 금융회사의 리스크 관리와 금융산업의 시스템 리스크 방지에 초점을 맞추는 금융회사에 대한 감독과 금융시장의 공정성·효율성 제고와 투자자 보호에 주안점을 두는 금융시장 감독으로 구분하는 것이 대표적이다.

이상에서 설명한 금융감독의 여러 유형들은 서로 상충되거나 개념적·물리적으로 분리할 수 있는 것이 아니라, 상호 보완적인 관계로 이해해야 한다. 예를 들어 건전성 감독은 개별 금융회사의 파산 위험을 예방할 뿐만 아니라, 위험요소가 경제전반에 끼치는 파급효과(spill-over effect)를 줄이고 궁극적으로 소비자를 보호하기 위한 필수적인 기본 요건이 된다. 따라서 어느 하나에만 중점을 두기보다는 여러 측면을 종합적으로 일관성 있게 추진하여야 감독상의 시너지효과를 창출할 수 있으며, 위 구분에 따라 업무를 여러 기관으로 나눌 수 있는 성질의 것은 아니다.[17)]

3. 금융감독의 수단

3.1 기능적 감독수단

(1) 청산능력 규제

금융기관의 청산능력(solvency)이라는 것은 금융기관이 계속기업으로서 존속하기 위하여는 최종적으로 금융기관의 모든 부채가 보호자산에 의해 변제될 수 있어야 한다는 것이다. 금융기관이 청산능력을 확보하지 못할 경우 파산을 초래할 위험이 높기 때문에 금융감독기관은 적정규모의 자기자본을 보유토록 유도하고 불건전자산의 보유를 억제함으로써 보유자산의 건전성을 높여 나가도록 하고 있다. 이러한 규제수단으로 대표적인 것은 BIS자기자본비율규제,[18)] 부실여신비율규제가 있다.

---

17) 금융감독원, 전게서, 7-8면.

18) 1988년 7월 BIS(국제결제은행)의 은행감독위원회(바젤위원회)가 "자기자본 측정과 기준에 관한 국제적 합의"를 제정하고 국제업무를 영위하는 상업은행은 BIS자지자본비율을 90년말부터 7.25% 이상, 92년말부터는 8% 이상 유지토록 의무화하였고, 우리나라는 92년 동 제도를 도입하여 93년말부터 7.25%, 95년말부터는 8% 이상을 유지토록 의무화하였다. BIS자기자본비율 규제방식은 단순자기자본비율(총자산대비 자기자본비율) 규제방식과는 달리 은행의 자산을 거래 상대방의 신용도, 채권의 만기, 담보 및 보증의 유무등을 기준으로 분류하고 위험이 높을수록 높은 가중치를 적용함으로써 은행들의 우량자산 보유동기를 높여 자산건전성을 제고하고, 부외거래를 포함시켜 방만한 부외거래 확대를 방지하며, 본지점뿐만 아니라 자회사도 포함하여 연결기준에 의해 규제한다.

참고 자기자본 규제제도 개요[19)]

금융회사는 일반기업과는 달리 예금수취 등을 통해 부채를 많이 조달할 수 있기 때문에 고위험·고수익 자산에 투자하여 초과수익은 자신에게, 초과위험은 예금주와 투자자에게 부담시키려고 하는 도덕적 해이에 빠질 유인이 높다. 이에 따라 고위험 자산에 집중하여 투자하려는 도덕적 해이를 방지하기 위해 금융회사 보유자산의 위험 정도에 따라 부실화에 대비하여 충분한 자기자본을 적립토록 하는 자기자본에 관한 건전성 규제제도를 운용하고 있다. 일반적으로 자기자본 규제는 리스크 대비 적정 자본을 보유토록 하는 자본적정성 규제를 의미한다.

은행에 대한 자본적정성 규제는 국제적으로 국제결제은행(BIS: Bank for International Settlements)의 바젤은행감독위원회(BCBS: Basel Committee on Banking Supervision)의 권고안이 채택되고 있다. 바젤은행감독위원회는 BIS비율을 일정 비율 이상 유지할 것을 BIS회원국들에게 의무화하고 있는데, BIS회원국이 아니더라도 자국 은행산업의 국제 신인도를 높이기 위해 대부분의 국가가 동 BIS비율을 준수하고 있다. 우리나라의 경우도 바젤권고안을 준수하고 있으며, BIS비율 준수의무를 지키지 못한 은행에 대해서는 단계별로 적기시정조치(Prompt Corrective Action)를 발동하여 부실 심화를 방지하고 있다.

한편, Basel Ⅰ 자기자본규제는 차입자의 신용도를 정부·은행·기업 등 채무자의 외형적 특성에 따라 일률적으로 구분하여 동일한 위험가중치를 부여하는 등의 문제점이 있어, 개별 차주의 신용도를 은행 내부 평가프로그램을 통해 차등화하여 적절한 자기자본을 적립토록하는 등의 방향으로 개선된 신BIS(New Basel Accord, 일명 Basel Ⅱ) 자기자본규제를 2008년부터 도입하여 시행하였다. 이후 글로벌 금융위기를 거치며 은행산업의 위기대응력 강화를 위해 2010.12월 Basel Ⅲ 기준이 마련되었고, 우리나라는 바젤 Ⅲ 자본규제를 2013.12월부터 단계적으로 도입하고 있다.

또한, 우리나라는 은행의 BIS비율제도를 권역별 특성에 맞게 다소 조정하여 상호저축은행 등 비은행 금융회사에도 적용하고 있으며, 금융투자 권역과 보험권역에 대해서도 국제감독기구의 권고와 선진국의 모범사례(best practice)를 받아들여 국제기준(global standard)에 적합한 자본적정성 규제를 도입·운용하고 있다.

금융투자업자에 대해서는 국제증권감독기구(IOSCO: International Organization of Securities Commissioners)의 권고안에 따라 위험손실을 감안한 현금화 가능자산인 영업용 순자본의 규모가 상환의무가 있는 부채인 총위험액의 규모를 초과하도록 하고 있는데, 이는 금융투자업자의 파산 시에도 고객의 재산을 보호하고 여타 금융회사로 위기가 전염되는 것을 방지하기 위한 것이다.

보험회사에 대해서는 보험회사에 내재된 리스크를 발생원천에 따라 보험·금리·시장·신용·운용리스크 등 5가지로 구분하여 요구자본(required capital)을 산정하고, 요구자본 대비 가용자본(available capital)의 비율을 100% 이상으로 유지하도록 하는 위험기준 자기자본(RBC: Risk Based Capital)제도를 운용하고 있다.

(2) 유동성 규제

유동성(liquidity)은 지급을 요하는 부채가 보유자산에 의해 지급을 요하는 시점에 즉시 변제될 수 있는 능력으로서 보유자산의 부채에 대한 단기적이고 경상적인 충족관계를 의미한다.

금융기관의 유동성 유지를 위한 규제는 특정자산의 보유를 부분적으로 의무화하거나 제한하는 것을 내용으로 하게 된다. 이러한 규제수단으로는 유동성자산비율규제, 업무용부동산비율규제 등이 있다.

(3) 자산운용 및 영업활동의 제한

자기자본 규제제도는 금융회사가 고위험자산에 편중 투자하고자 하는 도덕적 해이를 간접적으로 억제하기는 하나, 고위험 부담 행위 자체를 완전히 예방하지는 못한다. 따라서 이러한 도덕적 해이 가능성을 해소하기 위해 금융회사의 자산 보유·운용에 대해 수익성과 자율성을 크게 훼손하지 않는 범위 내에서 직접적인 제한을 가하고 있다.

특정자산의 보유나 위험성이 높은 업무의 취급을 규제하기 위하여 금융기관의 업무활동을 제한하는 것으로 동일인여신규제, 거액여신규제, 유가증권 등 각종업무의 한도규제 및 겸업규제 등이 있다. 예를 들어, 은행에 대해서는 주식과 상환기간 3년 이상 유가증권에 대한 투자한도를 자기자본의 100% 내로 제한하는 등 고위험자산에 대한 투자 한도를 부과하는 한편, 동일 차주에 대한 신용공여한도를 자기자본의 25% 이내로 정하는 등 특정 개인 또는 집단에 대한 편중여신을 제한하고 있다. 또한, 비금융자회사는 전산센터, 연구소 등 금융업과 밀접한 관련이 있는 것만 허용하는 등 금융업과 관련이 없는 상행위를 영위하는 것을 금지하고 있다.

그러나 금융의 국경이 허물어지는 글로벌 경쟁시대가 도래함에 따라 금융회사의 자율성과 경쟁력을 제고하기 위해 자산 운용·보유에 대한 제한은 보다 신축적이고 간접적인 방향으로 바뀌는 추세이다.[20]

19) 금융감독원, 전게서, 9-10면 참조.
20) 금융감독원, 전게서, 11면 참조.

(4) 신규진입 · 퇴출 규제

금융중개기능을 수행하는 금융회사가 새로 생기거나 없어지는 경우 시장에 미치는 영향이 지대하기 때문에 금융회사의 진입과 퇴출에 대해 일정한 요건과 절차를 정하고 있다. 금융회사 설립에 대해 신설 회사의 경영진과 대주주의 자격요건, 예상 수익성과 건전성 및 자본조달능력 등을 감안하여 설립 인가(허가 및 승인 포함)를 실시하고 있다. 설립인가 시에는 법규에서 정하는 계량적 요건 충족 여부를 확인할 뿐만 아니라, 위험선호적 기업가가 금융회사를 지배하는 것을 방지하기 위해 금융회사 경영진과 대주주 등에 대한 자격요건을 정하고 적격성 심사(fit and proper test)를 실시하고 있다. 금융회사 진입과 관련된 대표적인 규제가 은행의 사금고화 방지를 위한 산업자본의 은행소유 제한이다.

한편, 금융회사의 해산 · 합병 또는 영업의 양수 · 도의 경우에도 금융소비자의 재산을 보호하고 금융시스템에 미치는 충격을 완화하기 위해 인가를 받도록 하고 있다. 또한, 특정 금융회사가 부당한 행위를 하거나 부실이 심화된 경우 인 · 허가 취소 또는 적기시정조치 중 퇴출조치 등을 통해 강제 퇴출시킬 수도 있다.[21)]

또한 금융업에 있어서 신규진입 및 영업망의 확장을 규제하는 수단으로 금융기관 설립 외에 자회사, 점포 설치인가 등이 있다. 이같은 신규참가 제한은 무능하고 위험성 높은 금융진출을 사전에 저지시키고 과도한 영업망 확장으로 야기될 수 있는 과당경쟁을 방지함으로써 금융제도의 안전성 유지에 기여할 수 있다는 이점이 있다. 그러나 이러한 제한조치는 금융업의 자유경쟁을 저해할 수도 있다는 점을 감안하여 금융시장의 여건변화에 따라 신중하고도 탄력적으로 운용되어야 할 사항이다.

(5) 불건전영업행위 규제

건전한 신용질서의 확립을 위하여 불공정한 금융거래나 금융업이 공공적인 성격에 반하는 금융기관의 영업행위에 대해서는 규제가 가해진다. 그러나 영업행위의 불건전여부 판정은 그 처해있는 사회적, 시대적 상황에 따라 달라질 수 있다. 예를 들면 구속성예금(compensating balance)의 경우 미국 등에서는 대출의 가격결정과 관련한 금융관습으로 정당한 영업행위로 간주되는 반면 일본

---

21) 금융감독원, 전게서, 9면 참조.

의 경우에는 건전한 영업행위로 인정되지 않고 있다.

이와 같이 쌍방의 이해관계가 대립되는 경우 불건전영업행위를 한정하기가 곤란한 면이 있으므로 감독기관에 의한 규제의 필요성 여부는 그 사회적, 시대적인 배경에 의해 큰 영향을 받게 된다.

(6) 경영공시제도

최근 금융 자유화·세계화의 진전과 금융공학의 발달, 규제회피 노력 등으로 인해 건전성감독에 있어서도 금융회사의 설립과 영업행위에 대한 인·허가와 자산운용 상의 제한 등 전통적인 금융감독 규제수단이 갖는 유효성이 제약되고 있어, 시장으로부터의 감시 및 견제, 즉 시장규율(market discipline)의 중요성이 부각되고 있다. 경영공시제도는 금융회사의 경영정보를 예금주, 보험계약자, 주주 및 채권자 등 이해관계인에게 공개하여 시장규율을 작동하게 함으로써 금융회사의 건전경영을 도모하고 도덕적 해이를 방지하고자 하는 제도이다. 조직·인력·재무상황·경영방침 등 기본적인 경영정보에 대해 정기 공시토록 하는 한편, 거액의 부실채권이나 금융사고가 발생한 경우 또는 적기시정조치가 부과된 경우 등 시급한 현안에 대해서는 수시 공시토록 의무화하고 있다.[22)]

참고 시장규율의 이해

시장규율(market discipline)이란 금융회사를 포함한 자금차입자의 과도한 위험추구행위로 인해 입게 될 손실을 회피하기 위하여, 주주, 예금자, 채권자 등 시장참가자들이 취하는 일련의 견제 및 통제행위로 정의할 수 있다. 즉, 시장참가자들은 자금차입자의 경영상황을 파악하여 이를 주가, 채권가격 등 시장신호(market signal)에 신속히 반영하거나, 보유주식 처분, 예금인출, 추가적 신용공여 제한, 경영진 교체 요구 등 실력행사를 하기도 한다.

만일 시장규율이 효과적으로 이루어지지 못하게 되면 금융시장은 불안정해질 수밖에 없으며, 이러한 상황에서 시장의 혼란을 방치할 수 없는 감독당국의 입장에서 적극적인 개입이 불가피해지고, 이것이 다시 시장의 감시·견제기능, 즉 시장규율을 위축시키는 악순환을 초래하게 될 것이다.

그러나 미국 등 주요 선진국에서 금융회사에 대한 시장규율의 실효성을 실증분석한 결과를 보면, 시장규율의 감시능력은 충분히 발휘되고 있으나 경영진에 대한 영향력은 대체로 미진한 것으로 나타난다. 즉, 시장에서 특정 금융회사의 경영상태를

22) 금융감독원, 전게서, 11면 참조.

좋지 않게 평가하여 주가가 하락하여도 당해 금융회사가 위기상황에 봉착하지 않는 한 경영진의 경영행태에는 큰 변화가 없었다는 것이다.

따라서 시장규율이 금융회사 경영진에 대해 가지는 영향력을 제고하기 위해서는 금융감독당국이 제도적으로 뒷받침할 필요가 있다. 투명한 회계 및 공시제도를 구축하고 경쟁적 금융시장을 조성하는 한편, 풍부한 대체 투자상품 도입을 촉진하는 등 시장규율 강화를 위한 기초여건을 마련하여야 한다. 다만, 시장규율은 말 그대로 다양한 시장참가자의 이해관계가 시장원리에 의해 조정되어야 하므로, 감독당국의 역할은 기초여건 마련에 국한되며 구체적 사안에 대한 적극적 개입은 삼가야 할 것이다.

앞으로 우리 금융에서 시장규율이 금융부실의 방지를 위한 1차적 규율기능을 수행함과 동시에, 감독규율의 유효성을 제고하기 위한 보완장치로서 작동할 수 있도록 강화시켜 나가야 할 것이며, 동일한 맥락에서 지금까지 감독당국에 이끌려 수동적으로 진행되던 금융구조조정도 시장의 필요에 따라 능동적으로 추진되어야 할 것이다.

시장주도의 금융구조조정 관행이 정착되면, 리스크관리 능력의 제고, 지배구조의 선진화 등 개별 금융회사 차원에서의 운영상의 구조조정(operational level restructuring)이 지속적으로 이루어짐으로써, 시장불안요인을 스스로 적시에 제거해 나갈 수 있을 것으로 기대된다. 이때, 감독당국은 시장을 주도하기보다는 구조조정 과정에 수반되는 이해상충문제를 해소하는 한편, 심각한 사회적·경제적 파급효과를 줄이는 차원에서 제한적으로 시장에 참여해야 할 것이며, 이를 위해서는 가계·중소기업대출의 연체율 상승 등 잠재적인 위험요인을 면밀히 관찰하여 위기상황분석(stress test)을 통해 주요 리스크의 집중 정도를 점검해 나가는 것이 필요하다.

3.2 형태적 감독수단

금융감독은 사전적·예방적 감독활동과 사후적·교정적 검사활동으로 나누어 볼 수 있다. 일반적으로 감독은 금융회사의 건전경영을 유도하기 위하여 기준을 설정하고 이를 준수하도록 지도하는 행위를 말한다. 이에 반해 검사는 금융회사의 업무활동과 경영상태를 분석·평가하고 금융회사가 취급한 업무가 관계법규에 위배되지 않았는지를 확인·점검하여 적절한 조치를 취하는 활동으로서, 감독정책이 시장에서 작동되도록 보상할 뿐만 아니라 검사결과 도출된 제반 정보를 반영(feedback)하여 보다 실효성 있는 금융감독정책을 수립할 수 있도록 지원하는 기능도 담당한다.

이를 형태적 측면에서 보면 전자의 수단으로는 지시, 명령, 인가, 승인, 결정, 보고, 지도, 권고 등 협의의 감독이 있고 후자의 수단으로는 검사 및 제재가 있다.

(1) 협의의 감독

1) 지시, 명령

감독권자는 금융감독의 목적 달성을 위하여 법규를 제정하는 한편 법규의 성질을 갖지 않는 일반적인 규정, 규칙을 제정하여 각 금융기관으로 하여금 준수토록 하고 있다. 법규로는 금융감독관련 각종 법률과 법규명령(대통령령, 총리령, 부령)이 있으며, 법규의 성질을 갖지 않는 것으로는 감독기관의 행정규칙(각종 고시, 훈령, 예규, 통첩, 지침 등)이 이에 해당한다. 여기서 지시, 명령은 일반적으로 법규의 성질을 갖지 않는 후자의 권한을 의미한다.

우리나라의 경우 금융위원회는 금융감독관계법률, 시행령, 시행규칙의 제·개정을 통해 금융기관을 감독할 수 있으며, 법령이 정하는 바에 따라 금융기관 감독과 관련된 규정을 제·개정[23](금융위설치법 제17조)하는 외에 금융기관 감독에 필요한 지시를 발할 수 있다. 금융감독원도 금융감독위원회의 규정과 지시가 정하는 바에 의하여 금융기관의 법규 준수여부를 감독하고 금융감독업무 수행과 관련하여 필요한 규칙을 제정할 수 있다(금융위설치법 제39조). 아울러 금융위원회 또는 금융감독원장은 은행법등 금융관계법률에서 금융기관에 대해 지시, 명령을 할 수 있도록 포괄적 또는 구체적 근거 규정이 마련되어 있다. 금융위원회의 포괄적 명령권을 규정한 것으로는 현재 자본시장법(제331·252·416조), 상호저축은행법(제22조) 등이 있다. 반면 은행법에서는 구체적인 사안에 대한 명령, 지시를 할 수 있도록 규정하고 있다. 예를 들면 금융위원회는 금융기관의 경영 건전성 확보를 위한 경영지도기준을 정하고 경영개선에 필요한 조치를 요구할 수 있다(은행법 제34조). 또 금융기관의 파산 또는 예금지급불능 등의 사태 우려시 여수신 제한, 예금지급정지등 필요한 조치를 명할 수 있다(은행법 제46조). 그리고 보험업법에서도 금융위원회는 보험회사의 업무운영이 적

23) 금융위원회가 제정하는 규정이 부령에 준하는 법규명령에 해당하는지 아니면 그 하위규정인 행정규칙에 해당하는지에 대해 논란이 있을 수 있다. 법체계상으로 보면 금융위원회의 규정은 대부분 법률 또는 대통령령(시행령)의 위임에 의한 규정이므로 부령(시행규칙)과 동등한 정도의 법규명령에 해당하지만 행정입법실무상 법제처의 심의를 받지 않고 있으므로 행정규칙에 해당한다는 주장이 있을 수 있다. 그러나 금융위원회가 정부조직법상 행정부처는 아니지만 장관급 정부기구이므로 금융위원회의 규정은 비록 실무적으로 법제처의 심의를 받지 않고있다 하더라도 법령에 따른 규정이므로 법규명령에 해당하는 것으로 보는 것이 타당할 것이다.

정하지 아니하거나 자산상황이 불량하여 보험계약자 및 피보험자 등의 권익을 해칠 우려가 있다고 인정되는 경우에는 업무집행방법의 변경, 자산의 장부가격 변경, 불건전한 자산에 대한 적립금의 보유, 가치가 없다고 인정되는 자산의 손실처리 등의 조치를 명할 수 있다(보험업법 제131조).

2) 인가·승인·결정

인가는 어떤 법률관계 당사자의 법률적 행위가 행정주체의 인가를 받아야 한다고 법령에 특별히 규정되어 있는 경우 그 법률행위의 효력을 보충해줌으로써 그 행위를 완전히 유효하게 만드는 행정행위이다. 따라서 인가는 법률행위의 효력발생 요건이 되는 것이며 이 점에서 일반적인 해제를 의미하는 허가가 적법요건에 불과한 것과 구별된다.

우리나라 금융기관은 그 설립, 합병, 해산 외에 경영 등 인가사항에 대하여는 은행법, 자본시장법, 보험업법 등 금융관계법에 의하여 금융위원회의 인가(은행법 제8·55·58조, 자본시장법 제12·323조의3)를 얻어야만 유효한 법률행위를 할 수 있다. 다만 보험업법에서는 이러한 사항을 허가로 하고 있다(보험업법 제4·7조).

승인이라 함은 감독주체가 피감독기관의 특정한 행위에 대하여 부여하는 일종의 동의 또는 승인을 말하는 것으로 그 법적 성질은 인가적인 것과 허가적인 것 등으로 구구하다. 대체로 금융기관 감독과 관련된 승인사항을 기준으로 볼 때 인가사항보다는 비교적 경미한 사항에 관한 경우가 대부분으로 인가적인 것은 없고 허가적인 것 또는 단순한 동의 또는 승락으로 보여진다. 따라서 승인사항을 승인없이 행한 경우에도 제재의 대상은 되지만 행위 자체의 법률적 효력에는 영향이 없다. 현행 금융관계법상 금융기관 감독과 관련하여 금융위원회의 주요 승인사항으로는 자본금 감소승인(은행법 제10조), 동일인 주식 보유한도 초과승인(은행법 제15조), 금융회사 대주주 변경승인(금융지배법 제31조), 임원의 겸직승인(금융지배법 제11조), 자회사 소유승인(보험업법 제115조) 등이 있다.

결정이라 함은 특정한 사실 또는 법률관계에 관하여 의문이 있는 경우에 그 적부 또는 정부를 공권력으로 확정하는 행위를 말하는 것으로 그 법적 성질은 행정처분의 일종인 확인에 해당된다. 따라서 공권력에 의하여 유권적으로 확정된 이상 임의로 변경할 수 없는 효력을 가진다. 현행 금융관계법상 주요 결정사항으로는 금융위원회의 특정법인의 은행 해당여부 결정(은행법 제7조) 등이 있다.

3) 보 고

보고사항은 대체로 그 성질상 인가, 승인 등을 거치도록 하는 것이 부적당하거나 또는 그 중요성이 비교적 경미한 사항이지만 감독기관이 이를 알고 있어야할 필요성이 있다고 인정되는 경우에 해당하는 것으로 엄격한 의미에서는 직접적인 감독권 행사의 수단이 아닌 단순한 사항의 통지에 불과하다. 그러나 감독객체에 대하여 일정한 사항에 대한 보고의무를 부담시킴으로써 감독객체로 하여금 주의감을 갖도록 하는 한편 감독주체로서는 보고사항을 접수, 검토하는 과정에서 감독방침, 기타 감독상 필요한 조치를 준비하게 하는 효과를 거둘 수 있게 된다는 점에서 감독권 행사의 간접적인 수단이라 할 수 있다. 현행 금융관계법상 주요 보고사항으로는 정관변경 등의 보고(은행법 제47조, 보험업법 제126·130조), 금융기관의 업무보고서 제출(은행법 제43조의2, 자본시장법 제33조) 등이 있다.

4) 지도, 권고, 설득

위에서 설명한 지시, 명령, 인가, 승인, 결정 및 보고 등의 감독수단이 감독객체에 대하여 강행적이고 준수의무가 따르는 데 반해 지도, 권고, 설득은 감독객체에 대해 강제적인 준수의무가 부여되는 것이 아니고 일정한 방향으로 감독객체를 유도할 목적으로 행하여지는 비권력적 사실행위이다. 따라서 지도, 권고 및 설득은 감독당국이 금융기관의 건전경영을 확보하기 위하여 선량한 관리자로서 취하는 감독행위라 할 수 있다. 즉 감독당국은 금융기관에 대하여 건전경영 유지를 위한 일반적인 기준을 설정하여 지도하거나 법규 등에 위배되는 사항은 아니나 감독차원에서 개선 등이 필요하다고 판단될 때에는 당해 금융기관에 대하여 권고나 설득을 하게 된다. 금융기관의 책임경영체제 확립 및 금융자율화의 추진에 따라 이러한 지도, 권고 설득 등 비강제적인 행정지도는 지시, 명령 등 강제적인 감독수단과 함께 금융기관에 대한 중요한 감독수단이 되고 있다.

(2) 검 사

1) 검사의 근거

검사는 금융기관에 대한 가장 직접적인 감독수단으로서 금융기관의 업무활동 및 경영실태를 분석 평가하며 금융기관이 취급한 업무가 관계 법령, 지시 등에 위배되었는지의 여부를 확인, 조사하는 행위를 말한다. 금융감독원은 금융위설치법에 의거하여 그 감독하에 있는 금융기관의 업무 및 재산상황에 대해 검사를 한다. 이를 위해 금융감독원장은 금융기관에 대하여 검사에 필요한 자료의 제출을 요구할 수 있고, 증인의 출석과 증언 또는 의견의 진술을 요구할 수 있으며, 금융기관은 금융감독원장과 그 소속직원의 요구에 의하여 검사 수행상 필요한 장부, 기록문서, 기타 자료를 제공하여야 할 의무를 진다(금융위설치법 제37조, 제40조).

2) 검사방식의 변화

우리나라 금융회사에 대한 검사방식은 과거에는 사후교정적 측면을 강조하는 지적위주의 검사에서 1980년대 이후에는 금융자율화 추세에 따라 내부통제기능 강화와 책임경영체제 확립을 도모하였고, 2000년대 이후에는 제한된 검사인력을 효율적으로 운용하기 위하여 리스크중심의 검사(Risk- Focused Examination)를 지향하고 있다. 최근의 국제적 금융위기 이후에는 금융회사 및 금융시장의 잠재적 위험에 선제적으로 대응하여 위기의 발생을 억제하는 사전예방적 검사의 중요성이 강조되어 금융시스템에 영향이 큰 대형금융회사에 대한 현장검사의 강화 및 상시감시활동, 금융회사의 내부감사 및 내부통제 활동의 중요성이 더욱 부각되고 있다. 상시감시는 평상시 금융회사 재무상태 관련 보고서 및 영업실태 분석, 경영실태 계량평가, 금융회사 임직원 면담, 자료 및 정보의 수집·분석을 통하여 취약부문을 조기에 감지하고 필요시 현장검사를 실시하도록 하거나 경영진과 면담하는 등 적절한 조치를 취하는 활동이다. 따라서 상시감시 활동이 충분히 이루어지면 현장검사의 부담을 줄이고 검사의 효율성을 제고하는 효과를 얻을 수 있다. 금융감독업무와 검사업무는 상호 유기적·보완적·통합적 관계를 형성하고 있다. 이는 전반적인 규제 완화와 자율경영강화 추세로 인해 감독활동도 끊임없이 발전하는 금융현장의 변화를 반영하고 있다. 검사업무 역시 금융회사의 경영실태에 대한 평가를 중심으로 한 리스크관리, 내부통제 시스템의 적정성 등을 점검하고 지도하는 데 초점이 맞추어지고 있는 것에 기인한다.[24)]

24) 금융감독원, 전게서, 431-432면.

3) 검사의 종류

검사는 운영방식에 따라 종합검사와 부문검사로, 검사 실시방법에 따라 현장검사와 서면검사로 구분할 수 있다. 종합검사는 금융회사의 업무전반 및 재산상황에 대하여 실시하는 검사로서 연간 검사계획 수립시 검사대상 회사를 미리 선정한다. 검사시기와 기간, 투입인원 등은 금융회사의 규모, 지난번 검사결과, 상시감시결과 문제점 여부 등을 고려하여 결정한다. 부문검사는 주로 금융사고 예방, 금융질서 확립, 기타 감독정책상의 필요에 따라 특정부문에 대하여 실시한다. 현장검사는 검사원이 금융회사에 가서 현물, 장부, 전표, 기타 검사자료와 관계서류를 확인·점검하는 것이다. 반면, 서면검사는 검사원이 금융회사에 가지 않고 필요한 자료를 제출받아 실시하는데 그 결과의 처리는 현장검사와 동일하게 이루어진다(금융기관제재규정 제3조).

그리고 검사는 실시목적에 따라 건전성검사와 영업행위검사로 구분될 수 있다. 건전성검사는 금융회사의 리스크관리, 경영실태평가, 지배구조 등 건전경영 유도목적에 보다 중점을 둔 검사이며, 영업행위검사는 금융소비자에 대한 금융상품 판매행위 등 금융소비자 보호 및 금융거래질서 확립 목적에 보다 중점을 둔 검사이다.

(3) 제 재

금융기관 감독, 검사업무가 소기의 목적을 달성할 수 있도록 단속, 규제의 성격을 지닌 금융위설치법, 은행법 등에서는 감독객체의 의무위반에 대하여 각종 제재규정을 두고 있다. 제재는 일반적으로 일반통치권에 속한 행정벌과 비위관련 임직원에 대한 직접 문책인 징계벌로 구분할 수 있다. 또 금융업에 있어서는 그 특성상 이러한 일반적인 제재 외에 감독권에 기초한 영업관련 제재가 있다.

금융위설치법 및 금융회사지배구조법. 은행법 등에서 규정한 제재로서 먼저 일반통치권에 속한 행정벌로는 징역, 벌금, 과징금, 과태료를 들 수 있다(금융지배법 제39조·42~43조, 은행법 제65조의3~9·66~69조, 상호저축은행법 제38조의2~40조, 자본시장법 제428~434조의4·443~449조, 보험업법 제197~209조). 그리고 공법상의 특별권력관계에 기초를 둔 징계벌로는 i)임직원 문책처분(금융위설치법 제41조, 금융지배법 제35조, 은행법 제54조, 자본시장법 제422조, 보험업법 제134조), ii)임원의 업무집행정지 및 해임권고·요구(금융위설치법 제42조, 금융지배법 제35조 제1항, 은행법 제54조, 자본시장법 제422조, 보험업법 제134조), iii)금융기관에 대한 경고, 위법행위 시정·중지, 영업정지(일부 또는 전부) 및 인허가취소, 수사기관 고발·통보(금융위설치법 제43조, 금융지배법 제34조, 은행법 제53조, 자본시장법 제420조, 보험업법 제134조), iv)금융기관의 인가취소에 따른 해산(은행법 제56조, 자본시장법 제420조, 보험업법 제137조) 등이 있다.

또한 제재는 대상에 따라 기관에 대한 제재와 임직원에 대한 제재로 구분할 수 있고, 또 내용에 따라 신분적 제재, 금전적 제재와 영업적 제재 등으로 나누어 볼 수 있다.

현행 금융관계법률에 의하면 금융기관 임직원에 대한 제재조치는 임원과 직원을 구분하여 처리하고 있다. 금융기관의 임원은 일반직원과는 달리 법정임기, 보수의 주주총회 결의 등 그 신분상 특성과 조직내부에서 차지하고 있는 위치 등에 비추어 해당금융회사가 자체적으로 제재하기에는 어려운 점이 있다. 이에 따라 금융기관 임원에 대하여는 감독당국이 직접 제재조치를 취하고 있다(금융위설치법 제42조, 은행법 제54조). 반면에 금융기관 직원에 대한 징계는 금융기관 내부질서를 유지하기 위하여 그 의무위반자에 대하여 가하는 제재이므로 징계대상자가 속한 기관의 장이 행하는 것이 원칙이다. 따라서 금융감독원장은 금융기관 감독 또는 검사 결과 적발한 비위사실이 징계사유에 해당하는 경우 동 기관장 앞으로 관련직원의 징계를 요구하고 있다(금융위설치법 제41조, 은행법 제54조).

이러한 금융회사 및 임직원 제재에 관한 법규와 운용에 관한 구체적인 내용은 별도의 장으로 설명한다.

Ⅲ. 금융감독의 주체 및 대상

1. 금융감독의 주체

금융감독은 금융감독당국이 감독대상기관인 금융기관에 대하여 행하는 일체의 감독행위이다. 우리나라 현행 금융위설치법 등 금융관계법률상 금융감독당국은 금융위원회 및 금융감독원이다. 이들은 조직법적으로 표현하면 우리나라의 금융감독기구이다. 금융위원회는 총괄적인 금융감독권한을 가지고 있으며, 금융감독원은 금융위원회의 지시·감독을 받아 금융기관에 대한 감독·검사업무를 실제 수행한다.[25)] 금융감독당국 또는 금융감독기구에 대한 구체적인 내용은 금융감독체계편에서 자세히 설명한다.

앞에서 살펴봤듯이 금융감독은 정부가 금융업에 대하여 행하는 행정작용이므로 금융감독권은 행정권에 속한다는 데는 이론이 없다. 그런데 금융감독원을 금융감독권의 주체로 볼 것인지 여부를 두고 찬반여론이 제기되었다. 그 과정을 보면 금융감독권을 행사하는 주체가 반드시 행정부 즉, 좁은 의미의 정부로서 정부조직법상 행정부처이어야 하는가에 대하여 금융감독체계의 개편과 관련하여 논란이 많았다. 특히 우리나라는 과거 은행감독권이 행정부가 아닌 특수법인인 한국은행에 귀속되어 있었기 때문에 은행감독권의 귀속문제를 둘러싸고 재정경제부와 한국은행간의 논쟁이 오랫동안 지속되어 왔다. 요약하면 재정경제부는 은행감독권은 행정권이므로 행정부에 당연히 귀속되어야 한다는 것이고 한국은행은 은행감독권이 행정권임을 부인하는 것은 아니지만 한국은행도 넓은 의미의 정부에 속하고 모든 행정권이 행정부에 의해서만 행사되는 것은 아니라는 것이었다. 물론 은행감독권이 행정부에 귀속됨에 따른 관치금융의 가능성이나 금융감독권의 중립성 확보 차원의 주장은 여기서는 배제하고 논의를 전개한다.

97년말 국회 입법을 통해 금융감독체계가 개편되면서 은행감독권을 포함하여 최종적인 금융감독권이 행정부에 속하는 금융감독위원회에 귀속되었기 때문에 이에 대한 논의는 어느 정도 마무리되었다. 하지만 금융감독원의 감독권 행사와 관련하여 금융감독권이 반드시 행정부에 의하여만 행사되어야 하는지에 대하여는 검토해 볼 필요가 있다. 우여곡절 끝에 새로운 금융감독체계하에서도 금융기관에 대한 검사권 등 일부 감독권이 특수법인으로 설립된 금융감독원에 부여되어 있다.

오늘날 현대국가에서는 행정기능이 전문화되고 다양화됨에 따라 정치적 중립성이나 전문성이 요구되는 특정업무에 대하여는 법률에 의하여 일반 행정부처가 아닌 행정위원회[26)] 또는 공법인을 설립하여 행정기능을 담당하도록 하는

---

25) 2009년 금융위원회로 개편되기 이전 금융감독위원회 시기에는 재정경제부가 금융감독관련 법령의 제·개정권을 가지고 있고, 외환업무에 대한 감독권이 있었기 때문에 재정경제부도 감독당국으로 분류하고 있었다.

것이 일반적인 현상이다. 예를 들면 방송위원회는 방송의 공정성과 공공성 유지를 위하여 방송법에 근거하여 설치된 기관으로서 정부의 일반행정조직으로부터 독립하여 법률에 의하여 주어진 권한을 행사하고 있다. 또한 공법인이 법률에 의하여 부여받은 권한을 일반행정조직으로부터 영향을 받지 않고 중립적으로 행사하는 경우라도 정부의 최고수반인 대통령에 대하여 최종적인 책임을 지거나 행정부와의 연결고리가 마련되어 있는 한 행정적인 기능을 담당하는 데는 아무런 문제가 없다. 따라서 업무의 성질상 중립적 운영과 전문성 제고의 필요성이 높은 금융감독권의 경우에도 별도 법률에 의하여 행정위원회나 공법인을 통해 행사되는 것이 가능하고 바람직하다. 이는 어디까지나 정책결정과 운영의 문제이다.

이와 관련하여 중앙은행제도와 금융감독체계 개편 논의과정에서 있었던 한국은행이 행정권을 행사하는 것이 헌법에 위반된다는 논의를 참고한다. 즉 행정기관이 아닌 한국은행이 행정적 기능에 해당하는 통화신용정책업무와 은행감독업무를 담당하는 것이 헌법 위반이라는 재정경제원측 주장과 중앙은행의 독립성은 제도적 차원에서 보장되어야 하고 그 보장이 법률로써 실현될 경우 헌법 위반이 아니라는 한국은행측 주장의 대립이 있었다. 이에 대하여 권영성 교수는 "헌법 제66조제4항에서 '행정권은 대통령을 수반으로 하는 정부에 속한다'라고 할 때의 행정권이란 공권력의 행사뿐만 아니라 국고나 관리작용까지 포괄하는 개념이고, 정부라 함은 행정부를 의미하는 것으로 이때의 행정부는 행정적 기능을 수행하는 모든 기관을 총괄하는 개념"이라고 하면서 행정권은 1차적으로 행정각부와 그 보조기관 등 행정기관이 이를 행사해야 하는 것이 원칙이지만 특단의 사정, 예컨대 독립성, 공정성, 능률성, 전문성 등의 요청이 있는 경우에는 법령으로써 행정기관이 아닌 특수조직이나 특정의 개인에게도 행정적 기능의

26) 일반 행정권력으로부터 어느 정도의 독립적 지위를 가진 합의제 행정기관으로서 처분권한 등의 행정적 권능 외에 준사법적 권능과 준입법적 권능을 가진 위원회이다. 행정위원회는 자본주의 발전에 따라 정치적 중립성, 기술적 전문성, 개인 권익의 존중 등의 여러 요청에 응하기 위하여 19세기말부터 각종의 사회적 입법에 의하여 발전된 행정제도이다. 종류로는 정당적 이해관계가 없는 공정중립의 제3자로 구성되는 선거관리위원회, 기술적 전문가로 구성되는 국세심판원, 각계각층의 이익 또는 세력을 대표하는 자로서 구성되는 노동위원회, 이상의 제 요소를 혼합한 형태로 구성되는 금융통화위원회 등이 있다. 또한 행정위원회는 정부조직법에 의한 직접국가행정조직이 있는가 하면 각 특별법에 의한 간접국가행정조직이 있다. 전자의 경우 공정거래위원회, 금융위원회 등이 있고, 후자의 경우로 금융통화위원회, 선거관리위원회, 방송위원회, 노동위원회 등이 있다.

수행을 위탁할 수 있다는 것이 통설이므로 헌법위반이 아니라고 주장하였다.[27)]

이러한 찬반에 대한 견해차는 근본적으로 대륙법계 전통과 영미법계 전통간의 행정권의 원천에 대한 시각차에서 기인한다고 볼 수 있다. 대륙법계는 헌법과 정부조직법에서 정하는 조직에서 행정권한이 발생한다고 보는 반면에, 영미법계는 헌법과 국회가 정하는 다양한 법률에서 행정권한이 발생한다고 보고 있다. 우리나라의 법체계는 대체로 대륙법계에 속하지만 행정법 및 금융관련법에는 영미법적 성격이 많이 가미되어 왔다. 따라서 금융감독권이 행정부에만 속한다는 논리는 글로벌 스탠다드가 정착된 요즘 꼭 부합한 주장이라고 보기는 어려워 보인다.

2. 금융감독의 대상

금융기관은 경제적 기능 측면에서 볼 때 경제주체 - 주로 기업과 가계 - 의 금융자산을 관리함으로써 자금의 수요자와 공급자간의 연결을 용이하게 해주는 금융시장의 주요한 구성요소의 하나이다. 다시 말해서 금융기관은 경제구조 내에서 이자율, 만기, 금액단위, 유동성 등이 상이한 금융상품을 통해 금융의 수요자와 공급자간의 자금융통을 원활히 해주고 있다. 이같은 금융기관은 그 필요에 따라 금융업을 영위하는 모든 기관으로서의 의미인 광의의 금융기관과 은행법에서 정의한 은행업을 영위하는 협의의 은행금융기관으로 구분할 수 있다. 또한 금융기관은 기능적 측면과 법제적 측면에서 구분할 수도 있다. 기능적 측면에서 보면 통화를 창출하는 기능의 유무에 따라 통화금융기관과 비통화금융기관으로 분류할 수 있다. 통화금융기관은 일반 고객을 상대로 예금과 대출업무를 취급하면서 중앙은행의 통화관리대상에 포함되는 금융기관[28)]를 말한다. 이는 한국은행법에 의해 한국은행을 중심으로 한 통화금융기관 분류방식(IMF 분류방식)에 따른다.[29)] 반면 법제적 측면에서는 금융관계법률에서 금융기관으로 규정하고 있는지의 여부에 따라 분류한다. 금융업종에 따라 은행, 비은행, 증권, 보험으로 크게 나누어지고, 금융관계법에 의하여 금융감독당국의 규제와 감독을

27) 권영성, "한은 행정기능 위헌아니다", 문화일보, 97.8.1.

28) 한국은행법상 "금융기관"이란 은행법 제2조에 따른 은행과 금융지주회사법에 따른 은행지주회사를 말한다. 다만 보험회사, 상호저축은행업무 또는 신탁업무만을 하는 회사는 금융기관으로 보지 아니한다(한국은행법 제11조).

29) 한국은행, 전게서, 31면.

받고 있다.

2.1 감독대상 금융회사

우리나라 금융기관은 대부분 금융감독당국의 감독·검사를 받고 있다. 감독대상 금융회사는 현행 금융감독기본법인 「금융위원회의설치등에관한법률」(이하 "금융위설치법"이라 한다)(제38조) 및 금융업관련법령과 기타 관련법령에 의하여 금융감독원의 검사대상기관으로 지정되어 있다. 금융감독원의 검사에 관한 행정규칙인 「금융기관검사및제재에관한규정」(이하 "금융기관검사제재규정"이라 한다)에 따르면 "금융기관"이라 함은 '설립·해산, 영업의 인·허가, 승인 또는 업무감독·검사 등과 관련하여 i) 금융위설치법 및 ii) 금융업관련법의 적용을 받는 회사·관계기관·단체 등을 말한다' 라고 하여 매우 광범위하게 정의하고 있다(동 규정 제3조 2호). 이들 검사대상 금융기관은 상기 금융관계법상 금융감독원의 당연검사기관과 감독권자의 권한위탁에 의한 위탁검사기관으로 구분할 수 있다.

금융위설치법, 금융업관련법 및 기타 관련법령, 즉 금융관계법규에 의한 금융감독원의 검사대상 금융기관은 다음과 같다. 금융위설치법 제38조를 기준으로 보면 1.「은행법」에 따른 인가를 받아 설립된 은행(시중·지방·특수은행), 2.「자본시장과 금융투자업에 관한 법률」에 따른 금융투자업자(증권·선물·신탁·부동산신탁), 증권금융회사, 종합금융회사 및 명의개서대행회사(名義改書代行會社), 3. 「보험업법」에 따른 보험회사(생명보험·손해보험), 4. 「상호저축은행법」에 따른 상호저축은행과 그 중앙회, 5. 「신용협동조합법」에 따른 신용협동조합 및 그 중앙회, 6. 「여신전문금융업법」에 따른 여신전문금융회사(카드·리스·할부·신기술금융사) 및 겸영여신업자(兼營與信業者), 7. 「농업협동조합법」에 따른 농협은행, 8. 「수산업협동조합법」에 따른 수협은행, 9. 다른 법령에서 금융감독원이 검사를 하도록 규정한 기관 10. 그 밖에 금융업 및 금융 관련 업무를 하는 자로서 대통령령으로 정하는 자이다.

그 밖에 개별법에 의하여 금융감독의 대상이 되는 금융기관은 2000년 10월 제정된 금융지주회사법에 의해 설립된 금융지주회사가 있다. 단, 우체국 예금·보험, 새마을금고 등 여타 정부부처에 의해 관리·감독되는 금융회사들은 감독대상에서 제외된다. 그리고 대부업자의 경우 「대부업법」 개정에 따라 감독기관이 시·도지사와 금융감독당국으로 이원화되었다. 금융감독원은 ① 대부채권 매입추심업 영위, ② 2개 이상 시·도에 영업소 설치, ③ 대기업 및 금융회사 계열, ④ 자산규모 100억원 초과(대부잔액 50억원 미만 제외), ⑤ 온라인연계대부업(P2P연계대부업) 영위 대부업자에 대해 등록·감독·검사 업무를 직접 수행한다.[30]

그리고 금융기관검사제재규정에 의한 "금융업관련법"을 적용받는 금융기관도 모두 금융감독원의 검사대상기관이다. 이 금융업관련법에는 금융위설치법에 의한 금융기관이 중복 규정되어 있다. 금융업관련법은 다음과 같다. 1. 은행법, 2. 한국산업은행법, 3. 중소기업은행법, 4. 한국수출입은행법, 5. 자본시장과금융투자업에 관한법률("자본시장법"), 6. 금융회사의지배구조에관한법률("금융회사지배구조법"), 7. 대부업등의등록및금융이용자보호에관한법률("대부업법"), 8. 전기통신금융사기피해방지및피해금환급에관한특별법, 9. 보험업법, 10. 보험사기방지특별법, 11. 여신전문금융업법, 12. 상호저축은행법, 13. 신용협동조합법, 14. 농업협동조합법, 15. 수산업협동조합법, 16. 산림조합법, 17. 금융기관부실자산등의효율적처리및한국자산관리공사의설립에관한법률, 18. 신용정보의이용및보호에관한법률("신용정보법"), 19. 화재로인한재해보상과보험가입에관한법률, 20. 자산유동화에관한법률, 21. 주택저당채권유동화회사법, 22. 담보부사채신탁법, 23. 산업발전법, 24. 외국환거래법, 25. 주택도시기금법, 26. 금융지주회사법, 27. 한국주택금융공사법, 28. 부동산투자회사법, 29. 선박투자회사법, 30. 전자금융거래법, 31. 근로자퇴직급여보장법, 32. 채권의공정한추심에관한법률, 33. 금융혁신지원 특별법(동 규정 제3조 1호).

2.2 감독대상 금융업무

금융기관이 취급하는 업무에 대하여 은행금융기관과 비은행금융기관은 허용방식이 다르다. 은행은 은행법에서 은행업무의 범위와 종류를 구체적으로 규정하지 아니하고 "은행은 이 법과 그 밖의 관계법률의 범위에서 은행업에 관한 모든 업무(은행업무)를 운영할 수 있다"고 포괄적으로 규정하고, 이어 "은행업무의 범위에 관하여는 1. 예금·적금의 수입 또는 유가증권, 그 밖의 채무증서의 발행, 2. 자금의 대출 또는 어음의 할인, 3. 내국환·외국환"으로 규정하고

30) 금융감독원, 전게서, 22면.

있다(은행법 제27조).

은행은 원래 예금의 수입 또는 유가증권 기타 채무증서의 발행에 의하여 조달한 자금을 대출하는 업무를 규칙적, 조직적으로 영위하는 금융기관으로서 통상 고유업무[31)]와 부수업무[32)] 외에도 은행업이 아닌 업무까지 직접 겸영하고 있다. 그러나 은행에게 은행업무 이외의 업무를 무한히 확대하는 것은 은행업의 본질을 상실할 우려가 있으므로 직접 겸영할 경우 금융위원회에 신고하도록 하고 있다. 현재 은행에서 취급하고 있는 겸영업무로는 자본시장법상 파생상품·국공채 매매·집합투자업·신탁업, 여신전문금융업법상 신용카드업무 등이 있다(은행법 제28조).

이에 비하여 비은행금융기관의 경우에는 각 해당금융기관 설립근거법에서 해당금융기관이 취급할 수 있는 업무를 포괄적으로 규정하지 않고 구체적으로 열거하고 있다. 예를 들면 금융투자회사(증권회사)의 경우 금융투자업의 일부 또는 전부를 인가받아 영위할 수 있다. 법에 규정된 금융투자업의 종류로는 금융투자상품에 대한 투자매매업, 투자중개업, 집합투자업 및 신탁업으로 열거되어 있다(자본시장법 제12조). 보험회사의 경우는 보험종목별로 허가를 받아 보험업을 경영할 수 있다. 법에 규정된 보험종목으로는 생명보험업은 생명보험, 연금보험(퇴직보험 포함) 등, 손해보험업은 화재보험, 해상보험(항공운송보험 포함), 자동차보험, 보증보험, 잽보험 등, 제3보험업은 상해보험, 질병보험, 간병보

---

31) 고유업무는 은행의 본질적인 기능에서 우러나온 업무로서 수신, 여신, 환업무를 말한다. 수신업무는 일반적으로 예금이 주종을 이루는 가운데 차입금 및 채권발행이 있다. 여신업무는 대출이 주종을 이루고 콜론 및 투자가 있다. 그리고 환업무는 현금을 수송함이 없이 채권채무를 결제하는 수단으로서 송금환, 계좌이체, 대금추심 등이 있고, 결제통화의 종류에 따라 내국환과 외국환업무로 나누어진다. 외국환업무를 금융기관이 영위하기 위하여는 외국환거래법에 의하여 기획재정부장관의 인가도 필요하다.

32) 부수업무는 은행이 고유업무를 영위함에 있어 당연히 부수되어 필요하거나 은행의 사회경제적 기능을 충분히 발휘함에 도움이 되는 것으로 인정되는 업무를 말한다. 현재 은행의 부수업무로 법적으로 인정되는 것은 1. 채무의 보증 또는 어음의 인수, 2. 상호부금(相互賦金), 3. 팩토링(기업의 판매대금 채권의 매수·회수 및 이와 관련된 업무를 말한다), 4. 보호예수(保護預受), 5. 수납 및 지급대행, 6. 지방자치단체의 금고대행, 7. 전자상거래와 관련한 지급대행, 8. 은행업과 관련된 전산시스템 및 소프트웨어의 판매 및 대여, 9. 금융 관련 연수, 도서 및 간행물 출판업무, 10. 금융 관련 조사 및 연구업무, 11. 부동산의 임대, 12. 수입인지, 복권, 상품권 또는 입장권 등의 판매 대행, 13. 은행의 인터넷 홈페이지, 서적, 간행물 및 전산 설비 등 물적 설비를 활용한 광고 대행 등이 있다. 그 밖의 부수업무에 대하여는 금융위원회 신고로 운영할 수 있다(은행법 제27조의2). 부수업무의 범위는 고정적인 것이 아니라 사회경제의 발전에 따라 부단히 변화하고 있는 은행기능에 부응하면서 그때 그때의 시대적 사회적 통념에 비추어 신축성있게 판단되어야 할 것이다.

험 등으로 열거되어 있다(보험업법 제4조).

2.3 감독대상 금융시장

금융감독은 감독대상에 따라 금융기관 감독과 금융시장 감독으로 구분할 수 있다. 개별 금융기관의 리스크 관리와 금융산업의 시스템 리스크 방지에 초점을 맞추는 금융기관에 대한 감독과 금융시장의 공정성·효율성 제고와 투자자 보호에 주안점을 두는 금융시장 감독으로 구분하는 것이 대표적이다.

먼저 금융기관에 대한 감독은 금융기관 진입·퇴출, 자기자본 건전성규제, 자산 보유·운용 제한, 경영공시, 금융산업내 경쟁제한, 검사 등의 형태로 이루어지고 있다. 이에 대하여는 앞에서 자세히 설명하였다.

금융시장은 앞장에서 설명한 바와 같이 그 종류가 다양하다. 예를 들면 금융상품의 종류에 따라 예금·대출시장, 외환시장, 주식·선물시장, 채권시장, 파생상품시장 등으로 구분된다. 그런데 금융시장에 대한 감독은 여러 금융시장 중에서 금융시장의 효율성과 공정성을 위해 영업행위와 시장질서 유지에 집중된 유가증권과 파생상품을 주로 취급하는 자본시장의 감독에 대하여 설명한다. 현재 금융감독당국이 행하는 자본시장 감독의 주요 내용은 유가증권 발행심사 및 공시제도, 불공정거래 조사, 회계감독·감리업무로 나누어 볼 수 있다.[33]

(1) 유가증권 발행심사 및 공시제도

금융감독당국은 증권의 적정발행 여부를 점검하기 위해 증권신고서제도를 운용하고 있다. 이 제도는 증권 모집·매출 금액이 일정 규모(10억원) 이상인 경우, 발행회사로 하여금 증권의 모집·매출 조건 및 발행회사의 경영 내용을 투자자에게 공시하도록 하여 증권 발행회사와 투자자 간의 정보균형이 이루어지도록 하는 증권 발행시장의 핵심적인 공시수단이다. 이와 함께, 증권이 발행된 이후에도 기업과 투자자 간의 정보 균형을 유지하기 위하여 유통공시 제도를 운영 중인데, 이 제도는 시장에서 거래되고 있는 증권 관련 정보를 현재 또는 미래의 투자자에게 발행기업이 완전하게 공시하도록 함으로써 유통시장의 공정성을 제고하는 동시에 내부자 거래 등 사기적 행위를 방지하려 하는 것이다.

또한, 발행기업의 어음수표가 부도 처리되거나 은행과의 당좌거래가 정지·

---

33) 금융감독원, 전게서, 13-15면 참조.

금지된 때, 영업활동의 전부 또는 중요한 일부가 정지된 때, 회생절차개시의 신청이 있은 때, 해산사유가 발생한 때 등 주요사항이 발생한 경우에는 그 다음날까지(합병 · 분할 · 분할합병, 주식의 포괄적 교환 · 이전 등의 사실이 발생한 경우에는 3일 이내) 금융위원회(금융감독원)에 보고하여 공시하도록 하고 있다.

이밖에도 감독당국은 기업 지배구조에 중대한 변화 또는 불공정거래 소지가 있는 경우 다양한 신고 · 보고제도를 통해 공시제도를 보완하고 있다. 공개매수의 경우 절차에 제한을 두고 이를 신고토록 하여 소액주주를 보호하고 있으며, 특정 기업 '주식등'[34]을 5% 이상 취득한 자는 감독당국에 보고토록(5% rule) 하는 등 불공정거래 가능성을 사전에 감시하고 있다.

(2) 불공정거래 조사

자본시장의 공정성 확보를 위해서는 회계 · 공시에 대한 사전적 감독도 중요하지만 사후적인 불공정거래조사도 매우 중요하다. 불공정거래 조사는 불공정거래 행위자를 밝혀내어 형사상 · 행정상 조치를 취하는 일련의 절차로서 자본시장의 공정성 확보와 투명성 제고를 위한 초석이라 할 수 있다. 현행 불공정거래 조사업무의 체계는 한국거래소가 매매거래에 대한 심리업무 및 회원감리업무를 수행(1단계)하고, 금융감독당국은 불공정 소지가 있는 거래에 대해 전문적인 정밀추적을 요하는 조사업무를 담당(2단계)하며, 감독당국이 불공정거래로 고발한 경우 검찰은 기소 및 사후 형사처벌을 진행(3단계)하는 3각 감시 · 감독체제를 유지하고 있다.

조사대상이 되는 불공정거래의 주요 유형을 살펴보면, 기업의 임직원 및 주요주주 등이 업무 등과 관련된 미공개중요정보, 주식등에 대한 공개매수의 실시 · 중지에 관한 정보 또는 주식등의 대량취득 · 처분의 실시 · 중지에 관한 정보를 사전에 유출하거나 이용하여 당해 회사의 '특정증권등'[35]의 거래에 사용하는 행위인 미공개정보 이용행위, 유가증권의 시세를 자의적으로 변동시키고 이를 타인으로 하여금 공정한 시세로 오인케 함으로써 이득을 도모하는 행위인 시세조종, 부정한 수단, 계획, 기교를 사용하거나 중요사항의 허위기재 또는 기재누락 등을 통해 금전 그 밖의 재산상 이익을 얻고자 하는 행위인 부정거래 등이 있다.

---

34) 자본시장법 제133조 제1항 참조.

35) 자본시장법 제172조 제1항 참조.

금융감독당국은 자본시장에서의 불공정거래행위 조사 외에 보험사기에 대하여도 조사업무를 수행하고 있다. 보험사기는 보험금의 편취 등을 통해 보험사에만 손해를 끼치는 것이 아니라 보험료 인상 요인이 되어 보험계약자 전체에 피해를 주게 된다. 따라서 「보험업법」은 금융위가 보험사기 조사를 할 수 있도록 하고 있는데, 현재 조사업무를 효율적으로 수행하기 위하여 금융위원회에 금융감독원 및 보험유관기관으로 구성된 보험조사협의회를 설치·운영하고 있다.

이외에도 금융감독당국은 금융소비자가 직접 제기하는 민원의 상담, 조사 및 분쟁조정절차를 수행하여 금융소비자를 보호하는 기능을 수행하고 있다. 금융거래의 경우 실물거래보다도 수요·공급자간에 존재하는 정보의 비대칭성이 상대적으로 크고 이로 인한 교섭력의 불균형이 발생할 소지가 높으므로 금융거래에 있어 소비자보호의 중요성은 매우 크다.

(3) 회계감독·감리업무

금융감독당국은 기업정보 공개의 표준화와 투명성 제고를 위해 기업회계기준을 제정하여 시행하고 있다. 다만, 업계의 합리적 관행과 학계의 의견을 합리적으로 반영하기 위해 동 회계처리기준의 제·개정업무를 한국회계기준원에 위탁하여 처리하고 있다. 금융위원회는 이해관계인의 보호, 국제적 회계처리기준에의 합치 등을 위하여 필요하다고 인정되는 때에는 증권선물위원회의 심의를 거쳐 기준 제정업무를 위탁받은 한국회계기준원에 대하여 회계처리기준의 내용을 수정할 것을 요구할 수 있으며, 이 경우 한국회계기준원은 정당한 사유가 없는 한 이에 응하여야 한다. 또한 지배·종속의 관계에 있는 경우 연결재무제표를 작성하도록 하여 연결실체에 대해 회계투명성을 제고하고 있다. 또한, 우리나라는 기업이 회계처리 및 보고를 할 때 준수하여야 할 회계처리기준을 「주식회사 등의 외부감사에 관한 법률」에 의거 명문규정으로 제정하고 있다. 외부감사대상회사는 반드시 동 기준을 준수하여 재무제표를 작성하여야 하며, 감사인은 기업이 작성한 재무제표가 기업회계기준에 따라 적정하게 작성되었는지 감사하고 감사의견을 표명하여야 한다. 감독당국은 회사의 회계처리 및 외부감사인의 감사결과와 절차의 적정성에 대한 감리업무를 통해 회계투명성 및 재무제표의 신뢰성을 제고하고 있다.

Ⅳ. 금융감독의 법원(法源)

금융감독당국은 감독대상기관의 경제행위나 영업활동에 대하여 감독목적의 범위 내에서 일정한 규범에 일치되도록 여러 가지 형태의 규제나 통제, 지도, 감독을 행한다. 민주주의 사회에서는 모든 국민이 법의 테두리내에서 그 자신의 개인적 목표와 욕구를 자유롭게 추구하고 법 앞에서 평등한 대우를 받아야 하듯이 감독대상기관은 감독당국의 공정한 감독을 필요로 하고, 감독당국은 법에 따라 감독하여야 하며, 자의적으로 법을 운영하여서는 아니된다. 우리나라 역시 민주국가이므로 금융감독업무 수행에 법치주의를 준거로 하여야 한다.

금융업의 영위활동은 원칙적으로 개인과 기업의 경제적 자유와 창의에 맡겨져야 하고 금융업의 자유와 재산권이 보장되어야 한다. 그러나 일반적인 영업활동에 있어서도 그로 인해 발생할 수 있는 공공의 안녕과 질서에 대한 위해를 방지하기 위해 필요한 경우에 법률로 영업의 자유와 재산권이 제한될 수 있다.[36] 실제로 금융업에 있어서도 금융관계법률에 의하여 인가·허가·등록 등을 통한 금융감독당국의 영업규제와 감독이 이루어지고 있다.

1. 금융감독관련 법규 체계

금융감독의 법적 장치는 정부의 규제행위의 근거인 헌법을 비롯하여 금융관계법률 및 시행령, 시행규칙, 감독당국의 고시(규정), 명령, 통첩, 금융기관 자율규칙 등 감독관련 성문법과 판례, 관습법, 금융관행 등 불문법으로 구성되어 있다. 감독관련 성문법을 중심으로 설명하면 금융감독의 직접적인 법원(法源)은 국회에서 입법된 각종 금융관계법률과 그 하부 법령이다.

(1) 금융감독에 관한 기본법으로 「금융위원회의설치등에관한법률」(이하 "금융위설치법"이라 한다)이 있고, 금융업에 관한 규제법으로 「금융지주회사법」, 「은행법」, 「자본시장과금융투자업에관한법률」(이하 "자본시장법"이라 한다), 「보험

36) 국민의 모든 자유와 권리는 국가안전보장, 질서유지 또는 공공복리를 위하여 필요한 경우에 한하여 법률로써 제한할 수 있으며, 제한하는 경우에도 자유와 권리의 본질적인 내용을 침해할 수 없다(헌법 제37조 제2항).

업법」, 「여신전문금융업법」, 「상호저축은행법」, 「신용협동조합법」과 「외환거래법」, 「전자금융거래법」 등이 있다. 그리고 개별금융기관의 영위업무를 규제하는 법률로는 「한국산업은행법」, 「한국수출입은행법」, 「중소기업은행법」, 「한국주택금융공사법」, 「농업협동조합법」, 「수산업협동조합법」 등이 있다.

이밖에 금융감독과 관련된 법률로는 「금융회사의지배구조에관한법률」(이하 "금융회사지배구조법"이라 한다), 「한국은행법」, 「예금자보호법」, 「금융산업의구조개선에관한법률」(이하 "금산법"이라 한다), 「신용정보의이용및관리에관한법률」(이하 "신용정보법"이라 한다), 「금융실명거래및비밀보장에관한법률」(이하 "금융실명제법"이라 한다), 「금융기관부실자산등의효율적처리및한국자산관리공사의설립에관한법률」, 「독점규제및공정거래에관한법률」(이하 "공정거래법"이라 한다), 「정부투자기관관리기본법」등이 있다.

(2) 그리고 금융감독당국에 의하여 제정된 행정권에 의한 입법으로는 각 금융관계법률의 시행령(대통령령) 및 시행규칙(총리령 또는 부령), 금융위원회의 각종 감독관련 규정 및 시행세칙, 금융감독원장의 통첩이 있다. 금융위원회의 감독관련 규정 중 중요한 것을 열거하면 은행업감독규정, 금융투자업감독규정, 보험업감독규정, 상호저축은행업감독규정, 여신전문금융업감독규정, 금융지주회사감독규정 등이 있다.

(3) 금융감독원 검사에 관한 행정규칙인 「금융기관검사및제재에관한규정」(이하 "금융기관검사제재규정"이라 한다)에 따르면 "금융관련법규"는 '금융위설치법, 금산법, 금융실명제법, 「주식회사의외부감사에관한법률」(이하 "외감법"이라 한다), 「특정금융거래정보의보고및이용등에관한법률」과 "금융업관련법" 및 그 시행령 · 시행규칙과 해당 법령에 의한 규정 · 명령 또는 지시 등'이라고 규정하였다(동 규정 제3조 16호).

여기서 "금융업관련법"은 1. 은행법, 2. 한국산업은행법, 3. 중소기업은행법, 4. 한국수출입은행법, 5. 자본시장과금융투자업에관한법률("자본시장법"), 6. 금융회사의지배구조에관한법률("금융회사지배구조법"), 7. 대부업등의등록및금융이용자보호에관한법률("대부업법"), 8. 전기통신금융사기피해방지및피해금환급에관한특별법, 9. 보험업법, 10. 보험사기방지특별법, 11. 여신전문금융업법, 12. 상호저축은행법, 13. 신용협동조합법, 14. 농업협동조합법, 15. 수산업협동조합법, 16. 산림조합법, 17. 금융기관부실자산등의효율적처리및한국자산관리공사의설립에관한법률, 18. 신용정보의이용및보호에관한법률("신용정보법"), 19. 화재로인한재해보상과보험가입에관한법률, 20. 자산유동화에관한법률, 21. 주택저당채권유동화회사법, 22. 담보부사채신탁법, 23. 산업발전법, 24. 외국환거래법, 25. 주택도시기금법, 26. 금융지주회사법, 27. 한국주택금융공사법, 28. 부동산투자회사법, 29. 선박투자회사법, 30. 전자금융거래법, 31. 근로자퇴직급여보장법, 32. 채권의공정한추심에관한법률, 33. 금융혁신지원 특별법이다(동 규정 제3조 1호).

2. 현행 금융감독관련 법규 현황

금융감독당국이 감독대상(금융기관, 업무, 시장 등)에 적용할 감독관련 법규는 해당 금융관련 법령과 금융위원회 규정, 세칙 등으로 구성되는데, 자세한 내용은 다음과 같다.

표 4-1 금융감독관련 법규 현황(2019.11 현재)

	관계법령 / 금융위규정
공 통	1. 금융위원회의설치등에관한법률 · 시행령 1-1. 대통령령 · 총리령: 금융위원회직제 · 시행규칙, 금융규제운영규정 1-2. 금융위규정: 금융위원회운영규칙, 증권선물위원회운영규칙 금융분쟁조정세칙 금융기관분담금징수등에관한규정 금융기관검사및제재에관한규정 · 시행세칙 금융기관채권대손인정업무세칙 금융기관의업무위탁등에관한규정 부실금융기관대주주의경제적책임부담기준 법령해석및비조치의견서업무처리에관한운영규칙 금융회사의정보처리업무위탁에관한규정 2. 공적자금관리특별법 · 시행령 3. 공적자금상환기금법 · 시행령 4. 금융기관부실자산등의효율적처리및한국자산관리공사의설립에관한법률 · 시행령 5. 금융산업의구조개선에관한법률 · 시행령 6. 금융실명거래및비밀보장에관한법률 · 시행령 · 시행규칙 7. 금융지주회사법 · 시행령 7-1. 금융위규정: 금융지주회사감독규정 · 시행세칙 8. 기업구조조정촉진법 · 시행령 8-1. 금융위규정: 기업구조조정촉진을위한금융기관감독규정 9. 기업구조조정투자회사법 · 시행령 9-1. 금융위규정: 기업구조조정투자회사등록등에관한규정 10. 산업발전법 · 시행령 · 시행규칙

	관계법령 / 금융위규정
	10−1. 금융위규정: 기업구조조정조합등록규정 11. 신용정보의이용및보호에관한법률 · 시행령 · 시행규칙 11−1. 금융위규정: 신용정보업감독규정 · 신용정보업감독업무시행세칙 12. 예금자보호법 · 시행령 13. 외국환거래법 · 시행령 13−1. 기획재정부고시: 외국환거래규정 13−2. 금융위규정: 외국환거래당사자에대한제재규정, 금융기관의해외진출에관한 규정 · 시행세칙, 외국환업무시행세칙 14. 특정금융거래정보의보고및이용등에관한법률 · 시행령 14−1. 금융위규정: 특정금융거래정보보고및감독규정, 자금세탁방지및공중협박자금 조달금지에관한업무규정 15. 공공기관의정보공개에관한법률 · 시행령 · 시행규칙 16. 개인정보보호법 · 시행령 · 시행세칙 17. 근로자퇴직급여보장법 · 시행령 · 시행규칙 17−1. 금융위규정: 퇴직연금감독규정 · 시행세칙 18. 전자금융거래법 · 시행령 17−1. 금융위규정: 전자금융감독규정 · 시행세칙 19. 공중등협박목적을위한자금조달행위의금지에관한법률 · 시행령 20. 채권의공정한추심에관한법률 · 시행령 21, 보증인보호를위한특별법 22. 채무자회생및파산에관한법률 · 시행령 · 시행세칙 23. 금융중심지의조성과발전에관한법률 · 시행령 24. 금융감독원특별사법경찰관리집무규칙
은행업	1. 은행법 · 시행령 1−1. 금융위규정: 은행업감독규정, 은행업감독업무시행세칙 2. 농업협동조합법 · 시행령 · 시행규칙 3. 담보부사채신탁법 · 시행령 · 시행규칙 4. 수산업협동조합법 · 시행령 · 시행규칙 4−1. 수산업협동조합의구조개선에관한법률 · 시행령 5. 기술보증기금법 · 시행령 · 시행규칙 6. 신용보증기금법 · 시행령 · 시행규칙 7. 중소기업은행법 · 시행령 8. 한국산업은행법 · 시행령 · 시행규칙 9. 한국수출입은행법 · 시행령 10. 한국은행법 · 시행령 11. 한국주택금융공사법 · 시행령 · 시행규칙 11−1. 금융위규정: 한국주택금융공사감독규정 · 시행세칙 12. 인터넷전문은행설립및운영에관한특례법 · 시행령
금융 투자업	1. 자본시장과금융투자업에관한법률 · 시행령 · 시행규칙 1−1. 증권관련집단소송법 1−2. 금융위규정: 금융투자업규정 · 시행세칙 증권의발행및공시등에관한규정 · 시행세칙

	관계법령 / 금융위규정
	자본시장조사업무규정 · 시행세칙 2. 공사채등록법 · 시행령 · 시행규칙 2－1. 전자단기사채등의발행및유통에관한법률 · 시행령 3. 공인회계사법 · 시행령 · 시행규칙 4. 자산유동화에관한법률 · 시행령 4－1. 금융위규정: 자산유동화업무감독규정 5. 주식회사의외부감사에관한법률 · 시행령 · 시행규칙 5－1. 금융위규정: 외부감사및회계등에관한규정 · 시행세칙, 회계관련부정행위신고및포상등에관한규정
비은행업	1. 상호저축은행법 · 시행령 · 시행규칙 1－1. 금융위규정: 상호저축은행업감독규정 · 시행세칙 2. 신용협동조합법 · 시행령 · 시행규칙 2－1. 금융위규정: 상호금융업감독규정, 상호금융업감독업무시행세칙 신용협동조합인가지침 3. 여신전문금융업법 · 시행령 · 시행규칙 3－1. 금융위규정: 여신전문금융업감독규정, 여신전문금융업인허가지침, 여신전문금융업감독업무시행세칙 4. 산림조합법 · 시행령 5. 유사수신행위의규제에관한법률 · 시행령 6. 대부업의등록및금융이용자보호에관한법률 · 시행령 6－1. 금융위규정: 대부업등감독규정시행세칙 7. 전기통신금융사기피해방지및피해금환급에관한특별법 · 시행령 7－1. 전기통신금융사기피해방지및신고포상금에관한규정 · 시행세칙 8. 서민의금융생활지원에관한법률 · 시행령
보험업	1. 보험업법 · 시행령 · 시행규칙 1－1. 금융위규정: 보험업감독규정, 보험업감독업무시행세칙 2. 화재로인한재해보상과보험가입에관한법률 · 시행령 · 시행규칙 3. 자동차손해배상보장법 · 시행령 · 시행규칙

Ⅴ. 금융감독의 방식

금융기관의 업무영역 확대에 따른 겸업화 추진은 금융의 효율성 증대, 금융서비스의 질적 수준 향상을 가져올 수 있지만 다른 한편으로는 금융산업의 안정성이 저하되고 금융소비자의 권익이 침해될 가능성이 높아지는 등 부작용도 발생할 수 있다. 금융산업이 선진화될수록 금융상품이나 금융업무 또는 금융기관 상호간 연계성이 높아지면서 특정 금융부문의 혼란이 금융산업 전체로 확산

될 가능성이 높고, 이종업무의 겸업에 따라 상호간 이익상충이나 내부자거래 발생가능성도 높아져 결국 금융소비자의 권익이 침해될 우려가 있다. 이에 따라 미국, 영국, 일본 등 주요 선진국에서 금융기관의 업무영역 확대에 따른 금융겸업화 추진에 대응하여 금융감독기능 및 체계의 개편이 중요한 현안과제로 대두되어 추진되었다. 우리나라에서도 금융산업의 구조변화와 금융기관의 업무영역 확대에 따라 금융감독 기능을 효과적으로 발휘하기 위하여 감독체계를 획기적으로 개편하여 시행하고 있다.

여기서는 금융감독주체간의 감독권 귀속문제보다는 피감독기관인 금융기관에 대한 감독형태를 기관별 감독방식과 기능별 감독방식으로 구분하고 외환위기 이후 도입되어 운용되고 있는 통합감독방식과 함께 그 의의와 장단점을 살펴본다. 이러한 감독형태의 비교는 우리나라의 새로운 통합금융감독체제가 종전의 기관별, 기능별 감독방식의 단점을 보완하고자 혼합 운용되고 있다는 점에서 참고하는 바가 매우 크다.[37)]

1. 감독방식의 유형

금융기관에 대한 감독형태는 개별 금융기관 또는 금융그룹[38)]이 은행, 증권, 보험 등 다양한 금융업무를 직접 겸영 또는 자회사를 통하여 겸업하는 경우 감독주체가 금융업무별로 다원화되어 있지 않고 금융기관 또는 금융그룹별로 일원화되어 있는 기관별 감독방식(institutional regulatory system)과 감독주체가 금융기관 또는 금융그룹별로 일원화되어 있지 않고 금융업무별로 다원화되어 있는 기능별 감독방식(functional regulatory system)으로 구분할 수 있다.[39)]

---

37) 황인선, "금융환경 변화와 은행감독", 「중앙은행연구회 발표자료집(Ⅱ)」(한국은행중앙은행연구회, 1996.12), 257-269면 참조.

38) 우리나라의 경우 2000년 들어 금융지주회사제도가 도입되었다. 그 이전에는 금융전업기업가제도가 1995년부터 1997년까지 운영되었다. 금융전업기업가제도란 산업자본과 연계되지 않고 금융업만을 영위하거나 영위하고자 하는 순수 금융자본의 경우에는 은행의 안정적인 경영주체가 될 수 있는 길을 열어 줄 수 있도록 동일인의 주식소유한도(원칙적으로 의결권있는 발행주식 총수의 4%) 초과를 인정하는 제도이다(구 은행법 제17조의 4). 여기서 금융업이란 은행, 증권, 보험, 기타 비은행업무를 포함하며, 금융전업기업가가 되기 위하여는 그 자격 및 승인요건을 갖춘 자를 은행감독원장이 승인하도록 되어 있었다(구 은행법 시행령 제4조의 2 내지 4 참조.). 그러나 동 제도는 그 요건이 지나치게 엄격하여 승인신청자가 전혀 없는 등 실효성이 의문시되어 폐지되었다.

39) 은행・증권・보험업이 기관별로 완전히 구분되는 분업주의 금융제도 하에서는 기관별 감독방식과 기능별 감독방식의 내용은 사실상 동일하므로 양자를 구분할 실익이 없다.

그리고 우리나라를 비롯한 영국, 일본에서 도입한 감독형태로서 하나의 감독주체가 모든 금융기관의 다양한 업무를 감독하는 통합감독방식(consolidated regulatory system)이 있다.

은행이 증권, 보험 등 비은행금융업무를 직접 겸영하는 경우 기관별 감독방식에서는 은행에 대한 감독권이 비은행업무의 겸업에 관계없이 은행감독기관에 귀속되며 은행은 증권 또는 보험 감독기관의 감독을 받지 않는다. 반면 기능별 감독방식에서는 은행업무에 대한 감독권은 은행감독기관에 귀속되지만 증권 또는 보험업무는 각각 당해 감독기관의 감독을 받는다.

또한 은행이 자회사 또는 지주회사 방식을 통해 증권, 보험업에 진출한 경우 기관별 감독방식에서는 금융그룹 전체를 하나의 기관으로 간주하여 은행감독기관이 은행과 함께 은행의 증권. 보험 자회사 또는 관계회사에 대한 감독권을 보유한다. 반면 기능별 감독방식에서는 은행의 증권. 보험 자회사 또는 관계회사는 금융그룹내 하나의 기능 내지는 업무로 간주하여 은행과는 달리 각각 당해 감독기관의 감독을 받는다.

한편 모든 금융기관과 금융업무에 대한 감독기관이 하나인 통합감독방식에서는 기관별 감독과 기능별 감독이 병행 실시되기 때문에 양자를 굳이 구분할 필요가 없다. 우리나라의 통합감독체제는 현재 기관별 감독과 기능별 감독을 혼용하여 사용하고 있다.[40] 은행, 증권회사, 보험회사 등 금융기관 담당부서에서 그 기관의 전 업무을 감독하고 있으면서 특수한 업무인 외국환업무, 실적배당상품업무, 신용공여업무에 대해서는 별도의 감독부서를 두고 모든 금융기관의 해당업무에 대한 감독업무를 수행하고 있다.

2. 감독방식별 장단점

2.1 기관별 감독방식

기관별 감독방식은 금융기관 또는 금융그룹 전체의 건전성과 안정성을 유지하는데 적합하고 감독상의 책임소재가 명확하다는 장점이 있는 반면 금융감독의 전문성이 저하되고 통합된 감독기준의 설정이 곤란하는 등의 단점이 있다.

40) 김병주교수 외 5인은 유기적인 감독체제를 확립하기 위해서는 기관별 감독과 아울러 기능별 감독이 병행되는 것이 바람직하다는 견해를 밝혔다(김병주 외 5인, "비은행금융기관의 발전방향", 「한국금융연구원 연구보고서」(1994. NO.2)(한국금융연구원, 1994.6), 286-287면).

이를 구체적으로 보면 장점으로는 첫째, 금융기관 또는 금융그룹의 부실화나 도산사태는 통상 기관차원에서 발생하는 것이므로[41] 금융감독이 기능 차원이 아닌 기관 차원에서 이루어질 때 금융기관의 건전성 및 금융산업의 안정성이 보다 잘 유지될 수 있다. 둘째, 감독기관이 기관별로 일원화되어 있으면 금융기관 또는 금융그룹의 부실화 또는 도산사태가 발생하는 경우 이에 대한 감독상의 책임소재가 명확하다. 셋째, 금융기관내 또는 금융그룹내 각종 리스크를 기능별로 분리하는 것은 현실적으로 매우 어려우며 설혹 가능하다고 하더라도 막대한 비용이 소요된다는 점에서 기관별 감독이 실시하기 용이하다. 반면 단점으로는 첫째, 금융감독은 고도의 전문지식과 경험을 요하는 업무라는 점에서 개별 감독기관이 금융기관의 모든 겸업업무에 대해 감독할 경우 감독업무의 전문성이 저하될 우려가 있다. 둘째, 금융업무별로 요구되는 감독의 내용 또는 수준이 상이함에도 기관별로 감독수단을 일률적으로 적용할 경우 그 효율성이 저하될 수 있을 뿐만 아니라 통합된 기준을 만들기도 매우 어렵다. 셋째, 동일한 금융업무가 다른 금융기관에 의해 영위된다고 해서 상이한 수준의 감독을 받게 되면 규제의 중립성이 저하된다. 넷째, 은행업의 경우 중앙은행의 최종대부자(lender of last resort) 기능이나 예금보험기금 등의 안전망(safety-net)을 갖추고 있는데 기관별 감독방식의 경우에는 이러한 안정망이 여타 비은행업무에 까지 확대되는 결과를 초래할 수 있다.

2.2 기능별 감독방식

기능별 감독방식은 금융소비자의 권익을 보호하는 데 적합하다는 등의 장점을 갖고 있는 반면 금융기관 또는 금융그룹 전체의 리스크 평가가 곤란하고 감독중복 등의 문제점을 안고 있다. 이를 구체적으로 보면 장점으로는 첫째, 취급기관에 관계없이 동일한 금융업무에 대해서는 동일한 보호조치가 취해지기 때문에 금융소비자들은 동등한 수준의 보호를 받게 되므로 금융소비자의 권익보호에 적합하다. 둘째, 은행. 증권. 보험 등 업무 특성에 따라 전문화되어 있는 감독기관이 고도의 전문지식과 경험을 요하는 감독업무를 수행함으로써 금융감독의 효율성을 제고하고 일관성을 유지할 수 있다. 셋째, 동일한 금융서비스를

41) 1990년대 중반 영국에서 British & Commonwealth 그룹의 자회사인 컴퓨터 리스회사의 부실로 야기된 그룹의 붕괴는 자기자본 상태가 양호한 그룹내 merchant bank의 도산을 초래한 경험이 있다.

제공하는 금융기관간에 공정경쟁여건을 조성해 줌으로써 규제의 중립성을 보장해 줄 수 있다. 반면 단점으로는 첫째, 금융기관 또는 금융그룹 전체 차원에서 리스크가 관리되지 않음으로써 특정금융부문의 부실화 또는 도산위험이 금융기관 또는 금융그룹 전체로 확산될 우려가 있다. 둘째, 금융기관 또는 금융그룹이 부실화 또는 도산하는 경우 그에 대한 감독상의 책임소재가 불명확하게 된다. 셋째, 각 금융기관 또는 금융그룹이 복수의 감독기관으로부터 감독을 받음으로써 규제가 중복될 소지가 많다.

2.3 통합감독방식

통합감독방식을 실시하는 경우 금융기관에 대한 기관별 감독과 기능별 감독을 적절히 혼합하여 운영함으로써 감독 사각지대를 없애고 금융기관에 대한 종합적인 리스크관리를 통해 금융기관의 건전성 감독을 책임지고 할 수 있는 등 양자의 장점을 발전시키고 단점을 보완하는 방향으로 운영할 수 있다는 이점이 있다.

2000년대 전후하여 주요국에서는 금융업권별로 분리된 감독당국을 하나의 감독당국으로 통합한 통합금융감독체제가 유행처럼 도입되었다. 이 새로운 통합감독체제는 종전의 기관별, 기능별 감독방식의 단점을 보완하고자 통합감독방식을 혼합 운용하고 있다. 하지만 통합감독체제하에서도 감독기관은 하나지만 감독기관 내부의 부서간 책임회피 가능성이 있는가 하면 업무중복이 발생하여 피감독기관 입장에서는 규제와 감독이 중복되는 사례도 있을 수 있다는 점을 간과해서는 아니 된다.

3. 외국의 사례

(1) 국제적으로 진행되고 있는 금융기관 업무의 다양화, 대형화, 겸업화 등 금융환경의 변화에 대응하여 주요국에서는 2000년대 전후하여 다기화된 금융감독조직을 통합하여 운영하였다. 우리나라를 비롯하여 영국, 일본, 독일, 호주 등 17개 국가[42]에서 통합금융감독기관을 이미 설립하여 운용 중이거나 설립을 추진하였다. 1990년내 초 금융위기를 겪은 스웨덴, 노르웨이, 덴마크 등 북구국가

42) 한국, 일본, 독일, 영국, 캐나다, 호주, 스웨덴, 덴마크, 노르웨이, 아이슬란드, 싱가포르, 멕시코, 핀란드, 이스라엘, 남아공, 룩셈부르크, 아일랜드.

는 1980년대 후반에서 1990년대 초에 통합금융감독기관을 설립하였고, 영국은 증권투자위원회(SIB) 및 영란은행 은행감독부 등 9개 금융감독기관을 통합하여 1997년 금융감독청(FSA)을 출범하였다. 일본도 금융개혁의 일환으로 1998년 통합금융감독기구로서 금융감독청을 설립한 후 2000년 7월 이를 대장성 금융기획국과 통합하여 금융청을 설립하였다. 그리고 독일도 2002년 4월 통합금융감독기구를 설립하였다. 다만 미국은 1994년 다양한 금융감독기관(OCC, FRB, FDIC, SEC, 주은행국, 주보험국 등)을 통합해야 한다는 논의가 제기되었으나 입법화에는 실패하고 논의가 계속되고 있다.

이들 국가의 통합금융감독기구의 특징을 보면 대부분 은행, 비은행, 보험, 증권 등 전 금융권을 감독대상권역으로 하면서[43] 감독업무의 범위는 건전성감독·검사업무 외에 불공정거래(영국, 캐나다, 덴마크, 스웨덴, 노르웨이, 일본), 공시(영국, 캐나다, 덴마크, 노르웨이, 싱가포르, 일본), 소비자보호(영국, 캐나다, 스웨덴) 등의 업무를 부분적으로 수행하고 있다. 그리고 통합금융감독기구는 대부분 금융기관 인·허가권, 검사권, 자료요구권, 지시감독권, 제재권, 영업

표 4-2 통합금융감독기구의 조직구조

국 별	형 태	구성원칙	비 고
한 국	혼합형	• 기본형태 : 기관별 • 하부구조 : 기능별*	* 감독지원, 관리, 인허가감독, 소비자보호, 검사, 제재
일 본	혼합형	• 기본형태 : 기능별* • 하부구조 : 기관별(감독부문)	* 관리·지원, 검사, 감독, 시장감시
영 국	혼합형	• 기본형태 : 기능별* • 하부구조 : 기관별(감독부문)	* 관리, 감독지원, 감독, 인허가·제재, 소비자보호
호 주	혼합형	• 기본형태 : 기능별* • 하부구조 : 기관별(감독부문)	* 금융그룹감독, 개별금융기관감독, 정책·조사·컨설팅, 관리·지원
캐나다	기능별	• 모든 부서를 기능별*로 조직	* 감독, 규제, 감독지원, 관리
덴마크	기관별	• 모든 부서를 기관별로 조직	지원, 관리부문은 별도운영
스웨덴	〃	〃	〃
노르웨이	혼합형	• 기관별, 기능별 조직 병존	–
싱가포르	기관별	• 모든 부서를 기관별로 조직	지원 및 리스크관리 부문 별도 운영

자료: 금융감독원.

43) 단, 호주, 캐나다의 경우 증권부문은 별도 기구에서 담당한다.

정지권 등 금융감독기능의 수행에 필요한 핵심 감독권한을 보유하고 있다. 조직구조에 있어서는 기본조직은 기능별(인허가감독, 검사, 제재, 감독지원, 소비자보호, 관리 등) 조직으로, 하부구조는 금융권역별(은행, 증권, 보험 등) 조직으로 하는 혼합형 조직구조로 대부분 운영하고 있다. 혼합형 조직구조를 운영하고 있는 나라는 영국, 호주, 노르웨이, 일본이 대표적이다.

(2) 한편 2008년 글로벌 금융위기 이후 주요 선진국에서 중앙은행제도 및 금융감독체계 개편이 추진되었다. 그 내용은 중앙은행의 금융안정기능 강화와 이원적 금융감독기구 방식(twin peaks approach)[44]으로 특징지어진다.

미국은 글로벌 금융위기 이후 감독기구 통합논의가 있었지만 합의를 보지 못하였다. 2010년 금융개혁법(The Wall Street Reform and Consumer Protection Act, 일명 Dodd-Frank Act)을 제정하여 금융규제를 강화하면서 재무부, 중앙은행, 감독기구 등이 참여하는 기관간 협의체인 금융안정감시협의회(FSOC: Financial Stability Oversight Council)를 구성하였다. 또한 미 연준은 금융시스템에 큰 영향을 미치는 대형금융회사에 대한 건전성 기준을 제정하고 필요시 직접 자료요구 및 검사가 가능하도록 하였고, 연준 내에 독립기구로 금융소비자보호국(CFPB: Consumer Financial Protection Bureau)을 설치하였다.

중앙은행으로부터 감독기능을 분리시켜 통합감독기구를 출범시켰던 영국의 경우 2009년 은행법(Banking Act 2009), 2012년, 2016년 금융서비스법(Financial Services Act 2012, 2016)을 개정하여 금융감독기능을 중앙은행으로 다시 일원화하였다. 중앙은행 내에 금융안정정책결정기구인 금융정책위원회(FPC: Financial Policy Committee) 및 금융감독정책결정기구인 PRC(Prudential Regulation Committee)를 도입하였다. 또한 기존의 통합감독기구(FSA)를 해체하고 미시건전성을 감독하는 PRA(Prudential Regulation Authority)를 중앙은행 산하로 두는 한편 금융행위감독원(FCA: Financial Conduct Authority)을 독립기구로 신설하여 영업행위 규제, 금융소비자보호 기능을 별도로 수행하도록 하였다.

EU는 금융위기 이후 유럽 금융시스템의 안정성을 높이고자 2014년 11월 유럽금융감독시스템(ESFS: European System of Financial Supervisors)을 출범시켰다. 거시건전성 감독은 유럽시스템리스크위원회(ESRB: European Systemic Risk Board)가 담당하고, 미시건전성 감독은 유럽은행감독당국(EBA: European

44) 금융기관의 건전성 규제와 영업행위 규제를 별개의 기구에서 담당하는 방식이다. 대체로 종전의 통합금융감독기구와 달리 은행업 감독기관과 증권업 감독기관으로 분리된다.

Banking Authority), 유럽보험연금감독당국(EIOPA: European Insurance and Occupational Pension Authority), 유럽증권시장감독당국(ESMA: European Securities and Markets Authority) 및 회원국 개별 금융감독기구가 담당한다. 또한 유럽중앙은행(ECB: European Central Bank)은 유로지역의 대형은행에 대한 감독을, 회원국 감독당국은 중요도가 낮은 회원국 소재 은행들에 대한 감독을 담당한다.

이와 같이 최근 금융감독체계를 개편한 국가들은 대부분 미시건전성 규제와 금융소비자보호를 별개의 기구에서 담당하는 이원적 감독기구방식을 채택하고 있다.

제 5 장 금융회사 및 임직원 제재

Ⅰ. 의 의

(1) 금융회사 및 그 임직원에 대한 제재 조치는 일반적으로 금융감독당국에 의하여 이루어지는 행정제재로서 통상 제재 또는 징계라고 일컬어진다. 금융기관 감독·검사업무가 소기의 목적을 달성할 수 있도록 감독객체의 의무위반에 대하여 단속·규제의 성격을 지닌 「금융위원회의설치등에관한법률」(이하 "금융위설치법"이라 한다), 「금융회사의지배구조에관한법률」(이하 "금융회사지배구조법"이라 한다), 「금융산업의구조개선에관한법률」(이하 "금융산업구조개선법"이라 한다)과 「은행법」, 「자본시장과금융투자업에관한법률」(이하 "자본시장법"이라 한다), 「보험업법」, 「상호저축은행법」 등 금융권역별 관계법규 에서 금융회사의 위법·부당행위에 대한 각종 제재규정을 두고 있다. 예컨대 금융위설치법에서 동법상 검사대상기관 및 그 임직원에 대한 제재조치(제41~43조)를, 금융회사지배구조법에서 동법 위반에 따른 금융회사 및 그 임직원에 대한 제재조치(제34~39조)를 규정하고 있다. 또 은행법에서는 은행과 은행 임직원에 대한 제재조치(제53~54조의2)를 규정하고 있고, 보험업법에서는 보험회사 및 퇴직임원에 대한 제재조치(제134~135조)를 규정하고 있다.

(2) 이러한 감독당국의 제재권은 금융기관 및 그 임직원의 위법·부당행위에 대하여 영업상·신분상 또는 금전상의 불이익을 부과함으로써 금융회사 경영의 건전성 확보 및 금융제도의 안정성 도모 등 금융감독 목적의 실효성을 확보하기 위한 사후적 감독수단이다. 상법상 주식회사인 금융회사에 대하여 이와 같이 엄격한 제재규정을 명시하고 있는 이유는 금융회사 취급업무의 경제적 중요성 및 사회적 공익성 등 업무의 특성을 감안한 것이라 할 수 있다. 다만, 제재는 금융회사 및 그 임직원에게 새로운 의무를 부과하거나 기존의 권리나 이익을

박탈하는 등 영업상, 신분상, 금전상의 불이익 부과를 주된 내용으로 하고 있으므로 명확한 법적 근거가 있어야 한다. 또한 제재의 종류에 따라 경영유의, 개선 등 상대방에게 직접적인 불이익을 부과하지 않는 행정지도적 성격의 조치도 마련하고 있다.[1] 그런데 은행법에서는 위법·부당행위라고는 볼 수 없으나 은행의 파산 또는 예금지급불능의 우려 등 예금자의 이익을 크게 해칠 우려가 있다고 인정할 때에는 예금 수입(受入) 및 여신(與信)의 제한, 예금의 전부 또는 일부의 지급정지, 그 밖에 필요한 조치를 명할 수 있는 권한을 금융위원회에 부여하고 있다(은행법 제46조). 이러한 권한도 넓은 의미의 제재의 한 수단이라고 보아야 할 것이다.[2] 이와 같은 금융회사에 대한 제재업무는 금융감독원이 수행한다(금융위설치법 제37조 2호).

(3) 한편 제재와 징계의 용어와 관련하여 금융위설치법에 따른 제재조치에 관한 행정규칙인 「금융기관검사및제재에관한규정」(이하“금융기관제재규정”이라 한다)에 의하면 이를 다음과 같이 구분하여 정의하고 있다. 즉 “제재”라 함은 금융감독원의 검사결과 등에 따라 금융기관 또는 그 임직원에 대하여 금융위원회 또는 금융감독원장이 이 규정에 의하여 취하는 조치를 말한다(동규정 제3조 18호). 금융감독원장은 일정한 경우 동 조치를 취할 것을 금융위원회에 건의한다. “징계”라 함은 금융감독원장의 요구에 의하여 당해 기관의 장이 그 소속직원에 대하여 취하는 면직, 정직, 감봉, 견책 등 신분상의 제재조치를 말한다(동규정 제3조 19호). 금융기관 직원에 대한 징계는 금융기관 내부질서를 유지하기 위하여 그 의무위반자에 대하여 가하는 제재이므로 징계대상자가 속한 기관의 장이 행하는 것이 원칙이다. 따라서 금융감독원장은 금융기관 감독 또는 검사 결과 적발한 비위사실이 징계사유에 해당하는 경우 동 기관장 앞으로 관련 직원의 징계를 요구하고 있다(금융위설치법 제41조, 금융지배법 제35조, 은행법 제54조). 다시 말하면 제재는 감독당국이 감독권의 일환으로 금융기관 및 그 임직원을 대상으로 하는 제반 조치이며, 징계는 금융기관장이 그 소속직원을 대상으로 한 신분상 조치에 국한하는 의미로 사용하고 있다.

---

1) 금융감독원, 「금융감독개론」(2019년판), 440면.
2) 정찬형·도제문, 「은행법」(제2판)(박영사, 2005), 353면.

Ⅱ. 제재의 종류

금융회사 및 그 임직원에 대한 제재 조치의 종류는 제재의 성격, 대상, 내용 등에 따라 여러 가지로 분류해 볼 수 있다.

1. 성격에 따른 분류

제재는 일반적으로 일반통치권에 속한 행정벌과 특별권력관계에 기초한 임직원에 대한 비위 문책인 징계벌로 구분할 수 있다.[3] 또 금융업에 있어서는 그 특성상 이러한 일반적인 제재 외에 감독권에 기초한 영업관련 제재가 있다.

금융위설치법 및 금융회사지배구조법. 은행법 등에서 규정한 제재로서 ① 일반통치권에 속한 행정벌로는 징역, 벌금, 과징금, 과태료, 이행강제금[4]을 들 수 있다(금융회사지배구조법 제39조·제42~43조, 은행법 제65조의3~9·제66~69조, 상호저축은행법 제38조의2~40조, 자본시장법 제428~제434조의4·제443~449조, 보험업법 제197~209조). ② 공법상의 특별권력관계에 기초를 둔 징계벌로는 i) 임직원 문책처분(금융위설치법 제41조, 금융회사지배구조법 제35조, 은행법 제54조, 자본시장법 제422조, 보험업법 제134조), ii) 임원의 업무집행정지 및 해임권고·요구(금융위설치법 제42조, 금융회사지배구조법 제35조 제1항, 은행법 제54조, 자본시장법 제422조, 보험업법 제134조), iii) 금융기관에 대한 경고, 위법행위 시정·중지, 영업정지(일부 또는 전부) 및 인허가취소, 수사기관 고발·통보(금융위설치법 제43조, 금융회사지배구조법 제34조, 은행법 제53조, 자본시장법 제420조, 보험업법 제134조), iv) 금융기관의 인가취소에 따른 해산(은행법 제56조, 자본시장법 제420조, 보험업법 제137조) 등이 있다.

---

3) 행정기관은 각종 행정처분을 하면서 상대방의 의무위반 내지 의무불이행을 방지하고 사후에 이를 준수·이행하게 하기 위하여 직접적인 실효성 확보수단인 행정강제(행정상 강제집행, 행정상 즉시강제)와 간섭적인 실효성 확보수단인 행정벌(행정형벌과 행정질서벌), 기타 수단인 과징금 및 특별권력관계에서의 징계벌 등의 제재수단을 확보하고 있다.

4) 이행강제금 부과조치는 금융회사 주식처분명령 위반자에 대한 조치로서, 은행법, 상호저축은행법, 금융회사지배구조법에 규정되어 있는데 이는 금융회사 및 임직원에 대한 제재는 아니다.

2. 대상에 따른 분류

제재는 대상에 따라 기관에 대한 제재와 임직원에 대한 제재로 구분할 수 있고, 또 내용에 따라 신분적 제재, 금전적 제재와 영업적 제재 등으로 나누어 볼 수 있다. 제재 구분에 따른 내용은 아래 표와 같다.

표 5-1 금융기관 및 임직원에 대한 제재의 구분

	기관 제재	임직원 제재	
		임원	직원
신분적 제재	인허가취소 기관경고, 기관주의 수사기관 고발·통보	징역 해임권고(요구) 직무집행정지 문책경고 주의적경고 주의	징역 면직 정직 감봉, 견책 경고 주의
금전적 제재	벌금, 과징금, 과태료	벌금, 과태료, 변상	
영업적 제재	위법·부당행위 시정·중지 영업·업무정지 영업점 폐쇄·영업정지 계약이전 결정 경영개선 권고·요구	–	

3. 금전적 제재

금전적 제재인 과징금과 과태료의 부과방법과 관련하여 살펴보자. 금융감독원장은 금융기관 또는 그 임직원, 그 밖에 금융업관련법의 적용을 받는 자가 금융업관련법에 정한 과징금 또는 과태료의 부과대상이 되는 위법행위를 한 때에는 금융위원회에 과징금 또는 과태료의 부과를 건의하여야 한다. 다만 당해 위법행위가 법령 등에 따라 부과 면제 사유에 해당한다고 판단하는 경우에는 부과 면제를 건의하여야 한다(금융기관제재규정 제20조 제1항). 과징금 또는 과태료의 부과를 금융위원회에 건의하는 경우에는 동 규정 [별표 2] 과징금 부과기준, [별표 3] 과태료 부과기준 및 [별표 6] 업권별 과태료 부과기준에 의한다(동조 제3항). 그러나 제1항 단서에도 불구하고 금융감독원장은 과징금 또는 과태료의 부과면제 사유가 인정되는 경우[5] 에는 금융위원회에 건의하지 않고 과징금 또는 과태료의 부과를 면제할 수 있다(동조 제2항).

참고로 금전적 제재인 벌금, 과징금, 과태료, 이행강제금이 무엇인지 알아보기 위하여 아래 표를 마련하였다.[6]

참고 벌금, 과징금, 과태료, 이행강제금에 대한 해설

1. 벌금과 과료

벌금은 범인으로부터 일정액의 금액을 징수하는 형벌로 징역, 금고보다 경하고 구류보다는 중하다. 벌금액은 5만원 이상이며 벌금을 완납할 수 없는 자는 1일이상 3년이하의 기간 노역장에 유치하여 작업에 복무하게 된다(형법 제41 · 45 · 69조) **과료**는 형벌의 일종으로 벌금과 마찬가지로 재산형으로 과료액은 2천원이상 5만원 미만이다(형법 제41 · 47조). 한편 **금융관계법**에서 징역 또는 벌금에 관한 규정은 금융위설치법 제68조, 금융회사지배구조법 제42조, 은행법 제66~69조, 상호저축은행법 제39조, 보험업법 제197~204조, 자본시장법 제443~446조 등이 있다.

2. 과징금과 과태료

과징금은 행정청이 일정한 행정법상의 의무를 위반한 자에게 부과하는 금전적 제재조치이다. 행정청이 일정한 행정상의 의무를 위반한 자에게 부과하는 금전적 제재이다. 종류로는 수수료, 사용료, 특허료, 납부금 등이 있다. 과징금은 주로 경제법상의 의무를 위반한 자가 위반행위를 함으로써 경제적 이익을 얻을 것이 예정되어 있을 경우 부과한다. 이것은 위반행위로 인한 불법적인 경제적 이익을 박탈하고 오히려 경제적 불이익이 생기게 하려는 것이다. 따라서 그 이익액에 따라 과하여지는 행정제재금이라 할 수 있으며 간접적으로 의무이행을 강제하는 효과를 갖게 된다. 과징금 제도는 과징금이 행정법상의 의무위반 사항에 대한 금전적 제재라는 점에서는 과태료와 크게 다르지 않지만 이득환수라는 점에서는 분명한 차이를 가진다. 한편

5) 가. 금융기관제재규정 [별표 2] 과징금부과기준 중 제6호 라목의 (1) 경영개선명령조치를 받은 경우, (2) 위반자의 지급불능, 지급정지 또는 자본잠식 등의 사유로 위반자가 과징금을 납부할 능력이 없다고 객관적으로 인정되는 경우 또는 마목의 (2) 동일한 위반행위에 대하여 형벌 · 과징금 · 과태료 등 실효성 있는 제재조치를 이미 받은 경우에는 그 제재에 상응하는 과징금을 부과하지 아니할 수 있다. (4) 조정후 과징금이 1백만원 이하인 경우에는 과징금을 부과하지 아니할 수 있다. 나. [별표 3] 과태료 부과기준 중 제5호의 (1) 위반자의 지급불능 등 과태료 납부가 사실상 불가능하여 과태료 부과의 실효성이 없는 경우, (2) 동일한 위반행위에 대하여 형벌 · 과징금 등 실효성 있는 제재조치를 이미 받은 경우 또는 금융기관의 인가 · 허가 또는 등록의 취소조치, 임원의 해임권고 및 직원의 면직을 이미 받았거나 받는 경우. 다. 위반자가 「채무자 회생 및 파산에 관한 법률」에 따른 개인회생절차개시결정 또는 파산선고를 받은 경우

6) 네이버 지식백과 참조.

금융관계법에서 과징금에 관한 규정은 은행법 제65조의3, 상호저축은행법 제38조의 2, 자본시장법 제428~429조 등이 있다.

과태료는 벌금이나 과료(科料)와 달리 형벌의 성질을 가지지 않는 법령위반에 대하여 과해지는 금전벌(金錢罰)로서 국가 또는 공공단체가 국민에게 과하는 일종의 행정처분이다. 현행법상 과태료를 정하는 법률의 규정은 적지 않으나, 각각의 성질에 따라 이에 적용되는 법원칙이나 절차는 같지 않다. 과태료의 성질을 크게 나누면 다음과 같다. ① 질서벌로서의 과태료: 법률에 의하여 과해진 형식적인 의무위반자에 대하여 제재(制裁)로 과해지는 것이다. 예를 들면, 특허법(제232조)·민법(제97조)·상법(제28·635·636조)·민사소송법(제301·311·360조)·민사집행법(제75조) 등 공법·사법에 널리 인정되고 있으며, 지방자치법에는 조례(條例)로도 과태료를 징수할 수 있도록 되어 있다(제27·139조). ② 징계벌로서의 과태료: 일정한 직업을 가진 사람이 직무상의 의무에 위반하였을 경우에 과해지는 것으로서, 예를 들면 공증인법(제83·87조)·변호사법(제90·117조)·법무사법(제48조) 등에 규정되어 있다. 징계벌로서의 과태료는 그 직업을 감독하는 관청이 과하는 것이 통례이다. ③ 집행벌로서의 과태료: 행정상의 의무이행을 게을리하는 사람에게 그 의무의 이행을 강제하기 위하여 과하는 것이나, 현행법상 그 예가 거의 없다. 과태료는 형벌이 아니므로 그 과벌절차(科罰節次)도 형사소송법에 의하지 않으며, 각 법률에 특별한 규정이 없는 한, 비송사건절차법(非訟事件節次法)의 규정에 따른다(제247~249조). 조례에 의한 과태료는 당해 지방자치단체의 장이 과(課)하고, 체납처분의 예에 따라서 징수한다(지방자치법 제27·139조). 한편 **금융관계법**에서 과태료에 관한 규정은 금융위설치법 제68조의2, 금융회사지배구조법 제43조, 은행법 제69조, 상호저축은행법 제40조, 보험업법 제209조, 자본시장법 제449조 등이 있다.

3. 이행강제금

이행강제금은 이행의 의무가 있는 자가 자신의 대체적·비대체적 작위의무 또는 부작위 의무를 해태하는 경우에 금전 수단을 통해 이행을 간접적으로 촉구하는 행정절차이다. 집행벌이라고도 하며 대집행, 직접강제, 강제징수와 더불어 강제집행에 속한다. 건축법(제80조), 농지법(제62조), 부동산실권리자 명의등기에 관한 법률(제6조), 독점규제 및 공정거래에 관한 법률(제17조의3) 등 각종 법률에서 명시하고 있다. 이행강제금은 반복적으로 부과가 가능하다는 점에서 다른 강제집행 절차와 달리 일사부재리 원칙이 적용되지 않는다. 과거의 이행 불행위에 관한 제재가 아닌 이행할 것을 촉구한다는 점에서도 다른 강제집행 행위와 구별된다. 또 행정벌과 병행하여 부과하여도 이중처벌이 아니며, 판례 또한 행정벌과 이행강제금의 부과를 명확하게 구별하고 있다. 이행강제금을 부과하는 부과처분과 집행 전 집행 사실을 통지하는 처분인 계고처분은 행정행위에 속한다. 따라서 이에 불복하는 경우에는 행정소송을 통해 다툴 수 있다. 단, 농지법 제62조에 따라 부과된 이행강제금의 경우에만 비송사건절차법에 의거하여 과태료에 준한 재판을 한다(동법 제62조 제7항). 한편 **금**

융관계법에서 이행강제금에 관한 규정은 주식처분명령 위반자에 대한 조치로 금융회사지배구조법 제39조, 은행법 제65조의9, 상호저축은행법 제38조의8에 있고, 과징금 부과절차에 따른다.

Ⅲ. 금융회사에 대한 제재

금융위설치법, 금융회사지배구조법, 금융산업구조개선법, 은행법 등에서 금융위원회 또는 금융감독원장의 금융회사에 대한 제재권한을 규정하고 있다.

1. 금융위설치법의 규정

1.1 제재조치의 종류 및 사유

금융감독원장은 동법상 검사대상기관이 동 법 또는 동 법에 따른 규정·명령 또는 지시를 계속 위반하여 위법 또는 불건전한 방법으로 영업하는 경우에는 금융위원회에 해당 기관의 위법행위 또는 비행(非行)의 중지나 6개월의 범위에서의 업무의 전부 또는 일부 정지 조치를 명할 것을 건의할 수 있다(금융위설치법 제43조). 그리고 동법의 행정규칙인 금융기관제재규정에서 금융기관 제재의 종류와 사유를 구체적으로 규정하고 있다. 즉 금융위설치법, 금융산업구조개선법 및 금융업관련법의 규정 등에 의거 금융기관에 대하여 취할 수 있는 제재의 종류 및 사유를 다음 표와 같이 규정하고 있다(동 규정 제17조 제1항).

표 5-2 금융기관 제재의 종류 및 사유(금융기관제재규정 제17조 제1항)

제재의 종류	제재의 사유
1. 영업의 인가·허가 또는 등록의 취소, 영업·업무의 전부 정지	가. 허위 또는 부정한 방법으로 인가·허가를 받거나 등록을 한 경우 또는 인가·허가의 내용이나 조건에 위반한 경우 나. 금융기관의 건전한 영업 또는 업무를 크게 저해하는 행위를 함으로써 건전경영을 심히 훼손하거나 당해 금융기관 또는 금융거래자 등에게 중대한 손실을 초래한 경우 다. 영업·업무의 전부 또는 일부에 대한 정지조치를 받고도 당해 영 업·업무를 계속하거나 동일 또는 유사한 위법·부당행위를 반복하는 경우 라. 위법부당행위에 대한 시정명령을 이행하지 않은 경우

2. 영업 · 업무의 일부에 대한 정지	나. 금융기관의 건전한 영업 또는 업무를 저해하는 행위를 함으로써 건전경영을 훼손하거나 당해 금융기관 또는 금융거래자 등에게 재산상 손실을 초래한 경우 다. 제3호의 영업점 폐쇄, 영업점 영업의 정지조치 또는 제4호의 위법 · 부당행위의 중지조치를 받고도 당해 영업점 영업을 계속하거나 당해 행위를 계속하는 경우 라. 제7호의 기관경고를 받고도 동일 또는 유사한 위법 · 부당행위를 반복하는 경우
3. 영업점의 폐쇄, 영업점 영업의 전부 또는 일부의 정지	금융기관의 위법 · 부당행위가 제2호의 규정에 해당되나 그 행위가 일부 영업점에 국한된 경우로서 위법 · 부당행위의 경중에 따라 당해 영업점의 폐쇄 또는 그 영업의 전부 또는 일부를 정지시킬 필요가 있는 경우
4. 위법 · 부당행위 중지	금융기관의 위법 · 부당행위가 계속되고 있어 이를 신속히 중지시킬 필요가 있는 경우
5. 계약이전의 결정	금융산업구조개선법 제2조제3호의 규정에서 정한 부실금융기관이 동법 제14조제2항 각호의 1에 해당되어 당해 금융기관의 정상적인 영업활동이 곤란한 경우
6. 위법내용의 공표 또는 게시 요구	금융거래자의 보호를 위하여 위법 · 부당내용을 일간신문, 정기간행물 기타 언론에 공표하거나 영업점에 게시할 필요가 있는 경우
7. 기관경고	가. 제2호 나목의 규정에 해당되나 그 위반의 정도가 비교적 가벼운 경우 나. 위법 · 부당행위로서 그 동기 · 결과가 다음 각호의 1에 해당하는 경우 (1) 위법 · 부당행위가 당해 금융기관의 경영방침이나 경영자세에 기인한 경우 (2) 관련점포가 다수이거나 부서 또는 점포에서 위법 · 부당행위가 조직적으로 이루어진 경우 (3) 임원이 위법 · 부당행위의 주된 관련자이거나 다수의 임원이 위법 · 부당행위에 관련된 경우 (4) 동일유형의 민원이 집단적으로 제기되거나 금융거래자의 피해규모가 큰 경우 (5) 금융실명법의 중대한 위반행위가 발생한 경우 (6) 위법 · 부당행위가 수사당국에 고발 또는 통보된 사항으로서 금융기관의 중대한 내부통제 또는 감독 소홀 등에 기인한 경우 다. 최근 1년 동안 내부통제업무 소홀 등의 사유로 금융사고가 발생하여 (1) 당해 금융기관의 최직근 분기말 현재 자기자본(자기자본이 납입 자본금보다 적은 경우에는 납입자본금)의 100분의 2(자기자본의 100분의 2가 10억원 미만인 경우에는 10억원) 또는 다음의 금액을 초과하는 손실이 발생하였거나 발생이 예상되는 경우 (가) 자기자본이 1조5천억원 미만인 경우 : 100억원 (나) 자기자본이 1조5천억원 이상 2조5천억원 미만인 경우: 300억원 (다) 자기자본이 2조5천억원 이상인 경우 : 500억원 (2) 손실(예상)금액이 (1)에 미달하더라도 내부통제가 매우 취약하여 중대한 금융사고가 빈발하거나 사회적 물의를 크게 야기한 경우
9. 기관주의	정상참작의 사유가 크거나 위법 · 부당행위의 정도가 상당히 경미한 경우

그런데 금융기관이 상기 제재사유가 있는 경우에는 금융감독원장은 당해 금융기관에 대하여 인허가취소, 영업정지, 영업점 폐쇄·영업정지, 위법·부당행위중지, 계약이전결정, 위법내용 공표·게시 요구에 해당하는 조치를 취할 것을 금융위원회에 건의하여야 하며, 기관경고, 기관주의에 해당하는 조치를 취할 수 있다(다만, 개별 금융업관련법 등에서 달리 정하고 있는 때에는 그에 따른다(동 규정 제17조 제2항).

1.2 확약서·양해각서

금융감독원장은 금융기관에 대한 감독·상시감시 또는 검사결과 나타난 경영상의 취약점 또는 금융기관의 금융관련법규 위반(기관주의의 사유에 한한다)에 대하여 당해 금융기관으로부터 이의 개선을 위한 확약서 제출을 요구할 수 있다. 다만, 금융관련법규 위반에 대한 확약서 제출 요구는 다음 각 호의 어느 하나에 해당하는 경우에 한하여 할 수 있다. 1. 행위 당시 위법·부당 여부가 불분명하였거나 업계 전반적으로 위법·부당 여부에 대한 인식없이 행하여진 경우. 2. 위법·부당행위에 고의 또는 중과실이 없는 경우로써 제재보다 확약서 이행에 의한 자율개선이 타당하다고 판단되는 경우(금융기관제재규정 제20조의 2 제1항).

그리고 금융감독원장은 금융기관에 대한 감독·상시감시 또는 검사결과 나타난 경영상의 심각한 취약점 또는 금융기관의 금융관련법규 위반(기관경고 이하의 사유에 한한다)에 대하여 당해 금융기관과 이의 개선대책의 수립·이행을 주요 내용으로 하는 양해각서를 체결할 수 있다. 다만, 금융관련법규 위반에 대한 양해각서 체결은 다음 각 호의 어느 하나에 해당하는 경우에 한하여 할 수 있다. 1. 행위 당시 위법·부당 여부가 불분명하였거나 업계 전반적으로 위법·부당 여부에 대한 인식없이 행하여진 경우. 2. 위법·부당행위에 고의 또는 중과실이 없는 경우로써 제재보다 양해각서 체결에 의한 자율개선이 타당하다고 판단되는 경우(동조 제2항).

이때 금융감독원장은 금융기관이 확약서를 제출하거나 양해각서를 체결하는 경우에는 제재를 취하지 아니할 수 있다(동조 제3항).

이상과 같이 금융감독원은 금융기관에 대한 감독·상시감시 또는 검사결과 나타난 문제점의 경중에 따라 경미한 사항은 확약서로, 중대한 사항은 양해각서로 조치한다. 확약서는 금융기관의 담당 임원 또는 대표자로부터 제출 받고, 양해각서는 금융기관 이사회 구성원 전원의 서명을 받아 체결한다. 금융감독원장은 확약서·양해각서 이행상황을 점검하여 그 이행이 미흡하다고 판단되는 경우에는 기간연장, 재체결 등 적절한 조치를 취할 수 있다(금융기관제재규정시행세칙 제50조의2). 그리고 확약서 및 양해각서의 효력발생일자, 이행시한 및 이행상황 점검주기는 각 확약서 및 양해각서에서 정한다. 이행상황 점검주기를 따로 정하지 않은 경우에는 금융기관은 매분기 익월말까지 분기별 이행상황을 금융감독원장에게 보고하여야 한다(동조 제50조의3).

2. 금융회사지배구조법의 규정

2.1 제재조치의 종류 및 사유

금융위원회는 금융회사가 동법 규정상 위법행위(<별표>)를 한 경우에는 위법행위의 시정명령·중지명령, 금융회사에 대한 경고·주의, 그 밖에 위법행위를 시정하거나 방지하기 위하여 필요한 조치(위법행위로 인하여 조치를 받았다는 사실의 공표명령 또는 게시명령, 경영이나 업무방법의 개선요구 또는 개선권고, 법을 위반한 경우 수사기관에의 고발 또는 통보)[7]를 할 수 있다(금융지배법 제34조 제1항). 금융회사 위법행위의 형태에 대하여는 동법상 [별표]로 규정되어 있다. 아래 표를 참고하기 바란다.

〈별표〉 금융회사 및 임직원에 대한 조치 (금융회사지배구조법 제34조 및 제35조 관련)

1. 제5조를 위반하여 임원 선임과 관련된 의무를 이행하지 아니하는 경우
2. 제6조를 위반하여 사외이사 선임과 관련된 의무를 이행하지 아니하는 경우
3. 제7조제1항을 위반하여 임원의 자격요건 적합 여부를 확인하지 아니한 경우
4. 제7조제2항을 위반하여 공시 또는 보고를 하지 아니하거나 거짓으로 공시 또는 보고를 한 경우
5. 제7조제3항을 위반하여 해임(사임을 포함한다)사실을 공시 또는 보고를 하지 아니하거나 거짓으로 공시 또는 보고를 한 경우
6. 제8조제1항을 위반하여 이사회의 의결을 거치지 아니하고 주요업무집행책임자를 임면한 경우

7) 금융회사지배구조법 시행령 제29조.

7. 제10조를 위반하여 겸직하는 경우
8. 제11조제1항 및 제2항을 위반하여 겸직 승인을 받지 아니한 경우 또는 겸직 보고를 하지 아니하거나 거짓으로 보고하는 경우
9. 제11조제3항에 따른 금융위원회의 명령을 따르지 아니한 경우
10. 제12조를 위반하여 이사회의 구성과 관련된 의무를 이행하지 아니하는 경우
11. 제13조제2항을 위반하여 공시를 하지 아니하거나 거짓으로 공시를 한 경우 또는 선임사외 이사를 선임하지 아니하는 경우
12. 제13조제4항을 위반하여 선임사외이사의 업무를 방해하거나 협조를 거부하는 경우
13. 제14조를 위반하여 지배구조내부규범과 관련된 의무를 이행하지 아니하는 경우
14. 제15조제1항 및 제2항을 위반하여 이사회의 심의·의결에 관한 의무를 이행하지 아니하는 경우
15. 제16조를 위반하여 이사회내 위원회 설치 및 구성과 관련된 의무를 이행하지 아니하는 경우
16. 제17조를 위반하여 임원 선임과 관련된 의무를 이행하지 아니하는 경우
17. 제18조를 위반하여 사외이사에게 자료나 정보를 제공하지 아니하거나 거짓으로 제공하는 경우
18. 제19조를 위반하여 감사위원회의 구성 및 감사위원의 선임 등과 관련된 의무를 이행하지 아니하는 경우
19. 제20조를 위반하여 감사위원회 또는 감사에 대한 지원 등과 관련된 의무를 이행하지 아니하는 경우
20. 제21조를 위반하여 위험관리위원회의 심의·의결에 관한 의무를 이행하지 아니하는 경우
21. 제22조제1항을 위반하여 보수위원회의 심의·의결에 관한 의무를 이행하지 아니하는 경우
22. 제22조제2항 및 제3항을 위반하여 보수체계 등에 관한 의무를 이행하지 아니하는 경우
23. 제22조제4항 및 제5항을 위반하여 연차보고서를 작성하지 아니한 경우 또는 공시를 하지 아니하거나 거짓으로 공시하는 경우
24. 제23조제2항 및 제3항을 위반하여 상근감사를 선임하지 아니하거나 자격요건을 갖추지 못한 상근감사를 선임하는 경우
25. 제24조를 위반하여 내부통제기준과 관련된 의무를 이행하지 아니하는 경우
26. 제25조제1항을 위반하여 준법감시인을 두지 아니하는 경우
27. 제25조제2항부터 제6항까지(제28조제2항에서 준용하는 경우를 포함한다)를 위반하여 준법감시인 임면 및 보수지급과 평가기준 운영에 관련된 의무를 이행하지 아니하는 경우
28. 제26조에 따른 자격요건을 갖추지 못한 준법감시인을 선임하는 경우
29. 제27조를 위반하여 위험관리기준과 관련된 의무를 이행하지 아니하는 경우

30. 제28조제1항을 위반하여 위험관리책임자를 두지 아니하는 경우
31. 제28조제3항 및 제4항에 따른 자격요건을 갖추지 못한 위험관리책임자를 선임하는 경우
32. 제29조를 위반하여 준법감시인 또는 위험관리책임자가 같은 조 각 호의 어느 하나에 해당하는 업무를 수행하는 직무를 담당하거나 준법감시인 또는 위험관리책임자에게 이를 담당하게 하는 경우
33. 제30조제2항을 위반하여 준법감시인 및 위험관리책임자의 임면사실을 보고하지 아니하거나 거짓 보고하는 경우
34. 제30조제3항을 위반하여 준법감시인 및 위험관리책임자에 자료나 정보를 제공하지 아니하거나 거짓으로 제공하는 경우
35. 제30조제4항을 위반하여 준법감시인 및 위험관리책임자에 대하여 인사상의 불이익을 주는 경우
36. 제32조제2항을 위반하여 적격성 유지요건을 충족하지 못함을 보고하지 아니하는 경우
37. 제32조제3항에 따른 금융위원회의 자료제출 또는 정보제공 요구에 따르지 아니하거나 거짓 자료 또는 정보를 제공하는 경우
38. 제33조에 따른 소수주주권의 행사를 부당한 방법으로 방해한 경우
39. 제38조제2항을 위반하여 조치한 내용을 기록하지 아니하거나 이를 유지·관리하지 아니하는 경우
40. 제41조제1항을 위반하여 주주총회와 관련한 공시를 하지 아니하거나 거짓으로 공시한 경우
41. 제41조제2항을 위반하여 주주가 주주의 권리를 행사한 내용을 공시하지 아니하거나 거짓으로 공시한 경우

2.2 조치권한의 행사방법

이러한 금융회사에 대한 금융위원회의 제재 조치권한은 직접 행사하기도 하지만 금융회사에 따라 금융감독원장의 건의를 통해서 또는 위임하여 행사하고 있다. 즉 은행의 경우는 금융위원회가 위법행위 시정명령과 기타 필요한 조치는 금융감독원장의 건의에 따라 조치할 수 있고, 위법행위의 중지명령, 경고·주의 조치는 금융감독원장으로 하여금 조치하도록 할 수 있다(금융지배법 제34조 제2항 1호). 또 보험회사와 상호저축은행의 경우는 금융위원회가 금융회사에 대한 제반 조치를 금융감독원장의 건의에 따라 하거나, 금융회사에 대한 경고·주의를 금융감독원장으로 하여금 조치하게 할 수 있다(금융지배법 제34조 제2항 2호).[8)]

이상에서 설명한 금융회사에 대한 금융위원회의 제재조치 권한의 행사방법을 아래 표로 정리하였다. 참고하기 바란다.

표 5-3 금융회사에 대한 금융위원회 제재조치 권한의 행사 방법

<table>
<tr><th>제재조치의 종류</th><th>금융투자업자
여신전문금융사
금융지주회사</th><th>은행</th><th colspan="2">보험회사
상호저축은행</th></tr>
<tr><td>위법행위 시정명령</td><td rowspan="7">금융위원회
직접 행사</td><td rowspan="2">금융감독원장
건의</td><td rowspan="7">금융감독원장
건의</td><td rowspan="2"></td></tr>
<tr><td>위법행위 중지명령</td></tr>
<tr><td>금융회사 경고</td><td rowspan="2">금융감독원장앞
위임 가능</td><td rowspan="2">금융감독원장앞
위임 가능</td></tr>
<tr><td>금융회사 주의</td></tr>
<tr><td>조치사실 공표 · 게시</td><td rowspan="3">금융감독원장
건의</td><td rowspan="3"></td></tr>
<tr><td>경영개선 요구 · 권고</td></tr>
<tr><td>수사기관 고발 · 통보</td></tr>
</table>

3. 금융산업구조개선법의 규정

금융위원회는 부실금융기관이 다음 각호 [1. 적기시정조치[9] 또는 자본금 감소명령을 이행하지 아니하거나 이행할 수 없게 된 경우, 2. 적기시정조치 및 금융기관간 합병이나 영업양수도 명령 또는 제3자 인수 알선에 따른 부실금융기

---

8) 금융회사에 대한 제재조치 권한의 행사방법이 금융업권별로 상이한 것은 종전의 개별금융업법에서 감독권한의 소재가 각각 달랐던 데에서 연유한다. 예컨대 은행의 경우에는 은행감독원장에게 감독검사권한이 부여되어 있었던 반면 증권회사 등 제2금융권의 경우에는 재무부장관에게 감독검사권한이 부여되어 있었다.

9) 금산법 제10조(적기시정조치) ① 금융위원회는 금융기관의 자기자본비율이 일정 수준에 미달하는 등 재무상태가 제2항에 따른 기준에 미달하거나 거액의 금융사고 또는 부실채권의 발생으로 금융기관의 재무상태가 제2항에 따른 기준에 미달하게 될 것이 명백하다고 판단되면 금융기관의 부실화를 예방하고 건전한 경영을 유도하기 위하여 해당 금융기관이나 그 임원에 대하여 다음 각 호의 사항을 권고 · 요구 또는 명령하거나 그 이행계획을 제출할 것을 명하여야 한다. 1. 금융기관 및 임직원에 대한 주의 · 경고 · 견책(譴責) 또는 감봉, 2. 자본증가 또는 자본감소, 보유자산의 처분이나 점포 · 조직의 축소, 3. 채무불이행 또는 가격변동 등의 위험이 높은 자산의 취득금지 또는 비정상적으로 높은 금리에 의한 수신(受信)의 제한, 4. 임원의 직무정지나 임원의 직무를 내행하는 관리인의 선임, 5. 주식의 소각 또는 병합, 6. 영업의 전부 또는 일부 정지, 7. 합병 또는 제3자에 의한 해당 금융기관의 인수(引受), 8. 영업의 양도나 예금 · 대출 등 금융거래와 관련된 계약의 이전, 9. 그 밖에 제1호부터 제8호까지의 규정에 준하는 조치로서 금융기관의 재무건전성을 높이기 위하여 필요하다고 인정되는 조치.

관의 합병 등이 이루어지지 아니하는 경우, 3. 부채(負債)가 자산을 뚜렷하게 초과하여 적기시정명령에 따른 명령의 이행이나 부실금융기관의 합병 등이 이루어지기 어렵다고 판단되는 경우, 4. 자금사정의 급격한 악화로 예금등 채권의 지급이나 차입금의 상환이 어렵게 되어 예금자의 권익이나 신용질서를 해칠 것이 명백하다고 인정되는 경우]에 해당하는 경우에는 그 부실금융기관에 대하여 계약이전의 결정, 6개월 이내의 영업정지, 영업의 인가·허가의 취소 등 필요한 처분을 할 수 있다. 다만, 제4호에 해당하면 6개월 이내의 영업정지처분만을 할 수 있으며, 제1호 및 제2호의 부실금융기관이 부실금융기관에 해당하지 아니하게 된 경우에는 그러하지 아니하다(금산법 제14조 제2항). 금융기관은 상기 규정에 따라 영업의 인가·허가 등이 취소된 때에는 해산(解散)한다(동법 제14조 제4항). 금융위원회는 계약이전의 결정을 한 때에는 부실금융기관의 관리인을 선임(選任)하여야 한다(동법 제14조 제7항).

참고 **적기시정조치제도 개요**[10)]

적기시정조치제도(Prompt Corrective Action)란 금융회사의 건전성을 자본충실도, 경영실태평가 결과 등 경영상태를 기준으로 몇 단계의 등급으로 나누어, 경영상태가 악화된 금융회사에 대해 금융감독당국이 단계적으로 시정조치를 부과해 나가는 제도를 의미한다. 적기시정조치는 부실화 징후가 있는 금융회사에 대하여 적기에 경영개선을 유도·강제함으로써 부실화를 예방하고 경영 취약부문의 정상화를 도모하는 건전성감독 수단으로서의 성격을 지닌다. 그러나 적기시정조치는 경영상태가 동 조치의 발동요건에 해당하는 경우 무차별적으로 시정조치를 시행하는 강행규정이므로, 정상화 가능성이 없는 금융회사를 조기에 퇴출시킴으로써 금융소비자의 피해 및 예금보험기금의 고갈 등 금융회사의 부실화에 따른 사회적 비용을 경감시키고 금융시스템의 안정성을 도모하기 위한 행정적 퇴출수단이기도 하다. 적기시정조치는 시장규율의 강화를 통해 금융회사의 부실화 및 도산가능성을 축소시키고 자구노력을 촉발하여 부실금융회사 처리비용을 경감시키는 한편, 재무건전성 위주의 객관적 평가를 통하여 대형 및 소형 금융회사 간의 공정경쟁여건(level playing field)을 조성하는 효과가 있다.

적기시정조치제도는 1974년 덴마크가 「상업은행 및 저축은행법(CBSBA)」 제정시 최초 도입하였으며, 미국이 1980년대초 시작된 금융회사의 도산 및 이로 인한 예금보험기금 고갈사태 발생 이후 덴마크의 제도를 차용하여 1992년 「연방예금보험공사개혁법(FDICIA)」제정시 도입하면서 국제적으로 주목받기 시작하였다.

우리나라에는 1992년 7월 은행권에 최초로 도입되었으며, 은행의 자기자본비율이 기준비율에 미달하는 정도에 따라 경영개선권고, 경영개선요구, 경영개선명령의 3단계로 구분하여 경영개선조치를 취하도록 하였다. 1998년 4월 외환위기를 극복하는 과정에서 은행 구조조정을 촉진하기 위해 감독당국의 재량권을 축소하고 실효성을 강화하는 방향으로 운영방법이 개선되었으며, 1998년 6월에는 자기자본비율 이외에 경영실태평가(CAMELS) 결과와 연동하여 적기시정조치를 취할 수 있도록 하였다. 은행의 건전성 감독기준을 준용하던 종금사에도 동일하게 적용되었다.

1998년 6월 「금산법」이 제정·공표되면서 적기시정조치제도를 은행 및 종금사 이외의 여타 금융권역에도 적용할 수 있는 근거가 마련되었다. 이에 1999년 4월 상호저축은행, 증권회사(금융투자업자) 및 보험회사에 동 제도가 도입되었으며, 이후 전 금융권역으로 확산되어 현재에는 금융위 등록대상인 일부 금융회사를 제외하고는 거의 모든 금융회사에 적용되고 있다. 다만, 각 금융권역별 업황과 수신업무·국제업무 취급 여부 등에 따라 적기시정조치의 발동요건과 조치내용이 달라진다.

적기시정조치제도는 1997년 외환위기를 전후하여 우리나라 금융산업의 구조조정 과정에서 크게 활용되었다. 은행 권역의 경우 1997년 9월 제일은행과 서울은행에 대한 경영개선권고를 포함하여 총 14차례에 걸쳐 33개 은행에 대하여 적기시정조치가 발동되었으며, 적기시정조치를 통해 퇴출된 은행은 11개에 이르고 있다. 금융투자권역의 경우 1998년 8월부터 총 5개사에 대해 경영개선명령을 부과하여 이중 3개사가 적기시정조치를 통해 퇴출되었다. 다만, 투자신탁회사에서 전환된 증권회사에 대해서는 구조조정을 자발적으로 추진하거나 또는 제3자 인수를 통한 경영정상화 기회를 제공하기 위하여 적기시정조치가 유예된 바 있다. 보험 권역의 경우 1999년 이후 2003년까지 부실보험회사에 대한 구조조정 과정에서 보험계약자 등을 보호하기 위해 경영개선권고 1건, 경영개선요구 5건, 경영개선명령 8건 등 총14건의 적기시정조치를 부과하였다.

4. 은행법의 규정

금융회사에 대한 제제조치에 관한 내용은 금융회사지배구조법과 거의 동일한 내용이다.

금융위원회는 은행이 i) 이 법 또는 이 법에 따른 규정·명령 또는 지시를 위반하여 은행의 건전한 경영을 해칠 우려가 있다고 인정되거나, ii) 「금융회사의지배구조에관한법률」 [별표] 각 호의 어느 하나에 해당하는 경우(제2호에 해당하는 조치로 한정)에는 금융감독원장의 건의에 따라 1. 해당 위반행위에 대한

10) 금융감독원, 「금융감독개론」(2019), 242-243면 참조.

시정명령, 2. 6개월 이내의 영업의 일부정지에 해당하는 조치를 하거나 금융감독원장으로 하여금 해당 위반행위의 중지 및 경고 등 적절한 조치를 하게 할 수 있다(은행법 제53조 제1항). 또한 금융위원회는 은행이 1. 거짓이나 그 밖의 부정한 방법으로 은행업의 인가를 받은 경우, 2. 인가 내용 또는 인가 조건을 위반한 경우, 3. 영업정지 기간에 그 영업을 한 경우, 4. 제1항제1호에 따른 시정명령을 이행하지 아니한 경우, 5. 제1호부터 제4호까지의 경우 외의 경우로서 이 법 또는 이 법에 따른 명령이나 처분을 위반하여 예금자 또는 투자자의 이익을 크게 해칠 우려가 있는 경우, 6. 「금융회사의지배구조에관한법률」 [별표] 각 호의 어느 하나에 해당하는 경우(영업의 전부정지를 명하는 경우로 한정)에 해당하면 그 은행에 대하여 6개월 이내의 기간을 정하여 영업의 전부정지를 명하거나 은행업의 인가를 취소할 수 있다(동법 제53조 제2항).

Ⅳ. 직원에 대한 제재

금융회사 임직원에 대한 제재조치는 금융관계법률에 의하여 임원과 직원을 구분하여 처리하고 있다. 금융회사의 임원은 일반직원과는 달리 법정임기, 보수의 주주총회 결의 등 그 신분상 특성과 조직내부에서 차지하고 있는 위치 등에 비추어 해당금융회사가 자체적으로 제재하기에는 어려운 점이 있다. 이에 따라 금융회사 임원에 대하여는 관련법률에 의거하여 감독당국이 직접 제재조치를 취하고 있다. 반면 직원에 대하여는 금융기관 내부질서를 유지하기 위하여 그 의무위반자에 대하여 가하는 제재이므로 감독당국이 해당금융회사의 장에게 제재조치할 것을 요구하고 있다.

1. 금융위설치법의 규정

금융감독원장은 금융회사의 임직원이 동법상 위법행위를 한 경우에 금융위원회에 제재 조치를 건의하거나 금융회사에 제재 조치를 요구할 수 있다는 규정을 두고 있다.

1.1 임원 제재

금융위설치법에 의하면 금융감독원장은 검사대상기관의 임원이 이 법 또는 이 법에 따른 규정·명령 또는 지시를 고의로 위반한 때에는 그 임원의 해임을 임면권자에게 권고할 수 있으며,[11] 그 임원의 업무집행의 정지를 명할 것을 금융위원회에 건의할 수 있다(동법 제42조). 그리고 금융기관제재규정에서 금융위설치법, 금융산업구조개선법 및 금융업관련법의 규정 등에 의거 금융기관의 임원에 대하여 취할 수 있는 제재의 종류 및 사유는 다음 표와 같이 규정하고 있다(동규정 제18조 제1항).

표 5-4 금융기관 임원제재의 종류 및 사유(금융기관제재규정 제18조 제1항)

제재의 종류	제재의 사유
1. 해임권고(해임요구, 개선(改選) 요구를 포함)	가. 고의로 중대한 위법·부당행위를 함으로써 금융질서를 크게 문란시 키거나 금융기관의 공신력을 크게 훼손한 경우 나. 금융기관의 건전한 운영을 크게 저해하는 행위를 함으로써 당해 금융기관의 경영을 심히 위태롭게 하거나 당해 금융기관 또는 금융거래자 등에게 중대한 재산상의 손실을 초래한 경우 다. 고의 또는 중과실로 재무제표 등에 허위의 사실을 기재하거나 중요한 사실을 기재하지 아니하여 금융거래자등에게 중대한 재산상의 손실을 초래하거나 초래할 우려가 있는 경우 또는 위의 행위로 인하여 금융산업구조개선법 제10조에서 정한 적기시정조치를 회피하는 경우 라. 고의 또는 중과실로 감독원장이 금융관련법규에 의하여 요구하는 보고서 또는 자료를 허위로 제출함으로써 감독과 검사업무 수행을 크게 저해한 경우 마. 고의 또는 중과실로 직무상의 감독의무를 태만히 하여 금융기관의 건전한 운영을 크게 저해하거나 금융질서를 크게 문란시킨 경우 바. 기타 금융관련법규에서 정한 해임권고 사유에 해당하는 행위를 한경우
2. 업무집행의 전부 또는 일부의 정지	가. 위법·부당행위가 제1호 각 목의 어느 하나에 해당되고 제1호에 따른 제재의 효과를 달성하기 위해 필요한 경우 나. 위법·부당행위가 제1호 각 목의 어느 하나에 해당되나 정상참작의 사유가 있는 경우
3. 문책 경고	가. 금융관련법규를 위반하거나 그 이행을 태만히 한 경우 나. 당해 금융기관의 정관에 위반되는 행위를 하여 신용질서를 문란시킨 경우 다. 감독원장이 금융관련법규에 의하여 요구하는 보고서 또는 자료를 허위로 제출하거나 제출을 태만히 한 경우 라. 직무상의 감독의무 이행을 태만히 하여 금융기관의 건전한 운영을 저해하거나 금융질서를 문란시킨 경우

11) 금융회사 제재중 임원에 대한 해임처분을 권고나 요구로 하는 것은 통상 임원은 등기임원으로서 그 임면권이 금융회사의 주주총회에 있다는 전제에서 연원한다. 반면 직원에 대한 면직처분은 금융회사의 장에게 고용관계에 따른 징계권이 있기 때문에 해당 금융회사의 장에게 면직을 요구하도록 한다.

	마. 금융관련법규에 의한 감독원의 감독과 검사업무의 수행을 거부·방해 또는 기피한 경우 바. 금융위, 감독원장, 기타 감독권자가 행한 명령, 지시 또는 징계 요구의 이행을 태만히 한 경우 사. 기타 금융기관의 건전한 운영을 저해하는 행위를 한 경우
4. 주의적 경고	제3호 각목의 1에 해당되나 정상참작의 사유가 있거나 위법·부당행위의 정도가 비교적 가벼운 경우
5. 주의	정상참작의 사유가 크거나 위법·부당행위의 정도가 상당히 경미한 경우

그런데 금융감독원장은 금융기관의 임원이 상기 제재사유가 있는 경우에는 당해 임원에 대하여 해임권고·요구나 업무집행정지에 해당하는 조치를 취할 것을 금융위원회에 건의하여야 하며, 문책경고, 주의적경고, 주의에 해당하는 조치를 취할 수 있다(동규정 제18조 제2항). 그리고 금융감독원장은 주된 행위자로서 위법·부당행위를 한 금융기관의 임원이 과거 재직하였던 금융기관에서 주된 행위자로서 동일 또는 유사한 위법·부당행위(이미 제재를 받은 행위는 제외)를 한 경우에는 이를 고려하여 상기 제재사유에 해당하는지 여부를 판단할 수 있다(동규정 제18조 제3항). 또한 금융감독원장은 해임권고·요구의 조치를 업무집행정지의 조치와 함께 취할 것을 금융위원회에 건의할 수 있다. 다만, 금융관련법규에 따라 해임권고·요구의 조치와 업무집행정지의 조치를 함께 취할 수 없는 경우에는 그러하지 아니하다(동규정 제18조 제4항). 한편 금융위원회가 금융기관 임원에 대하여 해임권고·요구 및 업무집행정지에 해당하는 조치를 취한 때에는 당해 기관의 장은 지체없이 필요한 조치를 취하고 그 결과를 금융감독원장에게 보고하여야 한다(동규정 제18조 제5항). 임원의 업무집행정지 기간은 6월 이내로 한다(동규정 제18조 제6항).

1.2 직원 제재

금융감독원장은 동법상 검사대상기관의 임직원이 i) 이 법 또는 이 법에 따른 규정·명령 또는 지시를 위반한 경우, ii) 이 법에 따라 원장이 요구하는 보고서 또는 자료를 거짓으로 작성하거나 그 제출을 게을리한 경우, iii) 이 법에 따른 금융감독원의 감독과 검사 업무의 수행을 거부·방해 또는 기피한 경우, iv) 원장의 시정명령이나 징계요구에 대한 이행을 게을리한 경우에는 그 기관의 장에게 이를 시정하게 하거나 해당 직원의 징계를 요구할 수 있다(동법 제41조 제1항).

징계는 면직 · 정직 · 감봉 · 견책 및 경고로 구분한다(동법 제41조 제2항).

그리고 금융기관제재규정에서 금융기관의 직원에 대하여 취할 수 있는 제재의 종류 및 사유를 다음과 같이 규정하고 있다. 금융감독원장은 금융관련법규에 따라 i) 금융기관의 건전성 또는 금융소비자 권익을 크게 훼손하거나 금융질서를 문란하게 한 경우, ii) 당해 금융기관의 내부통제체제가 취약하거나 제2항에 의한 자율처리필요사항이 과거에 부적정하게 처리되는 등 자율처리필요사항을 통보하기에 적합하지 않다고 판단되는 경우 금융위원회에 금융기관의 직원에 대한 면직요구 등을 건의하거나 당해 금융기관의 장에게 소속 직원에 대한 면직, 정직, 감봉, 견책 또는 주의 등의 제재조치를 취할 것을 요구할 수 있다(동규정 제19조 제1항). 이러한 금융기관 직원에 대한 제재를 종류별로 사유를 구체화하면 다음 표와 같다(동규정 시행세칙 제45조 제1항).

표 5-5 금융회사 직원 제재의 종류 및 사유 (금융기관제재규정시행세칙 제45조 제1항)

제재의 종류	제재의 사유
1. 면직	가. 고의 또는 중대한 과실로 위법 · 부당행위를 행하여 금융기관 또는 금융거래자에게 중대한 손실을 초래 하거나 신용질서를 크게 문란시킨 경우 나. 횡령, 배임, 절도, 업무와 관련한 금품수수 등 범죄행위를 한 경우 다. 변칙적 · 비정상적인 업무처리로 자금세탁행위에 관여하여 신용질서를 크게 문란시킨 경우 라. 고의 또는 중과실로 감독원장이 금융관련법규에 의하여 요구하는 보고서 또는 자료를 허위로 제출함으로써 감독과 검사업무 수행을 크게 저해한 경우 마. 고의 또는 중과실로 직무상의 감독의무를 태만히 하여 금융기관의 건전한 운영을 크게 저해하거나 금융질서를 크게 문란시킨 경우
2. 업무의 전부 또는 일부에 대한 정직	제1호 각목의 1에 해당되나 정상참작의 사유가 있거나 위법 · 부당행위의 정도가 비교적 가벼운 경우
3. 감봉	가. 위법 · 부당행위를 한 자로서 금융기관 또는 금융거래자에게 상당한 손실을 초래하거나 신용질서를 문란시킨 경우 나. 업무와 관련하여 범죄행위를 한 자로서 사안이 가벼운 경우 또는 손실을 전액 보전한 경우 다. 자금세탁행위에 관여한 자로서 사안이 가벼운 경우 라. 감독원장이 금융관련법규에 의하여 요구하는 보고서 또는 자료를 허위로 제출하거나 제출을 태만히 한 경우 마. 직무상의 감독의무 이행을 태만히 하여 금융기관의 건전한 운영을 저해하거나 금융질서를 문란시킨 경우
4. 견책	제3호 각목의 1에 해당되나 정상참작의 사유가 있거나 위법 · 부당행위의 정도가 비교적 가벼운 경우
5. 주의	정상참작의 사유가 크거나 위법 · 부당행위의 정도가 상당히 경미한 경우

금융감독원장은 금융기관의 직원(사실상 이사 · 감사 등과 동등한 지위에 있는 미등기임원 등을 제외)의 제1항 각호 외의 위법 · 부당행위에 대하여 당해 금융기관의 장에게 자율처리필요사항을 통보할 수 있다(동규정 제19조 제2항).[12] 또한 금융감독원장은 주된 행위자로서 위법 · 부당행위를 한 사실상 이사 · 감사 등과 동등한 지위에 있는 금융기관의 미등기 임원 등이 과거 재직하였던 금융기관에서 주된 행위자로서 동일 또는 유사한 위법 · 부당행위(이미 제재를 받은 행위는 제외)를 한 경우에는 이를 고려하여 제1항의 제재사유에 해당하는지 여부를 판단할 수 있다(동규정 제19조 제3항). 금융기관 직원 제재와 관련한 운영과 절차 등에 관한 세부 사항은 금융감독원장이 정하는 바에 따른다(동규정 제19조 제4항).

1.3 변상 · 업무개선 조치

금융감독원장은 금융기관 임직원이 위법 · 부당한 행위로 당해 금융기관에 재산상의 손실을 초래하여 이를 변상할 책임이 있다고 인정되는 경우에는 당해 기관의 장에게 변상조치할 것을 요구할 수 있다(금융기관제재규정 제21조 제1항). 또 금융감독원장은 금융기관 또는 그 임직원의 업무처리가 법규를 위반하거나 기타 불합리하다고 인정하는 경우에는 당해 기관의 장에게 업무방법의 개선 등을 요구할 수 있다(동규정 제21조 제2항).

2. 금융회사지배구조법의 규정

금융위원회는 금융회사의 임직원이 동법상 위법행위를 한 경우에 직접 제재조치를 하거나 금융회사에 제재 조치를 요구할 수 있다. 다만 은행 직원의 경우에는 금융감독원장이 직접 금융회사에 제재 조치를 요구할 수 있다는 규정을 두고 있다.

2.1 임원 제재

금융위원회는 금융회사의 임원(업무집행책임자는 제외)이 금융회사지배구조

---

12) 2004년 4월부터 위법 · 부당행위에 관련된 제재대상자의 범위 및 제재수준을 금융회사가 적의 결정하도록 하였다.

법 규정상 위법행위([별표] 각 호의 어느 하나에 해당하는 경우)를 한 경우에는 i) 해임요구, ii) 6개월 이내의 직무정지 또는 임원의 직무를 대행하는 관리인의 선임, iii) 문책경고, iv) 주의적 경고, v) 주의에 해당하는 조치를 할 수 있다(금융지배법 제35조 제1항).

이러한 금융회사 임원에 대한 금융위원회의 제재 조치권한은 직접 행사하기도 하지만 금융회사에 따라 금융감독원장의 건의를 통해서 또는 위임하여 행사하고 있다. 즉 은행의 경우는 금융위원회가 임원 해임요구나 직무정지 또는 관리인 선임 조치는 금융감독원장의 건의에 따라 할 수 있고, 문책경고・주의적 경고・주의 조치는 금융감독원장으로 하여금 조치하도록 할 수 있다(금융지배법 제35조 제3항 1호). 또 보험회사와 상호저축은행의 경우는 금융위원회가 금융회사 임원에 대한 제반 조치를 금융감독원장의 건의에 따라 하거나, 금융회사에 대한 문책경고・주의적 경고・주의 조치는 금융감독원장으로 하여금 조치하게 할 수 있다(금융지배법 제35조 제3항 2호).

2.2 직원 제재

금융위원회는 금융회사의 직원(업무집행책임자를 포함)이 금융회사지배구조법 규정상 위법행위([별표] 각 호의 어느 하나에 해당하는 경우)를 한 경우에는 i) 면직, ii) 6개월 이내의 정직, iii) 감봉, iv) 견책, v) 주의에 해당하는 조치를 할 것을 그 금융회사에 요구할 수 있다(금융지배법 제35조 제2항).

이러한 금융회사 직원에 대한 금융위원회의 제재 조치권한은 임원에 대한 조치와 마찬가지로 직접 행사하기도 하지만 금융회사에 따라 금융감독원장의 건의를 통해서 또는 위임하여 행사하고 있다. 다만 은행 직원의 경우는 임원에 대한 조치와는 달리 금융감독원장이 직접 제반 징계조치를 그 금융회사에 요구할 수 있다(금융지배법 제35조 제4항 1호). 반면 보험회사와 상호저축은행의 경우는 금융위원회가 금융회사 직원에 대한 제반 조치를 금융감독원장의 건의에 따라 그 금융회사에 요구하거나, 금융감독원장으로 하여금 요구하게 할 수 있다(금융지배법 제35조 제4항 2호).

2.3 감독자에 대한 조치

금융위원회는 금융회사의 임직원에 대하여 제재 조치를 하거나 해당 조치를 하도록 요구하는 경우 그 임직원에 대한 관리·감독의 책임이 있는 임직원에 대한 조치를 함께 하거나, 해당 조치를 하도록 요구할 수 있다. 다만, 관리·감독의 책임이 있는 사람이 그 임직원의 관리·감독에 상당한 주의를 다한 경우에는 조치를 감경하거나 면제할 수 있다(금융지배법 제35조 제5항).

2.4 퇴직임직원에 대한 조치

금융위원회(조치를 하거나 조치를 할 것을 요구할 수 있는 금융감독원장을 포함)는 금융회사의 퇴임한 임원 또는 퇴직한 직원이 재임 또는 재직 중이었더라면 상기 제재 조치를 받았을 것으로 인정되는 경우에는 그 조치의 내용을 해당 금융회사의 장에게 통보할 수 있다. 이 경우 통보를 받은 금융회사의 장은 이를 퇴임·퇴직한 해당 임직원에게 통보하여야 한다(금융지배법 제35조 제6항).

2.5 제재절차의 공정성 확보

(1) 청문 실시

금융위원회는 금융회사 임직원에 대한 조치 중 임원의 해임요구 또는 직원의 면직요구의 조치를 할 경우 청문을 하여야 한다(금융지배법 제36조).

(2) 이의신청

금융회사 및 임직원에 대한 제재 조치(해임요구 또는 면직요구의 조치는 제외)에 대하여 불복하는 자는 그 조치를 고지받은 날부터 30일 이내에 그 사유를 갖추어 금융위원회에 이의를 신청할 수 있다. 금융위원회는 이의신청에 대하여 60일 이내에 결정을 하여야 한다. 다만, 부득이한 사정으로 그 기간 이내에 결정을 할 수 없는 경우에는 30일의 범위에서 그 기간을 연장할 수 있다(금융지배법 제37조).

(3) 기록 및 조회

금융위원회는 금융회사 및 임직원에 대한 제재 조치한 경우에는 그 내용을 기록하고 이를 유지·관리하여야 한다. 금융회사는 금융위원회의 조치 요구에 따라 그 임직원을 조치한 경우 및 퇴직임직원에 대한 조치를 통보를 받은 경우에는 그 내용을 기록하고 이를 유지·관리하여야 한다. 금융회사 또는 그 임직원(임직원이었던 사람을 포함)은 금융위원회 또는 금융회사에 자기에 대한 제재조치 여부 및 그 내용을 조회할 수 있다. 금융위원회 또는 금융회사는 이러한 조회를 요청받은 경우에는 정당한 사유가 없으면 조치 여부 및 그 내용을 그 조회요청자에게 통보하여야 한다(금융지배법 제38조).

이상에서 설명한 금융회사 임직원에 대한 금융위원회(금융감독원장 포함)의 제재조치 권한의 행사방법을 <표 5-6>으로 정리하였다.

표 5-6 금융회사 임직원에 대한 제재조치 권한의 행사 방법

<table>
<tr><th colspan="2">제재조치의 종류</th><th>금융투자업자
여신전문금융사
금융지주회사</th><th>은행</th><th colspan="2">보험회사
상호저축은행</th></tr>
<tr><td rowspan="5">임원</td><td>해임요구</td><td rowspan="5">금융위원회
직접 행사</td><td rowspan="2">금융감독원장
건의</td><td rowspan="5">금융감독원장
건의</td><td rowspan="2"></td></tr>
<tr><td>직무정지</td></tr>
<tr><td>문책경고</td><td rowspan="3">금융감독원장앞
위임 가능</td><td rowspan="3">금융감독원장앞
위임 가능</td></tr>
<tr><td>주의적경고</td></tr>
<tr><td>주의</td></tr>
<tr><td rowspan="5">직원</td><td>면직</td><td rowspan="5">금융위원회
직접 요구</td><td rowspan="5">금융감독원장
직접 요구 가능</td><td rowspan="5" colspan="2">금융감독원장 건의/
금융감독원장앞
위임 가능</td></tr>
<tr><td>정직</td></tr>
<tr><td>감봉</td></tr>
<tr><td>견책</td></tr>
<tr><td>주의</td></tr>
</table>

3. 금융산업구조개선법의 규정

금융위원회는 금융기관이 다음 각 호 [1. 적기시정조치에 따른 요구 또는 명령을 위반하거나 이를 이행하지 아니한 경우, 2. 자본금 감소명령을 이행하지 아니한 경우]의 경우에는 금융감독원장의 건의에 따라 그 금융기관 임원의 업무집행정지를 명하고, 그 임원의 업무를 대행할 관리인을 선임하거나 주주총회에 그 임원의 해임을 권고할 수 있다(금산법 제14조 제1항).

4. 은행법의 규정

금융회사 임직원에 대한 제재조치에 관한 내용은 금융회사지배구조법과 동일한 내용이다.

4.1 임원 제재

금융위원회는 은행의 임원이 이 법 또는 이 법에 따른 규정·명령 또는 지시를 고의로 위반하거나 은행의 건전한 운영을 크게 해치는 행위를 하는 경우에는 금융감독원장의 건의에 따라 해당 임원의 업무집행 정지를 명하거나 주주총회에 그 임원의 해임을 권고할 수 있으며, 금융감독원장으로 하여금 경고 등 적절한 조치를 하게 할 수 있다(은행법 제54조 제1항).

4.2 직원 제재

금융감독원장은 은행의 직원이 이 법 또는 이 법에 따른 규정·명령 또는 지시를 고의로 위반하거나 은행의 건전한 운영을 크게 해치는 행위를 하는 경우에는 면직·정직·감봉·견책 등 적절한 문책처분을 할 것을 해당 은행의 장에게 요구할 수 있다(은행법 제54조 제2항).

4.3 퇴직임직원에 대한 조치

금융위원회(조치를 하거나 조치를 할 것을 요구할 수 있는 금융감독원장을 포함)는 은행의 퇴임한 임원 또는 퇴직한 직원이 재임 중이었거나 재직 중이었더라면 상기 제재 조치를 받았을 것으로 인정되는 경우에는 그 조치의 내용을 해당 은행의 장에게 통보할 수 있다(은행법 제54조의2 제1항). 이 경우 통보를 받은 은행의 장은 이를 퇴임·퇴직한 해당 임직원에게 통보하고, 그 내용을 기록·유지하여야 한다(동법 제54조의2 제2항).

Ⅴ. 제재수준의 결정

1. 제재양정기준

(1) 제재 조치의 수준을 결정할 때에는 검사결과 확인된 위법·부당행위의 중대성 여부와 행위자인 금융회사 및 임직원의 고의 또는 과실의 정도 등에 따라 제재 수준의 높낮이를 양정하게 된다. 감독당국에서는 위법·부당행위관련 임직원등을 제재함에 있어 마련된 유형별 제재양정기준(금융기관제재규정시행세칙 [별표 2])과 다음의 사유를 참작하게 된다. 다음의 사유는 1. 제재대상자의 평소의 근무태도, 근무성적, 개전의 정 및 동일·유사한 위반행위에 대한 제재 등 과거 제재사실의 유무, 2. 위법·부당행위의 동기, 정도, 손실액규모 및 금융질서 문란·사회적 물의야기 등 주위에 미친 영향, 3. 제재대상자의 고의, 중과실, 경과실 여부, 4. 사고금액의 규모 및 손실에 대한 시정·변상 여부, 5. 자진신고, 검사업무에의 협조정도 등 사후수습 및 손실경감을 위한 노력 여부, 6. 경영방침, 경영시스템의 오류, 금융·경제여건 등 내·외적 요인과 귀책판정과의 관계 등이다(금융기관제재규정시행세칙 제46조 제1항).

참고로 금융기관제재규정시행세칙 [별표 2] 제재양정기준은 <표 5-7>과 같다.

표 5-7 **제재양정기준**(금융기관제재규정 시행세칙 [별표 2])

유 형 \ 위법·부당의 정도	비위의 도가 극심하고 고의 또는 중과실이 있는 경우	비위의 도가 심하거나 중과실이 있는 경우	비위의 도가 경하거나 경과실이 있는 경우
법령, 관계규정 또는 감독기관의 명령, 처분, 지시등의 위반	해임권고(면직)	해임권고(면직) ~문책경고(감봉)	주의적경고(견책)
횡령, 배임, 절도, 업무와 관련한 금품수수 등 범죄행위	〃	해임권고(면직) ~직무정지(정직)	문책경고(감봉) ~주의적경고(견책)
당해 금융기관에 금전적 손해를 초래하거나 사회적 물의를 일으키는 행위	〃	해임권고(면직) ~문책경고(감봉)	주의적경고(견책)

당해 금융기관의 정관 또는 내규를 위반하거나 충실의무의 위반	〃	〃	〃
직무태만	〃	직무정지(정직) ~문책경고(감봉)	〃
기타 위법	〃	〃	〃

(2) 이미 제재를 받은 자에 대하여 그 제재 이전에 발생한 별개의 위법·부당행위가 추가로 발견된 경우에는 다음과 같이 경합행위 제재기준을 적용한다. 1. 추가 발견된 위법·부당행위를 종전 제재시 함께 제재하였더라도 제재수준이 높아지지 않을 경우에는 제재하지 않는다. 다만, 금융사고와 관련된 경우에는 그러하지 아니하다. 2. 추가 발견된 위법·부당행위를 종전 제재시 함께 제재하였더라면 종전 제재수준이 더 높아지게 될 경우에는 함께 제재하였더라면 받았을 제재 수준을 감안하여 추가로 발견된 위법·부당행위에 대하여 제재할 수 있다(동시행세칙 제46조의2).

(3) 이사·감사와 사실상 동등한 지위에 있는 미등기 임원에 대하여는 임원에 대한 제재기준을 준용하여 제재양정을 결정하며, 직원에 대한 제재조치를 부과한다(동시행세칙 제46조의3).

2. 제재의 감면

금융기관 및 임직원에 대한 제재를 함에 있어 위법·부당행위의 정도, 고의·중과실 여부, 사후 수습 노력, 공적, 자진신고, 그 밖의 정상을 참작하여 제재를 감경하거나 면제할 수 있다(금융기관제재규정 제23조 제1항). 금융기관 또는 그 임직원에 대하여 과징금 또는 과태료를 부과하는 경우에는 동일한 위법·부당행위에 대한 기관제재 또는 임직원 제재는 이를 감경하거나 면제할 수 있다(동조 제2항). 금융기관 및 임직원 제재의 감면기준 등에 관한 세부 사항은 감독원장이 정하는 바에 따른다(동조 제3항, 동시행세칙 제50조[13]·제50조의4[14]).

13) 금융기관제재규정시행세칙 제50조(직원제재의 감면) ① 제45조에 불구하고 직원에 대한 제재를 양정함에 있어서 다음 각 호의 어느 하나에서 정하는 자에 대하여는 그 제재를 감경 또는 면제할 수 있다. 1. 위법·부당행위를 감독기관이 인지하기 전에 자진신고한 자. 2. 위법·부당행위를 부서 또는 영업점에서 발견하여 이를 보고한 감독자. 3. 감독기관의 인지 전에 위규사실을 스스로 시정 또는 치유한 자. 4. 가벼운 과실로 당해 금융기관에 손실을 초래

3. 제재의 가중

3.1 기관제재의 가중

금융기관이 위법·부당한 행위를 함으로써 최근 3년 이내에 2회 이상 기관주의 이상의 제재를 받고도 다시 위법·부당행위를 하는 경우 제재를 1단계 가중할 수 있다. 다만, 금융기관이 합병하는 경우에는 합병 대상기관 중 제재를 더 많이 받았던 기관의 제재 기록을 기준으로 가중할 수 있다(금융기관제재규정 제24조 제1항). 또 금융기관의 서로 관련 없는 위법·부당행위가 동일 검사에서 4개 이상 경합되는 경우(기관경고 또는 기관주의의 사유가 각각 4개 이상인 경우에 한한다)에는 제재를 1단계 가중할 수 있다. 다만, 1. 기관경고의 사유에 해당하는 각각의 위법행위가 금융관련법규에서 정한 영업정지 사유에 해당하지 않는 경우, 2. 경합되는 위법·부당행위가 목적과 수단의 관계에 있는 경우, 3. 경합되는 위법·부당행위가 실질적으로 1개의 위법·부당행위로 인정되는 경우에 해당하는 경우에는 그러하지 아니하다(동조 제2항).

3.2 임원제재의 가중

임원의 서로 관련 없는 위법·부당행위가 동일 검사에서 2개 이상 경합되는 경우에는 그 중 책임이 중한 위법·부당사항에 해당하는 제재보다 1단계 가중

하였으나 손실액을 전액 변상한 자. 5. 금융분쟁조정신청사건과 관련하여 당해 금융기관이 감독원장의 합의권고 또는 조정안을 수락한 경우 그 위법·부당행위에 관련된 자. 6. 규정 제23조에서 정한 사유에 해당하는 경우 ② 제재대상 직원이 다음 각호의 1에 해당하는 공적이 있는 경우 별표 5에 정하는 "제재양정감경기준"에 따라 제재양정을 감경할 수 있다. 다만, 동일한 공적에 의한 제재양정의 감경은 1회에 한하며 횡령, 배임, 절도, 업무와 관련한 금품수수 등 금융관련 범죄와 제45조 제1항 제5호의 "주의"조치에 대하여는 적용하지 아니한다. 1. 상훈법에 의하여 훈장 또는 포장을 받은 공적. 2. 정부 표창규정에 의하여 장관 이상의 표창을 받은 공적. 3. 금융위위원장, 감독원장 또는 한국은행총재의 표창을 받은 공적 ③ 제2항의 규정에 의하여 제재양정을 감경함에 있어 다음 각호의 공적은 제외한다. 1. 제재대상 직원이 "주의"조치 이외의 제재를 받은 사실이 있는 경우 그 제재 이전의 공적. 2. 제재대상 직원이 소속 금융기관 입사전에 받은 공적. 3. 검사종료일로부터 과거 10년이내에 받은 것이 아닌 공적. 4. 금융업무와 관련 없는 공적

14) 금융기관제재규정시행세칙 제50조의4(기관제재의 감경) 기관에 대한 제재를 함에 있어 감독원장이 당해 금융기관에 대해 실시한 경영실태평가 결과 내부통제제도 및 운영실태가 우수한 경우 기관에 대한 제재를 감경할 수 있다. 다만, 기관에 대한 제재를 감경함에 있어서는 별표 9의 내부통제 우수 금융기관에 대한 기관제재 감경기준에 의한다.

할 수 있다. 다만, 1. 가장 중한 제재가 업무집행정지 이상인 경우, 2. 경합되는 위법·부당행위가 목적과 수단의 관계에 있는 경우, 3. 경합되는 위법·부당행위가 실질적으로 1개의 위법·부당행위로 인정되는 경우에 해당하는 경우에는 그러하지 아니하다(금융기관제재규정 제24조의2 제1항). 그리고 임원이 주된 행위자로서 주의적경고 이상의 조치를 받고도 다시 주된 행위자로서 동일 또는 유사한 위법·부당행위를 반복하여 제재를 받게 되는 경우에는 제재를 1단계 가중할 수 있다(동조 제2항). 또 임원이 최근 3년 이내에 문책경고 이상 또는 2회 이상의 주의적 경고·주의를 받고도 다시 위법·부당행위를 하는 경우에는 제재를 1단계 가중할 수 있다(동조 제3항).

3.3 직원제재의 가중

직원이 최근 3년 이내에 2회 이상의 제재를 받고도 다시 위법·부당행위를 하는 경우에는 제재를 1단계 가중할 수 있다(금융기관제재규정 제25조 제1항). 또 직원이 다수의 위법·부당행위와 관련되어 있는 경우에는 제재를 가중할 수 있다(동조 제2항, 동시행세칙 제49조 제2항[15]). 한편 사실상 이사·감사 등과 동등한 지위에 있는 미등기 임원 등에 대한 제재의 가중에 있어서는 앞의 임원제재의 가중규정을 준용하고 이 경우 해임권고·업무집행정지·문책경고·주의적경고는 각각 면직·정직·감봉·견책으로 본다(동조 제3항).

4. 가중 및 감경의 순서

기관 및 임직원 제재의 감면, 기관제재의 가중, 임원제재의 가중, 직원제재의 가중 규정에 따른 가중 및 감경은 각 가중 및 감경수준의 합을 기관에 대한 제재(제17조), 임원에 대한 제재(제18조), 직원에 대한 제재(제19조)의 규정에 따른 제재의 수준에 가감하는 방법으로 한다(금융기관제재규정 제25조의2).

---

15) 금융기관제재규정시행세칙 제49조(직원제재의 가중) ② 직원의 서로 관련 없는 위법·부당행위가 동일 검사에서 2개 이상 경합되는 경우에는 그 중 책임이 중한 위법·부당사항에 해당하는 제재보다 1단계 가중할 수 있다. 다만, 다음 각호의 1에 해당하는 경우에는 그러하지 아니하다. 1. 가장 중한 제재가 정직 이상인 경우. 2. 경합되는 위법·부당행위가 목적과 수단의 관계에 있는 경우. 3. 경합되는 위법·부당행위가 실질적으로 1개의 위법·부당행위로 인정되는 경우

5. 기타 감독기관 조치의 반영

금융위원회 또는 금융감독원장 외의 감독기관이 금융관련법규에 의하여 제재대상자에 취한 조치가 있는 경우에는 이를 고려하여 제재의 종류를 정하거나 제재를 가중・감면할 수 있다(금융기관제재규정 제26조).

6. 제재의 병과

(1) 금융회사 및 임직원에 대한 제재와 관련하여 금융관련법률에서 벌칙을 정한 경우 통상 양벌규정[16]이 있는가 하면 징역과 벌금을 병과할 수 있다. 또한 경우에 따라 금전적 제재인 과징금, 과태료 부과에 관한 규정도 있다. 이에 금융감독원장은 금융회사 검사결과 적절한 조치로서 이들 제재를 병과할 경우에 대비하여, 이에 관한 절차를 명확히 할 필요가 있다. 즉 금융감독원장은 금융기관 또는 그 임직원의 위법・부당행위가 금융업관련법상 벌칙, 과징금 또는 과태료의 적용을 받게 되는 경우에는 기관 및 임직원 제재에 관한 규정에 의한 제재와 동시에 금융감독원장이 미리 정한 기준 및 절차에 따라 수사당국에 그 내용을 고발하거나 통보할 수 있으며, 과징금 또는 과태료의 부과를 금융위원회에 건의할 수 있다(금융기관제재규정 제28조 제1항). 이 때 금융감독원장은 금융기관 또는 그 임원의 위법행위에 대하여 수사당국에 고발 등의 조치를 하는 경우에는 당해 위법행위와 관련된 다른 제재조치로 기관 또는 임원에 대한 제재를 병과할 수 있다. 하지만 과태료의 부과는 하지 아니할 수 있다(동규정 제30조).

(2) 금융감독원장은 기관경고를 받는 금융기관의 관련임원에 대하여 당해 위법・부당행위에 대한 관련정도에 따라 해임권고 또는 업무집행정지조치를 취할 것을 금융위에 건의하거나 경고조치를 함께 할 수 있다(금융기관제재규정 제28조 제2항).

16) 위법행위에 대하여 행위자를 처벌하는 외에 그 업무의 주체인 법인 또는 개인도 함께 처벌하는 규정을 말하며, 행정법규의 실효성을 확보하기 위하여 인정된다.

Ⅵ. 제재의 절차

1. 검사 실시

금융회사와 그 임직원을 제재하려면 이들의 취급업무 과정에서 발생한 위법·부당행위와 그 책임여부를 확인하는 절차가 필요하다. 이러한 과정이 감독당국 이 행하는 검사이다. 물론 금융회사도 필요에 따라 자체적으로 검사를 실시할 수 있다.

1.1 검사 실시의 법적 근거

금융회사에 대한 검사는 「금융위원회의설치등에관한법률」(이하"금융위설치법"이라 한다) 및 은행법, 자본시장법 등 개별 금융법령에 따라 이루어진다. 금융감독원은 금융위설치법상 검사대상기관의 업무 및 재산상황에 대한 검사업무를 실시하고, 그 검사 결과와 관련하여 동법과 또는 다른 법령에 따른 제재업무를 수행한다(금융위설치법 제37조 1,2호). 금융감독원의 검사업무에 대한 일반적인 원칙과 절차는 상기 법률 등에 근거한 행정규칙인「금융기관검사및제재에관한규정」(이하 "금융기관제재규정"이라 한다) 및 동「시행세칙」에 명시되어 있다.

1.2 검사 실시의 절차

금융회사에 대해 현장검사를 실시하는 경우에는 검사목적 및 검사기간 등이 포함된 검사사전예고통지서를 당해 금융회사에 검사착수일 1주일전까지 통지하여야 한다. 다만, 사전에 통지할 경우 자료·장부·서류 등의 조작·인멸, 대주주의 자산은닉 우려 등으로 검사목적 달성에 중요한 영향을 미칠 것으로 예상되는 경우, 검사 실시 사실이 알려질 경우 투자자 및 예금자 등의 심각한 불안초래 등 금융시장에 미치는 악영향이 클 것으로 예상되는 경우, 긴급한 현안사항 점검 등 사전통지를 위한 시간적 여유가 없는 불가피한 경우, 기타 검사목적 달성이 어려워질 우려가 있는 경우로서 금융감독원장이 정하는 경우 등 검사의 사전통지에 따라 검사목적 달성이 어려워질 우려가 있는 경우에는 사전통지를 생략 할 수 있다(금융기관제재규정 제8조의2).

금융회사 검사에 착수할 때 금융감독원의 검사원은 그 권한을 표시하는 증표를 검사대상 관계인에게 내보여야 한다(금융위설치법 제40조 제1항). 검사원은 검사업무를 수행함에 있어 복무 및 검사와 관련된 제규정과 검사원 복무수칙을 준수하여야 한다(동규정 시행세칙 제3조).[17)]

1.3 자료제출요구

금융회사 검사를 제대로 실시하기 위해서는 사실관계를 명확히 확인하기 위한 필요자료들 확보하여야 한다. 이러한 필요자료로는 취급업무와 관련한 증거서류, 녹음·녹취자료와 관계자의 진술 등이다. 이에 따라 감독당국에서는 금융회사에 대하여 검사에 필요한 자료를 요구할 수 있도록 하였다. 즉 금융위설치법에 의하면 금융감독원장은 업무 수행에 필요하다고 인정할 때에는 동법상 검사대상기관 또는 다른 법령에 따라 금융감독원에 검사가 위탁된 대상 기관에 대하여 업무 또는 재산에 관한 보고, 자료의 제출, 관계자의 출석 및 진술을 요구할 수 있다(동법 제40조 제1항). 또 금융기관감독규정에 의하면 금융감독원장은 검사 및 상시감시업무를 수행함에 있어 필요한 경우에는 금융위설치법 제40조의 규정에 의거 금융기관에 대하여 업무 또는 재산에 관한 보고 및 자료의 제출을 요구할 수 있으며, 필요한 경우에는 자본시장법, 보험업법 등 관계법령이 정하는 바에 따라 관계자 등에 대하여 진술서의 제출, 증언 또는 장부·서류 등의 제출을 요구할 수 있다(동규정 제9조 제1항). 이러한 자료의 제출은 정보통신망(정보통신망이용촉진및정보보호등에관한법률의 규정에 의한 정보통신망을 말한다)을 이용한 전자문서의 방법에 의할 수 있도록 하였다(동조 제2항).

2. 검사결과 처리

2.1 검사결과 보고

금융감독원이 금융회사를 검사한 경우 검상원은 검사종료후 귀임보고를 하고 빠른 시일 내에 검사결과를 종합 정리한 검사서를 작성한다. 다만 특별한 사안(예: 중징계 대상 지적사항, 경영실태평가에 중대한 영향을 미치는 사항, 피검

---

17) 검사원 복무수칙은 금융기관제재규정 시행세칙 <별표 1>에서 확인할 수 있다.

회사와의 견해차가 큰 사항 등)이 있는 경우에는 해당내용을 중간보고한다.

2.2 제재조치 심의 · 조정

검사의 수용성을 높이고 검사업무의 투명성을 제고하기 위하여, 검사결과 조치내용을 결정하기 전에 금융회사의 의견을 수렴한다. 검사과정에서 발생하는 주요 쟁점사항에 대한 금융회사 의견을 충분히 청취하고 합리적인 의견은 검사결과 처리 등에 반영하여 검사서 및 조치안을 작성한다. 이러한 검사서 및 조치안에 대하여 금융감독원 내부에서 심사 · 조정 및 심의과정을 거치게 된다. 이때 금융회사 검사결과에 대한 신뢰성 및 공정성을 확보하기 위하여 제재심의위원회[18]를 구성하여 검사서 및 조치내용이 적정한지 여부를 심의한다(금융기관제재규정 제34조).

2.3 사전통지 및 진술기회 보장

금융감독원장이 제재조치를 하는 때에는 위규 행위사실, 관련 법규, 제재 예정내용 등을 제재대상자에게 구체적으로 사전통지하고 상당한 기간을 정하여 구술 또는 서면에 의한 의견진술 기회를 주어야 한다(금융기관제재규정 제35조).

2.4 검사결과 확정

금융회사에 대한 검사서와 조치내용은 금융감독원 내부의 심의조정절차가 끝나면 금융감독원장의 결정으로 확정되거나 금융위원회에 보고 또는 의결을 거쳐 확정된다(금융기관제재규정 제33조 제1항). 검사결과의 최종 확정과정은 개별 금융업관련법 등에 따라 금융회사와 조치대상 임직원별로 약간씩 다르다. 이에 관하여는 앞에서 충분히 설명하였다. 만약 금융감독원장이 금융위에 건의한 제재사항에 대한 금융위원회의 심의 결과 금융감독원장이 조치해야 할 사항으로 결정된 경우에는 금융위원회의 결정대로 조치한다(동조 제2항).

주의할 점은 금융감독원의 집행간부 및 감사와 직원은 제재절차가 완료되기 전에 직무상 알게 된 조치예정내용 등을 다른 사람에게 누설하여서는 아니 된

18) 제재심의위원회는 금융감독원장의 제재업무 자문기구로 설치 운영되고 있다. 제재심의담당 부원장, 금융감독원 법률자문관, 당해 부의안건관련 금융위 담당국장 및 법률전문가 · 대학교수 · 금융전문가 등 외부위원 6명 등 총 9명으로 구성된다.

다는 것이다. 단, 조치예정내용 등을 금융위에 제공하거나 금융위와 협의하는 경우는 이에 해당하지 아니하며, 금융위 소속 공무원은 제재절차 과정에서 직무상 알게 된 비밀을 엄수(嚴守)하여야 한다(동조 제3항).

참고로 검사서 및 검사결과 조치요구사항 작성 방식은 다음과 같다.

참고 **검사서 작성 및 검사결과 조치요구사항**(금융기관제재규정 제14조 제2항)

1. 경영유의사항
2. 지적사항
   가. 문책사항
   금융기관 또는 금융기관의 임직원이 금융관련법규를 위반하거나 금융기관의 건전한 영업 또는 업무를 저해하는 행위를 함으로써 신용질서를 문란하게 하거나 당해 기관의 경영을 위태롭게 하는 행위로서 과태료·과징금 부과, 기관 및 임원에 대한 주의적경고 이상의 제재, 직원에 대한 면직·업무의 전부 또는 일부에 대한 정직·감봉·견책에 해당하는 제재의 경우
   나. 자율처리필요사항
   금융기관 직원의 위법·부당행위에 대하여 당해 금융기관의 장에게 그 사실을 통보하여 당해 금융기관의 장이 조치대상자와 조치수준을 자율적으로 결정하여 조치하도록 하는 경우
   다. 주의사항
   위법 또는 부당하다고 인정되나 정상참작의 사유가 크거나 위법·부당행위의 정도가 상당히 경미한 경우
   라. 변상사항
   금융기관의 임직원이 고의 또는 중대한 과실로 금융관련법규 등을 위반하는 등으로 당해 기관의 재산에 대하여 손실을 끼쳐 변상책임이 있는 경우
   마. 개선사항
   규정, 제도 또는 업무운영 내용 등이 불합리하여 그 개선이 필요한 경우
3. 현지조치사항

3. 검사결과 통부 및 사후관리

3.1 검사결과 조치사항 통보

금융위원회 또는 금융감독원장이 검사결과 조치내용을 결정하면 금융감독원장은 관련 검사서를 당해 금융회사에 통보하고 필요한 조치를 취하거나 당해 금융기관의 장에게 이를 요구할 수 있다(금융기관제재규정 제14조 제1항). 금융

회사 및 임직원에 대한 제재가 부과되는 경우에는 이를 검사서에 기재하여 금융회사에 통보한다. 이 때 금융기관 또는 그 임직원에 대하여 제재를 하는 경우에 금융감독원장은 그 제재에 관하여 이의신청·행정심판·행정소송의 제기, 기타 불복을 할 수 있는 권리에 관한 사항을 제재대상자에게 알려주어야 한다(동규정 제36조).

그리고 금융회사 검사결과를 금융감독원장은 금융회사에 통보하기 전에 금융위원회에 보고한다(금융위설치법 제59조, 금융기관제재규정시행세칙 제36조).

3.2 이의신청 처리

제재조치를 받은 금융회사 또는 그 임직원은 제재처분 또는 조치요구가 위법 또는 부당하다고 인정하는 경우에 금융위원회 또는 금융감독원장에게 이의신청을 할 수 있다(금융기관제재규정 제37조 제1항). 이의신청에 대한 처리는 원칙적으로 이의신청서 접수일로부터 60일 이내에 이의신청 처리결과를 통보한다. 다만, 부득이한 경우 30일의 범위 안에서 처리기간을 연장할 수 있다(동규정 시행세칙 제61조 제7항).

3.3 검사결과 사후관리

검사결과의 사후관리란 금융회사가 금융감독원의 검사결과 문책·자율처리필요·주의·변상·개선사항 등 조치요구사항을 이행한 정리실적에 대하여 체계적이고 종합적인 심사분석 및 대응조치를 취함으로써 조치요구사항의 이행 및 조기정리를 촉진시키는 제반 관리업무를 말한다. 금융회사는 특별한 사유가 있는 경우를 제외하고는 검사서를 접수한 날로부터 경영유의사항은 6개월, 임직원에 대한 인사조치 관련 문책사항은 2개월, 자율처리필요·주의·변상·개선사항은 3개월 내에 이를 정리하고 그 결과를 기한종료일로부터 10일 이내에 금융감독원장에게 보고하여야 한다(금융기관제재규정 제15조 제1항).

Ⅶ. 제재의 효과

1. 징계의 효과

직원이 위법·부당행위로 인하여 징계를 받는다면 징계로써 직원 개인에게 미치는 효과는 일정한 신분적, 금전적 벌칙이 부과된다는 것이다. 즉 징계 면직의 경우는 퇴직금의 절반을 지급받지 못한다든가, 정직·감봉·견책의 경우는 일정기간 승진·승급이 제한되고 급여가 일정비율 차감지급되는 불이익이 부여된다는 점이다. 이러한 징계의 구체적인 효과는 금융회사 자율로 정하여 운영되고 있다. 또한 위법·부당행위로 인하여 금융회사에 손해를 끼친 경우에는 변상이라는 금전적 배상도 병과될 수 있다.

2. 임원 선임자격 제한

금융회사 임원은 취급업무의 사회적 공익성과 소관업무의 중요도를 감안하여 금융업관련법령 및 규정이 정하는 바에 따라 임원으로서 문책경고 이상의 제재를 받은 경우이거나 직원으로서 감봉이상의 징계를 받은 경우에는 일정기간 임원 선임자격을 제한하고 있다.

예컨대 금융회사지배구조법에 의하면 금융회사 임직원으로서 제재조치(퇴임 또는 퇴직한 임직원의 경우 해당 조치에 상응하는 통보를 포함)를 받은 사람으로서 조치의 종류별로 5년을 초과하지 아니하는 범위에서 일정기간이 지나지 아니한 사람에 대하여는 임원 선임자격을 제한하고 있다(동법 제5조 제1항 7호). 제재 조치별 제한기간은 다음과 같다. i) 임원의 경우는 해임(해임요구 또는 해임권고 포함): 해임일(해임요구 또는 해임권고의 경우에는 해임요구일 또는 해임권고일)부터 5년, 직무정지(직무정지의 요구 포함) 또는 업무집행정지: 직무정지 종료일(직무정지 요구의 경우에는 직무정지 요구일) 또는 업무집행정지 종료일부터 4년, 문책경고: 문책경고일부터 3년, ii) 직원의 경우는 면직요구: 면직요구일부터 5년, 정직요구: 정직요구일부터 4년, 감봉요구: 감봉요구일부터 3년이다(동법 시행령 제7조 제2항).

제 6 장 금융감독체계

Ⅰ. 우리나라 금융감독체계의 변천과정

우리나라 금융감독체계는 금융제도의 변천과 밀접한 관계를 가지면서 변화되어 왔다. 해방 이후 우리나라 금융제도는 은행중심의 금융기관 형태로 부터 점차 증권, 보험 등 비은행금융기관까지 형성, 발전되어왔다. 이러한 과정에서 1950년 한국은행이 창립되기 이전까지는 금융감독업무가 모두 재무부에 의하여 행하여져 오다가 그 후 은행, 증권, 보험 등의 중간감독기관이 하나씩 발족되면서 감독권한도 이양됨에 따라 금융감독체계가 금융부문별로 분화 내지는 다기화되었다. 그러다가 1997년 금융개혁 논의가 본격화된 후 12월 IMF 사태를 계기로 금융제도의 변화없이 1998년 4월부터 통합금융감독체제로 개편되는 일대 변화가 일어나게 되었다. 이하에서는 통합금융감독체제가 도입되기 전까지의 금융부문별 변천과정을 간단히 살펴 본 다음 그 운영 실태와 통합금융감독체제로의 개편과정을 알아보기로 한다.

1. 통합전까지 금융권별로 감독체계 형성

(1) 먼저 은행감독체계를 보면 해방후 금융제도는 1950년 5월 한국은행법과 은행법의 제정으로 그 기틀을 잡기 시작했고 1954년 8월 은행법 시행[1]을 계기로 비로소 우리나라 금융제도가 기반을 형성하였다. 한국은행법과 은행법의 제정 시행과 함께 그동안 재무부가 관장하고 있던 은행감독업무가 한국은행 은행감독부로 이양되었다. 그 후 1962년 5월 한국은행법의 개정으로 은행감독부가

1) 은행법은 1950년 5월 5일 한국은행법과 함께 공포되었으나 은행 귀속주의 처분의 애로와 증자, 자산재평가등의 문제로 그 시행이 보류되어 오다가 1954년 8월 15일 시행되었다.

은행감독원으로 개편되어 은행에 대한 감독업무를 계속 수행하였다.

1960년대 들어 우리나라가 성장경제체제로 전환하게 되면서 금융제도면에서도 이를 지원하기 위한 성장금융체제가 형성되었다. 6.25 전쟁 이후 전재복구 및 농업개발을 위해 한국산업은행(1954년 4월) 및 농업은행(1956년 5월)이 특수은행으로 발족한 데 이어 1960년대 들어서는 개발자금의 원활한 지원을 목적으로 농업협동조합(1961년 8월), 중소기업은행(1961년 8월), 국민은행(1962년 1월), 수산업협동조합(1962년 4월), 한국외환은행(1967년 1월), 한국주택금고(1967년 3월, 1969년 1월 은행으로 개칭) 등 특수은행이 신설되었다. 이들 특수은행에 대한 감독권은 모두 재무부에 귀속토록 함에 따라 은행에 대한 감독권이 재무부와 한국은행 은행감독원으로 이원화되었다. 그 후 특수은행을 제외한 일반은행(시중은행 및 지방은행)에 대한 감독업무는 한국은행법과 은행법에 따라 한국은행 은행감독원에 의하여 수행되었고, 특수은행에 대한 감독업무는 해당 특수은행법에 따라 재무부에 의하여 수행되었다.

(2) 증권감독체계를 보면 1956년 2월 대한증권거래소가 개장되어 증권시장이 제도화되고, 1962년 1월 증권거래법이 제정된 이후에도 증권에 대한 감독업무는 1977년 2월 증권감독원이 발족[2]되기 전까지는 재무부에 의하여 전적으로 이루어져 왔다. 증권감독원이 설립된 이후에도 재무부는 증권감독기관으로서 증권시장에 대한 정책을 수립·집행하고, 증권관계기관을 지도·감독하며, 증권업에 관한 각종 인허가 업무를 계속 수행하였다.[3] 이에 따라 증권에 대한 감독업무는 은행감독체계와는 달리 증권거래법 및 관계법률에 의하여 업무의 성격에 따라 재무부와 증권감독원으로 이원화되어 이루어졌다. 한편 자본시장의 육성을 위해 1972년 기업공개촉진법을 제정한데 이어 1974년 증권투자신탁업법에 의한 한국투자신탁주식회사가 설립되었는데 이에 대한 감독업무는 전적으로 재무부가 담당하였다.

(3) 보험감독체계를 보면 증권감독체계와 유사하게 변천되어 왔다. 1962년 1월 보험업법이 최초 제정된 이후에도 1978년 3월 한국보험공사가 설립[4]되기

2) 1976년 12월 증권거래법 제7차 개정으로 미국 증권거래위원회(SEC)와 기능이 유사한 증권관리위원회와 증권감독원을 설치하여 증권시장 전반에 관한 사항을 광범위하게 관리·감독하도록 하였다. 증권감독원 출범이전에는 1968년 12월 설립된 한국투자개발공사와 증권거래소 등 증권관련기관에 재무부의 감독행정업무의 일부가 위임되는 경우가 많았다.

3) 한국증권거래소, 「한국의 증권시장제도」(1988.12), 47면.

4) 1977년 제3차 보험업법 개정으로 정부와 보험사업자 사이에 위치한 중간감독기관으로서 한

전까지 보험에 대한 감독업무는 전적으로 재무부에 의하여 행사되어 왔다. 동 보험공사가 설립된 이후에도 재무부는 보험사업의 인허가, 지도와 일반적인 감독권을 가지고 있었다. 이같이 재무부의 지도감독은 업무와 재산 전반에 미칠 수 있는 광범위한 권한인 데 반하여 보험공사는 중간감독기관으로서 보험사업 관계자에 대한 검사, 기초서류 심의, 모집인 등록 관리, 보험분쟁조정 등 구체적이고 실무적인 사항이었다.[5] 동 보험공사는 198년 4월 보험감독원으로 개편된 후 보험감독업무가 일부 강화되었으나 그 기조는 계속 유지되었다. 이에 따라 보험에 대한 감독업무는 보험업법에 의하여 재무부와 보험감독원으로 이원화되어 수행되었다.

(4) 비은행금융기관 역시 모두 재무부의 통제하에 있었다. 1972년 소위 「8.3 조치」[6]에 의하여 사금융의 제도금융화 조치가 취해졌다. 이 조치에 따라 1972년 단기금융업법에 의한 투자금융회사, 상호신용금고법에 의한 상호신용금고, 신용협동조합법에 의한 신용협동조합이 만들어지게 되었다. 이어 금융구조의 다원화를 위해 1975년 종합금융회사에관한법률에 의한 종합금융회사가 발족되었다. 이들 기관에 대한 감독업무는 당초 재무부에서 수행하다가 신용관리기금(1983년 5월 신설)[7]에 1994년부터 일부 감독업무가 이양되었다. 이에 따라 비은행금융기관에 대한 감독업무도 재무부와 신용관리기금에 의하여 이원화되어 수행되었다.

표 6-1 IMF 외환위기 이전 금융감독체계

구분		감독기관	검사기관	검사권 수탁기관
은행	시중은행, 지방은행, 외국은행국내지점	은행감독원	은행감독원	
	농·수·축협 신용사업부문	은행감독원	은행감독원	
	한국산업은행 중소기업은행	재경부	감사원	은행감독원

국보험공사를 신설하고 보험료율심의위원회와 보험분쟁심의위원회를 두도록 하였다.

5) 한국보험공사, 「한국보험공사 10년사」(1988.2), 71면.

6) 1972년 8월 3일 기업의 재무구조 개선을 도모하고 안정성장기반을 마련하기 위하여 사채조정, 금리인하, 은행차입금의 일부대환 등을 주요내용으로 하는 「경제의 안정과 성장에 관한 대통령 긴급명령」을 공포하였다. 이는 1960년대 고도성장과정에서 나타난 기업재무구조의 악화, 물가와 환율상승의 악순환, 국제경쟁력의 약화, 사금융의 비대화 등 우리 경제의 구조적인 취약점을 개선하기 위한 것이었다.

7) 신용관리기금, 「신용관리기금 10년사」(1993.6), 95면.

	한국수출입은행	재경부	감사원, 재경부	은행감독원
	장기신용은행	재경부	재경부	은행감독원
비은행	종금사, 상호저축은행, 신용협동조합, 신탁회사, 신용카드회사, 할부금융회사, 리스회사, 신기술사업금융회사	재경부	재경부	은행감독원, 신용관리기금
증권	증권회사, 선물회사, 투자자문회사, 증권금융회사, 증권예탁원	재경부, 증권감독원 (증권관리위원회)	증권감독원	
	투자신탁회사, 증권거래소	재경부	재경부	증권감독원
보험	생명보험회사, 손해보험회사	재경부, 보험감독원 (보험감독위원회)	보험감독원	
	재보험회사	재경부	재경부	보험감독원
기타	신용보증기금	재경부	감사원, 재경부	은행감독원
자본시장		증권감독원 (증권관리위원회)	증권감독원	

주: 검사권 수탁기관은 관계법령 등에 의해 재경부나 감사원의 위탁 또는 대행에 의해 검사업무를 수행.

2. 통합전 금융권별 감독체계의 운영 실태

2.1 기관별 감독체계 운영

우리나라 금융제도는 원칙적으로 분업주의를 유지해 옴에 따라 은행·증권·보험업간 상호 겸업화 정도는 아직까지 미미한 수준이다. 즉 은행, 증권, 보험을 3대축으로 유지하면서 핵심업무 이외의 주변 및 부수업무에 대해서만 직접 겸영의 폭을 확대하고 금융업간 상호진출이나 업무영역의 통합을 추진하고 있다. 은행의 경우를 보면 증권업무를 직접 영위한다고 해도 국공채 및 사모사채 인수, 환매조건부 채권매도, 국공채 창구판매 등 극히 일부의 증권업무만 취급하고 신탁업무 및 신용카드업무 등 비은행업무를 겸영하고 있을 뿐이다. 그리고 자회사[8] 방식을 통한 은행의 비은행업무 진출에 있어서도 증권회사, 리스

8) 은행법상 자회사란 은행이 타회사의 주식 또는 출자지분의 15%를 초과하여 소유하는 경우를 말하는데, 현재 자회사에 대한 출자합계액이 은행 자기자본의 20% 이내로서 일정 업종에 대한 출자인 경우에는 자율화되어 있다(은행법 제37조). 일정 업종은 금융관련 업종으로 은행업, 증권업, 보험업, 종합금융업, 신탁업, 상호저축은행업, 여신전문금융업, 신용정보업, 중소기업창업투자업, 선물거래업, 금융전산업 및 금융연구업, 팩토링업, 유동화전문회사업, 기업구조조정전문회사업, 자산운용회사업, 투자회사업, 투자자문회사업 등을 말한다(금융감독위원

회사, 신용카드회사 등을 소유하는 경우가 있으나 보험업에 진출한 예는 없다.[9)]

이에 따라 금융감독체계는 은행, 증권회사, 보험회사, 기타 금융기관별로 감독기관이 은행감독원, 증권감독원, 보험감독원과 재정경제원으로 나뉘어져 있는 기관별 감독을 기본 골격으로 하고 있었다. 그렇지만 은행이 겸영하고 있는 신탁 및 신용카드업무에 대해서는 신탁업법 및 여신전문금융업법상 재정경제원의 감독권과 은행법상 은행감독원의 감독권이 행사되고 있었고, 은행의 증권자회사에 대하여는 증권거래법상 증권감독원의 감독권이 행사되고 있는 점에서 볼 때 기능별 감독 요소도 가미되어 있었다.

2.2 감독기관의 다원화

당시 금융관계법상 각 금융기관에 대한 감독체계는 위에서 본 바와 같이 기본적으로 기관별 감독방식을 유지하고 있는 가운데 감독기관이 이원화 내지는 다원화되어 있는 현상이었다.[10)] 이를 구체적으로 살펴보면 은행의 경우 구 은행법이 적용되는 일반은행에 대하여는 취급업무 전반에 대한 감독·검사권이 한국은행은행감독원(금융통화운영위원회[11)])에 있었다. 그렇지만 각 특별법에 의해 설립된 특수은행에 대하여는 업무 전반에 대한 감독·검사권이 재정경제원에 있었는데 검사권은 은행감독원에 위임되어 있었고, 그중 정부투자기관인 한국산업은행, 중소기업은행, 한국주택은행[12)]의 경우는 정부투자기관관리기본법상 감사원에 의해 검사권이 행사되고 있었다.

증권기관의 경우 구 증권거래법에 의해 재정경제원이 인허가권을, 증권관리

회 규정, 은행업감독규정 제49조).

9) 1996년 12월말 현재 은행의 국내 자회사 출자현황을 보면 업종별로는 상호신용금고업(21개), 리스업(20개), 금융연구업(13개), 팩토링업(8개), 금융전산, 창업투자업(각 7개), 증권업(6개), 종합금융업(3개) 등 총 104개 회사이다. 출자금액 규모로 보면 증권업(6,169억원), 상호신용금고업(2,644억원), 리스업(2,183억원), 신용카드업(2,259억원)의 순이다.

10) 이철송 교수는 우리나라 금융정책 결정권과 금융기관에 대한 감독권의 소재가 금융기관 종류별로 이원화되어 있다고 하면서 한국은행법과 금융일반법인 은행법에 의하여 원칙적으로는 중앙은행인 한국은행이 그 권한을 행사하게 되어 있지만 금융기관 종류별로 입법화된 각종 금융특별법에 광범한 예외를 설정, 동 권한을 재무부장관에 위양하고 있다고 설명한다(이철송, "韓國の金融制度の特質", 「증권경제」(일본증권경제연구소, 1987.3), 203면).

11) 구은행법에 의하면 은행감독원장은 금융통화운영위원회의 지시와 규정의 정하는 바에 의하여 금융기관을 감독하므로(구은행법 제7조 제1항) 금융통화운영위원회가 은행감독정책에 대한 최고의사결정기구라 할 수 있다.

12) 한국주택은행법폐지법률에 따라 한국주택은행이 1997.8.31자로 특수은행에서 은행법이 적용되는 일반은행으로 전환되었다.

위원회가 승인, 동의, 명령권을, 증권감독원이 검사권을 보유하여 각각 감독·검사권을 분담하였다. 증권거래소에 대하여는 재정경제원이 직접 검사하고, 투자신탁회사에 대한 검사는 재정경제원이 증권감독원에 위임하고 있었다. 보험회사의 경우 구 보험업법에 의해 재정경제원이 포괄적인 감독권을 가지면서 보험감독원에 대한 지시, 감독권을 보유함으로써 보험감독업무가 재정경제원과 보험감독원에 이원적으로 배분되어 있었다.

은행의 신탁계정과 종합금융회사, 신용카드회사, 신용보증기금, 리스회사, 상호신용금고, 신용협동조합 등 기타 비은행금융기관의 경우는 각 설립근거법(구법)에 의해 재정경제원이 감독·검사권을 갖되 검사권을 대부분 은행감독원에 위탁하고 있었다. 그리고 1996년 6월 설립된 예금보험공사는 부보은행에 대한 감독권은 아니지만 그 재산상황 등에 대한 자료제출 요구권을 가지며 제출된 자료를 검토한 결과 부실 우려가 있는 부보은행의 업무 및 재산상황에 대해서는 조사권이 있다(예금자보호법 제21조).[13]

2.3 금융감독체계의 문제점

이러한 금융감독체계는 다음과 같은 문제점을 내포하고 있었다.[14]

첫째, 복잡다기한 금융감독체계로 인하여 총괄감독기능이 없었다. 크게는 재정경제원과 한국은행은행감독원으로 이원화된 감독기관과 다원화된 실제 검사기관으로 인하여 감독의 범위 및 책임소재가 불분명하고 금융권 전반에 걸친 종합적인 실태파악은 물론 총괄감독기능이 취약하였다.

둘째, 개별 금융기관에 대한 종합적인 감독실시가 곤란하였다. 우리나라 금융감독체계가 통합감독체제로 개편되기 전에는 금융기관에 대한 감독체계는 원칙적으로 기관별 감독방식으로 유지되면서 금융기관의 겸업업무에 대하여는 해당업무에 대한 감독기관이 별도로 감독권을 행사하는 기능별 감독방식이 가미되어 있었다고 할 수 있다. 따라서 개별 금융기관에 대해 해당 감독기관이 영위업무 전반에 대한 충분하고 적절한 감독을 실시하고 있고, 겸업업무에 대한 감

13) 당시 예금보험제도는 시중은행, 지방은행 및 특수은행(수출입은행 제외)과 외국은행국내지점 등을 부보금융기관으로 하고 은행계정의 모든 수신상품과 신탁계정의 원본 보전 금전신탁을 부보예금으로 하고 있었다. 그러나 IMF사태로 1998년부터 부보금융기관이 증권, 보험, 종합금융회사, 상호신용금고, 신용협동조합으로 확대되었고 부보예금도 이들 기관이 취급하는 수신상품으로 확대되었다.

14) 금융개혁위원회, 「금융개혁 2차 보고서」(1997.6), 222-224면 참조.

독도 담당 감독기관에 의해 보완 실시된다면 이러한 금융감독은 감독당국이 비록 이원화 내지는 다원화되어 있다 하더라도 아주 효과적이었을 것이다. 그러나 실상은 그렇지 못하였다.

셋째, 금융감독기관간의 유기적인 협조 및 정보교환체제의 결여로 종합적인 금융시장 감시기능이 미흡하였다. 금융의 자유화, 증권화, 전산화가 급진전되고 금융기관의 업무영역 확대에 따른 겸업화가 진전될수록 은행, 증권회사, 보험회사 기타 금융기관 상호간의 유사 금융상품 취급확대는 불가피한 현상이 되었다. 이에 따라 해당기관의 감독기관간에 정보교환 및 업무협조의 필요성은 더욱 커졌다. 그러나 당시 우리나라에는 이들 금융기관에 대한 감독기관인 은행감독원, 증권감독원, 보험감독원과 재정경제원 상호간에 유기적인 협조와 연계가 미흡하고 정보교환이 원활하지 못하여 종합적인 금융시장 감시기능을 기대하기 곤란하였다.[15] 특히 금융의 증권화추세에 따라 은행의 증권업무 취급범위는 늘어나고 있음에도 증권감독기관의 은행에 대한 감독은 전혀 이루어지지 못하고 있었다.[16]

넷째, 금융겸업화와 금융혁신에 대응한 기능별 감독기능이 미비하였다. 기관별 감독방식으로서는 겸업화와 금융혁신이 진전됨에 따라 기관별 금융규제의 형평성을 맞추기 힘들고 금융기관별로 동일한 성격의 업무에 대하여 차등적인 감독으로 나타날 수 있는 규제성 차익거래를 방지하는데 불충분하므로 기능중심으로 금융규제의 광범위한 조정과 표준화가 필요하나 당시 기능중심의 감독기능이 미비하였다.

다섯째, 다기화된 감독체계로 보이지만 실제로는 정부주도의 의사결정관행이 팽배하여 은행, 증권, 보험감독원 등의 중간감독기관의 자율성과 중립성이 결여되어 있었다. 감독행정이 정부주도의 금융정책 수행을 위한 수단으로 간주되어 중간감독기관의 자기계발 노력과 창의성의 결여를 초래하였다.

여섯째, 금융업무는 전문화, 복잡화되고 있으나 간헐적이고 노동집약적인 임점검사와 민원에 의존하는 검사방식을 답습하고 있어서 예방차원의 감독 효율성이 저조하였다. 금융기관의 건전성을 올바르게 평가할 수 있는 회계, 평가 및 보고체계가 미흡하고 건전한 기관만이 생존할 수 있고 취약한 금융기관에 대하여는 강력한 시정조치를 취할 수 있는 건전 규제장치가 미흡하였다. 그리고 감

15) 김홍범, 전게서, 8면.
16) 김병주 외 5인, 전게서, 286면.

독기관과 검사기관이 상이함으로써 업무의 일관성 및 연속성이 결여되고 대상기관에게는 이중규제의 부담을 주고 있었다.

일곱째, 금융그룹에 대한 통합적인 감독장치가 미흡하였다. 자회사방식을 통한 금융의 겸업화가 더욱 진전될 경우 모금융기관과 자회사간 위험의 파급문제가 발생하며 이는 이미 선진국에서는 금융감독의 주요 이슈로 부각되어온 문제이다. 금융그룹 전체의 건전성을 보장하기 위해서는 그룹소속 개별 금융기관에 대한 감독만으로는 불충분하며 그룹전체에 대한 통합적인 감독의 필요성이 높다.

3. 통합금융감독체제로의 개편과정

(1) IMF 외환위기 사태를 계기로 1997년 12월 29일 금융감독기구 통합과 중앙은행제도 개편 등을 핵심으로 하는 금융개혁관련 법률 13건이 국회에서 일괄통과되었다. 이때 통과된 제·개정 법률은 「금융감독기구의설치등에관한법률」(제정), 「한국은행법」, 「은행법」, 「금융산업구조개선에관한법률」, 「예금자보호법」, 「신탁업법」, 「증권거래법」, 「보험업법」, 「상호신용금고법」, 「선물거래법」, 「종합금융회사에관한법률」, 「주식회사의외부감사에관한법률」, 「금융감독기구의설치등에관한법률제정등에따른공인회계사법등의정비에관한법률」이다. 물론 금융개혁의 내용으로 마지막까지 가장 첨예한 대립과 논란이 많았던 것은 금융감독체계에 관한 것이었다. 그동안 여러 기관으로 분산되어 있거나 중첩되어 있어 효율적이지 못하던 금융감독기능을 효율화하기 위하여 여러 개의 감독기구를 하나의 감독기구로 통합하여 감독체계를 정비할 것인지 여부와 통합된 감독기구의 위상을 어떻게 할 것인지 여부가 관심의 초점이었다. 우여곡절 끝에 결국 IMF의 이행조건에서 요구한 대로 금융감독기구의 독립성과 중립성을 확보하기 위하여 통합감독기구를 설립하되, 이를 국무총리 소속으로 두기로 한 것을 골자로 한 「금융감독기구의설치등에관한법률」이 탄생되기에 이르렀다.

(2) 우리나라는 1997년 이후 금융개혁위원회가 설치된 이후 중앙은행제도 및 금융감독체계 개편을 둘러싸고 각계각층의 심각한 논쟁과 이해당사자간의 힘겨루기가 계속되었고 급기야는 국회에 제출된 정부의 법률안이 정기국회에서 치리되지 못하는 상황에 이르렀다. 그런데 1997년 들어 한보사태 발생과 기아그룹 부도유예 등에 따라 우리나라의 금융시장과 외환사정이 점차 악화되더니 결국은 외환위기가 몰려와 1997년 11월 21일 우리나라는 IMF에 구제금융을 신

청하기에 이르렀고 1997년 12월 3일 IMF와 자금지원과 관련한 이행각서에 합의 · 서명하게 되었다.[17)]

바로 이 IMF 이행각서에 의하면 당시 우리나라의 금융부문이 겪고 있는 어려움을 금융기관의 시장 적응능력 결여와 느슨한 감독의 결과로 보고 금융부문의 광범위한 구조조정과 개혁에 이행 프로그램의 초점을 맞추고 있다. 부실화된 금융기관의 문제점을 공표하고 금융부문의 시장개방을 위한 보다 진취적인 조치를 취하며, 강력하고 독립적인 금융감독기관을 설립하기 위한 법률을 제정하기 위한 신속한 조치가 있어야 하는데 이는 금융기관의 투명성을 높이고 감독권을 강화하기 위한 것이라고 하였다. 이를 위하여 12월 대선 후에 즉시 금융개혁법안 처리를 위한 임시국회를 열어야 한다고 하였다. 물가안정을 주임무로 하는 중앙은행의 독립성이 보장되도록 한국은행법을 개정하고, 특수은행을 포함한 전 은행, 증권회사, 보험회사 등 모든 금융기관의 감독기능을 통합하는 법률을 제정하되 이 기구는 운영상의 자율권을 가져야 하며 부실금융기관을 처리하는 데 필요한 모든 권한을 가져야 한다고 명시하였다.[18)]

(3) 이에 따라 우리나라는 대통령선거가 끝나자마자 1997년 12월 22일 국회를 다시 열어 그동안 논란만 빚고 해결하지 못했던 금융개혁관련 법률안들은 다루기 시작하였다. 여기서 국회는 특히 금융감독체계와 관련하여 김대중 대통령당선자의 개입으로 통합금융감독기구의 소속을 국무총리 산하로 하고, 금융감독위원회의 사무국 대신에 예산, 회계, 의사관리를 위한 최소한의 공무원을 두기로 하는 내용의 「금융감독기구의설치등에관한법률」을 확정하였다. 이로써 1997년

---

17) 우리나라가 1997년 12월 3일 IMF의 자금지원과 관련한 이행각서에 합의 · 서명하게 된 것은 IMF의 구제금융 없이는 시급한 외화유동성 부족 문제와 금융위기를 해결할 수 없는 상황이 되었기 때문인데 이러한 과정에 이른 배경을 간략하게 설명하면 다음과 같다. 1997년 들어 우리나라는 한보사태 발생(1월 21일 한보철강 부도) 이후 기아(7월 15일 부도유예) 등 일부 대기업의 연속된 부도와 동남아시아 금융위기를 계기로 우리 경제가 안고 있는 구조적 취약성이 심각하게 노출되었다. 이 노출된 위험은 대규모 부실채권을 안고 있는 금융부문과 기업의 과도한 차입구조로 지적되고 있다. 그런데 이렇게 노출된 위험에 대한 정부의 해결의지나 능력이 분명하게 제시되지 않아 우리 경제나 정부에 대한 국제금융사회의 신뢰가 급속히 떨어졌다. 이에 따라 외국 금융기관 등은 우리경제의 위험이 단기간 내에 해소될 전망이 희박하다는 전망에 따라 대출금을 일시에 회수하게 되었다. 이 과정에서 우리나라는 심각한 외환부족 사태를 가져왔고 특히 종금사를 비롯한 금융기관의 단기차입금 비중이 높아 이러한 상황에 더욱 취약하였다. 더구나 정부는 상황인식이 늦은 바람에 대외신인도 제고와 외화확보를 위한 대책이나 노력이 효과를 보지 못하였고 외국 금융기관이나 우방국가들도 IMF 프로그램이 전제되어야 자금지원에 응하겠다고 함에 따라 우리나라는 결국 IMF에 자금지원을 요청할 수밖에 없게 되었던 것이다.

18) 재정경제원, "IMF 자금지원 합의서", 1997.12.3.

들어 많은 논란과 우여곡절을 겪은 중앙은행제도와 금융감독체계 개편을 비롯한 금융개혁관련 법안들이 1997년 12월 막바지에 국회를 일괄 통과하여 일단락을 짓게 되었고, 1950년 이후 지속되어온 현행 금융감독체계에 일대 변혁이 생기게 되었다.[19)]

Ⅱ. 현행 통합금융감독체제의 운영

1. 통합금융감독기구의 출범

우리나라의 새로운 금융감독체계의 근간을 이루는 것은 「금융감독기구의설치등에관한법률」과 「은행법」, 「증권거래법」, 「보험업법」, 「상호신용금고법」, 「예금자보험법」, 「한국은행법」 등 금융감독관계법률이다. 이들 법률은 1997년 12월 29일 국회를 통과한 이후 12월 31일부터 각각 공포되어[20)] 1998년 4월 1일부터 본격 시행되었다. 이로써 그동안 재정경제원(이후 재정경제부), 한국은행은행감독원, 증권감독원, 보험감독원 등으로 분산되어 수행되어 왔던 금융감독기능의 대부분이 금융감독위원회 및 금융감독원으로 통합되게 되었다.

이에 따라 종전에는 재정경제원을 위시하여 한국은행은행감독원, 증권감독원, 보험감독원 등 금융감독기관이 그 관할 금융기관에 대하여 각각 또는 중복적으로 감독권한을 행사하던 금융감독체계가 이제는 금융감독위원회와 그 집행기관인 금융감독원이 금융기관에 대하여 전반적인 감독권한을 행사하고, 재정경제원, 한국은행, 예금보험공사[21)] 등이 일부 감독기능을 공유하는 금융감독체계 [그림 6-1]로 바뀌었다.

---

19) 통합금융감독체제로의 개편과정에 대한 자세한 내용은 정기승, 「우리나라 금융감독체계의 효율화방안에 관한 연구」(한양대학교대학원(석사학위논문), 1999.6), 48-57면 참조.

20) 한국은행법과 금융감독기구의설치등에관한법률은 1997년 12월 31일(법률 제5490호), 은행법은 1998년 1월 13일(법률 제5499호) 공포되었다.

21) 예금보험공사는 1996.6.1 설립되어 당초 일반은행, 특수은행 및 외은지점에 대한 예금보험기금만 담당하다가 1998.4.1 금융감독체계 개편시 종합금융회사와 상호신용금고에 대한 신용관리기금 내의 기금, 신용협동조합에 대한 신협중앙회 내의 안전기금, 보험회사에 대한 보험감독원 내의 보증보험기금, 증권회사에 대한 증권금융회사 내의 증권투자자보호기금을 모두 이관받아 관리하고 있다. 아울러 부보금융기관에 대한 자료제출요구와 금융감독원의 검사 또는 공동검사를 요청할 수 있다.

그림 6-1 종전의 통합금융감독체계도

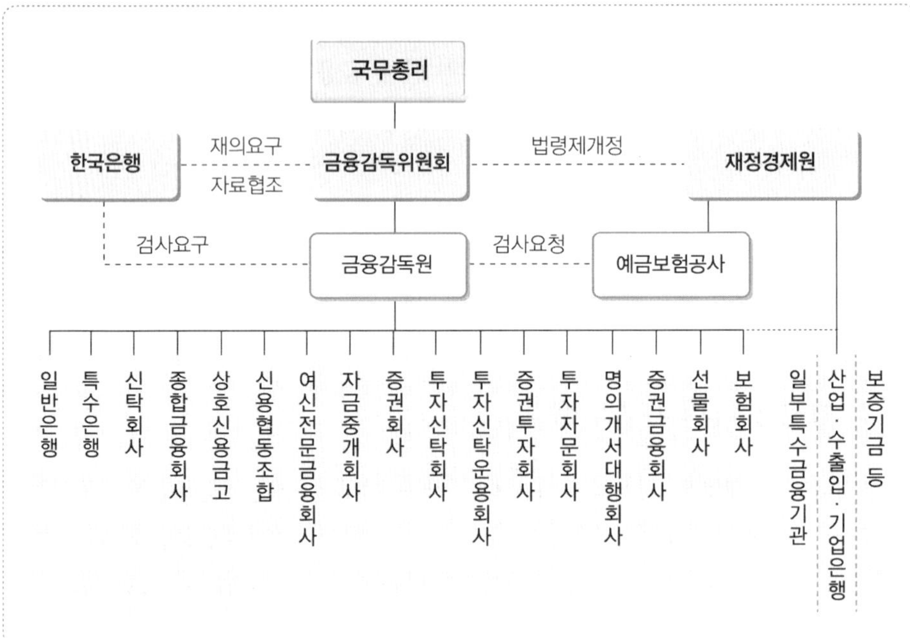

이러한 통합금융감독체제는 종전의 다기화된 금융감독체계하에서 자주 지적되어 왔던 문제점을 해결하면서 「금융감독기구의설치등에관한법률」 제1조에서 명시하듯이 건전한 신용질서 및 공정한 금융거래 관행을 확립하고 예금자 및 투자자 등 금융수요자를 보호하며 나아가 국민경제의 발전에 기여토록 하고자 출범되었다.

이하에서는 「금융감독기구의설치등에관한법률」을 중심으로 새로이 개편된 통합금융감독기구의 주요내용을 살펴보기로 한다.

1.1 금융감독위원회의 설립

새로운 금융감독체계의 핵심적인 내용은 우리나라의 총괄적인 주금융감독당국으로 금융감독위원회가 설립되었다는 것이다.

금융감독위원회는 1998년 4월 1일 국무총리 소속하에 설립되어 금융감독업무를 독립적으로 수행하는 정부기구이다(법 제3조). 이 위원회는 공정거래위원회와 같은 독립적인 합의제 행정기구이다. 금융감독위원회는 금융기관 감독과 관련된 규정 제·개정, 금융기관의 설립, 합병, 전환, 영업 양·수도 등의 인허가(99.5. 이후), 금융기관 경영과 관련된 인허가, 금융기관 검사 · 제재와 관련된 주요사항, 증권 · 선물시장의 관리 · 감독 및 감시 등과 관련된 주요사항 등 금융감독에 관한 주요사항을 심의 · 의결하고(법 제17조), 금융감독원의 업무 · 운영 · 관리를 지시 감독한다(법 제18조). 금융감독관계 법령의 제 · 개정과 금융기관 설립 인허가 및 인가 취소 등은 당초 재정경제부장관이 관장하도록 하였지만 1999년 5월 정부조직 기능 조정시 인허가권은 금융감독위원회로 이관하고 법령 제 · 개정은 금융감독위원회의 협의를 거치도록 하였다(법 제64조의 2 신설).

금융감독위원회는 당연직 3인과 임명직 6인 등 9인의 위원으로 구성된다. 위원장은 국무회의 심의를 거쳐 대통령이 임명하며 부위원장은 재정경제부장관 제청으로 대통령이 임명한다. 그리고 재정경제부장관이 추천하는 회계전문가 1인, 위원장이 추천하는 금융전문가 1인, 법무부장관이 추천하는 법률전문가 1인, 대한상공회의소 회장이 추천하는 경제계대표 1인을 위원으로 대통령이 임명한다. 이중 위원장과 부위원장은 정무직 국가공무원으로, 위원장이 추천하는 위원은 1급 상당 별정직 국가공무원으로 보하며 이들 3인은 상임이다. 당연직 위원으로는 재정경제부 차관, 한국은행 부총재, 예금보험공사 사장 등 3인이다(법 제4조). 한편 금융감독위원회에는 당초 대통령령이 정하는 바에 의하여 예산, 회계 및 의사관리 기능의 수행에 필요한 최소한의 공무원을 둘 수 있도록 제한하였지만(법 15조 제2항) 1999년 5월 정부조직 기능조정시 법개정을 통해 동 조문을 삭제하고 조직 및 정원을 대통령령으로 정하도록 함으로써 행정조직을 확대할 수 있는 길을 터놓았다(법 제15조 제1항).

1.2 증권선물위원회 설치

증권 · 선물과 관련된 업무를 효율적으로 수행하기 위하여 금융감독위원회 산하에 5인의 위원으로 구성된 증권선물위원회를 설치하였다. 이 위원회는 증권 · 선물시장의 불공정거래를 조사하고 기업회계의 기준 및 회계감리에 관한 업무, 증권 · 선물시장의 관리 · 감독 및 감시 등과 관련된 주요사항의 사전심의와 금융감독위원회로부터 위임된 업무를 수행한다(법 제19조). 이 위원회의 위원장은 금융감독위원회 부위원장이 겸임하고 여타 4인의 위원은 1명을 1급상당 별정직 국가공무원의 상임위원으로 하며 금융감독위원장의 추천으로 대통령이 임명한다(법 제20조).

1.3 금융감독원의 설립

금융감독위원회 및 증권선물위원회의 지시를 받아 금융기관에 대한 검사·감독업무 등을 수행하기 위하여 1999년중 대통령령이 정하는 날(1999년 1월 1일)에 무자본 특수법인으로 통합감독기관인 금융감독원이 설립된다(법 제25조). 금융감독원은 설립과 동시에 은행·증권·보험감독원 및 신용관리기금의 고용관계 등 모든 권리·의무와 재산을 포괄 승계한다(법 부칙 제6조 제1항). 금융감독원은 집행간부로서 원장 1인, 부원장 4인 이내, 부원장보 9인 이내와 감사 1인을 두는데 원장은 금융감독위원회 위원장이 겸임한다(법 제29조). 현재 부원장은 3인, 부원장보는 7인으로 운영하고 있다.

금융감독원은 검사대상기관의 업무 및 재산상황에 대한 검사 및 제재, 금융감독위원회 및 증권선물위원회의 업무 보좌 등의 업무를 수행한다(법 제37조). 금융감독원의 검사대상기관은 일반은행(은행법에 의한 금융기관), 특수은행(농·수·축협, 단 산업은행, 수출입은행, 중소기업은행은 99년 5월 이후), 신탁회사(겸업은행, 부동산신탁회사), 증권관련기관(증권회사, 증권금융회사, 투자자문회사, 증권예탁원 등 명의개서 대행기관), 증권투자신탁회사, 증권투자회사, 선물업자, 보험사업자, 종합금융회사, 상호신용금고, 여신전문금융회사(신용카드회사, 시설대여회사, 할부금융회사, 신기술사업금융회사) 및 겸영여신업자, 신용협동조합 등이다(법 제38조). 한편 1998년 4월 1일 이후부터 금융감독원이 설립될 때까지 금융감독원의 업무는 <표 6-2>에서 보는 바와 같이 한국은행으로부터 분리 신설된 은행감독원과 증권감독원, 보험감독원 및 신용관리기금이 나누어 수행하였다(법 부칙 제2조).

표 6-2 금융감독원 설립시까지 각 감독기관별 검사대상 금융기관

감독기관	검사대상 금융기관
은행감독원	일반은행, 특수은행(농·수·축협), 신탁회사, 기타 금융감독위원회가 정하는 기관
증권감독원	증권회사, 증권금융회사, 투자자문회사, 증권예탁원 등 명의개서대행기관, 증권투자신탁회사, 선물업자
보험감독원	보험사업사
신용관리기금	종합금융회사, 상호신용금고, 신용협동조합, 여신전문금융회사(신용카드회사, 시설대여회사, 할부판매회사, 신기술사업금융회사) 및 겸영여신업자

1.4 금융감독기구 상호간 및 다른 기관과의 관계

금융감독원은 금융감독위원회가 요구하는 금융감독 등에 필요한 자료를 제출하고, 검사대상기관에 대한 검사 및 제재 결과를 보고하여야 한다(법 제58, 59조). 금융감독위원회는 필요한 경우 금융감독원의 업무·재산·회계에 관한 사항을 보고하게 하거나 검사할 수 있다(법 제60조). 그리고 금융감독위원회 또는 증권선물위원회는 금융감독원의 업무를 지시·감독하는 데 필요한 명령을 할 수 있고, 금융감독원의 처분이 위법 또는 부당할 경우 그 처분을 취소하거나 집행을 정지시킬 수 있다(법 제61조).

한국은행은 금융통화위원회가 통화신용정책의 수행을 위하여 필요하다고 인정하는 경우 금융감독원에 대하여 금융기관에 대한 검사 및 공동검사를 요구할 수 있으며 동 검사결과의 송부를 요청하거나 필요한 시정조치를 요구할 수 있다. 금융감독원은 한국은행의 이와 같은 요구에 응하여야 한다(법 제62조, 한국은행법 제88조). 또한 한국은행은 금융통화위원회가 통화신용정책 수행을 위하여 필요하다고 인정하는 경우 금융기관(금융기관이 아닌 자로서 금융업을 영위하는 자중 한국은행과 당좌예금거래약정을 체결한 자를 포함)에 대하여 자료제출을 요구할 수 있다. 이 경우 요구하는 자료는 금융기관의 업무부담을 충분히 고려하여 필요한 최소한의 범위로 한정하여야 한다(한국은행법 제87조). 금융통화위원회는 금융감독위원회가 통화신용정책과 직접 관련되는 조치를 할 경우 이의가 있는 때에는 재의를 요구할 수 있다. 이에 금융감독위원회는 재적위원 3분의 2 이상의 의결로 최종 결정한다(법 제63조).[22]

금융감독위원회는 금융감독원의 검사대상기관이 위법 또는 불건전한 방법으로 영업함으로써 금융질서를 문란하게 할 경우 재정경제부장관에게 인가 등을 취소할 것을 요청할 수 있다(법 제64조).[23] 그리고 재정경제부장관은 금융감독에 관련되는 법령을 제정 또는 개정하고자 하는 경우에는 금융감독위원회와 협의하여야 한다(법 제64조의2. 1999.5.24 신설).[24]

재정경제부장관과 금융통화위원회 및 금융감독위원회는 정책 수행에 필요한 경우 상호간에 자료를 요청할 수 있으며 요청은 받은 기관은 특별한 사유가 없

22) 동 조문은 2008.2.9 개정시 삭제되었고, 한국은행법 제89조에 규정되어 있다.
23) 동 조문은 1999.5.24 개정시 삭제되었다.
24) 동 조문은 2008.2.9 개정시 삭제되었다.

는 한 응하여야 한다(법 제65조).

예금보험공사도 업무수행에 필요한 경우 금융감독위원회 또는 금융감독원에 대하여 부보금융기관 검사 및 공동검사를 요청할 수 있다. 금융감독원은 특별한 사유가 없는 한 이에 응하여야 한다(법 제66조). 또한 예금보험공사는 부보금융기관에 대하여 보험료의 산정 및 수납, 보험금 등의 계산 및 지급, 부실금융기관의 정리 등의 업무 수행을 위하여 필요한 범위 안에서 부보금융기관의 업무 및 재산상황에 관련된 자료의 제출을 요구할 수 있고, 제출된 자료를 기초로 하여 운영위원회가 부실우려가 있다고 인정하는 부보금융기관의 업무 및 재산상황에 관하여 조사를 할 수 있다(예금자보호법 제21조).

금융감독원은 직무수행상 필요한 경우 행정기관 기타 관계기관에 대하여 협조를 요청할 수 있다(법 제67조).

2. 통합금융감독기구의 변화

2.1 금융위원회로 개편

2008년 이명박 정부들어 정부조직 개편의 일환으로 금융감독기구의 개편이 추진되었다. 2009.2.29. 금융감독 정책과 감독집행 기능을 명확히 구분하여 행정의 책임성을 강화하고 견제와 균형의 원리에 입각한 금융감독업무 수행을 위하여 「금융감독기구의설치등에관한법률」을 「금융위원회의설치등에관한법률」(이하 "금융위설치법"이라 한다)(법률 제8863호)로 개정하여 금융감독위원회를 금융위원회로 개편하였다. 동법에 따라 금융위원회는 종전 재정경제부(현 기획재정부)의 국내금융에 대한 입법 · 정책기능과 금융감독위원회의 감독정책 기능을 통합하여 수행하게 되었다.[25] 이에 따라 금융위원회는 금융정책 및 제도에 관한 사항과 관련 법령의 제 · 개정에 관한 사항, 금융기관 감독 및 검사 제재에 관한 사항과 관련한 규정의 제 · 개정, 금융기관의 설립 · 합병 등의 인허가, 자본시장의 관리 감독 및 간시등에 관한 사항, 금융중심지의 조성 발전에 관한 사항, 금융 및 외국환업무취급기관의 건전성감독에 관한 사항, 금융감독원에 대한

25) 금융위원회의설치등에관한법률 부칙 제2조(조직폐지 및 신설에 따른 소관사무 등에 대한 경과조치) ① 이 법 시행 당시 「정부조직법」 제27조의 재정경제부장관 소관 사무 중 금융 및 외국환업무취급기관의 건전성 감독에 해당하는 사무와 「금융감독기구의 설치 등에 관한 법률」 제3조의 금융감독위원회의 사무(이하 이 조에서 "금융위원회승계사무"라 한다)는 금융위원회가 각각 승계한다(법률 제8863호, 2008.2.29).

지도 감독 등의 업무를 수행한다(금융위설치법 제17조). 이로써 금융위원회는 종전의 금융감독위원회와는 달리 금융정책 및 입법사항을 총괄하는 정부부처로서 정부조직법상 중앙행정기관으로 자리매김을 확실히 하였다(동법 제3조 제2항).[26] 아울러 금융위원회 위원장이 금융감독원의 원장을 겸임하던 것을 대통령이 금융감독원의 원장을 임명하도록 함으로써 금융위원회와 금융감독원간 금융정책기능과 감독집행기능을 명확히 분리하고 상호견제와 균형을 확보하도록 하였다(동법 제29조 제2항).

금융위원회는 위원장, 부위원장과 당연직 위원 4인, 상임위원 2인, 비상임위원 1인 포함 총 9인으로 구성된다. 위원장은 장관급 정무직 국가공무원으로 국무총리의 제청으로 대통령이 임명한다. 부위원장은 차관급 정무직 국가공무원으로 금융위원장의 제청으로 대통령이 임명한다. 당연직 위원은 기획재정부 차관, 금융감독원 원장, 예금보험공사 사장, 한국은행 부총재이다. 그리고 금융위원장

그림 6-2 현행 통합금융감독체계도[27]

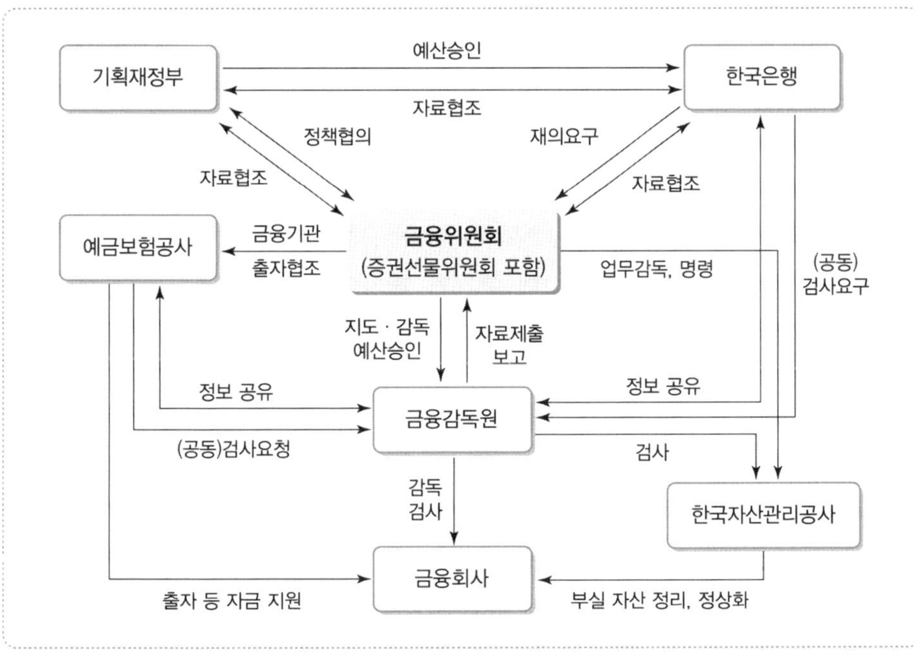

26) 다만 업무권한에 있어서는 다른 정부부처가 정부조직법 등에 의하여 결정되는 것과는 달리 금융위설치법, 대통령령인 금융위원회와 그 소속기관 직제 및 금융감독관계 법령에 의하여 정해지는 특성이 있다.

27) 금융감독원, 「2013년 금융감독제도」, 13면 참조.

이 추천하는 금융전문가 2인은 1급상당 별정직 국가공무원으로 상임으로 하고, 대한상공회의소 회장이 추천하는 경제계 대표 1인은 비상임위원으로 하는데 이들은 추천기관의 추천으로 대통령이 임명한다. 이들의 임기는 3년으로 한차례만 연임할 수 있다. 금융위원회 위원장은 국회의 청문을 거쳐 임명하며, 국무회에 출석하여 발언할 수 있다(동법 제4 · 6조).

2.2 금융감독기구간 관계

(1) 금융감독기구의설치등에관한법률에 의하여 1998년 4월 1일 금융감독위원회가 발족되고, 1999년 1월 1일 종전의 은행감독원, 증권감독원, 보험감독원, 신용관리기금의 4개 중간감독기관이 하나로 통합되어 금융감독원으로 출발함으로써 우리나라 통합금융감독기구는 완성되었다. 이에 따라 금융감독위원회와 금융감독원은 금융감독에 관한 정책 수립과 업무 집행, 검사업무 수행은 물론 IMF 위기극복을 위한 금융구조조정과 기업구조조정업무를 수행하게 되었다. 1998년 4월 금융감독위원회가 출범한 후 1999년 1월 금융감독원이 출범하기 전까지는 금융감독위원회에 구조조정업무를 수행하기 위한 구조개혁기획단과 감독기관통합업무를 위한 감독기관통합기획실 등이 태스크포스 형태로 과도기적으로 운영되었다.

1999년 금융감독위원회를 보좌하는 금융감독원이 출범한 이후 태스크포스 형태의 임시조직이 정식조직으로 흡수되면서 금융감독위원회를 보조하는 공무원 조직의 기능 조정 및 정원 확대 문제가 제기되었다. 이때부터 금융감독위원회 소속의 공무원 조직과 금융감독원의 금융감독위원회 보좌기능이 중복되고 상호간 위상의 정립에 혼선이 발생하여 급기야는 통합금융감독체제의 효율성에 의문이 제기되고 이해관계집단 간에 논란이 가중되는 사태에 이르게 되었다. 이하에서는 이러한 일련의 공무원 조직과 기능의 확대과정에 대하여 간략하게 살펴보기로 한다.

(2) 당초 금융감독위원회에는 대통령령이 정하는 바에 의하여 예산, 회계 및 의사관리 기능의 수행에 필요한 최소한의 공무원을 둘 수 있도록 제한하였지만(금융감독기구설치법 제15조 제2항), 1999년 5월 정부조직 기능조정시 정부조직법 부칙 개정[28]을 통해 동 조문을 삭제하고 조직 및 정원을 대통령령으로 정

---

28) 정부는 금융감독기구의설치등에관한법률을 개정하면서 동법 자체의 개정과정을 거치지 않고

하도록 함으로써 공무원의 조직과 기능을 확대할 수 있는 근거가 마련되었다(동법 제15조 제1항). 이와 동시에 금융감독위원회 직제개정에 대한 대통령령을 발하여 금융감독위원회의 공무원 정원을 당초 13명에서 33명으로 증원하고 이를 1실 5과의 사실상 사무국 조직으로 개편하였다. 그리고 재정경제부가 금융관련 법령을 제·개정할 때에는 금융감독위원회와의 협의를 의무화하고, 금융기관의 설립 인허가권 및 특수은행, 선물거래소, 은행연합회 등에 대한 감독권을 재정경제부에서 금융감독위원회로 이전하였다. 이로써 법 제정당시 금융감독위원회에 사무국 설치를 금지한 입법취지가 완전히 사라지게 되었으며, 재정경제부와 금융감독기구간의 감독대상기관에 대한 감독권도 다소 합리적이지 못한 부분이 일부 조정되었다.

1999년 12월에는 한시적 조직이던 금융감독위원회 소속 구조개혁기획단이 해체되면서 이를 공무원 조직으로 흡수하기 위해 금융감독위원회의 정원을 61명으로 확대하고 국장급인 3담당관을 신설하는 조치를 취하였다. 이 과정에서 금융감독위원회 공무원 조직의 확대가 금융감독원과 마찰을 빚게 되자 금융감독위원회 공무원 조직과 금융감독원간의 업무수행에 관한 양해각서(MOU)를 체결하였다. 양해각서의 주요내용을 보면 금융감독위원회의 공무원 조직은 금융관련 법령의 제·개정에 관한 사항, 금융산업 구조개편, 업무영역 조정 등에 관한 기본사항, 금융기관 설립·퇴출 등 인허가(접수 및 인허가증 발급), 특별법에 의해 설립된 유관기관 감독에 관한 사항, 경제정책, 기업신용정책 및 규제개혁 업무 등 정부부처와 정책협의를 담당하고, 금융감독원은 금융감독관련 규정의 제·개정, 금융기관 경영관련 인허가 사항, 금융기관 설립·퇴출 등 인허가(검토 및 금감위 부의), 특별법에 의해 설립된 유관기관의 업무규정에 관한 사항, 금융범죄 방지, 법령 및 규정에 의한 고유·위탁사무를 담당하기로 하였다. 이와 같이 양해각서를 마련한 이유는 공무원 조직의 확대가 금융감독원과의 업무중복, 감독효율성 저하, 금융이용자의 불편 가중이라는 문제가 제기되는 데 따른 것이었다.

2001년 12월에는 금융감독위원회 공무원 조직의 기능을 또 다시 확대하면서 참모조직 형태에서 계선조직 형태로 개편하였다.[29] 아울러 공무원 조직은 기존

정부조직법의 부칙 개정방식(1999.5.24)을 통함으로써 국회의 충분한 심의과정을 우회적으로 회피하였다는 비판이 있다.

29) 1실 2국 1담당관 조직으로 개편하면서 2국 내에 감독정책과, 은행·증권·보험·비은행감독

의 공무원 인력 외에도 금융감독원, 자산관리공사 및 금융기관으로부터 70명 이상의 인력을 파견받아 130명을 넘는 방대한 조직으로 변모하였다. 이는 결국 업무중복 등을 방지하기 위해 합의한 금융감독원과의 MOU를 사실상 파기하고 금융감독위원회 공무원 조직이 감독업무를 직접 수행하고자 하는 것이었다.

2002년 2월에는 불공정거래에 대한 조사기능 강화의 논리로 금융감독위원회의 공무원 조직에 조사기획과를 신설하고 공무원 정원을 9명 추가로 증가시켰다. 아울러 조사기획과 직원은 금융감독원 직원을 공무원으로 일정기간 임명하여 운영하였다. 이로써 조사기획과가 금융감독원의 조사국 기능과 사실상 중복되는 기능을 수행하는 결과를 가져왔다.

(3) 2008년 금융감독기구설치법이 금융위설치법으로 개정됨에 따라 금융위원회가 설치되고, 금융감독원장이 별도로 임명되면서 금융위원회와 금융감독원은 조직상 분리가 명확해졌다. 금융위원회는 금융정책결정기능과 감독집행기능을, 금융감독원은 금융위원회의 지도 감독 하에 업무지원과 감독집행기능을 수행하는 것으로 이원화되었다. 금융감독원의 금융위원회에 대한 업무지원기능은 종전의 금융감독위원장이 금융감독원장을 겸임할 때 금융감독원이 수행하던 업무보좌기능이 변경된 것이다(금융위설치법 제37조). 이로써 금융감독원은 종전 금융감독위원회의 감독업무 보좌조직에서 이제는 단지 금융위원회의 감독업무에 대한 실무지원과 감독집행과정에서 위임한 업무를 주로 수행하는 산하 조직으로 사실상 전락하였다.

3. 통합금융감독체계의 개편 논의

통합금융감독기구가 출범한 이후에도 금융감독체계의 개편 문제는 금융사건이 발생할 때마다 첨예한 이슈로 제기되어 정부와 국회, 학계는 물론 시민단체 등에 의하여 계속 논의되어 왔다. 이하에서는 이러한 논의과정에 대하여 간략히 알아보기로 한다.

(1) 통합금융감독기구 설립 후 금융감독체계의 개편 논의는 2000년말 발생한 상호신용금고의 부정대출사건을 계기로 촉발되었다. 이때 금융감독원 개편방안이 본격 논의되면서 재정경제부의 제안에 의해 기획예산처의 주관으로 2000년 11월부터 2001년 1월 기간 중에 금융감독체계 혁신방안이 마련되었다. 동

과를 두어 재정경제부 금융정책국 및 금융감독원과 유사한 조직구조로 변화시켰다.

방안은 6인의 민간인으로 구성된 "금융감독조직혁신작업반"에 의해 마련되어 공청회를 통해 발표되었다. 이때 지적된 통합금융감독체계의 문제점은 첫째, 금융감독위원회가 금융·기업구조조정에 치중함으로써 본연의 건전성 감독에 소홀하였고 감독기능의 중립성 및 투명성 확립도 미흡하며, 둘째, 금융감독의 권한 및 정보 집중에도 불구하고 유관기관과의 협조 미흡으로 실효성이 저하되며, 셋째, 금융감독위원회와 금융감독원간의 역할 정립의 실패로 업무 중복 및 정책 혼선이 야기되며, 넷째, 이질적인 조직문화에서 탄생한 금융감독원은 전문성 및 시장친화성이 부족하고 내부통제체계가 미흡하다는 것이었다. 이에 따라 금융감독체계의 개편 기준으로 금융감독의 중립성 제고, 견제와 균형의 유지 및 감독의 효율성 제고, 금융감독유관기관간 역할 및 관계의 명확화, 정보 공개 및 시장친화성의 제고가 제시되었다. 그리고 금융감독체계의 개편방향으로 5개안이 고려되었지만 실현가능성이 높은 4개안이 제시되고 이 중 "민관합동조직화"(제1안)가 바람직한 안으로 제시되었다. 동 안은 금융감독위원회의 공무원 조직을 폐지하고 금융감독위원회를 금융감독원의 내부기구화하는 것을 주요 내용으로 하고 있다.

표 6-3 금융감독조직혁신작업반의 금감위/금감원 조직개편 시안 (2000.12.20)

개선안	조직형태	주요 내용
I	금감위와 금감원의 통합, 민관합동조직화	• 금감위를 금감원의 내부기구화 • 현재의 금감위 공무원조직 폐지 • 당연직 비상임위원제 폐지 • 위원장 부위원장 각 1인, 상임위원 3인, 비상임민간위원 8인으로 증원 • 증선위의 역할 강화와 비상임위원수를 현행 3인에서 4인으로 증원
II	금감위/금감원의 현 체제 유지, 위원장과 원장 분리	• 금감위 위원장과 금감원장의 겸직 분리 • 위원장, 부위원장, 상임위원 각 1인, 당연직 비상임 위원 1인(금감원장), 민간인 비상임위원 7인 • 금감위 공무원조직은 금융감독 정책업무를, 금감원은 금융감독 집행업무 담당 • 증선위 관련사항은 개선방안 I과 동일
III	금감위/금김원의 현 체제 유지, 겸직 허용 및 부분적 보완	• 현행 조직체계를 유지하되 금감위의 금감원에 대한 감독 및 업무통할 강화 • 금감위 공무원조직과 금감원의 분장업무 명확화 위하여 세부적인 내용의 MOU 체결 • 증선위를 증권조사위원회로 개편하여 금감원과 분리

Ⅳ	통합 정부조직화	• 금감위와 금감원을 통합하여 합의제 행정기구(공정거래 위원회 형식)의 정부조직화함
Ⅴ	순수민간조직으로 통합	• 한은 형태의 무자본 특수법인, 개선방안 Ⅰ과 유사하나 Board 전원이 민간인

(2) 기획예산처 주관의 금융감독체계 혁신방안과 관련하여 IMF는 2001년 2월 재경부장관 앞으로 의견(Office Memorandum)을 제시하였는 데, 그 주요내용은 정리하면 다음과 같다. 첫째, 감독체계와 관련된 국제적 정합성을 갖추기 위해 금융감독위원회와 금융감독원을 단일기관으로 통합하여야 한다. 이로써 내부혼선을 줄이고 의사결정 및 집행의 효율성을 제고하며 책임소재를 명확히 할 수 있기 때문이다. 둘째, 통합감독기구와 기관장은 정부로부터 독립성을 유지하고 그 책임은 정부기관이 아닌 국회에 지는 것이 바람직하다. 기관장은 정부각료로부터 독립적인 지위가 보장되어야 하며 정부관리(government official)가 되어서는 안된다. 셋째, 통합감독기구는 금융회사에 대한 감독업무 수행에 있어서 완전한 자율성을 확보하여야 한다. 넷째, 통합감독기구가 인허가 및 취소권을 계속 보유할 필요가 있다. 다섯째, 금융구조조정은 공적자금 투입을 포함하므로 재정경제부로 이관하여 정부의 책임 하에 두는 것이 바람직하다.

2001년 4월에는 재정경제부가 금융감독체계 혁신방안 중 "현행체계 유지 및 부분보완"(제3안)을 제시하였다. 혁신반이 제시한 제1안은 감독권한의 집중을 초래하고 행정부에 민관합동조직의 설치사례가 없다는 이유로 배제하였다. 그 주요내용을 보면 현행 통합금융감독체계를 유지하여 금융감독위원회는 감독정책기능에, 금융감독원은 감독집행 및 검사에 주력하고, 증권선물위원회에 사무국을 설치하고 금융감독원에 대한 통제를 강화하며, 재정경제부에 위기관리를 위한 총괄 구조조정 기능을 부여하고 한국은행의 공동검사권을 활성화하는 것 등이었다.

(3) 한편 국회 새시대전략연구소는 2001년 3월 혁신반이 제시한 제1안이 원칙적으로 바람직하다는 금융감독체계 개편방향을 발표하였고, 서상섭 의원 등 23인은 2002년 11월 금융감독원법안을 국회에 제출하였다. 동 법안은 현행 통합금융감독체계의 문제점을 당초 금융감독기구등의설치에관한법률의 입법취지에 맞도록 개편함과 아울러 금융감독기구의 중립성, 책임성 및 투명성을 강화하는 방향으로 마련되었는 데, 2002년 2월 국회 대안정치연구회 주관으로 공청회

를 거쳐 2002년 11월 국회에 접수되었다. 동 법안의 주요내용은 다음과 같다. 첫째, 금융감독위원회와 금융감독원을 통합하여 단일 민간기구화하고, 금융감독원장은 국회의 동의를 거쳐 대통령이 임명토록 하여 중립성 및 집행의 효율성을 제고하도록 한다. 둘째, 금융감독원의 책임성과 투명성을 강화하기 위해 감사위원회를 두고, 감사원의 감사외에 예산·결산에 대한 국회보고를 의무화하는 한편 금융감독위원회의 회의 의사록을 공개하도록 한다. 셋째, 금융감독유관기관협의 및 실무협의회를 두어 재정경제부, 한국은행 등과 감독정책협의를 활성화하며, 금융감독위원회 의결사항에 대해 재정경제부 및 한국은행의 재의요구권을 인정하도록 한다.

(4) 학계에서는 금융감독체계와 관련하여 한국경제연구원이 2001년 12월「공적자금관리 개선방안」(2001.12)에서 금융감독위원회를 금융감독원의 내부의사결정기구로 할 필요성이 있다는 주장을 발표한 바 있고, 2002년 5월 차기정부 정책과제로서 통합금융감독기구의 중립성 및 효율성 제고를 위해 금융감독위원회와 금융감독원의 통합과 민간기구화가 필요하다는 보고서를 발표하였다. 그리고 한국개발연구원도 시장규율을 통한 금융산업의 경쟁력 제고 및 금융시장 하부구조 확충을 위해서는 감독기구의 독립성과 감독능력 향상이 필요하다는 보고서(열린 세상, 유연한 경제)를 발표하기도 하였다.

그리고 시민단체인 경제정의실천시민연합도 2002년 11월 차기정부의 분야별 개혁과제로 금융감독기능의 선진화를 위해 감독체계의 전면적인 개혁을 요구하는 보고서를 발표하였다. 이 보고서는 금융감독위원회와 금융감독원을 완전통합하고 금융감독위원회를 통합감독기구의 최고의사결정기구로 하는 공적민간금융감독기구(영국형)로의 대개혁에 주안점을 두고 있었다.

(5) 참여정부에 들어서는 2002년 하반기이후 발생한 소위 신용카드 사태를 계기로 제기된 책임문제와 관련하여 2003년 12월에서 2004년 3월까지 감사원의 특별감사가 실시되었다. 이때 감사원은 수감기관인 금융감독원, 금융감독위원회 및 재정경제부에 금융감독체계 개편에 대한 의견 제출을 요구하였다. 이를 계기로 금융감독체계에 대한 개편 논의는 또다시 뜨겁게 전개되었다.

먼저 감사원은 2004년 7월 카드 특감결과를 발표하면서 신용카드 위기는 금융감독체계의 다기화와 감독기관간의 역할이나 기능의 중첩에서 야기된 구조상의 문제점, 금융감독원의 비효율적인 운영에서 비롯됐다면서 감독기구의 개편 필요성을 강조하였다. 단기적으로는 금융감독위원회와 금융감독원 등 감독기관간 역할과 권한을 명백히 구분하여야 한다면서 경제·금융정책은 재정경제부, 금융감독정책은 금융감독위원회, 금융감독집행업무는 금융감독원에서 맡고 있는 현행 3단계 구조를 거시금융정책은 경제정책 담당기관, 미시금융정책은 금융감독정책기관으로 이원화하여야 한다고 주장하였다. 그리고 중장기적으로는 감독기구를 정부조직으로 만들어야 한다고 제안하였다.

이와 동시에 대통령 직속의 정부혁신위원회(지방분권소위원회)에서도 관계기관 등 각계의 의견을 들어 자체 개편안을 마련하고 2004년 8월 13일 "금융감독체계 개편 및 운영혁신방안"을 발표하였다. 동 개편방안에서 현 금융감독의 큰 틀은 변경하지 않고 재정경제부, 금융감독위원회, 금융감독원간 역할 분담을 명확히 하여 업무혼선과 피감독기관의 불편을 해소하기로 하였다. 구체적으로 금융감독위원회와 재정경제부간 역할 분담은 일상적인 감독업무는 금융감독위원회가 전담하고 재정경제부는 금융위기관련 등 중요 거시금융정책사항에 관해 수행토록 하며, 금융감독위원회와 금융감독원간 역할 분담에 관련해서는 금융감독원은 상시감시, 검사과정에서 파악된 사실관계를 중심으로 감독업무를, 금융감독위원회는 정책 및 법령관련 판단 등 공권력적인 업무를 담당하도록 제시하였다. 이에 따라 금융감독위원회와 금융감독원은 양 기관 실무협의체를 구성해 감사원과 정부혁신위원회의 개편방안을 토대로 여러 차례의 토론과정을 거쳐 2004년 9월 19일 합의안을 마련하였다. 이 합의안의 도출은 ① 감사원과 정부혁신위원회가 지적한 적법성, 책임성 및 금융회사 불편 등의 문제점을 해소하고 ② 금융감독위원회와 금융감독원간 상호 긴밀한 협력과 조직혁신을 통해 금융감독의 전문성과 효율성을 제고하며 ③ 양 기관의 현 인력규모를 감안한 현실성있는 업무분담방안을 마련하는 데 주안점을 두었다. 양기관이 합의한 업무분담방안의 주요 골자는 ① 금융감독원은 사안에 대한 사실관계 조사 및 요건확인 등을 수행하고 그 검토내용(금융감독위원회 부의안건안)을 내부 결재후 금융감독위원회에 송부하고 ② 금융감독위원회는 이에 대한 법적, 정책적 판단 후에 위원회의 의결안건으로 최종 확정하여 부의하는 것이다.

(6) 이와 같이 금융감독체계 개편과 관련하여 큰 사건이 발생할 때 마다 수많은 논란과 의견 제시가 있어왔고 다양한 방안도 제시되었다. 그렇지만 대부분의 결론은 새로운 금융감독체계로의 개편은 이루어지지 않고, 기존 통합금융감독체제를 유지하는 범위 내에서 금융감독기구간의 역할 분담과 조직 운용의 묘를 발휘하는 선으로 종결되고 말았다. 2005년 이후에도 한국외환은행의 론스타

(Lone Star)에 대한 매각과 관련한 문제로 현행 금융감독체계의 문제가 제기되었다.

(7) 그후 2008년 이명박 정부들어 정부조직 개편과정에서 금융감독체계 문제는 금융감독위원회를 금융위원회로 개편하고 금융감독위원장이 겸임하던 금융감독원장을 분리 임명하여 금융위원회와 금융감독원의 기능과 업무를 명확히 구분하는 것으로 마무리되었다. 앞에서 살펴 본 바와 같이 글로벌 금융위기를 극복하는 과정에서 주요 선진국은 금융감독시스템의 개혁이 추진되었고, 우리나라도 금융감독체계 개편논의가 있었으나 통합금융감독체계가 그대로 유지되었다.

(8) 그러다가 2017년 문재인 대통령의 공약으로 금융감독체계 개편이 제시되고 국정운영 5개년 계획에 포함되었지만 아직까지 그렇다할 논의가 진전되지 않고 있다. 금융감독체계의 개편 방향은 금융정책과 감독, 소비자보호 등 세가지 기능을 각각 분리해서 서로 견제하도록 하자는 것이다. 이는 금융정책기능을 기획재정부에 흡수하고, 금융감독기능은 금융감독원에 통합하며, 금융소비자보호업무를 전담하는 별도 기구를 설립하자는 것이 골자다. 그렇지만 2011년 저축은행 대규모 영업정지 사태, 2013년 동양그룹 기업어음(CP)사태 등 금융시스템 문제가 계속 발생하고, 키고(KIKO) 등 금융상품의 불완전판매 사태가 빈발하면서 금융소비자보호 문제가 금융업계의 현안과제로 떠오르고 있는 상황에 이르고 있다. 이에 따라 금융감독당국의 능력과 한계가 드러나고, 시스템적 개선이 필요한 상황이라는 지적이 많아지고 있다. 그동안 우리나라 통합금융감독체계에 대한 문제가 여러 가지로 제기되어 왔다는 점을 감안하면, 현재 상황을 합리적으로 개선할 수 있는 제도 개편 논의도 이제 본격적으로 진행할 필요가 있다고 하겠다.

표 6-4 주요국 통합금융감독기구의 법적 성격

국 별	기관명	설립시기	법적성격
한 국	금융감독위원회(FSC)	1998.4	정부조직
	금융감독원(FSS)	1999.1	무자본 특수법인
일 본	금융감독청(Financial Supervisory Agency : FSA)－폐지	1998.6	정부조직
	금융청(Financial Service Agency : FSA)	2000.7	정부조직

독 일	금융감독청(die integrierte Finanzdienstaufsicht)	2002.5	정부조직
영 국	Financial Services Authority(FSA)[1]	1997.10	유한책임회사(company limited by guarantee)
호 주	Australian Prudential Regulation Authority (APRA)	1998.7	특수법인(body corporate)
캐나다	Office of the Superintendent of Financial Institutions(OSFI)	1987.7	정부산하 독립청
덴마크	Danish Financial Supervisory Authority (DSFA)	1988	정부조직
스웨덴	Financial Supervisory Authority(FSA)	1991	정부산하 독립청
노르웨이	Banking, Insurance and Securities Commission of Norway(BISCN)	1986.3	정부조직
싱가포르	Monetary Authority of Singapore(MAS)	1971.1	정부소속 독립청(통화청)

주: 1) 글로벌 금융위기이후 금융개혁을 통해 FSA를 폐지하고, 건전성감독청(PRA)과 금융행위감독청(FCA)을 설립하였다.
자료: 금융감독원.

Ⅲ. 향후 금융감독체계의 방향 및 과제

1. 기본방향

우리나라 금융산업의 과제는 금융규제를 획기적으로 완화·철폐하여 시장원리에 의한 금융운용 여건을 다지는 한편 금융기관 경영에 대한 시장 스스로의 규율기능을 창달시켜 나감으로써 금융산업의 경쟁력 강화와 안정성 유지를 도모하는 데 있다. 97년 들어 추진되었던 금융개혁의 기본취지도 이 같은 과제를 해결하면서 한보사태 등에서 나타난 바와 같은 관치금융의 폐해를 방지하고 감독의 사각지대를 없애 책임소재를 명확히 함과 동시에 수요자중심의 감독체계를 형성하자는 데 있었다. 금융감독의 목적은 궁극적으로 금융활동이 시장경제원리에 입각해 건전하고 효율적으로 이루어지도록 하는 데 있다. 금융감독체계의 개편은 누가 감독권을 갖는가하는 문제보다는 어떻게 감독기능을 올바르게 정립하고 효율적인 감독이 이루어지도록 하느냐가 중요하다. 이와 같은 관점에서 볼 때 현행 통합금융감독체제로의 개편이 충분한 논의를 거치지 못하고 IMF 사태이후 갑자기 확정되어 금융개혁의 기본취지를 제대로 반영하였는지는 다소 의문이 있다.

하지만 우리나라 금융감독체계가 통합감독체제로 개편되고 2008년 글로벌 금융위기를 거쳐 지금까지 운용되고 있는 이상, 시대적 요청에 따라 기본적으로 관치금융의 소지를 없애고 금융기관의 부담을 최소화하며 금융겸업화·자율화 등 금융여건의 변화에 신축적으로 대응할 수 있는 시스템을 항상 갖추고 있어야 한다. 이를 위하여 통합금융감독체제는 감독기능의 중립성이 확보되고 전문성 및 효율성이 제고되는 방향으로 운영되어야 할 것이다. 이의 실천방향을 보다 구체화하면 다음과 같다.

첫째, 무엇보다도 중요한 것은 금융감독권이 하나의 감독기관에 일원화되어 모든 금융기관에 대한 감독 및 검사업무가 일관되게 이루어지고 감독책임의 소재가 명확화되며 감독의 사각지대가 해소되도록 함으로써 감독기능의 효율성을 제고하는 것이 바람직하다.

둘째, 금융감독이 금융제도의 안정성 유지와 예금자·투자자 보호라는 본연의 목적을 달성하기 위해서는 금융감독기구가 정치적 압력이나 정부의 영향력을 받지 않도록 독립성을 확보함으로써 감독정책기능의 중립성 및 자율성을 보장하는 것이 중요하다.

셋째, 최근 금융의 자유화, 국제화, 겸업화 확대에 따른 국내외적 금융기관간 경쟁 격화, 파생금융상품의 거래 확대로 인한 리스크 증대 등으로 개별 금융기관이 부실화되거나 전체 금융제도의 안정성이 위협받게 될 가능성이 여전히 높아지고 있다. 이에 대응하여 통합금융감독기구의 효율적 운영을 통해 금융기관별, 업종별 특성을 고려한 감독기능의 전문성과 질적 제고가 필수적이다.

2. 향후 과제

2.1 금융감독권의 일원화

(1) 새로운 금융감독체계의 도입으로 통합금융감독체제가 갖추어졌다고 하지만 실질적 운영에 있어 감독기능은 완전 융합이 이루어지지 않았다. 통합금융감독기구 출범당시 최고 감독기구로 금융감독위원회가 설치되고 감독업무 집행기

관이었던 4개 중간감독기관도 조직면에서 통합되었지만 이들이 수행하고 있던 감독기능은 재정경제부, 금융감독위원회, 금융감독원으로 크게 3원화되었다. 당초 감독체계 개편시 기본적인 감독권한인 금융감독관련 법령의 제·개정권과 모든 금융기관 설립, 합병, 해산의 인허가권은 물론 일부 특수금융기관 즉 한국산업은행, 중소기업은행, 한국수출입은행, 신용보증기금, 기술신용보증기금에 대한 감독권을 재정경제부가 계속 행사하게 하였다.

그 후 감독체계의 문제점이 지적되자 1999년 정부조직·기능 조정시 금융기관에 대한 감독권한이 일부 조정되었다. 즉 재정경제부가 금융감독관련 법령을 제·개정할 때 금융감독위원회와 협의하고, 재정경제부가 행사하던 금융기관에 대한 인허가권은 금융감독위원회에 이관하며, 산업은행, 중소기업은행, 수출입은행에 대한 건전성 감독은 금융감독위원회에서 담당하도록 하였다. 이러한 금융감독기능의 일부 조정으로 당초부터 감독업무의 일관성을 결여하고 효율성을 저하시킬 뿐만 아니라 감독책임의 소재를 불분명하게 하는 등 통합금융감독체제 도입의 기본취지에 맞지 않았던 문제점이 일부 해결되었다. 그럼에도 불구하고 재정경제부가 금융감독관련 법령의 제·개정권을 명백히 행사하게 되었으며, 산업은행, 중소기업은행 등 특수은행에 대한 감독권을 금융감독위원회와 중첩하여 가지고 있어 감독체계상 중복·다기화의 문제점은 여전하고 금융감독권의 일원화를 통한 감독·검사업무의 일관성 유지는 커다란 과제로 남았다.

그 밖에 금융기관의 외국환업무에 대하여 감독권을 재정경제부장관이 계속 보유하고 건전성 감독만을 금융감독위원회에 위임하고 있는 것과 금융기관 업무와 밀접히 관련되어있는 보증기금에 대해 재정경제부에서 전담하여 감독권을 행사하고 있는 것도 통합감독체제의 취지에 전혀 맞지 않았다. 더구나 금융감독위원회를 국무총리소속으로 하고 있음에도 불구하고 특히 금융감독관련 법령 제·개정권을 재정경제부에서 계속 담당하도록 하는 것은 공정거래위원회의 경우 국무총리를 경유하여 입법추진을 하고 있음을 감안하면 더욱 문제가 있었다. 따라서 재정경제부에서 행사하도록 하고 있는 금융감독관련 법령 제·개정권은 물론 여타 금융감독관련 권한도 모두 금융감독위원회로 일원화하는 것이 바람직하였다.

그리고 한국은행 및 예금보험공사까지도 검사유사기능을 가짐으로써 감독기관이 사실상 5원화되는 결과를 가져와 감독기능 분장이 더욱 다원화되었으며 이로 인해 피감독기관의 부담은 더욱 가중되었다. 이러한 문제점까지도 기관 이기주의를 하루빨리 탈피하여 시정·보완됨으로써 우리나라 금융감독기능의 독립적·중립적 수행이 진정으로 확보됨과 동시에 새로운 통합금융감독체제가 올바르게 정착되고 효율적으로 운영되도록 하여야 한다는 지적이 많았다.

(2) 이에 2008년 이명박 정부들어 문제시되었던 금융감독체계를 금융위원회와 금융감독원으로 단순화하였다. 재정경제부가 갖고 있던 금융정책과 금융관련 입법 기능을 모두 금융위원회로 이관하고 감독집행기능은 금융감독원이 담당하도록 명확화하였다. 하지만 금융감독정책과 집행 기능이 금융위원회와 금융감독원에 중층화되어 있어 아직도 책임소재가 불분명하고 감독업무의 효율성이 떨어지는 문제는 여전하다고 보여진다. 이에 따라 앞으로 금융감독체계는 피감독기관과 금융소비자 입장에서 감독기구간 일체성을 갖는 방향으로 개선되어야 하는 과제를 안고 있다 하겠다.

2.2 금융감독기능의 독립성·중립성 확보

(1) 금융감독기능의 중립성·자율성을 확보하기 위하여는 금융감독권한이 독립적·중립적으로 운영되는 것이 중요하다. 금융감독권한이 중립적으로 운영되기 위해서는 금융감독기구가 정치적 압력이나 정부의 영향력으로부터 배제되어 독립적으로 의사결정을 하고 업무집행이 자유로워야 한다.

새로운 금융감독체계로서 통합금융감독체제가 갖추어졌다고 하지만 금융감독정책의 최고 결정기관인 금융위원회는 합의제행정기구로서 행정부에 속하고 그 업무집행기관인 금융감독원은 특수법인으로 구성되어있다. 금융감독권이 행정권이므로 정부에서 담당하여야 한다는 행정학의 고전적 논리에 의하여 새로운 감독체계하에서는 금융감독권이 행정부로 통합되었지만 이는 금융감독기능의 중립성 확보 차원에서 보면 상당한 문제점을 내포하고 있다. 금융감독업무가 정부정책과 협조 내지는 조화를 이루어 수행되어야 한다는 긍정적인 측면이 있을지 모르지만 정부의 영향력 내지는 정치권의 압력으로부터 독립하여 중립적인 정책을 수행하여야 한다는 측면에서 볼 때 과거 관치금융의 경험을 가지고 있는 우리로서는 한계를 느끼게 된다. 이와 같은 점을 감안하여 금융감독기능의 독립성·중립성 확보를 위한 감독기구의 운영 개편방안을 제시해 보면 다음과 같다.

(2) 먼저 장기방안으로서 금융감독기능의 독립성·중립성 확보를 위하여는

무엇보다도 금융감독기구가 행정부로부터 독립하여 업무를 수행할 수 있는 체제를 갖추도록 하여야 한다. 이를 위하여 장기적으로는 금융위원회를 정부의 행정조직으로 둘 것이 아니라 특수법인인 금융감독원의 최고의사결정기구로 전환하고 금융감독원이 정부로부터 독립하여 금융감독 정책의 수립 및 집행기관이 되도록 하여야 한다. 행정부는 정치권의 압력을 가장 세게 받고 있으며 관치금융의 유혹을 뿌리칠 수 없으므로 이를 애당초 배제하기 위해서는 감독기구를 정부와 독립적으로 운영하는 것이 가장 바람직하다. 아울러 위원회를 별도 기관으로 하지 않고 금융감독원의 의사결정기구화하면 금융감독기구의 내부조직 운영의 효율성을 높이는 효과도 거두게 될 것이다. 우리나라 한국은행의 조직운영체계가 좋은 본보기라 할 수 있다.[30]

(3) 그리고 현행 금융감독관계법에서 금융위원회에 집행권한을 부여한 감독업무에 대하여는 모두 금융감독원장의 권한으로 변경하여야 한다. 그렇게 함으로써 명실상부하게 금융감독원이 하나의 금융감독의 법적 기구(legal entity)로 탈바꿈하여 독립적이고 중립적인 감독기능 수행을 가능하도록 하여야 할 것이다.

(4) 상기 장기방안은 다시 감독체계의 개편과 관련한 심각한 논의가 필요하고 법률의 근본적인 개정이 수반되어야 하는 어려움이 있다. 따라서 현행 감독체계하에서 감독기능의 독립성・중립성을 최대한 확보할 수 있도록 감독기구를 운영하는 단기방안으로는 금융위원회를 현행 금융위원회의설치등에관한법률의 당초 입법취지대로 운영하는 것이다. 동법에 따르면 금융위원회는 기본적으로 금융감독에 관한 주요정책의 심의의결기구로서 자리매김이 되어 있다. 대신에 금융위원회의 업무를 보좌토록 하는 것은 금융감독원이 담당하도록 하였다. 한편 금융관련 개별법에서는 금융위원회에도 감독업무의 직접 집행권을 많이 부여하고 있다. 물론 이 권한을 금융감독원에 위임할 수 있도록 하고는 있지만 금융위원회의 독자적인 업무집행권을 인정하고 있는 셈이다. 이렇게 현행 금융관련 법령에서는 금융위원회와 금융감독원의 기능 분장이 다소 혼선을 빚고 있다. 그렇지만 금융감독기능의 중립성 확보를 위해서는 정부의 영향력을 최대한 배제하는 것이 바람직하므로 금융위원회는 당초 법률의 취지대로 감독정책의 심의의결기구로 계속 활동하면서 정책집행의 업무는 공무원조직이 아닌 특수법인

30) 한국은행은 금융통화위원회를 정책결정기구로 하는 통화신용정책 수립 및 집행기관으로 특수법인이며, 중립・자주성이 보장되고 있다. 금융통화위원회는 위원장인 한국은행 총재를 포함 상임위원 7명으로 구성되어 있으며, 이를 지원하는 조직은 한국은행이 맡고 있다.

인 금융감독원에 맡기는 것이 좋겠다. 이를 위해서는 금융위원회의 권한사항 중 업무집행에 관한 사항은 금융감독원에 법규 위임하고, 금융위원회에 두고 있는 사무조직을 최소한으로 축소하여야 할 것이다.

2.3 금융감독기구의 효율적 운영 강화

금융감독기구의 효율적 운영과 관련하여 금융위원회와 금융감독원의 운영관계에 대하여는 이미 앞에서 금융감독기능의 독립성·중립성 확보 차원에서 방안을 제시하였으므로 여기서는 여타 부문에 대해서만 언급하기로 한다.

(1) 새로운 통합금융감독체제가 도입되기 전까지 우리나라는 기본적으로 기관별 감독체계를 유지하여 왔다. 하나의 금융기관에서 취급하는 모든 업무에 대하여 하나의 담당 감독기관이 감독하는 시스템이 오랫동안 이어져 내려옴에 따라 금융기관 자체의 건전성 유지능력 판단에는 유리한 점이 있으나 금융업무의 다양화에 따른 감독상 대응에는 한계가 있다는 지적이 있었다. 특히 최근에는 금융의 자유화, 국제화, 증권화는 물론 겸업화가 급진전됨에 따라 금융기관의 업무 다양화와 더불어 전문화가 더욱 심화되고 있다. 은행의 유가증권 투자업무 비중이 점차 커지고, 증권회사, 보험회사의 여수신 유사업무가 확대되면서 이들에 대한 감독기관의 전문적인 감독기능의 필요성은 더욱 요구되고 있다.

(2) 이러한 금융여건 변화에 대응하여 감독기관이 하나로 통합되는 전기를 맞았다. 종전의 은행감독원, 증권감독원, 보험감독원, 신용관리기금이 각각 담당 금융기관만을 감독하던 체제에서 이제는 금융기관의 여수신업무, 증권업무, 보험업무 등을 업무부문별로 감독할 수 있고 개별 금융기관은 물론 전 금융권을 종합적으로 감독할 수 있는 체제가 갖추어졌다. 이에 따라 통합금융감독체제 하에서는 그 장점을 충분히 살려 기관별 감독은 물론 기능별 감독을 강화함으로써 감독 사각지대를 없앰과 동시에 감독 수준의 질적 제고를 도모하여야 한다.

(3) 그리고 금융감독의 주된 목적이 금융기관의 건전성 및 금융제도의 안정성 유지에 있고 금융기관의 건전성은 기관차원에서 관리하는 것이 용이하므로 금융감독의 목적을 효과적으로 달성하기 위하여는 기관별 감독을 중심으로 하면서 기능별 감독으로 보완하는 혼합 감독방식이 바람직하다. 1999년 출범된 통합 금융감독원이 기관별 감독방식을 중심으로 기능별 감독방식을 혼합하여 내부조직을 운영하는 것은 바람직한 방향이라 할 수 있다.[31]

(4) 한편 오늘날 세계는 통신과 컴퓨터의 발달로 모든 경제활동이 복잡해지면서 신속하게 이루어져 하나의 국가나 마찬가지로 움직이고 있다. 이러한 현상은 금융부문에서 특히 두드러져 파생금융상품 등 새로운 금융상품의 다양한 개발과 함께 국가간 경계없는 자본투자의 확대로 금융기관의 위험성은 날로 증대되고 있다. 더구나 금융기관의 위험은 국가의 위험으로 곧바로 전이되고 나아가 세계경제의 위험까지 초래하는 현상을 가져온다. 이러한 경험은 1997년 9월 동남아시아의 금융위기가 1997년말 우리나라의 금융위기에 이은 IMF 사태를 초래하였고, 98년 8월 러시아의 모라토리움 선언에 이어 중남미의 금융위기가 미국 등 세계의 경제위기를 불러온 것에서 익히 체험하였다. 그리고 2008년 글로벌 금융위기의 여파로 유럽의 재정위기가 몰려왔고, 이어 아시아 등 전세계적인 금융위기로 확산되었던 경험이 있다. 이러한 과정에서 금융에 대한 실효성있는 감독의 필요성은 더욱 강조되고 있다. 아울러 금융업무의 복잡·다양화 및 전문화에 따른 감독기법의 개발 및 전문가 양성 등을 통한 감독기능의 전문성 강화와 질적 제고가 시급한 과제가 되고 있다.

따라서 새로운 통합감독체제하에서는 금융감독기능의 전문성과 질적 제고를 위한 외형적 여건이 충분히 갖추어져 있으므로 이에 상응한 효율적 조직 운영과 감독능력 향상 등 새로운 조직운영체제의 정착을 통한 감독기능의 선진화에 최대한 노력을 경주하여야 할 것이다.

---

31) 현재 금융감독원에는 금융기관별 감독을 담당하는 부서(예: 은행, 증권회사, 보험회사, 상호저축은행 등에 대한 감독업무 수행)와 여러 금융기관에서 취급하고 있는 업무에 대한 감독을 담당하는 부서(예: 신탁업무, 외환업무, 신용공여업무 등에 대한 감독업무 수행)가 있다.

제 3 편

Financial Corporate Governance of Korea

금융회사 지배구조

제 7 장 지배구조와 금융회사

Ⅰ. 서 설

1. 지배구조 논의 시작

기업의 지배구조(Corporate Governance)[1]에 관한 문제는 1990년대 이후 세계 각국에서 가장 활발하게 논의되고 있는 회사법학의 과제 가운데 하나이다. 물론 논의의 시초는 1920년대 말 미국의 Berle와 Means에 의해 주요 대기업의 지배구조 분석 결과 제시된 경영자지배(management control)론에서 비롯되었지만, 1960~70년대 들어 대기업 경영지배에 대한 더 많은 분석과 반론이 제기되면서 논의가 활발해졌다.[2] 그 후 1990년대에 와서 영국, 독일, 프랑스, 일본, OECD 등 각국에서도 주식회사의 지배구조에 관한 문제점을 분석하고 그 개선 방안을 논의하는 움직임이 본격화되었다.[3]

최근에는 세계경제의 글로벌화에 대응한 안정적 국제투자관행의 확립과 기술혁신, 자본자유화 등 기업환경의 급속한 변화에 따라 기업지배구조 확립의 필요성이 확산되고 있다. 그동안 미국을 중심으로 하는 선진국에서는 우수한 기업지배구조가 기업경쟁력의 원천이며, 각국 경제의 장기적 안정성장의 기본요건이라는 인식이 확산되어 왔다. 이러한 인식은 경제와 자본시장의 국제화가 가속화

1) 지배구조는 Corporate Governance를 번역한 것으로 '회사지배구조'나 '기업지배구조'라는 용어로도 번역되고 있다. 최근에는 '기업지배구조'라는 용어가 더 보편화되어 있는 것 같다. 회사법적으로 지배구조는 경영구조와 소유구조로 구분되기도 한다. 여기에서는 문장에 따라서 지배구조, 회사지배구조, 기업지배구조라는 용어로 혼용하여 쓰기로 한다.

2) 이철송, 「회사법강의」(박영사, 2005.2), 385면.

3) 이에 대한 개괄적인 설명은 강희갑 · 권기범 · 정호열 · 원용수(이하 '강희갑 등'), "주요 유럽국가의 회사지배구조의 최근동향과 우리나라의 기업결합에 있어서의 지배구조", 「상사법연구」(제20권 1호)(상사법학회, 2001), 348-350면 참조.

되면서 기업지배구조에 대한 국제규범을 만들어야 한다는 견해로 발전되기도 했다. 단적인 예로 OECD는 "기업지배구조의 기본원칙"을 마련했는데, 이는 주주자본주의에 바탕을 둔 영미식 기업지배모형이 중심이다.

현대 주식회사의 중요한 특징으로 소유와 경영의 분리를 들 수 있다. 이것이 기업지배구조에 관한 논의의 출발점이 된다. 기업의 실질소유자인 주주는 회사의 경영에 직접 참여하지 않고 주주의 이익을 대변하는 경영자가 회사의 경영과 관리를 책임지게 된다. 이러한 현상은 오늘날 공개된 대기업에서 더욱 현저하게 나타나고 있다. 따라서 기업지배구조 논의는 기업경영이 효율적이고 건전하게 이루어 질 수 있도록 기업 소유와 경영지배구조의 관계를 재편하고 경영자에게 맡겨진 경영권의 적절한 행사에 대해 감시하는 장치를 개선하는 데 초점을 두게 된다. 나아가 기업지배구조 개선이 주주의 이익을 도모하는 동시에 경제주체로서 기업의 사회적 책임을 다할 수 있도록 하는 문제로 이어지게 된다.[4)]

이처럼 최근 들어 기업지배구조 문제가 중요 이슈로 대두되고 있는 이유는 기업지배구조가 기업의 주가, 그리고 궁극적으로는 기업의 가치에 상당한 영향을 미치고 있는 것으로 밝혀지고 있기 때문이다. 외국기업에 관한 연구에 의하면 기업지배구조가 우량할수록 기업의 경영성과와 시장에서 평가된 기업가치가 높다는 것을 보여주고 있으며, 국내기업에 관한 연구 결과도 지배구조가 기업의 성과와 주가에 매우 밀접한 영향을 미치는 것으로 보고하고 있다.[5)]

2. 우리나라에서의 논의

우리나라에서 기업의 지배구조에 대하여 본격적으로 관심을 갖게 된 것은 1997년말 IMF 외환위기 이후라고 할 수 있다. 흔히 이 논의의 대상이 주식회사와 대기업이라고 하고 있으나 그 중 대표적인 기업형태인 금융회사[6)]가 바로 핵심에 있었다. 그 이유는 그 동안 우리나라의 금융회사가 소유와 경영의 미분리

4) 강희갑 등, 전게 논문, 347-348면.

5) 박경서 · 장복섭 · 이은정(이하 '박경서 등'), "은행산업의 지배구조와 개선방향", 「KDIC금융연구」(제4권 제1호)(예금보험공사, 2003.3), 6면.

6) 지금까지도 우리나라에서는 관행적으로 '금융회사'를 '금융기관'으로 표현하고 있다. 은행법에서는 은행을 '금융기관'이라 칭하던 것을 2010년 '은행'으로 개정하였다. 금융위원회의설치등에관한법률에서는 '검사대상기관'이라고도 한다. 그러나 설립형태가 대부분 상법상 주식회사로서 영리를 추구하는 기업이므로 앞으로는 '금융회사'라고 부르는 것이 좋을 것이다. 따라서 이하에서는 '금융기관'을 '금융회사'로 표현하고자 한다.

및 내부통제의 소홀 등 지배구조의 낙후로 인해 경영진에 대한 견제 기능이 크게 미흡하였고, 이러한 것이 결국 금융회사의 경영실패로 이어졌으며 나아가 경영 효율성의 저하 및 부실금융기관의 급증 등 사회·경제적인 부작용까지 초래하게 된 요인으로 작용하게 되었기 때문이다.[7] 따라서 금융회사는 외환위기를 극복하기 위하여 경영의 건전성 확보 및 투명성 제고에 최우선 목표를 두고 이의 개선에 많은 노력을 기울여 왔다.

정부는 금융회사의 선진화 및 국제화를 위한 최대과제가 내부 감사·통제(internal audit and control) 및 지배구조 관련 패러다임을 새롭게 구축하는 데 있음을 인식하고 관련과제를 중점적으로 검토·추진하여 왔다. 그러한 예로 2000년부터 금융회사의 경영 건전성 및 투명성 제고를 핵심과제로 하여 사외이사 중심의 이사회 제도, 감사위원회 및 준법감시인 제도라는 영미식 제도를 도입·시행함으로써 금융회사의 지배구조 개선 및 내부통제체제 강화를 도모하고자 노력하여 왔다. 즉 낙후된 금융소프트웨어의 선진화를 통하여 금융회사에도 만연하였던 도덕적 해이의 병폐를 근절하고, 시장규율에 따라 운영되는 시장경제 원칙의 정착과 책임경영체제의 확립, 선진 지배구조의 확립을 도모함으로써 우리나라 금융산업을 더욱 발전시키고자 하였던 것이다.

한편 1999년 5월말 열린 OECD 연차총회에서 각 회원국들에게 기업지배구조를 개선하도록 권고하는 OECD 원칙을 확정하였다. 우리 정부도 이와 같은 기업지배구조의 국제적인 규범화 움직임에 부응하여 1999년 9월 민간위원으로 구성된 기업지배구조개선위원회를 만들었고, 이를 통하여 감사위원회 제도의 도입, 사외이사의 선임 의무비율 확대 및 독립성 강화, 공시제도 강화 등을 골자로 하는 기업지배구조모범규준을 발표하였다. 1999년 12월과 2000년 1월에는 동 모범규준을 바탕으로 상법과 금융관계법률을 개정하여 주로 미국에서 운영하고 있는 감사위원회와 준법감시인 제도를 금융회사에 도입·시행하고, 사외이사 제도를 전 금융영역으로 확대함으로써 금융회사 지배구조의 선진화를 본격적으로 도모하고자 하였다. 이러한 변화는 단순히 금융회사에 대해 일부 영미법계 제도를 도입한 것이 아니라 실질적인 의미에서 우리나라 금융회사의 지배구

7) 기업지배구조의 실패는 개별기업 자체와 그 수수는 물론 사회 전체적으로 커다란 손실을 가져오게 되는데, 미국의 경우 기업지배구조 실패에 따른 손실이 연간 400억 달러로 추산되고 있다(Valentine V. Craig, *The Changing Corporate Governance Environment: Implication for the Banking Industry*, FDIC Banking Review, FDIC, 2005.11. p. 1).

조를 영미법계 체계로 전환하는 혁신적인 조치였다고 할 수 있다.

그러나 이와 같이 금융회사의 경영 건전성 확보 및 투명성 제고를 위하여 많은 혁신적인 제도를 도입·시행하였음에도 불구하고 아직도 새로운 제도의 실효성에 대하여 회의적인 시각이 남아있고, 그 도입목적을 충분히 달성하기 위해 해결할 문제점을 안고 있는 것으로 여전히 지적되고 있다. 제도면에서 영미법계의 지배구조체계가 우리나라의 회사법제나 기업문화와 정합성을 갖지 않아 새로 도입된 지배구조제도가 제대로 정착되지 못하고 있으며, 금융회사 내부조직 사이에 권한과 업무가 중첩되는 등의 부작용이 발생하고 있다는 지적도 있다. 운영면에서도 사외이사는 이사회에서 단순한 거수기에 불과하고, 감사위원회도 경영감시기능을 제대로 수행하지 못하여 이 제도들이 금융회사 내에서 도입 취지대로 기능하지 못하고 있다는 비판도 나타나고 있다.

또한 금융회사별로 그 관계 법률에 의거하여 선진형 지배구조제도를 단계적으로 도입하면서 금융업권별 상황을 고려하다보니 업권별 제도상 차이가 다소 발생하였고 운영에 있어서도 형평성의 문제가 일부 제기되었다. 이에 2010년 이후 많은 논의 과정을 거쳐 금융회사에 관한 지배구조제도를 각 금융관계법률의 규정에서 빼내 하나의 법률로 통합·조정하는 「금융회사의지배구조에관한법률」(이하 "금융회사지배구조법"이라 약칭한다. 괄호 인용시는 "금융지배법"으로 표시한다)을 2015. 7 제정하여 2016년 8월 시행하게 되었다.

Ⅱ. 지배구조의 논리: 소유지배와 경영지배

기업의 지배구조(Corporate Governance)는 기본적으로 기업을 소유하고 경영을 지배하는 문제이다. 누가 기업을 어떻게 소유하는지와 누가 기업 경영을 어떻게 지배하는지, 즉 소유지배(ownership)와 경영지배(management control)는 기업 지배구조의 양대 축이다. 기업을 소유하는 자는 기업을 직접 경영하는 경우도 있지만 대부분의 경우는 자신이 선임한 경영인을 내세워 대리 경영을 한다. 무슨 기업이든지 온전히 경영하기 위해서는 기업에 대한 소유지배와 경영지배는 합리적으로 설계되고 건전하게 운영되어야 한다. 기업 소유자가 얼마나 출자하고 어떻게 의사표시를 할 것인지, 경영인을 어떻게 선임하고 견제할 것인지, 경영인은 경영의사를 어떻게 결정하고 집행할 것인지, 경영인의 책임은 어떻게 지고 물을 것인지 등등의 문제가 기업 경영에서 늘상 발생한다. 더구나 공공성이 강한 기업에서는 그 경영에 있어 합리성과 효율성, 투명성이 더욱 요구되는 것이 오늘날의 추세이다. 여기서 기업의 지배구조는 어떨 땐 소유지배구조가 거론되고, 또 경영지배구조가 문제되거나 아니면 양자 문제가 제기되기도 한다. 따라서 기업지배구조의 논의는 기업의 소유지배구조와 경영지배구조로 나누어 다루기로 한다.

기업은 일반적으로 자연인이 아닌 영리를 목적으로 하는 법인으로서 상법상 회사에 속한다. 회사는 독립된 사회적 실재로서 출자자(소유)와 운영 조직(경영)의 결합체이다. 이론상 회사의 의사와 행위는 그 자체로서 가지나 실제로는 회사 조직상 일정한 지위에 있는 자에 의해 결정되고 실천된다. 이러한 회사의 의사를 결정하고 행위를 실천하는 회사 조직상의 기구를 기관이라 한다. 합명회사와 같은 인적회사에서는 원칙적으로 출자자인 각 사원이 업무집행권과 대표권을 가지므로 사원자격과 기관자격이 일치한다. 그러나 물적회사인 주식회사에서는 기능별로 수개의 기관으로 분화되어 있고 그중 주주총회 이외의 기관의 구성에는 출자자(주주)자격을 전제로 하지 않는다. 주식회사의 기관은 회사 내부의 최고 의사결정기구인 주주총회, 업무집행기구인 이사·이사회·대표이사, 감사기구인 감사 또는 감사위원회로 구성된다. 주식회사의 기관구조의 특징은 인적회사와는 달리 출자자(주주)로부터 독립된 지위를 갖는 자(이사)들이 회사의 경영기구를 구성한다는 점이다. 주주총회와 감사의 존재는 이사가 경영을 담당하기 때문에 부수적으로 생겨난 것이다. 이에 따라 주식회사에 있어서는 원천적으로 회사 소유와 경영의 문제가 발생하고, 회사지배구조는 소유지배구조와 경영지배구조로 구분하여 접근할 수 있다. 오늘날 주식회사의 지배구조문제는 소유와 경영의 분리 원칙에서부터 시발하게 되는데 소유자로부터 지배문제가 시작되어 경영진으로 연결되기 때문에 소유지배구조와 경영지배구조가 상호 밀접하게 연관되어 있다고 하겠다. 이는 일반회사 뿐만 아니라 금융회사의 경우도 마찬가지이다. 특히 주식이 많이 분산된 공개회사의 경우에는 더욱 그러하다.

1. 소유와 경영의 분리

주식회사에서 소유와 경영이 분리되어야하는 제도적 동기는 주주들이 유한

책임을 진다는 데 있다. 기업경영에 따른 위험으로부터 회사채권자를 보호하기 위해서는 주주 유한책임을 넘어 회사 재산에 대한 건전한 유지가 필수적이다, 이는 주주들의 이기적인 행동에 영향받지 않고 회사 경영의 객관성을 유지하고 재산을 독립적으로 관리함으로써 가능하다. 이 점이 주식회사에서 소유와 경영이 분리되어야 하는 가장 중요한 이유이다. 한편 회사의 경영이 이기적인 출자자의 손을 떠나 객관화됨으로 해서 회사의 채권자는 회사경영에 대한 감시비용을 줄일 수 있고, 그 결과 회사는 주주와 채권자의 신뢰를 얻어 자금조달에 따른 비용을 줄일 수 있다.

주식회사는 다수의 주주로 구성되는 기업형태이다. 다수의 주주가 직접 회사업무의 집행에 참여한다면 일상적인 경영이 항상 자본다수결로 결정되어 대주주의 횡포가 우려되고 때로는 의사의 분열로 경영의 정체가 생길 수도 있다. 이는 결국 주주의 감시비용을 높이고 투자수익을 감소시킬 것이다. 따라서 일단 선임되면 자본다수결의 영향을 받지 않는 제3의 독립적인 경영기구를 두어 업무집행의 객관성을 유지할 필요에서 소유와 경영을 분리하게 된 것이다. 물론 이사는 주주총회에서 선임되므로 대주주의 영향력에 의해 선임되지만 일단 선임되면 회사의 수임으로서 자기 책임하에 업무를 집행할 법적인 의무를 부담한다(상법 제382조 제2항, 제399조 제1항). 그리고 이사회에서의 의사결정은 인적회사와 같이 두수주의에 의해 행한다. 이 두 가지 제도가 주주의 부당한 간섭을 차단함으로써 경영의 합리성을 보장하는 기능을 한다.

주식회사에서는 주주들이 유한책임을 지므로 경영성과로 인한 주주의 위험부담은 제한적이고 예견가능하다. 인적회사에서처럼 주주가 직접 경영에 임해야 할 필연적인 이유가 없고, 주주의 이윤동기를 보다 만족스럽게 충족시켜줄 경영기구가 있다면 그 것이 더 바람직할 것이다. 소유와 경영의 분리는 전문경영인에게 경영을 위임함으로써 경영의 효율을 기하고 나아가 주주들의 이윤동기를 보다 더 충족시킬 수 있다는 효과도 갖는다.[8)]

2. 주주의 보호와 경영 통제

주주의 유한책임제도의 논리적 귀결로서 그리고 주주와 채권자의 감시비용 절약을 위한 방법으로 소유와 경영을 분리하지만 그 결과 주주의 보호라는 과

8) 이철송, 「회사법강의」(박영사, 2008.2), 386-388면.

제가 생긴다. 이사가 경영을 전담함에 따라 주주는 회사 경영에서 국외자가 되는데 이사가 항상 합리적 합법적 행동만을 하리라는 보장은 없기 때문이다. 그러므로 주주는 이사를 일상적으로 견제할 전문적인 감시기구를 필요로 하며, 이의 제도적 기구로서 감사 또는 감사위원회를 두는 것이다.

소유와 경영의 분리라곤 하지만 이사는 기업의 소유자인 주주의 의사에 그 존재의 근거를 둘 수 밖에 없고, 감사 역시 주주의 감시기능을 일부 대신하는 자이므로 주주가 선임해야한다. 회사에는 일상적인 경영의 수임자인 이사가 할 수 없는 처분적 업무(예: 정관변경, 자본감소, 영업양도, 회사해산, 합병, 결산승인 등)도 주주들의 의사결정이 필요하다. 주식회사에는 주주가 다수 존재하고, 소유주식수에 따라 각 주주의 이사의 비중이 상이한 관계로 의사형성의 공정을 기하기 위해서는 절차의 형식성과 엄격성이 요구된다. 그리고 이사·감사와 같은 기관적 조직에 대응하여 주주도 역시 조직화된 방법으로 단체적 의사를 형성할 필요가 있다. 그리하여 주주는 주주총회하는 기관을 구성하여 다수결의 방법으로 주주들의 단일화된 의사를 표시하게 된다.

이상과 같은 주식회사의 기관(organ) 분화 및 권한 배분의 법 논리는 한마디로 주주의 유한책임을 시발점으로 하여 제기되는 회사재산의 객관적 중립적 운영의 필요성을 충족시키고, 이를 보장하기 위해 기관 간에 견제와 균형을 유지하는 것이라 하겠다.[9]

3. 경영자지배론

현대 회사법은 소유와 경영의 분리를 원칙으로 주주총회의 권한을 약화시키고 이사 또는 이사회에 경영권을 집중시키는 경향이 있다. 이사 선임권을 갖고 있는 주주총회의 결의를 자기 의사대로 유도할 수 있는 주주는 회사를 궁극적으로 지배하게 된다. 폐쇄회사에는 지배주주의 존재가 뚜렷하지만 대규모 공개회사는 결정적인 지배력이 없는 다수의 주주로 구성되므로 지배권 귀속의 보편적 경향을 찾기가 쉽지 않다. 여기서 미국의 벌리와 민즈(Berle & Means)에 의해 경영자지배론이 주장되었고 이후 많은 연구가 이어졌다.

벌리와 민즈는 1920년대 미국의 주요 대기업의 지배실태를 토대로 하여 현대주식회사의 지배구조 분석을 시도하였다. 1932년 출간된 그들의 저서 「현대

9) 이철송, 전게서, 388-389면.

주식회사와 사유재산」(*The Modern Corporation and Private Property*)에서 대규모 주식회사는 경제력의 집중으로 자본의 규모가 커짐에 따라 그 주식이 광범위하게 분산되고, 이로 인해 기업의 소유는 세분화되어 어느 개인도 지배주주가 될 수 없다는 점을 지적하였다. 그리하여 소량의 주식을 소유한 경영자가 의결권대리권(proxy)제도를 활용하여 기업의 지배권을 장악하는 이른바 경영자지배(management control)가 가능해지고, 그 결과 지배자인 경영자는 그 자체가 자기 영속적인 존재(a self-perpetuating body)가 된다고 하였다. 이 이론의 검증을 위해 1929년에 금융업을 제외한 200대 기업의 주식분산실태를 조사하였는데, 그 중에서 65개 기업에서는 어느 단일주주집단도 발행주식총수의 5% 이상을 소유하지 못하고 있으며, 불과 16개 정도의 회사에서 최대주주의 지분이 5~20%에 머문다는 사실, 그리고 전체적으로 44%의 회사가 경영자지배하에 있다는 사실을 밝혀냈다. 그 후 1963년에 로버트 라르너(Robert Larner)가 200대 기업의 지배구조를 조사한 바에 의하면 그 중 160개 기업에 10% 이상을 소유한 단일주주가 없다는 사실이 밝혀졌다. 그리고 200대 기업 중 84%에 해당하는 167개 기업이 경영자지배하에 있는 기업이라고 하였다. 이 수치는 1929년에 벌리와 먼즈가 조사한 것에 비해 배수로 증가한 것이다. 경영자지배론은 많은 반론이 제기되기도 하지만 여전히 주식이 널리 분산된 대기업의 지배구조를 설명하는데 가장 설득력있는 이론으로 인정되고 있다.[10]

오늘날 우리나라에서도 주식이 상장되어 분산된 대기업이 많고 그 중에서 대주주의 지배하에 경영되고 있는 기업들도 많다. 하지만 주식이 대중에 많이 분산되고 확실한 대주주가 없는 경우에는 소수주주나 전문경영인에 의해 지배되고 있는 기업도 있을 수 있다. 특히 특정 대주주가 없는 금융회사의 경우는 더욱 그러하게 보여진다. 이러한 기업에는 사실상 경영자지배와 같은 현상이 있다고 하겠다.

4. 지배구조의 변화 추세

주식회사 지배구조의 틀인 각 기관(organ)의 역할과 기능이 시대의 흐름과 사회의 변화에 따라 달라지고 있다. 주식회사에서 사원 자격과 업무집행기관 자격이 분리되는 것은 본질적으로 기업의 소유와 경영의 분리를 의미한다. 이러한

10) 이철송, 전게서, 391-392면.

현상은 특히 대규모 공개회사에서는 주주의 지배력이 거세된 존재로 전락하여 회사 경영의 지배적 권력에 변화를 가져오게 되었다. 이에 따라 현대 회사법에서는 주주총회 중심주의를 지양하고 이사회 중심주의를 취하는 대신 그 견제를 위해 이사의 책임과 벌칙을 강화하고 부정방지를 위한 강행규정을 두는 한편 감사의 권한을 강화하여 일상적인 감시를 기대하고, 주주에게도 감시·시정의 권리를 부여하는 경향을 보이게 되었다. 이러한 지배구조의 변화는 다음과 같은 특색을 보이고 있다.

4.1 지배요건의 완화경향

현대 회사에 공통된 지배론이 거론되는 것은 회사의 지배요건이 일반적으로 완화되어가는 경향을 보이기 때문이다. 회사지배의 가장 중요한 내용은 회사의 통상적인 경영권을 장악하는 것이므로 결국 회사지배란 이사선임을 위한 보통결의에 족한 의결권을 확보함을 뜻한다. 이러한 의미에서 가장 확실한 의결권 확보는 발행주식 총수의 과반수를 소유하는 것이다. 그러나 다수의 주주로 구성된 회사에서 전 주주 출석이란 드문 일이며, 또 출석하더라도 의결권의 집단적 행사는 예상하기 어려우므로 실제는 단순 다수만 가지고도 회사지배가 가능한 경우가 많다. 더욱이 현대사회에서는 주식이 광범위하게 분산되면서 사채권자화하여 주주총회에 참석할 실익이 없는 군소주주를 탄생시키므로 지배에 요하는 의결권수를 완화시켜주고, 이들을 상대로 의결권의 위임을 권유하면 군소주주의 의결권은 권유자의 지배권에 가담하게 된다. 또 투자주주를 회사 지배에서 제도적으로 소외시킬 목적으로 무의결권주식을 발행하기도 한다. 이리하여 소량의 주식을 가지고도 회사 지배가 가능해지고 있으며, 이 때문에 현대 회사는 지배구조상의 변화를 겪고 있다.[11)]

4.2 기관투자자 및 법인주주의 확대

2차대전 후 대규모 회사의 지배구조는 세계적으로 큰 변화를 겪어왔다. 그 경향은 주식소유의 법인화로 특징지을 수 있다. 이는 주식소유가 기관투자자로 집중되고 기업결합이 활발하기 때문이다. 금융업이 성장하면서 연금기금, 은행, 보험회사, 자산운용사 등과 같은 기관투자자(institutional investor)로 자금이 집

---

11) 이철송, 전게서, 391면.

중되어 이들의 자산 운용을 위한 주식투자가 늘어나게 되었다. 또한 개인투자자의 능력으로는 기관투자자의 자금력이나 자산운용 기술을 따라갈 수 없기 때문에 개인투자자들이 점차 직접투자방식을 지양하고 수익증권을 통한 간접투자방식을 택하면서 기관투자자의 주식소유가 급증하는 현상을 보였다.

한편 기업 대형화의 수단으로 현대의 경영자들은 기업결합 방법을 즐겨 택하고 있다. 새로운 설비투자나 시장개척을 꾀하는 것보다는 이미 해당 분야에 진출한 기업을 인수하는 것이 경제적이고 위험이 적기 때문이다. 근래 기업결합이 현저히 늘고 있는데 모자회사의 형성이나 합병이 즐겨 이용되고 있으며, 일본의 경우에는 상호주소유가 많이 이용되어 왔다.

이같이 주식소유가 기관투자자에 집중되고 기업결합으로 인해 법인간의 주식소유가 늘어나는 현상은 우리나라에서도 현저하다. 우리나라 상장법인의 표준적인 주주 구성비는 2005년말 현재 소유주식수 기준으로 기관투자자 14.0%, 사업법인 17.5%, 개인주주 48.3%, 외국인 16.9%이다. 외국인은 주주로 글로벌 투자자기금이므로 기관투자자의 지분과 성격을 같이 한다.

한편 우리나라 상장회사의 주주총회에는 일반적으로 실질주주의 참석률이 40% 내외에 그칠 정도로 저조하다. 2017년까지는 실질주주의 의결권행사에 관해 그림자투표(shadow voting)제도[12]가 시행됨에 따라 한국예탁결제원에 예탁된 주식 중 결석한 실질주주의 의결권은 예탁결제원이 다른 주주의 찬반 비율대로 대신 행사하였다. 그리고 기관투자자는 주주총회에서 의결권을 행사함에 있어 지배주주나 경영자의 정책적 결정에 따라가는 것이 일반적인 현상이었

---

12) 정족수 미달로 주주총회가 무산되지 않도록 하기 위해 참석하지 않은 주주들의 투표권을 행사할 수 있는 일종의 의결권 대리행사 제도다. 불참 주주들의 의사가 반영되는 위임투표(proxy voting)와 구별된다. 예컨대 동일한 지분을 소유한 주주 100명 중 주주총회에 참석한 주주가 10명일 경우를 가정할 때, 이 10명 가운데 해당 안건에 대해 7명이 찬성하고 3명이 반대했다고 하면 출석하지 않은 나머지 90명의 주주에 대해서도 똑같은 비율로 표결에 참여한 것으로 간주하는 것이다. 섀도보팅은 정족수가 모자라면 주주총회 자체가 성립되지 않기 때문에 참석인원 미달로 주총이 무산되는 것을 막기 위해 도입된 제도이다. 하지만 실제로는 소수 경영진이나 대주주의 경영권 강화 수단으로 악용돼 '주주 우선 경영원칙'에 위배된다는 비판을 받았다. 왜냐하면 기업들이 소액주주들의 주주총회 참여를 독려하기보다는 섀도보팅을 이용해 보다 쉽게 정족수 확보를 꾀하려는 움직임이 많았기 때문이다. 또 기업들이 섀도보팅을 선호해 주주총회의 형식화가 유발되면서 이를 개선해야야 한다는 지적이 계속돼 왔다. 이러한 논란으로 1991년 국내에 도입된 섀도보팅은 2013년 5월 자본시장법 개정에 따라 2015년 1월 폐지될 예정이었다. 그러나 섀도보팅 폐지로 기업의 주주총회가 무산될 수도 있어 한국상장회사협의회를 주축으로 한 상장사들은 전자투표를 도입하는 기업에는 섀도보팅을 허용해야 한다고 주장하는 등 논란이 증폭되었고, 결국 시장 혼란 등을 이유로 3년간 폐지가 유예되었다가 2017년 12월 결국 폐지에 이르렀다.

다.[13)]

결국 기관투자자나 법인주주의 확대상황 속에서도 주주총회에서의 결의는 실질주주의 참석이 저조한 가운데 지배주주 및 그 계열회사의 지분이 과반수결의 요건을 넘김으로써 항상 지배주주가 이겨 회사를 계속 지배하는 경향이 많았다.

4.3 주주 민주화와 행동주의 강화

원래 회사의 지배는 궁극적으로는 주주총회의 결의에서 그 근원적 정당성을 찾는 것이다. 주주총회는 본래 다수인의 주주를 전제로 하여 이들의 의사통합에 의해 회사 의사를 형성하고, 또한 이들의 감시에 의해 회사 운영의 적정을 기할 수 있다. 그러나 경영자지배가 이루어지거나 대중 주주의 지분이 감소하고 법인주주와 지배주주가 주주총회에서 지배적 지위를 차지하게 되면 주주총회의 의사형성이 주주의 보편적 이익을 떠나 경영자 또는 지배주주와 법인주주의 정책적 결정에 의해 이루어지게 된다. 더구나 의사형성과정에 있어서도 다수 의사의 수렴이라는 주주총회의 고전적 운영원리가 무시된 채 보이지 않는 채널을 통한 합의가 사전에 이루어지고 주주총회는 이에 법적 정당성만을 부여하는 추인기구로 전락하고 만다. 이렇게 되면 대중 주주는 감시기능조차 상실하고 회사경영의 국외자가 될 수 밖에 없다. 그러므로 현대 주식회사의 규율에 있어서는 경영자의 전횡으로부터 주주, 특히 소수자 주주를 보호하고 경영기구에 대한 감시견제를 통해 회사 경영의 합법성과 공정성을 보장하기 위한 제도적 개선 노력이 끊임없이 기울여져야 한다.[14)]

요즘 우리나라에서는 회사 지배구조의 근원이라 할 수 있는 주주총회의 의결방식에 있어 커다란 변혁이 일어나고 있다. 소수 경영진이나 대주주의 경영권 강화수단으로 이용되던 그림자투표제도가 2017년말로 폐지되고, 주주 중시 경영을 강화하기 위한 전자투표제도[15)]가 2016년 3월부터 도입되었다. 이제 한국

13) 이철송, 전게서, 393-394면.

14) 이철송, 전게서, 395면.

15) 주주가 주주총회에 직접 출석하지 않고 PC나 스마트폰, 태블릿에 접속해 특정 안건에 찬반을 클릭하는 방식으로 의결권을 행사하는 방식을 말한다. 기업이 한국예탁결제원과 계약을 맺어 전자투표시스템에 주총의 의안과 의안별 자료, 의결권 제한 등의 내용을 올리면 주주들은 주총이 열리기 하루 전까지 온라인으로 투표할 수 있다. 기업은 이 결과를 통보받아 오프라인 주총 결과와 합산한 최종 결과를 시스템에 등록하고, 주주들은 온라인에서 결과를 조회할 수 있다. 미국, 영국, 일본 등 선진국 기업들은 2000년대 초부터 주주 중시 경영, 기업경

예탁결제원에 예탁된 주식은 주주총회에 결석할 경우 의결권 대리행사가 불가하고 실질주주가 직접 의결권행사를 하여야 하는데, 실질주주가 주주총회에 직접 참석할 수 없을 때에 전자투표방식으로 의결권을 미리 행사할 수 있도록 한 것이다. 이는 주주권 강화와 지배구조 개선차원에서 도입된 제도이다. 하지만 개인 주주나 군소 주주의 주주총회 참석에 대한 관심이 저조한 상황에서는 상법상 주주총회 의결요건인 '발행주식총수의 25% 출석, 출석주주 과반 찬성'을 지키지 못하는 어려운 상황을 초래할 우려가 커진다는 문제점이 지적된다.[16] 자본시장법상 상장회사의 주주총회 의결권행사 방식은 변경하면서도 상법상 일반회사의 주주총회 의결요건을 변경하지 않은 입법상 부조화이다. 신속한 상법 개정을 적극 검토하여야 할 것이다.

한편 최근에는 기관투자자의 수탁자로서의 책임을 다하도록 한 스튜어드쉽 코드(Stewardship Code)가 도입되는 추세에 있다. 전 세계적으로는 2008년 글로벌 금융위기를 거치면서 금융회사의 방만한 경영과 도덕적 해이의 만연에 대한 문제의식이 생겨났다. 기관투자자들이 적극적으로 투자대상회사의 경영에 참여하였다면 금융위기의 충격이 크지 않았으리라 보는 견해가 설득력을 얻으면서 기관투자자들이 수탁자로서 책임을 충실히 이행하도록 하기 위한 논의가 이루어졌다. 2010년 영국이 처음으로 스튜어드십 코드를 도입하였으며 이후 2011년에는 네덜란드, 2013년에 스위스, 2014년에 일본, 2016년에 대만 및 홍콩 등이 순차적으로 도입하였다. 우리나라의 경우 2016년 12월 '기관투자자의 수탁자 책임에 관한 원칙'이 공표되었고, 국민연금에서 2018년 7월 이 제도를 채택하기로 하면서 다른 연기금과 자산운용사에서도 뒤따르고 있다. 이처럼 국내외적으로 연기금이나 자산운용사들이 기관투자자로서 투자한 주식에 대하여 수탁주주로서 의결권을 적극 행사하도록 하여 회사의 방만한 경영과 도덕적 해이를 방지하도록 하는 주주 행동주의가 강조되는 것이다.[17]

영의 정보기술화 등을 위해 전자투표제를 도입하였고, 우리나라는 2016년 3월부터 도입・실시 중에 있다.

16) 상장회사협의회에 따르면 2019년 정기 주주총회에서 1,994개 상장회사중 183개사가 의결정족수 부족으로 주요 안건을 통과시키지 못했다고 한다.

17) 스튜어드십 코드에 관한 자세한 내용은 별도로 후술한다.

Ⅲ. 지배구조체계의 일반론

1. 지배구조의 의의

회사의 지배구조문제는 소위 기업지배구조(Corporate Governance)라는 용어로 유행하면서 1990년대 이후 세계적으로 활발하게 논의되고 관심이 집중되고 있다. 요즈음 기업지배구조는 각 나라마다 많은 법적·제도적 변화와 함께 기업활동에 심대한 영향을 끼치고 있다. 물론 기업지배구조는 문자 그대로만 본다면 "누가 기업을 지배할 것인가"의 문제이다. 소유주가 절대적으로 기업을 경영한다면 지배구조문제는 발생하지 않는다. 그렇지만 오늘날 기업을 보면 소유와 경영이 분리되면서 소유는 주주에 속하지만 주식은 일부 소수의 대주주를 제외한 다수의 영세주주에게 분산되는 것이 대기업의 특색이다. 특히 자본시장이 발달한 시장경제 사회에서는 기업의 자금조달을 위한 주식공개와 일반인들의 주식투자가 활발하게 이루어지고 있어 이러한 대기업의 특색은 보편화된 현상이라 할 수 있다. 그런데 대기업에서는 주주총회의 운영이 유명무실화되는 경향이 심해지고 있는가 하면, 회사의 실질적인 경영권이 주주총회에서 선임된 이사로 구성된 업무집행기관에 속하게 되어 소위 경영자지배(management control) 현상이 발생하고 권한남용의 폐단까지 지적되는 실정에 이르게 되었다. 이리하여 회사 경영의 감시와 통제의 필요성이 입법론으로 주창되면서 기업지배구조론이 다양하게 논의되고 있다.[18)]

1.1 개 념

기업지배구조의 개념을 명확하게 일의적으로 정의하기는 쉽지 않다. 나라마다 기업의 소유구조가 기본적으로 다르고, 기업활동을 둘러싼 경영 환경과 정치, 사회, 법률 등의 제도적 환경 등이 상이하므로 기업지배구조의 형태도 다양하고 차이가 있을 수밖에 없기 때문이다.[19)] 그러나 다양한 형태로 전개되고 있

18) 손주찬, 「상법(상)」(박영사, 2005.8), 697면.

19) 기업지배구조는 각 나라마다 기업의 소유자, 경영자와 자본투자자의 상호 권한관계에 따라

는 기업지배구조를 대체로 분류하여 살펴보면 다음과 같다.

먼저 최광의로는 주식회사의 관리운영에 관한 전반적인 구조를 의미하는데 미국의 경우를 들 수 있다. 광의로는 경영진, 이사회(또는 감사회), 주주, 기타 이해관계집단의 상호관계와 각각의 책임에 관한 구조로 이해하는 OECD의 지배구조원칙(OECD Principles of Corporate Governance: 이하 OECD원칙이라 한다)을 들 수 있다.[20] 마지막으로 협의로는 주식회사의 경영 및 감독구조를 말하는데 영국, 독일, 프랑스, 일본 등에서 주로 논의되고 있다. 이러한 측면에서 본다면 기업지배구조는 대체로 주식회사의 경영을 둘러싼 회사의 여러 구성원들의 권한과 기능의 분배 그리고 경영진의 경영권(지배권) 남용에 대한 감독 및 통제에 관련되는 법적·사실적 체계를 의미한다고 할 수 있을 것이다.[21]

참고 OECD 기업지배구조원칙(Principles of Corporate Governance) 요약[22]

1. OECD 기업지배구조 원칙의 의의

□ 기업지배구조(corporate governance)란 공공의 이익과 부합하는 범위 내에서 이해관계자들의 이익을 지속적으로 보호하기 위한 것으로, 기업을 지도하고 통제하는 시스템을 의미

상이하게 정의되고 운영되는데, 기본적으로 기업의 소유구조에 의하여 영향받게 된다고 하면서 소유권분산이 잘된 영미와 소유권집중이 심한 유럽국가간에 제도상 차이가 발생할 수밖에 없다고 한다(Valentine V. Craig, *op. cit.* p. 1).

20) 1999년 경제협력개발기구(OECD)는 각 회원국들의 기업지배구조에 대한 비교 평가를 통해 기업 지배 구조에 관한 모범 관행(best practices)을 중심으로 '경제협력개발기구 기업지배구조 원칙(OECD Principles of Corporate Governance)'을 제정했다. 이후 지배구조 원칙의 확산 및 이행 상황 점검 등을 수행하고 있다. 2010년 이전에 이러한 활동은 조정그룹(Steering Group)을 통해 수행되었는데, 같은 해 4월 위원회(Committee)로 격상됐다. 기업지배구조 원칙은 2001년 미국의 '엔론 사태' 이후 부각된 새로운 이슈를 반영하여 2004년에 한 차례 개정됐다. 기업지배구조위원회(CGC, Corporate Governance Committee)는 통상 연 2회, 상·하반기 각기 1회 개최되는데, 기업지배구조와 관련된 각국의 정책 당국자들이 중심이 되어 참여한다. 이 회의에서는 기업지배구조와 관련된 다양한 이슈를 논의한다. 경제협력개발기구(OECD)의 기업지배구조 원칙과 회원국의 지배구조 개선 모범 사례를 회원국뿐만 아니라 비회원국에도 확산시키기 위한 확대 프로그램도 활발하게 추진되고 있다. 아시아 지역에서는 1999년부터 기업지배구조에 관한 '아시아 라운드테이블(Asia Roundtable)'이 매년 개최되는데, 2011년에는 한국에서 개최되었다. 최근에는 상호평가(Peer Review) 작업과 '기업지배구조 원칙(OECD Principles of Corporate Governance)'의 보완 문제 검토가 주요한 이슈로 부각되고 있다.

21) 강희갑, "한국주식회사법상 지배구조의 문제점과 개선방향," 「비교사법」(통권 11호)(한국비교사법학회, 1999.12), 155-156면.

22) 자세한 내용은 한국은행 금융검사실, G20/OECD 「기업지배구조원칙」, 2018.12 참조.

ㅇ 보다 구체적으로 정의하면 기업의 이사회, 경영진, 주주, 기타 이해관계자 사이의 一群의 관계(a set of relationship)를 의미
 – 기업지배구조는 회사의 목표 설정, 목표 달성 수단, 성과 모니터링에 필요한 구조를 제공하고, 회사 내에서 권한 및 책임의 분배 및 의사결정 방식을 결정

□ 좋은 기업지배구조(good corporate governance)는 시장의 신뢰(market confidence)와 기업의 완결성(business integrity)을 얻기 위한 필수적 수단
 – 기업이 자기자본과 타인자본 간 균형을 유지하면서 지속적으로 성장하기 위해서는 자본시장(capital market)에 대한 접근가능성이 매우 중요하며, 이러한 자본시장 접근가능성을 높이기 위해서는 시장의 신뢰와 기업의 완결성 구비가 매우 중요

□ OECD는 (i) 자본시장을 통한 기업의 투자활동을 지원하고 (ii) 기업의 이익 창출과정에 참여하는 다양한 이해관계자들의 권리와 능력을 제고하기 위해 2015.11월 「기업지배구조원칙(Principles of Corporate Governance)」(이하 "OECD원칙")을 개정

□ OECD원칙은 국제적 기준으로 그 유효성이 입증되었고, 각종 권고와 주석을 통해 효과적인 지도기준(guidance)을 제공함으로써 많은 국가에서 지배구조 개혁을 위한 기본 자료로 활용
 ㅇ OECD 원칙은 (i) FSB의 「건전한 금융시스템을 위한 주요 기준(Key Standards for Sound Financial Systems)」의 하나로 채택, (ii) BCBS의 「은행 기업지배구조 지도기준(Guidelines on corporate governance of banks)」, OECD의 「보험사 및 연기금 지배구조 지도기준(Guidelines on Insurer and Pension Fund Governance)」의 기초 등으로 활용
 ㅇ 세계은행(World Bank)은 기업지배구조에 관한 국가별 검토 보고서(country review) 작성 시 OECD원칙을 사용

2. OECD 기업지배구조 원칙의 구성 및 내용

□ OECD원칙은 ① 효과적인 기업지배구조 체계 구축을 위한 기초 강화 ② 주주권, 주주평등 및 주요 지분 기능 ③ 기관투자자, 주식시장, 기타 중개기관 ④ 기업지배구조 내에서 이해관계자의 역할 ⑤ 공시와 투명성 ⑥ 이사회의 책임이라는 6개의 장(章)으로 구성
 – 각 장은 1개의 상위원칙과 이를 보완하기 위한 다수의 하위원칙으로 구성되어 있으며, 각 장별 주요 사항은 다음과 같음

① 효과적인 기업지배구조체계 구축을 위한 기초 강화
 ㅇ 투명하고 공정한 시장을 조성하고 자원의 효율적인 배분을 위하여 기업지배 구조체계(corporate governance framework)의 기능 강화

○ 기업지배구조관행(corporate governance practices)과 감독당국의 책임분배에 지대한 영향을 미치는 규제적 요소의 품질과 일관성 제고
○ 좋은 지배구조 형성을 위한 주식시장의 기능 강화 등

② 주주 권리와 주주 평등대우 및 주요 지분 기능
○ 회사의 주요결정이 주주총회를 통해 이루어지는 만큼 주주의 정보접근권, 의사결정 참여권 등 주주의 기본적 권리를 강화
○ 관계자거래(related party transactions) 승인, 집행간부 보수결정 등에 대한 주주총회의 권한을 강화하고 절차적 투명성을 제고
○ 차등의결권(different voting rights) 제도 등 지배권 통제장치에 대한 공시 강화 등

③ 기관투자자, 주식시장 및 기타 중개기관
○ 투자체인(investment chains)을 통한 건전한 인센티브 실현을 위해 기관투자자(institutional investors)의 역할 강화
○ 투자자들에게 분석·자문서비스를 제공하는 자문기관, 분석기관, 중개기관, 평가기관 등의 직무적 완결성를 저해하는 이해상충(conflicts of interest)의 방지 및 공시(disclosure) 의무 강화
○ 역외상장(cross border listing) 기준 도입 등

④ 기업지배구조 내에서 이해관계자의 역할
○ 기업과 이해관계자 사이의 법률상, 계약상 권리 인정 및 적극적 협조의 강화
○ 이해관계자들의 정기적이고 시의적절한 정보접근권 보장, 권리침해에 대한 보상청구권 부여 등

⑤ 공시와 투명성
○ 기업의 재무성과, 영업성과, 기업목적, 주요주주, 보수, 관계자거래, 위험요소, 이사 관련 정보 등을 주요 공시대상으로 규정하고 비재무적 정보(non-financial information)에 대한 공시 강화 등

⑥ 이사회의 책임
○ 기업전략에 대한 검토, 경영진의 임명과 보수, 기업합병과 기업매각 등에 대한 감시, 기업 회계 및 재무보고시스템의 완결성 보장 등 이사회가 담당할 주요기능에 대한 기준(guidance) 제시
○ 리스크관리(risk management), 세무기획(tax planning), 내부감사 등에 대한 이사회의 역할 강화
○ 이사에 대한 교육, 평가 권고
○ 보수, 감사, 리스크관리를 위한 특별위원회 설치 권고 등

1.2 경영학적 접근

기업지배구조의 개념을 경영학적으로 정의한다면 기업경영을 규율하는 메커니즘으로서 광의로는 기업의 다양한 이해집단간의 이해관계나 지배권을 조정하고 규율하는 제도적 장치와 운영 메커니즘을 의미하며, 협의로는 기업경영을 책임지는 경영진의 의사결정과정을 통제하는 체제를 의미한다고 한다. 따라서 기업지배구조는 기업 이해관계자(소유자, 경영자, 종업원, 소비자 등)간의 이해상충에서 생기는 대리인문제(agency problem)[23]와 거래비용의 문제(transaction cost problem)[24]를 계약에 의해서만 해결할 수 없기 때문에 필요하며, 이러한 관점에서 기업지배구조는 상기와 같은 문제를 최소화하는 장치로 이해될 수 있다.[25]

이상과 같은 견해를 종합해 볼 때 기업지배구조란 기업이 경영 효율성과 투명성 향상을 위하여 가치창출 과정에 직·간접으로 참여하는 이해관계자들의 관계를 규정하는 규범을 의미한다고 할 수 있다. 넓게는 기업의 내부 지배조직뿐만 아니라 자본시장 및 기업인수(M&A)시장, 경영관행, 기업윤리 등 광범위한 범위에까지 관련되는 개념이지만 좁게는 기업경영에 직접적으로 참여하는 주주, 경영자, 감사기구 및 기타 이해관계자들의 권한과 이해관계를 조정·규율하는 제도적 장치를 의미한다.

기업지배구조는 원래 자본주의가 발전되고 기업이 대형화됨에 따라 기업지배권이 주주에서 이사회로 이동하고(1단계 분리), 다시 이사회에서 경영자에게로 이동함(2단계 분리)에 따라 대리인문제의 발생 가능성이 높아지고 주주 및 채권자의 이익이 침해될 소지가 증가하므로 주주 및 채권자가 자신의 이익침해를 방지하기 위한 제도를 모색하는 과정에서 다양하게 발전한 것이다.[26] 따라서

---

23) 기업에 있어서 대리인문제는 주주(또는 채권자)와 경영자 사이에 정보 비대칭이 존재하고 경영자가 단기적인 경영성과에 치중하여 경영자가 자신의 이익만을 위하거나 고위험 투자를 선호하는 방법으로 경영활동을 수행함에 따라 주주(또는 채권자)의 이익이 침해되는 것을 의미하며, 경영자문제(management problem)라고도 한다.

24) 공유재나 재산권의 거래과정에서 정보의 탐색, 협상, 교환, 계약체결 및 강제이행 등에 들어가는 제반 비용을 말한다.

25) Hart, "Corporate Governance : Some Theory and Implications," *Economic Journal*, 105 (1995), pp. 678-689; Macey, "Measuring the Effectiveness of Different Corporate Governance System," *Journal of Applied Corporate Finance*(Winter 1998), pp. 16-25; Monks & Minow, *Corporation Governance*, Blackwell(1995), p. 1.

26) John Kay and Aubrey Silberston은 오늘날 기업경영자는 주주의 대리인일 뿐만 아니라 회

기업지배구조의 요체는 주주, 경영자, 감사기구 등이 의사결정과 업무집행 과정에서 주주와 채권자의 이익을 위하여 선관주의의무와 충실의무[27]에 충실하게 하고자 하는데 있다고 할 수 있다.

1.3 회사법적 접근

기업지배구조는 회사법적으로 검토해 보면 회사 경영을 위해 의사를 결정하고 행위를 실천하는 회사 조직상의 지위인 각 기관(organ)의 권한과 역할, 책임, 그리고 이들에 대한 통제와 감시를 어떻게 규정하고 운영하는가 하는 문제로 귀결된다고 할 수 있다.

회사는 독립된 사회적 실재로서 그 자체의 의사와 행위를 가지지만 실제로 그 의사와 행위는 회사 조직상의 일정한 지위에 있는 자, 즉 기관에 의해 결정되고 실천된다. 회사 가운데 합명회사와 같은 인적회사에서는 원칙적으로 각 사원이 업무집행권과 대표권을 가지며, 업무집행자와 대표자를 별도로 둔다 하더라도 사원 중에서 선임되어야 하므로 기관 자격과 사원자격이 일치하는 이른바 자기기관으로서 기관의 관념이 뚜렷하게 나타나지는 않는다. 그러나 물적회사인 주식회사에서는 사원인 주주가 그 자격에서 당연히 업무집행권과 대표권을 가지는 것은 아니므로 업무집행 등을 담당할 제3기관이 필요하게 되고, 이들 기관이 기능별로 수개로 분화되어 있지만, 주주로 구성된 주주총회를 제외하고는 여타 기관의 구성에는 주주자격을 전제로 하지 않는 소위 타인기관이라는 데 그 특색이 있다.

전통적으로 주식회사의 기관은 회사의 의사를 결정하는 주주총회, 업무집행을 담당하는 이사·이사회·대표이사, 그리고 감사기능을 갖는 감사기구의 세

사재산의 수탁인이기 때문에 주주가치의 극대화와 기업이익의 증대에 목적을 두어야 한다고 한다(John Kay and Aubrey Silberston, "Corporate Governance", *Corporate Governance: Volume V*(Routledge, UK, 2005), p. 47).

27) 선관주의의무는 지배주주, 경영자, 감사기구 등이 기업경영에 대한 의사결정과 감사기능을 신중하게 수행해야 하는 의무이고, 충실의무는 이들이 이해상충의 상황에서 자신의 이익보다는 기업의 이익을 우선적으로 고려해야 하는 의무라고 하겠다. 한편 우리 상법상 이사의 충실의무 규정(제382조의3)은 종래의 선관주의의무를 구체화한 것에 지나지 않는다는 주장과 선관주의의무와는 달리 영미의 충실의무를 의미한다는 입장으로 나누어지고 있는데, 회사와 이사간의 관계를 위임으로 이해하는 현행법아래서 이사와 회사간의 관계를 신인관계로 파악하는 의무규정을 그대로 받아들이는 것은 무리라는 견해가 있다(김상규·이형규, "이사의 책임강화에 따른 대응방안에 관한 연구", 「코협연구보고서 02-4」(코스닥등록법인협의회, 2002.12), 12-14면).

가지로 분화되어 있다. 이를 간단히 살펴보면 다음과 같다.

(1) 주주총회

주주들로 구성되며 이사, 감사를 선임하고, 정관 변경 등 법 소정의 주요사항에 관해 회사 내부의 최고 의사결정을 한다(상법 제361조).

(2) 이사/이사회/대표이사

주주총회에서 수인의 이사를 선임하고, 이들이 이사회를 구성한다. 이사회는 회사의 업무집행에 관한 의사결정권을 갖는다(상법 제393조 제1항). 하지만 이사회는 수인의 이사로 구성되는 회의체기관이므로 현실적인 업무집행행위를 실천하기에는 부적당하다. 그러므로 업무집행에 관한 이사회의 권한은 의사결정에 그치고 현실적인 집행행위는 이사회 또는 정관의 정함에 따라 주주총회에서 선임한 대표이사가 수행한다. 그리고 대표이사는 대외적으로 회사를 대표하여 조직법적 및 거래법적 법률관계를 형성한다(상법 제389조 제3항→제209조). 그러나 업무집행의 결정은 궁극적으로 이사회의 권한이므로 이사회는 대표이사를 감독한다(상법 제393조 제2항).

(3) 감사기구

상법은 이사회 및 대표이사의 업무집행을 감사하는 기관으로 감사와 감사위원회를 제시하고 회사가 어느 하나를 선택하도록 하고 있다. 감사는 주주총회가 선임하는 독임제적 기관이고(상법 제409조), 감사위원회는 이사회 내부에 두며 이사들로서 구성하는 회의체기관이다(상법 제415조의2). 양자 모두 이사회 또는 대표이사를 감사한다는 동일한 권한을 갖지만, 감사는 이사회로부터 독립된 기관으로서 이사회나 대표이사의 입장으로서는 외부통제장치가 된다고 할 수 있고, 감사위원회는 이사회의 감독 하에서 기능하는 자기시정장치라고 할 수 있다.[28]

그런데 이들 주식회사의 각 기관의 역할과 기능이 시대의 흐름과 사회의 변화에 따라 달라지고 있다. 주식회사에서 사원자격과 업무집행기관 자격이 분리되는 것은 본질적으로 기업의 소유와 경영의 분리를 의미한다. 이러한 현상은 특히 대규모 공개회사에서는 주주의 지배력이 거세된 존재로 전락하여 회사 경영의 지배적 권력에 변화를 가져오게 되었다. 이에 따라 현대 회사법에서는 주

---

28) 이철송, 전게서, 378-379면.

주총회 중심주의를 지양하고 이사회 중심주의를 취하는 대신 그 견제를 위해 이사의 책임과 벌칙을 강화하고 부정방지를 위한 강행규정을 두는 한편 감사의 권한을 강화하여 일상적인 감시를 기대하고, 주주에게도 감시·시정의 권리를 부여하는 경향을 보이게 되었다.

1.4 소 결

일반적으로 기업지배구조(corporate governance)는 기업 내부의 의사결정시스템, 이사회와 감사의 역할과 기능, 경영자와 주주와의 관계 등을 총칭한다. 넓게는 기업경영과 관련된 의사결정에 영향을 미치는 요소로 이해할 수 있다. 기업경영환경에는 기업내부의 의사결정시스템은 물론 시장에 대한 규제, 금융감독체계, 관행 및 의식 등이 망라된다. 좁게는 기업경영관계자가 이해관계자, 특히 주주의 이익을 위해 역할을 다할 수 있도록 감시, 통제하는 체계를 의미한다. 기업지배구조 개선방법으로는 사외이사제도 도입, 소액주주권한 강화, 회계감사제도 강화, 금융감독체계 강화 등이 있다.[29]

기업지배구조에 대한 연구와 논의는 회사형태를 취하는 기업의 경영과 경영진에 대한 감시체계를 주로 대상으로 하고, 법체계상으로는 기업법에서 다루어지는 게 일반적이다. 이러한 기업지배구조에 대한 개념은 회사형태의 하나인 금융회사에 대하여도 그대로 적용되고, 대부분 금융관계법에 의하여 규제되기 마련이다. 그러나 일반기업을 대상으로 하는 지배구조에 관한 논의는 주로 주주와 경영자의 이해관계가 서로 일치하지 않는 데서 비롯되지만, 금융회사의 경우에는 그 기능과 역할이 일반회사와 달리 특수성이 인정되고 시장실패의 위험성이 크기 때문에 정부당국의 감독까지 받고 있는 점을 감안할 때 그 지배구조에 대한 규제의 내용과 정도가 일반회사보다 강화되는 특색이 있다 하겠다.

2. 지배구조체계의 유형

세계 각국의 기업지배구조는 국가별로 경제발전 과정과 산업, 금융시장, 규제제도, 기업 문화 등 제반 환경에 따라 다양하게 형성되어 발전되고 있다. OECD는 국가간 자본이동이 증가하고 세계화가 촉진되자 1999년 5월 국제적인

---

29) 금융위원회, 「금융용어사전」.

규범(global standard)으로 「기업지배구조 원칙(The OECD Principles of Corporate Governance)」을 제정하였다. 이는 기업지배구조에 관한 기본적인 원칙을 정하여 각 나라에 권장하는 것이고 지배구조의 구체적인 체계와 운영 형태는 각 국가별로 다양하게 발전되기 마련이다. 기업지배구조의 체계는 회사의 업무집행기관인 이사회와 경영 감독·감사기구를 어떠한 관계로 자리매김하느냐에 달려 있다.

이러한 관점에서 세계 각국의 기업지배구조 체계를 대별하여 보면 영미법계와 독일법계의 두 가지 유형으로 분류하여 볼 수 있다. 기업 활동에 있어 주주이익 중심의 자본시장이 크게 발달한 영미계통과 주주 이외에 채권자, 종업원 등 이해관계자의 이익도 중시하고 채권시장이 발달한 독일계통의 기업지배구조가 서로 다르게 운영되고 있다. 한편 우리나라와 일본에서는 독일법계와 유사하지만 이와는 다른 독특한 체계를 형성하고 있다.[30] 이하에서는 이를 구체적으로 살펴보기로 한다.

2.1 영미법계의 단층(單層)구조

영미법계의 기업지배구조 체계는 주식회사의 이사회(board of directors)가 기업 경영의 의사결정과 업무집행 뿐만 아니라 경영감시 기능까지 수행하는 핵심적인 조직으로 운영되는 일원적인 단층(單層)구조(one-tier or single board system)를 보이고 있다. 최고의사결정기구인 주주총회의 지배를 받는 회사의 이사회는 통상 경영진에 대한 감시기능을 중점적으로 수행하고 있고, 일상적인 의사결정권과 경영집행권을 집행위원회(CEO, CFO 등 집행임원으로 구성)에 위임하고 있다.

영미법계 주식회사의 이사회는 여러 가지 기능을 효율적으로 수행하기 위하여 이사회 내에 다양한 위원회 조직을 운영하고 있다. 예를 들면 미국의 대부분의 회사는 [그림 7-1]에서 보듯이 이사회내 위원회로 경영집행을 담당하는 집행위원회(executive committee), 주로 회계감사와 내부통제에 중점을 두고 경영진에 대한 감사업무를 수행하는 감사위원회(audit committee), 이사후보를

30) 미국, 영국, 독일, 일본 등 주요국가의 지배구조 유형에 대한 차이점 설명은 Henry Hansmann and Reinier Kraakman, "The Basic Governance Structure", *Anatomy of Corporate Law: A Comparative and Functional Approach*(Oxford University Press, 2004), pp. 67-70 참조.

지명하는 지명위원회(nominating committee), 경영진에 대한 업적평가 및 보수결정을 하는 보상위원회(compensation committee) 등을 두고 있다.

그림 7-1 영미법계의 단층구조

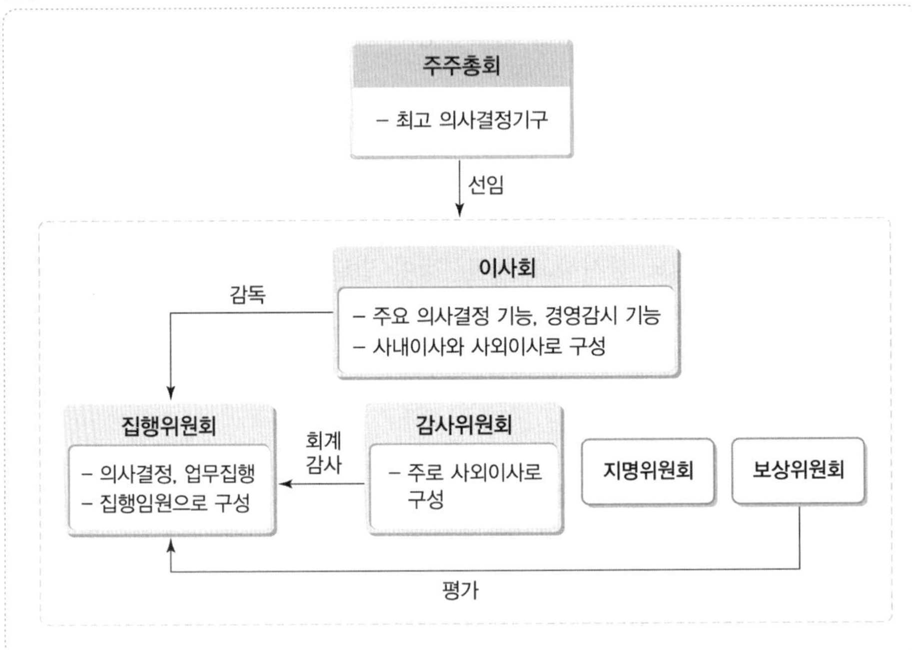

영미법계 주식회사의 사외이사는 경영진과 특수 관계(significant relation)가 없는 독립된 이사(independent director)로서 각 위원회에 소속되어 의사결정, 회계감사, 경영진 임명, 경영진에 대한 평가 및 보수 심사 등에 참여하고 있다. 미국의 경우 사외이사는 주로 전·현직 전문경영인, 재무전문가, 법률전문가, 소수주주의 대표 등으로 이사총수의 70~80%를 차지하면서 이사회 운영의 중추적인 역할을 하고 있다.

영미법계 회사의 독특한 조직으로 감사위원회(audit committee)가 있는데, 이는 주로 사외이사로 구성되어 회계감사와 내부통제를 중심으로 경영진에 대한 감사기능을 수행하고 있다.

이와 같이 영미법계의 사외이사 또는 감사위원회 제도는 주주 또는 지배주주가 자신의 이익을 보호하기 위해 경영자를 감시하고 견제할 수 있는 지배구조를 형성하는 과정에서 마련된 제도라고 할 수 있다.

영미법계의 대표적인 국가인 미국에서도 사외이사와 감사위원회 제도가 형식적으로 운영되는 사례가 발생함에 따라 관련 법규를 지속적으로 보완하고 있다. 최근 미국은 엔론사 등의 회계부정사건을 계기로 사외이사와 감사위원회의 독립성·전문성을 강화하기 위하여 「사베인즈-옥슬리법(Sarbanes-Oxley Act of 2002: SOA)」을 제정하였고,[31] 「뉴욕증권거래소(NYSE) 상장기준」도 개정하였다.[32]

영미법계 기업지배구조에 있어 일원적인 단층구조는 기업의 주식이 잘 분산되어 있고 주식시장과 기업인수(M&A)시장이 발달되어 있어서 기업에 대한 평가가 시장에 의해 적정하게 이루어지고 있는 미국, 영국, 호주 등을 중심으로 형성되어 있다.

2.2 독일법계의 중층(重層)구조

독일법계의 기업지배구조 체계는 주식회사의 경영감독기관인 감사회(Aufsichtsrat)와 업무집행기관인 이사회(Vorstand)로 엄격하게 구분되는 이원적인 중층(重層)구조(two-tier or dual-board system)를 보이고 있다. 최고의사결정기구인 주주총회의 지배를 받는 '포괄적인 이사회'의 권능이 '감사회'와 '이사회(좁은 의미)'라는 두 개의 회의체로 엄격하게 분리되므로 감사회 구성원인 감사와 이사회 구성원인 이사는 상호간에 겸직이 금지된다.

독일법계 주식회사의 감사회는 3인 이상의 감사로 구성되는데, [그림 7-2]에서 보듯이 이사회의 업무집행을 감독할 뿐만 아니라 이사 선임권 또는 해임권을 보유하고 있다. 감사회의 감사는 단독으로 경영감독권한을 행사(독임제)할 수 있으므로 감사회는 사실상 단순한 회의체의 성격을 가진다. 그렇지만 감사회가 회사의 업무집행에 적극적으로 관여하지 않는다 하더라도 이사에 대한 포괄적인 감독권과 이사회의 중요결정에 대한 동의권을 가지므로 실질적으로는 이

31) 동법의 제정 배경과 내용에 대하여는 금융감독원 뉴욕사무소, 「미 엔론사태의 전말과 개혁」(2002.10); 서헌제, "2002년 미국 기업개혁법(Sarbanes-Oxley Act)에 대한 연구", 「중앙법학」(제6집 2호)(중앙대학교법학연구소, 2004.8); 금융감독원 회계감독1국, 「미국에서의 기업지배구조 개선동향」(2004.10) 등 참조.

32) NYSE 「상장기준」 개정의 주요내용으로는 이사회의 과반수를 사외이사로 구성, 사외이사의 자격요건 및 활동요건 강화, 소위원회(감사위원회, 추천위원회, 보상위원회 등)의 기능 강화, 감사위원회의 권한 및 자격요건(독립성·전문성) 강화, 이사 및 임직원에 대한 행동강령 및 윤리강령 채택 등이다.

그림 7-2 독일법계의 중층 구조

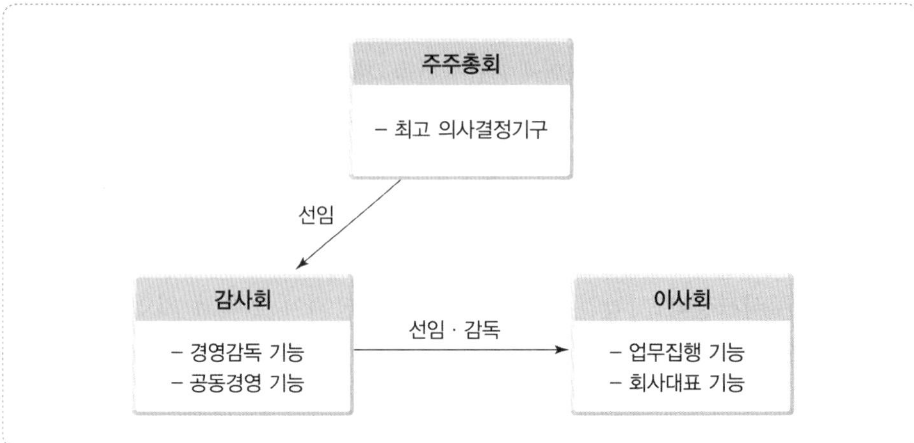

사회의 상위기구로서 경영에 참가하고 있다고 할 수 있다. 통상 독일법계 국가에 속한 기업의 경우에는 주식소유가 집중되고 차입금 의존도가 높기 때문에 근로자나 채권자 등 이해관계자들이 지배주주를 견제하기 위해 감사회에 참여하고 있다. 독일의 경우에는 1976년 「공동결정법(Mitbestimmungsgesetz)」을 제정하여 일정 규모 이상의 대규모 기업에 대해 주주와 근로자 대표가 동일한 비율로 감사회를 구성토록 의무화하고 있다.

이에 대하여 이사회는 대내적으로 경영정책을 수립하고 업무를 집행하며, 대외적으로는 회사를 대표한다. 이사는 이사회의 구성원으로서 업무영역에 따라 업무집행을 수행하며, 이사의 업무집행에 대한 책임은 모두 이사회에 귀속한다.

이러한 독일법계의 기업지배구조에 있어서 이원적인 중층구조는 독일에서 전형적인 모습을 보여주고 있으며, 이외에 네덜란드, 프랑스 등 여러 EU 가입국에서 해당 국가의 경제실정에 맞게 약간씩 변형하여 채택하고 있다.[33)]

2.3 한 · 일의 병립(竝立)구조

우리나라와 일본의 기업지배구조 체계는 주식회사의 업무집행기관인 이사회와 이사의 업무집행을 감독하는 감사가 병립 · 대등하게 구분되고, 이사회에 의한 감독기능과 감시에 의한 감사기능이 중복되는 이원적 병립구조이다. 주식회

33) EU는 회원국들의 회사법을 조화시키기 위해 1968년 이후 회사법지침을 만들었고, 이 지침에 따라 EU회원국들은 자국의 회사법을 개정해 나가고 있다.

사의 기관으로서 이사회와 감사가 주주총회 밑에 별개로 존재하며, [그림 7-3]에서 보듯이 이사회의 구성원인 이사와 감사는 각각 주주총회에서 선임된다는 점에서, 감사회에 의해 이사가 선·해임되는 독일법계의 구조와는 구분되는 것이다.

이러한 지배구조체계는 우리나라와 일본에서 그동안 운영되던 것인데, 우리의 경우 IMF 외환위기 이후 영미법계의 일원적 단층구조를 추가로 도입하면서 회사는 양자 중에서 하나를 선택하도록 하였다. 즉, 1999년 상법개정으로 감사위원회제도를 도입하면서 기업이 종래의 감사제도 대신 선택할 수 있도록 하였다. 일본에서는 2002년 상법등 개정으로 사외이사제도를 도입하면서 현재 자본금 5억 엔 이상 또는 부채총액 2천억 엔 이상 기업은 이사회내에 3개의 내부위원회(지명·감사·보상)를 두는 경우 종래의 감사제도를 폐지할 수 있도록 하였다. 한편 우리나라의 경우 일정규모 이하의 금융회사에 대하여는 해당 금융관계법에서부터 종전의 이원적인 병립식 지배구조체계를 계속 유지할 수 있도록 허용하고 있다.

그림 7-3 한·일의 병립구조

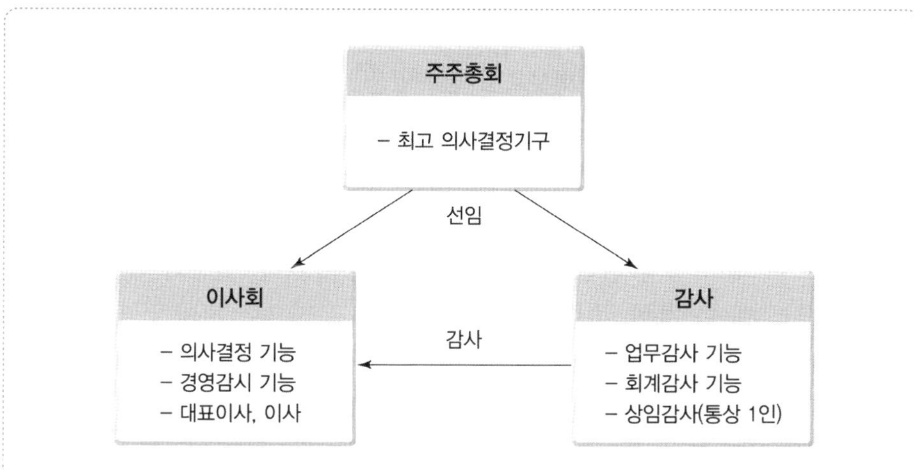

Ⅳ. 금융회사의 특수성과 지배구조 이슈

1. 금융회사의 특수성

회사의 종류는 여러 가지 기준으로 분류할 수 있지만 법원(法源)상으로 분류하여 보면 상법전(商法典)을 근거로 하여 성립·존속하는 상법상의 회사와 상법규정 외에 특별법의 규율을 받는 특별법상의 회사로 구분된다. 특별법상의 회사는 다시 일반적 특별법에 의해 설립된 회사와 특정의 회사를 위해 특별히 제정된 특별법에 의하여 설립된 특수회사로 구분된다. 전자의 회사는 특정업종을 목적으로 하는 회사에 일반적으로 적용되는 특별법의 규제를 받는 회사인데 은행(은행법), 증권회사(자본시장법), 보험회사(보험업법) 등 금융회사를 대표적인 예로 들 수 있다. 후자의 특수회사로는 한국산업은행(동법), 한국수출입은행(동법), 중소기업은행(동법), 한국(증권선물)거래소(동법), 한국방송공사(동법), 한국토지공사(동법), 한국도로공사(동법) 등 국책은행 또는 국책회사를 예로 들 수 있다.[34] 이와 같이 상법상 회사로서 금융업을 영위하면서 금융관계법에 의하여 규제받는 회사를 '금융회사'라고 한다면, 이에 대한 개념으로서 상법상만의 회사를 '일반회사'라고 구분하여 부를 수 있겠다.

일반회사와 금융회사의 차이점은 이러한 법제적인 측면 외에도 그 영위업종의 특수성이나 성격 등을 감안할 때 달리 설명될 수 있다. 일반회사는 기업활동에 있어 영리추구를 통한 주주 이익의 극대화를 목적으로 하지만, 금융회사는 영리성 외에 공공성도 특히 강조되고 있다는 점이 특색이다. 금융업을 영위하는 금융회사의 경우는 제조업 등을 영위하는 일반회사와는 달리 대부분의 자산이 일반 국민의 예금 등의 자금으로 조성되는 한편, 예금자보호제도가 도입되어 있어 금융회사의 도산에 따른 예금자 등의 위험이 제도적으로 담보되어 있다. 반면에 금융회사의 지배주주 또는 경영자가 자신의 이익을 위해서 예금자 등의 이익을 침해하는 도덕적 해이가 발생할 가능성이 높고, 이에 대한 예금자 등의

34) 이들은 자본의 일부 또는 전액을 정부가 출자하여 흔히 공기업이라 부른다.

감시유인도 약해지는 경향이 있다. 또한 금융회사는 그 규모가 일반회사보다는 대부분 매우 크기 때문에 부실이 발생할 경우 국가경제에 미치는 영향이 지대하게 된다. 이러한 특색 때문에 금융회사에 대한 정부의 관리·감독의 필요성이 더 높고, 회사 자체의 지배구조 측면에서도 주주의 이익 보호만을 추구하는 일반회사보다는 훨씬 광범위하고 합리적인 체계의 형성과 운영이 요구된다고 하겠다.

이와 같이 금융회사는 영위하는 사업의 성격상 일반회사들과는 다른 몇 가지 특수성을 가지고 있으며 이러한 점에서 지배구조 측면에서도 일반회사와 차이가 있게 된다. 이하에서는 이러한 금융회사의 특수성을 자세히 검토하고 아울러 이같은 특수한 현상이 금융회사의 지배구조에 어떠한 영향을 미치고 또한 얼마나 중요한지에 대하여 살펴보기로 한다.

1.1 공공성과 예금자보호

금융회사는 일부 특수금융회사를 제외하고는 기업으로서 일반회사와 다르지 않으므로 자본주의제도의 원칙인 사유재산권 보장과 계약자유의 원칙에 따라 자유롭게 경영되는 것이 원칙이며, 공적 규제는 최소한에 그치는 것이 바람직하다. 그럼에도 불구하고 금융회사가 일반회사와 달리 정부의 강력한 개입과 규제를 받는 이유는 금융회사가 일반회사에 비하여 매우 강한 공공성을 가지고 있기 때문이다.

일반적으로 금융의 핵심적인 역할은 불특정 다수로부터 유입된 자금을 기업 등 자금부족 부문에 전달해주는 자금중개기능이다. 그런데 금융이 중개기능을 원활히 하기 위해서는 정보의 수집·분석 및 이에 대응한 조치의 적정성과 적시성이 전제되어야 한다. 단순히 자금잉여부문으로부터 유입된 자금을 자금부족부문으로 연결시켜주는 것은 별 의미가 없다. 오히려 이 과정에서 누구에게, 어느 정도의 자금을 공급하고, 언제 회수할 것인가를 결정하는 것이 더 중요하다.

금융의 '정보 생산 및 위임된 감시기능'을 수행하는 금융회사는 전문성과 정보력이 부족한 일반인을 대신하여 차입자의 제반 정보를 수집하고 이를 분석함으로써 대상기업을 판별하고 필요한 조치를 적기에 취하는 일이다. 그런데 이러한 정보생산 및 위임된 감시기능을 담당하는 금융산업은 본질적으로 정보의 비대칭성, 불완전경쟁, 외부효과 등의 특성으로 인해 시장실패(market failure)에 직면할 가능성이 크다.

금융회사는 정보면에서 볼 때 차입자에 비해 불리한 반면 예금자에 비해서는 우월한 비대칭적 특성을 갖고 있다. 또한 금융산업은 전산설비 등 대규모 투자가 소요되기 때문에 규모의 경제가 존재할 수 있고, 금융회사의 대출상품은 본질적으로 이질적 생산물의 특성을 갖고 있기 때문에 불완전경쟁이 유발되기 쉽다. 그리고 신뢰를 기반으로 하는 금융산업은 일부 금융회사의 부실이 전체 금융산업으로 파급되는 대규모 예금인출사태(bank-run)가 발생하기 쉬우며 이로 인해 금융시장은 물론 실물경제에까지 심각한 타격을 줄 수 있다.

정부의 개입 및 규제는 금융시장의 불완전한 기능을 보완하는 한편, 금융이용자를 보호하고 금융시장의 안정성을 유지하기 위하여 필요하다. 이에 따라 선·후진국을 막론하고 금융산업에 대해서는 여타 산업에 비해 정부의 규제 및 개입이 많은 것이 일반적인 특징이다. 특히 경제구조가 성숙되지 못하고 금융시장이 미발달한 경제개발의 초기단계에 있어서 정부의 금융시장 개입은 국민경제의 성장은 물론 금융의 발전측면에 있어서도 긍정적인 효과를 미칠 수 있다.[35)]

그리고 금융회사는 금융시장에 참가하여 활동하는 가장 중요한 주체(market player)로서 지급결제와 자금중개 등의 기능을 담당하고 있어 한 국가의 신용질서 유지 및 자금 수급상 국민경제적 기능을 수행하는 강한 공공적 성격을 띠고 있으므로 금융회사에 대한 정부의 규제와 감독이 더욱 요구되고 있는 것이다.[36)] 다시 말하면 금융규제의 논리로서 가장 보편성이 인정되는 공공이익가설(public interest hypothesis)에 의하면 금융시장의 참가자인 금융회사는 시장실패(market failure)를 초래할 개연성이 매우 높고, 시장실패로 인한 국민경제적 폐해는 막대하기 때문에 이를 미연에 방지하기 위한 정부의 개입과 규제가 필요하다는 것이다.[37)]

이와 같은 금융회사의 공공성 때문에 많은 나라에서는 금융시장의 파국으로

---

35) 손상호·정지만, "국내 금융산업의 과거·현재·미래", 「한국 금융산업의 과거·현재·미래」 (한국금융연구원, 2001.11), 36-37면.

36) 자세한 내용은 이 책 제4장 Ⅰ. 3 참조.

37) 시장실패란 불완전경쟁시장에서 재화나 서비스의 생산이 사회적 최적상태(social optimum)를 달성할 수 없다는 것인데, 금융시장에서 시장실패가 발생하는 원인으로는 자연독점(natural monopoly), 외부성(externalities), 공공재(public goods), 정보의 비대칭성(asymmetric information)의 존재 등을 들 수 있다.

부터 불특정 다수의 일반 예금자를 보호하기 위하여 예금자보호제도를 대부분 실시하고 있다. 예금자보호제도는 통상 예금보험제도로 운영되고 있는데, 예수금을 수취하는 금융회사가 금융공황이나 부실경영 등으로 인해 예수금의 지급불능사태가 발생할 경우 예금자를 보호하기 위하여 예금액의 전부 또는 일부를 대신 지급해주는 금융시스템의 안전장치(safety net)를 말한다. 예금보험제도의 형태나 운영방법은 나라에 따라 다르다. 우리나라의 경우 1996년 6월 예금자보호법이 시행되기 전까지는 예금자보호가 정부의 감독기능에 의존하여 왔다. 그러나 정부의 감독기능만으로는 예금자보호에 한계가 있고 특히 금융의 자율화 및 개방화가 급속히 진전됨에 따라 경쟁의 심화로 인해 금융회사의 부실화 내지 도산가능성이 증대될 우려가 높다. 이에 따라 예금보험은 물론 부실금융회사의 퇴출을 정리하는 업무도 수행하는 예금보호기구의 중요성이 더욱 커지게 되었다.[38]

오늘날 금융회사의 지배구조는 경영의 건전성과 안정성은 물론, 투명성을 확보하기 위해 특히 강조되고 있다. 이러한 금융회사에 대한 정부의 규제와 감독은 물론 자율적인 규제도 늘어나고 있으며 외부 단체에 의한 감시도 날로 강화되고 있는 실정이다. 금융회사는 이에 대응하여 지배구조를 개선해 나갈 수밖에 없는 상황인데, 이러한 외부의 여건이 지배구조의 개선 방향과 내용에 큰 영향을 미치게 된다고 하겠다.

1.2 소유규제 문제

금융회사의 지배구조를 형성하는 데 있어 중요한 사항 가운데 하나는 금융회사가 바로 한 나라 내에서 금융자원을 배분하는 역할을 한다는 점이다. 금융자산의 효율적 배분은 국가 경쟁력을 결정하는 중요한 요인의 하나이다. 우리나라는 이미 IMF 외환위기를 통해 비효율적이고 수익성이 없는 기업에 대한 금융자원의 배분이 국가적으로 어떠한 손실과 폐해를 가져오는지를 경험한 바 있다. 대부분의 국가에서 금산분리 원칙에 따라 산업자본이 금융회사를 소유하는 것을 규제하고 있는데 이는 금융회사의 사금고화에 따른 부작용을 방지하기 위한 장치이기도 하지만, 결국은 금융자원의 배분 기능을 공정하게 수행하도록 하는데 그 목적이 있다고 하겠다.[39]

38) 강병호, 「금융기관론」(박영사, 2004.8), 161-163면.

미국은 전통적으로 산업자본과 금융자본의 분리체제를 유지하여 왔으며, 은행을 보유한 금융지주회사가 일반회사를 자회사로 보유하는 것을 금지하고 있다. 반면에 일본의 경우는 독점금지법상 실질적으로 경쟁을 제한하지 않는 한 일반회사의 금융회사 주식취득을 금지하지는 않고 있다. 그러나 은행 또는 은행지주회사가 일반회사를 자회사로 두는 것을 금지하고 있다. 유니버셜뱅킹제도를 도입하고 있는 EU 제국의 경우 일반회사의 은행소유나 은행의 일반회사 소유를 모두 허용하고 있다.

한편 우리나라는 특히 은행과 산업자본의 분리를 엄격하게 유지하고 있다. 은행법상 동일인의 은행지배와 관련하여 지분율 10%(비금융주력자의 의결권은 4%)로 제한(동법 제15조, 제16조의2)하고, 그 이상 보유시에는 감독당국의 승인을 받도록 하고 있다. 최근에는 인터넷전문은행의 도입과정에서 은산분리의 원칙이 완화되고 있다.

일반적으로 산업자본간의 결합에 비해 산업자본과 금융자본, 이중에서도 특히 은행과의 결합에 대해 규제가 심한 것이 세계적인 현상이다. 은행의 경우 비은행금융업에 비해 통화관리, 예금자보호, 신용질서의 유지 등의 면에서 공공성과 외부성이 상대적으로 크기 때문이다.[40)]

국내에서 금산분리와 관련한 논쟁이 은행소유구조와 관련하여 계속되어 왔다. 논쟁의 핵심은 은행의 책임경영체제가 확립되지 못한 이유가 어디에 있는가에 있었다. 그간의 은행부실화는 상당부분 은행의 소유규제와 관련하여 책임경영체제의 미확립에 기인한다는 점에 대해서는 대체로 동의한다. 그런데 책임경영체제가 확립되지 못한 이유는 은행의 주인이 없었기 때문이라고 보아 소유제한을 완화해야 한다는 입장이 있다. 다른 한편 소유제한을 완화하면 은행을 매입할 수 있는 투자자가 사실상 대기업으로 한정되어 있어 이는 결국 산업자본이 은행을 소유하게 되는 결과를 초래하기 때문에 이를 반대하는 입장이 대립하고 있다.

소유제한 완화 찬성론와 반대론의 논거를 간단히 살펴보자. 먼저 소유제한 완화 찬성론은 첫째, 은행 소유에 대한 엄격한 규제는 경영책임을 지는 대주주의 출현을 원천적으로 제약함으로써 경영감독기능의 공백을 초래하고 상업원리에 의한 경영성과 실현을 저해한다. 즉 은행소유구조의 불합리성이 은행의 책임

---

39) 박경서 등, 전게 논문, 8면.
40) 강병호, 상게서, 101면.

경영체제 확립을 저해하고, 이는 다시 정부의 과도한 간섭과 비효율적 경영을 초래한다. 둘째, 국제기준에 비하여 지나치게 경직적이고 내국인을 역차별하는 문제가 있다. 즉 외국인이 국내 은행산업에 진출하기 때문에 이에 대한 방어책으로 국내기업의 은행업 진출을 허용해야 한다. 셋째, 자본시장의 감시기능이 약한 경우 현재의 엄격한 소유규제하에서는 책임경영이 가능한 지배구조개선에 한계가 있다. 반면에 소유제한 완화 반대론은 첫째, 소유제한 완화는 현실적으로 산업자본의 은행지배를 초래함으로써 은행을 사금고화할 위험이 크다. 즉 산업자본이 금융회사를 자금조달수단으로 이용할 수 있다. 그 결과 부당한 계열사 지원, 경쟁제한 및 경제력 집중 심화 등의 문제를 야기함으로써 우리 경제의 개혁과 발전에 심각한 악영향을 끼칠 가능성이 크다. 둘째, 대주주의 존재가 경영성과를 향상시킨다는 실증적 증거가 없을 뿐만 아니라 선진국의 경우에도 은행주식 소유는 광범위하게 분산되어 있다. 셋째, 현실적으로 막대한 은행차입을 안고 있는 산업자본에게 은행의 대주주 지위를 허용하기 곤란하다.

이상과 같은 은행소유제한 찬반 양론에 대하여 우리나라 은행의 책임경영이 되지 못하는 원인으로 무엇보다도 관치금융의 관행을 지적하고 있다. 그동안 은행이 책임경영체제를 확립하는데 실패한 원인은 대주주가 존재하지 않았기 때문만이 아니라 정부의 지나친 영향력 행사로 경영진이 주주이익을 중시하는 은행경영을 제대로 할 수 없었던 점도 있다고 한다.[41] 생각컨대 현재 우리나라 자본시장의 기능이 크게 발달하였고, 글로벌 경제활동과 경쟁도 확대되었다. 이와 동시에 우리나라 금융시장은 엄청난 속도와 규모로 개방되고 금융회사의 경영환경도 자율성과 효율성이 확보되고 있다. 기업의 경우도 글로벌 경쟁환경에서 마찬가지 상황이다. 최근 인터넷전문은행 허용과 맞물려 금산분리의 문제가 이슈화된 상황에서 금융회사 소유제한의 완화와 반대의 주장은 나름대로 일리는 있지만 절대적인 것도 아니므로 미래지향적 입장으로 합리적인 논의가 필요하다 하겠다.

1.3 자금의 조달과 운용 상이

금융회사는 자산과 부채 측면, 즉 자금의 조달과 운용 측면에서도 일반회사와 차이가 있는데 이러한 금융회사의 대차대조표의 내용상 차이가 그 지배구조

41) 정찬형 · 도제문, 「은행법」(제2판)(박영사, 2005.5), 109-111면.

에 영향을 미치고 있다.

자본구조 측면에서 볼 때 예수금을 수취하는 금융회사의 경우 대부분의 자금이 예수금이라는 부채 형태로 조달되기 때문에 건전한 금융회사라 하더라도 부채비율이 보통 1,000% 이상에 달하게 된다. 이러한 자본구조가 일반회사에서와 달리 금융회사의 경우에는 크게 문제가 되지 않는 것은 금융회사 자산의 대부분이 유동성이 높은 대출자산이나 유가증권 등에 운용되기 때문에 다소 부실한 경영이 이루어진다한다 하더라도 주기적으로 돌아오는 이자와 원금 상환 등이 있어 현금흐름에 별 장애가 발생하지 않기 때문이다. 반면에 일반회사는 대부분의 자산을 건물, 기계, 토지 등과 같은 고정자산에 운용하고 있어 일시적인 유동성이 부족할 경우에 고정부채의 상환에 상당한 부담을 느끼고 퇴출의 위협에 노출되게 된다. 결국 금융회사는 상대적으로 높은 부채비율을 갖고 있다는 점에서 채권자인 예탁자가 금융회사의 경영성과에 따른 자산가치의 변동에 직접적으로 노출되어 있다. 이에 따라 금융회사의 예탁자는 일반회사의 주주와 유사한 위험부담자(risk bearer)로 이해하게 된다.

그러나 현실적으로 금융회사의 예탁 채권이 위험하다고 판단되는 경우는 거의 없다. 그 이유는 금융시장의 안정을 유지하기 위해 도입된 예금보험과 같은 명시적인 제도를 통해서나 정부의 암묵적 안전망(safety net)에 의해서 금융회사의 예탁금이 보호되고 있기 때문이다. 따라서 일반회사의 경우에는 경영권이 유일한 잔여위험부담자(residual risk bearer)인 주주에게 집중되는 데 대하여 이견이 있을 수 없으나, 금융회사의 경영권은 주주와 함께 위험을 부담하는 예탁자 또는 이를 보호하는 감독기구나 예금보험기구에 의해 분할되는 현상을 나타내고 있다. 이것이 특히 금융회사의 부실화시에 감독기구나 정부에 의한 경영개입을 뒷받침하는 배경이 된다. 결국 금융회사는 앞서 자세히 설명한 공공적 성격으로 인해 경영권과 경영감시권이 주주에게 집중되는 일반회사와는 달리 그러한 권한이 다수의 여타 이해관계자에게 분산되는 특징을 가질 수밖에 없다.

금융회사의 자산형태에서도 일반회사와 차이점을 찾을 수 있다. 금융회사는 자산의 대부분을 유동성 자산에 운용하고 있다는 점에서 여유현금흐름(free cash flow) 비중이 일반 제조업에 비해서 높으며 이는 소위 내부자에 의한 사적인 이해추구의 가능성을 높게 한다. 즉 유동성 자산은 그 성격상 쉽게 전용이 가능하다는 점에서 외부자에 의한 통제가 어렵고, 일반적으로 일반회사보다는 금융회사에서 내부자에 의한 자금관련 사고가 많은 것도 금융회사가 보유한 자산의 특성에서 비롯된다. 물론 금융회사의 풍부한 유동성은 금융산업 내에서 M&A가 빈발하여 경영진에 대한 감시를 용이케 하는 측면도 있다. 그렇지만 부실대출, 저수익 자산운용 등과 같은 경영실패가 발생하여도 이자지급 등의 고정비용을 유동성 자산의 매각으로 충당할 수 있기 때문에 금융회사의 부실경영에 대해서는 채권자나 주식시장에 의한 감시기능이 쉽게 작동되지 않는다는 특성을 갖는다.[42)]

1.4 경영감시 강화

금융회사에 자금을 공급하고 있는 예탁자는 채권자이지만 일반회사에 자금을 대여하고 있는 채권자와는 상당한 차이가 존재한다. 일반회사의 채권자들은 주로 금융회사 등과 같은 거액의 대출 채권자로서 채권확보 차원에서 회사의 수익구조나 경영상태 등에 대한 평가와 상시감시를 하고 있다. 그러나 금융회사의 예탁자는 채권자이긴 하지만 대부분 소액투자자로서 회사에 대한 경영 감시나 견제의 유인이 거의 없다. 더구나 예탁금이 예금보호대상일 경우는 예탁자의 금융회사에 대한 감시유인은 극소화된다고 할 수 있다. 그리고 금융산업의 경우는 경영자와 일반투자자(예탁자)간의 정보의 비대칭성이 여타 산업에 비하여 매우 크고, 금융업이라는 특수성으로 인하여 전문적인 감시자가 아니면 모니터링도 어려운 것으로 알려져 있다. 이에 따라 대부분의 나라에서 금융회사에 대한 경영감시는 공시[43)]를 통한 시장규율이 이루어지고, 채권자나 일반투자자를 대신한 공적인 감독당국과 회계법인 등 외부감사인에 의존하는 경향이 강화되는 추세에 있다. 우리나라도 금융회사 재무정보에 대한 경영공시 강화는 물론 지배구조 개선을 위해 관련 공시의무를 부과하는 등 금융회사의 공시 기능을 강화하고 있다. 예를 들면 금융회사는 주주와 예금자, 투자자, 보험계약자, 그 밖의 금융소비자의 이익을 보호하기 위하여 그 금융회사의 이사회의 구성과 운영, 이사회내 위원회의 설치, 임원의 전문성 요건, 임원 성과평가 및 최고경영자의 자격 등 경영승계에 관한 사항 등에 관하여 지켜야 할 구체적인 원칙과 절차를 정한

42) 박경서 등, 전게 논문, 6-8면.

43) 우리나라도 금융회사의 재무상황 등 경영상태에 대하여 상장법인인 경우 자본시장법상 공시의무도 있지만 모든 금융회사는 해당 금융관계법 및 금융회사지배구조법에서 보다 자세한 경영공시 의무가 부과되어 있다.

지배구조내부규범을 마련하여야 한다. 금융회사는 이러한 지배구조내부규범을 제정하거나 변경한 내용, 매년 지배구조내부규범에 따라 이사회 등을 운영한 현황을 금융회사 인터넷 홈페이지에 공시하여야 한다. 그리고 금융회사는 임원을 선임하거나 해임한 경우 지체없이 공시하여야 하고, 임직원의 보수지급에 관한 연차보고서와 주주총회관련 주주 참석률, 안건에 대한 찬반 비율 등을 공시하여야 한다. 이러한 금융회사의 공시의무 강화 조치는 종전에는 금융회사 지배구조 모범규준으로 운영하다가 2016년 8월 이후에는 금융회사지배구조법에 반영하여 시행하고 있다.

2. 금융회사 지배구조의 규제 이슈

일반적으로 기업의 지배구조에 관한 사항은 금융회사에 그대로 적용된다. 지배구조에 관한 논의의 대상은 주로 회사의 주주, 경영 시스템과 통제, 경영감시에 관한 내용으로 법률적으로는 주식회사의 규제사항이 대부분 적용된다고 하겠다. 다만 금융회사의 경우는 앞에서 설명한 바와 같이 일반회사와 다른 특수성이 있기 때문에 지배구조에 관한 조직 설계와 규제가 보다 정교하고 효율적으로 마련되어야 할 것이다.

지배구조에 영향을 미치는 주요 요인은 여러 가지가 있겠지만 통상 내부적으로 소유지배구조, 이사회제도, 내부통제시스템, 경영자 보수 등이 있고, 외부적으로는 경영자 및 M&A 시장의 작동 여부, 정부 또는 감독기관의 역할 등을 꼽을 수 있다. 이러한 것이 모두 금융회사에도 마찬가지로 중요하게 작용한다고 하겠다.

금융회사는 일반회사와는 달리 영리성 외에 공공성이 강조되어 공적인 규제 · 감독이 강하고 예금자보호제도와 소유규제가 있으며, 자산과 부채의 구성과 운용이 일반회사의 그것과는 차이가 나는 등 특수성이 있다. 특히 금융회사는 대부분의 자산이 예탁자 등의 타인자금으로 조성되어 있고, 도산시 이를 일정한 범위내에서 보상해 줄 수 있는 예금보험제도가 도입되어 있다. 이에 따라 주주나 소액 채권자의 경영감시기능은 약화(free riding)되고, 경영자 또는 지배주주는 고위험을 추구하면서 자신의 이익을 위해서 예탁자 등의 이익을 침해할 수도 있는 도덕적 해이현상(moral hazzard)이 발생할 가능성이 높아지게 되다. 반면에 금융회사 도산이나 이익침해에 대한 예탁자 등의 감시유인(monitoring issue)은 취약해지는 경향이 있다. 실제로 우리나라 IMF 외환위기 이전에 지배주주가 없는 금융회사의 경우에는 경영자가 자신의 이익을 위해 행동하고, 지배주주가 있는 금융회사의 경우에는 경영자가 지배주주의 이익을 위해 행동하는 사례가 발생하였는데, 이러한 경영행태가 금융위기로 확대되는 원인으로 작용하기도 하였다. 또한 타인의 자산을 관리하는 금융회사의 규모도 대부분 매우 커서 그 부실화가 발생하면 금융산업 전반의 시스템위기(system risk)로 전이되고, 국가경제에 미치는 영향이 지대하다는 것을 IMF 외환위기 이후 우리나라가 실증적으로 체험한 바 있다. 이러한 금융회사의 특성 때문에 그 지배구조는 일반회사의 그것보다 훨씬 효율적이고 선진적인 방향으로 체계가 구축되고 운영되어야 한다. 왜냐하면 일반회사는 주주의 이익보호만을 추구하면 되지만 금융회사는 주주는 물론 예탁자, 채권자, 종업원 등 다양한 이해관계자의 이익도 동시에 충족시켜야 하기 때문이다.

또한 우리나라는 지금은 상황이 조금 달라졌지만 한때는 금융자본가가 제대로 형성되지 못하고 대다수의 금융회사가 정부 또는 외국인, 산업자본(재벌그룹)에 의해 소유 지배되고 있는 상황이 지속되었다. 우리나라 금융회사의 과거 소유구조를 보면 아래 표에서 보듯이 2005년도 기준으로 은행의 경우 IMF 외환위기 이후 구조조정과정을 거쳐 정부 또는 외국인이 최대주주가 된 사례(2005년말 현재 전체의 71.4%)가 많아졌고, 증권회사 및 보험회사 등 제2금융권의 경우에는 종전부터 재벌그룹과 외국인이 최대주주인 사례(2005년말 현재 전체의 52.7%)가 많은 실정이었다. 이러한 사실에 기초하여 보면 우리나라 금융회사의 지배구조는 경영자 견제를 통한 경영의 효율성 확보도 중요하지만 대주주의 횡포나 전횡을 견제할 수 있도록 하기 위해 그 투명성 향상에도 초점이 맞춰져 할 필요성도 크다 하겠다.

표 7-1 금융회사의 최대주주 현황 (2005말 현재)

	정부 등	외국인	재벌그룹사	기 타
은행(14개)	4(28.6%)	6(42.8%)	2(14.3%)	2(14.3%)
증권(39개)	−	9(23.1%)	9(23.1%)	21(53.8%)
보험(35개)	−	7(20.0%)	14(40.0%)	14(40.0%)

자료: 금융감독원.

이와 같이 금융회사의 지배구조에 대한 규제는 특수성을 감안하여 일반적으로 일반회사보다 강한 지배구조 요건을 부과하게 된다. 금융회사의 건전성규제와 위험관리 등에 대한 감독기능을 보완하고, 대주주와 이사의 자격을 대폭 강화하며 사외이사중심의 이사회제도 운영 및 내부통제를 강화하는 방향이 바로 그것이다. 미국의 서브프라임사태 발발로 글로벌 금융위기에 닥치자 금융회사의 지배구조에 대한 규제 움직임은 크게 확대되었다. 금융회사 경영자의 성과보상체계가 단기업적과 고위험 추구의 주요 배경으로 판단되었고, 주주중심의 기업지배구조도 금융위기에 악영향을 끼친 것으로 생각되어 금융회사의 지배구조체계와 운영시스템의 개혁작업이 진행되었다.

제 8 장 금융회사의 지배구조체계

Ⅰ. 서 설

우리나라에서 회사는 상법에 의한 일반회사가 있고, 상법 외에 그 영위업종에 따른 특별법에 의한 규제와 감독을 받는 회사가 있는데 그 중 대표적인 것이 금융회사이다.

또한 우리나라 일반회사의 지배구조는 앞서 기업지배구조의 유형에서 살펴본 바와 같이 기본적으로 상법에 의하여 형성된다. 최고의사결정기구인 주주총회 밑에 회사업무집행과 경영감시를 관장하는 이사회와 업무집행을 담당하는 대표이사가 있고, 이사회의 의사결정 및 업무집행을 감시·감독하는 감사 또는 감사위원회가 있다. 그리고 주주총회의 구성원으로서의 주주와 이사회의 구성원으로서의 이사가 있다. 회사가 만약 상장법인인 경우에는 상법의 특례에 의하여 사외이사 제도가 적용되어 사외이사 중심의 이사회 제도와 감사위원회 제도가 운용되고 있다.

한편 금융회사도 상법상 주식회사이기 때문에 지배구조에 있어서 기본적으로 일반회사와 같이 상법에 의한 규율을 받지만 금융회사로서 특수성이 있으므로 각 금융회사에 관한 금융관계법이 우선 적용되었다. 하지만 2016년 8월 금융회사지배구조법이 시행된 이후에는 지배구조에 관하여 금융관계법에 특별히 규정되지 아니한 경우에는 금융회사지배구조법이 적용된다. 이에 따라 공공성이 강조되는 대형 금융회사에 대하여 경영진과 지배주주에 대한 견제와 감시를 강화하기 위하여 이사회 구성 및 운영에 있어 사외이사 제도를 의무화하고, 감사위원회 구성도 의무화하고 있다.

이하에서는 이러한 우리나라 금융회사의 지배구조 제도 변천, 체계와 특징에 대하여 알아보기로 한다.

Ⅱ. 우리나라 금융회사의 지배구조제도 변천

1. 금융제도의 변천과 지배구조의 형성

(1) 우리나라 금융제도는 그 역사적 변천과정을 보면 경제·사회 발전단계에 따라 그 역할과 기능이 변화하면서 정부주도의 규제시스템에서 작동되다가 점차 민간중심의 자율시스템으로 전환하여 왔다. 이러한 과정에서 과거 정부의 개입이 크게 작용하였던 금융회사의 소유·경영 지배구조도 경제성장과 시장경제의 진전에 따라 점차 금융회사의 자율적 지배구조가 형성·운영되는 방향으로 발전되었다. 그리고 국가 경제발전에 필요한 자금의 조달과 중개기능을 담당하는 금융산업도 전통적인 은행 중심에서 신탁회사, 보험회사, 증권회사 등 비은행금융회사로 단계적으로 확대, 발전되어 온 과정을 밟아 왔다. 이하에서는 이러한 우리나라 금융제도의 변천과정에서 금융회사의 소유·지배구조가 어떠한 영향을 받고 변화되어 왔는지를 살펴본다.

(2) 우리나라의 근대적 금융제도는 강화도조약(1786년)을 계기로 1786년 6월 일본계 은행이 국내에 진출(제일국립은행 부산지점 설치)하자 조선은행(1896년) 등 민족자본계 은행이 차례로 설립되면서 시작되었다. 1945년 전까지는 중앙은행의 기능을 일부 수행한 조선은행과 다수의 일반은행, 조선식산은행 등 특수은행 그리고 금융조합, 신탁회사, 보험회사 등 비은행금융회사와 증권거래소 등이 설립되었다. 그러나 당시의 금융회사들은 본연의 기능보다는 일제의 식민지 지배체제 확립과 전비조달창구로서의 역할을 주로 수행하였다.[1)]

(3) 1948년 수립된 대한민국 정부는 해방 후 문란해진 금융제도의 개편에 착수하여 중앙은행과 일반은행의 체계를 확립하기 위해 1950년 5월 한국은행법과 은행법을 제정 공포하였다. 동년 6월 한국은행은 창립되었지만 곧이어 한국전쟁이 발발하여 금융제도의 정비가 지연되다가 종전 후 1954년 은행법이 시행되었다. 이에 따라 은행의 자주적 운영을 도모하기 위해 민영화가 추진[2)]되어

---

1) 강병호, 전게서, 183-184면.

2) 8.15 해방으로 미군정에 몰수되었던 한국내 모든 일본재산 중 1948년 한국정부에 이양된 일

정부소유 일반은행 주식이 소수 재벌에게 불하되었는데 이는 금융회사가 대주주의 사금고화되고 정치자금의 공급원이 되는 폐단을 낳기도 하였다. 또한 전재복구 및 농업개발을 위한 한국산업은행(1954년) 및 농업은행(1956년)이 특수은행으로 발족하였으며, 자본시장 발전을 위한 기반으로 대한증권거래소(1956년)가 설립됨으로써 비로소 자주적 금융제도의 기반이 구축되었다.[3)]

(4) 1960년대 들어 정부주도의 경제개발계획을 뒷받침하기 위해 금융제도면에서 커다란 변혁이 이루어졌다. 1950년대 후반 민영화이후 소수재벌에 의해 지배되어 온 일반은행의 주식이 5.16 이후 부정축재재산 환수처리의 일환으로 정부에 다시 귀속되고, 대주주의 횡포를 방지하기 위한 의결권제한을 주내용으로 하는 「금융기관에대한임시조치법」이 1961년 6월 20일 제정 실시됨으로써 일반은행은 민영화된 지 약 4년만에 다시 정부의 관리하에 들어가게 되었다. 아울러 동법에서 금융회사 임원선임에 대한 개별적 승인권 및 임원해임권을 은행감독원장으로 하여금 행사하도록 함으로써 금융회사의 인사 및 경영에 대한 통제를 강화하였다.[4) 5)]

(5) 1970년대 들어 석유파동에 이은 세계적인 불황의 여파로 우리 경제도 크게 어려움을 겪으면서 이를 타개하기 위해 정부는 1972년 8·3 긴급경제조치를 단행하는 한편 사금융의 제도금융화 및 금융구조의 다원화를 추진하여 단기금융업법, 상호신용금고법, 신용협동조합법 등 이른바 사금융양성화 3법(1972년)과 종합금융회사에관한법률(1975년)을 제정하고 다양한 형태의 비은행금융회사를 신설·정비하였다.[6)]

(6) 1980년대에 들어 그동안의 고도성장과정에서 실물산업에 대한 지원산업으로서의 역할이 강조된 나머지 산업자체로서의 성장이 상대적으로 낙후된 금

체의 은행주식(귀속주)을 1954년부터 불하공매를 시작하여 유찰되다가 1957년 전액 낙찰되어 조흥, 상업, 제일, 한일 등 4개 일반은행이 민영화되었다.

3) 한국은행, 전게서, 23면.

4) 한국은행 은행감독원, 「한국의 은행감독」(1986.3), 22면.

5) 아울러 한국은행법도 1962년 전면 개정됨으로써 금융회사에 대한 정부의 영향력이 대폭 강화되었다. 그리고 개발자금의 원활한 지원을 목적으로 농업협동조합(1961년), 중소기업은행(1961년), 국민은행(1963년), 한국외환은행(1967년), 한국주택은행(1969년) 등 특수은행이 대거 설립되었다. 또한 증권거래법과 보험업법이 제정(1967년)되고 지방은행이 설립(1967년)되었다.

6) 이와 함께 자본시장의 육성을 위해 기업공개촉진법을 제정(1972년)한 데 이어 증권투자신탁전문회사인 한국투자신탁(주)를 설립(1974년)하였으며, 증권관리위원회와 증권감독원을 설치(1977년)하여 증권시장의 감독 및 관리체계를 확립하였다.

융산업의 발전을 위한 일련의 자유화 및 개방화 시책이 추진되었다. 1980년 12월 재무부의 "일반은행 경영의 자율화 방안" 발표를 계기로 정부는 1981년부터 2년에 걸쳐 5개 시중은행을 모두 민영화시키고 신한, 한미은행의 두 은행을 신설하면서 민영화된 은행의 자율책임경영체제 보강을 위하여 비상임이사제도를 도입 운영키로 하였다.[7] 또한 1982년말에는 민영화된 은행의 자율적인 경영활동을 제도적으로 뒷받침하기 위하여 은행감독원장의 포괄적 지시명령권을 폐지하고 동일인에 의한 은행주식 소유 및 의결권을 8%로 제한(종전에는 의결권만 10% 이내로 제한)하며 임원 자격요건을 명시하는 등의 은행법 개정을 하였다. 그리고 은행임원 인사의 자율성을 위하여 은행감독원장의 금융회사 임원승인권 등을 규정한 「금융기관에대한임시조치법」도 폐지하였다. 은행감독원도 이러한 정부의 방침 및 금융추세에 따라 금융회사의 예산, 결산, 인사, 급여 등 은행내부경영의 자율성을 제약하는 각종 규제를 완화하였다.[8] 한편 금융자율화와 더불어 금융시장의 대외개방도 점진적으로 확대되어 1984년 외국은행의 지점증설이 허용되고 외국생명보험회사의 지점 설치, 합작회사 또는 현지법인 설립 등이 이루어졌으며 외국인전용수익증권, 외국투자전용회사 등을 통한 외국인의 국내증권 간접투자도 허용되었다.

(7) 1990년대에 들어 금융산업의 경쟁력 강화와 금융시장의 개방에 대비하기 위한 부분적인 금융제도 개편이 있었다. 1991년 3월 「금융기관의합병및전환에관한법률」이 제정되어 8개 투자금융회사가 합병 또는 단독으로 2개 시중은행(하나, 보람은행) 및 5개 증권회사로 전환되었다. 은행의 경우 1992년 11월에 근로자에 대한 금융지원을 위주로 하는 평화은행이 설립되었고 특수은행인 국민은행(1995년 1월)과 한국주택은행(1997년 8월)이 각각 일반은행으로 전환하였다.[9] 그리고 1992년 1월부터는 외국인이 일정한도 범위내에서 국내 상장주식에 직접 투자할 수 있도록 허용함으로써 주식시장이 본격적인 개방시대를 맞이하게 되었다. 그러나 1996년 OECD 가입을 전후로 정부는 금융제도 개편과 금

7) 이때 우리나라에 최초로 비상임이사제도를 도입하여 이사회에 주주가 비상임이사로 참여토록 유도하였다. 이후 조흥은행(1983.11), 한일은행(1983.12), 서울신탁은행(1984.12), 제일은행(1985.2)이 각각 비상임이사제도를 도입하였는데, 은행의 비상임이사제도가 은행법에 명시됨으로써 의무화된 것은 1996년 12월 은행법 개정(1997년 1월 시행)을 통해서이다(전철환·함정호 외, 「한국 은행산업의 진로」(지식산업사, 2000.1), 140면).

8) 강신경, 전게서, 67-69면.

9) 한국은행, 전게서, 26면.

융산업의 구조조정을 점진적으로 추진하여 오던 중 1997년 외환위기를 계기로 빅뱅식 금융개혁을 단행하였다.

금융제도 개편의 내용의 하나로서 금융회사의 진입제한의 대폭 완화를 들 수 있다. 금융회사 설립시 인가제도는 개관적인 준칙주의로 이행되고, 은행, 증권, 보험 기타 모든 금융업에 대해 외국인이 전액출자한 현지법인 설립이 허용되고 외국인이 기존 금융회사에 대한 인수지배도 허용되어 금융시장을 완전개방하게 되었다. 그리고 금융회사의 소유와 지배구조 문제는 산업자본에 의한 금융산업 지배가 가져오는 폐해와 주인있는 금융회사에 의한 경영효율성 제고라는 상충된 목표를 조정하는 것이 핵심과제였다. 1997년 외환위기를 계기로 그 동안 엄격하게 제한되어오던 은행 소유 및 지배를 외국인에게 허용하게 되었는데 이 과정에서 내국인에 대한 역차별을 시정해야 할 필요성이 제기됨에 따라 양자간의 결합에 대한 규제가 다소 완화되었다. 그러나 산업자본의 금융지배에 따른 폐해, 특히 산업자본의 제2금융권지배에 따른 폐해가 격심함에 따라 2000년부터 이들에 대한 지배구조제한이 사외이사제도를 도입하는 등으로 한층 강화되었다.[10)]

또한 금융자율화 조치의 하나로서 은행경영의 자율화는 은행장 인사의 자율성 제고부터 시작해야 한다고 보고 1993년 5월 은행장후보추천위원회제도[11)]를 도입하였는데, 이는 1994년 은행법 개정에 반영되었다. 그러나 동 제도는 내부경영진에 의한 은행장의 대물림현상이 일반화되는 등 은행의 책임경영체제 구축에 소기의 성과를 거두지 못하는 것으로 나타남에 따라 1996년 은행법 개정시 폐지되고 대신 비상임이사제도를 도입하여 비상임이사만 참여하는 이사회에서 은행장 및 감사 후보를 추천토록 하는 등 지배구조 개혁조치가 도입되었다.[12)]

(8) 1997년말 발생한 외환위기 이후에는 위기극복과 금융선진화를 위해서 그동안 결실을 보지 못한 금융자유화와 개방화를 적극 추진하는 금융개혁을 단행하였다. 이를 위해서는 금융하부구조의 개선에 초점이 두어졌다. 먼저 금융회

---

10) 강병호, 전게서, 187-188면.

11) 은행장을 선임함에 있어 정부, 대주주 양측 모두의 지나친 간여를 배제하고 은행경영의 기업성과 공공성을 조화시킨다는 차원에서 주주대표, 고객대표, 경영진을 대표한 전임은행장 등으로 은행장후보추천위원회를 구성하고 동위원회의 추천을 거쳐 이사회에서 선임하도록 하였다.

12) 정찬형·도제문, 「은행법」(제2판)(박영사, 2005.2), 119면.

사의 생존가능성을 판단하여 퇴출 또는 인수·합병 등의 방법으로 부실금융회사를 정리하였다.[13] 그리고 금융개방화를 위하여 1997년말 자유변동환율제도로 이행하고 대외송금을 전면 자유화하는 등 외환자유화조치를 실시하였고 1998년 5월에는 외국인의 주식투자한도를 폐지하였다. 다음으로 경영의 투명성을 제고하고 책임경영체제를 확립하기 위하여 금융회사의 회계 및 공시제도를 강화하였다.[14] 아울러 건전한 금융자본 출현을 유도하고 금융회사의 책임경영을 촉진하기 위하여 금융회사의 소유·경영지배구조 개선을 추진하였다. 2002년 4월 은행법 및 금융지주회사법을 개정하여 은행 및 은행지주회사의 의결권있는 주식에 대한 동일인 보유한도를 4%에서 10%로 확대하는 등 금융회사의 소유제한을 완화하였다. 한편 2000년 1월에는 은행, 종합금융회사 및 일정 규모 이상의 증권회사, 보험회사, 자산운용사 등에 대해 사외이사중심의 이사회제도를 도입하고 감사위원회의 설치를 의무화하였다.[15] 이로써 금융회사는 미국식 지배구조 개혁이 본격화되었고 특히 준법감시인제도의 도입으로 사후감사 중심의 종전 내부통제체제 운영을 사전 준법통제 중심으로 선진화하는 계기가 되었다.

(9) 2008년 글로벌 금융위기 이후 기업지배구조의 중요성이 크게 이슈화되면서 미국의 금융개혁법이 시행되었고,[16] 우리나라도 금융회사의 지배구조를 여러 가지 측면에서 보다 개혁하고 금융관계법에 각각 규정되어 있던 지배구조에 관한 규정을 하나의 법률로 통합하여 운용할 필요성이 높아졌다. 이에 2010년 전후하여 논의가 본격화한 후 2011년 12월 그 통합법이 입법예고되고 2015년 7월에 국회에서 「금융회사의지배구조에관한법률」(이하 '금융회사지배구조법'이

13) 그 결과 1997년말 33개 달했던 은행이 2005년말 현재 19개로 줄었다. 한때 30개에 달했던 종합금융회사도 2005년말 현재 2개사만 남았으며 상호저축은행 등 서민금융기관도 다수가 경영부실로 퇴출되었다. 이 과정에서 약 160조의 공적자금이 조성·투입되었고, 외국인의 제일은행, 한미은행 등 국내 금융회사에 대한 인수가 활발히 이루어졌다.

14) 1998년 11월 회계제도의 신뢰성 제고를 위해 금융회사 보유 유가증권에 대한 시가평가방식을 도입하고, 금융회사의 회계정보 및 경영관련보고서 공시 주기를 반기에서 분기로 단축하였다. 아울러 2005년 1월에는 공시서류의 허위기재, 미공개정보의 이용, 시세조작 등으로 인한 피해구제를 위해 증권관련 집단소송제도를 도입하였다.

15) 한국은행, 전게서, 27-29면.

16) 2010년 7월 21일 글로벌 금융위기 이후 논의되어 왔던 미국의 금융규제개혁법이 발효되었다. 대공황이래 가장 강력하고 포괄적인 금융규제개혁 내용을 담고 있다. 이 법은 금융위기의 원인을 야기했다고 비판받던 금융회사와 금융산업을 규제하여 연방차원에서 감독을 강화하기 위한 것이다. 나아가 모든 상장회사의 기업지배구조 실패에 근본적인 원인이 있다고 보고 금융산업 외의 일반 상장회사에 적용되는 기업지배구조 개혁조항들도 다수 포함하고 있다. 이사선임, 이사회 구조, 임원보수 등과 관련한 사안에서 주주들의 권한을 강화하는 조항들이 대부분이다

라 한다)이 통과되었다. 이어 정부에서 동법 시행령을 마련하여 최종 법률을 2016년 8월부터 시행하기에 이르렀다.

2. 금융회사 지배구조관련 입법체계

우리나라 금융회사의 종류는 이미 앞에서 설명한 바 있듯이 매우 다양하지만 그 설립의 법적 형태는 대부분 주식회사이다. 금융회사의 대표 격인 은행은 물론 상호저축은행, 증권회사, 자산운용회사, 보험회사, 여신전문금융회사 등이 거의 대부분 상법상 주식회사로 설립되어 운영되고 있다. 다만 소규모 금융회사로서 회원위주로 운영되는 신용협동조합은 신용협동조합법상 비영리법인으로 설립(동법 제2조 1호)되어 운영되고 있고, 보험회사 일부가 아직 보험업법상 상호회사로 운영(동법 제3절)되고 있는 경우도 있다. 한편 특별법에 의하여 설립된 한국거래소(KRX) 등 금융관련회사도 대부분 주식회사의 형태를 취한다.

이와 같이 금융회사는 대부분 상법상 주식회사로 설립되므로 회사의 설립과 영업에 관하여 상법의 적용을 받게 되지만, 이와는 별도로 금융업을 영위하는 금융회사로서 해당 금융관계법률, 즉 은행법, 상호저축은행법, 자본시장통합법(구 증권거래법, 구 간접투자자산운용업법, 구 신탁업법), 보험업법 등에 의한 금융감독당국의 설립 인가를 받아야한다. 뿐만 아니라 일정 규모 이상의 회사는 반드시 외부감사를 두도록 하는 「주식회사의외부감사에관한법률」의 적용도 받게 된다.

금융회사 지배구조의 경우도 마찬가지라 할 수 있다. 금융회사에 대하여 일반법이라고 할 수 있는 상법이 규정한 기업지배구조의 기본운영 골격은 그대로 유지된다고 할 수 있다. 다만 기업지배구조 개선과 관련해서는 금융회사가 선봉자의 입장에 있기 때문에 금융회사 지배구조에 관한 통합법(「금융회사의지배구조에관한법률」(이하 "금융회사지배구조법"이라 약칭한다. 법조문 인용시에는 "금융지배법"으로 약칭한다)이 제정(2015.7)되기 전까지는 특별법 관계인 금융관계법률에서 금융회사의 지배구조에 관한 새로운 제도를 새로이 도입해 둔 경우가 많았다. 예를 들면 사외이사의 선임 및 운영, 감사위원회 구성에 관한 사항 등이 그것이다(은행법 제22조 · 제23조의2, 구 증권거래법 제54조의5 · 6, 보험업법 제15조 · 제16조 등). 물론 상법과 금융관계법의 관계는 일반법과 특별법의 관계이므로 회사에 관한 규제내용의 적용에 있어서는 금융관계법이 상법에 우선 적용된다.

그리고 금융감독당국도 금융회사의 규제 및 감독을 위하여 관련 법률에 근거하여 지배구조에 관한 새로운 규정을 두었다. 그러한 예로 은행업감독규정, 증권업감독규정, 보험업감독규정 등 금융감독위원회가 금융관계법규의 위임을 받거나 집행하기 위해 입법한 세부규정을 들 수 있다.[17)]

결국 금융회사 지배구조에 관련하여 적용되는 입법체계는 상법 및 동법시행령, 금융관계법 및 동법시행령, 금융감독위원회 규정으로 구체화되어 거의 동일한 내용으로 운용되고 있었다. 이에 따라 금융회사의 지배구조에 관한 제도 및 개선 내용은 위에서 언급한 각각의 금융관계 법률과 그 규정의 내용을 금융기관별로 따로 살펴보아야 하는 불편이 있었다. 또한 금융업권간 다소간의 규제 차이로 모순점 및 형평성이 대두되고 금융회사별 지배구조가 자주 논란이 되었다.

2008년 미국에서 촉발된 글로벌 금융위기 이후 금융회사 지배구조의 중요성이 특히 이슈화되면서 우리나라도 금융회사의 지배구조 혁신과 통합적 법체계를 마련하게 되었다. 2008년 정부조직 개편에 따라 금융감독위원회는 금융위원회로 변경되었고, 2010년 전후하여 각계에서 금융회사 지배구조 통합법에 대한 논의가 본격화하였다. 정부는 2011년 12월 그 통합법을 입법예고한 다음 국회에서2015년 7월에 「금융회사의지배구조에관한법률」이 통과되었다. 이어 정부에서 동법 시행령 및 동법 감독규정을 마련한 다음 최종 법률이 2016년 8월부터 시행되었다. 이 법에 대한 자세한 내용은 후술한다. 이에 따라 이제는 금융회사 지배구조에 관련하여 적용되는 법규로는 상법 및 동법시행령, 금융회사지배구조법 및 동법시행령, 금융관계법 및 동법시행령, 금융위원회 규정 및 시행세칙으로 구체화되어 운용된다. 이들 법규의 우선 적용순서에 대하여는 해석상 혼란이 올 우려가 있어 금융회사지배구조법 제4조에서 그 적용 우선순위에 대하여 명문규정을 두었다. 즉 금융회사 지배구조에 관한 규정은 금융관계법령, 금융회사지배구조법, 상법의 순으로 우선 적용하도록 하였다. 금융회사 지배구조에 관하여 다른 금융관계법령에 특별한 규정이 있는 경우를 제외하고는 금융회사지배구조법을 적용하고, 금융회사지배구조법에 특별한 규정이 없으면 상법을 적용한

---

17) 예를 들면 사외이사 자격에 관하여 구 증권거래법에 일반적으로 규정되어 있지만, 은행의 경우에는 예외적으로 은행법의 위임을 받아 금융감독위원회규정인 은행업감독규정에 규정되어 있었다(은행업감독규정 제19조).

다는 것이다.

한편 금융회사 지배구조 규제의 법체계상 지위와 관련하여 입법론적으로 사전 정리되어야 할 세가지 문제가 제기되었다. 첫째, 금융회사도 주식회사의 형태를 취하고 있으므로 그 지배구조에 관한 사항이 상법 중 회사편 특히 주식회사에 관한 장에서 규정되어야 하는가, 둘째, 금융회사의 지배구조에 관한 사항도 법령에서 정하는 기본적인 체계를 제외하고는 주식회사의 정관이나 내규 등을 통하여 자율적으로 규제되어야 하는가, 셋째, 금융회사가 영위하고 있는 업무의 특징에 따라 금융회사 지배구조에 근본적인 차이가 발생할 수 있는가이다.[18]

3. 종전의 금융관계법률의 개정

3.1 개 관

이미 아는 바와 같이 우리나라 금융회사의 지배구조 체계는 IMF 외환위기 이후 금융구조개혁 추진과정에서 경영 투명성 향상을 위해 대형 금융회사에 대해 영미법계의 사외이사와 감사위원회 제도를 의무적으로 도입하면서 크게 변모하게 되었다.

외환위기 이전에 금융회사의 지배구조는 일반기업과 마찬가지로 상법과 증권거래법상 지배구조에 관한 법규를 적용받았다. 우리나라 기업의 지배구조 체계는 1962년 상법 제정시 독일의 1937년 「주식법(Aktiengesetz)」을 계수한 이후 형식적으로는 독일법계와 유사하게 형성되었으나, 독일법계 보다는 감사의 권한이 약화되고 이사회와 대표이사의 권한이 강화되었기 때문에 실질적으로는 독일법계와 상이한 체계를 형성하게 되었다.[19]

그 후 여러 차례 상법과 증권거래법을 개정하여 기업지배구조를 개선하여 왔다. 그 주요내용을 보면 1984년 4월 상법 개정시 감사의 업무감사권을 신설하고, 1995년 11월 상법 개정시 감사의 임기연장(2년 → 3년), 감사의 자회사

18) 자세한 내용은 정순섭, "금융회사의 조직규제", 「상사판례연구」(제24집 제2권)(2011.6), 9-18면 참조.

19) 1962년 상법 제정시 경제발전을 위해 기업경영의 투명성보다는 효율성이 강조하였기 때문에 독일의 1937년 「주식법」에 비해 이사회와 대표이사의 권한을 강화시켰다. 그 후 독일은 1965년 「주식법」을 개정하여 주주총회와 감사회의 권한을 강화함에 따라 상법의 지배구조체계는 실질적인 면에서 독일법계와 상이하게 형성되었다고 할 수 있다.

영업보고 요구권 및 조사권, 주주총회 소집청구권을 도입하였으며, 1997년 1월 증권거래법 개정으로 대형 상장법인에 대해 상근감사를 의무화하고 주주제안제도[20]를 도입하였다. 이와 같이 그동안 감사의 경영감시권과 내부통제권을 점차로 강화시킴으로써 지배구조 권한을 이사회와 감사로 양분시키는 '이원적인 체계'로 형성 · 발전시켜 왔으나, 그 결과는 감사가 이사회를 제대로 견제하지 못함으로 인하여 일반기업뿐만 아니라 금융회사의 경영 투명성을 향상시키지는 못하였다.

1997년말 우리나라는 외환위기를 겪으면서 그동안 만연되었던 기업과 금융회사의 경영 투명성 결여, 회계정보의 신뢰성 저하, 형식적인 이사회 운영 등이 위기발생의 주요 원인으로 지적되었다. 지배주주가 없는 금융회사(주로 은행)의 경우에는 경영자가 자신의 이익을 위하여 경영활동을 수행하고, 재벌그룹 등 산업자본이 지배주주인 금융회사(주로 제2금융권)의 경우는 경영자가 지배주주의 이익을 위해 경영활동을 수행하는 사례가 빈번하게 발생함에 따라 금융자원 배분의 왜곡과 금융부실의 심화 등의 부작용이 심각하였던 것으로 평가되었다. 이는 지배주주 또는 경영자와 관련있는 인물이나 금융업무에 전문지식이 없는 인물이 금융회사의 감사에 임명되었기 때문이었다. 이에 지배주주 또는 경영진의 전횡과 독주를 견제 · 예방하고, 기업과 금융회사의 지배구조를 국제적인 규범(global standard)에 맞추기 위하여 지배구조 개혁방안이 본격적으로 논의되었던 것이다.

1998년 이후 우리나라는 기업과 금융회사의 경영 투명성과 회계정보의 신뢰성 향상을 강조한 IMF 등 국제기구의 권고를 받아들여 대형 주권상장법인 및 코스닥상장법인뿐만 아니라 대형 금융회사를 중심으로 영미법계의 사외이사와 감사위원회 제도를 본격적으로 채택하였다. 그 입법과정을 <표 8-1>에서 정리한 대로 살펴보기로 한다.

1997년 1월 은행법을 개정하여 은행을 비상임이사(2000년 1월 사외이사로 명칭 변경, 이사총수의 1/2 이상) 중심의 이사회 제도로 개편하고, 1998년 2월 증권거래소의 「유가증권 상장규정」을 개정하여 주권상장법인에 대하여 사외이사(이사총수의 1/4 이상) 제도를 도입하였으며, 1998년 12월 상법 개정으로 집중투표제를 도입하고 소수주주권의 행사요건을 완화하는 등 부분적으로 영미식

---

20) 1998년 상법 개정시 동 주주제안제도를 상법(제362조의2)에 신설하였다.

제도를 도입하였다. 1999년 9월에는 민간조직인 '기업지배구조개선위원회(1999년 3월 설립)'가 「기업지배구조모범규준」[21]을 제정하여 대기업과 금융회사에 대하여 사외이사와 감사위원회 도입을 권고하였다. 그리고 1999년 12월 상법 개정으로 이사회내 위원회 및 감사위원회 제도를 도입하였으며, 그 직후인 2000년 1월에는 증권거래법을 개정하여 모든 주권상장법인에 사외이사와 감사위원회 제도를 의무화하면서 각 금융관계법률(은행법, 증권거래법, 보험업법, 증권투자신탁업법, 종합금융회사에관한법률 등)도 개정하여 은행 등 대형 금융회사에 대하여 영미법계의 일원적인 지배구조 체계를 본격적으로 도입하였다. 그 후 2001년 3월 증권거래법, 상호저축은행법, 여신전문금융업법을 개정하여 코스닥 상장법인, 상호저축은행, 여신전문금융회사에도 사외이사와 감사위원회 제도를 도입하였다. 2003년 3월에는 증권거래법을 개정하여 대규모 상장법인의 사외이사수를 과반수로 확대하고, 감사위원중 1인 이상을 회계 또는 재무전문가로 선임토록 하여 감사위원회의 전문성을 강화하였다.

표 8-1 1997년 이후 금융회사 지배구조관련 법규의 주요 변경내용

□ 은행법 개정(97.1) : 비상임이사 중심의 이사회제도로 개편
- 상임이사 수를 총 이사수의 50% 미만으로 제한
- 비상임이사 전원으로 은행장후보추천위원회 구성

□ 유가증권상장규정 개정(98.2) : 상장법인에 사외이사제도 도입
- 이사총수의 1/4 이상을 사외이사로 선임

□ 상법 개정(98.12)
- 집중투표제 도입 및 소수주주권 행사요건 완화
- 업무집행지시자와 지배주주 등을 이사로 간주하여 회사 및 제3자에 대한 손해배상책임 인정

□ 상법 개정(99.12)
- 이사회내 위원회 및 감사위원회(선택적) 설치근거 마련
- 이사에 대한 이사회의 감독권 신설

□ 증권거래법 개정(00.1) : 사외이사·감사위원회제도의 법적 근거 마련
- 상장법인은 이사총수의 1/4 이상을 사외이사로 선임
- 대규모(자산총액 2조원이상) 상장법인은 사외이사를 최소 3인 이상, 이사총수의 1/2 이상 선임
- 대규모 상장법인의 사외이사후보추천위원회 설치 의무화
- 사외이사 결격요건(최대주주 등) 설정
- 대규모 상장법인의 감사위원회 설치 의무화

□ 금융관계법 개정(00.1) : 사외이사 및 감사위원회 제도 의무화
- 사외이사를 최소 3인이상, 이사 총수의 1/2 이상으로 선임

---

21) 기업지배구조모범규준에서는 주주, 이사회, 감사기구, 이해관계자, 시장에 의한 경영감시에 관해 지배구조개선방향을 제시하고 있다.

- 감사위원회 설치 의무화(총위원의 2/3 이상 사외이사로 선임)
- 전 금융회사에 대해 준법감시인 의무화

□ 증권거래법 개정(01.3) : 코스닥법인,상호저축은행,여신전문금융 회사에도 사외이사 및 감사위원회 제도 도입
- 코스닥법인(자산총액 1조원미만의 벤처기업 제외)에도 상장법인과 동일한 사외이사 제도 도입
- 대규모 코스닥법인의 감사위원회 설치 의무화
- 대규모 상장·코스닥 법인은 소수주주(1% 이상)가 추천한 사외이사후보를 반드시 주총에 추천토록 의무화
- 감사위원인 사외이사 선임시 3% 초과분에 대한 의결권 행사제한
- 감사위원회 위원장의 사외이사 선임 의무화

□ 상법 개정(01.7)
- 이사의 이사회 소집요구권, 이사의 대표이사에 대한 보고요구권, 이사의 이사회에 대한 보고의무 도입

□ 은행법 개정(02.7)
- 은행장후보추천위원회제도 폐지
- 사외이사 선임에 관한 특례규정을 폐지하고 사외이사후보추천 위원회제도 도입

□ 증권거래법 개정(03.12)
- 대규모 상장법인의 사외이사 수를 과반수로 확대
- 증권회사 및 상장법인에 감사위원회 위원중 1인 이상을 회계 또는 재무전문가로 선임토록 함

3.2 상법의 개정

(1) 1998년 개정

1998년 상법 개정(1998.12.28 법률 제5591호)은 1997년 IMF 외환위기에 따른 경제 난국을 타개하기 위한 해결방안으로 시도한 것이라고 할 수 있다. 이 개정은 회사법의 대변혁을 가져올 만한 혁신적인 내용의 것도 있지만, 초단기의 입법준비기간과 입법과정의 비민주성으로 인하여 개정을 하려는 의도와는 달리 졸속을 면치 못하였다는 비판도 있다.

개정된 구체적인 내용으로는, 채권자의 이의기간의 단축(상법 제232조 제1항), 주식의 최저액면가의 하향 조정(동법 제329조 제4항), 주식분할제도의 신설(동법 제329조의2), 주주제안권의 신설(동법 제363조의2), 소수주주권의 행사요건의 완화(동법 제363조의2, 제366조, 제385조, 제466조, 제467조, 제520조, 제539조 등), 집중투표제의 도입(동법 제382조의2), 이사의 충실의무 신설(동법 제382조의3), 이사 인원수의 자율화(동법 제383조 제1항 난서), 업무집행지시자의 책임제도 신설(동법 제401조의2), 현물출자에 대한 검사인의 조사를 감정인의 감정으로 갈음할 수 있다는 조항의 신주 발행시에도 확대 적용(동법 제422

조 제1항 후단), 중간배당제도의 신설(동법 제462조의3), 소규모 합병절차 제도의 신설(동법 제527조의3), 신설합병의 창립총회(동법 제527조 제4항), 회사분할제도의 신설(동법 제530조의2－제530조의11) 등을 들 수 있다.

(2) 1999년 개정

1999년 상법 개정(1999.12.31, 법률 제6086호)은 1998년 개정과 마찬가지로 IMF 외환위기 경제의 연장선상에서 주식회사법의 개정이 그 주요한 대상이 되었다. 특히, IMF와 IBRD(International Bank for Reconstruction and Development) 등 외국기관의 권고를 많이 받아들였으며, 주로 기업의 지배구조개선에 역점을 두고 개정을 한 것이라고 할 수 있다.

주요 개정 내용으로는 주식매수선택권 제도의 도입(동법 제340조의2, 제340조의5), 자기주식취득제한의 완화(동법 제341조의2), 주주총회 의장의 지위 명문화(동법 제366조의2 제2・3항), 주주총회・이사회 운영의 탄력화(동법 제391조 제2항), 이사회 의사록의 관리개선(동법 제391조의3 제4항), 감사위원회 등 위원회 제도의 신설(동법 제415조의2), 소규모 분할합병의 신설(동법 제530조의11 제2항), 유한회사의 경우 소수사원권의 강화(동법 제565조, 제572조 및 제581조 내지 제583조) 등을 들 수 있다.

(3) 2001년 개정

2001년 7월의 상법 개정(2001.7.24 법률 제6488호)은 1998년과 1999년에 회사법의 개정을 하였음에도 불구하고 우리나라 기업들이 구조적인 질곡을 벗어나지 못함으로써 기업조직의 전반적인 개편을 계속적으로 요구하였고, 이에 따라 정부는 기업의 구조개편을 지원하기 위하여 2000년 상법 개정안을 국회에 제출하였다. 하지만, 비슷한 시기에 일부 국회의원들이 집중투표제의 강제를 중심으로 하는 별도의 상법 개정안을 국회에 제출하고, 이에 관한 국회의원간의 타협을 시도하였으나, 양자의 절충안을 마련하지 못함으로써 2000년 개정에 실패하였다. 동 법안은 2001년 6월 28일에야 비로소 국회를 통과하였고, 그로 인한 효력을 갖게 되었다.

주요 개정 내용으로는 1인회사의 설립 허용(동법 제288조, 제543조 제1항, 제609조 제1항 제1호), 모자회사의 요건 완화(동법 제342조의2 제1항), 이익소각의 요건 완화(제343조 제1항), 주식의 포괄적 교환과 포괄적 이전의 신설(제

360조의2, 제360조의15 제1항, 제459조 제1항 1의2 · 1의3), 전자문서에 의한 주주총회의 소집 허용(제363조 제1항), 영업의 일부양수의 특별결의(제374조 제1항 제4호), 주식매수청구에 의한 매수주식의 가격 산정 방법(제374조의2 제4항), 이사의 비밀유지 의무 신설(제382조의4), 이사회의 소집 방법의 추가(제390조 제2항), 이사회의 권한의 추가(제393조 제1항) 이사의 정보접근권의 보장(제393조 제3항), 대표소송비용(제405조 제1항), 주주의 신주인수권에서의 제3자 배정 사유의 예시적 열거(제418조 제2항) 및 이 규정의 전환사채나 신주인수권부사채에 대하여도 준용(제513조 제3항 · 제516조의2), 순재산의 용어 정리(제462조 제1항, 제462조의3 제2 · 3 · 4항) 등을 들 수 있고, 동년 12월(2001. 12.29 법률 제6545호)에는 합명회사와 합자회사의 업무집행사원에 대해 업무집행정지 가처분 및 업무집행대행자 제도를 신설하였다.

(4) 2009년 개정

2009년 「자본시장및금융투자업에관한법률」(이하 "자본시장법"이라 약칭한다)이 시행(2009.2.4)되면서 폐지된 구 증권거래법에 규정되어있던 지배구조에 관한 상장법인의 특례 조항이 상법으로 이관되었다. 자본시장법과 동시에 시행된 개정 상법(2009.1.30 법률 제9362호)에서는 상장회사에 대한 특례(제13절, 제542조의2~제542조의13) 규정을 신설하고 사외이사 선임(제382조), 감사위원회의 구성 · 운영(제415조의2)에 관한 규정을 일부 개정하였다. 상장회사에 대한 특례조항은 상법 중에서도 다른 조항에 대하여 우선 적용된다(제542조의2 제2항).[22]

(5) 2011년 개정

2011년 상법 개정(2011.4.14 개정법률 제10600호)은 2012.4.15 시행되었다. 기업경영의 투명성과 효율성을 높이기 위하여 자금 및 회계관련 규정을 정비하고, 정보통신 기술을 활용하여 주식 · 사채(社債)의 전자등록제를 도입하며, 합자조합과 유한책임회사 등 다양한 기업 형태를 도입함으로써 국제적 기준에 부합하는 회사법제로 재편하였다. 또한 이사의 자기거래 승인 대상범위를 확대하

22) 상장회사에 대한 특례조항은 주식매수청구권, 주주총회 소집권고 등, 이사 · 감사의 선임방법, 소수주주권, 집중투표에 관한 특례, 사외이사의 선임, 주요주주 등 이해관계자와의 거래, 상근감사, 감사위원회, 감사위원회의 구성 등, 준법통제기준 및 준법지원인으로 구성되어 있다.

고 이사의 회사기회 유용금지 조항을 신설하여 기업경영의 투명성을 높임으로써 활발한 투자 여건을 조성하고 급변하는 경영환경에 기업이 적절히 대응할 수 있는 법적 기반을 마련하였다. 주요 개정 내용을 보면 업무집행조합원과 유한책임조합원으로 구성된 합자조합을 신설하고, 사원에게 유한책임을 인정하면서도 회사의 설립·운영과 기관 구성 등의 면에서 사적 자치를 폭넓게 인정하는 유한책임회사를 신설(제86조의2부터 제86조의9까지 및 제287조의2부터 제287조의45까지 신설)하고, 무액면주식(無額面株式)을 도입하여 회사가 액면주식과 무액면주식 중 한 종류를 선택하여 발행할 수 있도록 하고, 최저자본금제도를 폐지하였다(제291조, 제329조 및 제546조). 그리고 주식 및 사채의 전자등록제 도입(제356조의2 및 제478조제3항 신설), 소수주식의 강제매수제도 도입(제360조의24부터 제360조의26까지 신설), 회사의 사업기회 유용금지제도 신설(제397조의2 신설), 이사의 자기거래 승인대상 확대(제398조)이다. 또 이사의 책임 감경(제400조 제2항)은 회사에 대한 이사의 책임을 고의 또는 중대한 과실로 회사에 손해를 발생시킨 경우를 제외하고는 이사의 최근 1년간의 보수액의 6배(사외이사는 3배) 이내로 제한하고, 이를 초과하는 금액에 대하여는 면제할 수 있도록 이사의 책임제도를 개선하였다. 집행임원제도 도입(제408조의2부터 제408조의9까지 신설)으로 이사회의 감독 하에 회사의 업무 집행을 전담하는 기관인 집행임원에 대한 근거 규정을 마련하되, 제도의 도입 여부는 개별 회사가 자율적으로 선택할 수 있도록 하였다. 아울러 준법지원인 제도를 도입(제542조의13 신설)하여 자산 규모 등을 고려하여 대통령령으로 정하는 상장회사는 준법통제기준을 마련하도록 하고, 이 기준의 준수에 관한 업무를 담당하는 준법지원인을 1인 이상 두도록 하였다. 또한 유한회사에 대한 각종 제한 규정을 철폐(현행 제545조 삭제, 제556조, 제571조 및 제607조)하였다.

(6) 2016년 개정

2016년 개정 상법(2015.12.1 개정법률 제13523호)이 2016년 3월 2일부터 시행되었다. 2016년 개정상법은 기업 인수·합병 시장의 확대 및 경제 활성화를 도모하기 위하여 기업의 원활한 구조 조정 및 투자 활동이 가능하도록 다양한 형태의 기업 인수·합병 방식을 도입하는 한편, 반대주주의 주식매수청구권 제도를 정비하는 등 현행 제도의 운영상 나타난 일부 미비점을 개선·보완하였다. 주요 개정내용을 보면 삼각주식교환, 역삼각합병 및 삼각분할합병 제도의 도입(제360조의3 및 제530조의6 등)인데, 주식의 포괄적 교환 시에 모회사 주식을 지급할 수 있도록 하는 삼각주식교환을 도입하고 이러한 삼각주식교환을 통하여 역삼각 합병이 가능하도록 하며, 회사 분할합병 시 분할회사의 주주에게 모회사 주식이 지급될 수 있도록 하는 삼각분할합병 제도를 도입한 것이다. 즉 2011년의 흡수합병시 개정사항들을 신설합병, 분할합병, 주식의 포괄적 교환 및 이전에도 확대하여 적용하도록 하였다. 흡수합병에 관한 추가개정으로 흡수합병 시 존속회사가 합병의 대가의 전부 또는 일부를 자기주식으로 지급가능하게 하는(제523조 제3호) 한편, 신설합병에서도 합병대가를 다양화하여 주식발행에 갈음하여 교부금만을 지급할 수도 있고, 또 금전 대신 그 밖의 재산을 제공할 수도 있게 하였다(제524조 제4호). 또 회사분할에서의 분할대가도 다양화하였다(제530조의5 제1항5호, 제530조의6), 그 밖에 주식교환대가의 다양화(제360조의3 제3,6항) 주식이전대가의 다양화(제360조의16 제1항4호), 회사분할에서의 책임분할의 명확화(제530조의9 제2,3항), 무의결권주식의 매수청구권 명문화(제360조의5 제1항), 소규모주식교환의 요건 완화(제360조의10 제1항), 간이영업양수도, 임대 제도의 신설(제374조의3) 등이 있다.

(7) 2019 상법개정 추진중

법무부는 재계와 상법개정안 합의안을 도출하기 위하여 2019년 3월 이후 대한상공회의소, 한국경영자총협회, 상장사협의회 등 재계 3단체와 수차례 모임을 가졌다. 기업지배구조와 관련된 상법개정안의 주요쟁점은 다중대표 소송제 도입, 전자투표제 의무화, 감사위원 분리선임, 집중투표제 의무화 등이며 그 내용은 <표 8-2>와 같다.

표 8-2 기업지배구조관련 상법개정안 주요 쟁점

	현 행	정부 개정안	재계 입장
다중대표 소송제	없음	모회사 주주가 '출자기준 50% 초과 등' 자회사 이사의 책임을 묻는 소송 가능	자회사 독립경영을 침해하고 글로벌 스탠다드 아님. 독일, 프랑스, 영국 등 대다수 국가가 도입 안함
전자투표제 의무화	이사회에서 결의하면 지금도 가능	주주 1만명 이상 상장사는 법으로 의무화	대만, 인도, 터키만 의무화. 미국은 선택사항. 일본, 영국, 독일 등도 기업이 자율적으로 선택

감사위원 분리선임	주총에서 이사 선임한 뒤 선임된 이사 중에서 감사위원 선임	주총에서 처음부터 감사위원(이사)을 다른 이사와 분리해 선임	세계적으로 전무
집중투표제 의무화	정관으로 집중투표제 배제 가능	주총에서 이사선임시 주당 1표씩 의결권을 주지 않고, 선임하는 이사 수만큼 의결권을 부여해 소액주주가 특정인사에게 표를 집중적으로 몰아줄 수 있음	외국계 투기자본, 특정집단의 몰아주기로 경영정보, 자본 유출 가능. 러시아, 멕시코, 칠레만 의무화

3.3 증권거래법(자본시장법)의 개정

증권거래법은 2000년 1월 개정(2000.1.21 법률 제6176호)으로 사외이사와 감사위원회 및 준법감시인 제도의 법적 근거를 마련하였다.[23)]

먼저, 사외이사와 관련한 것으로 동법에 의하면, 증권회사(자산 총액 2조원 이상등 대통령령이 정하는 증권회사에 한한다)는 사외이사[24)]가 이사 총수의 2분의 1 이상이 되도록 이사회를 구성하여야 한다. 이 경우 사외이사는 3인 이상이어야 한다(구 증권거래법 제54조의5 제1항). 주권상장법인도 사외이사를 이사총수의 4분의 1 이상이 되도록 하되 자산총액 2조원 이상의 대규모 주권상장법인은 증권회사와 마찬가지로 사외이사를 3인 이상, 이사총수의 2분의 1 이상이 되도록 하여야 한다(동법 제191조의16 제1항). 이 경우 증권회사 및 대규모 주권상장법인은 사외이사후보를 추천하기 위하여 상법 제393조의2의 규정에 의한 위원회(이하 이 조에서 "사외이사후보추천위원회"라 한다)를 설치하여야 한다. 사외이사후보추천위원회는 사외이사가 총 위원의 2분의 1 이상이 되도록 구성하여야 한다(동법 제54조의5 제2항, 제191조의16 제3항). 또한 동조 제1항의 규정에 의한 증권회사 및 대규모 주권상장법인의 경우 주주총회에서 사외이사를 선임하고자 하는 때에는 사외이사후보추천위원회의 추천을 받은 자 중에서 선임하여야 한다(동법 제54조의5 제3항, 제191조의16 제3항).[25)] 다만 다음

23) 동법은 1998년 1월 18일 법률 제5498호 일부 개정 이후 16차례나 더 개정되었다. 그러다가 증권거래법은 자본시장관련 여러 법률의 통합 작업을 거쳐 2009년 「자본시장과금융투자업에 관한법률」(이하 "자본시장법"이라 약칭한다)로 재탄생하였다. 다만, 본 내용은 기업지배구조 관련 중요한 개정만을 살펴보기로 한다.

24) 증권거래법에서 "사외이사"라 함은 당해 회사의 상무에 종사하지 아니하는 이사로서 제54조의5 또는 제191조의16의 규정에 의하여 선임되는 자를 말한다(동법 제2조 19호).

25) 이 내용은 2001년 3월 28일 법률 제6423호로 일부 개정되었다. 즉, 제1항의 규정에 의한 증

각 호의 1에 해당하는 자는 동조 제1항의 규정에 의한 증권회사 및 주권상장법인의 사외이사가 되지 못하며 사외이사가 된 후 이에 해당하게 된 때에는 그 직을 상실한다. 즉 ① 제191조의12 제3항 1호 내지 4호에 해당하는 자,[26] ② 당해 회사의 주주로서 의결권있는 발행주식총수를 기준으로 본인 및 그의 특수관계인이 소유하는 주식의 수가 가장 많은 경우 당해 본인(이하 "최대주주"라 한다), ③ 최대 주주의 특수관계인, ④ 당해 회사의 주요주주(제188조 제1항의 규정에 의한 주요주주를 말한다) 및 그의 배우자와 직계존·비속, ⑤ 당해 회사 또는 계열회사(독점규제및공정거래에관한법률에 의한 계열회사를 말한다)의 임·직원(상무에 종사하는 자를 말한다. 이하 이 항에서 같다)이거나 최근 2년 이내에 임·직원이었던 자, ⑥ 당해 회사의 임원의 배우자 및 직계존·비속, ⑦ 당해 회사와 대통령령이 정하는 중요한 거래관계가 있거나 사업상 경쟁관계 또는 협력관계에 있는 법인의 임·직원이거나 최근 2년 이내에 임·직원이었던 자, ⑧ 당해 회사의 임·직원이 비상임이사로 있는 회사의 임·직원, ⑨ 기타 사외이사로서의 직무를 충실하게 이행하기 곤란하거나 당해 회사의 경영에 영향을 미칠 수 있는 자로서 대통령령이 정하는 자는 사외이사가 될 수 없다(동법 제54조의5 제4항, 제191조의16 제3항). 또한 제54조의5 제1항의 규정에 의한 증권회사 및 주권상장법인은 사외이사의 사임·사망 등의 사유로 인하여 사외이사의 수가 제1항의 규정에 의한 이사회의 구성요건에 미달하게 된 때에는 그 사유가 발생한 후 최초로 소집되는 주주총회에서 제1항의 규정에 의한 요건에 합치되도록 하여야 한다(동법 제54조의5 제5항, 제191조의16 제3항).

둘째, 감사위원회에 관한 것으로 구 증권거래법 제54조의6에 의하면, 증권회사(자산 규모 등을 고려하여 대통령령이 정하는 증권회사에 한한다)는 상법 제415조의2의 규정에 의한 감사위원회(이하 "감사위원회"라 한다)를 설치하여야 한다는 의무 규정을 두었다(동법 동조 제1항). 감사위원회는 총 위원의 3분의 2 이상을 사외이사로 구성하여야 한다(동법 동조 제2항).[27] 다만 상법 제415조의

권회사의 경우 주주총회에서 사외이사를 선임하고자 하는 때에는 사외이사후보추천위원회의 추천을 받은 자 중에서 선임하여야 한다. 이 경우 "주권상장법인 또는 코스닥등록법인인 증권회사의 사외이사후보추천위원회가 사외이사후보를 추천함에 있어서는 제191조의14의 권리를 행사할 수 있는 요건을 갖춘 주주가 추천한 사외이사후보를 포함시켜야 한다"고 하여 후난 부분을 새로이 추가하였다.

26) 미성년자·금치산자 또는 한정치산자, 파산선고를 받은 자로서 복권되지 아니한 자, 금고이상의 형을 받고 그 집행이 종료되거나 집행을 받지 아니하기로 확정된 후 2년을 경과하지 아니한 자, 이 법에 의하여 해임되거나 면직된 후 2년을 경과하지 아니한 자.

2 제2항 단서[28]는 제1항의 규정에 의한 감사위원회의 구성에 관하여는 이를 적용하지 아니한다(동법 동조 제5항). 또한 사외이사가 아닌 감사위원회의 위원은 제191조의12 제3항 각호의 1에 해당되어서는 아니 된다.[29] 다만 제191조의12 제3항의 규정에 의한 상근감사 또는 감사위원회의 사외이사가 아닌 위원으로 재임 중인 자는 제191조의 12 제3항 제6호의 규정에 불구하고 감사위원회의 사외이사가 아닌 위원이 될 수 있다(동법 동조 제3항). 이러한 감사위원회 제도는 대규모 주권상장법인에 대하여도 동일하게 도입되었다(동법 제191조의17).

셋째, 준법감시인에 관한 것으로 증권회사의 내부통제체제를 강화하기 위한 내부통제기준[30]을 정하도록 하고 이를 감시하기 위한 준법감시인을 1인 이상 두도록 하였다(구 증권거래법 제54조의4 제1·2항). 증권회사는 준법감시인을 임면하고자 하는 경우 이사회의 결의를 거쳐야 한다. 다만, 외국증권업자의 지점의 경우에는 그러하지 아니하다(동법 동조 제3항). 또한 준법감시인은 다음 각 호의 요건에 적합한 자이어야 한다. 즉 ① 다음 각목의 1에 해당하는 경력이 있는 자일 것. 가. 한국은행 또는 금융감독기구의설치등에관한법률 제38조의

---

27) 이 조항은 2001년 3월 28일 개정으로 "주권상장법인 또는 코스닥상장법인인 증권회사의 감사위원회의 위원장은 사외이사이어야 한다"는 내용이 추가되었다.

28) 감사위원회는 제393조의2제3항의 규정에 불구하고 3인 이상의 이사로 구성한다. 다만, 다음 각 호에 해당하는 자가 위원의 3분의 1을 넘을 수 없다.
1. 회사의 업무를 담당하는 이사 및 피용자 또는 선임된 날부터 2년 이내에 업무를 담당한 이사 및 피용자이었던 자
2. 최대주주가 자연인인 경우 본인·배우자 및 직계존·비속
3. 최대주주가 법인인 경우 그 법인의 이사·감사 및 피용자
4. 이사의 배우자 및 직계존·비속
5. 회사의 모회사 또는 자회사의 이사·감사 및 피용자
6. 회사와 거래관계등 중요한 이해관계에 있는 법인의 이사·감사 및 피용자
7. 회사의 이사 및 피용자가 이사로 있는 다른 회사의 이사·감사 및 피용자

29) 다음 각 호의 1에 해당하는 자는 주권상장법인 또는 코스닥상장법인의 상근감사가 되지 못하며, 상근감사가 된 후에 이에 해당하게 되는 때에는 그 직을 상실한다.
1. 미성년자·금치산자 또는 한정치산자
2. 파산선고를 받은 자로서 복권되지 아니한 자
3. 금고이상의 형을 받고 그 집행이 종료되거나 집행을 받지 아니하기로 확정된 후 2년을 경과하지 아니한 자
4. 이 법에 의하여 해임되거나 면직된 후 2년을 경과하지 아니한 자
5. 당해회사의 주요주주
6. 당해 회사의 상근 임·직원 또는 최근 2년이내에 상근 임·직원이었던 자
7. 제5호 및 제6호외에 당해 회사의 경영에 영향을 미칠 수 있는 자로서 대통령령이 정하는 자

30) 내부통제기준이라 함은 법령을 준수하고, 자산운용을 건전하게 하며, 고객을 보호하기 위하여 임·직원이 그 직무를 수행함에 있어서 따라야 할 기본적인 절차와 기준을 말한다(증권거래법 제54조의4 제1항).

규정에 의한 검사대상기관(이에 상당하는 외국금융기관을 포함한다)에서 10년 이상 근무한 경력이 있는 자, 나. 금융관계분야의 석사학위 이상의 학위소지자로서 연구기관 또는 대학에서 연구원 또는 전임강사 이상의 직에 5년 이상 근무한 경력이 있는 자, 다. 변호사 또는 공인회계사의 자격을 가진 자로서 당해 자격과 관련된 업무에 5년 이상 종사한 경력이 있는 자, 라. 재정경제부·금융감독위원회·증권선물위원회 또는 금융감독원에서 5년 이상 근무한 경력이 있는 자로서 당해 기관에서 퇴임 또는 퇴직한 후 5년이 경과한 자, ② 제33조 제2항 각호의 1에 해당하지 않을 것,[31] ③ 최근 5년간 금융관련법령을 위반하여 금융감독위원회 또는 금융감독원장으로부터 주의·경고의 요구 등에 해당하는 조치를 받은 사실이 없을 것(동법 동조 제4항).

그 후 2001년 3월 28일 법률 제6423호의 일부 개정에서는 코스닥 법인(자산총액 1조원 미만의 벤처기업 제외)에도 주권상장법인과 동일한 사외이사 및 감사위원회 제도를 도입하였다(구 증권거래법 제191조의16, 제191조의17).[32]

그리고 2003년 12월의 개정에서는 대규모 상장법인의 사외이사 수를 과반수로 확대하였으며(동법 제191조의16 제1항), 감사위원회 위원중 1인 이상을 대통령령이 정하는 회계 또는 재무전문가[33]로 선임하도록 하였다(동법 제54조의6

31) 제33조(임원의 자격)

② 다음 각 호의 1에 해당하는 자는 증권회사의 임원이 되지 못하며, 임원이 된 후에 이에 해당 하게 되는 때에는 그 직을 상실한다.

1. 미성년자·금치산자 또는 한정치산자
2. 파산선고를 받은 자로서 복권되지 아니한 자
3. 금고이상의 실형의 선고를 받거나 이 법 또는 이에 상당하는 외국의 법령(이하 "외국증권법령"이라 한다) 기타 대통령령이 정하는 금융기관법령에 의하여 벌금 이상의 실형을 선고받고 그 집행이 종료(집행이 종료된 것으로 보는 경우를 포함한다)되거나 면제된 후 5년을 경과하지 아니한 자

3의2. 금고이상의 형의 집행유예의 선고를 받고 그 유예기간중에 있는 자

4. 이 법 또는 외국증권법령 기타 대통령령이 정하는 금융관련법령에 의하여 영업의 허가·인가등이 취소된 법인 또는 회사의 임·직원이었던 자(그 취소사유의 발생에 관하여 직접 또는 이에 상응하는 책임이 있는 자로서 대통령령이 정하는 자에 한한다)로서 당해 법인 또는 회사에 대한 취소가 있는 날부터 5년이 경과되지 아니한 자
5. 이 법 또는 외국증권법령 기타 대통령령이 정하는 금융관련법령에 의하여 해임되거나 면직된 후 5년을 경과하지 아니한 자

32) 그 구체적인 내용은 코스닥 법인(자산총액 1조원미만의 벤처기업 제외)에도 상장법인과 동일한 사외이사 제도 도입, 대규모 코스닥법인의 감사위원회 설치 의무화, 대규모 상장·코스닥법인은 소수주주(1% 이상)가 추천한 사외이사후보를 반드시 주총에 추천토록 의무화, 감사위원이 되는 사외이사 선임시 3% 초과분에 대한 의결권 행사제한, 감사위원회 위원장의 사외이사 선임 의무화 등이다.

33) 제37조의7(증권회사의 감사위원회)

제2항).

한편 증권거래법은 자본시장관련 여러 법률의 통합 작업을 거쳐 2009년「자본시장과금융투자업에관한법률」(이하 "자본시장법"이라 한다)로 재탄생하였다.[34] 이로 인해 종전의 증권거래법에 규정되어있던 지배구조관련 내용이 전부 이관되었다. 종전에는 금융투자업자를 포함한 금융회사의 지배구조에 대해서는 일반 주식회사와는 다른 특례를 각 금융관계법에서 규정하고 있었다. 구 증권거래법에서는 증권회사의 지배구조에 대한 특례를 규정하였고 상장법인에 대한 특례규정도 두고 있었다. 자본시장법을 제정하면서 구 증권거래법에서 정하고 있던 금융투자업자에 대한 특례를 옮겨 규정하게 되었고, 상장법인의 지배구조에 관한 특례는 상법에 편입되었다.[35] 자본시장법에는 금융투자업자의 지배구조 중 주주에 관한 사항(대주주의 변경 승인, 소수주주권), 기관과 관련한 사항(임원·사외이사·감사위원회 위원의 자격, 이사회의 구성, 감사위원회·상근감사의 설치). 경영관련 사항(내부통제기준, 준법감시인)에 대한 특례가 규정되었다(자본시장법 제22조~제29조).[36]

3.4 은행법의 개정

(1) 은행법에서는 1997년 이후부터 사외이사중심의 이사회 제도를 도입 운

---

② 법 제54조의6제2항제2호에서 "대통령령이 정하는 회계 또는 재무전문가"라 함은 다음 각 호의 1에 해당하는 자를 말한다.

1. 공인회계사의 자격을 가진 자로서 그 자격과 관련된 업무에 5년 이상 종사한 경력이 있는 자
2. 재무 또는 회계 분야의 석사 학위 이상의 학위를 가진 자로서 연구기관 또는 대학에서 재무 또는 회계 관련 분야의 연구원 또는 전임 강사 이상의 직에 5년 이상 근무한 경력이 있는 자
3. 주권상장법인 또는 코스닥상장법인에서 재무 또는 회계 관련 업무에 임원으로 5년 이상 또는 임·직원으로 10년 이상 근무한 경력이 있는 자
4. 정부·지방자치단체·정부투자기관·금융감독원·거래소 또는 증권관계기관에서 재무 또는 회계 관련 업무 또는 이에 대한 감독업무에 5년 이상 근무한 경력이 있는 자
5. 「금융감독기구의설치등에관한법률」제38조의 규정에 의한 검사대상기관(이에 상당하는 외국금융기관을 포함한다)에서 재무 또는 회계 관련 업무에 5년 이상 근무한 경력이 있는 자

34) 이 법은 2007.8.3 제정되어 2009.2.4 시행되었다. 이 법은 종래의 증권거래법, 간접투자자산운용업법, 선물거래법, 신탁업법, 종합금융회사에관한법률 등 증권관련 금융법들을 모두 폐지(은행법, 보험업법, 서민금융관련금융법은 존치)하고 이 법으로 통합하면서 자본시장을 규율하는 일반법으로 제정되었다.

35) 개정 상법은 자본시장법과 함께 2009.2.4. 동시에 시행되었다.

36) 한국증권법학회,「자본시장법」[주석서 I](박영사), 115면.

영하기 시작하였다. 동법은 1997년 1월의 개정에서 상임이사의 원수를 총 이사수의 50% 미만으로 제한하고, 비상임이사[37] 전원으로 은행장·감사후보추천위원회를 구성토록 하는 등 비상임이사(2000년 1월 '사외이사'로 명칭 변경하였다)중심의 이사회 제도로 개편하였다. 그동안 운영되어온 은행장후보추천위원회는 비상설기구인 관계로 은행장의 경영성과를 평가하고 견제·감시하는 기능이 결여되며 위원 선임에 있어서도 은행장의 영향력이 커 형식적인 기구에 불과하다는 비판이 제기되어 제도 개선이 요구되어 왔었던 것이다.

(2) 1999년 2월에는 선진 금융기관의 모범사례(best practice)를 토대로 하여 경영지배구조를 개편하여 현행 은행의 지배구조 기본골격을 마련하게 되었다.[38] 즉 상임이사의 수를 대폭 축소하여 실질적인 비상임이사 중심의 이사회를 구성함으로써 이사회의 통할기능을 강화하도록 하였고, 이사회의 의사결정기능과 집행기능을 분리하여 경영진으로 하여금 집행기능을 담당하도록 하고, 이사회의 은행장 등 경영진에 대한 견제 기능을 제고하도록 하였으며, 이사회 산하에 각종 소위원회를 설치하여 이사회의 의사결정기능을 제고하도록 하였다.

(3) 2000년 1월 은행법 개정(2000.1.21 법률 제6177호)시에는 증권거래법과 마찬가지로 사외이사 제도와 감사위원회, 준법감시인 제도를 도입하였다. 우선 사외이사와 관련해서는 비상임이사의 명칭을 사외이사(상무에 종사하지 아니하는 이사)로 변경하면서 사외이사를 최소 3인 이상, 이사 총수의 1/2 이상 선임하여 이사회를 구성토록 하였다(은행법 제22조 제2항). 다만, 사외이사후보는 종전 비상임이사후보 추천방식을 그대로 유지하여 주주대표(70%)와 이사회(30%)가 각각 추천하도록 하였다(은행법 제22조 제3항). 만약 사외이사의 사임 또는 사망 등의 사유로 이사회의 구성이 제2항에 규정된 요건에 합치하지 아니하게 된 경우에는 그 사유가 발생한 날 이후 최초로 소집되는 주주총회일까지 이사회의 구성이 제2항에 규정된 요건에 합치하도록 하여야 한다(동법 동조 제6항). 은행법상 사외이사의 자격기준에 대하여는 증권거래법과는 달리 은행법(제18조 제3항)에 의한 금융감독위원회규정인 은행업감독규정(제19조)에서 정하고 있는데 그 내용에 약간의 차이가 있다. 큰 차이점으로는 은행의 경우는 대

---

37) 비상임이사의 구성은 대주주대표 추천(50%), 소액주주대표 추천(30%), 이사회 추천(20%)(1998년 1월 개성: 주주대표 추천(70%), 이사회 추천(30%))에 의한다.

38) 1999년 2월 한국금융연구원 주관으로 개최된 Workshop에서 제시된 은행의 지배구조 개선 관련 Best Practice를 각 은행이 수용함으로써 국제적 기준에 부합하는 이사회제도의 외형을 갖추게 되었다.

주주 및 그 특수관계인도 사외이사가 될 수 있다는 점이다.[39][40] 구체적으로 살펴보면 은행업감독규정 제19조에서는 다음 각 호에 해당하는 자는 사외이사가 될 수 없다고 규정하고 있다. ① 법 제18조 제1항 각호의 1에 해당하는 자,[41] ② <별표 2-2>제2호 각목의 1에 해당하는 자(<별표 2-2> 제2호 각목의 1에 해당하는 자가 법인인 경우에는 당해 법인의 임직원을 말한다),[42] ③ 금융기

---

39) 은행의 사외이사제도는 '97년 1월 엄격한 소유규제로 인하여 대주주가 없는 상황에서 은행장의 전횡을 견제·감시하기 위하여 주주대표 중심의 사외이사 구성을 전제로 도입되었기 때문이다. 그러나 최근 들어 다수의 은행(특히 외국계은행)에 지배주주가 출현하여 이들이 경영을 지배하고 있는 실정을 감안할 때 사외이사제도 운영의 목적에 "은행장 견제·감시" 뿐만 아니라 "지배주주 견제·감시"를 포함할 필요가 있다는 지적이 제기되고 있다.

40) 상장은행의 경우 자격요건 상충 방지를 위하여 은행법에 의하여 선임된 사외이사는 증권거래법에 의해 선임된 것으로 간주하고 있다(증권거래법 제191의16 제4항).

41) 제18조(임원의 자격요건 등) ① 다음 각 호의 1에 해당하는 자는 금융기관의 임원이 될 수 없으며, 임원이 된 후에 이에 해당하게 된 때에는 그 임원의 직을 상실한다.

1. 삭제<1998.5.25>
2. 미성년자·금치산자 또는 한정치산자
3. 파산선고를 받은 자로서 복권되지 아니한 자
4. 금고이상의 실형의 선고를 받고 그 집행이 종료(집행이 종료된 것으로 보는 경우를 포함한다) 되거나 집행이 면제된 날부터 5년을 경과하지 아니한 자
5. 이 법 또는 외국의 은행법령 기타 대통령령이 정하는 금융관련법령에 의하여 벌금이상의 형의 선고를 받고 그 집행이 종료(집행이 종료된 것으로 보는 경우를 포함한다)되거나 집행이 면제 된 날부터 5년을 경과하지 아니한 자
6. 금고이상의 형의 집행유예 선고를 받고 그 유예기간중에 있는 자
7. 이 법·한국은행법·금융감독기구의설치등에관한법률·금융산업의구조개선에관한법률 또는 외국의 금융관련법령에 의하여 해임되거나 징계면직된 자로서 해임 또는 징계면직된 후 5년을 경과하지 아니한 자
8. 금융산업의구조개선에관한법률 제10조제1항의 규정에 의하여 금융감독위원회로부터 적기시정 조치를 받거나 동법 제14조제2항의 규정에 의하여 계약이전의 결정등 행정처분을 받은 금융기관(동법 제2조 제1호의 규정에 의한 금융기관을 말한다. 이하 이 호에서 같다)의 임원 또는 직원으로 재직하거나 재직하였던 자(그 적기시정조치등을 받게 된 원인에 대하여 직접 또는 이에 상응하는 책임이 있는 자로서 대통령령이 정하는 자에 한한다)로서 그 적기시정조치등을 받은 날부터 2년이 경과되지 아니한 자
9. 이 법 또는 대통령령이 정하는 금융관련법령에 의하여 영업의 허가·인가 등이 취소된 법인 또는 회사의 임원 또는 직원이었던 자(그 취소사유의 발생에 관하여 직접 또는 이에 상응하는 책임이 있는 자로서 대통령령이 정하는 자에 한한다)로서 당해법인 또는 회사에 대한 취소가 있은 날부터 5년이 경과되지 아니한 자

42) <별표 2-2> 2. 시행령 제5조 <별표> 제1호 나목 관련
다음 각목의 1에 해당하는 자가 아닐 것
가. 신용정보의이용및보호에관한법률에 의한 종합신용정보집중기관에 금융질서 문란 정보거래처 또는 약정한 기일내에 채무를 변제하지 아니한 자로 등록되어 있는 자
나. 회사정리법에 의한 회사정리절차가 진행중인 기업
다. 화의법에 의한 화의절차가 진행중인 기업
라. 조세감면규제법에 의한 산업합리화 지정기업. 다만, 동법에 의한 산업합리화조치에 따라 부실기업이나 자산을 인수 또는 합병한 기업은 제외한다.

관, 금융기관의 자회사 또는 금융지주회사법에 의한 은행지주회사의 임직원인 자. 다만, 다음 각목의 1에 해당하는 자는 그러하지 아니하다. 가. 당해 금융기관의 모은행 또는 당해 금융기관을 자회사로 하는 은행지주회사의 임직원인 자. 나. 당해 금융기관의 자회사·자은행 또는 당해 금융기관을 자회사로 하는 은행지주회사의 자회사인 다른 금융기관의 상근임직원이 아닌 자. 다. 다른 금융기관의 자회사의 사외이사인 자, ④ 최근 2년 이내에 당해 금융기관, 당해 금융기관의 자회사 또는 자은행의 상근임직원이었던 자. 다만, 다음 각목의 1에 해당하는 자는 그러하지 아니하다. 가. 금융산업의구조개선에관한법률에 의하여 합병한 금융기관의 합병전 금융기관에서 퇴임·퇴직한 자. 나. 당해 금융기관을 자회사로 하는 은행지주회사의 임직원인 자, ⑤ 금융사고 등 사회적 물의에 대한 책임으로 사임 또는 사직한 자로서 사임·사직일부터 3년이 경과하지 아니한 자. ⑥ 당해 금융기관에 대하여 회계감사, 세무대리, 법률·경영자문 등의 용역을 제공하는 자(용역을 제공하는 자가 법인인 경우에는 당해 법인의 사원, 임원 및 직원을 말한다).

(4) 그리고 내부통제기능을 강화하고 경영의 투명성을 제고하기 위해 감사위원회 및 준법감시인 제도를 도입하였다. 은행은 이사회에 감사위원회(상법 제415조의2의 규정에 의한 감사위원회)를 설치하여야 하고, 감사위원회는 위원의 3분의 2 이상을 사외이사로 구성하여야 한다(은행법 제23조의2 제1·2항). 다만 상법 제415조의2 제2항 단서[43]는 제1항의 규정에 의한 감사위원회의 구성에 관하여는 이를 적용하지 아니한다(동법 동조 제5항). 사외이사가 아닌 감사위원회의 위원(상근감사위원)은 증권거래법 제191조의12 제3항(상근감사의 자격제한) 각호의 1에 해당되어서는 아니 된다. 다만, 감사위원회의 사외이사가 아닌 위원으로 재임중인 자는 증권거래법 제191조의12 제3항 제6호의 규정에 불구하

마. 기업구조조정촉진법에 의한 부실징후기업

43) 감사위원회는 제393조의2제3항의 규정에 불구하고 3인 이상의 이사로 구성한다. 다만, 다음 각 호에 해당하는 자가 위원의 3분의 1을 넘을 수 없다.

1. 회사의 업무를 담당하는 이사 및 피용자 또는 선임된 날부터 2년 이내에 업무를 담당한 이사 및 피용자이었던 자
2. 최대주주가 자연인인 경우 본인·배우자 및 직계존·비속
3. 최대주주가 법인인 경우 그 법인의 이사·감사 및 피용자
4. 이사의 배우자 및 직계존·비속
5. 회사의 모회사 또는 자회사의 이사·감사 및 피용자
6. 회사와 거래관계등 중요한 이해관계에 있는 법인의 이사·감사 및 피용자
7. 회사의 이사 및 피용자가 이사로 있는 다른 회사의 이사·감사 및 피용자

고 감사위원회의 사외이사가 아닌 위원이 될 수 있다(동법 동조 제3항). 감사위원회의 위원의 사임 또는 사망 등의 사유로 감사위원회의 구성이 제2항의 규정된 요건에 합치하지 아니하게 된 경우에는 그 사유가 발생한 날 이후 최초로 소집되는 정기주주총회에서 감사위원회의 구성이 제2항에 규정된 요건에 합치하도록 하여야 한다(동법 동조 제4항). 감사위원회의 위원후보는 사외이사 전원으로 구성된 후보추천위원회에서 추천한다. 이 경우 후보추천위원회는 재적 사외이사 3분의 2 이상의 찬성으로 의결한다(은행법 제24조).

아울러 내부통제기준의 준수여부를 점검하고 내부통제기준에 위반하는 경우 이를 조사하여 감사위원회에 보고하는 준법감시인을 1인 이상 두도록 하였다(은행법 제23조의3). 은행은 준법감시인을 임면하고자 하는 경우 이사회의 결의를 거쳐야 한다. 다만, 제58조 제1항의 규정에 의한 외국금융기관의 지점의 경우에는 그러하지 아니 하다(동법 동조 제3항). 준법감시인의 자격기준은 은행법에서 엄격하게 규정하고 있다. 즉 준법감시인은 다음 각 호의 요건에 적합한 자이어야 한다. 여기서 각 호는 다음과 같다. ① 다음 각목의 1에 해당하는 경력이 있는 자일 것. 가. 한국은행 또는 「금융감독기구의설치등에관한법률」 제38조의 규정에 의한 검사대상기관(이에 상당하는 외국금융기관을 포함한다)에서 10년 이상 근무한 경력이 있는 자. 나. 금융관계분야의 석사 이상의 학위소지자로서 연구기관 또는 대학에서 연구원 또는 전임강사 이상의 직에 5년 이상 근무한 경력이 있는 자. 다. 변호사 또는 공인회계사의 자격을 가진 자로서 당해 자격과 관련된 업무에 5년 이상 종사한 경력이 있는 자. 라. 재정경제부 · 금융감독위원회 · 증권선물위원회 또는 제44조의 규정에 의한 금융감독원에서 5년 이상 근무한 경력이 있는 자로서 당해 기관에서 퇴임 또는 퇴직한 후 5년 이상 경과한 자. ② 제18조 제1항 각호의 1에 해당하지 아니할 것. ③ 최근 5년간 금융관련법령을 위반하여 금융감독위원회 또는 제47조의 규정에 의한 금융감독원장으로부터 주의 · 경고의 요구 등에 해당하는 조치를 받은 사실이 없을 것.

(5) 2000년 3월 사외이사 중심의 이사회제도 운영상 나타난 일부 미비점을 보완 · 개선하였다.[44] 즉 상업 마인드와 직무 전문성이 있는 사외이사 선임을

44) 한국금융연구원은 2000년 1월 은행장 및 이사회 의장을 대상으로 Workshop을 개최한 데 이어, 2월에는 이사회 지원업무담당 부서장 등을 대상으로 Workshop을 개최하여 국내은행 지배구조 개선방안을 제시하였으며, 이를 토대로 각 은행은 자체 실정에 적합한 형태로 수용하기 위하여 정관 등을 변경하였다.

유도하기 위한 은행 자체적인 선정기준·절차 등 제도적 장치를 구축토록 하고, 이사회 의장과 은행장을 분리하고 그 역할분담의 명확화를 하도록 하였으며, 이사회를 위한 전담조직 설치 등 보좌기능을 강화토록 하고, 이사회 산하 위원회에 이사회안건 부의권한을 부여하는 등 그 기능과 책임의 명확화 및 개최횟수의 확대(월1회 이상)를 도모토록 하였다. 그리고 이사 및 경영진에 대한 성과평가 실시의 의무화 및 경영성과와 연동된 성과주의 보수체계를 마련토록 하였으며, 사외이사에 대한 활동평가에 연계가 가능토록 그 임기를 1년으로 단축하고 보수도 동 평가에 따라 차등 지급토록 하는 한편 감사위원회의 기능을 강화하기 위해 1인의 상근감사위원을 선임토록 하였다.

(6) 2002년 4월 은행법의 개정에서는 은행장 및 사외이사 선임방식을 개정하였다. 은행장후보추천위원회제도를 폐지하여 각 은행의 특성에 적합한 추천절차를 선택토록 유도하였다. 또한 사외이사 선임에 관한 은행 특례규정을 폐지하고 증권회사와 같은 사외이사후보추천위원회제도를 도입하였으며(은행법 제22조 제3항), 사외이사는 사외이사후보추천위원회의 추천을 받은 자 중에서 주주총회에서 선임토록 하였다(동법 동조 제4항).

(7) 2004년 1월에는 사외이사 및 감사위원회 위원의 전문성 제고를 위해 은행 정관 등에 적극적인 자격요건(전문성 요건)[45]을 마련토록 하였다.

---

45) 은행연합회 주관으로 운영된 은행권 공동작업반(T/F)에서 만든 사외이사 및 감사위원의 적극적 자격요건 표준안은 다음과 같으며, 각 은행에서는 동 표준안을 토대로 2004년 3월 정관 등 내규에 반영하였다.

〈사외이사의 적극적 자격요건〉

사외이사는 금융, 경제, 경영, 법률, 회계, 언론 등 관련분야에 전문지식과 실무적 경험이 풍부하며 사회적으로 신망이 두터운 자로서 다음 각 호의 1에 해당하는 자이어야 한다.

1. 전문경영인
2. 정규대학 교수 이상이거나 이와 동등한 직위
3. 변호사 또는 공인회계사로서 실무경험이 있는 자
4. 10년 이상 금융업무관련 기관에 종사한 자
5. 상기 각 호와 동등한 자격이 있다고 인정되는 자

〈감사위원의 적극적 자격요건〉

위원회의 위원은 다음 각 호의 1에 해당하는 자격을 가진 자 이어야 하며, 위원 중 1 인 이상은 동자격을 가진 회계 및 재무 또는 관련업무전문가이어야 한다.

1. 변호사, 회계사, 공인감사인 등 전문자격증을 소지한 자로서 관련 업계에서 5년 이상의 실무경험이 있는 자
2. 사회계열의 석사학위 이상의 소지자로서 학교, 연구소 등 학계에서 5년 이상의 경력 이 있는 자
3. 10년 이상 금융업무관련 기관에 종사한 자로서 회계, 내부통제, 감사, 전산 등의 전문지식이 있다고 인정되는 자

3.5 기타 금융관계법의 개정

금융회사 지배구조 개선과 관련하여 사외이사와 감사위원회 제도, 준법감시인 제도를 도입한 것은 은행, 증권회사 외에 보험회사 등 기타 금융회사에도 모두 도입하게 되었다. 이와 관련한 기타 금융관계법으로는 다음을 들 수 있다. 첫째, 보험업법이다. 보험회사에도 은행, 증권회사와 마찬가지로 동일한 형태의 지배구조를 도입하게 됨에 따라 2000년 1월 보험업법을 개정(2000.1.21 법률 제6175호)하여 사외이사 선임, 감사위원회 설치 및 준법감시인 제도를 의무화하였다(보험업법 제15조, 제16조 및 제17조). 둘째, 금융지주회사법이다. 동법은 2000년 10월에 제정(2000.10.23 법률 제6274호)된 것으로 금융지주회사에 대하여도 사외이사 선임 및 감사위원회 설치 등을 의무화하였다(금융지주회사법 제40조 및 제41조). 셋째, 2001년 3월말에는 상호저축은행법 및 여신전문금융업법을 개정하여 상호저축은행 및 신용카드회사, 리스회사, 할부금융회사 등 여신전문금융회사에 대하여도 사외이사의 선임 및 감사위원회의 설치, 준법감시인 임명 등을 의무화하였다(상호저축은행법 제10조의3, 제10조의4 및 제22조의2, 여신전문금융업법 제50조의4, 제50조의5 및 제50조의6).

이 밖에도 금융회사의 지배구조 개선과 관련하여 종합금융회사에관한법률(제5조, 제5조의2, 제5조의3, 2000.1.28 개정),[46] 간접투자자산운용업법(구 증권투자신탁업법)(제10조, 제11조 및 제12조)[47] 등의 개정이 있었다.

3.6 금융회사 지배구조모범규준 제정

(1) 우리나라는 금융회사 지배구조 개선과 관련하여 사외이사와 감사위원회 제도, 준법감시인 제도 등을 도입하여 운용해 오면서 금융회사가 적용할 가이드라인을 제시할 필요가 있었다. 이에 금융위원회에서는 금융회사의 지배구조 운영과 관련하여 각 금융업권별로 사외이사 등의 지배구조모범규준을 마련하여

---

4. 상장 또는 등록법인에 임원으로 5년이상 종사하였거나 직원으로 10년 이상 종사한 자로서 경제, 경영, 법률, 회계 등의 전문지식과 실무지식이 있다고 인정되는 자.
5. 상기 각 호와 동등한 자격이 있다고 주주총회 또는 이사회에서 인정하는 자

46) 1998년 1월 13일 법률 제5503호 일부 개정 이후 4차례의 개정이 더 있었으며, 가장 최근의 개정으로는 2005년 3월 31일 법률 제7428호의 일부 개정이다.

47) 2003년 10월 4일 법률 제6987호에 의하여 증권투자신탁업법이 폐지되고, 간접투자자산운용업법으로 대체되었다.

행정지도를통해 가이드라인으로 활용하였다. 이 때 만들어진 것이 사외이사와 관련하여 '은행등 사외이사 모범규준', '손해보험회사등 사외이사 모범규준', '생명보험회사등 사외이사 모범규준', '저축은행 사외이사 모범규준', '금융투자회사등의 사외이사 및 감사위원회 운영 모범규준'이 있고, 성과보상과 관련하여 '은행권 성과보상체계 모범규준', '보험회사 성과보상체계 모범규준', '금융투자회사 성과보상체계 모범규준', '금융지주회사 성과보상체계 모범규준'이 있었다. 그러다가 2014년 12월 이러한 모범규준들을 하나로 통합하여 「금융회사 지배구조모범규준」을 제정하여 고시하였다.[48] 동 모범규준은 금융회사 지배구조와 관련하여 금융관계법령(금융지주회사법, 은행법, 자본시장과 금융투자업에관한 법률, 보험업법, 상호저축은행법, 여신전문금융업법, 한국수출입은행법, 한국산업은행법, 중소기업은행법, 농업협동조합법, 수산업협동조합법 및 상법 등 관련 법률 및 그 하위규정)의 규정에서 정하지 아니한 세부운용사항을 하위 지침으로 만든 것이다(동 모범규준 제4조). 동 모범규준은 행정지도 성격이지만 법규적 형식을 갖춰 조문화하였다. 먼저 지배구조 원칙을 제시하고 이어 총칙, 이사회 및 이사회내 위원회, 사외아사 및 최고경영자, 감사위원회, 보상위원회, 공시, 금융지주회사등의 특례의 순으로 구성하였다.

(2) 이러한 「금융회사 지배구조모범규준」의 적용 대상은 금융지주회사, 은행, 자산 2조원 이상인 보험회사, 금융투자업자, 저축은행, 여신금융회사이다. 금융투자업자의 경우 자산 2조원 미만이라 하더라도 집합투자재산, 투자일임재산 등 운용자산의 합계액이 20조원 이상인 경우에는 해당된다. 주요내용을 보면 첫째, 이사회 및 위원회에 관하여 이사회 권한으로 지배구조 정책수립, 대주주·임원과 금융회사 이해상충 감독, 내부통제제도 및 위험관리, 최고경영자 경영승계 등을 명시하고, 이사회내 위원회로 사외이사후보추천위원회, 감사위원회, 보상위원회, 위험관리위원회를 설치(사외이사 과반수, 감사위원회는 2/3 이상)한다. 은행지주회사와 은행에 임원후보추천위원회 설치하되 제2금융권은 유예한다. 둘째, 사외이사에 관하여 보상·위험관리위원회에 금융, 회계, 재무분야 전문가 1인을 포함하도록 하여 전문성을 제고한다. 사외이사 최초 선임시 임기는

48) 금융위원회는 2014.11.20 금융회사 지배구조 선진화방안(2013.6) 등을 기초로 하여 「금융회사 지배구조 모범규준」을 마련하였다. 금융업계 등의 의견을 청취하기 위해 20일간 입법예고를 거쳤다. 전문가, 업계 등의 의견 수렴을 거쳐 2014.12.24 제23차 금융위원회 정례회의에「금융회사 지배구조 모범규준」을 보고하고 시행하였다(금융위원회 보도자료. "금융회사 지배구조 모범규준 시행", 2014.12.24)

은행지주회사·은행은 2년, 그 밖의 금융회사의 경우 3년(총 5년)으로 하고, 사외이사 활동내역에 대해 매년 자체평가를 실시하며, 2년마다 외부 평가를 권고하며 평가결과는 공시, 재선임 등에 활용한다. 사외이사후보 추천시 사외이사 경력 등 주요 정보를 공시하고, 연차보고서에 사외이사 개인별 활동내역과 보수를 공시한다. 셋째, 최고경영자(CEO) 승계에 관하여 금융회사별로 촘촘하고 세세한 CEO승계 프로그램 마련한다. CEO승계 프로그램의 내용으로는 승계계획 수립 및 변경, 최고경영자 최소 자격요건 설정, 최고경영자 경영승계절차 개시 사유 및 개시결정 시기, 최고경영자 후보군 선발 및 자격검증 등 방법, 비상승계계획(비상상황 발생시 대행자 선정, 신임 최고경영자 선임)을 포함한다. 그리고 연차보고서를 통해 CEO승계 내부규정과 후보군 관리현황, CEO승계 내역을 공시한다. 넷째, 성과보상에 관하여 보상위원회가 경영진과 특정직원의 보상에 대한 설계·운영 및 평가·심의를 수행한다. 일반 직원에 대한 보상도 성과주의가 정착될 수 있도록 하고 임금항목 단순화 등 임금체계의 합리적 관리에 노력한다. 다섯째, 지배구조 연차보고서(annual report) 작성 및 공시에 관하여 금융회사의 지배구조 관련 내부규정과 1년 동안의 실행 내용을 종합하여 연차보고서를 작성하고 정기주주총회 20일전부터 공시한다. 여섯째, 금융지주회사 특례에 관하여 금융지주회사의 원활한 그룹 경영관리를 위해 자회사등의 지배구조, 평가·보상, 위험관리, 내부통제 등에 대한 권한을 부여한다. 금융지주회사에 경영관리협의회, 위험관리협의회를 설치하여 그룹 의사결정의 투명성, 책임성을 확보하고 위험관리를 강화한다. 여덟째, 모범규준 적용은 원칙준수, 예외공시(Comply or Explain) 원칙에 따라 동 모범규준을 이행하기 어려운 경우 합리적인 사유를 설명한다.

(3) 「금융회사 지배구조모범규준」에서 제시하는 금융회사 지배구조 원칙은 다음과 같다. ① 금융회사는 회사의 장기적인 발전을 도모하고, 주주 및 금융소비자 등 이해관계자의 이익을 보호하기 위해 투명하고 건전한 지배구조를 갖추도록 노력해야 한다. ② 금융회사는 회사의 지배구조를 적극적으로 공시하고 주주 및 이해관계자로부터 지배구조의 구성·운영의 적정성 등에 대한 평가를 받아야 한다. ③ 금융회사는 주주 등 이해관계자 간의 이해관계와 갈등을 지속적으로 조정함으로써 회사의 경쟁력을 강화시켜 나가야 한다. ④ 금융회사는 주주가 자신의 권리를 적절한 절차에 따라 행사할 수 있도록 보장하여야 한다. ⑤ 이사회는 금융회사의 발전과 이해관계자의 이익 보호를 위해 효과적으로 운

영되어야 한다. ⑥ 이사회는 금융회사의 주요 가치와 목표를 설정하고 그에 부합하도록 경영전략을 수립하여야 한다. ⑦ 이사회 및 이사회내 위원회는 이사들 간 능력, 경험 등을 고려하여 적절하게 구성되어야 한다. ⑧ 금융회사는 최고경영자 및 임원에 대한 신임 및 재임절차를 공식적으로 투명하게 규정하여야 한다. ⑨ 모든 이사는 역할을 충실히 수행하기 위해 책임과 의무를 다하여야 하며, 그에 필요한 지식과 경험을 지속적으로 갖추어야 한다. ⑩ 금융회사는 모든 이사가 이사로서의 책임과 의무를 다하기 위해 필요한 정보를 적시에 충분히 제공하여야 한다. ⑪ 모든 이사는 최고경영자 경영승계 절차가 원활히 이루어질 수 있도록 노력하여야 한다. ⑫ 이사회, 이사회내 위원회 및 개별 이사는 그 활동에 대하여 정기적이고 공정한 평가를 받아야 하며, 그 평가를 바탕으로 이사에 대한 보상 및 재선임 등이 이루어져야 한다. ⑬ 금융회사의 이사회는 금융회사의 적절한 위험감수 요인을 고려하여 보상체계가 건전하게 확립될 수 있도록 노력하여야 한다. ⑭ 금융지주회사의 이사회는 금융지주회사 및 소속 자회사등이 위의 원칙을 충실히 이행하도록 하고, 이러한 책임 아래 금융지주회사 및 소속 자회사등에 적용되는 지배구조정책, 위험관리정책을 수립하여 제반 의무사항을 승인하고, 적절한 평가와 감독을 하여야 한다.[49]

4. 금융회사 지배구조 통합법의 제정

4.1 입법 추진배경

전반적인 우리나라 금융규제 체계는 은행법, 자본시장법, 보험업법 및 서민금융관련법률에 의해 은행, 금융투자업자, 보험회사, 상호저축은행, 여신전문금융회사 등이 설립되고 규제를 받고 있는데, 지배구조에 관한 사항도 마찬가지였다. 기존에 시행되고 있던 우리나라 금융회사의 지배구조 제도는 앞에서 살펴본 바와 같이 IMF 외환위기 이후 금융업권별로 순차적으로 각 설립근거법에 그 제도가 도입되면서 기능적으로 동일함에도 불구하고 업권별로 분산되어 다소 차이[50]가 발생하였다. 이에 따라 금융회사 지배구조 규율과 관련하여 모순된 문제점을 해결하고, 업권간 형평성을 높이면서 규제 차이를 개선하는 등 이를 통합

49) 금융위원회, 「금융회사 지배구조 모범규준」, 2014.12.
50) 이사회의 사외이사 비율, 상근임원의 겸직제한 범위, 임직원 제재시 임원자격 제한 범위, 임원 결격 사유, 준법감시인 자격요건 등.

규정함으로써 규제내용을 통일적, 체계적으로 정비할 필요성이 나타났다. 그리고 우리나라의 여건상 금융회사의 지배구조에 관련된 한계점들이 차차 나타나면서 금융회사가 금융시스템 등에 미치는 영향을 고려할 때 건전성 규제 측면에서 지배구조에 관한 규율도 필요하게 되었다. 특히 2008년 글로벌 금융위기 폭풍 이후 바람직한 금융회사 지배구조의 중요성이 대두되었다.[51] 그리고 우리나라에서도 CEO 선임절차·승계시스템이 미비하여 CEO 공백상태가 장기화되거나 저축은행 등의 감사위원회, 상근감사의 견제기능이 제대로 작동하지 못한 사례 등 금융회사 지배구조와 관련된 문제가 발생하였다. 그래서 정부는 금융연구원 연구용역안을 토대로 공청회 등을 개최하여 이해관계자 의견을 수렴하고 실무자회의(T/F)를 거쳐 금융회사 지배구조에 관한 통합 법률안을 마련하게 되었다. 2010년에 공청회와 세미나 그리고 2011년에 토론회 등 3단계의 의견수렴 절차를 거치고 이를 반영하여 금융위원회는 2011년 12월 16일 금융회사의 지배구조에 관한 법률 제정안(정부안)을 입법 예고하였다. 이후 이 법률 제정안은 2012년 규제개혁위원회와 법제처 심사를 거쳐 국무회의를 통과하고, 2012년 6월 국회에 정부안으로 제출되었다. 그 후 국회에서는 다수의원의 입법안을 포함하여 수차례 법안소위 논의를 거쳐 2015.4.30. 여야합의로 금융회사지배구조법 제정안이 정무위원회를 통과 한 후 2015.7.5 국회 본회의를 통과하였다. 동법은 2015.7.31. 정부에서 법률 제13453호로 공포(시행일은 1년 후인 2016.8.1)되었다. 2016.7.26. 동법 시행령 제정안이 국무회의를 통과한 후 「금융회사의지배구조에관한법률」이 동법 시행령과 감독규정 제정안과 함께 2016년 8월 1일 부로 본격 시행되었다.

4.2 금융회사지배구조법의 제정 · 시행

(1) 지배구조법의 제정 이유

2015년 7월 31일 법률 제13453호로 제정 공포되고 2016년 8월 1일 시행된 「금융회사의지배구조에관한법률」(이하 "금융회사지배구조법'"이라 약칭한다. 인용시에는 "금융지배법"으로 약칭)은 개별 금융법(은행법, 자본시장법, 보험업법, 상호저축은행법, 여신전문금융업법, 금융지주회사법)에 규정되어 있는 금융회사

---

51) OECD의 기업지배구조 및 금융위기 보고서('09년 6월), BCBS의 은행 지배구조 향상원칙('10년 3월), FSB의 보상원칙('09년 4월) 등에서 금융회사 지배구조 개선을 권고하였다.

의 지배구조에 관한 사항을 하나의 법률로 통합하면서 그 내용을 개선한 것이다. 아울러 금융회사의 지배구조를 개선함으로써 금융회사의 투명성과 책임성을 제고하고 건전한 경영을 유도하여 금융이용자 등 금융회사 이해관계자를 보호하고 금융시장의 안정성을 유지하기 위한 것이다.

(2) 지배구조법의 조문 구성

금융회사지배구조법의 법률 조문은 총9장 43개조와 부칙으로 구성되어 있다. 이 법의 구성과 내용은 자본시장법에 규정되어 있던 지배구조에 관한 법조문 형식을 대체로 옮긴 것이라 할 수있다. 자본시장법에는 금융투자업자의 지배구조에 대하여 임원의 자격(자본시장법 제24조), 사외이사의 선임 및 이사회의 구성(동법 제25조), 감사위원회의 설치(동법 제26조), 상근감사(동법 제27조), 내부통제기준 및 준법감시인(동법 제28조), 대주주의 변경승인 등(동법 제23조), 소수주주권(동법 제29조)으로 규정하고 있었다. 금융회사지배구조법은 자본시장법의 조문 체계에 따라 그 내용을 일부 보완하면서 수정한 것으로 보인다.

금융회사지배구조법 제1장 총칙은 이 법률의 목적과 정의, 적용범위, 다른 법률과의 관계를 4개 조문(법 제1조~제4조)으로 구성한다.

제1조(목적)에서는 "이 법은 금융회사 임원의 자격요건, 이사회의 구성 및 운영, 내부통제제도 등 금융회사의 지배구조에 관한 기본적인 사항을 정함으로써 금융회사의 건전한 경영과 금융시장의 안정성을 기하고, 예금자, 투자자, 보험계약자, 그 밖의 금융소비자를 보호하는 것을 목적으로 한다"라고 규정하고 있다.

제2조(정의)에서는 이 법의 적용대상이 되는 금융회사를 은행(산업,기업,농협,수협 포함), 금융투자업자와 종합금융회사, 보험회사, 상호저축은행, 여신전문금융회사, 금융지주회사로 규정하고 임원, 이사, 사외이사, 업무집행책임자, 대주주의 정의 외에 금융관계법령의 개념을 규정하였다. 이 법에서 금융관계법령이란 대통령령으로 정하는 금융관계 법령[52] 및 이에 상당하는 외국의 금융관

52) 동법 시행령 제5조(금융관련법령) 법 제2조제7호에서 "대통령령으로 정하는 금융관계 법령" 이란 법, 이 영 및 다음 각 호의 법령(이하 "금융관련법령"이라 한다)을 말한다. 1. 「공사채등록법」 2. 「공인회계사법」 3. 「근로자퇴직급여 보장법」 4. 「금융산업의 구조개선에 관한 법률」 5. 「금융실명거래 및 비밀보장에 관한 법률」 6. 「금융위원회의 설치 등에 관한 법률」 7. 「금융지주회사법」 7의2. 「금융혁신지원 특별법」 8. 「금융회사부실자산 등의 효율적 처리 및 한국자산관리공사의 설립에 관한 법률」 9. 「기술보증기금법」 10. 「농림수산식품투자조합 결성 및 운용에 관한 법률」 11. 「농업협동조합법」 12. 「담보부사채신탁법」 13. 「대부업 등의

계 법령을 말한다(법 제2조 7호).

제3조(적용범위)에서는 이 법의 적용범위를 명확히 하였다. 우선 금융회사이지만 국내법 적용이 상당히 어려운 국외 현지법인 및 국외지점, 역외투자자문업자 또는 역외투자일임업자를 제외하였다. 반면 국내에서 영업하고 있는 외국금융회사의 국내지점과 그 대표자의 경우에는 임원에 관한 규정을 적용하고, 내부통제와 위험관리, 처분 및 제재절차에 관한 규정만 부분적으로 적용한다. 그리고 겸영금융투자업자중 특수 금융회사인 수출입은행, 증권금융회사, 자금중개회사, 외국환중개회사, 주택금융공사, 체신관서와 경영규모가 상대적으로 작은 신협, 농협단위조합, 수협단위조합, 새마을금고도 이 법 적용대상에서 제외하였다. 또한 금융회사로서 자산규모와 영위업무 등을 고려하여 일정규모에 이르지 않는 소규모 금융회사에 대하여는 사외이사 선임, 이사회의 구성 운영, 이사회내 위원회의 설치, 위험관리위원회와 보수위원회 사항, 소수주주권 행사의 규정 적용을 의무화하지 않았다. 여기에 해당하는 소규모 금융회사로는 자산총액 7천억원 미만의 상호저축은행, 자산총액 5조원 미만의 금융투자업자와 종합금융회사(다만 집합투자재산 및 신탁재산 합계액이 20조원 이상인 회사는 제외), 자산총액 5조원 미만의 보험회사 및 자산총액 5조원 미만의 여신전문금융회사가 포함된다. 다만 이들 소규모 금융회사라 하더라도 자산총액이 2조원 넘는 상장회사라면 상기 예외조항은 적용되지 않고 사외이사제도와 이사회 구성 운영, 소수주주권 등에 관한 규정이 그대로 적용된다(동법 시행령 제6조 제3항).

제4조(다른 법률과의 관계)에서는 금융회사의 지배구조에 관하여는 법 적용의 우선순위를 명확히 하였다. 금융회사 지배구조에 관한 규정은 금융관계법령,

---

등록 및 금융이용자 보호에 관한 법률」 14.「문화산업진흥 기본법」 15.「벤처기업육성에 관한 특별조치법」 16.「보험업법」 17.「감정평가 및 감정평가사에 관한 법률」 18.「부동산투자회사법」 19.「사회기반시설에 대한 민간투자법」 20.「산업발전법」 21.「상호저축은행법」 22.「새마을금고법」 23.「선박투자회사법」 24.「소재・부품전문기업 등의 육성에 관한 특별조치법」 25.「수산업협동조합법」 26.「신용보증기금법」 27.「신용정보의 이용 및 보호에 관한 법률」 28.「신용협동조합법」 29.「여신전문금융업법」 30.「예금자보호법」 31.「외국인투자 촉진법」 32.「외국환거래법」 33.「유사수신행위의 규제에 관한 법률」 34.「은행법」 35.「자본시장과 금융투자업에 관한 법률」 36.「자산유동화에 관한 법률」 37.「전자금융거래법」 38.「주식회사 등의 외부감사에 관한 법률」 39.「주택법」 40.「중소기업은행법」 41.「중소기업창업 지원법」 42.「채권의 공정한 추심에 관한 법률」 43.「특정 금융거래정보의 보고 및 이용 등에 관한 법률」 44.「한국산업은행법」 45.「한국수출입은행법」 46.「한국은행법」 47.「한국주택금융공사법」 48.「한국투자공사법」 49.「해외자원개발 사업법」

금융회사지배구조법, 상법의 순으로 우선 적용하도록 하였다. 금융회사 지배구조에 관하여 다른 금융관계법령에 특별한 규정이 있는 경우를 제외하고는 금융회사지배구조법을 적용하고, 금융회사지배구조법에 특별한 규정이 없으면 상법을 적용한다. 그럼에도 불구하고 대주주의 건전성 유지에 관한 규정인 금융회사지배구조법 제31조에서는 대주주 변경 승인에 있어 은행, 은행지주회사, 저축은행의 경우에는 개별 업권법상 기존의 제도를 그대로 적용할 수 있도록 예외규정을 명시함으로써 법 운용상 착오가 없도록 하였다. 그리고 금융업 등록기관에 해당하는 금융투자업자중 투자자문업자 및 투자일임업자와 여신전문금융회사중 카드사를 제외한 리스사, 할부사, 신기술사업자에 대하여는 대주주 변경시에 금융위원회에 사후 보고토록 하였다.

표 8-3 금융회사지배구조법의 적용 범위

<table>
<tr><th rowspan="2"></th><th rowspan="2">종류</th><th colspan="3">지배구조법 적용 범위</th><th rowspan="2">* 소형사의 기준(자산총액 2조원 이상인 상장회사는 제외)</th></tr>
<tr><th>사외이사, 이사회, 소수주주권 규정</th><th>임원 규정</th><th>대주주 변경승인 규정</th></tr>
<tr><td rowspan="2">은 행</td><td>일반은행
(시중, 지방은행)</td><td colspan="2">적용</td><td>은행법 적용</td><td>–</td></tr>
<tr><td>특수은행 (산업, 기업, 농협, 수협)</td><td colspan="2">적용</td><td>–</td><td>–</td></tr>
<tr><td rowspan="4">금융투자업자</td><td>증권회사, 선물회사</td><td rowspan="4">소형사*
비적용</td><td colspan="2" rowspan="3">적용</td><td>자산 5조원 미만</td></tr>
<tr><td>자산운용회사</td><td>자산 5조 미만+
펀드재산 20조 미만</td></tr>
<tr><td>부동산신탁회사</td><td>자산 5조 미만+
신탁재산 20조 미만</td></tr>
<tr><td>투자자문, 일임회사</td><td>적용</td><td>적용(보고)</td><td>자산 5조 미만+
일임재산 20조 미만</td></tr>
<tr><td>보험회사</td><td>생보, 손보</td><td>소형사*
비적용</td><td colspan="2">적용</td><td>자산 5조원 미만</td></tr>
<tr><td>저축은행</td><td></td><td>소형사*
비적용</td><td>적용</td><td>저축은행법 적용</td><td>자산 7천억 미만</td></tr>
<tr><td rowspan="2">여신전문금융회사</td><td>카드사</td><td rowspan="2">소형사*
비적용</td><td colspan="2">적용</td><td>자산 5조원 미만</td></tr>
<tr><td>리스, 할부, 신기술사</td><td>적용</td><td>적용(보고)</td><td>자산 5조원 미만</td></tr>
<tr><td>금융지주회사</td><td>은행지주회사</td><td colspan="2">적용</td><td>금융지주회사법 적용</td><td>–</td></tr>
</table>

	비은행지주회사	적용			–
금융회사	국외 현지법인, 지점	비적용			
	역외투자자문업자 및 역외 투자일임업자	비적용			
	수출입은행	비적용			
	증권금융, 자금중개, 외국환중개	비적용			
	주택금융공사, 우체국	비적용			
	신협, 새마을금고, 농협단위조합, 수협단위조합	비적용			
외국금융회사 국내지점 및 대표자		비적용	적용	비적용	

금융회사지배구조법 제2장은 금융회사의 임원에 관한 사항을 7개 조문(법 제5조~제11조)으로 구성한다. 제1절 임원의 자격요건에서는 금융회사의 임원과 임원중 하나인 사외이사의 자격요건을 소극적 요건으로 제시하고 있다(법 제5, 6조). 그리고 금융회사는 임원의 자격요건 적합여부를 확인하고 그 결과를 인터넷 홈페이지 등에 공시하고 금융위원회에 보고하도록 하였다(법 제7조). 제2절 주요업무집행책임자에서는 전략기획, 재무관리, 위험관리 등 주요업무를 집행하는 업무집행책임자는 이사회 의결을 거쳐 임면하고 임기는 3년 이내로 하는 것을 규정하고 있다(법 제8조). 그리고 주요업무집행책임자의 이사회 보고의무를 두었다(법 제9조). 제3절 임원 등 겸직에서는 금융회사 상근 임원의 타사 겸직을 원칙적으로 제한하면서 예외적으로 겸직 허용하는 경우를 제시하고 있다(법 제10조). 그리고 금융회사 임원의 겸직 승인과 보고는 금융위원회에서 하도록 하였다(법 제11조).

금융회사지배구조법 제3장은 이사회에 관한 사항을 12개 조문(법 제12조~제23조)으로 구성한다. 제1절 이사회의 구성 및 운영 등에서 이사회의 구성(법 제12조), 이사회 의장의 선임 등(법 제13조), 이사회 운영 등(법 제14조), 이사회의 권한(법 제15조)을 규정하고 있다. 제2절 이사회내 위원회에서는 이사회내 위원회의 설치 및 구성(법 제16조), 임원후보추천위원회(법 제17조), 사외이사에 대한 정보제공(법 제18조), 감사위원회의 구성 및 감사위원의 선임 등(법 제19조), 감사위원회 또는 감사에 대한 지원 등(법 제20조), 위험관리위원회(법 제21조), 보수위원회 및 보수체계 등(법 제22조), 금융지주회사의 완전 자회사

등의 특례(법 제23조)를 규정하고 있다.

금융회사지배구조법 제4장은 내부통제 및 위험관리 등에 관하여 7개 조문(법 제24~제30조)으로 구성한다. 여기에서는 금융회사가 마련할 내부통제기준(법 제24조), 준법감시인의 임면 등(법 제25조), 준법감시인의 자격요건(법 제26조), 위험관리기준(법 제27조), 위험관리책임자의 임면 등(법 제28조), 준법감시인 및 위험관리책임자의 겸직금지 등(법 제29조), 준법감시인 및 위험관리책임자에 대한 금융회사의 의무(법 제30조)를 규정하고 있다.

금융회사지배구조법 제5장은 대주주의 건전성 유지에 관하여 2개 조문(제31조~제32조)으로 구성한다. 금융회사의 대주주 변경승인 등과 관련하여 은행, 은행지주회사, 상호저축은행을 제외한 금융회사의 대주주가 되려는 자는 위법사실이 없는 등 적격요건을 갖추어 금융위원회의 승인을 받아야하고, 기존 대주주의 사망이나 담보실행 등으로 우연히 취득한 경우에는 사후 승인을 받아야 한다. 다만 인가가 아닌 등록 금융회사는 대주주 변경사실을 사후 보고한다(법 제31조). 최대주주의 자격심사 등과 관련하여 금융위원회는 금융회사 대주주의 적격성 심사대상을 최대주주중 최다출자자 1인으로 보고, 적격성 유지요건 부합여부를 정기적으로 심사한다(법 제32조).

금융회사지배구조법 제6장은 소수주주의 권리행사의 특례에 관한 1개 조문(법 제33조)으로 구성한다. 상법상 소수주주권을 행사함에 있어 금융회사의 경우는 그 의결권있는 발행주식 보유비율을 권한 행사별로 상법상 1~3%(일반회사 기준)[53]에서 금융회사지배구조법상 0.001~1.5%까지 대폭 완화하는 특례를 허용하였다. 나아가 자산규모나 자본금 규모가 큰 대형금융회사의 경우는 그 주식 보유비율을 절반으로 낮추어 소수주주권을 더욱 용이하게 행사할 수 있도록 허용하였다. 여기서 대형금융회사라 함은 자산총액이 5조원 이상인 은행, 자본금이 1천억원 이상인 금융투자업자, 자산총액이 5조원 이상으로서 자본금이 1천억원 이상인 보험회사, 자산총액이 7천억 이상인 상호저축은행, 자본금이 1천억 이상인 신용카드업자, 자산총액이 5조원 이상으로서 자산총액 2조원 이상인 자회사를 2개 이상 지배하는 금융지주회사를 말한다(동법 시행령 제28조).

금융회사지배구조법 제7장은 처분 및 제재절차에 관한 사항을 6개 조문(법 제34조~제39조)으로 구성한다. 금융위원회는 금융회사에 대한 조치(법 세34조)

53) 상법 제542조의6(소수주주권)에서 상장회사에 대한 특례를 규정하여 소수주주권 행사가능한 주식보유비율을 절반 또는 그 이하로 완화하고 있다.

와 금융회사 임직원에 대한 제재조치(법 제35조)를 할 수 있다. 금융회사에 대한 조치로는 위법행위의 시정명령, 중지명령, 경고, 주의가 있다. 임원에 대하여는 해임요구, 직무정지, 문책경고, 주의적 경고, 주의를 조치할 수 있고, 직원에 대하여는 면직, 정직, 감봉, 견책, 주의를 금융회사에 요구할 수 있다. 임원의 해임 요구나 직원의 면직 요구는 청문을 하여야 하고(법 제36조), 기타 조치에 대하여는 불복자가 소정의 절차에 따라 이의신청을 할 수 있다(법 제37조). 조치한 경우에는 금융위원회와 금융회사는 그 내용을 기록하고 유지 관리하여야 한다(법 제38조). 한편 금융회사의 대주주 변경 승인을 받지 않고 주식을 취득하거나 상속 등으로 취득한 후 승인 신청하지 않아 주식처분명령을 받은 경우에 그 이행을 확보하는 이행강제금을 부과하고 절차에 따라 징수한다(법 제39조).

금융회사지배구조법 제8장은 보칙으로 2개 조문(제40조~제41조)을 구성한다. 이 법에 따른 금융위원회의 권한의 일부를 시행령에 따라 금융감독원장에게 위탁할 수 있고(법 제40조), 금융회사는 주주총회 관한 사항과 소수주주권 행사 내용을 공시하도록 하였다(법 제41조).

금융회사지배구조법 제9장은 벌칙에 관한 사항을 2개 조문(제42조~제43조)으로 구성한다. 금융회사의 대주주 변경 승인을 받지 않거나 취득하고도 승인신청을 하지 아니한 자, 주식처분명령을 위반한 자에 대하여는 형벌(1년 이하 징역 또는 1천만원 이하의 벌금)에 처하고 이를 병과할 수 있다(법 제42조). 그리고 금융회사지배구조법의 각 규정을 위반한 경우에는 사안에 따라 일정 금액 이하(1억원, 3천만원, 2천만원)의 과태료를 금융위원회가 부과, 징수한다(법 제43조).

금융회사지배구조법 부칙은 18개 조문(제1조~제18조)으로 구성한다. 이 법의 시행일을 공포후 1년이 경과한 날(2016.8.1)로부터 시행하고(부칙 제1조), 각각의 경과조치에 대하여 규정하고 있다(부칙 제2조~제17조). 그리고 금융회사지배구조법이 새로이 통합 제정되면서 금융회사의 지배구조에 관한 사항이 규정된 각 금융관계법률(20개)이 관련 조항을 개정, 삭제하거나 신설하는 조치를 하였다(부칙 제18조).

(3) 지배구조법의 주요내용

금융회사지배구조법에 제정된 주요내용은 종전의 금융회사 개별 업권법에 의한 지배구조 제도를 가져온 것이므로 그 내용이 거의 유사하지만 요약해 보면 다음과 같다.

첫째, 이 법의 적용범위는 은행, 금융투자업자(증권, 자산운용, 부동산신탁, 투자자문, 투자일임 등), 금융지주회사(은행지주, 비은행지주), 보험회사(생명보험, 손해보험), 상호저축은행, 여신전문금융회사(카드, 할부금융, 리스, 신기술금융)와 같이 크게 6개 금융업권이다(동법 제2조 제1호).

둘째, 사외이사, 이사회 그리고 감사위원회의 기능 강화이다. 사외이사의 전문성을 강화시킴으로써 독립성을 제고하고 제3자의 입장에서 회사의 의사결정을 견제하고 감시를 강화하고자 하는 것이다. 따라서 사외이사의 선임에서부터 제한을 강화하여 계열사 상근임직원과 비상임이사는 3년 동안 사외이사가 될 수 없으며, 지주회사 상근임직원의 자회사 사외이사 겸직을 제한하였다(동법 제6조). 이사회의 권한을 강화하기 위하여 이사회의 권한으로 최고경영자 승계계획 등 지배구조 정책 수립, 경영목표 및 평가 등을 법률에 구체적으로 명시하고(동법 제15조), 이사회내 임원후보추천위원회, 감사위원회, 위험관리위원회, 보수위원회를 설치하여 이사회의 심의기능을 강화하였다(동법 제16조). 그리고 이사회 구성 시에는 사외이사 3인 이상, 이사 총수의 과반수 이상을 포함하도록 의무화하였다(동법 제12조). 감사위원을 선임과정에서는 3% 초과 보유주주의 의결권 행사를 제한하고, 다른 이사와 분리선임 방식을 사용함으로써 공정성을 증대하였다(동법 제19조).

셋째, 업무집행책임자에 대한 책임 강화이다. 등기임원과 동등한 지위에서 업무를 수행하는 업무집행책임자(이사가 아니면서 명예회장, 회장, 부회장 등 업무를 집행할 명칭을 사용하여 실제로 업무를 집행하는 사람)들은 임원에 준하여 규율할 필요가 있음에도 그 시행이 이루어지지 않고 있었다. 또한 실제로는 대표이사가 대부분 업무집행책임자로 임면되기 때문에 업무수행에 대한 주주나 이사회의 감독 통제가 충분히 이루어지지 않고 있는 실정이었다. 따라서 업무집행책임자는 임원으로서 임원의 자격요건을 갖추도록 하고(동법 제5조), 전략기획(CSO), 재무관리(CFO), 위험관리(CRO) 등 주요업무집행책임자는 이사회의 의결을 거쳐 임면이 이루어지도록 하였다(동법 제8조).

넷째, 임직원 겸직 및 임원자격 제도 개선이다. 금융회사 임직원의 겸직을 통한 시너지 효과를 제고하기 위해 회사간의 임직원 겸직을 허용할 필요성이 증대되고 있으므로 임직원 겸직을 금융위원회에 대한 보고 혹은 승인에 의하여 가능하도록 바꾸었다(동법 제10조). 또한 금융관계법령 위반 등으로 제재를 받은 임직원에 대한 임원 자격제한 제도를 보완 및 개선과 동시에 법률에서 명확히 규정할 필요가 대두되면서 임원자격 제한의 명시적 근거를 법률에 마련함으로써 금융업권간의 자격제한 수준을 통일하고 업권별 규제 차이를 해소하였다(동법 제5조).

다섯째, 지배구조 내부규범 마련, 내부통제 및 보수 투명성 강화이다. 지배구조 내부규범으로는 이사회의 구성과 운영, 이사회내 위원회의 설치, 임원의 전문성 요건, 임원 성과평가 및 최고경영자의 자격 등에 관한 구체적인 원칙과 절차 등을 마련하고 공시토록 함으로써 외부의 평가를 받을 수 있도록 하였다(동법 제14조). 또한 세계적으로 금융회사의 내부통제 기능의 중요성이 대두되는 상황이므로 그에 따른 준법감시인의 지위를 높이고 자격의 요건을 정비하였다(동법 제25~26조). 위험관리위원회와 보수관리위원회를 설치토록 하면서 임직원의 리스크 부담이나 단기 성과주의를 관리하도록 유도하였고, 보수 또한 연차보고서에 싣게 하여 금융위원회에서 관리 할 수 있도록 하였다(동법 제21~22조).

여섯째, 대주주의 적격성 규율이다. 금융회사 대주주 변경 및 승인 부분에서 큰 변화를 주었다. 그동안 은행 저축은행 등에만 도입되었던 대주주 적격성 심사제를 보험사, 금융투자업자, 카드사 등 제2금융권(다만 등록제 금융회사는 사후보고)으로 확대하였다. 다만 은행 및 은행지주회사, 저축은행은 기존의 개별 업권법에 따라 종전대로 심사하도록 하였다(동법 제31조). 심사대상은 금융회사의 최대주주중 개인인 최다출자자 1인이다. 최대주주가 법인인 경우에는 그 법인의 최대주주중 개인인 최다출자자 1인이다. 최대주주가 법인이면서 그 최다출자자 1인도 법인인 경우 최다출자자 1인이 개인이 될 때까지 심사하여 개인 최다출자자를 도출한다(동법 제32조 제1항). 심사법률은 금융업법, 조세범처벌법, 독점규제 및 공정거래에 관한 법률이다. 또한 금융회사의 대주주로서의 적격요건을 갖추도록 함으로써 경영상 문제 발생을 사전 예방하고 주기적(2년)으로 심사토록 하였다. 만약 대주주 자격이 미달할 경우(금고 1년 이상의 실형)에는 금융위원회가 요건의 충족을 명할 수 있으며, 이를 불이행할 경우 주식처분을 명령할 수 있도록 하고, 이러한 적격성 없는 자가 의결권을 행사할 경우 이를 일정한 범위내(의결권 주식 10%)에서 제한할 수 있도록 하였다(동법 제32조).

(4) 지배구조법 시행령의 주요내용

금융회사의 견고하고 투명한 지배구조 확립을 위해 제정한 「금융회사의 지배구조에 관한 법률」이 2016년 8월 1일 시행될 예정임에 따라 「금융회사 지배구조에 관한 법률」의 시행령 제정안이 2016.7.26 국무회의를 통과하였다. 이는 임원의 임면요건과 이사회의 구성, 지배구조 내부규범 및 위험관리기준 마련, 최대주주 적격성 판단의 기준 등 법률에서 위임한 세부 사항을 규정한 것이다. 중요사항을 보면 금융회사 지배구조의 투명성을 강화하기 위하여 금융회사 최대주주에 대한 주기적(2년) 적격성 심사를 전 금융업권에 도입하고 임원 및 사외이사 임면시 자격요건을 강화하였다. 금융회사의 자율·책임경영을 강화하기 위하여 사외이사 중심의 이사회 구성 및 권한을 강화하고, 위험관리·준법감시·감사업무의 독립성을 강화하였다. 그리고 성과중심 문화 확산을 위해 일정 규모 이상 금융회사 임직원을 대상으로 성과보수체계를 도입하고 이연성과급 지급을 의무화하였다.

이러한 시행령 제정안의 주요내용을 살펴보면 다음과 같다.[54]

1) 임원의 자격요건 등(시행령 제7조~제11조)

① 임원의 자격요건에서 기존에 은행·금융지주에만 적용되던 이해관계인 결격 요건(예: 해당 금융회사 및 자회사 등의 자산운용시 특정 거래기업 등의 이익을 대변할 우려가 있는 자)을 전 금융업권으로 확대 적용하였다(시행령 제7조).

② 사외이사의 자격요건에서 사외이사의 직무충실성을 높이기 위해 겸직제한을 강화하고 최대임기 제한(해당회사 6년, 계열사 합산 9년)하였다. 또한 결격요건이 일부 강화되는 대신 적극적 요건을 명시(금융, 경영, 경제, 법률, 회계, 소비자보호 등 분야에서 연구·조사 또는 근무한 경력이 있으며 직무수행에 필요한 지식과 경험이 풍부한 자)함으로써 유능한 사외이사 후보군의 관리·육성을 지원하였다(시행령 제8조).

③ 임원의 겸직에서 금융지주회사 내 자회사간 겸직의 경우 이해상충 우려 등이 적은 점을 감안하여 겸직 허용범위를 확대하였다. 종전에는 은행에서 여수

54) 금융위원회, 보도자료 "금융회사의 지배구조에 관한 법률 시행령 제정안 국무회의 통과", 2016.7.26.

신 등 본질적 업무를 담당하는 임원이 금융투자·보험에서 본질적 업무담당 임원을 겸직하는 행위 등을 금지하였으나 제정안에서는 금융위원회 승인 및 보고 시 가능하도록 하였다(시행령 제10조~제11조).

④ 주요업무집행책임자의 임면시 이사가 아니더라도 재무관리(CFO), 위험관리(CRO) 등 금융회사 주요업무를 집행할 권한을 갖는 임직원을 주요업무집행책임자로 정의하고 이사회에서 임면토록 하였다(시행령 제9조).

2) 이사회의 구성 등 (시행령 제12조~제16조)

① 사외이사 선임에 있어 자산총액 5조원(저축은행: 7천억원) 이상 금융회사는 사외이사를 '3인 이상과 이사 총수의 반수 이상'으로 임명해야 하며, 사외이사를 이사회 대표로 선임하여야 한다. 자산총액 3천억원 내지 5조원인 금융회사는 사외이사를 이사 총수의 1/4 이상 선임 의무를 두었다(시행령 제12조).

② 감사위원회는 감사위원의 2/3 이상은 사외이사로 선임하도록 하고 그 중 1인 이상은 다른 이사와 분리 선임하도록 하여 독립성을 강화하였다. 자산규모 5조원(저축은행 7천억원) 이상 금융회사는 지배구조법에 따라 이사회 내에 임원후보추천위, 감사위원회, 위험관리위원회, 보수위원회 설치를 의무하였다. 한편 자산규모 1천억원 이상(카드업을 제외한 여전업은 2조원 이상)인 금융회사는 감사위원회가 없는 경우 상근감사 1인 선임을 의무화하였다(시행령 제14조~제16조).

③ 지배구조내부규범에 있어서 금융회사는 이사회의 구성, 권한 및 운영절차 등을 규정한 지배구조내부규범을 마련·공시토록 하여 이사회 운영의 투명성을 강화하였다. 특히, 최고경영자(CEO)의 경영승계에 대해서는 경영승계 원칙, 자격, 후보자 추천절차 등을 담은 경영승계프로그램 마련을 의무화하였다(시행령 제13조).

3) 성과보수, 내부통제 및 위험관리(시행령 제17~25조)

① 성과보수체계 도입에 있어서는 자산총액 5조원(저축은행: 7천억원) 이상 금융회사 임직원에 대해 직무의 특성, 업무책임도 등을 감안하여 차등화한 성과보수 지급을 의무화하였다. 다만 최하위직급, 기간제 근로자 또는 단시간 근로자는 제외 가능토록 하였다. 임원의 보수는 보수위원회를 통해 결정하고 성과보수 일부는 3년 이상 이연지급하도록 하여 중장기 목표에 기반한 책임경영을 유

도하였다. 이연지급은 예컨대 임원에 대한 당해년도 성과급 중 일부는 당해년도 성과에 기초하여 지급하고, 나머지는 향후 3년간 성과에 연동하여 3년간 지급토록 하는 것이다(시행령 제17조).

② 내부통제에 있어서는 준법감시인의 이사회 임면 및 임기보장(2년), 내부통제위원회 신설 등을 통해 내부통제업무의 독립성 강화를 유도하였다. 여기서 내부통제위원회는 대표이사, 준법감시인 등으로 구성하며 내부통제 관련 주요 의사결정을 하는 조직이다(시행령 제19조~제21조).

③ 위험관리에 있어서는 위험관리업무를 전담하는 위험관리책임자를 신설하고 그 지위를 준법감시인에 준하여 규정함으로써 독립성 강화를 유도하였다. 위험관리책임자는 준법감시인과 임명절차, 임기가 동일하고 자격요건은 유사하다(시행령 제22조~제23조).

4) 대주주 변경 승인 및 최대주주 자격 심사(시행령 제26조~제27조)

기존에 은행·지주회사·저축은행에만 적용되던 주기적(2년) 최대주주 적격성 심사제도를 보험업, 금융투자업, 여신전문업권에도 확대 적용하였다. 최대주주중 최다출자자 1인(개인), 만약 최다출자자 1인이 법인인 경우 그 법인의 최대주주중 최다출자자 1인이 최근 5년 내에 금융관련 법령(조세범처벌법, 공정거래법 포함) 위반(벌금형 이상) 등에 해당하는 경우 시정명령 또는 10% 이상 보유주식에 대한 의결권 제한 가능이 가능하다(시행령 제27조).

5) 신설제도의 준비기간 부여

금융회사지배구조법 시행령은 국무회의를 통과한 후 관보 게재 절차를 거쳐 법률 및 감독규정 제정안과 함께 2016.8.1부터 시행되었다. 다만, 시행령을 통해 확정되는 지배구조내부규범, 내부통제기준, 위험관리기준 등 일부 신설제도의 경우는 금융회사 내부 의결절차 등의 필요성을 감안하여 3개월의 준비기간을 부여하였다.

5. 금융회사지배구조법의 개정

5.1 지배구조법의 일부 개정

금융회사지배구조법은 2017년 4월 일부 개정되었다.[55] 금전적 제재의 실효성을 제고하기 위하여 금융회사가 사외이사 선임의무를 이행하지 아니한 경우 등에 대한 과태료 부과한도를 기존 5천만원에서 1억원으로, 임원의 선임사실 및 자격요건 적합여부에 관한 공시 또는 보고를 하지 아니한 경우에 대해서는 과태료 부과한도를 기존 1천만원에서 3천만원으로 인상하는 등 현행 제도의 운영상 나타난 일 부 미비점을 개선 · 보완하였다(법 제43조).

5.2 지배구조법 시행령의 개정

2017.8.29 국무회의에서 금융회사의 지배구조에 관한 법률 시행령 개정안이 통과되고 금융회사 지배구조 감독규정 개정안이 2017.8.28 금융위원회에서 의결되어 2017.9.4 부터 시행되었다. 다만, 성과보수 이연지급 의무 강화 등 규제강화 사항의 경우 3개월 후(2017.12.4)부터 시행되었다. 이 개정안은 금융회사의 단기 고액성과급 지급 관행을 해소하기 위하여 성과보수 이연지급의무를 강화하는 한편 금융회사의 규모나 업무현실에 비추어 과도한 일부 규제를 현실화함으로써 금융회사의 규제 부담을 완화하고자 한 것이다. 그 주요내용을 요약하면 다음과 같다.[56]

(1) 성과보수 이연지급 규정 정비 (시행령 제17조, 감독규정 제9조)

기존의 시행령을 보면 성과보수 이연지급 대상 직원의 범위, 이연지급 비율, 성과보수 환수 기준 등이 법령상 불명확하였다. 즉, ① 성과보수 이연지급 대상을 임원 및 직원(최하급직원 제외)이라고 함으로써 직원 중 성과보수 이연지급 대상이 되는 자가 누구인지 불명확하였다. ② 성과보수 이연지급 비율은 성과보수의 "일정비율" 이상 이연지급한다고 함에 따라 성과보수의 극히 일부분만을 이연지급하는 등 규제회피행위가 가능했다. ③ 성과보수 환수 기준은 보수체계 연차보고서에 성과보수 환수기준 관련사항을 기재하도록 의무화하였는데 환수의 구체적 방법에 대해서는 규정하지 않았다.

이에 따라 개정 시행령에서는 금융회사의 규제 불확실성을 해소하고 단기성과급 지급에 따른 부작용을 방지할 수 있도록 관련 규정을 명확화하였다. 즉, ① 성과보수 이연지급 대상을 '단기성과급의 폐해가 나타날 수 있는 직무(대출 · 지급보증 담당자, 보험상품개발 및 보험인수 담당자, 매출채권의 양수 및 신용카

---

55) 이 법은 법률 제14818호로 2017.4.18 공포되고, 2017.10.19 시행되었다.
56) 금융위원회, 보도자료 "금융회사지배구조법 시행령 및 감독규정 개정", 2017.8.29.

드발행 업무 담당자 등)에 종사'하면서 '담당업무로부터 발생하는 이익의 일부를 성과보수로 받는 직원'으로 명확화하였다. ② 성과보수 이연지급 비율을 임원 및 금융투자업무담당자의 성과보수의 40% 이상을 3년 이상 이연지급하도록 의무화하였다. ③ 성과보수 재산정에 있어서는 성과보수이연지급 기간 중 임원 및 금융투자업무담당자의 담당 업무와 관련하여 손실이 발생할 경우 손실규모를 반영하여 성과보수를 재산정하도록 의무화하였다.

(2) 소규모 외국계지점의 준법감시인·위험관리책임자 겸직 허용(시행령 제24조)

기존의 시행령을 보면 외국계 금융회사의 국내지점의 경우 자산규모와 관계없이 준법감시인과 위험관리책임자의 겸직 불가능하였다. 반면 2금융권은 자산규모 일정액 미만(저축銀: 7천억, 기타: 5조원)인 경우 겸직이 허용되었다. 이에 따라 개정 시행령에서는 자산규모 7천억원 미만이면서 파생상품매매업을 겸영하지않는 외국계 지점은 준법감시인과 위험관리책임자의 겸직을 허용하였다.

(3) 내부통제 및 위험관리 전담조직 의무 완화(감독규정 제11조, 제13조)

기존의 감독규정에서는 모든 금융회사(운용자산 5천억 미만 자문일임업자 제외)에게 위험관리 및 내부통제 전담조직과 지원인력 마련 의무가 부과되었다. 개정된 감독규정에서는 자산규모 1천억원 미만인 금융회사의 경우 전담조직을 두되 위험관리책임자 및 준법감시인 외 별도 지원인력 마련 의무를 면제하였다.

(4) 임원의 결격요건 중 "여신거래"의 의미 명확화(시행령 제7조)

기존 시행령상 금융회사 임원의 결격요건중 "여신거래가 있는 기업과 특수관계가 있는 자"의 개념이 불명확한바, 여신거래의 개념을 "대출, 지급보증 및 자금지원 성격의 유가증권 매입 등(은행법상 신용공여 개념[57] 준용)"으로 명확화하였다.

(5) 임원 겸직시 겸직 승인 및 보고의무 정비(시행령 제11조)

금융회사의 사내이사가 다른 금융회사의 임직원을 겸직하는 경우, 주요업무

---

57) 은행법 제2조 제8호: "신용공여"란 대출, 지급보증 및 유가증권의 매입(자금지원적 성격인 것만 해당한다), 그 밖에 금융거래상의 신용위험이 따르는 은행의 직접적·간접적 거래를 말한다.

책임자와 마찬가지로 겸직승인 의무를 부과하고, 금융회사의 비상근감사가 다른 금융회사의 임직원을 겸직하는 경우, 비상임이사 및 사외이사와 마찬가지로 겸직보고 의무를 부과하였다.

(6) 임원 선・해임 등의 경우의 공시기한 명확화(감독규정 제3조, 제5조)

임원 선・해임 및 지배구조내부규범 제・개정시 "7영업일 이내"에 공시하도록 공시기한을 명확화하였다.

(7) 위험관리책임자 자격요건 강화(시행령 제23조)

은행연합회 등 금융관련 협회에 종사한 경력자가 위험관리책임자가 되고자 할 경우 "위험관리 관련 업무" 종사 경력을 의무화하여 금융공공기관, 금융관련 연구기관 종사 경력자 등과 자격요건에 통일성을 부여하였다.

5.3 지배구조법의 개정 추진

금융회사는 국민의 재산을 기반으로 운영되며, 부적절한 경영이 국민경제 전반에 영향을 미칠 수 있으므로 일반 회사에 비해 건전한 지배구조 확립을 위한 공적규율의 필요성이 크다. 1997년 외환위기와 2008년 글로벌 금융위기를 계기로 바람직한 금융회사 지배구조 확립의 중요성이 보다 확고하게 인식되었으며, 이를 바탕으로 관련 규율체계가 지속적으로 강화되었다. 그러나, 금융회사들의 실제 지배구조 운영은 여전히 주주와 금융소비자의 기대 수준에 부합하는 투명성과 책임성을 확보하지는 못하고 있다는 평가이다.

〈금융회사지배구조 제도개선 추진현황〉

① 은행・증권・보험사의 준법감시인 및 내부통제기준도입이 의무화되고 사외이사 후보추천위원회제도 도입(2000.1)
② 은행권 사외이사 모범규준 및 은행・금투・보험 성과보상체계 모범규준마련(2010.1)
③ 금융회사 지배구조 개선 TF 운영을 통해 全 금융권 금융회사지배구조 모범규준 마련(2014.11)
④「금융회사의 지배구조에 관한 법률」 제정(2015.7) 및 시행(2016.8)

먼저 경영 지배구조 측면에서 보면 금융권의 CEO 및 이사 선출과정의 공정성과 투명성이 부족하고 현직 CEO 등 특정인의 영향력이 과도하게 개입되는 측면이 있고 사외이사가 주주 일반을 대변하여 경영진의 활동을 견제하는 본연의 기능을 발휘하지 못하고 경영진에 종속되는 경향이 있다. 감사 및 내부통제의 권한과 위상이 낮아 위규 및 불건전한 영업행위에 대한 자체 통제기능이 원활하지 못한 측면도 있다. 금융권 고액연봉자가 보수 수준에 걸맞게 주주 및 금융소비자에 대한 책임을 다하고 있는지 평가할 수 있는 근거가 부족하다.

이에 금융행정혁신위원회는 금융권의 임원 선출절차 투명화 및 CEO 권한견제 등 지배구조 운영개선 필요성을 권고(2017.12)하였다. 그것은 ① 금융지주회사 회장의 연임 제한 및 자회사에 대한 부당한 영향력 견제장치 마련, ② 임원후보추천위원회의 구성 다양화 및 근로자의 이사추천권 강화 검토, ③ 기관투자자 스튜어드십 코드 확대 통해 지배구조 결정시 주주의 역할 확대이다. 또한 금융감독원의 금융지주 지배구조 실태점검(2018.1~2)에서도 최근 지적되고 있는 지배구조 운영 관련 문제점이 현실로 확인되었다. 즉 ① 대표이사의 사외이사 선임과정 참여(임원후보추천위 위원), ② 성과보수 이연지급분에 대한 환수규정 부재 등 투명성 · 공정성 부족이 지적되었다.

소유 지배구조 측면에서는 금융회사지배구조법 시행으로 2금융권 최대주주에 대한 주기적 적격성 심사가 도입되었으나, 금융회사에 대한 실제 지배력과 무관히 '최대주주중 최다출자자인 개인 1인(최대주주 중 최다출자자 1인이 법인인 경우, 그 법인의 최대주주 중 최다출자자를 찾는 방식으로 개인인 최다출자자 1인이 나올 때까지 선정)'으로 심사대상을 제한함으로써 경영권을 실제로 행사하는 자를 심사하지 못하고 심사 실익이 낮은 자를 심사해야 하는 경우가 발생하고 있다. 예를 들면 금융회사의 최대주주가 특수관계인 집단으로 이루어지는 경우, 최다출자자 1인 외에 특수관계인인 주주들도 함께 지배력을 행사하는 경우가 있는가 하면, 금융회사의 최대주주가 투자회사인 경우, 명목상의 최다출자자가 단순 재무적 투자자에 불과한 경우도 있다.

따라서 투명하고 공정한 절차를 바탕으로 금융회사의 주요 의사결정 주체간 견제와 균형을 통해 주주와 금융소비자에 대한 책임경영이 실현될 수 있도록 제도 개선을 추진하는 한편, 금융회사의 지배구조에 대한 반복되는 논란을 해소하고 금융산업의 신뢰도와 경쟁력을 제고하는 계기를 마련할 필요가 높아졌다.[58)]

2018.3.15 금융위원회는 금융회사 지배구조 개선방안을 발표하였다. 2016.8 금융회사지배구조법이 시행되었으나, 금융회사들의 실제 지배구조 운영은 여전히 투명성·책임성 측면에서 CEO 선출절차 투명성 부족, 사외이사의 견제기능 불충분 등으로 미흡하다는 지적이 있었다. 이에 투명하고 공정한 경영문화 정착을 통해 금융권에 대한 시장과 소비자의 신뢰를 회복할 수 있도록 금융회사지배구조법 개정을 추진하게 되었다. 2018.3.15~4.29까지 「금융회사의 지배구조에 관한 법률 일부개정 법률안」을 입법예고하고, 2018.6, 규제개혁위원회 심사, 2018.9, 법제처 심사를 완료한 후 차관회의(9월 6일), 국무회의(9월 11일)를 통과하여 국회에 정부안으로 제출하였다. 이번 법률 개정안의 주요내용을 보면 다음과 같다.[59]

(1) 임원후보추천위원회의 독립성 강화

임원후보추천위원회의 위원 본인을 임원 후보로 추천하는 경우 임원후보추천위원회 결의에 위원 본인의 참석을 금지한다. 기존에도 해당 결의에 대해 의결권을 행사하지 못한다는 규정은 있었으나, 이번 개정안에서는 결의 참석 자체를 금지한 것이다. 또한 감사위원 및 사외이사의 독립성 강화를 위해 감사위원 및 사외이사 선출을 위한 임원후보추천위원회 결의에 대표이사의 참석을 금지하고, 임원후보추천위원회의 2/3 이상을 사외이사로 구성하도록 의무화한다.

(2) 금융회사 임원의 보수공시 강화 및 내실화

보수총액 또는 성과보수 총액이 일정액 이상인 임원의 개별 보수총액, 성과보수총액, 산정기준 등을 보수체계 연차보고서를 통해 공시하도록 의무화한다. 여기서 일정액 이상이란 예컨대 ① 자본시장법(§159)상 개별보수 공시대상 기준에 해당하는 금융회사 임원, 즉 보수총액 5억원 이상인 등기임원, 보수총액 상위 5인으로서 5억원 이상인 미등기임원 ② 성과보수 총액 2억원 이상인 임원을 대상으로 한다. 또한 대형 상장금융회사의 임원(업무집행책임자 제외)에 대한 보수지급 계획을 임기 중 1회 이상(임원 선임시 포함) 주주총회에 설명을 의무화한다. 여기서 대형 상장금융회사는 예컨대 자산총액 2조원 이상인 상장금

58) 금융위원회, 보도자료 "금융회사 지배구조 개선방안", 2018.3.15.
59) 금융위원회, 보도자료 "「금융회사의 지배구조에 관한 법률 일부개정 법률안」국무회의 통과", 2018.9.11.

융회사에 대해서만 적용한다. 그리고 임원을 주총에서 선임시 임기동안의 보수지급 계획에 대하여 주주들에게 설명할 수 있도록 의무를 부과한다. 다만 주주총회에 대한 설명의무가 있을 뿐이며 주주총회 의결 사항은 아니다.[60] 아울러 사외이사와 감사 및 감사위원에 대해서 회사의 재무적 성과와 연동하지 않는 별도의 보수체계를 마련하도록 의무화한다. 예컨대 현행 준법감시인 및 위험관리책임자의 보수체계와 동일하게 하는 것이다. 사외이사가 회사의 재무성과와 연동한 보수를 받을 경우, 경영진과 유인체계가 동일해져 독립성이 저해될 수 있음을 고려해야 하기 때문이다.[61]

(3) 감사업무 실효성 제고

상임감사위원이 없는 금융회사의 경우 업무집행책임자중 감사위원회 지원부서 업무를 총괄하는 책임자(내부감사책임자) 선임을 의무화한다. 현재 감사위원회 설치대상 금융회사는 은행, 금융지주회사, 자산총액 5조원 이상인 금융투자, 보험, 여전사와 자산총액 7천억 이상인 저축은행으로 한정하고 있다. 일상적 감사업무에 전념할 수 없는 감사위원회를 보좌하여 내부감사책임자가 감사업무를 책임지고 관리하도록 하기 위함이다. 또한 내부감사책임자의 선임 방법(감사위원회 의결), 임기(최소 2년 이상), 보수지급 기준(재무성과연동 금지)을 준법감시인에 준하여 보장한다. 그리고 금융회사가 감사위원회의 직무 독립성을 보장하도록 하는 규정을 신설한다.

(4) 감사위원의 선임요건 및 업무 전념성 개선

상근감사 및 감사위원의 동일회사 등 재임기간을 제한한다. 상근감사 및 감사위원도 사외이사인 감사위원과 동일하게 동일금융회사에서 6년(계열사 합산 9년)을 초과하여 재임할 수 없도록 규정한다. 또한 상근감사 및 감사위원의 자격요건으로 사외이사인 감사위원에 대한 자격요건인 "직무 전문성 요건"을 준용한다. 그 요건은 금융, 경제, 경영, 법률, 회계 등 분야의 전문지식이나 경험

---

60) ① 미국 Dodd-Frank Act에서는 상장법인은 최소 3년에 1회 이상 경영진의 개별보수에 대하여 주주총회의 심의(Non-binding)를 받아야 한다. ② 영국 Company Act에서는 상장법인은 매년 주주총회에서 이사들에 대한 보수지급 현황에 대하여 주주총회의 심의(Non-binding)를 받아야 한다.

61) 영국 지배구조 모범규준에서는 사외이사의 보수체계에서 스톡옵션이나 성과연동 보수를 배제하도록 권고하고 있다.

이 풍부한 사람으로서 대통령령으로 정하는 사람(지배구조법 §6③)이다. 상근감사 및 상임감사위원이 금융 무경력자의 취업 수단으로 변질될 우려를 방지하고 감사업무의 전문성을 강화할 필요가 있기 때문이다. 그리고 감사위원의 임기를 "최소 2년 이상"으로 보장한다. 업무수행의 독립성 보장을 위해 최소임기 2년을 보장하는 준법감시인 및 위험관리책임자의 사례를 준용한 것이다. 아울러 감사위원의 이사회내 타위원회 겸직을 제한한다. 감사위원의 직무 전념성 강화를 위해 업무연관성이 큰 보수위원회, 임원후보추천위원회를 제외하고 이사회내 타위원회 겸직을 제한한다.

(5) 대주주의 적격성 심사 제도 합리화

대주주 적격성 심사요건에 "특정경제범죄 가중처벌 등에 관한 법률(이하 '특경가법') 위반으로 금고형 이상(시행령 규정)을 받은 경우"를 추가한다. 현행 금융관련법령, 조세범처벌법, 공정거래법 위반에다가 특경가법 위반을 추가하는 것이다. 특경가법에 해당되는 죄는 국민경제윤리에 반하는 중범죄로서 동법 위반은 대주주의 사회적 신용도와 직결되는 점을 감안해야 하기 때문이다. 다만, 타금융업법과의 형평성을 감안하여 결격사유를 "벌금형이상"으로 규정하기보다는 "금고형 이상"으로 규정한다. 저축은행법에서 금고형 이상을 받은 경우만 대주주 결격사유에 해당하는 것으로 규정하고 있는 것을 감안하였다. 또한 대주주가 금융위원회의 의결권 제한명령을 이행하지 않을 경우 "주식처분 명령" 부과 근거를 신설한다. 현재 이 제도는 은행법, 저축은행법에서 이미 운영 중이다.[62)]

(6) 이사회 구성 및 운영방식 개선

이사회 구성의 집합적 정합성(Collective Suitability)을 제고한다. 이사 개인의 역량, 자질뿐 아니라 이사회가 총체적으로 금융회사 경영에 적합한 전문성을 갖춘 이사들로 구성되도록 의무화하고, 이사 선임의 건으로 주주총회 소집 통지 시 이사 후보자가 이사회의 집합적 정합성을 갖추는데 적합한 사유가 있는지를 명시한다. 참고로 해외 사례를 보면 싱가포르 모범규준에서는 이사회는 회계나

62) 현행 대주주 자격심사 제도는 금융회사의 최다출자자인 개인 1인에 대해서만 심사하도록 하고 있는데, 대주주 적격성 심사대상을 '최대주주 전체 및 사실상의 영향력을 행사하는 주요주주'로 확대하자는 의원입법안도 발의되었다.

금융, 경영경험, 산업, 기획, 소비자 등에 대한 핵심역량과 지식을 갖춘 자들로 구성되어야 하며, 영국 모범규준에서는 임원후보추천위원회는 신규 임원 추천시 이사회가 기술과 경험, 독립성, 지식에 있어서 균형을 이루고 있는지 평가하여 결정하여야 한다고 하고 있다. 한편 사외이사의 독립성 강화를 위해 사외이사의 업무수행에 연속성을 부여하고 경영진에 대한 견제 역량을 유지할 수 있도록 사외이사의 순차적 교체 원칙을 명시하고, 사외이사 결격사유로 금융회사의 최대주주 또는 주요주주인 법인에서 최근 3년 이내에 상근 임직원 또는 비상임이사이었던 사람을 추가한다.

(7) 내부통제와 위험관리의 실효성 및 투명성 강화

임직원의 내부통제기준 및 위험관리기준 준수에 대해 CEO, 준법감시인 및 위험관리책임자 등 책임있는 임원들에게 관리의무를 부과한다. 즉 내부통제·위험관리기준 위반 방지를 위한 실효성 있는 예방대책을 마련하고, 내부통제·위험관리기준 준수여부에 대한 충실한 점검을 하며, 내부통제·위험관리기준 위반시 상응하는 내부징계 등 조치방안 및 기준을 마련해야 한다. 그리고 내부통제 및 위험관리기준 준수를 위한 관리의무 소홀로 다수 소비자 피해를 유발하거나, 금융시장 질서를 현저히 저해하는 경우 책임있는 임원들을 제재할 수 있도록 하는 근거를 마련한다. 또한, 준법감시인 및 위험관리책임자를 선임하는 경우 이를 금융회사의 인터넷 홈페이지 등에 공시하도록 의무화한다.

(8) 임원 자격기준에 적극성 요건 추가

최근 '금융회사 낙하산 임원' 논란을 계기로 금융회사지배구조법에 규정된 임원의 자격 요건을 강화하자는 의견이 많이 나오고 있다. 정부 제출 개정안에서는 임원의 자격요건(제5조)에 최고경영자(대표이사 및 대표집행임원)의 금융 전문성과 업무경험을 요구하였다. 금융감독원의 자문기구인 '금융회사 내부통제 혁신 태스크포스'도 정부 개정안에서 전무·상무 등 업무집행책임자까지 적극적 요건을 적용하자는 수정안을 제안하였다. 의원 입법 제안들을 보면 임원의 결격사유에 채용비리를 추가하는가 하면 임원의 전문성 요건을 추가하는 경우도 있다.

표 8-4 임원 자격요건과 관련된 금융회사지배구조법 내용(제5조)

	현 행	금융위원회 개정안	금감원 내부통제TF 수정안
주요내용	제5조(임원의 자격요건) ①~② 범죄·행정제재 대상자, 채무불이행·파산등 신용불량자, 부실금융회사 유관자, 심신미약자 등이 아닐 것	(신설)③ 금융회사의 대표이사 및 대표집행임원은 금융분야의 풍부한 전문지식과 업무경험, 공정성, 도덕성 및 신뢰성을 바탕으로 직무에 전념할 수 있는 사람	(신설)③ 금융회사의 임원(사외이사,감사 제외)은 금융분야의 풍부한 전문지식과 업무경험, 공정성, 도덕성 및 신뢰성을 바탕으로 직무에 전념할 수 있는 사람(IT분야 등은 금융분야 전문지식과 업무경험 요건 비적용)
특징	소극적 결격요건만 있음	최고경영자(CEO)에만 적극적 요건 부여	최고경영자와 업무집행책임자(사내임원)에도 적극적 요건 부여

Ⅲ. 우리나라 금융회사의 지배구조 체계

1. 기본체계

기업지배구조 체계는 앞에서 세계 각국의 사례를 유형화하여 살펴보았다. 그렇다면 우리나라 금융회사의 지배구조는 영미법계의 일원적 단층구조와 독일법계의 이원적 중층구조 중 어디에 속하는 것일까. IMF 외환위기 이후 우리나라는 기업지배구조 개선을 위한 제도개혁을 본격적으로 단행하였다. 이때 우리나라 금융회사의 지배구조는 금융구조개혁 과정에서 경영 투명성 향상을 위해 소위 대형 금융회사에 대해 영미법계의 사외이사와 감사위원회 제도를 의무적으로 도입[63]하면서 크게 변모하게 되었다. 여기서 사외이사 및 감사위원회의 의무적 도입대상인 소위 대형 금융회사라 함은 모든 은행 및 종합금융회사, 자산총액 2조원 이상인 증권회사·보험회사·카드회사, 신탁재산 6조원 이상인 투자신탁(운용)사,[64] 자산총액 3천억원 이상인 상호저축은행을 말한다. 이에 따라

63) 금융회사 뿐만 아니라 자산총액 2조원 이상인 대형 주권상장법인 및 코스닥상장법인에 대해서도 사외이사와 감사위원회 제도를 의무화하였다.

64) 자본시장법 시행(2009.2.4.)으로 십합두자재산과 일임재산 등 운용사의 총수탁고가 3조원을 넘을 경우 상근감사나 감사위원회 설치를 의무화하였다. 자본시장법 이전의 간접투자자산운용업법에선 운용 총재산규모가 6조원이 넘는 운용사에 한해 사외이사가 3분의 2를 차지하는 감사위원회를 두도록 했다. 다만 상근감사 설치는 의무사항이 아니었지만 6조원이 넘는 대형 운용사 중에는 간투법 시대에도 상근감사를 둔 경우가 절반 정도였다.

상법과 금융관계법 개정을 통해 이루어진 금융회사의 지배구조 체계는 [그림 8-1]에서 보듯이 그 업종 및 규모에 따라 영미법계의 일원적인 단층구조와 종전의 이원적 병립구조(이사회 · 감사 분리)로 양분되어 운영되게 되었다.

그림 8-1 우리나라 금융회사 지배구조의 기본체계

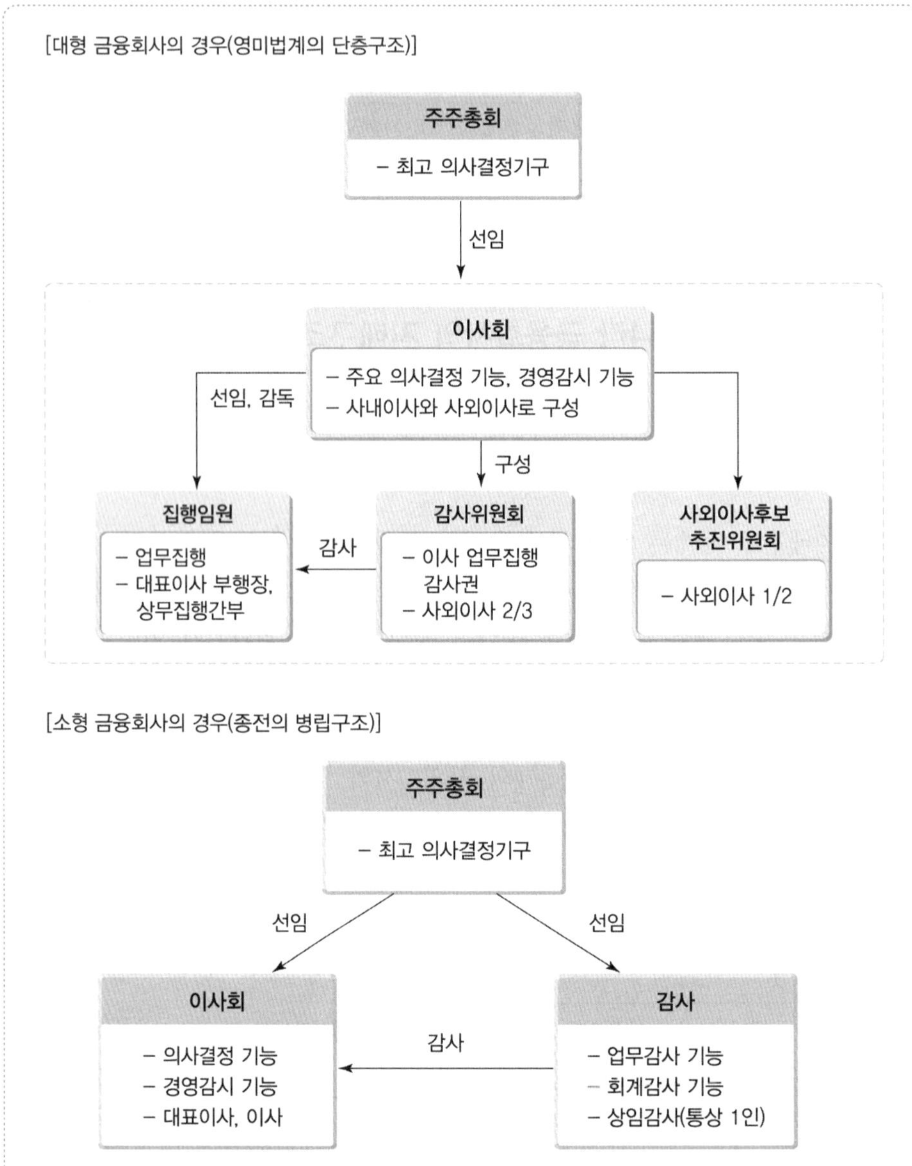

2016년 8월 금융회사지배구조법이 시행된 이후에도 금융회사 지배구조 체계는 그대로 유지한 채 법 적용대상인 대형 금융회사의 자산규모 기준이 확대 조정되었다. 이 법이 적용되는 소위 대형 금융회사는 금융지주회사와 은행, 자산총액 5조원이상의 금융투자업자 및 종합금융회사, 자산총액 5조원 미만이더라도 집합투자재산·투자일임재산·신탁재산의 전체 합계액이 20조 이상인 자산운용회사·부동산신탁회사·투자자문회사, 자산총액 5조원 이상인 보험회사·여신전문금융회사, 자산총액 7천억원 이상인 상호저축은행이다. 우리나라가 영미식 지배구조제도의 도입이후 약 20년 정도 지나면서 경제규모가 커지고 금융회사의 자산규모도 크게 확대된 것을 반영하여 대형 금융회사의 규모 기준을 현실화한 것이다.

현행 금융회사지배구조법상 사외이사제도 적용 대상인 소위 대형 금융회사의 경우는 종전의 지배구조 체계, 즉 주주총회의 지배를 받는 이사회와 감사의 분리체계를 변형하여 감사위원회(3인 이상, 위원의 2/3 이상 사외이사)와 임원후보추천위원회(3인 이상, 위원의 과반수는 사외이사)[65]를 설치(법 제12조, 제16~17조)해야 하고, 사외이사(3인 이상, 이사총수의 과반수)를 선임(법 제12조)해야 하므로 결과적으로 이사회 중심의 영미법계 일원적인 단층구조를 형성하게 되었다.

반면 이에 해당되지 않는 소위 소형 금융회사의 경우는 감사위원회와 임원후보추천위원회를 설치할 의무가 없고, 사외이사를 선임할 의무도 없어[66] 종전의 이원적 병립구조(이사회·감사 분리)를 계속 유지할 수 있다. 감사위원회를 설치하지 않고 감사를 두는 경우라도 만약 자산총액이 1천억원(리스·할부·신기술사는 2조원)이 넘는 금융회사라면 상근감사를 반드시 두어야 한다(금융지배법 제19조 제8항).

65) 종전에는 사외이사후보추천위원회(2인 이상, 위원의 1/2 이상 사외이사)를 설치해야 했다.
66) 다만, 소형 금융회사 중에서도 종전에는 주권상장법인에 해당되는 경우에만 증권거래법에 따라 이사총수의 1/4 이상을 사외이사로 선임해야 했었다. 그런데 금융회사지배구조법에서는 주권상장법인 외에 자산총액 3천억원 이상인 상호저축은행, 금융투자업자, 종합금융회사, 보험회사, 여신전문금융회사(리스, 할부, 신기술사는 자산총액 2조원 이상)까지 이사총수의 1/4 이상을 선임하도록 하였다(금융회사지배구조법 제12조 제2항 단서).

표 8-5 금융회사지배구조법상 사외이사·이사회제도 적용대상 금융회사 현황

<table>
<tr><th colspan="2">종류</th><th colspan="2">금융회사지배구조법상
사외이사 · 이사회제도 적용 여부</th></tr>
<tr><td rowspan="2">은행</td><td>일반은행(시중, 지방은행)</td><td colspan="2">모두 적용</td></tr>
<tr><td>특수은행(산업, 기업, 농협, 수협)</td><td colspan="2">모두 적용</td></tr>
<tr><td rowspan="4">금융투자업자</td><td>증권회사, 선물회사, 종합금융사</td><td rowspan="8">자산총액
2조원 이상인
상장회사는
모두 적용</td><td>자산총액 5조원 이상 적용</td></tr>
<tr><td>자산운용회사</td><td rowspan="3">자산총액 5조원 이상이거나 펀드재산, 신탁재산, 일임재산 20조원 이상 적용</td></tr>
<tr><td>부동산신탁회사</td></tr>
<tr><td>투자자문, 일임회사</td></tr>
<tr><td>보험회사</td><td>생보사, 손보사</td><td>자산총액 5조원 이상 적용</td></tr>
<tr><td>저축은행</td><td></td><td>자산총액 7천억원 이상 적용</td></tr>
<tr><td rowspan="2">여신전문
금융회사</td><td>카드사</td><td rowspan="2">자산총액 5조원 이상 적용</td></tr>
<tr><td>리스, 할부, 신기술사</td></tr>
<tr><td rowspan="2">금융지주
회사</td><td>은행지주회사</td><td colspan="2">모두 적용</td></tr>
<tr><td>비은행지주회사</td><td colspan="2">모두 적용</td></tr>
<tr><td rowspan="6">기타
금융회사</td><td>국외 현지법인, 지점</td><td colspan="2">비적용</td></tr>
<tr><td>역외투자자문업자 및 역외투자 일임업자</td><td colspan="2">비적용</td></tr>
<tr><td>수출입은행</td><td colspan="2">비적용</td></tr>
<tr><td>증권금융, 자금중개, 외국환중개</td><td colspan="2">비적용</td></tr>
<tr><td>주택금융공사, 우체국</td><td colspan="2">비적용</td></tr>
<tr><td>신협, 새마을금고, 농협단위조합, 수협단위조합</td><td colspan="2">비적용</td></tr>
</table>

2. 금융회사 기관의 구성, 권한 및 기능

여기에서는 현재 우리나라 금융회사의 지배구조 체계를 구성하고 있는 회사법상 기관(機關, Organ)의 조직 및 그 구성원, 즉 회사의 소유자 측인 주주와 주주총회, 경영자측인 이사, 이사회, 대표이사와 집행임원, 감시자 측인 감사 또는 감사위원회, 준법감시인 등에 대하여 중요한 부분을 간략하게 설명하고자 한다.

2.1 주주 및 주주총회

(1) 주　주

일반적으로 주식회사인 금융회사에 있어 주주는 사원의 자격으로서 주식의 소유자이며 회사에 대하여 주주권[67]을 행사하는 회사 성립의 기초를 이룬다. 주식회사는 다수의 주주로 구성되는 자본단체이며, 기업의 소유와 경영이 분리되는 것을 원칙으로 하므로 주주의 권리는 법률과 정관의 규정에 의해 제한적으로 행사되며, 통상 주주총회의 결의에 참여함으로써 실현된다.

주주권의 대부분은 1주의 주주라도 단독으로 행사할 수 있는 단독주주권[68]에 속하지만, 일정비율이상의 주식을 가진 소수주주만이 행사할 수 있는 소수주주권도 있다. 1998년 12월 상법 개정에서 우리나라는 주식회사 대주주 또는 지배주주의 지배권 남용으로부터 소수주주의 권익을 보호하기 위하여 소수주주권의 행사요건을 완화하였다. 상법 개정 전에는 소수주주권을 행사하기 위해서는 발행주식총수의 100분의 5 이상의 주식을 가진 주주라야 가능하였지만 개정 상법에 의하면 대부분이 100분의 3으로 그 요건이 완화되었으며 100분의 1로 인하된 것도 있다.[69] 이 개정 상법은 구 증권거래법상의 상장법인 요건과 대체로 동일하게 되었으나 <표 8-6>에서 보듯이 구 증권거래법은 그 후 다시 기업의 구조조정의 추진방안의 일환으로 개정되어 지분비율요건이 더 완화되었다.[70]

---

67) 사원권설이 통설이다(정찬형, 「상법강의(상)」(박영사, 2006.2), 626면).

68) 단독주주권에는 의결권, 회사설립무효의 소권 등 대부분의 권리가 이에 속한다.

69) 소수주주권에는 이사의 위법행위 유지청구권, 대표소송제기권(이상 100분의 1), 주주총회 소집청구권, 이사·감사 해임청구권, 회계장부 열람청구권, 청산인 해임청구권, 검사인 선임청구권, 집중투표청구권(이상 100분의 3), 회사정리법에 의한 회사정리개시청구권 및 회사의 해산판결청구권(이상 100분의 10) 등이 있다.

그리고 2000년 1월에는 금융회사에 대하여 각 금융관계법률을 개정하여 소수주주권이 행사가능한 주식소유 비율을 상장법인의 절반수준으로 완화하였다.[71]

표 8-6 **소수주주권의 주식소유 비율** (종전)

	기업[상법]		상장법인[증권거래법]		금융회사[금융관계법]
• 주주제안권	3%	→	1%(0.5%)	→	0.5%(0.25%)
• 대표소송권	1%	→	0.01%	→	0.005%

주: ( ) 안은 대형 주권상장법인 및 코스닥상장법인 또는 대형 금융회사의 경우.

2016년 8월 금융회사지배구조법을 시행하면서는 상장회사에 대한 특례 조항을 자본시장법에서 상법(제13절)으로 이관하는 한편, 금융회사에 대한 소수주주권의 행사 가능한 주식소유 비율을 상장회사의 절반 수준 또는 그 이하로 대폭 완화하였다(금융지배법 제33조).

표 8-7 **주요 소수주주권의 주식소유 비율** (현행)

(단위: %)

주요 소수주주권	상법상			지배구조법상	
	일반회사	상장회사	대형상장회사*	금융회사	대형금융회사**
주주제안권(상법 제363조의2)	3.0	1.0	0.5	0.10	좌동
회사의 업무・재산상태 검사 청구권 (상법 제467조)	3.0	1.5	좌동	1.50	0.75
이사해임청구권(상법 제385조)	3.0	0.5	0.25	0.25	0.125
대표소송권(상법 제403조)	1.0	0.01	좌동	0.001	좌동
회계장부열람권(상법 제466조)	3.0	0.1	0.05	0.05	0.025

* 대형상장회사: 자본금이 1천억원 이상인 상장회사(상법 시행령 제32조)

** 대형금융회사: 자산총액 5조원 이상인 은행, 자본금 1천억원이상인 금융투자업자, 자산총액 5조원 이상으로서 자본금 1천억원 이상인 보험회사, 자산총액 7천억 이상인 상호저축은행, 자본금 1천억 이상인 신용카드업자, 자산총액 5조원 이상으로서 자산총액 2조원이상인 자회사를 2개 이상 지배하는 금융지주회사(금융지배법 시행령 제28조)

70) 손주찬, 전게서, 620면.

71) 금융지주회사 및 은행, 증권회사, 보험회사 등 금융회사에 대하여 당해 회사의 자산규모 등을 감안하여 소수주주권의 행사요건을 완화하고 있다(금융지주회사법 제42조, 은행법 제17조, 증권거래법 제64조, 보험업법 제25조).

그리고 소수주주가 지지하는 이사가 선임될 수 있는 기회를 확대해 주기 위해 1998년 12월 상법 개정시에 집중투표제(cummulative voting)를 도입하였다(상법 제382조의2).[72] 집중투표제란 2인 이상의 이사를 선임할 경우에 각 주주가 1주마다 선임할 이사의 수와 동일한 의결권을 가지고 동 의결권을 이사후보자 1인 또는 수인에게 집중하여 투표할 수 있는 제도를 말한다. 그러나 상법에서는 동 제도를 임의규정[73]으로 도입함에 따라 대부분의 금융회사는 정관에서 동 제도를 배제하고 있는 실정이다.[74]

(2) 주주총회

주주총회는 주식회사인 금융회사의 기본적인 사항을 결정하는 최고의결기구로서 상법 및 정관에 규정된 사항을 의결한다. 상법상 주주총회의 주요권한으로는 기관 구성과 관련하여 이사·감사·청산인 선임권 및 해임권, 검사인 선임권 등이 있고, 회계와 관련하여 재무제표 승인권, 주식배당 결정권, 배당금지급시기 결정권 등이 있다. 업무감독과 관련하여 이사·감사·청산인 보수 결정권, 발기인·이사·감사·청산인의 책임면제 및 책임해제 요구권 등이 있으며, 기업의 기초 변경과 관련하여 영업양도, 정관변경, 자본감소, 합병, 분할, 조직변경, 해산 등을 결의할 수 있다.

그리고 주주총회의 권한은 정관에 의하여 확대될 수 있는데, 상법에 규정이 없는 사항으로서 주식회사의 본질이나 강행법규에 반하지 아니한 경우나 상법의 규정에 의하여 주주총회의 권한으로 유보되어 있는 경우는 정관에서 주주총회의 권한으로 규정할 수 있다.[75] 이와 같이 우리나라 상법에 의한 주주총회의 권한은 그 범위가 매우 넓다고 하겠다.[76]

---

72) 집중투표제는 소수주주의 대표자를 이사로 선임할 수 있도록 함으로써 소수주주의 이익을 보호하기 위하여 미국(RMBCA §§ 7.28, 8.04)과 일본(일본 상법 제256조의3) 등의 입법례에 따라 도입된 것이다(최준서, 「회사법」(삼영사, 2006.2), 392면).

73) 상법은 발행주식총수의 3% 이상 소유주주가 주주총회에서 이사 선임시 집중투표제 적용을 청구할 수 있도록 규정하고 있으나, 이는 정관에 의해 적용이 배제될 수 있도록 하였다.

74) 집중투표제를 채택하고 있는 세계 20여개 국가 중에서 미국 6개주, 러시아, 멕시코, 칠레 등을 제외하고는 임의적인 제도로 채택하고 있다(강병호, 전게서, 152면).

75) 다만 상법에서 주주총회 이외의 기관의 권한으로 규정된 사항에 대하여 정관에서 주주총회의 권한으로 규정할 수 있는지에 대해서는 학설이 갈리고 있다. 긍정하는 다수설과 부정하는 소수설이 있다(손주찬, 전게서, 770면).

76) 한편 독일 「주식법」에서는 주주총회는 「주식법」과 정관에 명시된 사항만을 의결토록 규정하고 있고, 영미법에서는 주주총회의 권한을 이사임면권, 정관의 채택·변경·추인권, 비일상업무(매도, 합병, 해산) 결정권 등으로 제한하고 있다(이철송, 전게서, 397면).

2.2 이사, 이사회, 대표이사와 집행임원

(1) 이사회

이사회란 회사의 업무집행에 관한 의사결정을 위해 전원의 이사로 구성되는 주식회사의 필요적 상설기관이다(상법 제393조). 종전의 상법에서 이사회는 주요권한으로 업무집행에 관한 의사결정권을 보유하였으나, 1999년 12월 상법 개정 이후 이사 직무에 대한 감독권 신설('99년 개정), 대표이사에 대한 보고요구권과 이사의 이사회에 분기별 보고의무 신설('01년 개정) 등 경영감독권이 강화되면서 이사회는 경영활동에 관한 포괄적인 권한을 보유하게 되었다.

이사회는 상법과 정관에 주주총회의 권한으로 규정된 사항 이외의 모든 업무집행에 대한 의사결정권을 가지고 있고, 이사회의 결정에 따른 업무집행은 회의체기관의 속성상 통상 대표이사가 행하게 된다. 이사회의 이사에 대한 감독권은 이사의 업무집행에 대한 적법성은 물론이고 타당성, 효율성 여부에 대한 포괄적인 감독권한을 갖는다고 할 수 있다.[77] 영미법계의 이사회는 일상적인 업무집행에 관한 의사결정권과 업무집행권을 통상 경영자(집행위원회)에게 위임하고, 경영감독권을 중점적으로 수행하고 있지만 우리나라의 경우는 아직 사실상 그러하지 아니하다. 회사가 자율적으로 집행임원제를 도입할 수 있도록 2011년 상법 개정을 하였지만[78] 실제 이용되는 사례는 아직 없는 실정이다.

우리나라 금융회사의 경우는 종전에는 금융관계법에서 이사회 권한을 보다 구체화하여 규정하고 있었는데[79] 금융회사지배구조법이 제정되면서 이에 관한 내용이 모두 이관되었다. 금융회사지배구조법 제15조에서는 이사회 권한으로 다음 각 호의 사항을 규정하였다. 즉 ① 경영목표 및 평가에 관한 사항, ② 정관의 변경에 관한 사항, ③ 예산 및 결산에 관한 사항, ④ 해산·영업양도 및

---

77) 통설이다(강희갑, 「회사법강의」(책과사람들, 2004.7), 538면; 이철송, 전게서, 539면; 정찬형, 전게서, 836면; 손주찬, 전게서, 774면).

78) 상법 제408조의2에서 제408조의9까지 규정되어있다.

79) 예컨대 은행법 제23조에서는 다음 각 호의 사항은 이사회의 심의·의결을 거쳐야 한다고 규정하였다. 즉, ① 경영목표 및 평가에 관한 사항, ② 정관의 변경에 관한 사항, ③ 임원 및 직원의 보수를 포함한 예산 및 결산에 관한 사항, ④ 해산·영업양도 및 합병 등 조직의 중요한 변경에 관한 사항, ⑤ 제23조의3의 규정에 의한 내부통제기준에 관한 사항(동법 동조 제1항). 그리고 상법 제393조 제1항의 규정에 의한 이사회의 권한중 지배인의 선임 또는 해임과 지점의 설치·이전 또는 폐지에 관한 권한은 금융기관의 정관이 정하는 바에 의하여 위임할 수 있다(동법 동조 제2항).

합병 등 조직의 중요한 변경에 관한 사항, ⑤ 제24조에 따른 내부통제기준 및 제27조에 따른 위험관리기준의 제정·개정 및 폐지에 관한 사항, ⑥ 최고경영자의 경영승계 등 지배구조 정책 수립에 관한 사항, ⑦ 대주주·임원 등과 회사 간의 이해상충 행위 감독에 관한 사항(제1항)은 이사회의 심의·의결을 거쳐야 한다. 또한 이사회의 심의·의결 사항은 정관으로 정하여야 한다(제2항). 그리고 상법 제393조 제1항에 따른 이사회의 권한 중 지배인의 선임 또는 해임과 지점의 설치·이전 또는 폐지에 관한 권한은 금융회사의 정관이 정하는 바에 따라 위임할 수 있다(제3항).

(2) 사외이사

1999년 12월 상법 개정시 이사회의 효율성과 전문성을 위해 도입된 이사회 내 위원회 제도와 2000년 1월 각 금융관계법 개정시 이사회의 경영감독기능 강화를 위해 도입된 사외이사 제도는 영미법계 이사회의 독특한 제도이다. 2016년 8월 시행된 금융회사지배구조법에서도 동 제도는 그대로 유지되고 있다. 당초 제도 도입당시 소위 대형 금융회사는 의무적인 '감사위원회'와 '사외이사후보추천위원회' 이외에도 '운영위원회', '리스크관리위원회' 등 각종 위원회를 설치하여 운영하여야 하며, 3인 이상으로 이사총수의 1/2 이상을 차지하는 사외이사가 이들 각종 위원회에 참여하여 활동하도록 하였다. 그후 금융회사지배구조법이 제정되면서 일부 변경되었는데, 사외이사후보추천위원회는 임원후보추천위원회로 바뀌어 그 대상을 사외이사 외에 대표이사, 감사위원, 대표집행임원까지 확대하였다. 그리고 감사위원회와 위험관리위원회, 보수위원회를 이사회내 위원회로 설치하도록 하였다. 또한 이들 이사회내 위원회 위원은 3인 이상으로, 과반수의 사외이사로 구성하도록 하였다. 다만 감사위원회는 3분의 2 이상이 사외이사이어야 한다(금융지배구법 제 16조~제17조, 제19조).[80)]

우리나라 금융회사의 사외이사(outside director, independent director, non-executive director etc.)는 회사의 상무에 종사하지 않는 이사[81)]인데, 지

---

80) 현행 금융회사지배구조법에 의하면 임원후보추천위원회와 감사위원회는 3인 이상 위원으로 구성한다는 규정이 있지만 위험관리위원회와 보수위원회 구성에는 인원수 규정은 없다. 하지만 위원회를 과반수의 사외이사로 구성하려면 사실상 3인 이상으로 이들 위원회를 구성할 수 밖에 없을 것이다.

81) 사외이사의 정의에 대해 상법(제382조 제3항) 외에 금융관계법은, 대체로 '당해 회사의 상무에 종사하지 아니하는 이사'로 정의하였다(구 은행법 제22조 2항). 다만 구 증권거래법은 '당해 회사의 상무에 종사하지 아니하는 이사로서 법 제54조의5 또는 제191조의16의 규정에 의

배주주 또는 경영자로부터 독립성을 유지하면서 이들의 전횡과 독주를 방지하기 위해 2000년 1월 이후 도입되었다.[82] 사외이사의 독립성은 매우 중요하므로 각 금융관계법에서 이를 위해 사외이사의 선임방법과 자격요건을 엄격하게 규정하였다. 예를 들면 사외이사 선임시 주주총회는 '사외이사후보추천위원회'의 추천을 받아야 하고(은행법 제22조, 증권거래법 제54조의5, 보험업법 제15조), 은행을 제외한 다른 금융회사는 증권거래법의 사외이사 자격제한 규정(제54조의5 제4항)을 준용하였다(보험업법 제15조).[83] 2016년 8월 시행된 금융회사지배구조법에서는 이렇게 각 금융관계법에 산재한 사외이사에 관한 규정을 흡수하여 통일적으로 규정하였다. 금융회사지배구조법에 의한 사외이사란 '상시적인 업무에 종사하지 아니하는 이사로서 제17조에 따라 선임되는 사람'을 말한다(동법 제2조 4호). 그리고 사외이사는 임원후보추천위원회의 추천을 받아 주주총회에서 선임한다(동법 제17조). 금융회사의 사외이사 자격요건도 이 법에서 일원화하여 규정하였다(동법 제6조).

(3) 대표이사

회사의 대표이사는 이사회의 구성원이면서 다른 한편으로 대내적인 업무집행권과 대외적인 회사대표권을 행사하는 이사로서 이사회와는 독립적인 성격을 가진다.[84] 독일과 미국에서는 업무집행권과 회사대표권이 대표이사에 속하지 않고 이사회에 귀속되며, 미국에서는 이사회가 자신의 업무집행권을 통상 집행위원회(CEO, CFO 등)에 위임하고 있다.[85]

하여 선임된 자'로 정의하고 있다(구 증권거래법 제2조 19호).

82) 영미법계에서는 사외이사를 경영자로부터 독립적인 이사라는 의미로 독립이사(independent director)로 표현하며, 사외이사에 대하여 지배주주로부터의 독립성은 요구하고 있지는 않다.

83) 구 은행법에서 구 증권거래법상 사외이사 자격제한 규정을 준용하지 않고 별도로 규정하고 있었던 것은 은행의 경우 주식소유가 제한되어 대주주 전횡의 가능성이 적기 때문인 것으로 보인다. 이에 따라 구 증권거래법에서 지배주주 및 그 특수관계인은 사외이사 자격이 제한되지만 은행법에서는 그러하지 아니하였다. 하지만 현행 금융회사지배구조법에서는 사외이사 자격요건을 일원화하여 규정함으로써 금융업권간 차이를 해소하였다.

84) 상법상 대표이사는 이사회의 '파생기관'이기보다는 '독립기관'이라는 주장이 다수설(정찬형, 전게서, 845면; 강희갑, 전게서, 543면)이지만, 어느 설에 의하더라도 대표이사는 주주총회와 이사회에서 결의된 사항을 집행할 권한이 있고, 그 밖의 일상적인 사항에 대한 업무집행의 의사결정을 할 수 있기 때문에 실제적인 차이는 생기지 않는다고 한다(이철송, 전게서, 556면).

85) 차대운 · 정쾌영, "집행임원제도의 도입 필요성과 입법론적 과제", 「상장협」(제49호)(한국상장회사협의회, 2004/3), 148-149면.

우리나라 금융회사의 경우는 대부분 이사회내 집행위원회가 별도로 구성되어 있지 않기 때문에 업무집행권이 모두 사실상 대표이사에게 있다고 할 수 있다. 그렇지만 금융회사는 실제 업무를 집행하는 조직으로 대표이사 산하의 집행임원진을 구성, 운영하고 있다. 집행임원진에는 등기이사 일부가 포함되기도 하지만 대부분은 등기이사가 아닌 자로서 대표이사 보조조직으로 활용되고 있다. 예를 들면 대표이사인 CEO(은행장, 사장) 밑에 부행장(부사장, 전무), 부행장보(상무, 이사) 등은 통상 임원이라고 호칭하고 있지만 엄밀히 말하면 직원 신분도 아니고, 법률상 임원도 아닌 계약직에 의한 집행간부가 대부분이다.[86] 이에 따라 이들 집행간부들에게는 법률상 신분보장, 즉 법상 임기제나 자격기준, 권한과 의무가 전혀 적용되지 아니하는 문제점이 있었다. 한편 현행 금융회사지배구조법에서는 금융회사의 임원을 이사(사내이사, 사외이사, 비상임이사), 감사, 업무집행책임자(전략기획, 재무관리, 위험관리, 준법감시인 등) 및 집행임원(상법에 따른 집행임원을 둔 경우로 한정)으로 정의하고 이들에 대한 자격요건과 겸직 제한, 제재 등을 규정하였다(동법 제2조 2,3호, 제5,6조, 제8조, 제10조).

2.3 감사기구(감사 또는 감사위원회, 외부감사인, 준법감시인)

(1) 감 사

소형 금융회사의 경우에는 금융회사지배구조법상 감사위원회의 설치의무가 없으므로 종전의 1인 감사제도를 운영하고 있다. 다만 자산총액 1천억원 이상인 금융회사는 상근감사를 반드시 두어야 하고, 자발적으로 감사위원회를 설치한 경우에는 상근감사를 둘 수 없다(금융지배법 제19조 제8항). 감사는 이사회와 병렬적인 위치에서 이사의 업무집행에 대한 감사권(위법성 및 타당성)을 행사한다(상법 제412조). 감사의 독립성을 위해 규정하고 있는 금융회사 감사의 자격요건은 현행 금융회사지배구조법상 사외이사의 자격요건(제6조)으로 통일되

86) 구 은행법(제18조 제1항), 구 증권거래법(제33조 제2항)에서는 임원자격을 규정하면서 임원의 정의를 내리고 있지 아니하여 그 범위가 등기임원으로 국한되고 있으며, 구 보험업법(제13조 제1항)에서는 임원자격을 규정하면서 임원의 정의를 '이사, 감사 또는 사실상 이와 동등한 지위에 있는지'로 규정하면서 상법 제401조의2 1항 각호의 자(① 회사에 대한 자신의 영향력을 이용하여 이사에게 업무집행을 지시한 자, ② 이사의 이름으로 직접 업무를 집행한 자, ③ 이사가 아니면서 명예회장 · 회장 · 사장 · 부사장 · 전무 · 상무 · 이사 기타 업무를 집행할 권한이 있는 것으로 인정될 만한 명칭을 사용하여 회사의 업무를 집행한 자)까지 그 범위를 확대하였다.

어 있다(금융지배법 제19조 제10항).[87] 또한, 금융회사지배구조법은 상근감사 선임시 지배주주의 영향력을 축소시키기 위해 발행주식총수의 3% 이상 초과주식에 대해서는 의결권을 제한하는 상법 규정(제409조 제2항)을 준용하고 있다(금융지배법 제19조 제9항).

(2) 감사위원회

대형 금융회사에서 의무적으로 설치하고 있는 감사위원회(3인 이상, 3분의 2 이상은 사외이사)는 이사회내 위원회 조직이지만, 상법상 감사와 동일한 권한을 보유하고 있다(상법 제415조의2 제1항). 감사위원회의 권한에 대하여는 감사의 감사권과 마찬가지로 학설이 나뉘고 있는데 이사의 업무집행에 대한 적법성외에 타당성 감사도 가능한지가 문제가 된다. 적법성 감사는 당연하지만 상법에 규정된 경우에는 타당성 감사도 가능하며 필요한 경우에는 사전감사도 가능하다고 보는 것이 현실적이라 하겠다.[88] 본래 영미법계의 감사위원회는 주로 회계감사권과 내부통제권을 중점적으로 수행하는 조직으로 경영활동에 관한 포괄적인 감사권을 가지지는 않는다.

금융회사의 감사위원회 위원 자격과 관련하여 사외이사가 아닌 감사위원(소위 상근감사위원)이라 하더라도 현행 금융회사지배구조법상 사외이사의 자격요건을 준용한다(동법 제19조 제10항).[89]

87) 종전 금융회사 감사의 자격요건으로 구 증권거래법상 상임감사 자격요건(제191조의12 제3항)과 각 금융관계법상 임원의 자격요건 규정(구 은행법 제18조 제1항, 구 증권거래법 제33조 제2항, 구 보험업법 제13조 제1항)이 있었는데 사외이사의 자격요건 규정(구 증권거래법 제54조의5)보다 다소 완화되어 있었다.

88) 상법상 감사위원회의 권한에 관한 학설은 회계감사권한에 한정된다는 주장(최협의설), 경영진 업무집행의 적법성 심사에 국한된다는 주장(협의설, 다수설: 정찬형, 전게서, 924면; 이철송, 전게서, 668면), 원칙적으로 적법성 감사에 국한되지만, 상법에 규정된 경우에 업무집행의 타당성 감사도 가능하다는 주장(광의설: 강희갑, 전게서, 657면), 업무집행의 적법성과 타당성은 물론 사전적인 감사도 가능하다는 주장(최광의설)등으로 다양하다(이철송, 전게서, 655-656면).

89) 종전 금융관계법에서는 상법상 감사위원의 자격관련 규정을 적용하지 않았다(구 은행법 제23조의2 제5항, 구 증권거래법 제54조의6 제5항, 구 보험업법 제16조 제5항). 상법(제415조의2 제2항)에서는 감사위원의 자격에 관해서 특별한 제한을 두고 있지는 않지만 감사위원회의 중립성과 객관성을 확보하기 위하여 대주주나 경영자의 세력권에 포함될 소지가 있는 자가 감사위원(3인 이상)의 3분의 1을 넘지 않도록 제한하고 있다. 이러한 상법 규정을 적용하지 않는 것은 대형 금융회사의 감사위원중 2/3 이상에 대해서는 독립성 요건이 엄격한 사외이사 자격제한 규정을 적용받기 때문이다. 이에 따라 증권회사의 경우 사외이사가 아닌 위원 (소위 상근감사위원)은 구 증권거래법상 상근감사의 자격요건을 적용하고(제54조의6 제3항, 제191조의12 제3항), 2/3 이상인 사외이사인 위원은 보다 독립성 요건이 엄격한 사외이사 자

(3) 외부감사인

외부감사인은 적정한 회계처리와 공정한 회계감사를 통한 회계정보의 신뢰성 향상을 위해 금융회사 내부의 감사기구와는 독립적으로 회계감사업무를 수행하는 외부의 회계전문가를 말한다. 외부감사인의 선임대상, 방법과 업무범위는 「주식회사등의외부감사에관한법률」(이하 '외감법'이라 한다)에 규정되어 있다. 외감법에 의하여 외부감사를 받아야 할 대상법인은 자산총액 500억원 이상인 회사, 주권상장법인(자본시장법에 의한 주권상장법인을 말한다)과 해당 사업연도 또는 다음 사업연도 중에 주권상장법인이 되고자 하는 주식회사 등이지만(동법 제4조), 금융회사의 경우는 그 자산규모와 관계없이 대부분 외부감사를 받도록 의무화되어있다. 외부감사인의 선임은 감사 또는 감사인선임위원회(감사위원회)가 하고 주주총회에 보고하여야 한다(동법 제12조). 외부감사인은 공인회계사법에 의한 회계법인 또는 감사반이다(동법 제10조). 이러한 외부감사인제도는 내부조직의 성격이 강한 감사 또는 감사위원회에 의한 회계감사기능을 보강하기 위한 것이다. 우리나라에서도 IMF 외환위기 이후 회계의 투명성이 강조되어 외부감사인의 권한과 기능이 대폭 강화되고 있다.

(4) 준법감시인

준법감시인(Compliance Officer)은 전통적 의미의 지배구조에 속한다고는 보기 어렵지만, 금융회사의 임직원의 불법행위를 예방하고 내부통제를 강화하기 위하여 2000년 1월 도입한 것으로서 종전의 감사 기능을 보완하는 제도이기 때문에 금융회사의 지배구조에 포함하여 논의할 수 있다고 하겠다.[90] 준법감시인은 이사회 결의에 의해 임면되는 자로서 임직원이 내부통제기준을 준수하는지의 여부를 점검하고, 내부통제기준에 위반하는 경우 이를 조사하고 필요하다고 판단되는 경우 감사 또는 감사위원회에 보고할 수 있다(금융지배법 제25조). 현행 금융회사지배구조법에서는 모든 금융회사에 대해 1인 이상의 준법감시인 선

격제한 규정(구 증권거래법 제54조의5 제4항)을 적용하고 있었다. 이러한 규정의 내용은 은행(구 은행법 제23조의2 제3항, 구 은행업감독규정 제19조), 보험회사(구 보험업법 제16조 제3항, 제15조 제4항) 등 다른 금융회사에도 동일하거나 유사하게 적용되고 있었다.

90) 우리나라의 경우 상법상 감사위원회의 권한에 '준법감사'가 포함되어 있으나 외환위기 이후 금융관계법에 별도 준법감시인 제도를 도입하고 '내부통제제도 준수여부에 대한 점검 · 조사'를 수행하도록 하고 있어 상당 부분 업무 중복을 초래하였다. 2011년 상법에서는 상장회사에 준법감시인과 유사한 준법지원인제도를 도입하였다.

임을 의무화하였고, 준법감시인에 대한 적극적 자격요건과 소극적 제한요건[91]을 구별하여 규정하고 있다(금융지배법 제26조). 본래 영미법계의 준법감시인은 최고경영자(CEO 등)가 임직원의 불법행위를 감시・예방하기 위해 임명하는 단순한 내부조직이지만 우리나라의 경우는 종전의 감사제도를 유지하는 체제하에서 감사위원회와 준법감시인 제도를 추가로 도입하였기 때문에 그 기능과 역할 측면에서 감사 또는 감사위원회와 준법감시인 제도가 혼란을 일으키고 제대로 정착되지 못하는 문제가 발생하였다. 하지만 준법감시인제도가 도입된지 거의 20년이 경과하여 이제 나름대로의 기능과 역할이 정착되고 있다고 하겠다.

Ⅳ. 우리나라 금융회사 지배구조의 특징

앞에서 살펴본 대로 IMF 외환위기 이후 우리나라는 기업지배구조에 매우 많은 변화가 있었고, 특히 금융회사의 지배구조에 획기적인 변화가 있었다는 것은 이미 주지의 사실이다. 이에 따라 금융회사의 경영 건전성과 투명성은 어느 때보다도 높아졌고, 경영 형태나 문화도 크게 변모하여 선진국의 모범사례에 필적할 정도에 이르렀다. 하지만 우리나라는 그동안 지속되어 온 금융산업 정책과 법적, 사회적 제도가 아직은 잔존하는 가운데 영미식의 지배구조체계가 새로이 접목되어 정착화되어 가는 과정에 있다고 할 수 있다. 이러한 과정에서 우리나라 금융회사의 지배구조에 있어 나타나고 있는 특징적인 사항을 몇 가지로 정리해 보고자 한다.

1. 금융권간 지배구조 규제 상이

오늘날 주식회사의 지배구조문제는 소유와 경영의 분리 원칙에서부터 시발하게 되는데 소유지배구조와 경영지배구조가 밀접하게 연관되어 있다. 이는 일

91) 종전의 금융관계법상 요건을 약간 수정하여 규정하였다. 준법감시인의 자격요건(적극적 요건)으로는 금융회사에서 10년 이상 근무한 자, 금융관련 분야 석사 이상으로 연구기관이나 대학에서 5년 이상 근무한 자, 변호사 또는 공인회계사로서 5년 이상 근부한 자, 기획재정부, 금융위원회 및 금융감독기구에서 7년 이상 근무한 이후 5년 이상 경과자가 있고, 준법감시인의 자격제한요건(소극적 요건)으로는 금융회사 임원의 자격제한 외에 최근 5년간 금융감독기구로부터 주의 이상의 조치를 받은 임원과 감봉 이상의 조치를 받은 직원이 포함된다.

반회사 뿐만 아니라 금융회사의 경우도 마찬가지이다. 그런데 소유지배구조에 있어서 회사법상의 일반회사는 주식의 소유에 대한 제한이 전혀 없는 반면, 금융회사는 그 특수성으로 인해 금융관계법 등에서 주식 소유를 제한하는 경우가 있다.

우리나라 금융회사는 그동안 은행산업을 중심으로 하여 발전하여 왔다. 이에 따라 금융회사에 대한 제반 규제도 은행에 집중되어 있고, 증권회사・보험회사 등 제2금융권에는 상대적으로 규제가 완화되어 있다. 특히 금융회사에 대한 소유제한에 대해서는 더욱 그러하다. 즉 금융과 산업의 분리원칙에 충실한 은행의 경우에는 은행법상 주식소유를 엄격히 제한(비금융주력자의 동일인 기준 지분율 4% 원칙)하여 대주주에 의한 소유지배를 금지[92]하고 있는 반면에 제2금융권 회사에 대하여는 주식소유를 원칙적으로 자유화하여 대주주에 의한 소유지배를 가능하게 하고 있다.[93] 이러한 점에서 금융회사 대주주의 경영 참여 및 책임 문제가 다르게 제기될 수 있다. 은행의 경우는 원칙적으로 대주주가 없기 때문에 이들에 의한 경영지배는 없겠지만 이로 인한 정부의 경영 간섭이 가능한 원인이 되기도 하였다. 이러한 논리로 사외이사의 선임자격에도 대주주나 그 친인척 등 특수관계인도 가능하게 하였으나,[94] 현행 금융회사지배구조법에서는 타금융권과 마찬가지로 특수관계인의 사외이사 선임을 배제하였다(동법 제6조 제1항 1호). 그런데 우리나라 현실을 보면 은행의 주식 소유가 일정한도로 제한되어 있다고는 하지만 외국인의 경우는 예외적으로 4% 이상의 지분을 내국인보다 우선 소유할 수 있고 공개회사인 은행은 그 주식 수가 매우 많기 때문에 재력이 풍부한 외국인이 4% 이상 주식소유로 대주주가 되는 경우가 많게 되었다. 이에 따라 외국인들이 은행의 경영지배에 많은 영향을 미치고 있는 실정이다.[95]

한편 주식소유에 제한이 없는 증권회사, 보험회사 등 제2금융권 회사에서는

92) 은행법 제15조, 제16조의2에서는 동일인(비금융주력자)의 시중은행 주식소유를 4%로 제한하면서, 초과시 금융위원회의 승인을 받도록 하였다. 은행지주회사의 경우도 마찬가지이다(금융지주회사법 제8조・제8조의2).

93) 지주회사의 경우 금융지주회사의 일반회사 주식 소유를 금지하고, 금융지주회사가 아닌 일반지주회사의 금융회사 주식 소유를 금지함으로써 금산분리의 원칙을 유지하고 있다(독점규제및공정거래에관한법률 제8조의2 제2항 4, 5호).

94) 구 은행업감독규정 제19조(사외이사의 자격기준) 참조.

95) 시중은행중 KB국민은행, KEB하나은행의 경우 외국인의 총지분율이 60%가 넘으며, 외국인 중에서도 4% 이상의 대주주가 있어 이들이 은행경영에 상당한 영향을 미치고 있다.

대주주가 있을 수밖에 없고 이들에 의한 소유지배와 경영지배가 가능하게 된다. 이에 따라 이들 회사의 사외이사 선임에 있어서는 사외이사제도 도입당시부터 계속 대주주 및 그 특수관계인들을 배제토록 함으로써[96] 외부인에 의한 경영감시의 효과를 높이고, 대주주에 의한 과도한 경영지배를 막고 있다.

당초 영미법계의 사외이사는 독립이사(independent directors)로서 경영자에 대한 독립성을 가지며, 주주에 대한 독립성을 강조하지는 않지만, 우리나라의 경우에는 역사적 경험에 의하여 주주에 대한 독립성까지도 강조하는 제도를 운영하고 있는 것이 특색이라 하겠다.

2. 지배구조 운용체계의 다양화

우리나라 금융회사의 지배구조체계는 그동안 은행을 중심으로 하여 많은 변화가 이루어져 왔다. 특히 IMF 외환위기를 계기로 지배구조체계가 경영 투명성을 제고하는 방향으로 크게 변했으며, 그 기본골격에 중대한 변화를 줄만큼 획기적인 발전이 있었다. 종전의 금융회사 지배구조체계는 일반기업과 마찬가지로 통상 최고의사결정기구인 주주총회와 업무집행을 담당하는 이사회 및 대표이사, 이를 감시하는 감사로 나누어 그 기능과 역할이 고전적이고 단순화되어 있었다.

그러나 IMF 외환위기 이후 금융회사에 영미식 지배구조방식이 글로벌 스탠다드(global standard)로 들어오면서 그 기본체계가 변경되고, 운영내용에 있어서도 커다란 변화가 일어났다. 즉 이사회의 경우 기능별 소위원회(예컨대, 사외이사후보추천위원회, 리스크관리위원회, 여신심사위원회 등)를 설치하여 회사업무별로 의사결정방식을 다양화하였고, 사외이사제도를 도입하여 이사회 구성원을 비상임이사 중심으로 변모시켰으며, 이사회의장과 최고경영자를 분리하여 이사회가 활성화되도록 하였다. 이에 따라 이사회의 의사결정구조가 복잡해지고, 제도적으로 경영감시와 견제가 강화되었으며, 업무집행자인 최고경영자(대표이사)의 책임이 분산되는 결과를 가져왔다.

그리고 사외이사제도(3인 이상, 이사 총수의 3분의2 이상)가 의무적으로 도입됨에 따라 업무집행을 담당하는 상임이사의 수는 최소화되면서 최고경영자의 업무집행을 보좌하는 비등기의 집행간부제(2011년 도입된 상법상 집행임원제는 아니다)가 운영되는 경영진체제가 자리를 잡게 되었다. 그렇지만 집행간부들의

96) 구 증권거래법 제54조의5 제4항. 현행 금융회사지배구조법 제6조 제1항.

법상 지위와 권한, 책임문제 등의 과제는 여전히 남기고 있다.

또한 감사위원회와 준법감시인 제도가 모든 금융회사에 동시에 도입되었다. 감사위원회는 이사회내 소위원회로 하고 상근감사위원을 두면서도 감사위원장은 사외이사로 의무화하였으며, 준법감시인은 최고경영자의 보조자로서 이사회에서 선임토록 하였다. 이에 따라 금융회사의 감사 기능이 상근감사위원과 준법감시인에게로 사실상 분할되면서 내부통제와 법규준수에 대한 이들 상호간의 업무중복문제가 제기되기도 하였다.

3. 경영감시 · 통제 기능의 강화

IMF 외환위기 이후 금융회사의 지배구조 개선의 핵심은 경영 투명성 확보를 위한 경영감시·통제 기능의 강화에 있었다. 우선 이사회 내에서 경영감시를 제대로 하기 위해 사외이사제도를 확대하고 독립성·전문성을 강화하였다. 금융회사의 이사회 구성에 있어서 이사 3인 이상, 이사 수의 3분의 2 이상을 사외이사로 두도록 의무화하였고, 사외이사의 자격을 엄격히 하여 경영자와 대주주의 영향력을 최소화하도록 하였으며, 재무·회계전문가, 법률가 등의 선임으로 전문성도 높이도록 하였다. 그렇지만 현재 사외이사는 그 역할과 책임에서 상법상 이사와 동일하므로 제도 운영상 문제점이 있다는 지적이 계속 제기되고 있다.

그리고 앞에서 언급하였지만 금융회사의 경영감시와 내부통제기능을 강화하기 위하여 감사위원회와 준법감시인 제도를 동시에 도입하였다. 감사위원회는 종전의 독립 감사의 역할을 하지만 조직상으로는 이사회내 위원회로서 이사회의 업무집행을 감시하고, 준법감시인은 최고경영자를 도와 회사의 내부통제를 점검하고 직원의 업무수행시 법규준수를 하도록 하는데 그 역할이 주어져 있다. 이와 같은 변화는 과거의 감사가 사후적 통제에 중점이 주어져 있었다면 새로운 제도는 사전적 통제에 중점이 주어져 있다는 것을 의미한다. 그렇지만 이러한 감사위원회와 준법감시인의 역할과 기능은 과거 감사의 그것과 같다는 점에서 제도 도입 초기에는 혼선이 발생하고, 상호간의 업무중복 내지는 조직운영상 시행착오 등의 문제를 야기하였다. 그리고 은행, 증권회사 등 금융회사 업종의 특수성 때문에 업무행태나 조직운영 방식이 약간씩 다름에도 불구하고 모든 금융회사에 동일한 제도를 시행함으로써 제도 운영의 비효율성이 나타나기도 하였다.

최근 금융회사 지배구조의 개선내용 중에서 획기적인 변화의 하나는 시장규율(market discipline)에 의한 경영감시·외부통제 기능의 강화이다. 지배구조에 영향을 미치는 요인으로는 회사 내부조직에 의한 규율 외에 외부시장에 의한 규율을 들 수 있다.[97] 시장규율이 효과적으로 발휘되기 위해서는 경영공시의 강화를 통한 경영투명성의 제고가 기본이다. 일반적으로 기업 공시는 기업의 법률관계 및 사실관계를 일정한 범위의 이해관계인 또는 일반인에게 알리는 것으로 기업의 재무 및 영업상태, 주요주주현황, 이사 및 주요임원과 그 보수, 지배구조와 정책, 예측가능한 중요한 위험요소, 종업원과 그 밖의 이해관계자에 대한 사항 등을 정기 또는 수시로 그리고 공정하게 공시함으로써 투자자나 이해관계자가 언제든지 또는 적시에 정보를 획득하고 판단할 수 있도록 하는 것이다. 이를 위해 증권거래관련 법과 규정에서는 상장법인 등에게 각종 신고 및 공시의무를 부여하고 이에 관한 구체적인 내용을 규정하고 있으며,[98] 기업의 공시제도를 개선하고 선진화하여 기업경영의 투명성을 높여나가고 있다. 특히 금융회사는 부실경영이 발생할 경우 국민경제에 미치는 영향이 매우 크기 때문에 자본시장법 외에도 각 금융관계법에서 금융회사의 경영공시에 관한 내용을 별도로 규정(은행업감독규정 제89조, 금융투자업규정 제3-70조, 보험업법 제124조 등)하여 일반기업보다 더욱 강화된 특수한 공시의무를 행하도록 하고 있다.

그리고 시장규율을 통한 또 다른 경영감시·외부통제 수단으로 이해관계자의 경영감시 강화를 들 수 있다. 주식회사의 소수주주권을 강화하여 소액주주가 대표소송이나 주주제안을 보다 용이하게 하고 이사 선임시 집중투표를 할 수 있도록 하였으며, 증권관련 집단소송제도(class action system)를 도입하였다. 더구나 금융회사의 경우에는 일반기업보다도 소수주주권 행사 요건을 더욱 완화하여 대주주의 경영권 횡포를 최대한 방지할 수 있도록 하였다. 특히 2016년 8월 금융회사지배구조법을 시행하면서는 소수주주권을 행사할 수 있는 주식보유비율을 상장회사의 절반 또는 그 이하로 대폭 완화하여 금융회사 소수주주의 경영권 감시와 통제를 강화할 수 있도록 하였다. 아울러 종업원 등 이해관계자의 경영참여와 시민단체의 경영감시도 무시할 수 없는 추세가 되고 있다.

---

97) 김일내·유농국·정진필, "기업지배의 이론적 틀", 「한국국민경제학회」(2001 추계), 254-256면.

98) 기업공시와 관련된 주요규정으로는 상법, 자본시장법, 금융위원회의 "증권의발행및공시등에관한규정", 한국거래소의 "상장법인공시규정" 등이 있다.

이밖에 금융회사에 대한 경영감시기능 강화조치로는 경영 건전성과 투명성의 제고를 위해 노력하고 있는 외부감독·감시기관의 제도 개선이다. 금융회사는 영리성과 공공성을 가진 기업이기 때문에 일반기업보다는 훨씬 강한 정부 등 외부기관의 감독과 감시를 받고 있다. 금융회사의 경영상황과 영업활동을 회계적 측면에서 감시하는 회계법인과 경영적 측면에서 감독하는 금융감독당국이 상시로 금융회사를 점검하고 있는데, 이들의 경영감시감독 수단과 방법이 계속 개선되고 선진화되고 있는 것이다.

4. 금융그룹 지배구조의 중첩성

IMF 외환위기 이후 우리나라 금융회사의 지배구조에 새로이 일어난 변화의 하나는 금융지주회사제도의 도입에 의한 것이다. 금융지주회사제도 도입은 금융의 대형화와 겸업화의 진전, 그리고 전자금융거래의 확산 및 이로 인한 세계금융의 급속한 통합 등에 의해 금융산업의 경쟁이 더욱 심화되는 가운데 우리나라도 금융산업의 경쟁력 강화 및 효율적인 금융구조조정을 위한 조치의 일환이었다. 2000년 10월 금융지주회사법이 제정[99)]되고 2001년 4월 우리금융지주가 동법에 의한 최초의 금융지주회사로 탄생하였다. 그 후 2001년 9월 신한금융지주, 2003년 5월 동원금융지주(2005.5 한국투자금융지주로 명칭 변경), 2005년 12월 하나금융지주가 잇달아 설립되었다.[100)] 그후 은행지주회사로 KB금융지주(2008.9), DGB금융지주(2011.5), 농협금융지주(2012.3), JB금융지주(2013.7), BNK금융지주(2015.3)가 설립되고, 비은행지주회사로 메리츠금융지주(2011.3)가 설립되었다.

우리나라 금융지주회사는 금융회사를 자회사(50% 이상 지분 소유)[101)]로 하여 자회사들을 경영지배를 하면서 관리 감독하는 순수지주회사로서 존재한다.[102)] 금융지주회사는 금융회사의 대주주로서 주주총회를 통해 자회사인 금융회사를 경영지배하면서 자회사의 임원 선임시 지주회사 임직원으로 선임할 수 있다.[103)] 경

99) 2000.10.23 법률 제6274호로 공포되고, 2000.11.24 시행되었다.

100) 이중 우리, 신한, 하나금융지주회사는 은행업을 중심으로 한 은행지주회사로, 동원금융지주회사는 증권업을 중심으로 한 비은행지주회사로 추진되었다.

101) 금융지주회사법 제43조의2 제1항.

102) 금융지주회사법 제15조에서 금융지주회사는 자회사의 경영관리업무와 그에 부수하는 업무로서 대통령령이 정하는 업무를 제외하고는 영리를 목적으로 하는 다른 업무를 영위할 수 없도록 규정함으로써 사업지주회사를 인정하지 않고 있다.

우에 따라서는 지주회사의 최고경영자가 자회사의 최고경영자를 겸임하기도 하고, 지주회사의 임직원이 자회사의 사외이사를 겸하는 사례도 있다.[104]

한편 우리나라의 금융지주회사와 그 금융자회사는 종전 금융관계법에 의하면각각 동일한 지배구조체계, 즉 사외이사중심의 이사회, 감사위원회 제도 등을 유지하도록 되어 있었다. 다만 현행 금융회사지배구조법에서는 이러한 의무적 조항이 완전자회사에 한해서 제한적인 선택적 조항으로 개선되었다.[105] 이에 따라 금융지주회사체제하의 자회사인 금융회사는 자체의 경영감독기관인 이사회와 감사위원회의 감독을 받는 것은 기본이고, 지주회사의 본연 업무인 내부조직에 의한 경영관리감독을 받는[106] 것은 물론 지주회사의 기관인 이사회와 감사위원회의 감독도 사실상 받게 된다. 더구나 최근 우리나라의 금융지주회사 중 은행지주회사는 지주회사 그룹 내에서 은행의 비중이 절대적[107]이어서 지주회사의 경영관리업무 중에서 은행분야가 차지하는 비중이 매우 크기 때문에 사실상 동일분야에 중복된 지배구조가 상하로 존재하는 소위 옥상옥 형태를 보여주고 있어 비효율적이라는 지적이 있다.

---

103) 금융회사지배구조법(제10조 제4항)이 제정되면서 금융지주회사법에서 정한 임원의 겸직제한 관련 규정(제39조 제2항)이 이관되었다: 금융지주회사법 제39조(임원의 겸직제한 등) ② 제1항 및 기타 금융관련법령에 불구하고 금융지주회사의 임직원은 당해 금융지주회사의 자회사등의 임원이 될 수 있다.

104) 금융회사지배구조법이 제정되기 이전에 구 금융지주회사법(제39조 제2항)과 구 증권거래법(제54조의5 제4항)의 관계에서 지주회사의 임직원이 자회사의 사외이사를 겸할 수 있는지에 대해 규정이 명확하지 아니하여 해석상 논란이 발생하여 향후 입법 보완하는 것이 좋겠다는 의견이 있었다. 그 당시에는 대주주와 그 특수관계인의 사외이사 자격제한과 관련하여 은행법과 증권거래법상 규정에 차이가 있는 점과 금융지주회사법의 입법취지를 종합적으로 감안하여 합리적인 해석 운영이 바람직하였다.

105) 금융회사지배구조법 제23조 제1항: 금융지주회사가 발행주식 총수를 소유하는 자회사 및 그 자회사가 발행주식 총수를 소유하는 손자회사(손자회사가 발행주식 총수를 소유하는 증손회사를 포함한다. 이하 이 조에서 "완전자회사등"이라 한다)는 경영의 투명성 등 대통령령으로 정하는 요건에 해당하는 경우에는 제12조 및 제16조에도 불구하고 사외이사를 두지 아니하거나 이사회내 위원회를 설치하지 아니할 수 있다

106) 금융지주회사의 업무가 자회사의 경영관리업무와 이에 부수하는 업무로 되어있는데, 경영관리업무로는 자회사등에 대한 사업목표의 부여 및 사업계획의 승인, 경영성과의 평가 및 보상의 결정, 경영지배구조의 결정, 업무와 재산상태에 대한 검사 등이 있고, 경영관리에 부수하는 업무로는 자회사등에 대한 자금지원, 자회사에 대한 출자 또는 자회사등에 대한 자금지원을 위한 자금조달, 자회사등과의 공동상품의 개발·판매 및 설비·전산시스템 등의 공동활용등을 위한 사무지원 등이 있다(금융지주회사법 제15조).

107) 2005년 9월말 현재 총자산기준으로 은행지주회사내 은행권 비중이 우리금융지주의 경우 94.7%, 신한금융지주의 경우 94.3%, 하나금융지주의 경우 95.7%에 이를 정도로 절대적이었으나 최근 들어서는 비은행분야의 확대로 지주내 은행 비중이 70%대까지 축소되고 있다.

제 9 장 금융회사의 경영지배구조

Ⅰ. 서 언

기업경영에 있어서 투명성의 요구는 부정적인 측면에서는 경영의 자율성을 제약하고 정보노출 등으로 기업의 경쟁력을 약화시키는 요인으로도 생각할 수 있다. 그러나 지금과 같이 하나로 통합된 글로벌 시장에서 인정받기 위해서는 국제기준(global standard)에 맞는 경영방식으로 정직한 경쟁을 할 수 밖에 없기 때문에 이러한 투명성이 요구된다고 하겠다.

기업경영의 투명성은 크게 두 가지로 나눌 수 있다.[1] 하나는 의사결정에 있어서의 투명성이며, 다른 하나는 회계처리에 있어서의 투명성이다. 전자는 주식회사에 있어서 의사결정기능 및 업무집행기능이 주주총회와 이사회에 부여되어 있다는 사실을 고려하면 의사결정에 있어서 투명성은 주주총회와 이사회의 운영 및 정책결정·수행이 투명하게 이루어져야 한다는 것을 의미한다. 반면 후자는 회계처리가 진실되고 타당성 있게 행하여지는 것을 의미하는데, 이는 결국 회사의 감사기능에 의하여 확보되어진다. 이와 같은 관점에서 본다면 기업경영이 투명하다는 것은 주주총회, 이사회 및 감사의 기능이 제대로 작동하고 있다는 것을 의미하고, 이는 곧 지배구조 개선의 목표라 할 수 있다.

우리나라 금융회사에 있어서도 IMF 외환위기 이후 이러한 제도적 장치가 제대로 작동할 수 있도록 지배구조 개선의 노력을 계속해왔다는 것은 주지의 사실이다. 예컨대 상법 및 금융관계법에서 위임장 권유에 의한 주주총회의 활성화, 이사회 역할의 제고, 감사의 독립성 유지 및 감사위원회의 설치 등의 규정을 신설하거나 관련법 규정을 개정하기 위하여 노력하였다. 뿐만 아니라 주주

1) 김원기, "기업경영의 투명성 보장과 공시 －OECD원칙의 『공시와 투명성』을 중심으로－," 「기업법연구」(제4집)(한국기업법학회, 1999.10), 51면.

(소수주주)들의 참여와 그들의 감시 역할이 필요하다는 인식아래 소수주주권의 행사 요건도 대폭 완화하였다. 2008년 글로벌 금융위기 이후 기업지배구조의 개선 노력은 세계적으로 계속되었고 우리나라도 이러한 환경변화에 대응하여 2015년 7월 「금융회사의지배구조에관한법률」(이하 “금융회사지배구조법” 이라 한다. 법률 인용시는 “금융지배법”으로 약칭)을 통합 제정(2016년 8월 시행)하면서 금융회사의 지배구조 개선 노력을 지속하고 있다.

최근 기업지배구조의 개선과 관련하여 가장 큰 관심을 갖는 부분 중 하나가 바로 경영감시 기능의 효율적 수행이라고 할 수 있다. 우리나라 금융회사의 경우에도 마찬가지로 경영 감독·감시제도에 관한 사항에 지배구조 개선의 초점이 맞춰져 왔다. 따라서 이하에서는 영미법계 지배구조 도입의 근간으로서 금융회사 지배구조 체계를 완전히 탈바꿈시키고, 모든 금융회사에 의무화된 사외이사 및 이를 바탕으로 한 이사회 제도와 내부적 감시기관으로서의 감사위원회 그리고 이와 밀접히 연관된 준법감시인 제도 등에 대하여 구체적으로 살펴보기로 한다. 아울러 금융회사지배구조법을 제정하면서 금융회사 지배구조와 관련하여 정리한 임원에 관한 규정, 대주주 적격성에 관한 규정, 소수주주권 특례에 관한 규정 등도 함께 설명하고자 한다.

Ⅱ. 임원 및 직원

상법상 회사의 대표적인 임원은 이사와 감사이다(상법 제312조). 이사는 이사회의 구성원이면서 다른 한편으로 대내적인 업무집행권과 대외적인 회사대표권(대표이사의 경우)을 행사하는데 이사회와는 독립적인 성격을 가진다.[2] 독일과 미국에서는 업무집행권과 회사대표권이 대표이사에 속하지 않고 이사회에 귀속되며, 미국에서는 이사회가 자신의 업무집행권을 통상 집행위원회(CEO, CFO 등)에 위임하고 있다.[3]

2) 상법상 대표이사는 이사회의 ‘파생기관’이기 보다는 ‘독립기관’이라는 주장이 다수설(정찬형, 전게서, 845면; 강희갑, 전게서, 543면)이지만, 어느 설에 의하더라도 대표이사는 주주총회와 이사회에서 결의된 사항을 집행할 권한이 있고, 그 밖의 일상적인 사항에 대한 업무집행의 의사결정을 할 수 있기 때문에 실제적인 차이는 생기지 않는다고 한다(이철송, 전게서, 556면).

3) 차대운·정쾌영, “집행임원제도의 도입 필요성과 입법론적 과제”, 「상장협」(제49호)(한국상

우리나라 회사의 경우는 대부분 이사회내 집행위원회가 별도로 구성되어 있지 않기 때문에 업무집행권이 모두 사실상 대표이사에게 있다고 할 수 있다. 그렇지만 회사는 일반적으로 실제 업무를 집행하는 조직으로 대표이사 산하의 집행임원진을 구성, 운영하고 있다. 집행임원진에는 등기이사 일부가 포함되기도 하지만 대부분은 등기이사가 아닌 자로서 대표이사의 보조조직으로 활용되고 있다.[4)]

금융회사의 경우 대표이사인 CEO(은행장, 사장) 밑에 부사장(부행장, 전무), 부사장보(상무, 이사) 등은 통상 임원이라고 호칭하고 있지만 엄밀히 말하면 직원 신분도 아니고, 법률상 임원도 아닌 계약직에 의한 집행간부가 대부분이다. 이들 집행간부들에게는 법률상 신분보장, 즉 법상 임기제나 자격기준, 권한이 전혀 적용되지 아니하고 책임만 지는 문제점이 있었다.

이에 현행 금융회사지배구조법에서 금융회사의 임원 개념을 정의하고 이들에 대한 자격요건과 겸직제한 등을 규정하였다(금융지배법 제2조 2~5호, 제5~7조, 제8~9조, 제10~11조). 종전의 금융관계법률에서는 금융회사의 임원에 관하여 정의를 명확히 하지 않아 그 범위가 애매한 경우가 많았고, 상법상 임원의 개념을 유추 적용하는 등 혼선이 많았기 때문에 이를 정비한 것이다.[5)] 특히 임원의 임면과 제재에 있어 그 절차와 대상이 다른 경우가 있었고, 법적 권한과 의무에 관한 논쟁이 많았는데, 이번 금융회사지배구조법에서 임원의 범위에 업무집행책임자를 포함함으로써 이러한 문제를 어느 정도 해소하게 되었다. 하지만 등기임원이 아닌 비등기임원으로서 업무집행책임자는 법상 권한이 명확하지 않고 책임만 지는 문제점은 여전히 남아 있다고 하겠다.

한편 금융회사의 인적조직은 임원과 직원으로 구성되어 있다. 금융회사의 특

장회사협의회, 2004/3), 148-149면.

4) 우리나라에서도 회사의 경영책임을 분명히 하기 위하여 이사회제도를 개선하여 집행임원제를 도입하려는 논의가 활발히 진행되었고 2011년 상법 개정시 집행임원제가 도입되었다. 이에 회사는 대표이사 대신에 집행임원을 두는 집행임원 설치회사가 될 수 있고, 집행임원의 권한과 책임이 명확히 되었다(상법 제408조의 2~9).

5) 은행법(제18조 제1항), 구 증권거래법(제33조 제2항)에서는 임원자격을 규정하면서 임원의 정의를 내리고 있지 아니하여 그 범위가 등기임원으로 국한되고 있었으며, 보험업법(제13조 제1항)에서는 임원자격을 규정하면서 임원의 정의를 '이사, 감사 또는 사실상 이와 동등한 지위에 있는 자'로 규정하면서 상법 제401조의2 1항 각호의 자(① 회사에 대한 자신의 영향력을 이용하여 이사에게 업무집행을 지시한 자, ② 이사의 이름으로 직접 업무를 집행한 자, ③ 이사가 아니면서 명예회장 · 회장 · 사장 · 부사장 · 전무 · 상무 · 이사 기타 업무를 집행할 권한이 있는 것으로 인정될 만한 명칭을 사용하여 회사의 업무를 집행한 자)까지 그 범위를 확대하였었다.

수성때문에 금융회사의 직원은 임원과 마찬가지로 법적 의무와 책임을 부담하고, 형사상 처벌이나 신분상 제재에 있어 일반인과 다른 대우를 받게 된다. 금융회사지배구조법에서는 금융회사 임직원의 제재에 대하여 별도의 규정을 두고 있다.

이하에서는 금융회사 임원에 대하여 금융회사지배구조법을 중심으로 설명하고, 이어 금융회사 직원 및 임직원 제재에 대하여 살펴보기로 한다.

1. 임원의 의의

1.1 임원의 종류

현행 금융회사지배구조법 제2조(정의)에서는 금융회사의 임원을 다음과 같이 정의하였다. 즉 임원이란 '이사, 감사, 집행임원(상법에 따른 집행임원을 둔 경우로 한정) 및 업무집행책임자'로 규정하였다(동조 제2호), 그리고 이사란 '사내이사, 사외이사, 그 밖에 상시적인 업무에 종사하지 아니하는 이사(비상임이사)'를 말하고(동조 제3호), 사외이사란 '상시적인 업무에 종사하지 아니하는 이사로서 법(제17조)에 따라 선임되는 사람'으로 규정하였다(동조 제4호). 이어 업무집행책임자란 '이사가 아니면서 명예회장・회장・부회장・사장・부사장・행장・부행장・부행장보・전무・상무・이사 등 업무를 집행할 권한이 있는 것으로 인정될 만한 명칭을 사용하여 금융회사의 업무를 집행하는 사람'으로 규정하였다(동조 제5호).

상법상 등기여부에 따라 임원을 등기임원과 비등기임원으로 구분할 수 있다. 회사의 이사와 감사는 주주총회에서 선임되므로 당연히 등기임원이 된다. 그리고 집행임원과 업무집행책임자는 주주총회에서 이사로서 선임되지 아니하는 한 등기임원이 되지 못할 것이다. 통상 비등기임원이라 함은 임기 보장이 되지 아니한 업무집행책임자를 의미한다고 보면 된다. 하지만 현행 상법에서는 이사회에서 선임되는 집행임원에 대하여도 등기를 하도록 하고 있으므로(상법 제317조 제2항), 이 경우 집행임원은 등기임원이 된다고 하겠다.

1.2 이 사

금융회사의 이사로는 금융회사지배구조법상 '사내이사, 사외이사, 그 밖에 상시적인 업무에 종사하지 아니하는 이사(비상임이사)'가 있다(금융지배법 제2조 3호). 현행 상법에서는 이사를 '사내이사, 사외이사, 그 밖에 상무에 종사하지 아니하는 이사(비상무이사)'로 구분하여 등기하도록 하고 있다(상법 제317조 제2항 8호). 따라서 이들을 일반적으로 등기임원 또는 등기이사라고 한다. 금융회사의 이사 역시 상법상 회사의 이사로서 주주총회에서 선임하고 이사회의 구성원으로 이사회의 권한을 행사하며, 이사로사로서 권한과 의무가 있고 책임이 따르게 된다. 그 중에서 대표이사는 통상 이사회의 결의로 선임하고 회사를 대표하며 회사의 업무집행을 이사회로부터 위임받아 수행하게 된다(상법 제389조 및 제393조). 현행 금융회사지배구조법에서는 금융회사의 이사에 관해 임원으로서의 자격, 겸직제한 등을 규정하고 있을 뿐 상법상 이사의 권리 의무 등에 관해 달리 규정하는 특별 규정은 없다.

1.3 사외이사

금융회사의 사외이사는 역시 상법상 주주총회에서 선임되는 등기임원이다. 금융회사지배구조법에서는 이사의 하나로서 '상시적인 업무에 종사하지 아니하는 이사로서 제17조에 따라 선임되는 사람'으로 사외이사를 규정하고 있다(금융지배법 제2조 4호). 여기서 법 제17조는 임원선임절차의 하나인 임원후보추천위원회에 관한 규정이다. 반면 상법상 사외이사는 '해당 회사의 상무(常務)에 종사하지 아니하는 이사로서 다음 각 호의 어느 하나에 해당하지 아니하는 자'를 말한다 여기서 다음 각호는 사외이사의 자격(독립성)요건에 관한 규정이다. 따라서 양법은 사외이사의 정의에 관해 규정 방식을 약간 달리하고 있다.[6] 하지만 사외이사에 관한 제도는 양법 모두 거의 같은 내용으로 규정되어 있다. 이는 당초 금융회사에서부터 그 제도 운영이 시작되었고 상법에서 이를 이어받았기 때문이다.

애초 우리나라 금융회사의 사외이사(outside director, independent director, non-executive director etc.)는 '회사의 상부에 종사하시 않는 이시'로 간단히 말할 수 있는데, 이는 지배주주 또는 경영자로부터 독립성을 유지하면서 이들의

---

6) 사외이사의 정의에 대해 상법(제382조 제3항) 외에 종전의 금융관계법은, 대체로 '당해 회사의 상무에 종사하지 아니하는 이사'로 정의하였다(구 은행법 제22조 2항). 다만 구 증권거래법은 '당해 회사의 상무에 종사하지 아니하는 이사로서 법 제54조의5 또는 제191조의16의 규정에 의하여 선임된 자'로 정의하였다(구 증권거래법 제2조 19호).

전횡과 독주를 방지하기 위해 2000년 1월 이후 도입되었던 것이다.[7] 사외이사의 독립성은 매우 중요하므로 종전의 금융관계법률에서도 이를 위해 사외이사의 선임방법과 자격요건을 엄격하게 규정하였었다. 다만 그 내용에서 다소 차이가 있었으나[8] 현행 금융회사지배구조법에서는 이를 일원화하여 규정함으로써 금융업권간 차이를 해소하였다.

결국 2016년 8월 시행된 금융회사지배구조법에서는 사외이사와 사외이사를 바탕으로 한 이사회 제도 등에 관하여 종전의 금융관계법률에 있던 내용을 통합 이관하여 규정함으로써 이를 정비 보완한 것이다. 사외이사의 개념과 역할, 자격, 선임절차 및 이사회내 위원회 등 사외이사제도에 관련한 보다 구체적인 사항은 별도의 장으로 자세히 설명하기로 한다.

1.4 감 사

상법상 감사는 회사 조직의 하나로서 이사회와 대표이사의 업무집행을 감시하고 조사하는 필요적 상설기관이다. 감사는 주주총회에서 선임하는(상법 제409조 제1항) 등기임원으로 1인 이상 두되[9], 임기는 3년 이내 보장되고(상법 제410조) 상근여부는 원칙적으로 회사 자율에 맡겨져 있다. 다만 자산규모가 큰 회사의 경우에는 통상 상근감사를 두고 있다. 감사 선임시 대주주의 의결권 행사가 3% 내로 제한되는 주주권 제한이 작동되고(상법 제409조 제2, 3항), 업무의 독립성을 위해 회사내 사용인의 직무를 겸임하지 못한다(상법 제411조). 감사는 이사의 직무를 감사하고 언제든지 이사 또는 자회사에 대하여 영업 보고를 요구하거나 업무와 재산상태를 조사할 수 있다(상법 제412조, 제412조의5). 또한 회사의 비용으로 전문가의 도움을 구할 수 있다(상법 제412조 제3항). 감사는 필요시 이사회와 주주총회를 소집 청구할 수 있고(상법 제412조의2, 3), 주주총회에 대한 조사 보고의무가 있다(상법 제413조). 그리고 감사의 임무 해태시 회사에 대한 손해 연대배상 책임이 있다(상법 제414조).

---

7) 영미법계에서는 사외이사를 경영자로부터 독립적인 이사라는 의미로 독립이사(independent director)로 표현하며, 사외이사에 대하여 지배주주로부터의 독립성은 요구하고 있지는 않다.

8) 구 은행법에서 구 증권거래법상 사외이사 자격제한 규정을 준용하지 않고 별도로 규정하고 있었던 것은 은행의 경우 주식소유가 제한되어 대주주 전횡의 기능성이 적기 때문인 것으로 보인다. 이에 따라 구 증권거래법에서 지배주주 및 그 특수관계인은 사외이사 자격이 제한되지만 은행법에서는 그러하지 아니하였다.

9) 다만 자본금총액이 10억원 미만인 회사의 경우에는 감사를 선임하지 아니할 수 있다(상법 제409조 제4항).

한편 2000년 사외이사제가 도입되면서 감사의 지위에 갈음하는 감사위원회 제도가 활용되고 있다. 감사위원회를 설치하면 감사를 둘 수 없고 3명 이상의 감사위원으로 구성하는 위원회 형태로 운영된다(상법 415조의2). 상장회사에 대한 특례로서 현재 자산총액 1천억원 이상인 상장회사는 자격요건을 갖춘 상근감사 1인 이상을 두어야 하고(상법 제542조의10), 자산총액 2조원 이상의 대형 상장회사의 경우에는 상근감사 대신에 감사위원회 설치가 의무화되어 있다(상법 제542조의11). 감사위원회의 구성원인 감사위원은 사내이사 또는 사외이사로 선임되므로 법상 감사는 아니다. 상근감사와 감사위원회에 관한 자세한 내용은 별도로 후술한다.

우리나라 금융회사의 경우에도 감사는 등기임원의 하나으로서, 그 기능과 역할은 상법상 감사제도는 동일하다. 소형 금융회사의 경우에는 금융회사지배구조법상 감사위원회의 설치의무가 없으므로 종전의 감사제도를 운영하고 있다. 다만 자산총액 1천억원 이상인 금융회사는 상근감사를 반드시 두어야 하고, 자발적으로 감사위원회를 설치한 경우에는 상근감사를 둘 수 없다(금융지배법 제19조 제8항). 감사는 이사회와 병렬적인 위치에서 이사의 업무집행에 대한 감사권(위법성 및 타당성)을 행사한다(상법 제412조). 감사의 독립성을 위해 규정하고 있는 금융회사 감사의 자격요건은 현행 금융회사지배구조법상 사외이사의 자격요건(제6조)으로 통일되어 있다(금융지배법 제19조 제10항).[10] 또한, 금융회사지배구조법은 상근감사 선임시 대주주의 영향력을 축소시키기 위해 발행주식총수의 3% 이상 초과주식에 대해서는 의결권을 제한하는 상법 규정(제409조 제2항)을 준용하고 있다(금융지배법 제19조 제9항).

1.5 집행임원

집행임원이란 이사회가 결정한 사항을 실무에서 독립적으로 집행하는 임원이다. 집행임원제를 시행하면 기존 기업의 의사결정 및 감독 집행권한을 이사회가 독점하는 것이 아니라 이사회는 의사결정과 감독기능만 갖고, 집행기능은 집행임원에게 맡기게 된다. 예컨대 대표집행임원(CEO), 재무집행임원(CFO), 기술

10) 종전 금융회사 감사의 자격요건으로 구 증권거래법상 상임감사 자격요건(제191조의12 제3항)과 각 금융관계법상 임원의 자격요건 규정(구 은행법 제18조 제1항, 구 증권거래법 제33조 제2항, 구 보험업법 제13조 제1항)이 있었는데 사외이사의 자격요건 규정(구 증권거래법 제54조의5)보다 다소 완화되어 있었다.

집행임원(CTO) 등이 이에 속한다. 따라서 이 제도 하에서 대표이사는 둘 수 없고 이사회 의장과 집행임원은 겸임할 수 없다.

우리나라에서는 회사의 경영책임을 분명히 하기 위하여 이사회제도 운영을 개선하는 방안의 일환으로 2011년 상법 개정시 집행임원제를 도입하였다. 현행 상법상 기업들은 집행임원제 도입을 자율적으로 선택할 수 있다. 집행임원제가 운영되면 이사회는 의사 결정과 감독 기능만 갖고, 집행기능은 집행임원이 맡게 된다. 즉 회사는 대표이사 대신에 집행임원을 두는 집행임원 설치회사가 될 수 있고, 이 경우 이사회의 권한, 집행임원의 권한과 책임 등이 명확히 규정되었다(상법 제408조의2~9).[11)]

상법 제408조의2에 따르면 회사는 집행임원을 둘 수 있다. 이 경우 집행임원을 둔 회사(이하 "집행임원 설치회사"라 한다)는 대표이사를 두지 못한다. 집행임원 설치회사와 집행임원의 관계는 이사와 같이 「민법」 중 위임에 관한 규정을 준용한다. 집행임원 설치회사의 이사회는 다음의 권한 [1. 집행임원과 대표집행임원의 선임·해임, 2. 집행임원의 업무집행 감독, 3. 집행임원과 집행임원 설치회사의 소송에서 집행임원 설치회사를 대표할 자의 선임, 4. 집행임원에게 업무집행에 관한 의사결정의 위임(이 법에서 이사회 권한사항으로 정한 경우는 제외한다), 5. 집행임원이 여러 명인 경우 집행임원의 직무 분담 및 지휘·명령관계, 그 밖에 집행임원의 상호관계에 관한 사항의 결정, 6. 정관에 규정이 없거나 주주총회의 승인이 없는 경우 집행임원의 보수 결정]을 갖는다. 집행임원 설치회사는 이사회의 회의를 주관하기 위하여 이사회 의장을 두어야 한다. 이 경우 이사회 의장은 정관의 규정이 없으면 이사회 결의로 선임한다.

집행임원의 임기는 정관에 다른 규정이 없으면 2년을 초과하지 못한다. 그 임기는 정관에 그 임기 중의 최종 결산기에 관한 정기주주총회가 종결한 후 가장 먼저 소집하는 이사회의 종결 시까지로 정할 수 있다(상법 제408조의3). 집행임원의 권한은 ① 집행임원 설치회사의 업무집행, ② 정관이나 이사회의 결의에 의하여 위임받은 업무집행에 관한 의사결정으로 한다(상법 제408조의4).

---

11) 2013년 8월 자산총액 2조 원 이상의 상장회사의 경우 집행임원제 도입을 의무화하는 상법개정안이 추진되었으나 현재 찬반 논쟁 중이다. 집행임원제 도입을 찬성하는 입장에서는 이사회와 집행임원을 분리하여 이사회는 집행임원을 감독하고 집행임원은 회사 운영에 집중하도록 하여 각각 독립성을 보장해야 한다는 주장이다. 이를 반대하는 경제계의 입장에서는 집행임원제를 도입하게 되면 기업 경쟁력이 약화될 뿐만 아니라 미국 등 일부 국가에서 집행임원제를 시행하고는 있지만 이를 강제하는 국가는 없다는 주장이다.

2명 이상의 집행임원이 선임된 경우에는 이사회 결의로 집행임원 설치회사를 대표할 대표집행임원을 선임하여야 한다. 다만, 집행임원이 1명인 경우에는 그 집행임원이 대표집행임원이 된다. 대표집행임원에 관하여는 이 법에 다른 규정이 없으면 주식회사의 대표이사에 관한 규정을 준용한다. 집행임원 설치회사에 대하여는 제395조(표현대표이사의 행위와 회사의 책임)[12]를 준용한다(상법 제408조의5).

집행임원은 3개월에 1회 이상 업무의 집행상황을 이사회에 보고하여야 한다. 이 밖에도 이사회의 요구가 있으면 언제든지 이사회에 출석하여 요구한 사항을 보고하여야 한다. 이사는 대표집행임원으로 하여금 다른 집행임원 또는 피용자의 업무에 관하여 이사회에 보고할 것을 요구할 수 있다(상법 제408조의6). 집행임원은 필요하면 회의의 목적사항과 소집이유를 적은 서면을 이사(소집권자가 있는 경우에는 소집권자를 말한다)에게 제출하여 이사회 소집을 청구할 수 있다. 이 청구를 한 후 이사가 지체 없이 이사회 소집의 절차를 밟지 아니하면 소집을 청구한 집행임원은 법원의 허가를 받아 이사회를 소집할 수 있다. 이 경우 이사회 의장은 법원이 이해관계자의 청구에 의하여 또는 직권으로 선임할 수 있다(상법 제408조의7).

집행임원이 고의 또는 과실로 법령이나 정관을 위반한 행위를 하거나 그 임무를 게을리한 경우에는 그 집행임원은 집행임원 설치회사에 손해를 배상할 책임이 있다. 집행임원이 고의 또는 중대한 과실로 그 임무를 게을리한 경우에는 그 집행임원은 제3자에게 손해를 배상할 책임이 있다. 집행임원이 집행임원 설치회사 또는 제3자에게 손해를 배상할 책임이 있는 경우에 다른 집행임원·이사 또는 감사도 그 책임이 있으면 다른 집행임원·이사 또는 감사와 연대하여 배상할 책임이 있다(상법 제408조의8).

이 밖에 집행임원의 의무에 대하여는 제382조의3(이사의 충실의무), 제382조의4(이사의 비밀유지의무), 제396조(정관 등의 비치, 공시의무), 제397조(경업금지), 제397조의2(회사의 기회 및 자산의 유용금지), 제398조(이사 등과 회사간의 거래), 제400조(회사에 대한 책임의 감면), 제401조의2(업무집행지시자등의 책임), 제402조부터 제408조까지(유지청구권, 주주의 대표소송, 대표소송과

12) 상법 395조(표현대표이사의 행위와 회사의 책임) 사장, 부사장, 전무, 상무 기타 회사를 대표할 권한이 있는 것으로 인정될 만한 명칭을 사용한 이사의 행위에 대하여는 그 이사가 회사를 대표할 권한이 없는 경우에도 회사는 선의의 제삼자에 대하여 그 책임을 진다.

소송참가 소송고지, 제소주주의 권리의무, 대표소송과 재심의 소, 직무집행정지, 직무대행자 선임, 직무대행자의 권한), 제412조(감사의 직무와 직무보고요구, 조사의 권한) 및 제412조의2(이사의 보고의무)를 준용한다(상법 제408조의9).

이러한 상법상 집행임원제는 회사에서 자율적으로 채택하는 것으로 아직은 운영 사례가 없다고 보여진다. 하지만 2013년 이후 추진되고 있는 상법 개정안에서 감사위원회 설치회사는 집행임원을 설치하도록 의무화하고 있어 향후 귀추가 주목된다. 감사위원회를 도입한 회사는 집행임원으로 하여금 업무집행을 담당하게 하고 다수의 사외이사가 참여하는 이사회는 업무감독을 담당하도록 분리하여, 기관과의 견제와 균형을 통해 기업경영의 투명성을 제고하고자 하는 것이다.

그럼에도 불구하고 현행 금융회사지배구조법에서는 상법상 집행임원제를 선택한 금융회사가 있다면 그 집행임원을 금융회사의 임원의 범위에 포함하도록 하였다(금융지배법 제2조 제2호). 당연한 규정이다. 따라서 금융회사에 상법상 집행임원에 해당하는 등기임원이 있다면 금융회사지배구조법상 임원에 관한 규정이 그대로 적용된다.

1.6 업무집행책임자

상법에서는 회사의 업무집행지시자라는 개념으로, 회사에 대해 업무상 책임져야 하는 경우 이사로 간주하는 규정을 두고 있다. 하지만 상법상 이사는 아니므로 등기 대상은 아니다. 이 제도는 IMF 외환위기가 상당부분 회사 지배주주들의 사실상 이사 선임권을 배경으로 한 잘못된 경영관에서 비롯되었다고 보고 이를 차단할 목적에서 98년 상법 개정시 신설되었다.[13] 상법에 따르면 업무집행지시자는 ① 회사에 대한 자신의 영향력을 이용하여 이사에게 업무집행을 지시한 자, ② 이사의 이름으로 직접 업무를 집행한 자, ③ 이사가 아니면서 명예회장·회장·사장·부사장·전무·상무·이사 기타 회사의 업무를 집행할 권한이 있는 것으로 인정될 만한 명칭을 사용하여 회사의 업무를 집행한 자이다. 이에 해당하는 자는 지시하거나 집행한 업무에 관하여 회사에 대한 손해배상 연대책임, 제3자에 대한 손해배상 연대책임이 있고, 주주의 대표소송 대상이 된다(상법 제401조의2).

---

13) 이철송, 「회사법강의」(박영사, 2008), 630면.

한편 금융회사지배구조법에서는 금융회사의 업무집행책임자란 '이사가 아니면서 명예회장 · 회장 · 부회장 · 사장 · 부사장 · 행장 · 부행장 · 부행장보 · 전무 · 상무 · 이사 등 업무를 집행할 권한이 있는 것으로 인정될 만한 명칭을 사용하여 금융회사의 업무를 집행하는 사람'으로 규정하였다(금융지배법 제2조 제5호). 이러한 금융회사의 업무집행책임자는 상법상 업무집행지시자의 개념을 갖고 도입한 것으로 보이는데, 회사에 대한 업무상 책임에 관한 별도 규정은 두지 않았으므로 상법상 업무집행지시자의 규정을 적용하면 된다고 하겠다.

그리고 금융회사지배구조법에서는 금융회사의 전략기획, 재무관리, 위험관리 및 그 밖에 이에 준하는 업무로서 대통령령으로 정하는 주요업무(1. 경영전략 수립 등 전략기획 업무, 2. 재무, 예산 및 결산 회계 등 재무관리 업무, 3. 자산의 운용 등에 대한 위험관리 업무)[14]를 집행하는 업무집행책임자를 "주요업무집행책임자"라 하여 특별 규정을 두고 있다. 통상 전략기획책임자(CSO), 재무관리책임자(CFO). 위험관리책임자(CRO) 등이 이에 속한다. 이들은 이사회의 의결을 거쳐 임면하도록 하고, 임기는 정관에 다른 규정이 없으면 3년을 초과하지 못하도록 하였다. 그리고 해당 금융회사의 관계에 관하여는 「민법」 중 위임에 관한 규정을 준용하도록 함으로써 상법상 이사와 같은 지위를 갖는 것으로 하였다(금융지배법 제8조). 또한 이사회의 요구가 있으면 언제든지 이사회에 출석하여 요구한 사항을 보고하여야 하는 의무도 부과하였다(동법 제9조).

한편 금융회사 임직원에 대한 제재조치를 할 경우 업무집행책임자는 임원이 아니라 직원에 해당하는 것으로 하여 임원에서 제외하고 있다(금융지배법 제35조). 이러한 점을 감안해 보면 주요업무집행책임자를 제외한 일반 업무집행책임자의 경우는 임원이라고 칭하면서 자격요건이나 겸직제한의 규제를 받으면서도 임면이나 임기 등에서 신분보장이 되지 아니하는 차별적 대우가 문제로 남게 된다.

2. 임원의 자격

금융회사지배구조법에서는 임원의 자격요건을 임원과 사외이사로 나누어 별도 조문으로 규정하고 있다. 금융회사의 사외이사는 동법상 금융회사의 임원(이사, 감사, 집행임원 및 업무집행책임자)의 하나인데 임원의 자격요건(금융지배

14) 금융회사지배구조법 시행령 제9조.

법 제5조)과는 별도의 자격요건(동법 제6조)을 정하고 있다. 통상 자격요건의 규정 방식을 볼 때 결격사유 등을 정하는 소극적 요건 방식과 전문성 등을 요하는 적극적 요건 방식으로 구분해 볼 수 있다. 금융회사지배구조법에서는 임원에 대한 자격요건은 모든 임원에 적용되는 신분상 결격요건을 소극적 요건으로 규정하였고, 임원중 하나인 사외이사에 대해서는 성격상 특별히 요구되는 업무상 독립성 및 전문성 요건을 규정하였다. 금융회사 사외이사의 경우는 사외이사이면서 임원이므로 사외이사의 자격요건 외에 임원의 자격요건도 당연히 적용하여야 한다.

2.1 임원의 자격요건

금융회사 임원의 자격요건에 관해 금융회사지배구조법 제5조에서는 금융회사의 임원이 되지 못하는 결격요건을 규정하였다. 여기에는 민법상 무능력자, 형사처벌자, 금융관계법위반 처벌자, 금융관계법위반 제재 조치자, 금융질서 위반자 등 일정 요건에 해당하는 자들이 포함되어 있다. 이들에 관한 동법 제5조 규정을 보면 다음 각 호의 어느 하나에 해당하는 사람 [1. 미성년자·피성년후견인 또는 피한정후견인, 2. 파산선고를 받고 복권(復權)되지 아니한 사람, 3. 금고 이상의 실형을 선고받고 그 집행이 끝나거나(집행이 끝난 것으로 보는 경우를 포함) 집행이 면제된 날부터 5년이 지나지 아니한 사람, 4. 금고 이상의 형의 집행유예를 선고받고 그 유예기간 중에 있는 사람, 5. 이 법 또는 금융관계법령에 따라 벌금 이상의 형을 선고받고 그 집행이 끝나거나(집행이 끝난 것으로 보는 경우를 포함) 집행이 면제된 날부터 5년이 지나지 아니한 사람, 6. 다음 각 목의 어느 하나에 해당하는 조치를 받은 금융회사의 임직원 또는 임직원이었던 사람(그 조치를 받게 된 원인에 대하여 직접 또는 이에 상응하는 책임이 있는 사람으로서 대통령령으로 정하는 사람으로 한정(감사 또는 감사위원, 임원, 직원, 퇴직임직원)][15]으로서 해당 조치가 있었던 날부터 5년이 지나지 아

15) 금융회사지배구조법 시행령 제7조(임원의 자격요건) 제1항: 법 제5조제1항제6호 각 목 외의 부분에서 “대통령령으로 정하는 사람”이란 해당 조치의 원인이 되는 사유가 발생한 당시의 임직원으로서 다음 각 호의 어느 하나에 해당하는 사람을 말한다. 1. 감사 또는 법 제19조에 따른 감사위원회 위원(이하 “감사위원”이라 한다) 2. 법 제5조제1항제6호가목 또는 다목에 해당하는 조치의 원인이 되는 사유의 발생과 관련하여 위법·부당한 행위로 금융위원회 또는 「금융위원회의 설치 등에 관한 법률」에 따라 설립된 금융감독원의 원장(이하 “금융감독원장”이라 한다)으로부터 주의·경고·문책·직무정지·해임요구, 그 밖에 이에 준하는 조치를 받은 임원(업무집행책임자는 제외한다. 이하 이 조에서 같다) 3. 법 제5조제1항제6호나목

니한 사람, 가. 금융관계법령에 따른 영업의 허가·인가·등록 등의 취소, 나. 「금융산업의구조개선에관한법률」 제10조제1항에 따른 적기시정조치, 다. 「금융산업의구조개선에관한법률」 제14조제2항에 따른 행정처분, 7. 이 법 또는 금융관계법령에 따라 임직원 제재조치(퇴임 또는 퇴직한 임직원의 경우 해당 조치에 상응하는 통보를 포함)를 받은 사람으로서 조치의 종류별로 5년을 초과하지 아니하는 범위에서 대통령령으로 정하는 기간이 지나지 아니한 사람(해임 5년, 직무정지 4년, 문책경고 3년)[16], 8. 해당 금융회사의 공익성 및 건전경영과 신용질서를 해칠 우려가 있는 경우로서 대통령령으로 정하는 사람(거래기업 이익대변 우려자)[17]]은 금융회사의 임원이 되지 못한다(금융지배법 제5조 제1항).

에 해당하는 조치의 원인이 되는 사유의 발생과 관련하여 위법·부당한 행위로 금융위원회 또는 금융감독원장으로부터 직무정지·해임요구, 그 밖에 이에 준하는 조치를 받은 임원 4. 법 제5조제1항제6호 각 목에 해당하는 조치의 원인이 되는 사유의 발생과 관련하여 위법·부당한 행위로 금융위원회 또는 금융감독원장으로부터 직무정지요구 또는 정직요구 이상에 해당하는 조치를 받은 직원(업무집행책임자를 포함한다. 이하 이 조에서 같다) 5. 제2호부터 제4호까지의 제재 대상자로서 그 제재를 받기 전에 퇴임하거나 퇴직한 사람

16) 금융회사지배구조법 시행령 제7조(임원의 자격요건) 제2항: 법 제5조제1항제7호에서 “대통령령으로 정하는 기간”이란 다음 각 호의 구분에 따른 기간을 말한다. 1. 임원에 대한 제재조치의 종류별로 다음 각 목에서 정하는 기간 가. 해임(해임요구 또는 해임권고를 포함한다): 해임일(해임요구 또는 해임권고의 경우에는 해임요구일 또는 해임권고일을 말한다)부터 5년 나. 직무정지(직무정지의 요구를 포함한다) 또는 업무집행정지: 직무정지 종료일(직무정지 요구의 경우에는 직무정지 요구일을 말한다) 또는 업무집행정지 종료일부터 4년 다. 문책경고: 문책경고일부터 3년 2. 직원에 대한 제재조치의 종류별로 다음 각 목에서 정하는 기간 가. 면직요구: 면직요구일부터 5년 나. 정직요구: 정직요구일부터 4년 다. 감봉요구: 감봉요구일부터 3년 3. 재임 또는 재직 당시 금융관계법령에 따라 그 소속기관 또는 금융위원회·금융감독원장 외의 감독·검사기관으로부터 제1호 또는 제2호의 제재조치에 준하는 조치를 받은 사실이 있는 경우 제1호 또는 제2호에서 정하는 기간 4. 퇴임하거나 퇴직한 임직원이 재임 또는 재직 중이었더라면 제1호부터 제3호까지의 조치를 받았을 것으로 인정되는 경우 그 받았을 것으로 인정되는 조치의 내용을 통보받은 날부터 제1호부터 제3호까지에서 정하는 기간

17) 금융회사지배구조법 시행령 제7조(임원의 자격요건) 제3항: 법 제5조제1항제8호에서 “대통령령으로 정하는 사람”이란 다음 각 호의 구분에 따른 사람을 말한다. 1. 해당 금융회사가 은행인 경우: 해당 은행, 해당 은행의 자회사등(「은행법」 제37조제2항 각 호 외의 부분 단서에 따른 자회사등을 말한다. 이하 “은행의 자회사등”이라 한다), 해당 은행의 자은행(「은행법」 제37조제5항에 따른 자은행을 말한다. 이하 “은행의 자은행”이라 한다), 해당 은행을 자회사로 하는 은행지주회사 또는 그 은행지주회사의 자회사등(「금융지주회사법」 제4조제1항제2호에 따른 자회사등을 말한다. 이하 “은행지주회사의 자회사등”이라 한다)과 여신거래(대출, 지급보증 및 자금지원 성격의 유가증권의 매입, 그 밖에 금융거래상의 신용위험이 따르는 금융회사의 직접적·간접적 거래를 말한다. 이하 같다)가 있는 기업과 특수관계에 있는 등 해당 은행의 자산운용과 관련하여 특정 거래기업 등의 이익을 대변할 우려가 있는 사람 2 . 해당 금융회사가 금융지주회사인 경우: 해당 금융지주회사 또는 해당 금융지주회사의 자회사등(「금융지주회사법」 제4조제1항제2호에 따른 자회사등을 말한다. 이하 “금융지주회사의 자회사등”이라 한다)과 여신거래가 있는 기업과 특수관계에 있는 등 해당 금융지주회사 또는 해당 금융지주회사의 자회사등의 자산운용과 관련하여 특정 거래기업 등의 이익을 대변할 우려가

그리고 이 임원자격 제한 규정은 선임요건일 뿐만 아니라 선임 후에도 자격유지조건으로 운용한다. 금융회사의 임원으로 선임된 사람이 제1항 8개호의 어느 하나에 해당하게 된 경우에는 그 직(職)을 잃게 되고, 다만, 제1항 제7호에 해당하는 사람으로서 대통령령으로 정하는 경우(임직원 제재조치중 직무정지 이하에 해당하는 사람)[18]에는 그 직을 잃지 아니한다고 규정하고 있다(동조 제2항).

한편 금융위원회에서는 2019년 4월 "주주총회 내실화방안"을 발표하면서 이사, 감사 등 임원 선임과 관련한 규제를 강화하였다. 상장사들은 주주총회에 임원 선임 안건을 올릴 때 후보자의 전체 경력을 의무적으로 기술하도록 하였다. 또 세금 체납사실, 부실기업 경영진 근무여부 등도 적어야 하며 후보자가 자필로 서명하도록 하였다. 그리고 사외이사는 독립적 직무수행계획서와 이사회 추천이유도 함께 기재하도록 하였다. 지금까지는 임원 후보자의 직업과 약력만 간단히 서술했었던 것을 이같이 세부적으로 기술토록 하여 임원 후보자에 대한 자세한 정보를 주주들에게 제공함으로써 주주들이 임원 후보자의 자격여부를 충분히 판단하여 선임권을 행사하도록 하였다.

2.2 사외이사의 자격요건

금융회사 사외이사의 자격요건에 관해 금융회사지배구조법 제6조에서는 금융회사의 사외이사가 될 수 없는 소극적 요건으로 독립성요건을, 그리고 적극적 요건으로 업무상 전문성 요건을 규정하였다. 이러한 사외이사 규정은 상법상 일반회사나 상장회사의 사외이사 자격요건과도 다른 별도의 규정 형식이다. 금융회사 사외이사의 독립적 기능과 역할이 일반회사나 상장회사와 달리 금융회사의 특수성이 감안되어 특히 강조되는 대목이다.

(1) 사외이사의 독립성 요건

금융회사 사외이사의 자격요건에 관해 금융회사지배구조법 제6조 제1항에서

있는 사람 3. 해당 금융회사가 은행 또는 금융지주회사가 아닌 금융회사인 경우: 해당 금융회사와 여신거래규모가 금융위원회가 정하여 고시하는 기준 이상인 기업과 특수관계가 있는 사람으로서 해당 금융회사의 자산운용과 관련하여 특정 거래기업 등의 이익을 대변할 우려가 있는 사람.

18) 금융회사지배구조법 시행령 제7조(임원의 자격요건) 제4항: 법 제5조 제2항 단서에서 "대통령령으로 정하는 경우"란 직무정지, 업무집행정지 또는 정직요구(재임 또는 재직 중이었더라면 조치를 받았을 것으로 통보를 받은 경우를 포함한다) 이하의 제재를 받은 경우를 말한다.

는 금융회사의 사외이사가 될 수 없는 독립성 요건을 규정하였다. 여기에는 해당 금융회사에 공정하지 못한 영향력을 행사할 수 있는 이해관계자, 즉 최대주주, 주요주주, 해당 금융회사 임직원, 해당 금융회사 관계인, 해당 금융회사 사외이사 등으로 일정 요건에 해당하는 경우를 명확히 하여 포함하였다. 또한 사외이사의 장기간 선임으로 인한 독립성 약화를 방지하기 위하여 사외이사의 임기를 최대한 6년(계열 금융사 포함시 9년) 이내로 제한하였다. 아울러 금융회사 사외이사가 타 회사의 사외이사 등 비상임임원 또는 상임임원 겸직 가능 개수를 원칙적으로 2개 이내로 제한하는 규정을 구체화하였다.

표 9-1 사외이사의 겸직금지 내용

사외이사 소속	겸직금지 내용
은행·은행지주회사	자회사 제외 다른 회사 사외이사 겸직 금지
상장금융회사	다른 1개 회사만 사외이사 겸직 가능
비상장금융회사	다른 1개 상장회사만 겸직 가능(단, 겸직하는 상장회사가 금융회사가 아닌 경우 추가 겸직은 제한 없음)

사외이사의 자격요건에 관한 동법 제6조 규정을 보면 다음 각 호의 어느 하나에 해당하는 사람 [1. 최대주주 및 그의 특수관계인(최대주주 및 그의 특수관계인이 법인인 경우에는 그 임직원을 말한다), 2. 주요주주 및 그의 배우자와 직계존속·비속(주요주주가 법인인 경우에는 그 임직원을 말한다), 3. 해당 금융회사 또는 그 계열회사(「독점규제 및 공정거래에 관한 법률」 제2조제3호에 따른 계열회사를 말한다. 이하 같다)의 상근(常勤) 임직원 또는 비상임이사이거나 최근 3년 이내에 상근 임직원 또는 비상임이사이었던 사람, 4. 해당 금융회사 임원의 배우자 및 직계존속·비속, 5. 해당 금융회사 임직원이 비상임이사로 있는 회사의 상근 임직원, 6. 해당 금융회사와 대통령령으로 정하는 중요한 거래관계가 있거나 사업상 경쟁관계 또는 협력관계에 있는 법인(해당 금융회사와 일정 규모 이상의 거래관계, 여신관계, 출자, 기술제휴, 회계감사, 법률 자문 등 관계가 있는 법인[19]. 다만 한국은행, 금융회사, 특수 금융법인 및 이에 준하는

19) 동법 시행령 제8조 제1항: 법 제6조제1항제6호에서 "대통령령으로 정하는 중요한 거래관계가 있거나 사업상 경쟁관계 또는 협력관계에 있는 법인"이란 다음 각 호의 어느 하나에 해당하는 법인을 말한다.
1. 최근 3개 사업연도 중 해당 금융회사와의 거래실적 합계액이 자산총액(해당 금융회사의

외국법인은 제외[20])의 상근 임직원이거나 최근 2년 이내에 상근 임직원이었던 사람, 7. 해당 금융회사에서 6년 이상 사외이사로 재직하였거나 해당 금융회사 또는 그 계열회사에서 사외이사로 재직한 기간을 합산하여 9년 이상인 사람, 8. 그 밖에 금융회사의 사외이사로서 직무를 충실하게 이행하기 곤란하거나 그 금융회사의 경영에 영향을 미칠 수 있는 사람으로서 대통령령으로 정하는 사람(해당 금융회사 최대주주와 일정 규모 이상의 거래관계 등 있는 회사의 상근 임직원이거나 최근 2년 이내에 상근 임직원이었던 사람, 은행 대주주의 특수관계인과 은행 및 그 계열사 또는 금융지주회사와 일정 규모 이상의 거래관계 등 있는 회사의 상근 임직원이거나 최근 2년 이내에 상근 임직원이었던 사람, 해당 금융회사외 둘 이상 상장회사의 사외이사 등 비상임임원, 해당 은행 또는 은행지주회사외 다른 일반회사의 사외이사 등 비상임임원, 해당 상장회사인 금융

최근 사업연도 말 현재 대차대조표 상의 자산총액을 말한다) 또는 영업수익(해당 금융회사의 최근 사업연도 말 현재 손익계산서 상의 영업수익을 말한다)의 100분의 10 이상인 법인

2. 최근 사업연도 중에 해당 금융회사와 매출총액(해당 금융회사와 거래계약을 체결한 법인의 최근 사업연도 말 현재 손익계산서 상의 매출총액을 말한다)의 100분의 10 이상의 금액에 상당하는 단일 거래계약을 체결한 법인
3. 최근 사업연도 중에 해당 금융회사가 금전, 유가증권, 그 밖의 증권 또는 증서를 대여하거나 차입한 금액과 담보제공 등 채무보증을 한 금액의 합계액이 다음 각 목의 구분에 따른 자본 또는 자본금의 100분의 10 이상인 법인
   가. 해당 금융회사가 은행, 보험회사 또는 금융지주회사인 경우: 해당 법인의 최근 사업연도 말 현재 대차대조표 상의 자본(해당 금융회사가 보험회사인 경우에는 해당 법인의 자본금을 말한다)
   나. 해당 금융회사가 금융투자업자, 상호저축은행, 여신전문금융회사인 경우: 해당 금융회사의 최근 사업연도 말 현재 대차대조표 상의 자본금(해당 금융회사가 금융투자업자인 경우에는 해당 금융회사의 자본을 말한다)
4. 해당 금융회사의 정기주주총회일(「보험업법」 제2조제7호에 따른 상호회사인 보험회사의 경우에는 정기사원총회일을 말한다) 현재 해당 금융회사가 자본금(해당 금융회사가 출자한 법인의 자본금을 말한다)의 100분의 5 이상을 출자한 법인
5. 해당 금융회사와 기술제휴계약을 체결하고 있는 법인
6. 해당 금융회사의 회계감사인(「주식회사 등의 외부감사에 관한 법률」 제2조제7호에 따른 감사인을 말한다. 이하 같다)으로 선임된 회계법인
7. 해당 금융회사와 주된 법률자문, 경영자문 등의 자문계약을 체결하고 있는 법인

20) 동법 시행령 제8조 제2항: 제1항에도 불구하고 다음 각 호의 어느 하나에 해당하는 법인 및 이에 준하는 외국법인은 제외한다.
1. 「한국은행법」에 따른 한국은행
2. 「자본시장과 금융투자업에 관한 법률 시행령」 제10조제2항 각 호의 어느 하나에 해당하는 자
3. 「자본시장과 금융투자업에 관한 법률 시행령」 제10조제3항제1호부터 제13호까지의 어느 하나에 해당하는 자

회사외 둘이상 일반회사의 이사 등 상임임원, 회계 감사반 또는 법률 등 자문관련 회계사 · 변호사 · 세무사 등, 해당 금융회사의 지분 1% 이상 주주 · 1억원 이상 거래자, 신용불량자, 회생 · 파산절차 기업 및 부실징후기업의 임직원)[21)]은

---

21) 동법 시행령 제8조 제3항: 법 제6조제1항제8호에서 "대통령령으로 정하는 사람"이란 다음 각 호의 어느 하나에 해당하는 사람을 말한다.

1. 해당 금융회사의 최대주주와 제1항 각 호의 어느 하나에 해당하는 관계에 있는 법인(제2항 각 호의 어느 하나에 해당하는 법인은 제외한다)의 상근 임직원 또는 최근 2년 이내에 상근 임직원이었던 사람. 이 경우 제1항 각 호의 "해당 금융회사"는 "해당 금융회사의 최대주주"로 본다.
2. 해당 금융회사가 은행인 경우
   가. 최대주주가 아닌 대주주의 특수관계인
   나. 다음의 어느 하나와 제1항 각 호의 어느 하나의 관계에 있는 법인(제2항 각 호의 어느 하나에 해당하는 법인은 제외한다)의 상근 임직원 또는 최근 2년 이내에 상근 임직원이었던 사람
      1) 해당 은행, 그 은행의 자회사등 및 자은행
      2) 해당 은행을 자회사로 하는 은행지주회사 및 그 은행지주회사의 자회사 등
   다. 나목 1) 또는 2)의 상근 임직원 또는 최근 2년 이내에 상근 임직원이었던 사람의 배우자, 직계존속 및 직계비속
3. 해당 금융회사가 금융지주회사인 경우 해당 금융지주회사의 자회사등과 제1항 각 호의 어느 하나에 해당하는 관계에 있는 법인(제2항 각 호의 어느 하나에 해당하는 법인은 제외한다)의 상근 임직원 또는 최근 2년 이내에 상근 임직원이었던 사람
4. 해당 금융회사 외의 둘 이상의 다른 주권상장법인의 사외이사, 비상임이사 또는 비상임감사로 재임 중인 사람. 다만, 해당 금융회사가 주권상장법인, 은행 또는 은행지주회사인 경우에는 다음 각 호의 구분에 따른 사람을 말한다.
   가. 해당 금융회사가 주권상장법인인 경우: 해당 금융회사 외의 둘 이상의 다른 회사의 이사 · 집행임원 · 감사로 재임 중인 사람
   나. 해당 금융회사가 은행인 경우: 해당 은행 외의 다른 회사(해당 은행의 자회사등, 해당 은행의 자은행, 해당 은행을 자회사로 하는 은행지주회사 및 그 은행지주회사의 자회사등은 제외한다)의 사외이사, 비상임이사 또는 비상임감사로 재임 중인 사람
   다. 해당 금융회사가 은행지주회사인 경우: 해당 은행지주회사 외의 다른 회사(해당 은행지주회사의 자회사등은 제외한다)의 사외이사, 비상임이사 또는 비상임감사로 재임 중인 사람
5. 다음 각 목의 어느 하나에 해당하는 사람
   가. 해당 금융회사에 대한 회계감사인으로 선임된 감사반(「주식회사 등의 외부감사에 관한 법률」 제2조제7호나목에 따른 감사반을 말한다) 또는 주된 법률자문 · 경영자문 등의 자문계약을 체결하고 있는 법률사무소(「변호사법」 제21조제1항에 따른 법률사무소를 말한다) · 법무조합(「변호사법」 제58조의18에 따른 법무조합을 말한다) · 외국법자문법률사무소(「외국법자문사법」 제2조제4호에 따른 외국법자문법률사무소를 말한다)에 소속되어 있거나 최근 2년 이내에 소속되었던 공인회계사, 세무사 또는 변호사
   나. 그 밖에 해당 금융회사에 대한 회계감사 또는 세무대리를 하거나 해당 금융회사와 주된 법률자문, 경영자문 등의 자문계약을 체결하고 있는 공인회계사, 세무사, 변호사 또는 그 밖의 자문용역을 제공하고 있는 사람
6. 해당 금융회사의 지분증권(「자본시장과 금융투자업에 관한 법률」 제4조제4항에 따른 지분증권을 말한다. 이하 같다) 총수의 100분의 1 이상에 해당하는 지분증권을 보유(「자본시장과 금융투자업에 관한 법률」 제133조제3항 본문에 따른 보유를 말한다)하고 있는 사람

금융회사의 사외이사가 될 수 없다. 다만, 사외이사가 됨으로써 제1호에 따른 최대주주의 특수관계인에 해당하게 되는 사람은 사외이사가 될 수 있다(금융지배법 제6조 제1항). 그리고 금융회사의 사외이사가 된 사람이 제1항 각 호의 어느 하나에 해당하게 된 경우에는 그 직을 잃는다고 규정함으로써 이 독립성 요건은 선임시 요건일 뿐만 아니라 자격 유지요건으로까지 운영하고 있다(동조 제2항).

(2) 사외이사의 전문성 요건

금융회사지배구조법 제6조 제3항에서는 금융회사의 사외이사가 될 수 있는 전문성 자격요건을 규정하였다. 금융회사의 사외이사는 금융, 경제, 경영, 법률, 회계 등 분야의 전문지식이나 실무경험이 풍부한 사람으로서 대통령령으로 정하는 사람(금융, 경영, 경제, 법률, 회계, 소비자보호 또는 정보기술 등 금융회사의 금융업 영위와 관련된 분야에서 연구·조사 또는 근무한 경력이 있는 사람으로서 사외이사 직무 수행에 필요한 전문지식이나 실무경험이 풍부하다고 해당 금융회사가 판단하는 사람)[22]이어야 한다. 여기서 사외이사의 전문성 요건으로 직무 분야는 어느 정도 명시하였지만 너무 포괄적이며, 전문성의 정도를 금융회사의 자율적 판단에 위임하였지만 합리성이 결여될 수 있는 우려가 있으므로 사외이사의 자격 시비 문제를 완전히 해소하기에는 다소 미흡하다 하겠다. 하지만 현행 금융회사지배구조법에서는 사외이사의 기능과 역할을 강화하기 위해 독립성과 전문성을 제고하는 방향으로 사외이사 자격요건을 보다 명확화하고 구체화하였다고 본다.

---

7. 해당 금융회사와의 거래(「약관의 규제에 관한 법률」 제2조제1호에 따른 약관에 따라 이루어지는 정형화된 거래는 제외한다) 잔액이 1억원 이상인 사람
8. 「신용정보의 이용 및 보호에 관한 법률」에 따른 종합신용정보집중기관에 신용질서를 어지럽힌 사실이 있는 자 또는 약정한 기일 내에 채무를 변제하지 아니한 자로 등록되어 있는 자(기업이나 법인인 경우에는 해당 기업이나 법인의 임직원을 말한다)
9. 「채무자 회생 및 파산에 관한 법률」에 따라 회생 절차 또는 파산 절차가 진행 중인 기업의 임직원
10. 「기업구조조정 촉진법」에 따른 부실징후기업의 임직원

22) 법 제6조제3항에서 "대통령령으로 정하는 사람"이란 금융, 경영, 경제, 법률, 회계, 소비자보호 또는 정보기술 등 금융회사의 금융업 영위와 관련된 분야에서 연구·조사 또는 근무한 경력이 있는 사람으로서 사외이사 직무 수행에 필요한 전문지식이나 실무경험이 풍부하다고 해당 금융회사가 판단하는 사람을 말한다.

2.3 임원 자격 심사 및 보고

(1) 자격요건 충족 여부 확인

금융회사지배구조법 제7조에서 금융회사는 임원을 선임하려는 경우 제5조(임원) 및 제6조(사외이사)의 자격요건을 충족하는지를 확인하여야 한다고 규정하였다(금융지배법 제7조 제1항).

금융회사 임원의 선임 자격 충족여부 확인은 금융회사의 공공성과 건전성에 확보에 가장 중요한 경영진에 대한 적격성 평가 작업이므로 해당 금융회사 뿐만 아니라 금융감독당국에서도 아주 긴요하고 필요한 일이다. 유럽연합(EU)의 경우 유럽중앙은행(ECB)의 유럽건전성감독지침에 따라 주요 금융기관 임원 후보자에 대한 경험, 평판, 이해상충가능성 등을 금융감독당국이 심사하도록 하고 있다(fit & profer test). 영국의 경우 금융회사 임원 선임시 감독당국(FSA)에 의한 사전 인터뷰제도를 운영하고 있다.[23] 임원이 금융회사의 건전 경영과 신뢰 확보에 저해되는 결격사유나 이해관계가 없는지, 충실한 근무가 가능한 상황인지, 미래 지향적 경영능력이 있는지 등을 심사하여 금융회사의 경영 부실 요인을 사전 예방하고 미래지향적 경영을 유도할 필요가 있을 것이다.[24] 반면 우리나라의 경우는 과거에는 금융회사 임원에 대한 감독당국의 선임 승인제가 운영된 적도 있었으나 1980년대 금융자율화 이후부터는 당해 금융회사에 의해 자율적으로 임원이 선임되면서 감독당국에는 사후 보고되는 시스템으로 운영되었다. 현행 금융회사지배구조법에서는 이에 따라 임원의 자격요건을 법 규정으로 제시하고 금융회사가 이를 자율적으로 심사하여 임원을 선임할 수 있도록 하였다.

---

23) 글로벌 금융위기 이후 금융규제 개혁이 전세계적으로 진행되었는데. 영국에서도 바젤III기준 자본적정성 규제가 강화되고 새로운 규제체계가 강구되면서 임원 자격심사제도(fit and profer test)의 개선도 이루어 졌다(Kokkinis Andreas, "The reformed 'fit and proper' test : a call for a broader rethink of bank corporate governance?", *International Corporate Rescue*, 2102).

24) 글로벌 금융위기 영향을 받고 있던 호주는 금융위기 대비책으로 금융회사 경영진의 적합성 문제('fit and proper person' requirement)에 대한 개선 방안을 제시하는 주장이 있었다.(Fitzpatrick J, Brand V, Symes C, " 'Fit and proper': The integrity requirement for liquidators", *Australian Journal of Corporate Law*, 2010).
한편 네덜란드 금융감독당국은 미래지속가능감독방향의 하나로 기후관련리스크에 관심을 기울이고 있는데, 그 감독수단으로 금융회사 경영진에 대한 적합성 평가(fit and proper assessments of members of the management body)가 필요하다고 주장한다 (Palm-Steyerberg Iris, "Climate change and fit and proper-testing in the Dutch financial sector", *Law and Financial Markets Review*, 2019).

(2) 선·해임 공시 및 보고

금융회사는 임원을 선임한 경우에는 지체 없이 그 선임사실 및 자격요건 적합 여부를 금융위원회가 정하여 고시[25]하는 바에 따라 인터넷 홈페이지 등에 공시하고 금융위원회에 보고하여야 한다(금융지배법 제7조 제2항). 또한 임원을 해임(사임을 포함)한 경우에는 금융위원회가 정하여 고시[26]하는 바에 따라 지체 없이 그 사실을 인터넷 홈페이지 등에 공시하고 금융위원회에 보고하여야 한다(동조 제3항).

이에 따라 금융위원회 고시인 금융회사 지배구조 감독규정(제3조)에서는 임원 선임과 해임에 관하여 임원의 내용과 자격 심사결과에 대한 공시와 보고절차를 규정하였다. 즉 금융회사는 법 제7조제2항·제3항에 따라 임원을 선임 또는 해임(사임을 포함)할 때에는 다음 각 호의 사항 [1. 임원을 선임한 경우: 임원이 법에서 정한 자격요건에 적합하다는 사실과 임원의 임기·담당하는 업무·직위에 대한 사항을 포함할 것, 2. 임원을 해임한 경우: 해임 사유 및 향후 임원 선임일정을 포함할 것, 3. 일반인이 알기 쉬운 표현을 사용할 것, 4. 해당 금융회사가 공고한 것임을 식별할 수 있는 정보를 포함할 것]을 준수하여 선임 또는 해임일부터 7영업일 이내에 해당 금융회사 및 제5조제3항에 따른 관련협회등(전국은행연합회, 한국투자금융협회, 생명보험협회, 손해보험협회, 여신전문금융업협회, 상호저축은행중앙회)의 인터넷 홈페이지 등에 공시하여야 한다(동조 제1항). 또한 금융회사는 임원을 선임 또는 해임한 경우에는 다음 각 호의 사항 [1. 선임한 경우: 성명 및 인적사항, 법에서 정한 자격요건에 적합하다는 사실, 임기 및 업무범위에 대한 사항, 2. 해임한 경우: 성명, 해임 사유, 향후 선임일정 및 절차]을 포함하여 지체없이 「금융위원회의 설치 등에 관한 법률」에 따른 금융감독원장에게 보고하여야 한다(동조 제2항). 그리고 금융감독원장에게 보고하는 세부적인 절차와 방법은 감독규정 시행세칙에서 서식(1. 임원 선임시: 임원 선임내용, 임원선임 심사표, 임원후보추천위원회 운영내역. 2. 임원 해임시: 임원 해임내용 및 향후 임원 선임 일정 및 절차)[27]으로 정하고 있다(동조 제3항).

---

25) 금융회사 지배구조 감독규정 제3조.
26) 금융회사 지배구조 감독규정 제3조.
27) 금융회사 지배구조 감독규정 시행세칙 제2조.

3. 임원의 임면 및 임기

3.1 임원의 선임

금융회사의 임원은 현행 금융회사지배구조법상 이사, 감사. 집행임원(「상법」에 따른 집행임원을 둔 경우로 한정) 및 업무집행책임자이다(동법 제2조 2호). 금융회사 임원중 이사(사내이사, 사외이사, 비상임이사)와 감사(상근감사, 비상근감사)는 주주총회에서 선임한다(상법 제382조, 제409조 및 제542조의10). 감사위원회의 감사위원 역시 주주총회에서 선임한다(금융지배법 제19조 제6항). 선임 결의방법은 보통결의에 의하되 감사(감사위원)의 경우는 대주주 및 최대주주(감사위원 한정)의 의결권 제한(3% 룰)이 있다(상법 제409조 제2항, 금융지배법 제19조 제6,7항).[28] 그리고 집행임원(상법 제408조의2)과 업무집행책임자(이사가 아니면서 명예회장・회장・부회장・사장・부사장・행장・부행장・부행장보・전무・상무・이사 등 업무를 집행할 권한이 있는 것으로 인정될 만한 명칭을 사용하여 금융회사의 업무를 집행하는 사람) 중 주요업무집행책임자(전략기획, 재무관리, 위험관리)(금융지배법 제8조)는 주주총회가 아닌 이사회에서 선임한다. 한편 준법감시인은 이사회에서 선임하는데 사내이사나 업무집행책임자 중에서 선임하면 임원에 해당한다. 통상 대부분의 금융회사에서는 업무집행책임자 중에서 준법감시인을 선임하고 있다. 다만 사외이사제 의무적용이 아닌 소규모 금융회사인 경우는 사내이사나 업무집행책임자가 아닌 직원 중에서 준법감시인을 선임할 수 있고, 이러한 경우도 종종 있다. 이러한 준법감시인은 직원 신분으로서 임원에 해당하지 아니한다(금융지배법 제 25조).

3.2 임원의 해임

금융회사 임원의 해임에 관하여는 이사와 감사(감사위원 포함)의 경우는 상법상 주주총회의 특별결의(출석 의결권주식의 2/3 이상, 발행주식총수의 3/1 이상 찬성)를 거쳐야 한다(상법 제385조, 제415조 및 제434조, 금융지배법 제19조 제6항). 감사위원회 감사위원의 해임에 관하여는 최대주주의 의결권 제한

28) 상법상 감사위원회 위원 선임의 경우는 일반회사이면 이사회에서 선임하고(상법 제393조의2 제2항), 상장회사이면 금융회사와 동일하다(주주총회 선임, 동일인 및 최대주주의 의결권 제한)(상법 제542조의12 제1항).

(3% 룰)이 있다(금융지배법 제19조 제7항).[29] 한편 집행임원의 해임은 이사회 의결사항이고(상법 제408조의2 제3항), 주요업무집행책임자중 위험관리책임자와 준법감시인은 이사회의 특별결의(이사 총수의 2/3 이상 찬성)로 해임한다(금융지배법 제25조 제3항, 제28조 제2항). 기타 주요업무집행책임자의 경우 해임에 대한 특별 규정은 없으므로 이사회 보통결의로 충분하다고 본다.

3.3 임원의 임기

금융회사 임원의 임기는 이사, 감사 모두 상법상 3년 이내 이다(상법 제383조, 제410조). 다만 집행임원의 임기는 2년 이내이다(상법 제408조의3). 한편 주요업무집행책임자의 임기는 정관에서 다른 규정이 없으면 3년을 초과하지 못한다(금융지배법 제8조 제2항). 주요업무집행책임자중 위험관리책임자와 준법감

표 9-2 금융회사 임원의 법상 임면권 및 임기 현황

임원 종류		임 면 권		임기
		선임	해임	
이사	사내이사	주주총회	주주총회 특별결의*	3년 이내
	사외이사			
	비상임이사			
감사	상근감사	주주총회	주주총회 특별결의*	3년 이내
	비상근감사			
	감사위원			
집행임원(상법상 집행임원)		이사회	이사회	2년 이내
업무집행 책임자	주요업무집행책임자	이사회	이사회	3년 이내
	위험관리책임자	이사회	이사회 특별결의**	2년 이상
	준법감시인***			2년 이상
	기타업무집행책임자	대표이사	대표이사	–

* 출석 의결권주식의 2/3 이상, 발행주식총수의 3/1 이상 찬성.
** 이사 총수의 2/3 이상 찬성.
*** 사내이사 또는 업무집행책임자 중에서 선임 가능하나 통상 업무집행책임자중에서 선임 (임원아닌 직원중에서도 선임 가능).

29) 상법상 감사위원회 위원 해임의 경우는 일반회사이면 이사회의 특별결의(이사 총수의 2/3 이상)로 해임하고(상법 제415조의2 제3항), 상장회사의 경우는 금융회사와 동일하다(주주총회의 특별결의, 최대주주의 의결권 제한)(상법 제542조의12 제1항).

시인의 임기는 금융회사지배구조법상 2년 이상으로 규정되어 있다(금융지배법 제25조 제4항 및 제28조 제2항).

4. 임원의 겸직제한

4.1 겸직금지 원칙과 예외

겸직금지는 기업 또는 어떤 조직의 일원이 그 기업 또는 조직의 품위를 유지하고 이익만을 위하여 활동하도록 요구하는 업무 전념성, 청렴성 확보와 겸직에 따른 기업 또는 조직의 이익 침해 우려를 방지하고자 하는 데 목적이 있다. 이와 같은 관점에서 기업의 근로사는 취입규칙으로 겸직(이중 취업)을 제한할 수 있고 이를 위반하는 경우 징계할 수 있다. 국가나 공직자의 경우도 헌법과 법률에서 일정한 직위를 겸할 수 없도록 금지하고 있으며, 겸직금지 의무를 위반하면 그 직을 잃게 하는 경우도 있다.[30]

사기업의 경우는 기업의 경쟁력 확보와 사업기밀 유지가 긴요하기 때문에 상법에서 임직원에게 경업금지 원칙과 사업기회 보호 의무를 부과하고 있다. 합명회사의 사원은 다른 사원의 동의가 없으면 동종의 영업을 목적으로 하는 다른 회사의 무한책임사원 또는 이사가 되지 못하며(상법 제198조), 주식회사의 이사는 이사회의 승인이 없으면 동종 영업을 목적으로 하는 다른 회사의 무한책임사원이나 이사가 되지 못하는 경업금지에 관한 규정을 두고 있다(상법 제397조).[31] 또 이사는 이사회의 승인없이 회사 이익이 될 수 있는 사업기회를 자기 또는 제3자의 이익을 위해 이용하는 것을 금지하고 있다(상법 제397조의2).[32]

30) 헌법기관인 대통령과 국회의원은 헌법(제83조, 제43조)과 국회법(제29조)에서 일정 범위의 겸직금지에 대한 규정을 두고 있고, 국회의원과 공무원의 경우도 국회법(제29조의2), 국가공무원법(제64조) 등에서 공무 이외의 영리 목적 업무 종사를 금지하고 있다.

31) 상법 제397조(경업금지) ①이사는 이사회의 승인이 없으면 자기 또는 제삼자의 계산으로 회사의 영업부류에 속한 거래를 하거나 동종영업을 목적으로 하는 다른 회사의 무한책임사원이나 이사가 되지 못한다. ②이사가 제1항의 규정에 위반하여 거래를 한 경우에 회사는 이사회의 결의로 그 이사의 거래가 자기의 계산으로 한 것인 때에는 이를 회사의 계산으로 한 것으로 볼 수 있고 제삼자의 계산으로 한 것인 때에는 그 이사에 대하여 이로 인한 이득의 양도를 청구할 수 있다. ③제2항의 권리는 거래가 있은 날로부터 1년을 경과하면 소멸한다.

32) 상법 제397조의2(회사의 기회 및 자산의 유용 금지) ① 이사는 이사회의 승인 없이 현재 또는 장래에 회사의 이익이 될 수 있는 다음 각 호의 어느 하나에 해당하는 회사의 사업기회를 자기 또는 제3자의 이익을 위하여 이용하여서는 아니 된다. 이 경우 이사회의 승인은 이사 3분의 2 이상의 수로써 하여야 한다. 1. 직무를 수행하는 과정에서 알게 되거나 회사의 정보를 이용한 사업기회, 2. 회사가 수행하고 있거나 수행할 사업과 밀접한 관계가 있는 사업기회. ② 제1항을 위반하여 회사에 손해를 발생시킨 이사 및 승인한 이사는 연대하여 손해를

이러한 경업금지나 사업기회 이용금지는 이사가 기업의 경쟁력과 사업 비밀을 이용할 가능성이 있음을 의식한 것이고, 사익을 위해 이용하는 것을 방지하고자 함이다. 설혹 회사에 금전적인 손해를 가하지 않는다 하더라도 대외적인 신뢰를 손상시키거나 주주 · 채권자 등의 손실을 야기 할 수도 있으므로 역시 금지되어야 할 것이다.[33)]

금융회사의 경우에는 금융회사지배구조법에서 상근 임원에 대하여 이해상충 방지 및 건전성 유지를 위해 겸직을 원칙적으로 제한하면서 은행과 금융지주회사의 임직원에 대한 예외를 규정하고 있다.

(1) 금융회사 상근임원의 타 회사 상근겸직 금지

금융회사지배구조법 제10조에서는 금융회사의 상근 임원은 다른 영리법인의 상시적인 업무에 종사할 수 없다는 겸직금지 원칙을 선언하고, 금융회사의 업무 수행 과정에서 부득이하게 겸직할 수 밖에 없는 경우, 즉 다음 각 호의 어느 하나에 해당하는 경우(법정관리인, 부실금융회사 관리인, 금융회사 청산인) [1. 「채무자 회생 및 파산에 관한 법률」 제74조에 따라 관리인으로 선임되는 경우, 2. 「금융산업의 구조개선에 관한 법률」 제10조 제1항 제4호에 따라 관리인으로 선임되는 경우, 3. 금융회사 해산 등의 사유로 청산인으로 선임되는 경우]에는 상시적인 업무에 종사할 수 있도록 예외 허용하고 있다(금융지배법 제10조 제1항). 이 규정은 금융회사 상근 임원의 타 회사(영리법인)의 상시적인 업무에 종사, 즉 상근 겸직을 원칙적으로 금지한 것이다. 따라서 비상근 겸직까지 금지한 것은 아니라고 하겠다.

(2) 금융회사 상근 임원의 자회사 상근겸직 허용

금융회사지배구조법 제10조 제2항에서는 금융회사는 자회사에 대한 관리 목적으로 상근 임원을 활용할 필요가 있다는 점을 감안하여 15% 초과 지분 보유 기업 또는 금융회사 등에 대한 상근 임직원 겸직을 제한적으로 예외 허용하고 있다. 여기서 주목할 점은 예외 허용된 금융회사를 금융권별로 열거하고 있다는 것이다. 즉 은행, 상호저축은행, 보험회사, 여신전문금융회사, 금융지주회사의 경우만 타 회사 상근 겸직을 일정 범위내 허용하는 규정을 두고 있다. 금융투자

배상할 책임이 있으며 이로 인하여 이사 또는 제3자가 얻은 이익은 손해로 추정한다.

33) 이철송, 전게서, 602면.

업자의 경우는 이 규정에 포함되지 아니 하므로 제1항에 따라 타회사 상근 겸직을 원칙적으로 할 수 없다고 하겠다.

동법 제10조 제2항 규정을 보면 제1항의 본문 규정에도 불구하고 다음 각 호의 금융회사의 상근 임원은 다음 각 호의 구분에 따라 다른 회사의 상근 임직원을 겸직할 수 있다고 하였다. 다음 각 호는 금융권별로 예외 허용된 내용이다. 즉 1. 해당 금융회사가 은행인 경우: 그 은행이 의결권 있는 발행주식 총수의 100분의 15를 초과하는 주식을 보유하고 있는 다른 회사의 상근 임직원을 겸직하는 경우, 2. 해당 금융회사가 상호저축은행인 경우: 그 상호저축은행이 의결권 있는 발행주식 총수의 100분의 15를 초과하는 주식을 보유하고 있는 다른 상호저축은행의 상근 임직원을 겸직하는 경우, 3. 해당 금융회사가 보험회사인 경우: 그 보험회사가 의결권 있는 발행주식 총수의 100분의 15를 초과하는 주식을 보유하고 있는 다른 회사의 상근 임직원을 겸직하는 경우(「금융산업의 구조개선에 관한 법률」 제2조제1호 가목부터 아목까지 및 차목에 따른 금융기관[34]의 상근 임직원을 겸직하는 경우는 제외한다), 4. 그 밖에 이해상충 또는 금융회사의 건전성 저해의 우려가 적은 경우로서 대통령령으로 정하는 경우(여신전문금융회사의 다른 회사 상근 겸직, 금융지주회사의 그룹외 타회사 상근 겸직)[35]이다(금융지배법 제10조 제2항).

(3) 은행 임직원의 타은행·은행지주 겸직 금지, 자은행 겸직 허용

은행의 임직원에 대하여는 금융회사지배구조법에서 별도 규정을 두었는데, 한국은행, 다른 은행 또는 「금융지주회사법」 제2조 제1항 제5호에 따른 은행지주회사의 임직원을 겸직할 수 없도록 하였다. 다만, 「은행법」 제37조 제5항에

34) 은행, 중소기업은행, 투자매매업자·투자중개업자, 집합투자업자, 투자자문업자 또는 투자일임업자, 보험회사, 상호저축은행, 신탁업자, 종합금융회사, 여신전문금융회사.

35) 금융회사지배구조법 시행령 제10조(겸직 허용) ① 법 제10조제2항제4호에서 “대통령령으로 정하는 경우”란 다음 각 호의 구분에 따른 경우를 말한다. 1. 여신전문금융회사인 금융회사: 해당 금융회사의 고객과 이해가 상충되지 아니하고 금융회사의 건전한 경영을 저해할 우려가 없는 경우로서 다른 회사의 상시적인 업무에 종사하는 경우, 2. 금융지주회사인 금융회사: 해당 금융지주회사의 자회사등의 고객과 이해가 상충되지 아니하고 그 자회사등의 건전한 경영을 저해할 우려가 없는 경우로서 다음 각 목의 어느 하나에 해당하지 아니하는 회사의 상시적인 업무에 종사하는 경우. 다만, 다음 각 목의 어느 하나에 해당하는 회사가 해당 금융지주회사의 자회사등인 경우는 제외한다. 가. 해당 금융지주회사의 최대주주 또는 주요주주인 회사, 나. 해당 금융지주회사의 계열회사, 다. 「금융위원회의 설치 등에 관한 법률」 제38조에 따라 금융감독원의 검사를 받는 기관(금융회사 및 금융유관회사)

따른 자은행(모은행이 의결권 있는 발행주식 총수의 100분의 15를 초과하는 주식을 보유하고 있는 은행)의 임직원이 되는 경우에는 겸직할 수 있다(금융지배법 제10조 제3항).

(4) 금융그룹 임직원의 그룹내 겸직 허용

금융그룹의 경우에도 금융회사지배구조법에서 그 성격상 자회사 관리에 임직원의 겸직이 필요하다는 점에서 일정한 범위에서 겸직을 예외 허용하고 있다. 즉 금융지주회사 임직원의 자회사 겸직, 자회사 임직원의 자산운용업을 제외한 타 자회사 겸직을 허용하고 있다.

금융회사지배구조법 제10조 제4항 규정을 보면 다른 법령, 제6조(제1항제3호는 제외한다), 이 조 제1항 및 제3항에도 불구하고 금융지주회사 및 그의 자회사등(「금융지주회사법」 제4조제1항제2호에 따른 자회사등(자회사, 손자회사, 증손회사)을 말한다)의 임직원은 다음 각 호의 어느 하나에 해당하는 경우 [1. 금융지주회사의 임직원이 해당 금융지주회사의 자회사등의 임직원을 겸직하는 경우, 2. 금융지주회사의 자회사등(금융업을 영위하는 회사 또는 금융업의 영위와 밀접한 관련이 있는 회사로서 대통령령으로 정하는 회사[36]로 한정한다)의 임직원이 다른 자회사등의 임직원을 겸직하는 경우로서 다음 각 목의 어느 하나의 업무를 겸직하지 아니하는 경우. 가. 「자본시장과 금융투자업에 관한 법률」 제6조제4항에 따른 집합투자업(대통령령으로 정하는 경우(위탁가능업무)[37]는 제외한다), 나. 「보험업법」 제108조제1항제3호에 따른 변액보험계약에 관한 업무, 다. 그 밖에 자회사등의 고객과 이해가 상충하거나 해당 자회사등의 건전한 경

---

36) 금융회사지배구조법 시행령 제10조(겸직 허용) ② 법 제10조제4항제2호 각 목 외의 부분에서 "대통령령으로 정하는 회사"란 「금융지주회사법 시행령」 제2조제1항에 따른 금융 및 보험업을 영위하는 회사 또는 같은 조 제2항에 따른 금융업의 영위와 밀접한 관련이 있는 회사를 말한다.

37) 금융회사지배구조법 시행령 제10조(겸직 허용) ③ 법 제10조제4항제2호가목에서 "대통령령으로 정하는 경우"란 「자본시장과 금융투자업에 관한 법률 시행령」 제45조제2호다목1)부터 6)까지의 규정에 따른 업무 [1) 집합투자재산 중 외화자산의 운용·운용지시업무[집합투자재산에 속하는 지분증권(지분증권과 관련된 증권예탁증권을 포함한다)의 의결권 행사를 포함한다] 2) 원화자산(외화자산이 아닌 자산을 말한다)인 집합투자재산 총액의 100분의 50 범위에서의 운용·운용지시업무 3) 집합투자재산의 운용·운용지시업무와 관련한 조사분석업무 4) 집합투자재산에 속한 증권, 장내파생상품, 「외국환거래법」에 따른 대외지급수단의 단순매매주문업무 5) 집합투자재산의 평가업무(해당 업무에 대한 의사결정 권한까지 위탁하지 아니하는 경우로 한정한다) 6) 부동산인 집합투자재산의 개발, 임대, 운영, 관리 및 개량 업무와 그에 부수하는 업무]를 말한다.

영을 저해할 우려가 있는 경우로서 금융위원회가 정하여 고시하는 업무[38)]에는 겸직할 수 있다(금융지배법 제10조 제4항).

4.2. 겸직 승인 및 보고

금융회사지배구조법에서는 금융회사 임직원의 겸직에 대하여 앞에서 본 바와 같이 타 회사의 상근 겸직을 원칙적으로는 금지하면서 금융권별로 자회사 등에 대하여 제한적으로 겸직을 예외 허용하고 있다. 이러한 예외 허용된 경우에는 금융회사가 이해상충 방지 및 금융회사의 건전성 등에 관하여 자체적으로 겸직기준을 마련하고 금융위원회의 사전 승인을 받도록 하고 있다. 다만 이해상충 또는 건전성 저해의 우려가 적은 경우에는 보고로 갈음하도록 하였다(금융지배법 제11조 제1항).

(1) 겸직기준 마련

금융회사지배구조법 제11조 제1항에서 금융회사는 해당 금융회사의 임직원이 제10조제2항부터 제4항까지의 규정에 따라(은행 · 상호저축은행 · 보험회사 · 여신전문금융회사 · 금융지주회사 상근 임원의 자회사 상근 임직원 겸직 허용, 은행 임직원의 자은행 임직원 겸직 허용, 금융그룹내 지주회사 임직원의 자회사 임직원 및 자회사간 임직원 겸직 허용) 다른 회사의 임직원을 겸직하려는 경우에는 이해상충 방지 및 금융회사의 건전성 등에 관하여 대통령령으로 정하는 기준(이하 "겸직기준"이라 한다)을 갖추어 미리 금융위원회의 사전 승인을 받도록 하였다(동조 제1항 본문). 여기서 "대통령령으로 정하는 겸직기준"은 다음 <표 9-3>에 보는 바와 같이 각 호의 기준을 말한다(동법 시행령 제11조 제1항).

표 9-3 금융회사 임직원 겸직기준 (금융회사지배구조법 시행령 제11조 제1항)

1. 다음 각 목의 사항을 포함하는 금융회사의 임직원 겸직 운용기준(이하 "임직원 겸직 운용기준"이라 한다)이 마련되어 있을 것
   가. 임직원 겸직에 따른 위험관리 · 평가
   나. 임직원 겸직개시 · 종료절차
   다. 겸직 임직원에 대한 관리 · 감독,
   라. 고객정보(「금융지주회사법」 제48조의2제3항에 따른 고객정보를 말한다) 보호,
   마. 임직원 겸직에 따른 이해상충 방지체계,

38) 아직 미제정.

바. 겸직 임직원의 업무범위,
사. 임직원 겸직에 따른 해당 금융회사(금융지주회사인 경우 금융지주회사와 그 자회사 등을 말한다)의 겸직 임직원의 책임범위,
아. 고객과의 이해상충 발생 등에 대비한 비상계획 마련, 분쟁해결방법, 해당 금융회사의 손해배상책임 등,
자. 그 밖에 겸직에 따른 이해상충 방지 및 금융회사의 건전성 등에 관하여 필요한 사항으로서 금융위원회가 정하여 고시하는 사항(1. 겸직 임직원의 자격요건 및 선정절차에 관한 사항, 2. 겸직 임직원의 담당 업무 관련 업무처리절차 및 보고체계에 관한 사항, 3. 금융위, 금융감독원, 준법감시인, 감사위원회(감사를 포함) 및 해당 금융회사로부터 독립된 외부의 감사인 등의 임직원 겸직 관련 자료에 대한 접근권 확보에 관한 사항)

2. 임직원이 겸직하는 금융회사는 다음 각 목의 사항에 대한 각각의 확인서(이 조에서 "확인서"라 한다)를 마련할 것.
가. 겸직하는 회사에서 수행하는 업무의 범위,
나. 겸직하는 업무의 처리에 대한 기록유지,
다. 겸직의 목적,
라. 겸직의 기간,
마. 그 밖에 겸직에 따른 이해상충 방지 및 금융회사의 건전성 등에 관하여 필요한 사항으로서 금융위원회가 정하여 고시하는 사항(1. 겸직 임직원, 임직원이 겸직하는 회사의 책임범위, 2. 겸직 임직원의 담당업무에 대한 적격성, 3. 겸직 임직원에 대한 보수 산정방식, 4. 면책조항 및 분쟁해결(중재 및 조정 포함)방법에 관한 사항)

(2) 승인신청서 제출

위와 같이 겸직 승인을 받으려는 금융회사는 금융위원회가 정하여 고시하는 승인신청서에 다음 각 호의 서류 [1. 임직원 겸직 운용기준, 2. 확인서, 3. 법 제24조제1항에 따른 내부통제기준, 4. 임직원의 겸직이 다음 각 목의 요건을 충족한다는 해당 금융회사 준법감시인의 보고서. 가. 금융시장의 안정성을 저해하지 아니할 것, 나. 금융회사의 경영건전성을 저해하지 아니할 것, 다. 고객과의 이해상충을 초래하지 아니할 것, 라. 금융거래질서를 문란하게 하지 아니할 것, 마. 임직원 겸직 운용기준 및 법 제24조제1항에 따른 내부통제기준에 위배되지 아니할 것]를 첨부하여 금융위원회에 제출하여야 한다(동법 시행령 제11조 제4항).[39]

(3) 겸직승인 요건 심사 및 통지

금융위원회는 승인신청서를 제출받은 경우에는 해당 임직원의 겸직이 상기 제4항 제4호 각 목의 요건(겸직승인 요건)을 충족하는지 심사하여 제출일부터

39) 금융회사 지배구조 감독규정 제4조 ③ 영 제11조제4항에 따른 승인신청서와 첨부서류의 서식은 감독원장이 정한다.

30일 이내에 승인 여부를 결정하고, 그 결과와 이유를 지체 없이 해당 금융회사에 문서로 통지하여야 한다. 이 경우 승인신청서에 흠결이 있는 경우에는 보완을 요구할 수 있다(동법 시행령 제11조 제5항). 심사기간을 계산할 때 승인신청서 흠결의 보완기간 등 금융위원회가 정하여 고시하는 기간[40]은 심사기간에 넣지 아니한다(동법 시행령 제11조 제6항).

(4) 겸직보고 대상

금융회사지배구조법 제11조 제1항 단서에서는 본문 규정에 따른 금융회사의 임직원 겸직 승인 대상에 해당하지 아니한 경미한 겸직인 경우를 사전 승인이 아닌 사후 보고사항으로 규정하였다. 즉 겸직승인 대상 금융회사는 이해상충 또는 금융회사의 건전성 저해의 우려가 적은 경우로서 대통령령으로 정하는 경우, 즉 주요 임원(대표이사, 대표집행임원, 사내이사, 주요업무집행책임자)의 타사 상근 겸직, 감사위원(감사 포함)·준법감시인·위험관리책임자의 타 금융사 동일업무 겸직, 임직원(주요 임원 제외)의 타 금융사의 자산운용업무·신탁업무 상근 겸직 및 손해보험사 임직원의 생명보험사 겸직 또는 생명보험사 임직원의 손해보험사 겸직에 해당하지 아니한 경우(동법 시행령 제11조 제2항)[41]에는 다

40) 금융회사 지배구조 감독규정 제4조 ④ 영 제11조제6항에서 "금융위원회가 정하여 고시하는 기간"이란 다음 각 호의 어느 하나에 해당하는 기간을 말한다. 1. 영 제11조제4항제4호 각 목의 요건을 충족하는지를 확인하기 위하여 다른 기관 등으로부터 필요한 자료를 제공받는 데에 걸리는 기간, 2. 영 제11조제5항 후단에 따라 승인신청서 흠결의 보완을 요구한 경우에는 그 보완기간, 3. 해당 금융회사 또는 그의 대주주(법 제2조제6호에 따른 대주주를 말한다)를 상대로 형사소송 절차가 진행되고 있거나 금융위, 공정거래위원회, 국세청, 검찰청 또는 감독원 등(외국 금융회사인 경우에는 이들에 준하는 본국의 감독기관 등을 포함한다)에 의한 조사·검사 등의 절차가 진행되고 있고, 그 소송이나 조사·검사 등의 내용이 심사에 중대한 영향을 미칠 수 있다고 인정되는 경우에는 그 소송이나 조사·검사 등의 절차가 끝날 때까지의 기간, 4. 천재·지변 그 밖의 사유로 불승인사유를 통지할 수 없는 기간

41) 금융회사지배구조법 시행령 제11조 ② 법 제11조제1항 각 호 외의 부분 단서에서 "대통령령으로 정하는 경우"란 다음 각 호의 어느 하나에 해당하지 아니하는 경우를 말한다. 1. 해당 금융회사의 대표이사, 대표집행임원(「상법」 제408조의5제1항에 따른 대표집행임원을 말한다), 사내이사 또는 주요업무집행책임자가 다른 회사의 상시적인 업무에 종사하는 임직원을 겸직하려는 경우. 다만, 다음 각 목의 어느 하나에 해당하는 경우는 제외한다. 가. 금융지주회사와 해당 금융지주회사의 자회사등 간의 겸직인 경우, 나. 해당 금융회사가「여신전문금융업법」에 따른 신기술사업금융업자인 경우로서 같은 법 제41조제1항 각 호의 업무를 수행하기 위하여 다른 회사의 임직원을 겸직하려는 경우. 2. 해당 금융회사의 감사위원(감사를 포함한다), 법 제25조제1항에 따른 준법감시인 또는 법 제28조제1항에 따른 위험관리책임자가 다른 금융회사의 감사위원, 준법감시인 또는 위험관리책임자를 겸직하려는 경우. 다만, 해당 금융회사가 금융지주회사인 경우로서 그 금융지주회사의 자회사등에서 해당 금융지주회사에서 수행하는 업무와 동일한 업무를 겸직하려는 경우는 제외한다. 3. 해당 금융회사의 임직원

음 각 호의 사항 [1. 겸직하는 회사에서 수행하는 업무의 범위, 2. 겸직하는 업무의 처리에 대한 기록 유지에 관한 사항, 3. 그 밖에 이해상충 방지 또는 금융회사의 건전성 유지를 위하여 필요한 사항으로서 대통령령으로 정하는 사항(겸직의 목적, 기간 등)[42)]]을 대통령령으로 정하는 방법 및 절차(반기별 겸직현황을 매반기 경과후 1개월 이내 제출)[43)]에 따라 금융위원회에 보고하도록 하였다(금융지배법 제11조 제1항 단서).

이상과 같은 겸직보고 사항이 아니더라도 금융회사는 다음 각 호의 어느 하나에 해당하는 경우[1. 최근 3년 이내에 법 제11조제1항 각 호 외의 부분 본문에 따라 겸직 승인을 받은 경우로서 해당 금융회사의 임직원이 인사교체 등으로 변경되었고 새로 변경된 임직원이 겸직하는 업무·겸직하는 회사가 전임자가 겸직하였던 업무·겸직하였던 회사와 동일한 경우, 2. 해당 금융회사의 임직원이 외국 자회사등의 임직원을 겸직하려는 경우]에는 금융위원회에 보고할 수 있다(동법 시행령 제11조 제3항).

금융회사는 법 제11조제1항 단서에 따라 임직원의 타회사 겸직을 보고하는 경우에는 금융위원회가 정하여 고시하는 서류[44)45)]를 첨부하여 반기별 겸직 현황을 매 반기 경과 후 1개월 이내에 금융위원회에 제출하여야 한다(동법 시행령 제11조 제7항).

(제1호에 따른 임원은 제외한다)이 다른 금융회사의 상시적인 업무에 종사하는 임직원을 겸직하려는 경우로서 겸직하려는 임직원의 업무가 다음 각 목의 어느 하나에 해당하는 경우 가. 법 제10조제4항제2호 각 목의 어느 하나에 해당하는 업무, 나. 「자본시장과 금융투자업에 관한 법률 시행령」 제45조제2호바목에 따른 업무. 4. 손해보험회사(「보험업법」에 따른 손해보험회사를 말한다)의 임직원이 생명보험회사(「보험업법」에 따른 생명보험회사를 말한다)의 임직원을 겸직하려는 경우 또는 생명보험회사의 임직원이 손해보험회사의 임직원을 겸직하려는 경우

42) 금융회사지배구조법 시행령 ⑧ 법 제11조제1항제3호에서 "대통령령으로 정하는 사항"이란 다음 각 호의 사항을 말한다. 1. 겸직의 목적, 2. 겸직의 기간, 3. 그 밖에 이해상충 방지 또는 금융회사의 건전성 유지를 위하여 필요한 사항으로서 금융위원회가 정하여 고시하는 사항

43) 금융회사지배구조법 시행령 ⑦ 금융회사는 법 제11조제1항 각 호 외의 부분 단서에 따라 보고하는 경우에는 금융위원회가 정하여 고시하는 서류를 첨부하여 반기별 겸직 현황을 매 반기 경과 후 1개월 이내에 금융위원회에 제출하여야 한다.

44) 금융회사 지배구조 감독규정 제4조 ⑤ 영 제11조제7항·제9항에서 "금융위원회가 정하여 고시하는 서류"란 감독원장이 정하는 서식에 따른 보고서 및 다음 각 호의 첨부서류를 말한다. 1. 임직원 겸직 계약서 사본, 2. 임직원 겸직이 영 제11조제4항제4호 각 목의 요건에 적합하다는 해당 금융회사 준법감시인의 검토의견 및 관련 자료

45) 금융회사 지배구조 감독규정 제4조 ⑥ 영 제11조제4항·제7항·제9항에 따른 승인신청서, 보고서에 첨부하여야 할 서류가 이미 제출된 경우에는 제출된 서류를 참조.하라는 뜻을 기재한 서면으로 첨부서류 제출을 갈음할 수 있다.

4.3 사외이사 등의 타 금융사 임원겸직 보고

금융회사지배구조법 제11조 제2항에서는 금융회사의 사외이사, 비상임이사 또는 비상근감사가 다른 금융회사의 임원을 겸직하는 경우 보고 의무를 규정하고 있다. 즉 해당 금융회사의 임원이 다른 금융회사의 임원을 겸직하는 경우(제10조에 따른 겸직은 제외)로서 대통령령으로 정하는 경우에는 대통령령으로 정하는 방법 및 절차(반기별 겸직 현황을 매반기 경과후 1개월 이내 제출)[46)]에 따라 제1항 각 호의 사항(겸직업무 범위·처리기록, 겸직 목적·기간 등)을 금융위원회에 보고하여야 한다(금융지배법 제11조 제2항).

4.4 겸직기준 미충족·미보고시 조치

(1) 위반 임직원의 겸직제한 또는 시정명령

금융회사가 겸직기준을 충족하지 아니하는 경우 또는 제1항 단서에 따른 보고 방법 및 절차를 따르지 아니하거나 보고한 사항을 이행하지 아니하는 경우에는 금융위원회는 해당 임직원 겸직을 제한하거나 그 시정을 명할 수 있다(금융지배법 제11조 제3항).

(2) 금융그룹의 손해배상 연대책임

임직원을 겸직하게 한 금융지주회사와 해당 자회사등은 금융업의 영위와 관련하여 임직원 겸직으로 인한 이해상충 행위로 고객에게 손해를 끼친 경우에는 연대하여 그 손해를 배상할 책임이 있다. 다만, 다음 각 호의 어느 하나에 해당하는 경우(상당한 주의, 고객 동의시) [1. 금융지주회사와 해당 자회사등이 임직원 겸직으로 인한 이해상충의 발생 가능성에 대하여 상당한 주의를 한 경우, 2. 고객이 거래 당시에 임직원 겸직에 따른 이해상충 행위라는 사실을 알고 있었거나 이에 동의한 경우, 3. 그 밖에 금융지주회사와 해당 자회사등의 책임으로 돌릴 수 없는 사유로 손해가 발생한 경우로서 대통령령으로 정하는 경우[47)]]

---

46) 금융회사지배구조법 시행령 제11조 ⑨ 법 제11조제2항에서 “해당 금융회사의 임원이 다른 금융회사의 임원을 겸직하는 경우(제10조에 따른 겸직은 제외한다)로서 대통령령으로 정하는 경우”란 해당 금융회사의 사외이사, 비상임이사 또는 비상근감사가 다른 금융회사의 임원을 겸직하는 경우를 말한다. 이 경우 금융회사는 금융위원회가 정하여 고시하는 서류를 첨부하여 반기별 겸직 현황을 매 반기 경과 후 1개월 이내에 금융위원회에 제출하여야 한다.

47) 아직 미제정.

에는 그러하지 아니하다(금융지배법 제11조 제4항).

5. 직 원

(1) 직원이란 일반적으로 기업이나 관공서에서 어떤 직분에 속한 자를 말한다. 기업에서의 직원은 사원, 종업원, 근로자 등과 동의어로 사용된다. 법인의 경우에는 임원은 포함하지 않는다. 회사형태의 기업에서는 사원이라 부르기도 하지만 은행의 경우에는 은행원이라고 부른다. 이렇듯 직원은 일반적으로 조직체의 구성원 중에서 임원이 아닌 근무자를 통칭한다. 통상 회사 임원의 임명이나 자격요건 등은 상법과 관계 법률에 정하여져 있지만, 직원에 관한 별도 규정은 없기 마련이다. 금융회사의 경우도 임원에 대하여는 금융회사지배구조법 등에 규정되어 있지만 직원에 대하여는 별다른 규정이 없다.

(2) 금융회사의 직원은 대부분 일반직원으로서 회사와의 고용관계 외에 특별한 법적 지위가 있는 것은 아니다. 그러나 금융회사가 금융업을 영위하고 있는 회사이므로 일정 직원은 맡은 바 직무와 직책에 따라 상법상 상업사용인에 해당하는 경우가 있다. 상법상 상업사용인은 특정한 상인(영업주)에 종속하여 대외적인 영업상의 상무에 종사하는 자이다(상법 제11조). 상업사용인은 특정한 상인에 종속된 경영보조자이므로 경영담당자인 회사의 이사 등은 이에 해당되지 아니한다. 그리고 대외적인 영업상의 업무에 종사하면서 대리권을 행사하므로 대내적인 업무에 종사하는 자는 포함되지 아니한다. 상법은 상업사용인에 대하여 대리권의 유무와 범위에 따라 지배인(상법 제10조), 부분적 포괄대리권을 가진 사용인(상법 제15조), 물건판매점포사용인(의제상업사용인)(상법 제16조)이라는 세 가지 상업사용인을 인정하고 있다. 금융회사의 경우 지점장·영업부장·본부장 등의 직책을 가진 자는 보통 지배인에 해당하고, 차장·과장·대리·심사역 등의 직책을 가진 자는 일반적으로 부분적 포괄대리권을 가진 사용인에 해당한다고 하겠다.

(3) 금융회사의 지점장은 사업사용인 중 특히 지배인에 해당하는데, 영업주에 갈음하여 그 영업에 관한 재판상 또는 재판 외의 모든 행위를 할 수 있는 대리권을 가진 상업사용인이다(상법 제11조). 지배인은 최고급의 경영보조자이지만 영업주에 의하여 선임된 상업사용인의 일종이므로, 영업주에 대하여 종속적 근로의무를 부담하고 영업주의 지휘명령에 복종하여야 한다. 지배인의 선임과 종임은

등기사항이다(상법 제13조). 주식회사인 금융회사의 지점장은 보통 상법상 지배인에 해당한다면, 금융회사의 장(은행장, 사장, 대표 등)은 보통 상법상 대표이사에 해당한다. 지배인의 권한은 특정된 영업 또는 영업소에 있어서의 경영활동에 제한되나 대표이사의 권한은 회사의 영업 및 경영활동 전반에 미친다.

(4) 직원과 금융회사와의 법률관계를 보면 내부관계와 외부관계로 나누어 볼 수 있다. 상업사용인에 해당하는 직원의 경우 내부관계는 고용관계로서 민법 또는 고용관계법이 규율하고, 외부관계는 상법이 규율하게 된다. 내부관계의 법률관계는 원칙적으로 당사자가 자율적으로 정할 수 있으나, 외부관계의 법률관계는 거래의 안전을 위하여 강제적으로 규율된다. 상업사용인이 아닌 직원의 경우는 금융회사와의 법률관계가 내부관계는 상업사용인인 경우와 같지만 외부관계는 개인적인 대리관계만이 존재한다.[48)]

6. 임직원의 의무와 책임

6.1 일반적 의무

(1) 금융회사 임원은 수임인(상법 제382조 제2항)으로서 일반적으로 선량한 관리자의 주의의무(선관주의의무)를 부담한다(민법 제681조). 또 법령과 정관의 규정에 따라 회사를 위하여 그 직무를 충실하게 수행하여할 충실의무를 부담한다(상법 제382조의3). 그리고 상법상 임원(이사)은 경업피지의무(상법 제397조), 자기거래금지의무(상법 제398조), 보고의무(상법 제393조 제3항), 비밀유지의무(상법 제382조의4), 감시의무 등을 부담한다.

다만 임원의 겸직금지의무에 대하여는 앞에서 설명한 바와 같이 금융회사지배구조법에서 별도의 특별 규정을 두었다. 특히 은행의 임·직원에 대하여는 한국은행, 다른 은행 또는 은행지주회사의 임직원을 겸직할 수 없도록 하였다. 다만, 자은행(모은행이 의결권 있는 발행주식 총수의 100분의 15를 초과하는 주식을 보유하고 있는 은행)의 임직원이 되는 경우에는 겸직할 수 있다(금융지배법 제10조 제3항).[49)]

또한 금융회사 임직원은 금융거래의 비밀보장의무가 있다. 즉 금융회사등에

48) 도제문·정찬형, 「은행법」(제2판)(박영사, 2005.2), 129면.
49) 이 규정은 종전에 은행법에 규정되었던 내용을 금융회사 지배구조법을 제정하면서 이관한 것이다.

종사하는 자는 원칙적으로 금융거래의 내용에 대한 정보 또는 자료("거래정보등")를 타인에게 제공하거나 누설하여서는 아니 되며, 누구든지 금융회사등에 종사하는 자에게 거래정보등의 제공을 요구하여서는 아니 된다(금융실명거래및비밀보장에관한법률 제4조).

한편 금융회사 임직원에 대하여는 직무 특성상 청렴의무가 부과되어 있다.[50] 특히 상호저축은행법에서는 상호저축은행의 임직원은 직무와 관련하여 횡령, 배임, 직접·간접을 불문하고 증여, 그 밖에 수뢰의 요구, 취득 또는 이에 관한 약속을 하여서는 아니 된다고 규정하고 있다(상호저축은행법 제37조의5).

(2) 금융회사 직원은 금융회사와의 사이에 고용계약 내지는 위임계약이 있다. 이러한 계약의 효력으로서 직원은 소속 금융회사에 대하여 민법상 각종 의무를 부담한다. 예컨대 고용계약의 경우에는 노무제공의무(민법 제655조) 등이 있고, 위임계약의 경우에는 위임사무처리의무(민법 제680조), 선관주의의무(민법 제681조) 등이 있다.

상법에서는 상업사용인인 직원에 대하여도 이사와 마찬가지로 경업피지의무를 규정하고 있다(상법 제17조). 경업피지의무에는 경업금지의무와 겸직금지의무가 있다. 즉 상업사용인은 영업주의 허락없이 자기 또는 제삼자의 계산으로 영업주의 영업부류에 속한 거래를 하지 못하는 경업금지의무가 있고, 영업주의 허락없이 다른 회사의 무한책임사원, 이사 또는 다른 상인의 사용인이 되지 못하는 겸직금지의무가 있다.

다만 은행의 직원에 대하여는 위에서 설명한 바와 같이 금융회사지배구조법에서 별도의 특별규정으로 겸직금지의무를 두었다(금융지배법 제10조 제3항).

6.2 민형사 책임

(1) 민사책임

금융회사 임원(이사)가 고의 또는 과실로 법령 또는 정관에 위반한 행위를 하거나 그 임무를 게을리한 경우에는 그 이사는 회사에 대하여 연대하여 손해를 배상할 책임이 있다(상법 제399조). 또한 이사가 고의 또는 중대한 과실로 그 임무를 게을리한 때에는 그 이사는 제3자에 대하여 연대하여 손해를 배상할

50) 금융감독원의 임직원에 대하여도 청렴 및 직무상 비밀유지의무가 부과되어 있다(금융위설치법 제35조).

책임이 있다(상법 제401조).

금융회사 직원의 불법행위로 인하여 금융회사가 사용자로서의 책임을 지는 경우가 있는데, 이에 관한 다수의 판례가 있다.

(2) 형사책임

금융회사 임직원의 업무수행과 관련하여 상법, 특정경제범죄가중처벌법, 금융회사지배구조법 등 금융관계법률에서 각각 형사처벌 규정을 두고 있다.

상법에는 임원(상업사용인 직원 포함)에 대하여 특별배임죄(제622조 제1항), 독직죄(제630조)가 있고, 특정경제범죄가중처벌등에관한법률에서는 임직원에 대하여 수뢰죄(제5조), 증재죄(제6조), 알선수재죄(제7조), 사금융알선죄(제8조), 저축관련부당행위죄(제9조)가 적용된다. 이때에는 일반 형사범보다 가중처벌되고 해당 금품은 몰수·추징된다(제10조).

금융회사지배구조법에서는 사외이사 및 이사회 운영과 관련한 의무이행을 하지 아니한 임직원에 대하여 과태료를 부과한다(금융지배법 제43조). 금융실명거래및비밀보장에관한법률에서는 비실명거래를 한 은행의 임직원은 과태료에 처해지고(제7조), 금융거래의 비밀을 준수하지 못한 경우에는 징역 또는 벌금형에 처해진다(제6조).

은행법에서는 은행 임직원의 은행업무 위반에 대한 벌칙과 과태료 처분 규정이 있다(제68조 제1항, 제69조 제4항). 상호저축은행법에서는 임직원이 업무위배로 저축은행에 손해를 끼친 경우 벌칙이 있다(제39조 제2항 2호). 이밖에도 기타 금융관계법에서 금융회사 임직원의 업무위반에 대한 형사처벌 규정이 산재해 있다.

Ⅲ. 사외이사 제도

1. 의 의

사외이사란 미국의 outside director의 번역어로서 회사에 상근하지 않고 이사회에 출석하여 이사회의 의사결정에만 관여하는 이사를 가리킨다. 이는 기업

실무에서 말하는 비상근이사와 같다고 할 수 있다. 미국의 사외이사란 당초 제도상의 개념이 아니고 단지 미국의 회사에는 이사들의 상당수를 지역유지나 변호사, 금융전문가, 회계전문가 등의 전문직으로 충원하는데 이들을 보통 비상근으로 하고 있으므로 상근이사(inside director)[51]와 대칭되는 개념으로 사외이사라고 하고 있을 뿐이었다.[52] 미국법률협회(ALI: American Law Institute)도 회사경영에 대한 권고안에서 사외이사나 독립이사라는 용어를 사용하지는 않았지만, 상근경영자인 이사 또는 상근경영자와 중요한 관계가 있는 이사와 그렇지 않은 이사들을 구별하고 있다. 즉 상근이사는 이사로서 회사의 업무를 담당하는 사용인 겸 이사[53]와 업무담당이사[54]를 포함하는 개념으로서 일상적인 회사경영 활동에 참여하는 자를 의미한다고 할 수 있고, 사외이사는 이사회 등의 의사표시 등에 있어서 경영자로부터 독립된 위치에서 활동하는 자로서, 이들이 상근하는 회사와 직업적인 사업관계가 없는 자를 의미한다고 할 수 있다.[55]

따라서 사외이사는 비경영적, 비고용적, 명예적, 독립적, 전문적인 것을 특성으로 하는 제도라고 할 수 있다.[56] 즉 사외이사 제도는 이사회의 경영감독기능 강화 및 이사의 역할 제고 등을 위하여 회사(경영진)로부터 독립적이고 아무런 관련이 없으며 이해관계가 없는 외부의 인사를 이사로 선임하는 제도라고 할 것이다.

이러한 사외이사의 제도화 과정을 보면 1956년 뉴욕증권거래소(NYSE)가 경영자 견제와 투자자 보호를 위해 상장기업의 이사회에 대해 사외이사 2명 이상을 포함하도록 의무화 하였고, 2002년 8월에는 엔론사의 회계부정사건 이후 추진된 기업개혁과정에서 지배구조의 투명성 강화의 일환으로 「상장기준」을 개정하여 사외이사의 수와 자격요건을 강화하고 상장기업의 이사회에 과반수 이상

---

51) 이를 사내이사라고도 한다.

52) 이철송, 전게서, 513-514면.

53) 사용인겸 이사는 이사인 동시에 부장 · 공장장 · 지점장 및 회사의 사용인으로서 직제상의 지위를 갖는 자를 말한다.

54) 업무담당이사는 회사가 법정의 대표이사 이외에 정관의 규정이나 이사회의 결의에 의하여 대표이사 이외의 이사에게 대외관계를 수반하지 않는 대내적인 업무집행을 담당시킨 자를 말한다. 대표이사의 성명은 등기사항이므로 누가 대표이사인가는 등기에 의하여 명백히 알 수 있다. 그러나 업무담당이사는 스스로 내부적인 업무를 결정하고 이를 집행할 권한을 가지나, 그 권한의 범위는 정관, 이사회의 결의 또는 업무규칙에 일반적 · 포괄적으로 규정되는 것이 보통이다.

55) 손종학, "기업지배구조와 사외이사제도의 개선방안" 「조사월보」(7월호)(한국산업은행, 1999. 7). 10면.

56) Stanley C. Vance, "*Corporate Leadership-Board*", Directors and Strategy(1983). p. 86.

의 독립이사(independent directors)를 두도록 하였다. 여기서 독립이사란 상장기업과 직접 또는 기업의 파트너, 주주, 임원 등으로서 중요한 관계(material relationship)에 있지 아니하다고 이사회가 인정하는 자이어야 한다.[57]

2. 우리나라 사외이사의 개념

2.1 금융관계법에서 최초 도입

우리나라에서는 이러한 미국의 사외이사가 효율적인 경영감시기능을 하는 것으로 인식하고 법제도로 받아 들였다. IMF 외환위기 이전인 1997년 1월 은행법을 개정하여 은행에 비상임이사(2000년 1월 사외이사로 명칭을 변경, 이사 총수의 1/2 이상)중심의 이사회제도로 개편하고, 1998년 2월에는 외환위기 이후 추진된 기업지배구조 개선방안의 일환으로 당시 증권거래소(현재 한국거래소)의 「유가증권상장규정」에 의해 주권상장법인에 대해 사외이사제도(이사총수의 4분의1 이상)를 도입하였다.[58] 2000년 1월에는 구 증권거래법, 은행법 등 금융관계법을 동시에 개정하여 "회사의 상무에 종사하지 아니하는 이사"를 사외이사로 규정[59]하고 금융회사와 상장법인에 사외이사중심의 이사회 구성을 의무화하였다.

그런데 우리나라는 사외이사제도 도입과 관련하여 이미 법제화가 됐음에도 불구하고 개념적 측면에서는 약간의 혼란이 있었다. 종전 회사의 상임이사가 아닌 이사, 즉 비상임이사가 이제는 사외이사로 그 용어와 개념이 변경되었다고 보는 것이 일반적이라 할 수 있었다. 예를 들면 은행법에서 '비상임이사'가 '사외이사'로 용어 변경되어 "회사의 상무에 종사하지 아니하는 이사"로 명확화된 것이 바로 그것이다. 이에 따라 은행의 이사는 상임이사와 사외이사로만 구분되었다. 그렇지만, 구 증권거래법에서는 '사외이사'를 "회사의 상무에 종사하지 아니하는 이사로서 제54조의5 또는 제191조의16에 의하여 선임된 자"(동법 제2조 제19호)라고 하고 '비상임이사'를 규정(제54조의5 제4항)에 그대로 남겨두었다. 따라서 구 증권거래법에 의하면 회사의 이사는 상임이사, 비상임이사, 사외이사의 3종류로 나누어졌다. 일반적으로 사외이사란 그 도입취지에서 볼 때 회사

57) NYSE, "CALS Committee Original Corporate Governance Recommendations, Recommendations to the NYSE Board of Directors," June 6, 2002, p. 6. http://www.nyse.com/about/listed/ 1101074752625.html 참조.

58) 민간기업 중 자발적으로 사외이사를 임명한 경우는 1996년 현대종합상사가 최초였다.

59) 구 증권거래법 제2조 19호, 은행법 제22조 제2항, 보험업법 제15조 제1항 등.

경영실무를 담당하지 않는 독립적 지위에서 경영자 및 지배주주의 전횡과 독주를 견제하는 역할을 담당하는 이사라고 한다면, 그러한 역할을 담당하지 아니하는 비상임이사의 존재는 사실상 대주주의 대리인일 가능성이 높다고 하겠다.

2.2 상법으로 입법화

이러한 사외이사제도 도입에 따른 개념상 혼란을 정리하고 회사 이사의 종류를 입법적으로 해결한 것이 2007년 8월 자본시장법 제정에 따른 2009년 1월 상법개정시 이다.[60] 동 상법 개정에서는 회사 이사의 종류를 종전의 이사에서 '사내이사', '사외이사', '그 밖에 상무에 종사하지 아니하는 이사'로 구분하고, 이사 명칭을 등기할 때 '사내이사', '사외이사', '기타 비상무이사'로 구분하여 등기하도록 하였다(상법 제317조 제2항 8호). 이렇게 보면 '사내이사'는 회사에 상근하여 근무하는 이사로서 대표이사, 부사장, 전무, 상무 등 회사의 실질적인 경영진이라 할 수 있다. 반면 사내이사를 제외한 비상무이사중에는 '사외이사'와 '기타 비상무이사'가 있는데 이는 독립성을 갖추어 감시 감독할 수 있는지 여부로 구분하고 있다. 따라서 개정 상법에서는 '사외이사'는 "해당 회사의 상무에 종사하지 아니하는 이사로서 다음 각 호의 어느 하나에 해당하지 아니하는 자"라고 정의하면서, "다음 각호의 어느 하나에 해당하는 경우에는 그 직을 상실한다"고 규정함으로써 사외이사의 자격을 독립성 요건으로 명시하였다. 즉 다음 각 호에서 열거하는 사외이사가 될 수 없는 자는 ① 회사의 상무에 종사하는 이사·집행임원 및 피용자 또는 최근 2년 이내에 회사의 상무에 종사한 이사·감사·집행임원 및 피용자 ② 최대주주가 자연인인 경우 본인과 그 배우자 및 직계 존속·비속 ③ 최대주주가 법인인 경우 그 법인의 이사·감사·집행임원 및 피용자 ④ 이사·감사·집행임원의 배우자 및 직계 존속·비속 ⑤ 회사의 모회사 또는 자회사의 이사·감사·집행임원 및 피용자 ⑥ 회사와 거래관계 등 중요한 이해관계에 있는 법인의 이사·감사·집행임원 및 피용자 ⑦ 회사의 이사·집행임원 및 피용자가 이사·집행임원으로 있는 다른 회사의 이사·감사·집행임원 및 피용자를 말한다(상법 제382조 제3항). 회사 중 상장회사의 경우는 사외이사의 독립성 요건을 더욱 강화하며 결격 요건을 추가하여 특례 규정

---

60) 2007년 8월 3일 종전의 증권관계법을 통합한 자본시장법을 제정하면서 구 증권거래법에 규정되어있던 사외이사제도와 상장회사 특례규정을 상법으로 이관하기로 하여 상법이 2009.1.30 법률 제9362호로 개정되었고 2009.2.4 자본시장법과 함께 동시 시행되었다.

하고 있다(상법 제542조의8 제2항). 결국 '기타 비상무이사'는 비상무이사중 독립성 요건을 갖추지 못한 이사를 말하게 된다. 사외이사가 아닌 기타 비상무이사로는 통상 대주주와 관계된 자가 선임되고 있다. 일반적으로 상장회사의 경우에는 이사 총수의 4분의 1 이상을 사외이사로 구성하여야 하고, 자산총액 2조원 이상이면 3명이상, 이사 총수의 과반수[61]를 사외이사로 구성하여야 하는 의무가 있다(상법 제542조의8 제1항). 그렇지만 비상장회사의 경우는 독립성있는 사외이사 선임이 의무사항이 아니므로 사외이사를 두는 경우는 드문게 현실이다.

2.3 금융회사지배구조법에서 정립

우리나라 금융회사에 적용되는 사외이사제도는 IMF 외환위기를 계기로 금융관계법에서부터 본격 도입되어 운영되었지만 2015년 7월 금융회사지배구조법이 통합 제정되면서 하나의 법체계로 종합 정리되었고, 2016년 8월부터 시행되어 금융회사 모두에게 일원화되고 명확한 규정으로 운용되고 있다. 금융회사 사외이사의 정의, 자격요건, 선임절차, 이사회 구성 운영 등에 관해 상법의 규정과 궤를 같이 하지만 상법 규정에 우선하는 특별법으로 별도 규정함으로써 그동안 금융권간 다소 상이하고 혼란스러웠던 사외이사제도의 미비점들을 입법적으로 해결을 하였던 것이다. 동법에 의하면 금융회사의 '이사'는 '사내이사', '사외이사' 및 '그 밖에 상시적인 업무에 종사하지 아니하는 이사'(이하 "비상임이사"라 한다)로 구분되고, '사외이사'는 "상시적인 업무에 종사하지 아니하는 이사로서 제17조에 따라 선임되는 사람"을 말한다(금융지배법 제2조 3, 4호). 제17조는 사외이사를 포함한 임원의 선임절차를 규정한 임원후보추천위원회에 관한 조문이다. 상법의 사외이사 정의 규정은 자격요건과 함께 정의하였지만 금융회사지배구조법의 사외이사 정의 규정은 선임절차와 함께 정의하였고, 사외이사 자격요건은 별도 규정화(동법 제6조) 하였다.

3. 사외이사제도의 효용에 관한 논쟁[62]

미국에서는 오래 전부터 사외이사의 효용에 관한 논쟁이 이어져 왔다. 주로

61) 상장법인의 사외이사제도 도입 초기에는 사외이사 수가 이사 총수의 1/2 이상이었으나 2003. 12.31 구 증권거래법 개정으로 과반수로 강화되었다.

62) 이철송, 전게서, 514면 참조.

조직관리론 전공자들이 주장하는 경영실권론(Managerial Hegemony Theory)은 사외이사의 무용론을 주장하는데 반해, 주로 재무관리 전공자들이 주장하는 효용적 감시론(Effective Monitor Theory)은 사외이사의 감시기능을 옹호한다.[63] 이들이 주장하는 논거를 제시하면 다음과 같다.

먼저, 경영실권론자들이 주장하는 사외이사 무용론의 근거를 살펴보면 다음과 같다. 첫째, 사외이사들을 선출하는 것은 실질적으로 현 경영자(사장)이므로 사외이사들이 그들의 선임권을 가진 경영자에 대해 비판적인 입장을 취하거나 그들을 상대로 감시한다는 것은 비현실적이다. 둘째, 사외이사는 보통 회사의 업무에 관해 전문성이 없는데다가, 이사회에서 사장이 제시하는 안건과 그가 예정하는 결론에 부합하는 설명 외에는 정보를 갖지 못하므로 사장이 제시하는 결론에 추종하기 마련이다. 셋째, 사외이사들은 대개 다른 직업에 종사하고 있고 회사에서는 거마비 정도의 소액의 보수를 받을 뿐이다. 그러므로 사외이사가 적극적으로 주주의 이익을 위해 경영자를 감시할 동기가 박약하다고 주장한다.

반면, 재무관리전공자들이 주장하는 효용적 감시론의 근거를 살펴보면, 첫째, 사외이사들은 의사결정의 전문가로서 자신의 평판을 획득하려는 동기를 갖고 있기 때문에 주주의 이익을 보호하기 위한 감시기능을 충실히 이행한다는 것이다. 즉 이들은 이사라는 직업시장에서 자기의 상품가치를 높이기 위해 현재의 회사에서의 감시기능을 충실히 수행할 동기가 있다는 것이다.[64] 둘째, 사외이사들에 대한 보상으로서 회사의 주식을 교부한다면, 이들은 자기의 자산이 가치를 증식시키려는 개인적인 동기에서 감시기능을 충실히 할 것이라고 한다. 셋째, 사외이사들은 보통 회사와 이해관계가 있는 은행이나 다른 기업의 임원들이 겸하고 있으므로 이들은 자기가 속한 기업의 이익을 위해서라도 경영자에 대한 감시기능을 충실히 수행한다는 것이다.

결론적으로 이러한 논쟁에 대하여 미국에서는 효용적 감시론을 주장하는 자들을 중심으로 사외이사의 감시기능을 증명하기 위하여 많은 실증적 연구결과를 제시하기도 하였으나, 뚜렷이 사외이사의 긍정적인 기능을 증명하는 근거는 없었다.[65] 물론 무용론자들 경우도 마찬가지라고 할 수 있다.

---

63) Laura Lin, "*The Effective of Outside Directors as a Corporate Governance Mechanism*: Theory and Evidence," Northwestern Univ. Law Review, Vol. 90 No. 3(1996), p. 902.

64) 이를 "reputation capital theory"라 한다.

65) 실증분석에 대한 비판은 Lin, *op. cit.*, pp. 921-961 참조.; 이 외에도 사외이사의 논쟁에 대해서는 김성은 · 정기식, "사외이사제도 개선에 관한 연구," 「규제연구」(제13권 1호)(한국경

우리나라에서도 사외이사제도의 효용에 관해 많은 의문과 논쟁이 없는 것은 아니다. 사외이사의 거수기 논란과 전문성을 무시한 낙하산 인사가 독립성을 해치고 있다는 비판이 많다. 하지만 사외이사제도를 운영함으로써 회사 경영진에 대한 감시기능은 보다 강화되고 때로는 대주주의 경영권 전횡을 통제하는 역할을 하기도 하는 순기능이 많은 것은 사실이라 하겠다.

4. 우리나라에서의 사외이사제도 도입

4.1 제도 도입 경위

미국의 사외이사제도는 투자자에 대한 정보공시를 강화할 목적으로 제도화한 것이라고 할 수 있지만, 우리나라의 경우는 IMF 외환위기를 겪으면서 이사회가 경영진을 감시하지 못하여 부실을 초래한 것으로 판단하고 지배구조의 개선과 경제민주화를 위해 사외이사제도 도입을 추진한 결과라고 할 수 있다.[66] 즉 기존의 이사회 제도는 대주주 및 경영진의 독단과 전횡에 의한 기업경영의 왜곡을 방지하지 못함으로써 기업의 사회적 비용을 유발하고 지배주주에 의한 독단을 견제하지 못하는 문제점을 안고 있었다. 또한 이사 선임시 대주주 및 경영진의 영향력 배제가 현실적으로 곤란할 뿐만 아니라 소유와 경영의 미분리 등으로 이사가 제 역할을 수행하지도 못하였다.

이에 따라 이사회의 감독기능 강화 등을 통한 기업경영의 투명성 확보 및 지배구조의 선진화를 위한 기반 구축을 목적으로 정부는 2000년 1월 증권거래법 등 금융관계법령을 제·개정하여 상장법인, 금융회사 및 금융지주회사 등을 대상으로 사외이사중심 이사회제도(간단히 '사외이사제도'라 표현하기도 한다. 여기에는 사외이사를 바탕으로 한 감사위원회제도도 포함된다)를 확대·시행하였다. 그 후 증권관계법규를 통합한 「자본시장과금융투자업에관한법률」(이하 '자본시장법'이라 약칭) 제정을 계기로 구 증권거래법에 있던 지배구조와 관련한 규정을 자본시장법과 상법으로 분리하고 2009년 2월 양법 모두 동시에 시행하였다. 즉 금융투자업자의 지배구조에 관한 규정은 자본시장법에 그대로 두고(자본시장법 제22조~제29조), 상장법인에 관한 규정은 상법으로 이관하였다(상

제연구원, 2004.6), 173-176면 참조.

66) 김성은·정기식, 전게 논문, 주 23 참조.

법 제13절, 제542조의2~12). 2016년 8월에는 여러 금융관계법률에 분산 규정되어 있던 금융회사의 지배구조에 관한 규정을 하나의 법률인 「금융회사의지배구조에관한법률」(이하 '금융회사지배구조법'이라 약칭)로 통합 제정하여 시행하였다. 이러한 사외이사제도의 도입 및 입법화 과정을 정리해 보면 <표 9-4>와 같다.

표 9-4 사외이사제도 도입 추이

연 도	주요 내용	관련 근거
1998.2	-상장법인에 사외이사 제도 도입 • 상장법인 사외이사 선임 의무화 (1인 이상, 이사 총수의 1/4 이상)	증권거래소 상장규정
2000.1	-상장법인에 사외이사제도 법제화 (자산총액 2조원 이상 3인 이상, 이사 총수의 1/2 이상) -금융회사에 사외이사제도 확대 • 은행, 증권사, 보험사, 종금사, 투신사에 대해 사외이사 의무화(3인 이상, 이사 총수의 1/2 이상)	증권거래법 은행법 보험업법 종금법 투신업법
2001.3	-비은행 금융회사에 사외이사제도 확대 • 상호저축은행, 카드사에 대해 사외이사 의무화 -상장법인에 이어 자산총액 1천억원미만 벤쳐기업을 제외한 코스닥 상장법인에도 의무화	저축은행법 여전업법 증권거래법
2009.2	-금융투자업자의 사외이사관련 규정 자본시장법에 제정 -상장법인의 사외이사관련 규정 상법으로 이관 (자산총액 2조원 이상 3인 이상, 이사 총수의 과반수)	자본시장법 상법
2016.8	-금융회사의 사외이사제도 통합 규정 • 은행, 금융투자업자, 보험사, 저축은행, 여전사, 금융지주사(사외이사 3인 이상, 이사 총수의 과반수)	금융회사 지배구조법

4.2 법률의 규정

(1) 공기업

사외이사중심 이사회의 구성과 관련하여 공기업의 경우 사외이사가 과반수가 되도록 하고 있다. 구 「정부투자기관관리기본법」[67]에서 이사를 상임이사와 비상임이사로 구분하고 "사장을 포함한 상임이사의 정수는 이사 정수의 100분의 50미만으로 한다"(동법 제11조제3항)고 규정하였고, 이 법을 흡수 제정한 「공공기관의운영에관한법률」에서도 같은 내용을 유지하고 있다(동법 제24조 제

67) 동법은 2007.4.1 「공공기관의운영에관한법률」이 제정 시행되면서 폐지되었다.

3항). 또한 「공기업의경영구조개선및민영화에관한법률」도 같은 내용의 규정을 두고 있다(동법 제5조 제2항).

(2) 종전의 금융회사

금융회사의 경우에는 사외이사제도에 관해 당초 금융관계법률에서 보다 구체화하여 규정하였고, 2016년 8월부터는 금융회사지배구조법으로 관련 규정을 통합하여 일원화하고 있다. 금융회사지배구조법 시행전 종전의 금융관계법률에 의할 당시에는 <표 9-5>에서 보듯이 은행(은행법 제22조 제2항), 종합금융회사(종합금융회사법 제5조 제1항), 일정규모 이상의 증권회사(증권거래법 제54조의5 제1항)·보험회사(보험업법 제15조 제1항)·자산운용회사(간접투자자산운용업법 제10조 제1항), 일정규모 이상의 상호저축은행(상호저축은행법 제10조의3 제1항) 등은 사외이사를 3인 이상, 이사 총수의 2분의 1 이상을 두도록 하였다. 한편 상장회사는 이사 총수의 4분의 1 이상을 사외이사로 두어야 하며, 자산 총액이 2조원 이상인 대규모의 상장법인인 경우에는 사외이사를 3인 이상, 동시에 이사 총수의 과반수가 되어야 한다[68](증권거래법 제191조의16 제1항, 동법 시행령 84조의23)고 규정하였다.

표 9-5 금융회사별 사외이사제 적용기준 (종전의 금융관계법상)

	근거법령	적용기준	최소인원
금융지주회사	금융지주회사법(§40)	자산총액 1천억원 이상 또는 사외이사 1/2 이상인 자회사 지배	3인 이상, 1/2 이상
은 행	은행법(§22)	전체	3인 이상, 1/2 이상
보험회사	보험업법(§15)	자산총액 2조원 이상	3인 이상, 1/2 이상
상호저축은행	상호저축은행법(§10의3)	자산총액 1조원 이상	3인 이상, 1/2 이상
		자산총액 3천억원 이상	2인 이상, 1/2 이상
카드회사	여신전문금융업법(§50의4)	자산총액 2조원 이상	3인 이상, 1/2 이상
종금사	종합금융회사에관한법률(§5)	전체	3인 이상, 1/2 이상
증권회사	증권거래법(§54의5)	자산총액 2조원 이상	3인 이상, 1/2 이상
자산운용사	간접투자자산운용업법(§10)	운용자산총액 6조원 이상	3인 이상, 1/2 이상

* 위의 요건에 해당되지 않더라도 주권상장법인 또는 코스닥상장법인인 금융회사의 경우에는 사외이사를 이사 총수의 1/4 이상 선임해야 함.

68) 2003.12.31 개정에서 이사총수의 2분의 1 이상에서 과반수로 변경되었다.

(3) 현행 금융회사

2016년 8월부터 시행된 금융회사지배구조법에 의하면 사외이사중심 이사회 제도가 의무화된 금융회사는 일정 규모이상의 대형 금융회사, 즉 ① 은행, ② 금융지주회사, ③ 일부 특수은행(산업은행, 기업은행, 농협은행, 수협은행)과 ④ 자산총액 5조원 이상의 금융투자업자 · ⑤ 종합금융회사 · ⑥ 보험회사 · ⑦ 여신전문금융회사 및 ⑧ 자산총액 7천억원 이상의 상호저축은행이다. ④~⑧과 같은 비은행 금융회사의 경우는 자산규모가 일정 기준에는 미치지 못하지만 자산총액이 2조원 이상의 대규모 상장회사라면 동일하게 의무 적용대상이 된다. 또한 ④와 같은 자산총액 5조원 미만의 금융투자업자라도 집합투자재산, 투자일임재산, 신탁재산의 합계액이 20조원이상인 금융회사의 경우도 마찬가지로 의무 적용대상이 된다(동법 제2조 1호 및 제3조 제3항). 이들 금융회사는 사외이사를 3인 이상, 이사 총수의 과반수로 하여 이사회를 구성 · 운영하여야 한다(동법 제12조 제1항, 제2항 본문). 만약 금융회사지배구조법상 자산규모 등 적용기준에 미치지 못하여 사외이사제를 의무 적용할 금융회사가 아닌 경우는 자발적으로 사외이사제를 도입하여 운용할 수도 있다. 다만 자산규모 등 적용기준에 미치지 못하는 금융회사는 사외이사제를 완전 배제하는 것이 아니라 아주 소형이 아닌 규모의 금융회사라면 최소한의 사외이사제를 운영하도록 강제하고 있다. 즉 자산총액 5조원 미만 등 사외이사제 의무 적용대상이 아닌 금융회사 중에서 상장회사[69]와 자산총액 3천억원 이상인 금융회사(저축은행, 금융투자업자, 종합금융회사, 보험회사, 카드회사), 자산총액 2조원 이상인 리스회사, 할부회사, 신기술금융회사는 이사총수의 4분의1 이상을 사외이사로 하여야 한다(동법 제12조 제2항 단서, 동법 시행령 12조). 여기서 금융회사지배구조법상 사외이사제 의무 적용기준을 보면 은행과 금융지주회사는 자산규모나 상장회사 여부에 불구하고 모든 금융회사에 의무적으로 적용하도록 하지만 이를 제외한 비은행 금융회사의 경우는 자산규모와 상장회사 여부에 따라 의무 적용기준을 달리 하고 있는 차이점이 있다. 이들 비은행 금융회사는 자산규모가 일정 수준(자

69) 상장회사 중 예외적용되는 상장회사로는 자산총액 1천억 미만의 코스닥 · 코넥스시장에 상장한 벤처기업, 회생절차 개시 또는 파산선고된 상장회사, 신규 상장회사, 기업구조조정 부동산투자회사, 해산결의한 상장회사로 제한되어 있는데 이들은 사외이사를 전혀 선임하지 않아도 된다(금융회사지배구조법 제12조 제2항 단서, 동법 시행령 제12조 1호, 상법 시행령 제34조 제1항).

산총액 5조원 등) 이상이든지 또는 일정 규모 이상인 상장회사(자산총액 2조원 이상)이어야 금융회사지배구조법상 완전한 사외이사제가 적용되어 사외이사중심의 이사회를 구성 운영할 의무가 있다. 다만 금융회사지배구조법상 완전한 사외이사제 의무 적용기준에 미치지 못하는 비은행 금융회사 중 중규모 금융회사(자산총액 2조원 미만의 상장회사, 자산총액 3천억 또는 2조원 이상의 금융회사) 상법상 상장회사 특례 수준(상법 제542조의8 제1항)에 준하여 이사 총수의 4분의 1 이상을 사외이사로 두도록 하였다. 결국 금융회사지배구조법에 의한 사외이사제를 전혀 적용받지 아니하는 금융회사는 아주 소규모의 금융회사로서 상법상 일반회사와 마찬가지 수준의 자율적인 이사 선임 및 이사회 구성 운영이 가능하다 하겠다. 현행 금융회사지배구조법 제3조(적용범위) 제3항에 의하면 사외이사에 의한 이사회 구성에 관한 규정(제12조 제1항 및 제2항)과 이사회의 운영에 관한 규정(제14조), 이사회내 위원회의 설치에 관한 사항(제16조 제1항 및 제2항) 등의 적용 배제 여부를 금융회사의 자산규모 기준에 따라 판단하도록 하였다. 즉 소규모 금융회사에게는 이러한 규정의 적용이 강제되지 아니하는 예외 규정을 둔 것이다. 이와 같은 관점에서 볼 때 우리나라 금융회사의 사외이사제도는 사외이사 선임 및 사외이사 중심의 이사회 구성 운영이 의무화된 회사의 경영 조직 구조를 포괄하는 개념으로 이해하여야 할 것이다.

한편 사외이사가 결원이 발생할 경우 상장회사는 사외이사의 사임·사망 등의 사유로 인하여 사외이사의 수가 이사회의 법정 구성요건(자산총액 2조원 미만인 소형 상장회사는 사외이사가 이사총수의 1/4 이상, 자산총액 2조원 이상인 대형 상장회사는 사외이사가 3인 이상, 이사총수의 과반수)에 미달하게 되면 그 사유가 발생한 후 처음으로 소집되는 주주총회에서 그 요건에 합치되도록 사외이사를 선임하여야 한다(상법 제542조의8 제3항). 금융회사의 경우에도 사외이사가 결원이 발생할 때에는 상장회사의 방법과 궤를 같이하는 규정을 금융회사지배구조법에 두고 있다. 즉 금융회사는 이사회에 사외이사의 수를 원칙적으로 3인 이상, 이사총수의 과반수(다만 자산총액 2조원 미만의 상장 금융회사와 자산총액 3천억 이상의 중규모 금융회사[금융투자업자, 종합금융회사, 보험회사, 저축은행, 카드회사], 자산총액 2조원 이상인 리스회사, 할부회사, 신기술금융회사는 사외이사를 이사총수의 1/4 이상)를 두어야 한다. 그런데 금융회사가 사외이사의 사임·사망 등의 사유로 사외이사의 수가 이사회의 상기 법정 구성요건에 미치지 못하게 된 경우에는 그 사유가 발생한 후 최초로 소집되는 주주총회(「보험업법」제2조제7호에 따른 상호회사인 보험회사의 경우 사원총회를 포함한다)에서 사외이사의 법정 구성요건을 충족하도록 조치하여야 한다(금융지배법 제12조 제3항).

표 9-6 금융회사별 사외이사제 적용기준(현행 금융회사지배구조법상)

<table>
<tr><th></th><th>종 류</th><th colspan="2">지배구조법상 사외이사제 적용기준
(3인 이상, 이사 총수의 과반수)</th></tr>
<tr><td rowspan="2">은행</td><td>일반은행(시중, 지방은행)</td><td colspan="2">모두</td></tr>
<tr><td>특수은행(산업, 기업, 농협, 수협)</td><td colspan="2">모두</td></tr>
<tr><td rowspan="4">금융투자업자</td><td>증권회사, 선물회사, 종합금융사</td><td rowspan="8">자산총액 2조원 이상인 상장회사는 모두*</td><td>자산총액 5조원 이상*</td></tr>
<tr><td>자산운용회사</td><td rowspan="3">자산총액 5조원 이상이거나 펀드재산, 신탁재산, 일임재산 합계 20조원 이상*</td></tr>
<tr><td>부동산신탁회사</td></tr>
<tr><td>투자자문, 일임회사</td></tr>
<tr><td>보험회사</td><td>생보사, 손보사</td><td>자산총액 5조원 이상*</td></tr>
<tr><td>저축은행</td><td></td><td>자산총액 7천억원 이상*</td></tr>
<tr><td rowspan="2">여신전문 금융회사</td><td>카드사</td><td rowspan="2">자산총액 5조원 이상*</td></tr>
<tr><td>리스, 할부, 신기술사</td></tr>
<tr><td rowspan="2">금융지주 회사</td><td>은행지주회사</td><td colspan="2">모두</td></tr>
<tr><td>비은행지주회사</td><td colspan="2">모두</td></tr>
</table>

* 자산총액 2조원 미만의 상장 금융회사와 자산총액 3천억 이상의 중규모 금융회사(금융투자업자, 종합금융회사, 보험회사, 저축은행, 카드회사), 자산총액 2조원 이상인 리스회사, 할부회사, 신기술금융회사는 사외이사를 이사총수의 1/4 이상 두어야 한다.

표 9-7 상법 및 금융회사지배구조법상 사외이사 선임의무 비교

<table>
<tr><th rowspan="3"></th><th colspan="3">상법상 회사</th><th colspan="4">지배구조법상 금융회사</th></tr>
<tr><th rowspan="2">일반 회사</th><th colspan="2">상장회사*</th><th rowspan="2">대형 회사**</th><th colspan="3">중소형 회사**</th></tr>
<tr><th>소형</th><th>대형</th><th>대형 상장사*
대형 운용사</th><th>소형 상장사*
중형 금융사</th><th>기타</th></tr>
<tr><td>사외이사 선임의무</td><td>없음</td><td>있음</td><td>있음</td><td>있음</td><td>있음</td><td>있음</td><td>없음</td></tr>
<tr><td>사외이사 수</td><td>–</td><td>1인 이상</td><td>3인 이상</td><td>3인 이상</td><td>3인 이상</td><td>1인 이상</td><td>–</td></tr>
<tr><td>사외이사 이사총수 구성비</td><td>–</td><td>1/4 이상</td><td>과반수</td><td>과반수</td><td>과반수</td><td>1/4 이상</td><td>–</td></tr>
</table>

* 상장회사의 규모 구분은 자산총액 2조원 기준(상법과 지배구조법상 기준 동일)
** 금융회사의 규모 구분은 금융회사지배구조법상 기준(대형 회사: 은행, 금융지주회사, 자산총액 5조원 이상

인 금융투자업자·보험회사·여신전문금융회사, 자산총액 7천억원 이상인 저축은행 등, 중소형 회사: 자산총액 5조원 미만의 금융투자업자·보험회사·여신전문금융회사와 자산총액 7천억원 미만의 저축은행).

*** 대형 운용사는 자산총액 5조원 미만의 금융투자업자중 집합투자재산, 투자일임재산, 신탁재산 합계액이 20조원 이상인 금융회사.

**** 중형 금융사는 자산총액 2조원미만의 상장회사와 자산총액 3천억원 이상인 금융회사(금융투자업자, 종합금융회사, 보험회사, 저축은행, 카드회사), 자산총액 2조원 이상인 리스회사, 할부회사, 신기술금융회사.

(4) 사외이사의 독립성 확보

사외이사제의 도입 취지는 회사 경영진과 대주주의 전횡과 횡포를 막고 회사 경영의 건전성과 투명성을 확보하는데 있으므로 사외이사의 독립성 확보를 위한 자격요건과 선임절차가 매우 중요하다. 이에 따라 사외이사는 회사의 최대주주나 주요주주 및 그의 배우자와 직계 존·비속은 될 수 없는 등 회사와의 특수관계와 이해관계의 상충을 최대한 피하는 자격요건이 필요하다. 그리고 상장회사의 사외이사는 이사회내 위원회의 하나인 사외이사후보추천위원회의 추천을 받은 자 중에서 선임되어야 하는 등 그 절차도 준수되어야 한다. 사외이사의 사임·사망 등의 사유로 인하여 상장회사에 강제되는 사외이사의 수가 부족한 때에는 그 사유가 발생한 후 최초로 소집되는 주주총회에서 상장회사에 강제되는 사외이사의 수에 맞게 사외이사를 선임하여야 한다. 상장회사가 사외이사를 선임 또는 해임하거나 사외이사가 임기만료 외의 사유로 퇴임한 경우에는 그 내용을 선임·해임 또는 퇴임의 날의 다음 날까지 금융감독위원회와 증권거래소에 신고하여야 한다는 등 종전의 관련 규정이 있었다(구 증권거래법 제191조의16). 이러한 사외이사의 자격과 선임절차 관련한 규정 내용은 증권회사에 동일하게 적용되었고(구 증권거래법 제54조의5), 은행(은행법 제22조),[70] 보험회사(보험업법 제15조) 등 여타 금융회사에도 같은 내용의 규정이 입법화되어 운영되고 있었다. 그러다가 2016년 8월 금융회사지배구조법이 시행되면서는 이러한 사외이사의 자격요건과 선임절차 관련 규정이 거의 같은 내용으로 이 통합법에 이관되어 규정되고 현재 금융회사에서 운영되고 있다. 현행 금융회사 사외이사의 자격요건(금융지배법 제6조), 사외이사의 자격여부 적합여부 보고(동법 제7조), 사외이사의 유고시 보충(동법 제12조 제3항), 사외이사의 선임 절차(동법 제17조)에 관한 자세한 내용은 후술한다.

70) 은행의 사외이사 자격은 은행법상 별도의 규정이 적용되었다.

4.3 상장기업의 지배구조 모범규준

(1) 주요내용

우리나라 「기업지배구조 모범규준」(Code of Best Practice for Corporate Governance)은 우리나라 상장기업들이 자발적으로 자신의 기업지배구조를 개선하는데 참고가 되고, 나아가 바람직한 기업지배구조를 정착시키는데 도움을 주기 위하여 제정된 것이다.[71] 동 모범규준은 기업지배구조위원회(당초 기업지배구조개선위원회에서 명칭 변경)에 의하여 1999년 9월 22일 제정되었으며, 2002년 2월 17일 1차 개정되고 2016년 7월 26일 2차 개정되었다.[72] 그 주요내용은 <표 9-8>과 같다.

(2) 사외이사

2차 개정된 모범규준에 의하면, 사외이사는 실질적인 독립성을 가지고 중요한 기업경영정책의 결정에 적극적이고 성실하게 참여하고 경영 감독 기능을 잘 할 수 있도록 충분히 지원되어야 한다고 규정하고 있다. 그 구체적인 내용을 보면 다음과 같다.

첫째, 사외이사는 해당기업과 중대한 관계가 없어야 하며, 경영진과 지배주주로부터 독립적인 의사결정을 할 수 있는 자이어야 한다. 사외이사는 해당기업과 중대한 관계가 없어야 한다. 중대한 관계에 있는 자란 해당기업과 직접적인 계약 및 거래관계에 있는 자를 말한다. 특히 사외이사 선임시에는 실질적인 독립성을 고려하여야 한다.

---

71) 글로벌 기업지배구조 모범규준으로는 경제협력기구(OECD)의 기업지배구조 원칙이 1999년 제정되어 세계 각국 기업의 지배구조개선을 위한 가이드라인으로 권장되고 있다. 자세한 내용은 앞의 기업지배구조 개념 부분을 참조.

72) 한국기업지배구조원 기업지배구조위원회는 지난 1999년 제정되어 2003년 1차 개정한 「기업지배구조 모범규준」을 해외 기업지배구조 최신 동향과 국내 법제도의 변화, 경영환경의 변화 등을 반영하여 2016년 7월 두 번째로 개정하여 제시하였다. 이는 동 모범규준이 우리나라 상장기업의 지배구조 개선을 위한 가이드라인으로서 그 역할을 충실히 수행할 수 있도록 하기 위함이다. 이러한 모범규준은 강행적인 구속력이 없는, 민간차원에서 최선관행(best practices)을 모아 제시하고 시장규율의 작동을 기대하는 일종의 연성규범(soft law)이다.

표 9-8 우리나라 기업지배구조 모범규준의 주요내용(2차 개정)

구 분	주요내용
주 주	• 주주의 권리보호 및 권리행사 원활화(서면투표, 전자투표) • 주주평등의 원칙에 따른 공평대우 –다른 주주의 부당한 내부거래 및 자기거래로부터 보호 • 지배주주의 책임 강화
이사회	• 대기업의 사외이사 선임의무비율 확대 (전체이사의 과반수, 3인 이상) • 사외이사 독립성 강화 –거래 등 이해관계자 배제 –사외이사 직무수행력 제고 –사외이사간 공조체제 확립 –사외이사의 정보접근권 보장 • 이사회 운영 개선 –원격회의에 의한 이사회 결의 허용 –이사회내 위원회 설치로 경영진의 효율적 통제 (과반수 사외이사, 감사위원회와 보상위원회는 전원 사외이사) –이사회 회의록에 이사별 기록 • 이사의 의무와 책임, 평가와 보상 명확화
감사기구	• 감사위원회의 독립성과 전문성 유지 • 대기업은 감사위원회 도입 –3인 이상 이사(위원장 포함 2/3 이상 사외이사) • 감사위원회 또는 감사의 권한 강화 –이사와 경영진에 대한 적법성, 타당성 감사 • 외부감사인의 실질적 독립성 유지
이해관계자	• 이해관계자 권리 보호 • 채권자, 근로자 등 이해관계자의 경영감시 참여
시장에 의한 경영감시	• 지배구조, 이해관계자 등에 관한 공시 강화 • 기업 경영권 시장의 공정성, 투명성 확보 • 기관투자자의 주주권 적극 행사

둘째, 기업은 사외이사 후보가 해당기업과 중대한 관계가 없음을 확인하고 공시해야 한다. 사외이사는 취임 승낙시 해당기업과 중대한 관계가 없다는 확인서를 기업에 제출하여야한다. 사외이사의 독립성을 확보하기 위해서는 사외이사의 선임단계에서 이해관계의 존재여부에 대한 공시를 강화하여야 한다. 이를 위하여 사외이사는 취임 승낙시 기업·경영진·지배주주와 직무수행의 중립성을 저해할 우려가 있는 이해관계가 없음을 밝히는 확인서를 기업에 제출하여야 하고, 기업은 이를 공시하여야 한다. 사외이사가 직무수행의 중립성을 저해할 우려는 없더라도 기타의 이해관계가 있을 경우에는 이를 확인서에 기재하여 공시

하는 것이 바람직하다. 또한 사외이사로 취임한 이후에 확인서의 기재사항에 변동이 있는 경우에도 사외이사는 즉시 수정된 확인서를 제출하고, 기업은 이를 공시하여야 한다.

셋째, 사외이사는 충실한 직무수행을 위하여 과도한 겸직을 하여서는 안 된다. 다수의 기업에서 임원을 겸직하는 경우 사외이사 활동을 위한 시간과 노력이 분산되어 직무를 충실히 수행하지 못할 가능성이 커진다. 또한 사외이사는 자신이 사외이사로 재직하고 있는 기업의 이익과 개인의 이익이 상충될 수 있는 가능성을 미연에 방지하여야 한다. 따라서 자신이 사외이사를 맡은 기업의 영위사업과 연관된 경제적 거래를 하거나 동종업계에 속한 다른 기업의 사외이사직 등을 겸임해서는 안 된다.

넷째, 기업은 사외이사의 직무수행에 필요한 정보를 충분히 제공하여야 하며, 사외이사는 직무수행에 필요한 정보를 신속하게 제공하도록 요청할 수 있다. 사외이사가 그 역할을 효과적으로 수행하기 위해서는 해당 기업의 사업계획이나 경영현황에 대한 충분한 정보를 가지고 있어야 한다. 따라서 최고경영자를 포함한 경영진은 사외이사들이 기업의 경영실태에 대하여 정확히 알 수 있도록 필요한 정보를 충분히 그리고 적시에 제공하여야 한다. 특히 이사회가 개최될 때에는 사외이사가 상정될 의안에 대하여 충분히 검토할 수 있도록 사전에 관련 정보를 제공하여야 한다. 사외이사는 기업의 경영목표나 전략 결정 등에 관한 의견을 제시하기 위하여 필요한 정보에 용이하게 접근할 수 있어야 한다. 이를 위해 사외이사는 기업의 업무담당자에게 정보제공을 요청할 수 있어야 한다. 다만 사외이사는 기업의 중요한 기밀사항에 대한 비밀유지 의무를 준수하여야 한다. 또한 기업은 사외이사의 정보요청에 대응하기 위하여 기업 내에 담당부서를 지정할 것을 권고한다.

다섯째, 사외이사는 직무수행을 위하여 충분한 시간을 투입하여야 하며, 이사회가 개최될 때에는 사전에 관련 자료를 검토한 후 참석하여야 한다. 사외이사는 직무수행을 함에 있어서 의사결정 사안에 대해 충분한 정보를 수집·검토하고, 자신의 결정이 기업의 이익을 위해 최선의 것이 되도록 노력하여야 한다. 이를 위하여 사외이사는 직무수행에 충분한 시간을 투여하여야 하며, 이사회에 빠짐없이 출석하고 제공된 자료를 주의를 기울여 검토하여야 한다. 만약 제공받은 자료만으로는 불충분한 경우 사외이사는 장부나 관련 서류를 열람하는 등 스스로 필요한 자료를 입수하여 검토하여야 한다. 또한 사외이사는 기업경영에 관한 다양한 견해들을 수렴하여 경영실패의 위험성을 최소화하기 위하여 주주를 포함한 기업 내·외부의 다양한 정보원으로부터 필요한 정보를 얻도록 노력하여야 한다.

여섯째, 사외이사는 필요한 경우 적절한 절차에 의하여 임·직원이나 외부전문가 등의 지원을 받을 수 있으며, 기업은 이에 소요되는 비용을 지원하여야 한다. 사외이사는 필요한 경우에 적절한 절차를 통하여 임·직원이나 외부감사인·법률고문·경영자 보상 관련 컨설턴트 등과 같은 외부 전문가의 지원 또는 자문을 받을 수 있어야 한다. 이 때 소요 비용은 합리적인 범위 내에서 기업이 부담하여야 한다.

일곱째, 사외이사의 경영 감독·지원 기능을 제고하기 위하여 사외이사만이 참여하는 회의를 이사회와는 별도로 개최할 것을 권고한다. 기업의 경영투명성을 제고하기 위하여 도입된 사외이사제도가 우리 토양에 뿌리를 내려 본래의 도입목적을 달성할 수 있도록 하려면 보다 현실적이고 구체적인 접근방법의 모색이 필요하다. 이를 위해서는 먼저 사외이사 간의 공조체제가 마련되어야 한다. 사외이사만이 참석하는 회의를 개최하고, 사외이사들은 사외이사 중에서 대표를 선임하여 사외이사의 회의를 주관하게 하거나 사외이사가 위임하는 중요사안을 처리하도록 하여야 한다. 또한 사외이사 회의를 주재할 선임사외이사의 성명과 선임 방법을 공개하여야 한다. 기업은 사외이사와 경영진이 경영 사안에 대하여 정기적으로 협의할 수 있는 기회를 가지도록 노력하여야 한다. 이것은 사외이사가 경영진과의 정기적인 접촉을 통하여 기업의 경영상황을 정확하게 파악함으로써 이사회를 효율적으로 운영하는 한편, 경영진이 기업 경영에 대한 사외이사의 이해와 협조를 구할 수 있도록 하기 위한 것이다.

5. 사외이사의 선임

사외이사의 선임방식은 기업경영진 또는 지배주주에 의한 선임, 사외이사후보지명위원회에 의한 선임, 기관투자자에 의한 선임, 기타의 방식으로 나눌 수 있다.[73] 이 중 우리나라 금융회사의 경우는 사외이사후보지명위원회에 의한 방식을 취하고 있다. 즉 사외이사는 주주총회에서 선임하되, 주주총회에서 사외이

73) 이범찬, “사외이사제도,” 「기업구조의 재편과 상사법」(박길준교수 화갑기념논문집, 1998), 584면; 이기수, “사외이사제도의 강화를 둘러싼 쟁점,” 「상사법연구」(상사법학회, 2001), 73면.

사를 선임하고자 하는 때에는 “임원후보추천위원회”[74]의 추천을 받은 자 중에서 선임하도록 하고 있다. 임원후보추천위원회는 3명 이상의 위원으로 구성하되, 총 위원의 과반수가 사외이사로 구성되어야 하며 위원장은 사외이사이어야 한다(금융지배법 제16조 및 제17조). 문제는 주주총회일 전에 사외이사후보가 결정되어야 한다는 점에서 주주총회 당일 일부 주주가 사외이사를 후보로 추천할 수 없다는 점이다. 특히 소수주주에 의한 이사후보 추천은 쉽지 않다. 이러한 점을 고려하여 금융회사지배구조법에서는 임원후보추천위원회가 사외이사 후보를 추천하는 경우에는 주주제안권[75]을 행사할 수 있는 소수주주(6개월전부터 계속하여 금융회사의 의결권있는 발행주식 총수의 0.1% 이상에 해당하는 주식을 보유한 자)가 추천한 사외이사 후보를 포함시키도록 하였다(동법 제17조 제4항). 이는 상법상 대형 상장회사의 사외이사 선임절차와 궤를 같이 한다. 상법에서는 상장회사의 사외이사후보추천위원회가 사외이사 후보를 추천함에 있어서는 주주제안권을 행사할 수 있는 요건을 갖춘 소수주주(6개월 계속하여 상장법인의 의결권있는 주식의 0.1% 이상<자본금이 1천억원 이상인 경우는 0.05% 이상>에 해당하는 주식을 보유한 자)가 주주총회일 6주전에 추천한 사외이사 후보를 포함시키도록 하였다(상법 제542조의8 제5항). 이 규정의 취지는 지배주주에 의한 이사 선임의 독점을 방지하기 위함에 있다.[76] 그러나 이러한 규정은 대부분의 상장회사의 실무상 경영자가 대주주와의 협의로 이사를 추천하고 있는 실정이라는 사실을 감안하여 이사 선임의 투명성을 높이기 위해 회사가 추천하는 후보의 추천절차를 정한 것에 불과하고, 다른 주주의 후보 추천을 제한한다는 뜻으로 해석하여서는 안 된다고 하면서 다른 주주도 총회장에서 자유로이 이사의 후보를 추천할 수 있다고 하는 견해도 있다.[77]

상장회사가 주주총회에서 사외이사를 선임할 때에는 이사 또는 감사를 선임하는 방법에 따라야 한다. 상장회사가 주주총회에서 이사 또는 감사를 선임하려는 경우에는 이사·감사의 선임에 관한 사항을 목적으로 하는 주주총회를 소집통지 또는 공고할 때 이사·감사 후보자의 성명, 약력, 추천인, 그 밖에 대통령

74) 금융회사지배구조법 이전에는 각 금융관계법에 의한 사외이사후보추천위원회로 운영되었다.

75) 주주제안권은 의결권있는 발행주식 총수의 3% 이상에 해당하는 주식을 가진 주주가 이사에게 주주총회일 6주전에 주주총회의 목적사항을 제안할 수 있는 권리이다(상법 제363조의2).

76) 이형규·이상복, 「사외이사 선임제도 개선방안에 관한 연구」(한국상장회사협의회, 2002), 30면.

77) 이철송, 전게서, 515면.

령으로 정하는 후보자에 관한 사항을 통지하거나 공고하여야 하고, 주주총회에서는 그 후보자 중에서 선임하여야 한다(상법 제542조의5).

6. 사외이사의 자격

6.1 종전의 금융관계법상 규정

사외이사의 자격요건으로는 구 증권거래법에서는 다음에서 예시하고 있는 일정한 자는 증권회사와 주권상장법인 및 코스닥상장법인의 사외이사가 될 수 없도록 제한 규정을 두고 있었다. 구 증권거래법 제191조의16 제3항, 동법 제54조의5 제4항에 의하면, ⅰ) ① 미성년자·금치산자 또는 한정치산자 등의 무능력자, ② 파산자로서 복권되지 아니한 자, ③ 금고 이상의 형을 받고 그 집행이 종료되거나 집행을 받지 아니하기로 확정된 후 2년을 경과하지 아니한 자, ④ 이 법에 의하여 해임되거나 면직된 후 2년을 경과하지 아니한 자, ⅱ) 당해 회사의 주주로서 의결권있는 발행주식총수를 기준으로 본인 및 그의 특수관계인이 소유하는 주식의 수가 가장 많은 경우 당해 본인(최대주주), ⅲ) 최대주주의 특수관계인, ⅳ) 당해 회사의 주요주주 및 그의 배우자와 직계 존·비속, ⅴ) 당해 회사 또는 계열회사의 임·직원이거나 최근 2년 이내에 임·직원이었던 자, ⅵ) 당해 회사의 임원의 배우자 및 직계 존·비속, ⅶ) 당해 회사와 대통령령이 정하는 중요한 거래관계가 있거나 사업상 경쟁관계 또는 협력관계에 있는 법인의 임·직원이거나 최근 2년 이내에 임·직원이었던 자, ⅷ) 당해 회사의 임·직원이 비상근이사로 있는 회사의 임·직원, ⅸ) 기타 사외이사로서의 직무를 충실하게 이행하기 곤란하거나 당해 회사의 경영에 영향을 미칠 수 있는 자로서 대통령령이 정하는 자 등이 이에 해당된다.

이와 같이 구 증권거래법은 사외이사의 자격에 관하여 크게 당사자 개인의 사외이사로서의 적격성, 당사자의 회사에 대한 영향력이나 지배력의 행사가능성, 다른 회사의 사외이사를 겸하는 데서 올 수 있는 담합가능성, 회사의 업무 등과 관련하여 일정한 관계에 있는 경우의 담합가능성 측면에서 사외이사의 자격을 제한하고 있다. 이러한 제한은 선임 당시만 아니라 선임 후에까지 미치게 되어, 비록 사외이사로 선임되어 사외이사직을 유지하고 있더라도 위의 자격요건을 갖추지 못하면 사외이사직을 잃게 된다(구 증권거래법 제54조의5 제4항 본문). 따라서 이러한 자가 이사회의 결의에 출석하여 의결권을 행사하는 경우는 이사회의 결의를 무효로 할 수 있다.[78]

구 증권거래법의 규정에 의한 사외이사의 자격제한은 각 금융관계법에 의하여 보험회사, 상호저축은행, 여신전문금융회사, 자산운용회사 등 다른 금융회사에도 모두 적용되고 있었다(보험업법 제15조, 상호저축은행법 제10조의3, 여신전문금융업법 제50조의4, 종합금융회사에관한법률 제5조, 간접투자자산운용업법 제10조, 금융지주회사법 제40조). 다만 은행의 경우는 은행법상 은행소유제한이 엄격한 점을 감안하여 사외이사의 자격제한에서 지배주주와 그 특수관계인의 참여를 배제하지 않았으며, 그 규정은 은행법(제18조 제3항)에 의한 금융감독위원회규정인 은행업감독규정(제19조)에 두고 있다는 특징이 있다. 그리고 사외이사의 자격제한과 관련하여 또 하나의 특징은 금융지주회사의 자회사인 금융회사의 경우에는 지주회사의 임직원이 금융회사의 임원을 겸할 수 있도록 금융지주회사법(제39조 제2항)에서 예외 허용되어 있어 지주회사소속 임직원이 자회사인 금융회사의 상임이사는 물론 사외이사로 선임될 수 있고, 실제로도 그렇게 운용되고 있다는 점이다.

한편 종전의 금융관계법에서는 사외이사의 자격기준으로 사외이사가 되지 못하는 소극적 요건만 규정하고 있었다. 이에 따라 사외이사의 전문성을 강화하기 위해서는 적극적 요건도 필요하다는 인식 아래 은행권에서는 사외이사 적극적 자격기준 표준안을 만들어 각행 정관 또는 내규에 반영하여 운용하고 있었다.

사외이사의 임기는 금융관계법에서 별도로 정하고 있지 아니하므로 상법(제383조 제2항)상 이사의 임기범위(3년 이내) 내에서 금융회사가 정관 등으로 정하여 자율적으로 운영하고, 통상 1년이었다.[79]

6.2 현행 금융회사지배구조법상 규정

사외이사의 자격요건은 금융회사지배구조법이 시행되면서 동법상 별도의 조문으로 규정되었다. 금융회사의 사외이사는 동법상 금융회사의 임원(이사, 감사, 집행임원 및 업무집행책임자)의 하나이면서도 임원의 자격요건(동법 제5조)과는

78) 김상규, “사외이사의 선임에 관한 소고”, 「21세기 한국상사법의 진로」(우홍구박사 정년기념논문집, 2002. 5), 84-85면.

79) 1999년 2월 은행법 개정 전에는 은행 사외이사의 임기가 주주대표추천 사외이사는 1년, 이사회추천 사외이사는 2년이었다.

별도의 자격요건(동법 제6조)을 정하고 있다. 여기서 임원의 자격요건은 신분상 결격요건으로, 사외이사의 자격요건은 업무상 독립성 및 전문성 요건으로 규정한다. 물론 사외이사도 임원의 한사람이므로 임원의 자격요건을 당연히 겸비하여야 한다. 이러한 사외이사 규정은 상법상 일반회사나 상장회사의 사외이사 자격요건과도 다른 별도의 규정 형식이다. 금융회사 사외이사의 독립적 기능과 역할이 일반회사나 상장회사와 달리 금융회사의 특수성이 감안되어 특히 강조되는 대목이다.

(1) 사외이사의 결격요건

사외이사의 자격요건은 통상 소극적 요건과 적극적 요건으로, 그리고 소극적 요건은 다시 결격요건과 독립성 요건으로 나누어 볼 수 있다. 현행 금융회사지배구조법상 사외이사의 자격요건은 다음과 같다. 사외이사 자격의 소극적 요건으로 개인 신분상 결격요건은 임원의 자격요건을 적용한다. 금융회사지배구조법 제5조(임원의 자격요건) 제1항에서 금융회사의 임원이 되지 못할 사람으로 다음 8개호를 열거하고 있다. ① 미성년자·피성년후견인 또는 피한정후견인, ② 파산선고를 받고 복권(復權)되지 아니한 사람, ③ 금고 이상의 실형을 선고받고 그 집행이 끝나거나(집행이 끝난 것으로 보는 경우를 포함한다) 집행이 면제된 날부터 5년이 지나지 아니한 사람, ④ 금고 이상의 형의 집행유예를 선고받고 그 유예기간 중에 있는 사람, ⑤ 이 법 또는 금융관계법령에 따라 벌금 이상의 형을 선고받고 그 집행이 끝나거나(집행이 끝난 것으로 보는 경우를 포함한다) 집행이 면제된 날부터 5년이 지나지 아니한 사람, ⑥ 금융관계법령에 따른 영업의 허가·인가·등록 등의 취소, 「금융산업의 구조개선에 관한 법률」제10조제1항에 따른 적기시정조치, 또는「금융산업의 구조개선에 관한 법률」제14조제2항에 따른 행정처분에 해당하는 조치를 받은 금융회사의 임직원 또는 임직원이었던 사람(그 조치를 받게 된 원인에 대하여 직접 또는 이에 상응하는 책임이 있는 사람으로서 대통령령으로 정하는 사람으로 한정한다)으로서 해당 조치가 있었던 날부터 5년이 지나지 아니한 사람, ⑦ 이 법 또는 금융관계법령에 따라 임직원 제재조치(퇴임 또는 퇴직한 임직원의 경우 해당 조치에 상응하는 통보를 포함한다)를 받은 사람으로서 조치의 종류별로 5년을 초과하지 아니하는 범위에서 대통령령으로 정하는 기간(해임 5년, 직무정지 4년, 문책경고 3년)이 지나지 아니한 사람 ⑧ 해당 금융회사의 공익성 및 건전경영과 신용질서를 해칠 우려가 있는 경우로서 대통령령으로 정하는 사람(거래기업 이익 대변 우려자)이 그것이다. 그리고 이 임원자격 제한 규정은 선임요건일 뿐만 아니라 선임 후에도 자격 유지조건으로 운용한다. 즉 제2항에서 금융회사의 임원으로 선임된 사람이 위 8개호의 어느 하나에 해당하게 된 경우에는 그 직(職)을 잃게 되고, 다만 제7호 임직원 제재조치중 직무정지 이하에 해당하는 사람은 그 직을 잃지 아니한다고 규정하고 있다.

(2) 사외이사의 독립성 요건

사외이사 자격의 소극적 요건중 독립성 요건은 해당 금융회사와 지배주주와의 이해관계를 배제하는 등 독립성을 규정한다. 이 금융회사지배구조법 제6조(사외이사의 자격요건) 규정의 특징은 다음 몇 가지로 요약할 수 있다. 우선, 금융회사 사외이사의 업무 독립성을 침해할 우려가 있는 이해관계자의 범위를 명확히 하였다는 점이다. 최대주주·대주주와 그 특수관계인, 금융회사의 관계인, 금융회사 거래회사의 관계인 등을 구체적으로 정하여 혼선이 없도록 하였다. 그리고 종전에는 은행 지배주주의 특수관계인을 사외이사 자격에서 배제하지 않았으나 현행 지배구조법에서는 예외없이 모든 금융회사에 최대주주 등의 특수관계인을 사외이사로 선임하지 못하게 하였다. 또한 사외이사의 장기간 선임으로 인한 독립성 약화를 방지하기 위하여 사외이사의 임기를 최대한 6년(계열 금융사 포함시 9년) 이내로 제한하였다. 아울러 금융회사 사외이사가 타 회사의 사외이사 등 비상임임원 또는 상임임원 겸직 가능 개수를 원칙적으로 2개 이내로 제한하는 규정을 구체화하였다.

여기서 금융회사지배구조법 제6조(사외이사의 자격요건) 제1항 규정을 보면 다음 각 호의 어느 하나에 해당하는 사람은 금융회사의 사외이사가 될 수 없다. 다만, 사외이사가 됨으로써 제1호에 따른 최대주주의 특수관계인에 해당하게 되는 사람은 사외이사가 될 수 있다. 다음 각호는 1. 최대주주 및 그의 특수관계인(최대주주 및 그의 특수관계인이 법인인 경우에는 그 임직원을 말한다), 2. 주요주주 및 그의 배우자와 직계존속·비속(주요주주가 법인인 경우에는 그 임직원을 말한다), 3. 해당 금융회사 또는 그 계열회사(「독점규제 및 공정거래에 관한 법률」제2조제3호에 따른 계열회사를 말한다. 이하 같다)의 상근(常勤) 임직원 또는 비상임이사이거나 최근 3년 이내에 상근 임직원 또는 비상임이사이었던 사람, 4. 해당 금융회사 임원의 배우자 및 직계존속·비속, 5. 해당 금융회사 임직원이 비상임이사로 있는 회사의 상근 임직원, 6. 해당 금융회사와 대통령령으로 정하는 중요한 거래관계가 있거나 사업상 경쟁관계 또는 협력관계에 있는 법인(해당 금융회사와 일정 규모 이상의 거래관계, 여신관계, 출자, 기술제휴, 회계감사, 법률 자문 등 관계가 있는 법인.[80] 다만 한국은행, 금융회사, 특수 금융법인 및 이에 준하는 외국법인은 제외[81])의 상근 임직원이거나 최근 2년 이내에 상근 임직원이었던 사람, 7. 해당 금융회사에서 6년 이상 사외이사로 재직하였거나 해당 금융회사 또는 그 계열회사에서 사외이사로 재직한 기간을 합산하여 9년 이상인 사람, 8. 그 밖에 금융회사의 사외이사로서 직무를 충실하게 이행하기 곤란하거나 그 금융회사의 경영에 영향을 미칠 수 있는 사람

---

80) 동법 시행령 제8조 제1항: 법 제6조제1항제6호에서 "대통령령으로 정하는 중요한 거래관계가 있거나 사업상 경쟁관계 또는 협력관계에 있는 법인"이란 다음 각 호의 어느 하나에 해당하는 법인을 말한다.

1. 최근 3개 사업연도 중 해당 금융회사와의 거래실적 합계액이 자산총액(해당 금융회사의 최근 사업연도 말 현재 대차대조표 상의 자산총액을 말한다) 또는 영업수익(해당 금융회사의 최근 사업연도 말 현재 손익계산서 상의 영업수익을 말한다)의 100분의 10 이상인 법인
2. 최근 사업연도 중에 해당 금융회사와 매출총액(해당 금융회사와 거래계약을 체결한 법인의 최근 사업연도 말 현재 손익계산서 상의 매출총액을 말한다)의 100분의 10 이상의 금액에 상당하는 단일 거래계약을 체결한 법인
3. 최근 사업연도 중에 해당 금융회사가 금전, 유가증권, 그 밖의 증권 또는 증서를 대여하거나 차입한 금액과 담보제공 등 채무보증을 한 금액의 합계액이 다음 각 목의 구분에 따른 자본 또는 자본금의 100분의 10 이상인 법인
   가. 해당 금융회사가 은행, 보험회사 또는 금융지주회사인 경우: 해당 법인의 최근 사업연도 말 현재 대차대조표 상의 자본(해당 금융회사가 보험회사인 경우에는 해당 법인의 자본금을 말한다)
   나. 해당 금융회사가 금융투자업자, 상호저축은행, 여신전문금융회사인 경우: 해당 금융회사의 최근 사업연도 말 현재 대차대조표 상의 자본금(해당 금융회사가 금융투자업자인 경우에는 해당 금융회사의 자본을 말한다)
4. 해당 금융회사의 정기주주총회일(「보험업법」 제2조제7호에 따른 상호회사인 보험회사의 경우에는 정기사원총회일을 말한다) 현재 해당 금융회사가 자본금(해당 금융회사가 출자한 법인의 자본금을 말한다)의 100분의 5 이상을 출자한 법인
5. 해당 금융회사와 기술제휴계약을 체결하고 있는 법인
6. 해당 금융회사의 회계감사인(「주식회사 등의 외부감사에 관한 법률」 제2조제7호에 따른 감사인을 말한다. 이하 같다)으로 선임된 회계법인
7. 해당 금융회사와 주된 법률자문, 경영자문 등의 자문계약을 체결하고 있는 법인

81) 동법 시행령 제8조제2항: 제1항에도 불구하고 다음 각 호의 어느 하나에 해당하는 법인 및 이에 준하는 외국법인은 제외한다.

1. 「한국은행법」에 따른 한국은행
2. 「자본시장과 금융투자업에 관한 법률 시행령」 제10조제2항 각 호의 어느 하나에 해당하는 자
3. 「자본시장과 금융투자업에 관한 법률 시행령」 제10조제3항제1호부터 제13호까지의 어느 하나에 해당하는 자

으로서 대통령령으로 정하는 사람(해당 금융회사 최대주주와 일정 규모 이상의 거래관계 등 있는 회사의 상근 임직원이거나 최근 2년 이내에 상근 임직원이었던 사람, 은행 대주주의 특수관계인과 은행 및 그 계열사 또는 금융지주회사와 일정 규모 이상의 거래관계 등 있는 회사의 상근 임직원이거나 최근 2년 이내에 상근 임직원이었던 사람, 해당 금융회사외 둘 이상 상장회사의 사외이사 등 비상임임원, 해당 은행 또는 은행지주회사외 다른 일반회사의 사외이사 등 비상임임원, 해당 상장회사인 금융회사외 둘이상 일반회사의 이사 등 상임임원, 회계 감사반 또는 법률 등 자문관련 회계사·변호사·세무사 등, 해당 금융회사의 지분 1% 이상 주주·1억원 이상 거래자, 신용불량자, 회생·파산절차 기업 및 부실징후기업의 임직원)[82]이다.

---

82) 동법 시행령 제8조 제3항: 법 제6조제1항제8호에서 "대통령령으로 정하는 사람"이란 다음 각 호의 어느 하나에 해당하는 사람을 말한다.
1. 해당 금융회사의 최대주주와 제1항 각 호의 어느 하나에 해당하는 관계에 있는 법인(제2항 각 호의 어느 하나에 해당하는 법인은 제외한다)의 상근 임직원 또는 최근 2년 이내에 상근 임직원이었던 사람. 이 경우 제1항 각 호의 "해당 금융회사"는 "해당 금융회사의 최대주주"로 본다.
2. 해당 금융회사가 은행인 경우
가. 최대주주가 아닌 대주주의 특수관계인
나. 다음의 어느 하나와 제1항 각 호의 어느 하나의 관계에 있는 법인(제2항 각 호의 어느 하나에 해당하는 법인은 제외한다)의 상근 임직원 또는 최근 2년 이내에 상근 임직원이었던 사람
1) 해당 은행, 그 은행의 자회사등 및 자은행
2) 해당 은행을 자회사로 하는 은행지주회사 및 그 은행지주회사의 자회사등
다. 나목 1) 또는 2)의 상근 임직원 또는 최근 2년 이내에 상근 임직원이었던 사람의 배우자, 직계존속 및 직계비속
3. 해당 금융회사가 금융지주회사인 경우 해당 금융지주회사의 자회사등과 제1항 각 호의 어느 하나에 해당하는 관계에 있는 법인(제2항 각 호의 어느 하나에 해당하는 법인은 제외한다)의 상근 임직원 또는 최근 2년 이내에 상근 임직원이었던 사람
4. 해당 금융회사 외의 둘 이상의 다른 주권상장법인의 사외이사, 비상임이사 또는 비상임감사로 재임 중인 사람. 다만, 해당 금융회사가 주권상장법인, 은행 또는 은행지주회사인 경우에는 다음 각 호의 구분에 따른 사람을 말한다.
가. 해당 금융회사가 주권상장법인인 경우: 해당 금융회사 외의 둘 이상의 다른 회사의 이사·집행임원·감사로 재임 중인 사람
나. 해당 금융회사가 은행인 경우: 해당 은행 외의 다른 회사(해당 은행의 자회사등, 해당 은행의 자은행, 해당 은행을 자회사로 하는 은행지주회사 및 그 은행지주회사의 자회사등은 제외한다)의 사외이사, 비상임이사 또는 비상임감사로 재임 중인 사람
다. 해당 금융회사가 은행지주회사인 경우: 해당 은행지주회사 외의 다른 회사(해당 은행지주회사의 자회사등은 제외한다)의 사외이사, 비상임이사 또는 비상임감사로 재임 중인 사람
5. 다음 각 목의 어느 하나에 해당하는 사람
가. 해당 금융회사에 대한 회계감사인으로 선임된 감사반(「주식회사 등의 외부감사에 관

그리고 이 사외이사 자격 제한 규정은 임원 자격요건과 마찬가지로 선임요건일 뿐만 아니라 선임 후에도 자격 유지조건으로 운용한다. 즉 금융회사의 사외이사로 선임된 사람이 위 8개호의 어느 하나에 해당하게 된 경우에는 그 직(職)을 잃게 된다고 규정하고 있다(동조 제2항).

(3) 사외이사의 전문성 요건

사외이사 자격의 적극적 요건은 전문성 요건이다. 금융회사지배구조법 제6조 제3항에서는 금융회사의 사외이사는 금융, 경제, 경영, 법률, 회계 등 분야의 전문지식이나 실무경험이 풍부한 사람으로서 대통령령으로 정하는 사람(금융, 경영, 경제, 법률, 회계, 소비자보호 또는 정보기술 등 금융회사의 금융업 영위와 관련된 분야에서 연구·조사 또는 근무한 경력이 있는 사람으로서 사외이사 직무 수행에 필요한 전문지식이나 실무경험이 풍부하다고 해당 금융회사가 판단하는 사람)[83]이어야 한다고 규정하고 있다. 여기서 사외이사의 전문성 요건으로 직무 분야는 어느 정도 명시하였지만 너무 포괄적이며, 전문성의 정도를 금융회사의 자율적 판단에 위임하였지만 합리성이 결여될 수 있는 우려가 있으므로

한 법률」 제2조제7호나목에 따른 감사반을 말한다) 또는 주된 법률자문·경영자문 등의 자문계약을 체결하고 있는 법률사무소(「변호사법」 제21조제1항에 따른 법률사무소를 말한다)·법무조합(「변호사법」 제58조의18에 따른 법무조합을 말한다)·외국법자문법률사무소(「외국법자문사법」 제2조제4호에 따른 외국법자문법률사무소를 말한다)에 소속되어 있거나 최근 2년 이내에 소속되었던 공인회계사, 세무사 또는 변호사

나. 그 밖에 해당 금융회사에 대한 회계감사 또는 세무대리를 하거나 해당 금융회사와 주된 법률자문, 경영자문 등의 자문계약을 체결하고 있는 공인회계사, 세무사, 변호사 또는 그 밖의 자문용역을 제공하고 있는 사람

6. 해당 금융회사의 지분증권(「자본시장과 금융투자업에 관한 법률」 제4조제4항에 따른 지분증권을 말한다. 이하 같다) 총수의 100분의 1 이상에 해당하는 지분증권을 보유(「자본시장과 금융투자업에 관한 법률」 제133조제3항 본문에 따른 보유를 말한다)하고 있는 사람
7. 해당 금융회사와의 거래(「약관의 규제에 관한 법률」 제2조제1호에 따른 약관에 따라 이루어지는 정형화된 거래는 제외한다) 잔액이 1억원 이상인 사람
8. 「신용정보의 이용 및 보호에 관한 법률」에 따른 종합신용정보집중기관에 신용질서를 어지럽힌 사실이 있는 자 또는 약정한 기일 내에 채무를 변제하지 아니한 자로 등록되어 있는 자(기업이나 법인인 경우에는 해당 기업이나 법인의 임직원을 말한다)
9. 「채무자 회생 및 파산에 관한 법률」에 따라 회생 절차 또는 파산 절차가 진행 중인 기업의 임직원
10. 「기업구조조정 촉진법」에 따른 부실징후기업의 임직원

83) 법 제6조 제3항에서 "대통령령으로 정하는 사람"이란 금융, 경영, 경제, 법률, 회계, 소비자보호 또는 정보기술 등 금융회사의 금융업 영위와 관련된 분야에서 연구·조사 또는 근무한 경력이 있는 사람으로서 사외이사 직무 수행에 필요한 전문지식이나 실무경험이 풍부하다고 해당 금융회사가 판단하는 사람을 말한다.

사외이사의 자격 시비 문제를 완전히 해소하기에는 다소 미흡하다 하겠다.

현행 금융회사지배구조법에서는 사외이사의 기능과 역할을 강화하기 위해 독립성과 전문성을 제고하는 사외이사 자격요건을 보다 명확화하고 구체화하였다. 하지만 문제는 여전히 남는다. 회사 경영과 업무 경험이 많은 업계 전문가의 선택 기회는 줄어들고, 대신에 실무경험이 부족한 인사들, 즉 이론 중심의 교수, 정책 경험의 공무원, 권력기관 출신의 인사를 사외이사 선임의 선택지로 할 수밖에 없는 소지가 다분하다.

표 9-9 상법과 금융회사지배구조법상 사외이사의 자격요건 비교

	상 법		금융회사지배구조법
	일반회사 (제382조제3항)	상장회사 (제542조의8제2항)	금융회사 (제6조)
결격 요건		1. 미성년자, 피성년후견인 또는 피한정후견인 2. 파산선고를 받고 복권되지 아니한 자 3. 금고 이상의 형을 선고받고 그 집행이 끝나거나 집행이 면제된 후 2년이 지나지 아니한 자 4. 대통령령으로 별도로 정하는 법률을 위반하여 해임되거나 면직된 후 2년이 지나지 아니한 자	1. 미성년자・피성년후견인 또는 피한정후견인 2. 파산선고를 받고 복권(復權)되지 아니한 사람 3. 금고 이상의 실형을 선고받고 그 집행이 끝나거나(집행이 끝난 것으로 보는 경우를 포함한다) 집행이 면제된 날부터 5년이 지나지 아니한 사람 4. 금고 이상의 형의 집행유예를 선고받고 그 유예기간 중에 있는 사람 5. 이 법 또는 금융관계법령에 따라 벌금 이상의 형을 선고받고 그 집행이 끝나거나(집행이 끝난 것으로 보는 경우를 포함한다) 집행이 면제된 날부터 5년이 지나지 아니한 사람 6. 다음 각 목의 어느 하나에 해당하는 조치를 받은 금융회사의 임직원 또는 임직원이었던 사람(그 조치를 받게 된 원인에 대하여 직접 또는 이에 상응하는 책임이 있는 사람으로서 대통령령으로 정하는 사람으로 한정한다)으로서 해당 조치가 있었던 날부터 5년이 지나지 아니한 사람 가. 금융관계법령에 따른 영업의 허가・인가・등록 등의 취소 나. 「금융산업의 구조개선에 관한 법률」 제10조 제1항에 따른 적기시정조치 다. 「금융산업의 구조개선에 관한 법률」 제14조 제2항에 따른 행정처분 7. 이 법 또는 금융관계법령에 따라 임직원 제재조치(퇴임 또는 퇴직한 임직원의 경우 해당 조치에 상응하는 통보를 포함한다)를 받은 사람으로서 조치의 종류별로 5년을 초과하지 아니하는 범위에서 대통령령으로 정하는 기간이 지나지 아니한 사람 8. 해당 금융회사의 공익성 및 건전경영과 신용질서를 해칠 우려가 있는 경우로서 대통령령으로 정하는 사람

독립성 요건	1. 회사의 상무에 종사하는 이사·집행임원 및 피용자 또는 최근 2년 이내에 회사의 상무에 종사한 이사·감사·집행임원 및 피용자 2. 최대주주가 자연인인 경우 본인과 그 배우자 및 직계 존속·비속 3. 최대주주가 법인인 경우 그 법인의 이사·감사·집행임원 및 피용자 4. 이사·감사·집행임원의 배우자 및 직계 존속·비속 5. 회사의 모회사 또는 자회사의 이사·감사·집행임원 및 피용자 6. 회사와 거래관계 등 중요한 이해관계에 있는 법인의 이사·감사·집행임원 및 피용자 7. 회사의 이사·집행임원 및 피용자가 이사·집행임원으로 있는 다른 회사의 이사·감사·집행임원 및 피용자	5. 상장회사의 주주로서 의결권 없는 주식을 제외한 발행주식총수를 기준으로 본인 및 그와 대통령령으로 정하는 특수한 관계에 있는 자(이하 "특수관계인"이라 한다)가 소유하는 주식의 수가 가장 많은 경우 그 본인(이하 "최대주주"라 한다) 및 그의 특수관계인 6. 누구의 명의로 하든지 자기의 계산으로 의결권 없는 주식을 제외한 발행주식총수의 100분의 10 이상의 주식을 소유하거나 이사·집행임원·감사의 선임과 해임 등 상장회사의 주요 경영사항에 대하여 사실상의 영향력을 행사하는 주주(이하 "주요주주"라 한다) 및 그의 배우자와 직계 존속·비속 7. 그 밖에 사외이사로서의 직무를 충실하게 수행하기 곤란하거나 상장회사의 경영에 영향을 미칠 수 있는 자로서 대통령령으로 정하는 자	1. 최대주주 및 그의 특수관계인(최대주주 및 그의 특수관계인이 법인인 경우에는 그 임직원을 말한다) 2. 주요주주 및 그의 배우자와 직계존속·비속(주요주주가 법인인 경우에는 그 임직원을 말한다) 3. 해당 금융회사 또는 그 계열회사(「독점규제 및 공정거래에 관한 법률」 제2조제3호에 따른 계열회사를 말한다. 이하 같다)의 상근(常勤) 임직원 또는 비상임이사이거나 최근 3년 이내에 상근 임직원 또는 비상임이사이었던 사람 4. 해당 금융회사 임원의 배우자 및 직계존속·비속 5. 해당 금융회사 임직원이 비상임이사로 있는 회사의 상근 임직원 6. 해당 금융회사와 대통령령으로 정하는 중요한 거래관계가 있거나 사업상 경쟁관계 또는 협력관계에 있는 법인의 상근 임직원이거나 최근 2년 이내에 상근 임직원이었던 사람 7. 해당 금융회사에서 6년 이상 사외이사로 재직하였거나 해당 금융회사 또는 그 계열회사에서 사외이사로 재직한 기간을 합산하여 9년 이상인 사람 8. 그 밖에 금융회사의 사외이사로서 직무를 충실하게 이행하기 곤란하거나 그 금융회사의 경영에 영향을 미칠 수 있는 사람으로서 대통령령으로 정하는 사람
전문성 요건			금융회사의 사외이사는 금융, 경제, 경영, 법률, 회계 등 분야의 전문지식이나 실무경험이 풍부한 사람으로서 대통령령으로 정하는 사람이어야 한다

7. 사외이사의 권한과 책임

종전의 상법에서는 사외이사와 사내이사를 구분하지 않고 이사로만 규정하고 있다가 2009년 개정 상법에서 사외이사 관련한 규정을 신설하면서 이사의 종류를 사내이사, 사외이사와 기타 비상무이사로 구분하였다. 그런데 사외이사라고 하여 그 권한이나 의무, 책임 등을 이사와 달리 별도로 규정하고 있지는 않다. 다만 2011년 개정 상법에서 이사의 회사에 대한 책임감경 조항을 신설하면서 이사와 사외이사의 책임 금액에 차이를 두었을 뿐이다. 따라서 사외이사는 이사회의 구성원으로서 사내이사와 마찬가지의 권한을 가지며, 사내이사와 동일한 의무와 책임을 부담한다고 하여야 할 것이다.

7.1 사외이사의 권한

현행 상법에서 정하고 있는 사외이사의 권한은 회사의 수임인인 이사로서의 권한이다. 즉 이사는 이사회의 구성원으로서 회사의 주요경영사항에 관한 의사결정에 참여하고, 이사의 업무집행을 감독하는 권한을 가지고 있다(상법 제393조 제1항, 제2항). 이사회의 감독권이 실효적으로 행사되기 위하여는 이사들이 회사의 업무에 관해 충분한 정보를 가지고 있어야 한다. 이사회는 감독권의 일환으로 대표이사 등 이사들에게 정보를 요구할 수 있음은 물론이고 이사도 감시권의 일환으로 대표이사 등 다른 이사들에게 정보를 요구할 수 있음은 당연하다. 그러나 회사의 실정을 보면 이사회나 이사의 정보요구권이 적극적으로 행사되지 않고 있다. 그리하여 상근이사들이 분장업무별로 정보를 장악하고 그것이 대표이사에게 집중되고 있으며, 사외이사 등 비상무이사들은 업무에 관한 정보에서 소외되고 있음은 물론 상근이사들도 다른 소관업무에 관해서는 정보를 갖지 못하는 경향이 많다. 상법은 이러한 현실을 깨닫고 이사회의 감독권 및 이사의 감시권의 실효성을 제고하기 위하여 이사의 정보요구권을 주의적 규정으로 규정하였다. 즉 이사는 대표이사로 하여금 다른 이사 또는 피용자의 업무에 관하여 이사회에 보고할 것을 요구할 수 있다(상법 제393조 제3항). 동시에 이사회에 대한 정보제공을 강행적으로 보장하기 위하여 이사(대표이사)는 3월에 1회 이상 업무의 집행상황을 이사회에 보고하도록 하였다(상법 제393조 제4항). 이는 이사회가 최소 3월에 1회 이상 소집되어야 함을 의미한다. 이사의 정보요구에 대하여 대표이사는 기업비밀임을 이유로 정보제공을 거부하지 못하며, 역시 기업비밀임을 이유로 이사회에 대한 보고에서 제외할 수 없다. 이로 인해 회사의 기업비밀이 누설될 우려는 있으나 상법은 이사의 비밀준수의무를 신설하여 기업비밀의 유지를 보장하고 있다(상법 제382조의4).[84]

7.2 사외이사의 의무

사외이사의 의무로는 이사로서 회사와의 위임계약에 따라 선량한 관리자의

84) 이철송, 전게서, 552면.

주의로써 업무를 수행하여야 하는 선관주의의무(상법 제382조 제2항, 민법 제681조), 이사로서 법령과 정관의 규정에 따라 회사를 위하여 그 직무를 충실하게 수행하여야 할 충실의무(상법 제382조의3), 이사로서 재임 중뿐만 아니라 퇴임 후에도 직무상 알게 된 회사의 영업상 비밀을 누설하여서는 아니 되는 비밀유지의무(상법 제382조의4), 이사로서 이사회의 승인이 없으면 자기 또는 제3자의 계산으로 회사의 영업부류에 속하는 거래를 하거나 동종영업을 목적하는 다른 회사의 무한책임사원이나 이사가 되지 못하는 경업금지의무(상법 제397조 제1항), 회사를 상대방으로 하여 자기 또는 제3자의 계산으로 하는 자기거래시 이사회의 승인을 거쳐야 하는 자기거래 제한의무(상법 제398조) 등이 있다.[85) 아울러 사외이사는 이사회의 구성원으로서 의사형성에 참여하여야 정상적인 업무집행을 할 수 있고, 이사들 상호간에 견제와 감시가 가능하므로, 정당한 사유가 없는 한 이사회에 출석하여 의결권을 행사할 필요가 있다. 또한 이사로서 공정하게 업무를 수행할 수 있도록 청렴결백함은 물론 기업경영에 대한 감시·감독 업무를 충실히 수행하여야 할 의무가 있다.

7.3 사외이사의 책임

사외이사의 책임으로는 이사로서의 책임, 즉 회사에 대한 책임(상법 제399조 제1항)과 제3자에 대한 책임(상법 제401조 제1항)을 들 수 있다. 사외이사는 회사경영에 관한 의사결정을 하고 그 집행에 대한 감독을 담당하는 중요한 지위에 있으므로 고의 또는 과실로 법령 또는 정관에 위반한 행위를 하거나 그 임무를 해태한 때에는 회사 또는 제3자에 대하여 연대하여 손해를 배상할 책임을 부담하는 것이다. 다만 이사의 회사에 대한 책임은 주주 전원의 동의로 면제할 수 있다. 이 경우 이사가 고의 또는 중대한 과실로 손해를 발생시킨 경우와 경업금지의무·회사의 기회 유용금지의무·자기거래 승인의무 위반을 제외하고 이사의 책임을 이사가 그 행위를 한 날 이전 최근 1년간의 보수액(상여금과 주식매수선택권의 행사로 인한 이익 등을 포함한다)의 6배(사외이사의 경우는 3배)를 초과하는 금액에 대하여 정관에 정하는바에 따라 면제할 수 있다(상법 제400조).[86) 이렇게 보면 상법은 사외이사의 회사에 대한 책임 정도를 사내이

85) 김상규·윤선희, 「사외이사와 감사위원회제도의 개선에 관한 연구」(한국상장회사협의회, 2000.12), 35면.

86) 유능한 경영인을 쉽게 영입하여 보다 적극적인 경영을 할 수 있도록 하기 위하여 이사의 회

사의 절반에 해당하는 것으로 계산하고 있다.

근년 들어 사외이사를 포함한 경영진의 책임 문제가 종종 이슈화되면서 회사의 이사회 결의가 부결되는 사례가 발생하고 있고, 사외이사의 주의의무에 따른 손해배상책임을 인정하는 다수의 판례도 나오고 있다. 사외이사의 이사로서의 책임을 중요시하는 경영 환경이 조성되는 것으로 주목할 일이다.

참고 사외이사의 손해배상책임을 인정한 판례

1. 대법원 판례(대법원 2014.12.24. 선고 2013다76253 판결)

주주가 주식회사의 사업보고서 허위기재와 관련한 회계법인 및 회사 사외이사에 대한 외감법 및 자본시장법에 의한 손해배상청구사건에서 사외이사의 책임을 인정한 대법원 판례. 갑 주식회사의 주식을 취득한 을 등이 사외이사 병을 상대로 사업보고서 허위기재에 따른 손해배상을 구한 사안에서, 병이 사외이사로서 실질적인 활동이 없었던 점 등에 비추어 상당한 주의를 하였더라도 허위기재 사실을 알 수 없었을 것이라고 본 원심판결에 법리오해의 위법이 있다고 한 대법원 사례이다.

"원심은, 피고 2는 자본시장법 제162조 제1항에 의하여 특별한 사정이 없는 한 ○○○○의 제16기 사업보고서에 중요사항이 허위기재됨으로써 원고들이 입은 손해를 배상할 책임이 있다고 한 다음, 피고 2는 ○○○○의 제16기 사업보고서 제출 당시 ○○○○의 사외이사의 지위에 있기는 하였으나 출근을 하거나 이사회에 참석하여 결의에 참여하는 등 사외이사로서의 실질적인 활동은 없었던 점, ○○○○의 제16기 재무제표에 대한 외부감사 당시 피고 ○○회계법인에 제출된 피고 2 명의의 확인서는 당시 대표이사였던 ○○○이 임의로 작성한 것이라는 점 등에 비추어 보면, 피고 2는 ○○○○ 제16기 사업보고서의 허위기재와 아무런 관련이 없거나 그가 상당한 주의를 하였더라도 그 허위기재 사실을 알 수 없었을 것으로 판단된다고 하여 피고 2의 면책 주장을 받아들였다. 그러나 "주식회사의 이사는 선량한 관리자의 주의로써 대표이사 및 다른 이사들의 업무집행을 전반적으로 감시하고 특히 재무제표의 승인 등 이사회에 상정된 안건에 관하여는 이사회의 일원으로서 의결권을 행사함으로써 대표이사 등의 업무집행을 감시·감독할 지위에 있으며, 이는 사외이사라고 하여 달리 볼 것이 아닌바, 피고 2가 회사에 출근하지도 않고 이사회에 참석하지도 않았다는 것은 사외이사로서의 직무를 전혀 수행하지 아니하였음을 나타내는 사정에 불과하고, 위 사정과 그 밖에 원심이 들고 있는 사정들은 피고 2가 그의 지

사에 대한 책임을 완화할 필요성이 있으나, 종전의 「상법」은 총주주의 동의로 면제하는 것 외에는 책임감면 규정이 없었다. 이에 2011년 개정 상법에서는 회사에 대한 이사의 책임을 고의 또는 중대한 과실로 회사에 손해를 발생시킨 경우 등을 제외하고는 이사의 최근 1년간의 보수액의 6배(사외이사는 3배) 이내로 제한하고, 이를 초과하는 금액에 대하여는 면제할 수 있도록 이사의 책임을 감경하는 것으로 개선하였다(제400조 제2항 신설).

위에 따른 상당한 주의를 다하였다는 사정이 아님은 물론이며 상당한 주의를 다하였더라도 허위기재 사실을 알 수 없었다고 볼 사정도 되지 아니한다". 그런데도 판시와 같은 이유로 피고 2의 손해배상책임을 부정한 원심의 판단에는 자본시장법 제162조 제1항의 손해배상책임 및 그 면제사유에 관한 법리를 오해하여 판결 결과에 영향을 미친 위법이 있다"고 원심판결 중 피고 2에 대한 부분을 파기 환송하였다.

2. 고등법원 판례(서울고등법원 2015. 9. 11. 선고 2014나2040433 판결)

국민은행 등이 제기한 ○○○○의 사업보고서 허위기재와 관련한 ○○회계법인과 회사 이사 등에 대한 자본시장법 및 외감법에 의한 손해배상청구사건에서 ○○○○ 사외이사의 책임을 인정한 판례. 그 판단내용은 다음과 같다. "피고 5는 단순한 사외이사로서 피고 회사의 재무에 관여할 수도, 관여할 능력도 없었고, 피고 회사의 이 사건 분식회계 내지는 이 사건 사업보고서의 거짓 기재는 더더욱 알 수 없는 위치에 있었으므로, 이 사건 사업보고서의 거짓 기재에 대한 고의나 과실이 없었다. 따라서 이 사건 사업보고서의 거짓 기재로 인한 손해배상책임이 없다"고 주장한 데 대하여 법원은 "주식회사의 이사는 선량한 관리자의 주의로써 대표이사 및 다른 이사들의 업무집행을 전반적으로 감시하고 특히 재무제표의 승인 등 이사회에 상정된 안건에 관하여는 이사회의 일원으로서 의결권을 행사함으로써 대표이사 등의 업무집행을 감시·감독할 지위에 있으며, 이는 사외이사라고 하여 달리 볼 것이 아닌바(설령 위 피고가 피고 회사에 출근하지도 않고 이사회에 참석하지도 않았다고 하더라도, 이는 사외이사로서의 직무를 전혀 수행하지 아니하였음을 나타내는 사정에 불과하여, 자신의 고의·과실을 자인하는 것과 다름없다), 피고 5가 자신의 지위에 따라 합리적으로 기대가 되는 조사를 한 후 그에 의하여 이 사건 사업보고서에 거짓 기재가 없다고 믿을 만한 합리적인 근거가 있었고 또한 실제로 그렇게 믿었음을 인정할 만한 증거가 없는 이 사건에 있어서, 피고 5가 내세우는 위와 같은 사정만으로는 피고 5가 이 사건 사업보고서의 거짓 기재로 인한 손해배상책임을 면할 수는 없다"고 판단하였다.

7.4 금융회사지배구조법상 정보접근권

2016년 8월 시행한 현행 금융회사지배구조법에서는 사외이사에 관한 규정을 제정하면서도 그 권한과 책임, 의무와 관련한 규정은 두지 않았다. 따라서 금융회사의 사외이사도 상법상 회사의 이사로서 그 권한과 책임, 의무와 관련한 규정이 그대로 적용된다 하겠다. 다만 금융회사지배구조법에서 금융회사의 사외이사에 대한 정보제공 의무 규정을 따로 규정하였다. 이는 상법상 이사의 정보요구권에 관한 주의적 규정(상법 제393조 제3항)을 금융회사 사외이사의 정보접근권을 보장하기 위하여 금융회사의 의무규정으로 강행규정화한 것이다.

금융회사지배구조법 제18조에 의하면 금융회사는 사외이사의 원활한 직무수행을 위하여 대통령령으로 정하는 바에 따라 충분한 자료나 정보를 제공하여야 한다(금융지배법 제18조 제1항). 금융회사가 사외이사에게 자료나 정보를 제공하는 방법은 다음 각호와 같다. 1. 사외이사가 회사의 경영실태를 원활히 파악할 수 있도록 영업·재무, 그 밖의 업무집행 상황 등에 관한 자료나 정보를 연 1회 이상 정기적으로 제공할 것. 2. 사외이사가 원활한 직무 수행을 위하여 법 제13조에 따른 이사회 의장 또는 선임사외이사를 통하여 해당 금융회사에 대하여 자료나 정보의 제공을 요구하는 경우 금융회사는 정당한 사유가 없으면 요구받은 자료나 정보를 지체 없이 제공할 것. 3. 이사회 및 이사회내 위원회의 회의자료를 회의 개최 2주일 전까지 제공할 것. 다만, 해당 금융회사의 정관 또는 이사회규정 등에서 그 기간을 달리 정할 수 있다(동법 시행령 제15조). 하지만 금융회사의 정기적 또는 수시 정보제공에도 불구하고 충분하지 아니할 경우가 많을 것에 대비하여 사외이사는 직무수행에 필요한 자료와 정보를 언제든지 금융회사에 요구할 수 있도록 할 필요가 있다. 이에 사외이사는 해당 금융회사에 대하여 그 직무를 수행할 때 필요한 자료나 정보의 제공을 요청할 수 있고, 이 경우 금융회사는 특별한 사유가 없으면 이에 따라야 한다고 규정하였다(동법 동조 제2항).

8. 주요국의 사외이사제도

8.1 미 국

미국에서는 금융회사를 포함한 주식회사의 경영과 감독이 이사회라는 하나의 기관에 의해 이루어지고 있는 일원적 구조(one-tier system)를 채택하고 있는데, 이사회의 구성과 관련하여 사외이사제도를 증권거래소의 상장규칙에서 회사의 상장기준으로 규정하고 있다. 2001년 이후 발생한 엔론사태 등 기업의 대형 회계부정사건[87]을 계기로 2002년 사베인즈－옥슬리법이 제정[88]되면서 사외

87) 2001년 12월 미국 사회 전반에 엄청난 파장을 몰고 온 엔론사의 도산은 특별조사결과 회사의 고위 경영진들이 여러 개의 특수목적기구(Spercial Purpose Entity : SPE)를 설립하여 장기간에 걸쳐 대규모로 회계장부를 조작하여 온 분식회계와 더불어 SEC에 대한 공시의무를 제대로 이행하지 않는 등 관련법규를 위반하여 왔는데, 적절한 회사의 내부통제장치 미비 등이 이 같은 회사 및 관련 임직원의 불법행위를 촉진한 것으로 나타났다. 이에 관한 구체적인

이사의 독립성과 전문성이 크게 강화되도록 제도가 보완되었다.

(1) 뉴욕증권거래소의 상장기준[89)]

뉴욕증권거래소(NYSE: New York Stock Exchange)는 상장회사의 이사회가 과반수(majority)를 독립이사(independent director)로 구성하도록 요구하고 있고,[90)] 이사회내에 독립이사로만 구성된 감사위원회(audit committee), 지명위원회(nomination committee), 보상위원회(compensation committee)를 설치하여야 한다.[91)] 감사위원회는 3인 이상의 독립이사로 구성되어야 하며, 모든 감사위원은 재무적 소양을 갖추고 있거나 합리적 기간 내에 이를 구비하여야 한다. 그리고 감사위원 중 최소한 1인은 회계 또는 재무전문가이어야 한다.[92)]

독립이사의 독립성 여부는 이사회가 판단해야 하며, 회사는 독립이사의 명단과 독립성 판단근거를 위임장설명서(proxy statement)나 연차보고서(10-K)를 통해 공시하여야 한다. 이사가 '독립적'이라고 인정되기 위해서는 당해 이사와 회사가 직접적으로 또는 회사와 관련성이 있는 조직의 파트너 · 주주 · 임원 등 간접적으로 '중요한 관계(material relationship)'를 맺고 있지 않아야 한다. 여기서 '회사'에는 당해회사와의 연결실체에 속하는 모회사나 자회사 모두가 포함되며, '중요한 관계'는 상거래 · 동종업계 · 금융 · 자문 · 법률 · 회계 · 자선 · 가족관계에 기인하여 맺게 된 모든 관계를 포괄한다.[93)] 그러나 소유주식의 다과 여

내용은 금융감독원 뉴욕사무소, 전게서, 22-36면; 서헌제, 전게 논문, 163-165면; 鎌田信男, "エンロン事件と米国のコーポレートガバネンス改革," http://www.tyg.jp/tgu/school_guidance/ bulletin/k12/images/11kamata.PDF 참조.

88) Thomas White and James Greig, "Sarbanes-Oxley Act of 2002(a New Regime of Corporate Governance)," *International Business Lawyer*, vol. 30 no. 9(Oct. 2002), p. 445; 강희갑, "미국의 개혁입법 : 사-벤즈 · 옥슬리법(Sarbanes-Oxley Act)과 그 시사점," 「사회과학논총」(제19집)(명지대학교 사회과학연구소, 2003), 1-2면.

89) 기업지배구조상장기준은 NYSE 상장회사매뉴얼(Listed Company Manual) 303A로 규정되어 2002년 8월 16일 SEC의 승인을 받았다. 이에 관하여는 http://www.nyse.com/about/listed/1101074752625.html 참조.

90) 기존의 NYSE의 상장기준의 경우 상장회사는 3인 이상의 독립이사를 둘 것을 요구하였다(NYSE Listed Company Manual Section 303.01(B)(2)(a)(Composition/Expertise Requirement of Audit Committee Members)).

91) NYSE, 전게 상장기준, p. 9-10.

92) NYSE, 상게 상장기준, p. 10.

93) 기존의 NYSE의 상장기준의 경우 감사위원회의 경우에만 독립성을 요구하였다. 자세한 내용은 다음을 참조.(NYSE Listed Company Manual Section 303.01(B)(2)(a)(Composition/Expertise Requirement of Audit Committee Members) and 303.01(B)(3) (Independence Requirement of Audit Committee Members)).

부는 독립성 침해요인과 상관이 없는 것으로 미국증권위원회(SEC)에서 보고있다. 왜냐하면 독립이사는 지배주주로부터가 아니라 경영진으로부터의 독립성이 관건이기 때문이다.

(2) NASDAQ의 상장기준

NASDAQ(National Association of Securities Dealers Automated Quotations)[94]도 NYSE와 마찬가지로 등록회사의 이사회는 과반수의 독립이사를 요구하고 전원 독립이사로 구성된 감사위원회의 설치를 의무화하고 있으나, NYSE와는 달리 지명·보상위원회의 설치는 의무화하지 않고 있다. 대신에 NASDAQ은 독립이사들로만 구성된 지명·보상위원회나 과반수의 독립이사들이 해당 위원회의 업무를 수행하거나 이사회에 권고할 수 있도록 규정하고 있다. 감사위원회의 경우 최소 3인의 독립이사로 구성되어야 하고, 감사위원은 최근 3년간 회사 또는 회사의 자회사에 대한 재무제표를 작성하는 데 참여한 사실이 없어야 한다.[95]

NYSE와 마찬가지로 '독립이사' 여부의 결정은 이사회의 견해를 따르며, 독립이사는 이사의 책임을 수행하는 과정에서 독립된 판단을 하는데 어려움이 있을 만한 관계를 가진 당해회사 혹은 자회사의 임원 또는 직원, 또는 여타 개인을 제외한 자를 말한다. NYSE와 마찬가지로 주식의 소유는 독립이사의 독립성을 침해하지 않는다고 본다.[96]

(3) 미국 금융회사의 이사회 구성 및 운영

미국 금융회사의 경우 <표 9-10>에서 보는 바와 같이 2003년도 기준으로 이사 수가 평균 12명인데 그중 사외이사가 10명에 이르고, 이사회 개최 횟수는 연간 6회에 이른 것으로 나타났다.

---

94) 미국증권협회(NASD) 관리 아래 실시되고 있는 컴퓨터에 의한 미국의 장외시장 시세보도 시스템을 말한다. 증권회사 등 마켓 메이커가 자기가 취급하는 증권 종목에 대해 매매호가를 컴퓨터에 입력, 통신회선과 단말기를 이용하여 화면에 나타내도록 한 것인데, 투자자는 그것을 보고 가장 유리한 마켓 메이커에게 매매주문을 하게 된다. 등록기업 가운데 통신·컴퓨터·생명공학과 관련된 유력 하이테크기업이 많은 것이 특징이다. 1971년 개설하여 약 25년 만에 세계 최대 규모인 뉴욕증권거래소와 어깨를 겨룰 만큼 성장했다.

95) NASD, Marketplace Rules, Rule 4350(c)/ 4350(d): http://nasd.complinet.com/nasd/display/ display.html?rbid=1189&element_id=1159000635 참조.

96) NASD, Marketplace Rules, Rule 4200(15): http://nasd.complinet.com/nasd/display/display. html?rbid=1189&element_id=1159000644 참조.

표 9-10 미국 금융회사의 이사회 구성 및 운영현황[97)]

내 용		기준년도
평균 이사 수	12명	'03
(사외이사)	(10명)	'03
평균 이사회 개최 횟수	6회/년	'03
스톡옵션 지급회사 비율	67%	'03
(주식을 보상에 포함시키는 회사 비율)	(72%)	'03
사외이사 1인당 연간보수 평균	$43,750	'04
(참석비와 스톡옵션 포함시)	($67,000)	'04

자료: The Conference Board('03, '04년).

8.2 영 국

영국도 미국과 마찬가지로 금융회사를 포함한 주식회사의 경영과 감독을 위해 사내이사와 사외이사가 하나의 이사회를 구성하는 단일 이사회 구조를 가지고 있다. 기업지배구조에 관한 통합규범(the Combined Code on Corporate Governance)[98)]이 마련된 다음 런던증권거래소가 상장규칙(Listing Rules)에서 이 통합규범을 채택하여 사외이사제도를 회사의 상장요건으로 제시하고 있다. 다만 영국은 시장의 자율성을 중시하여 규정 등으로 규제하는 사항은 최소화하고 있다.

새로운 개정 통합규범[99)]에서 경영진이 이사회를 지배할 수 없도록 사외이사(non-executive director)는 이사회의 3분의 1 이상이 되어야 하며, 사외이사의 과반수는 독립이사(independent directors)이어야 한다고 규정하고 있다. 또한 구성원의 과반수가 독립이사인 지명위원회(nomination committee)와 전원이 독립이사인 보수위원회(remuneration committee)와 감사위원회(audit committee)를 설치하여야 한다. 그리고 보수위원회와 감사위원회의 구성원은 FTSE 350 이내인 대형상장회사는 3인 이상, 기타 상장회사는 2인 이상의 독립이사로 구성

97) 금융감독원(은행감독국) 자료.

98) 함펠위원회가 캐드베리보고서('92.12)와 그린베리보고서('95.7)에 의한 규범에 함펠의 최종보고서('98.1)의 지배구조 원칙을 추가하여 마련한 지배구조에 관한 통합규범으로, 1998년 6월 런던증권거래소가 이 통합규범을 상장규칙에서 채택하여 상장회사로 하여금 준수토록 하였다(강희갑 등, 전게 논문, 358-359면).

99) 새로 개정된 통합규범은 2003년 11월 1일 이후 런던증권거래소의 모든 상장회사에 적용된다.

한다. 감사위원회에는 최소한 1인 이상의 재무전문가가 포함되어야 한다. 그리고 이사회 의장(chairman)과 최고경영책임자(CEO)는 반드시 분리되는 것이 원칙이다.[100)]

최근 영국 상장회사의 이사회내 사외이사 수는 <표 9-11>에서 보듯이 대형회사(FTSE 250 회사)의 경우 3~6명, 소규모회사의 경우는 1~3명으로 그 비율이 약 50% 내외 수준에 머물러 있는 상황이다.

표 9-11 영국 상장회사의 이사회 구성[101)]

(단위: 명)

	FTSE 100	FTSE 250	기타 상장회사
상임이사(Executive Directors)	3~6	2~5	2~4
사외이사(Non-Executive Directors)	4~6	3~5	1~3
합 계	9~12	7~10	5~7

* 이사 수는 의장(Chairman) 제외.
자료: The Higgs Report-NEDs Review team analysis, 2003.

8.3 일 본

일본에서는 2002년 상법 개정으로 미국식 사외이사제도가 도입되었으나, 금융회사를 포함한 주식회사에서의 사외이사제도 도입·운용 여부는 기업 자율에 맡겨져 있다. 현재 자본금 5억 엔 이상 또는 부채총액 2천억 엔 이상 기업이 이사회내에 3개의 내부위원회(지명·감사·보수)를 두는 경우는 사외이사를 선임하고 종래의 감사제도를 폐지할 수 있다.[102)]

2004년 3월말 현재 일본 주요 상장기업중 약 30%가 사외이사를 두고 있으며, 과반수 사외이사를 두고 있는 기업은 30개사에 불과한 실정[103)]임에 비추어 볼 때 일본에서의 사외이사제도의 정착은 아직 시기상조이며 좀 더 시간이 걸릴 것으로 보여진다.

---

100) London Stock Exchange, Corporate Governance- A Practical Guide, pp. 16, 18, 19, 24, 48. http://www.londonstockexchange.com/NR/rdonlyres/C450E4FC-89C2-4042-804A-685855FF217B/0/PracticalGuidetoCorporateGovernance.pdf 참조.

101) London Stock Exchange, Corporate Governance- A Practical Guide, p 17.

102) 성태균, "해외 주요국의 지배구조," 「주식」(통권234호)(증권거래소, 2004.10), 20면.

103) 일본경제신문이 일본소재 증권거래소들에 상장된 3월 결산 2,108사를 대상으로 조사한 결과이다('04.8.22).

Ⅳ. 이사회 제도

1. 의 의

상법상 이사회(board of directors)란 회사의 업무집행에 관한 의사결정을 위해 전원의 이사로 구성되는 주식회사의 필요적 상설기관이다. 이사(director)는 회사의 수임인으로서의 지위에서 이사회의 구성원으로서 회사의 업무를 집행하는 등 법정의 권한을 가진 주식회사의 필요적 상설 기관이다. 이사는 주주총회에서 선임하지만 주주의 대리인이나 사용인이 아니고 회사의 수임인이다(상법 제382조). 또한 이사회의 구성원이 되어 회사의 업무집행의 결정에 참가[104]하면서 단독으로 권한을 행사하기도 한다.[105] 이사의 종류로는 사내이사, 사외이사, 기타 비상무이사가 있다. 주주총회에서 선임된 이사들 전원으로 구성된 이사회는 회의체기관이므로 업무집행에 관한 의사결정권을 가질 뿐, 구체적인 업무집행은 대표이사가 행한다. 다만 업무집행의 적정을 기하기 위하여 이사회는 대표이사를 포함한 모든 이사의 업무집행을 감독한다(상법 제393조 제2항). 그 방법의 일환으로 이사는 대표이사로 하여금 다른 이사 또는 피용자의 업무에 관하여 이사회에 보고할 것을 요구할 수 있고(상법 제393조 제3항), 이사(대표이사)는 3월에 1회 이상 업무의 집행상황을 이사회에 보고하도록 하고 있다(상법 제393조 제3항). 이는 이사회가 최소 3월에 1회 이상 소집되어야 함을 의미한다. 이사의 정보요구에 대하여 대표이사는 기업 비밀임을 이유로 정보제공을 거절하지 못하며, 역시 기업 비밀임을 이유로 이사회에 대한 보고에서 제외할 수 없다. 이로 인해 회사의 기업 비빌이 누설될 우려는 있으나, 상법은 이사의 비밀준수의무를 신실하여 기업비밀의 유지를 보장하고 있다(상법 제382조의4). 이와 같은 상법상 이사·이사회의 기능과 권한 등에 관한 사항은 금융회사지배구조법에서 달리 규정한 경우를 제외하고는 금융회사에 그대로 적용된

104) 중요한 자산의 처분 및 양도, 대규모 재산의 차입, 지배인의 선임 또는 해임과 지점의 설치·이전 또는 폐지 등 회사의 업무집행은 이사회의 결의로 한다(상법 제393조 제1항).

105) 주주총회 결의취소의 소 제기권(상법 제376조), 이사회 소집권(상법 제390조 제1항) 등.

다 하겠다.

2. 이사회의 구성

2.1 사외이사 중심의 이사회 구성 의무화

(1) 상법상 이사회

일반적으로 상법상 일반회사는 이사가 3인 이상이어야 하고,[106] 사외이사 선임의무는 없다(상법 제383조 제1항). 반면 상장회사는 아무리 규모가 작은 회사라도 4분의 1 이상의 사외이사를 두어야 하고, 자산총액 2조원 이상의 대형 상장회사는 사외이사 3인 이상, 이사총수의 과반수를 사외이사로 두어야 한다(상법 제542조의8 제1항). 이에 따라 일반회사는 이사회 구성에 있어 별다른 제한 요인은 없다. 하지만 상장회사는 사실상 사외이사 1인 포함 최소한 3인의 이사(사외이사 1인, 사내이사 1~2인, 비상무이사 1인~없음)로 이사회를 구성할 수 있는 소형 상장회사가 있고, 최소한 4인의 이사(사내이사 1인, 사외이사 3인)로 이사회를 구성해야 하는 대형 상장회사가 있다.

(2) 금융회사지배구조법상 이사회

금융회사의 이사회 구성 방법도 상법상 회사와 유사하다. 현행 금융회사지배구조법에 의하면 금융회사는 원칙적으로 3명 이상의 사외이사를 두되, 사외이사의 수는 이사 총수의 과반수가 되어야 한다(동법 제12조 제1항, 제2항 본문). 이러한 사외이사중심의 이사회 구성 의무가 있는 금융회사는 모든 은행(시중은행, 지방은행과 산업은행, 기업은행, 농협은행, 수협은행 등 4개 특수은행)과 금융지주회사(은행지주회사, 비은행지주회사)가 해당하는데, 이들은 상장회사 여부를 불문한다. 이들을 제외한 비은행 금융회사는 일단 자산총액 2조원 이상인 상장회사이면 모두 사외이사제 의무 적용 금융회사가 된다. 또한 상장회사가 아니더라도 자산총액 5조원 이상의 금융투자업자 또는 종합금융회사 · 보험회사 · 여신전문금융회사 및 자산총액 7천억원 이상의 상호저축은행, 즉 대형 금융회사도 이에 해당한다. 다만 자산운용을 하는 금융투자업자는 자산총액이 5조원 미

106) 다만 자본금 총액이 10억원 미만인 회사는 1명 또는 2명으로 이사를 둘 수 있다(상법 제383조 제1항 단서). 이들 이사는 각자(대표이사를 정한 경우는 대표이사)가 이사회 기능을 담당한다(상법 제383조 제6항).

만이라 하더라도 집합투자재산(펀드재산), 투자일임재산, 신탁재산의 합계액, 즉 수탁고가 20조원 이상이면 대형 금융회사로 간주되어 상기 사외이사제가 의무화되어 있다(동법 제3조 제3항). 실제로 금융회사들이 이사회의 이사수를 구성한 사례를 보면 사내이사 1~3명(대표이사, 상근감사위원 등), 사외이사 3~6명, 이사 총수 4~9명 정도로 운영하고 있다.

그런데 이러한 사외이사제 이사회 구성 의무가 있는 대형 금융회사가 아닌 금융회사의 경우는 어떻게 해야 하는지가 문제가 된다. 현행 금융회사지배구조법에서는 중규모 금융회사에 대하여만 상법상 소형 상장회사의 사외이사 선임의무 형태와 같은 수준의 사외이사 선임을 강제하고 있다. 즉 자산총액 2조원 미만의 상장 금융회사와 자산총액 5조원 미만이지만 자산총액 3천억 이상의 중규모 금융회사(금융투자업자, 종합금융회사, 보험회사, 저축은행, 카드회사), 자산총액 5조원 미만이지만 자산총액 2조원 이상인 리스회사, 할부회사, 신기술금융회사는 사외이사를 이사 총수의 1/4 이상 두어야 하도록 하였다(동법 제12조 제2항 단서).[107] 그 이하 소규모의 금융회사는 일반회사와 마찬가지로 이사회를 구성하면서 사외이사를 두어야하는 의무는 없다. 하지만 사외이사 선임의무가 전혀 없거나 일부 있는 중규모 금융회사라 하더라도 자발적으로 사외이사제 이사회를 구성하여 운영하는 것은 금융회사의 건전 경영과 투명성 제고에 보탬이 된다는 차원에서 언제든지 가능하고 또한 권장되어야 할 일이라고 하겠다.

2.2 금융지주회사 완전자회사의 이사회 구성 예외

현행 금융회사지배구조법을 시행하면서 금융그룹의 사외이사제도 운영에 있어 지적되어오던 문제점, 즉 지주회사와 자회사에 동일한 제도를 적용함으로써 발생하는 지배구조의 중첩성 문제를 해소하고 금융그룹내 지배구조제도 운용의 효율성을 기하도록 하였다. 금융지주회사에 사외이사 중심의 이사회가 구성되고

107) 금융회사지배구조법 시행령 12조: 법 제12조제2항 단서에서 "대통령령으로 정하는 금융회사"란 제6조제3항에 해당하는 자로서 다음 각 호의 어느 하나에 해당하는 자를 말한다.
  1. 주권상장법인(상법 시행령 제34조제1항 각 호의 어느 하나에 해당하는 경우는 제외한다)
  2. 최근 사업연도 말 현재 자산총액이 3천억원 이상인 상호저축은행
  3. 최근 사업연도 말 현재 자산총액이 3천억원 이상인 금융투자업자 또는 종합금융회사
  4. 최근 사업연도 말 현재 자산총액이 3천억원 이상인 보험회사
  5. 최근 사업연도 말 현재 자산총액이 3천억원 이상인 여신전문금융회사(「여신전문금융업법」에 따른 신용카드업을 영위하지 아니하는 여신전문금융회사는 최근 사업연도 말 현재 자산총액이 2조원 이상인 경우에 한정한다)

이사회내 위원회가 설치되어 운영되는 경우 그 완전자회사에는 일정한 요건을 갖추면 이러한 구성·설치 의무를 배제할 수 있도록 하는 특례를 두었다. 즉 금융지주회사가 발행주식 총수를 소유하는 자회사 및 그 자회사가 발행주식 총수를 소유하는 손자회사(손자회사가 발행주식 총수를 소유하는 증손회사를 포함한다. 이하 이 조에서 “완전자회사등”이라 한다)는 경영의 투명성 등 대통령령으로 정하는 요건에 해당하는 경우에는 제12조(이사회의 구성) 및 제16조(이사회내 위원회의 설치 및 구성)에도 불구하고 사외이사를 두지 아니하거나 이사회내 위원회를 설치하지 아니할 수 있다(금융지배법 제23조 제1항).

동법 시행령에서 정한 금융지주회사 완전자회사등의 경영투명성 요건을 보면 금융지주회사의 이사회나 감사위원회가 완전자회사등을 완전 장악할 것, 완전자회사등을 포함한 금융지주회사의 내부통제기준과 준법감시인 등에 관한 것이다(금융지배법 시행령 제18조). 즉 법 제23조제1항에서 “경영의 투명성 등 대통령령으로 정하는 요건에 해당하는 경우”란 다음 각 호의 요건 [1. 법 제23조제1항에 따른 완전자회사등의 경영의 투명성 확보를 위한 다음 각 목의 요건. 이 경우 해당 이사회 또는 해당 감사위원회는 다음 각 목과 관련하여 금융위원회가 정하여 고시하는 기준[108]을 준수하여야 한다. 가. 금융지주회사의 이사회가 완전자회사등에 대하여 조언·시정권고 및 이에 필요한 자료의 제출을 요구하는 경우 완전자회사등은 특별한 사정이 없으면 요구에 성실히 응할 것, 나. 금융지주회사의 감사위원회가 완전자회사등에 대하여 그 업무·재무구조 등에 대한 감사 및 이에 필요한 자료의 제출을 요구하는 경우 완전자회사등은 특별한 사정이 없으면 요구에 성실히 응할 것, 2. 완전자회사등을 포함하여 자회사등을 총괄하는 사항으로서 금융지주회사의 내부통제체제에 관한 사항인 다음 각 목의 요건. 가. 금융위원회가 정하여 고시하는 사항[109]을 금융지주회사의 법

108) 금융회사 지배구조 감독규정 제10조(경영의 투명성 등 요건) 제1항: 법 제23조제1항 및 영 제18조제1호다목에서 “금융위원회가 정하여 고시하는 기준”이란 다음 각 호를 말한다. 1. 법 제23조에 따른 완전자회사등(이하 “완전자회사등”이라 한다)의 경영의 건전성, 소비자 권익 및 건전한 금융거래질서를 해하지 아니할 것 2. 금융지주회사의 이사는 재임중 뿐만 아니라 퇴임후에도 직무상 알게 된 완전자회사등의 영업상 비밀을 누설하지 아니할 것 3. 금융관계 법령을 위반하지 아니할 것

109) 금융회사 지배구조 감독규정 제10조(경영의 투명성 등 요건) 제2항: 법 제23조제1항 및 영 제18조제2호가목에서 “금융위원회가 정하여 고시하는 사항”이란 다음 각 호를 말한다. 1. 금융지주회사등(금융지주회사 및 그 자회사등을 말한다. 이하 같다)의 업무의 분장 및 조직구조에 관한 사항 2. 금융지주회사등의 자산의 운용 또는 업무의 영위과정에서 발생하는 위험의 관리에 관한 사항 3. 금융지주회사등의 임·직원이 업무를 수행함에 있어서 반드시 준수

제24조제1항에 따른 내부통제기준에 포함할 것 나. 금융지주회사의 준법감시와 관련하여 해당 준법감시인, 금융지주회사 및 그 자회사등은 금융위원회가 정하여 고시하는 기준[110]을 준수할 것]을 모두 충족하는 경우를 말한다.

이와 같은 법적 요건이 구비되면 금융지주회사의 완전자회사는 사외이사 선임이나 이사회내 위원회 설치 의무가 없고, 감사위원회를 두지 않아도 된다. 다만 완전자회사등이 감사위원회를 설치하지 아니한 때에는 상근감사를 선임하는 의무를 두었다(금융지배법 제23조 제2항). 상근감사의 자격요건은 동법 제6조(제1항, 2항)의 사외이사의 자격요건을 준용하고, 해당 완전자회사등의 상근감사 또는 사외이사가 아닌 감사위원으로 재임 중이거나 재임하였던 사람은 제6조제1항제3호에도 불구하고 상근감사가 될 수 있다(금융지배법 제23조 제3항).

2.3 이사회 의장 및 선임사외이사 선임

회사의 이사회 의장과 선임사외이사 선임과 관련하여 상법에는 특별한 규정이 없지만 금융회사지배구조법에는 이를 규정하고 있다. 이는 회사의 이사회가 통상 대표이사 지배하에 형식적으로 운영되는 게 현실임을 감안하여 금융회사 이사회 만큼은 이를 방지하고 사외이사제 도입 취지를 충분히 살리고자 하는 의미에서 제도화한 것이다. 즉 금융회사의 이사회는 일반회사와는 달리 매년 사외이사 중에서 이사회 의장을 선임하여야 한다. 다만 사외이사 아닌 자를 이사회 의장으로 선임할 수 있는데, 이 경우에는 그 사유를 공시하고, 사외이사를 대표하는 자(이하 "선임사외이사"라 한다)를 별도로 선임하여야 한다. 선임사외

하여야 하는 절차에 관한 사항 4. 금융지주회사등의 임·직원이 업무를 수행함에 있어서 준수해야 하는 법, 영, 이 규정, 「금융지주회사법」, 「독점규제 및 공정거래에 관한 법률」 등 금융지주회사 관련 법령 준수 여부의 확인에 관한 사항 5. 금융지주회사등의 경영의사결정에 필요한 정보가 효율적으로 전달될 수 있는 체제의 구축에 관한 사항 6. 금융지주회사등의 임·직원의 법 제24조에 따른 내부통제기준(이하 "내부통제기준"이라 한다) 준수여부를 확인하는 절차·방법 및 내부통제기준을 위반한 임·직원의 처리에 관한 사항 7. 금융지주회사등 임·직원의 유가증권거래내역의 보고 등 불공정거래행위를 방지하기 위한 절차나 기준에 관한 사항

110) 금융회사 지배구조 감독규정 제10조(경영의 투명성 등 요건) 제3항: 법 제23조제1항 및 영 제18조제2호나목에서 "금융위원회가 정하여 고시하는 기준"이란 다음 각 호를 말한다. 1. 준법감시인은 선량한 관리자의 주의로 직무를 수행하여야 하며, 그 금융지주회사의 자회사등의 임직원이 아닐 것 2. 금융지주회사등은 준법감시인이 그 직무를 수행함에 있어서 자료나 정보의 제출을 요구하는 경우 성실히 응할 것 3. 금융지주회사등은 준법감시인이었던 자에 대하여 해당 직무 수행과 관련한 사유로 부당한 인사상 불이익을 주지 아니할 것

이사는 ① 사외이사 전원으로 구성되는 사외이사회의의 소집 및 주재, ② 사외이사의 효율적인 업무수행을 위한 지원, ③ 사외이사의 책임성 제고를 위한 지원 업무를 수행한다. 금융회사 및 그 임직원은 선임사외이사가 상기 업무를 원활하게 수행할 수 있도록 적극 협조하여야 한다(금융지배법 제13조).

2.4 노동이사제의 도입 논의

노동이사제란 우리나라 법률에서는 '근로자'란 표현을 쓰고 있기 때문에 '노동이사제' 대신 '근로자이사제'라는 명칭을 사용하기도 한다. 근로자 대표가 이사회 구성원으로서 발언권과 의결권을 갖고 기관의 의사결정 과정에 참여하는 방식이다. 이는 노동자를 기업 경영의 한 주체로 보고 노동자에게 결정권을 주는 것으로, 이사회에 참여한 노동이사는 노동자의 이익을 대변해 발언권과 의결권을 행사한다. 통상 노동조합이 이사를 선임해 이사회에 파견하는 노동이사제는 타 이사들과 달리 근로자 특유의 지식과 경험을 살려 현장의 목소리를 반영할수 있다는 장점이 있는 반면, 경영권 침해에 대한 우려도 있다.

독일을 비롯한 유럽 대부분의 나라에서 보편화된 제도로, 독일의 경우 기업규모에 따라 이사회의 최고 절반까지를 노동자 대표로 채우도록 법제화하고 있다. 500명 이상 근로자가 근무하는 사업장이라면 공공과 민간을 불문하고 모두 근로자 이사를 두도록 규정하고 있다. 다만 기업의 지배구조가 실질적 집행기구인 경영이사회와 견제 위주의 감독이사회로 나뉘어 있다는 점에서 한국 등과 차이가 있다. 독일에서 근로자 이사는 감독이사회에만 참여한다.

우리나라에서는 서울시가 2016년 9월 서울교통공사 서울주택도시공사 등 상시근로자 100인 이상인 16개 서울시 산하 투자·출연기관에 근로자 이사를 의무적으로 도입하도록 하는 조례를 제정하면서 처음으로 도입·시행하고 있다. 근로자 300인 이상은 2명, 300인 미만은 1명의 근로자 이사를 이사회에 참여시켜야 한다. 2017년 7월 서울연구원에 근로자 이사를 처음 임명했다. 경기도도 2018년 11월 조례를 제정하여 10개 산하 공기업과 정원 100명 이상 출자·출연기관에 노동이사제를 도입하였다. 경기신용보증재단도 노동이사를 비상임이사로 선임하였다. 민간기업으로는 금호타이어가 노사정위원회 위원장이 추천한 사외이사를 선임하였고, 현대자동차가 2019년 노동조합이 추천한 1명을 노동이사로 선임하였다. 한편 문재인 정부는 2017년 7월 발표한 '국정운영 5개년 계획'

의 100대 국정과제에서 공공기관 지배구조 개선를 위해 2018년부터 노동이사제를 도입하겠다고 밝혔다.

우리나라 금융회사의 경우에 노동조합측에서 노동이사제 도입을 계속 주장해오고 있지만 아직까지 성사된 경우는 없다. 2017년 11월 KB국민은행에서 노동조합측이 사외이사 1명을 주주제안 방식으로 추천하여 주주총회에 이사 선임을 추진한 적이 있었지만 결국 선임되지 않았다.

3. 이사회의 운영

3.1 지배구조내부규범 의무화

금융회사지배구조법(제14조)에서는 금융회사가 지배구조에 관한 자체 운영규정을 구체화하여 운용하도록 의무화하였다. 그것이 바로 이사회 운영, 임원성과평가, 경영승계 등 지배구조의 중요사항에 관한 원칙과 절차를 담은 '지배구조내부규범'이다. 즉 금융회사는 주주와 예금자, 투자자, 보험계약자, 그 밖의 금융소비자의 이익을 보호하기 위하여 그 금융회사의 이사회의 구성과 운영, 이사회내 위원회의 설치, 임원의 전문성 요건, 임원 성과평가 및 최고경영자의 자격 등 경영승계에 관한 사항 등에 관하여 지켜야 할 구체적인 원칙과 절차(이하 "지배구조내부규범"이라 한다)를 마련하여야 한다(금융지배법 제14조 제1항). 지배구조내부규범에 규정하여야 할 세부적인 사항과 그 밖에 필요한 사항은 대통령령으로 위임하였다(동법 제14조 제2항). 동법 시행령(제13조 제1항)에 의하면 지배구조내부규범에 포함되어야 할 사항은 다음과 같다. 1. 이사회의 구성과 운영에 관한 사항. 가. 이사회의 구성 방법 및 절차, 나. 이사회의 소집절차 및 의결권 행사 방법, 다. 이사회 운영 실적 등의 평가에 관한 사항, 라. 이사회 및 이사의 권한과 책임, 마. 이사의 자격요건 바. 이사의 선임과 퇴임에 관한 기준 및 절차. 2. 이사회내 위원회(법 제16조에 의한 이사회내 위원회와 임원으로 구성되는 위원회를 말한다)의 설치와 운영에 관한 사항. 가. 이사회내 위원회의 종류와 그 위원회의 구성·기능·운영 절차, 나. 이사회내 위원회 운영 실적 등의 평가에 관한 사항, 3. 임원에 관한 사항, 가. 임원의 자격요건, 나. 임원의 권한과 책임, 다. 제4호에 따른 경영승계 계획을 포함한 임원의 선임과 퇴임에 관한 기준 및 절차, 라. 임원 및 임원 후보(해당 금융회사의 임직원만 해당한다)에 대한 교육제도, 마. 임원에 대한 성과평가 및 보수지급 방법에 관한 사항. 4. 최고경영자(대표이사 또는 대표집행임원을 말한다)의 자격 등 경영승계에 관한 사항. 가. 최고경영자의 경영승계 원칙, 나. 최고경영자의 자격, 다. 최고경영자 후보의 추천절차, 라. 최고경영자 추천 관련 공시, 마. 책임경영체제 확립.

한편 금융그룹의 경우 금융지주회사와 그 자회사들이 자체 지배구조내부규범을 마련하여야 하지만, 그룹 전체의 통일적인 기준을 정할 필요도 있을 것이므로 이를 규정으로 명확히 하였다. 즉 금융지주회사는 이사회의 심의·의결을 거쳐 소속 자회사 등이 지배구조내부규범에 반영하여야 할 원칙과 절차 등을 정할 수 있다(동법 시행령 제13조 제2항).

3.2 지배구조내부규범 작성 및 공시

지배구조내부규범의 작성 및 공시와 관련하여 금융회사는 지배구조내부규범을 제정하거나 변경한 경우 그 내용 및 금융회사가 매년 지배구조내부규범에 따라 이사회 등을 운영한 현황('지배구조 연차보고서')을 금융위원회가 정하는 바에 따라[111] 해당 금융회사 및 관련 협회(전국은행연합회, 한국금융투자협회, 생명보험협회, 손해보험협회, 여신전문금융협회, 상호저축은행중앙회) 등의 인터넷 홈페이지 등에 공시하여야 한다. 공시기한은 통상 제정·변경일부터 7영업일 이내이다(금융지배법 제14조 제3항 및 동법 감독규정 제5조 제3항). 금융회사는 지배구조내부규범 및 관련 내용의 공시자료를 주주 및 금융회사 이용자 등이 쉽게 이해할 수 있도록 객관적인 사실에 근거하여 명료하게 작성하고, 금융회사의 지배구조와 관련해 중요한 사항을 포함하여야 한다. 다만 세부적인 사항은 금융회사의 다른 내규 등에 위임하거나 인용할 수 있다(동법 감독규정 제5조 제1항). 금융회사가 지배구조내부규범 작성시 포함할 내용은 다음과 같다(동법 감독규정 제5조 제2항 별표 1). 그리고 금융회사는 매년 지배구조 연차보고서를 익년도 정기주주총회 20일전부터 해당 금융회사 및 관련 협회 등의 인터넷 홈페이지에 공시하여야 한다(동법 감독규정 제5조 제4항).

111) 금융위원회가 금융회사 지배구조 법령의 하부 규정으로 「금융회사 지배구조 감독규정」을 제정하였다.

〈별표 1〉 지배구조내부규범에 대한 세부 항목 (시행령 제5조제2항 관련)

구분	지배구조내부규범 세부항목
1. 이사회 구성현황	가. 상임이사 · 비상임이사 · 사외이사의 최소숫자 비율 나. 의장 선임절차 · 임기 · 자격요건 · 권한
2. 이사의 자격요건	가. 상임이사 · 비상임이사 · 사외이사 각각의 결격사유 및 적극적 자격요건
3. 이사회 및 이사의 권한 · 책임	가. 이사회의 심의 · 의결사항, 보고사항, 기타 권한 및 권한의 위임에 관한 사항 나. 상임이사 · 비상임이사 · 사외이사의 권한과 책임
4. 이사의 선임 · 퇴임에 관한 기준 및 절차	가. 상임이사 · 비상임이사 · 사외이사 각각의 선임절차(추진절차 포함) · 임기 및 사외이사 연임기준 나. 이사의 퇴임사유 및 퇴임절차
5. 이사회의 소집절차 및 의결권 행사방법	가. 소집권자, 소집절차, 최초 소집횟수, 의결요건 및 의결권 제한사유
6. 이사회 운영실적 등의 평가에 관한 사항	가. 이사회 운영실적에 대한 평가주체 · 방법 · 절차 · 지표 등
7. 위원회의 종류 · 구성 · 기능	가. 위원회의 종류, 위원회별 구성기준(위원비율, 위원장 선임기준 등) · 권한 및 소집에 관한 사항 등
8. 위원회 운영실적 등의 평가에 관한 사항	가. 위원회 운영실적에 대한 평가주체 · 방법 · 절차 · 지표 및 평가결과 활용방안 등
9. 임원의 자격요건	가 임원별 결격사유 및 적극적 자격요건
10. 임원의 권한 · 책임	가. 임원별 권한(업무범위 등) 및 책임에 관한 기본사항
11. 임원의 선임 퇴임에 관한 기준 및 절차	가. 임원후보자 선정기준, 임원별 선임절차(추천절차 포함) · 임기 · 연임기준 나. 임원별 퇴임사유 및 퇴임절차, 유고시 업무대행자 및 후임자 선출방법
12. 임원 및 그 후보자에 대한 교육제도	가. 임원에 대한 교육 및 연수제도 나. 임원후보자에 대한 교육 · 연수 · 평가제도 및 평가결과 활용방안등
13. 임원에 대한 성과 평가 및 보수지급의 방법	가. 임원 성과에 대한 평가주체 · 방법 · 절차 · 지표 및 평가결과 활용방안 등 나. 임원보수의 구성내역 · 지급방법 등가. 임원성과에 대한 평가주체
14. 최고경영자 경영승계 원칙	가. 최고경영자 경영승계 절차, 경영승계 계획의 수립 및 변경 나. 경영승계 절차의 개시사유 및 개시결정 시기 다. 최고경영자 사고 등 비상상황 발생 시 대행자 선정, 신임 후보 선임 등 비상계획
15. 최고경영자의 경영승계 지원	가. 최고경영자 승계 관련업무 담당 지원부서 지정 및 운영현황
16. 최고경영자의 자격	가. 최고경영자의 최소 자격요건

17. 최고경영자 후보자 추천절차	가. 최고경영자 후보자 추천절차, 후보군 선발 및 자격검증 등 관리방법 나. 주주, 이해관계자 및 외부 자문기관 등 금융회사 외부로부터의 추천 활용 방법
18. 최고경영자 추천 관련 공시	가. 다음 각 호의 사항에 대한 공시 여부, 주주총회 소집 통지시 공시사실 및 공시확인 방법 고지 여부 1) 최고경영자후보추천절차 개요 2) 임원후보추천위원회 위원의 명단 및 약력 3) 임원후보추천위원회 후보 제안자 및 후보자와의 관계 4) 관련 법령에 따른 자격요건 충족여부 및 근거 5) 최고경영자 후보자 추천이유 6) 최고경영자 후보자의 경력
19. 책임경영체제 확립	가. 최고경영자의 임기, 선임과 해임의 이사회 결의·보고 내역 나. 최고경영자의 역할, 권한 위임 사항 다. 최고경영자의 임면을 위한 평가기준 및 절차, 해임 및 퇴임사유

3.3 지배구조 연차보고서 내용

지배구조 연차보고서에는 다음 각 호의 내용을 포함하여야 하며, 그 구체적인 항목 및 방법(이하 "지배구조 연차보고서 작성기준"이라 한다)은 각 금융회사가 속한 관련 협회 등의 장이 정할 수 있다. 1. 금융회사의 지배구조 정책(지배구조내부규범, 윤리강령 등) 및 지배구조 현황. 2. 이사회, 이사회내 위원회 등에 관한 다음의 각 목의 사항. 가. 이사회, 이사회내 위원회 등의 역할, 책임 및 운영에 관한 기준, 나. 이사에 대한 직무평가 기준, 다. 이사회, 이사회내 위원회, 부의장이 있는 경우 부의장, 법 제13조제2항에 따른 선임사외이사가 있는 경우 그 선임사외이사, 그 밖의 구성원 명단 및 경력, 라. 이사회 및 이사회내 위원회의 회의개최 횟수 및 이사들의 개인별 참석 현황, 마. 사외이사가 아닌 이사를 이사회 의장으로 선임한 경우에는 그 선임 이유. 3. 법 제17조에 따른 임원후보추천위원회에 관한 다음 각 목의 사항. 가. 임원후보추천위원회의 구성, 권한과 책임,나. 임원후보추천위원회의 명단 및 약력, 다. 임원(사외이사, 대표이사, 대표집행임원, 감사위원에 한함)후보의 자격요건, 후보추천 절차, 임원 업무수행 평가방식 등 임원 선임기준, 라. 임원 후보자 및 그 제안자와의 관계(해당 금융회사의 사외이사이거나 사외이사이었던 자를 사외이사 후보로 추천할 때에는 과거 해당 사외이사 후보 제안자를 모두 포함), 마. 법에 따른 임원 자격요건 충족 여부 및 근거, 바. 사외이사 후보와 해당 금융회사(그 계열회사를 포함), 그 임원 및 대주주와의 관계, 사. 사외이사 후보자 추천 이유 및 사외이사 후보자의 경력, 아. 사외이사 재임여부 및 평가결과, 자. 사외이사 후보군 관리현황, 차. 임원후보추천위원회가 이사회에 사외이사 후보군 추천과 관련하여 보고한 내용, 카. 사외이사 지원부서가 임원후보추천위원회에 사외이사 후보군관리 업무와 관련하여 주기적으로 보고한 내용, 타. 최고경영자(대표이사 또는 대표집행임원) 후보자 추천이유 및 최고경영자 후보자의 경력, 파. 그 밖의 이사회가 정한 임원후보추천 관련 사항. 4. 사외이사의 활동에 관한 사항으로 다음 각 목의 사항. 가. 이사회 및 이사회내 위원회의 회의일시, 안건내용(보고안건도 포함), 사외이사 개인별 이사회내 위원회 참석 및 찬성 여부, 나. 사외이사에 대한 임원배상책임보험 가입 여부 및 현황, 다. 사외이사에 대하여 제공한 금융회사의 전략, 금융, 회계, 위험관리 등에 대한 교육 및 연수 실시 현황, 라. 법 제6조에 따른 사외이사의 자격요건 유지 여부, 마. 사외이사 또는 그 배우자, 직계혈족, 배우자의 직계혈족(이하 "사외이사등"이라 한다)이 수탁자·임직원이거나 최근 2년 이내에 수탁자·임직원이었던 대학 그 밖의 비영리법인에 대한 기부금 등의 제공내역, 바. 사외이사의 활동내역을 근거로 한 평가개요 및 평가 결과, 사. 사외이사 지원부서의 지정 및 운용현황, 아. 사외이사 개인별 재직기간, 자. 사외이사 개인별 보수 총액 및 내역, 차. 사외이사 개인별 보수 외에 지급된 편익 제공 현황, 카. 금융회사와 사외이사등이 소속한 기관과의 계약체결 내역, 타. 최근 5년간 사외이사 선임 내역. 5. 최고경영자 경영승계에 관한 다음 각 목의 사항. 가. 최고경영자 경영승계와 관련된 내부규정, 나. 금융회사 최고경영자후보 추천절차 개요, 다. 법에 따른 자격요건 충족여부 및 근거, 라. 최고경영자 경영승계절차가 진행된 경우 그 내역, 마. 최고경영자 후보군 관리 내역, 바. 이사회의 최고경영자 경영승계계획 적정성 점검 내역, 사. 최고경영자 경영승계 지원부서 지정 및 운영현황. 6. 법 제19조에 따른 감사위원회 활동내역. 7. 법 제21조에 따른 위험관리위원회 활동 내역. 8. 지배구조와 관련한 금융위 또는 감독원장의 권고·지시한 사항 및 금융회사의 개선 내용 또는 계획. 9. 그 밖에 금융회사의 정관이 정하는 지배구조 관련 주요사항(동법 감독규정 제5조 제5항).

4. 이사회의 권한

4.1 상법상 회사

상법상 이사회의 권한은 회사의 업무집행에 대한 결정권과 이사의 직무집행에 대한 감독권이다(상법 제393조 제1항). 이 양자의 권한은 이사회의 본질적이고 중심적인 권한이다. 그리고 동 조문에서는 회사의 업무집행과 더불어 지배인의 선임 해임, 지점의 설치·이전·폐지를 이사회에서 결정하도록 규정하고 있다. 또한 상법에서는 주식양도 제한 승인(제 335조 제1항 단서), 주주총회 소집(제362조), 이사의 경업거래와 겸직 승인(제397조), 이사의 자기거래 승인(제398조), 재무제표 승인(제447조), 사채발행(제469조) 등은 이사회에서 결정하도록 하였다. 이러한 권한은 정관의 규정으로도 주주총회나 대표이사의 권한으로 할 수 없다[112]. 대표이사의 선정(제389조 제1항), 신주발행(제416조), 준비금의 자본전입(제461조 제1항), 전환사채의 발행(제513조 제2항), 신주인수권부사채의 발행(제516조의2 제2항) 등은 원칙적으로 이사회의 권한으로 규정하고 정관에 규정을 두어 주주총회의 권한으로 전환할 수도 있다.

한편 이사회는 주주총회에서 선임한 이사들로 구성되고, 주주총회는 회사의 최고 의사결정기관이므로 이사회가 주주총회의 하부기관으로 인식되기 쉽다. 그러나 이사회는 고유의 권한을 가진 독립기관이므로 그 권한에 속하는 사항에 관해 주주총회의 지시·감독을 받지 아니하고, 각 이사의 자기 책임 하에 임무를 수행한다. 그러므로 이사회가 결의한 사항을 주주총회의 결의로 번복하거나 무효로 할 수 없다. 주주총회는 이사의 선임·해임을 통해 간접적으로 이사회를 통제할 수 있을 뿐이다.[113]

4.2 금융회사

금융회사의 이사회 역시 일반회사의 이사회와 마찬가지로 회사의 업무집행에 대한 의사결정기관이다. 금융회사지배구조법에서는 금융회사 이사회의 권한으로 심의·의결 사항을 다음과 같이 규정하였다. 즉, 1. 경영목표 및 평가에 관한 사

112) 이철송, 전게서, 549면.
113) 이철송, 전게서, 552면.

항, 2. 정관의 변경에 관한 사항, 3. 예산 및 결산에 관한 사항, 4. 해산・영업양도 및 합병 등 조직의 중요한 변경에 관한 사항, 5. 제24조에 따른 내부통제기준 및 제27조에 따른 위험관리기준의 제정・개정 및 폐지에 관한 사항, 6. 최고경영자의 경영승계 등 지배구조 정책 수립에 관한 사항, 7. 대주주・임원 등과 회사 간의 이해상충 행위 감독에 관한 사항(동법 제15조 제1항). 이러한 이사회의 심의・의결 사항은 상법의 규정보다 구체화하였는데, 금융회사 운영에 필요한 최소한의 사항으로서 반드시 정관에 포함되어야 한다(동법 제15조 제2항). 다만 상법상 이사회의 권한 중 지배인의 선임 또는 해임과 지점의 설치・이전 또는 폐지에 관한 권한은 정관에서 정하는 바에 따라 위임할 수 있도록 하였다(동법 제15조 제3항). 이는 그동안 금융회사의 운영과정에서 상법상 이사회의 권한으로 되어 있는 지배인과 지점에 관한 권한이 현 실정에 맞지 않았기 때문에 이를 하부 위임한 것이다.

5. 이사회내 위원회

5.1 상법상 회사

상법상 회사의 이사회는 필요에 따라 정관으로 이사회내에 위원회를 두고 운영할 수 있다. 이사회내 위원회의 종류는 상법에서 정하지 않고 회사의 자율에 맡겼는데, 감사에 갈음한 감사위원회만 이사회내 위원회로 규정하고 있다(상법 제415조의2 제1항). 이사회내 위원회는 2인 이상의 이사로 구성하고, 결의된 사항을 각 이사에게 통지하여야 한다. 이 경우 이를 통지받은 각 이사는 이사회의 소집을 요구할 수 있으며, 이사회는 위원회가 결의한 사항에 대하여 다시 결의할 수 있다. 이사회는 이사회내 위원회에 그 권한을 위임할 수 있는데 다음과 같이 아주 중요한 권한 [1. 주주총회의 승인을 요하는 사항의 제안, 2. 대표이사의 선임 및 해임, 3. 위원회의 설치와 그 위원의 선임 및 해임, 4. 정관에서 정하는 사항]은 위임할 수 없다. 따라서 이러한 사항은 전원 이사회에서 처리하여야 한다(상법 제393조의2).

5.2 금융회사

금융회사지배구조법에서는 금융회사의 경우 원칙적으로 이사회내 위원회로 다음 4가지 위원회를 반드시 두도록 규정하였다. 즉, 임원후보추천위원회, 감사위원회, 위험관리위원회, 보수위원회가 의무적으로 설치되어야 한다(금융지배법 제16조 제1항). 다만 사외이사제가 의무화되어 있는 자산규모가 큰 대형 금융회사가 아니라면 위험관리위원회와 보수위원회에 관한 규정은 적용되지 아니하므로 이 두 위원회는 반드시 설치할 필요는 없다(동법 제3조 제3항 3, 4호). 이사회내 위원회중 감사위원회가 설치되면 이는 상법(제415조의 2)에 따른 감사위원회를 설치한 것으로 간주한다(동법 제16조 제1항 후단). 또한 보수위원회는 대형 금융회사가 아닌 경우 이를 설치하지 아니하고 감사위원회가 대신할 수 있도록 하였다. 즉, 자산총액 5조원 이상이 아닌 금융회사[114]는 정관으로 보수위원회를 설치하지 아니하고 그 기능을 감사위원회에 맡길 수 있도록 예외 규정을 둔 것이다. 이 때 동법 제22조 제1항 각호(임직원에 대한 보수와 관련한 사항)에 관한 보수위원회의 심의·의결사항을 감사위원회가 처리한다(동법 제16조 제2항). 그리고 금융지주회사의 완전자회사등의 경우는 일정한 경영투명성 요건을 갖추면 이사회내 위원회를 설치할 의무가 없고, 감사위원회 설치 대신에 상근감사를 설치하면 된다(금융지배법 제23조).

한편 금융회사지배구조법 제16조(이사회내 위원회의 설치 및 구성)에서는 이사회내 위원회의 구성 인원 수에 관하여는 별도 언급없이[115] 위원회 위원의 과반수는 사외이사로 구성하고, 위원회의 대표는 사외이사로 한다고만 규정하고 있다(동법 제16조 제3항, 제4항). 이리하여 금융회사는 이사회내 위원회를 설치할 경우 통상 위원회별로 사외이사 2명 이상을 포함하여 위원 총수 3명 이상으로 각 위원회를 구성하고, 그중 사외이사 1명을 위원장으로 선임하여 각 위원회를 운영하고 있다. 이하에서는 이사회내 위원회에 관하여 차례로 설명한다. 다만 감사위원회는 별도의 장으로 구분하여 설명하기로 한다.

(1) 임원후보추천위원회

금융회사 이사회내 위원회로 임원후보추천위원회가 있다. 종전에는 사외이사후보추천위원회로 운영되어 왔는데, 금융회사지배구조법에서 대표이사, 주요업무책임자 등 임원까지 그 범위를 확대시킨 것이다. 금융회사지배구조법 제17조

---

114) 금융회사지배구조법 제16조 제2항 단서 및 동법 시행령 제14조.
115) 다만 감사위원회의 경우는 3명 이상의 이사로 구성한다는 별도 규정을 두었다(금융회사지배구조법 제19조 제1항).

에 의하면 임원후보추천위원회는 임원(사외이사, 대표이사, 대표집행임원, 감사위원에 한정)후보를 추천한다(동법 제1항). 임원후보추천위원회는 3명 이상의 위원으로 구성한다(동법 제2항). 금융회사는 주주총회 또는 이사회에서 임원을 선임하려는 경우 임원후보추천위원회의 추천을 받은 사람 중에서 선임하여야 한다(동법 제3항). 임원후보추천위원회가 사외이사 후보를 추천하는 경우에는 제33조제1항에 따른 주주제안권을 행사할 수 있는 요건을 갖춘 소수 주주가 추천한 사외이사 후보를 포함시켜야 한다(동법 제4항). 임원후보추천위원회의 위원은 본인을 임원 후보로 추천하는 임원후보추천위원회 결의에 관하여 의결권을 행사하지 못한다(동법 제5항). 다만 최초로 사외이사 3인 이상을 두어야 하는 이사회를 구성하는 금융회사가 임원을 선임하는 경우는 사외이사와 관련된 법상 위원회 구성관련 조항(위원 3인 이상, 사외이사 과반수, 사외이사 대표)을 적용하지 않도록 하는 예외 규정을 두었다(동법 제6항). 이는 사외이사중심의 이사회제도를 아직 운영하고 있지 아니한 회사는 임원후보추천위원회를 사외이사를 포함하여 구성할 여건이 사전에 구비되어 있지 아니한 상태이므로 위원회 구성관련 의무사항을 예외로 하는 것은 당연하고, 이를 입법적으로 명확히 하였다고 할 것이다.

(2) 위험관리위원회

금융회사 이사회내 위험관리위원회는 종전에는 통상 리스크관리위원회로 불려왔다. 금융회사들은 대출, 투자 등 위험업무를 취급하는 경우 내부통제절차의 하나로 여신심사위원회 또는 리스크심사위원회, 리스크실무위원회 등을 운영하면서 리스크 관리를 하고 있다. 리스크 관리란 최소한의 노력으로 위험의 결과로 발생하는 결과(손해)를 방지하거나 최소화할 것을 목적으로 하는 관리 기법이다. 즉, 경영상의 잠재적 기회 이익과 손실을 효과적으로 관리하기 위한 문화, 과정, 구조를 관리하는 것을 의미한다. 그러므로 리스크 관리는 무슨 일이 발생할 것인가를 사전에 규명하고 준비하는 활동으로서 바람직하지 않은 사건에 대한 규명을 극대화하기 위한 조치와 그 사건들로 인해 원하지 않는 다른 부정적인 영향을 받거나 비용이 소요되는 것을 제거하거나 줄일 수 있는 활동을 망라한다. 이런 점에서 리스크 관리는 그 자체가 목적이 아니라 목적 달성을 위한 수단이므로 일상적인 업무 속에서 통합되어야 하며, 기업은 이러한 관리활동을 통하여 예기치 못한 사건에 대한 사후대책 보다는 사전대책을 먼저 관리할 수 있게 된다. 금융회사에 있어서 건전 경영을 유지하기 위해서 리스크관리는 가장 기본적이고 아주 중요한 일이다. 따라서 리스크 관리에 대한 기본 정책이나 절차, 한도 관리 등 금융회사의 전반적인 위험통제 기능을 이사회가 담당하여야 하는 것은 당연하다. 그런데 이사회 활동을 활성화하고 효율성을 기하기 위하여 그 활동의 일부를 이사회내 소위원회로 구성하여 운영해 오고 있다.

1) 위험관리위원회 기능

금융회사지배구조법에서는 금융회사에 리스크관리에 관한 이사회내 위원회 설치를 원칙화하고, 그 명칭을 위험관리위원회로 통일하면서 그 기능을 부여하였다. 다만 위험관리위원회에 관한 사항은 자산규모가 큰 대형 금융회사가 아닌 금융회사의 경우는 의무적 적용대상이 아니다(금융지배법 제3조 제3항 3호). 동법에서 위험관리위원회의 기능으로 다음 각 호에 관한 사항[1. 위험관리의 기본방침 및 전략 수립, 2. 금융회사가 부담 가능한 위험 수준 결정, 3. 적정투자한도 및 손실허용한도 승인, 4. 제27조에 따른 위험관리기준의 제정 및 개정, 5. 그 밖에 금융위원회가 정하여 고시하는 사항]을 심의·의결하도록 규정하였다(동법 제21조). 동법 제21조 제5호에서 "그 밖에 금융위원회가 정하여 고시하는 사항"이란 "금융회사 지배구조 감독규정"에서 정하는데 다음 각 호[1. 위험관리 조직 구조 및 업무 분장에 관한 사항, 2. 위험관리정보시스템의 운영에 관한 사항, 3. 각종 한도의 설정 및 한도초과의 승인에 관한 사항, 4. 각 국외 현지법인 및 국외지점의 상황을 고려한 위기상황분석(「은행업감독규정」 또는 「보험업감독규정」에 따른 위기상황분석을 말한다) 결과와 관련된 자본관리계획·자금조달계획에 관한 사항. 단, 위기상황분석 결과는 반기 1회 이상 위험관리위원회에 보고한다. 5. 자산건전성 분류기준·대손충당금 등 적립기준(각 국외 현지법인 및 국외 지점의 상황을 고려하여야 한다)에 관한 사항]를 말한다. 다만, 위의 제4호 및 제5호는 해당 금융회사가 은행 또는 보험회사인 경우에 한한다(금융회사 지배구조 감독규정 제8조).

2) 위험관리기준 마련

금융회사지배구조법 제27조에 의하면 금융회사는 자산의 운용이나 업무의 수행, 그 밖의 각종 거래에서 발생하는 위험을 제때에 인식·평가·감시·통제하는 등 위험관리를 위한 기준 및 절차(이하 "위험관리기준"이라 한다)를 마련하여야 한다(동법 제1항). 다만 금융지주회사가 금융회사인 자회사 등의 위험관리기준을 마련하는 경우 그 자회사 등은 위험관리기준을 마련하지 아니할 수 있다(동법 제2항). 위험관리기준에서 정하여야 할 세부적인 사항과 그 밖에 필요한 사항은 대통령령으로 정한다(동법 제3항). 동법 시행령상 위험관리기준에 포함되어야 사항은 다음 각 호[1. 위험관리의 기본방침, 2. 금융회사의 자산 운용 등과 관련하여 발생할 수 있는 위험의 종류, 인식, 측정 및 관리, 3. 금융회사가 부담 가능한 위험 수준의 설정, 4. 적정투자한도 또는 손실허용한도의 승인, 5. 위험관리를 전담하는 조직의 구조 및 업무 분장, 6. 임직원이 업무를 수행할 때 준수하여야 하는 위험관리 절차, 7. 임직원의 위험관리기준 준수 여부를 확인하는 절차·방법과 위험관리기준을 위반한 임직원의 처리, 8. 위험관리기준의 제정이나 변경, 9. 위험관리책임자의 임면, 10. 그 밖에 위험관리기준에서 정하여 할 세부적인 사항으로서 금융위원회가 정하여 고시하는 사항[116)]]와 같다(동법 시행령 제22조 제1항). 그리고 금융회사는 금융위원회가 정하여 고시하는 바에 따라 위험관리를 전담하는 조직을 마련하여야 한다[117)](동법 시행령

116) 금융회사 지배구조 감독규정 제13조 제1항: 1. 금융사고 등 우발상황에 대한 위험관리 비상계획, 2. 영 제22조제2항에 따른 위험관리전담조직의 구성 및 운영, 3. 부서별 또는 사업부문별 위험부담한도 및 거래한도 등의 설정·운영, 4. 개별 자산 또는 거래가 금융회사에 미치는 영향(잠재적인 영향을 포함한다)의 평가, 5. 위험한도의 운영상황 점검 및 분석, 6. 위험관리정보시스템의 운영, 7. 장부외 거래기록의 작성·유지, 8. 내부적으로 관리할 지급여력수준(해당 금융회사가 보험회사인 경우에 한하여 적용한다). 제2항(금융회사가 금융투자업자인 경우에는 위험관리기준에서 다음 각 호의 사항을 포함하여야 한다. 1. 금융투자업자가 내부적으로 관리하여야 할 다음 각 목의 구분에 따른 항목, 가.「자본시장과 금융투자업에 관한 법률」에 따른 1종 금융투자업자 : 순자본비율 및 자산부채비율의 수준(일정한 변동범위를 포함한다), 나.「자본시장과 금융투자업에 관한 법률」에 따른 2종 금융투자업자 : 자기자본 및 최소영업자본액의 수준(일정한 변동범위를 포함한다), 다.「자본시장과 금융투자업에 관한 법률」에 따른 3종 금융투자업자: 영업용순자본비율 및 자산부채비율의 수준(일정한 변동범위를 포함한다), 2. 운용자산의 내용과 위험의 정도, 3. 자산의 운용방법, 4. 고위험 자산의 기준과 운용한도, 5. 자산의 운용에 따른 영향, 6. 콜차입 등 단기차입금 한도, 7. 내부적인 보고 및 승인체계, 8. 고유재산과 투자자재산 등 자산 및 집합투자재산을 운용하면서 발생하는 위험을 효율적으로 관리하기 위한 다음 각 목의 사항, 가. 자산 및 집합투자재산의 운용시 발생할 수 있는 위험의 종류, 인식, 측정 및 관리체계에 관한 내용, 나. 금융투자업자 또는 집합투자기구가 수용할 수 있는 위험수준의 설정에 관한 내용, 다.「금융투자업규정」 제4-14조에 따른 장부외거래기록의 작성·유지에 관한 사항, 라. 개별 자산 또는 거래가 금융투자업자 또는 집합투자기구에 미치는 영향(잠재적인 영향을 포함한다)의 평가에 관한 내용, 마. 그 밖의 건전한 자산운용을 위해 필요한 사항

117) 금융회사 지배구조 감독규정 제13조 제3항: 금융회사는 위험관리업무가 효율적으로 수행될 수 있도록 충분한 경험과 능력을 갖춘 적절한 수의 인력으로 위험관리를 전담하는 조직을 구성·유지하여 다음 각 호에 해당하는 위험관리책임자의 직무수행을 지원하여야 한다. 다만, 자산총액이 1천억원 미만인 금융회사의 경우에는 위험관리책임자 본인만으로 위험관리 조직

제22조 제2항).

(3) 보수위원회

1) 보수위원회 기능

금융회사지배구조법 제22조에서는 금융회사 이사회내 보수위원회는 대통령령으로 정하는 임직원에 대한 보수와 관련한 다음 각 호에 관한 사항[1. 보수의 결정 및 지급방식에 관한 사항, 2. 보수지급에 관한 연차보고서의 작성 및 공시에 관한 사항, 3. 그 밖에 금융위원회가 정하여 고시하는 사항(임직원 보수체계의 설계·운영 및 적정성 평가, 보수정책의 의사결정 절차, 그 밖에 보수체계 등)[118)]]을 심의·의결한다고 규정하였다(금융지배법 제22조 제1항). 다만 보수위원회 및 보수체계에 관한 사항은 자산규모가 큰 대형 금융회사가 아닌 금융회사의 경우는 의무적 적용대상이 아니다(금융지배법 제3조 제3항 4호).

2) 보수체계 대상 임직원의 범위

동법 제22조 제1항에서 "대통령령으로 정하는 임직원"이란 다음 각 호의 사람[1. 임원(사외이사, 비상임이사, 감사위원, 준법감시인 및 위험관리책임자는 제외), 2. 「자본시장과 금융투자업에 관한 법률」에 따른 증권 또는 파생상품의 설계·판매·운용 업무를 담당하는 직원으로서 법 제22조제1항에 따라 보수위원회가 심의·의결한 사람("금융투자업무담당자")]을 말한다(동법 시행령 제17조 제1항). 여기서 보수와 관련하여 이 법의 적용 대상이 되는 직원외 임원의 범위가 상당히 한정적이다. 당초 이 법에서 임원이란 이사(사내이사, 사외이사, 비상임이사), 감사, 집행임원 및 업무집행책임자(회장, 사장, 전무, 상무 등)를 말하는데, 이 중에서 사외이사, 비상임이사, 감사위원, 준법감시인 및 위험관리책임자를 제외한다면 결국 사내이사(대표이사)와 업무집행책임자 중 내부통제업무에 관련되지 아니한 사람으로 한정된다.

을 운영할 수 있다. 1. 위험한도의 운영상황 점검 및 분석, 2. 위험관리정보시스템의 운영, 3. 위험관리위원회, 이사회, 임원에 대한 위험관리정보의 적시 제공, 4. 그 밖의 위험관리에 필요한 사항

118) 금융회사 지배구조 감독규정 제9조 제1항: 법 제22조 제1항 제3호에서 "그 밖에 금융위원회가 정하여 고시하는 사항"이란 다음 각 호를 말한다. 1. 영 제17조제1항 각 호에 해당하는 사람에 대한 보수체계의 설계·운영 및 그 설계·운영의 적정성 평가 등에 관한 사항, 2. 보수정책에 대한 의사결정 절차와 관련된 사항, 3. 그 밖에 보수체계와 관련된 사항

그렇다면 이 법 보수위원회 관련 규정에서 제외되는 임직원들의 보수에 관하여는 어떻게 결정하는 것인지가 문제가 된다. 이와 관련하여 준법감시인과 위험관리책임자의 경우는 이 법에서 회사의 재무적 경영성과와 연동하지 아니하는 별도의 보수지급 및 평가 기준을 마련하여 운영하여야 한다고 규정하였다(동법 제25조 제6항, 제28조 제2항). 하지만 대표이사의 경우는 내부통제에 관한 회사의 최종책임자인데 왜 이 조문의 제외대상에 포함되지 않았는지가 의문이다. 과연 이 법조문에서 보수의 범위가 무엇인가를 고민하여야 할 것이다. 이 법 전체 규정을 보면 보수의 범위에는 보수체계 및 보수정책 등을 포괄하는 것으로 되어있다. 그렇다면 금융회사 보수위원회는 금융회사 경영상 임직원 모두의 보수체계를 전반적으로 다루는 방향에서 접근하여야 타당할 것으로 보이는데 현행 규정은 다소 미흡한 부분이 있다.

금융회사 임직원의 보수와 관련하여 논의의 과제는 성과보상의 원칙과 기준에 관한 것이다. 우리나라는 IMF 외환위기 이후 글로벌 스탠다드가 강조되면서 금융회사 임직원들의 성과보상 체계 도입 문제가 이슈화되었다. 특히 증권업계를 중심으로 회사 성과보다는 개인 성과를 중시하는 분위기가 확대되고 그 체계와 기준을 정립하여야 한다는 목소리가 커져 왔다. 이에 금융당국에서는 금융회사 임직원들의 과도한 성과보상을 막고자 그 가이드라인을 제시하고 운영 원칙을 세우고자 노력하였다. 그 일환으로 이사회내 보상위원회라는 조직적 접근이 고려되었다. 이때 성과보상의 대상을 회사 영업을 주도하는 임직원을 중심으로 하면서, 업무 리스크 견제를 담당하는 내부통제관련 임직원은 이해충돌의 문제가 있다고 보아서 성과보상 대상에서 제외하는 것으로 하였다. 이러한 배경에서 금융회사 보수위원회의 임직원 보수와 관련한 사항을 결정하는 데 있어서 내부통제관련 임원을 배제한 것으로 보인다. 그렇지만 앞에서 제기한 문제는 여전히 남는다고 하겠다.

3) 성과보상체계 및 기준

금융회사 임직원의 성과보상 문제와 관련하여 금융회사지배구조법 제22조에 의하면 금융회사는 임직원이 과도한 위험을 부담하지 아니하도록 보수체계를 마련하여야 한다는 원칙을 제시하였다(동법 제22조 제2항). 그리고 금융회사는 대통령령으로 정하는 임직원에 대하여 보수의 일정비율 이상을 성과에 연동(連動)하여 미리 정해진 산정방식에 따른 보수(이하 “성과보수”라 한다)로 일정기간 이상 이연(移延)하여 지급하여야 한다. 이 경우 성과에 연동하는 보수의 비율, 이연 기간 등 세부 사항은 대통령령으로 정한다고 규정하였다(동법 제22조제3항). 동법 제22조제3항 전단에서 "대통령령으로 정하는 임직원"이란 다음 각 호의 어느 하나에 해당하는 사람[1. 임원(감사, 감사위원, 준법감시인 및 위험관리책임자는 제외한다), 2. 금융투자업무담당자, 3. 단기 실적에 따른 성과보수를 지급할 경우 과도한 위험을 추구하는 등 부작용이 나타날 수 있는 업무로서 다음 각 목의 어느 하나에 해당하는 업무(가. 대출, 지급보증 및 어음의 할인·인수, 팩토링 업무, 나. 보험상품 개발 및 보험계약 인수에 관한 업무, 다. 매출채권의 양수 및 신용카드의 발행 업무, 라. 그 밖에 단기 실적에 따른 성과보수를 지급할 경우 부작용이 나타날 수 있는 것으로 금융회사가 판단하여 정하는 업무)에 종사하는 직원 중 고용계약에 따라 담당 업무로부터 발생하는 이익의 일부를 성과보수로 받는 직원(금융위원회가 정하여 고시하는 직원[119] 및 「기간제 및 단시간근로자 보호 등에 관한 법률」에 따른 기간제 근로자 또는 단시간 근로자는 제외할 수 있다)]을 말한다(동법 시행령 제17조 제2항).

그리고 금융회사는 법 제22조제3항 후단에 따라 다음 각 호의 기준[1. 성과보수의 비율은 직무의 특성, 업무책임의 정도 및 해당 업무의 투자성(「자본시장과 금융투자업에 관한 법률」 제3조제1항 각 호 외의 부분 본문에 따른 투자성을 말한다) 등을 고려하여 달리 정할 것, 2. 임원(사외이사 및 비상임이사는 제외) 및 금융투자업무담당자에 대해서는 해당 업무의 투자성과 그 존속기간 등을 고려하여 성과보수의 100분의 40 이상에 대하여 이연(移延) 기간을 3년 이상으로 할 것. 다만, 해당 업무의 투자성 존속기간이 3년 미만인 경우에는 성과보수의 이연 기간을 3년 미만으로 할 수 있다. 3. 그 밖에 성과보수에 관하여 필요한 사항으로서 금융위원회가 정하여 고시하는 기준(이연기간중 초기 지급부분 적정, 장기성과 연계 등)[120]]에 맞추어 성과와 연동하여 미리 정해진 산정

---

119) 금융회사 지배구조 감독규정 제9조 제2항: 영 제17조제2항에서 "금융위원회가 정하여 고시하는 직원"이란 최하위 직급의 직원을 말한다.

120) 금융회사 지배구조 감독규정 제9조 제3항: 영 제17조제3항제3호에서 "금융위원회가 정하여 고시하는 기준"이란 다음 각 호를 말한다. 1. 영 제17조제3항제2호에 따라 성과보수를 이연지급할 경우에는 이연기간 중 초기에 지급되는 부분이 기간별 균등배분한 수준보다 크지 않도록 할 것, 2. 임원 및 금융투자업무 담당자에게 이연지급되는 성과보수는 해당 금융회사의 장기 성과와 연계될 수 있도록 다음 각 목의 하나의 형태로 지급할 것. 다만, 해당 금융회사를 「금융지주회사법」 제4조제1항제2호에 따른 자회사등(이하 "자회사등"이라 한다)으로 하는 금융지주회사가 주권상장법인인 경우는 그 금융지주회사 주식 등으로 대체하여 지급할 수

방식에 따른 보수(이하 "성과보수"라 한다)를 지급하여야 한다(동법 시행령 제17조 3항).

4) 보수지급 연차보고서

한편 금융회사는 대통령령으로 정하는 임직원의 보수지급에 관한 연차보고서를 작성하고 결산 후 3개월 이내에 금융위원회가 정하는 바에 따라 인터넷 홈페이지 등에 그 내용을 공시하여야 한다(동법 제22조 제4항). 동법 제22조 제4항에서 "대통령령으로 정하는 임직원"이란 상기 제22조 제3항에서 규정한 "대통령령으로 정하는 임직원"과 동일하다(동법 시행령 제17조 제2항). 그리고 연차보고서에는 다음 각 호의 사항[1. 보수위원회의 구성, 권한 및 책임 등, 2. 임원의 보수총액(기본급, 성과보수, 이연 성과보수 및 이연 성과보수 중 해당 회계연도에 지급된 금액 등)]이 포함되어야 하며, 연차보고서의 작성에 관한 세부 기준은 대통령령으로 정한다(동법 제22조 제5항).

동법 제22조 제5항에 따른 연차보고서는 다음 각 호의 기준[1. 보수위원회의 구성, 심의·의결 절차 등 보수체계에 대한 의사결정 절차가 제시될 것, 2. 임직원에 대한 성과측정, 성과와 보수의 연계방식, 성과보수의 이연 등 그 밖에 보수체계의 주요 내용을 제시할 것, 3. 그 밖에 연차보고서 작성에 필요한 세부 기준으로서 금융위원회가 정하여 고시하는 기준[121]]에 따라 작성하여야 한다(동법 시행령 제17조 제4항). 또한 동법 시행령 제1항부터 제4항까지에서 규정한 사항 외에 성과보수 산정 및 연차보고서 작성에 필요한 사항은 금융위원회가 정하여 고시(보수체계 연차보고서 작성 및 공시)[122]한다(동법 시행령 제17조 제5항).

있다. 가. 해당 금융회사의 주식 또는 주식연계상품, 나. 이연지급 기간 중 담당 업무와 관련하여 금융회사에 손실이 발생한 경우 이연지급 예정인 성과보수를 실현된 손실규모를 반영하여 재산정, 다. 그 밖에 금융회사의 장기 성과와 연계할 수 있는 방식으로서 해당 금융회사가 정하는 방식, 3. 성과보수 지급의 기준이 되는 재무제표가 오류 또는 부정 등으로 인하여 정정되는 경우 기지급된 성과보수는 정정 내용을 반영하여 조정할 것.

121) 금융회사 지배구조 감독규정 제9조 제6항: 영 제17조제4항·제5항, 규정 제9조제4항에서 정하는 사항에 대한 구체적인 항목 및 방법은 각 금융회사가 속한 관련 협회 등의 장이 정하는 보수체계 연차보고서 작성기준에 따른다.

122) a. 금융회사 지배구조 감독규정 제9조 제4항: 금융회사는 영 제17조제5항에 따른 연차보고서(이하 "보수체계 연차보고서"라 한다)를 제5조제4항에 따른 지배구조 연차보고서와 함께 익년도 정기주주총회일 20일전부터 해당 금융회사 및 관련 협회등의 인터넷 홈페이지 등에 공시하여야 한다. 다만, 금융회사의 이사회등(이사회 및 이사회내 위원회를 말한다)이 최근 사업연도에 발생한 성과보수(법 제22조제3항에 따른 성과보수를 말한다)에 관한 사항을 기간 이내에 보수체계 연차보고서를 통해 공시하지 못한 경우에는 최근 사업연도 성과보수는 이를 의결하는 이사회등이 개최된 날의 익월 15일까지 추가로 공시할 수 있다.

Ⅴ. 감사위원회 제도

1. 의 의

우리나라 주식회사에 있어서 감사(監事)제도는 1962년 제정 상법시부터 도입되었으나 그 지위는 1984년 상법 개정에서 회계감사뿐 아니라 업무감사까지 할 수 있도록 규정함으로써 강화되어 오늘에 이르고 있다. 다만 1995년에는 감사의 대주주 또는 경영진으로부터의 독립성을 확보하기 위하여 일부의 내용을 개정하였다.[123] 즉 이사의 임기를 2년에서 3년으로 연장하고(상법 제410조), 감사의 겸직금지 범위를 확대하였으며(상법 제411조), 모회사의 감사에게 자회사의 조사권을 부여하였을 뿐만 아니라(상법 제412조의4) 감사에게 주주총회에서의 해임에 관한 의견진술권을 부여하였다(상법 제409조의2). 그러나 이러한 개선에도 불구하고 실제의 이사의 업무집행과 회계감사에 대한 실효성을 확보하지는 못하였다.[124] 그리하여 회계감사만이라도 실효성을 거두기 위하여 「주식회사의외부감사에관한법률」에 의하여 일정한 규모 이상의 주식회사는 감사에 의한 감사 이외의 회계에 관한 전문지식을 가진 자에 의한 외부감사를 의무적으로 받게 하였다.

1997년 증권거래법이 개정되면서 자산 1천억 이상 상장회사는 상근감사를 의무적으로 두도록 하였음에도 불구하고 감사와 외부감사인의 관계가 여전히

---

b. 금융회사 지배구조 감독규정 제9조제5항: 금융회사는 보수체계 연차보고서를 작성하는 경우 다음 각 호에 따른 보수에 관한 총계정보와 임원 및 금융투자업무담당자의 보수에 관한 세부적인 사항을 포함하여야 한다. 다만, 제6호에는 임원 및 직원의 보수에 관한 총계정보를 포함하여야 한다. 1. 회계연도 중 보수액(기본급 및 성과보수를 구분하고 대상 임직원 수를 포함한다), 2. 성과보수 금액, 지급형태(현금, 주식, 주식연계상품 및 기타로 구분한다), 성과보수 환수기준 및 보수간의 배분을 결정하는 기준, 3. 이연된 성과보수(지급이 확정된 부분과 그렇지 않은 부분을 구분한다), 4. 이연된 성과보수 중 해당 회계연도에 지급된 금액, 5. 회계연도 중 지급된 퇴직 관련 보수금액, 해당 임직원 수 및 1인 기준 최고 지급액, 6. 회계연도 중 임직원에게 지급된 보수금액, 직급별 보수액 및 성과보수액

123) 제정 상법에서는 대주주가 감사를 선임할 때 영향력을 행사할 수 있다는 점을 고려하여, 감사 선임 시 대주주의 의결권 행사에 대한 제한을 두었다(상법 제401조 제1항).

124) 최병규, "증권거래법·상법상 감사제도의 문제점과 개선방안," 「21세기 한국상사법의 진로」(우홍구박사 정년기념논문집, 2002. 5), 280면.

모호하고 또 그 외부감사인의 감사기능, 외부감사인의 독립성 등에 문제가 많아 효율적인 감사를 하지 못하고 오히려 기업 부담을 가중시키는 결과를 초래하였다. 특히 대우사태에서 보듯이 외부감사인에 의한 감사에도 불구하고 갖가지 분식회계가 끊이지 않아 결국 IMF 외환위기와 같은 사태가 발생하게 된 것이라고 할 수 있다.

이러한 감사기능의 한계에 대한 인식과 더불어 IMF의 권고 및 IBRD와 같은 국제기관이나 외국 투자자들의 요청에 따라 정부는 1999년에 상법을 개정하여 미국식의 사외이사를 바탕으로 하는 감사위원회제도를 도입하고 회사가 자율적으로 선택하도록 하게 된 것이다.[125) 126)] 이는 기존의 감사가 경영감독기관으로서의 기능을 다하지 못했다는 정책적 판단에 따른 것이다.

2. 감사위원회의 설치

2.1 감사위원회 설치 의무화

(1) 상법상 감사위원회의 자율 설치

1999년 개정 상법은 회사 "이사회는 정관에서 정하는 바에 따라 위원회를 설치할 수 있으며(상법 제393조의2 제1항), 위원회의 구성은 통상 2인 이상의 이사로 된다(동조 제3항)"고 규정하였다.[127)] 하지만, 감사를 대신하는 감사위원회는 3인 이상의 이사로 구성하면서, 독립성 확보차원에서 위원의 결격사유로 회사의 이사, 특수관계인, 이해관계인 등이 위원 1/3을 넘지 못하도록 하였고, 감사위원회의 설치 여부에 대하여는 회사가 자율적으로 결정하도록 하였다(상법 제415조의2).[128)] 정관에 그 설치 근거를 마련하도록 하고 있는 것은 회사의

125) 강희갑, "우리나라 주식회사의 감사 및 감사위원회제도의 문제점과 그 개선방안," 「사회과학논총」(제18집)(명지대학교 사회과학연구소, 2002), 94-95면.

126) 나아가, 이러한 미국식의 감사위원회 제도의 도입에 대하여는 찬·반의 의견 대립이 있었다(강희갑, 상게 논문, 97-99면).

127) 일반적으로 위원회라 하면 적어도 3인 이상의 위원으로 구성하는 것이 보통이나 소규모회사에서도 위원회의 설치를 용이하게 한다는 취지에서 2인 이상으로 하였다(최병규, 전게 논문, 49면).

128) 1999년 개정 상법 제415조의2(감사위원회) ① 회사는 정관이 정한 바에 따라 감사에 갈음하여 제393조의2의 규정에 의한 위원회로서 감사위원회를 설치할 수 있다. 감사위원회를 설치한 경우에는 감사를 둘 수 없다. ② 감사위원회는 제393조의2제3항의 규정에 불구하고 3인 이상의 이사로 구성한다. 다만, 다음 각호에 해당하는 자가 위원의 3분의 1을 넘을 수 없다. 1. 회사의 업무를 담당하는 이사 및 피용자 또는 선임된 날부터 2년이내에 업무를 담당한 이

의사결정구조에 중요한 영향을 미칠 수 있는 위원회의 설치 결정에 주주가 참여할 수 있는 기회를 부여하기 위함이다.[129]

(2) 금융관계법상 감사위원회의 의무 설치

2000년 1월 개정된 금융관계법률에서는 대형 금융회사 및 상장법인에 대하여 현행 감사제도를 폐지하고 사외이사를 바탕으로 한 감사위원회 제도의 도입을 의무화하였다.[130] 따라서 현재 감사위원회는 종전의 감사의 기능에 갈음하여 경영진의 직무를 견제·감시하는 이사회내 위원회 형태로 운영되며, 금융지주회사·은행·종금사 및 자산 규모가 일정액 이상인 증권회사·보험회사·자산운용회사 등에 대하여 그 적용을 강제하고 있다(금융지주회사법 제41조, 은행법 제23조의2, 종합금융회사에관한법률 제5조의2, 증권거래법 제54의6, 보험업법 제16조, 간접투자자산운용업법 제10조).

그리고 2001년 3월에는 상호저축은행법과 여신전문금융업법을 개정하여 비은행 금융회사에 대하여도 감사위원회제도를 확대하였다(상호저축은행법 제10조의4, 여신전문금융업법 제50조의5). 이와 같은 감사위원회제도는 외국의 감사제도중 미국형과 유사하다고 할 수 있다.[131]

그후 2007년 8월 자본시장 통합법을 제정하면서 종전 증권거래법 등 자본시장관련 법률에 있던 금융회사와 상장회사의 지배구조에 관한 규정을 분리하여 금융투자업자(증권회사, 자산운용회사 등)의 지배구조에 관한 조항은 「자본시장과금융투자업에관한법률」("자본시장법"이라 약칭)로, 상장회사의 지배구조에 관

사 및 피용자이었던 자, 2. 최대주주가 자연인인 경우 본인·배우자 및 직계존·비속, 3. 최대주주가 법인인 경우 그 법인의 이사·감사 및 피용자, 4. 이사의 배우자 및 직계 존·비속, 5. 회사의 모회사 또는 자회사의 이사·감사 및 피용자, 6. 회사와 거래관계등 중요한 이해관계에 있는 법인의 이사·감사 및 피용자, 7. 회사의 이사 및 피용자가 이사로 있는 다른 회사의 이사·감사 및 피용자

129) 최윤범, "감사위원회제도의 문제점과 개선방안," 「기업법연구」(제8집)(한국기업법학회, 2001), 821면.

130) 예를 들면, "증권회사(자산규모 등을 고려하여 대통령령이 정하는 증권회사에 한한다)는 상법 제415조의2의 규정에 의한 감사위원회(이하 '감사위원회'라 한다)를 설치하여야 한다"(증권거래법 제54조의6 제1항)고 규정하였다.

131) 주요 선진국의 감사제도를 살펴보면, 이사회의 과반수 이상을 독립된 사외이사(Independent outside director)로 구성하고, 사외이사로 구성되는 감사위원회를 설치 운영하는 방식의 미국형과 주주·근로자대표 등으로 구성되는 3인 이상의 감사로 감독이사회(Aufsichtsrat)를 설치 운영하는 방식의 독일형, 복수의 감사(사외이사 포함)에 의해 감사업무를 수행하는 방식의 일본형 등으로 구분할 수 있다(재경부, "증권거래법 개정 취지 발의문", 1999.12).

한 조항은 상법으로 이관하고 2009년 2월 동시에 시행하였다. 이때 상법상 이사의 하나로 사내이사, 사외이사란 용어 구분(상법 제317조 제2항 8호)과 결격사유 규정이 신설되고(상법 제382조 제3항), 3명 이상의 이사로 구성되는 감사위원회는 이사, 특수관계인, 이해관계인 등이 위원의 1/3을 넘을 수 없다는 결격사유가 포함된 조문[132]에서 사외이사가 위원의 2/3 이상이어야 한다는 조문으로 개정되었다(상법 제415조의2 제2항). 아울러 상장회사에 대한 특례 규정이 증권거래법에서 옮겨와 상법 제13절(제542조의2~제542조의12)로 편제되었다.[133] 이로써 상장회사의 사외이사 및 감사위원회 등 지배구조관련 제도가 상법의 규정으로 자리를 잡았다. 그 후 2011년 4월 개정 상법에서는 상장회사의 준법지원인제도가 신설 규정되었다(제542조의13).

(3) 금융회사지배구조법상 감사위원회의 의무 설치

그러다가 앞에서도 설명했듯이 2015년 7월 종전의 각 금융관계법률에 규정되어 있던 금융회사의 지배구조에 관한 규정을 하나의 법률로 이관하여 통합한 「금융회사의지배구조에관한법률」("금융회사지배구조법"이라 약칭, 인용시에는 "금융지배법"으로 약칭)이 제정되고 2016년 8월부터 시행되었다. 동법에 의하면 금융회사는 이미 도입된 사외이사제와 감사위원회제도를 그대로 수용하여 의무적으로 설치 운용하도록 하였다. 다만 이러한 제도가 의무적으로 적용되는 금융회사의 규모 기준을 경제규모가 확대된 시대 상황에 맞게 상향 조정하였다.[134] 따라서 감사위원회제도 역시 사외이사제와 마찬가지로 그 의무 적용대상인 금융회사는 은행과 금융지주회사는 자산 규모와 상관없이 모두가 해당되고, 증권회사·보험회사·여신전문금융회사 등 비은행 금융회사는 자산총액 기준으로 원칙적으로 5조원 이상, 상호저축은행은 자산총액 7천억원 이상인 회사

---

132) 이때 당초 상법 제415조의 제2항에 규정되어있던 감사위원회 위원의 결격사유가 제382조 제3항에 신설된 사외이사 규정의 결격사유로 옮겨졌다.

133) 주식매수선택권, 주주총회 소집공고, 이사·감사 선임방법, 소수주주권, 집중투표, 사외이사 선임, 이해관계자와의 거래, 상근감사, 감사위원회 및 그 구성 등에 관한 사항

134) 현행 금융회사지배구조법 제3조 제3항에서 일정 규모 이하의 금융회사에 대하여 법 적용이 배제되는 것으로 이사회내 위원회 설치 외에 위험관리위원회와 보수위원회에 관한 사항은 따로 열거하면서 감사위원회에 관한 사항은 따로 열거하지 않아서 감사위원회는 마치 자산 규모와 상관없이 모든 금융회사에 적용되는 것으로 혼동할 수도 있으나 감사위원회제도는 본래 사외이사를 바탕으로 구성되고 운영된다는 점에서 사외이사제가 의무 적용되지 아니하는 소규모 금융회사에 대하여는 감사위원회제도가 당연히 의무 적용되지는 아니하는 것으로 해석하는 것이 타당할 것이다.

가 해당된다. 다만 위 비은행 금융회사 중 상장 금융회사인 경우는 자산규모가 5조원 미만이라 하더라도 자산총액 2조원 이상이면 감사위원회제도의 의무적용 대상 금융회사가 된다. 그러나 자산규모가 상기 설명한 기준에 미치지 못하여 감사위원회를 의무적으로 설치할 필요가 없는 금융회사인 경우도 금융회사지배구조법에 따른 감사위원회를 임의로 설치하여 운영할 수도 있다(동법 제19조 제8항).

표 9-12 우리나라 감사위원회제도의 도입 추이

연 도	주요 내용	관련법규
'99.12	주식회사에 대해 감사위원회제도 도입 : 감사에 갈음하여 감사위원회를 자율 설치할 수 있도록 함 －감사위원의 결격사유 규정	상 법
'00.1	금융회사 및 상장법인에 감사위원회제도 의무화 : 일정 자산총액 이상의 금융회사에 대해 각 금융업법에서 감사위원회 설치를 의무화 〈감사위원회의 의무 설치대상 금융회사〉 － 은행, 금융지주회사, 종금사: 모든 회사 － 증권회사, 보험회사: 자산총액 2조원 이상 － 자산운용회사: 수탁자산 6조원 이상 － 상장회사: 자산총액 2조원 이상	은행법 종금회사법 금융지주회사법 증권거래법 자산운용업법 보험업법
'01.3	비은행 금융회사에 감사위원회제도 확대 － 상호저축은행: 자산총액 3천억원 이상 － 카드회사: 자산총액 2조원 이상	상호저축은행법 여전업법
'09.2	금융투자업자 지배구조관련 규정은 자본시장법에 이관 상장법인 지배구조관련 규정은 상법으로 이관 － 사외이사 규정 및 결격사유(종전 감사위원 결격사유) 신설	자본시장법 상법
'16.8	감사위원회 의무 설치대상 금융회사의 규모기준 변경 － 은행, 금융지주회사: 모든 회사 － 증권회사, 보험회사: 자산총액 5조원 이상 － 자산운용회사 등: 자산총액 5조원 이상 또는 수탁자산 20조원 이상 － 상호저축은행: 자산총액 7천억원 이상 － 여신전문금융회사: 자산총액 5조원 이상(리스, 할부, 신기술금융사는 자산총액 2조원 이상) － 상장회사: 자산총액 2조원 이상	금융회사지배구조법

2.2 상근감사 설치 의무화

상법상 감사는 필요적 상설기관이지만 상근 여부는 일반적으로 회사 자율에 맡겨져 있다. 우리나라에서 상근감사제도는 현재 상장회사와 금융회사에 의무화되어 운용되고 있다. 1997년 증권거래법이 개정되면서 자산 1천억 이상 상장회사는 상근감사를 의무적으로 두도록 하였다. 1999년 개정 상법에서는 감사에 갈음하는 사외이사를 중심으로 한 감사위원회를 도입하여 회사가 감사 또는 감사위원회를 자율적으로 선택할 수 있도록 하였으나, 2000년 개정 증권거래법에서 자산 2조원 이상의 상장회사에 대하여 의무적으로 감사위원회를 설치하도록 하였다. 이때 금융회사에 대하여도 각 금융관계법률에 의하여 감사위원회제도를 동시에 도입하였다. 감사에 갈음하는 감사위원회제도에서는 상근감사에 대응한 상근감사위원(사외이사가 아닌 감사위원)을 두어 운영해 왔다.[135]

(1) 상근감사 설치 금융회사

감사위원회를 의무 설치해야 하는 대형 금융회사가 아닌 소형 금융회사로서 금융회사지배구조법에 의한 감사위원회를 자발적으로 설치하지 아니한 금융회사라면 상법상 감사(비상근 포함)를 1명 이상은 두어야 한다. 하지만, 금융회사지배구조법에서는 금융회사가 감사위원회를 의무 설치할 자산규모(원칙적으로 자산총액 5조원) 기준에 이르지는 못하더라도 일정 규모 이상의 금융회사(원칙적으로 자산총액 1천억원 이상인 중규모 회사. 카드사를 제외한 여신전문금융회사로서 상장회사가 아닌 경우는 자산총액 2조원 이상. 다만 외국 금융회사의 국내영업점, 6개월내 합병 등으로 소멸될 금융회사, 회생절차 개시 또는 파산선고된 금융회사, 해산 결의한 금융회사는 제외)[136]에 대하여는 반드시 상근감

---

135) 감사위원회제도 도입당시에는 일정 규모 이상의 대형 금융회사에게 상근감사를 대신하는 상근감사위원을 두도록 의무화되어 있었으나 현재는 금융회사의 자율로 변경되었다.

136) 금융회사지배구조법 시행령 제16조 제3항: 법 제19조제8항 본문에서 "대통령령으로 정하는 금융회사"란 최근 사업연도 말 현재 자산총액이 1천억원 이상(「여신전문금융업법」에 따른 신용카드업을 영위하지 아니하는 여신전문금융회사로서 주권상장법인이 아닌 경우에는 최근 사업연도 말 현재 자산총액이 2조원 이상인 경우를 말한다)인 금융회사를 말한다. 다만, 다음 각 호의 어느 하나에 해당하는 금융회사는 제외한다. 1. 외국 금융회사의 국내지점, 그 밖의 영업소 2. 주주총회일 또는 사원총회일부터 6개월 이내에 합병 등으로 인하여 소멸하는 금융회사 3. 「채무자 회생 및 파산에 관한 법률」에 따라 회생절차가 개시되거나 파산선고를 받은 금융회사 4. 해산을 결의한 금융회사

사를 1명 이상 두도록 하였다(동법 제19조 제8항). 또한 금융지주회사의 완전자회사등의 경우는 일정한 경영투명성 요건을 갖추면 이사회내 위원회를 설치할 의무가 없고, 감사위원회 설치 대신에 상근감사를 반드시 선임하여야 한다(금융지배법 제23조).

(2) 상근감사의 선임 및 자격

이러한 금융회사의 상근감사에 대하여는 감사위원회 위원과 같은 수준의 엄격한 선임시 의결권 규제를 가하고 있다(동법 제19조 제9항 및 제10항). 즉 금융회사가 상근감사를 선임하는 경우 감사 선임시 의결권 행사의 제한(최대주주 및 그 특수관계인 등이 소유한 의결권 주식 합계가 금융회사의 의결권 주식 3%를 초과할 경우 그 초과주식의 의결권 행사 금지, 금융회사의 의결권 주식 3%를 초과 소유한 주주의 경우 그 초과주식의 의결권 행사 금지)[137]과 상근감사위원과 동일한 자격요건(=금융회사지배구조법상 사외이사의 자격요건)[138]을

---

137) 금융회사지배구조법 제19조 제9항: 상근감사를 선임하는 경우 감사 선임 시 의결권 행사의 제한에 관한 제7항(최대주주, 최대주주의 특수관계인, 그 밖에 대통령령으로 정하는 자가 소유하는 금융회사의 의결권 있는 주식의 합계가 그 금융회사의 의결권 없는 주식을 제외한 발행주식 총수의 100분의 3을 초과하는 경우 그 주주는 100분의 3을 초과하는 주식에 관하여 감사위원이 되는 이사를 선임하거나 해임할 때에는 의결권을 행사하지 못한다. 다만, 금융회사는 정관으로 100분의 3보다 낮은 비율을 정할 수 있다) 및 「상법」 제409조제2항(의결권없는 주식을 제외한 발행주식의 총수의 100분의 3을 초과하는 수의 주식을 가진 주주는 그 초과하는 주식에 관하여 제1항의 감사의 선임(주주총회 선임)에 있어서는 의결권을 행사하지 못한다)·제3항(회사는 정관으로 제2항의 비율보다 낮은 비율을 정할 수 있다)을 준용한다.

138) 금융회사지배구조법 제19조 제10항: 상근감사 및 사외이사가 아닌 감사위원의 자격요건에 관하여는 제6조제1항(다음 각 호의 어느 하나에 해당하는 사람은 금융회사의 사외이사가 될 수 없다. 다만, 사외이사가 됨으로써 제1호에 따른 최대주주의 특수관계인에 해당하게 되는 사람은 사외이사가 될 수 있다. 1. 최대주주 및 그의 특수관계인(최대주주 및 그의 특수관계인이 법인인 경우에는 그 임직원을 말한다) 2. 주요주주 및 그의 배우자와 직계존속·비속(주요주주가 법인인 경우에는 그 임직원을 말한다) 3. 해당 금융회사 또는 그 계열회사(「독점규제 및 공정거래에 관한 법률」제2조제3호에 따른 계열회사를 말한다. 이하 같다)의 상근(常勤) 임직원 또는 비상임이사이거나 최근 3년 이내에 상근 임직원 또는 비상임이사이었던 사람 4. 해당 금융회사 임원의 배우자 및 직계존속·비속 5. 해당 금융회사 임직원이 비상임이사로 있는 회사의 상근 임직원 6. 해당 금융회사와 대통령령으로 정하는 중요한 거래관계가 있거나 사업상 경쟁관계 또는 협력관계에 있는 법인의 상근 임직원이거나 최근 2년 이내에 상근 임직원이었던 사람 7. 해당 금융회사에서 6년 이상 사외이사로 재직하였거나 해당 금융회사 또는 그 계열회사에서 사외이사로 재직한 기간을 합산하여 9년 이상인 사람 8. 그 밖에 금융회사의 사외이사로서 직무를 충실하게 이행하기 곤란하거나 그 금융회사의 경영에 영향을 미칠 수 있는 사람으로서 대통령령으로 정하는 사람)·제2항(금융회사의 사외이사가 된 사람이 제1항 각 호의 어느 하나에 해당하게 된 경우에는 그 직을 잃는다)을 준용한다. 다만, 해당 금융회사의 상근감사 또는 사외이사가 아닌 감사위원으로 재임(在任) 중이거나 재임하였던 사람은 제6조제1항제3호에도 불구하고 상근감사 또는 사외이사가 아닌 감사위원

요구하고 있다. 또한 금융지주회사의 완전자회사등이 감사위원회 설치 대신에 상근감사를 설치하는 경우가 있을 수 있는데, 이 때 상근감사의 자격요건 역시 금융회사지배구조법상의 사외이사 자격요건을 준용하도록 하였다(금융지배법 제23조 제3항).

표 9-13 금융회사지배구조법상 감사위원회와 상근감사 설치시 비교

	감사위원회 의무설치 금융회사	상근감사 의무설치 금융회사
자산규모 기준	은행, 금융지주회사와 원칙적으로 자산총액 5조원이상인 금융회사	감사위원회 설치하지 아니한 금융회사중 원칙적으로 자산총액 1천억원 이상인 금융회사
감사위원회 / 감사 구성	이사 3명 이상, 사외이사 2/3 이상	상근감사 1명 이상
선임시 의결권 제한	–최대주주의 의결권 주식 3% 초과 의결권 행사 금지 –대주주의 의결권주식 3% 초과 의결권 행사 금지	
자격요건	사외이사 자격요건	상근감사위원의 자격요건(=사외이사 자격요건)

3. 감사위원회의 구성

현행 금융회사지배구조법이 2016년 8월 시행되기 전에는 금융관계법률 및 상법에 의해 운영되어 왔던 금융회사의 감사위원회제도가 이제는 금융회사지배구조법 및 상법에 의해 설치되고 운영된다. 금융회사의 감사위원회제도는 당초부터 상장회사의 감사위원회제도와 거의 같은 내용으로 운영되어 왔다.

3.1 구성요건

감사위원회는 경영진의 직무를 제3자의 관점에서 견제 · 감시하는 감사의 기능에 갈음하여 이사회내의 소위원회로 운영하는 제도로서 금융회사와 상장회사의 경우 3인 이상의 이사로 구성[139]하되, 위원의 2/3 이상을 사외이사로 구성하도록 하고 있다(금융지배법 제19조 제1,2항, 상법 제415조의2 제2항). 이때 감사위원회 위원 중 1명 이상은 대통령령이 정하는 회계 또는 재무전문가일 것을 요구하고 있다(금융지배법 제1항 후단, 상법 제542조의11 제2항 1호).

이 될 수 있다.

139) 일반회사의 경우 이사회내 위원회는 이사 2인 이상으로 구성한다(상법 제393조의2 제3항).

3.2 감사위원의 전문성 요건

여기서 회계 또는 재무전문가란 통상 최소한 5년 이상의 업계 경력자를 말한다. 구체적인 전문가의 내용은 동법 시행령에 규정하고 있는데 다음 각호의 어느 하나에 해당하는 사람 [1. 공인회계사 자격을 취득한 후 그 자격과 관련된 업무에 5년 이상 종사한 경력이 있는 사람, 2. 재무 또는 회계 분야의 석사 이상의 학위가 있는 사람으로서 해당 학위 취득 후 연구기관이나 대학에서 재무 또는 회계 관련 분야의 연구원 또는 조교수 이상의 직에 5년 이상 근무한 경력이 있는 사람, 3. 주권상장법인에서 재무 또는 회계 관련 업무에 임원으로 5년 이상 또는 임직원으로 10년 이상 근무한 경력이 있는 사람, 4. 국가, 지방자치단체, 「공공기관의 운영에 관한 법률」에 따른 공공기관, 「금융위원회의 설치 등에 관한 법률」에 따른 금융감독원, 「자본시장과 금융투자업에 관한 법률」에 따른 한국거래소 또는 같은 법 제9조제17항에 따른 금융투자업관계기관(같은 항 제8호에 따른 금융투자관계 단체는 제외한다)에서 재무 또는 회계 관련 업무 또는 이에 대한 감독업무에 5년 이상 종사한 경력이 있는 사람, 5. 「금융위원회의 설치 등에 관한 법률」 제38조에 따른 검사대상기관(이에 상응하는 외국금융기관을 포함한다)에서 재무 또는 회계 관련 업무에 5년 이상 종사한 경력이 있는 사람, 6. 그 밖에 제1호부터 제5호까지의 규정에 준하는 사람으로서 금융위원회가 정하여 고시하는 자격을 갖춘 사람(금융유관협회에서 5년이상 근무자)[140)]]을 말한다(금융지배법 시행령 제16조 제1항, 상법 시행령 제37조 제2항).

3.3 감사위원의 결원 보충

감사위원의 결원이 발생한 경우 금융회사는 감사위원의 사임·사망 등의 사유로 감사위원의 수가 감사위원회의 구성요건(3명 이상 이사, 2/3 이상 사외이사)에 미치지 못하게 된 경우에는 그 사유가 발생한 후 최초로 소집되는 주주총회에서 그 구성요건을 충족하도록 조치하여야 한다(금융지배법 제19조 제3항). 한편 상장회사의 경우는 감사위원회 사외이사의 수가 결원이 된 경우에 한

140) 금융회사 지배구조 감독규정 제6조: 영 제16조제1항제6호에서 "금융위원회가 정하여 고시하는 자격을 갖춘 사람"이란 다음 각 호의 어느 하나에서 재무 또는 회계 관련 업무에 5년 이상 근무한 경력이 있는 사람을 말한다. 1. 전국은행연합회, 2. 생명보험협회, 3. 손해보험협회, 4. 상호저축은행중앙회, 5. 여신전문금융업협회

정하여 같은 내용으로 규정하고 있다(상법 제542조의11 제4항). 이는 금융회사의 경우는 상장회사의 경우와는 달리 모든 감사위원을 대상으로 규정한 것으로 보이지만 사실상 동일한 내용으로 운영된다고 보여진다.

3.4 감사위원회 대표

감사위원회 대표는 감사위원회의 의결로 감사위원 중에서 선정[141]하는데(상법 제415조의2 제4항), 금융회사는 상장회사와 마찬가지로 사외이사 중에서 선정하여야 한다(금융지배법 제16조 제4항, 상법 제542조의11 제2항 제2호).

4. 감사위원의 선임 · 해임

4.1 감사위원의 선임

(1) 감사위원의 분리 선임

감사위원회 위원의 선임과 관련하여 보면 감사위원은 회사의 이사로서 주주총회의 보통결의에 의하여 이사로 선임되어야 하고(상법 제382조 제1항 및 제542조의12 제1항, 금융지배법 제19조 제6항), 상장회사(자산총액 2조원 이상)의 경우 선임된 이사 중에서 감사위원을 선임하여야 한다(상법 제542조의12 제2항). 종전에는 구 증권거래법에서 사내이사와 사외이사의 선임방식을 달리 정하고 있어 혼선이 있었는데 2009년 개정 상법에서 이사 · 감사의 선임방법을 투명화하면서 감사위원의 선임절차도 명확히 하였다. 감사위원회 위원의 선 · 해임권이 이사회에 있는지 아니면 주주총회에 있는지 논란이 있었으므로 주주총회에 그 권한이 있다는 명문 규정을 신설했다(상법 제542조의12 제1항). 감사위원을 주주총회에서 선임할 때 이사로 먼저 선임하고 감사위원은 이사로 선임된 자 중에서 선출하는 일괄선출 방식과 사내이사와 감사위원을 별도로 선출하는 분리선출 방식이 판례에 의해 모두 이용 가능하였으나, 개정상법에서는 일괄선출 방식을 선택해 주주총회에서 이사를 먼저 선임한 후 선임된 이사 중에서 감사위원을 선임하도록 명문규정을 두어 입법적으로 해결하였다(동조 제2항).

하지만 2016년 8월 시행된 금융회사지배구조법에서는 금융회사는 감사위원회 위원이 되는 사외이사 1명 이상에 대해서는 다른 이사와 분리하여 선임하도

141) 복수의 위원으로 공동 대표 선정이 가능하다(상법 제415조의2 제5항 후단).

록 하였다(금융지배법 제19조 제5항). 이러한 감사위원의 분리선임방식은 주주총회에서 감사위원회 위원이 되는 이사를 다른 이사들과 함께 일괄선출하지 않고 분리하여 선임하도록 함으로써 선임단계에서부터 대주주의 의결권이 제한되도록 하여 감사위원회 위원의 독립성을 확보하고자 한 것이다.[142)]

(2) 감사위원 선임시 의결권 제한

감사위원회의 독립성을 높이기 위하여 현행 금융회사지배구조법에서는 금융회사의 감사위원이 되는 이사의 선임에 관하여 대주주의 의결권 행사를 제한하고 있다. 즉 감사 선임 시 의결권 행사의 제한에 관한 「상법」 제409조 제2항 및 제3항(의결권 주식 3% 초과 보유 대주주의 그 초과주식 의결권 제한, 단 3% 이하로 낮추는 것은 가능)[143)]을 준용한다(금융지배법 제19조 제6항 후단). 이 규정은 상장회사의 경우에는 사외이사인 감사위원의 선임 시 적용되는 규정[144)]인데 반해 금융회사지배구조법에서는 모든 감사위원의 선임 시까지 적용하도록 확대하였다. 그리고 금융회사의 최대주주, 최대주주의 특수관계인, 그밖에 대통령령으로 정한 자(최대주주와 그 특수관계인이 사실상 의결권을 지배하는 주식 보유자)[145)]까지 감사위원이 되는 이사를 선임(해임 포함)할 경우 그들(최대주주)의 의결권 주식 합계가 3% 초과(단 3% 이하로 낮추는 것은 가능)

---

142) 감사위원회 위원 선출방식과 선·해임에 관한 문제점은 2013년 상법 개정위원들이 제기하였다. 감사위원회 위원을 선임하고자 한다면, 주주총회에서 일단 모든 이사들을 선임해야하고, 그중에서 감사위원이 될 이사를 주주총회에서 선임하게 된다. 이를 일괄선출방식이라고 한다. 개정위원들은 이사를 선임하는 경우에만 집중투표제가 적용(상법 제382조의2)되는 상황과 3% 의결권 제한이 감사위원회 위원 선임 시에만 적용(상법 제542조의12 제3항, 제4항)되는 사항에 주목하였다. 결국 이사선임의 단계에서는 주주총회 결의 시 대주주의 3% 의결권 제한규정이 적용되지 않아 지배주주의 의사에 따라 선임된 이사 가운데 감사위원회 위원이 선임될 수 있다는 지적이다. 의결권 제한규정이 존재하기는 하지만 사실상 대주주의 3% 의결권 제한규정의 입법취지가 반영되지 않고 있다고 판단한 것이다. 이에 따라 2016년 상법 개정안에서는 이러한 분리선출방식의 개정방향을 추진되고 있다.

143) 상법 제409조(선임): ① 감사는 주주총회에서 선임한다. ② 의결권없는 주식을 제외한 발행주식의 총수의 100분의 3을 초과하는 수의 주식을 가진 주주는 그 초과하는 주식에 관하여 제1항의 감사의 선임에 있어서는 의결권을 행사하지 못한다. ③ 회사는 정관으로 제2항의 비율보다 낮은 비율을 정할 수 있다.

144) 상법상 상장회사(자산총액 2조원 이상)의 경우에는 사외이사인 감사위원회 위원 선임시에 적용된다(상법 제542조의12 제4항).

145) 금융회사지배구조법 시행령 제16조 제2항: 법 제19조제7항 본문에서 "대통령령으로 정하는 자"란 다음 각 호의 어느 하나에 해당하는 자를 말한다. 1. 최대주주 또는 그 특수관계인의 계산으로 주식을 보유하는 자, 2. 최대주주 또는 그 특수관계인에게 의결권(의결권의 행사를 지시할 수 있는 권한을 포함한다)을 위임한 자(해당 위임분만 해당한다)

시 그 초과주식의 의결권 행사가 제한된다(금융지배법 제19조 제7항). 이 규정 또한 상장회사의 경우에는 상근감사위원의 선임(해임 포함)시 적용되는 규정[146] 인데 반해 금융회사지배구조법에서는 모든 감사위원의 선임(해임 포함) 시까지 적용하도록 확대하였다. 감사위원회 위원의 선임결의 제한과 관련하여 현행 상법과 금융회사지배구조법의 규정이 이와 같이 상이한 이유는 금융회사지배구조법과 같은 내용으로 상법 개정안이 이미 마련되어 국회에 제안되었으나 아직까지 국회에서 상법 개정이 통과되지 않고 있기 때문이다.

물론 감사위원의 선임에 있어서 후보인 이사는 당해 선임 결의에는 참가하지 못한다(상법 제368조 제3항). 한편 금융회사의 감사위원 후보는 임원후보추천위원회에서 추천한다. 이 경우 위원 총수의 3분의 2 이상의 찬성으로 의결한다(금융지배법 제19조 제4호).[147]

(3) 감사의 선임결의 제한에 관한 논의

여기서 상법상 감사의 선임결의 제한과 관련하여 입법 경위와 문제점을 살펴보기로 하자. 감사 선임시 대주주의 의결권 제한은 제정 상법부터 시작되었지만 주식회사의 본질인 주주의 의결권 행사를 제한하는 문제가 있다는 점이다. 이에 관해 잘 정리된 논문 요약을 인용하면 다음과 같다.[148]

주식회사의 주주총회는 주주로 구성되는 필요적 상설기관으로서 법률이나 정관에 정해진 사항을 결의하는 의사결정기관에 해당한다. 주주총회는 주주가 아닌 전문경영인에게 업무집행을 위탁함으로써 소유와 경영이 분리되는 결과를 갖게 하고, 주주들이 업무집행을 감독할 수 있는 감사를 선임하여 그들을 대신하여 감독할 수 있도록 하고 있다. 주식의 지분에 따라 의결권 행사를 하는 주식회사에서 지분을 다수 점하고 있는 대주주가 감사를 선임할 때 영향력을 행사할 수 있다는 점을 고려하여, 제정 상법은 감사의 선임 시 대주주의 의결권

146) 상법 제542조의12 제3항: 최대주주, 최대주주의 특수관계인, 그 밖에 대통령령으로 정하는 자가 소유하는 상장회사의 의결권 있는 주식의 합계가 그 회사의 의결권 없는 주식을 제외한 발행주식총수의 100분의 3을 초과하는 경우 그 주주는 그 초과하는 주식에 관하여 감사 또는 사외이사가 아닌 감사위원회위원을 선임하거나 해임할 때에는 의결권을 행사하지 못한다. 다만, 정관에서 이보다 낮은 주식 보유비율을 정할 수 있다

147) 금융회사지배구조법 시행 전에는 사외이사 전원으로 구성된 사외이사후보추천위원회로 운영되었다.

148) 유주선, 감사위원 분리선임제도와 감사위원 선임 시 대주주 의결권 3% 제한의 문제점, 한국경제연구원, 2017.9.15.

행사에 대한 제한을 두었다(상법 제401조 제1항). 이러한 제한은 원칙적으로 주식회사에서 인정될 수 없는 것이지만, 대주주로부터 독립하여 업무집행을 감독하고자 하는 하나의 방안이었다. 1997년 증권거래법이 개정되면서 자산 1천억 이상 상장회사는 상근감사를 의무적으로 두도록 하였고, 모든 주주는 감사 선임 시 본인과 그 특수관계인을 합산하여 3%까지만 의결권을 행사하도록 의결권 제한규정을 강화하였다. 1998년 외환위기를 겪으면서 영미식 감사위원회 제도가 도입되었는데, 기존의 감사가 경영감독기관으로서의 기능을 다하지 못했다는 정책적 판단에 따른 것이다. 1999년 개정 상법에서는 감사위원회를 도입하여 회사가 감사 또는 감사위원회를 자율적으로 선택할 수 있도록 하였으나, 2000년 개정 증권거래법에서는 자산 2조원 이상의 상장회사에 대하여 의무적으로 감사위원회를 설치하도록 하였다. 특히, 상장회사의 감사 및 사외이사가 아닌 감사위원 선·해임 시 모든 주주가 아닌 최대주주만 합산 3%의 제한을 받도록 규정하게 된다. 이는 외환위기의 발생 원인이 대주주의 비리행위에 대해 감독기관이 제대로 기능을 하지 못했다는 자각에서 비롯된 것이라 하겠다. 여기에서 주목해야 할 사항은 의결권 3% 제한에 대한 의미와 그 대상인데, 감사 선임 시 3% 의결권 제한을 감사위원회 감사위원 선임에 적용했다는 점이다. 이는 감사와 이사를 구별하지 못한 착오가 아닌가 생각된다고 하였다.

이어 2016년 발의된 상법 개정안 가운데 감사위원의 분리선임과 대주주 의결권 3% 제한에 대한 다툼이 제기되고 있다고 한다. 현 상법은 감사위원회 위원 선임과 관련하여, 사내이사인 감사위원 선임 시 최대주주의 의결권은 본인과 특수관계인이 가진 주식의 의결권을 합하여 3% 이내로 제한되고, 사외이사인 감사위원은 최대주주 여부와 관계없이 모든 대주주의 의결권이 각각 3% 까지로 그 행사가 제한되도록 하고 있다. 개정안은 '감사위원 분리선출 의무화'와 '감사위원 선임에 있어 3% 룰'을 적용하도록 하여, 감사위원이 될 이사 선임 시 소액주주의 권익이 실효적으로 보장될 수 있도록 한다. 원래 3% 룰은 주주총회의 주주가 감사를 선임함에 있어 대주주의 영향력 행사를 배제하고자 하는 목적이 있었다. 그러나 무엇보다도 문제가 되는 것은 감사위원회 위원은 감사의 지위를 갖는 것이 아니라 이사의 지위를 가지고 있다는 사실이다. 감사와 이사는 그 지위와 그 권한이 상이한 것이다. 감사위원회 감사위원 선임 시 대주주의 3% 초과되는 의결권 행사를 배제하는 것은 주식회사의 본질과 상충된다. 주식회사에서 이사 선임시 지분에 따라 주어진 주주권을 제한하는 것은 주주의 재산권 행사를 침해하는 것으로 기본권 침해의 발생 가능성이 있다고 한다.

또한 감사 선임 시 또는 감사위원회 감사위원 선임 시 적용되는 3% 룰은 소액주주들이 자신이 원하는 감사와 감사위원을 선임할 수 있다는 점에서, 그 의미가 있다고 할 수 있지만 지분을 여러 개로 쪼개서 의결권을 행사하고자 하는 펀드는 3% 룰을 벗어날 가능성이 있다. 3%의 의결권 배제규정을 벗어난 펀드는 지분을 분리하여 주주로서의 의결권을 자유롭게 행사할 수 있게 된다. 3% 룰을 통한 의결권 제한은 지주회사에게도 심각한 폐해를 야기할 가능성이 있다. 지주회사는 정부가 지배구조의 투명성을 위하여 순환출자를 가지고 있던 회사들의 전환을 독려한 정책이다. 3% 룰은 정부정책에 따랐던 지주회사에게 예기치 못한 부작용을 야기할 수 있다. 주식회사에서 감사위원을 분리하여 선임하고자 하는 방안과 감사위원 선임 시 대주주 의결권 3% 제한을 통한 방안은 소수주주의 권익을 보호하고자 하는 의도는 인정될 수 있지만, 이러한 방안의 도입은 다양한 부작용을 야기할 수 있는바 입법에 신중을 요한다고 주장하고 있다.

(4) 감사의 선임결의 제한에 따른 현실적 문제

감사 선임시 대주주의 의결권 제한 3% 룰에 따라 많은 상장회사들이 주주총회에서 의결정족수를 맞추지 못하여 감사를 선임하지 못하는 현상이 발생하고 있다. 3% 룰은 1962년 상법 제정시부터 대주주의 전횡을 막고자 도입된 것으로 우리나라에만 있는 유일한 제도이다. 여기다가 주주총회 의결요건인 '출석주주 과반찬성, 발행주식총수 25% 찬성'을 충족하여야 한다. 2016년 3월 전자투표제도가 도입되고 2018년부터 그림자투표(shadow voting)제도(기관투자자의 의결권 대리행사)가 폐지되어 주총안건이 부결된 회사가 대폭 증가했다.[149] 이러한 3% 룰에 발목이 잡혀 2018년 정기주주총회에서 56개사가 감사를 선임하지 못했다. 2019년 정기주주총회에서 상장사 723개사가 감사나 감사위원을 선임해야 하지만 이 중 154개사가 선임에 어려움을 겪었고, 1,994개 상장사 중 183개사가 의결정족수 부족으로 주요 안건을 통과시키지 못했다. 미국과 일본의 경우 의결정족수 요건이 있긴 하지만 회사가 정관을 통해 이 요건을 완화하거나 없앨 수 있다고 한다. 우리나라도 의결정족수를 주총에 참석한 주주 수 대비 찬성 비율로 결정하는 글로벌 추세를 반영한 상법 개정이 하루 빨리 필요하

149) 2018년 43개사가 전자투표제를 도입하고도 의결정족수 미달로 주총안건이 부결됐다. 개인주주참여율이 약 1%로 낮았기 때문이다.

다는 주장에 공감한다.

표 9-14 한국과 해외의 의결정족수 기준 비교

	의결정족수			섀도보팅 유무
	최소찬성요건	보통결의	특별결의	
한국	보통결의: 의결권주식의 1/4찬성 특별결의: 의결권주식의 1/3찬성	출석 과반수	출석 2/3 찬성	없음
미국 (델라웨어주법)	없음	출석 과반수	의결권주식의 과반수 찬성	있음
독일	없음	다수결	행사의결권의 3/4 찬성	없음
일본	없음	출석 과반수	출석 2/3 찬성	없음

자료: 한국상장회사협의회.

4.2 감사위원의 해임

감사위원회 위원의 해임은 위원이 이사라는 점에서 위원직에 대한 해임과 이사직에 대한 해임으로 나눌 수 있다. 일반회사의 경우 이사직에 대한 해임은 주주총회의 특별결의(출석주주 의결권의 2/3 이상과 발행주식 총수의 1/3 이상)에 의하여(상법 제385조 제1항, 제434조), 감사위원회 위원의 해임은 이사회의 특별결의(이사 총수의 3분의 2 이상)로 하도록 규정하고 있다(상법 제415조의2 제3항). 이는 감사위원의 독립성을 보장하기 위함이라고 할 수 있다.[150] 물론 감사위원은 이사 중에서 선임되지만 감사위원으로서의 지위가 상실된다고 하여 이사로서의 지위까지 바로 상실되는 것은 아니고, 양자의 지위는 별개이기 때문이다.[151]

한편 금융회사와 상장회사의 경우는 일반회사와는 달리 감사위원의 해임과 관련하여 모두 주주총회의 결의[152]에 의하되 감사위원의 선임 시와 마찬가지로 최대주주 및 그 특수관계인 등에 대하여 의결권행사를 제한하고 있다(상법 제542조의12 제1항 및 제3항, 금융지배법 제19조 제7조). 이는 감사위원회 위원

150) 정찬형, 전게서, 923면.
151) 손주찬, 전게서, 841면.
152) 물론 감사위원도 이사이므로 주주총회 해임결의시 상법상 특별결의 요건을 갖추어야 한다.

을 이사로서 주주총회에서 선임하였기 때문에 그 해임도 주주총회에서 결정하도록 한 것이고, 의결권행사 제한도 동일하게 한 것이라고 할 수 있다. 물론 감사위원도 이사이므로 주주총회 해임 결의시 상법상 특별결의 요건(상법 제434조)을 갖추어야 한다.

4.3 감사위원의 임기

감사위원회 위원의 임기는 상법이나 금융회사지배구조법에서 별도로 규정하고 있지 아니하므로[153] 이사의 임기에 관한 규정인 상법 제383조 제2항의 이사의 임기범위(3년 이내) 내에서 금융회사가 정관 등으로 자율적으로 정하여 운영하고 있다. 현재 금융회사의 감사위원의 경우는 이사로서 운영되므로 통상 2~3년의 임기로 운영 중에 있다.

5. 감사위원의 자격

5.1 상법상 회사의 감사위원 자격

감사위원회의 감사위원이 그 역할을 충실히 수행하기 위해서는 무엇보다도 그 독립성과 전문성이 중요하다. 그러나 현행 상법에서는 일반회사의 감사위원회 위원 자격에 대하여 별도 규정을 두고 있지 않다(상법 제415조의2). 이는 감사위원회가 3인 이상 이사와 2/3 이상 사외이사로 구성되므로 위원회내 사외이사 수의 비중이 매우 높다는 점에서 사외이사의 결격(독립성)요건(상법 제382조 제3항)[154]을 적용하는 것으로 충분하다고 보기 때문일 것이다. 그런데 현행 상법상 사외이사의 결격(독립성)요건 규정(상법 제382조 제3항)은 종전의 상법 제415조의2 제2항 후단에 규정되어 있던 감사위원의 결격(독립성)요건 조

153) 감사위원회 위원의 임기를 별도로 정하지 아니한 것은 감사위원회 위원이지만 이사로 선임되었다는 점에서 이사와 임기와 같이 보도록 하는 것으로 이해할 수 있다.

154) 상법 제382조 제3항: 사외이사(社外理事)는 해당 회사의 상무(常務)에 종사하지 아니하는 이사로서 다음 각 호의 어느 하나에 해당하지 아니하는 자를 말한다. 사외이사가 다음 각 호의 어느 하나에 해당하는 경우에는 그 직을 상실한다. 1. 회사의 상무에 종사하는 이사・집행임원 및 피용자 또는 최근 2년 이내에 회사의 상무에 종사한 이사・감사・집행임원 및 피용자 2. 최대주주가 자연인인 경우 본인과 그 배우자 및 직계 존속・비속 3. 최대주주가 법인인 경우 그 법인의 이사・감사・집행임원 및 피용자 4. 이사・감사・집행임원의 배우자 및 직계 존속・비속 5. 회사의 모회사 또는 자회사의 이사・감사・집행임원 및 피용자 6. 회사와 거래관계 등 중요한 이해관계에 있는 법인의 이사・감사・집행임원 및 피용자 7. 회사의 이사・집행임원 및 피용자가 이사・집행임원으로 있는 다른 회사의 이사・감사・집행임원 및 피용자

항을 그대로 이관한 것이다. 이러한 점에서 사외이사 중심으로 감사위원회가 구성되는 취지를 이해하게 된다. 종전의 상법 제415조의2 제2항 후단에 규정되어 있던 감사위원의 결격(독립성)요건을 보면 대주주나 경영자의 영향력 하에 있거나 또는 그럴 소지가 있는 자가 감사위원의 다수가 되는 것을 저지하여 감사위원회의 중립성과 감사업무의 객관성을 확보할 수 있도록 하는 규정이었다.

상장회사의 경우는 현행 상법에 감사위원회 위원의 자격에 관한 규정이 있는데, 상근감사위원에 대하여만 규정한 것이다. 즉 상장회사의 감사위원 자격으로 사외이사가 아닌 감사위원회 위원(소위 상근감사위원)은 상법 제542조의10 제2항 각호의 어느 하나(상장회사 상근감사의 결격요건)에 해당되어서는 아니되고, 이에 해당하게 된 경우에는 그 직을 상실한다고 규정하였다(상법 제542조의11 제3항).[155] 상법 제542조의10 제2항에 의한 상장회사 상근감사의 결격(독립성)요건을 보면 1. 제542조의8 제2항 제1호부터 제4호까지 [1. 미성년자, 피성년후견인 또는 피한정후견인 2. 파산선고를 받고 복권되지 아니한 자 3. 금고 이상의 형을 선고받고 그 집행이 끝나거나 집행이 면제된 후 2년이 지나지 아니한 자 4. 대통령령으로 별도로 정하는 법률(28개 금융관련 법령 및 이에 상응하는 외국 법령)[156]을 위반하여 해임되거나 면직된 후 2년이 지나지 아니한 자] 및 제6호 [누구의 명의로 하든지 자기의 계산으로 의결권 없는 주식을 제외한 발행주식 총수의 100분의 10 이상의 주식을 소유하거나 이사·집행임원·감사의 선임과 해임 등 상장회사의 주요 경영사항에 대하여 사실상의 영향력을 행사하는 주주(이하 "주요주주"라 한다) 및 그의 배우자와 직계 존속·비속]에 해당하는 자, 2. 회사의 상무(常務)에 종사하는 이사·집행임원 및 피용자 또는 최근 2년 이내에 회사의 상무에 종사한 이사·집행임원 및 피용자. 다만, 이 절

---

155) 이러한 규정 내용은 2009.2 상법 개정시 증권거래법에서 이관되었다.

156) 상법 시행령 제34조 제3항: 법 제542조의8제2항제4호에서 "대통령령으로 별도로 정하는 법률"이란 다음 각 호의 금융 관련 법령(이에 상응하는 외국의 금융 관련 법령을 포함한다)을 말한다. 1. 「한국은행법」 2. 「은행법」 3. 「보험업법」 4. 「자본시장과 금융투자업에 관한 법률」 5. 「상호저축은행법」 6. 「금융실명거래 및 비밀보장에 관한 법률」 7. 「금융위원회의 설치 등에 관한 법률」 8. 「예금자보호법」 9. 「금융회사부실자산 등의 효율적 처리 및 한국자산관리공사의 설립에 관한 법률」 10. 「여신전문금융업법」 11. 「한국산업은행법」 12. 「중소기업은행법」 13. 「한국수출입은행법」 14. 「신용협동조합법」 15. 「신용보증기금법」 16. 「기술보증기금법」 17. 「새마을금고법」 18. 「중소기업창업 지원법」 19. 「신용정보의 이용 및 보호에 관한 법률」 20. 「외국환거래법」 21. 「외국인투자 촉진법」 22. 「자산유동화에 관한 법률」 23. 「주택저당채권유동화회사법」 24. 「금융산업의 구조개선에 관한 법률」 25. 「담보부사채신탁법」 26. 「금융지주회사법」 27. 「기업구조조정투자회사법」 28. 「한국주택금융공사법」

에 따른 감사위원회위원으로 재임 중이거나 재임하였던 이사는 제외한다. 3. 제1호 및 제2호 외에 회사의 경영에 영향을 미칠 수 있는 자로서 대통령령으로 정하는 자(해당회사의 사내이사ㆍ집행임원의 배우자 및 직계존비속, 계열회사의 사내이사ㆍ집행임원 및 피용자 등)[157]이다.

이러한 상법상 상장회사 상근감사위원의 소극적 자격(결격, 독립성) 요건은 원칙적으로 일정 규모(자산총액 2조원) 이상의 상장회사에 적용된다(상법 제542조의11 제3항 및 제1항). 물론 상근감사위원이 아닌 감사위원은 당연히 사외이사이므로 사외이사의 자격제한 규정인 상법 제382조 제3항(사외이사 결격요건)이 적용된다. 한편 상장회사 감사위원의 적극적 자격(전문성)요건으로는 위원 중 1명 이상은 대통령령으로 정하는 회계 또는 재무 전문가이어야 한다(원칙적으로 업계 경력 5년 이상인 자)[158]고 규정하고 있다(상법 제542조의11 제2항 1호).

5.2 금융회사의 감사위원 자격

금융회사의 경우는 금융회사지배구조법에서 감사위원회 위원의 자격에 관하여 상법상 상장회사와 마찬가지로 소극적 자격(결격, 독립성) 요건, 적극적 자격(전문성) 요건 모두를 규정하고 있다. 금융회사 감사위원회의 사외이사가 아닌 감사위원(상근감사위원)(감사위원회를 설치하지 않고 상근감사를 둔 경우는 상근감사)는 동법 제6조 제1, 2항에서 규정하는 사외이사의 자격(결격, 독립성) 요건[159]을 적용한다(금융지배법 제19조 제10항). 물론 사외이사인 감사위원은

---

157) 상법 시행령 제36조 제2항: 법 제542조의10제2항제3호에서 "대통령령으로 정하는 자"란 다음 각 호의 어느 하나에 해당하는 자를 말한다. 1. 해당 회사의 상무에 종사하는 이사ㆍ집행임원의 배우자 및 직계존속ㆍ비속 2. 계열회사의 상무에 종사하는 이사ㆍ집행임원 및 피용자이거나 최근 2년 이내에 상무에 종사한 이사ㆍ집행임원 및 피용자

158) 상법 시행령 제37조 제2항: 법 제542조의11제2항제1호에서 "대통령령으로 정하는 회계 또는 재무 전문가"란 다음 각 호의 어느 하나에 해당하는 사람을 말한다. 1. 공인회계사의 자격을 가진 사람으로서 그 자격과 관련된 업무에 5년 이상 종사한 경력이 있는 사람 2. 회계 또는 재무 분야에서 석사학위 이상의 학위를 취득한 사람으로서 연구기관 또는 대학에서 회계 또는 재무 관련 분야의 연구원이나 조교수 이상으로 근무한 경력이 합산하여 5년 이상인 사람 3. 상장회사에서 회계 또는 재무 관련 업무에 합산하여 임원으로 근무한 경력이 5년 이상 또는 임직원으로 근무한 경력이 10년 이상인 사람 4. 「자본시장과 금융투자업에 관한 법률 시행령」 제29조제2항제4호 각 목의 기관에서 회계 또는 재무 관련 업무나 이에 대한 감독 업무에 근무한 경력이 합산하여 5년 이상인 사람

159) 금융회사지배구조법 제6조(사외이사의 자격요건) ① 다음 각 호의 어느 하나에 해당하는 사람은 금융회사의 사외이사가 될 수 없다. 다만, 사외이사가 됨으로써 제1호에 따른 최대주주의 특수관계인에 해당하게 되는 사람은 사외이사가 될 수 있다. 1. 최대주주 및 그의 특수관계인(최대주주 및 그의 특수관계인이 법인인 경우에는 그 임직원을 말한다) 2. 주요주주 및

당연히 동법상 사외이사의 자격요건을 적용하면 된다. 결국 금융회사의 감사위원 모두는 동법상 사외이사의 자격요건을 적용하게 된다. 아울러 금융회사의 감사위원은 모두 임원에 해당하기 때문에 동법 제5조의 임원 자격(결격) 요건[160] 도 동시에 적용하여야 할 것이다. 이러한 금융회사 감사위원의 소극적 자격(결격,독립성) 요건 외에 적극적 자격(전문성) 기준에 대하여는 감사위원 중 1명 이상은 대통령령으로 정하는 회계 또는 재무전문가(원칙적으로 업계 경력 5년 이상인 자)[161]일 것을 요구하고 있다(금융지배법 제19조 제1항). 금융회사와 상

그의 배우자와 직계존속·비속(주요주주가 법인인 경우에는 그 임직원을 말한다) 3. 해당 금융회사 또는 그 계열회사(「독점규제 및 공정거래에 관한 법률」 제2조제3호에 따른 계열회사를 말한다. 이하 같다)의 상근(常勤) 임직원 또는 비상임이사이거나 최근 3년 이내에 상근 임직원 또는 비상임이사이었던 사람 4. 해당 금융회사 임원의 배우자 및 직계존속·비속 5. 해당 금융회사 임직원이 비상임이사로 있는 회사의 상근 임직원 6. 해당 금융회사와 대통령령으로 정하는 중요한 거래관계가 있거나 사업상 경쟁관계 또는 협력관계에 있는 법인의 상근 임직원이거나 최근 2년 이내에 상근 임직원이었던 사람 7. 해당 금융회사에서 6년 이상 사외이사로 재직하였거나 해당 금융회사 또는 그 계열회사에서 사외이사로 재직한 기간을 합산하여 9년 이상인 사람 8. 그 밖에 금융회사의 사외이사로서 직무를 충실하게 이행하기 곤란하거나 그 금융회사의 경영에 영향을 미칠 수 있는 사람으로서 대통령령으로 정하는 사람 ② 금융회사의 사외이사가 된 사람이 제1항 각 호의 어느 하나에 해당하게 된 경우에는 그 직을 잃는다.

160) 금융회사지배구조법 제5조(임원의 자격요건) ① 다음 각 호의 어느 하나에 해당하는 사람은 금융회사의 임원이 되지 못한다. 1. 미성년자·피성년후견인 또는 피한정후견인 2. 파산선고를 받고 복권(復權)되지 아니한 사람 3. 금고 이상의 실형을 선고받고 그 집행이 끝나거나(집행이 끝난 것으로 보는 경우를 포함한다) 집행이 면제된 날부터 5년이 지나지 아니한 사람 4. 금고 이상의 형의 집행유예를 선고받고 그 유예기간 중에 있는 사람 5. 이 법 또는 금융관계법령에 따라 벌금 이상의 형을 선고받고 그 집행이 끝나거나(집행이 끝난 것으로 보는 경우를 포함한다) 집행이 면제된 날부터 5년이 지나지 아니한 사람 6. 다음 각 목의 어느 하나에 해당하는 조치를 받은 금융회사의 임직원 또는 임직원이었던 사람(그 조치를 받게 된 원인에 대하여 직접 또는 이에 상응하는 책임이 있는 사람으로서 대통령령으로 정하는 사람으로 한정한다)으로서 해당 조치가 있었던 날부터 5년이 지나지 아니한 사람 가. 금융관계법령에 따른 영업의 허가·인가·등록 등의 취소 나. 「금융산업의 구조개선에 관한 법률」 제10조제1항에 따른 적기시정조치 다. 「금융산업의 구조개선에 관한 법률」 제14조제2항에 따른 행정처분 7. 이 법 또는 금융관계법령에 따라 임직원 제재조치(퇴임 또는 퇴직한 임직원의 경우 해당 조치에 상응하는 통보를 포함한다)를 받은 사람으로서 조치의 종류별로 5년을 초과하지 아니하는 범위에서 대통령령으로 정하는 기간이 지나지 아니한 사람 8. 해당 금융회사의 공익성 및 건전경영과 신용질서를 해칠 우려가 있는 경우로서 대통령령으로 정하는 사람 ② 금융회사의 임원으로 선임된 사람이 제1항제1호부터 제8호까지의 어느 하나에 해당하게 된 경우에는 그 직(職)을 잃는다. 다만, 제1항제7호에 해당하는 사람으로서 대통령령으로 정하는 경우에는 그 직을 잃지 아니한다.

161) 금융회사지배구조법 시행령 제16조 제1항: 법 제19조제1항 후단에서 "대통령령으로 정하는 회계 또는 재무 전문가"란 다음 각 호의 어느 하나에 해당하는 사람을 말한다. 1. 공인회계사 자격을 취득한 후 그 자격과 관련된 업무에 5년 이상 종사한 경력이 있는 사람 2. 재무 또는 회계 분야의 석사 이상의 학위가 있는 사람으로서 해당 학위 취득 후 연구기관이나 대학에서 재무 또는 회계 관련 분야의 연구원 또는 조교수 이상의 직에 5년 이상 근무한 경력이 있는 사람 3. 주권상장법인에서 재무 또는 회계 관련 업무에 임원으로 5년 이상 또는 임

장회사에 있어 법상 감사위원의 적극적 자격(전문성) 요건을 보면 사실상 같은 내용으로 규정하고 있다. 즉, 회계, 재무업무와 관련하여 공인회계사 5년 이상, 석사 학위 이상으로 연구원·조교수이상 5년 이상, 상장회사 임원 5년 이상·임직원 10년 이상, 국가·공공기관 및 감독기관 5년 이상, 금융회사·금융유관회사 및 금융유관협회 5년 이상 경력자 등이 전문가로 열거하고 있다. 그러나 종전에는 법규상 회계 또는 재무전문가 1명 이상을 두도록 하였을 뿐 구체적인 자격기준이 정해져 있지 않았기 때문에 대부분의 금융회사가 감사위원의 적극적 자격요건을 정관 등으로 정하여 자율적으로 운영하였고, 이사회에서 예외운영이 가능하여 제도상 실효성이 떨어진다는 지적이 있었다. 따라서 금융회사의 감사위원의 적극적 자격요건을 구체화하여 운영토록 한 것은 전문성 확보 차원에서 바람직하다 할 것이다.

표 9-15 상법상 회사와 금융회사 감사위원의 자격기준 비교

	일반회사 (상법)	상장회사 (상법)	금융회사 (금융회사지배구조법)
소극적 자격 요건	- 규정없음 - 사외이사인 감사위원은 사외이사 자격(독립성) 요건 적용	- 규정있음 상근감사위원은 상근감사 자격(결격, 독립성)요건 적용 - 사외이사인 감사위원은 사외이사 자격(독립성) 요건 적용	- 규정있음 상근감사위원은 사외이사 자격(결격, 독립성)요건 적용 - 사외이사인 감사위원은 사외이사 자격(결격, 독립성) 요건 적용 - 감사위원 모두 임원 자격요건 적용
적극적 자격 요건	- 규정없음	- 규정있음 회계 또는 재무 전문가 (원칙적 5년 이상 업계 경력자)	- 규정있음 회계 또는 재무 전문가 (원칙적 5년 이상 업계 경력자)

직원으로 10년 이상 근무한 경력이 있는 사람 4. 국가, 지방자치단체, 「공공기관의 운영에 관한 법률」에 따른 공공기관, 「금융위원회의 설치 등에 관한 법률」에 따른 금융감독원, 「자본시장과 금융투자업에 관한 법률」에 따른 한국거래소 또는 같은 법 제9조제17항에 따른 금융투자업관계기관(같은 항 제8호에 따른 금융투자 관계 단체는 제외한다)에서 재무 또는 회계 관련 업무 또는 이에 대한 감독업무에 5년 이상 종사한 경력이 있는 사람 5. 「금융위원회의 설치 등에 관한 법률」 제38조에 따른 검사대상기관(이에 상응하는 외국금융기관을 포함한다)에서 재무 또는 회계 관련 업무에 5년 이상 종사한 경력이 있는 사람 6. 그 밖에 제1호부터 제5호까지의 규정에 준하는 사람으로서 금융위원회가 정하여 고시하는 자격을 갖춘 사람(1. 전국은행연합회 2. 생명보험협회 3. 손해보험협회 4. 상호저축은행중앙회 5. 여신전문금융업협회중 어느 하나에서 재무 또는 회계 관련 업무에 5년 이상 근무한 경력이 있는 사람)

6. 감사위원회의 권한과 책임

6.1 감사위원회의 권한

상법은 감사위원회의 권한을 대부분 별도로 규정하고 있지 않고, 감사의 권한과 의무, 책임에 관한 규정을 그대로 준용하도록 하고 있다(제415조의2 제7항). 따라서 종래 감사가 행사하던 모든 권한을 감사위원회가 행사하게 된다. 즉 감사위원회는 "이사와 회사 간의 소에 관한 대표"(제394조)", "이사의 부당행위로 손해발생 우려가 있는 경우 그 행위의 유지청구권"(제402조), "이사의 직무집행에 대한 감사 및 이사에 대하여 영업에 관한 보고요구 · 회사업무와 재산상태에 대한 조사권"(제412조), "회사에 현저하게 손해를 미칠 염려가 있는 사실을 발견한 이사가 감사위원회에 하여야 하는 중요사항에 관한 이사의 보고를 받을 권한"(제412조의2), "주주총회 소집청구권"(제412조의3), "자회사에 대한 조사권"(제412조의4), "회사비용에 의한 전문가의 조력 청구권(제415조의2)" 등을 행사한다.

6.2 감사위원회의 의무 및 책임

상법에서 감사위원회가 준용하는 감사의 의무 및 책임으로는 "이사의 위법행위 등을 이사회에 보고할 의무"(제391조의2), "주총에 제출할 의안 및 서류를 조사하여 그 적정여부를 주총에 보고할 의무"(제413조), "감사록 작성의무"(제413조의2), "임무해태시 회사에 대하여 연대보상책임 및 악의 또는 중대한 과실로 그 임무 해태시 제3자에 대하여 연대손해배상책임"(제414조), "감사보고서의 이사에 대한 제출의무"(제447조의4), "위규행위시 벌칙조항(특별배임죄 · 부실문서행사죄 · 납입가장죄 · 독직죄 · 과태료 등) 적용"(제622조 내지 제635조) 등이 있다.

6.3 감사위원회의 정보접근 및 지원받을 권리

(1) 지원받을 권리

사외이사 중심으로 구성된 감사위원회가 본래의 기능을 제대로 수행하기 위해는 회사에 대한 정보접근권 외에 필요에 따라 전문가의 조력을 받을 필요가 있고, 회사내 감사업무를 수행할 수 있는 보좌 조직이 반드시 필요하다. 따라서 상법에서는 감사위원회가 회사의 비용으로 전문가의 조력을 구할 수 있도록 하였다(상법 제415조의2 제5항). 금융회사의 경우는 금융회사지배구조법에서 감사위원회의 업무 수행을 위한 지원내용에 대하여 구체적으로 규정하고 있다. 동법 제20조에 의하면 감사위원회(또는 감사)는 금융회사의 비용으로 전문가의 조력을 구할 수 있다(금융지배법 제20조 제1항). 그리고 금융회사는 감사위원회(또는 감사)의 업무를 지원하는 담당부서를 의무적으로 설치하여야 한다(동법 제20조 제2항). 통상 금융회사는 감사담당부서를 규모의 차이는 있지만 독립적으로 설치하여 운영하고 있으며, 인사 및 성과 평가에 있어서 회사내 영업 및 관리부서 등 다른 부서와 차이를 두고 있다. 또한 금융회사는 감사위원회(또는 감사)의 업무 내용을 적은 보고서를 정기적으로 금융위원회가 정하는 바에 따라 금융위원회에 제출하여야 한다(동법 제20조 제3항). 이에 따라 금융회사는 매반기 경과후 1개월 이내에 감사위원회 구성 및 운영 현황, 감사결과 및 그 조치내역 등을 담은 감사보고서를 금융감독원장에게 제출하여야 한다.[162)]

(2) 정보접근권

한편 감사위원회의 효율적 업무 수행을 위해서는 감사위원의 회사에 대한 정보접근권이 보장되어야 한다. 이에 따라 금융회사지배구조법에서는 감사위원(감사위원회가 설치되지 아니한 경우에는 감사)에 대한 정보제공에 관하여 사외이사에 대한 정보제공 규정인 제18조를 준용하도록 하여 금융회사에 일정 의무를 부과하고 있다(동법 제20조 제4항). 즉 금융회사는 감사위원(감사)의 원활한 직무수행을 위하여 대통령령으로 정하는 바에 따라(감사위원이 회사의 경영실태를 원활히 파악할 수 있도록 영업·재무, 그 밖의 업무집행 상황 등에 관한 자료나 정보를 연 1회 이상 정기적으로 제공할 것 등)[163)] 충분한 자료나 정보

162) 금융회사 지배구조 감독규정 제7조(감사위원회 등의 업무내용 보고): ① 법 제20조제3항에 따라 금융회사는 다음 각 호의 사항을 포함한 감사위원회 또는 감사의 업무 내용을 적은 보고서를 매 반기 경과 후 1개월 이내에 감독원장에게 제출하여야 한다. 1. 감사위원회의 구성 및 운영 현황(감사인 경우에는 감사의 감사 현황을 말한다) 2. 감사 결과 및 그 조치내역 3. 그 밖에 감사위원회 또는 감사의 업무로서 감독원장이 정하는 사항 ② 제1항에 따른 보고서의 서식 등 그 밖에 필요한 사항은 감독원장이 정한다.

163) 금융회사지배구조법 시행령 제15조(사외이사에 대한 정보제공): 금융회사는 법 제18조제1항에 따라 다음 각 호의 방법으로 사외이사에게 자료나 정보를 제공하여야 한다. 1. 사외이사가 회사의 경영실태를 원활히 파악할 수 있도록 영업·재무, 그 밖의 업무집행 상황 등에 관한 자료나 정보를 연 1회 이상 정기적으로 제공할 것 2. 사외이사가 원활한 직무 수행을 위

를 제공하여야 하고, 또한 감사위원(감사)는 해당 금융회사에 대하여 그 직무를 수행할 때 필요한 자료나 정보의 제공을 요청할 수 있다. 이 경우 금융회사는 특별한 사유가 없으면 이에 따라야 한다고 의무화하였다.

6.4 감사위원회 결의사항에 대한 이사회 재결의 금지

상법상 회사의 이사회내 위원회는 이사회의 권한사항의 일부를 위임받아 업무를 수행하는 이사회내 하부 조직이다. 따라서 상법에서는 이사회의 권한 중 핵심사항(1. 주주총회의 승인을 요하는 사항의 제안, 2. 대표이사의 선임 및 해임, 3. 위원회의 설치와 그 위원의 선임 및 해임, 4. 정관에서 정하는 사항)을 제외하고는 위원회에 그 권한을 위임할 수 있도록 하였다(상법 제393조의2 제2항). 그리고 위원회는 결의된 사항을 각 이사에게 통지하여야 하고, 이 경우 이를 통지받은 각 이사는 이사회의 소집을 요구할 수 있으며, 이사회는 위원회가 결의한 사항에 대하여 다시 결의할 수 있도록 허용하였다(상법 제393조의2 제4항). 즉 위원회의 결의사항은 필요시 이사회에서 재의결할 수 있도록 허용한 것이다. 그런데 이사회를 감시 · 견제하는 기구로서 독립성이 강조되는 감사위원회가 비록 이사회내 위원회의 하나로 설치되었다고 하여 그 결의사항까지 이사회에서 다시 결의할 수 있을 것인지가 문제가 된다. 우리나라에서는 감사위원회를 도입할 당시 이사회의 재의결권이 허용되는 것으로 입법되어 그 후 많은 논란이 있었다. 그러다가 2009년 2월 개정 상법에서 감사위원회의 결의사항은 재결의를 금지하도록 개정하여 시행함으로써 감사위원회의 독립성이 당초 설치 취지대로 확보될 수 있게 되었다(상법 제415조의2 제6항).

일반회사에 적용되는 이러한 내용의 재결의 금지 규정에 관하여 상법상 상장회사 특례나 금융회사지배구조법에서 달리 규정하고 있지 아니하므로 상장회사나 금융회사의 경우에도 일반회사와 마찬가지로 동일하게 적용된다 하겠다.

하여 법 제13조에 따른 이사회 의장 또는 선임사외이사를 통하여 해당 금융회사에 대하여 자료나 정보의 제공을 요구하는 경우 금융회사는 정당한 사유가 없으면 요구받은 자료나 정보를 지체 없이 제공할 것 3. 이사회 및 이사회내 위원회(이하 "이사회등"이라 한다)의 회의자료를 회의 개최 2주일 전까지 제공할 것. 다만, 해당 금융회사의 정관 또는 이사회규정 등에서 그 기간을 달리 정할 수 있다.

표 9-16 상법상 회사와 금융회사의 감사위원회제도 비교

구 분	일반회사 감사위원회	상장회사 감사위원회	금융회사 감사위원회
설치의무	임의 설치 (상법 제415조의2)	의무 설치 (상법 제542조의11)	의무 설치(금융회사 지배구조법 제19조)
감사위원회 구성	이사 3인 이상, 사외이사 2/3 이상	이사 3인 이상, 사외이사 2/3 이상, 1명 이상 회계 또는 재무전문가	이사 3인 이상, 사외이사 2/3 이상, 1명 이상 회계 또는 재무전문가
감사위원 선임	주주총회 보통결의	주주총회 보통결의	주주총회 보통결의
감사위원 해임	이사회 결의	주주총회 특별결의	주주총회 특별결의
감사위원회 대표 신임	감사위원 중에서 위원회 결의	사외이사 중에서 위인회 결의	사외이사 중에서 위원회 결이
감사위원 선·해임시 의결권 제한	규정 없음	대주주의 3% 초과 의결권 제한(사외 감사위원 선임시) 최대주주의 3% 초과 의결권 제한(상근감사위원 선·해임시)	대주주의 3% 초과 의결권 제한(모든 감사위원 선임시) 최대주주의 3% 초과 의결권 제한(모든 감사위원 선·해임시)
감사위원 후보추천	규정 없음	규정 없음	임원후보추천위원회
감사위원 자격	사외이사 자격요건	상근감사위원 자격요건 (=상근감사 자격요건) 사외이사 자격요건 전문가 요건	상근감사위원 자격요건(=사외이사 자격요건) 임원 결격요건 전문가 요건
감사 지원	회사비용으로 전문가 조력	규정없으나 가능	회사비용으로 전문가조력 감사보조 조직
감사위원 정보접근	감사의 직무 보고요구 및 조사권 적용	규정없으나 가능	정보 자료 요구권 규정있음
이사회 재결의 금지	규정 있음	규정없으나 적용	규정없으나 적용

7. 주요국의 감사위원회제도

7.1 미 국

(1) 상장법인

미국의 경우 2002년 7월 사베인즈－옥슬리법(SOA: Sarbanes-Oxley Act) 제정을 통해 상장법인의 감사위원회 설치를 의무화하고 독립성과 책임을 강화

하였으며, 이를 바탕으로 증권거래위원회(SEC)와 증권업협회(NASD) 규정을 정비하였다.[164] 사베인즈-옥슬리법 제301조(증권거래법 10A 개정)에서는 증권거래위원회(SEC)에 대하여 상장법인(뉴욕증권거래소 등)의 감사위원회 관련 기업지배구조 요건을 마련하여 시행하도록 규정하였다. 따라서 비상장법인에 대해서는 동법이 적용되지 않는다.[165]

사베인즈-옥슬리법(SOA)에 의하면 상장법인의 감사위원회는 전원 독립이사로 구성되어야 한다. 감사위원회 위원이 독립적이기 위해서는 감사위원회, 이사회 또는 다른 위원회의 위원 자격으로 능력급을 받는 것을 제외하고는 당해 기업으로부터 어떠한 자문료 또는 기타의 보수를 수령하여서는 아니 되며, 당해 기업 또는 그 자회사의 특수관계인이 아니어야 한다. 동법에 따라 증권거래위원회(SEC)는 감사위원회 위원의 독립성에 관한 규정을 증권거래소와 협회를 통해 마련토록 하였다.[166]

뉴욕증권거래소(NYSE)는 상장회사로 하여금 SEC 규정을 충족하고 있는 감사위원회 설치를 의무화하는 한편, 추가적인 요건을 설정하였다. 즉 감사위원회는 3인 이상의 독립된 사외이사로 구성하여야 한다. '독립성' 여부에 대해서는 이사회에서 해당 이사가 당해 회사와 중요한 관계(material relationship)가 없다는 결정을 내려야 하는 등 엄격하게 정의하고 있다. 해당 상장회사의 전직 직원 또는 독립감사인, 해당 상장회사의 집행간부가 다른 회사의 보수심사위원회에 참여시 그 다른 회사의 전직 직원이 이사로서의 '독립성' 요건을 갖추기 위해서는 5년의 냉각기간(cooling-off period)이 필요하다.[167] 다만 계열관계에 있는 상장법인에 대해서는 감사위원회 독립성 요건인 특수관계인 금지조항의 적용을 배제하고 양사의 이사회 중복 참여가 가능하게 하였다. 50% 초과 의결

---

164) 본래 미국의 각 주 회사법은 코네티컷주를 제외하고는 법률에 의하여 감사위원회의 설치가 강제되지 않고 있으며, 뉴욕증권거래소나 아메리칸증권거래소와 나스닥에서는 상장기준으로 감사위원회의 설치를 요구하고 있고 SEC규칙에서는 감사위원회에 관한 정보공시요건을 규정하고 있었다. 하지만 1999년 12월 14일에 개정된 SEC규칙에서는 감사위원회의 독립성 공시 등 감사위원회의 정보공시요건을 대폭 강화하였다. 이에 대해서는 Erich S. Lee. "Audit Committees and Outside Directors". 「현대법의 쟁점」(명지대 법학연구소, 국제학술 발표논문집, 2001.11), 85-114면 참조; 강희갑, 「주식회사의 경영감독·감사 및 감사위원회제도에 관한 연구」(상장회사협의회, 2002.8), 112-134면 참조.

165) SOA sec. 301; Securities Exchange Act of 1934 sec. 10A(m)(2).

166) SOA sec. 301; Securities Exchange Act of 1934 sec. 10A(m)(3)(A)(B).

167) NYSE, 전게 상장기준, p. 7; Kenneth B. Davis, Jr., "The Director's Duty of Oversight," 「상사법연구」(제21권 제3호)(한국상사법학회, 2002.11), 216면.

권을 특정 개인 등이 보유하고 있는 상장법인에 대해서 기타 감사위원회 요건(설치의무 및 독립이사로 구성 등)에 대한 규제는 예외없이 적용하였다. 모든 감사위원은 재무적 소양을 갖추고 있거나 합리적 기간 내에 이를 구비하여야 한다. 감사위원의 적격성에 대한 해석은 이사회의 경영판단 사항이다. 위원 중 1인 이상은 회계 또는 재무분야의 전문가이어야 한다.[168] 위원이 3개 이상 기업의 감사위원회에 참여하고 있는 경우 이사회는 동 사실이 동 위원의 업무효율성에 손상을 주는지 여부를 판단하고 이를 사업보고서 등에 공시하여야 한다.

(2) 금융회사

은행의 기업지배구조에 대하여는 별도로 정한 사항이 없다. 다만, 연방예금보험법(Federal Deposit Insurance Act)에서 총자산이 5억 달러 이상인 부보 예금수취기관에 대하여 경영진으로부터 독립적인 사외이사로 구성된 독립감사위원회(independent audit committee) 설치를 의무화하였다.[169] 그중 총자산이 5억 달러 이상 10억 달러 미만인 경우에는 감사위원회 구성원의 과반수를 독립사외이사로, 10억 달러 이상인 경우에는 전원을 독립사외이사로 하여야 한다. 여기서 사외이사란 현재 및 전년도에 해당기관 또는 관련회사의 임직원이 아닌 자를 의미한다.[170]

회계연도초 기준 자산총액이 30억 달러 이상의 대형 부보 예금수취기관의 감사위원회에 대해서는 다음의 요건을 두고 있다. 즉 감사위원은 은행 또는 재무관리 관련 전문성을 구비할 것, 감사위원회가 활용할 수 있는 외부 법률고문을 둘 것, 감사위원회에 당해 기관과 거래하는 대규모 거래처가 포함되지 아니할 것, 상기 대형 부보 예금수취기관이 지주회사의 자회사며 이 규정 준수를 위하여 지주회사 감사위원회가 있는 경우 지주회사 감사위원회에 자회사의 대규모 거래처가 위원으로 포함되지 아니할 것이다.[171]

부보 예금수취기관이 지주회사의 자회사인 경우 다음 조건이 충족되는 경우 지주회사 차원에서 감사위원회 규제요건을 충족할 수 있다. 그 조건은 부보 예

168) NYSE, 상게 상장기준, p. 10.
169) FDIC Federal Deposit Insurance Act section 36(g)(12 U.S.C. 1831m(g)) http://www.fdic.gov/regulations/laws/rules/1000-3800.html#1000sec.36 참조.
170) FDIC Rules and Regulations §363.5(a)(12 C.F.R §363.5) http://www.fdic.gov/regulations/laws/rules/2000-8500.html 참조.
171) FDIC Rules and Regulations §363.5(b)(12 C.F.R §363.5)

금수취기관에 의무화된 업무나 기능이 지주회사 차원에서 제공될 것, 부보 예금수취기관이 회계연도초 기준으로 총자산이 50억 달러 미만이거나, 총자산이 50억 달러 이상이고 종합 CAMEL 등급이 1등급 또는 2등급인 경우를 말한다.[172)]

금융지주회사에 대한 기업지배구조 규제사항도 별도로 없다. 다만 금융지주회사가 상장기업인 경우 사베인즈-옥슬리법과 뉴욕증권거래소(NYSE)의 상장규칙의 적용을 받는다. 지주회사의 부보 자회사가 감사위원회 요건 등이 면제받을 수 있다 할지라도, 대부분의 대형은행의 경우 은행 자체적으로 이사회 및 감사위원회를 두고 있으며, 지주회사의 이사 및 감사위원이 자회사인 은행의 이사회 및 감사위원회의 구성원으로 중복 선임되는지 여부는 각 지주회사에 따라 차이가 있다.

한편 금융감독당국(FRB, OCC 등)은 '내부 및 외부감사' 부문 검사과정에서 은행(지주회사의 자회사)의 이사회 및 감사위원회 관련한 법규준수 및 기능에 대하여 평가하고 시정조치를 취하고 있다.

7.2 영 국

영국의 상장 또는 비상장회사의 이사회 및 감사위원회 구성에 대한 규제는 회사법(the Companies Act 1985)에서 회사 이사의 수에 대한 최소 인원만을 규정하고 있을 뿐이다. 상장회사의 경우는 최소 2명 이상, 비상장회사의 경우는 최소 1명 이상의 이사를 두도록 하고 있다.[173)]

기업지배구조에 관한 통합규범(the Combined Code on Corporate Governance)에서는 상장법인의 감사위원회 구성 및 운영 등에 관한 모범사례(best practice)를 정하고 있다. 이에 따라 런던증권거래소는 상장법인에 대해 최소 2 내지 3명 이상의 독립이사로 구성된 감사위원회를 두도록 요구하고 있고, 최소한 1인 이상의 재무전문가가 포함되어야 한다.[174)]

금융감독청(FSA)은 금융회사의 경우 상장 여부에는 관계없이 감사위원회 설치를 사실상 의무화하고 있다. 금융회사는 업종 및 규모에 따라 다를 수는 있으나 사외이사(non-executive directors)를 중심으로 한 감사위원회를 설치토록 규정하였다.[175)]

---

172) FDIC Rules and Regulations §363.1(b)(12 C.F.R. §363.1)

173) the Companies Act 1985 section 282.

174) 이에 관하여는 앞의 사외이사편에서 설명하였다.

FSA 담당자에 따르면 금융지주회사와 자회사와의 관계에 있어서 이사회 및 감사위원회의 구성 등은 개별 금융회사 여건에 따라 개별적으로 심사한다고 한다. 금융회사의 업종에 관계없이 내부통제의 적절성 차원에서 지주회사든 소속 자회사든 이사회와 감사위원회를 각각 설치토록 하고 있으며, 이사회의 구성에 있어서는 독립적인 사외이사가 이사회 의결에 영향을 줄 수 있도록 이사회에서 다수를 점하도록 하지만 금융회사 업종 또는 회사별 총 이사 수에 대한 일률적인 제한은 없다. 개별 금융회사가 각자 정한 전체 이사회 구성이나 숫자가 적절한 내부통제를 위하여 필요한 합리적인 수준인지 여부만 FSA가 점검하고 있다. 다만 지주회사 이사회의 이사가 자회사 이사회의 이사를 겸하는 것은 업무의 연속성 및 합리성 차원에서 허용되고 있다고 한다.[176]

7.3 일 본

일본 회사의 경우는 금융회사·상장법인 여부에 관계없이 상법의 규정에 따라 감사 또는 감사위원회를 두는데, 금융관련법률에는 이에 관한 별다른 규정이 없다. 일본은 2001년말 기업통치법에 의한 상법 개정과 2002년 5월의 상법 대개정으로 기업지배구조의 변화를 시도하였다. 전자의 개정에서는 종래의 기업지배구조의 틀을 유지하면서 감사(일본의 경우 '감사역')의 독립성과 권한을 강화한 감사권한강화회사가 도입되고, 후자의 개정으로는 미국형 기업지배구조를 본받아 위원회등설치회사가 도입되었다.[177]

(1) 감사권한강화회사

2001년말의 법 개정은 이사의 책임 경감과 주주대표소송의 억제·정비를 도모하는 한편, 이와 균형을 맞추기 위해 다음과 같이 감사의 권한과 독립성을 강화하였다. ① 감사는 이사회에 출석해 필요하다고 인정되는 경우 의견을 진술할 의무를 부여하고(상법 제260조의3 제1항), ② 감사의 임기를 늘려 4년(취임 후 4년 이내의 최종결산기에 관한 정기 주주총회 종결시까지)으로 하며(상법 제273조 제1항), ③ 감사를 사임한 자는 그 후 최초로 소집되는 주주총회에 출

175) FSA Handbook, "Senior Management Arrangements, Systems and Controls" (SYSC) 3.2.15. http://www.fsa.gov.uk/pubs/hb-releases/rel26/rel26sysc.pdf 참조.
176) 금융감독원 , FSA 직원 면담자료.
177) 관련 법률은 http://www.shugiin.go.jp/index.nsf/html/index_gian.htm 참조.

석해 그 이유를 설명하는 것이 가능(상법 제275조의3의2)하다. ④ 대회사(자본금 5억 엔 이상 또는 부채총액 200억 엔 이상인 주식회사)의 감사는 3인 이상으로 하고, 그 50% 이상은 사외감사(취임 전에 당해회사 또는 그 자회사의 이사 또는 지배인 기타 사용인이 아니었던 자)로 하여야 하며, ⑤ 대회사의 감사선임에 대하여는 이사회가 주주총회에 감사선임 의안을 제출하는 경우 감사회의 동의를 받아야 하고, 또한 감사는 감사선임 의안을 독립해서 제출토록 청구할 수 있는 권한이 있다(상법특례법 제18조 제3항).

(2) 위원회등설치회사

2002년 5월 상법 개정으로 미국식 지배구조를 채용한 위원회등설치회사의 선택적 도입이 이루어졌다. 종래의 일본식 기업지배구조를 미국식 기업지배구조로 전면 개편하려고 한 것이 아니고, 미국식의 위원회 등 설치형태와 종래의 형태 중 각 회사가 자율적으로 선택할 수 있도록 하였다. 위원회등설치회사를 선택할 수 있는 회사는 '대회사' 또는 '준대회사'(자본금이 1억 엔 초과 5억 엔 미만이고, 부채총액이 200억 엔 미만이며, 또한 정관에 회계감사인 감사규정의 적용을 받도록 정한 주식회사)이어야 한다.

위원회등설치회사는 이사회내에 지명위원회, 보수위원회, 감사위원회를 설치하고, 각 위원회 과반수는 사외이사로 하여야 한다. 이사회는 업무집행과 경영의사결정을 대표집행임원과 집행임원에게 위임하고 스스로는 대표집행임원과 집행임원의 감독에 전념케 함으로써 집행과 감독을 분리하는 지배구조이다. 또한 위원회등설치회사에 대해서는 종래의 감사(제도)는 폐지된다.

위원회등설치회사는 이사회가 배당을 결정할 수 있도록 하고, 신주발행, 사채발행 등 종래 이사회에서 결정한 사항을 집행임원에게 위임하는 것이 가능해 신속하고 기동성 있는 경영이 가능토록 하고 있다. 또한 종래의 대표이사는 폐지하고, 대표집행임원(미국의 CEO)이 회사를 대표하게 되어 있다. 이에 따라 위원회등설치회사는 이사 및 이사회에서 선임된 집행임원의 권한이 강해지고, 종래의 감사와 이사회라는 이원적 경영감시시스템으로부터 감사가 폐지된 일원적 경영감시시스템으로 되어 있기 때문에 이사의 임기는 1년으로 되어 있다.

위원회등설치회사에서는 집행임원을 겸하지 못하게 해 이사가 업무집행을 하는 것은 금지되며, 이사의 임무는 경영의 당·부당(경영판단)을 포함해 집행임원의 경영을 감사한다. 3개 위원회의 과반수가 사외이사로 되어 있어 위원회등설치회사는 사외이사에 의한 경영감시가 중심을 이루는 기업지배구조가 된다.

(3) 감사 또는 감사위원의 상근의무화 여부

미국식 감사위원회 제도는 이사회가 주주를 대신해 이사회 산하에 보수위원회, 지명위원회, 감사위원회를 두고, 최고경영자(CEO) 등 집행임원을 감독하는 구조(상급기관)이어서 감사의 상근을 의무화하고 있지는 않으나, 일본의 종래 감사제도하에서는 주주총회에서 똑같이 선임된 이사를 감독하는 구조라는 점을 고려해 대회사에 대해서는 반드시 감사회의 반수 이상을 상근감사로 두도록 의무화하였다.

개별 금융관련법에서는 금융기관에 상근감사를 두도록 의무화하고 있지 않으나, 대회사의 경우 반드시 상근감사를 두게 되어 있고, 금융기관의 경우 대부분 대회사에 해당되기 때문에 종래의 감사제도를 채택하고 있는 금융기관은 상근감사를 두어야 한다.

Ⅵ. 준법감시인 제도

1. 의 의

1.1 금융회사의 준법감시제도

우리나라 금융산업의 발전과정을 보면 은행을 제외한 여타 금융회사(제2 금융권)에 대한 소유제한을 철폐한 이후 산업자본과 금융자본의 결합에 따른 이해상충과 금융회사의 사금고화 등으로 금융시장의 안정성이 저해되는 문제점이 야기되었다. 특히 1990년대 후반들어 상호저축은행 등 일부 금융회사에서 출자자대출 및 동일인 한도 초과대출 등 위법·위규행위가 빈번하게 발생하여 급기야는 금융회사의 부실화로 이어짐으로써 금융거래자의 이익을 저해하는 결과를 초래하게 되었다.[178] 이와 같이 금융회사 임직원의 위법·위규행위로 인한 영업손실이 IMF 외환위기의 주요 원인 중의 하나로 지적되면서 금융회사에 대한 효

178) 양현근, 전게 논문, 24면.

과적인 감독체계의 중요성이 부각되고, 아울러 금융회사의 내부통제 강화를 위한 전통적 내부 감사제도 외에 선진국의 준법감시(Compliance)제도에 대한 국내 도입 분위기가 조성되었다.

준법감시(Compliance)란 일반적으로 고객 재산의 선량한 관리자로서 회사의 임직원 모두가 제반 법규를 철저하게 준수하도록 사전 또는 상시적으로 통제·감독하는 것을 의미한다. 우리나라의 경우 그 동안 준법감시(Compliance)에 대해 사회적으로 정형화된 개념, 업무범위 및 방법 등에 대한 정의가 없었으나 2000년 1월 금융관계법률에 의하여 금융회사의 준법감시인제도를 도입하면서 준법감시의 개념이 비로소 도입되었다. 금융회사에 있어서 준법감시기능은 원래 금융회사 임직원이 직무를 수행함에 있어 법규를 준수해 나가도록 하는 준법감시체제(Compliance System)를 마련하고 이를 운영·점검하는 활동을 말하며, 준법감시인(Compliance Officer)은 이러한 업무에 종사하는 자를 말한다.[179)]

우리나라에서는 IMF 외환위기 이후 금융회사의 지배구조 개선의 일환으로 사외이사와 감사위원회 제도를 도입할 때 준법감시인 제도도 함께 도입하면서 준법감시의 개념을 확대하여 규정하였다. 즉 은행, 증권, 보험 등 주요 금융회사로 하여금 법령준수 및 자산운용의 건전성 유지 등에 대한 내부통제기준(internal control standards)[180)]을 마련하여 운영함은 물론, 그 준수 여부를 점검하고 조사하여 감사위원회에 보고하는 자(준법감시인)를 1인 이상 두도록 의무화하였다(은행법 제23조의3, 증권거래법 제54조의4, 보험업법 제17조, 상호저축은행법 제22조의3 등). 또한 2001년 3월에는 내부통제체제가 취약한 여신전문금융회사에 대하여도 준법감시인을 두도록 관련 법률을 개정하였다(여신전문금융업법 제50조의6).[181)]

금융회사의 준법감시인제도는 우리나라 금융회사 지배구조 체계의 일환으로 사외이사제도와 함께 도입된 후 점차 금융회사의 중요한 내부통제시스템으로

---

179) 금융감독원, 「은행 준법감시인제도운영 모범규준」(은행감독국, 2006.2), 3면.

180) 금융회사는 법령을 준수하고 재산운용을 건전하게 하며 고객을 보호하기 위하여 임·직원이 그 직무를 수행함에 있어서 따라야 할 기본적인 절차와 기준을 정하여야 하는데 이를 "내부통제기준"이라 한다(은행법 제23조의3 제1항 등).

181) 금융회사별 준법감시인제도의 시행일은 약간씩 다른데, 증권·투신·증권투자회사는 2000년 10월 1일, 은행·보험회사는 2000년 10월 21일, 종합금융회사는 2000년 10월 28일, 상호저축은행·여신전문회사는 2001년 6월 30일이다.

자리를 잡았다. 그러다가 2015년 7월 금융회사지배구조법을 제정하면서 종전의 금융관계법률에 의해 금융권별로 운용되던 제도가 하나의 법률로 통합되어 모든 금융회사에 동일하게 적용되는 제도적 정비가 이루어졌다. 금융회사지배구조법에 의하면 '준법감시란 금융회사가 법령을 준수하고, 경영을 건전하게 하며, 주주 및 이해관계자 등을 보호하기 위하여 금융회사의 임직원이 직무를 수행할 때 준수하여야 할 기준 및 절차(이하 "내부통제기준"이라 한다)를 마련하고, 이의 준수여부 점검과 위반여부 조사 등을 하는 내부통제활동'을 말한다. 그리고 이러한 '내부통제관련 업무를 총괄하는 사람을 준법감시인'이라 하고, 금융회사는 '반드시 1명 이상' 두어야 한다. 준법감시인은 '필요하다고 판단하는 경우 조사결과를 감사위원회 또는 감사에게 보고'할 수 있다(금융지배법 제24조 제1항 및 제25조 제1항).

준법감시인 제도가 금융회사의 내부통제를 위하여 적절하게 확립되어 운용된다면 금융회사는 사전에 사기적 또는 부당한 내부자거래를 예방할 수 있고, 사후적으로 금융회사의 운영에 불가피하게 수반되는 규제위험(regulatory risks)을 효과적으로 감소시킬 수 있다고 할 수 있다.[182] 이하에서는 현행 금융회사지배구조법상 준법감시제도를 상장회사의 준법통제제도와 비교해보고 구체적인 내용을 살펴보고자 한다.

1.2 상장회사의 준법통제제도

상법상 회사의 경우에는 금융회사의 준법감시제도에 상응하는 것으로 준법통제제도가 상장회사에 2011년 4월 도입되어 운영되고 있다(상법 제542조의 13). 상법의 규정을 보면 '자산 규모 등을 고려하여 대통령령으로 정하는 상장회사(자산총액 5천억원 이상인 회사. 다만 금융회사지배구조법이 적용되는 금융회사는 제외)[183]는 법령을 준수하고 회사경영을 적정하게 하기 위하여 임직원이 그 직무를 수행할 때 따라야 할 준법통제에 관한 기준 및 절차(이하 "준법통제기준"이라 한다)'를 마련하여야 한다(상법 동조 제1항). 상장회사의 준법통제기

182) Brain P. Volkman, "*The Grobal Convergence of Bank Regulation and Standards for Compliance*," 115 Banking Law Journal, p. 586.

183) 상법 시행령 제39조(준법통제기준 및 준법지원인 제도의 적용범위) 법 제542조의13제1항에서 "대통령령으로 정하는 상장회사"란 최근 사업연도 말 현재의 자산총액이 5천억원 이상인 회사를 말한다. 다만, 다른 법률에 따라 내부통제기준 및 준법감시인을 두어야 하는 상장회사는 제외한다.

준은 다음 각호의 사항 [1. 준법통제기준의 제정 및 변경의 절차에 관한 사항, 2. 법 제542조의13제2항에 따른 준법지원인의 임면절차에 관한 사항, 3. 준법지원인의 독립적 직무수행의 보장에 관한 사항, 4. 임직원이 업무수행과정에서 준수해야 할 법규 및 법적 절차에 관한 사항, 5. 임직원에 대한 준법통제기준 교육에 관한 사항, 6. 임직원의 준법통제기준 준수 여부를 확인할 수 있는 절차 및 방법에 관한 사항, 7. 준법통제기준을 위반하여 업무를 집행한 임직원의 처리에 관한 사항, 8. 준법통제에 필요한 정보가 준법지원인에게 전달될 수 있도록 하는 방법에 관한 사항, 9. 준법통제기준의 유효성 평가에 관한 사항]이 포함되어야 한다(상법 시행령 제40조 제1항). 그리고 준법통제기준을 정하거나 변경하는 경우에는 이사회의 결의를 거쳐야 한다(상법 시행령 제40조 제2항).

상장회사는 준법통제기준의 준수에 관한 업무를 담당하는 사람(이하 "준법지원인"이라 한다)을 1명 이상 두어야 한다(상법 동조 제2항). 준법지원인은 준법통제기준의 준수여부를 점검하여 그 결과를 이사회에 보고하여야 한다(상법 동조 제3항). 상장회사는 준법지원인을 임면하려면 이사회 결의를 거쳐야 한다(상법 동조 제4항). 준법지원인은 다음 각 호의 사람 [1. 변호사 자격을 가진 사람, 2. 「고등교육법」 제2조에 따른 학교에서 법률학을 가르치는 조교수 이상의 직에 5년 이상 근무한 사람, 3. 그 밖에 법률적 지식과 경험이 풍부한 사람으로서 대통령령으로 정하는 사람(상장회사에서 감사관련 근무경력 5~10년 이상)[184)]] 중에서 임명하여야 한다(상법 동조 제5항). 준법지원인의 임기는 3년으로 하고, 준법지원인은 상근으로 한다(상법 동조 제6항). 준법지원인은 선량한 관리자의 주의로 그 직무를 수행하여야 한다(상법 동조 제7항). 준법지원인은 재임 중뿐만 아니라 퇴임 후에도 직무상 알게 된 회사의 영업상 비밀을 누설하여서는 아니 된다(상법 동조 제8항). 상장회사는 준법지원인이 그 직무를 독립적으로 수행할 수 있도록 하여야 하고, 상장회사의 임직원은 준법지원인이 그 직무를 수행할 때 자료나 정보의 제출을 요구하는 경우 이에 성실하게 응하여야 한다(상법 동조 제9항). 상장회사는 준법지원인이었던 사람에 대하여 그 직

---

184) 상법 시행령 제41조(준법지원인 자격요건 등): 법 제542조의13제5항제3호에서 "대통령령으로 정하는 사람"이란 다음 각 호의 어느 하나에 해당하는 사람을 말한다. 1. 상장회사에서 감사·감사위원·준법감시인 또는 이와 관련된 법무부서에서 근부한 경력이 합산하여 10년 이상인 사람, 2. 법률학 석사학위 이상의 학위를 취득한 사람으로서 상장회사에서 감사·감사위원·준법감시인 또는 이와 관련된 법무부서에서 근무한 경력이 합산하여 5년 이상인 사람

무수행과 관련된 사유로 부당한 인사상의 불이익을 주어서는 아니 된다(상법 동조 제10항). 준법지원인은 자신의 업무수행에 영향을 줄 수 있는 영업 관련 업무를 담당해서는 아니 된다(상법 시행령 제42조). 준법지원인에 관하여 다른 법률에 특별한 규정이 있는 경우를 제외하고는 이 법에서 정하는 바에 따른다. 다만, 다른 법률의 규정이 준법지원인의 임기를 제6항(3년)보다 단기로 정하고 있는 경우에는 제6항을 다른 법률에 우선하여 적용한다(상법 동조 제11항). 그 밖의 준법통제기준 및 준법지원인에 관하여 필요한 사항은 대통령령으로 정한다(상법 동조 제12항).

2. 내부통제기준

금융회사 준법감시인의 권한은 내부통제기준의 준수 여부와 그 위반 여부를 조사하는 것이다. 여기에서 내부통제(Internal Control)란 이사회, 경영진, 직원 등이 업무의 효율성, 재무보고의 신뢰성, 각종 법규의 준수라는 목적을 달성하기 위한 과정으로서의 제반 수단을 의미한다고 할 수 있는 것으로 법규준수보다 그 범위가 광범위하다고 할 수 있다. 반면, 법규준수(Compliance)는 법령, 감독규정, 금융회사 내부규정, 사회규범 등 금융회사가 업무를 취급함에 있어 준수하여야 할 제반 규칙을 의미하며, 내부통제의 한 부문에 해당된다고 할 수 있다.[185)]

2.1 내부통제기준 마련 의무화

금융회사의 내부통제에 대하여 현행 금융회사지배구조법에서는 금융회사로 하여금 그 절차와 기준(내부통제기준)을 정하도록 하였다. 동 법률에서 규정하고 있는 "내부통제기준"이란 "금융회사가 법령을 준수하고 경영을 건전하게 하며 주주 및 이해관계자 등을 보호하기 위하여 금융회사의 임직원이 그 직무를 수행할 때 준수하여야 할 기준 및 절차"를 말한다(금융지배법 제24조 제1항).[186)] 금융회사는 이러한 내부통제기준을 의무적으로 마련하여야 한다. 다만 금융그룹인

185) 양현근, 전게 논문, 26면 주18.

186) 종전의 금융관계법률에 의한 "내부통제기준"이란 "금융회사가 법령을 준수하고 경영을 건전하게 하며 고객을 보호하기 위하여 당해 금융회사의 임직원이 그 직무를 수행함에 있어서 따라야 할 기본적인 절차와 기준"을 말한다(은행법 제23조의3 제1항, 증권거래법 제54조의4 제1항 등).

경우에는 금융지주회사가 금융회사인 자회사등의 내부통제기준을 마련하는 경우 그 자회사등은 내부통제기준을 마련하지 아니할 수 있도록 하였다(금융지배법 제 24조 제2항). 그리고 내부통제기준에서 정하여야할 세부적인 사항과 그 밖에 필요한 사항은 금융회사지배구조법 시행령에서 상세히 규정하고 있다(금융지배법 제 24조 제3항). 이하에서는 시행령에 규정되어 있는 내부통제기준의 세부내용을 살펴보기로 한다. 동법 시행령에 의하면 금융회사의 내부통제기준에는 금융회사의 내부통제가 실효성있게 이루어질 수 있도록 다음 각 호의 사항이 포함되어야 한다고 규정을 하고 있다(동법 시행령 제19조 제1항). 다음 각 호의 사항이란 ① 업무의 분장 및 조직구조, ② 임직원이 업무를 수행할 때 준수하여야 하는 절차, ③ 내부통제와 관련하여 이사회, 임원 및 준법감시인이 수행하여야 하는 역할, ④ 내부통제와 관련하여 이를 수행하는 전문성을 갖춘 인력과 지원조직, ⑤ 경영의사결정에 필요한 정보가 효율적으로 전달될 수 있는 체제의 구축, ⑥ 임직원의 내부통제기준 준수 여부를 확인하는 절차・방법과 내부통제기준을 위반한 임직원의 처리, ⑦ 임직원의 금융관계법령 위반행위 등을 방지하기 위한 절차나 기준(임직원의 금융투자상품 거래내용의 보고 등 불공정행위를 방지하기 위한 절차나 기준을 포함한다), ⑧ 내부통제기준의 제정 또는 변경 절차, ⑨ 준법감시인의 임면절차, ⑩ 이해상충을 관리하는 방법 및 절차 등(금융회사가 금융지주회사인 경우는 예외로 한다) ⑪ 상품 또는 서비스에 대한 광고의 제작 및 내용과 관련한 준수사항 ⑫ 법 제11조제1항에 따른 임직원 겸직이 제11조제4항제4호 각 목의 요건을 충족하는지에 대한 평가・관리 ⑬ 그 밖에 내부통제기준에서 정하여야 할 세부적인 사항으로서 금융위원회가 정하여 고시하는 사항[187]이다(동법 시행령 제19조 제1항).

한편 금융관련 협회등은 소속 금융회사가 공통으로 사용할 수 있는 표준내부통제기준을 제정할 수 있고, 소속 금융회사에게 사용을 권고할 수 있다(동법 감독규정 제11조 제6항).

2.2 내부통제위원회 설치

금융회사(시행령 제6조제3항 각 호의 어느 하나에 해당하는 금융회사는 제외)[188]는 내부통제기준의 운영과 관련하여 최고경영자를 위원장으로 하는 내부

187) 금융회사 지배구조 감독규정 제11조.

통제위원회를 두어야 한다(동법 시행령 제19조 제2항). 내부통제위원회는 다음 각 호의 사항 [1. 매반기별 1회 이상 회의를 개최할 것, 2. 대표이사를 위원장으로 하고 준법감시인, 위험관리책임자 및 그 밖에 내부통제 관련 업무 담당 임원을 위원으로 할 것, 3. 다음 각 목의 역할을 수행할 것. 가. 내부통제 점검결과의 공유 및 임직원 평가 반영 등 개선방안 검토, 나. 금융사고 등 내부통제 취약부분에 대한 점검 및 대응방안 마련, 다. 내부통제 관련 주요 사항 협의, 라. 임직원의 윤리의식·준법의식 제고 노력, 4. 회의결과를 의사록으로 작성하여 보관할 것]을 준수하여야 한다(동법 감독규정 제11조 제7항). 대표이사는 매년 1회 이상 정기적으로 내부통제 체계·운영에 대한 실태를 점검하고 그 결과를 이사회에 보고하여야 한다. 다만, 대표이사는 내부통제 체계·운영에 대한 실태점검 및 이사회 보고 업무를 준법감시인에게 위임할 수 있다(동법 감독규정 제11조 제5항). 지점장(금융회사가 지정하는 영업부문의 장을 포함한다)은 소관 영업에 대한 내부통제업무의 적정성을 정기적으로 점검하여 그 결과를 대표이사(대표집행임원을 포함)에 보고하고, 법규위반 행위가 발생한 경우 재발방지대책을 마련하여 시행하여야 한다. 다만, 해당 지점장이 해당 금융회사의 임직원이 아닌 경우에는 해당 지점을 관장하는 관리조직의 장이 동 업무를 수행할 수 있으며, 대표이사는 지점장의 점검결과를 보고받는 업무를 준법감시인에게 위임할 수 있다(동법 감독규정 제11조 제4항).

2.3 내부통제 전담조직 설치

금융회사는 금융위원회가 정하여 고시하는 바에 따라 내부통제를 전담하는 조직을 마련하여야 한다(동법 시행령 제19조 제3항). 금융회사는 영 제19조제1항제4호 및 같은 조 제3항에 따라 내부통제업무가 효율적으로 수행될 수 있도록 충분한 경험과 능력을 갖춘 적절한 수의 인력으로 지원조직을 구성·유지하여 준법감시인의 직무수행을 지원하여야 한다. 통상 금융회사는 준법감시인이 통할하는 준법감시부를 두고 운영하고 있다. 다만, 자산총액이 1천억원 미만인 금융회사의 경우에는 준법감시인 본인만으로 1인의 내부통제 조직을 운영할 수 있다(동법 감독규정 제11조 제3항).

---

188) 사외이사제가 의무 적용되는 대형 금융회사를 의미한다.

2.4 내부통제기준의 설정 · 운영기준

금융회사지배구조법 시행령 제19조제1항부터 제3항까지에서 규정한 사항 외에 내부통제기준에 관하여 필요한 사항은 금융위원회가 정하여 고시한다(동법 시행령 제19조 제4항). 이에 따라 금융위원회 고시로 마련된 금융회사 지배구조 감독규정에서 내부통제기준 설정 및 운영에 관한 구체적인 사항을 규정하고 있다(금융회사 지배구조 감독규정 제11조).

동 규정에 의하면 금융회사는 내부통제기준을 설정 · 운용함에 있어 '별표 2'에서 정하는 기준을 준수하여야 한다(동법 감독규정 제11조 제1항). '별표 2'는 다음 표와 같다.

〈별표 2〉 **내부통제기준의 설정 · 운영기준** (금융회사지배구조 감독규정상)

1. 금융회사는 내부통제에 관한 이사회, 경영진 및 준법감시인 등의 역할을 명확히 구분하여야 하고, 내부통제업무를 위임할 경우에는 위임받은 자와 그 권한을 위임한 자를 명확히 하여야 하며, 위임한 자는 위임받은 자의 업무를 정기적으로 관리 · 감독하여야 한다.
2. 금융회사는 준법감시업무가 효과적으로 수행될 수 있도록 충분한 경험과 능력을 갖춘 자를 준법감시인으로 선임하여야 하며, 준법감시인이 자신의 책무를 공정하게 집행할 수 있도록 업무상 독립성을 보장하여야 한다.
3. 금융회사는 준법감시업무가 효과적으로 수행될 수 있도록 충분한 경험과 능력을 갖춘 적절한 수의 인력을 준법감시조직에 배치하고 업무수행에 필요한 물적자원을 배분하여야 한다.
4. 준법감시인은 직무수행에 필요한 경우 장부 등 금융회사(금융지주회사인 경우에는 금융지주회사 및 그 자회사등을 말한다)의 각종 기록에 접근하거나 각종 회의에 직접 참석할 수 있는 권한이 있어야 하며, 대표이사와 감사 또는 감사위원회에 아무런 제한 없이 보고할 수 있어야 한다.
5. 내부통제기준 및 관련 절차는 문서화되어야 하며 법규 등이 개정될 경우 즉각적으로 수정되거나 재검토되어야 한다.
6. 내부통제기준은 금융회사(금융지주회사인 경우에는 금융지주회사 및 그 자회사 등을 말한다)의 가능한 모든 업무활동을 포괄할 수 있어야 하며, 업무절차 및 전산시스템은 적절한 단계로 구분하여 집행되도록 설계되어야 한다.
7. 내부통제기준에서의 준수대상 법률은 원칙적으로 「상법」, 법, 영, 금융관계법령 및 금융소비자 · 투자자 보호와 직접 관련이 있는 법률에 한한다.
8. 금융회사는 금지사항 및 의무사항을 정한 법규의 취지를 임직원이 이해하는데 필요한 교육과정을 수립하고 정기적 · 비정기적으로 필요한 교육을 실시하여야 한다.
9. 금융회사는 영업과정에서 발생하는 각종 법규관련 의문사항에 대하여 임직원이 상시에 적절한 지원 및 자문을 받을 수 있는 절차를 마련하여야 한다.
10. 금융회사는 중대한 법규위반사항을 사전에 방지하고 내부통제 관련제도의 운영상 나타난 취약점을 조기에 식별하기 위해 법규준수 여부 등을 주기적으로 점검하여야 한다.
11. 금융회사는 법규준수여부에 대한 점검결과 임직원의 위법 행위를 발견한 경우에는 해당 임직원에 대한 제재, 내부통제의 취약부분 개선 등을 통하여 법규위반사항이 재발하지 않도록 신속하고 효과적인 조치를 취하여야 한다.

12. 금융회사는 고객과의 이해상충, 투자자의 고충사항 및 직원과의 분쟁을 신속하게 처리하기 위하여 적절한 절차를 마련하여야 한다.
13. 금융투자업자는 일반 투자자를 대상으로 장외파생상품을 신규 취급하는 경우 해당 상품 구조의 적정성에 대한 심사 절차를 마련하여야 한다.
14. 금융투자업자가 집합투자업을 겸영하는 경우에는 발생 가능한 이해상충방지를 위해 적정한 수준의 정보교류차단 장치 등을 마련하여야 한다.
15. 금융지주회사는 금융지주회사 및 그 자회사등 전체의 준법감시업무가 효과적이고 체계적으로 수행될 수 있도록 자회사등의 준법감시인이 금융지주회사의 준법감시인에게 정기적으로 보고하게 하는 등 금융지주회사와 자회사등 사이에 준법감시업무 관련 지휘·보고체계를 갖추어야 한다.
16. 금융지주회사는 그 금융지주회사 또는 그 자회사등의 임직원이 다른 자회사등의 임직원을 겸직하거나 그 금융지주회사와 자회사등간 혹은 그 자회사등 상호간 업무위탁을 하는 경우 해당 임직원 겸직 또는 업무위탁의 적정성에 대한 평가·관리 절차를 마련하여야 한다.

또한 금융회사는 '다음 각 호의 사항 및 별표 3'의 기준에 따른 사항을 내부통제기준에 포함하여야 한다(동법 감독규정 제11조 제2항). '다음 각 호의 사항'은 1. 내부고발자 제도의 운영에 관한 다음 각 목의 사항. 가. 내부고발자에 대한 비밀보장, 나. 내부고발자에 대한 불이익 금지 등 보호조치, 다. 회사에 중대한 영향을 미칠 수 있는 위법·부당한 행위를 인지하고도 회사에 제보하지 않는 사람에 대한 불이익 부과, 2. 위법·부당한 행위를 사전에 방지하기 위하여 명령휴가제도 도입 및 그 적용대상, 실시주기, 명령휴가 기간, 적용 예외 등 명령휴가제도 시행에 필요한 사항, 3. 사고발생 우려가 높은 단일거래에 대해 복수의 인력 또는 부서가 참여하도록 하는 직무분리기준에 대한 사항, 4. 새로운 금융상품 개발 및 금융상품 판매 과정에서 금융소비자 보호 및 시장질서 유지 등을 위하여 준수하여야 할 업무절차에 대한 사항, 5. 영업점 자체점검의 방법·확인사항·실시 주기 등에 대한 사항, 6. 「특정 금융거래정보의 보고 및 이용 등에 관한 법률」제2조제4호에 따른 자금세탁행위 및 같은 조 제5호에 따른 공중협박자금조달행위(이하 "자금세탁행위등"이라 한다)를 방지하기 위한 다음 각 목의 사항(법 제2조제1호 나목의 금융투자업자 중 투자자문업자는 제외한다). 가.「특정 금융거래정보의 보고 및 이용 등에 관한 법률」제2조제2호에 따른 금융거래에 내재된 자금세탁행위 등의 위험을 식별, 분석, 평가하여 위험도에 따라 관리 수준을 차등화하는 자금세탁 위험평가체계의 구축 및 운영, 나. 자금세탁행위등의 방지 업무를 수행하는 부서로부터 독립된 부서 또는 외부전문가가 그 업무수행의 적절성, 효과성을 검토·평가하고 이에 따른 문제점을 개선하기 위한 독립적 감사체계의 마련 및 운영, 다. 소속 임직원이 자금세탁행위등에

가담하거나 이용되지 않도록 하기 위한 임직원의 신원사항 확인 및 교육·연수이다. 그리고 '별표 3'의 내부통제기준에 포함해야 하는 사항은 다음 표와 같다.

〈별표 3〉 **내부통제기준에 포함해야 하는 사항**(금융회사지배구조 감독규정상)

1. 해당 금융회사가 금융지주회사인 경우	가. 금융지주회사의 자회사등 사이의 업무위탁이 「금융지주회사법 시행령」 제26조제2항제4호 각 목의 요건을 충족하는지에 대한 평가·관리에 관한 사항
2. 해당 금융회사가 보험회사인 경우	가. 「보험업법 시행령」 별표 4에 따른 교육을 이수하지 않은 모집 종사자의 관리에 관한 사항 나. 다음의 보험계리업무와 관련한 업무처리기준 및 세부절차, 관련 기초통계자료의 보관, 내부 검증절차 및 검증기준, 임직원의 권한과 책임에 관한 사항 1) 상품개발 관련 업무, 2) 최적기초율 산출 관련 업무 3) 계약자 배당 관련 업무, 4) 실제사업비 배분 관련 업무 5) 기타 회사가 정하는 계리업무 다. 보험금 지급업무를 공정하고 투명하게 처리하기 위하여 보험금지급 관련 소송시 따라야할 절차와 기준으로 감독원장이 정하는 사항 라. 보험사기행위 예방 및 보험리스크 관리를 위해 계약심사시 따라야 할 절차와 기준 마. 대출금리의 산정 및 운용시 따라야 할 절차와 기준
3. 해당 금융회사가 「보험업법」에 의한 보험대리점 또는 보험중개인으로 등록하여 보험모집을 하는 경우	가. 제휴보험회사의 선정·해지 기준 및 절차에 관한 사항 나. 판매대상 보험상품 선정기준에 관한 사항 다. 보험회사와 체결하는 제휴계약서에 포함되어야 할 민원 및 분쟁 처리절차와 책임소재에 관한 사항 라. 보험회사와의 제휴계약이 종료될 경우 고객보호에 관한 사항 마. 보험상품판매와 관련한 불공정행위 방지에 관한 사항
4. 해당 금융회사가 금융투자업자인 경우	가. 집합투자재산이나 신탁재산에 속하는 주식에 대한 의결권 행사와 관련된 법규 및 내부지침의 준수 여부에 관한 사항 나. 집합투자재산이나 신탁재산에 속하는 자산의 매매를 위탁하는 투자중개업자의 선정기준에 관한 사항 다. 지점, 그 밖의 영업소의 설치 및 각 지점별 영업관리자의 지정 등 그 통제에 관한 사항 라. 각 지점별 파생상품(파생결합증권 및 법 제93조에서 정한 집합투자기구의 집합투자증권을 포함한다.) 영업관리자의 지정 등 파생상품 투자자 보호에 필요한 절차나 기준에 관한 사항 마. 투자중개업자의 투자자계좌의 관리·감독에 관한 사항 바. 매매주문의 처리절차·방법이나 기준에 관한 사항 사. 투자자 예탁재산의 보관·관리방법에 관한 사항 아. 언론기관등에 대한 업무관련 정보의 제공 절차나 기준에 관한 사항 자. 투자자 신용정보의 관리·보호에 관한 사항 차. 「특정 금융거래정보의 보고 및 이용 등에 관한 법률」 제2조제4호의 자금세탁행위의 효율적 방지체제 구축·운영에 관한 사항 카. 투자자가 제기한 각종 고충·불만사항 및 투자자와 금융투자업자 사이에 발생한 분쟁의 처리기준 및 절차에 관한 사항

	타. 기업의 자금조달을 위한 대표주관회사 업무 영위시 업무의 공정한 영위 및 이해상충방지 등에 관한 사항. 이 경우 대표주관회사의 담당직원의 적격기준, 기업실사 수행의 최소기간 및 법률·회계전문가 등 참여의무자, 일반적인 조사·검증절차 등에 관한 내용이 포함되어야 한다. 파. 매도 주문 수탁에 관한 사항 하. 신탁사업의 시공사 및 용역업체의 선정에 관한 사항 거. 집합투자업과 다른 금융투자업을 겸영하는 경우 이해상충 방지를 위한 사항
5. 해당 금융회사가 여신전문금융회사인 경우	가. 「여신전문금융업감독규정」 제7조의2제3항 각 호의 요건에 해당 하지 않도록 영위하려는 부수업무의 평가·관리에 관한 사항

3. 준법감시인의 임면

금융회사(자산규모 등을 고려하여 대통령령으로 정하는 투자자문업자 및 투자일임업자[투자일임재산 5천억원 미만의 투자자문 또는 투자일임 전업자][189]는 제외)는 내부통제기준의 준수여부를 점검하고, 내부통제기준을 위반하는 경우 이를 조사하는 등 내부통제관련 업무를 총괄하고 필요하다고 판단하는 경우 조사결과를 감사위원회 또는 감사에게 보고하는 자, 즉 준법감시인을 1명 이상 의무적으로 두도록 규정하고 있다(금융지배법 제25조 제1항). 금융회사의 준법감시인은 원칙적으로 임원으로 선임하지만, 사외이사제 적용의무가 없는 소위 소규모 금융회사는 직원 중에서 선임 가능하다. 동법 규정에 의하면 금융회사는 사내이사 또는 업무집행책임자 중에서 준법감시인을 선임하여야 한다. 다만, 자산규모, 영위하는 금융업무 등을 고려하여 대통령령으로 정하는 금융회사[190] 또는 외국금융회사의 국내지점은 사내이사 또는 업무집행책임자가 아닌 직원 중

189) 금융회사지배구조법 시행령 제20조 제1항: 법 제25조제1항에서 "대통령령으로 정하는 투자자문업자 및 투자일임업자"란 「자본시장과 금융투자업에 관한 법률」에 따른 투자자문업이나 투자일임업 외의 다른 금융투자업을 겸영하지 아니하는 자로서 최근 사업연도 말 현재 운용하는 투자일임재산의 합계액이 5천억원 미만인 자를 말한다.

190) 금융회사지배구조법 시행령 제20조 제2항: 법 제25조제2항 단서에서 "대통령령으로 정하는 금융회사"란 다음 각 호의 어느 하나에 해당하는 자를 말한다. 다만, 해당 금융회사가 주권상장법인으로서 최근 사업연도 말 현재 자산총액이 2조원 이상인 자는 제외한다. 1. 최근 사업연도 말 현재 자산총액이 7천억원 미만인 상호저축은행 2. 최근 사업연도 말 현재 자산총액이 5조원 미만인 금융투자업자. 다만, 최근 사업연도 말 현재 운용하는 집합투자재산, 투자일임재산 및 신탁재산의 전체 합계액이 20조원 이상인 금융투자업자는 제외한다. 3. 최근 사업연도 말 현재 자산총액이 5조원 미만인 보험회사 4. 최근 사업연도 말 현재 자산총액이 5조원 미만인 여신전문금융회사 5. 그 밖에 자산규모, 영위하는 금융업무 등을 고려하여 금융위원회가 정하여 고시하는 자

에서 준법감시인을 선임할 수 있다(금융지배법 제25조 제2항). 만약 금융회사가 준법감시인을 직원 중에서 선임하는 경우는 「기간제 및 단시간근로자 보호 등에 관한 법률」에 따른 기간제근로자 또는 단시간근로자를 준법감시인으로 선임하여서는 아니 된다(금융지배법 제25조 제5항). 그리고 금융회사(외국금융회사의 국내지점은 제외)가 준법감시인을 임면하려는 경우에는 이사회의 의결을 거쳐야 하며, 해임할 경우에는 이사 총수의 3분의 2 이상의 찬성으로 의결한다(금융지배법 제25조 제3항). 준법감시인의 임기는 2년 이상으로 한다(금융지배법 제25조 제4항). 이와 같이 금융회사의 준법감시인은 일반 직원과 달리 선임하고 신분을 보장함으로써 자체 내부통제활동의 중립성을 확보하도록 하였다. 또한 금융회사는 준법감시인에 대하여 회사의 재무적 경영성과와 연동하지 아니하는 별도의 보수지급 및 평가 기준을 마련하여 운영하도록 하였다(금융지배법 제25조 제6항). 이는 준법감시인이 본인의 경영성과 때문에 준법감시업무를 소홀히 하지 않도록 하는 등 업무중립성을 확보하도록 하는데 목적이 있다.

4. 준법감시인의 자격

금융회사의 준법감시인으로 선임될 수 있는 자격은 적극적 요건으로는 원칙적으로 5~10년 이상 금융관련 경력자이어야 하고, 소극적 요건으로는 5년 이내에 문책 받지 아니한 자로 제한되어 있다. 금융회사지배구조법 제26조에 의하면 준법감시인은 다음 각 호의 요건 [1. 최근 5년간 이 법 또는 금융관계법령을 위반하여 금융위원회 또는 금융감독원장, 그 밖에 대통령령으로 정하는 기관(해당 금융회사, 조치권한있는 기관)[191]으로부터 제35조 제1항 각 호 및 제2항 각 호에 규정된 조치 중 문책경고 또는 감봉요구 이상에 해당하는 조치를 받은 사실이 없을 것 2. 다음 각 목의 어느 하나에 해당하는 사람. 다만, 다음 각 목(라목 후단의 경우는 제외)의 어느 하나에 해당하는 사람으로서 라목 전단에서 규정한 기관에서 퇴임하거나 퇴직한 후 5년이 지나지 아니한 사람은 제외한다. 가. 「금융위원회의 설치 등에 관한 법률」 제38조에 따른 검사 대상 기관(은행, 금융투자회사, 보험회사, 상호저축은행, 여신전문금융회사등 금융회

191) 금융회사지배구조법 제21조 제1항: 법 제26조제1항제1호에서 "대통령령으로 정하는 기관"이란 다음 각 호의 기관을 말한다. 1. 해당 임직원이 소속되어 있거나 소속되었던 기관 2. 금융위원회와 금융감독원장이 아닌 자로서 금융관계법령에서 조치 권한을 가진 자

사)[192](이에 상당하는 외국금융회사를 포함)에서 10년 이상 근무한 사람 나. 금융 관련 분야의 석사학위 이상의 학위소지자로서 연구기관 또는 대학에서 연구원 또는 조교수 이상의 직에 5년 이상 종사한 사람 다. 변호사 또는 공인회계사의 자격을 가진 사람으로서 그 자격과 관련된 업무에 5년 이상 종사한 사람 라. 기획재정부, 금융위원회, 「금융위원회의 설치 등에 관한 법률」 제19조에 따른 증권선물위원회, 감사원, 금융감독원, 한국은행, 「예금자보호법」 제3조에 따라 설립된 예금보험공사, 그 밖에 금융위원회가 정하여 고시하는 금융 관련 기관에서 7년 이상 근무한 사람. 이 경우 예금보험공사의 직원으로서 「예금자보호법」 제2조제5호에 따른 부실금융회사 또는 같은 조 제6호에 따른 부실우려금융회사와 같은 법 제36조의3에 따른 정리금융회사의 업무 수행을 위하여 필요한 경우에는 7년 이상 근무 중인 사람을 포함. 마. 그 밖에 가목부터 라목까지의 규정에 준하는 자격이 있다고 인정되는 사람으로서 대통령령으로 정하는 사람(보험계리사 5년 이상, 금융유관협회 · 한국거래소 · 한국예탁결제원 · 한국투자공사 7년 이상)[193]]을 모두 충족한 사람이어야 한다(동법 제26조 제1항). 또한 준법감시인이 된 사람이 제1항 제1호의 요건을 충족하지 못하게 된 경우에는 그 직을 잃는다(동법 제26조 제1항). 따라서 이와 같은 준법감시인의 자격요건은 선임요건일 뿐만 아니라 자격유지요건이다.

---

192) 금융위원회등의설치등에관한법률 제38조(검사 대상 기관): 금융감독원의 검사를 받는 기관은 다음 각 호와 같다. 1. 「은행법」에 따른 인가를 받아 설립된 은행 2. 「자본시장과 금융투자업에 관한 법률」에 따른 금융투자업자, 증권금융회사, 종합금융회사 및 명의개서대행회사(名義改書代行會社) 3. 「보험업법」에 따른 보험회사 4. 「상호저축은행법」에 따른 상호저축은행과 그 중앙회 5. 「신용협동조합법」에 따른 신용협동조합 및 그 중앙회 6. 「여신전문금융업법」에 따른 여신전문금융회사 및 겸영여신업자(兼營與信業者) 7. 「농업협동조합법」에 따른 농협은행 8. 「수산업협동조합법」에 따른 수협은행 9. 다른 법령에서 금융감독원이 검사를 하도록 규정한 기관 10. 그 밖에 금융업 및 금융 관련 업무를 하는 자로서 대통령령으로 정하는 자

193) 금융회사지배구조법 시행령 제21조 제2항: 법 제26조제1항제2호마목에서 "대통령령으로 정하는 사람"이란 다음 각 호의 사람을 말한다. 1. 보험계리사 자격을 취득한 후 그 자격과 관련된 업무에 5년 이상 종사한 사람(보험회사에 두는 준법감시인만 해당한다) 2. 다음 각 목의 기관에서 7년 이상 종사한 사람 가. 「민법」 제32조에 따라 설립된 전국은행연합회 나. 「자본시장과 금융투자업에 관한 법률」 제283조에 따라 설립된 한국금융투자협회 다. 「보험업법」 제175조에 따라 설립된 보험협회 중 생명보험회사로 구성된 협회 라. 「보험업법」 제175조에 따라 설립된 보험협회 중 손해보험회사로 구성된 협회 마. 「상호저축은행법」 제25조에 따라 설립된 상호저축은행중앙회 바. 「여신전문금융업법」 제62조에 따라 설립된 여신전문금융업협회 사. 그 밖에 가목부터 바목까지의 기관에 준하는 기관으로서 금융위원회가 정하여 고시하는 기관(1. 「자본시장과 금융투자업에 관한 법률」에 따른 한국거래소, 2. 「자본시장과 금융투자업에 관한 법률」에 따른 한국예탁결제원, 3. 「한국투자공사법」에 따른 한국투자공사(준법감시인을 선임하려는 금융회사가 금융투자업자인 경우에 한한다)

표 9-17 금융회사 준법감시인의 선임자격

경력 분야	경력 연수
금융회사 근무경력	10년 이상
연구기관 · 대학근무경력	5년 이상
변호사 · 공인회계사 직무	5년 이상
금융위 등 공기관 근무	7년 이상 근무자로서 퇴직후 5년 이상 경과자
금융당국의 제재	최근 5년 이내 문책경고 · 감봉 이상 제재를 받지 않은 자

5. 준법감시인의 권한과 의무

금융회사 준법감시인의 권한이라 함은 이사회에서 정한 내부통제기준의 준수 여부를 점검하고, 내부통제기준의 위반 여부를 조사하는 것이다(금융지배법 제25조 제1항). 나아가 준법감시인은 내부통제기준의 위반 여부를 조사한 후 필요한 경우 그 결과를 감사 또는 감사위원회에 보고할 수 있다(금융지배법 제25조 제1항).[194]

이와 같은 준법감시인의 권한의 실효성을 확보하기 위하여 금융회사지배구조법에서는 금융회사에 다음과 같은 의무를 부과하고 있다. ① 금융회사는 준법감시인 및 위험관리책임자가 그 직무를 독립적으로 수행할 수 있도록 하여야 한다.② 금융회사는 준법감시인 및 위험관리책임자를 임면하였을 때에는 대통령령으로 정하는 바에 따라(임면일로부터 7영업일 이내)[195]그 사실을 금융위원회에 보고하여야 한다. ③ 금융회사 및 그 임직원은 준법감시인 및 위험관리책임자가 그 직무를 수행할 때 필요한 자료나 정보의 제출을 요구하는 경우 이에 성실히 응하여야 한다. ④ 금융회사는 준법감시인 및 위험관리책임자였던 사람에 대하여 그 직무수행과 관련된 사유로 부당한 인사상의 불이익을 주어서는

194) 종전에는 준법감시인의 감사위원회 또는 감사에 대한 보고 의무사항이었다.

195) a. 금융회사지배구조법 시행령 제25조(준법감시인 및 위험관리책임자의 임면에 따른 보고) ① 금융회사는 법 제30조제2항에 따라 준법감시인 또는 위험관리책임자를 임면하였을 때에는 그 사실을 금융위원회에 임면일부터 7영업일 이내에 보고하여야 한다. ② 제1항에 따른 보고의 방법 및 절차 등에 관하여 필요한 사항은 금융위원회가 정하여 고시한다.

b.금융회사 지배구조 감독규정 제14조(준법감시인 및 위험관리책임자 임면 등) ① 금융회사는 영 제25조제1항에 따라 준법감시인 및 위험관리책임자를 임면하였을 때에는 다음 각 호의 사항을 감독원장에게 보고하여야 한다. 1. 선임한 경우: 성명 및 인적사항, 법에서 정한 자격요건에 적합하다는 사실, 임기 및 업무범위에 대한 사항 2. 해임한 경우: 성명, 해임 사유, 향후 선임일정 및 절차 ② 제1항에 대한 세부적인 절차 및 방법은 감독원장이 정한다.

아니 된다(금융지배구조법 제30조).

그리고 준법감시인은 선량한 관리자의 주의로 그 직무를 수행하여야 하며, 다음 각 호의 업무 [① 자산운용에 관한 업무, ② 해당 금융회사의 본질적 업무(해당 금융회사가 인가를 받거나 등록을 한 업무와 직접적으로 관련된 필수업무로서 대통령령으로 정하는 업무[196]를 말한다) 및 그 부수업무, ③ 해당 금융회사의 겸영(兼營)업무, 4. 금융지주회사의 경우에는 자회사등의 업무(금융지주회사의 위험관리책임자가 그 소속 자회사등의 위험관리업무를 담당하는 경우는 제외한다), 5. 그 밖에 이해가 상충할 우려가 있거나 내부통제 및 위험관리업무에 전념하기 어려운 경우로서 대통령령으로 정하는 업무(대형 금융회사의 경우 준법감시인와 위험관리책임자의 겸직 금지)[197]]를 수행하는 직무를 담당하여서는 아니 된다고 규정하고 있다(금융지배법 제29조).

6. 준법감시인과 감사위원회의 관계

준법감시인과 감사위원회를 비교하여 보면, 먼저 공통점으로는 경영자를 감시 내지 제어하는 기능을 하고, 준법감시인의 임면이 이사회의 결의에 의한다는 점에서 감사위원과 마찬가지로 이사회에 소속되어 있으며, 금융기관의 내부통제 기능을 수행하는 중추 역할을 한다는 점에 있다.[198]

---

196) 금융회사지배구조법 시행령 제24조(겸직 금지 등) 제1항: 법 제29조제2호에서 "대통령령으로 정하는 업무"란 다음 각 호의 어느 하나에 해당하는 업무를 말한다. 1. 「은행법」 제27조에 따른 은행업무 2. 「자본시장과 금융투자업에 관한 법률」에 따라 해당 금융투자업자가 영위하고 있는 업무로서 같은 법 시행령 제47조제1항에 따른 금융투자업의 종류별로 정한 업무 3. 「보험업법」에 따라 해당 보험회사가 취급하는 보험에 관한 업무로서 다음 각 목에서 정하는 업무 가. 보험상품 개발에 관한 업무 나. 보험계리에 관한 업무(위험관리책임자가 해당 업무를 수행하는 사람인 경우는 예외로 한다) 다. 모집 및 보험계약 체결에 관한 업무 라. 보험계약 인수에 관한 업무 마. 보험계약 관리에 관한 업무 바. 보험금 지급에 관한 업무 사. 재보험에 관한 업무 아. 그 밖에 보험에 관한 업무로서 금융위원회가 정하여 고시하는 업무 4. 「상호저축은행법」 제11조에 따른 상호저축은행의 업무 5. 「여신전문금융업법」 제46조제1항에 따른 여신전문금융회사의 업무

197) 금융회사지배구조법 시행령 제24조(겸직 금지 등) 제2항: 법 제29조제5호에서 "대통령령으로 정하는 업무"란 다음 각 호의 구분에 따른 업무를 말한다. 다만, 제20조제2항에 따른 금융회사 및 외국금융회사의 자산총액 7천억원 미만인 국내지점(「자본시장과 금융투자업에 관한 법률」 제3조제2항제2호에 따른 파생상품을 대상으로 하는 투자매매업을 겸영하지 아니하는 경우에 한정한다)의 경우에는 다음 각 호의 구분에 따른 업무를 겸직할 수 있다. 1. 위험관리책임자: 법 제25조제1항에 따른 준법감시인의 내부통제 관련 업무 2. 준법감시인: 법 제28조제1항에 따른 위험관리책임자의 위험 점검·관리 업무

198) 손성, "미국 회사법제에서의 준법감시인제도에 관한 법이론적 고찰," 「상장협」(제43호)(한국

차이점으로는 법적 지위의 측면에서 볼 때, 감사위원회가 금융회사 기관의 지위에 있음에 반하여 준법감시인은 금융기관 내부의 조직에 불과하다는 점에 있다. 또한 그 법적 지위가 상이한 결과 감사위원회의 업무처리의 법적 효과는 기관의 법리에 의하여 금융기관에 귀속되지만 준법감시인의 경우는 그와 같은 법적 효과를 갖고 있지 않다는 점이다.[199]

이와 같이 준법감시인과 감사위원회(감사)는 목적 및 법적 지위에 있어서는 명확하게 구별되지만 기능 및 업무영역에 있어서는 중복되는 부분이 많다. 예를 들면 준법감시인의 "임직원의 내부통제제도 준수여부 점검・조사업무(금융지배법 제25조 제1항)"와 감사위원회의 "회사의 업무와 재산상태 조사업무(상법 제412조)"가 사실상 중복된다. 이같이 상호간에 업무중복이 발생하게 된 원인은 준법감시인제도가 영미식 기업지배구조 하에서 시행되어 왔던 제도로서 독일식 기업지배구조를 모태로 발전해왔던 국내 기업지배구조 풍토에서는 자리 잡을 여지가 충분치 못했기 때문이다.[200] 상법상 감사위원회의 권한에 "위법성 감사권"이 포함된 상황에서 IMF 외환위기 이후, 각 금융관계법률에서 별도로 준법감시인제도를 도입하면서 "내부통제제도 준수여부에 대한 점검・조사권"을 포함시킴으로써 업무 혼선이 초래되었다. 이러한 문제와 관련하여 금융감독원에서는 준법감시인의 감사위원회와의 기능 중복에 따른 업무혼선을 해소하고 준법감시인의 역할 정립을 위해서 "준법감시인모범규준(Best Practice)"을 마련・시행하였다(은행 2002년 9월, 증권회사 2003년 3월, 비은행 2003년 4월 등). 동 모범규준에서 예시하고 있는 양자의 역할과 업무 비교는 다음 표와 같다. 한편, 감사위원회에 대하여는 2002년 10월 각 금융권역별 협회 주관 하에 '감사위원회 규정모범규준'을 마련・시행하였다.

그 후 금융회사의 준법감시인제도가 정착되고 금융회사지배구조법이 시행되고 있는 현재에도 이러한 문제점은 아직 완전히 해소되지는 않고 있다 하겠다.

상장회사협의회, 2001.3), 137면.

199) 손성, 상게 논문, 137-138면.

200) 영미식 기업지배구조하에서 감사위원회(audit committee)는 회계감사와 내부통제제도 운영시스템에 대한 평가를 주로 담당하고 위법성 감사권은 갖지 않아 준법감시인(compliance officer)이 일상적인 상시감시 업무를 고유 업무영역으로 확보할 수 있었던 반면, 독일식 기업지배구조하에서 감사회(aufsichtsrat)는 경영활동에 대한 포괄적 감사권을 갖고 위법성 감사도 직접적으로 수행하여 준법감시인제도가 필요하지 않았다.

표 9-18 금융회사 감사위원회와 준법감시인의 비교

구 분	감사위원회	준법감시인
주요역할	• 내부통제시스템의 적정성과 경영성과의 평가 및 개선방안 제시 • 경영진의 직무를 제3자적 관점에서 견제 · 감시(이사회 조직)	• 임직원의 내부통제기준 준수여부 점검 및 위반사항 발견시 조사. 필요시 감사위원회에 보고 • 임직원이 직무수행시 스스로 내부통제기준을 준수하도록 하는 체제를 구축 · 운영(경영진 조직)
근거법규	• 상법, 금융회사지배구조법	• 금융회사지배구조법
활동주체	• 감사위원회 및 그 보조기구	• 준법감시인 및 그 보조기구
주된업무	• 재무감사, 업무감사, 준법감사, 경영감사, IT 감사 • 전반적인 내부통제시스템에 대한 평가 및 개선방안 제시 • 내부감사부서장과 감사의 직무수행상 필요한 직원의 임면에 대한 동의 • 외부감사인 선임에 대한 승인 • 외부감사인의 감사활동에 대한 평가 • 감사결과 지적사항에 대한 조치 • 준법감시인의 보고사항에 대한 조치 • 기타 관련 법령, 정관 등에서 정한 사항과 이사회가 위임한 사항의 처리	• 내부통제기준 준수 여부 점검 • 내부통제기준 준수매뉴얼 작성 · 배포 • 주요 일상업무에 대한 법규 준수측면에서의 사전검토 • 법규준수 관련 직원 교육 실시 • 임직원 윤리강령의 제정 · 운영
상호관계	• 이사회, 경영진 및 법규준수 의무부서의 법규준수 여부에 대한 검사 실시 및 처분권 • 준법감시인 및 그 보조기구에 대하여도 검사 실시	• 내부통제기준 위반사실 발견시 조사후 필요시 감사위원회에 보고

7. 주요국의 준법감시인제도

7.1 미 국[201)]

미국의 금융회사는 변호사 등 법률전문가 위주로 구성된 준법감시부서(compliance department)를 설치하고 운영하는 경우가 일반적이다. 조직이 큰 대형회사의 경우에는 준법감시부서 외에 법률문제만을 전담하는 법규부서(legal department)를 별도로 설치 · 운영하는 경우도 있으며, 소규모 회사의 경우에는 준법감시업무에 대한 자문을 전문으로 하는 외부기관의 지원을 받아 업무를 수행하는 경우도 많다.

201) 금융감독원, 전게 모범규준, 8-9면 참조.

미국의 금융회사는 주주의 견제가 강하여 법규준수 업무를 당연시하고 있으며 감독당국도 검사시 법규준수를 주요 점검사항으로 하고 있으므로 금융회사는 자기보호를 위하여 자발적으로 법규준수 기준 및 절차를 마련하고 준법감시인(Compliance Officer)을 선임하여 이를 점검하고 있다. 즉 준법감시인을 중심으로 법무부서 등이 준법감시업무를 수행하고 있으며(준법감시인의 자문기관으로 준법감시위원회를 두는 경우도 있다), 부서별 또는 부문별로 준법감시담당자를 선임하여 법규준수 여부 등을 자체 점검토록 하고 있다.

미국의 금융감독당국에서는 금융회사 검사업무편람 등[202]에 법규준수 관련 사항(준법감시제도에 대한 이사회와 경영진의 관리 · 감독, 법규준수프로그램 제정 · 운영, 법규준수에 대한 감시 여부 등)을 명시하고, 법규준수에 대한 검사목적 및 검사절차 등을 상세히 규정하여 금융회사 검사시에 이를 집중 점검하고 있다.

7.2 일 본[203]

일본의 금융회사들은 거액 해외손실 은폐, 거액의 불량채권 발생 및 민관유착 · 독직 등의 사태가 잇달아 발생하고 이로 인하여 대내외적으로 일본 금융시장에 대한 신뢰가 저하되자 금융시장의 신뢰회복, 자기 및 고객 보호 차원에서 법규준수체제를 강화하였다. 법규준수체제는 준법감시위원회(준법감시 관련 의결기관)를 중심으로 준법감시총괄부서, 법무부서 등이 준법감시업무를 수행하고 있으며, 준법감시총괄부서에 준법감시인을, 기타 부서에 준법감시담당자를 배치하여 운영하고 있다.

일본의 금융감독당국도 일본 금융시장 및 업계의 법규준수 체제 개선을 위하여 검사업무편람[204] 등을 발간하여 리스크의 인식 및 평가를 근간으로 한 법령준수실태에 대하여 검사업무를 수행할 수 있도록 하였다.

---

202) 미국 FRB의 '금융기관의 법규준수프로그램(Institution Compliance Program)' 및 '외국은행의 미국내 지점 및 대리점에 대한 검사매뉴얼(Examination Manual for Branches and Agencies of Foreign Banking Organization)', OCC의 '법규준수관리지침서(Comptroller's Handbook)' 등이 있다.

203) 금융감독원, 전게 모범규준, 9면 참소.

204) 일본 금융감독청의 검사매뉴얼('법령준수태세의 확인 검사용 체크리스트' 및 '리스크관리태세의 확인 검사용 체크리스트') 및 일본 금융기관 준법감시위원회의 '금융기관 준법감시 지침서'(Compliance Handbook) 등이 있다.

Ⅶ. 위험감시책임자 제도

1. 위험관리기준

1.1 위험관리기준 마련 의무화

금융회사는 자산의 운용이나 업무의 수행, 그 밖의 각종 거래에서 발생하는 위험을 제때에 인식·평가·감시·통제하는 등 위험관리를 위한 기준 및 절차(이하 "위험관리기준"이라 한다)를 마련하여야 한다(금융지배법 제27조 제1항). 여기서 금융회사는 사외이사제가 의무 적용되는 대형금융회사이지만, 금융지주회사가 금융회사인 자회사등의 위험관리기준을 마련하는 경우 그 자회사등은 위험관리기준을 마련하지 아니할 수 있다(금융지배법 제27조 제2항). 위험관리기준에서 정하여야 할 세부적인 사항과 그 밖에 필요한 사항은 대통령령으로 정한다(금융지배법 제27조 제3항).

동법 시행령에 따르면 금융회사의 위험관리기준에는 다음 각 호의 사항 [1. 위험관리의 기본방침, 2. 금융회사의 자산 운용 등과 관련하여 발생할 수 있는 위험의 종류, 인식, 측정 및 관리, 3. 금융회사가 부담 가능한 위험 수준의 설정, 4. 적정투자한도 또는 손실허용한도의 승인, 5. 위험관리를 전담하는 조직의 구조 및 업무 분장, 6. 임직원이 업무를 수행할 때 준수하여야 하는 위험관리 절차, 7. 임직원의 위험관리기준 준수 여부를 확인하는 절차·방법과 위험관리기준을 위반한 임직원의 처리, 8. 위험관리기준의 제정이나 변경, 9. 위험관리책임자의 임면, 10. 그 밖에 위험관리기준에서 정하여 할 세부적인 사항으로서 금융위원회가 정하여 고시하는 사항[205]]이 포함되어야 한다(동법 시행령 제22조

205) 금융회사 지배구조 감독규정 제13조 제1항: 영 제22조제1항제10호에서 "금융위원회가 정하여 고시하는 사항"이란 다음 각 호를 말한다. 1. 금융사고 등 우발상황에 대한 위험관리 비상계획, 2. 영 제22조제2항에 따른 위험관리전담조직의 구성 및 운영, 3. 부서별 또는 사업부문별 위험부담한도 및 거래한도 등의 설정·운영, 4. 개별 자산 또는 거래가 금융회사에 미치는 영향(잠재적인 영향을 포함한다)의 평가, 5. 위험한도의 운영상황 점검 및 분석, 6. 위험관리정보시스템의 운영, 7. 장부외 거래기록의 작성·유지, 8. 내부적으로 관리할 지급여력수준(해당 금융회사가 보험회사인 경우에 한하여 적용한다).

제1항).

1.2 금융투자업자의 위험관리기준 포함사항

금융회사가 금융투자업자인 경우에는 위험관리기준에서 다음 각 호의 사항 [1. 금융투자업자가 내부적으로 관리하여야 할 다음 각 목의 구분에 따른 항목. 가. 「자본시장과 금융투자업에 관한 법률」에 따른 1종 금융투자업자: 순자본비율 및 자산부채비율의 수준(일정한 변동범위를 포함한다), 나. 「자본시장과 금융투자업에 관한 법률」에 따른 2종 금융투자업자: 자기자본 및 최소영업자본액의 수준(일정한 변동범위를 포함한다), 다. 「자본시장과 금융투자업에 관한 법률」에 따른 3종 금융투자업자: 영업용순자본비율 및 자산부채비율의 수준(일정한 변동범위를 포함한다). 2. 운용자산의 내용과 위험의 정도, 3. 자산의 운용방법, 4. 고위험 자산의 기준과 운용한도, 5. 자산의 운용에 따른 영향, 6. 콜차입 등 단기차입금 한도, 7. 내부적인 보고 및 승인체계, 8. 고유재산과 투자자재산 등 자산 및 집합투자재산을 운용하면서 발생하는 위험을 효율적으로 관리하기 위한 다음 각 목의 사항. 가. 자산 및 집합투자재산의 운용시 발생할 수 있는 위험의 종류, 인식, 측정 및 관리체계에 관한 내용, 나. 금융투자업자 또는 집합투자기구가 수용할 수 있는 위험수준의 설정에 관한 내용, 다. 「금융투자업규정」 제4-14조에 따른 장부외거래기록의 작성·유지에 관한 사항, 라. 개별자산 또는 거래가 금융투자업자 또는 집합투자기구에 미치는 영향(잠재적인 영향을 포함한다)의 평가에 관한 내용, 마. 그 밖의 건전한 자산운용을 위해 필요한 사항]을 포함하여야 한다(금융회사 지배구조 감독규정 제13조 제2항).

1.3 위험관리 전담조직 설치

금융회사는 위험관리를 전담하는 조직을 마련하여야 하고(동법 시행령 제22조 제2항), 위험관리업무가 효율적으로 수행될 수 있도록 충분한 경험과 능력을 갖춘 적절한 수의 인력으로 위험관리를 전담하는 조직을 구성·유지하여 다음 각 호 [1. 위험한도의 운영상황 점검 및 분석, 2. 위험관리정보시스템의 운영, 3. 위험관리위원회, 이사회, 임원에 대한 위험관리정보의 적시 제공, 4. 그 밖의 위험관리에 필요한 사항]에 해당하는 위험관리책임자의 직무수행을 지원하여야 한다. 다만, 자산총액이 1천억원 미만인 금융회사의 경우에는 준법감시인과 마찬가지로 위험관리책임자 본인만으로 위험관리 조직을 운영할 수 있다(금융회사 지배구조 감독규정 제13조 제3항). 이에 따라 금융회사는 일반적으로 리스크관리부, 리스크심사부 등 리스크관리에 관한 전담부서를 두고, 이를 관할하는 리스크관리책임자(위험관리책임자)를 통상 임원급으로 하여 운영하고 있다.

2. 위험관리책임자의 임면

금융회사 위험관리책임자의 임면에 관하여는 준법감시인에 준하여 규정하고 운영하고 있다. 금융회사지배구조법에서는 금융회사(투자일임재산 합계액이 5천억원 미만인 투자자문업및 투자일임업자[206]는 제외)는 자산의 운용이나 업무의 수행, 그 밖의 각종 거래에서 발생하는 위험을 점검하고 관리하는 위험관리책임자를 1명 이상 두어야 한다(동법 제28조 제1항). 그리고 위험관리책임자의 임면, 임기 등에 관하여는 동법상 준법감시인의 임면관련 규정을 적용한다(동법 제28조 제2항). 즉 위험관리책임자에 대하여는 원칙적으로 임원으로 선임하고, 이사회 의결을 거쳐 선·해임하되 해임 시에는 이사 총수의 2/3 이상 찬성으로 의결한다. 임기는 2년 이상이며, 만약 직원 중에서 선임하는 경우는 기간제 또는 단시간 근로자가 아니어야 하며, 회사의 재무적 성과와 연동되지 아니하는 별도의 보수지급 및 평가기준을 마련하여 운영하여야 한다.

3. 위험관리책임자의 자격

금융회사 위험관리책임자의 자격에 관하여 금융회사지배구조법에서는 준법감시인의 자격에 준하여 규정하고 있다. 위험관리책임자는 위험관리에 대한 전문적인 지식과 실무경험을 갖춘 사람으로서 다음 각 호의 요건 [1. 최근 5년간 이 법 또는 금융관계법령을 위반하여 금융위원회 또는 금융감독원장, 그 밖에 대통령령으로 정하는 기관으로부터 제35조제1항 각 호 및 제2항 각 호에 규정된 조치 중 문책경고 또는 감봉요구 이상에 해당하는 조치를 받은 사실이 없을 것. 2. 다음 각 목의 어느 하나에 해당하는 사람일 것. 다만, 다음 각 목의 어

206) 금융회사지배구조법 시행령 제23조 제1항: 법 제28조제1항에서 "대통령령으로 정하는 투자자문업자 및 투자일임업자"란 「자본시장과 금융투자업에 관한 법률」에 따른 투자자문업이나 투자일임업 외의 다른 금융투자업을 겸영하지 아니하는 자로서 최근 사업연도 말 현재 운용하는 투자일임재산의 합계액이 5천억원 미만인 자를 말한다.

느 하나에 해당하는 사람으로서 다목에서 규정한 기관에서 퇴임하거나 퇴직한 후 5년이 지나지 아니한 사람은 제외한다. 가. 「금융위원회의 설치 등에 관한 법률」 제38조에 따른 검사 대상 기관(이에 상당하는 외국금융회사를 포함한다)에서 10년 이상 근무한 사람, 나. 금융 관련 분야의 석사학위 이상의 학위소지자로서 연구기관 또는 대학에서 위험관리와 관련하여 연구원 또는 조교수 이상의 직에 5년 이상 종사한 사람, 다. 금융감독원, 한국은행, 예금보험공사, 그 밖에 금융위원회가 정하는 금융 관련 기관에서 위험관리 관련 업무에 7년 이상 종사한 사람, 라. 그 밖에 가목부터 다목까지의 규정에 준하는 자격이 있다고 인정되는 사람으로서 대통령령으로 정하는 사람]을 모두 충족한 사람이어야 한다(동법 제28조 제3항). 만약 위험관리책임자가 된 사람이 제3항 제1호의 요건(최근 5년 이내 금융관계법률 위반으로 문책조치를 받지 않았을 것)을 충족하지 못하게 된 경우에는 그 직을 잃는다(동법 제28조 제4항). 따라서 이와 같은 위험관리책임자의 자격요건도 준법감시인과 같이 선임요건인 동시에 자격유지요건이다.

4. 위험관리책임자의 의무

위험관리책임자의 의무에 관하여 금융회사지배구조법에서는 준법감시인의 의무와 동일하게 규정하고 있다(동법 제29조 및 제30조). 즉 위험관리인은 준법감시인과 마찬가지로 개인적인 선관의무와 겸직금지 규정을 준수하고 업무독립성 확보를 위해 금융회사로부터 충분한 지원을 받아야 한다. 이러한 법 규정을 보면 준법감시인 및 위험관리책임자는 선량한 관리자의 주의로 그 직무를 수행하여야 하며, 다음 각 호의 업무 [1. 자산 운용에 관한 업무, 2. 해당 금융회사의 본질적 업무(해당 금융회사가 인가를 받거나 등록을 한 업무와 직접적으로 관련된 필수업무로서 대통령령으로 정하는 업무를 말한다) 및 그 부수업무, 3. 해당 금융회사의 겸영(兼營)업무, 4. 금융지주회사의 경우에는 자회사등의 업무(금융지주회사의 위험관리책임자가 그 소속 자회사등의 위험관리업무를 담당하는 경우는 제외한다), 5. 그 밖에 이해가 상충할 우려가 있거나 내부통제 및 위험관리업무에 전념하기 어려운 경우로서 대통령령으로 정하는 업무]를 수행하는 직무를 담당해서는 아니 된다고 하였다(동법 제29조). 그리고 금융회사는 준법감시인 및 위험관리책임자가 그 직무를 독립적으로 수행할 수 있도록 하여야 하고, 준법감시인 및 위험관리책임자를 임면하였을 때에는 대통령령으로 정하는 바에 따라(임면일로부터 7영업일 이내)[207] 그 사실을 금융위원회에 보고하여야 한다. 금융회사 및 그 임직원은 준법감시인 및 위험관리책임자가 그 직무를 수행할 때 필요한 자료나 정보의 제출을 요구하는 경우 이에 성실히 응하여야 한다. 금융회사는 준법감시인 및 위험관리책임자였던 사람에 대하여 그 직무수행과 관련된 사유로 부당한 인사상의 불이익을 주어서는 아니 된다고 규정하고 있다(동법 제30조).

207) a. 금융회사지배구조법 시행령 제25조(준법감시인 및 위험관리책임자의 임면에 따른 보고) ① 금융회사는 법 제30조제2항에 따라 준법감시인 또는 위험관리책임자를 임면하였을 때에는 그 사실을 금융위원회에 임면일부터 7영업일 이내에 보고하여야 한다. ② 제1항에 따른 보고의 방법 및 절차 등에 관하여 필요한 사항은 금융위원회가 정하여 고시한다.
b. 금융회사 지배구조 감독규정 제14조(준법감시인 및 위험관리책임자 임면 등) ① 금융회사는 영 제25조세1항에 따라 준법감시인 및 위험관리책임자를 임면하였을 때에는 다음 각 호의 사항을 감독원장에게 보고하여야 한다. 1. 선임한 경우: 성명 및 인적사항, 법에서 정한 자격요건에 적합하다는 사실, 임기 및 업무범위에 대한 사항, 2. 해임한 경우: 성명, 해임 사유, 향후 선임일정 및 절차. ② 제1항에 대한 세부적인 절차 및 방법은 감독원장이 정한다.

제10장 주요국의 지배구조제도 동향

Ⅰ. 미 국

1. 서 언

미국은 약 50개의 주에 의하여 구성된 연방국가로서 회사법의 규제는 각주마다 상이하게 되어 있다.[1] 이처럼 상이한 각 주의 회사법을 통일하기 위하여 모범적인 주회사법을 만들게 되었는데, 미국변호사협회(ABA)가 제정한 모범사업회사법(Model Business Corporation Act: MBCA)이 바로 그 것이었다. 1950년에 작성된 동회사법은 1984년 전면 개정되어 개정모범사업회사법(Revised MBCA)이 되었지만, 그 이후에도 일부 개정이 있었다.[2]

미국이 회사를 둘러싼 법 개정의 배경에는 항상 기업부정사건이 존재한다고 하여도 과언이 아니다. 1920년대부터 미국에서는 각 주가 회사법을 완화한 것을 기화로 기업정보를 공시하지 않은 채 경영자가 제멋대로 행동을 하고 있어 비판이 높았다.[3] 1929년의 주가폭락으로 이어진 대공황에 의하여 일반투자자가 커다란 피해를 입게 되자 연방의회에 의하여 증권법[4](1933년)과 증권거래법(1934년)

---

1) 20세기 초에 각 주가 힘을 쏟은 것은 다른 주보다도 회사법을 완화하여 기업유치를 많이 함에 있었다. 그 결과 많은 회사가 설립된 델라웨어주의 회사법 및 판례법이 지금의 미국 회사법의 주요한 법원이 되었고, 학설이나 다른 주의 법원이 델라웨어주 회사법을 인용하여 논의를 하고 있는 경우가 적지 않다(ロバート・W・ハミルトン 著, 山本光太郎 譯, 「アメリカ會社法」(木鐸社, 1999), 22면).

2) MBCA는 워싱턴DC를 비롯해 16개주가 채택하고 있으며, 35개주의 회사법에 영향을 주고 있다(이철송, 전게서, 17면).

3) アメリカ법률협회, 「コーポレート・ガバナンスの原理 : 分析と勸告」(일본증권경제연구소, 1996), 71-72면.

4) 미국 증권법(Securities Act of 1933)은 미국의 증권발행시장을 규제하기 위한 법률이다. 최초에는 blue sky law가 제정되어 증권발행시장을 규제해 왔으나 1920년대 들어 다양한 변

이 제정되고 증권거래위원회(U.S. Securities and Exchange Commission; SEC)가 설립되었다.[5] 이에 따라 정보공시나 사기금지를 중요한 내용으로 하는 연방차원의 증권규제법이 기업에 적용되게 되었다.[6] 그 후 위의 두 제정법이 기초가 되어 포괄적인 연방회사법으로 발전하려는 경향도 있었지만 규제완화라는 추세에 밀려 이 규정에 의한 규제는 일단 중단되었다. 그러나 두 제정법을 중심으로 하는 연방증권관련법[7]은 연방정부기관인 증권거래위원회(SEC)에 의하여 오늘날까지 회사법 분야에서 운용됨으로써 그 중요성이 유지되고 있다.[8]

1970년대 들어 미국에서는 외국정부 관료에 대한 부정지출사건이 드러나 회사 운영은 어떠해야 하는 것인가 하는 문제가 주목을 받게 되자 다양한 법률단체가 이 문제에 관심을 갖게 되었다. 그 중 대표적인 단체인 미국법률협회(ALI)의 프로젝트가 있었다. ALI는 회사 운영에 관한 중요한 문제점을 들고 12년의 세월을 거쳐 1992년 「기업지배구조의 원리 : 분석과 권고」(Principles of Corporate Governance: Analysis and Recommendations)를 완성하였다. 이

칙발행이 성행하였다. 이에 각 주간(州間)의 상이한 증권발행 규제조치를 통일시키는 것을 골자로 한 신증권법이 1933년 제정되었다. 이 법의 특징은 발행회사가 증권의 내용을 사전에 철저히 공개하고, 동 증권 발행목적, 회사의 내용 등 법정사항을 기재한 등록신고서를 증권거래위원회(SEC)에 제출하여야 하며, 또한 투자가에게 당해 증권내용을 주지시키기 위해 등록신고서의 주요내용을 기재한 안내서를 첨부할 것을 규정하고 있다는 점이다. 이 법이 발효됨에 따라 발행등록절차에 많은 시간과 비용이 소요되었으며, 따라서 동 법의 제정 이후 사모방식에 의한 기채가 증가하였다.

5) 미국증권거래위원회(U.S. Securities and Exchange Commission)는 미국의 유가증권 및 금융에 관한 특정한 연방법을 집행하는 독립적이며 중립적인 정부의 준사법기관이다. 동 위원회는 자본시장의 질서 확립과 규제를 위해 증권거래법에 따라 1934년에 설립되었다. 주 기능은 증권에 관한 한 어떤 기관보다도 우월한 지위에서 강력한 권리를 가지고 자본시장관리를 일원화하고 증권 및 금융과 관련된 특정한 제 법규를 집행하고 감독하는 것이다. 또한 상장증권의 등록, 대주주의 주식취득조사, 증권거래소의 감독, 거래원의 등록 및 자격취소, 거래규칙 위반행위의 조사, 공익성이 강한 전기・가스 사업에 관한 규제 등 광범위한 업무를 취급하고 있다. SEC 위원은 5명으로 상원의 추천과 승인을 거쳐 대통령이 임명하며 임기는 5년이고 의장은 대통령이 지명한다.

6) デニス・S・カージヤラ, 「セミナーアメリカ證券法」(商事法務硏究會, 1991), 13면.

7) 연방증권관련법은 7개가 존재한다. 이들은 ① 1933년 증권법 (Securities Act of 1933, 15 U.S.C. §77a), ② 1934년 증권거래법 (Securities Exchange Act of 1934, 15 U.S.C. §78a), ③ 1935년 공익사업지주회사법 (Public Utility Holding Company Act of 1935, 15 U.S.C. §79), ④ 1939년 신탁증서법 (Trust Indenture Act of 1939, 15 U.S.C. §77aaa), ⑤ 1940년 투자회사법 (Investment Company Act of 1940, 15 U.S.C. §80a-1), ⑥ 1940년 투자자문업법 (Investment Advisers Act of 1940, 15 U.S.C. §80b-1), ⑦ 1970년 증권투자자보호법 (Securities Investor Protection Act of 1970, 15 U.S.C. §78aaa) 이다. 보다 자세한 설명은 Louis Loss & Joel Seligman, Securities Regulation(3d ed. rev. 1998) pp. 224-273 참조.

8) ロバート・W・ハミルトン 著, 山本光太郎 譯, 전게서, 24면.

원리는 법적 구속력을 가진 것은 아니지만 권위있는 단체에 의하여 주도면밀한 작업의 결과 완성된 것으로 법원도 이를 무시할 수 없을 정도로 의미가 있는 것이었다.[9)]

하지만, 이러한 노력이 있었음에도 불구하고 21세기 초에 들어서자 마자 엔론사(Enron Co.)[10)]를 비롯하여 월드컴(WorldCom), 퀘스트(Qwest) 등의 대형 부정회계사건이 잇달아 발생하였다. 미국은 이로 인하여 그 동안 세계 최고의 투명성을 자랑하여온 자본시장과 기업지배구조의 신뢰가 크게 실추되었으며, 기존의 관련법에 대한 문제점을 새로이 재검토하기 시작하여 개선책을 마련하게 되었다.[11)]

먼저, 미국 연방의회는 2002년 7월 15일에 기업지배구조와 회계감사기준을 개선하기 위하여 사베인즈－옥슬리법(Sarbanes-Oxley Act of 2002, 이하 SOA라 약칭한다)[12)]을 제정하였고, 이에 앞서 부시 미국 대통령은 투자자(주주)보호와 회사 임원의 책임을 강화하기 위하여 2002년 3월 7일에 대통령령의 10가지 핵심 플랜(ten point plan), 그리고 2002년 7월 9일에는 대통령의 포괄적 회사개혁일정(the President's Comprehensive Corporate Reform Agenda)을 공표하였다. 또한 미국증권거래위원회(SEC)와 뉴욕증권거래소(New York Stock Exchange; NYSE) 등도 기업지배구조를 개선하기 위한 대책을 제안하고 마련하였다. 이러한 미국의 개혁입법의 내용은 크게 ① 기업의 고시와 회계, ② 외부회계감사인, ③ 이사회 및 감사위원회에 관한 것으로 구분할 수 있다. 미국 연방의회의 사베인즈－옥슬리법, 대통령의 제안, 증권거래위원회(SEC)의 개혁은 ①과 ②에 초점을 두고 있고, 뉴욕증권거래소(NYSE)의 개혁은 주로 ③에 그 초점을 둔 것이라고 할 수 있다.[13)]

9) アメリカ법률협회, 전게서, 93면, 주 2.

10) 2001년 12월 미국 사회 전반에 엄청난 파장을 몰고 온 엔론사의 도산은 특별조사결과 회사의 고위 경영진들이 여러 개의 특수목적기구(Spercial Purpose Entity : SPE)를 설립하여 장기간에 걸쳐 대규모로 회계장부를 조작하여 온 분식회계와 더불어 SEC에 대한 공시의무를 제대로 이행하지 않는 등 관련법규를 위반하여 왔는데, 적절한 회사의 내부통제장치 미비 등이 이 같은 회사 및 관련 임직원의 불법행위를 촉진한 것으로 나타났다. 이에 관한 구체적인 내용은 서헌제, "2002년 미국 기업개혁법(Sarbanes-Oxley Act)에 대한 연구,"「중앙법학(제6집 2호)」(중앙대학교 법학연구소, 2004. 8), 163-165면; 鎌田信男, "エンロン事件と米国のコーポレートガバネンス改革," http://www.tyg.jp/tgu/school_guidance/bulletin/k12/images/11kamata.PDF 참조.

11) 금융감독원 뉴욕사무소, 「미 엔론사태의 전말과 개혁」(2002.10), 1-2면.

12) 이를 기업개혁법, 기업회계개혁법, 회계제도개혁법 등으로 번역하나, 여기에서는 사베인즈-옥슬리법으로 통일한다.

이와 같이 미국에서는 회계부정과 관련한 엔론사 사건 등으로 말미암아 기존의 기업지배구조를 재검토함과 동시에 많은 관련 법률을 검토하게 되었다. 그 대표적인 것이 SEC의 개혁안 추진과 함께 개혁 입법으로 진행된 사베인즈-옥슬리법[14]과 NYSE의 규정이라고 할 수 있다.

2. 사베인즈-옥슬리법의 제정

2.1 제정 과정

2001년말 발생한 엔론사태 이후 미국 의회(상하 양원)는 기업공시의 정확성과 책임을 증진시켜 투자자들을 보호해야 한다는 원칙에는 의견의 일치를 보았으나, 관련업계나 이익단체 등의 로비와 선거에 미칠 영향 등 정치적인 이유로 법안의 구체적인 내용에는 합의를 보지 못하고 있었다. 즉 상원에서는 투자자보호를 위한 개혁적인 Sarbanes법이 통과되었으나 하원에서는 친기업적인 내용의 Oxley법이 마련되어 양원의 최종적인 합의안이 도출되기까지는 상당기간이 소요될 것으로 예상되었다. 이에 따라 SEC는 2002년 말까지 의회에서 입법이 성사되지 않을 경우 시행할 것을 전제로 하여 회계업무 감독기구 설립과 외부감사인의 컨설팅 금지 등을 주요 내용으로 하는 독자적인 안을 마련하였다.[15]

그러나 WorldCom, Qwest 등 대기업들의 회계부정과 경영진들의 비리가 연이어 터지면서 미국의 대기업과 주식시장에 대한 투자자들의 불신이 극에 달하게 되고 그에 따른 주가의 폭락이 이어졌다.[16] 이에 미국 자본주의의 근간이 흔들리고 있다는 위기의식이 확산되면서 정치권은 신속히 그 해결방안을 마련하지 않을 수 없었고, 상하 양원은 2002년 7월 25일 단일안에 합의하고 7월 30

---

13) 河村賢治, "米國における企業統治改革の最新動向," 「商事法務(no. 1636)」(商事法務研究會, 2002. 8), 50면.

14) Thomas White and James Greig, "Sarbanes-Oxley Act of 2002(a New Regime of Corporate Governance)," International Business Lawyer, vol. 30 no. 9(Oct. 2002), p. 445; 강희갑, "미국의 개혁입법 : 사-벤즈 · 옥슬리법(Sarbanes-Oxley Act)과 그 시사점," 「사회과학논총 제19집」(명지대학교 사회과학연구소, 2003), 1-2면.

15) 서헌제, 전게 논문, 181면.

16) 엔론 사태 이후에도 WorldCom, Global Crossing, Adelphia Communications 및 Tyco 등 유명한 회사를 포함한 일련의 스캔들이 발생하였었다. 이러한 스캔들은 공중의 주식시장의 신뢰를 크게 동요시켜 주식시장의 급격한 주가 하락의 원인이 되었다(Brian Kim, "Recent Development : SARBANES -OXLEY ACT," Harvard Journal on legislation., vol.40 no.1 (winter 2003), p. 235. http://www.law.harvard.edu/students/orgs/jol/vol40_1/kim.pdf).

일 부시 대통령이 서명함으로써 Sarbanes－Oxley법이 성립하게 되었다. 이 법은 1929년의 대공황을 극복하기 위하여 제정된 1933년 증권법과 1934년 증권거래법 이래 최대의 개혁입법으로 회계감독기구의 설립, 감사인의 독립성 제고, 기업 및 임직원의 책임강화, 기업공시의 개선, 증권분석가의 이해상충방지 등을 그 중요 내용으로 하고 있다.[17) 18)]

사베인즈－옥슬리법은 제1장 공개기업회계감독위원회(Public Company Accounting Oversight Board), 제2장 감사인의 독립성(Auditor Independence), 제3장 기업의 책임(Corporate Responsibility), 제4장 재무정보 공시 강화(Enhanced Financial Disclosures), 제5장 분석가의 이해 상충(Analyst Conflicts of Interest), 제6장 SEC의 재원과 권한(Commission Resources and Authority), 제7장 연구 및 보고(Studies and Reports), 제8장 기업사기 및 형사사기 책임(Corporate Criminal Fraud Accountability), 제9장 화이트칼라 범죄 처벌 강화(White-color Crime Penalty Enhancements), 제10장 법인세 신고(Corporate Tax Returns), 제11장 기업사기에 대한 책임(Corporate Fraud and Accountability)의 11개 장의 방대한 내용으로 구성되어 있다.[19)]

동 법 규정의 대부분은 1933년 증권법과 1934년 증권거래법의 관련 조항들을 수정하는 형식으로 되어 있다. 그리고 동 법의 많은 규정은 공포 즉시(2002년 7월 30일부) 효력이 발생하였지만, 일부 규정은 관련기관 규정의 제・개정을 통하여 시행된 것도 있다.[20)]

2.2 사베인즈－옥슬리법의 주요내용

(1) 회계감독기구의 설립

1) 공개기업회계감독위원회의 설립

사베인즈－옥슬리법은 회계법인을 일반적으로 감독하는 공개기업회계감독위원회를 두도록 하였다.[21)] 즉 상장기업(public company)에 투자하는 투자자를

17) 서헌제, 전게 논문, 182면.
18) 동 법의 제정은 EU 및 그 주요국인 영국, 독일, 프랑스에도 영향을 미쳐 기업지배구조의 개혁이나 회계감사제도의 개혁으로 이어졌다(松尾直彦, "米国企業會計改革法,"「商事法務(No. 1667)」(商事法務研究會, 2003.7.5), 4면).
19) http://www.bearsystems.com/Sarbanes-Oxley/sarbanesoxleyact-Congress.pdf
20) 자세한 내용은 금융감독원, 「미국에서의 기업지배구조 개선동향」(회계감독1국, 2004.10), 10-11면 참조.

보호하기 위하여 증권관계법을 적용받는 공개회사에 대한 회계감사(audit)를 감독하는 공개기업회계감독위원회(the Public Company Accounting Oversight Board, 이하 '감독위원회'로 약칭한다)를 설립한다.[22] 이 감독위원회는 컬럼비아 특별지구 비영리법인법(The District of Columbia Nonprofit Corporation Act; D.C. Code §29-301.01)의 적용을 받는 사적 비영리단체로서[23] 연방정부기관은 아니지만 동 법이 부여하는 모든 권한을 갖는다.[24]

감독위원회의 임무로는 ① 발행인[25]을 위하여 감사보고서를 준비하는 공인회계법인(public accounting firms)을 등록하게 하고, ② 발행인을 위한 감사보고서 작성과 관련된 감사, 품질관리, 윤리, 공정성 및 기타 기준(other standards)을 규칙에 따라 설정하거나 채택하고, ③ 감독위원회의 규칙에 따라 등록하는 공인회계법인을 조사하고, ④ 필요한 경우 등록된 공인회계법인과 그 관련자를 조사하여 처벌하고, ⑤ 감독위원회(또는 증권거래위원회가 규정이나 명령에 의하여)는 투자자 보호와 공익의 증진을 위하여 등록된 공인회계법인 및 그 관련인의 직업윤리 규정을 제정하고 이들이 제공하는 감사서비스의 품질을 향상시키거나 기타 법 시행에 필요하거나 적절하다고 판단하는 임무 또는 역할을 수

---

21) メルビン・A. アイゼンバーグ(川口恭弘訳), "アメリカにおける會社法制の改革,"「民商法雜誌」(第130卷 3号)(有斐閣, 2004.6), 396면.

22) 그 목적은 공개회사로 하여금 유익하고, 정확하고 나아가 독립적인 감사보고서를 작성함으로써 투자자의 이익, 나아가 공익(public interest)을 보호하기 위함이다(SOA sec. 101(a)).

23) 伊藤壽英, "アメリカにおける「企業改革法」(サーベンス・オクスリー法)の成立について,"「法學新報」(第109卷 5・6号)(中央大學法學会, 2003.3), 4면.

24) 그러나 감독위원회의 위원이나 고용하는 자 또는 감독위원회의 대리인은 동 업무와 관련하여 연방정부의 관리(officer), 직원(employee) 또는 대리인(agent)으로 보지 아니한다(SOA sec. 101(b)).

25) "발행인"(Issuer)이란 미국 증권거래법(1934) 제3조 8항(15 U.S.C. 78c)에서 말하는 발행인을 의미한다(SOA sec. 2(7)). 동 법 제3조 8항이란 「The term "issuer" means any person who issues or proposes to issue any security; except that with respect to certificates of deposit for securities, voting-trust certificates, or collateral-trust certificates, or with respect to certificates of interest or shares in an unincorporated investment trust not having a board of directors or of the fixed, restricted management, or unit type, the term ""issuer"" means the person or persons performing the acts and assuming the duties of depositor or manager pursuant to the provisions of the trust or other agreement or instrument under which such securities are issued; and except that with respect to equipment-trust certificates or like securities, the term ""issuer"" means the person by whom the equipment or property is, or is to be, used」을 말한다. 우리나라의 경우 '발행인'이라 함은 유가증권을 발행하였거나 발행하고자 하는 자를 말한다. 다만 제1항 제8호의 유가증권을 발행함에 있어서는 그 기초가 되는 증권 또는 증서를 발행하였거나 발행하고자 하는 자를 말한다(증권거래법 제2조 제5항).

행하며, ⑥ 등록된 공인회계법인 및 그 관련자가 감사보고서 작성 및 발부, 그에 대한 회계사의 의무 및 책임과 관련하여 동 법, 감독위원회 규정, 직업윤리 규정 및 증권법을 준수하도록 하고, ⑦ 감독위원회의 운영과 관련된 예산을 계획하고 집행하도록 하여야 한다.[26]

2) 감독위원회의 구성

감독위원회는 5명의 위원으로 구성하고,[27] 위원 중 2명은 1개 이상의 미국 주법에 의한 공인회계사이어야 하며, 그 중 1인이 감독위원회의 위원장인 경우 그 위원장은 선임 전 5년간 감사법인의 최고경영책임자(CEO)로 영업을 하지 않았어야 한다.[28] 또한 각 위원은 상근직이며 감독위원회 위원 이외의 겸업을 할 수 없으며 어떠한 제3자로부터도 위원으로 선임되기 이전에 이미 확정된 연금을 제외한 어떠한 수수료나 보수를 받을 수 없다.[29] 감독위원회의 최초 구성은 동 법이 제정된 날로부터 90일 이내에 하되, 증권거래위원회가 연방준비제도이사회 의장 및 재무장관과 협의하여 감독위원회 위원장을 비롯한 창립위원을 임명하고 위원별 임기를 지정한다. 만약 감독위원회에 결원이 발생한다 하더라도 감독위원회의 권한에는 영향을 미치지 아니하며, 동 임명 규정에 의하여 충원된다.[30] 각 위원은 5년의 임기로 선임되고 임기의 종료는 후임자가 임명될 때까지로 한다. 다만 감독위원회의 위원장 또는 위원은 연임 여부에 관계없이 3회 이상 중임할 수 없으며,[31] 겸직도 불가능하다.

3) 외국회계법인에의 적용

발행인에 대하여 감사보고서를 작성하거나 제공하는 외국계 공인회계법인[32]

---

26) SOA sec. 101(c).

27) 위원의 자격은 투자자와 공익을 위하여 노력을 하였으며 증권법에서 발행인에게 요구하는 재무공시에 대한 책임과 성격을 이해하고 재무공시와 관련하여 감사보고서의 작성 및 발부에 대한 회계사의 책임을 이해하는 도덕성과 평판이 뛰어난 자 중에서 임명하여야 한다(SOA sec 101(e)(1) 후단).

28) SOA sec. 101(e)(2).

29) SOA sec. 101(e)(3). 다만, 증권거래위원회가 제시하는 조건에 따라 공인회계법인인 직원에 대한 표준퇴직금 제도에 의하여 지속적으로 지급하는 확정액의 사례비는 예외로 한다(동항 후단).

30) SOA sec. 101(e)(4).

31) SOA sec. 101(e)(5).

32) 외국계 공인회계법인(foreign public accounting firm)이란 외국 정부 또는 그 행정구역의 법에 의하여 설립 및 운영되는 공인회계법인을 말한다(SOA sec. 106(d)).

은 동 법과 동 법에 의하여 제정한 감독위원회 및 증권거래위원회의 규정을 미국 연방법 또는 주법에 의하여 설립, 운영되는 공인회계법인과 동일한 방식 및 수준으로 준수하여야 한다. 또한 감독위원회는 감사보고서를 발부하지 않는 외국계 공인회계법인이더라도 특정 발행인을 위하여 그 보고서를 작성 및 제공하는데 실질적인 역할을 담당하는 경우 공익 또는 투자자보호를 위하여 감독위원회의 감독을 받는 등록된 공인회계법인으로 보는 것이 필요하거나 적절하다고 결정할 수 있다.[33)]

만약, 우리나라 법인이 미국에 상장된 경우 우리나라 회계법인이 감사보고서를 작성하면서 제3의 우리나라 국내 회계법인의 업무를 인용하는 경우 그 제3의 회계법인에게도 본 조항이 적용될 수 있다고 하여야 할 것이다. 또한 본법에서 미국 법원이 다른 나라에 있는 법인을 대상으로 관할권을 행사하는 경우 실질적인 관할권의 행사가 불가능하다고 할 수 있으나 우리나라의 미국상장법인이 계속하여 미국 자본시장에서 자금을 조달하기 위해서는 간접적으로 그 관할권의 행사가 가능하도록 협조하지 않으면 안 될 것이다.[34)]

4) 증권거래위원회의 감독위원회에 대한 감독

증권거래위원회(SEC)는 감독위원회를 증권업협회(NASD)와 같은 성격의 협회로 보아 그 감독위원회의 업무에 대한 감독권을 가진다. 감독위원회는 제안된 규정[35)]에 대해서는 증권거래위원회의 사전 승인을 받아야 유효하다. 만약 증권거래위원회로부터 사전 승인을 받지 못하는 경우에는 발효되지 아니한다.[36)]

또한 증권거래위원회는 감독위원회의 징계조치에 대한 검토를 할 수 있다. 즉 감독위원회는 등록된 공인회계법인이나 그 관련자에 대한 최종 징계조치를 즉시 증권거래위원회에 통지를 하여야 하며, 증권거래위원회는 감독위원회가 내린 최종 징계성 제재조치를 검토하도록 하고 있다.[37)] 만약 이러한 절차를 거친 후 공익과 투자자보호를 충분히 고려할 때 감독위원회가 등록된 공인회계법인

---

33) SOA sec. 106(a)(1)(2).

34) 강희갑, 전게 논문, 7면.

35) 제안된 규정(proposed rule)이란 제안된 감독위원회의 규정 및 동 규정의 개정안을 말한다(SOA sec. 107(b)(1)).

36) SOA sec. 107(a)(b)(2); 증권거래위원회는 제안된 규정이 동 법 및 증권법상의 요건과 일치하는 경우 또는 공익, 투자자보호를 위하여 필요하거나 적절하다고 판단되는 경우 이를 승인하여야 한다(SOA sec. 107(b)(3)).

37) SOA sec. 107(c)(1)(2).

이나 그 관련자에게 내린 제재조치가 ① 동 법 또는 증권법 시행을 증진하는데 필요 내지 적절하지 않은 경우, ② 과도하거나 억압적이거나 적합하지 않는 등 사실인정이나 그 제재조치의 근거로 적절하지 않는 경우에는 증권거래위원회는 그 제재조치를 개선(enhance), 수정(modify), 취소(cancel), 축소(reduce)하거나 은폐하도록 요구(require the remission)할 수 있다.[38]

(2) 감사인의 독립성 제고

1) 감사인의 비감사업무 서비스 금지

공인회계법인 및 그 법인의 관련자(any associated person)는 감독위원회가 운영을 개시한 이후 180일이 경과된 후부터는 감독위원회의 규정에 따라 감사의 업무를 수행함과 동시에 비감사업무로서 다음의 업무를 제공할 수 없다.[39] [40] 만약에 이를 제공하면 불법이 된다. 제공할 수 없는 비감사업무(non-audit service)로는 ① 감사대상기업의 감사기록과 관련한 장부관리(bookkeeping) 또는 관련 서비스 또는 재무제표 관련업무, ② 재무정보관리시스템 설계 및 운영업무, ③ 감정 또는 평가서비스, 공정 의견 또는 현물출자보고서(contribution-in kin reports), ④ 보험계리서비스(actuarial service), ⑤ 내부감사의 외주 업무(internal audit outsourcing services), ⑥ 관리기능 또는 인사관리(management functions or human resources), ⑦ 증권거래업무, 투자자문 또는 투자은행업무(broker or dealer, investment adviser, or investment banking services), ⑧ 감사와 관련이 없는 법률 서비스 및 전문 서비스(legal services and expert services unrelated to the audit), ⑨ 기타 감독위원회가 규정으로 금지하는 업무를 들고 있다.[41]

또한 등록된 회계법인은 단지 그 활동이 발행인 측 감사위원회에 의하여 사전 승인된 경우에 한하여 위의 ①호에서 ⑨호에 예시되지 않은 세무서비스(tax services)를 포함한 비감사서비스를 감사의뢰인에게 제공할 수 있다.[42]

---

38) SOA sec. 107(c)(3).
39) SOA sec. 201(a).
40) 이러한 규정을 둔 취지는 최근 들어 감사법인에 의한 경영컨설팅업무, 주식 신규공개와 같은 투자은행업무의 관여가 감사인의 독립성을 현저히 저해할 수 있으므로 사전에 감사인과 감사의 대상회사와의 사이에 발생할 수 있는 이해상충(conflict of interest)을 방지하기 위함이다.
41) SOA sec. 201(a); Securities Exchange Act of 1934 sec. 10A(g).
42) SOA sec. 201(a); Securities Exchange Act of 1934 sec. 10A(h).

이러한 감사서비스와 비감사서비스에 대하여는 사전 승인을 받도록 하였다. 즉 감사인이 발행인에게 제공하는 다음 증권거래법 sec 10A(i)(1)(B)에서 규정된 것 이외의 감사서비스(주법상 보험회사에 대한 증권발행인의 수 또는 법정감사와 관련하여 컴포트 레터[43]의 제공이 수반될 수 있는)와 비감사서비스는 모두 발행인의 감사위원회로부터 사전 승인을 받아야 한다. 그러나 다음과 같은 비감사서비스에 대하여는 그러하지 아니한다. 즉 ① 발행인에게 제공되는 비감사서비스 비용의 총액이 비감사 서비스가 제공되는 회계연도 중 발행인이 감사인에게 지급한 전체 수익의 5%를 초과하지 않는 경우, ② 발행인이 감사 착수 시 비감사서비스로 인식하지 못하였던 경우, ③ 즉시 발행인의 감사위원회에 알려서 감사위원회 또는 이사회의 이사로 승인 권한을 감사위원회로부터 위임받은 감사위원회 1인 이상이 감사가 종료되기 이전에 승인한 경우에는 사전 승인을 받지 않아도 된다.[44]

이렇게 승인된 비감사서비스에 대해서는 정기보고서를 통하여 투자자에게 공개하여야 한다.[45]

2) 감사인의 감사책임자 교체

감독위원회에 등록한 공인회계법인은 각 공개회사의 감사업무담당 책임자를 공개기업의 감사업무를 시작한 때로부터 5년 이내에 교체하도록 규정하였다. 만약 그러하지 아니하는 경우에는 그 감사서비스는 불법에 해당된다.[46] 이러한 규정을 두게 된 취지는 피감사기업과 회계법인 간의 유착관계를 제거하려는 데 그 목적이 있다. 다만 회계법인 교체를 의무화하는 방안에 대해서는 감사원장으로 하여금 회계법인의 교체의무화에 따른 잠재적 효과를 연구하고 검토하도록 하고, 동법 시행 이후 회계감사원(GAO)의 원장은 1년 이내에 그 연구·검토 결과를 의회에 제출하도록 하였다.[47]

---

43) 증권발행시 첨부되며 재무제표에 나타나 있는 정보가 오류나 잘못 표기되어 있지 않음을 공인회계사가 표명한 일종의 보고서를 말한다.

44) 발행인의 감사위원회는 이사회의 독립된 이사이면서 감사위원회의 위원인 자 1인 이상에게 동항에서 요구하는 사전승인 권한을 위임할 수 있다(SOA sec. 202; Securities Exchange Act of 1934 sec. 10A(i)(1)(3)).

45) SOA sec. 202; SEA sec. 10A(i)(2).

46) SOA sec. 203; SEA sec. 10A(j).

47) 안수현, "회계제도개혁법의 입법현황과 실무상 몇가지 고려점: 미국 Sarbanes-Oxley Act와의 비교를 통하여", 「증권법연구」(제4권 제2호)(한국증권법학회, 2003.12), 256면.

3) 감사인의 감사위원회에 대한 보고

감사서비스를 발행인에게 제공하는 각 등록된 공인회계법인은 발행인 측 감사위원회에 다음의 내용을 신속히 보고하여야 한다. 즉 ① 적용할 제반 주요 회계정책 및 관행, ② 일반적으로 승인된 회계기준상 허용되는 범위에서 경영진과 상의한 공개회사의 회계처리 방식과 다른 방식에 대한 정보 및 다른 방식으로 처리하였을 때의 결과와 회계법인이 선호하는 처리방식, ③ 기타 등록된 회계법인과 발행인 측 경영진 간에 이루어진 경영서신(management letter) 또는 미조정 사안 목록과 같은 중대한 의사소통 관련 문서에 대하여는 감사위원회에 신속히 보고하도록 하였다.[48)]

4) 감사인과 고객사간 이해상충의 방지

퇴직한 지 1년이 경과하지 않는 발행인 측의 최고경영자(CEO), 최고재무책임자(CFO) 등이 등록된 공인회계법인에 고용되어 그 발행인에 대해 감사를 수행하지 못한다.[49)]

(3) 기업의 책임 강화

1) 감사위원회(Public company audit committee)의 제도화

각 발행인 측의 감사위원회는 이사회 소속의 위원회의 자격으로 감사보고서의 작성 또는 발부, 또는 관련 업무를 위하여 의뢰한 등록회계법인의 업무를 지정, 보상 및 감독하는데 직접적인 책임을 지도록 하였으며, 각 등록회계법인은 동 감사위원회에 직접 보고하도록 규정[50)]함으로써 감사의 기능을 충실히 수행하도록 하였다.

또한 모든 공개회사는 회사 내 감사업무가 독립적으로 수행될 수 있도록 경영진으로부터 독립성을 갖춘 감사위원회를 설치하고 유지해야 한다. 그 독립성의 조건으로 제시하고 있는 것은 다음과 같다. ① 발행인 측 감사위원회의 각 위원은 발행인 이사회의 이사가 되며 그 외에 있어서는 독립적 지위를 가진다. 동 위원이 독립된 지위를 가지는 것으로 간주되기 위해서는 감사위원회 위원, 이사회 이사 또는 기타 이사회 소속 위원회의 위원으로서의 자격이 아닌 그 외

48) SOA sec. 204; SEA sec. 10A(k).
49) SOA sec. 206.
50) SOA sec. 301; Securities Exchange Act of 1934 sec. 10A(m)(2).

의 자격이어야 하고, ② 발행인으로부터 컨설팅, 자문 또는 기타 보상 수수료를 받지 아니 하여야 하며, ③ 발행인 또는 그 계열사의 관련자가 아니어야 한다.[51] 감사의 독립성을 저해하는 경우에 대한 예로는 ① 감사인이 동시에 감사대상회사의 법률고문·세무고문을 겸직하는 경우,[52] ② 감사인이 감사대상회사의 내부감사에 종사하는 경리담당자인 경우,[53] ③ 감사인이 이전에 감사담당회사의 재무담당자인 경우,[54] ④ 감사법인 및 그 종업원지주회가 감사대상회사의 주식을 보유하고 있는 경우,[55] ⑤ 감사인이 감사대상 신탁의 공동수탁자인 경우[56] 등을 들 수 있다.

또한 감사의 업무를 공정하게 수행하기 위하여 감사위원회는 ① 회계, 내부회계통제 또는 감사 문제와 관련하여 발행인이 접수한 이의사항을 접수·보관 및 처리, ② 문제가 있는 회계 또는 감사 문제에 대하여 발행인의 직원이 비밀리에 익명으로 이의제기를 할 수 있는 절차를 수립하여야 한다.[57]

이외에도 감사위원회의 업무를 효율적으로 수행하고 업무를 충실히 이행하기 위하여 자문인 이용권한과 자금지원에 대한 규정을 두고 있다. 즉, 감사위원회는 업무 수행에 필요한 경우 독립된 변호사 및 기타 자문인을 참여시킬 수 있는 권한을 가진다. 또한 각 발행인이 이사회 소속 위원회의 자격으로 감사위원회의 결정에 따라 감사보고서 작성 또는 발부를 위하여 발행인이 고용한 등록회계법인 및 감사위원회가 고용한 자문인에 대하여 보수의 지급을 위하여 적절한 자금지원책을 마련하도록 규정하고 있다.[58] [59]

이와 같이 사베인즈-옥슬리법에서는 종전에 법률로 규정되어있지 아니한

---

51) SOA sec. 301; Securities Exchange Act of 1934 sec. 10A(m)(3)(A)(B).
52) Cohen v. Wolgin, CIV. No. 87-2007, 1995 WL 33095(E.D. Pa. Jan. 24, 1995).
53) Bank of Tokyo Trust Co. v. Friedman, 197 A.D. 2d 354(N.Y. 1993).
54) Robert W. Preusch v. University of the State of New York, 112 A.D. 2d(N.Y. 1985).
55) In the Matter of PricewaterhouseCoopers LLP, SEC Release No. 4095(Jan. 14, 1999).
56) In the Matter of Moore Stevens, P.C., SEC Release No. 41425(May 19, 1999).
57) SOA sec. 301; Securities Exchange Act of 1934 sec. 10A(m)(4).
58) SOA sec. 301; Securities Exchange Act of 1934 sec. 10A(m)(5)(6).
59) 본래 미국의 각 주 회사법은 코네티컷주를 제외하고는 법률에 의하여 감사위원회의 설치가 강제되지 않고 있으며, 뉴욕증권거래소나 아메리칸증권거래소와 나스닥에서는 상장기준으로 감사위원회의 설치를 요구하고 있고 SEC규칙에서는 감사위원회에 관한 정보공시요건을 규정하고 있었다. 하지만, 1999년 12월 14일에 개정된 SEC규칙에서는 감사위원회의 독립성 공시 등 감사위원회의 정보공시요건을 대폭 강화하였다. 이에 대해서는 Erich S. Lee. "Audit Committees and Outside Directors". 「현대법의 쟁점」(명지대 법학연구소, 국제학술 발표논문집, 2001.11), 85-114면 참조. 또한 강희갑, 「주식회사의 경영감독·감사 및 감사위원회제도에 관한 연구」(상장회사협의회. 2002.8), 112-134면 참조.

감사위원회제도를 연방법으로 규정하여 법제화함은 물론 그 기능을 대폭 강화하였다는데 그 의의가 매우 크다고 하겠다.

2) 재무보고서에 대한 기업책임 부여

증권거래위원회(SEC)는 정기적으로 보고서를 제출하는 각 회사에 대하여 최고경영자(the principal executive officer or officers) 및 수석재무책임자(the principal financial officer or officers) 또는 이와 유사한 역할을 담당하고 있는 자들(persons performing similar functions)로 하여금 제출한 연례 또는 분기별 보고서에서 다음의 사항을 반드시 인증하도록 증권거래위원회의 규정에 정하고 있다. 즉 ① 서명한 임원의 보고서 검토, ② 보고서에 중요한 사실을 허위로 기재하였거나 기재 당시 상황을 고려할 때 당해 임원이 알고 있는 한, 사실을 오도하지 않도록 하는데 필요한 중요한 사실 중 누락한 것이 없다는 사실, ③ 재무제표 및 보고서에 기재한 기타 재무정보가 보고서에 명시된 기한 현재, 또는 그 기간 중에서는 당해 임원이 알고 있는 한 발행인의 재무상태 및 운영결과에 대하여 제반 주요 사항을 공정하게(fairly) 제시하고 있다는 사실을 인증할 의무가 있다.[60)]

또한 서명한 각 임원은 ① 내부통제 시스템을 구축 및 유지할 책임을 지며, ② 특히 정기보고서 작성 기간 중에는 발행인 및 그 연결 자회사에 대한 주요 정보가 자체 직원에 의하여 임원들에게 공개되도록 내부통제 시스템을 두어야 하며, ③ 발행인의 내부통제 시스템의 효과를 보고서 작성 90일 전까지 평가 완료하여야 하며, ④ 전술한 날까지 평가결과를 토대로 한 내부통제 시스템의 효과에 대한 결론을 기재한 보고서를 제출하도록 의무화하였다.[61)]

이 외에도 서명한 각 위원은 발행인 측의 감사인과 이사회 소속 감사위원회(또는 이에 상당하는 역할을 수행하는 자)에게 ① 발행인의 재무자료 기록, 처리, 요약 및 보고 능력에 악영향을 미칠 수 있는 내부통제 시스템 설계 또는 운영상 모든 중대한 결함 및 발행인 측 감사인에게 내부통제 시스템 상의 중대한 약점, ② 발행인의 내부통제 시스템에 중요한 역할을 하는 관리자 또는 기타 직원이 관계된 크고 작은 사기 사건을 공개하였다는 사실을 공시하여야 할 의무를 부과하고 있다.[62)]

---

60) SOA sec. 302(a)(1)(2)(3).
61) SOA sec. 302(a)(4).

3) 감사행위에 대한 부당한 영향 금지

발행인의 임원이나 이사, 또는 그의 지시를 받은 기타 직원이 위원회가 공익 또는 투자자 보호를 위하여 필요하고 적절하다고 규정하는 규칙이나 규정(such rules or regulations)을 위배하여 발행인의 재무제표를 심각하게 오도할 목적으로(materially misleading) 그 재무제표 감사에 관여하는 독립된 공인회계사에게 부정하게 영향력을 행사하거나 강요, 조작 또는 오도하는 행위를 하여서는 안 된다. 만약 이를 위배하는 행위를 하게 되면 그 행위는 불법(unlawful)이 된다.[63]

(4) 기업 공시의 강화

1) 정기보고서의 공시내용 확충

정기보고서의 정확성을 기하기 위하여 '일반적으로 인정되는 회계원칙(GAAP)' 등에 따라 재무보고서를 작성하여 감독위원회에 제출하여야 하고, 각 재무보고서는 재무제표와 함께 위원회 규정 등에 의하여 등록회계법인의 지적사항에 대한 주요 시정조치를 모두 반영하도록 하고 있다.[64]

또한 대차대조표에 계상되지 않는 주요 부외거래(off-balance sheet transactions), 채무(우발적 채무 포함) 및 기타 발행인과 비연결기업 등과의 관계 등 재무상태, 유동성, 자본 수입이나 지출의 주요 구성항목 등에 있어 현재 또는 미래에 중대한 영향을 미칠 수 있는 모든 사항을 공개하도록 하였다.[65]

2) 이해상충에 관한 규정의 강화

기업의 임원(executives)에 대한 개인적 신용공여의 금지를 규정하였다.[66] 즉 발행인이 이사 및 경영진에게 자회사를 통하는 등 직·간접적으로나 개인금융의 형식으로 신용을 제공하거나 신용제공을 주선 또는 갱신할 수 없도록 하였다.[67] 다만 본법이 제정되는 날 현재 발행인이 유지하고 있는 신용 제공은

62) SOA sec. 302(a)(5).
63) SOA sec. 303(a).
64) SOA sec. 401(a); Securities Exchange Act of 1934 13(i).
65) SOA sec. 401(a); Securities Exchange Act of 1934 13(j).
66) SOA sec. 402(a)
67) 이와는 달리 거의 모든 주의 회사법에 있어서, 회사와 이사 및 임원 간의 거래는 만일 이해관계없는 이사나 임원이 회사에 대하여 실질적으로 공정한 거래라고 한다면, 그 거래는 허용

동 규정의 적용대상에서 제외된다.[68]

3) 경영진 및 주요 주주의 주식거래 공시 개선

기업의 이사, 임원 및 주요 주주는 실질주주의 소유주식 변동내용을 신속히 공시하여야 한다. 즉 회사 주식을 직접적 또는 간접적으로 종류에 관계없이 10%를 초과하여 보유하고 있는 실질적인 주주이거나 그 주식 발행인의 이사 또는 임원인 자는 실질주주 등의 주식보유내역에 대한 변동보고서를 증권거래위원회(또는 그 주식이 미국 증권거래소에 등록된 경우에는 그 거래소에도 함께)에 2일이내에 제출하여야 한다.[69] 물론 동 보고서의 제출방법으로 전자식 방법을 사용할 수도 있다.[70]

4) 경영진의 내부통제에 대한 평가 공시 신설

기업의 연례보고서에는 경영진의 내부통제보고서가 포함되어야 한다. 내부통제보고서의 내용은 ① 경영진의 적절한 내부통제구조 및 재무보고 절차 수립 및 유지 책임, ② 마지막 회계연도 종료 시점을 기준으로 실시한 발행인의 내부통제구조와 재무보고 절차의 효과에 대한 평가에 관한 것이다.[71]

이러한 내부통제평가와 관련하여 발행인에게 감사보고서를 작성 또는 발부하는 등록된 공인회계법인은 발행인의 경영진이 실시한 평가를 감사하여 보고한다. 이러한 감사(attestation)는 감독위원회가 수립 또는 채택한 감사업무기준에 의한다.[72]

5) 재무담당임원에 대한 윤리강령 채택여부 공시

증권거래위원회(SEC)는 각 발행인으로 하여금 정기보고서와 함께 발행인의 수석재무담당임원(principal financial officers) 및 경리부장(comptroller) 또는

된다고 한다(Del. Gen. Corp. L. sec. 144; Curtis J. Milhaupt, "Sarbanes-Oxley as Implemented by the SEC : A Preliminary Evaluation of its Significance for U.S. and Foreign Firms(and their Advisors)," 「증권법연구」(제4권 2호)(2003), p. 371).

68) 이렇게 적용대상에서 제외된다 하더라도 전술한 제정일 당일 또는 그 이후에는 신용제공의 조건을 현저하게 수정하거나 갱신할 수는 없다(SOA sec. 402(a); Securities Exchange Act of 1934 13(k)(1)).

69) SOA sec. 403(a); Securities Exchange Act of 1934 sec. 16(a)(1).

70) SOA sec. 403(a); Securities Exchange Act of 1934 sec. 16(a)(4).

71) SOA sec. 404(a).

72) SOA sec. 404(b).

수석 회계담당임원(principal accounting officer) 또는 이와 유사한 임무를 수행하는 자(persons performing similar functions)에게 적용되는 재무담당임원 윤리강령의 채택 여부를 공시하고, 채택하지 않는 경우에는 그 이유를 공시하도록 요구하는 규정을 제정하도록 하고 있다.[73)]

여기서 '윤리강령'(code of ethics)이라 함은 ① 공사 간의 실제적 또는 분명한 이해 상충을 윤리적으로 해결하는 등의 정직하고 도덕적인 행위, ② 발행인이 제출하는 정기보고서에 완전하고, 공평하며, 신속 정확하고 이해가 가능하도록 공시, ③ 관련 정부 규정 및 규칙 준수 사항을 촉진하는데 합리적으로 필요한 기준을 말한다.[74)]

6) 감사위원회의 구성원으로서 재무전문가 포함 의무화

증권거래위원회는 공익을 위하여 필요하거나 적절하며 투자자 보호의 목적과도 일치하는 경우 각 발행인으로 하여금 정기보고서와 함께 발행인 측 감사위원회가 증권거래위원회에서 정의하는 재무전문가 1인 이상으로 구성되어 있는지 여부를 공개하고 포함되어 있지 않은 경우 그 이유를 공개하도록 요구하고 있다.

나아가, 증권거래위원회는 위의 목적을 위하여 '재무전문가'(financial expert)를 정의함에 있어 ① 일반적으로 인정되는 회계원칙 및 재무제표에 대한 이해를 할 수 있는지 여부, ② 비교 가능한 유사 발행인의 재무제표의 작성과 감사 및 준비금 회계와 관련하여 위의 회계원칙 적용 경험이 있는지 여부, ③ 내부회계관리에 대한 경험 유무, ④ 감사위원회 역할에 대한 이해를 하고 있는지 여부를 고려하여야 한다고 하고 있다.[75)]

3. 뉴욕증권거래소의 지배구조 개혁

3.1 경 과

미국의 기업지배구조의 개선을 위하여 매우 중요한 역할을 하여 온 뉴욕증권거래소(NYSE: New York Stock Exchange)에서는 엔론사태 이후 상장회사의

---

73) SOA sec. 406(a).
74) SOA sec. 406(c).
75) SOA sec. 407(a)(b).

지배구조를 획기적으로 개선하기 위하여 과거 약 150년 동안 이어져 내려온 기존의 상장기준을 개정하거나 새로운 규정을 추가할 필요성이 제기되었다. 이에 뉴욕증권거래소의 상장기준위원회(Corporate Accountablity and Listing Standards Committee)가 보고서(개혁안)를 작성하고, 그 작성된 보고서는 2002년 6월 6일에 이사회(NYSE's Board of Directors)에 제출되었다. 이어서 동 보고서에 대하여 약 2개월간의 공개의견수렴절차(public comment)를 거쳐, 2002년 8월 1일 총회에서 확정되었다.[76] 그 결과 상장회사의 책임성과 투명성을 향상시키고 종래 보다도 엄격한 내용을 가진 기업지배구조에 관한 상장기준 개정안이 만들어지게 되었고 증권거래위원회의 승인을 받아 시행되었다.[77] 이에 따라 상장회사의 이사회(감사위원회) 문제를 중심으로 한 13개의 기준이 새로이 마련되어 상장회사에 준수토록 제시된 것이다.[78]

3.2 상장기준 개정의 주요내용

첫째, 상장회사의 이사회는 과반수 이상의 독립이사(independent directors)를 가져야 한다.[79] 이처럼 과반수 이상의 독립이사를 두도록 함은 이사회의 감독 기능의 질을 높일 수 있고 또 이익 상반의 가능성을 줄일 수 있기 때문이라고 한다. 아직 독립이사를 두지 않은 상장회사의 경우는 이를 모집할 시간적 여유가 필요하므로 약 2년간의 유예기간을 두도록 하였다. 그리고 현재의 상장회사의 경우는 동 개정안이 제정된 날로부터 약 24개월 이내에 과반수 이상의 독립이사를 두도록 권고하였다.[80]

둘째, 독립이사에 관한 뉴욕증권거래소의 정의를 엄격히 하여야 한다. 즉 이사의 독립성에 관하여 "어떤 이사가 독립이사가 되기 위해서는 그 이사는 그

---

76) http://www.nyse.com/about/listed/1101074752625.html 참조. 나아가, 이후에도 여러 차례의 개정이 있었다.

77) 이 기업지배구조상장기준은 NYSE상장회사매뉴얼 303A로 규정되어 2002년 8월 16일 SEC의 승인을 받았다.

78) Kenneth B. Davis, Jr., "The Director's Duty of Oversight," 「상사법연구」(제21권 제3호)(한국상사법학회, 2002.11), 216면.

79) 기존의 NYSE의 상장기준의 경우 상장회사는 3인 이상의 독립이사를 둘 것을 요구하였다(NYSE Listed Company Manual Section 303.01(B)(2)(a)(Composition/Expertise Requirement of Audit Committee Members)).

80) NYSE, "CALS Committee Original Corporate Governance Recommendations, Recommendations to the NYSE Board of Directors," June 6, 2002, p. 6. http://www.nyse.com/about/listed/ 1101074752625.html 참조.

상장회사와의 사이에 중요한 관계(material relationship)(직접적인 관계 또는 그 회사와 관계있는 단체의 구성원(partner)과 주주(shareholder) 및 임원(officer)으로서의 관계)를 가지지 않는다는 사실을 이사회가 적극적이고 긍정적으로 검토하여야 하고,[81] 검토의 결과는 공시되어야 한다"고 언급을 하였다. 나아가, 이에 덧붙여 ① 상장회사의 5년간의 냉각기간이 경과하지 않은 이전의 종업원(employee), ② 상장회사의 현재 또는 이전의 감사에 의하여 고용된 자, ③ 상장회사의 집행임원으로써 이사를 두고 있는 회사의 보상위원회에 종사하였던 자, ④ 위의 ①②③에서 열거한 자의 가족 등은 독립이사가 될 수 없다.[82] 특히 이사와 회사와의 관계의 중요성을 평가함에 있어서는 이사회는 이사의 입장뿐만 아니라 이사가 속한 개인(person)이나 단체와 관련한 문제까지도 고려하여야 한다.[83] 중요한 관계란 상업적, 산업적, 은행, 컨설팅, 법적, 회계상, 가족 관계 등을 포함한다. 만약 그 관계가 중요한 것이 아니라고 이사회가 결정한 사유에 대해서는 회사의 연차위임장설명서(annual proxy statement)에 공시하여야 한다.[84]

셋째, 사외이사(non-management directors)에게 경영진을 한층 효과적으로 감독하기 위한 권한을 부여하여야 한다. 즉 사외이사들의 공개적 토론의 기회를 더욱 많이 보장하기 위하여 회사는 그들만이 회합하는 정례임원회의(regular executive sessions)[85]를 개최하여야 한다. 이러한 정례회의를 개최함은 사외이사들 간의 의견교환을 효율적으로 할 수 있을 뿐만 아니라 동 회의를 개최함에 따른 부정적인 추론을 방지하는 데 중요한 역할을 하게 된다. 물론 동 회의에 참석한 이사들의 성명은 연차위임장설명서에 공시되어야 한다.

넷째, 상장회사는 독립이사만으로 구성되는 지명위원회(nominating/corporate governance committee)를 설치해야 한다. 먼저 지명위원회는 개정 상장기준이 제정되기 이전에는 규정하지 않은 제도이며 이번 상장기준에서 새로이 제도화된 것으로서 동 위원회의 역할은 구성원의 독립성 강화 및 자질 향상, 기업지배

81) 기존의 NYSE의 상장기준의 경우 감사위원회의 경우에만 독립성을 요구하였다. 자세한 내용은 다음을 참조.(NYSE Listed Company Manual Section 303.01(B)(2)(a)(Composition/Expertise Requirement of Audit Committee Members) and 303.01(B)(3) (Independence Requirement of Audit Committee Members)).

82) NYSE, 전게 상장기순, p. 7; Kenneth B. Davis, Jr., 전게 논문, 216면.

83) NYSE, 전게 상장기준, p. 8.

84) NYSE, 상게 상장기준, p. 8.

85) 실무자 배석없이 임원들만 참석하여 하는 회의를 말한다.

구조의 개선에 있다고 한다. 이를 위하여 지명위원회의 목적(지명위원회의 구성원이 되기 위한 최소한의 자격 및 회사의 지배구조 개선을 위한 제도의 도입 및 변경 등), 목표, 책임 및 연간 업적 평가(annual performance evaluation)에 대하여 내규(written charter)에 의하여 명시하도록 하였다.[86]

다섯째, 상장회사는 독립이사만으로 구성되는 보상위원회(compensation committee)를 설치해야 한다. 이러한 보상위원회는 상장회사에 반드시 필요한 것으로 독립이사만으로 구성하여야 한다. 이 보상위원회 역시 기존의 상장기준에는 규정되지 아니한 제도이다. 동 위원회의 역할로는 위의 지명위원회와 마찬가지로 내규에 의하여 위원회의 목적, 의무와 책임, 연간 업적 평가 등을 명시하도록 하고 있다.[87]

여섯째, 상장회사의 감사위원회 구성원에 관한 독립성과 관련하여 새로운 요건을 추가 하였다. 즉 감사위원회 구성원의 독립성을 강화하기 위하여 ① 감사위원회 구성원인 이사의 보수는 회사로부터 받은 보상적 보수(compensation)에 한하고, ② 회사 주식의 20% 이상을 직접·간접으로 보유하는 감사위원회 구성원은 감사위원회의 위원장이나 의결권 있는 위원(voting member)이 될 수 없으며, ③ 감사위원회 위원장은 회계·재무 관리에 관하여 전문지식을 가져야 한다고 하고 있다.[88]

일곱째, 외부회계감사인의 선임·해임권한이나 외부회계감사인의 중요한 비감사업무에 대한 승인 권한을 감사위원회에만 부여하는 등 감사위원회의 권한·책임을 강화하여야 한다. 따라서 감사위원회의 내규에는 이와 관련한 목적, 의무와 책임, 연차보고서에 대하여 명시하도록 하였다.[89] 감사위원회의 목적이란 ① 회사 재무제표의 무결성 여부, 회사의 법률에 대한 적합성, 독립감사의 자격과 독립성, 회사의 내부감사 기능과 독립감사의 기능에 대한 감시 및 ② SEC가 요구하는 회사의 연차 위임장설명서(proxy statement)가 포함되도록 보고서를 준비하는 것이다.[90] 다만, 상장기준 개정보고서는 사베인즈-옥슬리법에

86) NYSE, 상게 상장기준, p. 9.
87) NYSE, 상게 상장기준, p. 10.
88) NYSE, 전게 상장기준, p. 10.
89) 기존의 상장기준에 의하면, 감사위원회의 내규에 감사위원의 책임과 그 책임의 이행방법(위원회의 구조, 설차, 구성원의 요건을 포함)을 특정하도록 요구하고 있었다(NYSE Listed Company Manual Section 303.01(Audit Committee), Subsection B(1)(a)(Formal Charter) 참조).
90) NYSE, 상게 상장기준, p. 13.

서 규정된 외부회계감사인의 강제교체(rotation)제도를 감사의 유효성이나 질을 손상할 염려가 있다고 하여 감사위원회의 판단에 위임하였다.[91)]

여덟째, 주식보상계획(equity-compensation plans)에 대한 주주의 감독권을 강화하여야 한다. 즉 주주에게는 주식보상계획에 대한 의결권을 행사할 수 있는 기회를 부여하여야 한다. 만약 브로커가 이를 행하는 경우에는 주주로부터 위임을 받도록 한다는 것이다. 주식보상계획은 주주의 이익과 경영진의 이익을 조정할 수 있으며, 주식을 기초로 한 보상은 경영진에 대한 보상의 매우 중요한 요소가 될 수 있다. 따라서 주주와 경영진의 이익을 결합한다는 주식보상계획의 유용성을 인정하고 주주에 의한 감독을 강화하기 위하여 모든 주식보상계획이나 그 계획의 중대한 조건 변경에 대한 주주의 승인을 의무화한 것이다.[92)]

아홉째, 상장회사는 자신의 기업지배구조 지침(guideline)을 채택하고 공시하여야 한다. 단지 하나의 기업지배구조지침을 모든 회사에 요구하는 것은 적절하지 않다는 판단 아래 다음과 같은 보편적인 기준을 포함할 것을 요구하고 있다. 즉, ① 이사의 자격기준, ② 이사의 직무, ③ 경영진에 대한 이사의 정보청구권(director access to management and, as necessary and appropriate, independent advisors), ④ 이사의 보수, ⑤ 이사에 대한 계속 교육(Director orientation and continuing education), ⑥ 경영의 인계, ⑦ 이사회의 연간 업적 평가(annual performance evaluation of the board)[93)] 등의 항목을 정하도록 요구하고 있다.[94)]

열째, 상장회사는 이사·임원·종업원의 업무행위·윤리규정을 채택하여 공시하고 이사·집행임원에 대한 그 규정의 비적용을 신속하게 공시하여야 한다.[95)] 업무행위·윤리규정에는 ① 이익상반(conflicts of interest), ② 회사의 기회(corporate opportunities), ③ 비밀유지의무(confidentiality), ④ 공정거래(fair dealing), ⑤ 회사 자산의 보호와 적정 이용(protection and proper use

91) 강희갑, 전게 미국의 개혁입법, 16면.

92) 기존의 NYSE 상장기준에 의하면 이사 내지 임원이 참가한 주식보수계획에 대한 주주들의 승인을 요구하고 있다. 하지만, 이러한 주주의 승인요건은 일정한 경우에 면제되는 것으로 규정하고 있었다(NYSE listed Company Manual Section 312.03(Shareholder Approval) 참조).

93) 이사회가 적어도 일년에 한번은 이사회 자체의 기능을 효율적으로 수행하였는지의 여부에 대하여 자신들의 평가를 하는 것을 의미한다(NYSE, 전게 상장기준, p. 20).

94) 기존의 NYSE 상장기준에는 이러한 가이드라인에 대한 채택 여부에 대한 언급을 하고 있지 않았다.

95) 이에 대하여 기존의 NYSE 상장기준에서는 아무런 규정을 두고 있지 않았다.

of company assets), ⑥ 법령 준수 등의 항목이 정해져야 한다. 그리고 위의 기업지배구조지침과 업무행위·윤리규정은 감사위원회, 지명위원회, 보수위원회의 내규와 함께 회사의 웹사이트에 공시해야 하고 주주의 청구가 있는 경우에는 서면으로 이러한 정보를 제공하여야 한다.[96]

이 외에도 "상장외국회사(listed foreign private issuers)는 이들의 기업지배구조와 뉴욕증권거래소 상장기준에 기한 내국회사가 따르는 기업지배구조와의 중대한 차이에 대하여 공시할 것", "각 상장회사의 최고경영자는 매년 뉴욕증권거래소에 대하여 재무정보의 정확성을 보장할 것", "뉴욕증권거래소가 그 상장기준에 위반한 상장회사에 대하여 공개계고명령서(公開戒告命令書, public reprimand order)를 발할 것" 등을 제시하고 있다.

4. 금융개혁법의 지배구조 개선[97]

2010년 7월 21일 글로벌 금융위기 이후 논의되어 왔던 미국의 금융규제개혁법이 발효되었다. 대공황 이래 가장 강력하고 포괄적인 금융규제개혁 내용을 담고 있다. 이 법은 금융위기의 원인을 야기했다고 비판받던 금융회사와 금융산업을 규제하여 연방차원에서 감독을 강화하기 위한 것이다. 그러나 여기서 그치지 않고 있다. 모든 상장회사의 회사지배구조 실패에 근본적인 원인이 있다고 보며 금융산업 외의 일반 상장회사에 적용되는 기업지배구조 개혁조항들도 다수 포함하고 있다. 주주들이 이사선임, 이사회 구조, 임원보수 등과 관련한 사안에서 앞으로 더 큰 목소리를 낼 수 있도록 하는 조항들이 대부분이다.

금융개혁법에 포함되어 있는 기업지배구조 개혁조항들이 금융시스템 개혁조항들에 비해 상대적으로 주목을 덜 받고 있을 뿐이다. 그러나 기업지배구조 개혁조항들은 이사(경영진)와 주주간의 권한 분배라는 가장 중요한 기업지배구조 쟁점과 관련되어 있다. 주주민주주의(shareholder democracy)라는 주제에는 기업지배구조의 가장 어렵고 민감한 논쟁거리가 숨어 있다. 따라서 미국 기업지배구조에 많은 논의와 큰 변화가 나타날 것으로 예상된다.

---

96) NYSE, 전게 상장기준, pp. 20-22.

97) 신석훈, 한국경제연구원, KERI칼럼 2010.7.28. (http://www.keri.org/jsp/kor/eco issue/keri view.jsp?)

4.1 주주민주주의와 위임장 접근(proxy access)

금융개혁법상 기업지배구조 개혁 조항들의 입법 배경은 상장회사 경영진이 회사의 주인인 주주이익을 희생시키며 자신들의 사적 이익을 추구해 온 것이 이번 금융위기의 주요 원인 중 하나라는 시각이다. 이를 치유하기 위해 경영진에 대한 소수주주들의 통제를 강화하여 주주들에 대한 경영진의 책임의식을 보다 강화해야 한다는 주주민주주의 논리가 깔려 있다.

이번 기업지배구조 개혁 조항 중 가장 논란이 많았던 것은 예전부터 주주민주주의의 상징적 제도로 여겨져 왔던 위임장 접근(proxy access)에 관한 것이다. 상장회사에서 수많은 주주들이 주주총회에 참석하여 의결을 할 것이라고 기대하기는 어렵다. 일반적으로 경영진이나 일부 주주들이 총회 참석에 소극적인 대다수의 주주들로부터 위임장(proxy)을 받아 대신 의결권을 행사한다. 다만 주주들에게 위임장 권유를 할 때 주주들이 충분한 정보에 기초해 위임여부를 판단할 수 있도록 위임장 설명서(proxy statement)를 제공하도록 하고 있다. 그러나 이것을 작성하여 수많은 주주들에게 발송하는 데는 상당한 비용이 소요된다. 경영진이 위임장 권유를 할 경우에는 회사업무의 일환으로 보아 회사비용으로 처리할 수 있다. 그러나 일부 주주들이 다른 주주들을 상대로 위임장 권유를 할 경우에는 자신들의 비용으로 해야 한다. 그만큼 소수주주들이 위임장을 통해 자신들의 의견을 주주총회에 상정할 수 있는 기회가 적을 수밖에 없다. 만일 경영진이 발송하는 위임장 설명서에 소수주주들이 제안하고자 하는 내용을 포함시킬 수 있다면 회사비용으로 위임장 권유를 한 것과 동일한 효과를 얻을 수 있을 것이다. 특히 이사후보 추천과 선임에 관련된 내용을 회사비용으로 발행되는 위임장 설명서에 포함시킬 수 있도록 할 경우 소수주주들이 이사회 구조와 경영에 상당한 영향을 미칠 수 있게 된다. 이번 개혁법에서 이것이 가능하도록 한 것이다.

그러나 입법 전부터 반론 또한 만만치 않았다. 이사들은 자신을 추천해 준 소수주주들의 이익을 위해 다른 주주나 회사 전체의 이익을 희생시킬 수 있다는 것이다. 또한 잦은 이사선임 경쟁으로 이사들이 장기적 관점에서의 투자보다는 단기적 주가에만 집착할 우려가 있다는 것이다. 이사들이 소수주주들의 눈치를 보며 주주총회가 정치판이 될 수 있다는 것이다. 위임장 접근을 포함한 이번 개혁법상의 주주민주주의 강화조치들은 금융위기에 대한 대응방안으로 나온 것이므로 이러한 조항들에 대한 평가는 결국 금융위기의 원인규명에 달려 있다. 물론 금융위기에 대한 원인은 다양하겠지만 여기서는 주로 기업지배구조, 즉 이사(경영진)와 주주의 권한분배라는 관점에서 살펴보도록 한다.

4.2 글로벌 금융위기의 원인과 기업지배구조

금융위기의 근본적 원인은 모든 국민들이 주택을 소유할 수 있도록 하기 위해 대출기준을 완화하며 갚을 능력이 없는 사람들에게까지도 주택담보대출을 해준 미국 정부정책에 있다. 그리고 금융기관의 경영자들이 이러한 고위험의 주택담보대출채권을 다양한 형태로 증권화하여 일반 투자자들에게 판매한 것이 또 하나의 원인이다. 이러한 증권은 애초에 갚을 능력이 부족했던 사람들에 대한 채권에 기반을 둔 고위험 증권이어서 일반 투자자들이 이를 구입하려 하지 않았다. 그러나 정부 보증회사의 보증과 신용평가사들의 높은 신용등급 부여로 이러한 고위험성은 버블 속에 가려 투자자들의 눈에서 잠시 사라져 버렸다. 그러나 주택담보대출을 받은 채무자들이 주택대출금을 연체하고 주택가격이 하락하기 시작하자 버블 속에서 저위험의 금융상품으로 둔갑해 있던 고위험의 금융상품들이 비블이 꺼짐과 동시에 실체를 드러내며 금융위기가 발생하기 시작한 것이다. 그리고 금융회사의 경영진들은 탐욕의 표상으로 지목되어 비판받기 시작하였다. 이러한 비판은 금융위기와 직접적으로 관련이 없는 모든 상장회사들의 경영진에게까지 확산되기 시작하였다. 주주권한 강화를 통해 경영자들의 탐욕을 막고자 금융개혁법상 다양한 기업지배구조 개혁조치들이 마련되었다. 과연 금융위기는 금융회사의 경영진, 일반 상장회사의 경영진이 주주들의 이익을 무시하며 사적이익을 추구한 결과인가? 그래서 주주민주주의를 강화하는 것이 금융위기 이후 기업지배구조 개혁방향이 되어야 하는가?

그러나 금융위기 발생 직전인 2007년까지 위기의 주범으로 지적되던 은행들의 주식은 다른 S&P 500기업들보다 더 높은 이익을 내고 있었다. 또한 위기 직전 3년 동안 S&P 500기업들은 주주들의 단기 주가 상승요구 압력에 부응하기 위해 사내유보금으로 제품생산을 위한 투자보다 자기주식을 사들이는 데 더 많은 돈을 사용했다. 이러한 사실들을 보면 경영진이 주주이익을 무시했기 때문에, 또는 주주들이 경영진을 통제할 수 없었기 때문에 금융위기가 확산된 것이 아니라는 것을 말해준다.

문제는 여기서의 주주이익이 회사의 장기적 발전을 저해할 수 있는 단기이익이라는 데 있다. 자신들이 투자한 주택담보대출 관련 증권에 내재되어 있던 장기적 위험요소들을 신중히 고려하지 않고 단기적 주가상승으로부터 오는 금융적 보상에 주로 관심을 가졌던 전문 경영인들의 단기 실적주의(Short-Termism) 추구와 이에 열광한 주주들이 문제였던 것이다. 그런데도 기업지배구조 개혁법에서는 소수주주들의 권한을 오히려 강화시키고 있어 사태를 더 악화시킬 것이라는 우려가 제기되고 있다. 결국 이번 기업지배구조 개혁법은 금융위기의 발생원인에 대한 올바른 진단에 기초한 것이라고 보기 어렵다. 민주당 성향의 의원들이 의회와 증권거래위원회(SEC)의 다수를 차지하게 된 정치적 상황과 금융위기라는 경제적 상황이 맞물리며 지난 10년 동안 소수주주 권한 강화를 통한 주주민주주의 실현을 주장해 온 주주행동주의자들의 시도가 개혁법에 반영된 것에 불과하다는 지적이 나오고 있는 것도 이러한 이유 때문이다.

4.3 글로벌 금융위기 이후 기업지배구조 개혁방향

글로벌 금융위기 이후 기업지배구조 개혁방향은 단기 실적주의(Short-Termism)를 극복하고 모든 주주들과 회사의 장기 발전을 도모할 수 있는 제도적 기반을 조성하는 것이 되어야 한다. 단기 주가에 집착할 수밖에 없는 전문경영인과 달리 장기적 안목을 가질 수 있는 오너경영체제, 단기적 시세차익을 노리는 투자자들보다 장기적 주식소유자들에게 더 많은 의결권을 부여하는 차등의결권, 시세차익만을 노리는 가치파괴적인 경영권 위협에 대항하기 위한 포이즌필 등이 금융위기 이후 단기 실적주의 극복을 위한 대안들로 주목받고 있다.

그러나 지금까지 우리나라는 전문경영인체제, 1주1의결권, 회사지배권 시장 등을 가장 이상적인 제도들로 보며, 이와 상반되는 오너경영체제, 차등의결권, 포이즌필 등을 비정상적·비민주적·반시장적 제도들로만 봐 왔다. 그래서 기업집단체제의 오너경영은 공정거래법과 각종 금융관련법에서 규제를 받고 있고, 차등의결권은 현행 상법상 1주1의결권 원칙 때문에 사용될 수 없으며, 포이즌필은 오랜 논쟁 끝에 상당히 제한된 조건하에서만 사용할 수 있도록 상법개정안이 마련되어 있지만 이마저도 국회통과가 불투명하다.

글로벌 금융위기가 기업지배구조 정책에 주는 교훈은 분명하다. 모든 회사들에 적합한 하나의 이상적인 기업지배구조는 없다(one size does not fit all).

따라서 글로벌 금융위기 이후 기업지배구조 개혁은 장기적 관점에서 경영판단을 할 수 있는 제도적 틀을 마련해 주고, 이러한 틀을 구체적으로 어떻게 활용할 것인가는 개별 회사들의 선택에 맡기는 자유주의적 개입주의(libertarian paternalism)에 기초해야 할 것이다.

5. 소 결

미국의 기업지배구조의 핵심은 감시에 있다고 할 수 있다. 그 감시의 1차적 책임은 이사회(감사위원회)에 맡기고, 2차적인 책임은 회사와 투자자의 중간에 존재하는 독립감시자로 하여금 경영에 대한 평가와 보증을 하는 이중적인 구조로 되어 있었다. 이러한 미국의 감시체제방식은 세계 각국의 모델이 되는 완전한 것이라고 여겨져 왔었다. 하지만 2001년 12월 텍사스 지방법원에 파산을 신청한 엔론사 파산 사건의 발생으로 이 방식은 미국 내에서는 엄청난 충격을 받았으며, 그로 인한 기존의 기업지배구조에 대한 재검토와 다양한 관련 법률의 개정이 뒤따르게 되었다. 그 중 대표적인 것이 사베인즈-옥슬리법의 제정과 NYSE의 상장기준의 개정이라고 할 수 있다.

글로벌 금융위기 이후 2010년 시행된 금융개혁법상 상장회사의 기업지배구조 개선은 소수주주권의 강화를 통한 경영진에 대한 감시 강화에 목적을 두고 있다. 경영진의 단기성과주의에 매달린 금융회사의 위험한 경영이 자체 금융회사는 물론 금융시스템 전체의 붕괴로 이어질 때 이는 결국 주주의 이익까지 해치게 되는 결과를 초래할 수도 있다. 따라서 주주의 이사 경영진에 대한 통제 강화방안으로 소수주주의 의결권 행사를 강화하는 위임장 접근 방식은 주주민주주의 추세속에서 의미있는 지배구조 개선방안이라 할 수 있다.

이처럼 미국에서 기업지배구조에 대한 개선의 노력은 세계 각국마다 많은 관심을 갖고 그에 대응하려고 하고 있다. 왜냐하면 미국 자본시장의 변화와 개혁은 곧 세계 자본시장의 변화와 개혁이라고 할 수 있으므로 전 세계의 기업활동에 직접적인 영향을 미칠 수밖에 없기 때문이다. 따라서 미국의 이러한 제도 개선을 위한 노력을 신중히 검토하여 우리나라 제도를 개선하는 데 활용한다면 이는 곧 우리나라 회사들의 외국기업에 대한 경쟁력 확보 및 신뢰성 확보에 큰 도움을 줄 수 있다고 생각한다.

Ⅱ. 영 국

1. 서 언

영국의 기업지배구조는 기본적으로 미국과 같은 시장중심의 기업지배구조로서 기업 내부적으로는 이사회가 경영 통제의 핵심적인 기능을 수행하고 있다. 즉 영국법상 주식회사의 이사회는 미국과 같이 경영기능(executive function)과 감시기능(supervisory function)을 동시에 수행하는 일원적인 지배구조로 되어 있다. 또한 영국 기업들의 이사회는 상임이사(executive director)와 사외이사(non- executive director)로 구성되는데 상임이사는 경영전반을 책임지며 사외이사는 상임이사를 감시·견제하는 역할을 수행한다. 그리고 유럽대륙 국가들과는 달리 소유 및 의결권이 분산되어 주주의 힘이 약한 반면 경영진(상임이사)의 권한은 강하다. 종업원의 경영참가는 제도화되어 있지 않으며 종업원의 권리도 EU규정의 범위 내에서 가급적 최소한도로 허용하고 있다.[98)]

영국에서는 회사법의 기본구조를 개혁하는 현대화 작업이 1998년 3월 통상산업부(DTI: Department of Trade and Industry)의 주도하에 시작되었다. 이 작업은 독립적인 상임그룹(Steering Group)[99)]에 의하여 진행되었는데, 기업지배구조 문제를 주요 쟁점으로 하면서 장기적이고 근본적인 회사법의 재검토(Company Law Review)를 거쳐 2001년 7월 최종보고서(Final Report)가 발표되었다.[100)]

---

98) 정현재, "영국의 기업지배구조와 사례", 「CG Review」(CGS, 2005.3). 22면.

99) 이 상임그룹은 회사법 문제에 관한 각계 전문가로 구성되어, 21세기 영국에서 기업활동을 하는데 있어 단순하고, 현대적이며, 효율적이고, 효과적인 기본구조로 발전시키기 위해 노력하였다(DTI, Company Law Review, http://www.dti.gov.uk/cld/review.htm 참조.).

100) 이 작업은 1998년 3월에 당시 통상산업부장관 Margaret Beckett에 의하여 개시되었으며, 그 목적 및 요청항목은 '경쟁력있는 경제를 위한 현대적 회사법(Modern Company Law for a Competitive Economy)'(London : DTI, 1998)이라는 문서에서 제시되었다. 근본적인 재검토의 작업은 다음의 4개의 단계를 경유하였다. 제1단계는 1999년 2월의 '전략적인 체계(The Strategic Framework)'(London : DTI, 1999)라는 자문문서로 공표되었다. 그 문서는 목표로 하고 있는 전반적인 체계의 방향을 제시하였고, 근본적인 문제를 자문하기 위한 분석과 이후 작업예정의 개략을 언급하였다. 제2단계는 2000년 3월 '체계의 발전(Developing the

그후 2002년 7월 최종보고서의 권고사항을 담은 회사법현대화(Modernising Company Law)라는 1차 백서(White Paper)가 정부에 의해 발표된 다음 2005년 3월 회사법개혁백서(Company Law Reform White Paper)[101]로 최종 공표되었다. 이어 동년 6월까지 공개자문을 받은 다음 2005년 5월 회사법개혁법안(Company Law Reform Bill)[102]이 마련되고 2005년 11월 의회에 제출되었다. 동 법안은 2006년 1월 위원회에 회부되고 입법 심의를 거쳐 2006년 11월 국왕 승인을 마지막으로 제정되었다.[103]

한편 사외이사를 중심으로 한 기업지배구조에 관하여 재무보고위원회(FRC: Financial Reporting Council)는 2003년 7월 회사법현대화 백서 내용을 반영하여 기업지배구조에 관한 개정통합규범(The New Combined Code on Corporate Governance, July 2003)을 마련, 발표하였다. 이는 종전의 통합규범을 대체한 것으로 2003년 11월 1일부터 효력을 갖게 되었고, 기업지배구조에 관해 기업의 자체 판단에 맡김으로써 기업들이 스스로 유연한 지배구조를 구축할 수 있도록 하는데 특징이 있다.[104]

이와 같이 영국에서의 기업지배구조 문제는 통합규범과 회사법으로 다루어지고 있는데, 이하에서는 최근 개정된 기업지배구조에 관한 통합규범과 회사법 현대화를 위한 개혁에 관한 주요내용을 살펴보고자 한다.

Framework)'(London: DTI, 2000)이라는 자문문서의 공표로 기업지배구조 및 소규모 사회사의 주요 분야에 대하여 분석하고, 제안을 하였다. 제3단계로는 2000년 11월의 '구조의 완성(Completing the Structure)'(London: DTI, 2000)의 공표로, 제2단계 제안을 발전시키고 새로 나타난 문제에 대한 의견을 들어 새로운 제안을 하였다. 최종 제4단계로 2001년 6월의 '최종보고서(Final Report)'(London: DTI, 2001)가 공표되었고(DTI, Modern Company Law for a Competitive Economy: Final Report: vols Ⅰand Ⅱ(June 2001) http://www.dti.gov.uk/cld/final_report/ 참조.), 동년 7월 26일 국무부장관에게 보고되었다(DTI, Company Law Reform Bill, http://www.dti.gov.uk/cld/facts/clr.htm 참조.).

101) http://www.dti.gov.uk/cld/WhitePaper.htm

102) http://www.dti.gov.uk/cld/facts/clr.htm

103) 개정된 회사법은 2008년 10월 시행될 예정이다. http://www.gnn.gov.uk/environment/ fullDetail.asp?ReleaseID=240760&NewsAreaID=2&NavigatedFromDepartment=False 참조.

104) London Stock Exchange, Corporate Governance－A Practical Guide, p 2. http://www.londonstockexchange.com/NR/rdonlyres/C450E4FC-89C2-4042-804A-685855FF217B/0/PracticalGuidetoCorporateGovernance.pdf 참조.

2. 기업지배구조에 관한 통합규범

영국에서는 지난 1980년대 후반부터 90년대 초반에 걸쳐 주가조작 등의 기업스캔들이 속출하자 기업지배구조에 관한 검토가 시작되었다. 1991년 런던증권거래소(London Stock Exchange: LSI) 및 재무보고위원회 등이 참여한 '기업지배구조위원회'(Committee on Corporate Governance)가 만들어지고, 1992년 바람직한 기업지배구조에 관한 사항을 담고 있는 캐드베리보고서[105]가 발표되었다. 이어 그린베리보고서[106] 및 함펠보고서[107]가 제출되었고, 1998년 6월 이러한 작업 결과를 통합한 기업지배구조에 관한 통합규범(The Combined Code on Corporate Governance)이 만들어져 런던증권거래소에 의하여 채택되었다. 이 통합규범은 런던증권거래소의 상장규칙(Listing Rules)[108]에 의하여 상장회사의 지배구조에 적용되었으며, 그 주요목적은 이사회의 적절한 구성 및 그 구성원의 역할을 증대시킴으로써 이사회가 보다 효율적으로 회사를 지휘·관리할 수 있도록 하는 것이었다.[109]

---

105) 캐드베리 보고서(Cadbury Committee, Report of the Committee on the Financial Aspects of Corporate Governance, 1992)는 1992년 12월 대기업 경영의 공정성 내지 투명성 확보를 위하여 작성된 보고서로, 이사회의 구성, 회계 감사, 기업지배구조에 있어서 주주(기관투자자)의 역할에 대하여 검토하고 그 결과를 최선의 모범규범(Code of Best Practice)으로 정리한 것이다(강희갑 등, 전게 논문, 358면).

106) 그린베리 보고서(Greenbury Committee, Directors' Remuneration: Report of a Study Group Chaired By Sir Richard Greenbury, 1995)는 그린베리 위원회가 1995년 7월에 이사의 보수에 대한 보고서를 작성하여 공표한 것이다. 동 보고서는 이사회 내의 보수위원회에서 상임이사의 보수 결정을 하도록 하였고 이 보수위원회는 전원 또는 주로 사외이사로 구성된다. 이사회의 보수위원회, 이사의 보수의 개시, 보수 정책, 이사의 고용계약에 대해서 검토하고 그 결과는 모범규범으로 정리되었다(강희갑 등, 전게 논문, 359면).

107) 함펠 보고서(Hampel Committee, The Committee on Corporate Governance, Final Report, 1998)는 함펠 위원회가 캐드베리 보고서와 그린베리 보고서를 재검토하고 지배구조에 관한 최종보고서를 작성하여 1998년 1월에 공표한 것이다. 동 보고서는 위의 두 위원회가 주장하는 모범규범과 같은 상세한 지침을 제시하지 않고 각 회사가 각각의 사정에 따라서 적용할 수 있는 있는 일반 원칙을 제시하고 있다(강희갑 등, 상게 논문, 359면).

108) 현재의 상장규칙은 금융서비스법의 틀 안에 짜여 짐에 따라 금융감독청(FSA)의 상장규칙관리기관(Listing Rules Authority)의 담당으로 바뀌었다(川嶋, "英國における內部統制システム-最近のと動向法的課題", 「監査役」(第44号)(2003.6), 48면).

109) 그 구체적인 내용에 대하여는 河村賢治, "英國公開會社における理事役会の機能," 「早稻田法學」(第76卷 2号, 2000); 日本コーポレート・ガバナンス・フォ-ラム編, 「コーポレート・ガバナンス-英國の企業改革」(商事法務研究會, 2000); London Stock Exchange, Corporate Governance- A Practical Guide, http://www.londonstockexchange.com/NR/rdonlyres/C450E4FC-89C2-4042-804A-685855FF217B/0/PracticalGuidetoCorporate

통합규범은 기업지배구조에 있어 기업의 자율적 판단을 존중하는 사적 질서의 형성을 지향한 것이다. 특히 다음 두 가지의 특징적 사실을 보여주고 있다. 첫째로 통합규범은 정부로부터 독립한 산업분야, 즉 금융분야를 기초로 한 자율단체에 의하여 작성된 것이다. 따라서 이와 관련된 분야의 규제 범위를 벗어나지 못하고, 또한 이와 관련하여 이익을 얻은 자 자신들의 규제를 위한 자율적인 규제라고 할 수 있다. 하지만 만약 그러한 규범을 제정하지 않았다면 정부가 직접적으로 개입할 가능성이 크다는 사실을 인식하여 타율적으로 제정한 것이라고 할 수 있다. 둘째로 통합규범은 그 규범을 준수하지 않더라도 명시적인 법적 제재가 부과되는 것은 아니라는 점에서 임의적인 규정이라고 할 수 있다. 그러나 회사는 통합규범을 준수하여야 할 명시적 의무는 존재하지 않지만 런던증권거래소의 상장요건으로서 연차보고서에 규범이 요구하는 요건의 준수사항에 대하여 보고하고, 만약 이를 준수하지 않는 경우에는 그것을 설명할 의무가 주어졌다.[110] 이와 같이 통합규범이 증권거래소의 상장규칙으로 편입됨에 따라 투자자는 시장 메카니즘을 통하여 기업지배구조의 모범관행(best practice)으로서 주주에 대한 것보다 높은 투명성과 책임성(accountability) 등을 부과하는 것이 가능하다는 입장이다.[111]

통합규범의 채택으로 개정된 런던증권거래소의 상장규칙의 주요내용을 살펴보면, ① 소수의 집단이 이사회의 결정을 독점하지 못하도록 상임이사(executive director)와 사외이사(non-executive director)의 균형을 도모한다. 사외이사는 업무집행을 담당하지 않고 그 전문성과 독립성을 갖춘 자로 구성해야 한다. 사외이사의 수가 이사회 구성원의 3분의 1 이하가 되지 않아야 한다. 이사는 투명한 과정을 거쳐 선임되어야 한다. 이사의 보수는 회사와 개인의 업적을 반영하여 투명한 절차에 의하여 결정하여야 한다. 최고 경영자는 이사회에 정보를 제공할 책임이 있다. ② 이사회는 주주총회를 개인 주주와의 대화의 장으로 이용하고 개인 주주가 쉽게 참여할 수 있도록 해야 하며, 기관투자가인 주주에게는 회사의 나아갈 방향에 대하여 공감할 수 있도록 해야 한다. ③ 최고 경영자가 이사회에 제출할 회사에 관한 정보는 회사의 현황과 장래의 전망에 관한 균

Governance.pdf 등을 참조.

110) 이른바 comply or explain rule를 말한다.

111) 野田 博, "コーポレート・ガバナンスにおける法の役割", 「会社法の現代的課題」(法政大學出版局, 2004), 113면.

형있는 이해가 될 수 있도록 제시해야 한다. ④ 적어도 3인 이상의 사외이사로 구성되는 감사위원회를 설치해야 한다. 그리고 기관투자가의 기업지배구조에서의 역할을 제시하고 있다.[112]

2003년 7월 공표된 개정통합규범(The New Combined Code on Corporate Governance, July 2003)도 이러한 통합규범의 특징을 크게 변경한 것은 아니었다. 그 이유는 백서에서 밝힌 바대로 정부는 통합규범이 기업지배구조의 높은 기준을 계속하여 지지할 것을 요구하였지만 통합규범이 계속하여 비실정법상의 문서일 것을 제안하고 있었고, 개정통합규범 또한 기존 통합규범을 기초로 하여 2003년 1월에 발표된 사외이사의 역할과 유효성을 다루는 힉스(Higgs)의 보고서 및 감사위원회와 감사인에 관한 스미스(Smith)의 보고서를 반영하여 개정한 것이라고 할 수 있기 때문이다. 다시 말하면 개정통합규범은 기업지배구조의 기준을 향상시키는 것이라기보다는 이사회의 기능을 높이고 투자자의 신뢰를 개선하기 위한 모범 관행의 발전을 원칙 및 개별 조항에 반영하기 위하여 이루어진 것이라고 할 수 있다.[113]

3. 회사법 현대화를 위한 개혁

영국에서 회사법의 현대화를 위한 개혁(Company Law Reform) 작업은 앞에서 살펴 본대로 1998년부터 근본적인 재검토(Company Law Review)를 시작하여 2001년 최종보고서를 거쳐 2005년 회사법개혁백서(Company Law Reform White Paper)와 회사법개혁법안(Company Law Reform Bill)으로 마련되고 의회에서 입법 심의를 걸쳐 2006년 11월 최종 제정되었고 2008년 10월부터 시행될 예정이다.[114] 이러한 회사법 개혁의 핵심은 회사법을 보다 이해하기 쉽고, 특히 소규모 기업에게 보다 신축적으로 적용될 수 있도록 실질적인 변화를 가져오는데 있다고 한다. 이 회사법 개혁은 다음 네 가지를 주요 목표로 하고 있다. 첫째, 주주의 참여와 장기투자 문화 증진이다. 주주는 그 소유 규모에 불구하고 회사의 근원이므로 주주에게 보다 많은 정보가 주어지고 관여하도

112) 강희갑 등, 전게 논문, 360-361면.
113) 野田 博, 전게 논문, 114-115면.
114) 2006년 회사법은 기존의 회사법을 전부 망라한 완전한 단일화법에는 이르지 못하였다. 따라서 2006년 회사법과 충돌되지 않는 범위 내에서는 1985년 회사법 등도 적용된다. 향후 회사법의 완전한 단일화 작업이 진행될 예정이라고 한다.

록 함으로써 폭 넓은 참여를 촉진시켜야 한다. 그렇게 함으로써 보다 장기적인 관점에서 투자가 유도된다. 둘째, 규제 개선과 소기업 우선주의이다. 영국 기업의 대다수가 소규모임에도 불구하고 회사법은 전통적으로 대기업중심으로 고려되어 있다. 따라서 대·소간에 균형을 다시 잡고 모두가 특히 소기업이 쉽게 이해하고 이용할 수 있도록 만들어야 한다. 셋째, 회사의 설립과 운영이 쉽도록 한다. 이를 위해 회사 이사에게 지워진 불필요한 부담을 제거하고 영국을 기업하기 좋은 나라로 평판 받게 하여야 한다. 넷째, 미래를 위한 유연성을 확보한다. 회사법은 고정적인 것이 아니라 여건변화에 따라 개선과 수정이 필요하고 이를 위한 개혁적인 힘이 필요하다.[115] 영국은 회사법과 기업지배구조의 효과적인 기본체계가 현대 경제의 초석이기 때문에 양자의 시스템을 확고히 하는 것이 기업을 현대화하고 능력있게 하는 지름길이라는 점에서 이러한 회사법의 개혁목표를 추진하였다.[116] 이러한 관점에서 이하에서는 회사법 개혁에 관해 백서에서 논의된 내용 중 기업지배구조와 관련된 사항을 중심으로 살펴본다.

3.1 주주의 회사 참여 강화

회사는 소유자와 경영자 상호간에 깊은 이해와 효과적인 관계를 통해 성공적인 결과를 가져올 수 있다. 이를 위해서는 각자의 역할과 책임을 명확히 하고 의사결정구조를 효율적이고 투명하게 해야 한다. 이에 따라 개혁법안에서는 이사(directors)의 책임과 의무를 명확히 하면서 주주(shareholders)와의 의사소통을 보다 효과적이고 효율적으로 하도록 하며, 간접투자자를 포함한 주주의 소유권 행사를 용이하도록 하였다. 이러한 변화는 이사와 주주가 협력하여 장기적인 회사 경영실적과 가치창출을 촉진시키는 데 목적이 있다.[117]

주주는 회사의 실적과 성장을 장기적인 관점에서 끌고 갈 수 있도록 하는 데 있어 가장 중요한 역할을 한다. 이사의 사업전략과 실적에 대한 책임과 효율적인 자본할당을 가져오는 투자결정은 모두 주주에 대한 적절한 정보제공과 참여기회 확대에 달려있다고 할 수 있다. 이에 따라 개혁법안에서는 주주 및 간접

---

115) DTI, “Company Law Reform”, http://www.dti.gov.uk/cld/review.htm,; “Company Law Reform Bill”, http://www.dti.gov.uk/cld/facts/clr.htm 참조.

116) DTI, “Company Law Reform White Paper March 2005”, Chapter 2, p. 8. http://www.dti.gov.uk/cld/WhitePaper.htm 참조.

117) DTI, “Company Law Reform White Paper March 2005”, Chapter 2, p. 12.

투자자와의 의사소통 확대와 소유권 행사의 강화를 도모하고 있다.

첫째, 주주의 회사 정보에 대한 적시의 투명한 접근이 필요하다. 주주가 분명하고 의미있는 정보를 얻어서 회사와 건설적인 대화를 하고 참여할 수 있도록 하는 것은 매우 중요하다. 이를 위해서 개혁법안에서는 주주의 회사정보 획득 및 절차에 대한 적시성과 투명성을 확보할 수 있도록 하는 일련의 조치를 강구하고 있다. 즉 연차주주총회 개최와 관련하여 현행법에서는 1년에 한번, 그리고 최장 15개월 내 간격에서 총회를 개최할 수 있도록 하였는데 개혁법에서는 공개회사는 회계연도말 이후 6개월 내에 개최하도록 하였다. 상장회사는 그들 웹사이트에 연차 경영실적과 회계내용을 미리 발표하여야 하고, 주주는 회계결산후 15일 거치기간 동안에 총회에서 수정될 내용을 제시할 수 있으며 그 내용은 회사비용으로 회람되어야 한다. 또한 상장회사는 총회의 표결결과를 웹사이트에 공시하여야 하고, 소수 주주는 표결결과에 대한 재검사를 요구할 수 있으며 재검사결과는 회사 웹사이트에 공시되어야 한다. 아울러 정부는 표결결과 공시를 개선하여 기관투자가에 의한 효과적인 책임을 질 수 있도록 하였다. 이로써 투명성을 제고하고 기관투자가의 회사 참여를 확대하게 되며, 기관투자가가 그들의 표결권이 어떻게 행사되는지를 공시하게 하였다.[118)]

둘째, 전자통신수단(e-communications)의 활용이다. 새로운 정보와 의사소통 기술은 최근 급속도로 발전하여 왔다. 이는 회사와 주주 사이에 비용을 절감하고 대화의 즉시성과 투명성을 높이는 기회가 되었다. 현재의 회사법에서는 모든 주주에게 연차보고서 전문 혹은 요약본을 발송하도록 하였다. 하지만 실제로는 많은 주주들이 서면보고서를 원하지도 않고 받을 필요가 없다. 인쇄비와 발송비가 상당하고 대형 상장회사는 주주도 수만, 수백만 명에 이른다. 이에 따라 개혁법에서는 모든 회사는 주주가 승인하면 전자수단, 즉 웹사이트와 이메일을 활용할 수 있도록 하였다. 물론 개별 주주는 계속해서 서면보고서를 요구할 수도 있다.[119)]

셋째, 간접투자가의 역할 확대이다. 주식 투자자는 기관투자가이든 소매투자자이든 상장회사 주식을 점차 중개기관을 통해 보유하게 되는 경우가 많다. 중개기관의 이용은 주식의 전자거래를 보다 용이하게 하고 저렴하게 하지만 회사의 주주명부에는 중개기관의 이름만 나타나므로 간접투자가는 그들의 권한 행

118) DTI, “Company Law Reform White Paper March 2005”, Chapter 3, pp. 16-18.
119) DTI, “Company Law Reform White Paper March 2005”, Chapter 3, p. 18.

사가 어려웠다. 이에 따라 개혁법에서는 간접투자가가 그 역할을 할 수 있도록 제도를 강화하였다. 즉 등록 주주는 대리인을 지명할 수 있고, 대리인은 총회에 참석하여 발언하고 투표를 요구하며 표결에 참여할 수 있다. 이는 간접투자가가 대리인을 통해 참여권한 행사를 가능하게 하는 조치이다. 또한 공개회사는 정보를 주주에게 전자수단을 통해 반드시 제공하도록 하였다.[120)]

3.2 이사의 의무와 책임 명확화

회사 이사의 의무와 관련한 회사법의 현대화 작업은 지금까지 판례법상 허용되는 이사의 일반적인 의무를 실정법으로 명문화하였다는 데에 그 의미가 있다. 회사법 재검토에서 이사의 의무를 보다 일관성있고 확실하며 종합적으로 될 수 있도록 실정법화하는 것을 권고하였고, 정부도 이사의 의무가 회사법의 기초임을 동의하고 개혁법안에 성문화하기로 하였다.[121)] 이에 따라 기존의 보통법(common law) 및 형평법상의 원칙(equitable rules)인 이사의 의무에 관한 사항을 회사법에 규정화하였는데 회사는 이사의 의무를 강제할 수 있고 경우에 따라서는 주주도 다양한 조치를 취할 수 있게 된다. 그리고 이러한 의사의 의무에 관한 규정은 현대적 사업수요와 책임있는 사업행태에 대한 폭넓은 기대를 반영하는 방향으로 규정화하였다. 회사 이사의 근본적인 목적은 회사 관계자 전체의 이익을 위한 성공에 있다. 이는 항상 의사결정에 있어 균형적인 관점을 가지고 종업원, 고객 및 공급자 등 이해관계자와 효과적인 관계를 가지는데서 가능하게 된다. 정부는 이에 따라 주주가치의 확대를 위하여 장기적인 회사 실적을 유도하고 종합적인 경쟁력과 모든 관계자의 부와 복지를 극대화하는 것을 찬성하면서 이사의 의무에 관한 규정에 반영하였다. 또한 이사의 회사에 대한 의무와 그 개인의 이익이 상반되는 경우가 있다. 이사의 의무가 기업 활동을 억제하는 것이면 곤란하다는 인식하에 이사가 사업기회를 개발하고자 하는 경우 회사 주주 등 관계자의 동의 없이도 이해관계가 있는 이사를 제외하고 이사회에서 결정할 수 있도록 하였다. 아울러 이사의 의무 위반에 대한 대책으로 의무소홀에 따른 손해배상 등을 규정하고, 실정법적 이사의 의무를 이사로 활동하는 모든 사람에게 부과하였다. 나아가 이사의 의무에 관한 규정이 사업 환경과 수

120) DTI, "Company Law Reform White Paper March 2005", Chapter 3, p. 19.
121) DTI, "Company Law Reform White Paper March 2005", Chapter 3, p. 20.

요의 변화에 대응할 수 있도록 하기 위하여 법원에서 해석하고 발전시킬 있는 여지를 남겨 두었다.[122)]

이사의 책임과 관련하여 법에서는 조심스러운 균형을 요구하고 있다. 법에서는 무엇인가 과실이나 불성실로 인한 잘못된 사례에 대해 다룰 때에는 공평하게 취급해야 한다는 것이 확고한 반면, 영국에는 회사의 이사 역할을 담당할 수 준급 인사에 대한 다양한 풀(pool)과 정보를 가지고 합리적인 리스크를 부담하려는 이사들을 요구하고 있다. 영국 정부는 이러한 이슈에 대해 자문을 받아 2004년 회사법(the Companies Act 2004)[123)]에 다음 두 가지 중요한 개혁을 가져오게 하였다. 즉 회사는 이사의 제3자에 대한 대부분의 책임을 면하게 하고, 이사가 회사 또는 관련회사의 일로 형사 소추되거나 민사소송에 관계될 경우 이사가 보상한다면 법적 비용을 선불하게 할 수 있다. 이는 지난 80년 동안 지켜온 이사의 책임에 관한 법규에 있어 가장 중요한 변화가 일어나게 된 셈이고, 이러한 개혁은 매우 적극적이라는 평가를 받았다. 한편 일부 개혁적인 인사는 이사의 주의의무와 성실의무 위반에 따른 이사의 책임을 회사가 제한할 수 있도록 하자는 안을 내놓기도 했으나 정부는 이제 이사의 의무에 관한 규정을 성문화하는 단계라는 점을 고려해야 한다고 하였다. 예를 들면 회사에 개인적인 이해관계를 앞세우는 특정 이사의 책임 문제를 제외하고 이사의 과실에 대한 책임에 관해 주주가 어느 정도 제한을 두고자 한다면 이는 가능할 것이라고 하였다. 또한 정부는 이사의 과실에 대한 잠재적 책임 문제가 이사의 취업 및 행태에 어떠한 영향을 미치는지, 그리고 법 분야에서 더 많은 변화를 가져올 수 있는지에 대해 계속해서 관심을 가질 것이라고 하고 있다.[124)]

영국 회사법에서는 모든 법인격이 회사 이사가 될 수 있는 유연성을 갖고 있다. 이에 따라 회사가 다른 회사의 법인이사(corporate directors)가 될 수 있기 때문에 회사를 지배하는데 악용되기도 하였다. 정부는 이 제도를 개선하기 위하여 이번 개혁법안에서는 회사에 최소한 1명 이상의 자연인 이사를 의무화하는 안을 마련하였다. 그리고 회사 이사는 자신의 의무와 책임을 이해하고 부담해야 하기 때문에 정상적인 사람을 이사로 선임해야 한다는 점에서 70세 이

122) DTI, "Company Law Reform White Paper March 2005", Chapter 3, p. 20-21.

123) the Companies(Audit Investigations and Community Enterprise) Act 2004는 2005년 4월 6일부터 시행한다.

124) DTI, "Company Law Reform White Paper March 2005", Chapter 3, p. 23-24.

상의 이사 선임 제한을 없애고 최소한 16세 이상의 이사 선임을 의무화하는 안도 마련하였다.[125)]

3.3 감사인의 책임과 감사의 질 향상

영국 정부는 법상 감사의 신뢰성을 높이고, 강하고 경쟁력있는 고수준의 감사시장을 확보하기 위하여 지난 2년 동안 많은 토의를 거치는 등 노력을 하였다. 기업이 도산하더라도 손실을 입은 사람들은 감사인이 100%의 감사비용을 받았으리라고 생각하기 때문에 감사법인에 대해 감사업무 소홀에 따른 대형의 소를 청구하게 되고, 이는 대부분이 실제로 법정에서 해결되고 있다.[126)]

2003년 12월 영국 정부는 감사인과 감사인의 책임에 관하여 공개자문을 시작하였다. 이것이 이사의 책임에 관한 법규의 변화에 분명한 도움을 주었고, 적절한 규정이 2004년 회사법(the Companies(Audit Investigations and Community Enterprise) Act 2004) 개정에 들어가게 되었다. 여기서 감사인 책임에 관한 반응은 복잡했는데 그 책임한도를 일정금액으로 한정하지는 않았다. 이것이 감사인, 고객, 투자자들로 하여금 서로 협력하여 감사책임 범위를 제한하는 방안을 강구하게 되었고, 동시에 감사의 질을 개선시키고 경쟁을 강화시키는 방법으로 확인되었다. 이러한 변화에 부응하여 정부는 세 가지 분야로 개혁을 추진하게 되었다. 첫째, 주주가 감사인의 책임범위에 동의하도록 하는 것이다. 감사인의 책임범위는 회사가 입은 손해인데 감사인의 책임에 상당한 것으로 법정에서 정당하고 타당하다고 인정되는 정도이다. 이 경우 회사는 감사인의 책임에 관하여 미리 금전적 한도를 동의할 수는 없다. 둘째, 감사 절차의 질과 가치를 향상시키는 것이다. 감사 투명성을 향상시키고 감사절차에 주주를 참여시키기 위하여 감사인, 고객, 투자자로부터 4가지 구체적 제안을 받았다. 감사계약서의 공개, 주주의 감사인에 대한 질문권, 감사인 사임 문서의 공개, 감사보고서에 대한 감사책임자의 서명이 바로 그것이다. 셋째, 감사 질의 향상과 경쟁이 실행될 수 있도록 하는 계속적인 개혁이다. 영국공인회계사협회[127)]가 감사인, 투자자, 사업자, 감독자 대표로 구성된 퀄리티포럼(quality forum)을 만들어 이들 간의 대화를 원활히 하고 감사의 질 향상에 실질적인 아이디어를 제공하고 있는 데 고무

125) DTI, “Company Law Reform White Paper March 2005”, Chapter 3, p. 24.
126) DTI, “Company Law Reform White Paper March 2005”, Chapter 3, p. 25.
127) the Institute of Chartered Accountants in England & Wales(ICAEW)

되어 정부와 재무보고위원회는 이해관계자와 함께 감사시장에서의 질과 경쟁의 향상을 위해 계속 노력할 것이다. 그리고 정부는 감사인에 대해 민사소송에 제기할 수 있는 법규를 개정하는 것은 적절치 않은 것으로 보고 있으나 감사된 재무보고서의 더 큰 중요성을 위해서는 부정확한 감사의견을 주는 자에게는 과감하게 형사범죄에 해당하는 것으로 추진할 것이다.[128)]

3.4 회사의 보고 및 회계 강화

회사의 보고(reports) 및 회계(accounts)에 대한 것도 기업지배구조에 관한 것이라고 할 수 있다. 자본시장이 효율적으로 기능하기 위해서는 회사와 투자자가 상호 대화가 가능토록 하는 재무정보에 대한 광범위한 공시가 필요하다는 사실은 말할 필요가 없다. 그러한 공시가 존재하는 부분에 있어서 시장은 그 작용 자체에 따라 실현되며, 강행법적인 원칙 또한 효율적인 공시를 위한 중요한 역할을 담당하게 된다.

영국 정부는 회사 보고 및 회계시스템의 현대화 작업이 이미 진행되고 있는 중대한 변화라고 한다. 현행 회사법상 회계, 감사 및 보고에 관한 부분(회사법 Part 7)은 회사 영업을 수행함에 있어서 가장 관련이 깊은 규정이라고 할 수 있다. 그런데 많은 이용자중 특히 소규모 기업과 자문인들이 회사법상 요건이 대체로 대기업 위주로 되어 있어 이를 파악하고 이해하기 매우 어렵다고들 해왔다. 이에 정부는 매우 주의깊게 규정들을 살펴 보다 간명하고 분명하게 하고자 하였다. 그 방법으로 소규모의 비공개기업부터 시작하여 각각에 해당하는 분리된 종합적인 규정모음으로 만들어졌다.[129)]

개혁법안에 제시된 보고 및 회계관련 개선안을 보면 다음과 같다. 첫째, 연차보고서 제출시한의 단축이다. 회계연도말 일정기간이내에 회사는 연차보고서를 회사하우스(Companies House)에 제출하는데 비공개회사는 10개월에서 7개월로, 공개회사는 7개월에서 6개월로 단축하게 된다. 이러한 변화는 기술의 발전과 정보시기의 적시성을 반영한 것이다. 둘째, 요약회계제도의 개선이다. 현재 중소규모 회사는 요약회계보고서를 제출하고 있으며 일정 정보(예: 이익마진)는 비밀로 유지되고 있다. 그러나 투명성 제고를 위해서는 이 제도는 폐지되

128) DTI, "Company Law Reform White Paper March 2005", Chapter 3, p. 25-28.
129) DTI, "Company Law Reform White Paper March 2005", Chapter 4, p. 45.

어야 한다는 주장이 많은 점을 감안하여 정부는 매년 총매출액을 공시하도록 하였다. 셋째, 이사보고서와 형사판결의 공시의 개선이다. 종업원 250인 이상인 회사는 모두 장애인고용의무가 있으므로 이에 관한 사항은 이사보고서에서 제외하기로 하고, 기부금에 관한 공시 한도를 250파운드에서 2000파운드로 올리기로 하며, 형사판결은 연차보고서에 공시하지 않기로 하였다.[130)]

3.5 투명성 제고

EU 투명성지침(Transparency Directive)[131)]은 유럽 금융시장을 단일시장으로 만드는 유럽입법체계에 관한 금융서비스실행계획(Financial Services Action Plan)의 중요한 부분의 하나이다. 투명성지침의 목적은 EU 자본시장의 투명성을 제고하는 데 있는데, EU 시장에서 거래되는 유가증권 발행인의 대주주에 관한 재무보고서와 공시를 정기적으로 하게 하는 규칙을 만드는 것이다. 이 지침은 2004년 12월 15일 유럽의회에서 입법화되었고, 유럽 각 회원국에서 2007년 1월 20일까지는 자체입법으로 이행되어야 한다.

투명성지침의 대부분의 요건은 유럽공동체법(Section 2(2) of the European Communities Act 1972)에 의하여 2차 입법화될 수 있다. 그러나 전통적으로 회사법의 일부분인 주식소유의 공시에 관한 투명성지침 사항은 1차 입법을 요하고 있다. 이에 영국 정부는 이번 회사법개혁법안에 필요한 규정을 제안하게 되었다. 주식소유의 공시에 관한 투명성지침에서는 회원국들에게 시장에 상장된 유가증권 발행인과 이에 의결권을 행사하는 주주에게 일정한 정보를 공시하도록 의무를 부과하고 있다. 회원국들은 이들 의무를 감독할 기관을 지정하여 하는데 영국에서는 금융감독청(FSA)이 될 것이다. 투명성지침의 대부분의 규정과 관련하여 금융감독청은 이미 금융서비스시장법(Financial Services and Markets Act 2000)에 의하여 충분한 권한을 가지고 있지만, 주식소유의 공시에 관한 규칙을 만들 권한이 부여되어 있지 않기 때문에 이번 1차 입법을 하게 되는 것이다. 주주의 주식실질소유에 관한 기존의 공시요건은 1985년 회사법(Part 6 of the Companies Act 1985)에 규정되어 있다. 투명성지침상 의무에 관한 모든 감독을 한 기관으로 집중하기 위하여 정부는 이에 관한 책임을 금융감독청으로

130) DTI, “Company Law Reform White Paper March 2005”, Chapter 4, p. 46-47.
131) Directive 2004/109/EC of the European Parliament and of the Council of 15 December 2004.

이관할 예정이므로 회사법상 현행 규정은 주주의 지속적인 공시의무에 관계되는 범위 내에서 폐지될 것이다.[132)]

주식이해관계(interest in shares)의 의무적 공시와 관련하여 개혁법안에서는 새로운 공시체계를 세우고 주주고시(shareholder notification)에 관한 규칙을 만들 권한을 금융감독청에 부여하였다. 금융감독청이 규칙을 만들 수 있기 전에 금융서비스시장법의 규정에 의하여 이해관계자로부터 광범위한 자문을 받고 제안에 대한 비용수익분석을 하여야 한다. 제안된 금융감독청의 공시체계는 현행 회사법의 주식이해관계의 공시체계와 대체로 유사하다고 할 수 있다. 그러나 부담을 줄이기 위하여 정부는 현행 공시체계에 몇 가지 규제완화적인 변화를 제시하고 있다. 즉 공시의무의 기초, 유가증권발행인, 고시의무위반에 대한 제재에 관하여 그동안 각계에서 제시된 의견을 반영하고 있다. 또한 정부는 현행 공시체계에 유연성을 유지하기 위하여 금융수단소유의 공시(disclosure of holdings of financial instruments)를 제안하고 있다. 투명성지침에서는 특수한 종류의 금융수단소유에 관하여 공시를 요구하고 있고, 회사법에서는 주식이해관계의 공시에 관한 규정이 있는데 이번 개혁법에서는 현행 공시체계를 유지하면서 금융감독청에 금융수단소유의 공시에 관한 권한을 부여할 예정이다.[133)]

4. 소 결

영국에서 기업지배구조 개선에 대한 논의는 회사법의 재검토를 중심으로 이루어졌고 이를 마무리한 회사법개혁백서와 법안이 공표된 후 의회에서 입법화되었다. 한편 기업지배구조와 관련하여 캐드베리보고서, 그린베리보고서 및 함펠보고서 등 많은 보고서가 제출되었고, 이들 보고서를 종합한 기업지배구조에 관한 통합규범이 마련되었다. 통합규범은 상장회사에 있어서 이사회의 적절한 구성 및 효율적 운용을 목적으로 정부의 주도하에 이루어진 임의적·자율적인 규제를 그 내용으로 하였다. 나아가 이를 개정한 개정통합규범 또한 이사회의 기능을 높이고 투자자 신뢰를 개선하기 위한 최선 실무 관행의 발전을 원칙 및 개별 조항에 반영시킨 것으로 종전의 통합규범의 틀을 유지한 것이라고 할 수 있다.

---

132) DTI, "Company Law Reform White Paper March 2005", Chapter 4, p. 52-53.
133) DTI, "Company Law Reform White Paper March 2005", Chapter 4, p. 53-55.

생각컨대 영국도 미국의 기업지배구조 개선과 비교할 때 그 내용에 있어 큰 차이는 없다고 할 수 있다. 다만 미국의 경우 강행법규의 형식으로 법 개정이 이루어졌다면 영국은 정부 주도 하에 기업의 자율에 맡기는 임의규범의 형태로 법 개정이 추진되었다는 점에서 차이가 있다고 할 수 있다.

Ⅲ. 독 일

1. 서 언

독일의 기업지배구조는 사회적 시장경제라는 체제적 이념에 뿌리를 두고 있어 자본시장과 주주자본주의로 요약되는 영미식의 기업지배구조와는 상당한 차이를 보이고 있다. 그 특징은 경영이사회(Vorstand)와 감사회(Aufsichtsrat)로 구성된 이원적 이사회체제에서 찾을 수 있다. 이원적 이사회는 이사가 감사에게 보고하고 감사회가 이사회를 감시 · 감독하는 제도이다. 이사회는 감사회에 의하여 임면되는 순수한 사내이사로 구성되며 전적으로 회사경영에만 전념한다. 반면 감사회는 사외이사로 구성되며, 특히 대기업의 경우에는 종업원 대표도 감사회에 참여하여 주주대표와 공동으로 기업경영에 관한 의사결정을 하는 공동결정제도를 채택한다.[134)]

기업지배구조 개선을 위하여 OECD가 1999년 5월에 발표한 「기업지배구조원칙」(Principles of Corporate Governance)에서는 주주 중심의 Anglo Saxon식의 지배구조를 글로벌 스탠다드로 채택할 것을 권고(법적인 구속력은 없음)하였다.[135)] 독일에서는 당초 OECD의 기업지배구조원칙이 현존하는 독일 회사법상의 지배구조의 골격에 별다른 영향을 미치지 아니할 것으로 예상하여 큰 관심을 두지 않았었다. 그 이유는 1998년 5월 1일부터 시행된 「기업의감독및투명성에관한법률」(Gesetz zur Kontrolle und Transparenz im Unternehmensbereich; KonTraG) 개정[136)] 등을 통하여 자체적으로 이미 OECD 지배구조원칙에 못지

134) 권순희, "미국과 독일의 기업지배구조와 최근 동향에 관한 비교 검토", 「상사법연구」(제21권 4호)(상사법연구회, 2003), 187면.
135) 성태균, "해외 주요국의 기업지배구조," 「주식」(통권434호)(증권거래소, 2004.10), 5면.

않은 상당한 수준의 지배구조를 갖추어 별다른 흠결이 없다고 평가되었기 때문이다.[137)]

그럼에도 불구하고 상장회사(börsennotierten Aktiengesellschaft)[138)]에 대하여는 현실에 맞는 모범적인 지배구조 원칙을 새롭게 제정하여야 한다는 주장이 다방면으로 제기되었다. 그 이유는 독일에서는 그동안 주식시장을 통한 자본조달이 다른 외국에 비하여 미미하여 상장회사에 대한 확립된 지배구조원칙 자체가 없었는데, 이는 결과적으로 국제 자본시장에서 자금을 조달하여야 하는 독일 기업들로서는 큰 약점으로 지적되었기 때문이다.[139)] 그리하여 상장기업에 적합한 모범적인 지배구조원칙을 제정하여 모든 이해당사자, 특히 투자자·종업원·채권자·일반인에게 기업경영과 감독에 대한 적절한 모델을 제시함으로써 궁극적으로 자본시장에서의 독일기업의 경쟁력과 수익력을 높일 수 있도록 뒷받침하여야 한다는 주장이 설득력을 얻기 시작하였다.

이러한 배경에서 1999년 하반기에 '기업지배구조원칙제정위원회'(Grundsatz-kommission Corporate Governance)가 구성되어 OECD 의 모범규준을 참고로 하여 만든 '상장회사의 지배구조원칙'(Corporate Governance-Grundsätze für börsen- notierten Gesellschaften)이라는 독자적인 모범규준을 2000년 1월에 발표하였다.[140)] 한편 2001년 7월에는 연방정부에 의하여 설치된 Baums교수를 위원장으로 하는 '기업지배구조 기업경영－기업통치－주식법의 현대화 위원회'

136) 그 이전에도 관련법의 여러 차례의 개정이 있었다. 즉 제2차 자본시장진흥법(Gesetz über Wertpapierhandel und Änderung börsenrechtlicher und wertppierrechtlicher Vorschriften- Zweites Finnazmarktförderubgsgesetz(BGBI. I, S. 1749 v. 30. 07. 1994), 소규모주식회사법(Gesetz für kliene Aktiengesellschaften und zur Deregulierung des Aktienrechts-kleine AG(BGBI. I, S. 1961 v. 09. 08. 1994), 조직변경법정비법(Gesetz zur Bereinigung weiteren Fortentwichlung des Finanzplazes Deuchtland-Drittes Finanzmarktförderungsgesetz(BGBI. I, S. 529 v. 27. 03. 1998), 무액면주식법(Gesetz über die Zulassung von Stückaktien-StückAG (BGBI. I, S. 590 v. 31.03. 1998), 자본조달간이화법(Kapitalaufnahmeerleichterungsgesetz- KapAEG(BGBI. I, S. 707 v. 23. 04. 1998)의 개정이 있었다.

137) Ulrich Seibert, "OECD Principles of Corporate Governance"-Grundsätze der Unternehmensführung und Unternehmenskontrolle für die Welt, AG 1999/8, S.339; Theoder Baums, "Gutachten", 63. DJT 2000, S. 9.

138) '상장회사'라 함은 그 발행주식이 독일의 증권거래소에서 거래되도록 승인되었거나 또는 장외시장(Freiverkehr; over-the-counter market)에 편입된 회사를 말한다.

139) Schneider/Strenger, Die "Corporate Governance-Grundsätze" der Grundsatzkommission Corporate Governance, AG 2000/3, SS. 106, 108.

140) 강희갑 등, 전게 논문, 367면.

(이하 Buams위원회)가 150여 개의 제안사항을 포함한 최종보고서를 제출하였고,[141] 2002년 7월에 이 제안의 일부를 구체화하여 「투명성과공시에관한법률」(Gesetz zur witeren Reform des Aktien-und Bilanzrechts, zu Transparenz und Publizität; TransPuG)을 성립하는데 성공하였다. 나아가 동 위원회의 권고에 따라 상장회사의 모범적인 행위규범으로서 '독일기업지배구조기준'(Deutchen Corporate Governance Kodex)이 제정되었다.[142] 이하에서는 KontraG와 그 이후의 개정된 법률을 중심으로 그 내용을 살펴보고자 한다.[143]

2. 기업의감독및투명성에관한법률(KonTraG)의 개정

KontraG는 1998년 5월 1일부터 시행된 「기업의감독및투명성에관한법률」[144]을 말한다.[145] 동 법률은 독일의 기업지배구조 문제에 대응하여 주식법(AktG), 상법(HGB) 및 기타 관련법을 개정하였다. 직접적으로는 연립 여당의 포괄적 전략 '고용증대를 위한 집단자본시장정책'에 근거를 둔 것이지만, 보다 개방적인 자본시장을 형성하기 위하여 간접적인 감독수단으로 '투명성'을 중시하고, 기업의 과잉규제를 폐지하는 것을 목적으로 하고 있다.[146] 개정 내용은 상장회사에

141) Baums(Hrsg.), Bericht der Regierungskommission Corporate Governance, 2001; 바움즈 위원회가 제안한 자세한 내용에 대해서는 Hommelhoff · Lutter · Schmidt · Schön · Ulmer (Hrsg.), "Corporate Governance," Beihefte der ZHR; 71, 2002. 참조.

142) 개혁 배경에 대하여 설명한 것으로는 Ministerial Counsellor Dr. Ulrich Seibert, Federal Ministry of Justice, Bonn, "Control and Transparency in Business(KontraG) Corporate Governance reform in Germany," [http://www.burkarklaw.com/corporategovernance/]; 神作裕之, "ドイツ資本市場法, · 株式會社法の動向(資本市場の活性化に関する研究會報告," 「月刊資本市場」(200호)(2002), 108면 등이 있다.

143) KonTraG의 개정에 대해서는 Dietrich Dörner, Dieter Menold, Norbert Pfitzer(Hrsg.), "Reform des Aktienrechts, der Rechnungslegung und Prüfung : KontraG, KapAEG, EuroEG, StückAG"(1999) 참조.

144) Gesetz zur Kontrolle und Transparenz im Unternehmensbereich-KonTraG(BGBI. I, S. 786 v. 30.04. 1998); 동 법에 대한 구체적인 내용은 다음의 웹사이트 http://www.rmc-gmbh.de/ pdf/KonTraG.pdf 참조.

145) 독일에서의 주식법(AktG)은 주식회사와 주식합자회사에 대한 규율을 단행법화한 것으로 1937년 상법(HGB)으로부터 독립하면서 성립하였다. 이후 1965년 주식법에서는 콘쩨른 규율, 기관 간의 권한 분장, 계산 및 공시, 회사의 의사결정 및 이익분배에 대한 주주의 참여권과 감독권에 대하여 관심을 갖고 개정을 하였다. 독일에서 기업지배구조에 대한 논의가 시작된 것은 1972~1979 사이 활동한 기업법위원회의 보고서라고 할 수 있으며, 이후 1976년 공동결정법이 기업지배구조에 엄청난 변화를 가져왔다. 이로 인하여 1998년 콘트라법(KontraG)이 성립된 것이라고 할 수 있다(정용상, "기업의 지배구조에 관한 비교법적 검토," 「비교법학」(제11집)(부산대학교 비교법연구소, 2000), 153-154면).

만 적용되도록 개정한 것도 많이 있고, 상장회사 중에서 공정시장(amtlichen Market)에 상장하는 주식회사[147]에 대해서만 적용되는 규정도 신설되었다. 이하에서는 그 주요 내용을 살펴본다.

2.1 이사회

먼저, 위험관리와 관련하여 상장회사의 이사회는 '위험의 적절한 관리 및 내부 통제를 위한 감독시스템(Überwachungssystem)'을 그들 자신의 회사에 구축하도록 의무를 부과하였다(주식법 제91조 제2항).[148] 또한 이사회는 회사의 영업현황뿐만 아니라 장래의 회사 계획까지 감사회에 보고하도록 함으로써 감시・감독을 위한 보고의무를 강화하였다(주식법 제317조 제4항).[149] 이 외에도 이사회 구성원에 대한 손해배상책임의 추궁을 위한 소수주주의 요건에 있어서도 종래 10% 내지 200만 마르크로부터 5% 내지 100만 마르크(현재 50만 유로)로 완화되었다(주식법 제147조 제3항).

2.2 감사회

감사회와 관련해서는 첫째, 주식법 제100조 제2항 제1호에 의하면, 감사의 겸직이 가능한 회사 수를 최고 10개 회사로 규정하고 있다. 이에 대하여 KontraG에서는 감사 1인이 10개 회사의 감사직을 동시에 수행하는 경우 해당 감사의 업무부담이 가중되어서 효율적인 감사활동을 수행하기가 어렵다는 판단에서 겸직이 가능한 회사의 수를 줄이자는 주장이 제기되었다. 그러나 개별적인 감사의 직무에 대한 업무의 강도는 업종이나 기업의 규모 등에 따라 서로 다르고, 또 효과적인 감사의 직무수행은 개별적인 감사의 능력과 경험에 따라 좌우

---

146) 松澤三男,「比較會社法研究」(商事法務, 2003), 53면.

147) 상법 제319조 제3항 제6호, 동법 제323조 제2항 제1문 참조.

148) 즉, 회사의 발전을 위태롭게 할 것 같은 사실을 조기에 발견하기 위함이다. 나아가, 이사의 보고의무를 더 한층 명확히 하기 위하여, 제90조 1항 1호에서는 이사가 보고하여야 할 내용으로서 이사가 계획하고 있는 사업정책과 기타 재정, 투자, 인사계획 등과 관련한 기업계획의 기본적인 문제 등을 구체적으로 명시하였다(KontraG Artikel 1(Änderung des Aktiengesetzes) 9; 神作裕之, "委員會等設置會社における業務執行に対するコントロール,"「學術院大學法學会雜誌」(제38권 1호)(2002), 83면 이하).

149) Ministerial Counsellor Dr. Ulrich Seibert・Federal Ministry of Justice, Bonn, op. cit.; 동 법의 적용대상회사에 대해서는 KonTraG 제정시는 공정시장에 상장하는 회사만이었지만(구 제317조 4항), TransPuG에서는 모든 상장회사로 확대되었다.

되는 것이지 겸직 회사의 수에 따라 결정되는 것은 아니라는 판단에서 겸직 가능한 회사의 수를 줄이자는 주장은 수용되지 않고 현행 규정을 그대로 두게 되었다.[150] 단지 감사의 겸임 규제에 대해서는 감사회의 회장직을 겸임 포스트로 하여 2배로 환산한다고 하는 개정에 머물렀다(주식법 제100조 제2항 제3문).

둘째, 개정 전 주식법 제171조 제1항에 의하면 결산검사인(Abschlußprüfer)은 감사회의 요구가 있는 경우에 한하여 감사회 회의에 참석할 수 있었으나, KontraG의 요구에 따라 개정 주식법에서는 상법 제316조 제1항에 의하여 결산검사인에 의한 연차결산서의 감사를 받아야 하는 회사의 경우 회계감사인은 감사회의 전체회의 또는 감사회의 결산위원회(Bilanzausschuss)의 회의에 참석하여 자신의 결산감사의 결과에 대한 보고를 하도록 하고 있다. 따라서 결산검사인은 감사회가 다른 결정을 하지 아니하는 한 감사회 또는 감사회의 결산위원회의 결산회의에 참석하여야 할 의무가 있는 것이다. 이로 인하여 감사회의 협력파트너인 결산검사인은 감사회와 더 한층 긴밀한 관계를 유지하면서 감사회가 행하는 이사회의 업무집행에 대한 감독업무를 보조할 수 있게 되었다.

셋째, 개정 전의 주식법 제110조 제3항에 의하면, 모든 주식회사의 감사회는 원칙적으로 3개월에 1회, 적어도 6개월에 1회는 소집하도록 되어 있었다. 이에 대하여 KontraG에서는 2회의 감사회의 법정 최저소집회수는 너무 적다는 비판이 제기되었고, 그 결과 상장회사의 경우에는 감사회의 전체회의는 적어도 년 4회는 소집하도록 하여 회의소집회수를 증가시켰다. 이는 일반적인 주주들의 회사 경영에 대한 무관심한 일반적인 행태를 고려하여 감사회의 소집을 년 4회로 확대한 것으로 감사회의 권한이 감사회로서의 고유한 활동 이외에 주주들로부터 위임된 감독기능까지도 수행하게 됨을 의미한 것이라고 할 수 있다.[151] 또한 하부조직으로 위원회를 두는 경우에는 그 개최회수도 주주총회에 대한 보고 대상이 된다고 하였다(동법 제171조 제2항 제2문).

이 외에도 상장회사에 대하여 감사인 선임시에 겸임 상황을 공시할 것을 의무로 하는(동법 제125조 제1항 제3문) 등의 사항이 논의되었다. 하지만 감사의 인원수의 축소, 전문성 등 자질, 보수 및 스텝의 문제 및 이사로부터 지위의 변동 문제에 대해서는 검토를 하지 않았다.[152]

---

150) Begrundung Referentenentwurf zur Anderung des Aktiengesetzes, ZIP 1996, S. 2132.
151) Begrundung, ZIP a.a.O., S. 2132.
152) 松澤三男, 전게서, 54면.

2.3 주주총회

첫째, 주식법 제129조 제1항 제1문에서 주주총회 운영을 합리적이며 원활한 진행을 위한 주주총회의 의사규칙 제정권을 명문화하였다.

둘째, 의결권제도와 관련해서는 ① 복수의 의결권제도가 금지되고(주식법 제12조 제2항) 기존의 복수의 의결권제도는 5년 후에 그들의 가치를 공정하고 평등하게 평가하여 교환하도록 하였다. ② 상장회사에 대한 최고의결권제도도 금지되었으며(동법 제134조 제1항 제2문), 기존의 의결권은 2년 후에 정지되도록 하였다. ③ 회사 간 주식의 상호보유를 하고 있는 경우에는 우선 자회사의 의결권 행사 가능성은 감사회의 감사의 선임에 있어서는 배제된다. 이는 모회사의 경영통제 위험을 제한하기 위함이다. ④ 금융기관에 대해서는 주주총회에서 대리로 의결권을 행사할 경우에는 주주의 이익에 따르지 않으면 안 된다는 사실을 명문으로 확인하였다(동법 제128조 제2항 제2문). ⑤ 부속명세서(Anfang)에 있어서 상법 제267조 제3항의 정의규정에 의한 대자본회사에 대하여 5%를 초과하는 지분 및 이사 내지 종업원이 대자본회사에서 감사를 겸무하는 경우에는 그 인원수를 공시하도록 의무화하였다(상법 제340a조 제4항).

2.4 회계감사

회계감사는 감사를 문제 지향적으로 행하지 않으면 안 되도록 하였고(주식법 제317조 제1항 제3문 등), 기업의 존속을 위태롭게 하는 장래의 리스크도 평가하도록 하였다(동법 제321조 제1항 제2문, 제322조 제2항 등). 또한 수입의존도에 따른 흠결사유를 엄격하게 하는 것 외에(동법 제319조 제2항 제8호), 공정시장에 상장하는 회사는 과거 10년간에 6회를 초과하여 감사증명(확인의 부기)에 서명한 자는 감사에 종사할 수 없는 것으로 하였다(동법 제319조 제3항 제6호). 과거의 손해배상책임의 최고한도액도 인상되었다(100만유로 다만, 공정시장에 상장하는 회사는 400만유로로 하였다)(동법 323조 제2항 제1 · 2문). 더욱이 위원회 심의과정에서 회계기준 설정을 담당하는 사적 단체를 승인하는 것이 가능하다는 조문이 삽입되었다(동법 제342조). 이러한 개정을 받아들여 독일판 FASB[153]라고 하는 '독일회계기준위원회'(Deutsches Rechnungslegungs

153) FASB(Financial Accounting Standards Board): 1973년 회계기준 제정을 위해 설립된 미국

Standards Committee : DRSC)가 1998년 9월에 사법부로부터 인가를 받았다.[154)]

3. 투명성과공시에관한법률(TransPuG)의 제정

2002년 7월 19일에 성립된 「투명성과공시에관한법률」(TransPuG)[155)]은 전술한 Baums위원회의 제안 중에서 긴급하고 또한 비교적 논의가 적은 것을 입법화한 것이다. 가장 중요한 개정은 후술하는 상장회사에 있어서 '독일기업지배구조기준 정부위원회'(Kodex Kommission)가 마련한 '독일기업지배구조기준'(Deutscher Corporate Governance-Kodex)의 준수상황 공시를 의무화한 점이지만(제161조), 그밖에도 감사회에 관한 개정을 중심으로 한 다음과 같은 개정이 이루어졌다.

3.1 주주(투자자) 및 주주총회

TransPuG는 국제적 투자자에 대한 정보제공을 강화하는 상황에서 인터넷 등을 이용한 공시제도를 충실히 하는 데 있다. 회사 공고지에 의한 공고에 대해서는 반드시 전자연방공보(elektronisch Bundesanzeiger)에 그 게재를 하도록 의무화 하였다(제25조). 이는 회사의 입장에서도 경비절감 및 의사일정의 변경이 단기간에 가능하다는 등의 장점을 가지고 있다. 초안단계에서는 디지털 장치도 고려하고 종이매체와의 선택제가 제안되고 있었지만 이용자의 편의가 중시된 결과 전자연방공보에 공시하도록 단일화하였다. 전자연방공보는 Baums위원회에 의하여 제안된 '독일기업 등록제도'[156)]의 기반이 될 것으로 기대되었었다. 또한 법문상으로도 서면의 '교부'(aushändigen)를 필요로 하던 것을 '통지'(übermitteln)하는 것으로 충분하다는 내용으로 변경되었다(제90조 제5항 등).

주주총회를 인터넷을 통하여 중계·배송하는 실무가 행하여지고 있는 가운

의 사적기구로서 동 기관에서 제정한 회계기준은 SEC(증권거래위원회)에 의해 공식적으로 인정된다.

154) 木下勝一, "ドイツ會計基準委員會の設立の現代的意義," 「會計」(제157권 2호)(2000), 229면.

155) Gesetz zur witeren Reform des Aktien-und Bilanzrechts, zu Transparenz und Publizität (Transparentz und Publizitätsgesetz)(BGBI. I, S. 2681 v. 19.07.2002).

156) 등기소의 공시정보나 증권감독당국의 공시정보 등에 데이터를 집중시키고, 통일적인 포탈사이트로 하여 이용이 편리하도록 할 것을 제안하였다(Rz. 252).

데 종래의 일반적 견해는 질문하는 주주는 스스로의 발신에 대하여 중계에서 제외하여 줄 것을 요구할 수 있는 권리를 보유하고 있다고 하였다. 그러나 이에 대하여 TransPuG에서는 정관 내지 업무 규칙은 제129조 제1항에 따라 주주총회가 음성 및 영상으로 중계되는 것을 정할 수 있는 것으로 함으로써 중계도 가능하도록 하였고(제118조 제3항), 이 경우에는 주주의 이의제기권을 인정하지 않았다. 총회에 관여하는 모든 주주가 동일한 정보를 공유하고, 또한 중단이 많이 일어나는 중계에 흥미를 잃게되는 것을 방지하기 위함이다.

또한 종래에는 주주의 동의 내지 반대제안(gegenantrag)에 대하여는 비용이 수반되는 하자가 발생하기 쉽다고 여겨지고 있었으나, TransPuG는 위의 제안 기한을 '소집공고후 1주간'에서 '총회 개최일의 2주간 전'으로 변경하였다. 이러한 조치는 주주에게 유리하게 하기 위함이며, 회사가 주주로 하여금 제안을 이용가능 하도록 하였다(제126조 제1항)는 점에서 그 의미가 있다. 이에 따라 회사는 주주총회에 제안할 내용을 인쇄하여 통지할 필요는 없어 졌으며, 단지 웹사이트에 공시하면 그것으로 충분하게 되었다.[157)]

3.2 감사회

감사회의 권한 중 업무집행에 대하여, 종전에는 정관 내지 감사회의 결의로 특정 종류의 업무에 감사회의 동의를 필요로 한다는 취지를 '정할 수 있다'고 규정하였었다(구 제111조 제4항 제2문). 이에 대하여 회사의 수익목표 내지 위험을 기초적으로 변경하고 회사의 가까운 장래를 결정짓는 것과 같은 결정 내지 조치에 대해서는 이사회나 감사회 양 기관이 결정하는 것이지만, 그 결정이나 조치가 동의를 요하는 업무에 해당하는 것인지의 여부는 자유재량에 맡겨져 있었다. 때문에 감사회는 그 결정이나 조치가 동의를 요하는 것인지의 판단을 위해서 적당한 시기에 충분한 정보를 적절하게 부여받아야 하지만 그렇지 못하다는 비판이 강했다. 따라서 TransPuG는 동의를 요하는 취지의 '정하여야 한다'로 변경함으로써(동문), 회사의 규모나 업종에 대응하여 감사회의 동의를 반드시 받도록 의무화하였다.[158)]

---

157) 인터넷을 이용하지 않는 주주도 주주총회의 장에서 그 내용을 알 수 있으므로 불합리한 것은 아니다. 또한 제안의 내용은 '반대동의'에 관한 것으로 경영사항에 관한 반대제안일 것이 요구되었다.

158) 松澤三男, 전게서, 58면.

나아가, 감사회에 정보제공을 충실히 하기 위하여 다음과 같은 개정을 하였다. 첫째로, 이사가 행한 보고의 내용과 관련하여 종래에는 영업정책 기타 기본적인 기업계획의 문제에 대한 보고의무를 부과하고 있었지만, 새로이 '이미 보고된 목표와 실제의 진전과의 상이점'에 대해서도 이유를 첨부하여 보고할 것을 의무화하고 있다(제90조 제1항 제1호). 이것은 과거부터 지금까지 자명하게 이어져 내려온 의무를 명문화한 것이라고 할 수 있다. 둘째로, 종래는 원칙적으로 감사회는 이사에 대하여 감사회에 대한 보고를 요하는 일이 있었지만, 이사가 이것을 거절하는 경우에는 2인 이상의 다른 감사의 요구를 필요로 하였다(구 제90조 제3항 제2문 후단). 이에 대하여 개정 후에는 동조 후단이 삭제되어 개개 감사인 단독으로 이사에 대하여 감사회에 정보 제공할 것을 요구할 수 있게 되었다. 셋째로, 이러한 보고는 가능한 한 신속하게(원칙으로 감사회의 회의 전으로 이해된다), 또한 원칙으로(기밀사항은 제외되는 것으로 이해된다) 문언에 따라(in Textform)(서면은 아니기 때문에, 전자메일 등도 가능) 행하여질 것이 요구된다(동 제4항). 넷째로, 각 감사마다 감사회를 소집할 수 있도록 함으로써 감사회의 소집권한을 강화하고(제110조 제2항, 종래는 독자적으로 소집하는 데에는 2인 이상의 감사에 의하였으나 개정 후는 단독으로도 가능하게 하였다), 감사회의 개최 횟수에 대하여도 반년에 2번의 개최가 원칙으로 되어 있다(비상장회사에 있어서는 감사회의 결의에 의한 반년에 1회로 하는 것도 가능, 제110조 제3항). 다섯째로, 감사회 내부의 위원회에 의한 보고가 감사회에 적시에 행하여지도록 명문으로 정하고 있다(제107조 제3항).

이처럼 각 감사에 대하여 정보제공을 충실하게 한다고 하지만 다른 한편으로는 기업비밀이 누설될 위험성이 그 만큼 높아진다고 할 수 있다. 특히 감사회의 구성원이 다른 기업의 요직을 맡는 경우 이러한 문제가 자주 발생한다. 이 때문에 일반적인 주의의무 및 책임의 규정과 더불어 감사가 취득한 정보 및 심의내용에 대해서 비밀유지의무를 지도록 하는 명문의 규정을 두고 있다(제116조 제2항).

또한 감사는 주주총회에 출석해야 할 의무가 있다. 다만 이러한 의무를 위반하여 불출석하고 그것으로 인한 결의를 하였을 경우 그 결의도 결의취소사유가 되지는 않고 경우에 따라서는 개인적으로 손해배상 내지 감사 해임의 사유가 될 수 있다. 그런데 동 규정의 적용 범위를 모회사가 국외기업인 경우까지 포함한다고 하고 있다. 이는 당시의 감사 현황을 보면 상당수의 감사가 독일 이

외에 거주하고 있다는 사실을 간과한 부적절한 규제라고 할 수 있다는 지적이 있었다.[159] 이에 따라 TransPuG에서는 정관의 정함에 따라 감사가 영상과 음성 두 가지의 중계방법에 따라 총회에 출석하는 것을 인정함으로써 총회장에 직접 출석하여야 하는 불편을 제거하였다(제118조 제2항 제2문).[160]

3.3 감사 및 회계감사인

회계감사인에 대해서는 KontraG에 따른 개정을 이어 받아 더 한층 문제 지향적인 감사를 위한 개정이 이루어졌다. 감사를 위한 감사보고서는 감사의 과정에서 발견된 이사의 법령위반 등이 있는가의 여부를 기재하였지만(위반의 유무), TransPuG는 구체적인 법률 위반 및 위반할 가능성이 인식되는 사실의 기재까지 요구하였다(상법 제321조 제1항 제3문). 또한 일부 한정 의견에 지나지 않지만, 업무집행 및 감독을 위하여 의미가 있는 사항에 대해서도 기재의무가 부과된다고 하였다(동 제2항 제2문). 특히 연말결산서 작성의 중요한 평가 근거에 대해서 설명함과 동시에 감가상각방법의 변경, 준비금의 삭감, 세일-앤드-리스백(sale- and-leaseback) 거래 등 평가방법의 선택·변경 및 특색 있는 거래가 전체로서 재산상태 등에 어떠한 영향을 미치는가에 대해서도 설명하지 않으면 안 된다고 규정하였다(동 제4문).

또한 이사의 리스크관리 시스템에 대한 감사의무도 모든 상장회사에게로 확대되었다(동 제317조 제4항).[161]

4. 독일기업지배구조기준의 제정

4.1 서

'독일기업지배구조기준'(Deutscher Corporate Governance-Kodex)은 TransPuG의 제정(2002년 7월 19일)에 앞서 2002년 2월 26일에 공표된 것이다.[162] 이러

159) 松澤三男, 전게서, 59면.

160) 松澤三男, 상게서, 59면.

161) 松澤三男, 상게서, 60면.

162) http://www.corporate-governance-code.de/index-e.html; Kodex위원회 의장에 의하면 "Kodex는 공개회사의 기업경영 및 감독을 위하여 본질적인 법적 규제를 정하고, 추천 형식에 의하여 국제적 및 국내적으로 정당하게 행위기준을 고려하게 하고 개개 회사가 선량한 책임을 수반한 기업경영 및 감독을 할 수 있도록 자극을 주는데 있다"고 언급하고 있다(Aus-

한 지배구조기준은 규정의 준수를 위하여 TransPuG Art. 1.16에 의하여 개정 회사법 제161조에 "공개회사의 이사 및 감사는 매년마다 전자연방공보에 공시되는 기업 경영 및 감독에 대하여 독일기업지배구조기준 정부위원회의 추천(Verhalten- sempfehlungen)에 상응한 것 및 하고 있는 것, 또는 어떤 추천이 적용되지 않을 것인가에 대하여 설명하지 않으면 안 된다. 설명은 주주에게 있어 영속적으로 획득할 수 있도록 하여야 한다"(Entsprechens- Erklärung)고 규정하였다. 즉 법률상 설명의무를 부담한다는 점에서 Kodex는 간접적으로 법적 구속력을 가지게 된다.[163)] [164)]

종래 독일에 있어서는 영국의 캐드베리 위원회 등의 보고서 및 그러한 보고서를 통합하는 통합규범(Combined Code)처럼 기업지배구조에 관한 통일적인 준칙은 존재하지 않았었다.[165)] 물론 민간단체에 의한 기업지배구조의 원칙을 정한 위원회에 따른 보고서가 제정되기도 하였지만 그 자체가 법규제와 연동된 것은 아니었다.[166)] 이에 대하여 연방사법부에 의하여 임명된 kodex 정부위원회에 의하여 마련된 기업지배구조기준은 전술한 법규범에 의한 것이라는데 그 특징이 있다. 이유서에서는 외국투자자에 의하여도 독일의 법제도를 전망할 수 있도록 잘 요약하였을 뿐만 아니라 이원적 기업체제의 특징 및 이점을 명확하게 함을 강조하였다.[167)]

기업지배구조기준의 규정은 크게 3가지로 구분할 수 있다. ① 현행법의 내용을 정리하는 규정, ② 'soll'이라는 표현에 의한 권고 규정(Empfehlungen) 및 ③ 'sollte' 또는 'kann'이라는 표현에 의한 추천규정(anregungen)이다.[168)] 이

führungen von Dr. Gerhard Cromme, p. 4).

163) 藤嶋 肇, "ドイツにおけるコーポレートガバナンスの展開,"「法學新報」(第109卷 3号)(中央大學法學会, 2002.7), 134면.

164) AktG § 161 Erklärung zum Corporate Governance Kodex(Vorstand und Aufsichtsrat der börsennotierten Gesellschaft erklären jährlich, dass den vom Bundesministerium der Justiz im amtlichen Teil des elektronischen Bundesanzeigers bekannt gemachten Empfehlungen der "Regierungskommission Deutscher Corporate Governance Kodex" entsprochen wurde und wird oder welche Empfehlungen nicht angewendet wurden oder werden. Die Erklärung ist den Aktionären dauerhaft zugänglich zu machen).

165) 이에 대한 자세한 내용은 강희갑, "서구 국가의 회사법 개정의 최근 동향,"「비교사법」(통권 14호)(한국비교사법학회, 2001.6), 1136-1137면 참조.

166) Schneider/Strenger, Die "Cororate Governance-Grundsätze" der Grundsatzkommission Corporate Governance, AG 2000/3, S. 109.

167) 이 점에서 상장규칙에 의한 영국 규정과도 상이하다. 세부적인 내용은 早川勝, "ドイツみおけるコーポレート・ガバナンス規準の策定,"「同志社法學」(第54卷 2号)(2002), 716면을 참조.

중에서 ②에 의한 권고에 대해서는 따를 의무는 없지만, 만약 따르지 않는 경우에는 그 취지를 공시하도록 하였다. 그러나 입법이유서는 권고를 따르지 않는 이유를 설명할 필요는 없다고 한다. 왜냐하면 이것은 관계자가 스스로의 이익을 위하여 행하는 것이므로 이에 대한 의무를 부여할 필요는 없다고 여겨졌기 때문으로 회사는 임의로 그 이유를 첨부하도록 하였다. ③의 추천 규정에 대해서는 규정으로부터 벗어나는 경우에도 공시할 필요는 없다고 한다. 회사는 ②의 규정만을 준수해도 되고, ③의 규정을 준수하고 그것을 스스로 공시하여도 되는데 회사의 독자적인 모범 관행(best practice)의 공시를 재촉하고 그 평가를 주식시장에 맡긴다고 하는 구조로 되어 있다.[169]

4.2 기업지배기준의 주요내용

기업지배기준은 크게 7개의 부분으로 나누어져 있다. 제1은 서문, 제2는 주주 및 주주총회, 제3은 이사회와 감사회의 협조, 제4는 이사회, 제5는 감사회, 제6은 투명성, 제7은 결산과 회계감사로 구성되어 있다. 먼저 ① 주주와 주주총회에 관련하여, 동 기준은 인터넷을 이용하여 주주에 대한 정보제공에 중점을 두는(기업지배구조기준 2.3.1, 2.3.2) 외에, 주주에 의한 의결권 행사의 위임에 대해 회사가 배려하도록 하고 있다(동 기준 2.3.3). ② 이사와 감사회의 협조에 대해서는 D&O 보험의 보험료의 자기 부담분을 정하도록 하는(동 기준 3.8) 외에, 사업보고서(Geschäftsbericht, 법정의 영업보고서(Legebericht)와는 다르다)에 있어서 자사의 기업지배구조에 대해서 보고해야 하고, 기업지배기준에 대하여 일탈하는 것의 설명도 이에 포함되도록 하였다(동 기준 3.10). ③ 이사회에 대해서는 이사 및 그의 보수를 고정부분, 변동부분, 장기적 인센티브 부분으로 나누어 공시하도록 되어 있다(동 기준 4.2.4, 개인별 공시는 추천 규정). 변동보수는 주가지수의 가치추이 내지 일정한 목표주가의 도달로 말하고 미리 정해진 비교변수와 관련하는 것으로 되어 있다(동 기준 4.2.3). ④ 감사회에 대해서는 많은 권고가 행하여지고 있다. 이사와 공동하여 장기적으로 후계자 계획(plan)

168) Deutscher Corporate Governance-Kodex는 1. Präambel, 2. Aktionäre und Hauptversammlung, 3. Zusammenwirken von Vorstand und Aufsichtsrat, 4. Vorstand, 5. Aufsichtsrat, 6. Transparenz, 7. Rechnungslegung und Abschlussprüfung의 7개의 장으로 구성되어 있다. 이에 대한 최근의 내용은 다음 웹사이트 http://www. corporate-governance-code.de/index- e.html 참조.

169) Vgl. Lutter, ZHR 2002, 150; Ulmer, ZHR 2002, 150.

을 정하도록 하는 것(동 기준 5.1.2), 이사의 연령제한을 설정할 것(동 기준 5.1.2), 전문지식을 가지고 있는 위원회 그 중에서도 감사위원회를 구성할 것(동 기준 5.3.1, 5.3.2),[170] 종전의 이사인 감사 등의 자는 2명 이하로 한정할 것(동 기준 5.4.2), 중요한 경업관계에 있는 타사에서 기관기능(Organfunktion) 내지 고문임무를 행하지 않을 것(동 기준 5.4.2), 상장회사의 이사가 기업집단 외의 상장회사의 감사를 겸임하는 것은 5개 회사 이하로 할 것(동 기준 5.4.3), 감사의 보수는 고정부분과 함께 업적에 대한 연동부분이 포함되도록 하고, 기업집단이 개인적으로 받은 고문 활동의 대가인 급부에 대해서는 개별적으로 공시되도록 할 것(동 기준 5.4.5), 이익상반 상황의 공시에 첨부하는 한편 일시적이 아닌 이익상반이 발생한 경우에는 퇴임할 것(동 기준 5.5)[171] 등이다. ⑤ 투명성에 있어서는 기업분석가(analyst)에게 제공한 정보를 주주에게 평등하게 제공하고(동 기준 6.3), 기업집단에 관한 정보의 인터넷 공개 등을 권고하고 있다(동 기준 6.4, 6.8 등). ⑥ 결산과 회계감사에 대해서는 결합결산서류에 스톡옵션 프로그램 및 유사한 증권 관련 인센티브 시스템을 기재를 할 것(동 기준

170) Kodex에서는 감사위원회의 구성에 대하여 다음과 같이 규정하고 있다. 즉 Kodex 5.3에서 "감사회는 기업의 개별적 상태(den spezifischen Gegebenheiten) 및 그 구성원의 수에 따라 전문적이고 유용한 위원회를 구성하여야 한다"고 규정하고 있다. 그 목적은 감사회 업무의 효율을 증진하고 복잡한 사정의 취급에 도움을 주기 위함이라고 한다. 또한 5.3.1.에서는 "각각의 위원장은 규칙적으로 위원회 활동에 대해 감사회에 보고하여야 한다"고 하고, 5.3.2에서는 "감사회는 감사위원회(Audit Committee)를 설치한다. 그것은 특히 결산 및 리스크관리, 결산검사인의 필요한 독립성, 결산검사인의 검사임무의 성과, 검사의 중점 결정 및 결산검사인의 보수 결정에 대한 문제를 담당한다. 감사위원회의 위원장은 과거 동일 회사 이사회의 구성원이 아니어야 한다"고 하여 감사위원회의 중요성에 비추어 그 역할, 위원장의 자격을 명시하고 있다. 5.3.3.에서는 "감사회는 하나 또는 복수의 위원회가 다루는 바와 마찬가지로 광범한 테마를 지시할 수 있다. 그 내용에는 기업의 전략, 이사의 보수, 투자 및 자금조달 등이 속한다"고 한다. 하지만 기타 위원회에 대해서는 이와 같은 일반적인 예시를 하지 않았으며, 5.3.4.에서는 "감사회는 위원회가 감사회의 회의를 준비하고 이것에 관한 감사회를 대신하여 결정할 것을 규정할 수 있다"고 하여 위원회에 감사회 소집권한을 부여하고 있다.

171) 이와 관련 구체적인 내용을 살펴보면 다음과 같다. 먼저, Kodex 5.5.1에서 "감사회의 모든 구성원은 기업의 이익을 위한 의무를 진다"고 명시하고, 5.5.2에서는 "모든 감사회 구성원은 특히 고객, 납입업자, 채권자, 기타 영업상 상대방에게 조언 내지 기관으로서 활동에 의하여 발생하는 이익의 상반을 감사회에 대하여 공시하여야 한다"고 하여 사전의 정보공시에 의하여 이익상반의 발생을 방지함과 더불어 5.5.3에서는 "감사회는 그 주주총회에 보고를 통하여 발생한 이익상반 및 그 취급에 관한 정보를 제공한다. 만약 감사회 구성원의 중대하고 일시적인 아닌 이익상반에 대해서는 해임될 수 있다"고 하여 사후적인 정보제공도 해임의 원인으로 됨을 명시하였다. 5.5.4에서는 "감사회 구성원의 회사에 대한 조언, 기타 서비스 제공, 청부에 대한 계약은 감사회의 동의를 필요로 한다"고 하고, 이익상반이 발생할 원인이 된 구체적인 사항에 대하여는 사전에 감사회의 동의를 얻도록 하고 있다.

7.1.3)과 컨설턴트부분에서 서비스 제공의 규모를 포함, 회계감사인으로부터 그 독립성에 관한 서약서를 받도록 하고 있다(동 기준 7.2.1).

5. 소 결

국제적으로 공개회사의 기업지배구조에 대하여 많은 논의가 있듯이 독일에서도 이러한 시점에서 많은 법 개정이 이루어졌다. 독일의 법 개정 내용에 대하여 일률적으로 말할 수는 없지만 그 하나는 주주를 중시하고 경영의 투명성을 높이려고 하는 점이다. 이는 영국과 미국의 기관투자자를 강하게 의식하여 영미식 제도를 지향한 것으로 보인다. 또한 절차면에서 시간이 걸리는 법규제와는 별도로 유연하고 기동성이 있는 지배구조기준에 의한 원칙을 채용한 점, 적극적으로 인터넷 등 신기술에 대응한 점 등이 주목된다.

다른 한편으로 감사회에 대한 정보 제공이나 회계감사인의 기능 강화 등에 의하여 독일 독자의 이원적 구조는 유지한 상태에서 국제적으로도 손색이 없는 통제기구를 구축하려는 강한 의욕도 보인다. 무엇보다도 감사회가 경영에 관여하는 정도에 대해 개정하려는 강한 의도도 보이고, 일원적 구조에 가깝다고 느껴지지 않는 것도 아니다. 또한 종업원대표인 감사의 존재를 전제한다고 하여도 투명성의 실현에 따른 기밀의 누설이 우려된 바 비밀유지의무를 강조한 것으로 보인다.

Ⅳ. 일 본

1. 서 언

최근 일본 상법(회사법)은 기업지배구조의 문제를 시작으로 수차례의 개정이 이루어졌다. 일본 상법 개정의 특징은 심각한 경제 불황을 극복하고 국제경쟁력의 회복·강화를 위하여 정치계 쪽에서 적극적으로 회사법제에 관심을 갖기 시작하고, 경제정책에 직결된 이른바 정책입법으로서 등장하게 되었다는 점이다. 예를 들면 평성 9년(1997년) 및 평성 13·14년(2001·2002년)의 의원

입법이 바로 그것이다. 동 입법은 법제위원회가 그 동안 준비하여 온 법안에 대한 답변을 중심으로 하여 정치 일정에 따라 단지 1년이라는 짧은 기간의 입법작업으로 이루어진 것이었다. 이에 따라 동 입법은 체계적인 정합성의 관점에서 보면 많은 이론적 문제가 발생하였을 뿐만 아니라 폐해를 시정하기 위한 획일적이고 경직적인 규제가 있을 수밖에 없었다.

이처럼 일본의 특수한 입법상황 속에서 회사법과 관련한 기본문제를 명확하게 파악하는 것은 어려움이 있지만 대별하면 주주총회와 경영관리기구를 중심으로 하는 기업지배구조와 자금조달의 기동성과 탄력화를 도모하는 기업지배구조로 나눌 수 있다. 더 나아가 공개회사에 대하여 장래 공시의 충실과 시장의 규율을 전제로 하는 회사법의 임의법규화 시비가 중점적으로 논의되고 있다. 또한 대기업의 사회적 책임과 이해관계자(stakeholders) 문제도 중요한 과제로 등장하고 있다.[172]

이하에서는 비교적 최근의 기업지배구조의 개정 입법이라고 할 수 있는 평성 13년(2001년) 12월 12일 법률 제149호로 공포되어 평성 14년(2002년) 5월 1일부터 시행된 「상법및주식회사의감사등에관한상법의특례에관한법률의일부를개정하는법률」 및 평성 14년(2002년) 5월 29일 법률 제44호로 공포되고, 평성 15년(2003년) 4월 1일부터 시행된 「상법등의일부를개정하는법률」 중 회사의 기관에 관한 부분, 마지막으로 평성 17년(2005년) 7월 26일 법률 제86호로 공포된 「회사법」제의 현대화에 관한 부분을 검토하고자 한다.[173]

2. 2001년 기업통치관계법의 개정

평성 9년(1997년)부터 자유민주당 등이 주주대표소송제도 등을 재검토하는 과정에서 상법의 개정을 검토하기 시작하여 평성 13년(2001년) 5월 30일 太田誠一 외 4인의 의원에 의하여 「상법및주식회사의감사등에관한상법의특례에관한법률의일부를개정하는법률안」(평성 13년 衆法49호)이 제151회 통상국회에 제출되었다. 이 법안의 주목적은 최근의 경제정세에 비추어 보아 기업지배구조의 실효성을 확보하기 위하여 ① 감사의 기능 강화, ② 이사 등의 회사에 대한 책임경감에 관한 요건 완화, ③ 주주대표소송제도의 합리화의 요청에 있었다. 동 법

172) 岡村 勉, 「東アジアの會社法」(法律文化社, 2003.9), 227-228면.
173) 관련 법률은 http://www.shugiin.go.jp/index.nsf/html/index_gian.htm 참조.

안은 수정후 평성 13년(2001년) 12월 5일에 제153회 임시국회의 참의원 본회의에서 가결·성립되었다.

동법의 주요내용을 살펴보면, 첫째, 감사의 기능강화와 관련하여 상법특례법상 대회사(자본금 5억엔 이상 또는 부채총액 200억엔 이상인 주식회사)에 대하여 감사는 3인 이상으로 하고 그 중 반수 이상은 사외감사로 하며, 그 요건을 "취임 전에 회사 내지 그 자회사의 이사 또는 지배인 기타 사용인이 아니었던 자"로 하여 독립성을 강화하였다(상법특례법 제18조 제1항). 그리고 감사는 이사회에의 출석의무와 필요하다고 인정될 경우 의견을 진술할 의무가 있고(상법 제260조의3 제1항), 감사의 임기를 늘려 4년(취임후 4년 이내의 최종결산기에 관한 정기주주총회 종결시까지)으로 하며(상법 제273조 제1항), 감사를 사임한 자는 그 후 최초로 소집되는 주주총회에 출석해 그 이유를 설명할 수 있다(상법 제275조의3의2). 아울러 대회사의 감사선임에 대하여는 이사회가 주주총회에 감사선임의안을 제출하는 경우 감사회의 동의를 받아야 하고, 또한 감사는 감사선임의안을 독립해서 제출토록 청구할 수 있는 권한이 있도록 규정하였다(상법특례법 제18조 제3항).

둘째, 이사 등의 회사에 대한 배상책임의 경감에 관한 것으로 이사, 사외이사, 감사가 직무를 수행함에 있어 선의로 하고 중대한 과실이 없을 경우에는 그 배상책임을 통상 보수 등의 2년분 상당액을 공제한 금액을 한도로 하여 경감할 수 있다(상법 제266조 제7항 내지 제20항, 제280조 제1항). 이사 등의 책임면제에 관하여는 주주총회 결의로 하되(상법 제266조 제7항), 정관 규정에 의해 이사회결의로 하는 경우에는 주주의 이의신청이 가능한데 이 경우 의결권의 20분의 1 이상을 보유하고 있는 주주가 이의를 제기하는 때에는 면제될 수 없다고 규정하고 있다(상법 제266조 제14항). 이처럼 이사의 배상책임 한도를 정하는 것은 종래 고의 또는 중과실이 없는 경우에도 무한책임을 질 가능성이 있는 경영자의 책임을 완화시켜 주고자 함에 있다.[174)]

셋째, 주주대표소송과 관련하여 ① 주주대표소송의 제소권자의 요건인 주식보유기간(현행 6개월)을 폐지하고, ② 주식양수 당시 이사 책임의 원인사실을 알았거나 용이하게 알 수 있었을 경우에는 제소권을 인정하지 않는 것으로 하

174) 이와 관련한 예로는 大和銀行 뉴욕지점에서 1,000억엔 이상의 손실을 발생시킨 이사진에 대한 주주대표소송사건으로, 평성 13년 9월 20일 大阪지방법원이 830억엔의 배상책임을 인정한 판결이 하나의 계기가 되었다(志村治美, 「東アジアの會社法」(法律出版社, 2003), 229면).

였다(상법 제267조 및 제268조).

3. 2002년 상법 등 일부 개정

3.1 위원회등설치회사

평성 14년(2002년) 3월 18일 정부가 제154회 통상국회에 제출(각법 77호)하여 동년 5월 22일 가결된 「상법등의일부를개정하는법률」에서는 「주식회사의감사등에관한상법의특례에관한법률」을 개정하여 주식회사 감사제도의 강화뿐만 아니라 미국식 이사회 제도를 바탕으로 하는 '위원회등설치회사'제도를 신설함으로써 일본 회사는 종래의 감사제도(감사설치회사 또는 감사회설치회사)와 '위원회등설치회사'를 그 상황에 따라 양자택일할 수 있도록 하였다. 즉, 회사는 정관의 규정에 따라 위원회등설치회사에 관한 특례를 받을 것인지의 여부에 대하여 회사가 선택하도록 하였다.[175] 만약 위원회등설치회사로 되는 것을 선택하는 경우에는 상법상 회사기관에 관한 규정의 일부를 적용받지 않지만, 「주식회사의감사등에관한상법의특례에관한법률」 제21조의5 이하의 규정에 따라야 한다.[176]

위원회등설치회사를 둘 수 있는 회사는 대회사와 준대회사에 한정된다. 대회사란 자본금 5억엔 이상 또는 최종대차대조표의 부채의 부에 계상한 금액의 합계액(부채총액)이 200억엔 이상의 주식회사를 말하며(동 특례법 제1조의2 제1항), 준대회사란 자본금이 1억엔을 초과한 주식회사로 회계감사인의 감사 특례를 받는 것을 정관에서 선택한 회사를 말한다(동 특례법 제1조의2 제3항 제2호, 제2조 제2항).

위원회등설치회사를 둔 목적은 회사 경영의 업무집행과 감시·감독의 명확한 기능분리를 도모하기 위함이다. 새로운 집행임원(현재의 집행임원과는 비슷하면서도 다른 제도이다)을 두고 일상적인 업무집행을 효율적으로 추진하는 한편, 이사회는 중요사항의 의사결정과 이사 및 집행임원의 업무집행을 감독하도록(동 특례법 제21조의7)함으로써, 이사회의 회사경영에 대한 감시·감독의 효과를 높이려는 미국의 대규모 공개주식회사의 경영관리기구를 모델로 한 것이

175) 성태균, "해외 주요국의 지배구조", 「주식」(통권234호)(증권거래소, 2004.10), 20면.
176) 志村治美, 전게서, 229-230면.

다.[177)]

이러한 위원회등설치회사에는 감사위원회, 지명위원회, 보수위원회 및 1명 내지 수인의 집행임원을 두어야 한다. 이 3개의 위원회와 집행임원은 일괄하여 도입한 제도로 위원회등설치회사를 둔 경우에는 감사를 둘 수 없다(동 특례법 제21조의5).[178)] 각 위원회는 이사 3인 이상으로 구성되며 그 중 과반수를 사외이사로 하여야 한다(동 특례법 제21조의8 제4항).

현재 위원회등설치회사를 도입한 일본 회사는 주로 해외투자자를 의식해야 하는 국제영업을 영위하고 있는 기업들이며 위원회제도와 종래의 감사제도를 절충한 형태의 지배구조를 띠고 있는 기업도 상당수 있는 상황으로 이사회의 이사수를 대폭적으로 줄이는 대신 별도의 업무집행임원을 설치함으로써 감독과 업무집행기능의 분리를 도모하는 등의 절충형 구조를 보이는 경우가 증가하고 있다.[179)]

3.2 중요재산위원회의 설치

평성 14년의 상법 등의 개정은 경영위원회·상무회에 유사한 중요재산위원회의 도입을 또한 논의하였다. 즉 ① 대회사 내지 모든 준대회사에 있어서 ② 이사의 인원수가 10인 이상이고 ③ 이사의 1인 이상이 사외이사인 경우에는 이사회결의에 의하여 중요재산위원회를 설치할 수 있도록 되어 있다(동 특례법 제1조의3).

중요재산위원회 설치의 목적은 인원수가 많은 이사회에서는 기동적인 이사회 운영을 기대할 수가 없으므로 중요한 일정사항에 대해서는 이사회를 대신하여 중요재산위원회에 기동적으로 의사결정을 위임할 수 있기 때문이다. 중요재산위원회는 이사회에서 선임된 3인 이상의 이사로 구성되고 종래 이사회의 전결사항으로 되어 있는 중요사항 중 ① 중요한 재산의 처분 및 양수, ② 다액의 차입에 대하여 이사회의 위임을 받아 결정을 할 수 있도록 하였다(동 특례법 제1조의3). 그리고 그 운영은 이사회의 운영에 준하여 하게 된다(동 특례법 제1조의4).

---

177) 志村治美, 전게서, 325면.

178) 土屋數章・岡本久吉, 「コーポレート・ガバナンス論 − 基礎理論と實際」(有斐閣, 2003), 325면.

179) 성태균, 전게 논문, 21면.

이러한 중요재산위원회는 종래의 경영위원회·상무회와 법적으로 유사한 제도라고 할 수 있지만 다소 차이가 있다. 첫째, 중요재산위원회의 결의는 이사회 결의에 대신하여 효력을 갖는 것으로 거래의 안전의 시점에서 중요재산위원회를 설치한 취지 및 중요재산위원회 위원의 성명을 등기하는 것(동 특례법 제1조의5)을 요건으로 한다. 또한 중요재산위원회는 이사회의 결의에 따라 설치되는 것으로 법률상 이사회의 하위에 위치한다. 둘째, 중요재산위원회의 전결사항은 상법 제260조 제2항 제1호(중요한 재산의 처분 및 양수)·2호(다액의 차입)에 한정되고(동 특례법 제1조의3 제5항), 한편 그 중 이사회결의에 의하여 위임된 사항에 한정된다(동 특례법 제1조의3 제2항). 만일 기타 사항을 결의하였다 하더라도 재차 이사회의 결의를 필요로 하는 것이다. 또한 신주·사채의 발행이나 상법 제260조 제1항의 '기타 중요한 업무집행'에 대하여는 중요재산위원회에 대한 권한위양은 인정되지 않는다. 만약 이러한 사항의 권한위양을 한다면 위원회등설치회사를 선택하지 않으면 안 된다. 셋째, 중요재산위원회는 이사회에 대신하여 의사결정권을 가지고 있으며 이사회의 감독에 따라야 한다. 중요재산위원회의 구성원은 이사 3인 이상으로 법정되고 이사회에 의하여 선정되며(동 특례법 제1조의3 제3항), 중요재산위원회의 직무집행에는 이사회에 대하여 보고의무가 부과되고(동조 제4항), 동위원회의 구성원이 아닌 이사도 중요재산위원회의 의사록의 열람권을 갖는다(동 특례법 제1조의4 제2항). 또한 감사의 중요재산위원회의 의사록 열람권에 대하여는 직접 규정한 것은 없지만 상법 제274조 제2항의 업무조사권에 의하여 열람이 가능한 것으로 생각된다. 또한 감사에게는 중요재산위원회에 대한 출석의무가 부여되어 있다(동 특례법 제1조의4 제3항, 상법 제260조의3 제1항). 나아가 중요재산위원회의 운영에 대하여는 이사회와 마찬가지이다. 중요재산위원회의 의사록은 이사회의 의사록과 마찬가지로 열람·복사청구에 따라야 한다(동 특례법 제1조의4 제3항, 상법 제260조의4).[180]

3.3 위원회등설치회사 관련 규정의 개정

중요재산위원회는 이사회 결의사항에서 상법 제260조 제2항 제1호(중요재산의 처분 및 양수)·2호(다액의 차입) 사항을 전결하고 이로부터 분리시킬 수

180) 志村治美, 전게서, 231-232면.

없었다. 하지만 위원회등설치회사는 더 한층 기동적이고 원활한 경영을 가능하도록 하는 이에 대한 선택권을 인정하였다.

첫째, 위원회등설치회사는 이사회 결의에 의하여 동 특례법 제21조의7 제1항, 제3항에 열거된 사항 이외 사항의 의사결정을 집행임원에 위임할 수 있도록 하였다. 그 이유는 집행임원은 개정 전 회사의 업무집행이사에 상당하지만 위원회등설치회사의 이사는 업무집행을 하는 것은 아니기 때문이다(동 특례법 제21조의6 제2항). 그러므로 위원회등설치회사는 업무집행자에 대하여 더 한층 의사결정권한의 위임이 가능하게 된 것이라고 할 수 있다.[181)]

둘째, 위원회등설치회사는 지주회사의 창설이나 분사형 회사분할을 활용하는 것보다 경영과 집행의 분리, 경영상 의사결정기능과 사업상 의사결정기능과의 분리를 도모하는 것이 가능하므로 이와 유사한 분리구조를 회사의 경영기구내부에 구축하는 것을 선택하게 된다. 예를 들면 자금조달의 기초적 방침은 이사회에서 결정하지만 구체적인 신주발행이나 사채발행 자체를 집행임원이 결정할 수 있는 것으로 되어 있다(상법 제260조 제2항 각호의 사항, 동법 제260조 제1항). 기타 간이합병・간이회사분할・간이주식교환, 신주예약권의 발행, 자기주식의 처분・자회사로부터의 매수・임의소각, 주식분할, 주주총회에 있어서 서면투표제도나 전자적 방법에 의한 의결권행사의 채용, 준비금의 자본전입 등도 이사회의 결의사항에서 분리하여 집행임원에게 그 권한을 위임할 수도 있다.[182)]

셋째, 집행임원의 직무집행은 이사회의 감독을 받는다(동 특례법 제21조의7 제1항). 예를 들면 집행임원의 선임・해임권은 이사회에 있다(동 특례법 제21조의7 제3항 제4호, 제21조의13 제1항, 제6항). 집행임원은 적어도 3개월에 1회는 회사의 업무집행의 상황을 이사회에 보고하여야 한다(동 특례법 제21조의14 제1항). 복수의 임원이 있는 경우 그 담당부분이나 상호의 지휘명령관계 등에 대해서는 직무분장을 정할 때에는 이사회의 결의를 필요로 한다(동 특례법 제21조의7 제1항 제3호). 집행임원의 임기는 이사 임기가 1년으로 운영되기 때문에 새로운 이사에 의하여 선임되기 위해서는 1년 임기로 한다(동 특례법 제21조의13 제3항).[183)]

넷째, 현행 상법에는 대표이사제도(상법 제261조)를 채용하고 이사 중에서

181) 志村治美, 전게서, 232면.
182) 志村治美, 상게서, 232-233면.
183) 志村治美, 전게서, 233면.

업무집행자의 책임자를 선임하는 것으로 되어 있지만, 위원회등설치회사에서 집행임원이 이사를 겸임하는 것은 금지하지 않고 회사의 선택에 의하도록 하고 있다(동 특례법 제21조의13 제5항). 집행과 감독과의 엄격한 분리를 지향하고 있는가의 여부에 대한 판단은 회사의 자율에 위임하고 있다.[184)]

3.4 위원회등설치회사의 업무집행자의 책임

첫째, 현행 상법에서 '이사'로 규정한 조문 중 집행기관으로서 이사를 의미하는 것은 '집행임원'(집행역)을 말한다(동 특례법 제21조의36 제2항 참조). 이러한 집행임원은 이사회에서 선임되며, 이사회의 위임을 받은 사항을 결정하고 업무를 집행한다. 반면 이사는 회사의 업무를 집행할 수 없다(동 특례법 제21조의6).[185)] 따라서 집행임원의 책임은 기본적으로 현행 이사와 거의 동일한 의무와 책임을 지는 것으로 되어 있다. 즉 집행임원은 회사에 대하여 선관주의의무·충실의무를 부담하고, 그러한 의무를 위반하는 경우에는 주주대표소송의 대상이 된다. 전술한 「기업통치관계법」에 저촉되는 평성 13년(2001년) 12월에 성립된 개정 상법에 따른 책임경감과 관련하여 이사의 회사에 대한 배상책임의 한도를 대표이사에 대해서는 보수의 6년(2001년 개정 상법과 동일), 그 이외의 집행임원(사외이사, 사내이사의 구분없음)에 대해서는 보수의 4년(2001년 개정 상법에서는 사외이사는 2년, 사외이사를 제외한 이사는 4년)으로 하였다(동 특례법 제21조의17 제6항).

둘째, 위원회등설치회사의 집행임원의 책임은 현행 이사의 책임과 약간 차이가 있다. 예를 들면 배당이 위원회등설치회사에서 행하여진 경우이다. 현행법상 이사의 위법배당의 책임(상법 제266조 제1항)은 통설에 의하면 무과실책임으로 해석되지만, 이에 대하여 위원회등설치회사의 집행임원에 대해서는 무과실의 입증책임을 과실책임으로 정하고 있다(동 특례법 제21조의17).[186)] [187)]

더욱 중요한 것은 상법 제266조 제2·3항의 연대책임이 미치지 않는다는 점이다. 위법배당안이 이사회에서 결의된 경우에 현행법은 결의에 찬성한 이사(이

184) 志村治美, 상게서, 233면.
185) 土屋數章·岡本久吉, 전게서, 329면.
186) 志村治美, 전게서, 329면.
187) 이 견해는 河本·酒卷·志村 등의 소수설이다(岡村 勉, 전게서, 234면); 우리나라의 경우도 이사에게 무과실책임을 지우는 것은 너무나 가혹하므로 과실책임을 지우고 있다. 다만 이사는 자신의 무과실을 입증하도록 하고 있다(이철송, 전게서, 769면).

의를 유보하지 않는 자를 포함)도 그 행위를 하지 않더라도 당연히 책임을 진다(상법 제266조 제2·3항). 특히 상당한 주의를 다하여 결의에 찬성한 경우에도 결의에 찬성하였다는 이유만으로 연대책임을 진다고 하는 것이 동 조항에 대한 종래의 통설적 해석이다. 이 견해에 의하면 담당외이사의 책임도 연쇄적으로 무과실책임으로 되고, 재무담당 이외의 이사에게 있어서는 너무나 과중한 책임을 부과하는 것으로 된다. 그러므로 소수설은 자기의 담당부분의 재무결과 등에 비추어 회사 전체의 재무보고가 정당하다고 판단되는 때에는 책임을 지우지 않는다고 해석하고 있다.[188]

이에 대하여 위원회등설치회사의 경우에는 위법배당에 대하여 책임을 부과한 집행임원의 범위를 동 특례법 제21조의18 제1항에서 명백히 규정하고 있다. 즉 위법배당의안을 이사회에 제출한 집행임원과 위법배당을 행한 집행임원에 한정하고 있다. 그리고 위원회등설치회사는 집행임원회라는 기관이 법정화되어 있지 않은 독임제기관이므로 이사를 겸임하지 못하는 집행임원으로써 이익배당 등 재무전략에 관여하지 않는 자를 위법배당에 대하여 무과실의 연대책임을 지울 수 없다고 한다. 이는 감사의 경우와 마찬가지라고 할 수 있다. 즉 지명위원회의 선임에 의한 사외이사가 과반수를 차지하는 이사회에 의하여 집행임원이 감독을 받는 것에 기인하고 있다. 이는 위원회 등 설치회사의 중요한 특징 중 하나라고 할 수 있다.[189]

셋째, 위법배당의 책임에 대한 해석은 이익상반거래에 대한 책임, 다른 이사·집행임원에 대한 대출행위에 따른 손해(상법 제266조 제1항 제3·4호)에 대한 해석에도 마찬가지로 적용된다고 할 수 있다. 위원회등설치회사는 입증책임이 이사·집행임원 측에 있는 과실책임으로 되며(동 특례법 제21조의21 제1항), 이익상반거래에 대한 책임의 면책요건은 현행 상법과 마찬가지로 총주주의 3분의 2로 되어 있다(동조 제2항). 다만 연대책임을 부담하는 집행임원·이사의 범위는 위법배당의 경우와 약간 상이하다(동 특례법 제21조의21 제1항).[190]

넷째, 위원회등설치회사에 있어서 집행임원으로서의 책임에 대한 상법 제266조 제2·3항의 연대책임이 미치지 않는 것은 일정한 경영판단을 담당하고 있지 않는 집행임원에게 책임을 부여하는 것은 가혹하기 때문이다.[191]

188) 志村治美, 상게서, 234면.
189) 志村治美, 전게서, 234면.
190) 志村治美, 상게서, 235면.

다섯째, 위원회등설치회사에 있어서 각 위원회의 권한 및 조직(동 특례법 제21조의5 제1항)은 다음과 같다.

① 지명위원회

주주총회에 제출한 이사의 선임 및 해임에 관한 의안의 내용을 결정할 수 있는 권한을 가지고 있다(동 특례법 제21조의8 제1항).[192]

② 감사위원회

감사위원회의 구성은 다른 위원회와 달리 그 감사위원은 위원회등설치회사 또는 그 자회사의 집행임원 내지 지배인 기타 사용인, 당해 자회사의 업무를 집행하는 이사를 겸할 수 없다(동 특례법 제21조의8 제7항). 이러한 감사위원회의 권한은 ⓐ 이사 및 집행임원의 직무 집행의 감사(적법성 감사 및 타당성 감사), ⓑ 주주총회에 제출하는 회계감사인의 선임 및 회계감사인을 재임하지 않는 것에 관한 의안의 내용을 결정한다(동 특례법 제21조의8 제2항). 또한 감사위원회가 지명하는 감사위원은 ⓐ 이사회 및 집행임원 등에 대한 직무집행에 관하여 보고청구권, ⓑ 업무재산보고권, ⓒ 자회사조사권, ⓓ 집행임원의 위법행위유지청구권 등 권한을 가지고 있다(동 특례법 제21조의10 제1~5항). 나아가 주주대표소송의 위원회등설치회사의 대표자는 감사위원회가 지명하는 감사위원이 된다. 감사위원이 소송당사자인 경우에는 이사회가 지명하는 자가 된다(동 특례법 제21조의10 제6항).[193]

③ 보수위원회

이사 및 집행임원이 받는 개인별 보수의 내용을 결정하는 권한을 가진다. 종래와의 큰 차이점은 이사의 보수가 정관 내지 주주총회의 결의에 의하지 않고 보수위원회에 의하여 결정된다는 점이다(동 특례법 제21조의11). 보수위원회는 이사 및 집행임원이 받는 개인별 보수 내용의 결정에 관한 방침을 정하여야 한다. 그리하여 그 방침을 영업보고서에 기재하지 않으면 안된다(동 특례법 제21조의11). 개인별 보수의 내용을 ⓐ 확정금액으로 개인별 금액, ⓑ 불확정금액인 경우에는 개인별 구체적 산정방법, ⓒ 금전 이외의 것인 경우에는 구체적인 내용을 정하여야 한다(동 특례법 제21조의11 제3항).[194]

---

191) 志村治美, 상게서, 235면.
192) 土屋數章・岡本久吉, 전게서, 328면.
193) 土屋數章・岡本久吉, 전게서, 328면.

여섯째, 대표집행임원에 관한 것으로 집행임원이 일인인 경우에는 법률상 당연히 그 자가 대표집행임원이 되지만 집행임원이 복수인 경우에는 이사회에서 대표집행임원을 결정하지 않으면 안된다(동 특례법 제21조의15 제1항). 이것은 일반회사의 대표이사와 마찬가지이지만 공동대표(동 제2항) 및 표현대표집행임원(동 특례법 제21조의16)의 규정이 있는 것 외에 대표권의 범위 등에 대해서는 일반회사의 대표이사에 관한 규정이 준용된다(동 특례법 제21조의15 제3항).[195]

4. 2005년 개정에 따른 회사법제의 현대화

4.1 개정 경과

회사법제의 현대화 작업은 평성 14년(2002년)부터 법무성의 법제심의회 회사법(현대화 관계) 부회[196]에 의하여 전개되었다. 평성 15년 10월에는 부회가 중간적으로 다룬 「회사법제의 현대화에 관한 요강시안」(이하 시안이라고 한다)에 공개의견모집(public comment) 절차 및 각계의 의견을 반영하여 평성 16년(2004년) 12월 8일 법제심의회로부터 「회사법제의 현대화에 관한 요강안」(이하 요강안이라고 한다)이 제출되었고 평성 17년(2005년) 2월 9일에 결정되었다.[197] 그리고 동 요강안은 동년 3월 18일에 각의 통과되어 3월 22일 통상국회(제162회)에 「회사법」안(각법 81호)으로 제출되었다. 이후 동 법안은 5월 17일 중의원을, 그리고 6월 29일 참의원을 통과하여 7월 26일 법률(제86호)로 공포되었다.[198] 동 법안은 공포 후 1년 6개월 내에 시행될 예정이었는데 2005년 말까지 시행규칙 등에 관한 의견모집절차를 마치고,[199] 2006년 5월부터 시행되었다.[200]

4.2 기본 방침

회사법제의 현대화 작업에는 동 법제의 현대화 및 실질 개정의 두 부분으로

194) 土屋數章・岡本久吉, 상게서, 328면.
195) 志村治美, 전게서, 235-236면.
196) 당시 부회장은 江頭憲治郎 동경대학 교수였다.
197) 相澤 哲, "會社法制の現代化に関する展望," 「商事法務(No. 1719)」(商事法務研究會, 2005. 1. 5), 46년.
198) http://www.shugiin.go.jp/index.nsf/html/index_gian.htm
199) http://www.moj.go.jp/PUBLIC/MINJI64/pub_minji64.html
200) http://www.istante.jp/news09.html.

나눌 수 있다. 먼저, 회사법제의 현대화로 현재의 카타카나(カタカナ)로 된 상법전 중 회사법 부분을 히라가나(ひらかな)로 현대화하는 것이다.[201] 둘째로, 실질 개정으로 회사에 관련된 모든 제도간 규율의 불균형을 시정하는 것이다. 그 내용으로는 주식회사법과 유한회사법의 조정과 평성 14년(2002년)의 개정으로 설치된 위원회등설치회사와 종래의 감사회설치회사 사이의 불균형의 시정 등을 들 수 있다. 또한 최근 사회경제의 변화에 대응한 각종 제도의 검토에 있다고 할 수 있다. 이에 관한 내용으로 기업 조직 재편의 대가 유연화(이른바 캐시 아웃·기업의 합병 등의 도입)나 LLC(Limited Liability Company)[202]의 도입 등을 들 수 있다.[203] 이에 따라 「회사법」을 제정하면서 현행 「유한회사법」, 「주식회사의감사등에관한상법의특례에관한법률」 등을 폐지하게 된다(「회사법의시행에따른관계법률의정비등에관한법률」에 의거).[204]

국회에 제출된 「회사법」안의 제안이유를 보면 사회경제정세의 변화에 대응하여 회사에 관한 법제에 대하여 최저자본금제도의 철폐, 회사 기관의 설치 등에 있어서 정관 자치 범위의 확대, 합병 등의 조직 재편성에 관한 절차의 정비, 유한책임사원만으로 구성된 새로운 회사 유형의 신설 등을 행함과 동시에 국민이 이해하기 쉬운 법제로 하기 위해 현대용어로 표기하는 등 일체를 재편성할 필요가 있다고 하고 있다. 「회사법」의 편제는 모두 8편으로 하고, 총칙, 주식회사, 지분회사, 사채, 조직변경·합병·회사분할·주식교환 및 주식이전, 외국회사, 잡칙, 벌칙으로 구성하고 있다.[205] 이하에서는 「회사법」의 주식회사 기관에 관한 주요사항에 대하여 요강시안과 요강안에서 논의된 내용을 중심으로 살펴보기로 한다.

---

201) 그러나 그 이외의 총칙, 상행위 등은 현행의 카타카나의 형태를 그대로 유지하고 있다.

202) The Limited Liability Company or LLC는 유럽이나 라틴 아메리카의 전통적인 사업구조(business structure)의 형태라고 할 수 있다. 이러한 제도가 1977년 와이오밍주(the State of Wyoming)에 의하여 처음으로 미국에 도입하였다. 최근 하와이주를 포함하여 약 50개 주와 워싱턴 D.C.도 LLC의 입법의 한 형태를 채택하고 있다(http://www.global-inter.net/llc.html).

203) 「Jurist」의 별책부록, 「會社法制の現代化に関する要綱試案 同 補足說明」(有斐閣, 2004.5), 2면.

204) 새로운 회사법은 상법 제3편의 회사법을 상법에서 떼어내고 유한회사법과 상법특례법 등을 합쳐서 하나의 단일법으로 제정되었다.

205) 일본 국회에 제출된 회사법안 참조. http://www.shugiin.go.jp/index.nsf/html/index_gian.htm.

4.3 주요 개정내용

주식회사 기관설계에 대해서는 현행 주식회사·유한회사의 양 회사 유형의 통합을 전제로 하여 주식양도제한회사[206]는 이사회를 설치하지 않는 것을 인정하는 등 주식양도제한의 유무, 회사의 규모(대회사인지 여부)에 따라 그 규율의 대폭적인 유연화를 도모하는 것으로 되어 있다. 이 점과 관련하여 시안에서는 주식회사의 기관설계의 유연화로서 주식양도제한 회사에 대해 이사회 설치 여부에 대한 선택권을 인정하고 있지만, 요강안에서는 그 나머지의 기관도 포함하여 소정의 원칙 아래 회사가 그 설치를 자유로이 선택할 수 있도록 하였다. 그 결과 주식양도제한회사가 아닌 회사(공개회사) 중 대회사의 경우는 기관 본연의 자세는 현행과 마찬가지이나, 그 나머지 주식회사의 경우는 현행보다도 선택할 수 있는 기관설계가 증가하게 된다. 특히 주식양도제한회사 중 소회사의 경우는 기관설계의 선택사항의 폭은 이사 1인만으로 구성되는 기관설계로부터 위원회설치회사[207]에 이르기까지 대폭 확대되었다. 이에 따라 2002년 상법 등 개정시 도입하였던 위원회등설치회사 등이 규정된 「주식회사의감사등에관한상법의특례에관한법률」을 폐지하고, 동내용을 「회사법」으로 옮기면서 주식회사의 기관으로 1인 또는 2인 이상의 이사를 두도록 하며, 주주총회 외에 정관에 의하여 이사회, 회계참여, 감사, 감사회, 회계감사인 또는 위원회를 둘 수 있다고 규정하고 있다(회사법 제326조).

(1) 이 사

이사에 대해서는 그 임기 문제가 중요한 논점이 되고 있다. 현행법상 주식회사 이사의 임기는 원칙적으로 2년을 초과할 수 없다(상법 제256조 제1항). 하지만 이와 관련하여 업계에서는 등기비용의 경감 필요성과 소유와 경영이 일치하고 있는 경우가 많다는 사실을 이유로 주식양도제한회사에 대하여는 법정기한을 연장하여 주거나 아니면 폐지하여 줄 것을 요청하였다.[208] 이에 대하여 시안에서는 위원회등설치회사를 제외한 주식양도제한회사 중 이사회가 설치된 경우에는 그 법정의 임기를 확장하는 방향으로 검토되었고, 이사회가 설치되지

206) 「회사법」에서는 종전의 '주식양도제한회사'를 '공개회사가아닌주식회사'로 규정하고 있다.
207) 「회사법」에서는 종전의 '위원회등설치회사'를 '위원회설치회사'로 규정하고 있다.
208) Jurist, 전게 별책 부록, 69면.

않은 경우에는 유한회사 이사의 임기와 마찬가지로 규제를 하지 않는 것으로 하고 있다. 그렇지만 요강안에서는 이사회의 설치 유무에 의하여 규제를 다르게 하는 것은 아니며, 위원회등설치회사를 제외하고 주식회사의 이사의 임기에 대하여 일률적으로 원칙상 2년으로 하고, 주식양도제한회사에 대하여는 정관에 그 임기를 최장 10년으로 연장할 수 있는 것으로 되어 있다. 이러한 점을 포함하여 시안에서는 주식양도제한회사에 대하여 이사회의 불설치를 인정함과 동시에 그 설치의 유무에 따라 적용되는 규제의 내용에 대하여 현행 주식회사와 유한회사 간의 차이가 있는 것과 마찬가지의 방향으로 검토하여야 한다는 제안을 하고 있지만, 요강안에서는 이사회의 설치 유무 그 자체로부터 초래되는 차이 이상의 효과를 인정하지 않는 것으로 되어 있다. 이에 따라 「회사법」에서는 회사 이사의 임기를 원칙적으로 2년을 하면서 공개회사가 아닌 주식회사는 10년으로, 위원회설치회사는 1년으로 규정하고 있다(회사법 제332조).

내부통제시스템의 구축에 관한 결정·공시의 항목은 시안에서는 언급하고 있지 않지만, 기업에 있어서 준법감시(compliance)체제 확립 필요성이 있다는 지적을 받아들여 문제시 한 사항이다. 요강안에서는 그 구축의 기본방침을 이사회 전결사항으로 하고 당해 결의의 개요를 경영보고의 기재사항으로 하는 것으로 하며, 대회사에 있어서는 그 구축의 기본방침 결정을 의무로 하도록 하고 있다.[209]

이사회의 서면결의에 대해서는 현행법상 개인적인 신뢰에 기하여 선임된 이사가 상호간 협의·의견교환을 통하여 의사결정을 행하여야 하는데, 이사회가 이를 생략하고 서면결의를 행하는 것은 인정되지 않는다고 하는 것이 일반적인 견해이다.[210] 이에 대하여 업계에서는 기업활동의 국제화에 수반하여 외국에 거주하는 이사도 증가하고 있는 상황 등을 감안할 때 기동적인 회사 운영을 위하여 이것을 인정할 필요가 있다고 강력히 요청하였다.[211] 이에 시안에서는 그 결의의 목적 사항에 대하여 각 이사가 동의를 하고, 가령 업무감사권한이 있는 감

---

209) 相澤 哲, 전게 논문, 48면.

210) Jurist, 전게 별책 부록, 70면; 우리나라의 경우도 이사회는 회사의 경영에 관한 실무적인 문제를 다루므로 여러 가지로 변환이 가능한 의안을 놓고 상호 의견을 교환함으로써 최적의 결론을 내야 하는 집단적 의사결정(collective decision-making)의 방식을 취하여야 한다. 따라서 이사들의 구체적 회합을 요하며, 서면결의는 인정되지 않는다고 한다(통설)(이철송, 전게서, 545면).

211) Jurist, 전게 별책 부록, 70면.

사를 설치한 회사는 감사 각자가 특별히 의견을 진술하지 않는 경우에 있어서는 정관이 정하는 바에 따라 서면결의를 허용하는 것으로 하고 있다. 또한 이에 관련하여 감사회 및 위원회등설치회사의 각 위원회에 대해서도 서면결의를 허용하는 지의 여부가 논란의 대상이 되었지만, 이에 대하여는 기본적으로는 서면결의를 인정하지 않는 것으로 되어 있다.[212] 하지만 「회사법」에서는 시안대로 이사 전원이 서면 또는 전자적기록으로 동의한 경우에는 이사회결의가 있었던 것으로 간주할 수 있다고 하였다(회사법 제370조).

이사의 책임에 대하여는 회사에 대하여 각종 책임의 본연의 모습에 대하여 무과실 책임규정을 다시 검토하는 등의 조치를 하고, 위원회등설치회사와 그 이외의 회사와의 사이에 있어서 규율의 조정을 도모하는 것으로 되어 있다. 즉 임무해태책임(상법 제266조 제1항 제5호에 속한 책임)을 위원회등설치회사 이외의 회사에 대해서도 위원회등설치회사와 마찬가지로 상법 제266조 제2·3항에 상당하는 규정을 두지 않는 것으로 하였다.[213] 이에 따라 회사법에서는 임원 등의 주식회사에 대한 손해배상책임과 이의 경감을 규정하고 있다(회사법 제423조~제428조).

(2) 감 사

감사에 대해서는 감사의 권한에 대한 논의가 있었다. 현행법에 의하면, 감사는 주식회사중 상법특례법상의 소회사(자본금 1억엔 이하, 부채총액 200억엔 미만) 이외의 회사에 대하여 업무감사 및 회계감사의 권한을 가지고 있지만(상법 제274조 제1항), 소회사 및 유한회사에 대해서는 회계감사의 권한만을 가지고 있는 것으로 하고 있다(상법특례법 제22조 제1항, 제25조, 유한회사법 제33조의2 제1항).[214] 현행법상 업무감사권한은 소화 39년부터 소화 40년에 이르기까지 유명한 회사의 분식결산·도산을 계기로 하여 소화 49년의 개정에 의하여 부여된 것이지만, 소회사의 감사의 권한에 대해서는 이사의 직무집행 전반을 감사하도록 하는 데에는 어려움이 있다는 이유로 종전과 마찬가지로 회계감사에

---

212) 相澤 哲, 전게 논문, 48면.

213) Jurist, 전게 별책 부록, 12면.

214) 대회사인 경우에는 3인 이상의 감사로 감사회를 구성하여, 그 중 1인 이상은 감사로 취임하기 전 5년 이내에 당해 회사 또는 그 자회사의 이사 또는 지배인 기타의 사용인이 아니었던 자(사외이사)로 하여야 하며 감사 중 호선에 의하여 1인은 상근으로 하여야 한다(최정호·김도일·김성진, "세계주요국가의 기업지배구조에 대한 고찰," 「산업경영연구」(중앙대학교산업경제연구소, 2002.6), 52면).

한정하고 있었다. 유한회사의 경우도 마찬가지였다. 그러나 감사에 대해 특별한 자격을 요구하지도 않으면서 그 권한을 전문적 지식과 능력을 요구하는 회계감사에 한정하는 것에 대해 소화 49년 개정 직후부터 강한 비판을 받아왔다.[215] 이에 시안에서 그 권한을 업무감사권한을 인정하는 방향으로 검토하였고, 요강안에서도 시안과 마찬가지로 일률적으로 업무감사권을 인정하는 방향으로 검토를 함으로써 주주의 권한을 대폭 강화시키는 것으로 하고 있다.[216] 이에 따라 「회사법」에서는 감사의 권한에 대하여 이사의 업무집행을 감사한다고 규정하고 있다(회사법 제381조).

(3) 보궐감사의 예선

보궐감사 등에 대해서는 현행법상 보궐감사의 예선에 관한 규정은 두고 있지 않다. 보궐감사의 예선이란 법령 또는 정관에서 정한 감사의 수가 사임 등에 의하여 흠결되는 경우를 대비하여 사전에 주주총회에서 보궐감사를 선임하여 두고 실제로 감사의 수가 부족할 경우 그 보궐감사가 정식으로 감사에 취임하는 것을 말한다. 물론 현행 상법 제273조 제3항에 보궐감사의 임기에 관한 규정이 있지만, 이것은 감사가 사임 등을 하면 그 후임이 정식으로 선임되고 곧 감사에 취임하는 경우에 관한 규정이지, 보궐감사의 예선에 관한 것은 아니다. 동 제도에 대하여 업계에서는 예전부터 그 유효성을 인정하여 왔다. 그 배경에는 일정 수의 사외이사·사내이사를 둘 것을 의무로 하고 있는 데 있다. 만약 이들이 법률 또는 정관에서 정한 원수를 결할 경우에는 일시이사 또는 일시감사의 선임을 법원에 청구한 이후 임시주주총회를 개최하여 후임자를 선임하여야 하는데, 이러한 절차를 밟을 경우 많은 비용의 지출 및 그들이 선임될 지의 여부에 대한 불안감이 있었다. 따라서 이러한 문제점을 해결하고 또한 이러한 사태가 발생할 경우에 대비하여 사전에 준비하여 둔다는 점에서 보궐감사의 예선을 긍정하고 있다.[217] 이에 시안에서는 정관의 정함이 없더라도 예선이 가능하고, 그 예선의 효력은 선임후 최초로 도래하는 정기총회시까지로 하는 것 등을 명확히 하고자 하였다.[218] 「회사법」에서도 회사 임원(이사, 회계참여, 감사)이 결한 경우 또는 법률 또는 정관에 정한 임원의 정수를 흠결하게 되는 경우

215) Jurist, 전게 별책 부록, 82면.
216) 相澤 哲, 전게 논문, 49면; Jurist, 상게 별책 부록, 82면.
217) Jurist, 전게 별책 부록, 82면.
218) 相澤 哲, 전게 논문, 49면.

를 대비하여 법원을 통해 일시임원을 선임할 수 있지만(회사법 제346조 제2항), 보궐의 임원을 주총에서 선임할 수 있다는 규정을 두고 있다(동법 제329조 제2항). 그리고 감사의 경우 임기를 4년으로 하고, 임기만료전에 퇴임한 감사의 보궐로 선임된 감사의 임기는 퇴임한 감사의 임기 만료시까지 정관으로 정할 수 있다고 규정하였다(회사법 제336조 제3항).

(4) 회계참여제도

기관관계 중에서 주목해야 할 또 하나의 제도는 회계참여제도이다. 이 제도는 시안에서는 언급되지 않은 항목인데, 시안에 대해서 각계에서 제출한 의견 등을 참조하여 창설된 것이다. 요강안에서 회계참여는 주식회사에 있어서 새로운 내부감사기관으로 공인회계사 또는 회계법인·세무사 또는 세무법인이 주주총회에 의하여 선임되고, 이사와 공동으로 재무제표를 작성하는 것으로 당해 재무제표 등 계산서류는 별개로 보존하며, 주주·회사채권자에 대하여 공시하는 것 등을 그 직무로 하는 것으로 되어 있다. 중소규모의 회사에 있어서 계산서류의 정확성 확보에 도움이 되기 위하여 제도 구축의 필요성이 이전부터 지적되는 등 과거부터 구체적인 검토·제안이 되오던 것을 답습하여 실현가능한 방식으로 고안된 것이다. 이에 따라 「회사법」에서는 회계참여에 관한 규정을 신설하였다(회사법 제374조~380조). 회계참여는 주식회사가 정관에 정하는 바에 의하여 둘 수 있는 임의기관이다(동법 제326조 제2항). 향후 동 제도의 기대효과가 클 것으로 기대되어 각 방면에서 높은 관심을 보이고 있다.[219]

(5) 회계감사인

회계감사인에 대해서는 설치 강제의 범위가 주로 문제된다. 현행법에 의하면, 상법특례법의 대회사(자본금 5억엔 이상 또는 최종 대차대조표의 부채총액 200억엔 이상)에 대해서는 공인회계사 또는 감사법인을 자격 요건으로 하는 회계감사인의 설치가 강제되어 있다. 이 회계감사인의 설치 강제의 범위를 제시한 현행 기준에 대해서는 다음 두 가지의 관점에서 지적되고 있다.[220]

첫째, 현행 자본금과 부채라는 기준을 대신하여 또는 그 기준과 더불어 다른 기준을 사용할 수 있는지의 여부이며, 둘째, 일시적으로 현행의 자본금과 부

219) 相澤 哲, 상게 논문, 49면.
220) Juirst, 전게 별책 부록, 14-15, 84-85면.

채라는 기준을 유지하는 경우에 있어서 그 금액의 인하 또는 인상을 할 수 있을 지의 여부에 대한 것이다. 우선 첫번째의 관점을 살펴보면 EU 제국 등에 있어서 총자산, 매출액, 종업원수 등의 기준을 사용하여 대·소회사의 구분을 하는 경우가 많지만, 매출액에 대해서는 회사의 업무 태양에 따라 격차가 있고 회사의 규모에 따른 기준의 유용성도 의문이 제기되고 있으며, 종업원 수에 대해서도 고용체계가 복잡한 현 상황하에서는 기준으로 사용하는 데 문제가 있다는 지적이 있어 다른 기준의 사용을 검토하고 있었다.

두번째 관점에 대해서도 과거부터 외부감사의 중요성이 높아지고 있다는 점에서 금액 인하를 하여야 한다는 의견이 제시되기도 하고 현행 기준을 유지해야 한다는 의견도 제시되었다. 어쨌든 두 가지의 관점 모두 많은 논의는 있었지만, 장래의 방향성에 대하여 일정한 의견 일치를 보지 못하고 검토하여야 할 대상으로 하였다.

이처럼 의견의 일치를 보지 못함에 따라 요강안에서는 회계감사인의 설치는 원칙적으로 강제된다고 하면서, 현행 소회사의 경우에는 그러하지 아니한다고 하였다.[221] 즉 자본금 1억엔 이하 부채총액 200억엔 미만인 소회사 범위의 회사는 회계감사인을 임의로 설치할 수 있다. 다만 회계감사인의 주식회사에 대한 책임에 대해서는 이른바 일부 면제제도의 도입과 함께 주주대표소송의 대상으로 하도록 하였다. 또한 그 회계감사인은 결산공고에 있어서 그 취지를 명시하여야 한다.[222]

결국 「회사법」에서는 그 설치가 대회사에 한해 강제되어 있던 감사회나 회계감사인(우리나라의 외부감사인에 해당)에 대하여 정관을 통해 임의로 설치할 수 있는 여지를 대폭 확대하였다. 그러나 대회사의 경우에는 감사회 설치의무를 완화하면서 그 대신에 회계감사인과 감사의 선임을 소폭이지만 강제하는 조치를 취하였다(법 제326조 제2항, 제327조, 제328조).

5. 소 결

이상으로 평성 13년(2001년) 12월 12일에 공포되고 평성 14년 5월 1일부터 시행된 「상법및회사의감사등에관한상법의특례에관한법의일부를개정하기위한법률」,

221) Jurist, 상게 별책 부록, 15면.
222) 相澤 哲, 전게 논문, 49면.

및 평성 14년(2002년) 5월 29일 공포, 평성 15년(2003년) 4월 1일부터 시행된 「상법등일부를개정하기위한법률」 중 회사 기관관계의 조문을 중심으로 고찰하였지만, 동 개정 법률은 기업지배구조의 면에서 미국형 회사법의 영향을 강하게 받은 것이라고 할 수 있다. 즉 미국 회사법을 토대로 경영과 감시의 기능을 분리하고, 사외이사에 의한 감시에 의하여 경영의 투명성을 확보하는 데 그 목표를 두고 있다.

하지만 동 개정이 완전한 것이라고는 할 수 없었다. 그 결과 평성 17년(2005년) 「회사법제의 현대화에 관한 요강안」이 새로이 마련되고 이에 따른 「회사법」이 국회를 통과, 평성 17년(2005년) 7월 26일 공포되어 2006년 중 시행되었다. 그 목적 중 중요한 것은 법전의 현대화 작업과 더불어 주식회사법과 유한회사법의 조정과 위원회등설치회사와 종래의 감사회설치회사 사이의 불균형의 시정 및 사회경제의 변화에 대한 대응에 있다고 한다.

그럼에도 불구하고 아직까지 많은 문제가 남아 있다고 한다. 즉 기업결합법제, 모자회사 법제의 정비 문제 등을 지적하고 있다. 이에 대하여는 다음의 개정의 과제로 남겨두고 있다고 한다.

제 11 장 금융회사의 소유지배구조

Ⅰ. 금융회사의 소유규제 원칙

1. 의 의

(1) 금융회사의 지배구조를 형성하는 데 있어 중요한 사항 가운데 하나는 금융회사가 바로 한 나라 내에서 금융자원을 배분하는 역할을 한다는 점이다. 금융자산의 효율적 배분은 국가 경쟁력을 결정하는 중요한 요인의 하나이다. 우리나라는 이미 IMF 외환위기를 통해 비효율적이고 수익성이 없는 기업에 대한 금융자원의 배분이 국가적으로 어떠한 손실과 폐해를 가져오는지를 경험한 바 있다. 대부분의 국가에서 금산분리의 원칙에 따라 산업자본이 금융회사를 소유하는 것을 규제하고 있는데 이는 금융회사의 사금고화에 따른 부작용을 방지하기 위한 장치이기도 하지만, 결국은 금융자원의 배분 기능을 공정하게 수행하도록 하는데 그 목적이 있다고 하겠다.[1]

(2) 미국은 전통적으로 산업자본과 금융자본의 분리체제를 유지하여 왔다. 1956년 제정된 은행지주회사법에서 은행지주회사의 주식을 소유하고자 하는 자는 은행업과 관계없는 일반회사의 주식을 보유할 수 없도록 하고 기보유분은 2년 이내에 모두 매각하도록 함으로써 산업자본의 은행업 진출을 원칙적으로 금지하였다. 이러한 금산분리체제는 1999년 11월 금융제도개혁법(Gramm-Leach-Bliley Act)의 제정으로 더욱 강화되었다. 동법은 은행을 보유한 금융지주회사가 일반회사를 자회사로 보유하는 것을 금지하고 있다. 동시에 일반회사의 은행(은행지주회사 포함) 소유는 지배력을 기준으로 규제하고 있는데 지배력을 획득

1) 박경서 등, 전게 논문, 8면.

하려면 감독당국의 승인을 받아야 한다.[2)]

일본의 경우 은행주식 소유에 대한 은행법상의 제한은 없으나 경제력 집중 방지 차원에서 타회사 주식의 소유를 제한하고 있는 독점금지법의 제한을 받는다. 독점금지법상 실질적으로 경쟁을 제한하지 않는 한 일반회사의 금융회사를 포함한 타사의 주식취득을 금지하지는 않고 있다. 그러나 금융기관에 대해서는 다른 회사 주식을 5%(보험회사의 경우 10%)를 초과하여 취득 또는 소유하는 것을 금지한다. 이에 따라 은행 또는 은행지주회사가 은행, 증권, 보험 등 금융 관련회사가 아닌 일반회사를 자회사로 두는 것이 금지되고 있다.

영국, 독일, 프랑스 등 유니버셜뱅킹제도를 도입하고 있는 EU 제국의 경우 EC 제2차 은행지침(EC Second Banking Directive)에 의거 일반회사의 은행소유나 은행의 일반회사 소유를 모두 허용하고 있다. 다만 일반회사의 은행소유의 경우 국가별로 상이하게 설정된 소정의 보유지분별(예컨대 10%, 25%, 33% 등)로 주주에 대한 적격성 심사를 거치게 하고 은행의 일반회사에 대한 주식투자는 자산운용의 건전성 차원에서 단일기업의 경우 은행자본금의 15%, 전체기업의 경우 은행자본금의 60% 이내로 제한하고 있다.[3)]

(3) 우리나라는 미국과 같이 산업자본과 금융자본의 분리체제를 유지하고 있다. 특히 은행의 경우 은행과 산업자본의 분리(소위 "은산분리 원칙")를 엄격하게 유지하고 있다. 은행법상 동일인의 은행지배와 관련하여 지분율 10%(비금융주력자는 4%)로 제한(동법 제15조, 제16조의2)하고, 은행의 일반회사 지배 지분율 15%로 제한(동법 제37조)하면서 그 이상 보유시에는 감독당국의 승인을 받도록 하고 있다. 아울러 「금융산업의구조개선에관한법률」상 동일금융회사의 일반회사 보유지분율 20%로 제한(동법 제24조)하는 한편 금융지주회사법에서는 금융지주회사가 일반회사를 자회사로 두는 것을 금지(동법 제15조)하고 있다. 독점규제및공정거래에관한법률(이하 "공정거래법"이라 함)에서도 금융지주회사가 일반회사를 자회사로 둘 수 없으며, 일반지주회사가 금융회사를 자회사로 둘 수 없도록 하였다(공정거래법 제8조의2 제2항 4~5호).[4)]

---

2) 은행지주회사법상 지배기준은 지분율 25% 이상 보유시, 과반수 이상 이사선임에 영향력을 행사시, 은행이사회의 의사결정에 직간접적으로 영향력을 미친다고 FRB가 판정한 경우이다.

3) 강병호, 전게서, 100면.

4) 공정거래법 제8조의2 제2항 5호 단서에 의하면 일반지주회사로 전환하거나 설립될 당시에 금융회사 주식을 소유하고 있는 때에는 2년간만 소유할 수 있다. 이에 따라 롯데지주회사의 경우를 보면 2019년 10월 계열내 금융회사인 카드회사와 보험회사를 매각하였다.

이상에서 본 바와 같이 우리나라에서는 건전성 위험이 가장 큰 은행의 경우에는 종전부터 소위 은산분리의 원칙에 따라 소유규제가 엄격히 적용되고 있는 반면에 건전성 위험이 상대적으로 작은 제2금융권에 대하여는 소유규제가 비교적 완화되어 있는 편이다.

일반적으로 산업자본간의 결합에 비해 산업자본과 금융자본, 이중에서도 특히 은행과의 결합에 대해 규제가 심한 것이 세계적인 현상이다. 은행의 경우 비은행금융업에 비해 통화관리, 예금자보호, 신용질서의 유지 등의 면에서 공공성과 외부성이 상대적으로 크기 때문이다.[5)]

2. 우리나라 은행의 소유규제 연혁: 은산분리 원칙

2.1 1980년대

우리나라는 1980년대 초 금융의 자율화·민영화에 따라 은행 경영자율화의 장해요인이 되는 각종 규제를 완화하고, 대주주에 대한 편중여신 등의 부작용을 사전에 방지하기 위한 제도적인 장치를 마련할 필요가 있었다. 이에 1982년 12월 은행법 개정에 의하여 은행 경영에 관한 은행감독원장의 포괄적인 지시 명령권을 없애고, 동일인에 대한 여신규제를 강화하였다. 특히 시중은행의 민영화 과정에서 은행이 대기업의 사금고화되는 것을 방지하기 위하여 동일인의 은행 주식 소유 및 의결권 한도를 은행 발행주식 총수의 8%로 설정하였다. 외국합작금융기관과 지방은행에 대하여는 소유한도 적용을 배제하였다(은행법 제17조의3 신설). 1982년 12월 은행법을 개정하기 이전까지는 금융기관에대한임시조치법에 의하여 은행 주식에 대한 의결권 행사범위만 10%로 제한하고 있었다.[6)]

2.2 1990년대

1990년대 들어 금융의 개방화·국제화 등 금융환경 변화가 진전되면서 금융산업의 효율성과 경쟁력을 제고하는 한편 선진국의 개방 압력에 대응할 필요성이 높아졌다. 이에 따라 은행의 책임경영체제를 확립하고 은행경영에 대한 산업자본의 간여를 방지하기 위하여 은행 소유구조에 관한 제도를 변경하였다.

---

5) 강병호, 상게서, 101면.
6) 정찬형·도제문, 「은행법」(제2판)(박영사, 2005.5), 105면.

1992년 5월에 종전까지 친인척 위주로 되어있던 동일인의 포괄범위를 확대하여 주주 1인이 독점규제및공정거래에관한법률에 의하여 지정된 대규모기업집단을 지배하는 자인 경우에는 그가 지배하는 대규모기업집단 소속 기업체를 동일인의 범주에 추가하였다(은행법 시행령 제5조). 그리고 소유규제가 없던 지방은행 주식의 동일인 소유한도를 15%로 설정하였다(동법 시행령 제4조).

1994년 12월에는 산업자본의 은행지배를 방지하면서 순수금융자본에 대하여는 은행경영을 주도할 수 있는 제도적인 길을 터주고자 금융전업기업가제도를 도입하였다. 금융전업기업가에 대하여는 은행주식을 12%까지 소유할 수 있도록 허용하였다(은행법 제17조의4 신설). 그러나 금융전업기업가가 아닌 동일인의 주식소유한도는 8%에서 4%로 하향 조정하였다(동법 제17조의3 제1항). 1997년 1월에는 금융전업기업가에 대한 은행주식 소유제한(12%)를 완화하여 은행감독원장이 승인하는 한도까지 소유할 수 있도록 하는 등 금융전업기업가를 육성하기 위하여 제도적 개선을 도모하였다.

금융전업기업가는 당초 산업자본과 연계되지 않고 금융업만을 영위하는 순수 금융자본의 경우에는 은행의 안정적인 경영주체가 될 수 있도록 하기 위하여 도입된 제도이었다. 그러나 동 자격요건이 지나치게 엄격하여 실효를 거두지 못하였다. 따라서 1998년 1월 은행법을 전면 개정하면서 금융전업기업가제도를 폐지하고 은행 주식 소유에 대한 규제를 다시 정비하였다. 즉, 동일인 소유한도를 4%로 하되(정부는 적용제외, 지방은행은 15% 이내, 외국인은 신고 조건으로 10% 이내[7]), 10%·25%·35% 초과시 마다 금융감독위원회의 승인을 얻어 은행주식을 승인한도까지 보유하도록 하였다(은행법 제15조).[8]

2.3 2000년대

2002년 4월에는 은행소유규제를 국제기준에 맞게 사전적인 소유제한은 완화하되, 금융감독을 강화하는 방향으로 개선함으로써 건전한 금융자본의 출현을 유도하기 위하여 은행주식의 소유규제를 크게 완화하였다. 즉 동일인의 은행에

7) 외환위기이후 산업자본의 은행지배를 방지하면서 외자유치를 통한 은행의 자본확충을 지원하기 위하여 외국인에게 4% 초과 주식보유를 허용한 것이다. 이에 따라 당시 제일은행(뉴브릿지캐피탈 → 스탠다드차타드은행)과 외환은행(코메르츠방크 → 론스타)이 각각 외국인에게 매각되었다.

8) 정찬형·도제문, 「은행법」(제2판)(박영사, 2005.5), 106면.

대한 주식보유한도를 4%에서 10%로 상향 조정함으로써 은행에 대한 사전적인 소유제한을 완화하고, 동일인이 금융감독위원회의 승인을 얻은 때에는 10% 한도를 초과하여 은행주식을 보유할 수 있도록 하였다(은행법 제15조). 또한 비금융주력자(산업자본)에 의한 은행지배를 방지하기 위하여 비금융주력자는 4%를 초과하여 은행의 주식을 보유할 수 없도록 하되, 4%를 초과하는 주식의 의결권을 행사하지 아니하는 조건으로 재무건전성등 일정한 요건을 충족하여 금융감독위원회의 승인을 얻은 경우에는 예외적으로 10%까지 은행주식을 보유할 수 있도록 허용하였다(동법 제16조의2 신설). 또한 10%를 초과하여 은행주식을 보유한 주주에 대하여는 금융감독위원회가 그 적격 여부를 심사할 수 있도록 하고, 심사결과 부적격자에 대하여는 초과보유한 은행주식의 처분을 명할 수 있도록 하였다(동법 제16조의4 신설).

2009년 6월에는 규제완화를 통한 국내 은행산업의 경쟁력 제고를 위하여 금산분리제도를 완화하였다. 비금융주력자(산업자본) 등에 대한 은행주식 보유규제를 해외 입법례 등을 감안하여 완화하되 이에 상응하는 은행 대주주 등에 대한 검사 감독기능은 강화하였다. 비금융주력자의 은행주식 보유한도를 은행의 의결권 있는 발행주식총수의 4%에서 9%로 조정하되, 비금융주력자가 은행의 대주주가 되고자 하는 경우 사전 적격성 심사를 받도록 하였다(은행법 제16조의 2). 또한 자본시장과금융투자업에관한법률에 따라 금융위원회에 등록된 사모투자전문회사 및 국제적 신인도가 높고 본국의 충분한 금융감독을 받는 해외은행·은행지주회사에 대해서는 비금융주력자 판단기준을 완화하고, 비금융주력자 판단기준 완화대상인 사모투자전문회사 등이 은행주식을 4% 초과 보유하고 최대주주 등이 되고자 하는 경우 사전 적격성 심사를 받도록 하였다(동법 제2조제1항 9호 라·마목, 제15조의2~3 및 제16조의5 신설). 그리고 공적 연기금의 은행 주식보유규제를 완화하였다. 법에 따라 설치된 비금융주력자인 공적 연기금이 해당 공적 연기금 및 그 관리주체 등과 은행의 예금자 및 다른 주주 등 사이에 발생할 수 있는 이해상충을 방지할 수 있는 경우에 한하여 은행주식 보유규제를 완화하고, 해당 공적 연기금에 대하여 이해상충 방지를 위하여 필요한 최소한의 범위에서 금융감독당국 등의 검사 및 감독 등을 받도록 하였다(동법 제16조의2 제3항 신설). 아울러 은행 대주주에 대한 감독을 강화하여 금융감독당국 등이 은행 대주주에 대하여 필요한 최소한의 범위에서 검사를 실시할 수 있도록 하고(동법 제48조의2 제1항 3호 신설), 대주주 감독의 실효성을 제고하기 위하여 대주주 등의 위법행위 시 적용되는 과징금 및 벌칙을 강화하였다(동법 제65조의3 및 제66조 등).

2.4 2010년대

2013년 8월에는 2009년 규제완화를 통한 경쟁력 제고를 위하여 금산분리제도를 완화하였으나, 이는 재벌에게 모든 자본이 집중되는 심각한 경제적 불균형을 초래할 수 있고, 은행의 사금고화 및 이해상충 문제, 대주주인 기업부실의 은행 전이 등으로 인하여 은행의 건전성 및 금융시스템 안정성에 부정적 영향을 미칠 우려가 있으므로, 금산분리제도를 다시 강화하였다. 즉, 투자회사 · 사모투자전문회사 · 투자목적회사를 비금융주력자로 판단하는 기준을 강화하고, 사전적격성 심사규정을 삭제하는 등 관련 규정을 정비하였다(은행법 제2조 제1항 제9호 다목부터 마목까지, 제15조의3 삭제). 그리고 비금융주력자(산업자본)의 은행 주식보유한도를 9%에서 4%로 축소하고, 사전적격성 심사규정을 삭제하는 등 관련 규정을 정비하였다(동법 제16조의2 제1항, 제15조의2 삭제).

2015년 7월에는 자본시장과금융투자업에관한법률(이하 "자본시장법"이라함) 개정으로 복잡 · 다기한 현행 사모펀드 규율체계를 전문투자형 사모펀드와 경영참여형 사모펀드로 단순화하여 사모펀드간의 규제차익을 해소하고 다양한 투자전략을 추구하는 사모펀드가 출범할 수 있도록 하였다(자본시장법 제9조제19항). 이에 따라 은행법상 관련 용어인 사모투자전문회사가 경영참여형 사모집합투자기구로 정비되었다(은행법 제15조~제15조의5). 그리고 금융회사 지배구조에 관한 통합법으로 금융회사지배구조에관한법률이 새로 제정됨에 따라 은행법에 규정된 은행 지배구조에 관한 규정이 모두 삭제되었다.

2016년 3월에는 은행 건전성 제고를 위한 바젤은행감독위원회의 자본 규제 개혁 방안을 반영하기 위하여 은행의 자본확충을 위한 조건부자본증권의 발행 근거와 발행절차를 마련하였다. 즉, 은행이 상각형 조건부자본증권(사채의 발행 당시 미리 정하는 사유가 발생하는 경우 그 사채의 상환과 이자지급 의무가 감면된다는 조건이 붙은 사채) 및 은행주식 전환형 조건부자본증권(사채의 발행 당시 미리 정하는 사유가 발생하는 경우 은행의 주식으로 전환된다는 조건이 붙은 사채)을 발행할 수 있도록 하되, 그 발행절차 등에 관하여는 해당 조건부자본증권이 도입되어 있는 자본시장법의 관련 규정을 준용하도록 하였다(동법

제33조 제1항 2~4호, 제33조의2~4 신설). 이에 따라 은행주식 전환형 조건부 자본증권이 은행의 주식으로 전환됨에 따라 동일인이 주식의 보유한도를 초과하여 은행의 주식을 보유하게 되는 경우 그 보유사실을 금융위원회에 보고하고 승인을 받도록 하는 등의 절차를 마련하였다(동법 제16조 제2항 신설).

3. 인터넷전문은행의 허용

3.1 인터넷전문은행의 등장

2010년대 들어 전세계적으로 인터넷·정보통신기술(ICT)의 급격한 발전과 모바일(Mobile) 혁신과 함께 빅데이터, 인공지능(AI) 등 신기술에 의한 제4차 산업혁명의 시대가 도래하였다. 금융산업에 있어서도 예외는 아니었다. 핀테크(FinTech)라는 이름아래 정보통신과 모바일을 활용한 금융기술의 발전은 기존 금융산업의 혁신에 큰 영향을 미치고 있다. 특히 결제기능 중심의 모바일 플랫폼(Platform) 사업은 은행업 영역에 큰 위협을 주면서 이를 제도권으로 끌어들여 금융혁신의 도구로 활용하려는 노력이 나타나게 되었다. 여기서 등장한 것이 인터넷전문은행이다. 우리나라에서도 2014년 정부의 경제정책 방향에 따라 인터넷전문은행의 도입을 적극 검토하게 되었다.

인터넷전문은행이란 금융과 정보통신기술이 융합하여 전자금융거래 방식으로 영업하는 은행이다.[9] 세계 최초의 인터넷전문은행은 1995년 설립된 미국의 Security First Network Bank로 알려져 있다. 이후 정보통신(IT)기술의 발달, 인터넷과 스마트폰의 활성화 등에 따라 유럽과 일본 등으로 널리 확산되었다. 인터넷전문은행이란 본시 물리적인 점포가 없거나 매우 적은 영업점을 가지고 온라인으로 사업을 벌이는 은행을 말한다. 업무의 대부분은 금융자동화기기(ATM)나 인터넷, 모바일 응용프로그램(앱)과 같은 전자매체를 통해 이뤄진다. 이에 따라 인터넷전문은행은 무점포 영업을 통한 획기적인 비용절감, 지역적 제한이 없는 전국망의 영업 영역, 24시간 365일 언제든 계좌개설 가능, 금융소외 계층까지 금융서비스 대상 확대, 금융상품의 다양화, 소비자의 점포 방문 불필요로 인한 효율 증대, 고용 인원 최소화로 운영비용 절감 등의 장점이 있다.

9) 세계 최초의 인터넷전문은행은 1995년 설립된 미국의 Security First Network Bank로 알려져 있다. 이후 정보통신(IT)기술의 발달, 인터넷과 스마트폰의 활성화 등에 따라 유럽과 일본 등으로 널리 확산되었다.

반면에 초기 투자비용이 높아 적정 규모 이상의 고객 확보가 안 될 경우 수익성 악화로 인한 부실화 우려, 대면채널 부재로 인한 높은 리스크 등의 단점이 있다.

금융위원회 발표에 따르면, 인터넷전문은행은 기존 은행이 하는 모든 사업을 벌일 수 있다. 예 · 적금을 받거나 자금을 대출하는 것은 물론이고 외화를 취급해도 된다. 신용카드도 발급할 수 있고, 보험대리점으로 활약해도 된다. 채무보증과 어음 인수, 지급 대행 등 부수적인 업무도 모두 취급할 수 있다. 일반은행과 같은 사업을 벌이는 만큼, 인터넷전문은행도 건전성 규제를 적용받는다. 다만 초기 진입장벽을 낮추기 위해 엄격한 바젤3 기준을 적용하지 않고 바젤1 기준을 적용할 예정이다. 유동성 규제도 특수은행 수준으로 완화한다.

3.2 은산분리의 완화

우리나라 인터넷전문은행은 대기업이 아니라 정보통신기술과 인터넷, 핀테크, 모바일 플랫폼 사업자들이 주주로 참여하는 것이 바람직하다고 보고 이들에게 은행 설립을 허용하자는 방향으로 논의가 활발히 진행되었다. 금융위원회는 30대 그룹과 상호출자제한 대상 그룹에 인터넷전문은행 설립을 제한하고 나머지 기업에 참여 기회를 줘 인터넷전문은행 설립을 허가하기로 하였다. 즉, 삼성, 현대자동차, LG, SK 등 30대 그룹 계열 제조사, 금융회사는 설립이 제한되며 네이버, 다음카카오 등의 기업은 인터넷은행을 설립할 수 있게 된 것이다.

그런데 이들 사업자들은 본시 산업자본으로서 은행법상 비금융주력자(은행법 제16조의2)에 속하는 문제가 있다. 우리나라는 은산분리 원칙에 따른 은행 소유규제가 매우 강해서 인터넷전문은행의 주주 구성에 큰 장애요인이 되었고, 이를 예외 허용하여야 한다는 주장이 설득력을 얻게 되었다. 그리하여 정부는 우선 현행 은행법에 따라 인터넷전문은행을 설립하고 추후 소유규제를 완화하는 예외 입법을 하는 방향으로 하여 2015년 11월 2개의 인터넷전문은행을 허용하였다.[10] 그러나 그 후 입법과정에서도 많은 논란을 거치며 지체되다가 2018년 9월에야 「인터넷전문은행 설립 및 운영에 관한 특례법」(이하 "인터넷전문은행특례법"이라 칭한다)이 제정(2019년 1월 시행)되었다.[11] 이 법은 은행법

10) 이들 인터넷전문은행은 케이뱅크(2017.4.3 영업시작)와 카카오뱅크(2017.7.27 영업시작)가 있는데 전자는 우리은행, KT, GS리테일 등이 주요주주로 참여하고, 후자는 한국금융투자지주, 카카오, 국민은행 등이 주요주주로 참여하였다.

상 현행 소유규제를 예외 허용하는 것이 주내용이다. 인터넷전문은행의 주주로서 비금융주력자는 최대 34%(은행법은 4%)까지 의결권 지분 보유를 허용하는 것이다. 즉, 비금융주력자는 「은행법」 제16조의2 제1항 및 제2항에도 불구하고 인터넷전문은행의 의결권 있는 발행주식 총수의 100분의 34 이내에서 주식을 보유할 수 있다(인터넷전문은행특례법 제5조 제1항). 그럼에도 현재 인터넷전문은행의 증자 필요성이 커짐에 따라 이들 대주주의 의결권 보유지분을 확대하려는 법 개정 요구가 계속되고 있다.

참고로 인터넷전문은행의 설립 허용과 관련하여 해외 사정을 보면 우리나라와는 좀 다르다. 미국은 인터넷전문은행 지분 취득 기준이 일반은행과 같다. 미국은 은산분리 원칙을 고수하고 있다. 일본은 일반회사가 인터넷전문은행 주요주주가 되는 게 허용된다. 인터넷전문은행 지분 취득 과정에서 금융·비금융주력자 구분이 없다. 유럽에서는 비금융주력자의 은행 소유를 허락하고 있다.

Ⅱ. 금융회사 대주주의 건전성 규제

1. 대주주의 의의

일반적으로 금융회사의 대주주란 본인 및 특수관계인을 포함한 동일인 기준으로 최대주주이거나, 10% 이상의 지분을 가진 주요주주 또는 사실상 경영권을 행사하는 주주를 말한다. 이러한 금융회사 대주주의 개념은 종전의 금융관계법률에서 금융권별로 각각 규정하고 있던 것을 2016년 8월 시행된 금융회사지배구조법이 제정되면서 하나의 정의로 통일하여 규정되었다. 이에 따라 각 금융관계법률에서는 금융회사지배구조법에 정한 대주주의 정의를 인용하고 있다(자본시장법 제9조 제1항, 보험업법 제2조 17호, 여신전문금융업법 제2조 17호, 금융지주회사법 제2조 9호). 다만 은행과 상호저축은행의 경우는 그 유래와 업계 성격 때문에 금산분리 원칙에 따른 대주주에 대한 규제가 특별히 있어 왔으므로 은행법과 상호저축은행법에서 대주주의 정의에 관한 조문을 그대로 유지하고

11) 이 법은 법률 제15856호로 2018.10.16 공포되고 2019.1.17 시행되었다.

있다. 하지만 조문 표현이 약간 다르더라도 그 내용은 사실상 거의 같은 것으로 정리되었다(은행법 제2조 10호, 상호저축은행법 제2조 11호). 한편 금융지주회사의 경우에는 대주주의 정의로는 금융회사지배구조법상의 정의를 인용하면서도, 주요출자자라는 정의를 따로 두었다(금융지주회사법 제2조 10호). 여기서 주요출자자는 은행지주회사의 대주주의 개념에 해당하는 것으로 은행에 준하여 은행법상 대주주의 정의 규정을 그대로 사용하고 있다. 이하에서 자세히 설명한다.

1.1 금융회사지배구조법상 대주주

금융회사지배구조법에서 금융회사의 대주주는 ① 최대주주와 ② 주요주주(지분 10% 이상 주주 또는 사실상 경영권 행사 주주)로 구분하여, 그 어느 하나에 해당하는 주주를 대주주라고 규정하고 있다(금융지배법 제2조 6호).

(1) 최대주주

최대주주는 금융회사의 의결권있는 발행주식(출자지분을 포함) 총수를 기준으로 본인 및 그와 대통령령으로 정하는 특수한 관계가 있는 자(이하 "특수관계인"이라 한다)[12)]가 누구의 명의로 하든지 자기의 계산으로 소유하는 주식(그 주식과 관련된 증권예탁증권을 포함)을 합하여 그 수가 가장 많은 경우의 그 본인이다(금융지배법 제2조 6호 가목). 요컨대 대주주를 판단함에 있어 주주란 의결권 있는 주식[13)]을 자기의 계산으로 소유한 자이며, 본인 및 특수관계인 모두가 보유한 의결권 주식 총수를 기준으로 산정하여야 한다는 것이다.

금융회사의 대주주 여부를 판단함에 있어 주의할 점은 원칙적으로 주주임을 전제로 하여야 한다는 것이다.[14)] 대주주에 포함되는 특수관계인은 무조건이 아니라 특수관계인으로서 주주이어야 한다는 점이다. 특수관계인 주주여야만 대주

---

12) 은행법, 금융지주회사법에서는 본인 및 특수관계인을 포함한 동일인이라는 개념을 사용한다(은행법 제2조 8호, 금융지주회사법 제2조 7호).

13) 회사는 정관의 규정에 따라 이익의 배당, 잔여재산의 분배, 의결권 행사, 상환 및 전환 등에 관해 내용이 다른 종류의 주식을 발행할 수 있다(상법 제344조). 주식의 종류로는 보통주, 무의결권주, 우선주, 후배주, 혼합주, 상환주, 전환주 등이 있다. 통상 의결권이 있는 보통주가 표준이나 의결권이 배제·제한된 종류주식이 가능하다(상법 제344조의3). 또 이익배당, 잔여재산분배에 관한 종류주식(상법 제344조의2), 주식의 상환 또는 전환에 관한 종류주식(상법 제345~346조)도 가능하다. 다만 의결권이 배제·제한된 주식은 발행주식 총수의 1/4을 초과하지 못하도록 제한하여 그 남용을 방지하고 있다(상법 제344조의3 제2항).

14) 금융회사지배구조법상 대주주 변경 심사시에는 법인의 최대주주의 경우 그 법인의 실질적 지배자는 주주가 아니더라도 최대주주의 범위에 포함하도록 규정하고 있다(제31조 제1항).

주 적격성 심사대상에 포함된다 할 것이다. 이는 2019년 6월 카카오뱅크의 인터넷전문은행 특례법상 한도초과보유주주(대주주) 심사과정에서 금융위원회에서 신청한 법제처의 유권해석으로 확인되었다. 즉 "신청인인 내국법인의 계열주로서 인터넷은행의 주식을 소유하지 않은 자를 포함하여 심사할 수 없다"고 결론지었다. 이는 금융회사의 대주주 법인인 경우 그 계열 대주주라 하더라도 해당 금융회사 지분을 직접 소유하지 않으면 금융회사의 대주주에는 포함되지 아니한다는 의미이다. 이에 관한 자세한 내용은 후술한다.

여기서 특수관계인의 범위는 본인이 개인인 경우와 법인 또는 단체인 경우로 나누어 볼 수 있다.[15)]

---

15) 금융회사지배구조법 시행령 제3조(특수관계인의 범위) ① 법 제2조제6호가목에서 "대통령령으로 정하는 특수한 관계가 있는 자"란 본인과 다음 각 호의 어느 하나에 해당하는 관계가 있는 자(이하 "특수관계인"이라 한다)를 말한다. 1. 본인이 개인인 경우: 다음 각 목의 어느 하나에 해당하는 자. 다만, 「독점규제 및 공정거래에 관한 법률 시행령」 제3조의2제1항제2호가목에 따른 독립경영자 및 같은 목에 따라 공정거래위원회가 동일인관련자의 범위로부터 분리를 인정하는 자는 제외한다. 가. 배우자(사실상의 혼인관계에 있는 사람을 포함한다), 나. 6촌 이내의 혈족, 다. 4촌 이내의 인척, 라. 양자의 생가(生家)의 직계존속, 마. 양자 및 그 배우자와 양가(養家)의 직계비속, 바. 혼인 외의 출생자의 생모, 사. 본인의 금전이나 그 밖의 재산으로 생계를 유지하는 사람 및 생계를 함께 하는 사람, 아. 본인이 혼자서 또는 그와 가목부터 사목까지의 관계에 있는 자와 합하여 법인이나 단체에 100분의 30 이상을 출자하거나, 그 밖에 임원(업무집행책임자는 제외한다. 이하 이 조에서 같다)의 임면 등 법인이나 단체의 중요한 경영사항에 대하여 사실상의 영향력을 행사하고 있는 경우에는 해당 법인 또는 단체와 그 임원(본인이 혼자서 또는 그와 가목부터 사목까지의 관계에 있는 자와 합하여 임원의 임면 등의 방법으로 그 법인 또는 단체의 중요한 경영사항에 대하여 사실상의 영향력을 행사하고 있지 아니함이 본인의 확인서 등을 통하여 확인되는 경우에 그 임원은 제외한다), 자. 본인이 혼자서 또는 그와 가목부터 아목까지의 관계에 있는 자와 합하여 법인이나 단체에 100분의 30 이상을 출자하거나, 그 밖에 임원의 임면 등 법인이나 단체의 중요한 경영사항에 대하여 사실상의 영향력을 행사하고 있는 경우에는 해당 법인 또는 단체와 그 임원(본인이 혼자서 또는 그와 가목부터 아목까지의 관계에 있는 자와 합하여 임원의 임면 등의 방법으로 그 법인 또는 단체의 중요한 경영사항에 대하여 사실상의 영향력을 행사하고 있지 아니함이 본인의 확인서 등을 통하여 확인되는 경우에 그 임원은 제외한다). 2. 본인이 법인이나 단체인 경우: 다음 각 목의 어느 하나에 해당하는 자. 가. 임원, 나. 「독점규제 및 공정거래에 관한 법률」에 따른 계열회사(이하 "계열회사"라 한다) 및 그 임원, 다. 혼자서 또는 제1호 각 목의 관계에 있는 자와 합하여 본인에게 100분의 30 이상을 출자하거나, 그 밖에 임원의 임면 등 본인의 중요한 경영사항에 대하여 사실상의 영향력을 행사하고 있는 개인(그와 제1호 각 목의 관계에 있는 자를 포함한다) 또는 법인(계열회사는 제외한다. 이하 이 호에서 같다), 단체와 그 임원, 라. 본인이 혼자서 또는 본인과 가목부터 다목까지의 관계에 있는 자와 합하여 다른 법인이나 단체에 100분의 30 이상을 출자하거나, 그 밖에 임원의 임면 등 다른 법인이나 단체의 중요한 경영사항에 대하여 사실상의 영향력을 행사하고 있는 경우에는 해당 법인, 단체와 그 임원(본인이 임원의 임면 등의 방법으로 그 법인 또는 단체의 중요한 경영사항에 대하여 사실상의 영향력을 행사하고 있지 아니함이 본인의 확인서 등을 통하여 확인되는 경우에 그 임원은 제외한다)

i) 본인이 개인인 경우 특수관계인은 다음 어느 하나에 해당하는 자이다. 즉 배우자(사실혼 포함), 6촌 이내의 혈족, 4촌 이내의 인척, 양자의 생가의 직계존속, 양자 및 그 배우자와 양가의 직계비속, 혼인외 출생자의 생모, 본인의 금전이나 그 밖의 재산으로 생계를 유지하는 사람 및 생계를 함께하는 사람, 본인 혼자서 또는 앞의 관계자와 합하여 30% 이상 출자하거나 사실상 경영권을 행사하는 법인이나 단체와 그 임원(사실상 경영권을 행사하지 아니함이 확인된 법인이나 단체의 경우는 그 임원 제외), 그리고 본인 혼자서 또는 앞까지의 관계자와 합하여 30% 이상 출자하거나 사실상 경영권을 행사하는 법인이나 단체와 그 임원(앞과 동일)은 본인 개인의 특수관계인에 포함된다(금융지배법 시행령 제3조 제1항 1호). 다만, 이상 개인의 특수관계인 포함자 중에서 공정거래법상 독립경영자 및 공정거래위원회가 동일인관련자의 범위로부터 분리를 인정하는 자는 제외한다(금융지배법 시행령 제3조 제1항 1호 단서).

ii) 본인이 법인이나 단체인 경우 특수관계인은 다음 어느 하나에 해당하는 자이다, 즉 임원, 공정거래법상 계열회사 및 그 임원, 혼자서 또는 그 특수관계인과 합하여 본인에게 30% 이상을 출자하거나 사실상 경영권을 행사하고 있는 개인(특수관계인 포함) 또는 법인(계열회사 제외)·단체와 그 임원, 본인이 혼자서 또는 본인과 앞의 관계자와 합하여 30% 이상 출자하거나 사실상 경영권을 행사하고 있는 법인·단체와 그 임원은 본인 법인 또는 단체의 특수관계인에 포함된다(금융지배법 시행령 제3조 제1항 2호).

다만 이상과 같은 본인의 특수관계인의 범위는 은행과 금융지주회사를 제외한 여타 금융회사의 대주주에만 해당한다. 은행의 경우는 은행법상의 특수관계인 규정(은행법 시행령 제1조의4), 금융지주회사의 경우는 금융지주회사법상의 특수관계인 규정(금융지주회사법 시행령 제3조 제1항)을 적용하도록 하고 있다(금융지배법 시행령 제3조 제2항). 이는 은행산업에 대한 소유규제 차원에서 대주주와 동일인에 대한 규제제도가 전통적으로 운영되어 왔기 때문이다. 여기서 금융지주회사법을 보면 특수관계인의 범위에 관하여 은행법상의 규정을 적용하고 있으므로 은행과 금융지주회사의 경우에 특수관계인의 범위는 동일하다. 한편 금융회사지배구조법상 특수관계인의 범위는 은행법상의 규정과는 약간 달리 규정하고 있는 듯한데 그 내용은 사실상 대동소이하다. 금융회사지배구조법에서는 특수관계인의 범위에 사실혼이나 양자, 혼외자 생모 등 까지 확대하여 규정함으로써 현실을 반영하고 있다고 하겠다.

(2) 주요주주

주요주주는 지분 10% 이상 주주이거나 사실상 경영권을 행사하는 주주를 말한다.

i) 지분 10% 이상 주주는 누구의 명의로 하든지 자기의 계산으로 금융회사의 의결권 있는 발행주식 총수의 100분의 10 이상의 주식(그 주식과 관련된 증권예탁증권을 포함)을 소유한 자이다(금융지배법 제2조 6호 나목 1).

ii) 사실상 경영권을 행사하는 주주는 임원(업무집행책임자는 제외)의 임면(任免) 등의 방법으로 금융회사의 중요한 경영사항에 대하여 사실상의 영향력을 행사하는 주주로서 대통령령으로 정하는 자이다(금융지배법 제2조 6호 나목 2).

여기서 대통령령으로 정하는 자란 다음 어느 하나 [1. 혼자서 또는 다른 주주와의 합의·계약 등에 따라 대표이사 또는 이사의 과반수를 선임한 주주, 2. 금융회사가 자본시장법상 금융투자업자(겸영금융투자업자는 제외) 경우: 1) 자산운용업 외의 다른 금융투자업을 겸영하지 아니하는 경우: 임원(상법상 업무집행지시자 [16] 포함)인 주주로서 의결권 있는 발행주식 총수의 100분의 5 이상을 소유하는 사람, 2) 자산운용업 외의 다른 금융투자업을 영위하는 경우: 임원(상법상 업무집행지시자 포함)인 주주로서 의결권 있는 발행주식 총수의 100분의 1 이상을 소유하는 사람, 3. 금융회사가 금융투자업자가 아닌 경우: 금융회사(금융지주회사인 경우 자회사 및 손자회사 포함)의 경영전략·조직변경 등 주요 의사결정이나 업무집행에 지배적인 영향력을 행사한다고 인정되는 주주]에 해당하는 자이다(동법 시행령 제4조).[17]

---

16) 상법 제401조의2제1항 각 호의 자 (1. 회사에 대한 자신의 영향력을 이용하여 이사에게 업무집행을 지시한 자, 2. 이사의 이름으로 직접 업무를 집행한 자, 3. 이사가 아니면서 명예회장·회장·사장·부사장·전무·상무·이사 기타 회사의 업무를 집행할 권한이 있는 것으로 인정될 만한 명칭을 사용하여 회사의 업무를 집행한 자)

17) 금융회사지배구조법 시행령 제4조(주요주주의 범위) 법 제2조제6호나목2)에서 "대통령령으로 정하는 자"란 다음 각 호의 어느 하나에 해당하는 자를 말한다. 1. 혼자서 또는 다른 주주와의 합의·계약 등에 따라 대표이사 또는 이사의 과반수를 선임한 주주, 2. 다음 각 목의 구분에 따른 주주. 가. 금융회사가 「자본시장과 금융투자업에 관한 법률」 제8조제1항에 따른 금융투자업자(겸영금융투자업자는 제외하며 이하 "금융투자업자"라 한다)인 경우: 다음의 구분에 따른 주주. 1) 금융투자업자가 「자본시장과 금융투자업에 관한 법률」에 따른 투자자문업, 투자일임업, 집합투자업, 집합투자증권에 한정된 투자매매업·투자중개업 또는 온라인소액투자중개업 외의 다른 금융투자업을 겸영하지 아니하는 경우: 임원(「상법」 제401조의2제1항 각 호의 자를 포함한다. 이하 이 호에서 같다)인 주주로서 의결권 있는 발행주식 총수의 100분의 5 이상을 소유하는 사람, 2) 금융투자업자가 「자본시장과 금융투자업에 관한 법률」

1.2 은행법상 대주주

은행법에서 규정한 은행의 대주주는 ① 주주 1인을 포함한 동일인 기준으로 은행 지분 10%(지방은행은 15%) 초과 소유한 주주이거나, ② 동일인 기준으로 지분 4%를 초과한 최대주주 또는 ③ 사실상 경영권을 행사하는 주주이다. 이 은행법상 대주주 개념은 지분율 하한선 4%가 있지만 금융회사지배구조법상 대주주의 개념과 포괄범위가 사실상 같다고 할 수 있다.

원래 은행법에서는 금산분리의 원칙에 따라 은행의 소유규제를 강화하면서 동일인은 원칙적으로 은행 주식의 10%(지방은행은 15%, 정부 또는 예금보험공사는 예외) 지분을 초과하여 소유하지 못하도록 하고 있다. 다만 4% 초과 보유 시, 최대주주가 되었을 때에는 금융위원회에 보고하여야 한다. 그리고 지분율 10%, 25%, 33% 초과 소유하고자 할 경우는 각각 금융당국의 승인을 받아 가능토록 하였다. 그리고 보고 및 승인 심사 시에는 은행 주식 보유자의 자격, 주식 보유와 관련한 승인의 요건 절차 등을 은행의 건전성, 주주의 자산상태 등을 고려하여 심사하도록 하였다(은행법 제15조). 이렇듯 은행의 경우에는 은행 주식 소유를 통제하여 대주주를 엄격히 관리하는 전통적 은산분리의 원칙을 준수하고 있다.

은행법상 대주주의 정의 규정을 보면 은행의 대주주는 다음 어느 하나에 해당하는 자 [가. 은행의 주주 1인을 포함한 동일인이 은행의 의결권 있는 발행주식 총수의 100분의 10[전국을 영업구역으로 하지 아니하는 은행("지방은행")의 경우에는 100분의 15]을 초과하여 주식을 보유하는 경우의 그 주주 1인. 나. 은행의 주주 1인을 포함한 동일인이 은행(지방은행은 제외)의 의결권 있는 발행주식 총수(제16조의2제2항에 따라 의결권을 행사할 수 없는 주식은 제외)[18]

에 따른 투자자문업, 투자일임업, 집합투자업, 집합투자증권에 한정된 투자매매업·투자중개업 또는 온라인소액투자중개업 외의 다른 금융투자업을 영위하는 경우: 임원인 주주로서 의결권 있는 발행주식 총수의 100분의 1 이상을 소유하는 사람, 나. 금융회사가 금융투자업자가 아닌 경우: 금융회사(금융지주회사인 경우 그 금융지주회사의 「금융지주회사법」 제2조제1항제2호 및 제3호에 따른 자회사 및 손자회사를 포함한다)의 경영전략·조직변경 등 주요 의사결정이나 업무집행에 지배적인 영향력을 행사한다고 인정되는 자로서 금융위원회가 정하여 고시(아직 미제정)하는 주주

18) 은행법 제16조의2(비금융주력자의 주식보유제한) 제2항에 의하면 비금융주력자는 은행주식 보유한도 4%를 초과하여 보유하려는 경우 의결권을 행사하지 않는 조건으로 금융당국의 승인을 얻어 은행 주식 10%까지 보유할 수 있다.

의 100분의 4를 초과하여 주식을 보유하는 경우로서 그 동일인이 최대주주이거나 대통령령으로 정하는 바에 따라 임원을 임면(任免)하는 등의 방법으로 그 은행의 주요 경영사항에 대하여 사실상 영향력을 행사하고 있는 자인 경우의 그 주주 1인]를 말한다(은행법 제2조 제1항 10호).

여기서 은행의 동일인이란 본인 및 그와 대통령령으로 정하는 특수관계에 있는 자(이하 "특수관계인"이라 한다)를 말한다(은행법 제2조 제1항 8호). 은행법상 특수관계인의 범위는 금융회사지배구조법상 특수관계인의 범위와 유사하지만 약간 다른 부분이 있다. 요약하면 특수관계인은 1. 배우자, 6촌 이내의 혈족 및 4촌 이내의 인척. 2. 본인 및 배우자, 친인척 등이 임원의 과반수를 차지하거나, 50% 이상 지분을 출연하였거나 이들 중의 1명이 설립자로 되어 있는 비영리법인·조합 또는 단체 3. 본인 및 배우자, 친인척 등이 30% 이상 지분을 소유하고 있거나 이들이 최다수 주식소유자로서 경영에 참여하고 있는 회사. 4. 본인 및 상기와 같이 출연한 회사·단체 고용된 사람(사용자가 법인·조합 또는 단체인 경우에는 임원을 말하고, 개인인 경우에는 상업사용인, 고용계약에 따라 고용된 사람 또는 그 개인의 금전이나 재산으로 생계를 유지하는 사람). 5. 본인 및 상기 각 호 자가 의결권 있는 30% 이상 지분을 소유하고 있거나 이들이 최다수 주식소유자로서 경영에 참여하고 있는 회사. 6. 본인이 공정거래법상 기업집단의 계열주인 경우에 그가 지배하는 기업집단에 속하는 회사및 그 회사의 임원. 7. 본인이 계열주와 배우자, 친인척 또는 50% 이상 지분 출자 관계에 있는 자이거나 계열주가 지배하는 기업집단에 속하는 회사의 임원인 경우에 그 계열주가 지배하는 기업집단에 속하는 회사 및 그 회사의 임원. 8. 본인이 기업집단에 속하는 회사인 경우에 그 회사와 같은 기업집단에 속하는 회사 및 그 회사의 임원. 9. 본인 또는 상기 각 호의 자와 합의 또는 계약 등으로 은행 주식에 대한 의결권(의결권의 행사를 지시할 수 있는 권한을 포함)을 공동으로 행사하는 자 이다(은행법 시행령 제1조의4 제1항).[19]

---

19) 은행법 시행령 제1조의4(특수관계인의 범위) ① 법 제2조제1항제8호에서 "대통령령으로 정하는 특수관계에 있는 자"란 본인과 다음 각 호의 어느 하나에 해당하는 관계에 있는 자(이하 "특수관계인"이라 한다)를 말한다. 1. 배우자, 6촌 이내의 혈족 및 4촌 이내의 인척. 다만, 「독점규제 및 공정거래에 관한 법률 시행령」 제3조의2제1항제2호가목에 따른 독립경영자 및 같은 목에 따라 공정거래위원회가 동일인관련자의 범위로부터 분리를 인정하는 사람은 제외한다. 2. 본인 및 제1호 또는 제4호의 사람이 임원의 과반수를 차지하거나 이들이 제3호 또는 제5호의 자와 합하여 100분의 50 이상을 출연하였거나 이들 중의 1명이 설립자로 되어 있는 비영리법인·조합 또는 단체 3. 본인 및 제1호·제2호·제4호의 자가 의결권 있는 발

그럼에도 불구하고 다음의 각호의 자 [1. 「사회기반시설에 대한 민간투자법」상 민간투자대상사업을 경영하는 회사. 2. 은행 또는 은행지주회사의 자회사등이 기업구조조정이나 회생을 위하여 출자전환 등으로 다른 회사의 주식을 취득하는 경우(이에 준하는 경우를 포함) 그 다른 회사. 3. 은행의 자회사등인 경영참여형 사모집합투자기구 또는 은행지주회사의 자회사등인 경영참여형 사모집합투자기구가 투자한 기업의 가치를 높여 그 수익을 사원에게 배분하기 위한 목적으로 다른 회사의 주식을 취득한 경우 그 다른 회사]는 특수관계인의 범위에서 제외하고 있다(은행법 시행령 제1조의4 제2항).[20]

행주식 총수(지분을 포함한다. 이하 같다)의 100분의 30 이상을 소유하고 있거나 이들이 최다수 주식소유자로서 경영에 참여하고 있는 회사 4. 본인, 제2호 또는 제3호의 자에게 고용된 사람(사용자가 법인·조합 또는 단체인 경우에는 임원을 말하고, 개인인 경우에는 상업사용인, 고용계약에 따라 고용된 사람 또는 그 개인의 금전이나 재산으로 생계를 유지하는 사람을 말한다) 5. 본인 및 제1호부터 제4호까지의 자가 의결권 있는 발행주식 총수의 100분의 30 이상을 소유하고 있거나 이들이 최다수 주식소유자로서 경영에 참여하고 있는 회사 6. 본인이 「독점규제 및 공정거래에 관한 법률」 제2조제2호에 따른 기업집단(이하 "기업집단"이라 한다)을 지배하는 자(이하 "계열주"라 한다)인 경우에 그가 지배하는 기업집단에 속하는 회사(계열주가 단독으로 또는 「독점규제 및 공정거래에 관한 법률 시행령」 제3조제1호 각 목의 어느 하나 및 같은 조 제2호 각 목의 어느 하나에 해당하는 관계에 있는 자와 합하여 같은 조 제1호 및 제2호의 요건에 해당하는 외국법인을 포함한다. 이하 이 조에서 같다) 및 그 회사의 임원 7. 본인이 계열주와 제1호 또는 제2호에 따른 관계에 있는 자이거나 계열주가 지배하는 기업집단에 속하는 회사의 임원인 경우에 그 계열주가 지배하는 기업집단에 속하는 회사 및 그 회사의 임원 8. 본인이 기업집단에 속하는 회사인 경우에 그 회사와 같은 기업집단에 속하는 회사 및 그 회사의 임원 9. 본인 또는 제1호부터 제8호까지의 자와 합의 또는 계약 등으로 은행의 발행주식에 대한 의결권(의결권의 행사를 지시할 수 있는 권한을 포함한다)을 공동으로 행사하는 자

20) 은행법 시행령 제1조의4(특수관계인의 범위) ② 제1항에도 불구하고 다음 각 호의 어느 하나에 해당하는 자는 특수관계인의 범위에서 제외한다. 1. 「사회기반시설에 대한 민간투자법」 제8조의2에 따라 주무관청의 지정을 받은 민간투자대상사업을 경영하는 회사. 다만, 「국가재정법」 제5조에 따른 기금 또는 그 기금을 관리·운용하는 법인(법률에 따라 기금의 관리·운용을 위탁받은 법인을 포함하며, 이하 "기금등"이라 한다)이 포함된 동일인이 아닌 경우에는 「법인세법」 제51조의2제1항제9호에 해당하는 회사로 한정한다. 2. 은행 또는 「금융지주회사법」 제2조제1항제5호에 따른 은행지주회사(이하 "은행지주회사"라 한다)의 자회사등(같은 법 제4조제1항제2호에 따른 자회사등을 말한다. 이하 이 조에서 같다)인 금융기관(같은 법 제2조제1항제1호에 따른 금융기관을 말한다)이 「기업구조조정 촉진법」, 「채무자 회생 및 파산에 관한 법률」에 따른 기업구조조정이나 회생을 위하여 출자전환 등으로 다른 회사의 주식을 취득하는 경우(이에 준하는 경우를 포함한다) 그 다른 회사 3. 다음 각 목의 어느 하나에 해당하는 경영참여형 사모집합투자기구 (「자본시장과 금융투자업에 관한 법률」에 따른 경영참여형 사모집합투자기구를 말한다. 이하 "경영참여형 사모집합투자기구"라 한다)가 투자한 기업의 가치를 높여 그 수익을 사원에게 배분하기 위한 목적으로 다른 회사의 주식을 취득한 경우 그 다른 회사 가. 법 제37조제2항 각 호 외의 부분 단서에 따른 은행의 자회사등인 경영참여형 사모집합투자기구 나. 은행지주회사의 자회사등인 경영참여형 사모집합투자기구

그리고 대통령령으로 정하는 은행의 사실상 경영권을 행사하는 주주는 단독으로 또는 다른 주주와의 합의·계약 등으로 은행장 또는 이사의 과반수를 선임한 주주이거나 경영전략, 조직변경 등 주요 의사결정이나 업무집행에 지배적인 영향력을 행사한다고 인정되는 자로서 금융위원회가 지정한 자이다(은행법 시행령 제1조의6).[21] 이 규정은 은행에 관하여 금융회사지배구조법상 사실상 경영권을 행사하는 주주에 관한 규정 내용과 동일하다.

1.3 금융지주회사법상 대주주

금융지주회사법에서 금융지주회사의 대주주는 금융회사지배구조법상 대주주의 정의를 그대로 인용하고 있다. 즉 "대주주"란 「금융회사의 지배구조에 관한 법률」 제2조제6호에 따른 주주를 말한다(금융지주회사법 제2조 제1항 9호). 그런데 이 대주주의 개념은 금융지주회사중 비은행지주회사의 경우에만 적용되고 있다. 금융지주회사법을 보면 비은행지주회사의 대주주에 대한 신용공여 등 거래제한에 관한 규정(제34조)을 두고, 은행지주회사의 경우는 아래에 설명하는 주요출자자에 대한 신용공여 등에 관한 규정(제45조의2~5)를 따로 두고 있다.

한편 금융지주회사중 은행지주회사의 경우에는 대주주라는 용어 대신에 "주요출자자"란 용어로 대신하고 있는데, 이는 은행의 대주주의 개념을 그대로 사용하고 있다. 즉 금융지주회사법에서 "주요출자자"란 다음 각 목의 어느 하나에 해당하는 자 [가. 은행지주회사의 주주 1인을 포함한 동일인이 은행지주회사의 의결권 있는 발행주식 총수의 100분의 10(지방은행지주회사의 경우에는 100분의 15)을 초과하여 주식을 보유하는 경우의 해당 주주 1인, 나. 은행지주회사의 주주 1인을 포함한 동일인이 은행지주회사(지방은행지주회사를 제외)의 의결권 있는 발행주식 총수(제8조의2제2항에 따라 의결권을 행사하지 못하는 주식을 제외)의 100분의 4를 초과하여 주식을 보유하는 경우로서 해당 동일인이 최대주주이거나 대통령령으로 정하는 바에 따라 임원의 임면 등의 방법으로 해당 은행지주회사 및 그 자회사·손자회사·증손회사(제19조의2에 따라 금융지주회

21) 은행법 시행령 제1조의6(사실상 영향력 행사 기준 및 경영 관여 기준) ① 법 제2조제1항제10호나목에 따라 은행의 주요 경영사항에 대하여 사실상 영향력을 행사하는 자는 다음 각 호의 어느 하나에 해당하는 자로 한다. 1. 단독으로 또는 다른 주주와의 합의·계약 등으로 은행장 또는 이사의 과반수를 선임한 주주 2. 경영전략, 조직변경 등 주요 의사결정이나 업무집행에 지배적인 영향력을 행사한다고 인정되는 자로서 금융위원회가 지정한 자

사에 편입된 다른 회사를 포함하며, 이하 "은행지주회사등"이라 한다)의 주요 경영사항에 대하여 사실상의 영향력을 행사하고 있는 자인 경우의 해당 주주 1인]를 말한다(금융지주회사법 제2조 제1항 10호).

여기서 금융지주회사의 동일인이란 본인 및 그와 대통령령이 정하는 특수관계에 있는 자(이하 "특수관계인"이라 한다)를 말한다(금융지주회사법 제2조 제1항 7호). 금융지주회사법상 특수관계인의 범위는 은행법상 특수관계인의 범위를 그대로 인용하여 동일하다(금융지주회사법 시행령 제3조 제1항).[22] 그리고 특수관계인의 범위에서 제외되는 경우도 은행법상의 내용과 동일하다(금융지주회사법 시행령 제3조 제2항).[23]

그리고 대통령령으로 정하는 은행지주회사의 사실상 경영권을 행사하는 주주는 단독으로 또는 다른 주주와의 합의·계약 등으로 은행지주회사의 대표자 또는 이사의 과반수를 선임한 주주이거나 경영전략, 조직변경 등 은행지주회사 등의 주요 의사결정이나 업무집행에 지배적인 영향력을 행사한다고 인정되는 자로서 금융위원회가 지정한 자 이다(금융지주회사법 시행령 제3조의3 제1항).[24] 이

22) 금융지주회사법 시행령 제3조(특수관계인의 범위) ① 법 제2조제1항제7호에서 "그와 대통령령이 정하는 특수관계에 있는 자"란 본인과 「은행법 시행령」 제1조의4제1항 각 호의 어느 하나에 해당하는 관계에 있는 자(이하 "특수관계인"이라 한다)를 말한다.

23) 금융지주회사법 시행령 제3조(특수관계인의 범위) ② 제1항에도 불구하고 다음 각 호의 어느 하나에 해당하는 자는 법 제2조제1항제7호의 동일인의 범위에서 제외한다. 1. 「사회기반시설에 대한 민간투자법」 제8조의2에 따라 주무관청의 지정을 받은 민간투자대상사업을 경영하는 회사. 다만, 「국가재정법」 제5조에 따른 기금 또는 그 기금을 관리·운용하는 법인(법률에 따라 기금의 관리·운용을 위탁받은 법인을 포함하며, 이하 "기금등"이라 한다)이 포함된 동일인이 아닌 경우에는 「법인세법」 제51조의2제1항제9호에 해당하는 회사로 한정한다. 2. 은행(「은행법」에 따른 인가를 받은 은행을 말한다. 이하 같다) 또는 은행지주회사의 자회사등인 금융기관이 「기업구조조정 촉진법」, 「채무자 회생 및 파산에 관한 법률」에 따른 기업구조조정을 위하여 출자전환 등으로 다른 회사의 주식을 취득하는 경우(이에 준하는 경우를 포함한다) 그 다른 회사 3. 다음 각 목의 어느 하나에 해당하는 경영참여형 사모집합투자기구가 투자한 기업의 가치를 높여 그 수익을 사원에게 배분하기 위한 목적으로 다른 회사의 주식을 취득한 경우 그 다른 회사 가. 「은행법」 제37조제2항 각 호 외의 부분 단서에 따른 은행의 자회사등인 경영참여형 사모집합투자기구 나. 은행지주회사의 자회사등인 경영참여형 사모집합투자기구

24) 금융지주회사법 시행령 제3조의3(사실상 영향력 행사 및 경영 관여의 기준) ① 법 제2조제1항제10호나목에 따라 주요 경영사항에 대하여 사실상의 영향력을 행사하는 자는 다음 각 호의 어느 하나에 해당하는 자로 한다. 1. 단독으로 또는 다른 주주와의 합의·계약 등으로 금융지주회사(법 제2조제1항제10호나목의 경우에는 은행지주회사를 말한다)의 대표자 또는 이사의 과반수 이상을 선임한 주주 2. 경영전략·조직변경 등 금융지주회사 및 그 자회사와 손자회사[법 제2조제1항제10호나목의 경우에는 은행지주회사 및 그 자회사와 손자회사(이하 "은행지주회사등"이라 한다)를 말한다]의 주요 의사결정이나 업무집행에 지배적인 영향력을 행사한다고 인정되는 자로서 금융위원회가 지정한 자

규정은 은행지주회사에 관하여 은행법상 사실상 경영권을 행사하는 주주에 관한 규정 내용과 동일하다.

1.4 상호저축은행법상 대주주

상호저축은행법에서 상호저축은행의 대주주 개념은 금융회사지배구조법상 대주주의 정의와 같은 내용으로 조문 형식도 동일하다. 사실 입법 과정에서 보면 상호저축은행의 대주주 정의가 먼저 규정화(2010.3.22)되었고, 그후 금융회사지배구조법이 제정되면서 이 조문을 답습(2015.7.31)한 것이기 때문이다.

상호저축은행법 규정을 보면 상호저축은행의 대주주는 다음 각 목의 어느 하나에 해당하는 주주 [가. 최대주주: 상호저축은행의 의결권 있는 발행주식 총수를 기준으로 본인 및 그와 대통령령으로 정하는 특수한 관계에 있는 자(이하 "특수관계인"이라 한다)가 누구의 명의로 하든지 자기의 계산으로 소유하는 주식을 합하여 그 수가 가장 많은 경우의 그 본인, 나. 주요주주: 누구의 명의로 하든지 자기의 계산으로 상호저축은행의 의결권 있는 발행주식 총수의 100분의 10 이상의 주식을 소유하는 자 또는 임원의 임면 등의 방법으로 상호저축은행의 주요 경영사항에 대하여 사실상의 영향력을 행사하는 주주로서 대통령령으로 정하는 자]를 말한다(상호저축은행법 제2조 11호).

여기서 상호저축은행의 특수관계인은 금융회사지배구조법상 특수관계인의 정의를 그대로 인용하고 있다(상호저축은행법 시행령 제4조의2 제1항).[25]

또한 대통령령으로 정하는 상호저축은행의 사실상 경영권을 행하는 주주 또한 금융회사지배구조법상 개념을 그대로 하여, 즉 1. 단독으로 또는 다른 주주와의 합의·계약 등에 따라 대표이사 또는 이사의 과반수를 선임한 주주, 2. 경영전략, 조직 변경 등 주요 의사결정이나 업무집행에 지배적인 영향력을 행사한다고 인정되는 자로서 금융위원회가 정하는 주주로 규정하고 있다(상호저축은행법 시행령 제4조의2 제2항).[26]

---

25) 상호저축은행법 시행령 제4조의2(특수관계인의 범위 등) ① 법 제2조제11호가목에서 "대통령령으로 정하는 특수한 관계에 있는 자"란 「금융회사의 지배구조에 관한 법률 시행령」 제3조제1항 각 호의 어느 하나에 해당하는 자를 말한다.

26) 상호저축은행법 시행령제4조의2(특수관계인의 범위 등) ② 법 제2조제11호나목에서 "대통령령으로 정하는 자"란 다음 각 호의 어느 하나에 해당하는 자를 말한다. 1. 단독으로 또는 다른 주주와의 합의·계약 등에 따라 대표이사 또는 이사의 과반수를 선임한 주주 2. 경영전략, 조직 변경 등 주요 의사결정이나 업무집행에 지배적인 영향력을 행사한다고 인정되는 자로서 금융위원회가 정하는 주주

표 11-1 금융회사지배구조법과 은행법등 대주주관련 입법내용의 비교

	금융회사 지배구조법	은행법	금융지주 회사법	상호저축 은행법
대주주 정의	1. 최대주주 2. 주요주주 – 10% 이상 지분 소유 – 사실상 경영권 행사	1. 10% 초과 주주 2. 4% 초과 주주 – 최대주주 – 사실상 경영권 행사	지배구조법 규정 적용	별도로 규정. 지배구조법과 같은 내용 (1. 최대주주 2. 주요주주)
은행지주회사의 주요출자자	–	–	은행법상 대주주 개념	–
특수관계인 범위	본인이 개인, 법인·단체인 경우로 구분 규정	별도로 규정. 지배구조법과 유사한 내용	은행법과 같은 내용	지배구조법 규정 인용
사실상 경영권행사 주주	1. 대표이사·이사 과반수 선임 2. 주요의사결정·업무집행에 지배력 행사 3. 금투업자인 경우 임원주주(1%, 5% 이상)	별도로 규정. 지배구조법과 같은 내용	은행법과 같은 내용	별도로 규정. 지배구조법과 같은 내용
대주주 적격성 심사시 대주주 범위	최대주주 심사. 최대주주가 법인인 경우 그 법인의 최대주주, 사실상 경영자 및 대표자 포함	한도초과보유주주 심사. 대주주 정의와 동일	은행법과 같은 내용	대주주 심사. 대주주가 법인인 경우 그 법인의 최대주주, 사실상 경영자 및 대표자 포함

2. 대주주 적격성심사 제도

금융업은 전통적으로 대표적인 규제산업이다. 금융시장의 실패는 국민경제에 미치는 영향이 막대하기 때문에 금융회사의 건전성 규제는 매우 중요하다. 금융회사의 설립에서부터 영업활동에 이르기까지 대부분이 규제사항으로서 정부의 인허가 대상이 많다. 그동안 금융자율화가 크게 진전되었지만 금융회사의 진입과 퇴출은 아직도 엄격히 규제되고 있다. 특히 금융회사의 소유규제에 관하여는 금산분리의 원칙에 따라 경영권을 가진 대주주에 대한 규제로 중점 시행하고 있다. 금융회사의 경영 건전성이 경영권을 행사하거나 경영권에 영향을 미치는 대주주의 건전성이 담보되어야 가능하기 때문이다. 이에 따라 금융회사의 소유지분인 주식 취득에 대하여는 설립시부터 경영권과 관련이 되는 부분이 있다면 정부 감독당국의 인허가 등을 통해 규제하기 마련이다. 우리나라에서는 종전부

터 건전성 위험이 가장 큰 은행의 경우에 소위 은산분리의 원칙에 따라 대주주의 주식보유 한도가 엄격히 통제되고 있다. 반면에 건전성 위험이 상대적으로 작은 제2금융권에 대하여는 소유규제가 완화되어 있어 대주주의 주식보유가 비교적 자유로운 편이다.

금융회사의 소유규제와 관련하여 대주주 적격성을 판단할 필요가 있다. 대주주 자격심사제는 금융회사 지배구조 요건 중 대주주의 적격성을 금융회사의 진입요건의 일부로 포함시켜 규제하는 방안이다. 즉 대주주의 재무능력과 사회적 신용 등을 금융회사의 진입요건으로 규정하는 것이다. 이에 따라 금융감독당국에서는 금융회사 설립 시는 설립 인허가 요건으로, 설립 후에는 대주주 변경승인과 적격성유지 요건으로 대주주 적격성을 심사하게 된다. 그리고 이미 설립된 금융회사에서 차후적으로 대주주 변경이 발생할 경우 설립 시와는 다른 상황일 것이므로 대주주의 적격성은 금융회사의 건전 경영과 신용질서 유지 차원에서 필요한 내용만 판단하면 될 것이다.

금융회사의 대주주 적격성 심사와 관련하여 금융회사 설립 인허가 시는 대주주 요건으로 해당 금융회사의 설립근거법인 개별 금융업법에 따라 심사하지만, 이미 설립된 후에는 대주주 변경승인 요건과 적격성유지 요건으로 2016년 8월 시행된 금융회사지배구조법에 따라 심사하도록 하였다. 다만 금융회사지배구조법에 따른 대주주 변경승인 및 적격성심사 관련 규정이 직접 적용되는 대상 금융회사는 상당히 제한되어 있는 실정이다. 은산분리 원칙이 강하게 적용되는 은행과 은행지주회사, 상호저축은행은 종전부터 운영되어온 대로 해당 금융업법을 그대로 따르게 하였기 때문이다. 이에 관한 자세한 내용은 후술한다.

이하에서는 대주주 변경승인 및 적격성심사 제도에 대하여 금융회사지배구조법을 먼저 알아보고, 이어 은행법, 금융지주회사법, 상호저축은행법상 대주주 변경승인 및 적격성심사 제도를 설명하기로 한다.

참고 금융회사의 대주주 적격성심사 개요

	인허가구분	주요 심사요건			근거법규
		출자금	건전성	준법성	
회사 설립시	설립인허가	○	○	○	개별 금융업법
대주주 변경시	변경승인 · 보고	○	○	○	–금융투자업자, 보험회사, 여신 전문금융회사, 비은행지주: 금융회사지배구조법* –은행: 은행법 –은행지주: 금융지주회사법 –저축은행: 상호저축은행법
계속 존속시	주기적 심사	–	○	○	

* 금융회사지배구조법 제31조 제1항.

2.1 금융회사지배구조법상 대주주 변경승인

(1) 적용대상 금융회사

1) 변경승인 대상 금융회사

금융회사의 대주주 변경에 대하여 2016년 8월 시행된 금융회사지배구조법에서는 금융회사의 건전 경영 차원에서 대주주가 되고자 하는 자가 금융위원회의 사전 승인을 받도록 규정하고 있다(금융지배법 제31조). 하지만 이 규정의 적용대상 금융회사에 대하여 살펴보면 종전부터 엄격한 소유규제와 관리가 있어왔던 은행, 은행지주회사와 상호저축은행의 경우는 여전히 각 설립근거법상 규제에 따를 수 밖에 없고, 당초 설립 규제가 완화된 소규모 금융회사, 즉 인허가가 아닌 등록으로 설립이 가능한 투자 자문 · 일임회사[27]나 카드회사를 제외한 여신전문금융회사(리스, 할부, 신기술사업)[28]의 경우는 대주주에 대한 규제도 대폭 완화되어 있어 규제실익이 없는 실정이다.

이에 따라 금융회사지배구조법 제31조에서는 금융회사의 대주주 변경승인과 관련하여 적용 제외되는 금융회사를 다음과 같이 명시하였다. 즉,「은행법」에 따른 인가를 받아 설립된 은행, 「금융지주회사법」에 따른 은행지주회사, 「상호저축은행법」에 따른 인가를 받아 설립된 상호저축은행, 「자본시장과 금융투자업에 관한 법률」에 따른 투자자문업자 및 투자일임업자, 「여신전문금융업법」에 따른 시설대여업자, 할부금융업자, 신기술사업금융업자는 대주주 변경승인 대상 금융

27) 자본시장과금융투자업에관한법률 제11조 및 제17조 참조.
28) 여신전문금융업법 제3조 참조.

회사의 범위에서 제외하고 있다(금융지배법 제31조 제1항 본문 괄호). 결국 금융회사지배구조법상 대주주 변경승인관련 규정(제31조 제1항)이 직접 적용되는 금융회사는 투자자문·일임회사를 제외한 금융투자업자, 보험회사, 카드회사, 비은행지주회사에 국한된다.

2) 변경보고 대상 금융회사

설립등록기관인 투자자문업자 및 투자일임업자, 시설대여업자·할부금융업자 및 신기술사업금융업자는 대주주 변경시 2주 이내에 금융위원회에 사후 보고하도록 하도록 하였다. 한편 투자자문업 또는 투자일임업 이외의 금융투자업자(증권회사, 자산운용회사, 신탁회사 등)가 투자자문업 또는 투자일임업을 겸업하는 경우는 이미 금융투자업 허가시 이를 포함하였으므로 변경보고한 것으로 간주한다(금융지배법 제31조 제5항). 즉, 이 경우 투자자문업 또는 투자일임업과 「자본시장과 금융투자업에 관한 법률」 제6조 제1항 제1호부터 제3호까지 및 제6호의 어느 하나에 해당하는 금융투자업을 함께 영위하는 자로서 제1항에 따라 승인을 받은 때에는 보고를 한 것으로 본다.

참고 금융회사의 대주주 변경승인 관련 법규 적용 현황

	금융회사지배구조법 적용 금융회사의 종류	대주주 변경승인관련 적용 법규
은 행	일반은행(시중, 지방은행)	은행법 적용(보유 승인)
금융투자업자	증권회사, 선물회사	지배구조법 적용(승인)
	자산운용, 부동산신탁회사	
	투자자문, 일임회사	지배구조법 적용(보고)
보험회사	생명보험, 손해보험	지배구조법 적용(승인)
상호저축은행	저축은행	상호저축은행법 적용(취득 승인)
여신전문금융회사	카드회사	지배구조법 적용(승인)
	리스, 할부, 신기술사업자	지배구조법 적용(보고)
금융지주회사	은행지주회사	금융지주회사법 적용(보유 승인)
	비은행지주회사	지배구조법 적용(승인)

(2) 변경승인 요건

1) 변경승인 대상자

금융회사 대주주의 변경승인 대상자는 일단 금융회사가 발행한 주식을 취득·양수(실질적으로 해당 주식을 지배하는 것을 말함, 이하 "취득등"이라 함)하여 해당 금융회사의 대주주가 되고자 하는 자이다(금융지배법 제31조 제1항 본문 전단).

① 이 조문에서 금융회사의 발행주식을 취득·양수(취득등)하여야 한다는 내용은 의결권 있는 주식을 직접 소유하거나 직접 소유하지는 않더라도 어떠한 방법으로든 의결권을 행사하거나 주주권한을 사실상 지배하는 것을 의미한다. 그 구체적인 내용은 동법상 대주주의 정의 규정(제2조 6호)의 내용에 따라 운용되어야 할 것이다.

② 또한 금융회사 대주주란 금융회사지배구조법 제2조 6호에 의한 대주주 정의에 해당하는 자이다. 즉 특수관계인을 포함한 최대주주, 지분 10% 이상이거나 사실상 경영권 행사하는 주요주주가 되려고 하는 자는 동법 제31조에 따른 해당 금융회사의 대주주 변경 승인을 받아야 한다. 이들 대주주의 개념에 관하여는 앞에서 상술하였다.

그리고 동법 제31조 제1항 규정에서 최대주주의 경우 최대주주의 특수관계인인 주주를 포함하며, 최대주주가 법인인 경우 그 법인의 중요한 경영사항에 대하여 사실상 영향력을 행사하고 있는 자로서 대통령령으로 정하는 자(최대주주인 법인의 최대주주, 사실상 경영권 지배자, 대표자)[29]를 대주주에 포함한다고 규정하고 있다(금융지배법 제31조 제1항 본문 괄호). 주의할 점은 이 규정에서 최대주주 법인이 대주주에 해당할 경우에는 그 최대주주 법인의 최대주주 및 또는 사실상 경영권 지배자, 대표자가 금융회사의 주주가 아님에도 대주주에 포함한다는 것이다. 따라서 이들은 대주주는 아니지만 대주주 변경승인 심사시 심사대상으로 포함한다고 해석하는 것이 타당하고, 실무적으로도 그렇게 운용되고 있나.

---

29) 금융회사지배구조법 시행령 제26조(대주주 변경승인 등) ① 법 제31조제1항 본문에서 "대통령령으로 정하는 자"란 다음 각 호의 자를 말한다. 1. 최대주주인 법인의 최대주주(최대주주인 법인의 주요 경영사항을 사실상 지배하는 자가 그 법인의 최대주주와 명백히 다른 경우에는 그 사실상 지배하는 자를 포함한다) 2. 최대주주인 법인의 대표자

여기서 금융회사의 대주주 변경승인에 관한 규정(제31조 제1항)을 검토해 보자. 동법상 대주주의 정의 규정(제2조 6호)이 있음에도 불구하고 제31조에서 최대주주의 경우를 대주주의 괄호내에 특별히 명시함으로써 혼선이 발생한다. 즉 동법상 정의 규정(제2조 6호)에 의한 대주주란 최대주주(특수관계인 포함)와 주요주주(지분 10% 이상 주주 또는 사실상 경영권 행사 주주)인데, 이 조문(제31조)에서 최대주주에 관한 내용을 마치 특수관계인의 범위에 관한 것처럼 규정하고 있어 양 조문간에 대주주의 개념에서 다소 차이가 있는 것처럼 보인다. 특히 동법상 대주주 정의에 포함된 주요주주를 이 규정(제31조 제1항)상 대주주에 포함할 것인지 여부와 최대주주가 법인인 경우 동법상 대주주 정의에 규정된 특수관계인의 범위에 불구하고 이 규정의 내용(사실상 경영권 행사자로서 최대주주 법인의 최대주주, 사실상 경영권 지배자, 대표자)으로 그 특수관계인의 범위를 국한할 것인지 아니면 이 규정의 내용은 이미 최대주주의 특수관계인의 범위에 속하고 있으므로 대주주 변경승인 심사시에 이들까지 대주주에 포함하여 심사한다는 것인지에 대하여 의문이 발생한다.

하지만 금융회사지배구조법상 대주주의 개념은 대주주 변경승인에 관한 규정에만 적용되는 개념이므로 동법상 대주주에 관한 정의 규정(제2조 6호)이 대주주 변경승인에 관한 규정(제31조)에 그대로 적용되어야 한다. 따라서 이 금융회사의 대주주 변경승인에 관한 규정(제31조)상 대주주의 범위에 최대주주 외에 주요주주도 당연히 해당된다고 하겠다. 그리고 최대주주가 법인인 경우 사실상 경영권 행사자에 관한 규정(제31조 괄호내)은 동법상 대주주의 정의(제2조 6호)상 특수관계인 범위에 이미 포함된 경우가 대부분이므로 제31조 규정으로 명확히 그 범위를 국한하는 것으로 해석할 수도 있겠다. 그렇지만 이 규정의 내용(제31조 괄호내)은 특수관계인의 범위로 해석할 것이 아니라 대주주 변경승인 심사시에 이 규정에 해당하는 자(금융회사 주주가 아닌 최대주주 법인의 최대주주 및 사실상 경영권 지배자, 대표자)까지 대주주에 포함하여 추가 심사대상이 된다고 해석하는 것이 바람직할 것이다.[30] 실제 대주주 변경승인 실무에 있어서도 그렇게 운영하고 있다. 향후 제31조의 규정에서 최대주주의 경우에 관한 괄호 내용은 조문을 명확하게 정비하는 것이 입법론적으로 바람직하다 하겠다.

30) 이는 변경승인 대주주 요건에 관한 동법 시행령 및 감독규정상 별표의 비고/특례에서도 최대주주가 법인인 경우에 별도로 해당 요건을 적용하도록 함으로써 이를 확인하고 있다.

③ 한편 금융회사의 변경승인 대상 대주주가 되려고 하는 자의 법적 당사자 자격은 원칙적으로 개인이나 법인이지만 금융회사지배구조법상 변경 승인대상 대주주 요건을 갖춘 자이어야 한다. 즉 1. 국내 금융회사, 2. 기금 등, 3. 내국법인, 4. 내국인 개인, 5. 외국 금융관계법인, 6. 외국인 개인, 7. 경영참여형 사모집합투자기구(PEF) 등이 적격 요건을 갖춰 금융회사의 대주주가 될 수 있다(동법 시행령 [별표 1], 감독규정 [별표 4] 참조). 이들 대주주의 적격 요건은 후술한다.

다만 대주주가 되려는 자가 국가, 공공기관(예금보험공사, 금융안정기금으로 주식을 취득하는 산업은행, 자산관리공사), 국민연금공단이거나 등록 설립되는 전문사모집합투자업자 및 온라인소액투자중개업자의 대주주가 되려는 자, 최대주주 또는 그의 특수관계인 주주로서 금융회사 의결권 지분 1% 미만 소유자(주요주주 해당자는 제외), 합병·분할 승인을 이미 받은 금융회사의 신주 배정으로 대주주가 된 자인 경우[31]에는 동법상 대주주 변경 승인대상에서 제외한다(금융지배법 제31조 제1항 단서).

2) 대주주의 적격성 요건

금융회사 대주주가 되고자 하는 자는 건전한 경영을 위하여 금융관련법령을 위반하지 아니하는 등 대통령령으로 정하는 대주주의 요건을 갖추어야 한다(금융지배법 제31조 제1항 본문 중단). 대통령령으로 정하는 대주주의 요건은 동법 시행령상 [별표 1]로 규정되어 있다(동법 시행령 제26조 제3항).[32] 그리고 대주주 요건의 구체적 기준은 금융위원회 고시인 금융회사 지배구조 감독규정

31) 금융회사지배구조법 시행령 제26조(대주주 변경승인 등) ④ 법 제31조제1항 단서에서 "대통령령으로 정하는 자"란 다음 각 호의 어느 하나에 해당하는 자를 말한다. 1. 국가 2. 「예금자보호법」에 따른 예금보험공사 3. 「한국산업은행법」에 따른 한국산업은행(「금융산업의 구조개선에 관한 법률」에 따라 설치된 금융안정기금의 부담으로 주식을 취득하는 경우만 해당한다) 4. 「자본시장과 금융투자업에 관한 법률」에 따른 전문사모집합투자업자 및 온라인소액투자중개업자의 대주주가 되려는 자. 다만, 「자본시장과 금융투자업에 관한 법률 시행령」 별표 1에 따른 금융투자업 인가를 받은 자의 대주주가 되려는 자는 제외한다. 5. 최대주주 또는 그의 특수관계인인 주주로서 금융회사의 의결권 있는 발행주식 총수 또는 지분의 100분의 1 미만을 소유하는 자. 다만, 제4조 각 호의 어느 하나에 해당하는 자는 제외한다. 6. 「금융회사부실자산 등의 효율적 처리 및 한국자산관리공사의 설립에 관한 법률」에 따른 한국자산관리공사 7. 「국민연금법」에 따른 국민연금공단 8. 회사의 합병·분할에 대하여 금융관련법령에 따라 금융위원회의 승인을 받은 금융회사의 신주를 배정받아 대주주가 된 자

32) 금융회사지배구조법 시행령 제26조(대주주 변경승인 등) ③ 법 제31조제1항 본문에서 "대통령령으로 정하는 요건"이란 별표 1의 요건을 말한다.

상 [별표 4]로 구체화되어 있다(금융회사 지배구조 감독규정 제15조 제3항).[33] 이들 [별표 1] 및 [별표 4]에 의한 변경승인 대상 대주주 요건은 대주주가 1.금융기관인 경우, 2.기금등인 경우, 3.내국법인인 경우, 4.내국인 개인인 경우, 5.외국법인인 경우, 6.외국인 개인인 경우(금융지주회사대상에 한함), 7.경영참여형 사모집합투자기구(PEF) 등인 경우로 구분하여 규정하고 있다.

이러한 대주주 요건의 착안사항을 보면 법령위반 등 건전한 금융질서 위반 여부는 대주주 모두에게 적용되는 공통요건으로, 재무건전성기준 충족 여부, 부채비율, 출자금 차입비율 등은 대주주별 개별요건으로 적용하고 있다. 이하에서는 동법 시행령상 [별표 1] 및 감독규정상 [별표 4]에 규정된 요건을 보다 구체적으로 정리된 [별표 4]를 중심으로 설명한다.

① 대주주의 공통요건

(i) 최근 5년간 금융관련법령등 위반으로 처벌받지 않았을 것.

금융회사 대주주가 되고자 하는 자는 무엇보다도「독점규제 및 공정거래에 관한 법률」, 「조세범 처벌법」 및 금융관련법령(은행법, 자본시장법, 보험업법, 상호저축은행법, 여신전문금융업법, 금융지주회사법, 금융위원회설치법 등 47개 법령)[34]을 최근 5년간 위반하여 벌금형이상에 상당하는 처벌을 받은 사실이 없

33) 금융회사 지배구조 감독규정 제15조(대주주 변경 승인 등) ③ 영 제26조제3항 · 제12항에 따른 변경승인대상 대주주의 요건에 관한 구체적인 기준은 별표 4와 같다.

34) 금융회사지배구조법 시행령 제26조(대주주 변경승인 등) ② 법 제31조제1항 본문에서 "대통령령으로 정하는 법령"이란 금융관련법령을 말한다.
/금융회사지배구조법 시행령 제5조(금융관련법령) 법 제2조제7호에서 "대통령령으로 정하는 금융 관계 법령"이란 법, 이 영 및 다음 각 호의 법령(이하 "금융관련법령"이라 한다)을 말한다. 1.「공사채 등록법」 2.「공인회계사법」 3.「근로자퇴직급여 보장법」 4.「금융산업의 구조개선에 관한 법률」 5.「금융실명거래 및 비밀보장에 관한 법률」 6.「금융위원회의 설치 등에 관한 법률」 7.「금융지주회사법」7의2.「금융혁신지원 특별법」 8.「금융회사부실자산 등의 효율적 처리 및 한국자산관리공사의 설립에 관한 법률」 9.「기술보증기금법」 10.「농림수산식품투자조합 결성 및 운용에 관한 법률」 11.「농업협동조합법」 12.「담보부사채신탁법」 13.「대부업 등의 등록 및 금융이용자 보호에 관한 법률」 14.「문화산업진흥 기본법」 15.「벤처기업육성에 관한 특별조치법」 16.「보험업법」 17.「감정평가 및 감정평가사에 관한 법률」 18.「부동산투자회사법」 19.「사회기반시설에 대한 민간투자법」 20.「산업발전법」 21.「상호저축은행법」 22.「새마을금고법」 23.「선박투자회사법」 24.「소재 · 부품전문기업 등의 육성에 관한 특별조치법」 25.「수산업협동조합법」 26.「신용보증기금법」 27.「신용정보의 이용 및 보호에 관한 법률」 28.「신용협동조합법」 29.「여신전문금융업법」 30.「예금자보호법」 31.「외국인투자 촉진법」 32.「외국환거래법」 33.「유사수신행위의 규제에 관한 법률」 34.「은행법」 35.「자본시장과 금융투자업에 관한 법률」 36.「자산유동화에 관한 법률」 37.「전자금융거래법」 38.「주식회사 등의 외부감사에 관한 법률」 39.「주택법」 40.「중소기업은행법」 41.「중소기업창업 지원법」 42.「채권의 공정한 추심에 관한 법률」 43.「특정 금융거래

어야 한다. 다만, 그 사실이 영위하고자 하는 업무의 건전한 영위를 어렵게 한다고 볼 수 없는 경우를 제외한다.

이 규정의 해석 운용과 관련하여 최근 5년간의 판단기준을 위반 행위시로 볼 것인지 아니면 위반 행위 처벌시로 볼 것인지에 대하여 논란이 있다. 그동안 금융당국에서는 위반 행위시를 기준으로 금융회사지배구조법 규정을 운용하여 왔었으나 최근에 위반행위 처벌시를 기준으로 판단하여야 한다는 취지의 대법원 판례가 발생하였다.[35] 향후 이 규정에 대한 합리적이고 안정적인 해석 운용이 필요하다 하겠다.

(ii) 부실금융기관의 대주주 또는 그의 특수관계인이 아닐 것.

대주주가 되고자 하는 자는 「금융산업의 구조개선에 관한 법률」에 따라 부실금융기관으로 지정되거나 법 또는 금융관계법령에 따라 허가·인가 또는 등록이 취소된 금융기관 (부실금융회사로 지정된 금융회사를 제외한다)의 대주주 또는 그 특수관계인인 사실이 없어야 한다. 다만, 법원의 판결에 따라 부실책임이 없다고 인정되거나 금융위원회가 정하는 「부실금융기관 대주주의 경제적 책임 부담기준」에 따라 경제적 책임부담의무를 이행 또는 면제받은 경우를 제외한다.

(iii) 건전한 신용질서, 그 밖에 건전한 금융거래질서를 저해한 사실이 없을 것. 다만, 그 사실이 영위하고자 하는 업무의 건전한 영위를 어렵게 한다고 볼 수 없거나 금융산업의 신속한 구조개선을 지원할 필요가 있는 경우를 제외한다.

대주주가 되고자 하는 자가 금융회사나 법인인 경우 최근 5년간 파산절차·회생절차, 그 밖에 이에 준하는 절차의 대상인 기업이거나 그 기업의 최대주주 또는 주요주주로서 이에 직접 또는 간접으로 관련되어 책임이 인정된 사실이 없어야 한다. 그리고 최대주주가 되고자 하는 경우에는 최근 1년간 기관경고

정보의 보고 및 이용 등에 관한 법률」 44. 「한국산업은행법」 45. 「한국수출입은행법」 46. 「한국은행법」 47. 「한국주택금융공사법」

35) 2019년 6월 대법원은 이호진 태광그룹 회장의 횡령 배임(징역 3년) 및 조세포탈(징역 6월, 집행유예 2년) 사건에서 유죄를 확정하였다. 그런데 이회장의 조세포탈행위가 2004~2009년으로 금융회사지배구조법 시행(2016년) 이전이므로 지배구조법상 대주주 적격성에 문제가 없다는 주장에 대하여 이를 부인하는 취지(지배구조법 시행 이전의 행위도 동법 제32조제6항의 분리심사선고의 대상이 되고, 그 전제에서 대주주 적격성 심사대상인지 판단하여야 한다)로 판결하였다(대법원 판례). 이와 관련하여 지배구조법 시행 이전의 법을 위반한 행위는 대주주 적격성 심사대상이 아니라는 2017년 금융위 법령해석심의위원회의 유권해석이 있었다. 그런데 형 확정 시점을 기준으로 대주주 적격성 심사기준을 운용하여야 한다는 취지의 이번 대법원 판례에 따르게 되면 이 규정의 운용은 당분간 혼란에 빠지게 될 것이다.

조치 또는 최근 3년간 시정명령이나 중지명령, 업무정지 이상의 조치를 받은 사실이 없어야 한다. 다만 기관경고를 받은 후 최대주주 및 그 특수관계인인 주주 전체가 변경된 경우에는 적용을 제외한다.

대주주가 되고자 하는 자가 개인(외국인 포함)인 경우 최근 5년간 부도발생 및 그 밖에 이에 준하는 사유로 인하여 은행거래정지처분을 받은 사실, 최근 3년간 「신용정보의 이용 및 보호에 관한 법률」에 따른 종합신용정보 집중기관에 금융질서 문란정보 거래처 또는 약정한 기일내에 채무를 변제하지 아니한 자로 등록된 사실, 최대주주가 되고자 하는 경우에 최근 5년 이내에 금융회사 임원으로서 직무정지를 받거나 금융회사 직원으로서 정직요구 이상의 조치를 받은 사실(다만, 주식취득대상 금융회사가 보험회사 또는 여신전문금융회사인 경우에는 최근 4년간 금융위로부터 직무정지 또는 정직요구 이상의 조치를 받은 사실), 최근 5년간 파산절차·회생절차, 그 밖에 이에 준하는 절차의 대상인 기업의 최대주주 또는 주요주주로서 이에 직접 또는 간접으로 관련되어 책임이 인정된 사실이 없어야 한다.

(iv) 자진 폐업한 금융투자업자의 최대주주가 아니었을 것.

주식취득대상 금융회사가 금융투자업자인 경우 신청한 금융투자업 인가업무 단위와 동일한 인가업무 단위를 최근 1년 이내에 자진 폐지한 금융투자업자의 자진 폐지 당시 최대주주였거나 신청한 금융투자업 인가업무 단위를 포함한 금융투자업 인가업무 단위 전부를 최근 5년 이내에 자진 폐지한 금융투자업자의 자진 폐지 당시 최대주주가 아니어야 한다.

② 대주주별 개별요건

(v) 대주주가 금융회사인 경우 재무건전성기준을 충족할 것

주식취득대상 금융회사가 금융투자업자, 종합금융회사 또는 여신전문금융회사인 경우는 (가) 그 금융기관에 적용되는 「금융산업의 구조개선에 관한 법률」에 따른 적기시정조치의 기준이 있는 경우에는 그 금융기관의 재무상태가 동 기준을 상회하여야 한다. (나) 그 금융기관에 적용되는「금융산업의 구조개선에 관한 법률」에 따른 적기시정조치 기준이 없는 경우에는 그 금융기관의 재무상태가 그 금융기관과 유사업종을 영위하는 금융기관의 적기시정조치 기준을 상회하영야 한다. 다만, 그 금융기관에 대하여 유사업종의 적기시정조치기준을 적용하는 것이 현저히 부적합한 경우에는 최근 사업연도말 현재 부채비율이 100

분의 200 이하이어야 한다.

주식취득대상 금융회사가 금융지주회사 또는 보험회사인 경우는 (가) 대주주가 은행인 경우 최근 분기말 현재 총자본비율이 100분의 10, 기본자본비율이 100분의 7.5 및 보통주자본비율이 100분의 7 이상일 것. (나) 대주주가 투자매매업자 또는 투자중개업자인 경우 최근 분기말 현재 순자본비율이 150% 이상일 것. (다) 대주주가 보험회사인 경우 최근 분기말 현재 지급여력비율이 150% 이상일 것. (라) 대주주가 상기 이외의 금융기관인 경우 해당 금융기관에 적용되는 재무건전성기준을 충족하여야 한다.

(vi) 대주주가 금융회사나 내국법인인 경우 부채비율 200% 이하일 것.

대주주가 금융회사이거나 내국법인인 경우 상호출자제한기업집단등에 속하거나 주채무계열에 속하는 회사인 경우에는 그 소속기업 중 금융회사를 제외한 기업의 수정재무제표를 합산하여 산출한 부채비율(최근 사업연도말 이후 승인신청일까지 유상증자에 따라 자기자본이 증가하거나 감자 또는 자기주식의 취득 등으로 자기자본이 감소하는 경우에는 이를 감안하여 산정)이 100분의 200 이하이어야 한다. 그리고 내국법인인 경우 최근 사업연도 말 현재 부채비율이 100분의 200 이하로 충족되어야 한다.

(vii) 대주주가 내국법인이나 내·외국인 개인인 경우 차입금이 출자금의 2/3 이하일 것.

대주주가 금융회사가 아닌 내국법인일 경우 유상증자, 1년 내의 고정자산 매각, 내부유보, 기타 이에 준하는 방법이 아닌 다른 방법으로 조성한 자금의 합계액(소위 차입금)이 출자금(대주주가 되고자 하는 자가 승인신청한 주식의 취득액)의 3분의 2 이하이어야 한다.[36)]

그리고 대주주가 내·외국인 개인인 경우 출자자금 중 객관적으로 자금출처를 확인할 수 있는 소명자료에 따라 확인된 재원(「상속세 및 증여세법」에 따라 적법하게 취득한 상속재산 또는 수증재산 처분자금, 이자·배당소득·사업소득·근로소득·퇴직소득·기타소득·임대소득·양도소득, 그 밖에 이에 준하는 소득재원) 이외의 재원으로 마련된 자금(소위 차입금)이 3분의 2 이하이어야 한다.

(viii) 대주주가 내·외국인 개인인 경우 금융회사 임원의 결격요건에 해당하

---

36) 상호저축은행을 인수하는 경우는 출자금으로 자기자금 외에 차입금을 허용하지 않고 있다.

지 아니할 것.

금융회사 대주주가 되고자 하는 개인은 내국인이든 외국인이든 금융회사지배구조법 제5조 제1항에서 정하고 있는 금융회사 임원의 결격요건에 해당하지 않아야 한다. 즉 미성년자, 파산선고자, 형사처벌자, 금융관련법령 위반 조치자 등이 이에 해당한다.

다만 대주주가 외국인 개인인 경우는 주식취득대상 금융회사가 금융지주회사인 경우만 해당하므로 승인신청일 현재 5년 이상 외국금융회사의 상근임원으로 근무한 경력이 있을 것과 외국인이 속한 국가의 금융감독기관으로부터 해당 외국인이 본국의 금융지주회사의 대주주로서 결격사유에 해당되지 아니한다는 확인이 있어야 한다.

(ix) 대주주가 외국법인인 경우 금융업을 영위하고, 건전성을 유지하며, 법규 위반으로 처벌받은 사실이 없을 것.

대주주가 외국법령에 따라 설립된 외국법인인 경우에는 첫째, 승인신청일 현재 외국에서 주식취득대상 금융회사가 영위하고 있는 금융업에 상당하는 영업을 영위하고 있어야 한다. (1) 주식취득대상 금융회사가 금융지주회사, 여신전문금융회사인 경우: 은행, 금융투자업, 보험 및 이에 준하는 금융업으로서 금융위가 인정하는 업무를 영위, (2) 주식취득대상 금융회사가 금융투자업자인 경우: 금융투자업자가 영위하고 있는 금융투자업에 상당하는 영업을 영위, (3) 주식취득대상 금융회사가 보험회사인 경우: 보험업(국내에서 영위하고자 하는 보험종목과 동일한 보험종목을 말한다)을 적법하게 영위하고 있어야 한다. 둘째, 국제적으로 인정받는 신용평가기관으로부터 투자적격 이상의 신용평가등급을 받거나 본국의 감독기관이 정하는 재무건전성에 관한 기준을 충족하고 있는 사실이 확인되어야 한다. 셋째, 최근 3년간 금융업에 상당하는 영업의 영위와 관련하여 본국의 감독기관으로부터 기관경고 이상에 상당하는 행정처분(감독기관이 제재방법으로 행하는 활동·기능·영업에 대한 제한명령, 등록의 취소나 정지등이 포함되며 행정처분에 따라 민사제재금 등을 징구 받은 경우에는 해당국 감독기관의 전체적인 제재수준 및 위법행위의 내용 등을 감안하여 결정)을 받거나 벌금형 이상에 상당하는 형사처벌을 받은 사실이 없어야 한다.

다만, 그 외국법인이 지주회사인 경우에는 그 지주회사가 인가 신청시에 지정하는 회사(그 지주회사의 경영을 사실상 지배하고 있는 회사 또는 지주회사가 경영을 사실상 지배하고 있는 회사에 한한다)가 상기 요건을 충족하는 때에는 그 지주회사가 그 요건을 충족한 것으로 본다.

(x) 대주주가 경영참여형 사모집합투자기구(PEF) 또는 투자목적회사(SPC)인 경우에는 업무집행사원(GP)과 출자지분 30% 이상 또는 사실상 지배하고 있는 유한책임사원(LP)에 대하여 이들의 법적 성격(금융기관, 기금등, 법인, 개인 등)에 따라 해당 대주주의 요건을 원칙적으로 적용한다.

대주주가 경영참여형 사모집합투자기구(PEF) 또는 투자목적회사(SPC)인 경우에는 해당 경영참여형 사모집합투자기구(PEF)의 업무집행사원(GP)과 그 출자지분이 100분의 30 이상인 유한책임사원(LP)(경영참여형 사모집합투자기구에 대하여 사실상의 영향력을 행사하고 있지 아니하다는 사실이 정관, 투자계약서, 확약서 등에 의하여 확인된 경우는 제외) 또는 경영참여형 사모집합투자기구(PEF)를 사실상 지배하고 있는 유한책임사원(LP) 또는 해당 투자목적회사(SPC)의 주주나 사원인 경영참여형 사모집합투자기구(PEF)의 업무집행사원(GP)으로서 그 투자목적회사(SPC)의 자산운용업무를 수행하는 자에 대하여 다음의 구분에 따른 요건을 적용한다. 즉 업무집행사원(GP)이나 주요 유한책임사원(LP)이 금융회사인 경우는 금융회사의 대주주 요건 전부를, 기금인 경우는 기금의 요건 전부를 충족해야 한다. 내국법인과 내국인 개인인 경우는 차입금 요건을 제외하고 적용하며, 외국법인인 경우는 금융업 영위조건을 제외하고, 외국인 개인은 금융인 요건과 차입금 요건을 제외하고 적용한다.

(xi) 특례

대주주가 되고자 하는 자가 최대주주로서 법인인 경우 그 법인의 최대주주와 사실상 경영권 행사자, 대표자에 대하여는 상기 대주주 변경승인 요건중에서 대주주의 공통요건만을 적용하여 심사한다. 다만 최대주주인 법인이 경영참여형 사모집합투자기구(PEF)이거나 투자전문회사(SPC)인 경우에는 이들의 법적 성격에 해당하는 대주주의 요건을 적용하여 심사한다.

그리고 합병이나 경영권 변경된 회사의 경우 합병전 또는 경영권 변경전의 사유로 대주주이 공통요건에 해당될 경우는 대주주가 되고자 하는 자의 책임을 면하는 것으로 하였다.

참고 금융회사 지배구조 감독규정 [별표 4]

대주주 변경승인의 요건(제15조제3항 관련)

1. 대주주가 금융기관인 경우(영 별표1 제1호 관련)

가. 그 금융기관의 재무상태가 다음 기준을 충족할 것

(1) 주식취득대상 금융회사가 금융투자업자, 종합금융회사 또는 여신전문금융회사인 경우

(가) 그 금융기관에 적용되는 「금융산업의 구조개선에 관한 법률」에 따른 적기시정조치의 기준이 있는 경우에는 그 금융기관의 재무상태가 동 기준을 상회할 것

(나) 그 금융기관에 적용되는「금융산업의 구조개선에 관한 법률」에 따른 적기시정조치 기준이 없는 경우에는 그 금융기관의 재무상태가 그 금융기관과 유사업종을 영위하는 금융기관의 적기시정조치 기준을 상회할 것. 다만, 그 금융기관에 대하여 유사업종의 적기시정조치기준을 적용하는 것이 현저히 부적합한 경우에는 제3호가목의 기준을 충족할 것

(2) 주식취득대상 금융회사가 금융지주회사 또는 보험회사인 경우

(가) 대주주가 은행인 경우 최근 분기말 현재 총자본비율이 100분의 10, 기본자본비율이 100분의 7.5 및 보통주자본비율이 100분의 7 이상일 것

(나) 대주주가 투자매매업자 또는 투자중개업자인 경우 최근 분기말 현재 순자본비율이 150% 이상일 것

(다) 대주주가 보험회사인 경우 최근 분기말 현재 지급여력비율이 150% 이상일 것

(라) 대주주가 (가) 내지 (다)이외의 금융기관인 경우 해당 금융기관에 적용되는 재무건전성기준을 충족할 것

나. 해당 금융기관이 상호출자제한기업집단등에 속하거나 「은행업감독규정」에 따른 주채무계열에 속하는 회사인 경우에는 그 소속기업 중 금융회사를 제외한 기업의 수정재무제표를 합산하여 산출한 부채비율(최근 사업연도말 이후 승인신청일까지 유상증자에 따라 자기자본이 증가하거나 감자 또는 자기주식의 취득 등으로 자기자본이 감소하는 경우에는 이를 감안하여 산정한다. 이하 같다)이 100분의 200 이하일 것

다. 대주주가 다음의 사실에 해당하지 않을 것. 다만, 그 위반 등의 정도가 경미하다고 인정되는 경우를 제외한다.

(1) 최근 5년간 법, 영, 금융관계법령, 「독점규제 및 공정거래에 관한 법률」 및 「조세범처벌법」을 위반하여 벌금형 이상에 상당하는 형사처벌을 받은 사실. 다만, 그 사실이 영위하고자 하는 업무의 건전한 영위를 어렵게 한다고 볼 수 없는 경우를 제외한다.

(2) 「금융산업의 구조개선에 관한 법률」에 따라 부실금융기관으로 지정되거나 법 또는 금융관계법령에 따라 허가·인가 또는 등록이 취소된 금융기관(부실금융회사로 지정된 금융회사를 제외한다)의 대주주 또는 그 특수관계인인 사실. 다만, 법원의 판결에 따라 부실책임이 없다고 인정되거나 금융위원회가 정하는 「부실금융기관 대주주의 경제적 책임부담기준」에 따라 경제적 책임부담의무를 이행 또는 면제받은 경우를 제외한다.

(3) 다음과 같이 건전한 신용질서, 그 밖에 건전한 금융거래질서를 저해한 사실. 다만, 그 사실이 영위하고자 하는 업무의 건전한 영위를 어렵게 한다고 볼 수 없거나 금융산업의 신속한 구조개선을 지원할 필요가 있는 경우를 제외 한다.

(가) 최대주주가 되고자 하는 경우에는 최근 1년간 기관경고 조치 또는 최근 3년간 시정명령이나 중지명령, 업무정지 이상의 조치를 받은 사실(기관경고를 받은 후 최대주주 및 그 특수관계인인 주주 전체가 변경된 경우에는 적용을 제외한다)

(나) 최근 5년간 파산절차·회생절차, 그 밖에 이에 준하는 절차의 대상인 기업이거나 그 기업의 최대주주 또는 주요주주로서 이에 직접 또는 간접으로 관련된 사실. 다만, 이

에 관한 책임이 인정되는 경우에 한한다.

(4) 주식취득대상 금융회사가 금융투자업자인 경우: 신청한 금융투자업 인가업무 단위와 동일한 인가업무 단위를 최근 1년 이내에 자진 폐지한 금융투자업자의 자진 폐지 당시 최대주주였거나 신청한 금융투자업 인가업무 단위를 포함한 금융투자업 인가업무 단위 전부를 최근 5년 이내에 자진 폐지한 금융투자업자의 자진 폐지 당시 최대주주였던 사실

2. 대주주가 기금인 경우(영 별표1 제2호 관련)

가. 제1호다목의 요건을 충족할 것

3. 대주주가 금융기관이외의 내국법인(경영참여형 사모집합투자기구와 투자목적회사를 제외한다)인 경우(영 별표1 제3호 관련)

가. 최근 사업연도말 현재 부채비율이 100분의 200 이하일 것

나. 해당 법인이 상호출자제한기업집단등에 속하거나 주채무계열에 속하는 회사인 경우에는 그 소속기업 중 금융회사를 제외한 기업의 수정재무제표를 합산하여 산출한 부채비율이 100분의 200 이하일 것

다. 다음의 어느 하나의 방법외의 방법에 따라 조성한 자금으로서 그 합계액이 출자금(대주주가 되고자 하는 자가 승인신청한 주식의 취득액)의 3분의 2 이하일 것

(1) 유상증자

(2) 1년내의 고정자산 매각

(3) 내부유보

(4) 그 밖에 (1)부터 (3)까지에 준하는 것으로 인정되는 방법

라. 제1호다목(1), (2), (4)의 요건을 충족할 것

마. 건전한 신용질서, 그 밖에 건전한 금융거래질서를 저해한 경우로서 다음의 사실에 해당하지 않을 것. 다만, 그 사실이 영위하고자 하는 업무의 건전한 영위를 어렵게 한다고 볼 수 없는 경우를 제외한다.

(1) 최근 5년간 부도발생, 그 밖에 이에 준하는 사유로 인하여 은행거래정지처분을 받은 사실

(2) 제1호다목(3)(나)에서 정하는 사실

4. 대주주가 내국인으로서 개인인 경우(영 별표1 제4호 관련)

가. 법 제5조제1항 각 호의 결격사유에 해당하지 않을 것

나. 출자자금 중 객관적으로 자금출처를 확인할 수 있는 소명자료에 따라 확인된 다음의 어느 하나에 해당하는 재원외의 재원으로 마련된 자금이 3분의 2 이하 일 것

(1) 「상속세 및 증여세법」에 따라 적법하게 취득한 상속재산 또는 수증재산 처분자금

(2) 이자, 배당소득, 사업소득, 근로소득, 퇴직소득, 기타소득, 임대소득, 양도소득

(3) 그 밖에 (1) 및 (2)에 준하는 소득재원

다. 제1호다목(1), (2) 및 (4)의 요건을 충족할 것

라. 건전한 신용질서, 그 밖에 건전한 금융거래질서를 저해한 경우로서 다음의 사실에 해당하지 않을 것. 다만, 그 사실이 영위하고자 하는 업무의 건전한 영위를 어렵게 한다고 볼 수 없는 경우를 제외한다.

(1) 최근 5년간 부도발생 및 그 밖에 이에 준하는 사유로 인하여 은행거래정지 처분을 받은 사실

(2) 최근 3년간 「신용정보의 이용 및 보호에 관한 법률」에 따른 종합신용정보집중기관에 금융질서 문란정보 거래처 또는 약정한 기일내에 채무를 변제하지 아니한 자로 등록된 사실

(3) 최대주주가 되고자 하는 경우에 최근 5년 이내에 금융회사 임원으로서 직무정지를 받거나 금융회사 직원으로서 정직요구 이상의 조치를 받은 사실. 다만, 주식취득대상 금융회

사가 보험회사 또는 여신전문금융회사인 경우에는 최근 4년 간 금융위로부터 직무정지 또는 정직요구 이상의 조치를 받은 사실로 한다.

(4) 제1호다목(3)(나)에서 정하는 사실

5. 대주주가 외국법령에 따라 설립된 외국법인인 경우. 다만, 그 외국법인이 지주회사인 경우에는 그 지주회사가 인가신청시에 지정하는 회사(그 지주회사의 경영을 사실상 지배하고 있는 회사 또는 지주회사가 경영을 사실상 지배하고 있는 회사에 한한다)가 가목부터 라목까지의 요건을 충족하는 때에는 그 지주회사가 그 요건을 충족한 것으로 본다(영 별표1 제5호 관련)

가. 승인신청일 현재 외국에서 주식취득대상 금융회사가 영위하고 있는 금융업에 상당하는 영업을 영위하고 있을 것

(1) 주식취득대상 금융회사가 금융지주회사, 여신전문금융회사인 경우: 은행, 금융투자업, 보험 및 이에 준하는 금융업으로서 금융위가 인정하는 업무를 영위

(2) 주식취득대상 금융회사가 금융투자업자인 경우: 금융투자업자가 영위하고 있는 금융투자업에 상당하는 영업을 영위

(3) 주식취득대상 금융회사가 보험회사인 경우: 보험업(국내에서 영위하고자 하는 보험종목과 동일한 보험종목을 말한다)을 적법하게 영위

나. 국제적으로 인정받는 신용평가기관으로부터 투자적격 이상의 신용평가등급을 받거나 본국의 감독기관이 정하는 재무건전성에 관한 기준을 충족하고 있는 사실이 확인될 것

다. 최근 3년간 금융업에 상당하는 영업의 영위와 관련하여 본국의 감독기관으로 부터 기관경고 이상에 상당하는 행정처분(감독기관이 제재방법으로 행하는 활동 · 기능 · 영업에 대한 제한명령, 등록의 취소나 정지등이 포함되며 행정처분에 따라 민사제재금 등을 징구 받은 경우에는 해당국 감독기관의 전체적인 제재수준 및 위법행위의 내용 등을 감안하여 결정한다)을 받거나 벌금형 이상에 상당하는 형사처벌을 받은 사실이 없을 것

라. 제1호다목의 요건을 충족할 것

6. 대주주가 외국인으로서 개인인 경우(주식취득대상 금융회사가 금융지주회사인 경우만 해당한다)(영 별표 1 제6호 관련)

가. 승인신청일 현재 5년이상 외국금융회사의 상근임원으로 근무한 경력이 있을 것

나. 제5조제1항 각 호의 결격사유에 해당하지 않을 것

다. 외국인이 속한 국가의 금융감독기관으로부터 해당 외국인이 본국의 금융지주회사의 대주주로서 결격사유에 해당되지 아니한다는 확인이 있을 것

라. 제4호나목, 다목, 라목의 요건을 충족할 것

7. 대주주가 경영참여형 사모집합투자기구 또는 투자목적회사인 경우에는 해당 경영참여형 사모집합투자기구의 업무집행사원과 그 출자지분이 100분의 30 이상 인 유한책임사원(경영참여형 사모집합투자기구에 대하여 사실상의 영향력을 행사하고 있지 아니하다는 사실이 정관, 투자계약서, 확약서 등에 의하여 확인된 경우는 제외한다) 또는 경영참여형 사모집합투자기구를 사실상 지배하고 있는 유한책임사원 또는 해당 투자목적회사의 주주나 사원인 경영참여형 사모집합투자기구의 업무집행사원으로서 그 투자목적회사의 자산운용업무를 수행하는 자에 대하여 다음의 구분에 따른 요건을 적용한다.(영 별표 1 제7호 관련)

가. 제1호의 금융기관인 경우: 제1호의 요건을 충족할 것

나. 제2호의 기금인 경우: 제2호의 요건을 충족할 것

다. 제3호의 내국법인인 경우: 제3호 가목, 나목, 라목 및 마목의 요건을 충족할 것

라. 제4호의 내국인으로서 개인인 경우: 제4호가목, 다목 및 라목의 요건을 충족할 것

마. 제5호의 외국법인인 경우: 제5호나목부터 라목까지의 요건을 충족할 것

바. 제6호의 외국인인 경우: 제6호나목, 라목의 요건(단, 제4호나목은 제외한다)을 충족할 것

8. 특례

가. 제1호부터 제7호까지에 불구하고 영 제26조제1항 각 호의 어느 하나에 해당하는 자에게는 대주주 요건을 다음과 같이 적용한다. 다만, 최대주주인 법인이 경영참여형 사모집합투자기구이거나 투자전문회사인 경우에는 제7호의 요건을 적용한다.

(1) 해당인이 금융기관인 경우: 제1호다목의 요건

(2) 해당인이 기금인 경우: 제2호의 요건

(3) 해당인이 금융기관이외의 내국법인인 경우: 제3호라목 및 마목의 요건

(4) 해당인이 내국인으로서 개인인 경우: 제4호다목 및 라목의 요건

(5) 해당인이 외국인인 경우: 제5호다목 및 라목의 요건

나. 제1호다목 및 제3호마목에 불구하고 다음의 각 목에 해당하는 경우에는 그 범위내에서 제1호다목 및 제3호마목에서 정하는 요건을 충족한 것으로 본다.

(1) 대주주가 합병회사로서 합병전 피합병회사의 사유로 인하여 제1호다목 및 제3호마목에서 정하는 사실에 해당하는 경우(그 사실에 직접 또는 간접으로 관련되는 피합병회사의 임원, 최대주주 및 주요주주가 합병회사의 경영권에 관여하지 아니하거나 사실상 영향력을 행사할 수 없는 경우에 한한다)

(2) 대주주가 경영권이 변경된 회사로서 경영권 변경 전의 사유로 인하여 제1호다목 및 제3호마목에서 정하는 사실에 해당할 경우 (그 사실에 직접 또는 간접으로 관련되는 경영권 변경 전의 임직원, 최대주주 및 주요주주가 그 사실이 종료될 때까지 경영에 관여하거나 사실상 영향력을 행사하는 경우는 제외한다. 이와 관련하여 금융회사는 그 사실에 직접 또는 간접으로 관련되는 경영권변경 전의 임직원, 최대주주 및 주요주주를 그 사실이 종료될 때까지 경영에 관여하는 직위에 임명할 수 없다.)

(3) 그 밖에 (1) 및 (2)와 유사한 경우로서 지분변동 등으로 실질적으로 대주주의 동일성이 유지되고 있다고 인정하기 어려운 경우에 지배주주가 지분변동 등의 전의 사유로 인하여 제1호다목 및 제3호마목에서 정하는 사실에 해당하는 경우

다. 금융투자업자 또는 그 금융투자업자의 대주주가 다른 금융투자업자의 주식을 취득하여 1년(대주주 변경승인일부터 합병등기일까지의 기간) 이내에 해당 금융투자업자간의 합병을 하고자 하는 경우에는 제1호 나목 또는 제3호 나목을 적용함에 있어 "100분의 200"을 "100분의 300"으로 한다.

라. 대주주가 정부, 예금보험공사, 한국산업은행(단, 「금융산업의 구조개선에 관한 법률」에 따라 설치된 금융안정기금의 부담으로 주식을 취득하는 경우로 한정), 한국자산관리공사 또는 국민연금공단인 경우에는 제1호부터 제7호까지의 요건을 적용하지 아니한다.

3) 사전·사후 승인

금융회사의 대주주가 되고자 하는 자는 금융회사지배구조법에서 정한 대주주 적격요건을 갖추어 미리 금융위원회의 승인을 받아야 한다(금융지배법 제31조 제1항 후단). 즉 해당 금융회사의 주식을 취득하기 전에 미리 금융위원회에 대주주 변경신청서를 제출하고 당국의 적격성 심사를 거쳐 대주주 변경에 대해 사전승인을 받아야 한다.

그러나 주식 취득이 항상 정상적인 거래 절차로만 발생하는 것은 아니다. 부득이하게 사전 변경승인 절차없이 금융회사의 주식 취득등이 발생한 경우에는 사후적으로라도 이를 보완할 수 밖에 없다. 따라서 금융회사지배구조법에서는 이에 대한 보완 규정을 두고 있다. 즉 금융회사 주식의 취득등이 기존 대주주의 사망 등 대통령령으로 정하는 사유(기존 주주의 사망에 따른 상속·유증·사인증여, 담보권의 실행, 대물변제의 수령, 증권사의 증권인수업무과정, 다른 주주의 감자(減資) 또는 주식처분 등)로 인한 때에는 취득등을 한 날부터 3개월 이내에서 대통령령으로 정하는 기간 이내(1~3개월)에 금융위원회에 사후승인을 신청하도록 하였다(금융지배법 제31조 제2항).[37]

이때 금융회사의 대주주 사전 또는 사후 변경승인을 받으려는 자는 금융감독원장이 정하는 대주주 변경승인신청서를 금융위원회에 제출하여야 한다(동법 시행령 제26조 제6항 및 감독규정 제15조 제1항).[38] 동 변경승인신청서에는 승인요건 심사에 필요한 사항과 구비서류가 첨부되어야 한다(동법 시행령 제26조 제6~7항).[39] 변경승인신청서를 제출받은 금융위원회는 그 내용을 확인하고 심

37) 금융회사지배구조법 시행령 제26조(대주주 변경승인 등) ⑤ 법 제31조제2항에 따라 승인을 신청하려는 자는 다음 각 호의 구분에 따른 기간 이내에 금융위원회에 승인을 신청하여야 한다. 1. 기존 주주의 사망에 따른 상속·유증·사인증여로 인하여 주식을 취득·양수(실질적으로 해당 주식을 지배하는 것을 말하며, 이하 이 항에서 "취득등"이라 한다)하여 대주주가 되는 경우: 기존 주주가 사망한 날부터 3개월. 다만, 불가피한 사유가 있으면 금융위원회의 승인을 받아 3개월의 범위에서 그 기간을 연장할 수 있다. 2. 담보권의 실행, 대물변제의 수령 또는 그 밖에 이에 준하는 것으로서 금융위원회가 정하여 고시하는 원인에 의하여 주식의 취득등을 하여 대주주가 되는 경우: 주식 취득등을 한 날부터 1개월. 3. 다른 주주의 감자(減資) 또는 주식처분 등의 원인에 의하여 대주주가 되는 경우: 대주주가 된 날부터 1개월.
/금융회사 지배구조 감독규정 제15조(대주주 변경승인 등) ④ 영 제26조제5항제2호에서 "금융위원회가 정하여 고시하는 원인"이란 투자매매업자·투자중개업자가 「자본시장과 금융투자업에 관한 법률」 제9조제11항에 따른 증권의 인수업무를 영위하는 과정에서 다른 회사의 주식을 소유하게 되는 경우를 말한다.

38) 금융회사지배구조법 시행령 제26조(대주주 변경승인 등) ⑥ 법 제31조제1항 또는 제2항에 따라 승인을 받으려는 자는 다음 각 호의 사항이 기재된 대주주 변경승인신청서(이하 "변경승인신청서"라 한다)를 금융위원회에 제출하여야 한다. 1. 신청인에 관한 사항. 2. 대주주가 되려고 금융회사의 주식을 취득하려는 경우 그 금융회사가 발행한 주식의 소유현황. 3. 법 제31조제1항에 따라 대주주가 되려는 자가 주식취득대상 금융회사가 발행하였거나 발행할 주식을 취득하려는 경우 그 취득계획. 4. 그 밖에 승인요건 심사에 필요한 사항으로서 금융위원회가 정하여 고시하는 사항
/금융회사 지배구조 감독규정 제15조(대주주 변경승인 등) ② 외국인 또는 외국법인이 제1항에 따라 변경승인신청서를 제출하는 때에는 「외국환거래법」 제3조제1항제14호의 거주자를 대리인으로 지정하여야 한다.

39) 금융회사지배구조법 시행령 제26조(대주주 변경승인 등) ⑦ 변경승인신청서에는 다음 각 호의 구분에 따른 서류를 첨부하여야 한다. 1. 대주주가 되려는 자가 법인인 경우. 가. 정관,

사하여 60일 이내에 승인 여부를 결정하고, 그 결과와 이유를 지체없이 신청인에게 문서로 통지하여야 한다. 이 경우 변경승인신청서에 흠결이 있는 경우에는 보완을 요구할 수 있다. 심사기간을 계산할 때 변경승인신청서의 흠결 보완기간 등 금융위원회가 정하여 고시하는 기간(필요자료 제공받는 기간, 흠결보완기간, 소송이나 조사·검사기간, 천재 지변등 사유기간)[40]은 심사기간에 넣지 아니한다(동법 시행령 제26조 제8~10항).[41]

한편 대주주 변경승인와 관련하여 실무는 금융감독원에서 수행하고 있다. 금융회사의 대주주 사전 또는 사후 변경승인, 보고 접수에 관한 업무는 금융감독

나. 최근 사업연도 말 현재의 재무제표(최근 사업연도 말 이후 6개월이 지난 경우에는 해당 연도의 반기재무제표), 다. 나목에 따른 재무제표에 대한 회계감사인의 감사보고서 및 검토보고서. 2. 대주주가 되려는 자가 다음 각 목의 어느 하나에 해당하는 경우. 가. 외국 법인인 경우: 법인 등기사항증명서에 준하는 서류, 나. 「금융위원회의 설치 등에 관한 법률」 제38조에 따라 금융감독원의 검사를 받는 기관[「자본시장과 금융투자업에 관한 법률」에 따른 경영참여형 사모집합투자기구 또는 같은 법에 따른 투자목적회사(이하 "경영참여형 사모집합투자기구등"이라 한다) 및 「국가재정법」 제5조에 따른 기금 또는 그 기금을 관리·운용하는 법인(이하 "기금등"이라 한다)은 제외한다. 이하 "금융기관"이라 한다]인 경우: 그 금융기관에 적용되는 재무건전성 기준에 따라 산출한 재무상태와 이에 대한 회계감사인의 검토보고서, 다. 「독점규제 및 공정거래에 관한 법률」에 따른 상호출자제한기업집단 및 채무보증제한기업집단(이하 "상호출자제한기업집단등"이라 한다) 또는 「은행법」에 따른 주채무계열(이하 "주채무계열"이라 한다)에 속하는 경우: 부채비율 산출명세서 및 회계법인의 확인서. 3. 그 밖에 승인요건의 심사에 필요한 서류로서 금융위원회가 정하여 고시하는 서류

40) 금융회사 지배구조 감독규정 제16조(대주주 변경승인업무의 수행) ③ 영 제26조제10항에서 "금융위원회가 정하여 고시하는 기간"이란 다음 각 호의 어느 하나에 해당하는 기간을 말한다. 1. 법 제31조제1항의 요건을 충족하는지를 확인하기 위하여 다른 기관 등으로부터 필요한 자료를 제공받는 데에 걸리는 기간 2. 영 제26조제9항 후단에 따라 변경승인신청서 흠결의 보완을 요구한 경우에는 그 보완기간 3. 금융회사의 대주주가 되려는 자를 상대로 형사소송 절차가 진행되고 있거나 금융위, 공정거래위원회, 국세청, 검찰청 또는 감독원 등(외국 금융회사인 경우에는 이들에 준하는 본국의 감독기관 등을 포함한다)에 의한 조사·검사 등의 절차가 진행되고 있고, 그 소송이나 조사·검사 등의 내용이 심사에 중대한 영향을 미칠 수 있다고 인정되는 경우에는 그 소송이나 조사·검사 등의 절차가 끝날 때까지의 기간 4. 천재·지변 그 밖의 사유로 불승인사유를 통지할 수 없는 기간

41) 금융회사지배구조법 시행령 제26조(대주주 변경승인 등) ⑧ 제6항에 따라 변경승인신청서를 제출받은 금융위원회는 「전자정부법」 제36조제1항에 따른 행정정보의 공동이용을 통하여 다음 각 호의 행정정보를 확인하여야 한다. 다만, 제2호 서류의 경우에는 신청인이 확인에 동의하지 아니하면 주민등록표 등본 또는 사업자등록증 사본을 첨부하도록 하여야 한다. 1. 법인 등기사항증명서(신청인이 국내 법인인 경우만 해당한다) 2. 주민등록표 등본 또는 사업자등록증 3. 주식취득대상 금융회사의 법인 등기사항증명서 ⑨ 금융위원회는 제6항에 따라 변경승인신청서를 제출받은 경우에는 그 내용을 심사하여 60일 이내에 승인 여부를 결정하고, 그 결과와 이유를 지체 없이 신청인에게 문서로 통지하여야 한다. 이 경우 변경승인신청서에 흠결이 있는 경우에는 보완을 요구할 수 있다. ⑩ 제9항에 따른 심사기간을 계산할 때 변경승인신청서의 흠결 보완기간 등 금융위원회가 정하여 고시하는 기간은 심사기간에 넣지 아니한다.

원장에게 권한 위탁되어 있다(은행법 제49조, 동법 시행령 제30조 제1항 6호). 이에 따라 금융감독원장은 대주주 변경승인신청서의 양식을 정한다(동법 감독규정 제15조 제1항). 또한 대주주 변경보고와 관련된 그 서식 및 작성방법 등에 관하여 필요한 사항은 금융감독원장이 정한다(동법 감독규정 제7항).[42)]

그리고 변경승인 심사와 관련하여 금융감독원장은 이해관계인 등의 의견을 수렴하기 위한 승인 신청내용, 의견제시 방법 및 기간 등을 공고하고, 접수된 의견 중 신청인에게 불리하다고 판단되는 의견의 신청인에 대한 통보 및 소명청취 업무를 수행한 후에 그 결과를 지체없이 금융위원회에 통보하여야 한다(동법 감독규정 제16조 제1~2항).

(3) 변경승인의 효력 및 이행

금융회사 대주주 변경에 대한 금융위원회의 승인의 효력은 금융회사의 대주주가 되고자 하는 자가 승인을 받은 날부터 6개월 이내에 해당 금융회사의 주식을 취득하지 아니하는 경우에는 소멸한다. 다만, 금융위원회의 승인 당시 주식취득기한을 따로 정하였거나 승인 후 주식취득기한의 연장에 대하여 금융위원회의 승인을 받은 경우에는 그 기간을 달리 정할 수 있다(동법 감독규정 제15조 제5항).

금융회사의 대주주가 되고자 하는 자가 법 제31조제1항에 따라 대주주 변경승인을 받은 후 주식을 취득한 때에는 그 사실을 지체 없이 금융감독원장에게 보고하여야 하며, 해당 금융회사에도 통보하여야 한다(동법 감독규정 제15조 제6항).

(4) 변경승인 위반의 조치

1) 주식 처분명령

금융회사지배구조법상 대주주 변경에 관한 사전 또는 사후승인 절차를 지키지 아니하고 취득등을 한 금융회사의 주식에 대하여 금융위원회는 일정한 처분명령을 내릴 수 있다. 즉, 금융위원회는 법 제31조 제1항에 따른 대주주 변경승인을 받지 아니하고 취득등을 한 주식과 제2항에 따라 취득등을 한 후 승인을

---

42) 금융감독원장이 정하는 대주주 변경승인신청서와 변경보고서 양식은 금융회사 지배구조 감독규정 시행세칙 제7조에 의한 별표 서식(제8호, 제9호)으로 정해져 있다.

신청하지 아니한 주식에 대하여 6개월 이내의 기간을 정하여 처분을 명할 수 있다(금융지배법 제31조 제3항). 금융위원회는 법 제31조제3항에 따라 처분을 명하는 경우에는 처분대상 주식의 수, 처분 기한 등을 명시한 서면으로 하여야 한다(동법 시행령 제26조 제11항).

2) 주식 의결권 행사 금지

금융회사의 대주주 변경에 관한 사전승인을 받지 아니하거나 사후 승인을 신청하지 아니한 자는 승인 없이 취득하거나 취득 후 승인을 신청하지 아니한 주식에 대하여 의결권을 행사할 수 없다(금융지배법 제31조 4항).

3) 이행강제금 부과

금융위원회는 상기 주식처분명령(제31조 제3항)을 받은 자가 그 정한 기간 이내에 그 명령을 이행하지 아니하면 이행기간이 지난 날부터 1일당 그 처분하여야 하는 주식의 장부가액에 1만분의 3을 곱한 금액을 초과하지 아니하는 범위에서 이행강제금을 부과할 수 있다(금융지배법 제39조 제1항). 이행강제금은 주식처분명령에서 정한 이행기간의 종료일의 다음 날부터 주식처분명령을 이행하는 날(주권지급일을 말한다)까지의 기간에 대하여 이를 부과한다(동법 제39조 제2항). 금융위원회는 주식처분명령을 받은 자가 주식처분명령에서 정한 이행기간의 종료일부터 90일이 지난 후에도 그 명령을 이행하지 아니하면 그 종료일부터 매 90일이 지나는 날을 기준으로 하여 이행강제금을 징수한다(동법 제 39조 제3항). 이행강제금의 부과 및 징수에 관하여는 은행법상 과징금 부과 및 징수 절차에 관한 규정(「은행법」 제65조의4부터 제65조의8까지, 제65조의10 및 제65조의11)을 준용한다(동법 제39조 제4항). 그 밖에 이행강제금의 부과·납부·징수·환급 등에 관하여 필요한 사항은 대통령령으로 정한다(동법 제39조 제5항).[43)]

4) 형사 제재

금융회사의 대주주 변경승인과 관련하여 금융회사지배구조법상 변경승인 조항(제31조)를 위반한 경우에는 엄격한 형사상 벌칙 제재가 가해지고 있다. 즉,

---

43) 이행강제금의 부과 및 징수 절차 등에 관한 사항은 은행법 규정을 준용하고 있다. 그 이상의 내용은 제정되지 아니 하였다.

사전 변경승인을 받지 아니하거나 사후 변경승인 신청을 하지 아니한 자, 주식 처분명령을 위반한 자는 1년 이하의 징역 또는 1천만원 이하의 벌금에 처한다(동법 제42조 제1항). 이 징역과 벌금은 병과할 수 있다(제2항). 법인의 대표자나 법인 또는 개인의 대리인, 사용인, 그 밖의 종업원이 그 법인 또는 개인의 업무에 관하여 제1항의 위반행위를 하면 그 행위자를 벌하는 외에 그 법인 또는 개인에게도 해당 조문의 벌금형을 과(科)한다. 다만, 법인 또는 개인이 그 위반행위를 방지하기 위하여 해당 업무에 관하여 상당한 주의와 감독을 게을리하지 아니한 경우에는 그러하지 아니하다(제3항). 이러한 형사상 벌칙 제재는 금융회사지배구조법상 규정된 벌칙 중 단 하나뿐일 만큼 금융회사 대주주에 대한 규제가 중요하게 운용되고 있다 하겠다.

2.2 금융회사지배구조법상 최대주주 적격성 심사

일반적으로 금융회사 대주주에 대한 적격성 심사는 회사 경영의 건전성 확보차원에서 금융감독당국이 회사설립 인허가시에 행하고 적격 요건을 갖춘 자에게만 인허가를 해준다. 금융회사가 설립된 후 영업활동을 하는 과정에서 인수·합병되거나 대주주가 변경되는 사례가 종종 발생하게 된다. 이 경우에도 대주주의 자격 여부를 심사하여 그 허용 여부를 결정함으로써 적격성이 있는 대주주에게 금융회사를 지배하도록 하고 있다. 또한 금융회사가 계속 운영 중에 대주주가 변경되지는 않더라도 대주주 본인이나 특수관계인의 신상 등 여러 상황이 변화될 수가 있다. 이 때 대주주의 자격이 당초 정해진 요건대로 계속 유지되는지 여부가 관건이다. 종전에는 금융회사의 대주주 적격성 요건이 설립요건인지 계속 유지요건인지에 대하여 금융업권별로 차이가 있었다.[44] 이에 금융회사지배구조법을 제정하면서 금융회사 대주주의 적격성 요건을 진입단계 이후 계속 유지요건으로 하여 정기적으로 심사하도록 규제내용을 통일하여 규정하였다. 무릇 대주주가 금융회사의 경영 건전성 제고, 금융사고 예방 및 건전한 금

44) 은행법, 상호저축은행법, 자본시장법 등 금융관계법률에서는 이미 대주주 자격심사를 제도화하고 있었다. 그러나 대주주 적격성 심사에 대해서는 대주주의 자격 유지요건 부과에 법률간 차이가 있고, 심사주기, 심사방식과 심사내용이 불명확하다는 문제점이 있었다. 은행법에서는 대주주의 적격성 요건을 인가요건으로만 규정하였고, 상호저축은행법에서는 2010년 개정시에 대주주의 적격성을 유지요건화하였다. 반면 자본시장법에서는 대주주의 적격성 요건을 인가유지요건으로 규정하였다. 그리고 보험업법에서는 대주주의 적격성 요건을 허가요건으로 하면서 약간 다른 형식으로 규정하고 있었다.

융질서 확보 등에 계속적으로 아주 중요한 요소로 작용하기 때문이다.

현행 금융회사지배구조법에서는 금융회사 대주주의 주기적인 적격성 심사제도를 도입하였다(금융지배법 제32조). 일정한 기간마다 최대주주의 자격요건을 심사하여 최대주주가 자격요건을 갖추지 못한 경우에는 그 위반사항의 중대성 여부에 따라 시정조치, 의결권 제한 명령을 내릴 수 있도록 하였다. 이렇게 대주주의 주기적 적격성 심사제도를 도입함으로써 부적격 대주주에 의한 해당 금융회사의 경영 리스크, 건전한 신용질서와 금융산업의 제반 리스크에 미치는 영향을 최소화할 수 있을 것이기 때문이다.

(1) 적용대상 금융회사

금융회사의 대주주 적격성 심사대상이 되는 금융회사는 대주주 변경승인 대상인 금융회사, 즉 금융회사지배구조법 제31조 제1항 적용대상에 한정한다(금융지배법 제31조 제1항 본문 괄호). 금융회사지배구조법상 대주주 변경승인관련 규정(제31조 제1항)이 직접 적용되는 금융회사는 결국 투자자문·일임회사를 제외한 금융투자업자, 보험회사, 여신전문금융회사중 카드회사, 금융지주회사중 비은행지주회사에 국한된다. 이에 관하여는 앞의 대주주 변경승인편에서 자세히 설명하였다.

(2) 적격성 심사대상자

대주주 적격성 심사대상자는 금융회사의 최대주주 중 최다출자자 1인이다.[45] 최다출자자 1인이 법인인 경우 그 법인의 최대주주 중 최다출자자 1인을 말하며, 그 최다출자자 1인도 법인인 경우에는 최다출자자 1인이 개인이 될 때까지 같은 방법으로 선정한다. 다만, 법인 간 순환출자 구조인 경우에는 최대주주 중 대통령령으로 정하는 최다출자자 1인으로 한다(금융지배법 제31조 제1항 본문).

여기서 "대통령령으로 정하는 최다출자자"란 순환출자 구조의 법인이 속한 기업집단(「독점규제 및 공정거래에 관한 법률」 제2조제2호에 따른 기업집단을 말한다)의 동일인(같은 호에 따른 동일인을 말한다) 또는 그 밖에 이에 준하는 자로서 금융위원회가 정하는 자[46]를 말한다. 다만, 동일인이 법인인 경우에는

45) 금융회사지배구조법상 대주주 적격성 심사대상자는 최대주주 중 최다출자자 1인 반면 금융회사지배구조법이 적용되지 아니하는 은행, 상호저축은행의 경우에는 대주주 적격성 심사대상자가 대주주라는 점에서 차이가 있다.

46) 미제정.

그 법인의 최대주주 중 최다출자자 1인을 말하며, 그 최다출자자 1인도 법인인 경우에는 최다출자자 1인이 개인이 될 때까지 같은 방법으로 선정한다(금융지배법 시행령 제27조).

(3) 적격성 심사주기

대주주의 적격성 심사 주기는 매 2년이다(금융지배법 제31조 제1항 단서). 다만, 법 제32조제2항에 따라 해당 금융회사가 금융위원회에 보고하는 경우 또는 법 제32조제1항에 따른 적격성 심사대상과 금융회사의 불법거래 징후가 있는 등 특별히 필요하다고 인정하는 경우에는 2년 이내의 기간으로 할 수 있다(동법 시행령 제27조 제2항). 금융회사지배구조법에 의한 대주주 적격성 심사는 2016년 8월 법이 시행되었기 때문에 2016년말 기준으로 2017년도에 한차례 이루어졌고, 2019년도에 두 번째 심사가 이루어진다.

(4) 적격성 심사요건

금융위원회는 금융회사의 최대주주에 대하여 2년마다 적격성 유지요건에 부합하는지 여부를 심사하여야 한다. 이 적격성 유지요건은 계속적 규제로서 진입단계이후에도 지속적으로 유지될 필요가 있다. 앞에서 설명한 대주주 변경승인 요건 중「독점규제 및 공정거래에 관한 법률」,「조세범 처벌법」 및 금융관계법령을 위반하지 아니하는 등 대통령령으로 정하는 요건이 "적격성 유지요건" 이다(금융지배법 제32조 제1항 및 동법 시행령 제27조 제3항).

여기서 "대통령령으로 정하는 요건"이란 다음 각 호의 요건 [1. 법 제5조제1항(임원의 자격요건) 제1호 · 제2호 · 제5호 · 제6호 · 제7호에 해당하지 아니할 것. 2. 다음 각 목의 요건을 모두 충족할 것. 다만, 그 위반 등의 정도가 경미하다고 인정되거나 해당 금융회사의 건전한 업무 수행을 어렵게 한다고 볼 수 없는 경우는 제외한다. 가. 최근 5년간 금융관계법령,「독점규제 및 공정거래에 관한 법률」 또는「조세범 처벌법」을 위반하여 벌금형 이상에 상당하는 형사처벌을 받은 사실이 없을 것. 나.「금융산업의 구조개선에 관한 법률」에 따라 부실금융기관으로 지정되었거나 금융관계법령에 따라 영업의 허가 · 인가 · 등록 등이 취소된 금융기관의 대주주 또는 그 특수관계인이 아닐 것. 다만, 법원의 판결에 따라 부실책임이 없다고 인정된 자 또는 부실에 따른 경제적 책임을 부담하는 등 금융위원회가 정하여 고시하는 기준에 해당하는 자는 제외한다. 다.

최근 5년간 부도발생 및 그 밖에 이에 준하는 사유로 은행거래정지처분을 받은 사실이 없을 것. 라. 최근 3년간 「신용정보의 이용 및 보호에 관한 법률」에 따른 종합신용정보집중기관에 금융질서 문란정보 거래처 또는 약정한 기일 내에 채무를 변제하지 아니한 자로 등록된 사실이 없을 것. 마. 최근 5년간 「채무자 회생 및 파산에 관한 법률」에 따른 회생절차 또는 파산절차를 진행 중인 기업의 최대주주 또는 주요주주로서 해당 기업을 회생절차 또는 파산절차에 이르게 한 책임이 인정되지 아니하고 이에 직접 또는 간접으로 관련된 사실이 없을 것]을 말한다(동법 시행령 제27조 제4항).

(5) 적격성 유지요건 미충족 발생 보고

금융회사는 해당 금융회사의 적격성 심사대상이 상기 적격성 유지요건을 충족하지 못하는 사유가 발생한 사실을 인지한 경우 지체 없이 그 사실을 금융위원회에 보고하여야 한다(금융지배법 제32조 제2항). 이 때 금융회사는 그 사실을 알게 된 날부터 7영업일 이내에 다음 각 호의 사항 [1. 적격성 심사대상이 충족하지 못하는 적격성 유지요건의 내용 및 충족하지 못하게 된 사유. 2. 향후 적격성 유지요건 충족 가능 여부. 3. 적격성 심사대상과 해당 금융회사의 거래관계]을 금융위원회에 보고하여야 한다(동법 시행령 제27조 제5항).

(6) 적격성 심사자료 제공요구

금융위원회는 대주주 적격성 심사를 위하여 필요한 경우에는 금융회사 또는 적격성 심사대상에 대하여 필요한 자료 또는 정보의 제공을 요구할 수 있다(금융지배법 제32조 제3항).

이 때 금융위원회가 해당 금융회사 또는 해당 적격성 심사대상에게 다음 각 호의 구분에 따른 자료 또는 정보 [1. 금융회사: 해당 금융회사 또는 그 최대주주 중 최다 출자자 1인인 법인 등의 주주명부, 해당 적격성 심사대상 및 그 특수관계인에 대한 정보. 2. 적격성 심사대상: 주식예탁증서, 주식실물 사본, 특수관계인 범위 확인에 필요한 자료. 3. 그 밖에 심사에 필요한 자료 또는 정보로서 금융위원회가 정하는[47] 자료 또는 정보]의 제출을 요구하는 경우 해당 금융회사 또는 해당 적격성 심사대상은 10영업일 이내에 자료 또는 정보를 제출하여야 하며, 제출하기 어려운 경우에는 그 사유를 소명하여야 한다(동법 시행령

47) 미제정.

제27조 제9항).

(7) 적격성 유지요건 미충족시 조치

금융위원회는 대주주 격성 심사 결과 적격성 심사대상이 적격성 유지요건을 충족하지 못하고 있다고 인정되는 경우 해당 적격성 심사대상에 대하여 6개월 이내의 기간을 정하여 해당 금융회사의 경영건전성을 확보하기 위한 다음 각 호[1. 적격성 유지요건을 충족하기 위한 조치. 2. 해당 적격성 심사대상과의 거래의 제한 등 이해상충 방지를 위한 조치. 3. 그 밖에 금융회사의 경영건전성을 위하여 필요하다고 인정되는 조치로서 대통령령으로 정하는 조치]의 전부 또는 일부를 포함한 조치를 이행할 것을 명할 수 있다(금융지배법 제32조 제4항). 상기 3호에서 "대통령령으로 정하는 조치"란 1. 적격성 심사대상의 적격성 유지조건을 충족하지 못하는 사유 및 법 제32조제4항제1호 및 제2호의 조치와 관련한 사항을 해당 금융회사의 주주 및 금융소비자들이 알 수 있도록 인터넷 홈페이지 등에 공시. 2. 그 밖에 금융회사의 경영건전성을 위하여 필요하다고 인정되는 조치로서 금융위원회가 정하여 고시하는 조치[48]를 말한다(동법 시행령 제27조 제6항).

(8) 적격성 유지요건 위반시 의결권 제한

금융위원회는 대주주 적격성 심사 결과 적격성 심사대상이 다음 각 호의 어느 하나에 해당하는 경우 [1. 제1항에 규정된 법령의 위반으로 금고 1년 이상의 실형을 선고받고 그 형이 확정된 경우. 2. 그 밖에 건전한 금융질서 유지를 위하여 대통령령으로 정하는 경우[49]]로서 법령 위반 정도를 감안할 때 건전한 금융질서와 금융회사의 건전성이 유지되기 어렵다고 인정되는 경우 5년 이내의

---

48) 금융회사 지배구조 감독규정 제17조(최대주주 자격심사) ① 영 제27조제6항제2호에서 "금융위원회가 정하여 고시하는 조치"란 다음 각 호의 어느 하나를 말한다. 1. 금융회사의 경영건전성을 위한 계획의 제출 요구. 2. 제1호에 따른 계획의 수정 요구. 3. 제1호 또는 제2호에 따른 계획의 이행 촉구

49) 금융회사지배구조법 시행령 제27조(최대주주의 자격 심사 등) ⑧ 법 제32조제5항제2호에서 "대통령령으로 정하는 경우"란 다음 각 호의 어느 하나에 해당하는 경우를 말한다. 다만, 제2호 및 제3호는 그 사실이 발생한 날부터 1개월 이내에 그 사실이 해소된 경우는 제외한다. 1. 제4항제2호나목의 요건을 충족하지 못하는 경우 2. 최근 5년간 부도발생 및 그 밖에 이에 준하는 사유로 인하여 은행거래정지처분을 받은 경우 3. 최근 3년간 「신용정보의 이용 및 보호에 관한 법률」에 따른 종합신용정보집중기관에 금융질서 문란정보 거래처 또는 약정한 기일내에 채무를 변제하지 아니한 자로 등록된 경우

기간으로서 대통령령으로 정하는 기간(5년)[50] 내에 해당 적격성 심사대상이 보유한 금융회사의 의결권 있는 발행주식(최다출자자 1인이 법인인 경우 그 법인이 보유한 해당 금융회사의 의결권 있는 발행주식을 말한다) 총수의 100분의 10 이상에 대하여는 의결권을 행사할 수 없도록 명할 수 있다(금융지배법 제32조 제5항).

(9) 금융관련법령등 위반죄 재판시 분리선고

상기 제1항에 규정된 법령(「독점규제 및 공정거래에 관한 법률」, 「조세범 처벌법」 및 금융관련법령)의 위반에 따른 죄와 다른 죄의 경합범에 대하여는 「형법」 제38조(경합범과 처벌례)에도 불구하고 이를 분리 심리하여 따로 선고하여야 한다(금융지배법 제32조 제6항).

(10) 적격성 유지요건 심사 및 절차

상기 금융회사의 대주주 적격성에 대한 심사와 보고 접수, 심사에 필요한 자료 또는 정보의 제공 요구, 명령의 이행 여부 점검은 금융감독원장에게 업무위탁되어 있다(금융지배법 제40조, 동법 시행령 제30조 제1항 7~9호). 이에 따라 적격성 심사대상은 금융감독원장이 정하는 서류를 제출하여야 한다(동법 감독규정 제17조 제2항). 그밖에 적격성 유지요건의 심사기준일, 심사절차, 적격성 심사대상 및 금융회사가 제출하여야 할 자료의 서식 등 심사에 필요한 사항은 금융감독원장이 정한다(금융지배법 제32조 제7항, 동법 시행령 제27조 제10항, 동법 감독규정 제17조 제3항).

(11) 2017년 적격성 심사 결과 및 개선논의

금융회사지배구조법이 2016년 8월 시행된 후 첫 번째 대주주 적격성 심사는 2016년말을 기준으로 2017년에 실시되었다. 심사결과는 아래 표와 같다. 이때 최대주주중 최다출자자 1인을 선정하도록 되어있는 현행 규정상 문제점이 발견되었다. 예를 들어 장기간 와병 중에 있는 삼성그룹의 이회장이 삼성그룹 금융사들의 대주주 적격성 심사대상이 되었다. 또 모회사를 여러 단계 타고 올라가

---

50) 금융회사지배구조법 시행령 제27조(최대주주의 자격 심사 등)⑦ 법 제32조제5항 각 호 외의 부분에서 "대통령령으로 정하는 기간"이란 5년을 말한다. 다만, 금융위원회는 적격성 심사대상의 법령 위반 정도를 고려하여 그 기간을 줄일 수 있다.

다 보니 관련성이 낮은 개인이 심사대상으로 선정되거나 아예 최다출자자 1인을 확인할 수 없는 경우도 적지 않았다. 이에 2017년 심사 경험을 바탕으로 의원 입법이 여럿 발의되고 있다. 이회장 사례를 고려해 대주주 결격요건에 '스스로 의사결정능력이 없는 자', '심신상실자 또는 심신미약자'를 추가하자는 방안과 대주주 심사 대상을 '사실상 영향력을 행사하는 주요주주나 최대주주 전체'로 확대하자는 방안 등이 있다.[51] 그런데 만약 대주주 결격요건을 추가하거나 심사대상을 확대하면 또 다른 문제가 생길 것이다. 대주주 자격심사제도의 도입 취지를 살려 소유구조에만 매몰될 것이 아니라 실제 회사를 지배하는 소유주를 대상으로 금융회사의 건전한 경영을 위한 적격성 검증이 필요하다는 점에서 향후 신중한 법개정 검토와 개선방안 마련이 필요하다 하겠다.

표 11-2 2017년 금융회사의 대주주 적격성 심사결과

금융회사구분	심사대상	심사결과			
		적격	부적격	심사제외*	심사불가**
증권선물사	49	31	–	13	5
자산운용사	78	48	1	15	14
부동산신탁사	11	7	–	4	–
보험사	42	20	–	16	6
여신전문사	8	3	–	5	–
비은행지주사	2	2	–	–	–
합계	190	111	1	53	25

* 심사제외: 최대주주가 국가, 예금보험공사, 국민연금공단등에 해당돼 심사에서 제외된 경우.
** 심사불가: 적격성 심사대상인 최대주주중 최다출자자 1인을 특정하는 것이 불가능한 경우.

2.3 은행법상 대주주 변경승인 및 적격성 심사

우리나라 은행의 경우 은산분리의 원칙에 따라 대주주에 대한 주식소유 한도가 엄격하게 규제되고 있다. 이는 은행이 산업자본에 의하여 사금고화되는 것을 방지하기 위하여 시작되었다. 은행법에서는 대주주의 변경승인이라기보다는 동일인의 주식보유한도 초과승인제도로 운영된다. 이 제도는 1982년 12월 처음 도입되어 현재는 2002년 개정된 은행법에 따르고 있다. 동일인은 원칙적으로

51) 머니투데이 기사, 2019.3.25, 10면 참조.

은행의 의결권 주식 10%(지방은행의 경우 15%), 비금융주력자는 4%를 초과하여 보유할 수 없다. 이 주식 보유한도를 초과할 경우는 금융당국의 보유한도 초과승인을 받아야한다(은행법 제15조, 제16조의2). 또한 동일인의 경우 10% 이하 보유라 하더라도 4%를 초과하면 관리대상으로서 주식보유 및 변동사항을 보고하도록 하고 있다. 동일인이란 본인 및 특수관계인을 포함하여 대주주를 판단하는 기준이다. 은행법상 대주주는 동일인을 기준으로 10% 초과보유 주주이거나 4% 초과보유 주주로서 최대주주 또는 사실상 경영권 행사자이다(동법 제2조 제1항 9~10호). 은행법상 대주주와 동일인에 관하여는 앞에서 상술한 바 있다.

(1) 동일인의 은행주식 보유한도

1) 보유한도 원칙

일반적으로 은행 주식은 시중은행의 경우 동일인이 의결권 주식 10% 초과, 지방은행의 경우 15% 초과하여 보유할 수 없다. 은행법에서 동일인은 은행의 의결권 있는 발행주식 총수의 100분의 10을 초과하여 은행의 주식을 보유할 수 없다고 규정하고 있다(은행법 제15조 제1항 본문). 여기서 동일인이란 본인 및 그와 대통령령으로 정하는 특수관계에 있는 자(이하 "특수관계인"이라 한다)를 말한다(동법 제2조 8호).

2) 보유한도 예외

그러나 다음과 같은 예외사항이 있다. 즉, 1. 정부 또는 「예금자보호법」에 따른 예금보험공사가 은행의 주식을 보유하는 경우, 2. 지방은행의 의결권 있는 발행주식 총수의 100분의 15 이내에서 보유하는 경우, 3. 금융위원회의 은행주식 보유한도 초과승인을 받은 경우(제3항에 의거) 및 비금융주력자로서 금융위원회의 승인을 받은 경우(제16조의2 제3항에 의거)의 경우에는 예외적으로 상기 의결권 주식 10% 룰을 적용하지 아니한다(동법 제15조 제1항 단서). 그리고 은행지주회사는 그 성격상 이 규정에 대한 특례가 인정되어 의결권 있는 발행주식총수의 100분의 10을 초과하여 은행의 주식을 보유할 수 있다(금융지주회사법 제13조).

3) 주식보유 변동보고

은행법에서는 은행 주식보유제한 제도를 엄격하게 관리함에 따라 필요한 제반 상황을 제대로 파악하기 위하여 은행 주식을 보유한 일정한 주주(4% 초과시, 최대주주시, 4% 초과주주의 1% 이상 변동시 등)에게 주식보유 현황과 변동상황을 금융위원회에 보고하도록 하였다.

이를 자세히 보면 동일인(정부, 예금보험공사, 산업은행의 금융안정기금은 제외)[52]은 다음 각 호의 어느 하나 [1. 은행(지방은행은 제외)의 의결권 있는 발행주식 총수의 100분의 4를 초과하여 주식을 보유하게 되었을 때, 2. 제1호에 해당하는 동일인이 해당 은행의 최대주주가 되었을 때, 3. 제1호에 해당하는 동일인의 주식보유비율이 해당 은행의 의결권 있는 발행주식 총수의 100분의 1 이상 변동되었을 때, 4. 은행의 의결권 있는 발행주식총수의 100분의 4를 초과하여 보유한 경영참여형 사모집합투자기구의 경우 그 사원의 변동이 있을 때, 5. 은행의 의결권 있는 발행주식총수의 100분의 4를 초과하여 보유한 투자목적회사의 경우 그 주주 또는 사원의 변동이 있을 때(해당 투자목적회사의 주주 또는 사원인 경영참여형 사모집합투자기구의 사원의 변동이 있을 때를 포함한다)]에 해당하게 된 경우에는 은행 주식보유상황 또는 주식보유비율의 변동상황 확인을 위하여 필요한 사항으로서 대통령령으로 정하는 사항을 금융위원회에 보고하여야 한다(은행법 제15조 제2항).

여기서 대통령령으로 정하는 사항이란 1. 동일인에 관한 사항, 2. 경영참여형 사모집합투자기구등(법 제15조의3 제2항에 따른 경영참여형 사모집합투자기구등을 말함)의 경우: 가. 주주 또는 사원, 나. 경영참여형 사모집합투자기구의 유한책임사원·무한책임사원의 출자액에 관한 사항, 3. 주식보유 또는 변동의 현황 및 사유에 관한 사항, 4. 주식보유의 목적 및 은행에 대한 경영 관여 여부에 관한 사항, 5. 그 밖에 주식보유상황 또는 주식보유비율의 변동상황을 확인하기 위하여 필요한 세부사항으로서 금융위원회가 정하여 고시하는 사항(향후 추가보유 계획 등)[53]이다(동법 시행령 제4조의2 제2항).

---

52) 은행법 시행령 제4조의2(주식보유상황 등의 보고) ① 법 제15조제2항 각 호 외의 부분에서 "대통령령으로 정하는 자"란 다음 각 호의 어느 하나에 해당하는 자를 말한다. 1. 정부 2. 「예금자보호법」에 따른 예금보험공사 3. 「한국산업은행법」에 따른 한국산업은행(「금융산업의 구조개선에 관한 법률」에 따라 설치된 금융안정기금의 부담으로 주식을 취득하는 경우로 한정한다)

53) 은행업 감독규정 제14조(동일인의 주식보유상황보고) ① 영 제4조의2제2항제5호에서 "금융위원회가 정하여 고시하는 사항" 이란 향후 추가 보유 계획 및 그 밖에 감독원장이 정하는 사항을 말한다. ② 영 제4조의2 제5항, 법 제16조제4항에 따라 법 제15조제2항, 법 제16조제2항제1호가목 및 제2호가목에 따른 보고에 필요한 서식, 첨부서류 등은 감독원장이 정한다.

4) 주식보유 변동보고 절차

은행법 제15조 제2항에 의거 동일인이 은행 주식 보유상황 등을 금융위원회에 보고할 사유에 해당하게 될 경우 동일인은 그 보고 사유에 해당하게 된 날(해당 동일인이 은행의 주식을 취득하거나 매각하지 아니하였음에도 불구하고 보고 사유에 해당하게 된 경우에는 그 사유에 해당하게 된 사실을 안 날을 말한다)부터 5영업일 이내에 해당 사항을 금융위원회에 보고하여야 한다. 이 경우 본인과 특수관계인이 함께 보고하는 경우에는 보유주식의 수가 가장 많은 자를 대표자로 선정하여 연명으로 보고할 수 있다(동법 시행령 제4조의2 제3항). 그럼에도 불구하고 기금등, 그 밖에 금융위원회가 정하여 고시하는 자[54]는 그 보고 사유에 해당하게 된 날이 속하는 분기의 다음 달 10일까지 보고할 수 있다(동법 시행령 제4조의2 제4항). 이와 관련하여 은행 주식보유상황 또는 주식보유비율 변동사항 확인에 필요한 금융위원회의 보고접수 권한이 금융감독원장에게 권한 위탁되어 있다(은행법 제65조, 동법 시행령 제26조의2 제1항 [별표 3] 6호). 이에 따라 보고에 필요한 서식, 첨부서류 등은 금융감독원장이 정한다(동법 시행령 제4조의2 제5항, 은행업 감독규정 제14조 제2항).

5) 주주에 대한 자료제출 요구

금융위원회 또는 은행은 그 은행의 주식을 보유하고 있는 동일인과 그 동일인이 보유하는 주식의 범위를 확인하기 위하여 그 은행의 주주에게 필요한 자료의 제출을 요구할 수 있다(동법 제15조 제8항). 이에 따라 은행은 동일인이 보유하는 주식의 범위를 확정하기 위하여 관련 주주에게 필요한 자료의 제출을 요구할 수 있다. 은행은 자료 제출을 요구받은 관련 주주가 자료 제출을 요구받은 날부터 10일 이내에 자료를 제출하지 아니하거나 거짓 자료를 제출한 경우에는 은행이 알고 있거나 얻을 수 있는 자료를 근거로 동일인이 보유하는 주식의 범위를 확정한다. 은행은 동일인이 보유하는 주식의 범위를 확정하였을 때에는 관련 주주에게 이를 통지하여야 하며, 금융감독원장이 정하는 바에 따라 동일인의 해당 은행 주식보유현황을 금융감독원장에게 보고하여야 한다. 금융감독원장은 은행이 확정한 동일인이 보유하는 주식의 범위에 오류가 있다고 인정되는 경우에는 관련 주주에게 직접 필요한 자료의 제출을 요구할 수 있다(동법

---

54) 미제정.

제15조 제9항, 동법 시행령 제4조). 이와 관련하여 금융위원회의 은행 주주에 대한 자료 제출의 요구권도 금융감독원장에게 권한 위탁되어 있다(은행법 제65조, 동법 시행령 제26조의2 제1항 [별표 3] 8호).

6) 대주주에 대한 검사

금융위원회는 은행의 대주주 또는 대주주가 되려는자에 대하여 은행주식 한도초과 승인심사 위하여 필요한 경우, 대주주의 영향력 행사금지를 위반한 혐의가 있다고 인정되는 경우, 그밖에 이에 준하는 경우에는 금융감독원장으로 하여금 그 목적에 필요한 최소한의 범위에서 해당 대주주등의 업무 및 재산 상황을 검사하게 할 수 있다(은행법 제48조의2 제1항 3호). 검사의 구체적 범위, 방법, 그 밖에 검사에 필요한 사항은 금융위원회가 정한다(동법 동조 제2항).[55]

(2) 동일인의 주식보유한도 초과승인

1) 단계별 보유한도 초과승인

동일인은 은행의 의결권 있는 발행주식 총수의 100분의 10을 초과하여 은행의 주식을 보유할 수 없다는 규정(은행법 제15조 제1항)에도 불구하고 동일인은 다음 각 호의 구분에 따른 한도 [1. 해당 은행의 의결권 주식의 10%(지방은행 15%), 2. 해당 은행의 의결권 주식의 25%, 3. 해당 은행의 의결권 주식의 33%]를 각각 초과할 때마다 금융위원회의 승인을 받아 은행의 주식을 보유할 수 있다. 다만, 금융위원회는 은행업의 효율성과 건전성에 기여할 가능성, 해당 은행 주주의 보유지분 분포 등을 고려하여 필요하다고 인정되는 경우에만 각 호에서 정한 한도 외에 따로 구체적인 보유한도를 정하여 승인할 수 있으며, 동일인이 그 승인받은 한도를 초과하여 주식을 보유하려는 경우에는 다시 금융위원회의 승인을 받아야 한다(동법 제15조 제3항).

2) 보유한도 초과승인 요건

동일인의 은행주식 보유한도 초과승인과 관련하여 은행의 주식을 보유할 수 있는 자의 자격, 주식보유와 관련한 승인의 요건·절차, 그 밖에 필요한 사항은 다음 각 호의 사항 [1. 해당 은행의 건전성을 해칠 위험성, 2. 자산규모 및 재무상태의 적정성, 3. 해당 은행으로부터 받은 신용공여의 규모, 4. 은행업의 효

---

55) 금융기관 검사 및 제재에 관한 규정에서 정하고 있다.

율성과 건전성에 기여할 가능성] 등을 고려하여 대통령령으로 정한다(은행법 제15조 제5항). 여기서 대통령령으로 정하는 은행의 주식을 보유하려는 자는 동법 시행령상 [별표 1]의 한도초과 보유요건을 충족하여야 한다(동법 시행령 제5조). 다만 부실은행을 인수하는 경우에는 상기의 초과승인 요건과 관계없이 은행주식 보유를 허용한다. 즉, 금융위원회는 해당 은행이 다음 각 호 [1. 「금융산업의 구조개선에 관한 법률」 제2조제2호에 따른 부실금융기관인 경우, 2. 「예금자보호법」 제2조제5호에 따른 부실금융회사인 경우, 3. 「예금자보호법」 제2조제6호에 따른 부실우려금융회사인 경우, 4. 제34조제2항에 따른 경영지도기준을 준수하지 못하는 등 금융위원회가 정하여 고시(총자본비율 8% 미만, 기본자본비율 6% 미만 등)[56]하는 경우]의 어느 하나에 해당하는 경우에는 은행법 제15조 제5항에 따른 초과승인의 요건을 갖추지 아니한 경우에도 승인을 할 수 있다(은행법 제15조 제8항). 그리고 [별표 1] 상 한도초과보유요건 중 "금융위원회가 정하는 기준"은 은행업 감독규정 [별표 2-8][57]에 정하여져 있다.

은행의 주식보유한도 초과승인 요건에 관한 자세한 내용은 아래의 은행법 시행령 [별표 1]과 은행업 감독규정 [별표 2-8]을 참고하기 바란다.

참고 **은행법 시행령 [별표 1] 한도초과보유주주의 초과보유 요건** (제5조 관련)

구 분	요 건
1. 한도초과보유주주가 「금융위원회의 설치 등에 관한 법률」 제38조에 따라 금융감독원으로부터 검사를 받는 기관(제2호, 제3호 및 제7호에 해당하는 내국법인은 제외한다)인 경우	가. 해당 기관에 적용되는 재무건전성에 관한 기준으로서 금융위원회가 정하는 기준을 충족할 것 나. 금융거래 등 상거래를 할 때 약정한 날짜까지 채무를 변제하지 않은 자로서 금융위원회가 정하는 자가 아닐 것 다. 승인신청하는 내용이 법 제35조의2제1항에 적합할 것 라. 승인신청 시 제출한 서류에 따라 은행의 지배주주로서 적합하고 그 은행의 건전성과 금융산업의 효율화에 기여할 수 있음을 확인할 수 있을 것 마. 다음의 요건을 충족할 것. 다만, 해당 위반 등의 정도가 경미하다고 금융위원회가 인정하는 경우는 제외한다. 1) 최근 5년간 「금융산업의 구조개선에 관한 법률」에 따라 부실금융기

56) 은행업 감독규정 제14조의5(예외 승인사유) 법 제15조제7항제4호에서 "금융위원회가 정하여 고시하는 경우"는 자본비율이 다음 각 호의 어느 하나에 해당하는 경우를 말한다. 1. 총자본비율: 100분의 8 미만인 경우. 2. 기본자본비율: 100분의 6 미만인 경우. 3. 보통주자본비율: 100분의 4.5 미만인 경우

57) 은행업 감독규정 제14조의3(한도초과보유주주 및 비금융주력자의 주식보유요건 등) ① 영 제5조 <별표 1>, 영 제11조제2항 <별표 2> 및 「인터넷전문은행의 설립 및 운영에 관한 특례법」 제5조 별표에서 "금융위원회가 정하는 기준"이란 <별표 2-8>과 같다.

	관으로 지정되었거나 금융관련법령에 따라 영업의 허가·인가 등이 취소된 기관의 최대주주·주요주주(의결권 있는 발행주식 총수의 100분의 10을 초과하여 보유한 주주를 말한다) 또는 그 특수관계인이 아닐 것. 다만, 법원의 판결로 부실책임이 없다고 인정된 자 또는 부실에 따른 경제적 책임을 부담하는등 금융위원회가 정하는 기준에 해당하는 자는 제외한다. 2) 최근 5년간 금융관련법령,「독점규제 및 공정거래에 관한 법률」또는「조세범 처벌법」을 위반하여 벌금형 이상에 해당하는 형사처벌을 받은 사실이 없을 것
2. 한도초과보유주주가「자본시장과 금융투자업에 관한 법률」에 따른 투자회사·투자유한회사·투자합자회사 및 투자조합인 경우	가. 비금융주력자인 동일인에 속하는 집합투자업자(「자본시장과 금융투자업에 관한 법률」제8조제4항에 따른 집합투자업자를 말한다)에 자산운용을 위탁하지 않을 것 나. 제1호나목부터 마목까지의 요건을 충족할 것
3. 한도초과보유주주가 기금등인 경우	제1호나목부터 마목까지의 요건을 충족할 것
4. 한도초과보유주주가 제1호, 제2호, 제3호 및 제7호 외의 내국법인인 경우	가. 부채비율(최근 사업연도 말 현재 대차대조표상 부채총액을 자본총액으로 나눈 비율을 말한다. 이하 같다)이 100분의 200 이하로서 금융위원회가 정하는 기준을 충족할 것 나. 해당 법인이「독점규제 및 공정거래에 관한 법률」에 따른 기업집단에 속하는 회사인 경우에는 해당 기업집단(법 제2조제1항제9호가목에 따른 비금융회사로 한정한다)의 부채비율이 100분의 200 이하로서 금융위원회가 정하는 기준을 충족할 것 다. 주식취득 자금이 해당 법인이 최근 1년 이내에 유상증자 또는 보유자산의 처분을 통하여 조달한 자금 등 차입금이 아닌 자금으로서 해당 법인의 자본총액 이내의 자금일 것 라. 제1호나목부터 마목까지의 요건을 충족할 것
5. 한도초과보유주주가 내국인으로서 개인인 경우	가. 주식취득 자금이 제1호에 따른 기관으로부터의 차입금이 아닐 것 나. 제1호나목부터 마목까지의 요건을 충족할 것
6. 한도초과보유주주가 외국인인 경우	가. 외국에서 은행업, 투자매매업·투자중개업, 보험업 또는 이에 준하는 업으로서 금융위원회가 정하는 금융업을 경영하는 회사(이하 "외국금융회사"라 한다)이거나 해당 외국금융회사의 지주회사일 것 나. 자산총액, 영업규모 등에 비추어 국제적 영업활동에 적합하고 국제적 신인도가 높을 것 다. 해당 외국인이 속한 국가의 금융감독기관으로부터 최근 3년간 영업정지 조치를 받은 사실이 없다는 확인이 있을 것 라. 최근 3년간 계속하여 국제결제은행의 기준에 따른 위험가중자산에 대한 자기자본비율이 100분의 8 이상이거나 이에 준하는 것으로서 금융위원회가 정하는 기준에 적합할 것 마. 제1호나목부터 마목까지의 요건을 충족할 것
7. 한도초과보유주주가 경영참여형 사모집합투자기구등인 경우	경영참여형 사모집합투자기구의 업무집행사원과 그 출자지분이 100분의 30 이상인 유한책임사원 및 경영참여형 사모집합투자기구를 사실상 지배하고 있는 유한책임사원이 다음 각 목의 어느 하나에 해당하거나 투자목

	적회사의 주주나 사원인 경영참여형 사모집합투자기구의 업무집행사원과 그 출자지분이 100분의 30 이상인 주주나 사원 및 투자목적회사를 사실상 지배하고 있는 주주나 사원이 다음 각 목의 어느 하나에 해당하는 경우에는 각각 다음 각 목의 구분에 따른 요건을 충족할 것 가. 제1호의 기관인 경우: 제1호의 요건을 충족할 것 나. 제2호의 투자회사·투자유한회사·투자합자회사 및 투자조합인 경우: 제2호의 요건을 충족할 것 다. 제3호의 기금등인 경우: 제3호의 요건을 충족할 것 라. 제4호의 내국법인인 경우: 제4호의 요건을 충족할 것 마. 제5호의 내국인으로서 개인인 경우: 제5호의 요건을 충족할 것 바. 제6호의 외국인인 경우: 제4호가목(외국금융회사는 제외한다)·다목(외국금융회사는 제외한다)·라목 및 제6호나목부터 라목까지의 요건을 충족할 것

〈비고〉

1. 최대주주 또는 주요주주를 판정할 때에는 해당 주주 및 그 특수관계인이 보유하는 의결권 있는 주식을 합산한다.
2. 자본총액을 산정할 때에는 최근 사업연도 말 이후 승인신청일까지의 자본금의 증가분(자본총액을 증가시키는 것으로 한정한다)을 포함하여 계산할 수 있다.
3. 기업집단에 속하는 비금융회사 전체의 부채비율을 산정할 때 해당 기업집단이 「주식회사 등의 외부감사에 관한 법률」에 따른 결합재무제표 작성 대상 기업집단인 경우에는 결합재무제표에 의하여 산정한 부채비율을 말한다.
4. 이 표 제6호를 적용하는 경우 한도초과보유주주인 외국인이 지주회사여서 이 표 제6호 각 목의 전부 또는 일부를 그 지주회사에 적용하는 것이 곤란하거나 불합리한 경우에는 그 지주회사가 인가 신청할 때 지정하는 회사(그 지주회사의 경영을 사실상 지배하고 있는 회사 또는 그 지주회사가 경영을 사실상 지배하고 있는 회사만 해당한다)가 이 표 제6호 각 목의 전부나 일부를 충족하면 그 지주회사가 그 요건을 충족한 것으로 본다.
5. 이 표 제7호를 적용하는 경우 이 표 제1호다목의 요건을 충족하는지를 판단할 때에는 다음 각 목의 어느 하나에 해당하는 자는 제1조의4제1항에도 불구하고 경영참여형 사모집합투자기구등의 특수관계인으로 본다.
   가. 경영참여형 사모집합투자기구 출자총액의 100분의 10 이상의 지분을 보유하는 유한책임사원인 비금융주력자
   나. 다른 상호출자제한기업집단(「독점규제 및 공정거래에 관한 법률」에 따른 상호출자제한기업집단을 말한다. 이하 같다)에 속하는 각각의 계열회사(「독점규제 및 공정거래에 관한 법률」에 따른 계열회사를 말한다. 이하 같다)가 보유한 경영참여형 사모집합투자기구의 지분의 합이 경영참여형 사모집합투자기구 출자총액의 100분의 30 이상인 경우, 해당 경영참여형 사모집합투자기구의 유한책임사원 또는 업무집행사원이 아닌 무한책임사원으로서 상호출자제한기업집단에 속하는 계열회사. 다만, 서로 다른 상호출자제한기업집단 사이에는 특수관계인으로 보지 않는다.

참고 은행업감독규정 [별표 2-8] 한도초과보유주주의 초과보유요건(제14조의3 관련)

1. 영 제5조 <별표 1> 제1호 가목 및 「인터넷전문은행 설립 및 운영에 관한 법률」 제5조 <별표> 제1호 가목 관련
   가. 영 제26조제1호나목부터 사목까지에 따른 금융기관인 경우 최근 분기말 현재 총자본비율이 100분의 8 이상, 기본자본비율이 100분의 6 이상 및 보통주자본비율이 100분의 4.5 이상일 것
   나. 투자매매업자·투자중개업자인 경우 최근 분기말 현재 순자본비율이 100분의 100 이상 일 것
   다. 보험회사인 경우 최근 분기말 현재 지급여력비율이 100분의 100 이상일 것
   라. 가목부터 다목까지 이외의 기관인 경우 당해 기관에 적용되는 자본적정성기

준을 충족 할 것.

2. 영 제5조 <별표 1> 제1호 나목 및 「인터넷전문은행 설립 및 운영에 관한 법률」 제5조 <별표> 제1호 나목 관련
다음 각 목의 어느하나에 해당하는 자가 아닐 것
가. 최근 5년내에 「신용정보의 이용 및 보호에 관한법률」에 의한 종합신용정보집중기관에 금융질서 문란정보 거래처 또는 약정한 기일내에 채무를 변제하지 아니한 자로 등록되어 있는 자
나. 회생절차가 진행중인 기업
다. <삭제>
라. <삭제>
마. 「기업구조조정 촉진법」에 의한 부실징후기업
3. 영 제5조 <별표 1> 제1호 마목 1) 및 「인터넷전문은행 설립 및 운영에 관한 법률」 제5조 <별표> 제1호 마목 1) 관련
금융위가 정하는 「부실금융기관대주주의경제적책임부담기준」에 의하여 경제적책임부담 의무를 이행 또는 면제받은 경우
4. 영 제5조 <별표 1> 제4호 가목 및 나목, 「인터넷전문은행 설립 및 운영에 관한 법률」 제5조 <별표> 제4호 가목 및 나목 관련
부채비율이 100분의 200 이하일 것
5. 영 제5조 <별표 1> 제6호 가목 및 「인터넷전문은행 설립 및 운영에 관한 법률」 제5조 <별표> 제6호 가목 관련
은행업·투자매매업자·투자중개업자 또는 보험업에 준하는 업으로서 금융위가 인정하는 금융업
6. 영 제5조 <별표 1> 제6호 라목 및 「인터넷전문은행 설립 및 운영에 관한 법률」 제5조 <별표> 제6호 라목 관련
국제결제은행의 자기자본비율 기준, 해당업종을 영위하는 외국금융회사의 재무건전성 평가기준, 국제적인 신용평가기관의 신용평가등급 등에 비추어 당해 외국금융회사의 재무상태가 금융기관 경영에 적정하다고 인정되는 수준일 것
7. 영 제11조제2항 <별표 2> 제1호 관련
제1호 각 목의 구분에 따른 기준
8. 영 제11조제2항 <별표 2> 제2호·제3호 관련
부채비율이 100분의 200 이하일 것

3) 보유한도 초과승인의 방법 및 처리기간

금융위원회는 한도초과 승인을 할 때 신청인의 자격 요건, 은행의 소유지분 분포 등에 비추어 보아 필요하다고 인정하면 주식취득의 시기 및 방법 등을 제한할 수 있다(은행법 시행령 제8조 제1항). 그리고 금융위원회는 한도초과 승인을 하지 아니하는 경우에는 대통령령으로 정하는 기간 이내에 신청인에게 그

사유를 명시하여 알려야 한다(은행법 제15조 제4항). 여기서 "대통령령으로 정하는 기간"이란 승인신청을 받은 날부터 60일을 말한다. 다만, 승인신청서의 흠을 보완하는 기간 등 금융위원회가 정하여 고시하는 기간(흠결보완기간, 타기관자료 제공받는 기간, 소송 조사검사기간, 천재지변등)[58]은 처리기간에 산입하지 아니한다(동법 시행령 제4조의3).

4) 보유한도 초과승인의 심사

동일인의 은행주식 보유한도 초과승인과 관련하여 그 방법과 절차를 은행법 시행령에서 규정하고 있다. 즉, 한도초과 승인을 받으려는 자는 다음 각 호의 사항 [1. 신청인에 관한 사항, 2. 은행이 발행한 주식의 보유 현황, 3. 은행이 발행한 주식의 취득 계획]을 적은 승인신청서를 금융위원회에 제출하여야 한다(은행법 시행령 제8조 제2항). 승인신청서에는 다음 각 호의 서류 [1. 정관(법인인 경우만 해당), 2. 외국기업의 경우에는 법인 등기사항증명서에 준하는 서류, 3. 최근 사업연도 말 현재 재무제표 및 최근 사업연도 말 이후 반기재무제표(법인인 경우만 해당), 4. 제3호에 따른 재무제표에 대한 회계감사인(「주식회사 등의 외부감사에 관한 법률」 제2조제7호에 따른 감사인을 말함)의 감사보고서 및 검토보고서, 5. 승인을 받으려는 자가 「금융위원회의 설치 등에 관한 법률」 제38조에 따라 금융감독원으로부터 검사를 받는 기관인 경우에는 그 기관에 적용되는 재무건전성 기준에 따라 산출한 재무상태 및 이에 대한 회계감사인의 검토보고서, 6. 그 밖에 승인 요건의 심사에 필요한 서류로서 금융위원회가 정하여 고시하는[59] 서류]를 첨부하여야 한다(동법 시행령 제8조 제3항). 승

58) 은행업 감독규정 제14조의2(주식보유승인 등의 처리기간에서 제외되는 기간) 영 제4조의3 단서 및 영 제10조제4항 단서에서 "금융위원회가 정하여 고시하는 기간"이란 다음 각 호의 어느 하나에 해당하는 기간을 말한다. 1. 승인신청서의 흠결을 보완하는 기간 2. 승인요건 충족여부 확인을 위하여 다른 기관 등으로부터 필요한 자료를 제공받는데 소요되는 기간 3. 동일인 등을 상대로 형사소송 절차가 진행되고 있거나 금융위, 공정거래위원회, 국세청, 검찰청 또는 금융감독원 등에 의한 조사·검사 등의 절차가 진행되고 있고, 그 소송이나 조사·검사 등의 내용이 인가심사에 중대한 영향을 미칠 수 있다고 인정되는 경우에는 그 소송이나 조사·검사 등의 절차가 끝날 때까지의 기간 4. 천재·지변 그 밖의 사유로 불승인사유를 통지할 수 없는 기간

59) 은행업 감독규정 제14조의4(동일인의 주식보유한도 초과승인 등) ① 영 제8조제3항제6호에서 "금융위원회가 정하여 고시하는 서류"란 다음 각 호를 말한다. 1. 승인을 받으려는 자가 법 제2조제1항제9호에서 정하는 비금융주력자가 아님을 입증하는 서류, 2. 승인을 받으려는 자가 신청일 현재 주식취득 대상 은행으로부터 받은 신용공여가 법 제35조의2제1항의 한도를 초과하지 않음을 입증하는 서류, 3. 은행의 주식보유가 은행의 지배주주로 적합한지 여부 및 해당 은행의 건전성과 금융산업의 효율성에 미치는 영향 분석 서류, 4. 그 밖에 승인요건

인신청서를 받은 금융위원회는 「전자정부법」 제36조제1항에 따른 행정정보의 공동이용을 통하여 다음 각 호 [1. 법인 등기사항증명서(국내 법인인 경우만 해당), 2. 주민등록표 등본(사업자등록증으로 갈음 가능), 3. 주식을 취득하려는 은행의 법인 등기사항증명서]의 행정정보를 확인하여야 한다. 다만, 신청인이 제2호의 주민등록표 등본의 확인에 동의하지 아니하는 경우에는 그 서류를 첨부하게 하여야 한다(동법 시행령 제8조 제4항). 이밖에 은행 주식의 보유에 대한 승인신청서의 서식, 승인신청의 방법 및 절차 등에 관하여 필요한 세부사항은 금융위원회가 정하여 고시[60]한다(동법 시행령 제8조 제5항).

은행 주식의 한도초과 보유승인 신청과 관련된 세부사항을 정한 금융위원회 고시(은행업 감독규정 제14조의4)를 보면 다음과 같다. 동일인이 법 제15조제3항(동일인의 경우)·제15조의3제2항(경영참여형 사모집합투자기구의 경우)·제16조의2제2항(비금융주력자의 경우)·제16조의2제3항(비금융주력자의 경우)에 따라 금융위원회의 승인을 얻어 은행의 주식을 보유하고자 하는 경우(재취득하는 경우를 포함)에는 금융감독원장이 정하는 승인신청서 및 첨부서류를 금융위원회에 제출하여야 한다(은행업 감독규정 제14조의4 제2항). 승인신청 서식 등 그 밖에 필요한 사항은 금융감독원장이 정한다(동 규정 제14조의2 제8항). 제2항에 따라 신청한 동일인이 해당 국가의 법령 또는 정부 방침에 따라 시행령 제5조·제11조제2항에 따른 요건의 적합여부를 확인할 수 있는 서류를 제출할 수 없는 경우에는 해당 국가의 정부 또는 감독기관의 확인서로 이를 갈음할 수 있다. 다만, 확인서에는 해당 서류의 제출이 제한되어 있음과 시행령 제5조·제11조제2항에 따른 요건을 충족한다는 내용이 포함되어야 한다(동 규정 제14조의2 제3항). 금융위원회가 제2항에 따른 승인신청을 받은 경우에는 금융감독원장이 법 제15조제5항·제15조의3제7항·제16조의2제2항·제16조의2제3항에서 정하는 요건에 적합한지 여부를 심사하고, 금융위원회가 승인여부를 결정하여 이를 서면으로 신청인에게 통보하여야 한다(동규정 제14조의2 제4항). 금융감독원장은 승인요건의 심사를 하는 데 있어 보완서류 등의 추가자료가 필요한 경우 신청인에게 그 자료의 제출을 요구할 수 있다(동규정 제14조의2 제5항). 이와 관련하여 은행주식 한도초과 보유 승인의 심사 실무가 금융감독원에서 수행될 수 있도록 금융위원회의 심사 권한이 금융감독원장에게 권한 위탁되어 있다

심사에 필요한 서류로서 감독원장이 정하는 서류

60) 은행업 감독규정 제14조의4(동일인의 주식보유한도 초과승인 등) 제2~8조.

(은행법 제65조, 동법 시행령 제26조의2 제1항 [별표 3] 7호).

5) 보유한도 초과승인시 이행

은행 주식 보유한도 초과승인을 받은 자는 승인일부터 6개월 이내에 주식을 취득하여야 한다. 다만, 금융위원회가 그 기간을 따로 정하거나 금융위원회로부터 그 기간의 연장승인을 얻은 경우에는 그러하지 아니하다(은행업 감독규정 제14조의4 제6항). 동일인은 주식을 취득한 때에는 그 사실을 지체없이 금융위원회에 보고하여야 한다(제7항). 보고서식 등 그 밖에 필요한 사항은 금융감독원장이 정한다(제8항).

6) 투자회사의 예외

투자회사가 동일인의 단계별 보유한도 초과승인을 받아 은행의 주식을 보유하는 경우 그 투자회사에 대하여는 「자본시장과 금융투자업에 관한 법률」 제81조 제1항 제1호 가목부터 다목(펀드별 동일종목투자 10% 룰, 펀드회사 동일종목 투자 20% 룰)까지[61]를 적용하지 아니한다(은행법 제15조 제6항). 즉, 은행법상 은행주식 보유한도 초과승인을 받은 투자회사는 자본시장법상 펀드자산 운용시 적용되는 동일종목 투자제한 한도(10% 또는 20%) 이상으로 은행주식을 보유할 수 있다.

(3) 경영참여형 사모집합투자기구등의 주식보유한도 초과승인

은행법에서는 은행 주식의 보유한도 초과승인 대상자로서 동일인 외에 경영참여형 사모집합투자기구(PEF) 또는 투자목적회사(SPC)에 대한 규제를 별도로

---

61) 자본시장법 제81조(자산운용의 제한) ① 집합투자업자는 집합투자재산을 운용함에 있어서 다음 각 호의 어느 하나에 해당하는 행위를 하여서는 아니 된다. 다만, 투자자 보호 및 집합투자재산의 안정적 운용을 해할 우려가 없는 경우로서 대통령령으로 정하는 경우에는 이를 할 수 있다. 1. 집합투자재산을 증권(집합투자증권, 그 밖에 대통령령으로 정하는 증권을 제외하며, 대통령령으로 정하는 투자대상자산을 포함한다. 이하 이 호에서 같다) 또는 파생상품에 운용함에 있어서 다음 각 목의 어느 하나에 해당하는 행위. 가. 각 집합투자기구 자산총액의 100분의 10 이내의 범위에서 대통령령으로 정하는 비율을 초과하여 동일종목의 증권에 투자하는 행위. 이 경우 동일법인 등이 발행한 증권 중 지분증권(그 법인 등이 발행한 지분증권과 관련된 증권예탁증권을 포함한다. 이하 이 관에서 같다)과 지분증권을 제외한 증권은 각각 동일종목으로 본다. 나. 각 집합투자업자가 운용하는 전체 집합투자기구 자산총액으로 동일법인 등이 발행한 지분증권 총수의 100분의 20을 초과하여 투자하는 행위. 다. 각 집합투자기구 자산총액으로 동일법인 등이 발행한 지분증권 총수의 100분의 10을 초과하여 투자하는 행위

규정하고 있다(은행법 제15조의3).

1) 보유한도 초과승인 요건

경영참여형 사모집합투자기구 또는 투자목적회사(이하 "경영참여형 사모집합투자기구등"이라 한다)가 은행 주식보유한도(10%, 25%, 33%) 초과승인을 받고자 하는 경우에는 다음 각 호의 요건 [1. 경영참여형 사모집합투자기구의 업무집행사원에 관한 요건. 가. 법인으로서 자신이 업무집행사원으로 있거나 그 재산운용을 위탁받은 경영참여형 사모집합투자기구등의 다른 사원 또는 주주의 특수관계인이 아닐 것, 나. 자신이 업무집행사원으로 있거나 그 재산운용을 위탁받은 경영참여형 사모집합투자기구등의 다른 사원 또는 주주가 해당 경영참여형 사모집합투자기구등의 재산인 주식 또는 지분에 대하여 영향력을 행사하는 것을 배제할 수 있을 정도의 자산운용 능력·경험 및 사회적 신용을 갖출 것. 2. 그 밖에 경영참여형 사모집합투자기구등의 주식보유가 해당 은행의 건전성에 미치는 영향 등을 고려하여 대통령령으로 정하는 요건]을 모두 갖추어야 한다(동법 제15조의3 제2항).

여기서 대통령령으로 정하는 요건이란 은행의 주식보유한도 초과승인을 받으려는 경영참여형 사모집합투자기구등은 그 경영참여형 사모집합투자기구의 업무집행사원 또는 그 업무집행사원의 임원(「상법」 제401조의2제1항제3호에 해당하는 자를 포함)이 다음 각 호의 기준 [1. 업무집행사원이 법인이며, 해당 법인 설립 후 3년이 지났을 것. 2. 업무집행사원의 임원은 「금융회사의 지배구조에 관한 법률」 제5조 제1항 각 호의 어느 하나(임원 결격요건)에 해당하지 아니할 것. 3. 다음 각 목의 기준을 충족할 것. 다만, 금융위원회가 그 위반 등의 정도가 경미하다고 인정하는 경우는 제외한다. 가. 최근 5년간 「금융회사의 지배구조에 관한 법률 시행령」 제5조에 따른 법령(이하 "금융관련법령"이라 한다), 「독점규제 및 공정거래에 관한 법률」 또는 「조세범 처벌법」을 위반하여 벌금형 이상에 해당하는 형사처벌을 받은 사실이 없을 것. 나. 최근 5년간 「금융산업의 구조개선에 관한 법률」에 따라 부실금융기관으로 지정되었거나 금융관련법령에 따라 영업의 허가·인가 등이 취소된 기관의 최대주주, 의결권 있는 발행주식 총수의 100분의 10을 초과하여 보유한 주주 또는 그 특수관계인이 아닐 것. 다만, 법원의 판결에 의하여 부실책임이 없다고 인정된 자 또는 부실에 따른 경제적 책임을 부담하는 등 금융위원회가 정하여 고시하는 기준에 해당하는 자[62]는 제외한다. 4. 자신이 업무집행사원으로 있거나 있었던 경영참여형 사모집합투자기구등이 다음 각 목의 어느 하나에 해당할 것. 가. 1개의 경영참여형 사모집합투자기구등에 출자된 가액(해당 업무집행사원이 출자한 가액은 제외한다)이 5천억원 이상으로서 금융위원회가 정하여 고시하는 금액(5천억원)[63] 이상인 경우. 나. 1개의 경영참여형 사모집합투자기구등에 대하여 그 자산 운용대상을 미리 정하지 아니하고 주주 또는 사원이 경영참여형 사모집합투자기구등에 출자하여 2개 이상의 투자대상기업에 실제 투자된 가액(해당 업무집행사원이 출자한 가액 중 투자된 가액은 제외한다)이 3천억원 이상으로서 금융위원회가 정하여 고시하는 금액(3천억원)[64] 이상인 경우. 5. 그 밖에 자산운용 능력·경험 및 사회적 신용 등에 관하여 필요한 세부사항으로서 금융위원회가 정하여 고시하는 기준[65]]을 모두 충족하여야 한다(동법 시행령 제10조 제2항).

2) 보유한도 초과승인의 방법 및 처리기간

금융위원회는 경영참여형 사모집합투자기구등에 대한 한도초과 승인을 함에 있어서 해당 은행 주주의 보유지분분포·구성내역, 해당 경영참여형 사모집합투자기구등의 사원 또는 주주의 구성내역 등을 고려하여 해당 경영참여형 사모집합투자기구등이 은행의 주요 경영사항에 대하여 사실상 영향력 행사의 가능성이 높은 경우에는 경영관여 등과 관련하여 필요한 조건을 붙일 수 있다(동법

---

62) 은행업 감독규정 제15조(경영참여형 사모집합투자기구등의 주식보유에 대한 승인 등) ① 영 제10조제2항제3호나목 단서에서 "금융위원회가 정하여 고시하는 기준에 해당하는 자"란 금융위의 「부실금융기관대주주의경제적책임부담기준」에 따라 경제적 책임부담의무를 이행하거나 면제받은 경우에 해당하는 자를 말한다.

63) 은행업 감독규정 제15조(경영참여형 사모집합투자기구등의 주식보유에 대한 승인 등) ② 영 제10조제2항제4호가목에서 "금융위원회가 정하여 고시하는 금액"이란 5천억원을 말한다.

64) 은행업 감독규정 제15조(경영참여형 사모집합투자기구등의 주식보유에 대한 승인 등) ③ 영 제10조제2항제4호나목에서 "금융위원회가 정하여 고시하는 금액"이란 3천억원을 말한다.

65) 은행업 감독규정 제15조(경영참여형 사모집합투자기구등의 주식보유에 대한 승인 등) ④ 영 제10조제2항제5호에 "금융위원회가 정하여 고시하는 기준"이란 다음 각 호의 기준을 말한다. 1. 최근 3년간 「자본시장과 금융투자업에 관한 법률」 제278조제1항 각 호의 어느 하나 또는 같은 법 <별표 6> 각 호의 어느 하나에 해당하여 기관경고 이상의 조치를 받은 사실이 없을 것. 2. 최근 5년간 「채무자 회생 및 파산에 관한 법률」에 따른 회생절차가 개시된 기업이었거나 불건전한 금융거래·자산운용 등으로 사회적 물의를 야기한 기업이 아닐 것. 3. 최근 5년간 「신용정보의 이용 및 보호에 관한 법률」에 따른 종합신용정보집중기관에 금융질서 문란정보 거래처 또는 약정한 기일 내에 채무를 변제하지 아니한 자로 등록되어 있지 않을 것. 4. 「기업구조조정 촉진법」에 따른 부실징후기업이 아닐 것

제15조의3 제6항). 또한 금융위원회는 경영참여형 사모집합투자기구등에게 한도초과 승인을 하지 아니하는 경우에는 대통령령으로 정하는 기간 이내에 신청인에게 그 사유를 명시하여 통지하여야 한다(은행법 제15조의3 제4항). 여기서 "대통령령으로 정하는 기간"이란 승인신청을 받은 날부터 30일을 말한다. 다만, 승인신청서의 흠을 보완하는 기간 등 금융위원회가 정하여 고시하는 기간(흠결보완기간, 타기관 자료 제공받는 기간, 소송 조사검사기간, 천재지변등)[66]은 처리기간에 산입하지 아니한다(동법 시행령 제10조 제4항).

3) 보유한도 초과승인의 심사

금융위원회는 경영참여형 사모집합투자기구등의 은행주식 보유한도 초과승인을 위한 심사를 함에 있어서 상기 제2항의 요건(업무집행사원 및 그 임원 등의 요건)에 해당하는지 여부를 확인하기 위하여 필요한 경우에는 해당 경영참여형 사모집합투자기구등 또는 그 재산운용 등을 담당하는 업무집행사원에게 해당 경영참여형 사모집합투자기구등의 정관, 그 밖에 그 주주 또는 사원 사이에 체결된 계약내용 등 대통령령으로 정하는 정보 또는 자료의 제공을 요구할 수 있다(은행법 제15조의3 제3항). 여기서 대통령령으로 정하는 정보 또는 자료란 다음 각 호의 정보 또는 자료 [1. 경영참여형 사모집합투자기구등의 정관, 2. 경영참여형 사모집합투자기구등의 주주 또는 사원 사이에 체결된 계약내용, 3. 경영참여형 사모집합투자기구등의 주주 및 사원 내역, 4. 경영참여형 사모집합투자기구등의 주주 및 사원의 특수관계인의 내역, 5. 그 밖에 법 제15조의3제2항의 승인 요건에 해당하는지를 확인하기 위하여 필요한 것으로서 금융위원회가 정하여 고시하는 정보 또는 자료[67]]를 말한다(동법 시행령 제10조 제3항). 이러한 경영참여형 사모집합투자기구등의 은행주식 보유한도 초과승인을 위한 심사를 위한 정보 또는 자료 제출 요구에 관한 금융위원회의 권한은 금융감독원장에게 권한 위탁되어 있다(은행법 제65조, 동법 시행령 제26조의2 제1항 [별표 3] 14호).

---

66) 은행업 감독규정 제14조의2(주식보유승인 등의 처리기간에서 제외되는 기간)

67) 은행업 감독규정 제15조(경영참여형 사모집합투자기구등의 주식보유에 대한 승인 등) ⑤ 영 제10조제3항제5호에서 "금융위원회가 정하여 고시하는 정보 또는 자료"란 다음 각 호의 정보 또는 자료를 말한다. 1. 경영참여형 사모집합투자기구의 업무집행사원이 사원으로 있는 다른 경영참여형 사모집합투자기구 및 그 사원 현황 2. 경영참여형 사모집합투자기구의 업무집행사원이 사원으로 있는 다른 경영참여형 사모집합투자기구가 주주 또는 사원으로 있는 투자목적회사 및 그 주주 또는 사원 현황 3. 경영참여형 사모집합투자기구등의 투자 내역

또한 경영참여형 사모집합투자기구등의 은행주식 보유한도 초과승인 심사에 필요한 승인신청서 제출, 첨부서류, 서식, 승인신청의 방법 및 절차 등은 동일인의 신청 경우와 마찬가지로 같은 규정(은행법 시행령 제8조 제2항부터 제5항)을 준용한다(은행법 제15조의3 제7항, 동법 시행령 제10조 제5항). 이와 관련하여 은행주식 한도초과 보유 승인의 심사 실무가 금융감독원에서 수행될 수 있도록 금융위원회의 요건 심사 권한이 금융감독원장에게 권한 위탁되어 있다(은행법 제65조, 동법 시행령 제26조의2 제1항 [별표 3] 13호).

4) 한도초과 승인후 보고 및 의무

한도초과 승인을 받아 은행의 주식을 보유한 경영참여형 사모집합투자기구등은 금융위원회에 기 제출한 정보 또는 자료의 내용에 변경이 있는 경우에는 지체 없이 그 사실을 금융위원회에 보고하여야 한다(은행법 제15조의4). 이러한 금융위원회의 보고 접수도 금융감독원장에 권한 위탁되어 있다(은행법 제65조, 동법 시행령 제26조의2 제1항 [별표 3] 15호).

또한 경영참여형 사모집합투자기구등 또는 그 주주·사원은 승인을 받아 은행의 주식을 보유한 경우 다음과 같은 금지행위를 반드시 준수하여야 할 의무가 있다. 즉, 1. 경영참여형 사모집합투자기구의 유한책임사원 또는 투자목적회사로부터 재산운용을 위탁받은 경영참여형 사모집합투자기구의 업무집행사원 이외의 자가 경영참여형 사모집합투자기구등이 보유한 은행의 주식의 의결권 행사에 영향을 미치는 행위, 2. 비금융회사의 주식 또는 지분에 투자함으로써 「자본시장과 금융투자업에 관한 법률」제249조의12제1항제1호 또는 제2호의 요건[68]을 충족하게 되는 행위, 3. 이 법 또는 이 법에 따른 명령을 위반하는 행위, 4. 주주 또는 사원 사이에 이 법 또는 다른 금융 관련 법령을 위반하는 계약을 체결하는 행위 등 대통령령으로 정하는 행위[69]]를 하여서는 아니 된다(은행법 제

68) 자본시장법 제249조의12(경영참여형 사모집합투자기구 집합투자재산의 운용방법 등) ① 경영참여형 사모집합투자기구(대통령령으로 정하는 방법에 따라 다른 경영참여형 사모집합투자기구와 공동으로 운용하는 경우를 포함한다)는 다음 각 호의 어느 하나에 해당하는 방법으로 경영참여형 사모집합투자기구의 집합투자재산을 운용하여야 한다. 1. 다른 회사(투자회사, 투자유한회사, 투자합자회사, 투자유한책임회사, 그 밖에 대통령령으로 정하는 회사는 제외한다. 이하 이 조에서 같다)의 의결권 있는 발행주식총수 또는 출자총액의 100분의 10 이상이 되도록 하는 투자, 2. 제1호에도 불구하고 임원의 임면 등 투자하는 회사의 주요 경영사항에 대하여 사실상의 지배력 행사가 가능하도록 하는 투자

69) 미제정.

15조의5).

5) 의무위반시 의결권 금지 등 제재

① 의무위반시 의결권 금지 및 처분명령

제15조제3항에 따른 보유한도 초과승인을 얻어 은행의 주식을 보유한 경영참여형 사모집합투자기구등과 그 주주 또는 사원이 제15조의5(의무)를 위반하는 경우 해당 경영참여형 사모집합투자기구등은 초과보유한 주식에 대하여 의결권을 행사할 수 없으며 초과보유한 주식은 지체 없이 처분하여야 한다(은행법 제53조의2 제1항). 금융위원회는 경영참여형 사모집합투자기구등이 제1항을 준수하지 아니하는 경우에는 1개월 이내의 기간을 정하여 초과보유 주식을 처분할 것을 명할 수 있다(동법 제53조의2 제2항).

② 금지행위시 제재조치

금융위원회는 경영참여형 사모집합투자기구등이 제15조의5 각 호의 어느 하나(금지행위)에 해당하는 경우 다음 각 호의 어느 하나에 해당하는 조치[1. 해당 행위의 시정명령 또는 중지명령, 2. 해당 행위로 인한 조치를 받았다는 사실의 공표명령 또는 게시명령, 3. 기관경고, 4. 기관주의, 5. 그 밖에 해당 행위를 시정하거나 방지하기 위하여 필요한 조치로서 대통령령으로 정하는 조치(업무개선요구 · 권고 등)[70)]]를 할 수 있다(동법 제53조의2 제3항).

또한 금융위원회는 경영참여형 사모집합투자기구등의 재산 운용 등을 담당하는 업무집행사원이 제15조의5 각 호의 어느 하나에 해당하는 경우 다음 각 호의 어느 하나에 해당하는 조치 [1. 그 업무집행사원에 대한 조치. 가. 해임요구, 나. 6개월 이내의 직무정지, 다. 기관경고, 라. 기관주의, 마. 그 밖에 해당 행위를 시정하거나 방지하기 위하여 필요한 조치로서 대통령령으로 정하는 조치(업무개선요구 · 권고 등).[71)] 2. 그 업무집행사원의 임원(「금융회사의 지배구조에 관한 법률」 제2조제5호에 따른 업무집행책임자는 제외. 이하 제54조 및

---

70) 은행법 시행령 제24조의7(경영참여형 사모집합투자기구등에 대한 제재 등) ① 법 제53조의2 제3항제5호에서 "대통령령으로 정하는 조치"란 다음 각 호의 어느 하나에 해당하는 조치를 말한다. 1. 업무방법의 개선요구나 개선권고, 2. 그 밖에 금융위원회가 법, 이 영, 그 밖의 관련 법령 등에 따라 할 수 있는 조치

71) 은행법 시행령 제24조의7(경영참여형 사모집합투자기구등에 대한 제재 등) ② 법 제53조의2 제4항제1호마목에서 "대통령령으로 정하는 조치"란 제1항 각 호의 어느 하나에 해당하는 조치를 말한다.

제54조의2에서 같다)에 대한 조치. 가. 해임요구, 나. 6개월 이내의 직무정지, 다. 문책경고, 라. 주의적 경고, 마. 그 밖에 해당 행위를 시정하거나 방지하기 위하여 필요한 조치로서 대통령령으로 정하는 조치(주의 등).[72] 3. 그 업무집행사원의 직원(「금융회사의 지배구조에 관한 법률」 제2조제5호에 따른 업무집행책임자를 포함. 이하 제54조 및 제54조의2에서 같다)에 대한 조치요구. 가. 면직, 나. 6개월 이내의 정직, 다. 감봉, 라. 견책, 마. 주의, 바. 그 밖에 위법행위를 시정하거나 방지하기 위하여 필요한 조치로서 대통령령으로 정하는 조치(경고 등)[73)]를 할 수 있다(동법 제53조의2 제4항).

③ 보유한도 초과보유시등 제재

다음 각 호[1. 제15조제1항·제3항에 따른 동일인의 보유한도를 초과하여 은행의 주식을 보유하는 경우 또는 3. 제16조의4제5항에 따라 한도초과보유요건 미충족시 주식처분 명령을 받은 경우]에 해당하는 경영참여형 사모집합투자기구등(그 주주 또는 사원을 포함한다)에 대하여는 상기 제2항(1개월내 처분명령)부터 제4항(사모집합투자기구등, 업무집행사원 및 그 임직원의 제재)까지를 준용한다. 이 경우 업무집행사원이 개인인 경우에는 제4항제2호(임원)를 준용한다(동법 제53조의2 제5항). 그리고 제5항제1호에 해당하는 동일인의 보유한도를 초과보유한 경영참여형 사모집합투자기구등에 대하여는 제16조제3항(6개월내 처분명령)을 적용하지 아니한다(동법 제53조의2 제6항).

(4) 비금융주력자의 은행주식 보유 승인

1) 비금융주력자의 정의

은행법에서는 은행의 소유규제의 대상의 하나로 비금융주력자(산업자본)를 규정하고 있다. 이들에게는 원칙적으로 은행 주식 보유를 일정한도로 제한하면서 예외적으로 보유한도 초과승인 제도를 운용하고 있다. 은행법상 정의에 따르

---

72) 은행법 시행령 제24조의7(경영참여형 사모집합투자기구등에 대한 제재 등) ③ 법 제53조의2 제4항제2호마목에서 "대통령령으로 정하는 조치"란 다음 각 호의 어느 하나에 해당하는 조치를 말한다. 1. 주의 2. 그 밖에 금융위원회가 법, 이 영, 그 밖의 관련 법령 등에 따라 할 수 있는 조치

73) 은행법 시행령 제24조의7(경영참여형 사모집합투자기구등에 대한 제재 등) ④ 법 제53조의2 제4항제3호바목에서 "대통령령으로 정하는 조치"란 다음 각 호의 어느 하나에 해당하는 조치를 말한다. 1. 경고 2. 그 밖에 금융위원회가 법, 이 영, 그 밖의 관련 법령 등에 따라 할 수 있는 조치

면 비금융주력자란 다음 중 어느 하나 [가. 동일인 중 비금융회사(대통령령으로 정하는 금융업[74])이 아닌 업종을 운영하는 회사를 말함)인 자의 자본총액(대차대조표상 자산총액에서 부채총액을 뺀 금액을 말함)의 합계액이 동일인 중 회사인 자의 자본총액의 합계액의 100분의 25 이상인 경우의 그 동일인. 나. 동일인 중 비금융회사인 자의 자산총액의 합계액이 2조원 이상으로서 대통령령으로 정하는 금액(2조원)[75] 이상인 경우의 그 동일인. 다. 「자본시장과 금융투자업에 관한 법률」에 따른 투자회사로서 가목 또는 나목의 자가 그 발행주식 총수의 100분의 4를 초과하여 주식을 보유(동일인이 자기 또는 타인의 명의로 주식을 소유하거나 계약 등에 의하여 의결권을 가지는 것을 말함)하는 경우의 그 투자회사. 라. 「자본시장과 금융투자업에 관한 법률」에 따른 경영참여형 사모집합투자기구로서 다음 각각의 어느 하나에 해당하는 경영참여형 사모집합투자기구. 1) 가목부터 다목까지의 어느 하나에 해당하는 자가 경영참여형 사모집합투자기구 출자총액의 100분의 10 이상 지분을 보유하는 유한책임사원인 경우(이 경우 지분계산에 있어서 해당 사원과 다른 유한책임사원으로서 해당 사원의 특수관계인의 지분을 포함). 2) 가목부터 다목까지의 어느 하나에 해당하는 자가 경영참여형 사모집합투자기구의 무한책임사원인 경우[다만, 가목부터 다목까지의 어느 하나에 해당하지 아니하는 무한책임사원이 다른 경영참여형 사모집합투자기구를 통하여 비금융회사의 주식 또는 지분에 투자함으로써 가목부터 다목까지의 어느 하나에 해당하게 된 경우로서 해당 경영참여형 사모집합투자기구의 유한책임사원(해당 사원과 다른 유한책임사원으로서 해당 사원의 특수관계인을 포함)이 그 다른 경영참여형 사모집합투자기구에 출자하지 아니한 경우에는 이를 제외]. 3) 다른 상호출자제한기업집단(「독점규제 및 공정거래에 관한 법률」에 따른 상호출자제한기업집단을 말함)에 속하는 각각의 계열회사(「독점

74) 은행법 시행령 제1조의5(금융업의 범위 등) ① 법 제2조제1항제9호가목에서 "대통령령으로 정하는 금융업"이란 다음 각 호의 어느 하나에 해당하는 업종 또는 업무를 말한다. 1. 「통계법」 제22조제1항에 따라 통계청장이 고시하는 한국표준산업분류에 따른 금융 및 보험업(「금융지주회사법」 제2조제1항제1호에 따른 금융지주회사가 아닌 지주회사는 제외한다. 이하 "금융업"이라 한다), 2. 다음 각 목의 어느 하나에 해당하는 업무. 가. 금융업을 경영하는 회사에 대한 전산·정보처리 등 용역의 제공. 나. 금융업을 경영하는 회사가 보유한 부동산이나 그 밖의 자산의 관리. 다. 금융업과 관련된 조사·연구. 라. 그 밖에 금융업을 경영하는 회사의 고유 업무와 직접 관련되는 업무

75) 은행법 시행령 제1조의5(금융업의 범위 등) ② 법 제2조제1항제9호나목에서 "대통령령으로 정하는 금액"이란 2조원을 말한다.

규제 및 공정거래에 관한 법률」에 따른 계열회사를 말함)가 취득한 경영참여형 사모집합투자기구의 지분의 합이 경영참여형 사모집합투자기구 출자총액의 100분의 30 이상인 경우. 마. 라목에 해당하는 경영참여형 사모집합투자기구(「자본시장과 금융투자업에 관한 법률」 제249조의13제1항제3호 나목 또는 다목에 따라 투자목적회사의 주식 또는 지분을 취득한 자 중 이 호 가목부터 다목까지의 어느 하나에 해당하는 자를 포함)가 투자목적회사의 주식 또는 지분의 100분의 4를 초과하여 취득·보유하거나 임원의 임면 등 주요 경영사항에 대하여 사실상의 영향력을 행사하는 경우의 해당 투자목적회사]에 해당하는 자이다(은행법 제2조 제1항 9호).

한편 건전한 외국은행등에 대하여는 비금융주력자를 판단하는 동일인의 범위에 관하여 국내법인과는 달리 약간의 예외를 인정하는 특례를 허용하고 있다. 은행법 제16조의5에서 규정한 외국은행등에 대한 특례를 보면, 금융위원회는 외국에서 은행업을 주로 경영하는 회사 또는 해당 법인의 지주회사("외국은행등")를 포함하는 동일인이 제2조제1항제9호(비금융주력자의 정의) 가목 및 나목에 해당하는지 여부를 판단할 때 외국은행등이 다음 각 호의 요건 [1. 자산총액, 영업규모 등에 비추어 국제적 영업활동에 적합하고 국제적 신인도가 높을 것. 2. 해당 외국의 금융감독기관으로부터 해당 외국은행등의 건전성 등과 관련한 감독을 충분히 받을 것. 3. 금융위원회가 해당 외국의 금융감독당국과 정보교환 등 업무협조 관계에 있을 것]을 모두 충족하는 경우로서 그 외국은행등의 신청이 있는 경우에는 제2조제1항제8호(동일인의 정의)에도 불구하고 그 외국은행등이 직접적·간접적으로 주식 또는 출자지분을 보유하는 외국 법인으로서 외국법에 따라 설립된 법인(또는 이에 준하는 것으로서 금융위원회가 인정하는 단체·조합 등을 포함)을 동일인의 범위에서 제외할 수 있다. 다만, 그 외국 법인이 그 외국은행등이 주식을 보유하는 은행의 주식을 직접적·간접적으로 보유하는 경우에는 그러하지 아니하다(동법 제16조의5 제1항). 금융위원회는 제1항에 따른 요건의 세부기준, 해당 외국은행등의 신청의 절차 및 방법 등에 관하여 필요한 사항을 정하여 고시할 수 있다(동법 제16조의5 제2항).[76] 그리고 외

76) 은행업 감독규정 제16조의3(외국은행등에 대한 특례) ① 법 제16조의5제1항에 따라 외국은행등이 직·간접적으로 주식 또는 출자지분을 보유하는 외국법인(또는 이에 준하는 것으로서 금융위가 인정하는 단체나 조합 등을 포함한다. 이하 이항에서 같다)을 동일인의 범위에서 제외할 수 있는 요건은 다음 각 호와 같다. 1. 자산총액, 영업규모 등에 비추어 국제적 영업활동에 적합하고 국제적 신인도가 높을 것. 2. 최근 3년간 계속하여 국제결제은행의 기준

국은행등이 상기 요건을 충족하는지에 대한 심사는 금융감독원장에게 권한 위탁되어 있다(은행법 시행령 [별표 3] 28호).

2) 보유한도 원칙

비금융주력자 (「독점규제 및 공정거래에 관한 법률」 제14조의2에 따라 상호출자제한기업집단등에서 제외되어 비금융주력자에 해당하지 아니하게 된 자로서 그 제외된 날부터 대통령령으로 정하는 기간(3개월)[77]이 지나지 아니한 자를 포함) 는 은행의 의결권 있는 발행주식 총수의 100분의 4(지방은행의 경우에는 100분의 15)를 초과하여 은행의 주식을 보유할 수 없다(은행법 제16조의2 제1항).

3) 보유한도 예외 승인

비금융주력자가 4% 한도(지방은행인 경우는 제외)를 초과하여 보유하려는 은행의 주식에 대한 의결권을 행사하지 아니하는 조건으로 재무건전성 등 대통령령으로 정하는 요건([별표 2])[78]을 충족하여 금융위원회의 승인을 받은 경우에는 동일인의 은행주식 보유한도(10%)까지 주식을 보유할 수 있다(은행법 제16조의2 제2항). 이때 은행주식 한도초과 보유승인의 심사업무는 금융감독원장에게 권한위탁되어 있다(동법 시행령 [별표 3] 17호). 은행법 시행령상 비금융주력자의 의결권을 행사하지 아니하는 주식보유승인 요건[별표 2]은 재무건전성 기준, 부채비율, 출자금에 관한 것으로 다음과 같다(동법 시행령 제11조 제2

에 따른 총자본비율이 100분의 8 이상, 기본자본비율이 100분의 6.0 이상 및 보통주자본비율이 100분의 4.5 이상이거나 국제적으로 인정받는 신용평가기관에 의한 신용평가등급이 투자적격 이상이면서 해당 외국의 금융감독기관이 정하는 재무건전성에 관한 기준을 충족할 것. 3. 해당 외국의 금융감독기관으로부터 해당 외국은행등의 건전성 등과 관련된 감독을 충분히 받을 것. 4. 금융위가 해당 외국의 금융감독기관과 정보교환 등 업무 협조 관계에 있을 것. 5. 동일인의 범위에서 제외되는 외국법인이 외국은행등의 주식을 직접적·간접적으로 보유하지 않을 것. 다만, 외국은행등이 외국법인에 대하여 지배력을 행사한다고 확인되는 경우에는 그러하지 아니하다. ② 법 제16조의5제1항에 따른 승인을 신청하고자 하는 자는 감독원장이 정하는 승인신청서 및 첨부서류를 금융위에 제출하여야 한다. ③ 감독원장은 승인요건의 심사를 하는데 있어 보완서류 등의 추가자료가 필요한 경우 신청인에게 그 자료의 제출을 요구할 수 있다.

77) 은행법 시행령 제11조(비금융주력자로 간주되는 기간 등) ① 법 제16조의2제1항에서 "대통령령으로 정하는 기간"이란 3개월을 말한다.

78) 은행법 시행령 제11조(비금융주력자로 간주되는 기간 등) ② 법 제16조의2제2항에서 "재무건전성 등 대통령령으로 정하는 요건"이란 별표 2에 따른 요건을 말한다.

항). 그리고 은행법 시행령 [별표 2] 내의 "금융위원회가 정하는 기준"은 동법 감독규정상 [별표 2-8]에 따른다(은행업 감독규정 제14조의3 제1항).

참고 **은행법 시행령 [별표 2] 비금융주력자의 의결권을 행사하지 아니하는 주식 보유 승인 요건**(제11조제2항 관련)

1. 해당 기관에 적용되는 재무건전성에 관한 기준으로서 금융위원회가 정하는 기준을 충족할 것
2. 부채비율이 100분의 200 이하로서 금융위원회가 정하는 기준(200%)을 충족할 것
3. 해당 법인이 「독점규제 및 공정거래에 관한 법률」에 따른 기업집단에 속하는 회사인 경우에는 해당 기업집단(법 제2조제1항제9호가목에 따른 비금융회사로 한정한다)의 부채비율이 100분의 200 이하로서 금융위원회가 정하는 기준(200%)을 충족할 것
4. 주식취득 자금이 해당 법인이 최근 1년 이내에 유상증자 또는 보유자산의 처분을 통하여 조달한 자금 등 차입금이 아닌 자금으로서 해당 법인의 자본총액 이내의 자금일 것

비고: 기업집단에 속하는 비금융회사 전체의 부채비율을 산정할 때 해당 기업집단이 「주식회사 등의 외부감사에 관한 법률」에 따른 결합재무제표 작성 대상 기업집단인 경우에는 결합재무제표에 의하여 산정한 부채비율로 한다.

4) 일정한 비금융주력자의 보유한도 초과승인

그럼에도 불구하고 일정한 조건을 갖춘 비금융주력자의 경우에는 동일인의 은행주식 보유한도 초과승인의 방식에 따라 은행주식의 단계별 보유한도(10%, 25%, 33%)를 초과승인할 수 있다(은행법 제16조의2 제3항).

여기에 해당하는 일정한 비금융주력자는 전환대상 비금융주력자, 외국인 비금융주력자, 기금등이다. 상술하면 1. 2년 이내에 비금융주력자가 아닌 자로 전환하기 위한 계획(이하 "전환계획"이라 한다)을 금융위원회에 제출하여 승인을 받은 비금융주력자, 2. 「외국인투자 촉진법」에 따른 외국인의 은행에 대한 주식보유비율 이내에서 주식을 보유하는 비금융주력자, 3. 「국가재정법」 제5조에 따른 기금 또는 그 기금을 관리·운용하는 법인(법률에 따라 기금의 관리·운용을 위탁받은 법인을 포함하며, 이하 이 호에서 "기금등"이라 한다)으로서 다음 각 목의 요건 [가. 은행의 주식을 보유한 기금등과 은행의 예금자, 다른 주주 등 이해관계자 사이에 발생할 수 있는 이해상충을 방지하기 위하여 대통령령으

로 정하는 체계(이행상충방지에 필요한 사항)[79]를 갖출 것, 나. 가목의 이해상충의 방지를 위하여 금융위원회가 정하여 고시하는 기관(금융감독원)[80]으로부터 필요한 범위 내에서 감독 및 검사를 받을 것, 다. 그 밖에 기금등의 주식보유가 은행의 건전성에 미치는 영향 등을 고려하여 대통령령으로 정하는 요건[81)]을 모두 갖추어 금융위원회의 승인을 받은 비금융주력자이다.

5) 외국인 비금융주력자의 의결권행사 제한 및 처분명령 등

외국인 비금융주력자가 은행의 주식을 보유한 후 외국인의 주식보유비율을 초과하게 된 경우에는 그 초과 보유한 주식에 대하여는 의결권을 행사할 수 없다(은행법 제16조의2 제4항). 금융위원회는 1년 이내의 기간을 정하여 비금융주력자가 초과 보유한 주식을 처분할 것을 명할 수 있다. 다만, 금융위원회는 비금융주력자가 초과 보유한 주식의 규모, 증권시장의 상황 등에 비추어 부득이하다고 인정되는 경우에는 그 기간을 정하여 주식의 처분기한을 연장할 수 있다(동법 제16조의2 제5항). 이때 비금융주력자의 보유주식 처분기한 연장여부 심사업무는 금융감독원장에게 권한 위임되어 있다(동법 시행령 [별표 3] 20호). 이에 따라 비금유주력자가 보유주식의 처분기간을 연장받고자 하는 경우에는 금융감독원장이 정하는 신청서 및 첨부서류를 금융위원회에 제출하여야 한다. 그 연장기간은 처분명령에서 정한 기간을 초과할 수 없다(은행업 감독규정 제15조의2).[82]

---

79) 은행법 시행령 제11조의3(기금등의 이해상충 방지 요건 등) ① 법 제16조의2제3항제3호가목에서 "대통령령으로 정하는 체계"란 다음 각 호의 요건을 모두 갖춘 체계를 말한다. 1. 이해상충을 방지할 수 있는 의결권 행사기준을 마련할 것. 이 경우 해당 기준에는 의결권 행사기준에 마련되어 있지 아니한 사안에 대하여 의결권을 행사하는 경우로서 기금등이 보유한 은행의 주식 수가 법 제16조의2제1항에서 정한 한도에 해당하는 주식 수를 초과하는 경우에는 기금등이 보유한 주식을 발행한 은행의 주주총회에 참석한 주주가 보유한 주식 수에서 기금등이 보유한 주식 수 중 법 제16조의2제1항에서 정한 한도를 초과하는 주식 수를 뺀 주식 수의 결의 내용에 영향을 미치지 아니하도록 의결권을 행사한다는 내용이 포함되어야 한다. 2. 주식을 보유한 은행의 주주로서 취득한 정보는 주주권 행사 목적 외로 활용되지 아니하도록 관리하는 등 이해상충이 발생할 가능성을 파악·평가·관리할 수 있는 내부통제기준을 갖출 것. 3. 그 밖에 이해상충을 방지하기 위하여 필요한 사항으로 금융위원회가 정하여 고시(미제정)하는 사항

80) 은행업 감독규정 제15조의6제15조의6(기금의 이해상충 방지) 법 제16조의2제3항제3호나목에서 "금융위원회가 정하여 고시하는 기관"이란 금융감독원을 말한다.

81) 은행법 시행령 제11조의3(기금등의 이해상충 방지 요건 등) ② 법 제16조의2제3항제3호다목에서 "대통령령으로 정하는 요건"이란 기금등이 「국가재정법」 제79조에 따라 정한 자산운용지침을 준수하는 것을 말한다

82) 은행업 감독규정 제15조의2(비금융주력자의 보유주식 처분기간 연장) ① 법 제16조의2제5항

또한 외국인 비금융주력자가 주식을 보유할 수 있는 은행의 수는 1개로 제한한다(동법 제16조의2 제6항).

6) 전환대상 비금융주력자의 전환계획 승인

① 전환계획의 승인요건

2년 이내에 비금융주력자가 아닌 자로 전환하려고 하는 비금융주력자는 전환계획을 금융위원회에 제출하여 승인받아야 한다(은행법 제16조의2 제3항 1호). 이에 따른 전환계획의 승인요건은 대통령령으로 정한다(동법 제16조의2 제7항). 대통령령에서 정한 전환계획이 갖춰야 할 승인요건은 1. 시장상황에 대한 전망 등 전환계획의 전세가 된 가정이 합리적일 것. 2. 처분 대상인 비금융회사의 발행주식 규모, 자산 규모 등에 비추어 전환계획이 제시된 이행기간 내에 실현될 수 있을 것. 3. 분기별 이행계획이 포함되어 있을 것이다(동법 시행령 제11조의2 제1항). 이러한 전환계획 승인요건에 관한 구체적인 기준은 1. 처분대상인 비금융회사별 처분방법, 시기 등이 구체적으로 제시되어 있을 것. 2. 처분대상인 비금융회사 발행 주식(지분을 포함) 보유자의 처분의사를 처분계획에 대한 이사회 승인, 공증인의 공증을 받은 처분확약서 등을 통하여 확인할 수 있을 것. 3. 금융회사의 자본증가를 계획하는 경우 자본증가의 규모, 시기, 방법 등이 구체적으로 제시되어 있을 것. 4. 처분대상인 비금융회사 발행 주식의 처분 및 금융회사의 자본증가가 관계법령, 주주간 계약 등에 의하여 제한되어 있지 않을 것이다(동법 시행령 제11조의2 제3항, 은행업 감독규정 제15조의4).

② 전환계획의 승인절차

상기 전환계획 승인에 대한 금융위원회의 심사 업무는 금융감독원장에게 권한위탁되어 있다(은행법 시행령 [별표 3] 18호).[83] 이에 따라 전환계획을 승인받고자 하는 비금융주력자는 금융감독원장이 정하는 승인신청서 및 첨부서류를 금융위원회에 제출하여야 한다. 금융위원회가 승인신청을 받은 경우에는 금융감독원장은 상기 전환계획 승인요건에 적합한지 여부를 심사하고, 금융위원회가

단서에 의하여 보유주식의처분기간을 연장받고자 하는 경우에는 감독원장이 정하는 신청서 및 첨부서류를 금융위에 제출하여야 한나. ② 제1항의 연장기간은 법 제16조의2제5항 본문에 의한 처분명령에서 정한 기간을 초과할 수 없다.

83) 비금융주력자로서 기금등이 은행주식 보유한도 승인요건을 갖추었는지 여부에 대한 심사 권한도 금융감독원장에게 위탁되어 있다(동법 시행령 [별표 3] 9호).

승인 여부를 결정하여 이를 서면으로 신청인에게 통보한다. 금융감독원장은 상기 전환계획 승인 심사를 하는데 있어 필요한 경우 자료의 보완 또는 추가 제출을 요구할 수 있다. 전환계획을 승인함에 있어서 이 밖의 승인의 절차 기타 필요한 사항은 금융감독원장이 정한다(은행업 감독규정 제15조의3).

③ 전환계획의 평가·점검

2년 이내에 비금융주력자가 아닌 자로 전환하려고 하는 비금융주력자는 전환계획을 금융위원회에 제출하여야 한다. 금융위원회는 비금융주력자에게서 제출받은 전환계획에 대하여 전문기관의 평가가 필요하다고 인정하는 경우에는 금융위원회가 정하는 바에 따라 그 평가를 할 수 있다(은행법 제16조의3 제1항). 이때 전환계획 평가 전문기관 지정에 관한 권한은 금융감독원장에게 위탁되어 있다(동법 시행령 [별표 3] 21호). 이에 따라 금융감독원장은 금융위원회의 승인여부 결정에 앞서 회계법인, 신용정보업자를 포함한 2 이상의 적격 전문기관으로 하여금 전환계획을 평가하게 할 수 있다(은행업 감독규정 제15조의5 제1~3항).[84)]

금융위원회는 전환계획에 대한 승인을 받아 은행주식 보유한도(4%)를 초과하여 은행의 주식을 보유하는 비금융주력자("전환대상자")의 전환계획 이행 상황을 분기별로[85)] 정기적 점검하고 그 결과를 인터넷 홈페이지 등을 이용하여 공시하여야 한다(동법 제16조의3 제2항). 이러한 전환계획 이행상황의 점검 및 결과 공시에 관한 업무는 금융감독원장에게 권한위임되어 있어(동법 시행령

84) 은행업 감독규정 제15조의5(전환계획에대한 평가 및 점검 등) ① 감독원장은 제15조의3제2항에 의한 금융위의 승인여부 결정에 앞서 제2항제1호에 해당하는 자를 포함한 2 이상의 전문기관으로 하여금 전환계획을 평가하게 할 수 있다. ② 전환계획을 평가하는 전문기관은 다음 각 호의 1에 해당하는 자이어야 한다. 1.「공인회계사법」에 의한 회계법인. 2.「신용정보의 이용 및 보호에 관한 법률」에 의한 신용평가업무를 영위하는 신용정보업자 ③ 다음 각 호의 어느 하나에 해당하는 자는 제2항의 전문기관이 될 수 없다. 다만, 감독원장이 부득이하다고 인정하는 경우에는 그러하지 아니하다. 1.「공인회계사법」에 의하여 업무정지처분을 받은 회계법인으로서 그 정지기간 중에 있는 자. 2.「주식회사의 외부감사에 관한 법률」에 의하여 특정회사에 대한 감사업무의 제한조치를 받은 회계법인으로서 그 제한기간 중에 있는 자. 다만, 당해 특정회사가 전환계획을 평가받고자 하는 비금융주력자가 아닌 경우에는 그러하지 아니하다. 3. 신용평가업무와 관련하여 금융위로부터 신용평가업무의 정지처분을 받은 신용정보업자로서 그 정지기간 중에 있는 자. 4. 해당 비금융주력자에 대하여 용역을 제공하고 있거나 최근 2년 이내에 용역을 제공한 사실이 있는 자. 5. 해당 비금융주력자와 영 제1조의4제1항 각 호의 어느 하나에서 정하는 특수관계에 있는 자

85) 은행법 시행령제 11조의2(전환계획의 승인 요건 등) ② 법 제16조의3제2항에 따라 금융위원회는 전환계획 이행 상황을 분기별로 점검하여야 한다

[별표 3] 22호) 금융감독원에서 담당한다(은행업 감독규정 제15조의5 제4~5항).[86]

④ 전환계획의 미이행시 조치

금융위원회는 상기 점검 결과 전환대상자가 전환계획을 이행하지 아니하고 있다고 인정되는 경우에는 6개월 이내의 기간을 정하여 그 이행을 명할 수 있다(은행법 제16조의3 제3항). 그리고 금융위원회로부터 상기 이행명령을 받은 전환대상자이거나 전환대상자가 차입금의 급격한 증가, 거액의 손실 발생 등 재무상황의 부실화로 인하여 은행과 불법거래를 할 가능성이 크다고 인정되는 경우 금융감독원장의 검사 결과 은행과의 불법거래 사실이 확인된 전환대상지는 은행주식 보유한도(4%)를 초과하여 보유하는 은행의 주식에 대하여는 의결권을 행사할 수 없다(동법 제16조의3 제4항).

금융위원회는 전환대상자가 상기 이행명령을 이행하지 아니하는 경우나 상기 금융감독원장의 검사 결과 은행과의 불법거래 사실이 확인된 전환대상자에 해당하면 6개월 이내의 기간을 정하여 은행주식 보유한도(4%)를 초과하여 보유하는 은행의 주식을 처분할 것을 명할 수 있다(동법 제16조의3 제5항). 이러한 전환대상자의 이행명령 불이행 여부나 은행과의 불법거래 사실 확인에 관한 검토 업무는 금융감독원장에게 권한 위임되어 있다(동법 시행령 [별표 3] 23호).

7) 인터넷전문은행에 대한 특례

일정한 자격과 요건을 지닌 비금융주력자(산업자본)에게는 인터넷전문은행의 의결권 있는 발행주식 총수의 100분의 34 이내에서 주식을 보유할 수 있도록 허용하였다(인터넷전문은행설립및운영에관한특례법 제5조).[87] 즉, 비금융주력자는 은행법상 비금융주력자의 은행주식 보유제한 규정(제16조의2제1항 및 제2항)에도 불구하고 인터넷전문은행의 의결권 있는 발행주식 총수의 100분의 34 이내에서 주식을 보유할 수 있다(동법 제5조 제1항).

이 경우 은행법상 동일인의 은행주식 보유한도 제한 규정(제15조), 한도초과 보유주식의 의결권 제한 규정(제16조), 한도초과 보유주주에 대한 적격성 심사

86) 은행업 감독규정 제15조의5(전환계획에대한 평가 및 점검 등) ④ 전환대상자는 전환계획 이행상황을 매분기 다음달 말일까지 감독원장이 정하는 바에 따라 감독원장에게 보고하여야 한다. ⑤ 감독원장은 전환계획 이행상황을 점검하여 그 결과를 금융위에 보고하고 공시한다.

87) 2018.10.16 법률 제15856호로 제정되어 3개월후인 2019.1.17 시행되었다.

규정(제16조의4) 및 처분명령 미이행자에 대한 이행강제금 규정(제65조의9)를 적용한다. 다만, 은행법상 동일인의 은행의 주식을 보유할 수 있는 자의 자격 및 주식보유와 관련한 승인의 요건(제15조 제3항)에도 불구하고 은행주식 보유한도를 초과하여 인터넷전문은행의 주식을 보유할 수 있는 비금융주력자의 자격 및 주식보유와 관련한 승인의 요건(한도초과 보유주주의 요건)은 다음 각 호의 사항 [1. 출자능력, 재무상태 및 사회적 신용, 2. 경제력 집중에 대한 영향, 3. 주주구성계획의 적정성, 4. 정보통신업 영위 회사의 자산 비중, 5. 금융과 정보통신기술의 융합 촉진 및 서민금융 지원 등을 위한 기여 계획]을 감안하여 [별표]로 정한다(동법 제5조 제2항). 인터넷전문은행 특례법 [별표]상 한도초과보유주주 요건의 내용은 은행법상 요건과 대동소이하다.[88)]

최근 인터넷전문은행 대주주의 보유주식 확대를 위한 한도초과보유주주(대주주) 적격성 심사과정에서 문제가 발생하였다. 인터넷전문은행의 하나인 카카오뱅크의 최대주주가 되려는 카카오의 카카오뱅크 지분을 18%에서 34%까지 늘리려는 과정[89)]에서 카카오의 대주주인 개인(김범수)이 공정거래법 위반혐의로 재판중에 있어 대주주 적격성 논란이 생긴 것이다. 금융위원회는 한도초과보유주주의 적격여부 심사를 중단하고 법제처에 인터넷전문은행 특례법상 대주주 적격성 심사대상 범위에 대한 법령해석을 의뢰하였다. 이에 법제처는 "신청인은 내국법인의 계열주로서 인터넷은행의 주식을 소유하지 않은 자를 포함하여 심사할 수 없다"고 회신하였다. 따라서 카카오뱅크의 주식을 소유하지 않은 카카오 대주주 개인(김범수)은 인터넷전문은행 특례법상 한도초과보유주주(대주주) 적격성 심사 대상이 아니라는 것이다. 이로써 금융당국은 중단되었던 대주주 적격심사를 재개하였다.[90)] 생각컨대 금융회사의 주식을 소유하지 않은 자는 은행법 뿐만 아니라 금융회사지배구조법상 대주주(특수관계인 주주 포함)의 범위에 포함되지 아니하는 것은 법 해석상 당연한 것이다. 다만 금융회사지배구조법상 최대주주의 적격성 심사대상에 실질적 지배자를 대주주 심사대상에 포함한 것

88) 인터넷전문은행 특례법 [별표]상 "금융위원회가 정하는 기준"은 은행의 경우와 동일하다(은행업 감독규정 제14조의3 제1항).

89) 카카오뱅크는 설립당시 은행법상 소유규제에 따라 대주주 지분이 한국투자금융지주 50%, 카카오 18% 였는데, 인터넷전문은행 특례법이 시행됨에 따라 한국투자금융지주가 카카오뱅크 지분을 카카오에게 매각해 카카오가 지분 30% 이상 보유한 최대주주로 올라서고 기존 최대주주인 한국투자금융지주는 지분 30% 이하로 변경하고자 하였다.

90) 이데일리 기사, 2019.6.24.자 "적격성심사서 김범수 제외" 관련 내용 참조.

처럼 금융회사 주식을 소유하지 않은 실질적 지배자까지 대주주 적격성 심사에 포함하여야 하는지 여부는 입법정책의 문제라고 보여진다. 향후 금융회사의 대주주 적격성 심사에 있어 보다 명확한 제도와 법 운영이 필요하다 하겠다. 아래의 2019.6.24자 법제처 법령해석 사례를 참고하기 바란다.

참고 **법제처 법령해석 사례: 안건번호19-0205 회신일자2019-06-24**

금융위원회 - 비금융주력자의 주식보유한도에 대한 심사 대상 범위(「인터넷전문은행 설립 및 운영에 관한 특례법」 제5조 등 관련)

1. 질의요지

「인터넷전문은행 설립 및 운영에 관한 특례법」 제5조제1항에 따라 비금융주력자인 내국법인[주석: 페이퍼 컴퍼니가 아닌 실체가 있는 내국법인으로서 「인터넷전문은행 설립 및 운영에 관한 특례법」 별표 제4호에 해당하는 자를 말하며, 이하 같음.]이 인터넷전문은행의 의결권 있는 발행주식 총수의 100분의 34 이내에서 주식을 보유하기 위해 승인을 신청한 경우, 금융위원회는 신청인인 내국법인의 "계열주[주석: 「은행법 시행령」 제1조의4제1항제6호에 따른 계열주로서 「독점규제 및 공정거래에 관한 법률」 제2조제2호에 따른 기업집단에 해당하는 내국법인을 지배하는 자를 의미하며, 이하 같음.]로서 인터넷전문은행의 주식을 소유하지 않는 자"를 포함하여 심사할 수 있는지?

2. 회답

이 사안의 경우 신청인인 내국법인의 "계열주로서 인터넷전문은행의 주식을 소유하지 않는 자"를 포함하여 심사할 수 없습니다.

3. 이유

먼저 법의 해석에 있어서는 법령에 사용된 문언의 의미에 충실하게 해석하는 것을 원칙으로 하고 법령의 문언 자체가 비교적 명확한 개념으로 구성되어 있다면 다른 해석방법은 제한될 수밖에 없습니다.[주석: 대법원 2009.4.23. 선고 2006다81035 판결례 참조]

「인터넷전문은행 설립 및 운영에 관한 특례법」(이하 "인터넷전문은행법"이라 함) 제5조제2항 각 호 외의 부분 단서에서는 인터넷전문은행의 주식을 보유할 수 있는 비금융주력자의 자격 및 주식보유와 관련한 승인의 요건은 같은 항 각 호의 사항을 감안하여 별표로 정한다고 규정하고 있고, 같은 법 별표에서는 한도초과보유주주의 종류를 구분하여 한도초과보유주주의 요건을 정하고 있는바, 같은 법 제5조제1항에 따른 한도초과보유 승인 여부의 심사 대상은 문언상 인터넷전문은행의 주식을 보유하여 한도초과보유주주가 되려는 자임이 명백합니다.

그리고 이 사안에서 적용되는 인터넷전문은행법 별표 제4호에서는 한도초과보유주주가 제1호, 제2호, 제3호 및 제7호 외의 내국법인인 경우 그 내국법인의 부채비율(가목), 해당 법인이 「독점규제 및 공정거래에 관한 법률」에 따른 기업집단에 속하는 회사인 경우 해당 기업집단의 부채비율(나목), 주식취득자금의 성격(다목) 등을 한도초과보유주주의 요건으로 규정하고 있을 뿐, 신청인인 내국법인의 계열주에 대해서도 해당 요건을 적용하여 심사하도록 별도의 규정을 두고 있지 않습니다.

또한 인터넷전문은행법 제5조에 따른 한도초과보유 승인 및 적격성심사와 유사한 제도를 규정하고 있는 「금융회사의 지배구조에 관한 법률」(이하 "금융사지배구조법"이라 함)에서는 금융회사의 대주주가 되려는 자에 대한 승인과 관련하여 "최대주주가 법인인 경우 그 법인의 중요한 경영사항에 대하여 사실상 영향력을 행사하고 있는 자"를 특정하여 심사 대상으로 포함하고 있고(제31조제1항), 최대주주의 자격 심사와 관련하여 "최다출자자 1인이 법인인 경우 그 법인의 최대주주 중 최다출자자 1인"을 심사 대상으로 하면서(제32조제1항), 해당 규정에서는 「은행법」에 따른 인가를 받아 설립된 은행은 금융회사에서 제외하고 있습니다.

이러한 규정들의 내용을 종합적으로 고려하면 이 사안의 경우 한도초과보유 승인을 신청한 내국법인이 인터넷전문은행법 별표 제4호의 요건을 갖추었는지를 심사한 후 승인 여부를 결정해야 할 것이지 같은 법 제5조에서 한도초과보유주주가 되려는 내국법인을 지배하는 계열주까지 포함하여 심사 대상으로 규정하고 있지 않음에도 내국법인의 계열주까지 심사 대상으로 보아 같은 별표 제4호의 요건을 심사할 수는 없습니다.

아울러 금융사지배구조법이 제정(2015년 7월 31일)된 후에 인터넷전문은행법이 제정(2018년 10월 16일)된 것을 고려하면, 인터넷전문은행법 제5조에 따른 심사 대상으로 금융사지배구조법 제31조와 같이 한도초과보유주주가 되려는 내국법인을 지배하는 자 또는 내국법인에 대해 사실상 영향력을 행사하는 자 등을 포함하려는 입법의도가 있었다고 보기는 어렵다는 점[주석: 제364회 국회 2018.9.19. 정무위원회 및 2018.9.20. 본회의 회의록에 따르면, 한도초과보유 승인을 위한 요건 심사 시 동일인 전체를 대상으로 심사하지 않더라도 "실질적인 자연인 최대주주에 대해서라도 심사해야 한다"는 의견이 있었으나 이후 해당 조문에 대한 별도의 수정이 없었음]도 이 사안을 해석할 때 고려해야 합니다.

※ 법령정비 권고사항

비금융주력자에 대한 인터넷전문은행의 주식보유 승인과 관련하여 한도초과보유 승인을 신청한 내국법인 외에 내국법인을 실질적으로 지배하는 자까지 포함하여 승인 요건을 심사할 필요가 있다면 승인 요건 심사 대상을 명확히 규정하도록 법령을 정비할 필요가 있습니다.

〈관계 법령〉

「인터넷전문은행 설립 및 운영에 관한 특례법」제5조(비금융주력자의 주식보유한도 특례) ① 비금융주력자는 「은행법」 제16조의2제1항 및 제2항에도 불구하고 인터넷전문은행의 의결권 있는 발행주식 총수의 100분의 34 이내에서 주식을 보유할 수 있다.

② 제1항의 경우 「은행법」 제15조, 제16조, 제16조의4 및 제65조의9를 적용한다. 다만, 「은행법」 제15조제5항에 따른 은행의 주식을 보유할 수 있는 자의 자격 및 주식보유와 관련한 승인의 요건에도 불구하고 「은행법」 제15조제3항 본문에 따른 한도를 초과하여 인터넷전문은행의 주식을 보유할 수 있는 비금융주력자의 자격 및 주식보유와 관련한 승인의 요건은 다음 각 호의 사항을 감안하여 별표로 정한다.

1. 출자능력, 재무상태 및 사회적 신용
2. 경제력 집중에 대한 영향
3. 주주구성계획의 적정성
4. 정보통신업 영위 회사의 자산 비중
5. 금융과 정보통신기술의 융합 촉진 및 서민금융 지원 등을 위한 기여 계획

③ 금융위원회는 제1항에 따라 인터넷전문은행의 주식을 보유하는 자에 대해 「은행법」 제16조의4제1항에 따른 초과보유요건등을 심사하는 경우에는 제2항에 따른 별표의 요건을 심사하여야 한다.

[별표] 한도초과보유주주의 요건(제5조 관련)

1. 한도초과보유주주가 「금융위원회의 설치 등에 관한 법률」 제38조에 따라 금융감독원으로부터 검사를 받는 기관(제2호, 제3호 및 제7호에 해당하는 내국법인은 제외한다)인 경우
   가. 해당 기관에 적용되는 재무건전성에 관한 기준으로서 금융위원회가 정하는 기준을 충족할 것
   나. 금융거래 등 상거래를 할 때 약정한 날짜까지 채무를 변제하지 아니한 자로서 금융위원회가 정하는 자가 아닐 것
   다. 승인신청하는 내용이 제8조제1항에 적합할 것
   라. 승인신청 시 제출한 서류에 따라 인터넷전문은행의 지배주주로서 적합하고 그 인터넷전문은행의 건전성과 금융산업의 효율화에 기여할 수 있음을 확인할 수 있을 것
   마. 다음의 요건을 충족할 것. 다만, 해당 위반 등의 정도가 경미하다고 금융위원회가 인정하는 경우는 그러하지 아니하다.
      1) 최근 5년간 「금융산업의 구조개선에 관한 법률」에 따라 부실금융기관으로 지정되었거나 금융관련법령에 따라 영업의 허가·인가 등이 취소된 기관의 최대주주·주요주주(의결권 있는 발행주식 총수의 100분의 10을 초과하여 보유한 주주를 말한다) 또는 그 특수관계인이 아닐 것. 다만, 법원의 판결로 부실책임이 없다고 인정된 자 또는 부실에 따른 경제적 책임을 부담하는 등 금융위원회가 정하는 기준에 해당하는 자는 제외한다.
      2) 최근 5년간 금융관련법령, 「독점규제 및 공정거래에 관한 법률」, 「조세범 처벌법」 또는 「특정경제범죄 가중처벌 등에 관한 법률」을 위반하여 벌금형 이상에 해당하는 형사처벌을 받은 사실이 없을 것
   바. 한도초과보유주주가 「독점규제 및 공정거래에 관한 법률」에 따른 기업집단에 속하는 경우에는 초과보유 승인이 경제력 집중을 심화시키지 않을 것, 금융과

정보통신기술의 융합 가능성을 감안하여 대통령령으로 정하는 정보통신업 영위 회사의 자산총액 합계액이 해당 기업집단 내 비금융회사의 자산총액 합계액에서 상당한 비중을 차지할 것 등 대통령령으로 정하는 요건을 갖출 것

2.·3. (생 략)

4. 한도초과보유주주가 제1호, 제2호, 제3호 및 제7호 외의 내국법인인 경우
   가. 부채비율(최근 사업연도 말 현재 대차대조표상 부채총액을 자본총액으로 나눈 비율을 말한다. 이하 같다)이 100분의 200 이하로서 금융위원회가 정하는 기준을 충족할 것
   나. 해당 법인이 「독점규제 및 공정거래에 관한 법률」에 따른 기업집단에 속하는 회사인 경우에는 해당 기업집단(「은행법」 제2조제1항제9호가목에 따른 비금융회사로 한정한다)의 부채비율이 100분의 200 이하로서 금융위원회가 정하는 기준을 충족할 것
   다. 주식취득 자금이 해당 법인이 최근 1년 이내에 유상증자 또는 보유자산의 처분을 통하여 조달한 자금 등 차입금이 아닌 자금으로서 해당 법인의 자본총액 이내의 자금일 것
   라. 제1호나목부터 바목까지의 요건을 충족할 것

5. ~ 7. (생 략)

(5) 한도초과주식의 의결권 제한 및 처분명령

동일인이 제15조제1항·제3항(동일인 주식보유제한: 10%, 25%, 33%) 또는 제16조의2제1항·제2항(비금융주력자의 주식보유제한: 4%, 10%)에 따른 은행주식의 보유한도를 초과하여 은행의 주식을 보유하는 경우 그 보유한도를 초과하는 주식에 대하여는 그 의결권을 행사할 수 없으며, 지체 없이 그 한도에 적합하도록 하여야 한다(은행법 제16조 제1항).

그럼에도 불구하고 은행주식 전환형 조건부자본증권[91]이 은행의 주식으로 전환됨에 따라 동일인이 정해진 은행주식 보유한도를 초과하게 될 경우는 금융위원회에 보고 및 승인 등의 절차를 신속히 완료하여야 하고, 그 완료전까지는 주식의 의결권 행사가 제한된다. 이에 관한 규정을 자세히 보면 1. 동일인의 주식 보유한도 제한 규정(제15조제1항·제3항)에 따른 주식의 보유한도를 초과하여 은행의 주식을 보유하게 되는 경우: 다음 각 목의 절차[가. 대통령령으로 정하는 기간(주식전환 예정사유가 발생한 날로부터 5영업일)[92]이내에 제15조제1

91) 은행은 자기자본의 5배 범위내에서 금융채를 발행할 수 있는데, 그중에 하나가 자본시장법에 의한 사채중 은행주식으로 전환된다는 조건이 붙은 사채("은행주식 전환형조건부 자본증권")이다(은행법 제33조 제1항 제3호).

항(10%) · 제3항(10%, 25%, 35%)에 따른 한도를 초과하는 은행 주식의 보유사실을 금융위원회에 보고할 것. 나. 대통령령으로 정하는 기간(예정사유가 발생한 날로부터 6개월)[93] 이내에 다음의 어느 하나에 해당하는 조치를 완료할 것. 다만, 불가피한 사유가 있는 경우에는 금융위원회의 승인을 받아 6개월 이내의 범위에서 그 기간을 연장할 수 있다. 1) 제15조제3항에 따른 금융위원회의 한도초과 승인을 받는 조치 2) 제15조제1항 · 제3항에 따른 한도를 초과하지 아니하도록 하는 조치] 모두 완료하여야 하며, 그 완료 전까지는 보유한도를 초과하여 보유하는 주식에 대하여 그 의결권을 행사할 수 없다. 2. 비금융주력자의 주식보유한도 제한규정(제16조의2제1항)에 따른 주식의 보유한도(4%)(지방은행의 경우는 제외한다)를 초과하고, 같은 조 제2항에 따른 주식의 보유한도(10%) 이내에서 은행의 주식을 보유하게 되는 경우: 보유한도를 초과하여 보유하는 주식에 대해서는 그 의결권을 행사할 수 없으며, 다음 각 목의 절차 [가. 대통령령으로 정하는 기간(주식전환 예정사유가 발생한 날로부터 5영업일) 이내에 제16조의2제1항에 따른 한도(4%)를 초과하는 은행 주식의 보유사실을 금융위원회에 보고할 것. 나. 대통령령으로 정하는 기간(예정사유가 발생한 날로부터 6개월) 이내에 다음의 어느 하나에 해당하는 조치를 완료할 것. 다만, 불가피한 사유가 있는 경우에는 금융위원회의 승인을 받아 6개월 이내의 범위에서 그 기간을 연장할 수 있다. 1) 제16조의2제2항에 따른 금융위원회의 승인을 받는 조치. 2) 제16조의2제1항에 따른 한도를 초과하지 아니하도록 하는 조치]를 모두 완료하여야 한다. 3. 제16조의2제1항에 따른 주식의 보유한도(4%)(지방은행의 경우만 해당한다) 또는 같은 조 제2항에 따른 주식의 보유한도(10%)를 초과하여 은행의 주식을 보유하게 되는 경우: 보유한도를 초과하여 보유하는 주식에 대해서는 그 의결권을 행사할 수 없으며, 지체 없이 그 한도에 적합하도록 하여야 한다(동법 제16조 제2항).

---

92) 은행법 시행령 제10조의2(한도초과주식의 의결권 제한 등) ① 법 제16조제2항제1호가목 및 같은 항 제2호가목에서 "대통령령으로 정하는 기간"이란 각각 법 제33조제1항제3호에 따른 은행주식 전환형 조건부자본증권(이하 "은행주식 전환형 조건부자본증권"이라 한다)에 대하여 발행 당시 객관적이고 합리적인 기준에 따라 미리 정하는 사유(이하 "예정사유"라 한다)가 발생한 날부터 5영업일을 말한다.

93) 은행법 시행령 제10조의2(한도초과주식의 의결권 제한 등) ② 법 제16조제2항제1호나목 본문 및 같은 항 제2호나목 본문에서 "대통령령으로 정하는 기간"이란 각각 은행주식 전환형 조건부자본증권의 예정사유가 발생한 날부터 6개월을 말한다.

금융위원회는 동일인이 상기와 같이 제1항 또는 제2항을 준수하지 아니하는 경우에는 6개월 이내의 기간을 정하여 그 한도를 초과하는 주식을 처분할 것을 명할 수 있다(동법 제16조 제3항).

이 규정에 따른 주식보유한도 초과보유사실 보고의 접수(제2항 1호 가목, 2호 가목)와 동일인의 주식보유한도 준수여부에 대한 점검(제3항)에 관한 금융위원회의 권한은 금융감독원장에게 위탁되어 있다(동법 시행령 [별표 3] 15호의2, 16호). 이에 따라 동일인의 금융위원회에 대한 보고의 절차 및 방법 등은 금융위원회의 고시에 따라 금융감독원장이 정한다(동법 제16조 제4항, 은행업 감독규정 제14조 제2항).[94)]

(6) 처분명령 미이행시 이행강제금 부과

금융위원회는 은행법 제16조제3항(동일인의 보유한도초과)·제16조의2제5항(비금융주력자의 보유한도초과)·제16조의3제5항(전환대상자의 보유한도초과)·제16조의4제5항(한도초과보유요건 심사결과 미충족자) 또는 제53조의2제2항(경영참여형 사모집합투자기구 제재)에 따른 주식처분명령을 받은 자가 그 정한 기간 이내에 그 명령을 이행하지 아니하면 이행기한이 지난 날부터 1일당 그 처분하여야 하는 주식의 장부가액에 1만분의 3을 곱한 금액을 초과하지 아니하는 범위에서 이행강제금을 부과할 수 있다(은행법 제65조의9 제1항). 이행강제금은 주식처분명령에서 정한 이행기간의 종료일 다음 날부터 주식처분을 이행하는 날[주권(株券) 지급일을 말한다]까지의 기간에 대하여 부과한다(동법 제65조의9 제2항). 금융위원회는 주식처분명령을 받은 자가 주식처분명령에서 정한 이행기간의 종료일부터 90일이 지난 후에도 그 명령을 이행하지 아니하면 그 종료일부터 매 90일이 지나는 날을 기준으로 하여 이행강제금을 징수한다(동법 제65조의9 제3항). 이행강제금의 부과 및 징수에 관하여는 과징금 부과절차(제65조의4부터 제65조의8까지)를 준용한다(동법 제65조의9 제4항).

94) 은행업 감독규정 제14조(동일인의 주식보유상황보고) ② 영 제4조의2제5항, 법 제16조제4항에 따라 법 제15조제2항, 법 제16조제2항제1호가목 및 제2호가목에 따른 보고에 필요한 서식, 첨부서류 등은 감독원장이 정한다.

(7) 한도초과 보유주주등에 대한 적격성 심사

1) 적격성 심사 요건 및 주기

금융위원회는 제15조제3항(동일인의 한도초과 보유승인) 및 제16조의2제3항(특수한 비금융주력자의 한도초과 보유승인)에 따라 은행의 주식을 보유하는 자("한도초과보유주주등")가 그 주식을 보유(10%, 25%, 33%)한 후에도 각각 제15조제5항(동일인의 보유한도 초과승인 자격 및 요건) 및 제15조의3제7항(경영참여형 사모집합투자기구등의 관련규정 준용)에 따른 자격 및 승인의 요건("초과보유요건등")을 충족하는지 여부를 반기(半期)마다 정기적으로 심사하여야 한다. 다만, 한도초과보유주주등과 은행과의 불법거래 징후가 있는 경우 등 특별히 필요하다고 인정할 때에는 수시심사를 할 수 있다(은행법 제16조의4 제1항, 동법 시행령 제11조의4 제1항).

2) 적격성 심사절차

금융위원회는 한도초과보유주주등에 대한 적격성 심사를 위하여 필요한 경우에는 은행 또는 한도초과보유주주등에 대하여 필요한 자료 또는 정보의 제공을 요구할 수 있다(은행법 제16조의4 제2항).

그런데 한도초과보유주주등의 초과보유요건등을 충족하는지에 대한 적격성 심사 및 자료제공 요구에 관한 업무는 금융감독원장에게 권한 위탁되어 있다(동법 시행령 [별표 3] 24~25호). 그리고 적격성심사의 절차·방법 등에 관하여 필요한 세부사항은 금융위원회가 정하여 고시한다(동법 시행령 제11조의4). 이에 따라 한도초과보유주주등은 상기 적격성심사에 필요한 자료를 금융감독원장이 정하는 바에 따라 금융감독원장에게 제출하여야 한다(은행업 감독규정 제16조의2 제1항). 금융감독원장은 적격성심사를 위하여 필요한 때에는 은행 또는 한도초과보유주주 등에 대하여 필요한 자료 또는 정보의 제공을 요구할 수 있다(동 감독규정 제16조의2 제2항) 금융감독원장은 한도초과보유주주등에 대한 적격성심사 결과를 금융위원회에 보고한다(동 감독규정 제16조의2 제3항). 그 밖에 한도초과보유주주등이 제출할 자료의 서식 등 심사에 필요한 사항은 금융감독원장이 정한다(동 감독규정 제16조의2 제4항).

3) 요건 미충족시 충족명령 및 의결권행사 금지

금융위원회는 상기 적격성 심사 결과 한도초과보유주주등이 초과보유요건등을 충족하지 못하고 있다고 인정되는 경우에는 6개월 이내의 기간을 정하여 초과보유요건등을 충족하도록 명할 수 있다(은행법 제16조의4 제3항). 이 충족명령을 받은 한도초과보유주주등은 그 명령을 이행할 때까지 제15조제3항제1호에서 정한 한도(10%)(한도초과보유주주등이 비금융주력자인 경우에는 제16조의2 제1항에서 정한 한도(4%)를 말한다)를 초과하여 보유하는 은행의 주식에 대하여는 의결권을 행사할 수 없다(동법 제16조의4 제4항).

4) 충족명령 미이행시 주식처분명령

금융위원회는 상기 충족명령을 받은 한도초과보유주주등이 그 명령을 이행하지 아니하는 경우에는 6개월 이내의 기간을 정하여 그 한도초과보유주주등이 제15조제3항제1호에서 정한 한도(10%)를 초과하여 보유하는 은행의 주식을 처분할 것을 명할 수 있다(은행법 제16조의4 제5항). 이와 관련하여 한도초과보유주주등이 초과보유요건등의 충족 명령을 이행하는지에 대한 점검 권한은 금융감독원장에게 위탁되어 있다(동법 시행령 [별표 3] 26호).

5) 기금등의 은행주식 보유요건 심사

금융위원회는 한도초과보유주주등에 대한 적격성 심사를 할 경우 제16조의2 제3항제3호에 해당하는 자(비금융주력자인 기금등)에 대하여 기금등의 은행주식 보유요건(제16조의2 제3항 3호 각 목의 요건)을 충족하고 있는지 여부를 심사하여야 한다(은행법 제16조의4 제6항). 이와 관련한 금융위원회의 심사권한은 금융감독원장에게 권한 위탁되어 있다(동법 시행령 [별표 3] 27호).

6) 인터넷전문은행 대주주의 적격성 심사

금융위원회는 인터넷전문은행의 주식을 보유하는 비금융주력자에 대해 은행법(제16조의4)에 따라 대주주 적격성을 심사하는 경우에는 인터넷전문은행 특례법상 [별표] 한도초과보유주주의 요건을 심사하여야 한다(인터넷전문은행특례법 제5조 제3항, 은행업 감독규정 제14조의3 제1항).

참고 은행 및 은행지주회사의 주식보유 규제 요약

	기본한도	기본한도 초과보유 여부
비금융주력자가 아닌 동일인*	10%**	10%, 25%, 33% 초과승인 가능
비금융주력자	4%**	10% 보유가능 / 일정한 비금융주력자는 10%, 25%, 33% 초과승인 가능

* 본인 및 특수관계인(친인척, 소유회사, 계열회사 임직원 등)
** 지방은행 및 지방은행지주의 경우 15%

2.4 금융지주회사법상 대주주 변경승인 및 적격성 심사

일반적으로 지주회사란 자회사를 직·간접으로 소유 지배하는 회사를 말한다. 이중에 금융지주회사는 금융회사를 지배하는 지주회사로서 일반지주회사에 대하는 말이다. 우리나라는 독점규제및공정거래에관한법률(이하 "공정거래법"이라한다)에 따라 금융지주회사와 일반지주회사를 완전히 구분하여 규제하고 있다(공정거래법 제8조의2). 그리고 금융지주회사에 대하여는 금융지주회사법으로 별도로 규제하고 있다. 금융지주회사법에 따르면 금융지주회사는 은행지주회사와 비은행지주회사로 나뉘어 진다. 은행지주회사로는 은행지주회사와 지방은행지주회사가 있다. 비은행지주회사로는 보험지주회사, 금융투자지주회사가 있다(금융지주회사법 제2조 제1항 5~6-4호).

한편 금융지주회사의 소유규제와 관련하여 은행지주회사는 은산분리의 원칙에 따라 소유규제가 엄격히 적용되고 있는 은행과 마찬가지 상황이므로 금융지주회사법에서 이에 관한 규제를 은행법과 동일하게 적용하고 있다. 반면에, 비은행지주회사에 대하여는 비은행금융회사와 마찬가지로 소유규제가 엄격하지 아니하므로 이에 관한 금융지주회사법상 규제가 별도로 없다.

그리고 금융지주회사의 대주주는 금융회사지배구조법상 대주주 정의를 그대로 적용하는데 이는 비은행지주회사에 주로 적용하고 있다(동법 제2조 제1항 9호). 반면에 은행지주회사의 대주주는 은행 대수수에 상응하는 개념으로 주요출자자라는 용어를 사용하고 있다(동법 제2조 제1항 10호).

(1) 금융지주회사의 타사 소유제한

1) 비금융회사 주식소유 제한

금융지주회사는 이 법에 특별한 규정이 없는 한 비금융회사의 주식을 소유하여서는 아니 된다. 다만, 금융지주회사로 설립될 당시에 비금융회사의 주식을 소유하고 있는 때에는 금융지주회사로 설립된 날부터 2년간은 그 회사의 주식을 소유할 수 있다(금융지주회사법 제6조의3). 한편 공정거래법에서도 지주회사의 금지사항으로 금융지주회사의 경우 일반회사 주식 소유를 금지하고 있고, 일반지주회사의 경우 금융회사 소유를 금지하고 있다(공정거래법 제8조의2 제2항 4~5호).[95)]

2) 계열회사 주식소유 제한

금융지주회사는 자회사 외의 계열회사의 주식을 소유하여서는 아니 된다. 다만, 다음 각 호의 어느 하나에 해당하는 사유 [1. 금융지주회사요건에 해당하게 된 당시에 계열회사의 주식을 소유하고 있는 경우로서 금융지주회사요건에 해당하게 된 날부터 2년 이내인 경우. 2. 주식을 소유하고 있지 아니한 계열회사를 자회사에 해당하게 하는 과정에서 그 계열회사 주식을 소유하게 된 날부터 1년 이내인 경우(같은 기간 내에 자회사에 해당하게 된 경우에 한한다). 3. 자회사를 자회사에 해당하지 아니하게 하는 과정에서 당해 자회사가 자회사에 해당하지 아니하게 된 날부터 1년 이내인 경우]로 인하여 계열회사의 주식을 소유하고 있는 경우에는 그러하지 아니하다(금융지주회사법 제6조의4).

---

95) 공정거래법 제8조의2(지주회사 등의 행위제한 등) ②지주회사는 다음 각 호의 어느 하나에 해당하는 행위를 하여서는 아니된다. 4. 금융업 또는 보험업을 영위하는 자회사의 주식을 소유하는 지주회사(이하 "金融持株會社"라 한다)인 경우 금융업 또는 보험업을 영위하는 회사(金融業 또는 保險業과 밀접한 관련이 있는 등 大統領令이 정하는 기준에 해당하는 會社를 포함한다)외의 국내회사의 주식을 소유하는 행위. 다만, 금융지주회사로 전환하거나 설립될 당시에 금융업 또는 보험업을 영위하는 회사 외의 국내회사 주식을 소유하고 있는 때에는 금융지주회사로 전환하거나 설립된 날부터 2년간은 그 국내회사의 주식을 소유할 수 있다. 5. 금융지주회사외의 지주회사(이하 "一般持株會社"라 한다)인 경우 금융업 또는 보험업을 영위하는 국내회사의 주식을 소유하는 행위. 다만, 일반지주회사로 전환하거나 설립될 당시에 금융업 또는 보험업을 영위하는 국내회사의 주식을 소유하고 있는 때에는 일반지주회사로 전환하거나 설립된 날부터 2년간은 그 국내회사의 주식을 소유할 수 있다.

3) 금융기관과 금융지주회사의 지배관계 제한

금융지주회사는 금융기관(외국의 법령에 의하여 설립된 금융기관을 포함한다)과 대통령령이 정하는 지배관계(사실상 사업내용 지배)[96](“지배관계”)에 있어서는 아니된다. 다만, 다음 각 호의 어느 하나에 해당하는 경우[1. 금융지주회사가 다른 금융지주회사와 지배관계에 있는 경우[97]. 2. 투자회사・경영참여형 사모집합투자기구 또는 투자목적회사가 금융지주회사와 지배관계에 있는 경우. 3. 경영 능력, 규모 및 건전성 등을 감안하여 대통령령으로 정하는 외국 금융기관[98](외국의 법령에 따라 설립되어 외국에서 금융업을 영위하는 자를 말한다)으로서 금융위원회가 인정한 자가 금융지주회사와 지배관계에 있는 경우]로서 대통령령으로 정하는 요건[99]에 해당하는 때에는 그러하지 아니하다(금융지주회사법 제7조 제1항). 상기 제1항 본문에도 불구하고 담보권의 실행 등 대통령령으로 정하는 부득이한 사유[100]로 금융기관이 금융지주회사와 지배관계에 있게 된 경우에는 대통령령으로 정하는 기간(1년)[101] 이내에 그 금융지주회사와 지배관계를 해소하여야 한다. 다만, 불가피한 사유가 있는 경우에는 금융위원회의 승인을 받아 1년의 범위 안에서 그 기간을 연장할 수 있다(동법 제7조 제2항).

(2) 은행지주회사의 주요출자자 변경승인 및 적격성 심사

은행지주회사의 경우는 대주주 제도를 주요출자자 개념으로 운영하고 있다. 이에 따라 동일인에 주식 보유한도, 보유한도 초과승인에 관한 규제와 한도초과 보유자의 적격성 심사제도의 대상은 주요출자자로서 이에 대한 규제는 은행 대

---

96) 금융지주회사법 시행령 제5조의3(금융기관과 금융지주회사의 지배관계) 법 제7조제1항 각 호 외의 부분 본문에서 “대통령령이 정하는 지배관계”란 금융기관이 「독점규제 및 공정거래에 관한 법률 시행령」 제3조에 따른 기준에 의하여 사실상 금융지주회사의 사업내용을 지배하는 것을 말한다.

97) 금융지주회사법 제7조(금융기관과 금융지주회사의 지배관계 제한) ③ 제1항제1호의 경우 금융지주회사와 지배관계에 있는 다른 금융지주회사와 그 자회사등은 손자회사 및 증손회사에 관한 규정(제19조 및 제19조의2)를 적용함에 있어서 해당 금융지주회사의 자회사등으로 보지 아니한다

98) 금융지주회사법 시행령 제5조의6(외국 금융기관의 요건)

99) 금융지주회사법 시행령 제5조의4(금융지주회사와 다른 금융지주회사의 지배관계 허용 요건), 제5조의5(투자회사 등과 금융지주회사의 지배관계 허용 요건), 제5조의7(외국 금융기관과 금융지주회사의 지배관계 허용 요건)

100) 금융지주회사법 시행령 제5조의8(금융지주회사와의 지배관계의 해소 등) ①

101) 금융지주회사법 시행령 제5조의8(금융지주회사와의 지배관계의 해소 등) ② 법 제7조제2항 본문에서 “대통령령으로 정하는 기간”이란 기준일부터 1년을 말한다.

주주의 제도와 사실상 동일하다. 심지어 금융지주회사법에서 은행법상 관련 조문까지 그대로 옮겨놓았다. 은행지주회사는 은행을 지배하는 금융지주회사로서 은행법상 소유지배구조를 그대로 적용할 수 밖에 없는 우리나라의 금융사적 배경이 있기 때문이다. 따라서 여기서는 이에 관한 자세한 설명을 생략하고, 참고로 금융지주회사법상 관련 조문 제목만 은행법 조문과 함께 비교 열거한다.

금융지주회사법	은행법
제8조(은행지주회사 주식의 보유제한 등)	제15조
제8조의2(비금융주력자의 주식보유제한 등)	제16조의2
제8조의3(전환계획에 대한 평가 및 점검 등)	제16조의3
제8조의5(경영참여형 사모집합투자기구등의 주식보유에 대한 승인 등)	제15조의3
제8조의6(경영참여형 사모집합투자기구등의 보고사항)	제15조의4
제8조의7(경영참여형 사모집합투자기구등의 의무)	제15조의5
제9조(외국은행등에 대한 특례)	제16조의5
제10조(한도초과 주식의 의결권 제한 등)	제16조
제10조의2(한도초과보유주주등에 대한 적격성심사 등)	제16조의4

(3) 비은행지주회사의 대주주 변경승인 및 적격성 심사

앞에서 설명한 바와 같이 금융지주회사법상 비은행지주회사의 소유 제한은 따로 없으므로 이들 대주주에 대한 주식 보유변경 요건과 적격성 여부도 금융지주회사법에서 특별히 규정하고 있지 않다. 따라서 비은행지주회사의 대주주 변경승인 및 적격성심사제도에 대하여는 금융회사지배구조법상 관련 규정을 적용한다(금융지배구조법 제31~32조).

2.5 상호저축은행법상 대주주 변경승인 및 적격성 심사

(1) 연 혁

상호저축은행의 대주주 변경에 관한 규제는 2000년 1월 상호신용금고법[102)]개정(2000년 4월 시행)시 주식취득 신고제도로 도입되어 운영되다가 2003년 12

102) 1972년 8월 2일 사금융의 양성화를 목적으로 상호신용금고법을 제정하고, 제도금융기구으로서 영세서민금융기관인 상호신용금고를 탄생시켰다.

월 상호저축은행법[103] 개정시 부터 주식취득 승인제도로 변경되었다. 그리고 2010년 3월 개정시부터 대주주 자격유지를 위한 적격성 심사제도가 도입되었다.

2000년 1월 개정된 상호신용금고법에 의하면 상호신용금고 의결권 주식의 30% 초과분(특수관계인 포함)을 취득하려고 하려는 자는 취득예정일 7일전에 금융감독위원회에 취득신고를 하고 최대주주 변경시에는 보고하도록 하였다. 그리고 취득신고 위반자에 대하여 주식 의결권 행사 금지 및 처분명령을 할 수 있도록 하였다(구 상호신용금고법 제10조의2 제3~5항). 2001년 3월에는 대주주의 권한을 제한하고 감독기능을 강화하는 것을 골자로 하는 상호저축은행법을 제정하였다. 이때 상호신용금고를 상호저축은행으로 명칭 변경하면서 의결권 주식 10% 초과 주주도 신고대상으로 하고 신고기한도 10일전으로 변경하였다(상호저축은행법 제10조의2 제3항).

그러다가 2003년 12월 상호저축은행법 개정시 상호저축은행의 의결권 주식 30%를 초과(특수관계인 포함)하거나 최대주주가 되는 경우 금융감독위원회의 사전 취득승인을 얻어야 하는데 주요출자자의 요건심사를 받도록 하는 한편, 의결권 주식 10% 초과 주주(특수관계인 포함)는 취득신고를 하도록 제도 변경하였다(동법 제10조의2 제3~6항). 그후 2007년 7월 동법 개정시에는 대주주 개념(특수관계인을 포함한 최대주주와 주요주주)을 도입하면서 의결권 주식 30% 초과 주주와 대주주는 사전 취득승인을, 그리고 최대주주 변경은 사후보고를 하도록 개정하였다(동법 제 10조의2 제4~7항).

2010년 3월 상호저축은행법 개정시에는 상호저축은행의 의결권 주식 30% 초과 주주와 대주주 변경에 대한 사전 승인 관련 규정을 별도 조항으로 이관 신설하면서 종전의 주식 취득승인이라는 용어 대신에 대주주 변경승인이라는 용어를 사용하게 되었다. 그리고 대주주의 적격성 유지조건 심사제도를 새로이 도입하였다(동법 제10조의6). 이하에서 자세히 설명한다.

이러한 상호저축은행의 대주주 변경승인에 관한 제도가 오늘날 금융회사지배구조법상 대주주 변경승인 제도의 모태라 하겠다.

103) 2001년 3월 상호신용금고를 상호저축은행으로 명칭 변경하면서 상호저축은행법으로 변경되었다.

(2) 대주주의 변경승인

1) 사전 변경승인

상호저축은행의 대주주 변경과 관련하여 현행 상호저축은행법 제10조의6 에서는 상호저축은행의 의결권 있는 주식의 취득·양수(실질적으로 해당 주식을 지배하는 것을 말하며, "취득등"이라 함)로 해당 상호저축은행의 의결권 있는 발행주식 총수의 100분의 30을 초과하거나 대통령령으로 정하는 대주주가 되려는 자는 제6조의2 제1항 제4호에 따른 대주주의 요건과 같은 조 제2항에 따른 인가의 세부 요건 중 금융사고 방지를 위하여 대통령령으로 정하는 요건("금융사고방지요건")을 갖추어 미리 금융위원회의 승인을 받아야 한다고 규정하고 있다(동법 제10조의6 제1항).

① 변경승인 대상자

상호저축은행법상 대주주 변경승인 대상자는 해당 상호저축은행의 의결권 있는 발행주식 총수의 100분의 30을 초과하거나 대주주(최대주주(특수관계인 주주 포함)·주요주주(특수관계인 주주 포함), 최대주주 또는 주요주주가 법인인 경우 그 법인의 최대주주 또는 최다출자자(사실상 지배자 포함) 및 대표자)[104]가 되려는 자이다(동법 제10조의6 제1항, 동법 시행령 제7조의4 제1항).

여기서 상호저축은행법 제10조의6에 따른 대주주 변경승인 규정과 관련하여 해석 운용상 주의할 점이 있다. 동법상 대주주의 정의(제2조 11호)에 의하면 대주주는 최대주주와 주요주주이며, 특수관계인은 최대주주의 경우에만 포함하고 있다.[105] 하지만, 대주주 변경승인관련 규정상 대주주에는 주요주주의 경우에도 특수관계인을 포함하고 있어[106] 그 범위를 넓히고 있다는 점이다. 또한 상호저

---

104) 상호저축은행법 시행령 제7조의4(대주주의 자격심사 등) ① 법 제10조의6제1항에서 "대통령령으로 정하는 대주주"란 다음 각 호의 자를 말한다. 1. 최대주주(특수관계인인 주주를 포함한다) 2. 주요주주(특수관계인인 주주를 포함한다) 3. 최대주주 또는 주요주주가 법인인 경우에는 그 법인의 최대주주 또는 최다출자자(그 법인을 사실상 지배하는 자가 그 법인의 최대주주 또는 최다출자자와 다른 경우에는 그 사실상 지배하는 자를 포함한다) 및 대표자

105) 상호저축은행법 제2조(정의) 11. "대주주"란 다음 각 목의 어느 하나에 해당하는 주주를 말한다. 가. 최대주주: 상호저축은행의 의결권 있는 발행주식 총수를 기준으로 본인 및 그와 대통령령으로 정하는 특수한 관계에 있는 자(이하 "특수관계인"이라 한다)가 누구의 명의로 하든지 자기의 계산으로 소유하는 주식을 합하여 그 수가 가장 많은 경우의 그 본인 나. 주요주주: 누구의 명의로 하든지 자기의 계산으로 상호저축은행의 의결권 있는 발행주식 총수의 100분의 10 이상의 주식을 소유하는 자 또는 임원의 임면 등의 방법으로 상호저축은행의 주요 경영사항에 대하여 사실상의 영향력을 행사하는 주주로서 대통령령으로 정하는 자

축은행의 최대주주 또는 주요주주가 법인인 경우 그 법인의 최대주주 또는 최다출자자(사실상 지배자 포함) 및 대표자가 변경승인대상 대주주에 해당하는 것으로 규정되어 있다. 이에 최대주주 법인의 최대주주 등이 변경되는 경우에도 상호저축은행법상 대주주 변경승인을 받아야 하는 것처럼 해석될 소지가 있다. 만약 그렇게 운용된다면 이는 기업활동에 대한 과도한 규제이고 법률 위반소지 등 많은 문제점이 발생할 것으로 판단된다. 따라서 최대주주 법인의 최대주주 등에 관한 규정은 해당 상호저축은행의 대주주 변경 심사시에 이들을 포함하여 요건 심사하는 것으로 해석 운용하는 것이 타당하다 하겠다. 이는 실무적으로도 그렇게 운용되고 있다. 그런데 최대주주 법인이 오로지 또는 주로 저축은행만을 지배하고 있을 경우에는 어떻게 할 것인지는 상당히 고민해 봐야할 문제이다.[107)] 한편 주식취득 신고제도 초기부터 규정되어 있었던 30% 초과 주주는 새로 도입한 대주주의 범위에 당연히 포함될 것이므로 이 규정은 더 이상 필요한 조문이 아닌 것으로 보여진다. 이상과 같이 여러 문제점이 보이는 동법 제10조의6 제1항의 조문은 합리적이고 명확하게 정비하는 것이 좋겠다.

② 변경승인 요건

상호저축은행의 대주주가 되려는 자에 대한 변경승인 요건으로는 상호저축은행의 설립 인가시 요구되는 동법 제6조의2에 따른 대주주 요건과 인가 세부요건 중 금융사고 방지를 위하여 대통령령으로 정하는 요건(금융사고방지요건)을 갖추어야 한다. 이러한 금융사고방지요건은 동법 시행령상 [별표 2]로 구체화되어 있다.[108)] 상호저축은행의 대주주 변경시 적용하는 [별표 2]의 요건은 회

106) 종전의 상호저축은행법상 주식취득 승인대상 주요주주의 범위에는 특수관계인을 포함하도록 되어 있었는데 2007년 7월 대주주 정의를 입법하는 과정에서 주요주주의 정의에서 특수관계인을 포함하지 아니하였다.

107) 상호저축은행의 M&A시장에서 해당저축은행의 대주주가 법인인 경우 상호저축은행법상 대주주 변경승인없이 그 법인의 인수만으로 저축은행을 우회 인수하는 사례(예: 2019년 씨티젠(주)이 삼보저축은행의 대주주인 태일(주) 지분 인수, 베어링프라이빗에쿼티아시아(홍콩계 사모펀드)의 애큐온저축은행의 대주주인 애큐온캐피탈(주) 인수)가 발생하고 있다.

108) 상호저축은행법 시행령 제7조의4(대주주의 자격심사 등) ② 법 제10조의6제1항에서 "대통령령으로 정하는 요건" 이란 별표 2에 따른 요건을 말한다. 다만, 제6조의3제3항 각 호의 상호저축은행 및 「금융산업의 구조개선에 관한 법률」 제2조제2호에 따른 부실금융기관의 정리(자체 정상화를 위한 증자를 포함한다) 등 특별한 사유가 있다고 인정되어 금융감독원장 또는 「예금자보호법」에 따라 설립된 예금보험공사(이하 "예금보험공사"라 한다) 사장이 요청하는 경우에는 별표 2 제1호나목・바목 및 제2호가목・나목의 전부 또는 일부의 요건(별표 2에서 각 요건을 인용하는 경우를 포함한다)은 제외한다.

사설립 인가시 적용하는 동법 시행령상 [별표 1]의 대주주 요건과 출자금관련 사항을 제외하고는 동일한 내용으로 적용하고 있다. 동 요건의 세부기준은 동법 감독규정에 명시되어 있다(상호저축은행업 감독규정 제21조 제3~5항).[109)]

동법 시행령 [별표 2]의 금융사고방지요건을 요약하면 상호저축은행의 인수

---

109) 상호저축은행업 감독규정 제21조(주식취득등 승인) ③시행령 [별표 2]에서 "금융기관에 적용되는 재무건전성에 관한 기준으로서 금융위원회가 정하는 기준"이라 함은 금융위가 각 금융권역별 감독규정 등에서 정한 건전성지도기준을 말한다. 다만, 상호저축은행이 주식의 취득등을 하는 경우 취득이후 동 상호저축은행의 위험가중자산 대비 자기자본비율은 연결기준으로 제44조제1항제1호에 따른 비율 이상이거나 일정기간 내에 제44조제1항제1호에 따른 비율 이상을 달성할 수 있어야 한다. ④ 시행령 별표 2 제1호다목에서 "금융위원회가 정하는 기준"이란 부채비율이 100분의 400 이하를 말한다. ⑤ 제14조 제4항부터 제10항까지의 규정은 주식취득등 승인에 관하여 준용한다. [④ 시행령 [별표 1]에서 "금융위원회가 정하는 주채무계열"이란 「은행업감독규정」제79조에 따른 주채무계열을 말한다. ⑤ 시행령 [별표 1]에 따른 부채비율은 최근 사업연도말 이후 승인신청일까지 유상증자에 따라 자기자본이 증가하거나 감자 또는 자기주식의 취득 등으로 자기자본이 감소하는 경우에는 이를 감안하여 산정한다. 이 경우「독점규제 및 공정거래에 관한 법률」에 따른 상호출자제한기업집단등에 속하거나 주채무계열에 속하는 회사인 경우에는 그 소속기업중 금융기관을 제외한 기업의 수정재무제표를 합산하여 산출한 부채비율을 기준으로 한다. ⑥ 시행령 [별표 1]에서 "부채비율이 100분의 300 이하로서 금융위원회가 정하는 기준"이라 함은 부채비율이 100분의 200 이하를 말한다. 다만, 제2호 나목의 경우 한국은행이 발표한 최근의 기업경영분석중 중분류에 의한 동업종평균부채비율이 100분의 200을 초과하는 경우 100분의 300을 초과하지 않는 범위내에서 그 비율 이하를 말한다. ⑦ 시행령 [별표 1]에서 "금융위원회가 정하는 바에 따라 차입으로 조성된 자금"이라 함은 다음 각 호의 어느 하나의 방법을 제외한 방법에 따라 조성된 자금을 말한다. 1. 유상증자 2. 1년 내의 고정자산 매각 3. 내부유보 4. 그 밖에 제1호부터 제3호까지에 준하는 것으로 인정되는 방법 ⑧ 시행령 [별표 1]의 "채무불이행 등으로 건전한 신용질서를 해친 사실이 없을 것"이라 함은 「신용정보의 이용 및 보호에 관한 법률」에 따른 종합신용정보집중기관에 금융질서 문란정보 거래처 또는 약정한 기일 내에 채무를 변제하지 아니한 자로 등록된 사실이 없는 경우를 말한다. ⑨ 시행령 [별표 1]에서 "그 밖에 금융위원회가 정하는 건전한 금융거래질서를 해친 사실이 없을 것"이라 함은 다음 각 호의 요건을 모두 충족하는 경우를 말한다. 1. 최대주주가 금융기관인 경우 최근 1년간 기관경고 조치 또는 최근 3년간 시정명령이나 업무정지 이상의 조치를 받은 사실이 없을 것. 다만, 다음 각 목의 어느 하나에 해당하는 경우는 제외한다 가. 기관경고를 받은 후 최대주주 및 그 특수관계인인 주주 전체가 변경된 경우 나. 금융산업의 신속한 구조개선을 지원할 필요가 있는 경우 다. 조치를 받은 사실이 영위하고자 하는 업무의 건전한 영위를 어렵게 한다고 볼 수 없는 경우 2. 대주주가 금융기관의 임직원(전직 포함)인 경우 최근 3년간 직무정지 또는 정직 이상의 조치를 받은 사실이 없을 것 3. 대주주가 최근 5년간 파산절차·회생절차, 그 밖에 이에 준하는 절차의 대상인 기업이거나 그 기업의 최대주주 또는 주요주주로서 이에 직접 또는 간접으로 관련된 사실이 없을 것. 다만, 이에 관한 책임이 인정되는 경우에 한한다. 4. 대주주가 최근 5년간 부도발생, 그 밖에 이에 준하는 사유로 인하여 은행거래정지처분을 받은 사실이 없을 것 ⑩ 시행령 [별표 1] 제4호가목에서 "금융위원회가 정하는 업무를 경영하고 있을 것"이라 함은 은행업, 투자매매업·투자중개업, 보험업 또는 이에 준하는 금융업으로서 금융위가 인정하는 업무를 영위하고 있거나, 이를 영위하는 외국기업의 의결권 있는 발행주식 또는 출자지분 총수의 100분의 15 이상을 직접 또는 경영을 사실상 지배하고 있는 자회사를 통하여 보유하고 있는 것을 말한다]

주체인 대주주가 금융기관, 내국법인, 개인, 외국법인, 경영참여형 사모집합투자기구(PEF)인 경우로 구분하여 그 요건을 명시하고 있고, 재무건전성 기준 충족, 부채비율 충족, 출자금 차입 여부, 저축은행의 건전경영 유지, 금융관련법령등 준수 여부에 관한 것이다. 자세한 내용은 <표 11-4>를 참고하기 바란다.

여기서 상호저축은행을 인수할 때 고려하여야 할 중요한 요건을 살펴보면 다음과 같다. 첫째, 출자금의 차입에 관한 요건이다. 상호저축은행을 인수하여 대주주가 되려는 자는 금융기관이 아닌 한 법인이든 개인이든 완전히 자기자금으로만 출자금을 조성할 것을 요구하고 있다([별표 2] 1호 라, 2호 다, 3호 나). 즉 출자금은 유상증자, 1년 내의 고정자산 매각, 내부유보, 그 밖에 이에 준하는 것으로 인정되는 방법으로 조성된 자금 이외에는 차입금으로 조달되지 않아야 한다는 것이다(동법 감독규정 제21조 제5항, 제14조 제7항). 이는 상호저축은행의 경영권을 행사하는 대주주의 실체에 관한 문제로서 중요하다. 출자금 차입 요건이 적용되지 아니하는 경영참여형 사모집합투자기구(PEF)를 통한 대주주 변경의 경우에도 이러한 출자금 요건의 취지가 실질적 대주주여부에 대한 심사 관점에서 신중하게 고려되고 있다. 하지만 이러한 출자금 요건은 상호저축은행의 경우에만 특수하게 요구하는 것으로 과거 역사적 배경이 있다 하더라도 요즘 시장상황이나 여타 금융회사의 인수 요건(예: 금융회사지배구조법상 대주주 변경요건)에 비추어 보면 과도한 규제라고 생각된다. 둘째, 건전성 기준에 관한 요건이다. 재무건전성으로 금융회사는 감독당국의 건전성지도기준을 충족하고, 일반기업은 부채비율이 200% 이내일 것을 요구한다. 또한 상호저축은행의 건전경영과 신용질서를 해칠 우려가 없어야 하고, 과거에 건전한 신용질서나 건전한 금융거래질서를 해친 사실, 즉 부도 등 채무불이행이 발생하거나 감독당국의 징계, 금융회사에 대한 부실 책임 등이 없었어야 한다. 이와 관련하여 감독당국은 다음에 서술하는 대주주 변경승인관련 인가기준으로 구체적인 판단기준을 보완 운용하고 있다. 셋째, 금융관련법령등의 준수에 관한 요건이다. 최근 5년간 금융관련법령, 공정거래법 및 조세범처벌법을 위반하여 형사처벌을 받은 사실이 없어야 하고, 부실금융기관의 대주주로서 부실책임이 면제되지 아니한 경우가 아니어야 한다.

금융위원회는 2017년 4월 상호저축은행의 대주주 변경승인과 관련하여 인가기준을 발표하고 2017.4.20 신청 건부터 적용하도록 하였다.[110] 그 주요내용을 보면 대부업체, 경영참여형 사모집합투자기구(PEF), 동일 대주주의 다수 저축은행 인수형태와 관련하여 법령상 주관적으로 규정되어 있는 요건에 대하여 구체적인 판단기준을 마련한 것이다. 첫째, "저축은행의 공익성 및 건전경영과 신용질서를 해칠 우려가 없을 것"(상호저축은행법 시행령 [별표 1 제1호 바목, [별표 2] 제1호 마목)의 의미를 명확화하였다. ① 대부업체가 저축은행을 인수하는 경우는 기존 대부업의 완전 폐쇄 계획을 구체적으로 제시한 경우에만 허용한다. ② 영업구역 확대를 초래하는 동일 대주주의 3개 이상 저축은행 소유·지배는 불허한다. 동일 대주주가 다수의 저축은행을 인수할 경우 사실상 전국 단위 영업이 가능해져 저축은행법령상 지역주의 원칙에 반하고, 타 금융권역과 달리 소유지배구조가 1사(인)에게 집중된 경우가 많아 계열화된 저축은행을 통해 사금고화의 심화 가능성이 높기 때문이다. 특히 대주주의 요구에 따른 공동대출, 공동투자 등 불건전한 영업행위가 발생 가능하여 사금고화의 또 다른 행태가 될 수 있다. 그리고 대주주 또는 중복차주의 재무적 위험 발생시에 다수의 저축은행이 동시에 영향을 받을 수 있음에도 불구하고, 수직적 계열화와 달리 건전성 규제 장치가 부재하는 상황이 발생할 수도 있어서 더욱 그러하다. ③ 경영참여형 사모집합투자기구(PEF) 또는 투자목적회사(SPC)가 저축은행의 대주주인 경우 책임경영 확보, 규제회피 방지 등을 위해 존속기간, 실질적 대주주 등을 종합적으로 심사한다. PEF의 속성상 장기적인 책임경영 유인이 낮은 점을 감안하여 장기적인 경영계획(예: PEF의 존속기간 10년 이상)을 요구한다.[111] 그리고 PEF 또는 SPC를 통해 부적격자가 저축은행 대주주로 우회 진입하지 못하도록 PEF, SPC에 실질적으로 영향력을 행사하는 자 등에 대해서도 면밀히 심사한다. PEF의 유한책임사원(LP)나 SPC의 주주가 아닌 사실상 지배하는 자가 있는 경우, 그 사실상 지배자(개인)도 심사 대상에 포함한다. 나아가 실질적 영향력 행사자 확인이 곤란한 중층구조의 PEF의 경우는 심사과정에서 지배구조 단순화를 적극 유도한다. 둘째, "최근 5년간 채무불이행 등으로 건전한 신용질서를 해친 사실이 없을 것"의 의미를 명확화하였다(동법시행령 [별표 1] 제1호 사목 2, [별표 2] 제1호 바목 2). 즉, 타 금융업권의 사례를 감안하여 '채무불이행 등'의 구체적인 범위를 열거하였다. 그 예로 최근 5년간 파산·회생절차의 대상인 기업이거나 그 기업의 최대주주 또는 주요주주로서 직·간접적으로 관련된 경우,

110) 금융위원회 보도자료, "상호저축은행 대주주변경 합병 등 인가기준 마련"(2017.4.19) 참조.

111) 자본시장법 제249조의10 제1항에서는 PEF의 존속기간을 15년 이내로 규정하고 있으나, 실제 대부분의 PEF는 정관상 존속기간을 5년으로 설정(2번 연장 가능)하고 있다.

최근 5년간 부도 발생(이에 준하는 사유로 은행거래정지처분을 받은 사실이 있는 경우 포함), 신용정보집중기관에 금융질서 문란정보 또는 채무불이행 정보 등록 등 사실이 있는 경우를 제시하였다. 이와 함께, 최근 5년간 금융위원회가 부과한 인가·승인 조건을 불이행하였거나, 아직 조건의 이행이 완료되지 않은 경우도 채무불이행 등에 해당하는 것으로 간주한다는 것이다.

표 14-4 상호저축은행법 시행령 [별표 2] 금융사고 방지를 위한 요건
(제7조의4 제2항 관련)

구 분	요 건
1. 대주주(상호저축은행의 의결권 있는 주식의 취득 등으로 해당 상호저축은행의 의결권 있는 발행주식 총수의 100분의 30을 초과하여 소유하는 자를 포함한다. 이하 같다)가 금융기관인 경우	가. 그 금융기관에 적용되는 재무건전성에 관한 기준으로서 금융위원회가 정하는 기준[상호저축은행의 건전성지도기준]을 충족할 것 나. 그 금융기관이 상호출자제한기업집단등에 속하거나 주채무계열에 속하는 회사인 경우에는 해당 상호출자제한기업집단등 또는 주채무계열의 부채비율이 100분의 300 이하로서 금융위원회가 정하는 기준[200%]을 충족할 것 다. 그 금융기관이 대부업자인 경우에는 최근 사업연도 말 현재 부채비율이 100분의 400 이하로서 금융위원회가 정하는 기준[400%]을 충족할 것 라. 그 금융기관이 대부업자인 경우 출자금은 금융위원회가 정하는바에 따라 차입으로 조성된 자금이 아닐 것[증자, 자산매각, 내부유보등으로만 조달] 마. 상호저축은행의 공익성 및 건전경영과 신용질서를 해칠 우려가 없을 것(그 금융기관이 대부업자인 경우에는 상호저축은행의 건전한 운영 및 거래자 보호 등을 위한 적절한 이해상충방지체계를 갖출 것을 포함한다) 바. 다음의 요건을 충족할 것. 다만, 그 위반 등의 정도가 경미하다고 인정되는 경우는 제외한다. 1) 최근 5년간 금융관련법령, 「독점규제 및 공정거래에 관한 법률」 및 「조세범 처벌법」을 위반하여 벌금형 이상에 상당하는 형사처벌을 받은 사실이 없을 것 2) 최근 5년간 채무불이행 등으로 건전한 신용질서를 해친 사실이 없을 것 3) 「금융산업의 구조개선에 관한 법률」에 따라 부실금융기관으로 지정되거나 금융관련법령에 따라 허가·인가 또는 등록이 취소된 금융기관의 대주주 또는 그 특수관계인이 아닐 것. 다만, 법원의 판결에 따라 부실 책임이 없다고 인정된 자 또는 부실에 따른 경제적 책임을 부담하는 등 금융위원회가 정하는 기준에 해당하는 자는 제외한다. 4) 그 밖에 금융위원회가 정하는 건전한 금융거래질서를 해친 사실이 없을 것[최대주주, 대주주의 징계, 부실책임등이 없을 것]
2. 대주주가 제1호 외의 내국법인인 경우	가. 최근 사업연도 말 현재 부채비율이 100분의 300 이하로서 금융위원회가 정하는 기준[200%]을 충족할 것 나. 해당 법인이 상호출자제한기업집단등에 속하거나 주채무계열에 속하는 회사인 경우에는 해당 상호출자제한기업집단등 또는 주채무계열의 부채비율이 100분의 300 이하로서 금융위원회가 정하는 기준을 충족할 것 다. 출자금은 금융위원회가 정하는 바에 따라 차입으로 조성된 자금이 아닐 것[증자, 자산매각, 내부유보등으로만 조달] 라. 제1호마목 및 바목의 요건을 충족할 것

3. 대주주가 내국인으로서 개인인 경우	가. 「금융회사의 지배구조에 관한 법률」 제5조제1항제1호부터 제7호까지의 어느 하나에 해당하지 않을 것[금융회사 임원 결격사유] 나. 제1호마목·바목 및 제2호다목의 요건을 충족할 것
4. 대주주가 외국법인인 경우	가. 인가 신청일 현재 금융업으로서 금융위원회가 정하는 업무를 경영하고 있을 것 나. 국제적으로 인정받는 신용평가기관으로부터 투자적격 이상의 신용평가 등급을 받거나 외국법인이 속한 국가의 감독기관이 정하는 재무건전성에 관한 기준을 충족하고 있는 사실이 확인될 것 다. 최근 3년간 금융업의 경영과 관련하여 외국법인이 속한 국가의 감독기관으로부터 법인경고 이상에 상당하는 행정처분을 받거나 벌금형 이상에 상당하는 형사처벌을 받은 사실이 없을 것 라. 제1호마목 및 바목의 요건을 충족할 것
5. 대주주가 경영참여형 사모집합투자기구 또는 투자목적회사인 경우	경영참여형 사모집합투자기구의 업무집행사원과 그 출자지분이 100분의 30 이상인 유한책임사원(경영참여형 사모집합투자기구에 대하여 사실상의 영향력을 행사하고 있지 아니하다는 사실이 정관, 투자계약서, 확약서 등에 의하여 확인된 경우는 제외한다) 및 경영참여형 사모집합투자기구를 사실상 지배하고 있는 유한책임사원이 다음 각 목의 어느 하나에 해당하거나 투자목적회사의 주주나 사원인 경영참여형 사모집합투자기구의 업무집행사원과 그 출자지분이 100분의 30 이상인 주주나 사원 및 투자목적회사를 사실상 지배하고 있는 주주나 사원이 다음 각 목의 어느 하나에 해당하는 경우에는 각각 다음 각 목의 구분에 따른 요건을 충족할 것 가. 제1호의 금융기관인 경우: 제1호의 요건을 충족할 것 나. 제2호의 내국법인인 경우: 제1호마목·바목 및 제2호가목·나목의 요건을 충족할 것 다. 제3호의 내국인으로서 개인인 경우: 제1호마목·바목 및 제3호가목의 요건을 충족할 것 라. 제4호의 외국법인인 경우: 제1호마목·바목 및 제4호나목·다목의 요건을 충족할 것

〈비고〉
1. 제7조의4제1항제3호에 해당하는 자에게는 제1호마목(대부업자만 해당한다)·바목 또는 제4호다목의 요건(외국인인 개인에게는 제4호다목을 준용한 요건을 말한다)만 적용한다. 다만, 최대주주인 법인이 경영참여형 사모집합투자기구이거나 투자목적회사인 경우에는 제5호에 따른 요건을 적용한다.
2. 대차대조표상자기자본을 산정하려는 경우에는 최근 사업연도 말 이후 승인신청일까지의 자본금의 증감분을 포함하여 계산한다.
3. 이 표 제4호를 적용할 경우에 대주주인 외국법인이 지주회사여서 이 표 제4호 각 목의 전부 또는 일부를 그 지주회사에 적용하는 것이 곤란하거나 불합리한 경우에는 그 지주회사가 승인신청 시에 지정하는 회사(그 지주회사의 경영을 사실상 지배하고 있는 회사 또는 그 지주회사가 경영을 사실상 지배하고 있는 회사로 한정한다)가 이 표 제4호 각 목의 전부 또는 일부를 충족할 때에는 그 지주회사가 그 요건을 충족한 것으로 본다.
4. 이 표에서 경영참여형 사모집합투자기구 및 투자목적회사는 「자본시장과 금융투자업에 관한 법률」에 따른 것을 말한다.

③ 변경승인 절차

상호저축은행의 의결권 있는 발행주식 총수의 100분의 30을 초과하거나 대주주가 되려는 자는 금융위원회에 그 승인을 신청하여야 한다(상호저축은행법

제10조의6 제1항, 동법 감독규정 제21조 제1항). 금융위원회는 승인 신청을 받으면 그 내용을 심사하여 60일 이내에 그 승인 여부를 결정하고, 그 결과와 이유를 지체 없이 신청인에게 문서로 통지하여야 한다. 이 경우 신청서에 흠결이 있는 때에는 보완을 요구할 수 있다(상호저축은행법 시행령 제7조의4 제4항). 심사기간을 계산할 때 신청서 흠결의 보완기간 등 금융위원회가 정하여 고시하는 기간(타기관 자료받는 기간, 흠결 보완기간, 소송 · 조사 · 검사절차 기간)[112]은 심사기간에 포함하지 아니한다(동법 시행령 제7조의4 제5항). 이러한 변경승인 심사업무는 금융감독원장에게 권한 위탁되어 있다(동법 시행령 제26조 제1항 6호).

④ 변경승인후 이행 조치

금융위원회의 승인을 받은 자는 승인일부터 3월 이내에 주식의 취득등을 완료하고 당해 저축은행의 주주명부에 등재하여야 한다. 다만 부득이한 경우로서 금융감독원장으로부터 그 기간의 연장승인을 얻은 경우에는 그러하지 아니하다(상호저축은행업 감독규정 제21조 제2항).

2) 사후 변경승인

상호저축은행 주식의 취득등이 기존 대주주의 사망 등 대통령령으로 정하는 사유로 인한 때에는 취득등을 한 날부터 3개월 이내에서 대통령령으로 정하는 기간 이내에 금융위원회에 승인을 신청하여야 한다(상호저축은행법 제10조의6 제2항). 대통령령에서 정한 주식 취득등의 사유 및 승인 신청의 기간을 보면, 1. 기존 주주의 사망에 따른 상속 · 유증 · 사인증여로 인한 취득등으로 대주주가 되는 경우는 기존 주주가 사망한 날부터 3개월. 다만, 불가피한 사유가 있으면 금융위원회의 승인을 받아 3개월의 범위에서 그 기간을 연장할 수 있다. 2. 담보권의 실행, 대물변제의 수령 또는 그 밖에 이에 준하는 것으로서 금융위원회가 정하여 고시하는 원인에 따라 주식의 취득등을 하여 대주주가 되는 경우

112) 상호저축은행업 감독규정 제21조 ⑥ 시행령 제7조의4제5항에서 “금융위원회가 정하여 고시하는 기간”이란 다음 각 호를 말한다. 1. 시행령 <별표 2>의 요건을 충족하는 지를 확인하기 위하여 다른 기관 등으로부터 필요한 자료를 제공받는 데에 걸리는 기간 2. 시행령 제7조의4 제4항에 따라 승인 신청서 흠결의 보완을 요구한 경우에는 그 보완기간 3. 승인신청을 받으려는 자 또는 승인신청을 받으려는 자의 대주주를 상대로 형사소송 절차가 진행되고 있거나 금융위원회, 공정거래위원회, 국세청, 검찰청, 또는 금융감독원 등에 의한 조사 · 검사 등의 절차가 진행되고 있고, 그 소송이나 조사 · 검사 등의 내용이 인가심사에 중대한 영향을 미칠 수 있다고 인정되는 경우에는 그 소송이나 조사 · 검사 등의 절차가 끝날 때까지의 기간

는 주식 취득등을 한 날부터 1개월 3. 다른 주주의 감자(減資) 또는 주식처분에 의하여 대주주가 되는 경우는 대주주가 된 날부터 1개월이다(동법 시행령 제7조의4 제3항).

3) 변경승인 위반시 조치

① 6개월내 주식처분 명령

상호저축은행의 대주주 변경에 관하여 금융위원회는 사전 승인을 받지 아니하거나 사후 승인 신청을 하지 아니한 주식에 대하여 6개월 이내의 기간을 정하여 처분을 명할 수 있다(상호저축은행법 제10조의6 제4항).

② 의결권 행사 금지

상호저축은행의 대주주 변경승인을 받지 아니하고 주식의 취득등을 한 자는 사전 승인 없이 취득등을 한 주식(사후 승인을 받지 아니한 주식을 포함한다)에 대하여 의결권을 행사할 수 없다(상호저축은행법 제10조의6 제5항).

③ 이행강제금 부과

금융위원회는 상기 주식처분명령을 받은 자가 그 정한 기간 이내에 해당 명령을 이행하지 아니하는 때에는 매 1일당 그 처분하여야 하는 주식의 장부가액에 1만분의 3을 곱한 금액을 초과하지 아니하는 범위에서 이행강제금을 부과할 수 있다. 이행강제금은 주식처분명령에서 정한 이행기간의 종료일의 다음 날부터 주식처분을 이행하는 날(주권교부일을 말한다)까지의 기간에 대하여 부과한다. 금융위원회는 이행강제금을 징수함에 있어서 주식처분명령에서 정한 이행기간의 종료일부터 90일을 경과하고서도 이행이 이루어지지 아니하는 경우에는 그 종료일부터 기산하여 매 90일이 경과하는 날을 기준으로 하여 이행강제금을 징수한다. 이행강제금의 부과 및 징수에 관하여는 제38조의3부터 제38조의7까지의 규정(과징금의 부과기준 및 절차)을 준용한다(상호저축은행법 제38조의8).

④ 벌칙

상호저축은행의 대주주 변경에 관하여 사전 승인을 받지 아니하거나 사후 승인 신청을 하지 아니한 자와 주식처분명령을 위반한 자에 대하여는 1년 이하의 징역 또는 1천만원 이하의 벌금에 처한다(상호저축은행법 제39조 제5항 4~5호).

(3) 대주주의 적격성 심사제도

상호저축은행법에서는 상호저축은행 대주주의 자격이 적격하게 계속 유지되도록 정기적으로 심사하고 적절한 조치를 취하도록 하고 있다. 동법 제10조의6에서는 금융위원회는 대통령령으로 정하는 대주주에 대하여 대통령령으로 정하는 기간마다 제6조의2 제1항 제4호에 따른 대주주의 요건과 금융사고방지요건 중 대통령령으로 정하는 요건("대주주적격성유지요건")에 부합하는지 여부를 심사하여야 한다고 규정하고 있다. 이 경우 금융위원회는 심사에 필요하면 상호저축은행 또는 대주주에 대하여 필요한 자료나 정보의 제공을 요구할 수 있도록 하였다(상호저축은행법 제10조의6 제3항).

1) 적격성 심사대상자

상호저축은행 대주주로서 적격성 심사대상자는 최대주주(특수관계인으로서 2% 이상 의결권주식 보유 주주 포함), 주요주주(특수관계인으로서 2% 이상 의결권주식 보유 주주 포함), 최대주주 법인의 최대주주(사실상 지배자 포함)와 그 대표자이다(상호저축은행법 시행령 제7조의4 제6항). 여기서 동법 시행령 규정을 보면 최대주주와 주요주주는 각각 특수관계인을 포함하되, 특수관계인의 범위는 동법상 대주주의 정의(제2조 11호) 및 대주주 변경승인시 대주주의 범위(동법 시행령 제7조의4 제1항)에도 불구하고 해당 상호저축은행의 의결권 있는 발행주식 총수의 100분의 2 이상을 보유한 주주만을 포함하는 것으로 달리 정하였다. 또한 최대주주가 법인인 경우에는 그 법인의 최대주주 또는 최다출자자를 대주주로 포함하되, 그 법인을 사실상 지배하는 자가 그 법인의 최대주주 또는 최다출자자와 다른 경우에는 그 사실상 지배하는 자까지 포함하여 대주주로 보도록 하였다.

한편 상호저축은행법에서는 상호저축은행이 2% 이상 의결권주식 소유 주주, 최대주주(변경승인을 이미 받은 경우는 제외)가 변경된 경우와 대주주 또는 그의 특수관계인의 소유주식이 의결권 있는 발행주식 총수의 100분의 1 이상 변동된 경우에는 금융위원회에 보고하도록 하고 있다(동법 제10조의2 제3항 및 동법 시행령 제7조 제1항). 상호저축은행은 변동사유가 발생하는 경우 사유발생일로부터 7일 이내에 금융감독원장에게 이를 보고하여야 한다(동법 감독규정 제22조 제1항).

2) 적격성 심사주기 및 절차

상호저축은행 대주주의 적격성 유지요건에 대한 심사 주기는 원칙적으로 2년이다. 다만, 동일계열 상호저축은행 및 최근 회계연도 말 기준 자산총액이 2조원 이상인 상호저축은행은 그 기간을 1년으로 한다(상호저축은행법 시행령 제7조의4 제7항). 대주주 적격성유지요건의 심사기준일은 상호저축은행의 회계연도 말일로 한다(동법 감독규정 제21조의2 제1항). 대주주 적격성유지요건의 심사업무는 금융감독원장에게 권한 위탁되어 있다(동법 시행령 제26조 제1항 7호). 이에 따라 상호저축은행의 대주주 및 상호저축은행은 심사에 필요한 서류를 심사기준일로부터 90일 이내에 금융감독원장에게 제출하여야 하고, 금융감독원장은 서류접수가 완료된 날부터 6개월 이내에 심사를 완료하여야 한다(동법 감독규정 제21조의2 제6항). 대주주 적격성 심사에 필요한 양식 등은 금융감독원장이 정한다(동법 감독규정 제21조의2 제7항).

3) 적격성 유지요건

상호저축은행 대주주의 적격성 유지요건은 상호저축은행법 시행령 [별표 3]에 따른 요건이다(동법 시행령 제7조의4 제8항). 동 요건의 세부기준은 동법 감독규정에 명시되어 있다(상호저축은행업 감독규정 제21조의2 제3~5항).[113] 이

---

113) 상호저축은행업 감독규정 제21조의2(대주주 적격성 심사 등) ③ 시행령 별표 3에서 "금융기관에 적용되는 재무건전성에 관한 기준으로서 금융위원회가 정하는 기준"이란 금융위원회가 각 금융권역별 감독규정 등에서 정한 건전성지도기준을 말하며, 대주주가 상호저축은행인 경우에는 위험가중자산에 대한 자기자본비율은 제44조제1항제1호에 따른 비율 이상일 것을 말한다. ④ 시행령 별표 3 제1호라목4)에서 "금융위원회가 정하는 건전한 금융거래질서를 해친 사실이 없을 것"이란 다음 각 호의 요건을 모두 충족하는 경우를 말한다. 1. 최대주주가 금융기관인 경우 최근 1년간 2회 이상의 기관경고 이상의 조치 또는 최근 3년간 2회 이상의 시정명령이나 업무정지 이상의 조치를 받은 사실이 없을 것. 다만, 최대주주 및 그 특수관계인인 주주 전체가 변경된 경우에는 변경 전에 부과된 조치는 제외한다. 2. 금융기관 임직원(전직 포함)인 경우 최근 3년간 직무정지 또는 정직 이상의 조치를 받은 사실이 없을 것 3. 제14조제9항제3호 및 제4호의 요건을 충족할 것 [3. 대주주가 최근 5년간 파산절차 · 회생절차, 그 밖에 이에 준하는 절차의 대상인 기업이거나 그 기업의 최대주주 또는 주요주주로서 이에 직접 또는 간접으로 관련된 사실이 없을 것. 다만, 이에 관한 책임이 인정되는 경우에 한한다. 4. 대주주가 최근 5년간 부도발생, 그 밖에 이에 준하는 사유로 인하여 은행거래정지처분을 받은 사실이 없을 것] ⑤ 제14조제8항은 대주주 적격성 심사 등에 관하여 준용한다[⑧ 시행령 [별표 1]의 "채무불이행 등으로 건전한 신용질서를 해친 사실이 없을 것"이라 함은 「신용정보의 이용 및 보호에 관한 법률」에 따른 종합신용정보집중기관에 금융질서 문란정보 거래처 또는 약정한 기일 내에 채무를 변제하지 아니한 자로 등록된 사실이 없는 경우를 말한다].

러한 대주주 적격성 유지요건은 상호저축은행 설립 인가시 대주주 요건[별표 1]과 대주주 변경승인시 금융사고방지요건[별표 2]의 내용과 특수한 사항을 제외하고는 거의 동일하다. 이는 상호저축은행 대주주에게 필요한 요건이란 회사 설립시나 대주주 변경시에 꼭 필요한 사항(출자금 요건)을 제외하고는 그후 계속 경영시에도 건전경영을 위해 동일하게 유지할 필요가 있기 때문이다. 자세한 내용은 <표 11-5>를 참고하기 바란다.

표 11-5 상호저축은행법 시행령 [별표 3] 대주주 적격성유지건 (제7조의4제8항 관련)

구 분	요 건
1. 대주주(상호저축은행의 의결권 있는 주식의 취득등으로 해당 상호저축은행의 의결권 있는 발행주식 총수의 100분의 30을 초과하여 소유하는 자를 포함한다. 이하 같다)가 금융기관인 경우	가. 그 금융기관에 적용되는 재무건전성에 관한 기준으로서 금융위원회가 정하는 기준[상호저축은행의 건전성지도기준, BIS비율]을 충족할 것 나. 그 금융기관이 상호출자제한기업집단등에 속하거나 주채무계열에 속하는 회사인 경우에는 해당 상호출자제한기업집단등 또는 주채무계열의 부채비율이 100분의 300 이하일 것 다. 그 금융기관이 대부업자인 경우에는 최근 사업연도 말 현재 부채비율이 100분의 400 이하일 것 라. 다음의 요건을 충족할 것. 다만, 그 위반 등의 정도가 경미하다고 인정되는 경우는 제외한다. 1) 최근 5년간 금융관련법령, 「독점규제 및 공정거래에 관한 법률」 및 「조세범 처벌법」을 위반하여 1천만원 벌금형 이상에 상당하는 형사처벌을 받은 사실이 없을 것 2) 최근 5년간 채무불이행 등으로 건전한 신용질서를 해친 사실이 없을 것 3) 「금융산업의 구조개선에 관한 법률」에 따라 부실금융기관으로 지정되거나 금융관련법령에 따라 허가·인가 또는 등록이 취소된 금융기관의 대주주 또는 그 특수관계인이 아닐 것. 다만, 법원의 판결에 따라 부실 책임이 없다고 인정된 자 또는 부실에 따른 경제적 책임을 부담하는 등 금융위원회가 정하는 기준에 해당하는 자는 제외한다. 4) 그 금융기관이 대부업자인 경우에는 상호저축은행의 건전한 운영 및 거래자 보호 등을 위한 적절한 이해상충방지체계를 갖출 것 5) 그 밖에 금융위원회가 정하는 건전한 금융거래질서를 해친 사실이 없을 것 [최대주주, 임직원의 징계, 불량거래나 부실책임 등이 없을 것]
2. 대주주가 제1호 외의 내국법인인 경우	가. 최근 사업연도 말 현재 부채비율이 100분의 300 이하일 것 나. 해당 법인이 상호출자제한기업집단등에 속하거나 주채무계열에 속하는 회사인 경우에는 해당 상호출자제한기업집단 등 또는 주채무계열의 부채비율이 100분의 300 이하일 것 다. 제1호라목의 요건을 충족할 것
3. 대주주가 내국인으로서 개인인 경우	가. 「금융회사의 지배구조에 관한 법률」 제5조제1항제1호부터 제7호까지의 어느 하나에 해당하지 않을 것[금융회사 임원 결격사유] 나. 제1호라목의 요건을 충족할 것
4. 대주주가 외국법	가. 인가 신청일 현재 금융업으로서 금융위원회가 정하는 업무를 경영하고

인인 경우	있을 것 나. 국제적으로 인정받는 신용평가기관으로부터 투자적격 이상의 신용평가 등급을 받거나 외국법인이 속한 국가의 감독기관이 정하는 재무건전성에 관한 기준을 충족하고 있는 사실이 확인될 것 다. 최근 3년간 금융업의 경영과 관련하여 외국법인이 속한 국가의 감독기관으로부터 법인경고 이상에 상당하는 행정처분을 받거나 벌금형 이상에 상당하는 형사처벌을 받은 사실이 없을 것 라. 제1호라목의 요건을 충족할 것
5. 대주주가 경영참여형 사모집합투자기구 또는 투자목적회사인 경우	경영참여형 사모집합투자기구의 업무집행사원과 그 출자지분이 100분의 30 이상인 유한책임사원(경영참여형 사모집합투자기구에 대하여 사실상의 영향력을 행사하고 있지 아니하다는 사실이 정관, 투자계약서, 확약서 등에 의하여 확인된 경우는 제외한다) 및 경영참여형 사모집합투자기구를 사실상 지배하고 있는 유한책임사원이 다음 각 목의 어느 하나에 해당하거나 투자목적회사의 주주나 사원인 경영참여형 사모집합투자기구의 업무집행사원과 그 출자지분이 100분의 30 이상인 주주나 사원 및 투자목적회사를 사실상 지배하고 있는 주주나 사원이 다음 각 목의 어느 하나에 해당하는 경우에는 각각 다음 각 목의 구분에 따른 요건을 충족할 것 가. 제1호의 금융기관인 경우: 제1호의 요건을 충족할 것 나. 제2호의 내국법인인 경우: 제1호라목 및 제2호가목·나목의 요건을 충족할 것 다. 제3호의 내국인으로서 개인인 경우: 제1호라목 및 제3호가목의 요건을 충족할 것 라. 제4호의 외국법인인 경우: 제1호라목 및 제4호나목·다목의 요건을 충족할 것

〈비고〉
1. 제7조의4제6항제3호에 해당하는 자에게는 제1호라목 또는 제4호다목의 요건(외국인인 개인에게는 제4호다목을 준용한 요건을 말한다)만 적용한다. 다만, 최대주주인 법인이 경영참여형 사모집합투자기구이거나 투자목적회사인 경우에는 제5호에 따른 요건을 적용한다.
2. 대차대조표상자기자본을 산정하려는 경우에는 최근 사업연도 말 이후 심사신청일까지의 자본금의 증감분을 포함하여 계산한다.
3. 이 표 제4호를 적용할 경우에 대주주인 외국법인이 지주회사여서 이 표 제4호 각 목의 전부 또는 일부를 그 지주회사에 적용하는 것이 곤란하거나 불합리한 경우에는 그 지주회사가 승인신청 시에 지정하는 회사(그 지주회사의 경영을 사실상 지배하고 있는 회사 또는 그 지주회사가 경영을 사실상 지배하고 있는 회사로 한정한다)가 이 표 제4호 각 목의 전부 또는 일부를 충족할 때에는 그 지주회사가 그 요건을 충족한 것으로 본다.
4. 이 표에서 경영참여형 사모집합투자기구 및 투자목적회사는 「자본시장과 금융투자업에 관한 법률」에 따른 것을 말한다.

4) 적격성 요건 미충족시 조치

① 적격성 요건 충족명령

금융위원회는 상호저축은행 대주주의 적격성 심사 결과 소정의 적격성유지요건을 충족하지 못하고 있다고 인정되는 대주주에 대하여 6개월 이내의 기간을 정하여 대주주적격성유지요건을 충족할 것을 명할 수 있다(상호저축은행법 제10조의6 제6항). 이러한 충족명령의 이행확인은 금융감독원장에게 권한 위탁되어 있다(동법 시행령 제26조 제1항 7의2호).

② 의결권 제한

적격성요건 충족명령을 받은 대주주는 상호저축은행의 의결권 있는 발행주식 총수의 100분의 10 이상 보유하는 주식에 대하여는 의결권을 행사할 수 없다(상호저축은행법 제10조의6 제7항).

③ 주식처분명령

금융위원회는 적격성요건 충족명령을 받은 대주주가 해당 명령을 이행하지 아니하는 경우에는 6개월 이내의 기간을 정하여 해당 대주주가 보유하는 상호저축은행의 의결권 있는 발행주식 총수의 100분의 10 이상에 해당하는 주식을 처분할 것을 명할 수 있다(상호저축은행법 제10조의6 제8항). 이러한 주식처분명령의 이행확인은 금융감독원장에게 권한 위탁되어 있다(동법 시행령 제26조 제1항 7의2호).

④ 이행강제금 부과

금융위원회는 상기 주식처분명령을 받은 자가 그 정한 기간 이내에 해당 명령을 이행하지 아니하는 때에는 매 1일당 그 처분하여야 하는 주식의 장부가액에 1만분의 3을 곱한 금액을 초과하지 아니하는 범위에서 이행강제금을 부과할 수 있다.[114] 이행강제금은 주식처분명령에서 정한 이행기간의 종료일의 다음 날부터 주식처분을 이행하는 날(주권교부일을 말한다)까지의 기간에 대하여 부과한다. 금융위원회는 이행강제금을 징수함에 있어서 주식처분명령에서 정한 이행기간의 종료일부터 90일을 경과하고서도 이행이 이루어지지 아니하는 경우에는 그 종료일부터 기산하여 매 90일이 경과하는 날을 기준으로 하여 이행강제금을 징수한다. 이행강제금의 부과 및 징수에 관하여는 제38조의3부터 제38조의7까지의 규정(과징금의 부과기준 및 절차)을 준용한다(상호저축은행법 제38조의8).

⑤ 벌칙

상호저축은행의 대주주 적격성 심사에 따른 주식처분명령을 위반한 자에 대하여는 1년 이하의 징역 또는 1천만원 이하의 벌금에 처한다(상호저축은행법 제39조 제5항 5호).

---

114) 실제로 이행강제금은 1만분의 2를 곱한 금액을 부과하는 것으로 알려졌다.

5) 자료·정보제공 의무 및 처벌

금융위원회는 상호저축은행 대주주의 적격성 유지요건 심사에 필요하면 상호저축은행 또는 대주주에 대하여 필요한 자료나 정보의 제공을 요구할 수 있다(상호저축은행법 제 10조의6 제3항 후단). 이에 따라 금융위원회는 대주주의 자격 심사를 위하여 1. 대주주에 대해서는 주식예탁증서, 주식실물 사본, 특수관계인 범위 확인에 필요한 자료, 2. 상호저축은행에 대해서는 주주명부, 대주주 및 그 특수관계인에 대한 정보, 3. 그 밖에 심사에 필요하다고 금융위원회가 인정하는 서류의 제출을 요구할 수 있다(동법 시행령 제7조의4 제9항). 이러한 자료나 정보의 제공요구는 금융감독원장에게 권한 위탁되어 있다(동법 시행령 제26조 제1항 7호).

만약 금융위원회의 자료제출 요구에 따르지 아니하거나 거짓 자료를 제출한 자에 대하여는 5천만원 이하의 과태료를 부과한다(동법 제40조 제1항 1호).

3. 대주주 적격성의 규제 목적과 국제적 논의

우리나라 금융회사의 경우 대주주 적격성 심사제는 현재 거의 모든 금융회사에 적용되고 있다. 금융회사지배구조법이 시행되기 이전부터 은행법, 자본시장법 등 금융관계법률에서 금융회사 대주주 자격요건을 규정하고 진입 인허가 시부터 심사하였다. 경우에 따라서는 일부 금융회사의 계속적 인허가 유지요건으로 제시하기도 하였던 것을 2016년 8월 금융회사지배구조법이 시행되면서는 모든 금융회사에 적용되는 것으로 확대하는 상황에 이르렀다.

이와 관련하여 대주주 자격요건 중 특히 금융관련법률 위반과 채무불이행 여부 등 사회적 신용요건을 모든 금융회사로 확대 적용할 것인지 여부의 문제와 관련하여 규제입법 목적과 국제적인 권고 사항을 참고하면 좋을 것 같아 소개한다.[115)]

3.1 규제 목적

대주주 적격성 심사를 금융회사 지배구조 규제의 일부로서 진입요건의 하나

115) 이하의 내용은 정순섭, "금융회사의 지배구조와 대주주 자격심사", 「기업지배구조리뷰」(vol.63)(한국기업지배구조원, 2012.7), 11-14면에서 인용하였다.

로규제하는 이유는 첫째, 금융회사의 건전 경영을 유도하기 위한 전제로서 대주주와 이사 등의 전문성과 정직성을 보유하도록 하기 위한 금융감독적 측면과 둘째, 금융회사를 범죄목적으로 이용하는 것을 방지하기 위한 금융범죄 대응측면 그리고 셋째, 금융회사 대주주의 금융소비자에 대한 책임의 확인이라는 주주책임론적 측면의 세 가지 관점에서 발견할 수 있다.

첫째, 대주주의 적격성 심사는 금융회사가 건전하고 신중하게 운영되도록 하기 위한 전제조건이라는 점이다. 금융회사의 경영에 부정적 영향을 미칠 가능성이 있는 자들을 사전에 배제하는 것이 중요한 효과가 될 것이다.

둘째, 적격성 심사는 범죄자들이 금융회사에 대한 지배권을 확보하는 것을 방지함으로써 자금세탁과 같은 금융범죄에 대처하는 데 중요한 역할을 하는 것으로 기대되고 있다.

셋째, 대주주의 자격심사는 주주의 예금자 등 금융소비자에 대한 책임을 확인하는 방안으로도 이해되고 있다. 특히 영국에서는 대주주가 금융회사의 경영에 미치는 현실적인 영향력을 고려하여 대주주 자격심사를 함으로써 대주주의 의무를 단순한 출자를 넘어서서 금융회사의 적정한 경영을 확약하는 의미도 부여하고 있다.

3.2 국제적 권고사항

첫째, 주로 은행규제에 대한 권고를 목적으로 하는 바젤은행감독위원회의 1997년 '효과적인 은행감독을 위한 핵심원칙'은 은행인가절차의 핵심요소로서 은행의 직접적 및 간접적인 지배주주와 주요주주(direct and indirect controlling and major shareholders)에 대한 평가를 소유 구조에 대한 평가의 일환으로서 요구하고 있다.[116] 대주주에 대한 평가에는 주요주주의 재무능력과 필요한 재무지원을 제공할 수 있는 능력 뿐만 아니라, 당해 주주의 과거 은행업무 및 비은행업무 경험과 신뢰성 그리고 업계에서의 지위를 포함하여야 한다. 이러한 핵심원칙을 구체화한 자료에서도 은행인가당국은 그 인가절차에서 최종적인 수익적 소유자를 포함하여 주요주주와 중대한 영향력을 행사할 자의 적합성에 대한 평가 즉 적격성심사를 할 것을 요구하고 있다.[117]

116) Basel Committee on Banking Supervision, *Core Principles for Effective Bank Supervision*(September 1997), p. 16.

117) Basel Committee on Banking Supervision, *Core Principles Methodology*(October 2006),

둘째, 국제보험감독자기구에서도 1998년 '진입규제에 관한 감독기준'(Supervisory Standard on Licensing)에서 보험회사의 소유자에 대한 적합성(suitability) 심사를 감독기준의 하나로 제안하고 있다.[118)]

셋째, 은행/보험/금융투자에 관한 국제적인 감독기구협회의 협의체인 Joint Forum[119)]에서 1999년에 발표한 보고서인 '적격성 심사원칙'(Fit and Proper Principles) 에서도 일정 비율 이상의 지분을 보유한 주주로서 금융회사에 중대한 영향을 미칠 수 있는 자(Shareholders whose holdings are above specified thresholds and/or who exert a material influence on regulated entities)에 대해서는 적격성 심사 그 밖의 자격심사를 할 것을 권고하고 있다.[120)]

넷째, 국제보험감독자기구에서는 대주주 적격성 심사의 요소로서 범죄적 요소(indicators of criminal nature), 재무적 요소(indicators of financial nature), 감독적 요소(indicators of supervisory nature), 그 밖의 요소의 4가지로 구분하고 있다.

범죄적 요소는 범죄행위와 관련된 것으로서 원칙적으로 심사 대상자가 부정직, 자산의 횡령 그 밖의 사기로 인하여 공중을 재무적 손실로부터 보호하기 위하여 제정된 법령상 범죄에 해당하는 행동이나 행위를 한 기록이나 증거가 없을 것을 요구하는 것이다.

재무적 요소는 잠재적인 금융부정행위(financial misconduct), 재무회계의 부적절한 수행 등을 말한다. 소송의 대상이 될 수 있는 재무적 곤란, 재무적 약정과 수입 및 자본조달액의 불일치, 파산 등을 포함한다.

감독적 요소는 감독상 의무를 수행하면서 수집된 정보를 포함한다. 이러한 감독정보는 심사 대상자가 현재 신청하고 있는 것과 다른 금융업 분야에서 발생한 것을 포함한다.

그 밖의 요소는 위 세 가지 요소 이외에 근로관계법상 벌과금의 부과대상인

---

p. 11.

118) International Association of Insurance Supervisors, "Supervisory Standards on Licensing", *Supervisory Standard*(No.1, October 1998), p. 12.

119) Joint Forum은 1996년 바젤은행감독위원회(Basel Committee on Banking Supervision, BCBS), 국제증권감독자기구(International Organisation of Securities Commissions, IOSCO), 그리고 국제보험감독자협의회(International Association of Insurance Supervisors, IAIS)가 1995년 7월 발표된 3자간그룹(Tripartite Group)의 보고서를 발전시킬 목적으로 결성되었다. Joint Forum의 전신인 3자간 그룹은 금융그룹의 감독에 관한 일련의 문제를 취급하기 위해 1993년초 바젤은행감독위원회의 주도로 결성되었다.

120) Joint Forum, *Fit and Proper Principles*(February 1999), p. 41.

분쟁이나 업계나 전문가단체에 의한 제재 등 심사 대상자의 적격성에 관련된 정보를 모두 포함한다.[121)]

Ⅲ. 금융회사의 소수주주권 보호

1. 소수주주권의 의의

주주권(株主權)이란 주주가 회사에 대하여 갖는 권리를 의미한다. 이러한 주주권은 그 권리의 내용에 따라 통상 자익권과 공익권으로 구분된다. 자익권은 주주가 회사로부터 경제적 이익이나 기타 편익을 받는 것을 목적으로 하는 권리이고, 공익권은 회사의 운영에 참가하는 것을 목적으로 하거나 이와 관련하여 행사하는 권리를 말한다. 자익권의 행사효과는 그 권리를 행사한 주주에게만 귀속되지만, 공익권의 행사효과는 회사와 주주 전체에 귀속한다.[122)]

또한 주주권은 그 권리행사의 요건이 일정 수의 주식소유 여부인지에 따라 단독주주권(單獨株主權)과 소수주주권(少數株主權)으로 구분할 수 있다. 단독주주권이란 각 주주가 지주수(持株數: 보유 주식수)에 관계없이 단독으로 행사할 수 있는 권리인 반면, 소수주주권이란 발행주식총수의 일정비율의 주식을 가진 주주만이 행사할 수 있는 권리이다. 상법상 자익권은 모두 단독주주권에 속하고, 공익권은 원칙적으로 단독주주권이지만, 일부는 소수주주권으로 규정하고 있다.

소수주주권의 내용을 보면 소유와 경영의 분리 원칙에 반하여 주주에게 회사 경영간섭을 허용하는 것이다. 상법이 이같이 소수주주권이라는 형태로 주주

---

121) International Association of Insurance Supervisors, “Supervisory Standard on Fit and Proper Requirements and Assessment for Insurers”, *Supervisory Standard*(No.10, October 2005), pp. 3-4.

122) 상법상 자익권으로는 이익배당청구권(제462조), 주권교부청구권(제355조), 주식전환청구권(제346조), 명의개서청구권(제337조), 신주인수권(제418조), 잔여재산분배청구권(538조) 등이 있다. 공익권으로는 의결권(제369조), 설립무효의 소등 각종 소제기권(제328・376・380・492・445・529조 등), 주주총회소집청구권(제366조), 이사의 위법행위유지청구권(제402조), 대표소송 제기권(제403조), 회계장부열람권(제466조), 이사・감사 해임청구권(제385・415조), 회사 업무・재산상태 검사청구권(제467조), 해산판결청구권(제520조) 등이 있다.

의 경영간섭을 허용한 것은 한편으로는 다수결의 원칙 하에서의 다수파주주의 전횡을 막고, 다른 한편으로는 단독주주권으로 했을 경우 예상되는 개별 주주에 의한 주주권의 남용을 막자는 뜻이 있다. 또 권리의 성질상 지나치게 영세한 주주에게는 인정할 실익이 없기 때문에 제도의 효율상 소수주주권으로 한 경우도 있다.[123)]

상법상 소수주주권을 행사하는 주주란 '주식을 소유한 자' 외에, '주주권 행사에 관한 위임을 받은 자, 2명이상 주주의 주주권을 공동으로 행사하는 자'를 포함한다(상법 제542조의6 제8항).

2. 상법상 소수주주권에 관한 규정

우리나라 상법은 주식회사의 경우에 주식소유비율에 따라 의결권있는 발행주식 총수의 100분의 10 이상, 100분의 3 이상 및 100분의 1 이상에 해당하는 주식을 가진 주주에게 여러 가지의 소수주주권을 인정하고 있다. 다만 상장회사 또는 대형상장회사[124)]의 경우는 "상장회사에 대한 특례"로서 소수주주권을 일반회사보다 훨씬 그 비율을 완화하여 적용하도록 규정하였다(상법 제542조의 6~7).[125)]

상법상 소수주주권 행사에 있어 일반회사와 상장회사의 차이점은 주주권 행사를 위한 주식소유비율의 차이뿐만 아니라 그 소유시점에 대하여도 차이가 있다는데 있다. 즉 일반회사의 소수주주권은 소유주주권을 행사하는 시점을 기준으로 주식소유비율을 판단하지만, 상장회사의 경우는 행사시점에서 소급하여 일정기간 소정비율의 주식을 소유(소유요건의 계속성)해온 주주에 한해 소수주주권 행사를 허용한다. 예컨대 대표소송은 소송제기시점의 6개월 전부터 발행주식총수의 1만분의 1 이상을 계속 보유하여 온 주주에 한해 제기할 수 있다(상법 제403조, 제542조의6 제6항). 이는 상당기간 주식을 소유함으로써 회사와의 이해관계가 정착되어 있는 주주에 한해 소수주주권의 행사를 인정할 실익이 있다는 전제 아래, 소수주주권만을 행사하기 위하여 주식을 취득하는 남용사례를 예

---

123) 이철송, 「회사법강의」(제15판)(박영사, 2008.2), 243면.

124) 대형상장회사는 자본금이 1천억원 이상인 상장회사를 말한다(상법 시행령 제32조).

125) 상장회사(주권상장법인 또는 코스닥상장법인)에 대한 특례규정은 구 증권거래법에 규정되어 있었는데, 2009년 1월 상법 개정시에 이 규정들을 모두 상법으로 이관하여 "제13절 상장회사에 대한 특례"로 신설하였다.

방하기 위한 취지이다.[126)]

한편 상법상 소수주주권은 그 내용에 따라 다음과 같이 구분해 볼 수도 있다. i) 이사등에 대한 책임추궁권으로 대표소송권, 이사・청산인의 위법행위유지청구권, 이사・감사・청산인의 해임청구권, ii) 주주총회를 통한 정책실현권으로 주주총회소집청구권, 주주제안권, 집중투표청구권, iii) 정보공개요구권으로 회계장부열람청구권, 회사 업무・재산상태 검사인청구권), iv) 회사의 기본적 변경권으로 회사해산판결청구권이 있다.

통상적으로 구분하고 있는 주식소유비율에 따른 상법상 소수주주권의 종류는 다음과 같다.

(1) 발행주식총수의 100분의 10 이상에 해당하는 소수주주권으로는 **회사 해산 판결청구권**(상법 제520조)이 있다.[127)]

(2) 발행주식총수의 100분의 3 이상에 해당하는 소수주주권으로는 **주주제안권**(제363조의2): 상장회사는 1천분의 10, 대형상장회사는 1천분의 5(제542조의6 제2항), **주주총회소집청구권**(제366조): 상장회사는 1천분의 15(제542조의6 제1항), **집중투표청구권**(제382조의2): 상장회사는 100분의 1(제542조의7), 이사・감사・청산인의 **해임청구권**(제385조, 제415조, 제539조): 상장회사는 1만분의 50, 대형상장회사는 1만분의 25(제542조의6 제3항), **회계장부열람청구권**(제466조): 상장회사는 1만분의 10, 대형상장회사는 1만분의 5(제542조의6 제4항), 회사의 업무와 재산상태를 조사하기 위한 검사인선임청구권(제467조): 상장회사는 1천분의 15(제542조의6 제1항)이 있다.

(3) 발행주식총수의 100분의 1 이상에 해당하는 소수주주권으로는 이사・청산인의 **위법행위유지청구권**(제402조, 제542조): 상장회사는 10만분의 50, 대형상장회사는 10만분의 25(제542조의6 제5항), 이사・감사(감사위원회)・청산인에 대한 손해배상청구 및 이익공여금지위반의 경우 이익반환에 관한 **대표소송권**(제403조, 제415조, 제415조의2, 제467조의2, 제542조): 상장회사는 1만분의 1(제542조의6 제6항)이 있다.

(4) 상법상 소수주주권제도를 보완하는 것으로 소수주주의 주주권 행사를 원활하게 하는 **서면투표제**와 **전자투표제**가 있다.

---

126) 이철송, 전게서, 244면.

127) 채무자회생및파산에관한법률에서는 10% 이상 주주에게 회사 회생절차개시 신청권이 부여되어 있다(동법 제34조 제2항).

1999년 상법개정시 도입된 서면투표제는 소수주주권인 주주제안권과 집중투표제[128)]가 1998년 도입된 후 상법에 규정되었다. 주주가 주주총회에 참석할 수 없는 경우, 투표용지에 필요한 사항을 기재하여 회사에 제출하는 방식으로 의결권을 행사하는 것이며, 직접 주주총회에 참석하여 행사하는 것과 동일한 효력이 있다. 이는 소수주주의 회사경영참여 유도 및 주주총회의 원활한 운영을 위한 것이다. 또한 주주 수에 크게 구애받지 않고 주주총회 장소를 구할 수 있게 하여 회사측의 편의를 고려했고, 외국인 주주에게 의결권 행사의 편의도 제공하는 기능을 한다. 실제 서면투표를 실시하기 위해서는 정관에 이에 관한 규정이 있어야 하고 형식을 갖춰 서면에 의하여 의결권을 행사하여야 한다. 또 회사는 총회 소집통지서에 주주의 의결권 행사를 위한 서면과 참고자료를 첨부하여야 한다(상법 제368조의3). 주주가 의결권을 행사한 서면은 정관에 특별한 정함이 없으면 주주총회의 회일의 전날까지 도착하여야 한다는 견해가 일반적이다.[129)]

한편 전자투표제는 2009년 상법개정시 우리나라에 도입되었다. 전자・정보통신과 인터넷의 발달에 따라 컴퓨터나 스마트 폰 등을 통해 주주가 의결권 등을 행사하는 온라인 투표방식을 도입하게 된 것이다. 이는 소수주주의 의결권 행사를 활성화하고 주주총회 운영을 원활화하는 데 도움이 된다.[130)] 주주는 주주총회장에 출석하지 아니하고 전자적 방법으로 특정 안건에 찬반을 표시함으로써 의결권을 행사하는데, 회사가 이사회 결의로서 이의 채택 여부를 자유롭게 결정하도록 하였다. 또 회사는 주주총회를 소집할 때에 주주가 전자투표방법으로 의결권을 행사할 수 있다는 내용을 통지하도록 하였다(상법 제368조의4 제1항).[131)]

---

128) 집중투표제는 2인 이상의 이사 선임에 있어 각 주주가 1주마다 선임할 이사의 수와 동일한 의결권을 갖고, 이 의결권을 이사후보자 1인 또는 수인에게 집중하여 투표하는 방법으로 그 의결권을 행사하는 제도이다. 1998년 상법 개정시 도입하였으나 임의적 제도로 정관에 의해 집중투표 배제가 가능하도록 되어있다. 소수주주의 대표자가 이사로 선임될 수 있어 다수주주에 의해 선임된 이사의 경영을 견제할 수 있는 제도이다.

129) 정재규, "외환위기이후 지배구조관련 법・제도의 변화", 「기업지배구조리뷰」(vol.33)(한국기업지배구조원, 2007.7).

130) 주주총회에 참석하지 못한 주주의 의결권을 예탁결제원이 참석주주의 찬반비율에 따라 의결권을 행사하도록 주주총회의 성립을 돕는 섀도보팅(shadow voting)제가 2018년 폐지되면서 주주총회의 의결정족수 확보를 위한 현실적 대안으로 전자투표제가 더욱 필요하게 되었다.

131) 2019년 3월까지 주주총회에서 전자투표제를 이용한 상장법인은 총 2,216개사(유가증권시장 766개사, 코스닥시장 1,301개사, 코넥스 149개사)중 564개사(25.4%)이다. 이는 한국예탁결제원등과 계약해 전자투표시스템을 도입한 기업이 1,331개사로 상장법인의 60% 정도를 차지하지만 실제 이용률은 그 절반에도 미치지 못한 것임을 보여준다. 그리고 2019년 3월 주주총회에서 전자투표를 행사한 주주 수는 10만6259명으로 전자투표 행사율은 5.04%에 불과한 것으로 나타났다.

3. 금융회사지배구조법상 소수주주권에 관한 규정

3.1 상법의 특례 적용

(1) 상법상 소수주주권에 대한 특례

금융회사지배구조법에서는 상법에서 규정하고 있는 주주제안권, 임시주주총회소집청구권, 이사·감사·청산인의 해임청구권, 이사 위법행위유지청구권, 대표소송권, 회계장부열람청구권 및 회사의 업무·재산상태 검사청구권을 금융회사의 소수주주권으로서 상법의 특례로 규정하고 있다(금융지배법 제33조).

특징적인 것은 금융회사의 소수주주권을 행사할 수 있는 특례 요건으로 발행주식총수의 일정비율을 상법상 일반 주식회사의 경우보다 대폭 완화하면서 상장회사 수준에 준하여 낮추었다는 점이다. 더구나 소위 대형금융회사의 경우에는 그 보유비율을 또다시 그 절반수준으로까지 낮춘 경우도 있다(자세한 내용은 후술한다). 이는 금융회사의 경우 소수주주 보호차원에서 소수주주권의 행사를 보다 용이하게 할 수 있도록 하였다는데 있다.[132] 또한 소수주주권 행사자의 금융회사 주식보유기간을 상법상 상장회사의 경우와 마찬가지로 6개월 전부터 계속하여 보유하고 있어야 소수주주권을 행사하도록 하였다.

반면에 금융회사지배구조법은 상법상 소수주주권으로 인정된 권한 중 금융회사의 공공적 성격상 인정하기 어려운 **집중투표청구권**(상법 제382조의2)과 회사의 **해산판결청구권**(상법 제520조)을 제외하였다.

(2) 소수주주권 행사자의 범위

금융회사의 소수주주권을 행사하는 주주로서 '주식을 보유한 자'란 '주식을 소유한 자, 주주권 행사에 관한 위임장을 취득한 자 및 주주 2인 이상의 주주권을 공동행사하는 자'를 포함한다(금융지배법 제33조 및 동법 시행령 제28조 제1항). 이 규정의 내용은 상법상 규정(상법 제542조의6 제8항)과 동일한 내용이다.

---

132) 금융회사의 소수주주권에 관한 특례 규정은 원래 은행법에 있었던 규정인데, 2015년 7월 금융회사지배구조법을 제정하면서 그대로 옮겨온 것이다.

(3) 소수주주권 적용대상 금융회사

금융회사지배구조법상 소수주주권에 관한 규정이 적용되는 대상 금융회사는 동법 적용대상 금융회사(은행, 금융투자업자, 보험회사, 여신전문금융회사, 상호저축은행, 금융지주회사) 모두가 아니라 자산규모 등을 기준으로 의무적용 여부가 가려진다. 즉, 금융회사로서 자산규모와 영위업무 등을 고려하여 일정규모에 이르지 않는 소위 소규모 금융회사에 대하여는 사외이사 및 이사회 제도 관련 규정 외에 소수주주권 행사관련 규정 적용을 의무화하지 않았다.

여기에 해당하는 소규모 금융회사로는 자산총액 7천억원 미만의 상호저축은행, 자산총액 5조원 미만의 금융투자업자와 종합금융회사(다만 집합투자재산 및 신탁재산 합계액이 20조원 이상인 회사는 제외), 자산총액 5조원 미만의 보험회사 및 자산총액 5조원 미만의 여신전문금융회사가 포함된다. 다만 이들 소규모 금융회사라 하더라도 자산총액이 2조원 넘는 상장회사라면 상기 예외조항은 적용되지 않고 사외이사제도와 이사회 구성 운영, 소수주주권 등에 관한 규정이 그대로 적용된다(금융지배법 제3조 제3항 5호 및 동법 시행령 제6조 제3항).

그리고 주주제안권(상법 제363조의2)과 대표소송권(상법 제403조)을 제외한 여타 소수주주권(주주총회 소집청구권, 이사 · 감사 · 청산인의 해임청구권, 이사 위법행위유지청구권, 회계장부 열람청구권, 업무 · 재산상태 검사청구권)에 대하여는 금융회사의 자본금 또는 자산규모에 따라 그 소수주주권을 행사할 수 있는 주주의 주식 보유비율을 차등적으로 적용하고 있다. 즉, 상기에서 설명한 소규모 금융회사가 아닌 금융회사중 소위 대형금융회사(최근 사업년도말 현재 자산총액 5조원 이상인 은행, 자본금 1천억원 이상인 금융투자업자, 자산총액 5조원 이상으로서 자본금 1천억원 이상인 보험회사, 자산총액 7천억 이상인 상호저축은행, 자본금 1천억 이상인 신용카드업자, 자산총액 5조원 이상으로서 자산총액 2조원 이상인 자회사를 2개 이상 지배하는 금융지주회사)에 대하여는 소수주주권을 행사할 수 있는 주식보유비율을 기준비율의 절반으로 완화하고 있다(금융지배법 제33조 및 동법 시행령 제28조 제2항).

이상에서 설명한 금융회사지배구조법상 소수주주권에 관한 규정이 금융회사 규모별로 차등 적용되는 현황을 정리하면 <표 11-4>와 같다.

표 11-4 금융회사지배구조법상 금융회사 규모별 소수주주권 규정 적용현황

<table>
<tr><th rowspan="2">구분</th><th colspan="2" rowspan="2">소규모 금융회사*</th><th colspan="2">대규모 금융회사*</th></tr>
<tr><th>중형사</th><th>대형사**</th></tr>
<tr><td>금융투자업자</td><td>자산 5조원 미만</td><td rowspan="5">자산 2조원이상
상장회사</td><td>자산 5조원 이상</td><td>자본금 1천억원 이상</td></tr>
<tr><td>보험회사</td><td>〃</td><td>〃</td><td>자산 5조원 이상 +
자본금 1천억원 이상</td></tr>
<tr><td>여신전문금융회사</td><td>〃</td><td colspan="2">〃</td></tr>
<tr><td>카드회사</td><td>〃</td><td>〃</td><td>자본금 1천억원 이상</td></tr>
<tr><td>상호저축은행</td><td>자산 7천억원 미만</td><td>자산 7천억원 이상</td><td>자산 7천억원 이상</td></tr>
<tr><td>은행</td><td colspan="3">규모불문 소수주주권 적용</td><td>자산 5조원이상</td></tr>
<tr><td>금융지주회사</td><td colspan="3">규모불문 소수주주권 적용</td><td>자산 5조원 이상+자산 2조원 이상으로 자회사 2개 이상 지배</td></tr>
<tr><td rowspan="2">소수주주권 적용 여부</td><td rowspan="2">비적용</td><td rowspan="2">적용</td><td colspan="2">적용</td></tr>
<tr><td>기준비율</td><td>기준비율의 1/2**</td></tr>
</table>

* 금융회사지배구조법 제3조 제3항 5호 및 동법 시행령 제6조 제3항에 의거 구분: 이들 소규모 금융회사에는 소수주주권이 적용되지 않으나 자산 2조원이상 상장회사는 예외.

** 금융회사지배구조법 제33조 및 동법 시행령 제28조 제2항에 의거 구분: 대규모 금융회사중 대형사에는 일부 소수주주권 행사시 주식보유비율 요건이 기준비율의 1/2로 완화 적용됨.

(4) 소수주주권 행사 및 주총 참여률 등 공시의무

금융회사지배구조법상 소수주주권을 행사한 경우 금융회사는 이를 공시하여야 한다(금융지배법 제41조 제2항).

또한 금융회사는 주주총회와 관련하여 주주의 참석률, 안건별 찬반 주식수 비율, 발행주식 총수, 의결권 행사주식수를 주주총회가 종료된 날로부터 7영업일 이내에 해당 금융회사의 인터넷 홈페이지를 통하여 공시하여야 한다(금융지배법 제41조 제1항 및 동법 시행령 제32조).

3.2 소수주주권의 내용

이하에서는 금융회사지배구조법상 소수주주권에 관한 규정을 상법상의 그것과 대비하여 살펴본다.

(1) 주주제안권

주주제안권이란 주주가 일정한 사항을 주주총회의 목적사항으로 할 것을 제안할 수 있는 권리를 말한다. 이러한 주주제안권은 주주의 의결권과 함께 주주권중 공익권에 해당한다. 주주제안권은 미국·영국·독일·일본 등에서 다양하게 인정하고 있다. 우리나라에서는 1977년에 증권거래법을 개정하여 주권상장법인에 대하여 인정하다가 1998년 개정상법이 이를 규정함으로써 모든 주식회사에 일반화되었다.[133]

주식회사가 주주총회를 소집할 때에는 소집통지 또는 공고에 목적사항을 기재해야 하고(상법 제363조 제2항), 이 통지 또는 공고에 의해 소집된 주주총회에서는 기재된 목적사항에 한해 결의할 수 있다. 그리고 주주총회의 소집은 이사회가 결정한다(동법 제362조). 이는 주주가 주주총회에서 의안을 발의할 기회가 봉쇄되어 있음을 의미한다. 그러나 주주총회의 모든 의사결정의 효과는 궁극적으로 주주에게 귀속되는 것이므로 주주야말로 의사결정에 최대의 이해를 가진 자라 할 수 있다. 그런데 주주가 의안을 제안할 기회를 가지 못한다는 것은 부자연스러운 일이다. 또 이사회가 경영정책에 관한 의사결정의 주도권을 독점함으로 인해 생기는 폐해를 줄일 필요도 있다. 그리하여 상법에서는 경영에서 소외된 일반주주들에게 회사의 의사결정을 촉구할 수 있는 기회를 줄 목적으로 주주제안제를 두고 있다.[134]

상법상 주주제안권은 일정한 사항을 주주총회 목적사항으로 할 것을 제안할 수 있는 의제제안권뿐만 아니라, 주주총회의 목적사항에 추가하여 의안의 요령을 제출할 수 있는 의안제안권을 포함한다. 상법 제363조의2(주주제안권)에 의하면 발행주식총수의 100분의 3 이상에 해당하는 주식을 가진 주주는 이사에게 주주총회일(정기주주총회의 경우 직전 연도의 정기주주총회일에 해당하는 그 해의 해당일)의 6주 전에 서면 또는 전자문서로 일정한 사항을 주주총회의 목적사항으로 할 것을 제안('株主提案')할 수 있다(제1항). 제1항의 소수주주는 이사에게 주주총회일의 6주 전에 서면 또는 전자문서로 회의의 목적으로 할 사항에 추가하여 당해 주주가 제출하는 의안의 요령을 제363조에서 정하는 통지(주주총회 소집의 통지)에 기재할 것을 청구할 수 있다(제2항). 이사는 제1항에 의

133) 정찬형, 「상법강의(상)」(박영사, 2004), 881면.
134) 이철송, 전게서, 412면.

한 주주제안이 있는 경우에는 이를 이사회에 보고하고, 이사회는 주주제안의 내용이 법령 또는 정관을 위반하는 경우와 그 밖에 대통령령으로 정하는 경우를 제외하고는 이를 주주총회의 목적사항으로 하여야 한다. 이 경우 주주제안을 한 자의 청구가 있는 때에는 주주총회에서 당해 의안을 설명할 기회를 주어야 한다(제3항). 이 주주제안권에 관한 규정은 청산인(상법 제542조)에 대하여도 준용된다.

다만 상장회사의 경우는 6개월 전부터 계속하여 주식보유비율이 1천분의 10 이상, 대형상장회사의 경우는 그 절반인 1천분의 5 이상인 주주만이 이러한 소수주주권을 행사할 수 있다(상법 제542조의6 제2항).

금융회사의 경우 6월 이상 계속하여 금융회사의 의결권있는 발행주식총수의 1만분의 10 이상(대형금융회사의 경우에도 동일) 해당하는 주식을 보유한 자는 상법 제363조의2(주주제안권)에서 규정하는 권리를 행사할 수 있다(금융지배법 제33조 제1항).

(2) 주주총회 소집청구권

상법상 주주총회의 소집은 원칙적으로 이사회가 결정한다(상법 제362조). 그러나 예외적으로 소수주주(상법 제366조 제2항), 감사(상법 제412조의3) 또는 감사위원회(상법 제415조의2 제7항, 제412조의3), 법원의 명령(제467조 제3항)에 의하여 소집되는 경우가 있다.

상법 제366조(소수주주에 의한 소집청구)에 의하면 발행주식총수의 100분의 3 이상에 해당하는 주식을 가진 주주는 회의의 목적사항과 소집의 이유를 적은 서면 또는 전자문서를 이사회에 제출하여 임시총회의 소집을 청구할 수 있다(제1항). 이러한 청구가 있은 후 지체 없이 총회소집의 절차를 밟지 아니한 때에는 청구한 주주는 법원의 허가를 받아 총회를 소집할 수 있다. 이 경우 주주총회의 의장은 법원이 이해관계인의 청구나 직권으로 선임할 수 있다(제2항). 이 경우 소수주주는 회사의 집행기관의 지위에 서는 것이므로 소집비용은 회사의 비용이 될 것이다. 이렇게 소수주주에 의하여 소집된 주주총회는 회사의 재산상태의 악화에 대한 대책을 세우거나, 임원을 해임하는 경우 등에 중요한 의미를 갖는다. 따라서 이렇게 소집된 주주총회에서는 회사의 업무와 재산상태를 조사하기 위하여 검사인을 선임할 수 있다(제3항). 이러한 주주총회 소집청구에 관한 규정은 청산인(상법 제542조)에 대하여도 준용한다.

다만 상장회사의 경우는 6개월 전부터 계속하여 주식보유비율이 1천분의 15 이상(대형상장회사의 경우도 동일)인 주주만이 이러한 소수주주권을 행사할 수 있다(상법 제542조의6 제1항).

여기서 상법상 검사인(inspector)이란 주식회사의 설립절차 또는 회사의 업무나 재산상태를 조사할 임무가 있는 임시적 감사기관이다.[135] 검사인은 주주총회 이외에도 법원에 의하여 선임된다. 법원이 선임하는 경우는 설립시 변태설립사항을 조사하기 위하여 이사 또는 발기인의 청구가 있는 경우(상법 제298조 제4항 본문, 제310조 제1항), 신주발행시 현물출자를 검사하기 위하여 이사의 청구가 있는 경우(상법 제422조 제1항), 업무집행에 관하여 부정행위 또는 법령이나 정관에 위반한 중대한 사실이 있음을 의심할 사유가 있는 때에 소수주주의 청구가 있는 경우(상법 제467조) 등이다.

금융회사의 경우 6개월 전부터 계속하여 금융회사의 발행주식총수의 1만분의 150 이상(대형금융회사는 그 절반인 1만분의 75 이상)에 해당하는 주식을 보유한 자는 상법 제366조(소수주주에 의한 소집청구)에서 규정하는 주주총회 소집청구권을 행사할 수 있다. 이 경우 상법 제366조에서 규정하는 주주의 권리를 행사할 때에는 의결권있는 주식을 기준으로 한다(금융지배법 제33조 제2항).

(3) 이사 · 감사 · 청산인의 해임청구권

상법상 이사는 언제든지 주주총회의 특별결의로 해임할 수 있다(상법 제385조 제1항). 그런데 이사가 그 직무에 관하여 부정행위 또는 법령이나 정관에 위반한 중대한 사실이 있음에도 불구하고 주주총회에서 그 해임을 부결할 경우, 발행주식총수의 100분의 3 이상에 해당하는 주식을 가진 주주는 총회의 결의가 있은 날로부터 1월 내에 그 이사의 해임을 법원에 청구할 수 있다(상법 제385조 제2항). 해임청구는 의결권 행사를 전제로 하는 것이 아니므로 의결권없는 주주도 할 수 있다. 이와 같이 소수주주에게 이사의 해임판결을 청구할 수 있도록 한 것은 대주주의 다수결원칙에 의한 횡포로부터 회사 및 소수주주를 보호하기 위한 것이다. 상법상 이사의 해임청구권에 관한 규정은 감사(제415조), 청산인(제539조)에 대하여도 준용된다.

다만 상장회사의 경우는 6개월 전부터 계속하여 주식 보유비율이 1만분의

---

135) 정찬형, 전게서, 905면.

50 이상, 대형상장회사는 그 절반인 1만분의 25 이상인 주주만이 이러한 소수주주권을 행사할 수 있다(상법 제542조의6 제3항).

해임청구의 소는 회사와 이사의 위임관계의 해소를 구하는 형성의 소이므로 회사와 그 이사를 공동피고로 해야 한다.[136] 이사해임의 소가 제기된 경우에는 해임판결이 있기 전이라도 법원은 당사자의 신청에 의하여 가처분으로써 당해 이사의 직무집행을 정지하고 직무대행자를 선임할 수 있다(상법 제407조).

금융회사의 경우 6개월 전부터 계속하여 금융회사의 발행주식총수의 10만분의 250 이상(대형금융회사의 경우에는 그 절반수준인 10만분의 125 이상)에 해당하는 주식을 보유한 자는 상법 제385조에 따른 이사의 해임청구권(상법 제415조의 감사의 해임청구권 포함) 및 상법 539조에 따른 청산인의 해임청구권에서 규정하는 권리를 행사할 수 있다(금융지배법 제33조 제3항).

(4) 이사 위법행위유지청구권

상법상 주주의 이사 위법행위유지청구권이란 소수주주가 회사를 위하여 이사의 위법행위를 중단할 것을 청구하는 권리를 말한다. 상법 제402조(유지청구권)에 의하면 이사가 법령 또는 정관에 위반한 행위를 하여 이로 인하여 회사에 회복할 수 없는 손해가 생길 염려가 있는 경우에는 감사 또는 발행주식총수의 100분의 1 이상에 해당하는 주식을 가진 주주는 회사를 위하여 그 이사에 대하여 그 행위를 유지(중단)할 것을 청구할 수 있다. 주주의 유지청구권은 회복이 어려운 손해를 방지하기 위한 긴급수단으로 인정되는 제도로서, 회사를 위하여 행사하는 것이므로 주주의 공익권이다. 이 위법행위유지청구권에 관한 규정은 집행임원(제408조의9) 및 청산인(제542조)에 대하여도 준용된다.

다만 상장회사의 경우는 6개월 전부터 계속하여 주식보유비율이 10만분의 50 이상, 대형상장회사의 경우는 그 절반인 10만분의 25 이상인 주주만이 이러한 소수주주권을 행사할 수 있다(상법 제542조의6 제5항).

상법상 주주의 위법행위유지청구권은 영미상의 소에서 인정되는 법원이 유지명령제도(injunction)을 본받은 것이다.[137] 상법은 일반적인 업무에 대한 유지

136) 이철송, 전게서, 532면.

137) 영미법상 법원이 원고의 청구에 의하여 피고에 대하여 일정한 행위를 금지할 것을 명령할 수 있는 제도로서, 방치한다면 회복할 수 없는 손해가 생길 경우에 한하여 인정된다. 우리의 가처분과 유사한 제도이다. 회사법 분야에서는 주로 이사가 회사의 목적범위 외의 행위를 할 때 주주가 이를 유지시키기 위하여, 그리고 이사의 직무집행이 다른 이사 등에 의하여 방해

청구권(제402조) 외에 신주발행유지청구권(제424조)도 인정한다. 영미법상의 위법행위유지청구는 개개의 주주가 이를 청구할 수 있으나, 우리 상법상 위법행위유지청구는 소수주주 또는 감사나 감사위원회가 이를 청구할 수 있도록 규정한 점이 다르다.

우리 상법은 이사의 업무집행에 대한 주주의 직접감독권으로서 주주의 유지청구권과 대표소송권을 규정하고 있다. 유지청구는 감사나 소수주주가 회사를 위해서, 즉 회사의 대표기관적 지위에서 이사를 상대로 한다는 점에서 대표소송과 비슷하다. 대표소송은 이미 발생한 손해의 회복을 위한 사후적 구제수단인데 반해, 유지청구는 손해의 사전적 예방수단이라는 점에서 차이가 있다.[138)]

금융회사의 경우 6개월 전부터 계속하여 금융회사의 발행주식총수의 100만분의 250 이상(대형 금융회사의 경우에는 그 절반수준인 100만분의 125 이상)에 해당하는 주식을 보유한 자는 상법 제402조(이사의 위법행위유지청구권)에서 규정하는 권리를 행사할 수 있다(금융지배법 제33조 제4항).

(5) 대표소송권

대표소송이란 회사가 이사에 대한 책임추궁을 게을리할 경우 주주가 회사를 위하여 이사의 책임을 추궁하기 위하여 제기하는 소송을 말한다. 상법 제403조에 의하면 발행주식총수의 100분의 1 이상에 해당하는 주식을 가진 주주는 회사에 대하여 이사의 책임을 추궁할 소의 제기를 청구할 수 있다(제1항). 이 청구는 그 이유를 기재한 서면으로 하여야 한다(제2항). 회사가 소수주주의 청구를 받은 날로부터 30일내에 소를 제기하지 아니할 때에는 그 소수주주는 즉시 회사를 위하여 소를 제기할 수 있다(제3항). 만약 30일 기간의 경과로 회사에 회복할 수 없는 손해가 생길 염려가 있는 경우에는 상기 소수주주는 즉시 소를 제기할 수 있다(제4항). 대표소송을 제기한 주주는 소를 제기한 후 지체없이 회사에 대하여 그 소송을 고지하여야 한다. 회사는 상기 대표소송에 참가할 수 있다(상법 제404조). 상법상 주주의 대표소송에 관한 규정은 발기인(제324조), 감사(제415조), 불공정한 가액으로 주식을 인수한 자(제424조의2), 주주의 권리행사와 관련하여 이익을 공여받은 자(제467조의2) 및 청산인(제542조)에도 준용된다.

나만 상장회사의 경우는 6개월 전부터 계속하여 주식 보유비율이 1만분의 1

받을 때 이를 제거하기 위하여 이용된다(이철송, 전게서, 652면).

138) 이철송, 전게서, 652면.

이상(대형상장회사의 경우도 동일)인 주주만이 이러한 소수주주권을 행사할 수 있다(상법 제542조의6 제6항).

이사의 책임을 추궁하기 위한 소제기는 본래 회사의 권리로서, 회사를 대표하여 감사나 감사위원회가 스스로 소를 제기하여야 한다(상법 제394조, 제413조의2 제6항). 그러나 동료 임원간에 정실관계로 인하여 그 실현을 기대하기 어려운 경우가 많고, 책임추궁이 부당히 지연될 떼에는 시효완성이나 이사의 고의적인 무자력화로 회사의 권리실현이 불가능해질 수도 있으므로 상법은 소수주주에게 회사를 대위하여 이사의 책임을 추궁하는 소를 제기할 수 있도록 한 것이다.

이 제도는 원래 미국법상 대표소송(derivative suit)[139]인데 우리 상법이 이를 도입한 것이다. 다만 미국 및 이를 도입한 일본에서는 이를 단독주주권으로 인정하고 있으나, 주주들이 이를 남용하는 경우가 많으므로 우리 상법은 이를 도입하면서도 제소권자를 소수주주로 제한하였다.[140]

대표소송에서 주주가 패소하더라도 원칙적으로 회사에 대해 손해배상책임을 지지 아니한다(상법 제405조 제2항). 대표소송을 제기하는 주주에게 무거운 위험부담을 주는 것은 대표소송 제기의 동기를 위축시킬 것이기 때문이다. 그러나 주주가 악의인 경우에는 회사에 대해 손해배상책임을 진다(상법 제405조 제2항). 악의란 회사를 해할 것을 알고 부적당한 소송을 수행한 경우를 말한다. 대표소송에 관하여 부정한 청탁을 받고 재산상 이익을 수수, 요구 또는 약속한 경우에는 벌칙이 적용된다(상법 제631조 제1항 2호).

대표소송은 소수주주가 회사의 대표기관으로서 회사의 권리를 주장하는 것이다. 따라서 판결의 효력은 당연히 회사에 직접 귀속되고 그 반사적 효과로서 다른 주주에게도 미친다. 대표소송은 주주의 개별적인 이익을 위한 것이 아니고 회사와 주주 전체의 이익을 위한 것이므로 그 소제기권은 주주의 공익권의 일종이다.[141]

---

139) 미국법상 대표소송(derivative suit)은 우리의 대표소송과 같이 회사의 이익이 침해되었음에도 불구하고 회사가 그 회복을 게을리할 때 주주가 회사를 대표하여 제기하는 소송이다. 이 소는 관할에 따라 연방민사소송법에서도 인정되고, 판례법 및 주회사법에 의해서도 인정된다. 원래는 회사가 제기하여야 할 소이므로 주주의 소제기권은 회사로부터 연원(derive)한다는 뜻에서 derivative suit라 부른다. 이 소는 반드시 이사의 책임추궁만을 위해 인정되는 것이 아니고 때로는 지배주주나 기타 제3자의 책임추궁을 위해서도 이용될 수 있고, 회사가 명목상의 피고로 된다는 점이 우리의 대표소송제도와 다르다(이철송, 전게서, 656면).

140) 정찬형, 전게서, 884면.

141) 이철송, 전게서, 657면.

금융회사의 경우 6개월 전부터 계속하여 금융회사의 발행주식 총수의 10만분의 1 이상(대형금융회사의 경우에도 동일) 해당하는 주식을 보유한 자는 상법 제403조(대표소송권)에서 규정하는 주주의 권리를 행사할 수 있다(금융지배법 제33조 제5항). 대표소송의 대상이 되는 자는 이사(상법 제403조)뿐만 아니라 발기인(상법 제324조)·감사(상법 제415조)·이사와 통모하여 현저하게 불공정한 발행가액으로 주식을 인수한 자(상법 제424조의2)·이익공여금지에 위반하여 그 이익을 공여받은 자(상법 제467조의2) 및 청산인(상법 제542조)에 대하여도 준용한다(금융지배법 제33조 제5항 괄호).

이 경우 주주가 대표소송을 제기하여 승소한 때에는 금융회사에 대하여 소송비용 기타 소송으로 인한 모든 비용의 지급을 청구할 수 있다(금융지배법 제33조 제7항).

(6) 회계장부 열람청구권

상법상 회사의 이사는 정기주주총회 회일의 1주간 전부터 재무제표와 영업보고서 및 감사보고서를 본점에서는 5년간 비치하고 지점에서는 3년간 비치하여야 한다(상법 제448조 제1항). 주주와 회사채권자는 영업시간 내에 언제든지 이를 열람하고, 그 등본이나 초본의 교부를 청구할 수 있다(상법 제448조 제2항). 그런데 주주가 재무제표와 영업보고서 및 감사보고서를 가지고는 충분히 그 내용을 알 수 없는 경우에는 주주는 다시 그 기재가 진실하고 정확한 기재인가를 알기 위하여 그 원시기록인 회계의 장부와 서류의 열람·등사를 청구할 수 있는 권리를 갖는다.

상법 제466조(주주의 회계장부열람권)에 따르면 발행주식의 총수의 100분의 3 이상에 해당하는 주식을 가진 주주는 이유를 붙인 서면으로 회계의 장부와 서류의 열람 또는 등사를 청구할 수 있다(제1항). 이를 소수주주에 한해 허용하고 단독주주를 제외한 것은 회계장부는 법정공시서류보다 한층 기밀도가 높기 때문이다. 이 경우 회사는 주주의 청구가 부당함을 증명하지 아니하면 이를 거부하지 못한다(제2항). 열람청구의 정당성 여부는 회사의 경영상태에 대한 주주의 알 권리와 열람을 허용할 경우에 우려되는 회사의 불이익을 비교교량하여 판단하여야 한다.[142] 이 주주의 회계장부 열람청구권에 관한 규정은 청산인(상법 제542조)에 대하여도 준용된다.

142) 이철송, 전게서, 807면.

다만 상장회사의 경우는 6개월 전부터 계속하여 주식보유비율이 1만분의 10 이상, 대형상장회사의 경우는 그 절반인 1만분의 5 이상인 주주만이 이러한 소수주주권을 행사할 수 있다(상법 제542조의6 제4항).

금융회사의 경우 6개월 전부터 계속하여 금융회사의 발행주식총수의 10만분의 50 이상(대형금융회사는 그 절반인 10만분의 25 이상)에 해당하는 주식을 보유한 자는 상법 제466조(주주의 회계장부열람청구권)에서 규정한 권리를 행사할 수 있다(금융지배법 제33조 제6항).

(7) 업무 · 재산상태 검사청구권

상법 제467조(회사의 업무 · 재산상태의 검사)에 의하면 회사의 업무집행에 관하여 부정행위 또는 법령이나 정관에 위반한 중대한 사실이 있음을 의심할 사유가 있는 때에는 발행주식의 총수의 100분의 3 이상에 해당하는 주식을 가진 주주는 회사의 업무와 재산상태를 조사하게 하기 위하여 법원에 검사인의 선임을 청구할 수 있다(제1항). 이러한 검사인선임청구는 이사회의 업무집행을 침해하는 이례적인 행위이므로 단순한 업무해태는 사유가 될 수 없으며, 청구사유는 구체적으로 소명하여야 한다. 검사인은 그 조사의 결과를 법원에 보고하여야 한다(제2항). 법원은 이 보고에 의하여 필요하다고 인정한 때에는 대표이사에게 주주총회의 소집을 명할 수 있다(제3항). 이사와 감사는 지체없이 검사인의 보고서의 정확여부를 조사하여 이를 주주총회에 보고하여야 한다(제4항). 법원의 명령으로 소집한 주주총회에서는 소집목적에 구애되지 아니하고 이사의 해임과 선임 등 필요한 결의를 할 수 있다고 보아야 한다.[143)]

다만 상장회사의 경우는 6개월 전부터 계속하여 주식보유비율이 1천분의 15 이상(대형상장회사의 경우도 동일)인 주주만이 이러한 소수주주권을 행사할 수 있다(상법 제542조의6 제1항).

금융회사의 경우 6개월 전부터 계속하여 금융회사의 발행주식총수의 1만분의 150 이상(대형금융회사는 그 절반인 1만분의 75 이상)에 해당하는 주식을 보유한 자는 상법 제467조(회사의 업무 재산상태 검사)에서 규정하는 검사인선임청구권을 행사할 수 있다(금융지배법 제33조 제2항).

이상에서 설명한 상법 및 금융회사지배구조법에 의한 소수주주권 제도를 비

143) 이철송, 전게서, 809면.

교하면 <표 11-5>와 같다.

표 11-5 소수주주권 행사가능한 주식 보유비율 기준 비교

(단위: %)

소수주주권의 종류	상법상			지배구조법상 (제33조)	
	일반 회사	상장 회사	대형 상장회사*	금융 회사	대형 금융회사**
주주제안권 (상법 제363조의2)	3.0	1.0	0.5	0.10	좌동
주주총회 소집청구권 (상법 제366조)	3.0	1.5	좌동	1.50	0.75
이사 · 감사 · 청산인 해임청구권 (상법 제385조,제415조,제539조)	3.0	0.5	0.25	0.25	0.125
이사 위법행위유지청구권 (상법 제402조)	1.0	0.05	0.025	0.025	0.0125
대표소송권 (상법 제403조)	1.0	0.01	좌동	0.001	좌동
회계장부 열람청구권 (상법 제466조)	3.0	0.1	0.05	0.05	0.025
업무 · 재산상태 검사청구권 (상법 제467조)	3.0	1.5	좌동	1.50	0.75

* 대형상장회사: 자본금이 1천억원 이상인 상장회사(상법 제542조의6 및 동법 시행령 제32조).

** 대형금융회사: 자산총액 5조원 이상인 은행, 자본금 1천억원 이상인 금융투자업자, 자산총액 5조원 이상으로서 자본금 1천억원 이상인 보험회사, 자산총액 7천억원 이상인 상호저축은행, 자본금 1천억 이상인 신용카드업자, 자산총액 5조원 이상으로서 자산총액 2조원 이상인 자회사를 2개 이상 지배하는 금융지주회사(금융회사지배구조법 제33조 및 동법 시행령 제28조).

Ⅳ. 기관투자자의 주주권 행사 강화

이 장에서는 금융회사 소유규제와 관련하여 은산분리 원칙, 대주주 규제, 소수주주 보호 문제를 다루었다. 그런데 금융회사가 상장법인일 경우 기관투자자 주주에 관한 이슈가 투자대상으로서 관련될 수가 있다. 또한 금융회사는 대부분 기관투자자로서 자본시장에 참여하고 중요한 역할을 하고 있다. 이에 금융회사와 관련성이 많은 기관투자자의 주주권 행사에 관한 최근 동향을 알아보기로 한다.

1. 스튜어드십 코드 도입

1.1 의 의

최근에는 기관투자자가 보유주식의 수탁자로서의 책임을 다하도록 한 스튜어드십 코드(Stewardship Code)가 도입되는 추세에 있다. 스튜어드십 코드란 기관투자자의 수탁자에 관한 원칙으로 기관투자자들에 대한 행동원칙을 규정한 자율규범을 말한다. 기관투자자들은 위탁자의 재산을 관리하는 집사(steward)처럼 행동해야 한다고 하여 붙여진 이름이다. 도입배경을 보면 전 세계적으로는 2008년 글로벌 금융위기를 거치면서 금융회사의 방만한 경영과 도덕적 해이의 만연에 대한 문제의식이 생겨났다. 기관투자자들이 주주로서 적극적으로 투자대상회사의 경영에 참여하였다면 금융위기의 충격이 크지 않았으리라 보는 견해가 설득력을 얻으면서 기관투자자들이 수탁자로서 책임을 충실히 이행하도록 하기 위한 논의가 이루어졌다. 2010년 영국이 처음으로 기관투자자들이 보유주식에 대해 의결권을 적극 행사하도록 하는 스튜어드십 코드를 도입하였다. 이후 2011년 네덜란드, 2013년 스위스, 2014년 일본, 2016년 대만 및 홍콩 등이 순차적으로 도입하였다. 우리나라의 경우 2016년 12월 "기관투자자의 수탁자 책임에 관한 원칙"이 공표되었고, 국민연금에서 2018년 7월 이 제도를 채택하기로 하면서 다른 연기금과 자산운용사에서도 뒤따르고 있다. 이처럼 국내외적으로 연기금이나 자산운용사들이 기관투자자로서 투자한 주식에 대하여 수탁주주로서 의결권을 적극 행사하도록 하여 회사의 방만한 경영과 도덕적 해이를 방지하도록 하는 주주 행동주의(activism)가 강조되고 있다. 이러한 스튜어드십 코드가 있기 전까지는 기관투자자들이 주식 보유로 인한 자본 이익에만 관심을 두었을 뿐 기업들의 경영활동에는 크게 관여하지 않았다. 그러나 이 코드가 도입되면 기관투자자는 보유한 주식에 대한 의결권 행사, 자금 관리인으로서 책임 이행에 관한 활동을 보고하거나 공개해야 한다. 이 코드는 기관투자자가 실행하여야 하는 7가지 원칙을 제시하고 있다. 1) 고객, 수익자 등 타인 자산을 관리·운영하는 수탁자로서 책임을 충실히 이행하기 위한 명확한 정책 마련 및 공개, 2) 수탁자로서 책임을 이행하는 과정에서 실제 직면하거나 직면할 가능성이 있는 이해상충 문제에 관한 해결방안 수립, 3) 투자대상회사에 대한 주기적인 점검, 4) 수탁자 책임 이행을 위한 활동 전개 시기와 절차, 방법에 관한 내부지침 도입, 5) 의결권 행사의 구체적인 내용과 사유 공개, 6) 의결권 행사와 수탁자 책임 이행 활동에 관한 주기적인 보고, 7) 수탁자 책임을 이행하기 위한 요구 역량과 전문성 확보 등이 그것이다.

1.2 한국 스튜어드십 코드

우리나라는 2015년 3월 한국기업지배구조원을 중심으로 한 제정위원회[144)]가 출범하였고, 2016년 12월 19일「한국 스튜어드십 코드」"기관투자자의 수탁자 책임에 관한 원칙" 최종안이 공표되었다. 이후 2017년 6월 한국기업지배구조원에서 "한국 스튜어드십 코드 1차 해설서"를 발간하고 같은 시기 금융위원회에서 "스튜어드십 코드관련 법령해석집"을 배포하여 스튜어드십 코드의 세부 내용에 대한 이해와 해석을 보충하였다.[145)] 2018년 7월 국민연금에서 이 제도를 채택하기로 하면서 다른 연기금과 자산운용사에서도 뒤따르고 있다. 이 한국 스튜어드십 코드가 실제로 발동되기 시작한 것은 2019년 상장회사의 정기주총 시즌에서 부터이다.[146)] 국민연금에서는 연초 '스튜어드십 코드 가이드라인'을 발표하고 여러 회사의 주주총회에서 의결권을 행사하였으나 뜻대로 성공하진 못했다.[147)]그러다가 2019.3. 27 대한항공의 주주총회에서는 조양호 회장의 사내이사 선임안건에 반대하여 성공하였다. 이것은 스튜어드십 코드를 채택하여 주주 행동주의가 성공한 획기적인 사건이 되었다.[148)] 하지만 국민연금이 독립성 없이 기업에 대해 직접적인 의결권 행사를 하는 것은 연금사회주의 실현이라는 비판이 있을 수 있으므로 주의하여야 할 것이다.[149)]

---

144) 2017.4월 스튜어드십 코드의 성공적 정착과 활성화를 지원하기 위해 스튜어드십 코드 발전위원회로 개편되었다.

145) 한국기업지배구조원 홈페이지 http://sc.cgs.or.kr/about/sc.jsp 참조.

146) 국민연금은 2019년 정기주주총회를 앞두고 보유지분이 10% 이상이거나 국내 주식자산에서 차지하는 비중이 1% 이상인 상장회사들을 상대로 의결권 행사방향을 미리 공개한다는 방침을 세웠다. 특히 횡령, 배임이 발생한 투자기업에 대해 적극적으로 주주권을 행사할 것이라고 밝혔다.

147) 상장회사인 넥센타이어의 지분 7.8%를 보유한 국민연금이 2019.2.19 정기 주주총회에서 '이사 보수한도액 승인' 안건에 반대표를 행사하였으나 원안대로 통과하였다.

148) 대한항공의 사내이사 선임안건은 주주총회 참석주주의 3분의 2(66.6%) 이상 동의를 받아야 하는 특별결의 사안이었지만 64.1% 찬성으로 결국 부결되었다. 이때 대한항공 보유지분이 11.56%이었던 국민연금이 찬성하지 않음으로써 기업 경영권에 영향을 준 첫 사례가 되었다.

149) 연금사회주의란 단어는 1976년 미국 피터 드러커가 캘리포니아연금펀드(CalPERS) 등의 적극적인 주주권 행사에 대해 논평하면서 등장하였다. 하지만 미국 일반 펀드시장이 급성장하고

(1) 도입 목적

한국 스튜어드십 코드, "기관투자자의 수탁자 책임에 관한 원칙"은 국내 상장사에 투자한 기관투자자가 타인의 자산을 관리·운용하는 수탁자로서 책임을 다하기 위해 이행해야 할 세부 원칙과 기준을 제시한다. 기관투자자는 투자대상회사를 잘 점검하고 우려사항이 발견되면 투자대상회사와 적극 대화하는 등 주주활동을 통해 수탁자로서 책임을 성실히 이행해야 한다. 이로써 회사의 중장기적 발전을 유도하고, 고객과 수익자의 이익 증진에 기여함은 물론 자본시장과 경제 전반의 성장과 발전을 뒷받침하는 데 목적이 있다.

(2) 원 칙

한국 스튜어드십 코드는 연성규범으로 다음과 같이 7가지 원칙을 제시하고 있다.[150)]

원칙 1: 기관투자자는 고객, 수익자 등 타인 자산을 관리·운영하는 수탁자로서 책임을 충실히 이행하기 위한 명확한 정책을 마련해 공개해야 한다.

원칙 2: 기관투자자는 수탁자로서 책임을 이행하는 과정에서 실제 직면하거나 직면할 가능성이 있는 이해상충 문제를 어떻게 해결할지에 관해 효과적이고 명확한 정책을 마련하고 내용을 공개해야 한다.

원칙 3: 기관투자자는 투자대상회사의 중장기적인 가치를 제고하여 투자자산의 가치를 보존하고 높일 수 있도록 투자 대상 회사를 주기적으로 점검해야 한다.

원칙 4: 기관투자자는 투자대상회사와의 공감대 형성을 지향하되, 필요한 경우 수탁자 책임 이행을 위한 활동 전개 시기와 절차, 방법에 관한 내부지침을 마련해야 한다.

원칙 5: 기관투자자는 충실한 의결권 행사를 위한 지침·절차·세부기준을 포함한 의결권 정책을 마련해 공개해야 하며, 의결권 행사의 적정성을

특히 90년대 이후 뮤추얼펀드 규모가 연금 규모를 크게 앞서면서 이런 논란은 자연스럽게 사라졌다. 세계 3대 연기금중 하나인 일본 공적연금펀드(GPIF)의 경우 주식을 외부기관에 위탁해 운용하고, 의결권행사에 관한 기본지침만 위탁기관에 제시할 뿐 의결권을 직접 행사하지 아니하여 일본에서는 연금사회주의 논란이 일지 않았다. 한편 한국은 미국과 달리 국민연금의 규모가 절대적으로 크고, 스튜어드십 코드를 기업개혁으로 수단으로 활용하려고 한다면 민간기업에 대한 국가의 개입가능성을 배제할 수는 없으므로 연금사회주의 실현이라는 비판이 나올 우려가 있다.

150) 7원칙 이행을 위한 구체적인 내용은 안내지침, 한국 스튜어드십 코드 제1차 해설서, 스튜어드십 코드관련 법령해석집을 참고하기 바란다.

파악할 수 있도록 의결권 행사의 구체적인 내용과 그 사유를 함께 공개해야 한다.

원칙 6: 기관투자자는 의결권 행사와 수탁자 책임 이행 활동에 관해 고객과 수익자에게 주기적으로 보고해야 한다.

원칙 7: 기관투자자는 수탁자 책임의 적극적이고 효과적인 이행을 위해 필요한 역량과 전문성을 갖추어야 한다.

(3) 적용 대상

자산운용사, 보험회사, 연기금 등 기관투자자와 이들의 주주활동을 지원하는 의결권 자문기관, 투자자문사 등 원칙에 대한 참여를 명시적으로 공표한 기관만을 포함한다.

(4) 적용 방법

Comply or Explain (원칙 준수 또는 예외 설명)을 적용한다. "원칙"에 참여하는 기관투자자 등은 7개 세부 원칙과 안내지침을 이행하는 것이 바람직하다. 하지만 예외적으로 일부 원칙을 이행하지 않는 경우에는 그 사유와 대안을 충분히 설명하고 공개해야 한다.

(5) 참여 절차

기관투자자 등의 스튜어드십 코드 참여는 참여예정 절차를 거쳐 본참여 절차로 이행한다. 참여 기관투자자 및 참여예정 기관투자자 등록은 영업일 기준 1-2일 소요된다. 그 절차 순서를 보면 다음과 같다.

1) 참여 예정 절차 순서

먼저 한국 스튜어드십코드 홈페이지에서 참여계획서를 작성 및 제출하고 참여예정기관 등록을 한다. 그러면 심사를 거쳐 한국 스튜어드십 코드 홈페이지에 기관명 및 해당 기관 참여계획서를 공시한다.

2) 참여 절차 순서

기관투자자 등은 스튜어드십 코드를 자체 홈페이지에 공개한다. 여기에는 코드 참여의사, 원칙별 이행 여부 및 이행방안, 이행하지 않는 경우 사유와 대안, 수탁자 책임 정책·이행 및 공시 책임자 성명·연락처를 포함한다. 그리고 한국기업지배구조원에 참여통지를 제출(stewardshipcode@cgs.or.kr)하면 참여기관으로 등록된다. 이때 한국 스튜어드십 코드 홈페이지에 기관명 및 해당 기관 스튜어드십 코드 웹페이지 주소가 공시된다.

표 11-6 **한국 스튜어드십 참여·참여예정기관 현황**(2019.10월 현재)

	연기금	보험사	자산 운용사	PEF 운용사	증권사	투자 자문사	서비스 기관	은행	기타	합계
참여	1	5	40	35	3	2	4	2	20	112
참여 예정	0	0	1	6	0	1	0	0	19	27

자료: 한국기업지배구조원.

2. 행동주의펀드의 활성화

요즈음 스튜어드십 코드 도입이 확산되면서 주주권 행사를 강조하는 국내 행동주의 사모펀드가 활성화되고 있다. 주식시장에서 행동주의(activism)는 주주들이 기업의 의사결정에 적극적으로 개입해 자신들의 이익을 추구하는 행위를 말한다. 행동주의 헤지펀드는 행동주의 전략을 통해 투자기업의 주가를 끌어올리거나, 일정 의결권 지분을 확보한 후 이사회 참여, 배당 확대나 자사주 매입, 인수합병, 재무구조 개선, 지배구조 개편 등 주주가치를 높이는 방안을 적극적으로, 때로는 적대적으로 요구하기도 한다. 회사의 경영에 과도하게 간섭하는 측면 때문에 기업사냥꾼이라는 오명이 붙기도 한다. 글로벌 행동주의 헤지펀드(global activist hedge fund) 업계 1위는 2006년 국내 담배업체 KT&G의 경영권을 위협하며 1,500억원의 차익을 챙겨간 칼 아이칸의 '아이칸어소시에이츠'이다. 글로벌 2위 행동주의 헤지펀드나인 미국계 엘리엇의 경우도 우리나라에서 2015년 삼성전자[151)]와 2018년 현대차그룹[152)]에 합병반대, 배당확대, 자사주 소

151) 2015년 5월 미국계 헤지펀드 엘리엇매니지먼트는 자회사인 블레이크캐피탈과 포털캐피털을 통해 옛 삼성물산 지분 7.12%를 사들인 후 삼성물산과 제일모직의 합병을 반대하였고, 삼성전자의 인적분할과 특별배당을 요구하기도 하였다. 이듬해 10월에는 삼성전자에 추가 배당금을 요구하는가 하면 회사를 분할하여 미국 나스닥에 상장시키라는 주장도 하였다. 이에 삼성전자는 엘리엇의 요구를 일부 수용하였다. 더구나 엘리엇은 삼성전자 투자의 단기 시세차익으로 1,700억원의 수익도 가져간 것으로 추정되기도 하였다.

152) 2018년 4월 엘리엇매니지먼트가 현대차그룹 대표회사인 현대차, 기아차, 현대모비스 등의 주식 10억달러(1조 700억원 상당)를 소유하고 있다며 현대차그룹의 지배구조개편안을 반대한다고 하였다. 그러나 현대차그룹이 지배구조개편안을 보류하고 주가들이 하락함에 따라 엘리

각 등 주주환원 강화를 요구한 바 있다.

그동안 국내 자산운용사나 사모펀드가 국내자본시장에서 주주권행사에 행동주의로 적극 나선 경우는 드물었다. 하지만 2006년 이른바 장하성펀드(한국지배구조펀드)가 한국형 행동주의 펀드로 이름을 알렸고,[153] 2016년에 라임자산운용이 국내 민간 의결권 자문사인 서스틴베스트와 '라임-서스틴데모크라시' 사모펀드를 출시하였다.[154] 2017년에 밸류파트너스자산운용이 '행동매주식전문투자형펀드'를 만들기도 했다.[155] 2018년에는 플랫폼파트너스자산운용이 맥쿼리한국인프라투융자회사(MKIF펀드)를 대상으로 주주권행사에 나섰다.[156] 그리고 토종 행동주의 펀드의 하나인 소위 강성부펀드 KCGI(Korea Corporate Goverance Improvement)가 투자목적회사인 그레이스홀딩스를 통해 한진칼 지분을 확보하여 주주권 행사에 적극 나서기도 하였다.[157]

최근 우리나라에서 사모펀드 규제완화가 행동주의펀드의 발현 가능성을 높이는 요인으로 작용하고 있다. 그동안 국내 사모펀드는 의결권 제한, 10%룰 등으로 해외 사모펀드와 비교해 주주권행사에 소극적일 수 밖에 없었다. 우리나라는 현행 기준으로 경영참여형 사모펀드는 기업지분 10% 이상 확보, 6개월 이상 보유, 대출금지 등 규정을 지켜야 한다(자본시장법 제249조의12).[158] 전문투자형 사모펀드는 10% 이상 지분을 확보하더라도 초과지분 의결권이 제한되는 한계가 있다(자본시장법 제249조의8 제1항, 제87조 제4항). 이에 금융위원회는 2018년 9월말 사모펀드제도 개편 추진방향을 통해 경영참여형과 전문투자형으로 이원화된 운용방식을 일원화하고 10%룰과 의결권 제한을 폐지하기로 방침

얻은 결국 3,000억 가량 손실을 입고 투자실패를 한 것으로 보인다.

153) 장하성펀드란 라자드자산운용의 한국지배구조펀드로서 미국 최대 연기금인 캘리포니아공무원퇴직연금(캘퍼스)이 1억달러(약 1,000억원) 규모를 투자한 것을 비롯해 버지니아대학, 조지타운대학 등 수익자 대부분이 외국인이었다.

154) 2006년 11월 국내 첫 행동주의 헤지펀드로 출시돼 많은 관심을 받았지만 당시 투자자금은 6억원 수준을 모으는 데 그쳤다.

155) 밸류파트너스자산운용은 주주가치 제고를 위해 2017년부터 KISCO홀딩스에 주주서한을 보내 자사주 매입소각과 배당확대 등을 요구해 왔고, 2019년 주총을 앞두고 답변서를 받은 것으로 알려졌다.

156) MKIF펀드 주식의 3% 이상 지분을 보유한 플랫폼파트너스자산운용은 2018. 6월 MKIF펀드 이사회에 펀드 운용사인 맥쿼리자산운용의 잘못된 운용에 대한 적극적인 개선을 요구하는 서신을 발송하였다.

157) 2019년 정기주총시 KCGI가 확보한 한진칼 지분 10.81% 만으로는 29.93% 지분을 갖고 있는 한진칼 오너일가와의 의결권 대결이 쉽진 않았다. 이에 따라 국민연금(7.34%) 등 다른 기관과 연대하는 방법으로 표 대결을 할 수 밖에 없는 상황이었다.

158) 자본시장법 제249조의12.

을 세웠다.[159)] 이렇게 되면 국내 사모펀드의 기업에 대한 주주권행사가 더욱 확대될 것으로 전망된다 하겠다.

3. 5% 룰(5% 대량보유 보고제도) 개선 논의

상장기업의 지분집중 정보를 공시하여 자본시장 및 기업경영권시장에서 투기목적의 자금유입을 제어하고 공정성과 투명성을 확보하는 장치로 이른바 5% 룰(rule)이 있다. 이 제도는 자본시장의 개방으로 투기적 펀드에 의한 기업 사냥이나 기업 간의 적대적 인수합병(M&A)이 늘어나고 있는 현실에 대한 대응책의 일환이다. 또 특정 법인의 경영권 보유 또는 경영권에 영향을 주기 위한 목적으로 주식을 매입하는 경우, 그 내용을 해당 기관에 보고하고 해당기관은 그 내용을 공시함으로서 경영권을 가지고 있는 기존의 지배주주는 자신의 경영권 방어를 위해 조치를 취할 수 있도록 하는 데 목적이 있다.

자본시장법에 의하면 상장회사 주식등을 5% 이상 보유(대량보유)하게 되거나 이후 1% 이상 지분 변동이 발생할 경우 주식보유자는 5일 이내에 그 상세내역(보유상황, 보유목적, 주요계약내용 등)을 금융위원회와 거래소에 보고·공시하도록 의무화하고, 단 주식등의 보유목적이 '경영권에 영향을 주기 위한 것'[160)]이 아닌 경우에는 보고기한 연장 및 약식보고를 가능하도록 한 제도이다(자본시장법 제147조).[161)] 그런데 2019년 9월 금융위원회는 이 제도 개선안을

159) 금융위원회 보도자료, "혁신성장과 일자리창출을 뒷받침하기 위한 「사모펀드 발전방향 토론회」 개최, 2018.9.27. 참조.

160) 임원의 선·해임, 이사회 등 회사의 기관과 관련된 정관의 제·개정, 배당 등을 위하여 '사실상 영향력'을 행사하는 경우(자본시장법 시행령 제154조 제1항)

161) 자본시장법 제147조(주식등의 대량보유 등의 보고) ① 주권상장법인의 주식등(제234조제1항에 따른 상장지수집합투자기구인 투자회사의 주식은 제외한다. 이하 이 절에서 같다)을 대량보유(본인과 그 특별관계자가 보유하게 되는 주식등의 수의 합계가 그 주식등의 총수의 100분의 5 이상인 경우를 말한다)하게 된 자는 그 날부터 5일(대통령령으로 정하는 날은 산입하지 아니한다. 이하 이 절에서 같다) 이내에 그 보유상황, 보유 목적(발행인의 경영권에 영향을 주기 위한 목적 여부를 말한다), 그 보유 주식등에 관한 주요계약내용, 그 밖에 대통령령으로 정하는 사항을 대통령령으로 정하는 방법에 따라 금융위원회와 거래소에 보고하여야 하며, 그 보유 주식등의 수의 합계가 그 주식등의 총수의 100분의 1 이상 변동된 경우(그 보유 주식등의 수가 변동되지 아니한 경우, 그 밖에 대통령령으로 정하는 경우를 제외한다)에는 그 변동된 날부터 5일 이내에 그 변동내용을 대통령령으로 정하는 방법에 따라 금융위원회와 거래소에 보고하여야 한다. 이 경우 그 보유 목적이 발행인의 경영권에 영향을 주기 위한 것(임원의 선임·해임 또는 직무의 정지, 이사회 등 회사의 기관과 관련된 정관의 변경 등 대통령령으로 정하는 것을 말한다)이 아닌 경우와 전문투자자 중 대통령령으로 정하는 자의 경우에는 그 보고내용 및 보고시기 등을 대통령령으로 정할 수 있다.

발표하였다. 스튜어드십 코드 확산 등을 계기로 기관투자자들의 주주활동이 활발해짐에 따라 5% 대량보유 보고제도에 대한 보완요구가 증대하고 있다고 하면서 자본시장법 시행령을 개정하여 상세보고 대상 명확화 및 보유목적 3단계 구분으로 보고의무를 합리화하고자 한다고 한다. 동 개선안에 따르면 주식 대량보유 보고시 '경영권 영향목적'과 '경영권 영향목적 없음'이라는 종전의 이분법적 영역나누기에서 앞으로는 '경영권 영향없음'을 '일반투자'와 '단순투자'로 나누어 총 3단계로 한다. '일반투자'는 경영권 영향목적은 없으나 적극적인 유형의 주주활동(예: 임원보수, 배당관련 주주제안)을, '단순투자'는 단독주주권만 행사(예: 의결권, 신주인수권)를 보고토록 한다는 것이다. 이러한 개선안의 핵심은 기관투자자의 주주권 행사에 대한 제약을 없애는데 있다고 보여진다. 즉 5% 이상 상장회사 지분을 보유한 기관투자자나 연기금이 주주활동으로 5~10일 이내에 상세 사안을 보고·공시해야 했던 기존 제도에서 향후 새로운 영역('일반투자')을 새로 만들어주고 일반투자자는 10일내 약식보고로, 공적 연기금은 월별 약식보고로 하여 공시부담을 완화한다는 것이다. 금융위원회는 이번 시행령 개정안은 그간 회색 영역으로 혼란을 일으킬 수 있는 부분을 적극적 주주활동 확대 추세를 반영하여 상법상 주주권리를 명확화하면서 주식등의 보유목적을 합리적으로 구분하고 각각에 맞는 공시의무를 부과하도록 했다는 입장이다.[162)]

이와 관련하여 5% 룰이 완화되면 국민연금 등 기관투자자가 집중투표제 도입과 같은 정관변경 주주제안과 의결권 대리행사 권유 등이 가능해져 민간기업 경영에 손쉽게 개입할 소지가 있다는 지적이 있다. 현재 스튜어드십 코드에 따라서도 기업에게 집중투표제 도입과 이사 임기변경, 이사 자격제한 요구 등이 얼마든지 가능하고, 경우에 따라서는 노동이사제 같은 새로운 제도 도입 요구도 가능할 수도 있다는 것이다. 그런데 국민연금 등 연기금이 주주제안이나 주총소집을 요구하면 5일 이내에 공시하도록 되어 있는 현행 제도에서 이 개선안이 도입되면 월별 약식보고로 절차가 간소화되어 결국은 민간기업에 대한 경영간섭이 더 커질 것으로 우려하고 있다.

생각컨대 2019년 10월 현재 국민연금이 지분율 5% 이상 보유한 상장회사가 302개사에 달하고, 스튜어드십 코드를 도입한 기관투자자가 112개나 되는 상황이다. 또 기업의 불법행위에 대응하기 위한 상법상 주주권리 행사도 반드시 확

---

162) 금융위원회 보도자료, "5% 대량보유 보고제도 및 단기매매차익 반환제도 개선", 2019.9.5.

보되어야 할 과제이다. 하지만 이러한 개선방안이 혹여나 기업의 경영권 침해 우려를 초래할 수도 있다는 점에서 이를 해소할 수 있는 보다 명확하고 합리적인 방안을 모색하는 것이 필요하다 하겠다.

제 12 장 우리나라 금융회사의 지배구조 개선방안

Ⅰ. 금융회사 지배구조의 문제점

현행 우리나라 금융회사의 지배구조 제도는 IMF 외환위기 이후 영미식 지배구조체계가 은행법을 비롯한 금융관계법률에 의하여 금융회사별로 순차적으로 도입되어 운영되어 왔다. 2016년에는 각 금융관계법률에 규정된 지배구조관련 내용을 하나의 법규로 통합하여 금융회사지배구조법을 제정 · 시행하였다. 그동안 금융회사 지배구조에 관한 제도는 정착 단계를 거쳐 개선 노력도 상당히 진전되어 왔으나 아직도 제도상 미비하거나 불합리한 점이 있다고 보여진다. 또 그 운영과정에서 문제가 여전히 나타나고 있으며, 제도 개선에 필요한 시사점도 노정되고 있는 실정이다. 이러한 내용을 종합하여 현행 금융회사 지배구조 제도의 문제점을 정리해 보기로 한다.

1. 지배구조 기본체계상 문제점 내포

1.1 지배구조체계의 모순

현행 법규상 우리나라 금융회사 지배구조의 기본체계를 보면 이사회와 감사위원회의 권한 행사에서 모순이 발생하고 있다. 이사회는 업무집행에 관한 의사결정과 업무집행기능 이외에 업무집행에 대한 감독기능까지도 함께 수행하게 된다. 이에 따라 이사회가 자신의 의사결정과 업무집행에 대하여 스스로 감독하게 되는 모순이 발생하고 있다. 영미법계의 이사회는 일상적인 업무집행에 관한 의사결정과 업무집행은 집행위원회(집행임원제)에 위임하고, 집행임원에 대한 감독기능을 중점적으로 수행한다. 그리고 독일법계의 이사회는 감사회의 감독하에 업무집행에 관한 의사결정과 업무집행을 수행한다. 이같이 외국의 회사 이사회의 경우 업무집행과 감독기능이 명확하게 구분되어 있는 데 반해 우리나라의 경우는 그렇지 않다.

또한 감사위원회는 이사회의 내부조직임에도 불구하고 회사 감사와 같은 기능을 부여함으로써 이사에 대한 포괄적인 감사권을 가지므로 결과적으로 이사회의 하부조직인 감사위원회가 상부조직인 이사회의 구성원에 대하여 감사하게 되는 모순이 발생하고 있다. 특이한 것은 상법상 감사위원회제도를 도입하면서 의결사항을 이사에게 통지하고, 통지를 받은 이사는 이사회를 소집할 수 있으며, 이렇게 소집된 이사회는 감사위원회 의결사항을 다시 의결할 수 있도록 하여 이사회가 감사위원회의 권한을 무력화시킬 수 있었다. 그러다가 2009년 개정 상법에서 감사위원회의 결의사항은 이사회에서 재결의하는 것을 금지하도록 개정하여 감사위원회의 독립성을 확보할 수 있도록 하였다.[1]

그리고 감사위원회 위원이 이사의 자격으로 이사회와 타 소위원회에 참여하면서 다른 한편으로 감사위원회 구성원으로 이사를 감사하는 제도하에서는 감사기능의 객관성과 공정성이 침해될 가능성이 높다. 영미법계의 감사위원회는 이사 또는 경영진의 경영활동에 대한 포괄적인 감사권을 가지지 아니하고, 회계감사와 내부통제를 중심으로 감사권한을 행사한다. 독일법계의 감사는 이사회와 독립적으로 구성되어 이사회 또는 경영진의 경영활동에 대한 포괄적인 감사권을 행사한다.

이와 같이 우리나라 금융회사의 경영감독기능에 있어 이러한 문제[2]가 발생하게 된 것은 1999년 12월 상법 개정 이후 영미법계 제도를 도입하는 과정에서 금융회사의 지배구조에 대한 명확한 체계를 설정하지 않고 종전의 법규정 위에 영미법계 규정을 단순히 추가하였기 때문이다.

따라서 우리의 금융 현실에서 금융회사의 지배구조 조직이 제 기능을 다하기 위해서는 지배구조 체계를 명확하게 구축할 필요가 있다고 하겠다. 최근에 금융회사가 점차 대형화·겸업화되고 있어서 감독기구의 행정지도로 경영투명성을 제고시키는 데 한계가 있고, 외국 금융자본의 유입 증가로 외국인의 경영참여가 점차 증가되는 상황이므로 금융회사의 지배구조 체계를 명확하게 구축할 필요성이 증대되었다. 특히 우리나라 금융산업에 있어서는 금융자본가가 제

1) 상법 제415조의2 제6항.

2) 이는 금융회사뿐만 아니라 일반회사의 경우도 마찬가지이다.

대로 형성되지 못하여 정부 또는 외국인, 재벌그룹이 지배주주인 금융회사가 많은 실정이므로 지배주주의 전횡과 독주를 견제할 수 있는 지배구조가 필요하게 되었다. 지배주주가 금융회사의 중요결정에 깊이 관여하고, 이사회는 이를 형식적으로 뒷받침하고 있는 금융 현실에서는 명확하지 않은 지배구조체계로는 지배주주의 전횡과 독주를 견제하거나 예방하는 데 역부족이기 때문이다. 또한 금융회사에 있어서는 주주의 이익뿐만 아니라 예금자 등 고객의 이익도 보호되어야 하는 것은 물론, 금융회사의 부실화가 심해지면 경제전반에 미치는 영향도 지대하게 되므로 금융회사의 지배주주 또는 경영진의 전횡과 독주를 강력하게 견제하고 통제할 수 있는 지배구조가 절대적으로 필요하다 하겠다.

1.2 금융회사 규모별 지배구조체계의 상이

종전의 금융관계법에서부터 시작하여 현행 금융회사지배구조법에서는 해당 금융회사의 직전 회계연도말 자산총액 또는 신탁재산 등 외형적인 규모에 따라 지배구조 체계를 다르게 형성할 수 있도록 규정되어 있다. 이는 소형 금융회사에 대하여 사외이사를 임명하고 감사위원회를 설치하는 등 이사회제도 운영에 따른 조직 및 경비 부담을 줄여주기 위하여 종전의 지배구조 체계를 그대로 유지할 수 있게 한 것으로 보인다. 그러나 소형 금융회사의 경우에는 통상 소유지분이 집중되는 경우가 많아 지배주주의 전횡이나 독주의 가능성이 더욱 높을 것으로 예상되기도 한다.

또한 금융회사의 자산총액과 신탁총액 규모는 영업실적에 따라 수시로 변동되는 항목이므로 동일한 금융회사에서도 영업실적에 따라 매년 다른 지배구조를 선택할 수 있어서 동일한 지배구조 체계가 지속적으로 형성되지 못할 가능성도 내재하고 있다.

2. 금융회사 기관간 권한과 기능의 중첩

2.1 이사회와 감사위원회의 권한 중첩

1999년 12월 상법 개정 이후 이사회에 경영감독권이 추가되고, 감사위원회도 이사의 경영활동에 대한 포괄적인 감사권을 가지므로 이사회의 경영감독권과 감사위원회의 감사권이 서로 중첩되고 있다. 이는 1999년 12월 상법 개정시

감사위원회의 권한을 규정하면서 포괄적인 감사권을 가진 종전의 감사의 권한을 준용하였기 때문이다. 이에 따라 이사회와 감사위원회가 경영감시에 대한 책임을 서로 미루게 되고 책임규명이 불투명해져서 경영감시 기능이 오히려 위축될 가능성이 높다고 할 수 있다. 본래 영미법계에서 이사회는 경영감독권 중에서 회계감사권과 내부통제권을 감사위원회에게 위임[3]하고, 그 이외의 경영감독권을 계속 행사하므로 이사회와 감사위원회 사이에 권한과 책임범위가 명확하게 구분되고 있다.

2.2 회계감사기능에 대한 이중적 제도

우리나라의 상법상 감사위원회 제도와 「주식회사의외부감사에관한법률」(이하 "외감법"이라 한다)상 회계감사인 제도는 모두 독립적이고 전문적인 회계감사를 수행하기 위한 제도이므로 두 제도가 중복적인 성격이 강하다. 회계감사인 제도는 종전의 감사가 기업의 내부조직이므로 회계감사의 객관성과 투명성이 유지되기 어려울 것으로 예상되어 일정규모 이상의 기업에 대해 기업과 관계없는 외부 전문가(공인회계사)로 하여금 회계감사를 하도록 마련된 것이다. 그러나 지배주주 또는 경영진으로부터 독립성이 강한 감사위원회 제도가 도입된 이후에는 회계감사와 관련하여 감사위원회 제도와 외부감사인 제도가 중복적인 성격을 띠기 시작하였다.[4] 본래 영미법계에서 외부감사인 제도는 경영진으로부터 독립적으로 구성된 감사위원회가 회계감사 업무를 수행함에 있어서 전문적인 조력을 받기 위해 선임하는 감사위원회의 하부조직이다.[5]

현행 상법상 감사위원회는 영미법계의 감사위원회와 그 성격이 다르고, 외감법에 의한 회계감사는 회계감사인의 고유권한이기 때문에 감사위원회의 역할은 사실상 매우 좁혀지게 되었다. 현행 외감법상으로 회계감사인의 선임은 감사 또는 감사인선임위원회(감사위원회)의 승인을 받아 결정하고, 회계감사인의 감사보고서는 주주총회에서 승인되도록 규정하고 있다. 이에 따라 금융회사의 경영활동이 대부분 회계사항과 관련이 되어 있음에도 감사위원회가 회계감사업무에

---

3) 미국의 '변호사협회(ABA)'와 '허위재무보고에 관한 국가위원회(NCFFR)'도 감사위원회가 회계감사와 내부통제 기능을 중점적으로 수행토록 권고하고 있다.
4) 정찬형, 전게서, 855면.
5) 영미에서는 감사위원회가 외부감사인을 지명하거나 외부감사인이 감사위원으로 선임되는 사례가 많다.

는 사실상 개입하기 어렵기 때문에 다른 감사기능도 제대로 수행하기 곤란하다고 할 수 있다.

2.3 감사위원회와 준법감시인의 업무 중첩

준법감시인은 법적인 지위와 업무처리에 대해서 감사위원회와 명확하게 구별되지만, 업무영역면에서는 아래 <표 12-1>에서 같이 감사위원회와 중복되는 부분이 많다. 준법감시인이 임직원의 내부통제기준 준수여부를 조사하는 권한은 감사위원회의 준법성 감사권과 사실상 중복된다. 이는 상법상 감사 또는 감사위원회의 권한에 위법성 감사권이 포함됨에도, 금융회사의 내부통제 강화 및 임직원 불법행위 예방을 위해 별도의 준법감시인제도를 도입하였기 때문이다.

한편 영미법계 국가에서 준법감시인은 최고경영자(CEO 등)가 임직원의 불법행위를 감시하기 위하여 자체적으로 임명하는 조직이고, 감사위원회는 위법성 감사권은 가지지 아니하므로 감사위원회와 준법감시인 사이에 중복의 소지가 적다. 그렇지만 우리나라의 경우는 영미와는 달리 감사위원회와 준법감시인 사이에 권한과 업무영역에 중복이 발생하게 되고, 금융회사 내에서 준법감시인의 지위와 역할이 제대로 설정되지 못하고 어정쩡하게 운영되고 있는 실정이다.

표 12-1 현행 법규상 감사위원회와 준법감시인의 비교

	감사위원회	준법감시인
법적지위	– 지배구조체계상 기구	– 이사회의 단순 보조조직
법적효과	– 독자적인 처리권한을 가지며, 처리결과가 금융회사에 귀속	– 독자적인 처리권한이 없으며 처리결과가 금융회사에 귀속 안 됨
업무범위	– 재무감사, 업무감사, 준법감사, 경영감사, IT감사 – 전반적인 내부통제시스템에 대한 평가 및 개선방안 제시 –내부감사 부서장 및 직원 임면에 대한 동의 – 회계감사인의 선임 승인 – 회계감사인의 감사활동 평가 – 감사결과 지적사항 조치 – 준법감시인의 보고사항 조치 – 기타 법령 및 정관에서 정한 사항과 이사회가 위임한 사항	– 임직원의 내부통제기준 준수 여부 점검 및 조사 – 내부통제기준 준수매뉴얼 작성·배포 – 주요 일상업무에 대해 법규준수 측면에서 사전검토 – 법규준수 관련 직원 교육 – 임직원 윤리강령의 제정, 운영

3. 사외이사와 감사위원회의 독립성 · 전문성 미흡

3.1 사외이사의 독립성 · 전문성 부족

사외이사의 독립성에 관해서는 현행 금융회사지배구조법에 비교적 잘 규정되어 있다고 보여 진다. 사외이사의 자격제한을 상세하게 규정하고 있고, 사외이사의 독립성 요건도 영미법계에서 강조하는 경영자로부터 독립성뿐만 아니라 지배주주로부터의 독립성도 규정되어 있으므로 영미법계의 독립성 요건보다 강화되어 있다고 하겠다.

그러나 사외이사의 독립성이 더욱 강력하게 유지되기 위해서는 다음 몇 가지 미비했던 사항이 그동안 일부는 제도적으로 보완되기도 하였지만 더욱 개선될 여지가 있어 지적한다.

첫째, 대주주나 지배주주와 그 특수관계인의 사외이사 자격제한과 관련하여 종전에는 다른 금융회사와는 달리 은행의 경우에는 은행법규에 의하여 사외이사 자격이 허용되고 있었다. 이에 따라 일부 은행에서 지배주주의 임직원 및 지배주주가 추천한 인사가 사외이사로 선임되는 사례가 발생하였다. 그런데 금융회사지배구조법을 제정하면서 이러한 금융회사간 규제 차이는 통일적으로 규정함으로써 개선되었다.

둘째, 사외이사 선임절차와 관련하여 사외이사는 임원후보추천위원회(종전은 사외이사후보추천위원회)의 추천으로 주주총회에서 선임되고, 임원후보추천위원회는 3명 이상 위원으로, 과반수(종전 1/2 이상)를 사외이사로 구성하여야 하며, 위원장은 사외이사이어야 한다. 그러나 대부분의 금융회사에서 최고경영자(CEO)가 임원후보추천위원회의 위원으로 참여하고 있다. 최고경영자가 사외이사 후보추천과정에 참여하는 것은 사외이사의 독립성을 저해할 소지가 있으므로 경영진 견제 · 감시라는 사외이사의 주요 임무에 부정적인 영향을 미친다고 할 수 있다.

셋째, 사외이사의 임기와 관련하여 대부분의 금융회사가 통상 1~2년 임기로 운영하고 있다. 사외이사의 임기를 단기로 운영하는 것은 사외이사 인력풀이 형성되어 있지 아니한 상황에서 부적격인사를 원활하게 교체한다는 취지는 좋으나 지배주주 또는 최고경영자(CEO)에 대한 견제기능이 약화될 소지가 있다고 보여진다.

넷째, 지배주주 또는 경영진의 전횡이나 독주를 예방하기 위해서는 소수주주를 대변할 수 있는 사외이사도 필요함에도 불구하고, 현행 법규에서는 소수주주의 주주제안권[6]만 허용한 반면 지배주주의 의결권을 제한하지 않아서 오히려 소수주주의 참여기회를 제한하고 있다는 지적이 있다. 예를 들면, 사외이사 선임시 지배주주의 표결권을 제한하는 규정이 미비하다.[7] 또한 대부분의 금융회사가 정관에서 집중투표제도를 배제하고 있기 때문에 집중투표제는 유명무실한 제도로 전락하여 금융회사의 소수주주를 대변하는 사외이사 선임은 사실상 불가능하다고 보여진다. 그리고 사외이사 자격제한 규정 중 "해당 금융회사의 1% 이상 주식을 보유하고 있는 자(금융지배법 제6조 제1항 8호)"의 요건[8]은 오히려 금융회사의 소수주주가 사외이사로 선임되는 것을 제한시키는 결과를 초래하고 있다는 것이다.

다섯째, 사외이사가 이사회에 참여하여 의견을 개진하고 경영진을 감독하기 위해서는 금융회사 업무에 대한 전문적인 지식이 절대적으로 필요함에도 사외이사의 전문성 확보를 위한 규정이 종전 금융관계법에서는 미비하였다. 이에 현행 금융회사지배구조법에서는 사외이사의 전문성 규정을 입법하였으나 포괄적으로만 규정하고 있다. 이리하여 아직도 금융업무에 관한 경험이 전혀 없는 인물이 사외이사로 선임되는 사례가 있다. 또 금융 실무경험이 부족한 인사들, 즉 이론 중심의 교수, 정책 경험의 공무원, 권력기관 출신의 인사를 사외이사 선임의 선택지로 할 수 밖에 없는 소지가 다분하다.

여섯째, 사외이사제도와 관련하여 보완하여야할 사항으로 사외이사의 책임문제를 들 수 있다. 사외이사에 대한 현행 제도의 가장 큰 문제점으로 보수·권한에 비해 상대적으로 높은 책임을 지적할 수 있다. 그동안 상법에서는 사외이사와 사내이사의 법적 책임에 차이를 두지 않고 사외이사가 이사회 결의에 참여하여 적극적으로 반대 표시를 하지 않은 경우 연대책임을 지도록 하고 있었

---

6) 6개월전부터 계속하여 금융회사의 의결권있는 발행주식 총수의 0.1% 이상에 해당하는 주식을 보유한 소수주주는 사외이사후보를 추천할 수 있는 주주제안권을 행사할 수 있다(금융지배법 제17조 제4항).

7) 사외이사인 감사위원의 선임과 상근감사위원의 선임에 있어서는 주주 또는 최대주주의 의결권을 3%로 제한하는 규정을 두고 있다.

8) 상법에서는 사외이사후보추천위원회에서 사외이사를 추천할 경우 상장법인의 0.1%(자본금 1천억원 이상일 경우는 0.05%) 이상인 주주가 추천하는 후보는 반드시 포함하도록 하고 있다(상법 제542조의8 제5항).

다. 그러다가 2011년 개정 상법에서 회사에 대한 이사의 배상 책임에 관해 고의 또는 중대한 과실로 회사에 손해를 발생시킨 경우 등을 제외하고는 이사의 최근 1년간의 보수액의 6배(사외이사는 3배) 이내로 책임을 제한하고, 이를 초과하는 금액에 대하여는 면제할 수 있도록 이사의 책임을 감경하는 것으로 개선하였다.[9] 이렇게 보면 상법은 사외이사의 회사에 대한 책임 정도를 사내이사의 절반에 해당하는 것으로 계산하고 있다. 또한 최근에 이슈가 되고 있는 집단소송제가 적극 도입된다면 이사의 손해배상책임 부담이 현저히 증가되게 되는데, 이 경우 금융회사들이 사외이사 선임에 어려움을 겪을 수도 있을 것이다. 따라서 임원배상책임보험을 적극 활용하는 등 이에 대한 보완 대책이 필요하다 하겠다.

일곱째, 사외이사제도 운용과 관련하여 집행임원제의 도입 문제를 검토하여야 한다. 사외이사제도의 도입으로 등기임원 수가 감소하고 비등기임원, 소위 집행간부가 증가하고 있다. 대부분의 금융회사에서 업무집행을 담당하는 대표이사를 보좌할 인력으로 집행간부진을 구성하여 운영하고 있다. 이러한 집행간부는 종전의 상임이사 역할을 하지만 상법상 이사는 아니므로 업무집행에 따른 책임은 법상 책임이 아니라 고용계약상 책임에 불과하다. 임기에 있어서도 각자 고용계약에 따르겠지만 통상 1년으로 운영되고 있는 실정이어서 신분의 불안정에 따른 업무효율성 문제가 제기되고 있다.[10]

3.2 감사위원회의 독립성 · 전문성 부족

감사위원회의 독립성과 관련하여 현행 금융회사지배구조법에서 잘 규정되어 있다고 보지만, 다음 몇 가지 미흡한 사항에 대하여는 더 보완할 필요가 있다고 하겠다.

첫째, 감사위원의 자격과 관련하여 종전에는 사외이사인 감사위원에 대해서는 사외이사의 자격제한 규정이 적용되지만, 상근감사위원에 대해서는 상근감사 또는 임원의 자격제한 규정이 적용되어 독립성 관련 규정이 다소 미흡하였다. 예를 들면 사외이사의 자격제한 요건 중 지배주주와 경영진과 그 특수관계인은 모두 해당되지만 회사의 이해관계자(회계, 세무, 법률 등 자문용역제공자 등)가

9) 상법 제400조 제2항 신설.

10) 금융회사지배구조법에서 임원의 범위를 넓혀 종전의 집행간부를 (주요)업무집행책임자라고하여 포함하고 있지만 그들의 업무권한이나 임기를 보장하는 것은 아니다.

상근감사위원의 자격제한 요건에 포함되어 있지 않았다. 그런데 현행 금융회사지배구조법에서는 상근감사위원도 사외이사의 자격관련 규정을 그대로 적용하도록 하여 이러한 문제를 해소하였다.

둘째, 상근감사위원의 선임과 임기와 관련하여 금융회사는 정관으로 정하여 자율적으로 운영하고 있다. 일부 금융회사에서 상근감사위원을 선임하지 않는 경우도 많고, 임기도 상임이사의 통상적 임기인 3년보다 단기로 운영하고 있는 경우가 있다. 이는 감사위원회에 의한 경영진 견제가 곤란하여 감사기능이 저하되고 독립성이 저해될 소지가 많다고 하겠다. 또한 종전에는 상근감사위원과 비상근감사위원의 선임절차가 다르고 감사위원의 결원 시에 대비한 입법도 불비하였는데, 현행 금융회사지배구조법에서는 이를 일원화함으로써 감사위원회의 독립성과 안정성 확보가 보완되었다.

셋째, 감사위원의 타직무 겸직과 관련하여 상근감사위원은 감사위원회 직무 이외의 직무를 겸직하지 못하도록 제한하고 있으나 비상근감사위원의 경우는 감사위원회 이외의 다른 위원겸직이 제한되어 있지 않다. 실제 금융회사의 사외이사제도 운용시에서 이러한 사례가 많이 발생하고 있다. 이는 사외이사 수가 충분하지 못하여 현실적으로 불가피한 측면도 있으나 감사위원이 감사대상이 되는 업무에 관한 의사결정에 참여하고 있다는 체계상 모순 외에 감사위원의 독립성 확보차원에서도 문제가 된다 하겠다.

넷째, 종전에 상법상 감사위원회 결의사항에 대하여 이사회 재의결이 가능했다. 실제 금융회사의 제도 운용사례에서도 이러한 사례가 발생하였다. 이는 앞에서 지적한 지배구조 체계상 모순 문제 외에도 감사위원회의 경영감시기능 약화 등 독립성이 저해될 소지가 매우 컸다고 보여진다. 이에 따라 2009년 개정상법 에서 이러한 문제를 개선하도록 감사위원회 결의사항에 대한 이사회 재의결을 금지하도록 개정하였다.

다섯째, 금융회사의 감사위원회가 제 기능을 다하기 위해서는 금융업무 또는 감사업무, 회계업무 등에 대한 전문적인 지식이 필요함에도 종전 금융관계법에서는 감사위원의 전문성을 확보하기 위한 규정이 미흡하였다. 이에 현행 금융회사지배구조법에서는 적극성 요건을 구체화하여 규정함으로써 이를 보완하였다. 그럼에도 감사업무 또는 회계업무에 전혀 경험이 없는 인물이 감사위원으로 선임되는 사례가 발생하고 있다. 전문성이 부족한 감사위원이 선임될 경우 감사위원회의 감사기능은 크게 위축된다고 볼 수 있다.

4. 이사회와 감사위원회의 실질적 운영 미흡

영미법계 지배구조 체계를 채택하고 있는 금융회사에 대하여 사외이사중심의 이사회제도 운영상황을 보면, 사외이사와 감사위원회의 활동이 점차 활발해지고 그 운영방법도 정착되어가고 있는 것으로 평가된다. 하지만 아직은 기대한 것만큼 성과가 완전한 것은 아니라고 여겨진다. 이러한 현상은 특정한 금융회사만의 문제가 아니라 전체 금융권에서 공통적으로 발생하는 문제로 보여 진다.

1999년 12월 상법 개정이후 이사회의 권한과 기능이 강화되었으나 이사회의 운영실태는 상법 개정 이후에도 여선히 큰 변화가 없는 것으로 보인다. 대다수 금융회사에서 이사회가 일상적인 의사결정권과 업무집행권을 집행위원회에 위임하지 않고 있으며, 최고경영자가 이사회 의장도 겸직하지 못하도록 하였음에도 이사회가 경영감독기능에 충실하고 있다고 보기 어려운 게 사실이다. 또한 이사회 개최 횟수도 정기이사회, 임시이사회 포함하여 많아야 연중 평균 월 1회 정도를 개최하고 있으므로 이사회가 그렇게 활발하게 운영된 것으로 보기는 곤란하다.

사외이사의 경우도 이사회 참석률은 높은 편이나, 원안가결률이 거의 100%에 가까운 것을 보면 사외이사가 금융회사의 이사회에는 열심히 참석하지만 전문지식과 정보의 부족 등으로 그 역할을 제대로 하지 못하고 단순한 '거수기'에 불과한 것으로 해석될 소지가 있다. 물론 원안가결률이 높다고 하는 것은 사외이사의 역할이 미흡해서가 아니라 회사에서 미리 안건을 면밀히 검토하여 통과될 가능성이 있는 것만을 안건으로 상정하는 데도 그 이유가 있고, 또한 안건에 대한 회사측의 충분한 설명과 토론이 있어 그럴 수도 있다. 이러한 점을 전제로 한다면 사외이사제도의 도입취지는 충분히 실현되고 있다고 할 수 있다. 그러나 실제로는 사외이사가 금융회사로부터 충분한 정보를 제공받지 못하고 사외이사들 사이에 정보교류도 활성화되지 못하고 있는 경우가 적지 않다는 데 문제가 있다.

감사위원회의 경우에도 외형적인 구성면에서는 관련 법규에 충실하게 되어 있으나, 금융회사의 운영상황을 보면 지배주주 또는 경영진에 대한 견제·동세 기능 수행에 그리 활발한 것은 아닌 것으로 보인다. 감사위원회는 통상 분기 1회 정도 개최하고, 안건도 연평균 20여건이지만 그중 절반정도는 단순보고사항이고, 원안가결률은 99% 이상이어서 심의에 있어서 다소 형식적인 면이 있는 것으로 보여 진다.

Ⅱ. 금융회사 지배구조의 개선방안

지금까지 IMF 외환위기 이후 각 금융관계법률에 따라 순차적으로 도입되고 2016년 금융회사지배구조법이 통합·제정되어 운영되고 있는 금융회사를 중심으로 한 영미식 지배구조 제도와 그 문제점을 알아보았다. 이하에서는 이를 토대로 우리나라 금융회사의 경영 건전성과 투명성을 보다 높이기 위한 지배구조의 모습은 과연 무엇인지, 그리고 현행 지배구조 제도가 보다 효율적으로 운용되어 금융회사의 책임경영체제가 확보되기 위해서는 무엇을 개선해야 하는지를 검토해 보기로 한다.

우리나라 기업의 대표격인 금융회사의 발전이 국가 경제 발전의 초석이 될 수 있도록 그 지배구조를 확실하게 구축하여 기업경영의 투명성과 효율성이 보장되도록 할 필요가 있다. 이를 위해서는 지배구조의 기본체계를 새로이 구축할 필요가 있다. 그 방안을 제시하자면 중장기적으로 금융회사의 이사회와 감사기구를 별도 조직으로 분리하는 이원적인 지배구조 체계를 구축하는 것이 바람직하다. 또 감사기구(감사회)의 권한과 역할을 확대하고 감사와 사외이사의 선임에 소수주주의 참여기회를 더욱 확대하는 것이 좋다고 생각한다.

그러나 현행 지배구조 체계를 변경하는 데에는 또다시 많은 연구 검토와 사회적 합의가 필요하고 관계법률의 개정 등 절차와 시일이 많이 소요되므로 우선적으로는 현행 지배구조 체계를 유지하면서 관계법규의 일부 개정 또는 행정지도 등을 통해 현재 시행되고 있는 제도와 운영실태를 개선해 나가는 것이 바람직하다. 이를 위해 현행 사외이사와 감사위원회의 독립성·전문성 강화 등을 통해 이 제도가 제 기능을 다할 수 있도록 적극 유도하는 한편, 지배구조체계의 각 구성요소, 즉 회사의 기관 조직과 그 구성원 사이의 권한과 업무분장을 분명히 하고 그 책임을 명료화하는 방법이 현실적이라고 할 것이다.

1. 지배구조 기본체계 개편방안

1.1 이사회와 감사기구의 병립체계 구축

(1) 기본 방안

현재 이사회의 내부조직으로 되어 있는 감사위원회를 [그림 12-1]과 같이 이사회와는 독립적인 조직인 감사기구(감사회)로 전환하여 금융회사의 지배구조 틀을 이사회와 감사기구가 엄격하게 분리·병립되는 이원적인 체계로 구축한다.

이사회는 업무집행에 관한 의사결정권을 중점적으로 행사하고, 감사회는 이사와 경영자의 업무집행 뿐만 아니라 의사결정에 대한 포괄적인 감독권(위법성 감사권, 타당성 감사권, 회계감사권)을 행사할 수 있도록 권한을 강화한다. 이 경우 감사회는 이사에 대한 임면권과 경영참여권을 가지지 않으므로 독일법계의 이원적 중층체계인 '감사회(Aufsichstrat)'와는 성격을 달리한다.

그림 12-1 **금융회사의 지배구조 기본체계 개편방안**

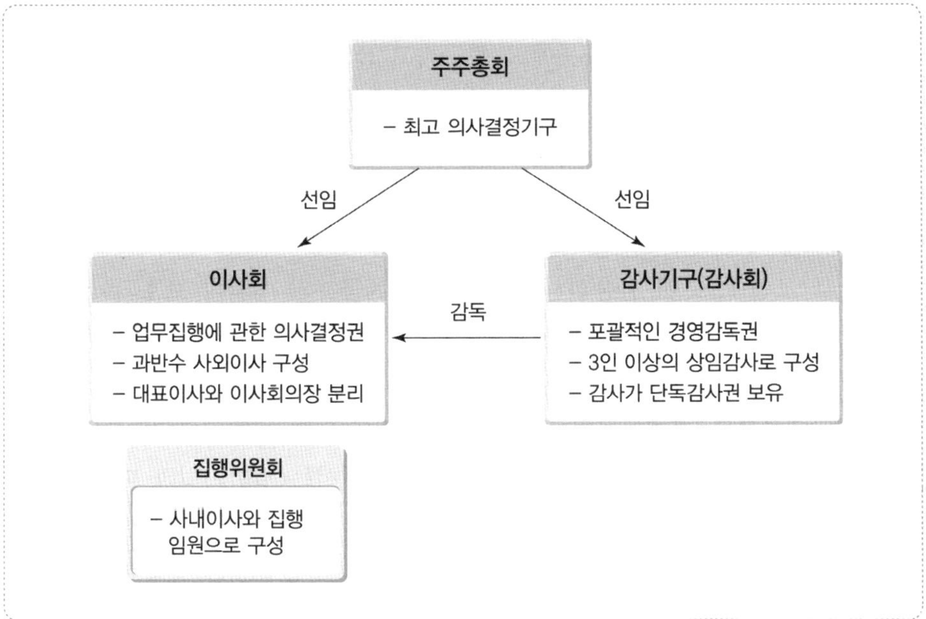

그리고 감사기구의 구성과 사외이사의 선임시에 지배주주의 영향력을 축소

하고, 소수주주의 참여기회를 확대하며 집중투표제를 의무화한다. 이로써 사외이사는 이사회 내에서 지배주주 또는 경영자에 대한 견제세력으로 활동하고, 감사회는 이사회와 독립된 위치에서 이사회의 전반적인 경영활동을 감독하게 된다. 이를 위해서는 현행 금융회사지배구조법 뿐만 아니라 상법까지도 개정해야 하므로 중장기적인 과제로 설정하여 추진하여야 할 것이다.[11)]

(2) 필요성 및 기대효과

앞에서 살펴본 바와 같이 우리나라가 영미법계 지배구조 체계를 도입한 이후 금융회사 지배구조가 꾸준하게 개선되어 왔음에도 그 기능이 기대와는 달리 제대로 다하지 못하고 있는 것은 우리나라 금융회사의 소유구조나 법규체제, 경제환경 등이 영미법계 체계와 부합하지 않기 때문으로 보인다. 영미법계 체계는 주식시장과 기업인수시장이 발달하여 기업활동에 대한 평가가 시장에 의해 적정하게 이루어지는 환경하에서 지배주주가 자신의 이익보호를 위해 이사회를 통하여 경영자의 대리인 문제를 해소하려는 과정에서 발전하였다.

그러나 우리나라의 경우에는 주식시장이나 기업인수시장이 크게 발전되지 못하고 있고, 정부 또는 외국인, 재벌그룹이 많은 금융회사를 지배하는 등 금융환경이 영미법계 국가들과 다름에도 불구하고 IMF 외환위기이후 금융구조개혁 과정에서 영미법계 지배구조 체계를 성급하게 도입하였던 것이다. 따라서 영미법계의 이사회와 감사위원회 제도를 현실에 맞게 개선할 필요가 있는데, 현행법상 감사기구를 이사회의 별도조직으로 분리하고 그 권한을 강화시키는 지배구조 체계가 우리나라 금융환경에서는 금융회사의 경영 투명성 향상에 크게 기여할 것으로 보인다. 특히 금융회사의 경우에는 예금자의 이익이 보호되어야 하는데 예금보험제도 도입으로 금융기관의 도덕적 해이에 대한 예금자의 감시유인(monitoring incentive)이 약화되고, 금융회사의 부실화가 경제 전체에 미치는 영향이 막대하므로 지배구조의 개선을 통한 경영의 투명성 강화가 무엇보다도 긴요한 과제라 할 것이다. 미국에서도 은행에 대해서는 일반기업과 다른 지배구조를 구축할 필요가 있다는 주장[12)]이 오래전부터 제기되고 있는 실정이다.

---

11) 김상규 교수도 감사위원회가 감사에 갈음한다면 대등하고 독립적인 형태의 지위가 주어져야 이사회에 대한 감독의 효율성을 기대할 수 있다는 점에서 이시회의 내부위원회가 아닌 독립된 감사기관으로서의 협의제 기관을 두는 방식의 개정이 필요하다고 한다(김상규, "감사위원회 위원의 선·해임에 관한 연구", 「상사법연구(제23권 4호)」(상사법학회, 2005. 2), 158면).

12) Macey and O'hara(2003)은 예금자의 이익을 보호하고, 예금보험제도에 따른 도덕적 해이

새로이 제시된 지배구조 기본체계 개편방안은 그동안 지속적으로 추진해 오던 영미법계 체계와 다르므로 금융회사의 혼란이 생기고 산업자본이 지배하는 금융회사의 반발 등이 예상되지만, 결국은 금융회사의 감사기능이 강화되어 경영의 투명성 향상에 기여함은 물론 현행 지배구조 체계와 비슷하여 적응에도 용이하며 모든 금융회사에 통일적인 지배구조 체계를 형성할 수 있는 등의 기대효과가 예상된다.

1.2 세부적 방안

(1) 감사기구의 권한과 역할 확대

감사회로 하여금 이사의 경영활동에 대한 위법성 감사권 뿐만 아니라 타당성 감사권과 회계감사권도 보유하는 포괄적인 감사기구의 역할을 수행토록 한다. 그리고 감사는 단독적으로 감사권을 행사(독임제)하도록 하고 감사회는 감사들의 합의체 조직으로 구성한다. 또한 금융회사의 종류나 규모에 관계없이 감사회는 주주총회에서 선임되는 3인 이상의 감사로 구성한다. 다만 상호저축은행 등 영세한 금융회사에 대해서만 감사의 수를 3인 이하로 운영할 수 있도록 탄력성을 부여한다. 여기서 구상하는 감사회는 영미법계 감사위원회 또는 독일법계 감사회(Aufsichstrat)와는 성격이 다른 조직이다. 이를 비교해 보면 <표 12-2>와 같다.

표 12-2 감사회(안)의 영미법계 및 독일법계와의 비교

	영미법계 감사위원회와 비교	독일법계의 감사회와 비교
유사점	• 지배주주 또는 경영자로부터 독립적으로 구성 • 회계감사권 보유	• 이사회와 독립적으로 구성되는 합의체 조직 • 감사가 단독감사권을 보유
상이점	• 이사회와 분리된 조직 • 경영활동에 대한 포괄적인 감사권 보유 • 순법감시인도 통합	• 이사회와 동등한 위치 • 이사에 대한 임면권과 경영 개입권을 가지지 않음 • 근로자대표가 참여하지 않음

등을 방지하기 위해서 은행에 대해서는 일반기업과 다른 지배구조 체계(예: 독일법계) 채택을 주장하고 있나(Jonathan R. Macey and Maureen O'hara, "The Corporate Governance of Banks", *FRBNY Economic Policy Review*(Volume 9, Number 1), April 2003, p. 92). http://www.ny.frb.org/publications/frame2.cfm?url=%2Fresearch%2Fepr%2Findex%2Ehtml 참조.

감사회의 권한과 업무영역도 준법감시인이나 회계감사인과 중복되지 않도록 관련 법규를 명확히 규정할 필요가 있다. 즉 감사회와 준법감시인의 권한과 업무 영역을 명확하게 구분(예컨대 준법감시인은 일상적인 상시감시업무에 중점을 두고, 감사회는 내부통제제도와 운영시스템에 대한 감사업무에 중점)하고, 감사회가 회계감사인을 지명토록 하며 회계감사업무에 대하여 회계감사인과 적극적으로 정보교환이나 협의할 수 있도록 한다.

그리고 감사회가 제 기능을 다하기 위해서는 감사의 독립성과 전문성 확보가 매우 중요하므로 이를 위한 상법 등 법규 정비도 필요하다. 즉 지배주주와 경영자로부터 감사의 독립성을 확보하기 위하여 독립성 요건이 엄격한 사외이사의 자격제한 규정을 감사(비상근 포함)의 자격제한 규정에 적용토록 하는 한편, 금융 또는 회계업무, 감사업무 등에 관한 전문적인 지식을 가진 자가 감사업무를 수행할 수 있도록 감사(비상근 포함)의 적극적인 자격요건도 구체적으로 규정토록 한다.[13)]

(2) 이사회 업무집행결정 기능의 중점화

이사회는 업무집행에 관한 의사결정 기능을 중점적으로 수행하도록 하고 경영감시 기능은 감사회에 이양토록 한다. 이 경우 이사회는 일상적인 의사결정과 구체적인 업무집행을 집행위원회(집행임원제)에 위임하며, 대표이사는 이사회로부터 위임받은 업무집행에 충실하기 위해 이사회의 수임기구 성격을 가지는 것이 바람직하다.

사외이사의 경우에도 독립성과 전문성이 중요하므로 법규를 더욱 보완할 필요가 있다. 즉 사외이사의 독립성 확보를 위해 사외이사 자격제한관련 규정을 명료하게 정비하여야 한다. 또 사외이사의 전문성 확보를 위해 사외이사에 대한 적극적인 자격요건을 현재보다 더욱 구체화하여야 한다.

사외이사의 인원 수와 관련하여 현재 운영상황을 보면 대부분의 금융회사에서 사외이사 인원을 비용 문제 등을 감안하여 가급적 법정 최소수준으로 운영하는 실정이다. 그렇지만 사외이사제도는 경영 효율성 측면보다는 경영 투명성 향상을 위해 필요한 제도이므로 사외이사가 이사회에서 지배주주와 경영자의 독주와 전횡을 견제토록 하여야 한다. 이를 위해서는 이사총수의 과반수를 차지

---

13) 금융회사 상근감사의 자격에 대하여는 현행 금융회사지배구조법에서 상근감사위원과 동일하게 사외이사 자격요건을 준용하고 있다(금융지배법 제19조 제10항).

하여 이사회를 구성하고, 이사회 의장은 반드시 사외이사가 맡도록 한 취지를 살려 사외이사중심의 이사회가 그 역할을 충실히 수행할 수 있도록 금융회사 및 이사회 구성원 모두가 최선의 노력을 하여야 할 것이다.

(3) 감사와 사외이사 선임시 소수주주의 참여기회 확대

새로이 제시된 지배구조 기본체계의 기능이 제대로 발휘되기 위해서는 감사회와 사외이사에 대한 지배주주의 영향력이 축소되고 소수주주의 참여기회가 확대되어야 하므로 감사와 사외이사 선임시에 지배주주의 의결권을 제한하고 집중투표제를 의무화하여야 한다. 현행 우리나라 금융회사의 소유구조 실태에 비추어 볼 때 지배주주의 지배권 남용을 억제하기 위해서는 감사와 사외이사 선임시에 지배주주의 영향력이 제한되는 것이 바람직하다. 이를 위해서는 사외이사 선임시에도 현행 상법상 감사 선임시 발행주식총수의 3% 초과주식에 대해 의결권을 제한하는 규정(제409조 제2항)을 적용토록 하고, 금융회사지배구조법상 사외이사 자격제한 규정중 소수주주(1% 이상 주주)의 참여를 제한하는 규정(동법 시행령 제8조 제3항 6호)을 보완하여야 한다. 그리고 금융회사의 경우에는 감사와 사외이사 선임시에 현행 상법(제382조의2)상 임의규정으로 되어 있는 집중투표제를 강제규정으로 변경하여야 한다.

이사회 또는 감사기구에 근로자대표가 참여하는 독일의 공동결정제도는 현재 대부분의 선진국에서 취하고 있는 주주자본주의 경제체제하에서 보면 법이론적인 근거가 취약하다고 본다. 따라서 기업지배구조는 기본적으로 주주의 이익이 보호되는 차원에서 설정되어야 하고, 근로자의 이익은 주주의 이익과 충돌되기 쉬우므로 별도의 계약(고용계약 등)에 의해 보호되는 것이 바람직하다. 그리고 현재 운영중에 있는 종업원지주제도를 통하여 경영활동 또는 경영감시활동에 참여하는 방법을 모색하는 것이 바람직하다.

(4) 이사의 내국인 확보 의무화

최근 우리나라 금융회사에 대한 외국인의 소유·경영지배가 빠른 속도로 확대되고 있는데, 외국계 금융회사의 경영진과 이사회가 외국인 위주로 구성되고 있어 여러 가지 문제를 야기하고 있다. 이에 따라 금융회사의 제반 영업여건에 대한 국제적 정합성은 유지시키되 국내 법규와 감독규제, 기업문화 등 제반 국내 상황에 조화된 경영이 이루어질 수 있도록 하기 위하여 주요국처럼 금융회사의 이사회 구성시에 이사의 일정비율(예: 총수의 50% 이상)을 내국인으로 의무화할 필요가 있다. 미국의 경우 국법은행의 모든 이사는 미국 시민권자어야 하고(National Banking Act, Sec. 72), 뉴욕 주법은행의 이사 중 1/2 이상은 미국 시민권자어야 한다(뉴욕주 Banking Law §7001). 캐나다, 필리핀과 싱가포르의 경우에도 내국인의 이사회 구성비중이 2/3 또는 50%를 상회하도록 규제하고 있다.[14] 이와 같은 금융회사의 이사회 구성에 대한 이사의 국적 제한은 장단점은 있겠지만 금융회사의 지배구조 형성에 큰 영향을 미치게 되고, 결국은 국내 외국계 금융회사의 건전성 제고와 투명성 향상에 도움을 주게 될 것이다.

2. 현행 제도 보완 및 운영 개선방안

2.1 사외이사의 독립성 · 전문성 강화

(1) 사외이사의 개념 재정립

사외이사란 일반적으로 전문지식과 능력을 갖추고 회사의 일상업무를 담당하지 않으면서 경영진과 지배주주로부터 독립적인 지위에서 이사회 활동에 참여하는 이사를 의미한다고 할 수 있다. 그런데 우리나라 종전 상법에서는 사외이사제도를 명문화하지 않으면서 감사위원회제도를 도입함으로써 그 취지를 긍정하고 있고 있을 뿐이고, 종전의 금융관계법에 이어 현행 금융회사지배구조법에서도 사외이사의 개념을 적극적으로 정의하지 아니 하고 단순히 “당해 회사의 상무에 종사하지 아니하는 이사”로 규정하고 있다. 즉 사외이사의 독립성을 강조하는 개념을 전혀 사용하지 않고 있다. 미국 뉴욕증권거래소(NYSE)의 상장기준에서는 사외이사의 독립성을 강조한 개념으로 독립이사(independent director)라는 용어를 사용하고 있고, 영국 런던증권거래소(LSE)의 상장규칙에서도 사외이사를 비업무집행이사(non-executive director)로 표현하면서 과반수를 독립이사(independent director)이어야 한다고 하고 있다. 우리나라도 이제는 사외이사의 용어를 적극적인 개념으로 변경하는 것을 검토할 필요가 있다.[15]

14) 조태식, “외국계은행에 대한 외국인 이사제한”, 「금융시스템리뷰」(한국은행, 2005.1), 49면.

15) 상법에서는 감사위원회제도를 도입하면서도 사외이사의 정의를 두지 않았으므로 금융관계법에서와 같은 형식의 개념 정의가 필요하다는 상법개정의견을 제시하는 견해도 있었다(이형규, “상법중 회사편(일반)에 대한 개정의견”, 「상법개정연구보고서」(한국상사법학회 상사법개정연구위원회, 2005.8), 160면).

사외이사에 관한 우리나라 입법례를 좀 더 구체적으로 살펴보자. 종전의 은행법에서는 사외이사의 개념을 상기와 같이 정의하고 자격제한을 은행감독법규에서 정하고 있지만, 구 증권거래법에서는 "당해 회사의 상무에 종사하지 아니하는 이사로서 제54조의5 또는 제191조의16의 규정에 의하여 선임되는 자"라고 정의하여 사외이사의 개념에 자격제한을 포함하여 규정하고 있었다. 그러다가 2009년 상법 개정(2009.2.4. 시행)시에 사외이사에 대한 정의를 일반화하였다(상법 제382조). 종전의 증권거래법(제2조 제19항)에 규정되어 있는 사외이사에 대한 정의와 상법(제412조의 2 제2항)에 규정되어 있는 자격요건을 혼합, 문구조정하여 일반 주식회사에 모두 적용할 수 있도록 일반적 조항으로 규정하였다. 즉 '사외이사는 해낭 회사의 상무에 종사하지 아니하는 자로서 다음 각호의 어느 하나에 해당하지 아니하는 자를 말한다. 사외이사가 다음 각호의 어느 하나에 해당하는 경우에는 그 직을 상실한다' 라고 상법에서 사외이사의 정의를 자격요건을 포함하여 규정하였다. 그리고 이사 등기의 세분화를 통해 사외이사를 회사의 이사 종류중 하나로 분명하게 하였다(상법 제317조). 종전에는 등기사항으로 '이사, 감사의 성명과 주민등록번호'로 규정하던 것을 '사내이사, 사외이사, 그밖에 상무에 종사하지 아니하는 이사, 감사의 성명과 주민등록번호' 로 규정하여 이사를 세분화하여 등기하도록 하였다. 이는 사외이사에 대한 정의를 '회사'편에 도입함에 따라 이를 상무에 종사하는 사내이사와 구분하여 등기부상에 공시하도록 하는 취지이다.

한편 2016년 8월 시행된 현행 금융회사지배구조법에서는 사외이사의 정의를 상법과는 달리 '상시적인 업무에 종사하지 아니하는 이사로서 제17조(선임절차규정)에 따라 선임되는 사람을 말한다' 고 규정하였다(동법 제2조 4호). 이러한 사외이사 정의 역시 사외이사의 독립성에 대한 적극적 의미가 포함된 것이 아니므로 앞으로 독립성을 강조하는 정의 규정으로 개정하는 것이 바람직하다 하겠다.

(2) 사외이사의 자격 강화

종전의 금융관계법상 사외이사의 자격과 관련하여 보면 사외이사의 결격요건만 규정하고 있고, 적극적 자격요건은 입법하지 않고 있었다. 이에 따라 대부분의 금융회사에서 적극적 자격요건은 정관 등으로 규정하여 자율적으로 운영하고 있었지만, 이 경우에도 이사회 결의로 예외를 허용하고 있어 그 실효성이 떨어지고 있었다. 이에 대한 반성으로 2016년 8월 시행된 금융회사지배구조법에서는 사외이사의 전문성 요건을 신설하였다. 하지만 그 전문성의 판단은 금융회사의 자율적 판단에 일임하고 있어 객관성이 떨어지는 문제가 생긴다. 따라서 사외이사의 전문성을 강화하기 위한 자격요건은 금융회사의 자율적 운영에 맡겨두기 보다는 전문성 자격요건을 보다 구체화하여 규정하고 강행규정화하는 것이 바람직하다. 그리고 사외이사 자격이 있다고 판단한 사람을 사외이사로 선임하고자 할 때에는 그 사유 및 동등한 자격이 있다고 판단하는 근거를 경영공시 등을 통해 공시하도록 하면 부적격자가 선임되는 것을 예방할 수 있을 것이다.

또한 사외이사제도의 성패는 일차적으로 유능한 전문가를 영입할 수 있느냐에 달려있다고 해도 과언이 아닐 것이다. 그러나 우리나라의 경우 인적자원의 Pool 및 정보교류가 제한되어 있어 전문성을 가진 사외이사를 확보하는 것이 매우 어려운 실정이다. 이러한 문제점을 해결하기 위해서는 전문적인 인력뱅크를 활성화하여 인적 자원에 대한 정보를 상호 교환하고 공유할 수 있는 체제를 구축함과 아울러 정기적인 교육 등을 통해서 유능하고 전문성이 확보된 사외이사의 자원을 양성하는 제도적인 장치 마련도 필요하다고 하겠다.

(3) 사외이사 선임의 공정성 확보

금융회사의 사외이사는 임원후보추천위원회(종전 사외이사후보추천위원회)의 추천에 의해 선임되는데, 후보추천위원회는 3명이상 위원의 과반수(종전 1/2 이상)가 사외이사로 구성되지만 대부분 최고경영자(CEO)가 후보추천위원회의 위원으로 참석하는 데에 문제가 있다고 앞에서 지적하였다. 금융회사의 사외이사제도가 제대로 기능할 수 있도록 하기 위해서는 사외이사 선임과정의 공정성을 확보하는 것이 선결과제이므로 그 선임방식을 개선할 필요가 있다. 즉, 임원후보추천위원회를 구성함에 있어 위원의 2/3 이상을 사외이사로 구성하고 최고경영자(CEO)와 지배주주측 인사의 위원 자격을 배제하여야 할 것이다.

또한 사외이사가 경영진으로부터 독립적인 위치에서 업무를 수행할 수 있도록 회사·경영진·지배주주와 이해관계가 없는 자를 선임하도록 노력할 필요가 있으며, 금융회사와 이해관계가 있는 다른 회사의 사외이사로는 활동하지 않도록 적극 유도할 필요가 있다. 이를 위하여 미국의 사베인즈－옥슬리법(SOA)에서와 같이 사외이사 취임 승낙시(또는 이후) 회사·경영진·지배주주와 이해관계가 없고 금융회사와 이해관계가 있는 다른 회사의 사외이사로 재직하고 있지 않다는 확인서 등을 금융회사에 제출하게 하고 이를 공시하는 방안도 강구할 수 있을 것이다.

(4) 사외이사의 임기제도 개선

금융회사의 사외이사 임기가 통상 1~2년으로 운영되고 있어 자칫 경영진과 지배주주에 대한 견제기능이 약화될 우려가 있다. 반면 사외이사의 1~2년 임기제는 나름대로 장점이 있기 때문에 법규개정 등을 통해 장기화를 강제하는 것도 바람직하지는 않다. 따라서 사외이사의 임기는 원칙적으로 금융회사에서 특성에 맞춰 결정하도록 하는 것이 좋을 것이다. 그러나 사외이사의 기본기능인 경영진·지배주주 견제의 실효성 제고를 위해서는 회사 경영상태를 정확하게 파악할 수 있는 기간이 필요하다는 점에서 임기의 장기화를 유도할 필요가 있다고 하겠다. 만약 임기를 장기화할 경우 사외이사의 임기가 일시에 만료되는 것은 경영의 일관성 유지측면 등에서 바람직하지 않으므로 사외이사의 임기가 시차를 두고 도래하도록 하여야 할 것이다. 예컨대 사외이사의 임기를 3년으로 할 경우 일부 사외이사의 임기를 1년 또는 2년으로 하여 선임하는 방안을 고려해 볼 수 있겠다.

(5) 소수주주의 권익 확대

금융회사의 경영진과 지배주주를 견제하기 위해서 사외이사제도를 도입하였음에도 불구하고 막상 사외이사의 선임과 관련하여 소수주주의 참여기회는 많이 제한되고 있다고 지적하였다. 현행 상법상 주주총회에서의 소수주주권은 많이 강화되었고, 금융회사지배구조법에서는 사외이사 추천시에 소수주주가 추천한 후보를 반드시 포함시키도록 하였다. 그럼에도 불구하고 사외이사 선임시에도 감사위원 선임시와 같이 지배주주의 의결권을 제한하여야 할 것인지, 집중투표제를 의무화 할 것인지, 그리고 지분 1% 이상 소액주주의 사외이사 선임자격을 계속 배제할 것인지 등의 문제가 제기되고 있다. 앞서 언급한 사외이사 선임절차의 공정성 확보방안 등이 시행된다면 지배주주를 견제하는 기능은 더욱 강화될 것이지만 소수주주의 참여기회 확대는 또 다른 이슈이다. 이는 소수주주권의 강화 문제와 연계되어 추진되어야 하지만 앞에서 제시한 방안대로 개선되는 것이 바람직하다 할 것이다.

(6) 사외이사에 대한 업무지원 강화

금융회사에서 이사회와 이사회내 위원회의 활동을 지원하기 위해 통상 보조조직을 두고 있다. 대규모 금융회사인 경우는 전담조직을 두고 있지만 소규모 회사의 경우에는 비서조직에서 지원업무를 수행하는 경우가 많은데 업무의 전문성에 비추어 효과적인 지원에는 한계가 있다고 하겠다. 따라서 사외이사의 경영참여 활성화를 유도하기 위해서는 사외이사에 대한 업무지원(staff support)을 강화할 필요가 있다. 사외이사에 대한 체계적인 정보·자료제공을 위해 가급적 비서조직 등과 분리된 별도의 보조 전담조직을 설치하는 한편, 금융회사 경영에 대한 사외이사의 관심을 높이고 정보교류 및 의견교환의 활성화를 위하여 사외이사만의 경영간담회를 정기적으로 개최하도록 하는 것이 좋을 것이다.

2.2 이사회제도 개선을 통한 기능 활성화

(1) 이사회의 감독기능 강화

IMF 외환위기 이후 우리나라는 상법과 구 증권거래법, 금융관계법을 개정하여 이사회의 감독기능을 강화하기 위하여 영미식의 사외이사와 감사위원회 제도를 도입하였다. 2016년 8월부터는 금융회사지배구조법으로 동 규정을 통합하여 제도를 시행하고 있다. 그러나 금융회사를 중심으로 한 대규모 회사에서 사외이사중심의 이사회와 감사위원회 운영은 경영진과 지배주주를 견제하고 감시한다고 하는 당초의 취지가 제대로 발휘되고 있지는 않고 있다는 지적이 많다.

이와 같은 현상은 대표이사 등 주요 경영진이 대부분 이사회의 구성원으로서 그 상호간에 상하의 계층을 이루고 있고, 지배주주나 최고경영자가 사외이사를 추천하고 이사회를 지배하고 있으므로 경영진에 대한 이사회와 감사위원회의 감독기능은 그 실효성을 기대하기 어렵기 때문이다. 더구나 사외이사의 인원수를 최소화하기 위해 등기이사의 수를 최소화함에 따라 금융회사 등 대규모 회사의 경우에도 업무집행을 담당하는 사내이사는 대표이사를 포함하여 2~3명 정도에 불과하고 실제 업무 집행은 집행간부를 활용하고 있는 실정이다. 그런데 현재 금융회사의 집행간부는 통상 임원으로 불리고 있고, 현행 금융회사지배구조법에서 임원으로 분류하고 있지만 등기임원이 아니므로 선임에 있어서 아무런 법적 자격제한이나 신분보장이 없다. 업무집행에 대한 법률상의 권한과 책임도 없고, 고용계약상의 의무와 책임만 있을 뿐이다. 임기도 통상 1년으로 운영되고 있어 그 지위가 불안정하고 인사권자인 최고경영자에게의 종속화가 심화되는 문제가 있다. 따라서 이러한 현행 이사회제도의 문제점과 금융회사의 집행간부제의 실정을 감안할 때 집행임원제를 법정기관화함으로써 이사회의 본연의 감독기능이 제대로 발휘될 수 있는 여건이 형성된다고 할 수 있다.

(2) 집행임원제 도입

집행임원제와 관련하여 주요 외국의 예를 보면 대부분 회사의 업무집행기관과 그 감독기관을 제도적으로 분리하여 업무집행에 대한 실질적인 감독이 이루어지도록 하고 있다. 미국의 경우 대규모 공개회사에서는 업무집행은 이사회의 위임을 받은 집행임원이 담당하고 이사들로 구성된 이사회는 집행임원의 업무집행을 감독하는 시스템이다. 지난 2002년 7월 사베인즈-옥슬리법(SOA)의 제정으로 이사회의 감독기능을 한층 강화하였다. 독일에서는 감사회가 이사를 선임하고 그 이사들로 구성된 이사회가 업무집행을 수행하며, 감사회는 그 업무집행을 감독하는 이원적인 시스템이다. 이 또한 지난 1998년 「기업의감독및투명성에관한법률」(KonTraG)과 2002년 「투명성과공시에관한법률」(TransPuG)에 의하여 감사회의 감독기능이 더욱 강화되었다. 일본의 경우도 종전의 우리나라와 같은 회사 기관구조를 갖고 있다가 2002년 상법을 개정하여 대규모회사중심의 위원회등설치회사에 있어서 미국의 집행임원제와 같은 집행역제도를 도입하였다. 이와 같이 세계 각국에서 기업 경영의 건전성과 투명성을 확립하기 위해서 회사 이사회제도를 개선하여 업무집행기능과 감독기능을 분리하는 추세를 보이고 있는 것은 우리나라에도 시사하는 바가 매우 크다 하겠다.

집행임원제를 도입하는 경우에는 상법과 금융회사지배구조법을 개정하여 사외이사와 감사위원회 제도가 도입되어 있는 금융회사 및 대규모 상장법인에 대하여 그 채택을 의무화하는 것이 바람직하다 할 것이다. 이 경우 이사회가 집행임원에게 위임할 권한사항의 범위는 업무집행의 효율성을 감안하여 정하여야 할 것이고, 집행임원의 이사 겸직은 원칙적으로 금지하며 집행임원의 자격도 현행 사외이사의 자격요건을 참고하되 전문성 강화를 위한 적극적 요건을 명확히 하여 입법화하여야 할 것이다. 그리고 집행임원의 의무와 책임도 현행 상법상 이사의 의무와 책임에 관한 규정을 원칙적으로 준용하되 업무집행에 따른 책임범위를 명확히 하는 것이 바람직하다.[16)]

2.3 감시기관의 독립성 · 전문성 강화

(1) 내부감시기관인 감사위원회제도의 개선

1) 감사위원회의 구성 강화

현행 금융회사지배구조법에 의하면 감사위원회는 3인 이상의 이사로, 그 중 2/3 이상을 사외이사로 구성하도록 하고 있다. 이는 감사위원회의 독립성 및 감사업무의 객관성을 확보하기 위한 장치라고 할 수 있다. 우리나라에서 IMF 외환위기 사태가 발생한 원인의 하나가 감사기능이 제대로 수행되지 못한 데 있었다고 지적된다. 이처럼 감사기능을 제대로 수행하지 못한 이유는 감사로서의 신분이 독립적이지 못하여 대주주 내지 경영진에 의하여 그 지위가 좌지우지되었기 때문이다. 따라서 새로이 도입된 감사제도인 감사위원회가 감시기능을 효율적으로 수행하도록 하기 위해서는 감사위원의 지위에 대한 신분보장, 나아가 독립성의 보장이 중요하다고 할 수 있다. 이러한 점에서 미국과 같은 독립이사로만 구성된 감사위원회제도를 적극 도입하는 것이 바람직하다고 본다.

미국의 사베인즈-옥슬리법(SOA)에서는 모든 공개회사는 회사 내에서 감사업무를 독립적으로 수행할 수 있도록 경영진으로부터 독립된 독립이사로 구성된 감사위원회를 두도록 의무화하고 있다. 부보금융회사를 규율하는 연방예금보험법(Federal Deposit Insurance Act)에서는 총자산이 5억 달러 이상인 예금수취기관에 대하여 경영진으로부터 독립된 사외이사로 구성된 독립감사위원회(independent audit committee) 설치를 의무화하고 있다. 이와 같이 우리나라도 향후 금융회사의 감사위원회는 경영진과 지배주주와 실질적인 이해관계가 없는 이사, 즉 독립이사들로 구성될 필요가 있다. 이를 위하여 사외이사인 감사위원의 선임사실, 그리고 경영진과 지배주주와 실질적인 이해관계가 없다는 사실을 경영공시토록 하는 방법이 강구되어야 할 것이다.

또한 감사위원회의 구성과 관련하여 현행 금융회사지배구조법에 의하면 위

---

16) 집행임원제 도입방안에 대하여는, 차대운 · 정쾌영, "집행임원제도의 도입 필요성과 입법론적 과제", 「상장협」(제49호)(한국상장회사협의회, 2004.3); 양만식, "집행임원제도의 도입에 따른 지배구조론의 전개", 「상사법연구」(제24권 제1호)(한국상사법학회, 2005); 정쾌영, "임원제도의 도입에 관한 연구", 「상사법연구」(제22권 제5호)(한국상사법학회, 2004); 양동석, "집행임원의 역할과 법적 지위", 「상장협」(제48호)(한국상장회사협의회, 2003.9); 정찬형, "주식회사 지배구조관련 개정의견", 「상법개정연구보고서」(한국상사법학회 상사법개정연구위원회, 2005.8) 등 참조.

원의 2/3 이상을 사외이사로 구성하도록 하고 있을 뿐 상근위원의 존치 여부에 대하여는 규정하고 있지 않다. 이에 따라 금융회사들이 상근감사위원을 두는 것은 정관으로 자율적으로 운영하고 있고, 최근에는 일부 대규모 금융회사에서만 상근감사위원을 두고 있는 실정이다. 만약 금융회사가 감사위원회 구성을 비상근위원으로만 할 경우는 회사 업무에 대한 접근의 한계 및 이로 인한 정보의 비대칭성 등으로 인하여 감사기능의 약화를 가져올 소지가 많다. 따라서 대규모 금융회사의 경우에는 감사기능을 최대한 확보하기 위해서 상근감사위원의 설치를 법규화하여 의무화할 필요가 있다 하겠다.

한편 상근감사 의무설치 상장법인(자산 1천억원 이상)이 감사위원회 설치시 그 자율 구성 가능 여부가 문제가 되었다. 이에 2009년 상법 개정시에 상근감사 의무설치 상장법인이 자율적으로 감사위원회를 설치하는 경우 자산 2조원 이상 상장법인에 강제되는 감사위원회를 구성하지 않고 상법상 일반회사에 적용되는 감사위원회(제415조의2)를 설치할 수 있도록 하였다(상법 제542조의10 제1항 단서). 종래에는 유권해석에 따라 상근감사 의무설치 법인이 자율적으로 감사위원회를 설치하는 경우에는 자산 2조원 이상에 강제되는 감사위원회를 구성하도록 하여 혼선이 있었기 때문이다. 그리고 상근감사의 선임은 감사중 선임하는 것이 아니라 주주총회 결의로 하도록 명확히 하였다(동조 제1항 본문). 또한 상근감사의 자격요건과 관련하여 당해 회사의 상무에 종사하는 임직원 또는 퇴직 후 2년 이내의 임직원은 상근감사가 될 수 없다고 하여 상근감사의 연임 여부가 해석상 논란이 있었으나 당해 회사의 상근에 종사하는 이사 또는 피용자로 규정하여 감사를 제외함으로써 상근감사의 연임 여부를 명확히 하였다(동조 제2항).

2) 감사위원의 자격 강화

현행 금융회사지배구조법에 의하면 금융회사의 감사위원의 자격은 상근이든 비상근이든 동일하게 사외이사 자격제한 규정을 적용하도록 하고 있다. 그리고 상근감사도 대부분 사외이사의 자격제한을 적용하고 있다. 그런데 종전의 금융관계법에 의하면 상근감사위원과 상근감사의 자격제한이 사외이사의 그것보다 더 완화되어 있었기 때문에 회사 경영진과 지배주주에 대한 감시와 견제를 상시 담당하고 있는 상근감사(위원)의 독립성이 상대적으로 약화되어 있다고 지적되었다. 따라서 상근감사위원의 자격제한요건을 사외이사의 그것과 일치시킨 입법은 독립성 강화를 위해서 바람직한 결과라고 여겨진다.

또한 감사위원의 적극적 자격요건과 관련하여 현행 금융회사지배구조법에 의하면 1명 이상의 회계 또는 재무전문가를 의무화하고 원칙적으로 업계경력 5년 이상이라는 구체적인 자격기준까지 규정하였다(금융지배법 시행령 제16조 제1항). 그러나 종전에는 법규상 구체적인 자격기준이 없었기 때문에 대부분의 금융회사가 감사위원의 적극적 자격요건을 정관 등으로 정하여 자율적으로 운영하였고, 이사회에서 예외운영이 가능하여 제도상 실효성이 떨어진다는 지적이 있었다. 따라서 금융회사의 감사위원의 적극적 자격요건을 구체화하여 운영토록 한 것은 전문성 확보 차원에서 바람직하다 할 것이다.

참고로 미국의 경우 사베인즈-옥슬리법(SOA)에서 감사위원회 위원의 독립성과 전문성 요건을 구체화하고, 연방예금보험법에서도 감사위원의 전문성을 요구하는 등 감사위원회 위원의 자격요건을 구체화하고 있다.

3) 감사위원의 선임절차 보완

감사위원의 선임과 관련하여 구 증권거래법에 의하면 사내이사와 사외이사의 선임방식을 달리 정하고 있었다. 즉 사내이사인 감사위원회 위원은 주주총회에서 곧바로 감사위원으로 선임되지만, 사외이사인 경우에는 일단 사외이사후보추천위원회의 추천으로 주주총회에서 이사로 선임되고 이사회에서 감사위원으로 선임된다. 다만 상장법인 등의 경우 주주총회에서 감사위원 후보인 이사의 선임시 주주의 의결권 행사가 제한되므로 사실상 주주총회에서 선임하는 것과 마찬가지이다. 이에 따라 상장법인 등이 아닌 금융회사의 경우에는 감사위원의 선임절차가 이원화되어 있었다. 이렇게 될 경우 감사위원으로써 직무수행에 필요한 독립성과 법적 안정성을 충분히 달성할 수 없다는 문제점이 있다고 할 수 있다. 따라서 감사위원의 선임절차는 사외이사의 경우도 사내이사와 마찬가지로 곧바로 주주총회에서 선임하도록 일원화하는 것이 감사의 독립성 확보에 보다 충실하다는 지적이 있었다.

이에 2009년 개정 상법에서 이사·감사의 선임방법을 투명화하였다(상법 제542조의5). 상장회사가 주주총회에서 이사 또는 감사를 선임하려는 경우에는 사전에 통지하거나 공고한 후보자 중에서 선임하도록 새로운 규정을 신설한 것이다. 이는 후보자의 약력 등을 사전에 통지하는 것과 함께 이사·감사의 선임과정을 보다 투명하게 하려는 취지로 해석된다. 그리고 감사위원의 선임절차도 명확히 하였다(상법 제542조의12). 감사위원의 선·해임권이 이사회에 있는지 아니면 주주총회에 있는지 논란이 있었으므로 주주총회에 그 권한이 있다는 명문 규정을 신설했다(동조 제1항). 감사위원을 주주총회에서 선임할 때 이사로 먼저 선임하고 감사위원은 이사로 선임된 자 중에서 선출하는 일괄선출 방식과 사내이사와 감사위원을 별도로 선출하는 분리선출 방식이 판례에 의해 모두 이용 가능하였으나, 개정상법에서는 일괄선출 방식을 선택해 주주총회에서 이사를 먼저 선임한 후 선임된 이사 중에서 감사위원을 선임하도록 명문규정을 두어 입법적으로 해결하였다(동조 제2항).

하지만 2016년 8월 시행된 금융회사지배구조법에서는 금융회사는 감사위원이 되는 사외이사 1명 이상에 대해서는 다른 이사와 분리하여 선임하도록 하였다(금융지배법 제19조 제5항). 이러한 감사위원의 분리선임방식은 주주총회에서 감사위원회 위원이 되는 이사를 다른 이사들과 함께 일괄선출하지 않고 분리하여 선임하도록 함으로써 선임단계에서부터 대주주의 의결권이 제한되도록 하여 감사위원회 위원의 독립성을 확보하고자 한 것이다.

또한 종전의 상법 및 금융관계법률에 의하면 감사위원회의 위원이 결원된 경우에 대하여 아무런 규정이 없다. 물론 이사가 결원이 된 경우[17]에는 일시이사[18]를 이사·감사 기타 이해관계인의 청구에 의하여 법원이 선임할 수 있다(상법 제386조 제2항). 그러나 감사위원이 결원될 경우에는 문제가 발생한다. 즉 감사위원은 이사의 지위를 겸하고 있으므로 감사위원의 지위를 상실하더라도 곧 이사의 지위까지 상실되는 것은 아니다. 하지만 감사위원이 사망한 경우 이사 및 감사의 지위를 동시에 상실하게 된다. 그런데 이사의 지위는 일시이사를 선임하여 그 공백을 메울 수 있지만, 일시이사를 선임하였다고 하여 감사위원으로서의 역할을 동시에 할 수 있는 것은 아니므로 업무상 공백이 발생할 수 있다.[19] 따라서 이의 보완을 위하여 일본에서 입법한 보궐감사의 예선 제도의 도입을 고려하여 볼 필요가 있다는 견해가 있었다.

---

17) 그 사유로는 상법(제386조 제1항)에서 임기만료, 사임으로 인하여 퇴임한 경우만을 들고 있으나, 이사의 사망, 해임 등 어떤 사유에서든 정원을 결한 모든 경우를 포함한다(최준서, 「회사법」(삼영사, 2006.2), 403-404면).

18) 임시이사 내시 가이사라고도 한다. 임시이사라는 개념은 최근 대법원 2001.12.6 결정, 2001그113 사건 사례에서 사용하였다(이철송, 전게서, 524면).

19) 2004년 모은행에서 상근감사위원이 결원되자 일시이사 및 일시상근감사위원을 법원에서 선임한 적이 있었는데, 이는 현행 상근감사위원의 선임절차를 무시한 법운용으로 보여진다.

보궐감사의 예선이란 법령 또는 정관에서 정한 감사의 수가 사임 등에 의하여 흠결되는 경우를 대비하여 사전에 주주총회에서 보궐감사를 선임하여 두고 실제로 감사의 수가 부족할 경우 그 보궐감사가 정식으로 감사에 취임하는 것을 말한다. 일본 「회사법」[20]에서는 회사 임원(이사, 회계참여, 감사)이 결원인 경우 또는 법률 또는 정관에 정한 임원의 정수에 미달하게 되는 경우를 대비하여 법원을 통해 일시임원을 선임할 수 있지만(일본 회사법 제346조 제2항), 보궐의 임원을 주총에서 선임할 수 있다는 규정을 두고 있다(동법 제329조 제2항). 그리고 감사의 경우 임기를 4년으로 하고, 임기만료 전에 퇴임한 감사의 보궐로 선임된 감사의 임기는 퇴임한 감사의 임기 만료시까지 정관으로 정할 수 있다고 규정하였다(동법 제336조 제3항).

이에 2009년 개정상법에서는 감사위원 결원시 선임방법을 명시하여 문제를 해결하였다(상법 제542조의11 제4항).[21] 감사위원회 설치 후 중간에 감사위원의 사임 등으로 사외이사가 3분의 2 이상이 되어야 한다는 구성 비율을 충족하지 못한 경우 사유 발생후 최초의 주주총회에서 결원을 충족하면 된다. 다만 감사위원회 최소 구성원 수인 3명을 결한 경우에는 예외가 인정되지 않고 바로 선임해야 하는지에 대하여 논란이 있었으나 감사위원회 최소 구성원 수를 결하더라도 사유 발생후 최초의 주주총회에서 결원을 충원하면 되는 것으로 명문화하였다.

4) 감사위원의 임기제도 개선

현재 금융회사의 감사위원은 이사이므로 그 임기는 상법상 이사의 최장임기인 3년 이내에서 금융회사가 정관 등으로 자율적으로 결정하고 있고, 상당수 금융회사들이 그 임기를 1~2년으로 운영하고 있다. 사외이사인 감사위원은 통상 1~2년 임기로, 사외이사가 아닌 상근감사위원은 통상 2~3년 임기로 운영되고 있다. 그런데 상근감사위원의 임기를 상임이사의 통상적인 임기인 3년보다 단기로 운영하는 것은 감사기능의 독립성을 약화시키는 요인이 되므로 개선되

---

20) 동법은 종전의 상법을 완전 대체한 것으로 2005년 5~6월 국회(중의원, 참의원)를 통과하여 7월 26일 법률 제86호로 공포되었고 2006년 4월 1일부터 시행되었다.

21) 상법 제542조의11(감사위원회) ④ 상장회사는 감사위원회위원인 사외이사의 사임·사망 등의 사유로 인하여 사외이사의 수가 다음 각 호의 감사위원회의 구성요건에 미달하게 되면 그 사유가 발생한 후 처음으로 소집되는 주주총회에서 그 요건에 합치되도록 하여야 한다.
1. 제1항에 따라 감사위원회를 설치한 상장회사는 제2항 각 호 및 제415조의2제2항의 요건
2. 제415조의2제1항에 따라 감사위원회를 설치한 상장회사는 제415조의2제2항의 요건

어야 할 것이다. 따라서 향후 금융회사의 상근감사위원의 임기는 가급적 3년으로 확정 운영토록 하고 이를 위한 법규화 내지는 정관변경을 추진할 필요가 있다 하겠다.

5) 감사위원의 타위원 겸직 금지

현행 금융회사지배구조법에 의하면 비상근감사위원의 이사회내 여타 소위원회 위원 겸직이 금지되어 있지 아니하고, 금융회사의 실제 운용에 있어서도 상당수가 타위원을 겸직하고 있는 것으로 나타났다. 이러한 현상은 이사회내 위원회의 수에 비해 사외이사의 수가 부족하고, 인력 풀이 미흡한데 그 원인이 있겠지만 감사위원회의 독립성을 강화하기 위해서는 비상근감사위원의 타위원 겸직을 원칙적으로 제한하여야 할 것이다. 다만 임원후보추천위원회 등 이해상충의 소지가 적은 경우에만 예외적으로 위원 겸직을 허용하는 것이 좋을 것이다. 또한 현재 금융회사의 사외이사의 인력풀(pool)이 완전하게 형성되어 있지 못한 점을 고려하여 각 금융회사가 대비할 수 있는 일정기간의 유예기간을 두는 것이 바람직하다 하겠다.

6) 감사위원회 결의사항에 대한 재의결제 폐지

종전 상법에 의하면 감사위원회도 이사회내 위원회 중의 하나이므로 감사위원회의 결의사항에 대하여 이사회가 다시 결의할 수 있도록 하고 있었다(제393조의2 제4항). 그런데 이러한 규정을 다른 이사회내 위원회와 마찬가지로 감사위원회에 그대로 적용한다면 감사위원회의 독립성은 보장될 수 없으며, 또한 감사위원회를 무력화시킬 것이다.

물론 이 규정에 대하여 감사위원회를 제외한 나머지의 이사회내 위원회에 대하여 적용하여야 한다는 주장이 있을 수 있지만 논리적으로 무리가 있다. 따라서 감사위원회의 특성을 고려한다면 감사위원회의 결의를 이사회가 번복할 수 있는 권한에 대한 예외 규정을 마련함이 바람직하며, 그렇게 하여야 감사위원회의 독립성을 충분히 확보할 수 있을 것이라는 지적이 있었다.

이에 2009년 개정상법에서 감사위원회 결의에 대하여는 재의결을 허용한 상법규정(제393조의2 제4항)을 적용 배제한다는 명문 규정을 신설함으로써 위와 같은 문제를 해결하였다(상법 제415조의2 제6항).

7) 감사위원회의 정보수령권 명확화

감사위원회가 그 임무를 충실히 수행하기 위해서는 감사에 필요한 정보를 이사회로부터 충분히 전달받아야 한다. 그런데 우리나라의 현행 상법 제412조의2에 의하면 이사는 회사에 현저하게 손해를 미칠 염려가 있는 사실을 발견한 때에는 즉시 감사위원회에 보고하도록 하고 있을 뿐 보고내용의 범위에 대하여는 규정하고 있지 않다. 그리고 감사위원회는 언제든지 이사에 대하여 영업에 관한 보고를 요구할 수 있으므로(상법 제412조 제2항) 이로써 감사에 필요한 정보를 얻을 수 있겠지만 우리나라 회사의 업무관행을 비추어 볼 때 이사의 자발적인 정보제공을 기대하기는 곤란한 실정이다. 따라서 감사위원회가 감사에 필요한 충분한 정보를 회사로부터 사전에 자발적으로 제공받는다는 것은 사실상 어렵다고 하겠다.

그런데 독일법의 경우 이사의 정보제공 내용과 관련하여 영업정책 기타 기본적인 기업계획의 문제뿐만 아니라 이미 보고된 목표와 실제의 진전과의 상이점까지도 보고하도록 의무화함으로써 제공될 정보의 범위를 구체적으로 명시하고 있다. 만약 감사회가 요청한 정보의 제공을 이사가 거절하는 경우 과거(2인 이상의 감사의 요구)와는 달리 감사인 단독으로 그 정보를 재차 요구할 수 있는 권한을 부여하였으며, 이러한 정보 요구에 대하여 이사는 감사회가 시작되기 전 가능한 한 신속하게 제공하도록 하였다(독일 TransPuG 제90조).[22]

따라서 우리나라의 경우도 감사위원회의 감사기능을 충실히 수행하기 위해서는 독일의 경우처럼 이사가 제공하여야 할 정보의 내용 범위를 명확하게 할 필요가 있으며, 만약 이를 요구하였음에도 불구하고 이사가 이를 거절할 경우 이사의 책임에 대한 논의와는 별개로 개개의 감사위원 단독으로 재요청을 할 수 있도록 함으로써 감사의 효율성과 독립성을 높여야 한다는 견해가 많다.

이에 2016년 8월 시행된 금융회사지배구조법에서는 감사위원(감사위원회가 설치되지 아니한 경우에는 감사)에 대한 정보제공에 관하여 금융회사에 일정 의무를 부과하고 있다(동법 제20조 제4항 및 제18조). 즉 금융회사는 감사위원(감사)의 원활한 직무수행을 위하여 사외이사의 경우와 마찬가지로 감사위원이

---

22) 2002년 7월 19일에 성립된 「투명성과공시에관한법률」(TransPuG: Gesetz zur witeren Reform des Aktien-und Bilanzrechts, zu Transparenz und Publizität(Transparentz und Publizitä- tsgesetz)(BGBI. I, S. 2681 v. 19. 07. 2002)은 독일 기업지배구조 개선을 위한 Baums 위원회가 제안한 내용을 입법한 것이다.

회사의 경영실태를 원활히 파악할 수 있도록 영업·재무, 그 밖의 업무집행 상황 등에 관한 자료나 정보를 연 1회 이상 정기적으로 제공할 것 등[23] 충분한 자료나 정보를 제공하여야 한다. 또한 감사위원(감사)는 해당 금융회사에 대하여 그 직무를 수행할 때 필요한 자료나 정보의 제공을 요청할 수 있도록 하였다. 이 경우 금융회사는 특별한 사유가 없으면 이에 따라야 한다고 의무화하였다.

또한 정보의 제공시기도 현행 상법에서는 회사에 현저하게 손해를 미칠 염려가 있는 사실을 발견한 때에는 즉시 보고하도록 하고 있다. 즉시 보고하도록 한 취지가 감사의 효율성을 높이기 위한 것이라고 본다면 굳이 즉시 보고하기보다는 이사가 회사에 손해를 미칠 염려가 있는 사실에 대해 충분한 자료를 가지고 정확히 확인하고 검토한 후 보고하도록 하는 것이 더욱 바람직하다고 본다. 물론 신속성이 요구되는 사안이라면 예외 규정을 두어 즉시 보고하도록 함이 타당하다고 하겠다.

(2) 외부감사제도의 개선

1) 외부감사인의 보고의무 강화

현행 「주식회사의외부감사에관한법률」(이하 "외감법"이라 한다) 제22조(부정행위 등의 보고)에 의하면, 감사인이 그의 직무를 수행함에 있어서 이사의 직무수행에 관하여 부정행위 또는 법령이나 정관에 위반되는 중대한 사실을 발견한 때, 그리고 회사가 회계처리 등에 관하여 회계처리기준을 위반한 사실이 있는 때에는 이를 감사 또는 감사위원회에 통보하도록 하고 있다.

이에 대하여 미국 사베인즈－옥슬리법(SOA)의 경우 감사를 행하는 등록회계법인은 그 발행인의 감사위원회에 대하여 ① 중요한 회계원칙 및 관행, ② 발행인의 경영진과 논의했던 「일반적으로 인정되는 회계원칙(GAAP)」에 따른 재무정보의 대체적 처리방안, ③ 기타 회계법인과 경영진 간에 이루어진 의사교환 자료 등에 관해 상세하게 보고하도록 되어 있다.[24]

우리나라 외감법의 도입 취지가 회계처리의 적정과 이해관계인의 이익 보호 및 기업의 건전한 발전을 도모하기 위함이라는 점을 감안하면 현행 외감법처럼 단순히 부정 내지 위법행위를 발견하였을 때에만 그 사실을 보고하도록 하는 경우는 외감법의 목적을 충분히 달성할 수 없다고 보여 진다. 따라서 특히 금융

23) 금융회사지배구조법 시행령 제15조 참조.

24) SOA sec. 204; Securities Exchange Act of 1934 sec. 10A.

회사의 경우에는 감사기능의 원활하고 효율적인 수행을 위해서 미국의 경우처럼 감사와 관련하여 논의된 세부적인 내용을 모두 감사 또는 감사위원회에 보고하도록 할 필요가 있고, 만약 이를 이행하지 않는 경우는 그에 대한 책임을 추궁함이 바람직하다고 본다.

2) 증권선물위원회의 위상 강화

우리나라는 현재 금융위원회 산하에 증권선물위원회를 설치하여 이 증권선물위원회가 기업회계의 기준 및 회계감리에 관한 업무를 담당하고 있고(금융위원회의설치등에관한법률 제19조), 감사의 공정한 수행을 위하여 필요한 감사보고서의 감리와 감사인의 감사업무 운영에 관한 감리업무를 하고 있다(외감법 제26조 제1항). 그리고 증권선물위원회는 업무수행을 위하여 필요한 때에는 회사·관계회사 및 계열회사와 감사인에 대하여 자료의 제출, 의견의 진술 또는 보고를 요구하거나 금융감독원장으로 하여금 회사의 회계에 관한 업무와 재산상태의 조사를 하게 할 수 있다(외감법 제27조). 이러한 내용을 살펴보면, 금융위원회 산하의 증권선물위원회는 단지 감사인인 회계법인의 감사업무운영에 관한 감독을 하고 필요한 경우 외부감사인인 회계법인에 대하여 회계업무에 관한 자료 제출 등을 요구할 수 있게 할 뿐이다.

그러나 미국의 사베인즈-옥슬리법(SOA)의 경우 독립된 회계감독위원회(Public Company Accounting Oversight Board)의 설치를 의무화하고 있다. 동 위원회는 비록 미국 연방정부의 기구가 아닌 비영리법인이지만, 연방 증권거래위원회(SEC)의 감독 아래 공개회사의 외부감사를 맡고 있는 회계법인을 이 위원회에 등록하게 하고 등록한 회계법인을 감독하며 공개회사의 회계 기준뿐만 아니라 관리기준, 윤리, 독립성 기준을 제정하고, 회계법인과 회계전문가의 전문성 유지를 위하여 필요한 조치를 할 수 있으며, 필요한 경우 등록한 회계법인과 그와 관련된 개인을 조사하여 처벌하는 기능을 가지고 있다.[25)]

금융회사 경영에 대한 감시 기능의 효율화와 건전성 확보를 위해서는 내부적 감사제도의 역할 강화와 더불어 외부적 감시제도도 강화시킬 필요가 크다. 이러한 점에서 금융위원회 산하의 증권선물위원회를 실질적 감시기구화할 필요가 있다. 다시 말해서 증권선물위원회가 외부감사인인 회계법인의 감사업무 운영에 관한 감독을 하고 필요한 경우 회계업무에 관한 자료 제출을 요구할 수

25) SOA sec. 101-105.

있는 단순한 권한으로부터 외부감사인에 대해 감리, 감독과 제재 기능을 실질적으로 수행할 수 있도록 미국의 공개회사에 대한 회계감독위원회와 같은 정도의 위원회로서 그 위상을 강화시킬 필요가 있다 하겠다.

2.4 금융회사 기관 및 그 구성원의 권한과 책임 명료화

(1) 이사·감사 등의 윤리강령에 대한 구속력 인정

우리나라 현행 상법에 의하면, 이사 및 감사는 그의 임무를 수행함에 있어서 선관주의의무 내지 충실의무, 나아가 비밀유지의무 등을 다한다면 그 이상의 책임을 지지 않는 것으로 되어 있고, 이사·감사로서 행하여야 할 구체적인 행위규범에 대해서는 아무런 규정도 두고 있지 않다. 따라서 이사나 감사 등이 그들의 권한을 넘는 행위를 하는 경우가 자주 발생하고 심지어는 그러한 행위를 하였음에도 불구하고 책임을 회피하는 심각한 도덕적 해이 현상까지 초래되고 있다. 이러한 문제점을 해결하기 위하여 금융회사지배구조법에서는 준법감시인을 두어 내부통제기준으로써 임직원의 윤리강령 제정 및 운영에 대한 권한을 부여하고 있다. 하지만 준법감시인은 상법상 회사의 기관이 아니므로 그가 제정한 윤리강령은 법적인 구속력 또한 존재하지 않는다. 따라서 윤리강령이 실질적인 기능을 발휘하기에는 부족함이 많다고 보여 진다.

이와 관련하여 미국 사베인즈-옥슬리법(SOA)과 뉴욕증권거래소(NYSE) 상장기준에서는 이사·감사 등이 업무를 수행하는 데 필요한 윤리강령을 사전에 법규화할 것을 의무화하고 있으며, 또한 윤리강령에 포함되어야 할 구체적인 예도 제시하고 있다. 나아가 만약 이러한 윤리강령 상의 내용을 변경하거나 포기한 사실이 있는 경우는 동 사실을 즉시 공시하는 의무 규정까지 두었다.[26] 이러한 조치는 도덕적 해이 현상에 무감각해진 이사나 감사에게 업무수행에 필요한 판단기준을 미리 제시함으로써 그들의 의무위반을 사전 통제할 수 있는 제도로 보인다.

따라서 우리나라의 경우도 이러한 이사나 감사 및 기타 임원진들로 하여금 그들이 업무수행을 행하는데 필요한 윤리강령을 법규나 정관 등에 규정하여 운영할 것을 의무화할 필요가 있겠다.

---

26) SOA sec. 406(a); NYSE, 전게 상장기준, pp. 20-22.

(2) 사외이사의 권한과 책임 명확화

우리나라는 IMF 외환위기 이후 기업지배구조 개선의 일환으로 사외이사제도를 도입하였다. 사외이사란 금융회사지배구조법에 의하면 사내이사와 구별되는 이사회의 구성원이지만, 2009년 개정 상법에 의하면 사내이사와 구분할 뿐 이사로서 그 권한이나 의무·책임 등 규정이 그대로 적용된다. 다만 2011년 개정 상법에서 이사의 회사에 대한 책임감경 조항을 신설하면서 이사와 사외이사의 책임 금액에 차이를 뒀을 뿐이다. 그런데 사외이사가 이사회의 경영을 감시하는 역할을 담당하는 이사라고 하여 업무에 대한 의사결정 및 업무집행을 담당하는 사내이사와 동일하게 취급하여 상법상 책임을 그대로 지운다는 것은 권한과 책임의 균형 입장에서 보면 문제가 있어 보인다.

한편, 미국이나 영국 등의 경우 최근 사외이사의 책임과 관련하여 회사 이사를 업무집행이사(executive director)와 비업무집행이사(non- executive director)로 구별하여 책임 관계를 명확하게 하려는 노력이 있다. 따라서 우리나라도 사외이사제도의 실효성을 확보하기 위해서는 사내이사와 구별하여 사외이사의 권한 및 책임의 한계를 보다 명확하게 할 필요가 있다. 예를 들면 이사의 책임을 법령 등을 통해 그 권한과 관련한 일정 범위 이내로 제한 또는 면책될 수 있도록 하되 사외이사에 대하여는 업무집행에 따른 책임이 무분별하게 전가되지 않도록 하는 합리적인 책임관계를 설정하여야 할 것이다.[27]

(3) 감사위원회와 준법감시인의 역할 정립

준법감시인은 종전 상법에는 존재하지 않는 제도로서 금융회사지배구조법의 내부통제기준 관련 규정 속에서 제도화되어 있다. 그러나 준법감시인은 주식회사의 기관도 아니며, 감사위원회와 업무 영역이 명확하게 구분되어 있지도 않아 상호간에 업무의 중복 내지 충돌 현상이 발생하기도 한다. 또한 준법감시인은 각종 정책 수립이나 내부통제기준의 제정 및 개정, 이사회 등에 대한 지원 및 자문, 임직원의 윤리강령의 제정, 준법감시 결과의 기록 유지 등의 업무를 수행함에도 불구하고 감사위원회와는 달리 상법상 회사의 기관이 아니므로 이의 업무집행 결과에 대한 법적인 효과가 불분명하다는 문제가 있다.

---

27) 이에 관한 구체적인 방안은 김상규·이형규, 전게 논문, 156-161면; 이형규, 전게 논문, 171-172면 참조.

이러한 문제를 해결하기 위하여 그동안 금융감독당국에서는 준법감시인의 모범운영기준을 마련하고 감사위원회와의 역할 분담 지도 등 많은 노력을 한 결과 양자의 업무중복과 충돌문제는 대부분 해소되었다. 그렇지만 아직도 제도상 명확하지 못한 부분이 있고 일부 금융회사에서 운영상 미숙한 경우도 남아있기 때문에 이를 해결할 필요가 있다 할 것이다. 따라서 먼저, 준법감시인의 기능과 역할에 대한 충분한 이해가 선행되어야 하며 감사위원회와의 관계에서 권한의 한계를 명확히 하여야 할 필요가 있다. 그리고 비록 업무집행에 대한 법적인 효과는 불분명하지만 만약 이를 따르지 않는 경우에 충분한 법적인 조치를 취할 수 있는 제반 장치를 법규로 보완하여야 할 것으로 보인다.

2.5 지주회사체제하의 금융그룹 지배구조 개선

금융의 대형화와 겸업화의 진전, 그리고 전자금융거래의 확산 및 이로 인한 세계금융의 급속한 통합 등에 의해 금융산업의 경쟁이 더욱 심화되는 가운데 우리나라도 금융산업의 경쟁력 강화 및 효율적인 금융구조조정을 위해 2000년 금융지주회사제도를 도입하였다. 그 결과 금융회사들의 금융그룹화와 금융지주회사를 통한 겸업화 및 국제화가 추진되면서 일면 금융회사의 경쟁력이 강화되고 업자간의 시장경쟁이 본격화되는 순기능도 생겨났지만, 이로 인한 금융회사의 경영리스크가 증대됨에 따라 금융회사의 건전성과 금융제도의 안정성이 크게 위협받는 역기능도 생겨났다. 이에 따라 금융감독당국은 금융회사의 경영이 안전하고 건전하게 영위될 수 있도록 효율적인 감독과 건전성 감독방안을 마련하고 금융회사를 부단히 감시하고 있다. 우리나라 금융지주회사는 현재 10개가 설립되어 각각 금융그룹을 형성하고 있다.

지금까지 금융감독은 금융회사 자체의 경영 건전성에 중점을 두고 내부통제나 업무수행의 적법성을 주로 감독하였고, 지배구조나 내부조직운영의 효율성에 대하여는 금융회사의 자율성을 존중하여 왔다고 할 수 있다. 금융지주회사체제하에서도 이러한 기조는 유지되어 지주회사와 자회사 자체에 대한 건전성 감독이 주로 이루어지고, 금융그룹 전체로는 주로 재무적 측면에서 연결감독을 하고 있는 실정이다. 물론 현재 금융감독 실무에 있어서는 금융그룹 전체에 대한 기능적 감독과 검사를 하고 건전성 측면에서 아직까지 큰 문제는 없어 보인다.

그러나 금융그룹 전체의 지배구조측면에 있어서는 다소 문제가 있다고 보여

진다. 금융지주회사의 지배구조 체계가 금융자회사의 그것과 동일한 구조(사외이사 중심의 이사회, 감사위원회 등)로 되어 있고, 더구나 금융자회사가 지주회사에 완전 소유되어 상장도 안된 비공개 기업인 경우가 대부분이다. 또한 금융지주회사가 사업을 영위하지 않고 금융자회사를 경영 관리하는 순수지주회사로만 운영되고 있기 때문에 금융자회사에 대한 경영감독시스템이 너무 중첩되어 있다. 이로 인해 금융지주회사체제하의 금융회사에 대한 경영감독의 책임 소재가 불분명해질 소지가 많고 그룹차원의 지배구조 체계 운영에 비효율적인 요소가 있을 수 있다. 즉 하나의 금융회사에 대한 감독·감시 기능을 수행함에 있어 금융자회사의 자체 이사회와 감사위원회가 그 기능을 1차적으로 담당하고, 다음으로 지주회사의 경영진 및 경영관리조직이 상시 관리하고 있으며, 그 상위기관으로 지주회사의 이사회 및 감사위원회가 또 있는데, 이들 기관과 조직이 모두 직·간접적으로 그 기능이 연관되어 있지만 각각 독립적인 법체제하에서 따로 따로 형성되어 있으므로 그 책임 소재와 운영에 문제가 생길 수 있다는 것이다.

따라서 우리나라 금융지주회사체제가 어느 정도 정착단계에 이르기는 하였지만 아직도 미흡한 점이 있어 보이므로 금융그룹 전체를 아우르는 합리적인 지배구조체계 개선이 신중히 검토되고 강구되어야 할 것이다. 다시 말해서 금융지주회사체제하의 그룹 지배구조체계는 기본적으로 금융회사별 현행 지배구조체계를 그대로 답습할 것이 아니라 지주회사와 자회사를 포괄하는 금융그룹으로서 그 기능과 역할이 효율적으로 발휘될 수 있도록 하는 새로운 지배구조체계를 정립하는 것이 필요하다 하겠다. 이와 관련하여 금융지주회사의 완전자회사의 경우는 사외이사와 감사위원회 설치의무를 모두 적용하지 않고 선택적으로 할 수 있도록 개선되었다. 이는 자회사의 규모와 업무내용, 지주회사의 기능, 사외이사제도의 도입취지 및 효율성 등을 종합적으로 감안하여 운영될 필요가 있다고 본다.

여기서 금융지주회사 체제하의 그룹 지배구조 개선방안을 간략히 제시하자면 금융회사의 경영진에 대한 견제와 감시를 담당하는 사외이사제도는 금융지주회사는 물론 모든 금융 자회사의 경우에도 그대로 적용하여 그 취지를 살리는 것이 좋겠지만, 감사위원회제도의 경우는 금융지주회사와 금융 자회사에 모두 동일한 형태로 유지하는 것이 금융회사의 경영규모와 업무집행의 효율성 등을 고려할 때 반드시 좋은 형태는 아니라고 생각된다. 규모가 큰 금융회사는 현행대로 감사위원회제도를 그대로 유지하는 반면 규모가 작은 금융회사의 경우에는 종전의 감사제도를 채택하는 탄력적인 제도운용 방안을 고려볼 수 있겠다. 그리고 금융지주회사 임직원이 금융 자회사의 임원을 겸할 수 있도록 허용하고 있는데 지배주주의 대리인격으로 사외이사가 아닌 비상임이사로 선임하는 것을 현행 사외이사제도의 보완책으로 검토해 볼만 하겠다. 이는 금융지주회사체제하에서 금융지주회사와 금융 자회사를 연결하는 적합한 그룹 지배구조제도가 되리라고 생각되기 때문이다.

참고문헌

1. 국내자료

강문수, 「금융자유화와 금융감독」, 한국개발연구원, 1996.6.

강병호, 「금융기관론」, 박영사, 1992/2002/2004/2006.

강신경, 「은행검사요론」, 한학사, 1987.7.

강희갑, "미국의 개혁입법 : 사-벤즈·옥슬리법(Sarbanes-Oxley Act)과 그 시사점", 「사회과학논총 제19집」, 명지대학교 사회과학연구소, 2003.

———, "서구 국가의 회사법 개정의 최근 동향," 「비교사법」(통권 14호), 한국비교사법학회, 2001.6.

———, "우리나라 주식회사의 이사회 및 사외이사의 실태와 그 개선방안-경영감독기능을 중심으로-", 「비교사법」(통권 제17호), 한국비교사법학회, 2002.12.

———, "우리나라 주식회사의 감사 및 감사위원회제도의 문제점과 그 개선방안", 「사회과학논총」(제18집), 명지대학교 사회과학연구소, 2002.

———, "한국주식회사법상 지배구조의 문제점과 개선방향", 「비교사법」(통권 11호), 한국비교사법학회, 1999.12.

———, 「주식회사의 경영감독·감사 및 감사위원회제도에 관한 연구」, 한국상장회사협의회, 2002.8.

———, 「회사법강의」, 책과사람들, 2004.7.

———, 「회사지배구조론」, 명지대학교 출판부, 2004.1.

———·권기범·정호열·원용수, "주요 유럽국가의 회사지배구조의 최근 동향과 우리나라의 기업 결합에 있어서의 지배구조", 「상사법연구」(제20권 1호), 상사법학회, 2001.

권순희, "미국과 독일의 기업지배구조와 최근 동향에 관한 비교 검토", 「상사법연구(제21권 4호)」, 상사법연구회, 2003.

김기서, "은행업 규제완화와 효률화방안", 「규제연구」('96 가을호), 한국 경제연구원, 1996.11.

김대식, "금융감독에 관한 종합적 고찰", 「21세기를 향한 금융자율과 감독」, 한국금융학회, 1995.6.

김동희, 「행정법 Ⅰ」, 박영사, 1996.6.

김문희, 「금융법론」, 휘즈프레스, 2007.7.

김병주 외 5인, 「비은행금융기관의 발전방향」, 한국금융연구원 연구보고서, 1994. NO. 2, 1994.6.

김상규, "감사위원회제도에 관한 연구", 「상사법연구」(제20권 4호), 상사법학회, 2002.2.

———, "감사위원회 위원의 선·해임에 관한 연구", 「상사법연구」(제23권 4호), 상사법학회, 2005.2.

———, “사외이사의 선임에 관한 소고”, 「21세기 한국상사법의 진로」(우홍구박사 정년기념 논문집), 2002.5.

———·윤선희, 「사외이사와 감사위원회제도의 개선에 관한 연구」, 한국상장회사협의회, 2000.12.

———·이형규, “이사의 책임강화에 따른 대응방안에 관한 연구”, 「코협 연구보고서 02-4」, 코스닥등록법인협의회, 2002.12.

김성은·정기식, “사외이사제도 개선에 관한 연구”, 「규제연구」(제13권 1호), 한국경영연구원, 2004.6.

김용우, 「규제행정론」, 대영문화사, 1996.1.

김원기, “기업경영의 투명성 보장과 공시-OECD원칙의 「공시와 투명성」을 중심으로-”, 「기업법연구」(제4집), 한국기업법학회, 1999.10.

김일태·유동국·정진필, “기업지배의 이론적 틀”, 「한국국민경제학회 2001 추계」.

김일환·한상현, “금융산업 개편추이와 향후 과제”, 「조사통계월보」, 한국은행, 1997.2.

김홍범, “중앙은행과 은행감독기능: 은행감독의 이론과 실제를 중심으로”, 「금융학회지」(제1권 제2호), 한국금융학회, 1996.

박경서·장복섭·이은정, “은행산업의 지배구조와 개선방향”, 「KDIC 금융연구」(제4권 제1호), 예금보험공사, 2003.3.

서헌제, “2002년 미국 기업개혁법(Sarbanes-Oxley Act)에 대한 연구”, 「중앙법학」(제6집 2호), 중앙대학교법학연구소, 2004.8.

석종현, 「일반행정법(상)」, 삼영사, 1990.8.

성태균, “해외 주요국의 기업지배구조”, 「주식」(통권434호), 증권거래소, 2004.10.

손상호·정지만, “국내 금융산업의 과거·현재·미래”, 「한국 금융산업의 과거·현재·미래」, 한국금융연구원, 2001.11.

손 성, “미국 회사법제에서의 준법감시인제도에 관한 법이론적 고찰”, 「상장협」(제43호), 한국상장회사협의회, 2001.3.

손종학, “기업지배구조와 사외이사제도의 개선방안”, 「조사월보」(7월호), 한국산업은행, 1999.7.

손주찬, 「상법(상)」, 박영사, 2005.8.

송희준, 「금융산업에 대한 행정규제의 합리화방안」, 한국금융연구원 연구보고서, 1997. NO. 2, 1997.4.

안수현, “회계제도개혁법의 입법현황과 실무상 몇가지 고려점: 미국 Sarbanes-Oxley Act와의 비교를 통하여”, 「증권법연구」(제4권 제2호), 한국증권법학회, 2003.12.

양동석, “집행임원의 역할과 법적 지위”, 「상장협」(제48호), 한국상장회사협의회, 2003.9.

양만식, “집행임원제도의 도입에 따른 지배구조론의 전개”, 「상사법연구」(제24권 1호), 상사법학회, 2005.

양현근, 「금융회사의 지배구조개선 추진현황과 향후 과제」, 연세대학교 경영대학원 석사학위논문, 2001.

오영석, “금융회사 사외이사제 운영실태 서베이 분석”, 「조사연구 Review」(2005 봄), 금융감독원, 2005.

유주선, 「감사위원 분리선임제도와 감사위원 선임 시 대주주 의결권 3% 제한의 문제점」, 한국경제연구원, 2017.9.15.

윤용로, 「금융개혁」 -미국 금융제도에서 배운다-, 매일경제신문사, 1997.
이기수, "사외이사제도의 강화를 둘러싼 쟁점", 「상사법연구」, 상사법학회, 2001.
이범찬, "사외이사제도," 「기업구조의 재편과 상사법」(박길준교수 화갑 기념논문집), 1998.
——— · 염정의, 「현대주식회사의 기관구조」, 삼지원, 1998.9.
이영기 · 강문수, 「주요국의 금융감독체계」, 한국개발연구원, 1995.2.
이장영, 「미국 금융시장의 구조와 규제제도」, 대외경제정책연구원, 1991.3.
이재용, 「주식회사의 업무집행에 대한 감사 · 감독제도에 관한 연구」(고려대학교 대학원 박사학위 논문), 2005.6.
이종호, "OECD 가입과 한국의 금융감독", 「OECD 가입과 한국의 금융산업」, 한국금융학회, 1995.11.
이지수, "미국의 Gramm-Leach-Bliley Act(GLB Act) 소개", 「회사지배 구조연구」, 2004. Summer.
이전표, "금리자유화와 은행감독의 변용", 「21세기를 향한 금융자율과 감독」, 한국금융학회, 1995.6.
이철송, "증권거래법 개정의 논리", 「증권」(제68호), 대한증권업협회, 1991.6.
———, "韓國の金融制度の特質", 「증권경제」, 일본증권경제연구소, 1987.3.
———, 「회사법강의」, 박영사, 2005.2.
이형규, "상법중 회사편(일반)에 대한 개정의견", 「상법개정연구보고서」, 한국상사법학회 상사법개정연구위원회, 2005.8.
——— · 이상복, 「사외이사 선임제도 개선방안에 관한 연구」, 한국상장 회사협의회, 2002.5.
임연하, "금융회사 감사위원회 운영실태 조사분석", 「조사연구 Review」(2005 가을), 금융감독원, 2005.
전철환 · 함정호 외, 「한국 은행산업의 진로」, 지식산업사, 2000.1.
정기승, 「우리나라 금융감독체계의 효율화방안에 관한 연구」(한양대학교 대학원 석사학위논문), 1999.8.
———, 「금융회사의 지배구조 개선방안에 관한 연구」(한양대학교 대학원 박사학위논문), 2006.8.
정순섭, "금융회사의 조직규제", 「상사판례연구」(제24집 제2권), 한국상사판례학회, 2011.6.
정순섭, "금융회사의 지배구조와 대주주 자격심사", 「기업지배구조리뷰」(vol.63), 한국기업지배구조원, 2012.7.
정용상, "기업의 지배구조에 관한 비교법적 검토", 「비교법학」(제11집), 부산대학교 비교법연구소, 2000.
정운찬, 「중앙은행론」, 학현사, 1995.4.
———, "금융자율화, 금융규제 및 예금보험제도", 「금융선진화를 위한 개혁과제」, 한국금융학회, 1994.6.
정재규, "외환위기이후 지배구조관련 법·제도의 변화", 「기업지배구조리뷰」(vol.33), 한국기업지배구조원. 2007.7.
정찬형, 「상법강의(상)」, 박영사, 2004, 2006.
———, "주식회사 지배구조관련 개정의견", 「상법개정연구보고서」, 한국상사법학회 상사법개정연구위원회, 2005.8.

정찬형 · 도제문, 「은행법」, 박영사, 2005.2.
정쾌영, "임원제도의 도입에 관한 연구", 「상사법연구」(제22권 5호), 상사법학회, 2004.
정현재, "영국의 기업지배구조와 사례", 「CG Review」, CGS, 2005.3.
조태식, "외국계은행에 대한 외국인 이사제한", 「금융시스템리뷰」, 한국 은행, 2005.1.
좌승희, 「내생적 금융제도론」, 다산출판사, 1995.5.
차대운 · 정쾌영, "집행임원제도의 도입 필요성과 입법론적 과제", 「상장협」(제49호), 한국상장회사협의회, 2004.3.
최병규, "증권거래법 · 상법상 감사제도의 문제점과 개선방안", 「21세기 한국상사법의 진로」(우홍구박사 정년기념논문집), 2002.5.
최윤범, "감사위원회제도의 문제점과 개선방안", 「기업법연구」(제8집), 한국기업법학회, 2001.
최정호 · 김도일 · 김성진, "세계주요국가의 기업지배구조에 대한 고찰", 「산업경영연구」, 중앙대학교산업경제연구소, 2002.6.
최준서, 「회사법」, 삼영사, 2006.2.
황인선, "금융환경 변화와 은행감독", 「중앙은행연구회 발표자료집(Ⅱ)」, 한국은행 중앙은행연구회, 1996.12.
금융감독원, "영국, 금융서비스법 대체입법(안)의 개요", 「금융감독정보」(99-3호), 99.2.11~2.27.
———, 「금융감독개론」(2007년 개정판), 2007.3.
———, 2013년 금융감독제도, 2013.3.
———, 「금융감독개론」(2019년 개정판), 2019.3.
——— 뉴욕사무소, 「미 엔론사태의 전말과 개혁」, 2002.10.
——— 은행감독국, 「은행 준법감시인제도운영 모범규준」, 2006.2.
——— 회계감독1국, 「미국에서의 기업지배구조 개선동향」, 2004.10.
금융감독위원회, 「통합금융감독체제국가 등의 제도비교 및 시사점」, 1998.5.
금융위원회, 보도자료 "금융회사 지배구조 개선방안", 2018.3.
금융개혁위원회, 「금융개혁 2차 보고서」, 1997.6.
대한증권업협회, 「증권론문집」(제1집), 1984.5.
보험감독원, 「2000년대의 보험산업전망」, 1990.4.
신용관리기금, 「신용관리기금 10년사」, 1993.6.
———, "1996년 중 미국연방예금보험공사(FDIC)의 업무동향", 「신용관리」(제9권 제3호), 1997.9.
재정경제부, "증권거래법 개정 취지 발의문", 1999.12.
재정경제원, 「중앙은행제도의 개편 및 금융감독기관 통합」, 1995.2.
증권감독원, 「증권감독원 20년사」, 1997.2.
증권감독원 노동조합, 「각국의 금융개혁 현황과 감독체계의 합리적 발전 방향」, 1999.6.
한국보험공사, 「한국보험공사 10년사」, 1988.2.
한국은행, 「각국의 금융제도」, 1970.12.
———, 「독일의 금융기관 및 금융시장 개요」, 1997.3.
———, 「독일의 금융제도」, 1993.1.
———, "영국, 통합금융감독기구(FSA) 출범", 런던업무정보, 1997.10.

———, "영란은행법 개정안 및 영란은행. 재무부. FSA간 양해각서의 주요내용", 런던업무정보, 1997.10.
———, 「우리나라의 금융시장」, 2007.1.
———, 「우리나라의 금융제도」, 1993.12/2006.1.
———, 「한국의 금융제도」, 2018.12.
———, 「일본, 네덜란드, 포루투갈의 중앙은행법」, 1997.8.
———, 「조사통계월보」, 1998.3.
———, 「정부의 중앙은행제도와 금융감독체계 개편안의 문제점」, 1997.6.
———, 「주요국의 은행감독제도」, 1998.8.
———, 「주요국의 중앙은행법(Ⅰ)」, 1987.
———, 「주요국의 중앙은행법(Ⅲ)」, 1988.8.
———, 「주요국의 중앙은행 및 은행감독제도」, 1988.9.
———, "최근 주요국의 금융감독체계 개편 추진현황", 1997.6.
한국은행은행감독원, 「미국의 금융제도와 감독제도」, 1985.4.
———, 「영국 통합금융감독기관(FSA)의 기능」, 1998.1.
———, 「은행법 해설」, 1993.
———, 「일본, 영국, 독일의 은행법」, 1994.
———, 「일본의 금융기관 감독제도」, 1998.5.
———, 「주요국의 금융기관 검사제도」, 1993.2.
———, 「한국의 은행감독」, 1986.3.
한국증권거래소, 「한국의 증권시장제도」, 1988.1.
———, 「해외주요국의 기업지배구조」, 2004.10.
한국증권법학회, 「자본시장법」 [주석서 I, II], 박영사, 2009.10.

2. 해외자료

Arnould W. A. Boot & Jonathan R. Macey, "Monitoring Corporate Performansce: The Role of Objectivity, Proximity and Adoptability in Corporate Governance," *Cornell Law Review*. Vol. 89 No. 2, 2004.
Baums(Hrsg.), Bericht der Regierungskommission Corporate Governance, 2001.
Brain P. Volkman, "The Grobal Convergence of Bank Regulation and Standards for Compliance," *115 Banking Law Journal*, 586.
Brian Kim, "Recent Development : SARBANES-OXLEY ACT," *Harvard Journal on legislation*, vol.40 no. 1, winter 2003. http://www.law.harvard.edu/students/orgs/jol/vol40_1/kim.pdf
Charles Goodhart, *Financial Regulation: Why, How and Where now?*, Routedge, London, England, 1998.
Curtis J. Milhaupt, "Sarbanes-Oxley as Implemented by the SEC : A Preliminary Evaluation of its Significance for U.S. and Foreign Firms(and their Advisors)," 「증권법연구」(제4권 2호), 2003.
Deutsche Bundesbank, *Banking Act of the Federal Republic of Germany*, 1998.8.
D. Needham, *the Economics and Politics of Regulation: A Behabioral Approach*, Little,

Brown, and Company, Boston, 1983.

Dietrich Dörner, Dieter Menold, Norbert Pfitzer(Hrsg.), "Reform des Aktienrechts, der Rechnungslegung und Prüfung : KontraG, KapAEG, EuroEG, StückAG", 1999.

Directive 2004/109/EC of the European Parliament and of the Council of 15 December 2004.

DTI, Company Law Review, http://www.dti.gov.uk/cld/review.htm

———, Company Law Reform Bill, http://www.dti.gov.uk/cld/facts/clr.htm

———, Modern Company Law for a Competitive Economy : Final Report :vols Ⅰand Ⅱ, June 2001. http://www.dti.gov.uk/cld/final_report/ http://www.dti.gov.uk/cld/WhitePaper.htm

———, "Company Law Reform White Paper March 2005", http://www.dti.gov.uk/cld/WhitePaper.htm

Erich S. Lee. "Audit Committees and Outside Directors", 「현대법의 쟁점」(명지대 법학연구소 국제학술 발표논문집), 2001.11.

FDIC Federal Deposit Insurance Act section 36(g)(12 U.S.C. 1831m(g)) http://www.fdic.gov/ regulations/laws/rules/1000-3800.html#1000sec.36

FDIC Rules and Regulations §363.5(a)(12 C.F.R §363.5) http://www.fdic.gov/regulations/laws/rules/2000-8500.html

Fitzpatrick J, Brand V, Symes C, "'Fit and proper': The integrity requirement for liquidators", *Australian Journal of Corporate Law*, 2010.

FRB, *Institution Compliance Program; Examination Manual for Branches and Agencies of Foreign Banking Organization*.

FSA, *Financial Services Authoriy: an outline*, U.K. 1997.10.

FSA Handbook, "Senior Management Arrangements, Systems and Controls"(SYSC) 3.2.15.

Henry Hansmann and Reinier Kraakman, "The Basic Governance Structure", *Anatomy of Corporate Law: A Comparative and Functional Approach*, Oxford University Press, 2004.

Hart, O. D., "Corporate Governance : Some Theory and Implications," *Economic Journal*, 105, 1995.

Hommelhoff · Lutter · Schmidt · Schön · Ulmer(Hrsg.), "Corporate Governance," Beihefte der ZHR; 71, 2002.

Jonathan R. Macey and Maureen O'hara, "The Corporate Governance of Banks", *Economic Policy Review*(Volume 9, Number 1), *FRBNY*, April 2003. http://www.ny.frb.org/ publications/frame2.cfm?url=%2Fresearch%2Fepr%2Findex%2Ehtml

John Kay and Aubrey Silberston, "Corporate Governance", *Corporate Governance*: Volume V, Routledge, UK, 2005.

Kenneth B. Davis, Jr. "The Director's Duty of Oversight," 「상사법연구」(제21권 제3호), 한국상사법학회, 2002.11.

Kokkinis Andreas, "The reformed 'fit and proper' test: a call for a broader rethink of bank corporate governance?", *International Corporate Rescue*, 2102.

KPMG, *Bankenaufsichtsrechtliche Texte-Banking Regulations*, 1998.7.

Laura Lin, "The Effective of Outside Directors as a Corporate Governance Mechanism: Theory and Evidence," *Northwestern Univ. Law Review*, Vol. 90 No. 3, 1996.

London Stock Exchange, Corporate Governance-A Practical Guide. http://www.london- stockexchange.com/NR/rdonlyres/C450E4FC-89C2-4042-804A-685855FF217B/0/PracticalGuidetoCorporateGovernance.pdf

http://www.gnn.gov.uk/environment/fullDetail.asp?ReleaseID-240760&NewsAreaID-2&NavigatedFromDepartment-False

Macey, "Measuring the Effectiveness of Different Corporate Governance System," *Journal of Applied Corporate Finance*, Winter 1998.

Mathias Dewatripont and Jean Tirole, *The prudential Regulation of Banks*, The MIT Press Cambridge, Massachusetts, London, England, 1994.

Maximilian J.B. Hall, *Banking Regulation and Supervision: A Comparative Study of the UK, USA and Japan*, Edward Elgar, Vermont, USA, 1993.

Monks & Minow, *Corporation Governance*, Blackwell, 1995.

NASD, Marketplace Rules, http://nasd.complinet.com/nasd/display/display.html?rbid-1189& element_id-1159000635

NYSE, CALS Committee Original Corporate Governance Recommendations, Recommendations to the NYSE Board of Directors, June 6, 2002, http://www.nyse.com/about/listed/ 1101074752625.html.

———, *Listed Company Manual*. http://www.nyse.com/about/listed/1101074752625.html

OCC, *Comptroller's Handbook*.

Palm-Steyerberg Iris, "Climate change and fit and proper-testing in the Dutch financial sector", *Law and Financial Markets Review*, 2019.

Schneider/Strenger, Die "Corporate Governance-Grundsätze" der Grundsatzkommission Corporate Governance, AG 2000/3.

Stanley C. Vance, "Corporate Leadership-Board", *Directors and Strategy*, 1983.

Theoder Baums, "Gutachten", 63. DJT 2000.

Thomas White and James Greig, "Sarbanes-Oxley Act of 2002(a New Regime of Corporate Governance)," *International Business Lawyer*, vol. 30 no. 9, Oct. 2002.

Ulrich Seibert, Federal Ministry of Justice, Bonn, "Control and Transparency in Business (KontraG) Corporate Governance reform in Germany," http://www.burkarklaw.com/corporategovernance/

———, "OECD Principles of Corporate Governance"-Grundsätze der Unternehmensführung und Unternehmenskontrolle für die Welt, AG 1999/8.

Valentine V. Craig, "The Changing Corporate Governance Environment: Implication for the Banking Industry", *FDIC Banking Review*, FDIC, 2005.11.

アメリカ法律協會,「コーポレート・ガバナンスの原理：分析と勸告」, 日本 證券經濟研究所, 1996.

デニス・S・カージヤラ,「セミナーアメリカ證券法」, 商事法務研究會, 1991.

メルビン・A. アイゼンバーグ(川口恭弘譯), "アメリカにおける會社法制の 改革,"「民商

法雜誌」(第130卷 3号), 有斐閣, 2004.6.

ロバート・W・ハミルトン著, 山本光太郎譯, 「アメリカ會社法」, 木鐸社, 1999.

鎌田信男, "エンロン事件と米國のコーポレートガバネンス改革," http://www.tyg.jp/tgu/school_ guidance/bulletin/k12/images/11kamata.PDF

川嶋, "英國における內部統制システム－最近のと動向法的課題", 「監査役」(第 44号), 2003.6.

岡村 勉, 「東アジアの會社法」(法律文化社), 2003.9.

野田 博, "コーポレート・ガバナンスにおける法の役割", 「會社法の現代的 課題」, 法政大學出版局, 2004.

木下勝一, "ドイツ會計基準委員會の設立の現代的意義," 「會計」(제157卷 2号), 2000.

相澤 哲, "會社法制の現代化に關する展望," 「商事法務」(No. 1719), 商事法 務硏究會, 2005.1.

伊藤壽英, "アメリカにおける「企業改革法」(サーベンス・オクスリー法)の成 立について," 「法學新報」(第109卷 5・6号), 中央大學法學會, 2003.3.

早川勝, "ドイツみおけるコーポレート・ガバナンス規準の策定," 「同志社法學」(第54卷 2号), 2002.

河村賢治, "米國における企業統治改革の最新動向," 「商事法務」(no. 1636), 商事法務硏究會, 2002.8.

———, "英國公開會社における理事役會の機能," 「早稲田法學」(第76卷 2号), 2000.

松尾直彦, "米國企業會計改革法," 「商事法務」(No. 1667), 商事法務硏究會, 2003.7.5.

松澤三男, 「比較會社法硏究」, 商事法務, 2003.

日本コーポレート・ガバナンス・フォーラム編, 「コーポレート・ガバナンス－英國の企業改革」, 商事法務硏究會, 2000.

志村治美, 「東アジアの會社法」, 法律出版社, 2003.

神作裕之, "ドイツ資本市場法,・株式會社法の動向(資本市場の活性化に關す る硏究會報告)," 「月刊資本市場」(200号), 2002.

———, "委員會等設置會社における業務執行に對するコントロール," 「學術院大學法學會雜誌」(제38卷 1号), 2002.

藤嶋 肇, "ドイツにおけるコーポレートガバナンスの展開," 「法學新報」(第109卷 3号), 中央大學法學會, 2002.7.

土屋數章・岡本久吉, 「コーポレート・ガバナンス論－基礎理論と實際」, 有斐閣, 2003.

日本國會, http://www.shugiin.go.jp/index.nsf/html/index_gian.htm.
http://www.bearsystems.com/Sarbanes-Oxley/sarbanesoxleyact-Congress.pdf
http://www.corporate-governance-code.de/index-e.html
http://www.global-inter.net/llc.html.
http://www.istante.jp/news09.html.
http://www.moj.go.jp/PUBLIC/MINJI64/pub_minji64.html.

찾아보기

ㄱ

ㅇ

ㅊ

ㅋ

ㅌ

저자 약력

1954년 광주(光州)에서 출생하여 광주고, 서울대 법과대학을 졸업하고 한양대 대학원에서 법학박사(상사법 · 금융법 전공) 학위를 취득하였다. 1978년 한국은행을 시작으로 은행감독원을 거쳐 금융감독원에서 증권감독국장, 비은행감독국장, 은행감독국장과 뉴욕사무소장을 맡는 등 금융당국에서 주요 감독정책 책임자로 근무하였다. 이때 우리나라 외환위기 극복을 위한 금융산업의 구조조정 및 개혁추진 작업에 적극 참여하기도 하였다. 2006년 금융업계에 들어와 신한금융투자 상근감사위원, 스마트저축은행 은행장, 아이엠투자증권(현 메리츠종금증권) 부회장, 현대증권(현 KB증권) 상근감사위원, KTB투자증권 감사위원장을 거쳐 2020년 현재 KTB자산운용 부회장으로 재직하고 있다. 금융업계에 종사하면서 지금까지도 우리나라 금융시장과 금융회사를 포함한 금융산업 전반의 건전한 발전방향을 항상 고민해오고 있다. 한편 금융에 관한 실무적 경험을 바탕으로 학문적 접근을 계속하면서 후학을 위해 여러 대학에서 금융 강의를 하였으며, 현재는 한양대 경영대학 특임교수로 활동하고 있다. 주요논문으로는 우리나라 금융감독체계의 효율화방안에 관한 연구, 금융회사의 지배구조 개선방안에 관한 연구 등이 있으며, 저서로는 금융회사 지배구조론(2007년 학술원 우수학술도서)이 있다.

한국 금융회사 지배구조론

2019년 12월 6일 초판 1쇄 발행
2020년 2월 29일 초판 2쇄 발행

저 자 정 기 승
발행인 배 효 선
발행처 도서출판 法 文 社

주 소 10881 경기도 파주시 회동길 37-29
등 록 1957년 12월 12일/제2-76호(윤)
전 화 (031)955-6500~6 FAX (031)955-6525
E-mail (영업) bms@bobmunsa.co.kr
(편집) edit66@bobmunsa.co.kr
홈페이지 http://www.bobmunsa.co.kr
조 판 법 문 사 전 산 실

정가 37,000원 ISBN 978-89-18-91058-1